中国社会科学院创新工程学术出版资助项目

中国社会科学院2008年重大课题

哈佛燕京学社藏纳西东巴经书

第六卷

中国社会科学院民族学与人类学研究所
丽江市东巴文化研究院　　编
哈佛燕京学社

中国社会科学出版社

图书在版编目(CIP)数据

哈佛燕京学社藏纳西东巴经书. 第六卷/中国社会科学院民族学与人类学研究所，丽江市东巴文化研究院，哈佛燕京学社编. —北京：中国社会科学出版社，2018.10

ISBN 978-7-5203-2700-8

Ⅰ.①哈… Ⅱ.①中…②丽…③哈… Ⅲ.①东巴文—古籍—汇编—中国 Ⅳ.①H257

中国版本图书馆CIP数据核字（2018）第132150号

出 版 人 赵剑英
责任编辑 田 文
责任校对 韩天炜
责任印制 王 超

出 版 中国社会科学出版社
社 址 北京鼓楼西大街甲158号
邮 编 100720
网 址 http://www.csspw.cn
发 行 部 010-84083685
门 市 部 010-84029450
经 销 新华书店及其他书店

印刷装订 环球东方(北京)印务有限公司
版 次 2018年10月第1版
印 次 2018年10月第1次印刷

开 本 880×1230 1/16
印 张 34.5
字 数 714千字
定 价 268.00元

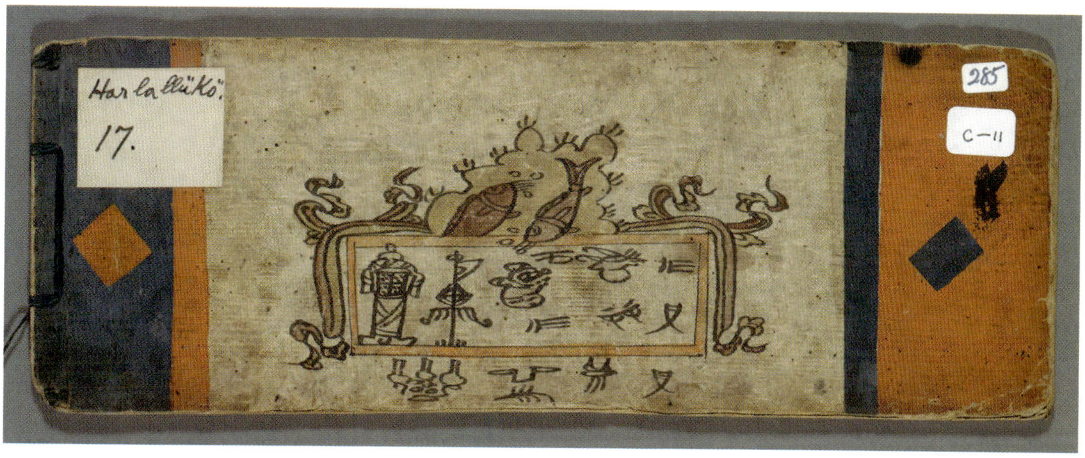

285－C－11“大祭风·迎请神灵·迎请神偶·尤罗神偶的出处来历”封面

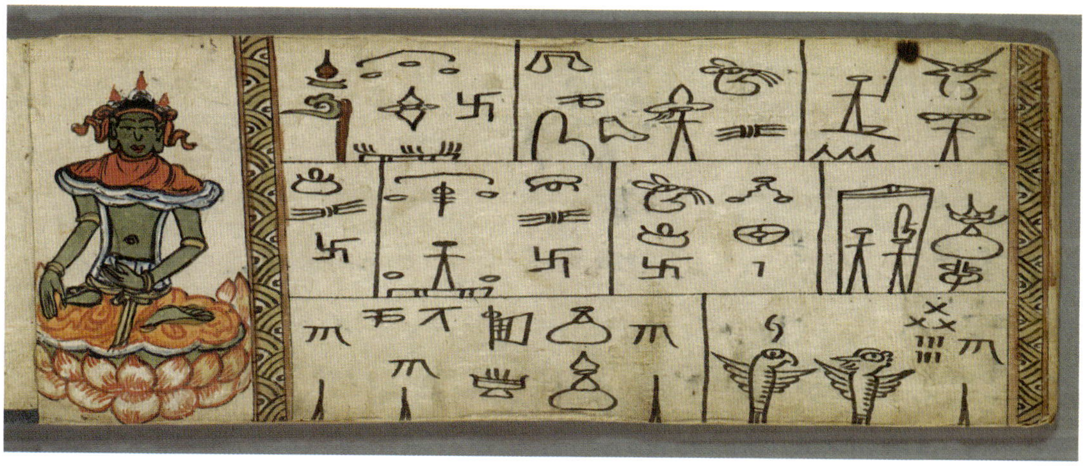

285－C－11“大祭风·迎请神灵·迎请神偶·尤罗神偶的出处来历”首叶

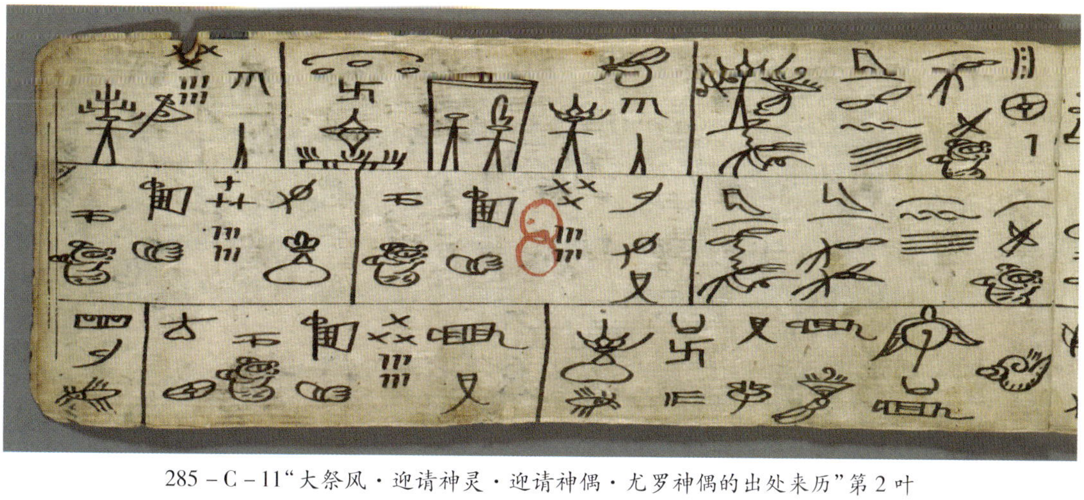

285－C－11“大祭风·迎请神灵·迎请神偶·尤罗神偶的出处来历”第2叶

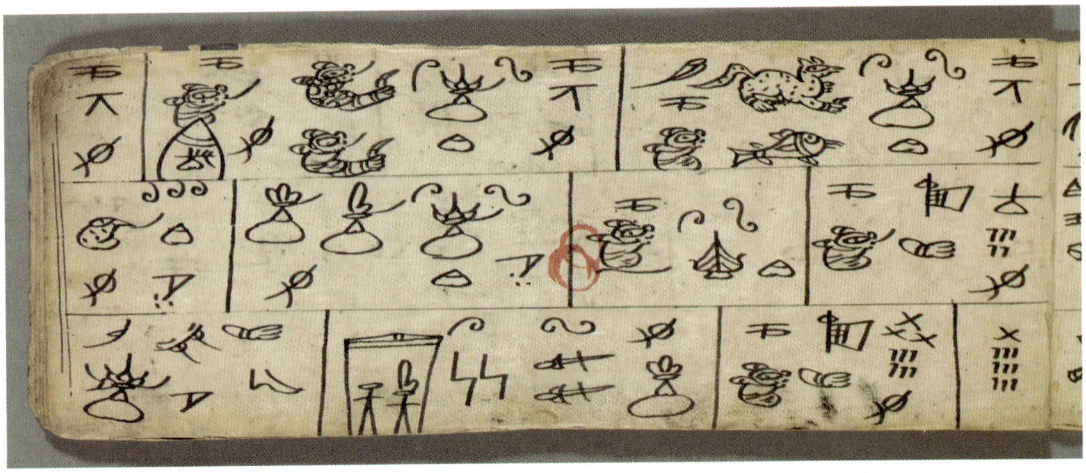

285－C－11“大祭风·迎请神灵·迎请神偶·尤罗神偶的出处来历”第8叶

535－C－12“大祭风·卢神起身”封面

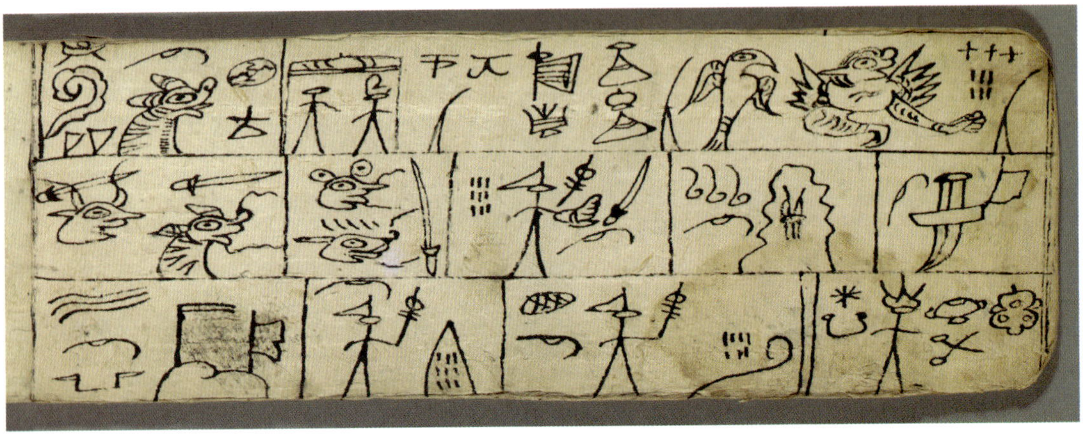

535－C－12“大祭风·卢神起身”首叶

535－C－12“大祭风·卢神起身”第12叶

361－C－13“顶灾经”封面

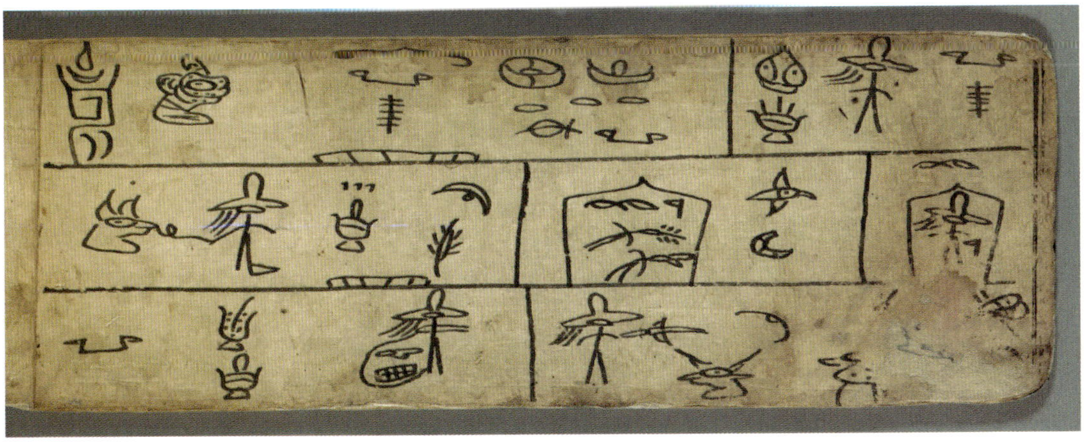

361－C－13“顶灾经”首叶

361 – C – 13“顶灾经”第 4 叶

539 – C – 14“求助于卡冉纽究大神 · 祭云鬼和风鬼、楚鬼和尤鬼 · 迎请卢神”封面

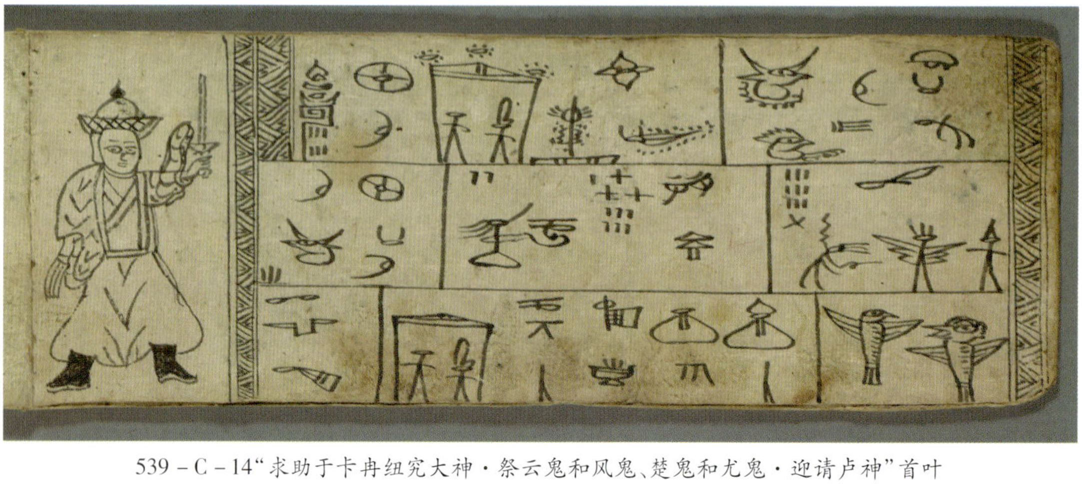

539 – C – 14“求助于卡冉纽究大神 · 祭云鬼和风鬼、楚鬼和尤鬼 · 迎请卢神”首叶

546－C－15“大祭风·把神送上去”封面

546－C－15“大祭风·把神送上去”首叶

548－C－16“大祭风·把神接引上来”封面

548 – C – 16“大祭风·把神接引上来”首叶

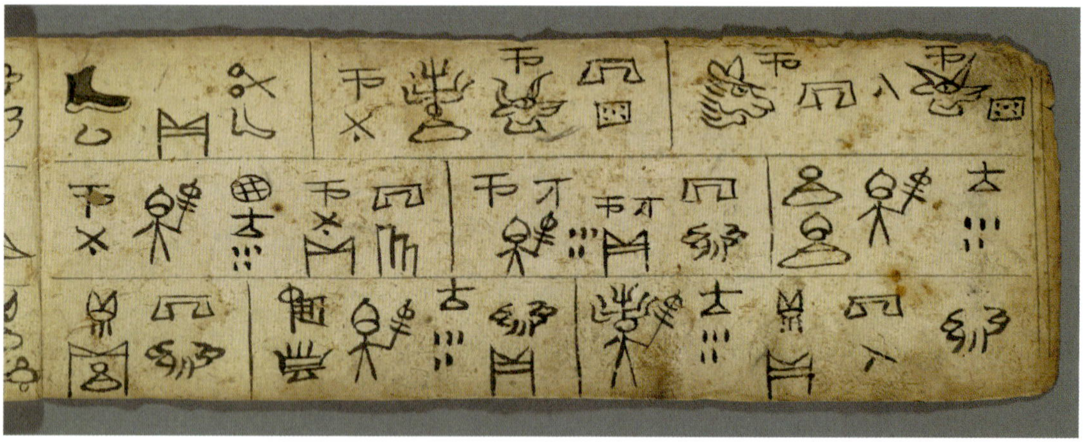

548 – C – 16“大祭风·把神接引上来”第 13 叶

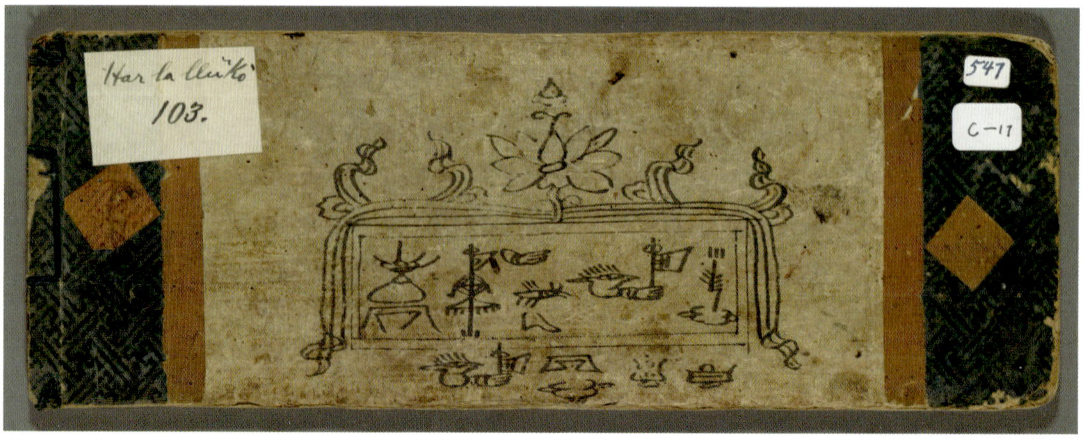

547 – C – 17 “大祭风·送三代斯补胜利神祖先”封面

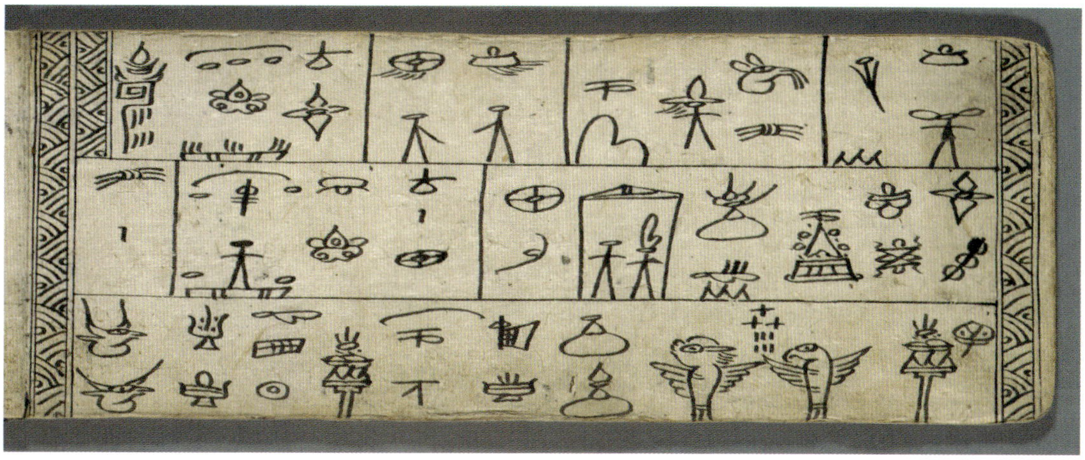

547 - C - 17“大祭风·送三代斯补胜利神祖先”首叶

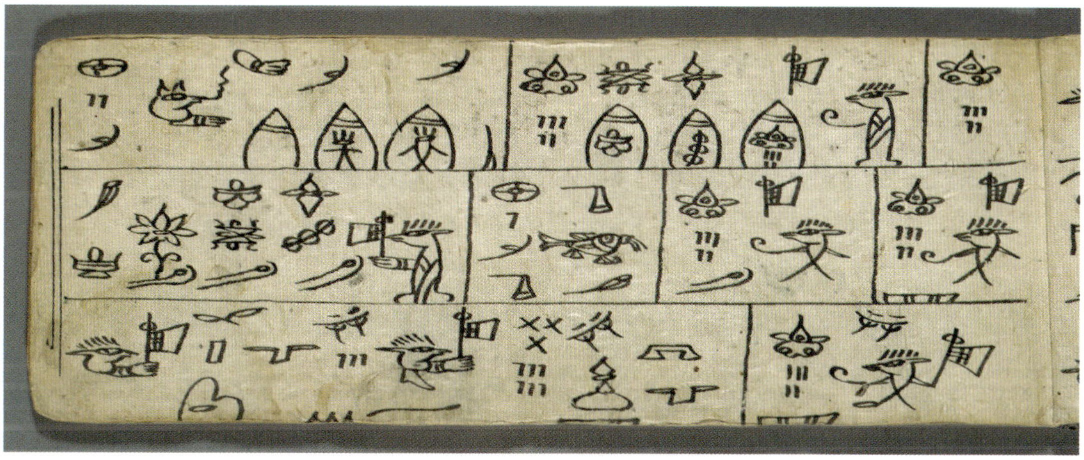

547 - C - 17“大祭风·送三代斯补胜利神祖先”第 16 叶

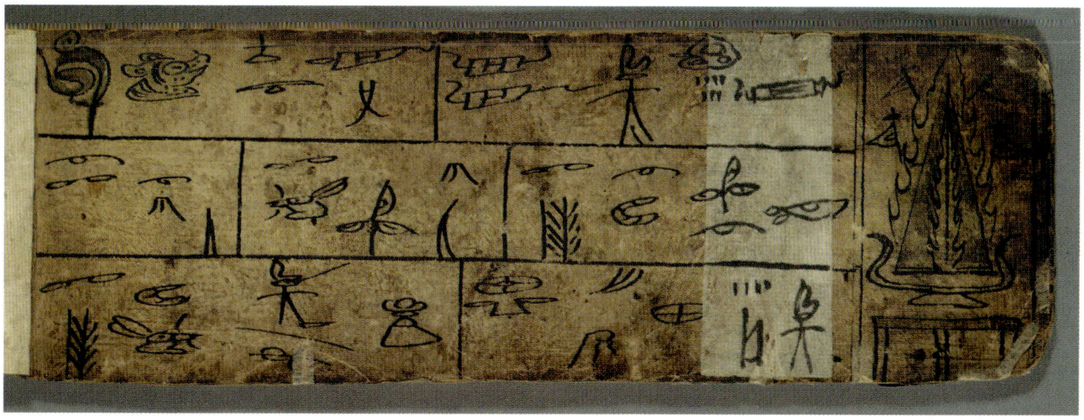

295 - C - 18“大祭风·用麻登面偶赶鬼”首叶

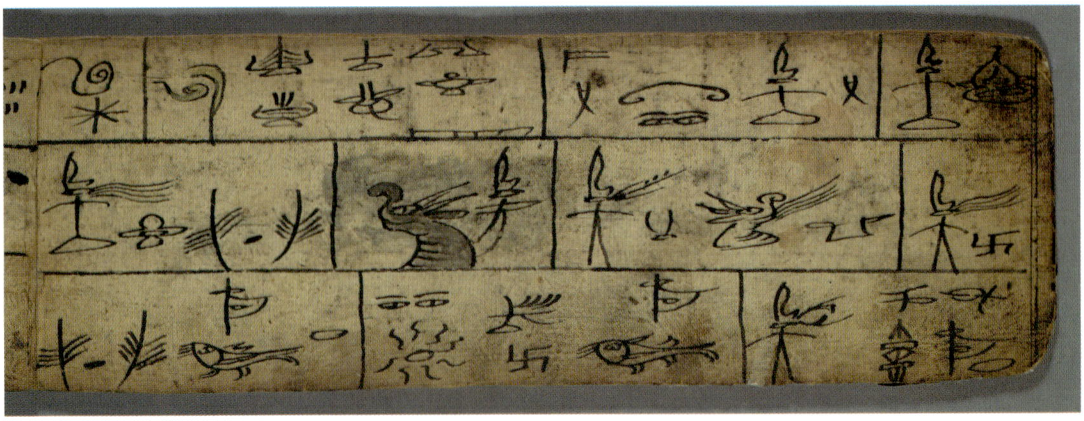

295 – C – 18“大祭风 · 用麻登面偶赶鬼”第 3 叶

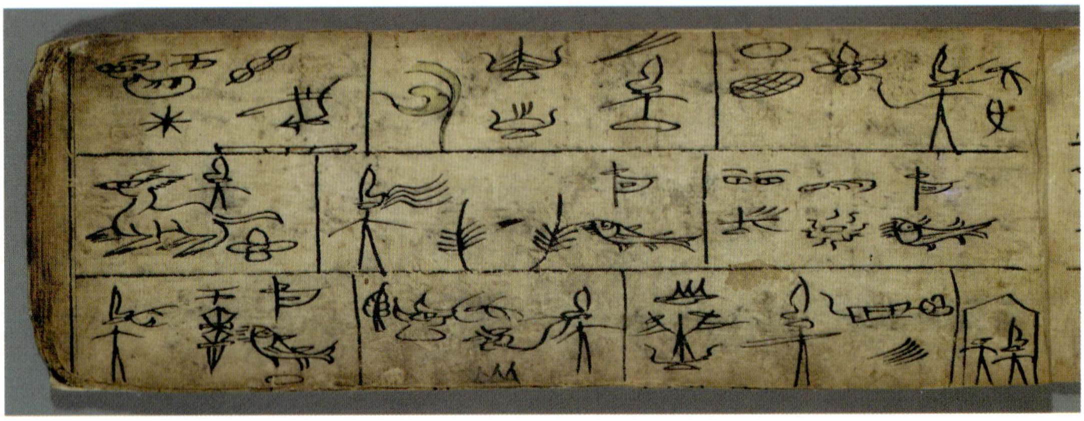

295 – C – 18“大祭风 · 用麻登面偶赶鬼”第 10 叶

271 – C – 19“大祭风 · 细说死事”封面

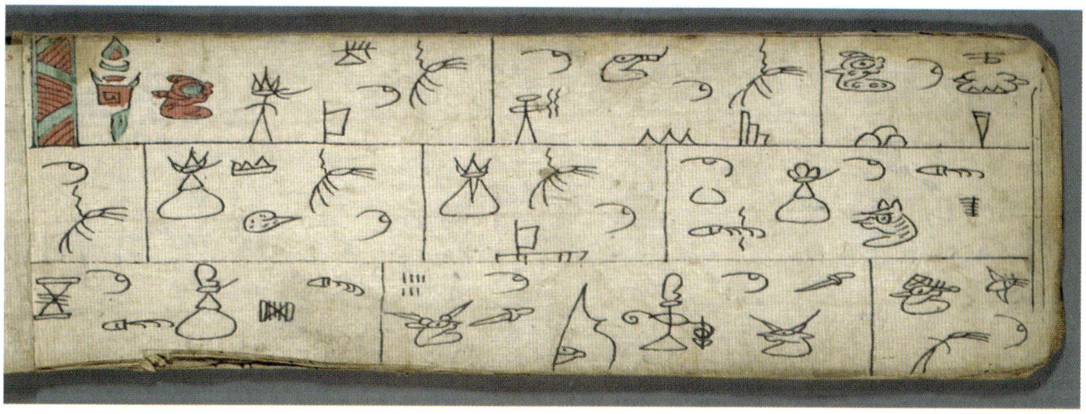

271－C－19“大祭风·细说死事”首叶

271－C－19“大祭风·细说死事”第2叶

271－C－19“大祭风·细说死事”第3叶

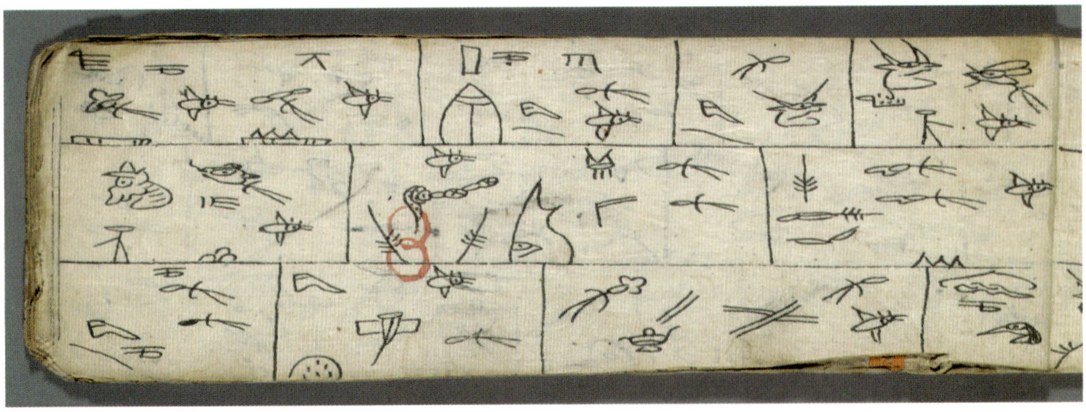

271－C－19“大祭风·细说死事”第8叶

271－C－19“大祭风·细说死事”第13叶

408－C－20“为优麻烧天香”封面

408－C－20“为优麻烧天香”首叶

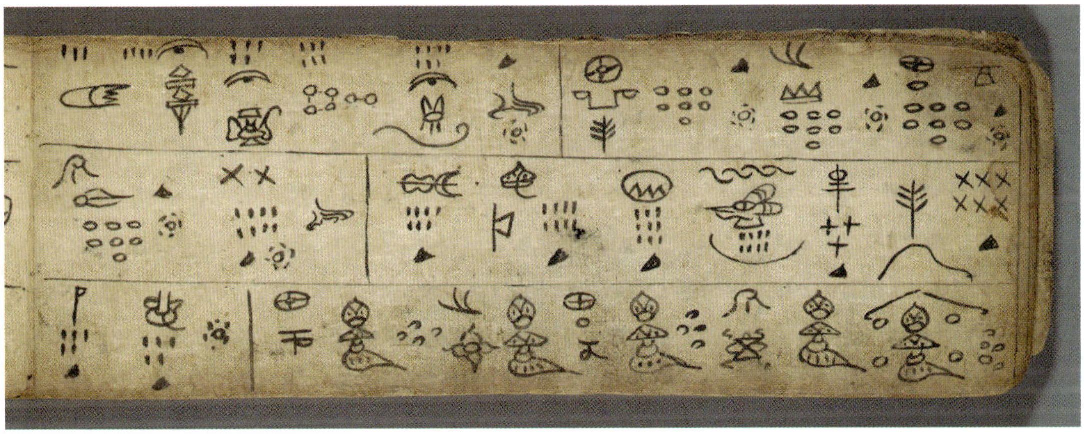

408－C－20“为优麻烧天香”第31叶

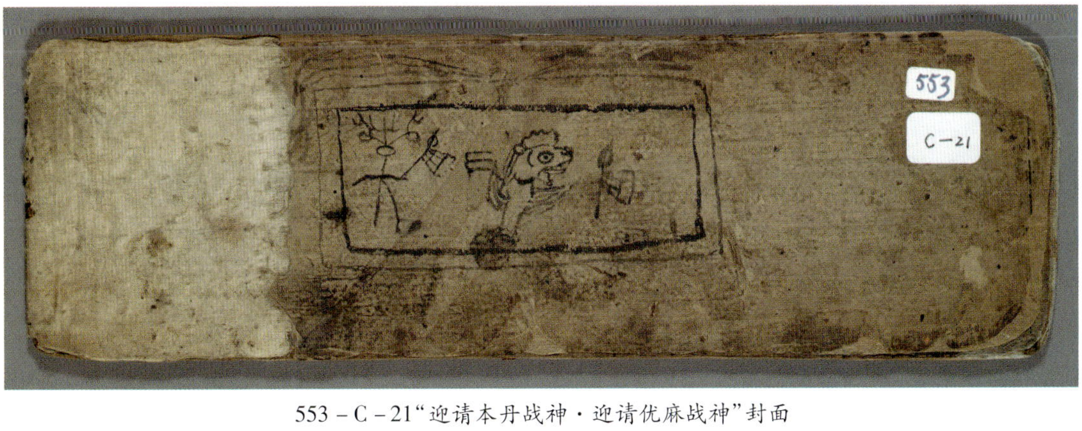

553－C－21“迎请本丹战神·迎请优麻战神”封面

553－C－21“迎请本丹战神·迎请优麻战神”首叶

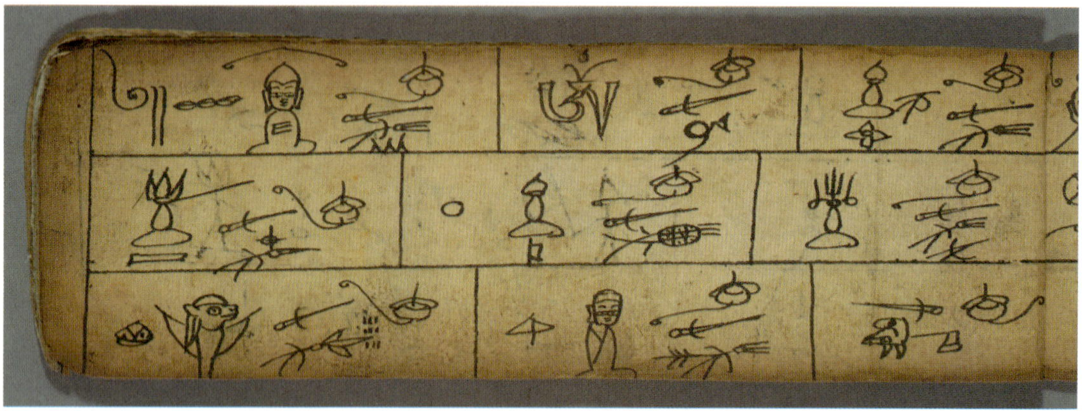

553－C－21“迎请本丹战神·迎请优麻战神”第 12 叶

279－C－22“迎请优麻战神·杀白绵羊·督孜咒语”封面

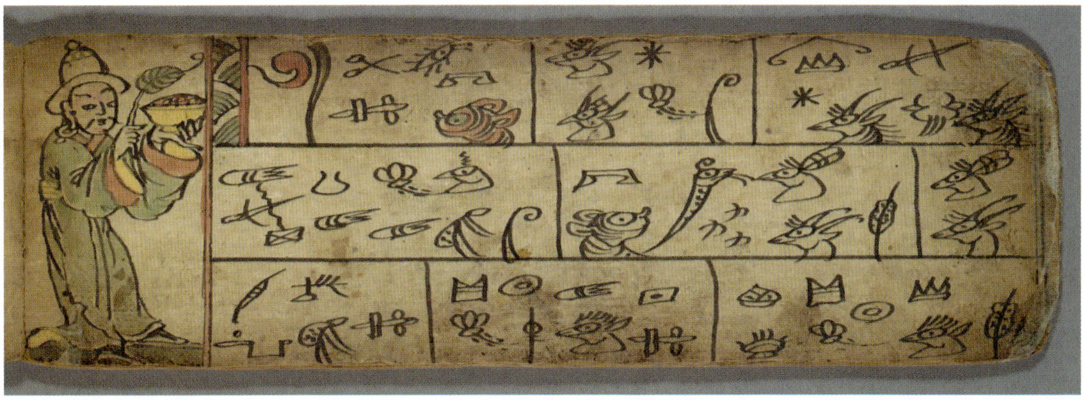

279－C－22“迎请优麻战神·杀白绵羊·督孜咒语”首叶

279－C－22“迎请优麻战神·杀白绵羊·督孜咒语”第3叶

551－C－23“素神宝箭之来历”封面

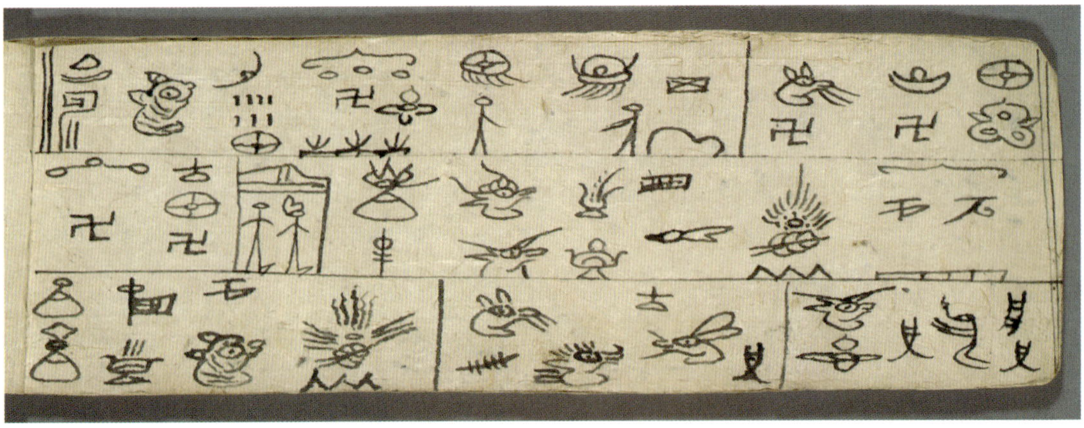

551－C－23“素神宝箭之来历”首叶

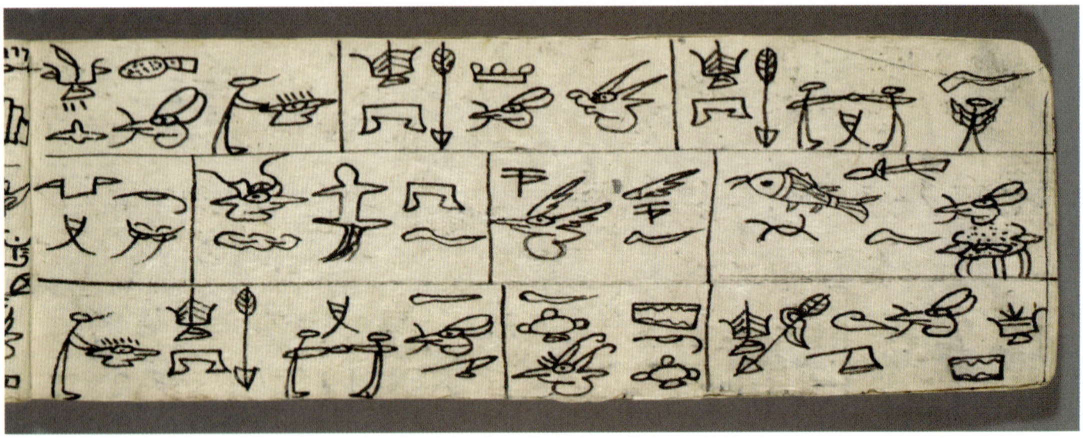

551－C－23“素神宝箭之来历”第 11 叶

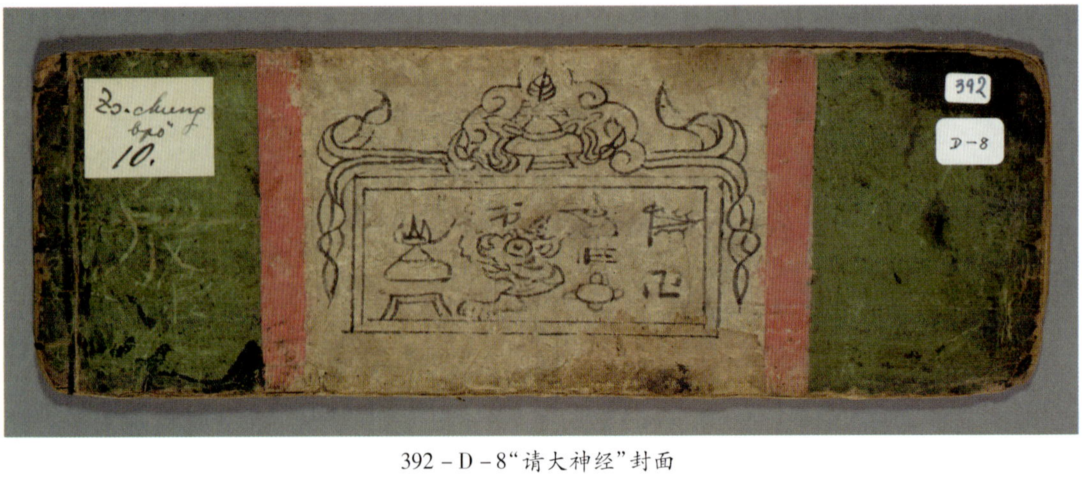

392－D－8“请大神经”封面

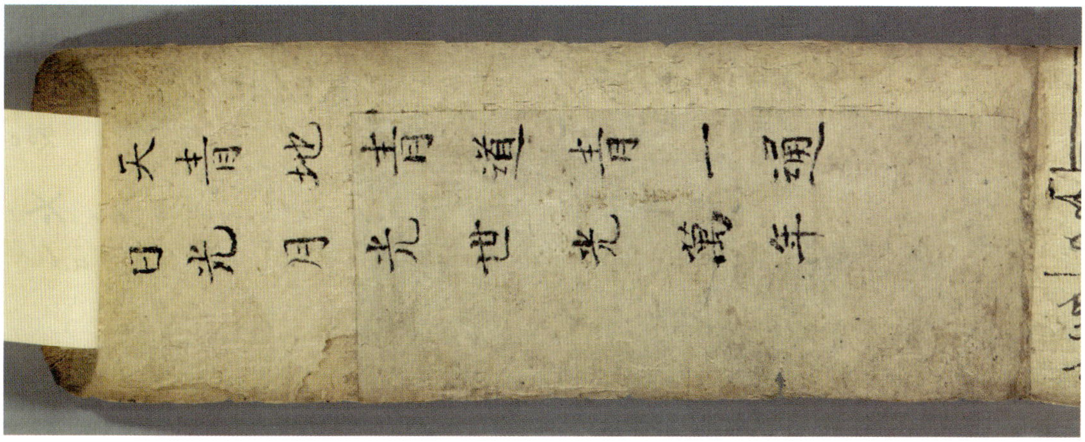

392－D－8“请大神经”扉叶

392－D－8“请大神经”首叶

392－D－8“请大神经”第 11 叶

255－D－12“延寿仪式·请普拉·神箭的来历”封面

255－D－12“延寿仪式·请普拉·神箭的来历”首叶

255－D－12“延寿仪式·请普拉·神箭的来历”第2叶

258－D－30“延寿仪式·点神灯·三百六十位东巴弟子在什罗前点神灯”封面

258－D－30“延寿仪式·点神灯·三百六十位东巴弟子在什罗前点神灯”首叶

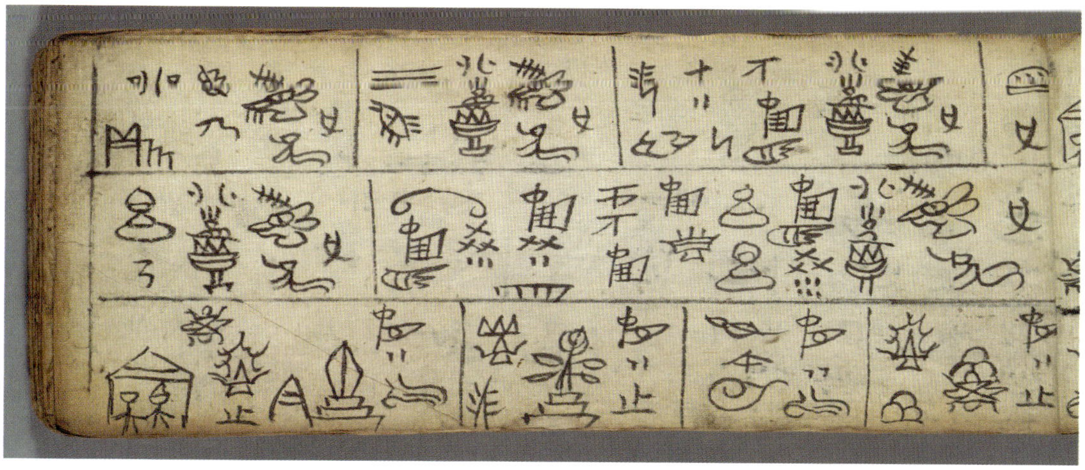

258－D－30“延寿仪式·点神灯·三百六十位东巴弟子在什罗前点神灯”第14叶

399－D－53“延寿仪式·迎请刹依威德杀米麻沈登·送刹依威德”封面

399－D－53“延寿仪式·迎请刹依威德杀米麻沈登·送刹依威德”首叶

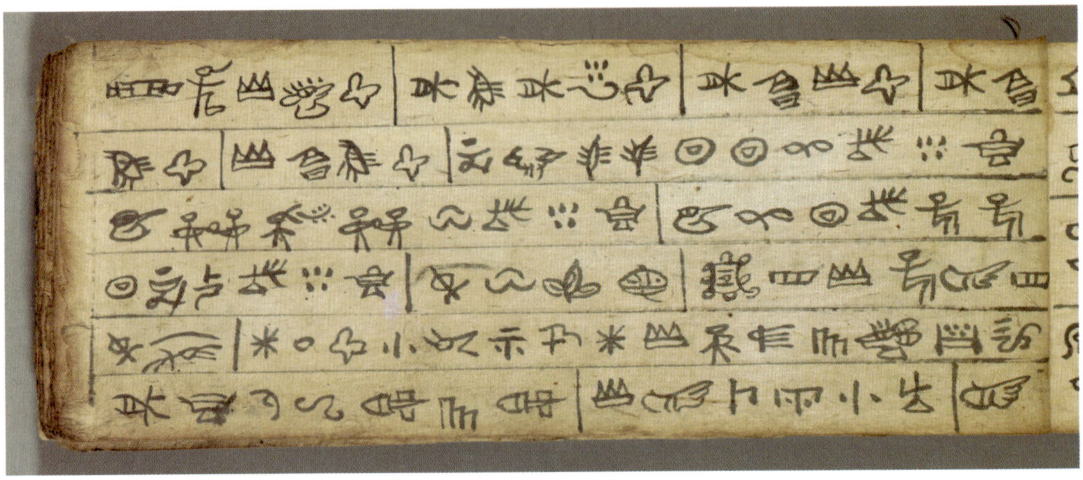

399－D－53“延寿仪式·迎请刹依威德杀米麻沈登·送刹依威德”第14叶

384－D－54“延寿仪式·建署塔·建纳召(末卷)”封面

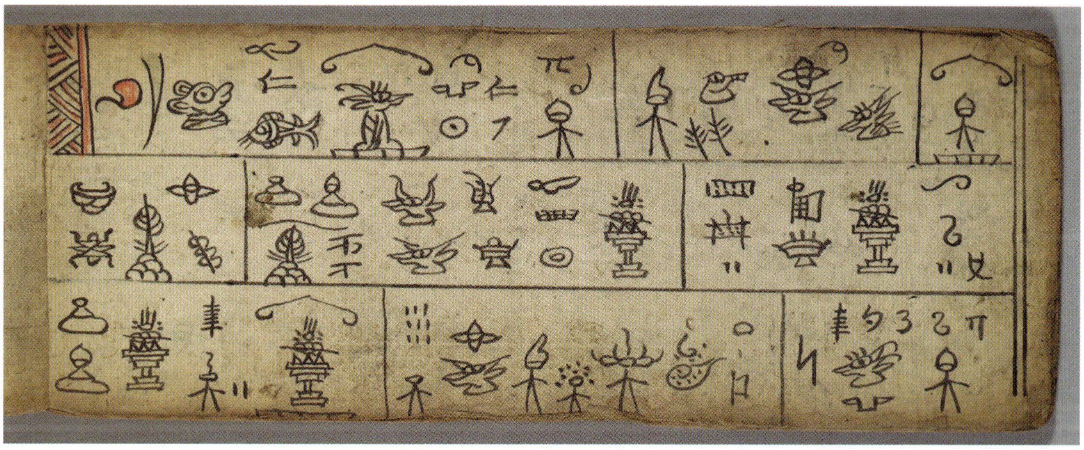

384－D－54“延寿仪式·建署塔·建纳召(末卷)”首叶

384－D－54“延寿仪式·建署塔·建纳召(末卷)”第3叶

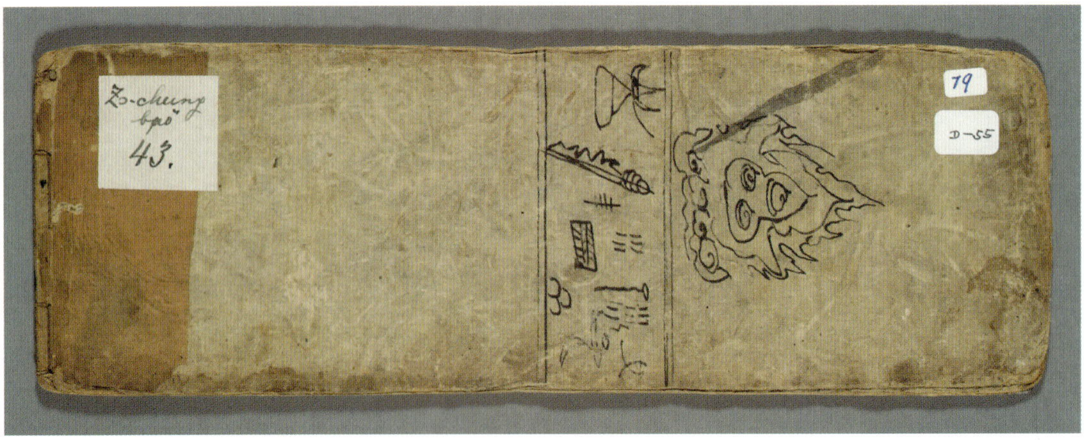

79－D－55“求九颗华神石、九枝华神树枝、九饼华神圣油、九条华神圣水”封面

79－D－55“求九颗华神石、九枝华神树枝、九饼华神圣油、九条华神圣水”首叶

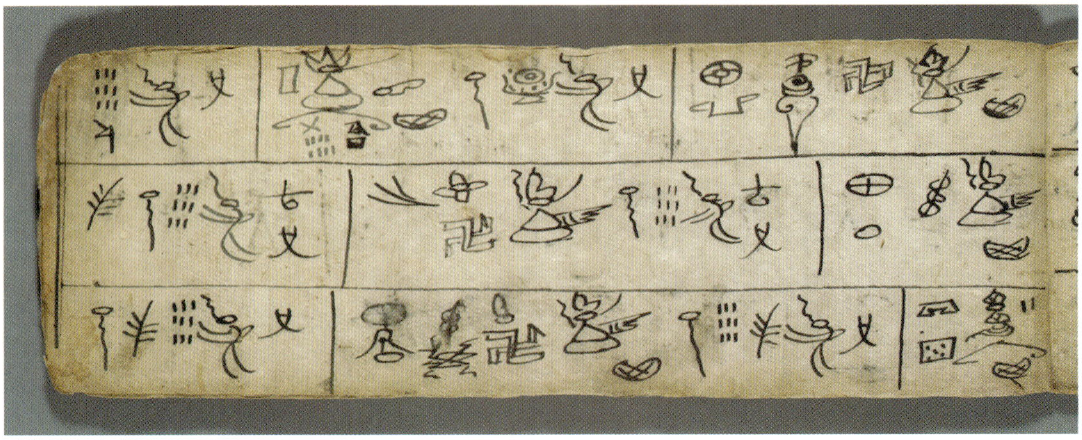

79－D－55“求九颗华神石、九枝华神树枝、九饼华神圣油、九条华神圣水”第 2 叶

520－D－56“祭祖”封面

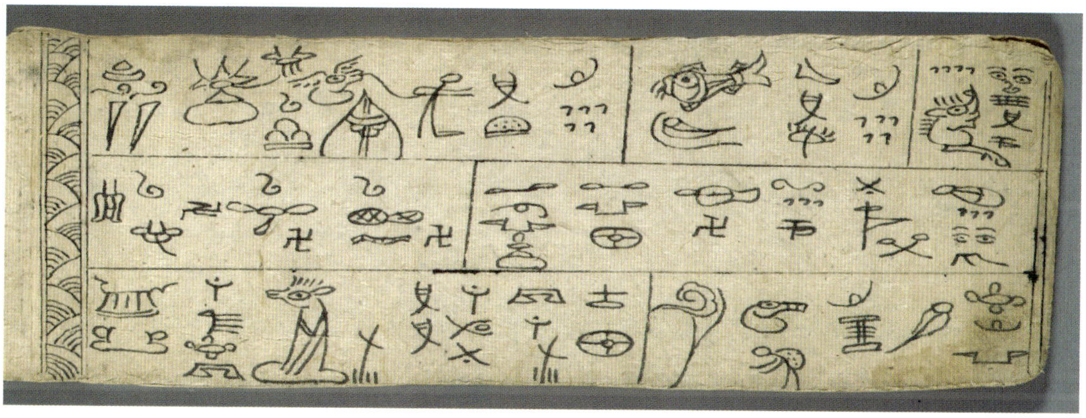

520－D－56“祭祖”首叶

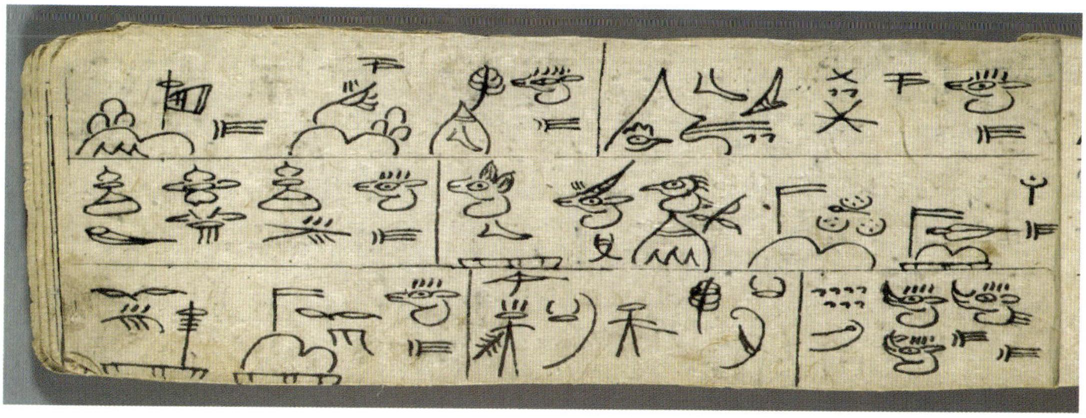

520－D－56“祭祖”第6叶

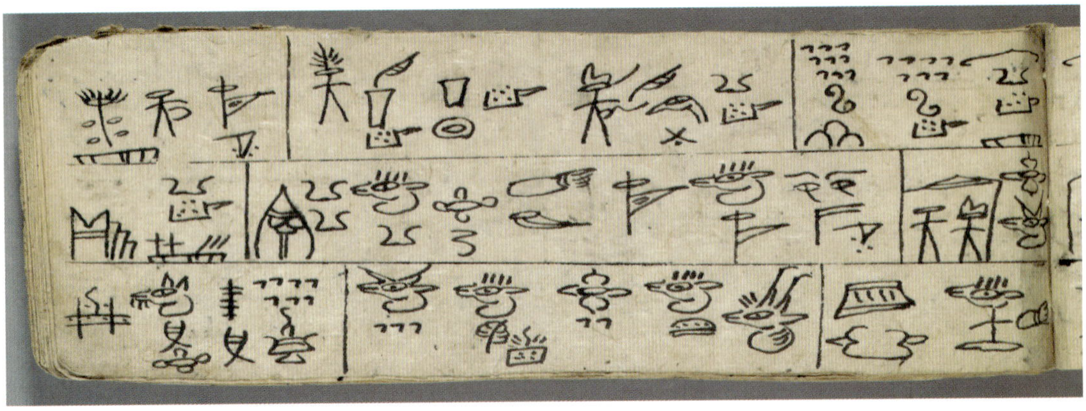

520－D－56“祭祖”第 22 叶

255－D－12 延寿仪式・请普拉・神箭的来历

255－D－12 延寿仪式・请普拉・神箭的来历

哈佛燕京学社藏纳西东巴经书

第六卷

顾　　问	黄　行　孙宏开　黄长著　杨沛超　杜维明　郑炯文　李若虹　李在其
主　　编	孙伯君　李德静
副 主 编	聂鸿音　赵世红　和东升
翻　　译	王世英　习煜华　李静生　李　英　和　虹　李例芬　李芝春　和发源　和品正　和宝林　和力民　和庆元　周　净　李四玉
释　　读	和秀东　和桂华　陈四才　和丽军
统稿校对	王世英　李静生　李　英　和　虹
录　　文	赵学梅　王　琴
英文翻译	聂大昕　胡鸿雁
编　　务	李　云　和丽峰　张　磊　和玉英
责任编辑	田　文

目　录

编译说明

哈佛大学燕京学社图书馆收藏的598卷东巴经书和三幅东巴教卷轴画，其中有510册是约瑟夫·洛克（Joseph Charles Francis Rock，1884—1962）在中国云南搜集的，而88册得自于昆廷·罗斯福（Quentin Roosevelt）。这些东巴经书的形制大致上为长方形，长约30厘米，宽约9厘米，厚薄不一。麻线装订，一般每页三行，每行以竖线分若干格，从左至右书写。纸为当地产淡黄色构皮纸，竹笔墨书。

约瑟夫·洛克，1884年出生于奥地利维也纳，1905年只身漂洋过海来到美国。最初落脚在夏威夷，凭借他过人的语言天赋和识别植物的能力，洛克得以在夏威夷学院教授语言和植物学，并先后出版了五部专著和大量论文。1920年秋天直到1924年，洛克受美国国家地理学会、美国农业部、哈佛大学植物园和哈佛大学燕京学社委派，前往中国西南搜集植物标本。最初的几年，洛克的足迹遍及中国黄河沿岸、阿尼马卿山、祁连山、长江沿岸、青海湖，采集了上万种植物标本。1923年7月，洛克进入云南丽江雪嵩村，从此，与纳西族结下了不解之缘。直到1949年离开中国，洛克在丽江断断续续生活了二十多年。

作为第一位系统搜集和研究纳西东巴经书的外国人，洛克不仅精通纳西语，而且能够认读东巴文，晚年，洛克在华盛顿大学远东学院的资助下，出版了《纳西语英语百科辞典》（1961年），向世人系统介绍了纳西东巴文的字形、字义，并有英文音标转写。1962年，洛克在夏威夷病逝，结束了传奇式的一生。

早在1944年，洛克就着手把自己从云南搜集到的大量纳西东巴经典转售给哈佛大学汉和图书馆（燕京图书馆的前身）。据《裘开明年谱》记载，1944年11月13日，哈佛燕京学社董事会决定，“除了摩梭稿本和极少数古籍之外，汉和图书馆不应购买洛克博士的其他藏书”；1946年4月1日，哈佛燕京学社的董事会议通过了1945—1946年度预算，增加800美金用来购买洛克收藏的纳西经典。

1956年，纳西文研究专家李霖灿先生受哈佛燕京图书馆之邀整理这批经书。1995年，曾在云南省博物馆工作的朱宝田先生受吴文津馆长的邀请，为经书编目，最终纂成《哈佛大学哈佛燕京图书馆藏中国纳西族象形文经典分类目录》。朱宝田先生把这批经书分为13类，A类：祭东巴什罗44册，B类：祭龙王83册，C类：祭风82册，D类：求寿73册，E类：祭贤11册，F类：胜利神6册，G类：祭家神21册，H类：替生29册，I类：除秽39册，J类：关死门5册，K类：祭死者78册，L类：占卜93册，M类：零杂经34册。

又东巴教卷轴画 3 卷。经书中数量最多的是占卜类。

因馆藏经书不能全获解读，所以本书收录经书次序概以哈佛燕京学社图书馆原始扫描件的自然次序为准，暂不强行为之分类。

每卷经书的照片逐叶刊布，照片前标明经书在哈佛燕京学社图书馆的入藏号及序号，其中第一号为封面，第二号为扉叶，扉叶的空白处往往附有约瑟夫·洛克题签，内容包括藏书号、经题及英文翻译等。第三号为首叶。最后为封底，封底或为空白，为了显示装帧情况亦悉数刊布。

刊印出的每卷东巴经书经题下首附内容提要，主体部分为经书的逐叶解读。解读首列经文照片，其下为相应的纳西语串讲和纳西语—汉语词语对译，然后给出最终的汉译文。解读中遇到不易理解的纳西族文化词语，适当出注说明。

哈佛燕京学社所藏经书大部分为约瑟夫·洛克于不同的地方搜集。由于在世的东巴和纳西学者均使用丽江古城方言讲读经书，又考虑到丽江古城话为纳西语的通用语，所以本书的纳西语音标记音概以丽江古城话为准。

纳西族老东巴多已过世，故馆藏的少量经书已经无人能够讲读。对于这些经书，本书仅以照片形式逐叶刊布，并不强行为之说解，以留待日后研究。

本书的经文解读由云南省社会科学院东巴文化研究院组织完成，负责人李德静、赵世红，翻译专家：王世英、习煜华、李静生、李英、和虹、李丽芬、李芝春、和发源、和品正、和宝林、和力民、和庆元、周净、李四玉；释读专家：和秀东、和桂华、陈四才、和丽军；录文：赵学梅、王琴。释读文稿的汇编和统稿由中国社会科学院民族学与人类学研究所完成，负责人孙伯君、聂鸿音。文稿的最终校订由东巴文化研究院王世英、李静生、李英、和虹等专家完成。编译说明英译胡鸿雁，经文卷首提要英译聂大昕。

本书的策划主要由中国社会科学院民族学与人类学研究所黄行所长和孙宏开研究员发起，同时，在本书的策划、编写和出版过程中，时任中国社会科学院科研局的领导和院图书馆负责同志，中国社会科学出版社社长孟昭宇，中国社会科学院民族学与人类学研究所所长郝时远、书记揣振宇，哈佛燕京学社杜维明博士、郑炯文博士、李若虹博士、著名东巴文专家李霖灿先生的公子李在其博士，以及丽江市委市政府、丽江市古城保护管理局的领导均给予了我们极大的支持和帮助。我们向这些领导以及一切帮助过我们的朋友表示衷心的感谢。

Editorial Notes

Among the Harvard-Yenching Library's collection of 598 *Dongba* manuscripts and 3 funeral scrolls pertaining to the *Dongba* religion, 510 were originally acquired by Joseph Charles Francis Rock (1884-1962) in Yunnan, China, and the remaining 88 acquired from Quentin Roosevelt (1919-1948). In terms of physical format, these *Dongba* scriptures, the sheets of which are sewn together at the left edge with twine to form a book, are typically rectangular in shape, measuring about 30cm in length and about 9cm in width, and varying in thickness. In general, there are three horizontal lines in a folio, and vertical lines are used to section off elements of the text in each line. Glyphs are written from left to right and top to bottom. Pale yellow in color, the paper used is hand-made from bast fiber available locally. Writing utensils include sharpened bamboo sticks and black ink made from ash.

Born in Vienna, Austria in 1884, Joseph Rock alone moved across the ocean to the United States in 1905. At first he based himself in Hawaii. With his marked talent in languages and flora recognition, he was given the chance to teach languages and botany at the College of Hawaii, and published 5 monographs and numerous papers. From the autumn of 1920 to 1924, Joseph Rock, sponsored by the National Geographic Society of the United States, the U.S. Department of Agriculture, the Arboretum of Harvard University and the Harvard-Yenching Institute, stayed in Southwestern China for flora specimen collection. During the first few years, he traveled widely in China, along the banks of the Yellow River and the Yangtse River, to the Amnyi Machen Range and Qilian Mountain Range, and around the Qinghai Lake. As a result, he collected around ten thousand specimens. In July, 1923, he went to the Xuesong village in Lijiang, Yunnan. Ever since, he forged an indissoluble tie with the Naxi Ethnic Group. His living in Lijiang lasted off and on for over twenty years until he left China in 1949, punctuated by his rest in the United States and Europe.

Being the first foreigner who systematically collected and studied the *Dongba* scriptures of the Naxi people, Joseph Rock not only had in his full command the Naxi language but also was able to decipher the *Dongba* script. In his later years, he, sponsored by the Far Eastern Institute at the University of Washington, published *A Nakhi-English Encyclopedic Dictionary*

(1961), which, with phonetic transcriptions, offers to the world a systematic presentation of the form and meaning of the *Dongba* writing. In 1962, Rock died of disease in Hawaii and drew a close to his legendary life.

As early as in 1944, Rock sold most of his collection of Naxi *Dongba* scriptures from Yunnan to the Chinese and Japanese Library of Harvard University (predecessor of the Harvard-Yenching Library). According to what is recorded in *Qiu Kaiming Nianpu* (*A Chronicle of Qiu Kaiming*), the Board (of Trustees) of the Harvard-Yenching Institute reached the decision on the 13th of November 1944 that, "Except the Mosuo manuscripts and a scanty number of old books, the Chinese and Japanese Library of Harvard University was unadvised to buy other books in Dr. Rock's collection". On April 1st, 1946, the Board of Harvard-Yenching Institute approved the annual budget of 1945—1946, an extra amount of 800 dollars being added for buying other Naxi manuscripts in Rock's collection.

In 1956, Li Lints'an, an expert on the Naxi script, was invited by the Harvard-Yenching Institute to sort out Rock's collection of the *Dongba* scriptures. In 1995, Zhu Baotian, who once worked in the Yunnan Museum, was invited by Wu Wenjin, the Curator of the Harvard-Yenching Library, to catalog the scriptures, the final result being *Hafo Daxue Hafo-Yanjing Tushuguan Cang Zhongguo Naxizu Xiangxingwen Jingdian Fenlei Mulu* (Classified Catalog of the Pictographic Classics of the Naxi Ethnic Group in the Collection of the Harvard-Yenching Library). Mr. Zhu Baotian organized the collection by subject into the following 13 series: A. Worship to the Dongba Shiluo (totaling 44 volumes); B. Worship of the Dragon King (83 volumes); C. Worship to the Wind (82 volumes); D. Prayers for Long Life (73 volumes); E. Worship for the Worthy (11 volumes); F. God of Victory (6 volumes); G. Worship to the House Gods (21 volumes); H. For the Living (29 volumes); I. Remove Filthiness (39 volumes); J. Closing the Door to Death (5 volumes); K. Venerating the Dead (78 volumes); L. Divination (93 volumes); M. Lingza Scripture (34 volumes). Among the scriptures, Series L, Divination, are the most numerous. In addition to these, there are 3 scrolls pertaining to the *Dongba* Belief.

Considering the factor that not all scriptures in the collection can be deciphered, the scriptures included in the present works are ordered according to the natural sequence of the scanned originals offered by the Harvard-Yenching Library, with no tentative classification imposed.

With a collection number and a serial number of the Harvard-Yenching Library indicated before the very first plate, plates of each scripture are published folio by folio, among which Plate No. 1 is the jacket and No. 2 is the flyleaf with Joseph Rock's colophon attached in the blank space, including the collection number, title of the scripture and its English translation. Plate No. 3 is the first folio of the text proper. The last plate is the back cover published for the sake of the original complete book design even if it sometimes is only a blank sheet.

Each volume of published *Dongba* scriptures is attached with a synopsis under the title, and the folio-by-folio decipherment constitutes the main part. The main part includes first the plate, followed by the corresponding deciphered narration in the Naxi language, the word-by-word glossing respectively in Naxi and Chinese, and finally the Chinese translation. Occasionally, commentaries are given whenever words or expressions of the Naxi culture present understanding difficulties for people from other cultures.

The majority of the Naxi manuscripts preserved in the Harvard-Yenching Institute was collected by Joseph Rock (1884-1962) from various places. Yet, however, the phonetic notation of the Naxi texts is rendered universally in International Phonetic Symbols in accordance with the pronunciation of the variety spoken in the Lijiang Old Town as that variety is considered the standard of the Naxi language and all living *Dongbas* and Naxi scholars read and explain the Naxi manuscripts in that variety.

Unfortunately, as most of the senior Naxi *Dongbas* have already passed away, a small portion of the scriptures in the Library collection falls undecipherable. For the sake of future efforts in decipherment and research, these scriptures are published only in plates without any decipherment.

The decipherment of the scriptures in the present works is accomplished by the Institute of *Dongba* Culture at the Yunnan Academy of Social Sciences, headed and supervised by Li Dejing and Zhao Shihong. The other participants and translators involved are as follows: Wang Shiying, Xi Yuhua, Li Jingsheng, Li Ying, He Hong, Li Lifen, Li Zhichun, He Fayuan, He Pinzheng, He Baolin, He Limin, He Qingyuan, Zhou Jing, Li Siyu. Interpretation experts:He Xiudong, He Guihua, Chen Sicai, He Lijun. Manuscripts are type-in by Zhao Xuemei, Wang Qin.

The final revision, proofreading and compilation of the deciphered drafts are undertaken by the Institute of Ethnology and Anthropology, Chinese Academy of Social Sciences, with Sun Bojun and Nie Hongyin being the supervisors. Final revisers, proofreaders and editors are Wang Shiying, Li Jingsheng, Li Ying, He Hong. Preface and editorial notes are translated by Hu Hongyan. Abstracts are translated by Nie Daxin.

The present works were initiated, planned and devised mainly by Deputy Director Prof. Huang Xing and senior researcher Prof. Sun Hongkai, both with the Institute of Ethnology and Anthropology of the Chinese Academy of Social Sciences. In the process of preparation, compilation and publication, lots of support and help have been offered us, by the directors of the Bureau of Scientific Research and the library of CASS, by Meng Zhaoyu, former Director of the China Social Sciences Press, by Hao Shiyuan, Deputy Director of the Institute of Ethnology and Anthropology of the CASS, by Chuai Zhenyu, the former Party Secretary of the Institute of Ethnology and Anthropology of CASS, by Drs Du Weiming, Zheng Jiongwen, Li Ruohong all from the Harvard-Yenching Institute and Li Zaiqi, son of the famous expert on the *Dongba* script Li Lints'an, by the leadership of Lijiang Municipal Party Committee and Municipal Government of the city, as well as by the Lijiang Old Town Conservation and Management Bureau. Sincere gratitude is extended to all of them, all the friends and all leadership for their help.

285-C-11-01

hər^{33} lɑ^{33} lɯ^{21} khɯ^{55} · phy̩^{33} lɑ^{21}sɑ^{55} · se^{33} do^{33} sɑ^{55} me^{55} · iə^{55} lo^{33} thy̩^{33} pɯ^{55} ky̩^{33} me^{55}

大祭风 · 迎请神灵 · 迎请神偶 · 尤罗神偶的出处来历

285-C-11 大祭风·迎请神灵·迎请神偶·尤罗神偶的出处来历

【内容提要】

祭司在做祭祀要把各种神灵请到神座上来，以保佑和帮助主持祭祀的祭司，这一本经书请了各种地方、各个方面的神灵，请他们降临到祭祀场上，帮助祭司镇压各种各样的鬼。请了神灵之后，讲述了尤罗神偶的来历，这神偶并不是一般的面偶，是美利董主身体中的一部分，在白色董族大海中产生出来的。祭司们希望大神降临在这神偶之上，这神偶便可以真正地代表神灵战胜各种鬼。

【英文提要】

Great Sacrifice to Wind, Invoking the God, Invoking the God Puppet, the Origin of God Puppet *iə lo*

Before holding the sacrificing ritual, priest invoked all gods befalling on the altar, to bless and help him. This book tells stories about invoking gods in all lands befalling on the sacrificial shrine and helping the priest to suppress ghosts. The book, then, tells the origin of god puppet ***iə lo***, who belonged to part of the body of ***mɯ lɯ du dʑ***ɿ and produced from the white ocean of the tribe ***du***. Priests prayed this great god befalling on the puppet, which, symbolized as gods, could conquered all ghosts.

285-C-11-02

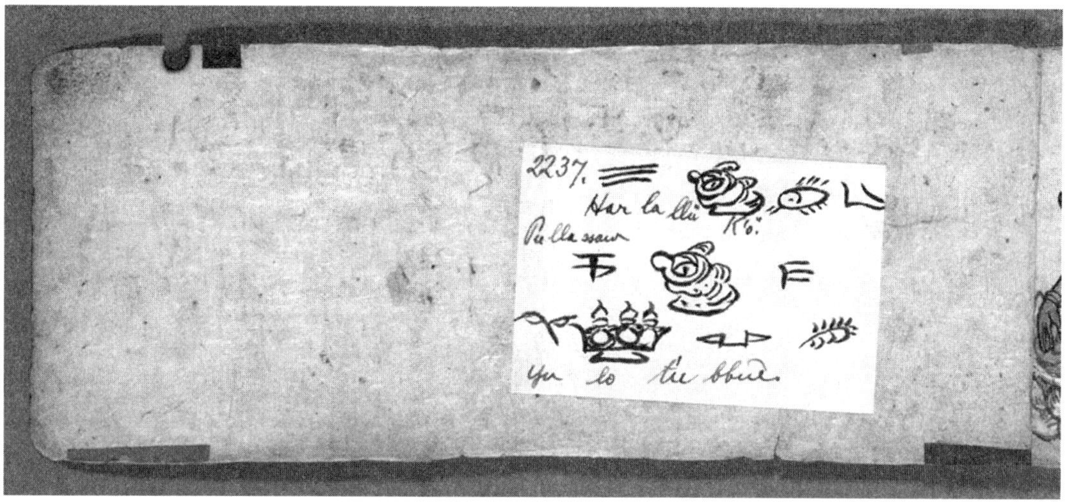

第 1 行：“2237”为洛克藏书的标号，东巴文字为“大祭风仪式”；并用洛克音标标注此书用于“大祭风仪式”。

第 2 行：用洛克音标注下“迎请神灵”的纳西语读音，东巴文字为“迎请神灵”。

第 3 行：东巴文字是书名一部分，“尤罗神偶的出处来历”。

第 4 行：用洛克音标标注此书书名的纳西语读音。

285-C-11-03

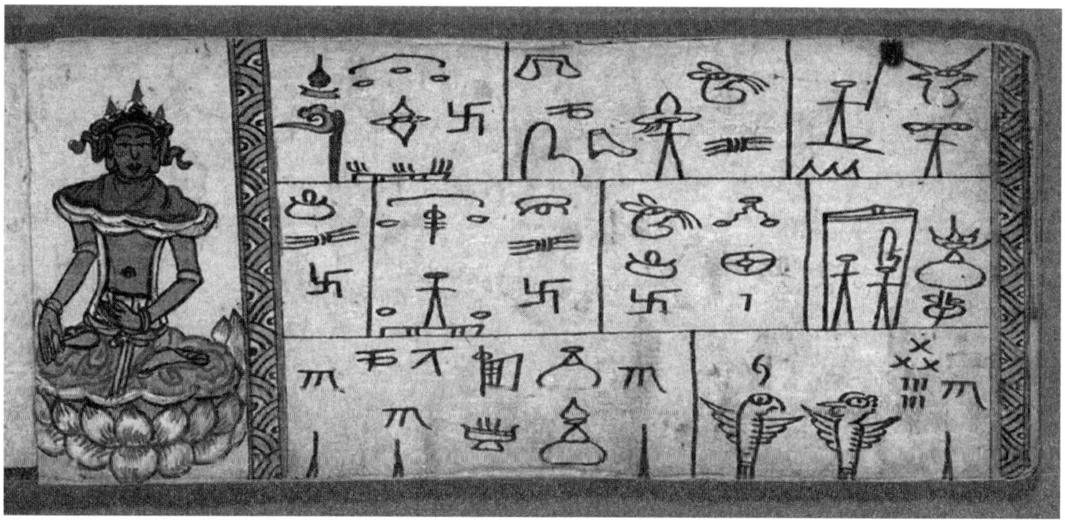

mɯ^{33} lɑ^{33} kɯ^{21} tʂhʅ^{21}dʐʅ^{21}, kɯ^{21} dʐʅ^{21}tʂhʅ^{33} ȵi^{33} ɯ^{33}, dy^{21} lɑ^{33} zə̧^{21}tʂhʅ^{33} y^{21},zə̧^{21} y^{21} tʂhʅ^{33} ȵi^{33}
天　也 星 所　长　星 长 这　天 好 地 也 草 所长 草 长 这天

hər^{21}, | gə^{21} i^{33} lɑ^{33} sɑ^{21} to^{55} khɯ^{33} phər^{21}, gv̩^{33} dʐʅ^{21} khv̩^{55} tsʅ^{21} ɯ^{33}, khv̩^{55} lɑ^{33} tʂhʅ^{33} khv̩^{55}
绿　上 是 拉萨　坡 脚　白　藏族　年 算　善　年 也　这 年

ɯ^{33}. | mi^{21} i^{33} bv̩^{33} lv̩^{55} zʅ^{33} zɑ^{21} mæ^{33}, le^{33} bv̩^{33} he^{33} tsʅ^{21} ɯ^{33}, he^{33} lɑ^{33} tʂhʅ^{33} he^{33} ɯ^{33}. |
好　下 是 羊　牧 路 下 尾　白族　月 算 善 月 也 这　月 好

mɯ^{33} le^{33} dy^{21} ly^{55} gv̩^{33}, dʑi^{33} y^{21} ly^{55} gv̩^{33} hɑ^{55}, nɑ^{21} ɕi^{33} hɑ^{55} tsɿ^{21} ɯ^{33}. | khv̩^{55} ɯ^{33}、 he^{33}
天 和 地 中央 人 生 中间 集 纳西 天 算 善 年 好 月

zy^{21} ɯ^{33}、 ȵi^{55} ɯ^{33} gə^{33} dɯ^{33} ȵi^{33}, | i^{33} dɑ^{21} tʂhʅ^{33} dɯ^{33} dʑi^{21}, lɯ^{55} kv̩^{33} py^{33} bv̩^{21} nɯ^{33}, phər^{21}
星 好 白天 好 的 这 天 主人 这 一 家 利古 祭司 由 盘神

ne^{21} sæ^{21} kɑ^{33} tɕhi^{33}, gɑ^{33} ne^{21} u^{21} kɑ^{33} tɕhi^{33}, o^{55} ne^{21} he^{21} kɑ^{33} tɕhi^{33}, | to^{33} kə^{21} iə^{33} mɑ^{21}
和 禅神 求助 胜神 和 吾神 求助 沃神和 恒神 求助 端格 优麻

sɿ^{21} ɕi^{33} tʂhuɑ^{55} tshər^{21} le^{33} kɑ^{33} tɕhi^{33},
三 百 六 十 又 求助

天上长满了星星，今天星星长得格外好，大地上长满了青草，今天地上的青草分外碧绿。上边在白色的拉萨山脚下，藏族善于推算年份，今年年份好。在下边牧羊的路下方，白族善于推算月份，这个月的月份好。天地中央聚居着人群，这里的纳西族善于推算日子，今天的日子好。在这年好、月好、日子好、星星也长得好的日子里，这一户主人家和利古祭司，求助于盘神、禅神、胜神、吾神，求助于沃神和恒神，又求助于三百六十尊端格和优麻战神，

285-C-11-04

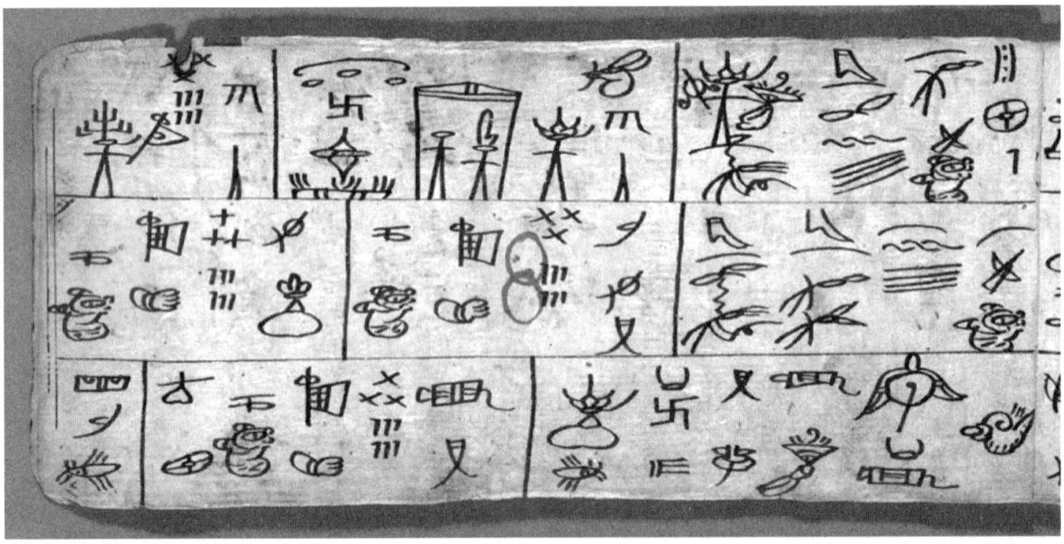

be^{33} dæ^{21} sɿ^{21} ɕi^{33} tʂhuɑ^{55} tshər^{21} le^{33} kɑ^{33} tɕhi^{33}. | mɯ^{33} lɑ^{33} kɯ^{21} tʂhʅ^{33} dʐʅ^{21}, kɯ^{21} dʐʅ^{21}
本丹 三 百 六 十 又 求助 天 也 星 所 长 星 长

tʂhʅ^{33} ȵi^{33} ɯ^{33}, dy^{21} lɑ^{33} zə^{21} tʂhʅ^{33} y^{21}, zə^{21} y^{21} tʂhʅ^{33} ȵi^{33} hər^{21}, i^{33} dɑ^{21} tʂhʅ^{33} dɯ^{33} dʑi^{21}, py^{33}
这 天 好 地 也 草 所 长 草 长 今天 绿 主人 这 一 家 祭司

bv̩^{21} le^{33} kɑ^{33} tɕhi^{33}. | lɯ^{55} kv̩^{33} bv̩^{21} nɯ^{33}, dv̩^{33} phər^{21} dɑ^{33} khə^{21} lɑ^{55}, hæ^{33} ʂʅ^{21} tsər^{33} lər^{21}
又 求助 利古 祭司 由 海螺 白 法鼓 打 金 黄 板铃

do^{55}, tshʅ^{33} tshʅ^{21} iə^{21} tshʅ^{21} mɯ^{21} le^{33} zər^{21}, dv̩^{21} tshʅ^{21} tɕi^{21} tshʅ^{21} hər^{33} tshʅ^{21} mɯ^{21} le^{33} zər^{21},
摇 楚鬼 尤鬼 下 又 压 毒鬼 云鬼 风鬼 下 又 压

tse^{21} tshɿ^{21} mɯ^{21} le^{33} zər^{21}, tər^{21} tshɿ^{21} la^{33} tshɿ^{21} mɯ^{21} le^{33} zər^{21} bɯ^{33} gə^{33} tʂhʅ^{33} ȵi^{33}, | phy̩^{33}
仄鬼 下 又 压 呆鬼 佬鬼 下 又 压 要 的 这 天 神

la^{21}ga^{33} la^{21} sɿ^{21} ɕi^{33} tʂhua^{55} tshər^{21} dɯ^{33} za^{21} lu^{33}. | phy̩^{33} la^{21} ga^{33} la^{21} sɿ^{21} ɕi^{33} tʂhua^{55}
胜神 三 百 六 十 一 降临 来 神 胜神 三 百 六

tshər^{21}mə^{33} za^{21} me^{33}, | tshɿ^{33} ne^{21} ia^{21}, dy̩^{21} ne^{21} tse^{21}, tɕi^{21} ne^{21} hər^{33}, tər^{21} ne^{21} la^{33} zər^{21}
十 不 降 是 楚鬼 和 尤鬼 毒鬼 和 仄鬼 云鬼 和 风鬼 呆鬼 和 佬鬼 压

lo^{21} la^{33} mə^{33} lɯ^{33}. | tʂhʅ^{33} ȵi^{33} phy̩^{33} la^{21} ga^{33} la^{21} sɿ^{21} ɕi^{33} tʂhua^{55} tshər^{21} khy̩^{21} me^{33}, | lɯ^{55}
赢 也 不 了 今天 神 胜神 三 百 六 十 请 是 利古

ky̩^{33} py^{33} by̩^{21} kho^{33} ɯ^{33} sa^{55} ɯ^{33} gə^{33} nɯ^{33} khy̩^{21},dy̩^{33} phər^{21} da^{33} khə^{21} kho^{33}, hæ^{33} ʂʅ^{21}
祭司 声 好 气 好 的 由 请 海螺 白 法鼓 声 金黄

tsər^{33} lər^{21} kho^{33}, dy̩^{33} phər^{21} mu^{21} kho^{33} kho^{33} nɯ^{33} khy̩^{21}.
板铃 声 海螺 白 螺号 声 由 请

又求助于三百六十尊本丹战神。在天上星宿长得最好，地上青草格外碧绿的日子里，这一户主人家求助于利古祭司。利古祭司敲打着海螺般洁白的法鼓，摇晃着金黄色板铃，要把楚鬼、尤鬼、毒鬼、云鬼、风鬼、仄鬼、呆鬼、佬鬼镇压下去，就要请三百六十尊神灵和胜神降临来。若三百六十尊神灵和胜神不降临来，就镇压不了楚鬼、尤鬼、毒鬼、仄鬼、云鬼、风鬼、呆鬼和佬鬼。今天请三百六十尊神灵，要用利古祭司的好声好气来请，要用海螺般洁白的法鼓敲打声来请，要用金黄色板铃的摇晃声，要用白海螺的螺号声来请。

285-C-11-05

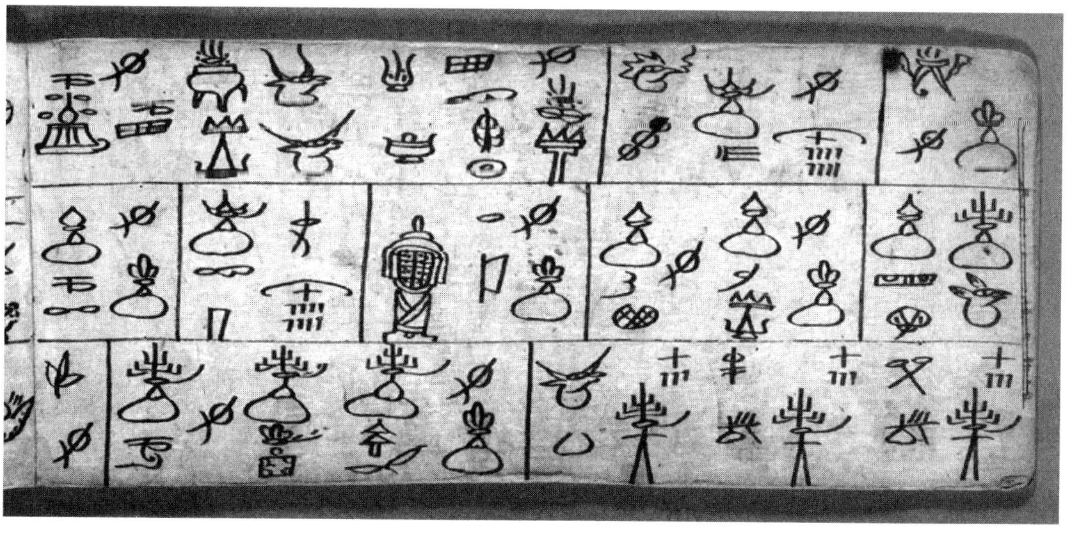

sɿ^{33} phər^{21} ʐʅ^{21} ly̩^{33} ky̩^{33}, tshɿ^{33} ʂu^{33} phər^{21} gə^{33} se^{33} do^{33} lu^{21} lu^{33} ky̩^{33}, tʂhua^{33} phər^{21} kua^{55}
毡 白 神座 上 犁 铁 白 的 规矩 卢神 石 上 米 白 祭粮

mu^{21} lo^{21}, thv̩^{33} phe^{33} dʑo^{33} phər^{21}kv̩^{33}, ɕy^{21}mi^{33}bæ^{33} mi^{33} kv̩^{33} me^{33} dɯ^{33} zɑ^{21} lu^{33}, bər^{21} y^{21} ʐʅ^{33}
里 布 桥 白 上 香火 灯火 上 是 一 降 来 牦牛 羊 酒

hɑ^{33} tʂhər^{21} nɑ^{55} ɕy^{55} mɑ^{21} tʂhu^{55} pɑ^{33} kv̩^{33} me^{33} dɯ^{33} zɑ^{21} lu^{33}. | tɕy^{55} tʂhu^{21} sɑ^{21} i^{33} uə^{33} de^{21}
饭 肥肉 瘦肉柏 酥油 天香 上 是 一 下 来 最早 刹依威德

mɯ^{33}tɕər^{21}tshe^{21} ho^{55} ty^{33} nɯ^{33} dɯ^{33} zɑ^{33} lu^{33}, | i^{33} gv̩^{21} o^{33} kə^{21} dɯ^{33} zɑ^{21} lu^{33}, he^{21} dɯ^{21} o^{33}
天 上 十 八 层 由 一 下 来 依古阿格 一 下 来 恒迪窝盘

phər^{21}dɯ^{33}zɑ^{21} lu^{33}, to^{33} bɑ^{33}ʂər^{55} lər^{33} mɯ^{33} tɕər^{21} tshe^{21} ho^{55} ty^{3} nɯ^{33} dɯ^{33} zɑ^{21} lu^{33}. | he^{21}
一 降 来 东巴什罗 天 上 十 八 层 由 一 降 来

i^{33} kɯ^{21} khu^{55} dɯ^{33} zɑ^{21} lu^{33}, | se^{55} se^{33} khə^{33} dʑə^{21} dɯ^{33} zɑ^{21} lu^{33}, mɑ^{55} mi^{33} pɑ^{33} lɑ^{33} dɯ^{33}
恒依格空 一 下 来 胜生柯久 一 降 来 冒米巴拉 一

zɑ^{21} lu^{33}, | lo^{21} pɑ^{33} thɑ^{33} kə^{55} dɯ^{33} zɑ^{21} lu^{33}, mə^{33} py^{21} dʑi^{33} ʐv̩^{21} dɯ^{33} zɑ^{21} lu^{33}. | mə^{33} phɑ^{21}
降 来 罗巴涛格 一 降 来 莫毕精汝 一 降 来 莫盘恩浩

ɯ^{33} hɑ^{55} dɯ^{33} zɑ^{21} lu^{33}, lər^{21}dʑə^{33} tɕi^{55} dʑə^{33} dɯ^{33} zɑ^{21} lu^{33}, thɑ^{55}iə^{33} ti^{33} bɑ^{33} dɯ^{33} zɑ^{21} lu^{33}, |
一 降 来 朗久敬久 一 降 来 套优丁巴 一 降 来

y^{21} phy^{55} tʂuɑ^{21} so^{33} tshe^{21} sʅ^{55} kv̩^{33}, y^{21} ly^{55} tʂuɑ^{21} so^{33} tshe^{21} sʅ^{55} kv̩^{55}, y^{21} tɕi^{55} tʂuɑ^{21} so^{33}
余聘爪梭 十 三 个 余吕爪梭 十 三 个 余敬爪梭

tshe^{21} sʅ^{55} kv̩^{55}
十 三 个

请神降临在白毡铺设的神座上，降临在白铁犁尖按规矩竖成的卢神石上，降临到倒在神座上的祭粮中来，降临在白色土布桥上，降临在香火、神灯上，降临在用牦牛、羊、酒、饭、肥肉、瘦肉、柏枝、酥油做的天香上来。请最早的刹依威德从天上十八层降临来，请依谷阿格、恒迪窝盘降临来，请东巴什罗从十八层天上降临来，请恒依格空、胜生柯久、冒米巴拉降临来，请罗巴涛格、莫毕精汝、莫盘恩浩降临来，请朗久敬久、套优丁巴降临来，请十三个余聘爪梭、十三个余吕爪梭、十三个余敬爪梭降临来。

285-C-11-06

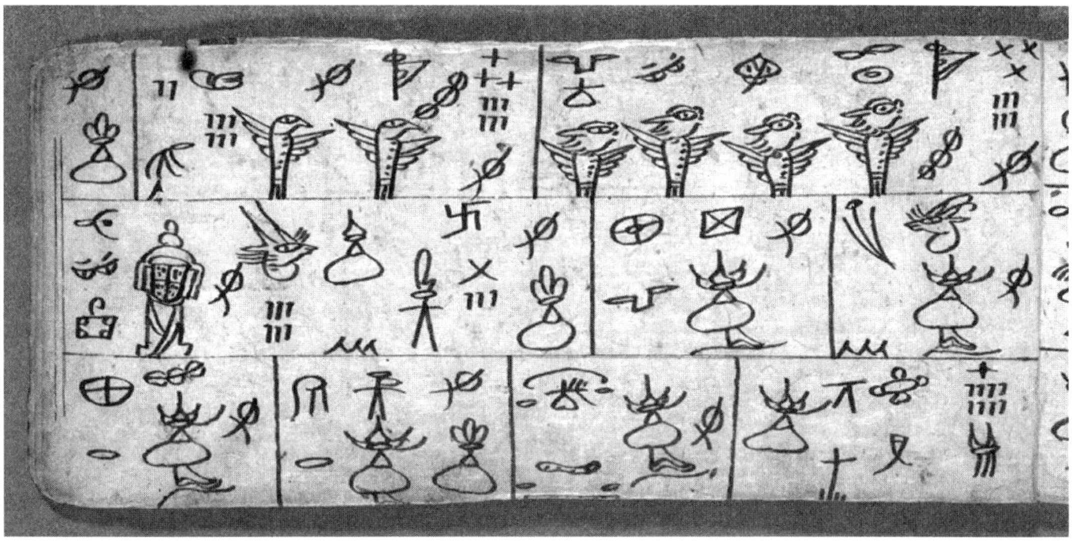

dɯ^{33} zɑ^{21} lu^{33}, | n̩i^{33} bv̩^{33} lɑ^{21} dər^{33} dɯ^{33} zɑ^{21} lu^{33}, dæ^{21} ne^{21} tʂhu^{21} gə^{33} to^{33} kə^{21} gɑ^{33} lɑ^{21}
一 降 来 尼补劳端 一 降 来 能干 和 迅速 的 端格 战神

sɿ^{21} ɕi^{33} tʂhuɑ^{55} tshər^{21} dɯ^{33} zɑ^{21} lu^{33}. | thv̩^{33} tʂhʅ^{33} iə^{21} mɑ^{21}, n̩ə^{33} n̩ə^{21} iə^{33} mɑ^{21}, pɑ^{33} u^{33}
三 百 六十 一 降 来 土蚩优麻 扭牛优麻 巴乌优麻

iə^{33} mɑ^{21}, iə^{33} mɑ^{21} dæ^{21} ne^{21} tʂhu^{21} gə^{33} sɿ^{21} ɕi^{33} tʂhuɑ^{55} tshər^{21} dɯ^{33} zɑ^{21} lu^{33}. | khɑ^{33} zər^{33}
优麻 能干 和 迅速 的 三 百 六十 一 降 来 卡冉纽究

n̩ə^{55} dʑə^{21} dɯ^{33} zɑ^{21} lu^{33}, i^{33}dər^{33}lɑ^{33}mu^{33} he^{21} dɯ^{21} mi^{55} ɯ^{33} tshe^{21} sɿ^{55} kv̩^{33} dɯ^{33} zɑ^{21} lu^{33}. |
一 降 来 依端拉姆 神 大 女 好 十三 个 一 降 来

n̩i^{33} me^{33} thv̩^{33}, gə^{21}tshe^{55} tshe^{55} bv̩^{33} dɯ^{33} zɑ^{21} lu^{33}; | i^{33} tʂhʅ^{33} mɯ^{21}, se^{55} zʅ^{33} mi^{21}gu^{33} dɯ^{33}
东方 格衬称补 一 降 来 南方 胜日明恭 一

zɑ^{21} lu^{33} ; | n̩i^{33} me^{33} gv̩^{21}, nɑ^{55} se^{33} tshu^{33} lu^{33} dɯ^{33} zɑ^{21} lu^{33}; | ho^{33} gv̩^{33} lo^{21}, gv̩^{33} se^{55} khə^{33}
降 来 西方 纳生初卢 降 来 北方 古生抠巴

bɑ^{33} dɯ^{33} zɑ^{21} lu^{33}; | mɯ^{33} le^{33} dy^{21} zv̩^{55} gv̩^{33}, so^{33} y^{21} tshi^{55} gv̩^{33} dɯ^{33} zɑ^{21} lu^{33}; | py^{33} bv̩^{21}
一 降 来 天 和 地 中央 梭余晋古 一 降 来 祭司

dzər^{21} dɯ^{21} me^{33} gə^{33} tshe^{21} ho^{55} kv̩^{33}
威 大 做 的 十 八 个

请尼补劳端大神降临来，请能干而又行动迅速的三百六十个端格战神降临来。请土蚩优麻、扭牛优麻、巴乌优麻等能干而又行动迅速的三百六十个优麻战神降临来。请卡冉纽究降临来，请十三个依端拉姆女神降临来。东方，请格衬称补祭司降临来；南方，请胜日明恭祭司降临来；西方，请纳生初卢祭司降临来；北方，请古生抠巴祭司降临来；天地中央，请梭余晋古祭司降临来；请十八尊具有强大神威的祭司降临来。

285-C-11-07

za^{33} le^{33} lu^{33}. | mɯ^{33} gə^{33} ʂə^{55} la^{33} uə^{33} kə^{21} za^{21} le^{33} lu^{33}. | mɯ^{33} gə^{33} py^{33} by̩^{21} na^{55} by̩^{33}
下 又 来 天 的 寿拉威格 降 又 来 天 的 祭司 纳补梭恭

so^{33} gu^{33} za^{21} le^{33} lu^{33}, dy^{21} gə^{33} sa^{33} by̩^{33} sa^{33} la^{21} py^{33} by̩^{21} za^{21} le^{33} lu^{33}, | n̠i^{33} me^{33} py^{33}
降 又 来 地 的 莎补莎劳 祭司 降 又 来 太阳 祭司

by̩^{21}tər^{21}ma^{55}tər^{21} dʐʅ^{33} za^{21} le^{33} lu^{33}, he^{33} me^{33} py^{33} by̩^{33} tɕi^{55} tha^{55} tɕi^{55} iə^{33} dɯ^{33} za^{21} lu^{33}, |
呆麻呆支 降 又 来 月亮 祭司 敬套敬优 一 降 来

kɯ^{21} gə^{33} py^{33} by̩^{21} lo^{21} pa^{33} zi^{55} zæ^{33} dɯ^{33} za^{21} lu^{33}, hər^{33} gə^{33} py^{33} by̩^{21} hər^{33} da^{33} lo^{21} ɕy^{55}
星 的 祭司 罗巴汝冉 一 降 来 风 的 祭司 海岛罗许

dɯ^{33} za^{21} lu^{33}, | ky̩^{55} gə^{33} py^{33} by̩^{21} ky̩^{55} tha^{55} ga^{33} u^{21} dɯ^{33} za^{21} lu^{33}, ty^{21} gə^{33} py^{33} by̩^{21}
一 降 来 虹 的 祭司 固套嘎吾 一 降 来 敦 的 祭司

pa^{33} ty^{33} lo^{21} n̠i^{55} dɯ^{33} za^{21} lu^{33}, | n̠i^{33} gə^{33} py^{33} by̩^{21} thy̩^{33} thy̩^{33} ko^{21} ua^{33} dɯ^{33} za^{21} lu^{33},
巴敦罗涅 一 降 来 尼 的 祭司 土土各瓦 一 降 来

ʂy̩^{21} gə^{33} py^{33} by̩^{21}iə^{21} n̠i^{55} tɕi^{55} gu^{33} dɯ^{33} za^{21} lu^{33}. | sa^{21} da^{55} gə^{33} py^{33} by̩^{21} sa^{21} thy̩^{33} dʑə^{33} u^{21}
署 的 祭司 尤聂季恭 一 降 来 刹道 的 祭司 刹土久乌

dɯ^{33} za^{21} lu^{33}, | he^{21} gə^{33} py^{33} by̩^{21} la^{21} by̩^{33} tho^{33} kə^{55} dɯ^{33} za^{21} lu^{33}, du^{21} gə^{33} py^{33} by̩^{21} i^{21}
一 降 来 恒神 的 祭司 劳补妥构 一 降 来 董族 的 祭司

ʂʅ^{55} bu^{21} dzo^{33} dɯ^{33} za^{21} lu^{33}, | tər^{21} gə^{33} py^{33} by̩^{21}
依世补佐 一 降 来 呆鬼 的 祭司

天上的大神寿拉威格降临来。天的祭司纳补梭恭降临来，地的祭司莎补莎劳降临来，太阳的祭司呆麻呆支降临来，月亮的祭司敬套敬优降临来，星的祭司罗巴汝冉降临来，风的祭司海岛罗许降临来，虹的祭司固套嘎吾降临来，敦的祭司巴敦罗涅降临来，尼的祭司土土各瓦降临来，署的祭司尤聂季恭降临来，刹道的祭司刹土久乌降临来，恒神的祭司劳补妥构降临来，董族的祭司依世补佐降临来，呆鬼的祭司

285-C-11-08

sɿ^{21} so^{33} sæ^{21} ɕy^{33} zɑ^{21} le^{33} lu^{33}, | dy̩^{21} gə^{33} py^{33} by̩^{21} tɑ^{33} si^{33} bər^{21} o^{55} zɑ^{21} le^{33} lu^{33}, | tse^{21}
斯梭禅虚 降 又 来 毒鬼 的 祭司 岛新班沃 降 又 来 仄鬼

gə^{33} py^{33} by̩^{21} tse^{21} ʂɿ^{33} nɑ^{21} dər^{33} zɑ^{21} le^{33} lu^{33}, | tshə^{55} gə^{33} py^{33} by̩^{21} tshə^{55} su^{55} tɕi^{55} bər^{21}
的 祭司 仄史拿端 降 又 来 秽鬼 的 祭司 臭宋敬班

zɑ^{21} le^{33} lu^{33}, | gy̩^{33} ny̩^{21} py^{21} ky̩^{55} zɑ^{21} le^{33} lu^{33}, ʂər^{33} ny̩^{21} py^{21} ky̩^{55} zɑ^{21} le^{33} lu^{33}. | me^{33} gə^{33}
降 又 来 九 个 祭 会 降 又 来 七 个 祭 会 降 又 来 梅 的

py^{33} by̩^{21} me^{21} py^{21} ky̩^{55} lɑ^{33} zɑ^{21} le^{33} lu^{33}, | ho^{21} gə^{33} py^{33} by̩^{21} ho^{21} py^{21} ze^{55} tɕi^{33} zɑ^{21} le^{22}
祭司 梅毕故佬 降 又 来 禾 的 祭司 禾毕壬京 降 又

lu^{33}, | sɿ^{55} gə^{33} py^{33} by̩^{21} ʂy̩^{33} py^{21} uɑ^{33} by^{33} zɑ^{21} le^{33} lu^{33}, | iə^{21} gə^{33} py^{33} by̩^{21} iə^{21} py^{21} lɑ^{33}
来 束 的 祭司 束毕瓦丙 降 又 来 尤 的 祭司 尤毕拉吐

thy̩^{55} zɑ^{21} le^{33} lu^{33}. | tsho^{21} ze^{33} lɯ^{55} ɯ^{33} py^{33} by̩^{21} ʥə^{21} by̩^{33} thy̩^{33} tʂhɿ^{33} zɑ^{21} le^{33} lu^{33}, tshy^{55}
降 又 来 崇忍利恩 祭司 久补土蚩 降 又 来 趣

gə^{33} py^{33} by̩^{21} ʥi^{33} ɯ^{33} ʂər^{55} lər^{33} zɑ^{21} le^{33} lu^{33}. | py^{33} by̩^{21} dʐər^{21} dɯ^{21} gə^{33} ty̩^{33} ty̩^{21} kɯ^{33}
的 祭司 精恩什罗 降 又 来 祭司 威 大 的 千 千 万

kɯ^{21} zɑ^{21} le^{33} lu^{33}, | phy̩^{33} lɑ^{21} dʐər^{21} dɯ^{21} gə^{33} sɿ^{21} ɕi^{33} tʂhuɑ^{55} tshər^{21} zɑ^{21} le^{33} lu^{33}. | phər^{21}
万 降 又 来 神 威 大 的 三 百 六 十 降 又 来 盘神

mu^{21} ʂæ^{21} mu^{21} tʂʅ^{3} uɑ^{21}, phər^{21} uə^{33} ʂæ^{21} uə^{33} lo^{21} nɯ^{33} zɑ^{21} le^{33} lu^{33}.
兵 禅神 兵 所有 盘神 寨 禅神 寨 里 由 降 又 来

斯梭禅虚（又称呆土梭京）降临来；毒鬼的祭司岛新班沃（又称毒套班余），仄鬼的祭司仄史拿端降临来，秽鬼的祭司臭宋敬班降临来，九个会祭祀的，七个善于祭祀的祭司降临来。梅氏族的祭司梅毕故佬降临来，禾氏族祭司禾毕壬京降临来，束氏族祭司束毕瓦丙降临来，尤氏族祭司尤毕拉吐降临来。崇忍利恩的祭司久补土蚩降临来，趣的祭司精恩什罗降临来。具有强大神威的千千万万个祭司降临来，具有强大威力的三百六十尊大神降临来。所有的盘神兵、禅神兵，从盘神、禅神寨中降临来。

285-C-11-09

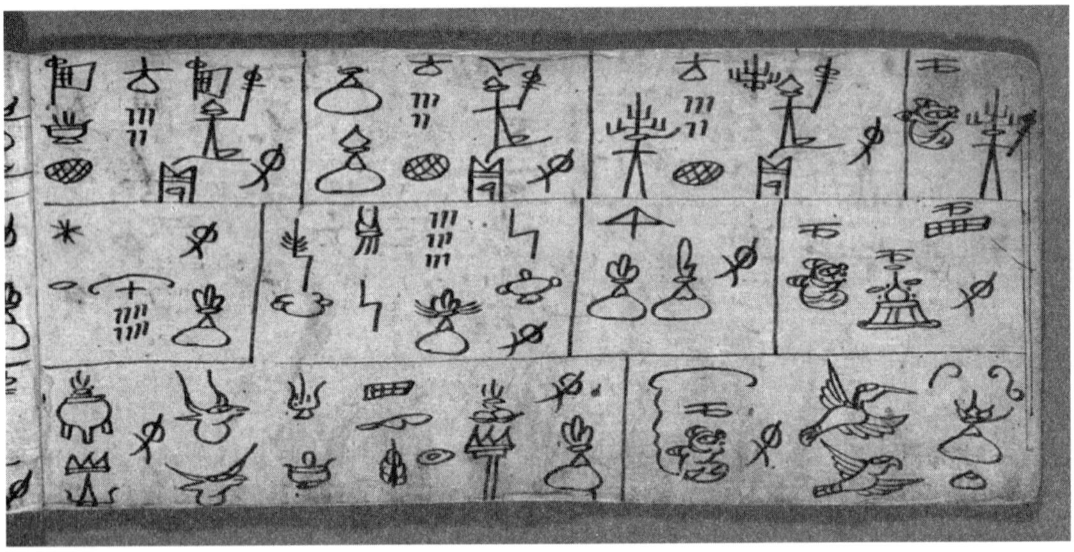

gɑ^{33} mu^{21} u^{21} mu^{21} tʂʅ^{33} uɑ^{21}, gɑ^{33} uə^{33} u^{21} uə^{21} ko^{21} lo^{21} nɯ^{33} zɑ^{21} le^{33} lu^{33}. | o^{55} mu^{21} he^{21}
胜神 兵 吾神 兵 所有 胜神 寨 吾神寨 里边 由 降 又 来 沃神 兵 恒神

mu^{21} tʂʅ^{33} uɑ^{21}, o^{55} uə^{33} he^{21} uə^{33} ko^{33} lo^{21} nɯ^{33} zɑ^{21} le^{33} lu^{33}. | be^{21} mu^{21} tʂʅ^{3} uɑ^{21},
兵 所有 沃神 寨 恒神 寨 里边 由 降 又 来 本丹 兵 所有

be^{21} dæ^{21} uə^{33} ko^{33} lo^{21} nɯ^{33} zɑ^{21} le^{33} lu^{33}. | phʏ^{33} lɑ^{21} dæ^{21} mu^{21} tʏ^{33} tʏ^{21} kɯ^{33} kɯ^{21},
本丹 寨 里边 由 降 又 来 神 能干 兵 千 千 万 万

mɯ^{33} tɕər^{21} tshe^{21} ho^{55} ty^{33} nɯ^{33} dɯ^{33} zɑ^{21} lu^{33}. | sʅ^{21} bʏ^{33} kʏ^{33} dɯ^{33} tʂhər^{55}, ə^{33} phʏ^{33} gʏ^{33}
天 上 十 八 层 由 一 降 来 司补 头 一 代 祖父 九

tʂhər^{55} dɯ^{21} gə^{33} dɯ^{33} zɑ^{21} lu^{33}. | mɯ^{33} lɯ^{55} du^{21} ə^{33} phʏ^{33}, le^{55} tɕhi^{33} se^{21} ə^{33} dzʅ^{33} dɯ^{33} zɑ^{21}
代 大 的 一 降 来 美利卢阿普 勒启沈阿祖 一 降

lu^{33}, | phʏ^{33} lɑ^{21} tʂʅ^{33} uɑ^{21} sʅ^{33} phər^{21} ʐʏ^{21} lʏ^{33} kʏ^{33}, thʏ^{33} phe^{33} dʑo^{33} phər^{21} kʏ^{33}
来 神 所有 毡 白 神座 上 土布 桥 白 上

me^{33} dɯ^{33} zɑ^{21} lu^{33}, | ɕy^{21} mi^{33}, bæ^{33} mi^{33} kv̩^{33} me^{33} dɯ^{33} zɑ^{21} lu^{33}, bər^{21} y^{21} zʅ^{33} hɑ^{33} tʂhər^{21} nɑ^{55}
是 一 降来 香火 灯盏 上 是 一 降 来 牦牛羊 酒 饭 肥肉 瘦肉

ɕy^{55}mɑ^{21} tʂhu^{55}pɑ^{33} kv̩^{33} dɯ^{33} zɑ^{21} lu^{33}. | mɯ^{33} gə^{33} phv̩^{33} lɑ^{21} zɑ^{21} me^{33}, ko^{33}dʑi^{21} kə^{55} dʑi^{21}
柏 油 天香 上 一 降 来 天 的 神 降 是 鹤 飞 鹰 飞

be^{33} le^{33} dɯ^{33} zɑ^{21} lu^{33}. py^{21} tɕər^{21} gv̩^{33} lv̩^{21} kɑ^{33} le^{21} dɯ^{33} thy^{55} lu^{33},
地 又 一 降 来 祭司 上 赐福 保佑 一 做 来

胜神和吾神的所有士兵，从胜神、吾神寨中降临来。所有沃神和恒神兵，从沃神、恒神寨中降临来。所有的本丹神兵，从本丹神寨中降临来。所有勇敢的千千万万的神兵，从天上十八层中降临来。头一代祖先的九位最强大的祖先神降临来，美利卢阿普、勒启沈阿祖降临来。请所有的神灵降临在人们用白毛毡铺设的神座上，降临在土布做的白色桥梁上，降临在香炉、灯盏上来，降临在用牦牛、羊、酒、饭、肥肉、瘦肉、柏枝、酥油做的天香上来。所有的神灵像白鹤和雄鹰一般飞了来，请来保佑和帮助祭司，

285-C-11-10

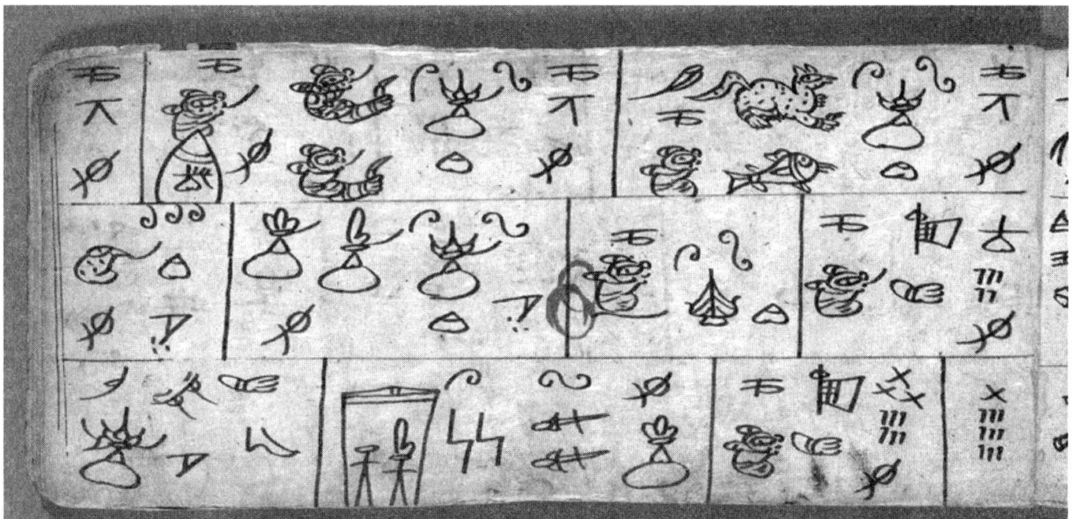

phər^{21} ne^{21} ʂæ^{21} dɯ^{33} zɑ^{21} lu^{33}. | so^{33} gə^{33} phv̩^{33} lɑ^{21} zɑ^{21} me^{33}, zər^{21} tsho^{33} lɑ^{33} tsho^{33} the^{33}
盘神 和 禅神 一 下 来 岭 的 神 下 是 豹 跳 虎 跳 那样

n̩i^{33} be^{33} le^{33} lu^{33}, py^{21} tɕər^{21} gv̩^{33} lu^{21} kɑ^{33} le^{21} dɯ^{33} thy^{55} lu^{33}. phər^{21} ne^{21} ʂæ^{21} dɯ^{33} zɑ^{21}
地 又 来 祭司 上 赐福 保佑 一 做 来 盘神 和 禅神 一 下

lu^{33}. | dʑi^{21} gə^{33} phv̩^{33} lɑ^{21} zɑ^{21} me^{33}, ʂu^{21} dzər^{33} n̩i^{33} dzər^{33} be^{33} le^{33} lu^{33}, py^{21} tɕər^{21} gv̩^{33}
来 水 的 神 下 是 水獭 游 鱼 游 地 又 来 祭司 上 赐福

lu^{21} kɑ^{33} le^{21} dɯ^{33} thy^{55} lu^{33}. phər^{21} ne^{21} ʂæ^{21} lɑ^{33} dɯ^{33} zɑ^{21} lu^{33}. | tɕər^{55} pu^{33} zɑ^{21} me^{33} hɯ^{21}
保佑 一 做 来 盘神 和 禅神 也 一 下 来 布谷鸟 下 是 雨

thy^{55}dɯ^{33} be^{33} lu^{33}, | lu^{21} se^{21} zɑ^{21} me^{33} py^{21} tɕər^{21} gv̩^{33} lv̩^{21} kɑ^{33} le^{21} thy^{55} be^{33} lu^{33}. | phv̩^{33}
保 一 做 来 卢神 沈神 下 是 祭司 上 赐福 保佑 帮 做 来 神

lɑ^{21} zɑ^{21} me^{33}, sɿ^{55} tɕər^{21} gv̩^{33} lv̩^{21} kɑ^{33} le^{21} dɯ^{33} thy^{55} lu^{33}. | phv̩^{33} lɑ^{21} gɑ^{33} lɑ^{21} tʂhʅ^{33} uɑ^{21}
降 是 人 上 赐福 保佑 一 保 来 神 胜神 所有

zɑ^{21}me^{33}, py^{21} gə^{33} mə^{33} do^{21} kv̩^{33} gə^{33} miə^{21} be^{33} lu^{33}, mə^{33} mæ^{21} kv̩^{33} gə^{33} khɯ^{33} ne^{21} lɑ^{21}
下 是 祭司 的 不 见 处 的 眼 做 来 不 及 处 的 脚 和 手

be^{33} lu^{33}, | i^{33} dɑ^{21} tʂhʅ^{33} dʑi^{21} tɕər^{21} gv̩^{33} lv̩^{21} tʂhər^{33} tʂhər^{21}, kɑ^{33} le^{21} dɑ^{55} dɑ^{55} dɯ^{33} zɑ^{21}
做 来 主人 这 家 上 赐福 稳当 保佑 牢固 一 降

lu^{33}. | phv̩^{33} lɑ^{21} gɑ^{33} lɑ^{21} sɿ^{21} ɕi^{33} tʂhuɑ^{55} tshər^{21} zɑ^{21} me^{33}, | gv̩^{33} tshər^{21}
来 神 胜神 三 百 六 十 降 是 九 十

盘神和禅神也一起降临来。山岭上的神降临是像猛虎和豹子一样跳着来，来保佑和帮助祭司，盘神和禅神也一起降临来。水上的神降临是像水獭和鱼儿一样游过来，来保佑和帮助祭司，请盘神和禅神也一起降临来。布谷鸟降临会带来春雨，卢神和沈神降临，请来保佑和帮助祭司。大神们降临，请来保佑和帮助人类。所有的大神和胜神降临，来做祭司看不到而又能看到的眼睛，来做祭司伸不到而又能伸到的脚和手，来给这一户主人稳当的赐福，牢靠的保佑。三百六十尊神灵和胜神的降临，

285-C-11-11

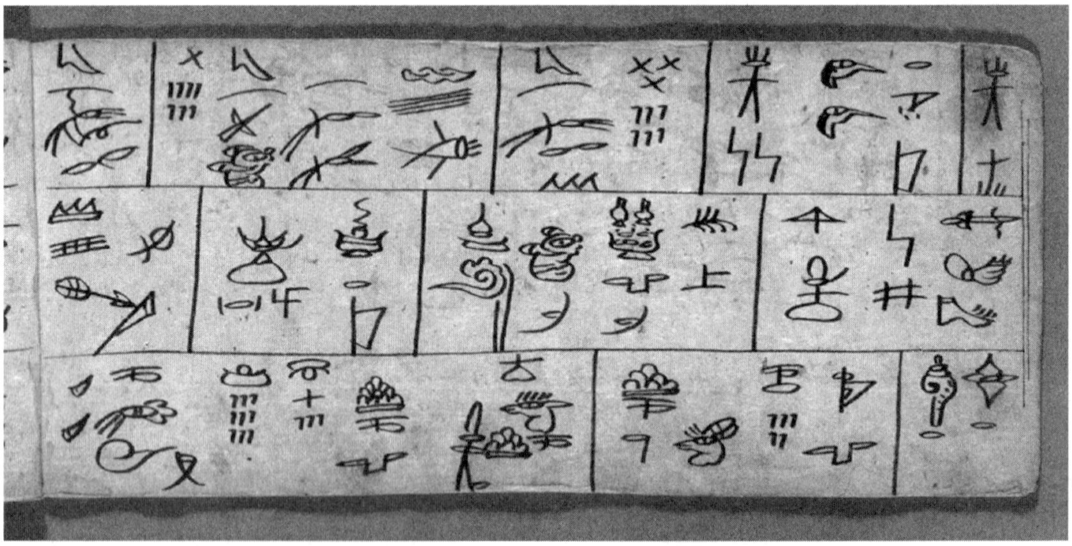

tshʅ^{33} ne^{21} iə^{21} mɯ^{21} le^{33} zər^{21}, | ʂər^{33} tshər^{21} tər^{21} ne^{21} lɑ^{33} mɯ^{21} le^{33} zər^{21}, dv̩^{21} ne^{21} tse^{21},
楚鬼 和 尤鬼 下 又 压 七 十 呆鬼 和 佬鬼 下 又 压 毒鬼 和 仄鬼

tɕi^{21} ne^{21} hər^{33}, mu^{33} ne^{21} ɯ^{21} mɯ^{21} le^{33} zər^{21}, | tshʅ^{21} uɑ^{33} sɿ^{21} ɕi^{33} tʂhuɑ^{55} tshər^{21} mɯ^{21} le^{33}
云鬼 和 风鬼 猛鬼 和 恩鬼 下 又 压 鬼族 三 百 六 十 下 又

zər^{21}, | tshʅ^{21} zər^{21} tʂhər^{33} tʂhər^{21} ko^{33} ko^{21} gy̩^{33} be^{33} ho^{55}, | tshʅ^{21} py^{21} mi^{33} dər^{33}, lər^{55} khæ^{55}
压 鬼 压 稳当 牢靠 成 做 愿 鬼 祭 目的 达 瞄 射

gɯ^{33} zɑ^{21}. | py^{33} by̩^{21} zʅ^{33} ʂər^{21} hɑ^{55} i^{33} gy̩^{33} be^{33} ho^{55}. ‖ ɑ^{33} lɑ^{33} mə^{33} ʂər^{55} ȵi^{33} , iə^{55} lo^{33}
裂 现 祭司 寿 长 日 久 成 做 愿 呵 也 不 说 日 尤罗

thy̩^{33} ky̩^{33} pɯ^{55} ky̩^{33} mə^{33} sʅ^{33} me^{33}, thy̩^{33} le^{33} pɯ^{55} ʥo^{21} ʂə^{55} mə^{33} ȵi^{21}, | mɯ^{33} lɯ^{55} du^{21}
出 处 来 处 不 知 是 出 又 来 事 说 不 要 美利董主

dɯ^{33} tʂhər^{55}, lɑ^{21} khɯ^{33} gə^{33} tsʅ^{21} ky̩^{55} tshər^{55} le^{33} , du^{21} hɯ^{55} phər^{21} gə^{33} lo^{21} ȵə^{21} ku^{55}. gy̩^{33}
代 手 脚 的 指甲 割 又 董 海 白 的 里边 抛 九

he^{33} tshe^{21} sʅ^{55} hɑ^{33} lɯ^{55} gy̩^{33},dər^{33} phər^{21} tʂhʅ^{33} le^{33} thy̩^{33},du^{21} nɯ^{33} dər^{21} phər^{21} tʂhʅ^{33} le^{33}
月 十 三 天 又 到 沫 白 那 又 产生 董 由 沫 白 那 又

y^{21}, | dər^{21} phər^{21} ko^{33} lo^{21} ky̩^{33} phər^{21} uɑ^{55} ly^{33} the^{21} nɯ^{33} thy̩^{33}, | dy̩^{33} phər^{21} ky̩^{33}
拿 沫 白 里边 蛋 白 五 颗 这 由 出 海螺 白 蛋

phər^{21}, uɑ^{33} hər^{21} ky̩^{33} hər^{21}, |
白 松石 绿 蛋 绿

把九十个楚鬼和尤鬼镇压下去，把七十个呆鬼和佬鬼、毒鬼和仄鬼、云鬼和风鬼、猛鬼和恩鬼镇压下去，把三百六十种鬼镇压下去，愿所镇压下去的鬼，压稳当，压牢靠。愿所祭的鬼能达到预期目的，就像瞄着射出的箭，使靶板中出现射中的裂纹。愿做祭祀的祭司健康长寿。

远古的时候。若不知道尤罗神偶的出处来历，就不要说尤罗神偶的事。美利董主一代，美利董主把他的手指和脚指的指甲切了抛到董族的白海中。过了九个月零十三天，大海中生出一团白色的泡沫，董族把白色泡沫取了回来，白色泡沫中产生出五颗蛋，一个是海螺般洁白的蛋，一个是松石般碧绿的蛋，

285-C-11-12

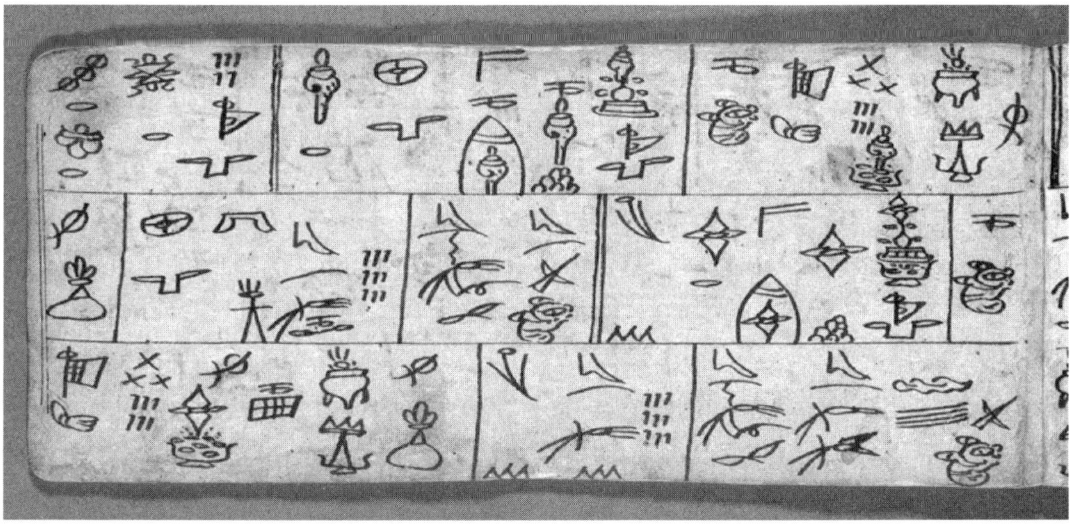

tʂhu^{21} nɑ^{55} kv̩^{33} nɑ^{21}, ŋv̩^{33} phər^{21} kv̩^{33} phər^{21}, hæ^{33} ʂʅ^{21} kv̩^{33} ʂʅ^{21} uɑ^{55} ly^{33} thv̩^{33}. | dv̩^{33} phər^{21}
墨玉 黑 蛋 黑 银 白 蛋 白 金 黄 蛋 黄 五 颗 产生 海螺 白

kv̩^{33} nɯ^{33} pɯ^{33} pɑ^{33} be^{33}, n̡i^{33} me^{33} thv̩^{33}, dv̩^{33} phər^{21} dʑy^{21} ʂuɑ^{21} kv̩^{33}, dv̩^{33} phər^{21} dər^{21} phər^{21}
蛋 由 变化 做 东方 海螺 白 山 高 上 海螺 白 沫 白

thv̩^{33}, dv̩^{33} phər^{21} iə^{55} lo^{33} the^{21} nɯ^{33} thv̩^{33}. | phv̩^{33} lɑ^{21} gɑ^{33} lɑ^{21} sʅ^{21} ɕi^{33} tʂhuɑ^{55} tshər^{21}, dv̩^{33}
产生 海螺 白 尤罗 这 里 产生 神 胜神 三 百 六十 海螺

phər^{21} iə^{55} lo^{33} kv̩^{33}, ɕy^{21} mi^{33} bæ^{33} mi^{33} kv̩^{33} dɯ^{33} zɑ^{21} lu^{33}. | n̡i^{33} me^{33} thv̩^{33} gə^{33} tshʅ^{21} uɑ^{33}
白 尤罗 上 香火 灯 盏 上 一 下 来 东方 的 鬼族

phər^{21} gə^{33} gv̩^{33} kv̩^{55} mi^{21} le^{33} zər^{21}, | tshʅ^{33} ne^{21} iə^{21} , tər^{21} ne^{21} lɑ^{33} mɯ^{21} le^{33} zər^{21}. | i^{33}
白 的 九 个 下 又 压 楚鬼 和 尤鬼 呆鬼 和 佬鬼 下 又 压 南方

tʂhʅ^{33} mɯ^{21}, kv̩^{33} hər^{21} pɯ^{33} pɑ^{33} be^{33}, uɑ^{21} hər^{21} dʑy^{21} ʂuɑ^{21} kv̩^{33}, uɑ^{33} hər^{21} dər^{33} hər^{21} thv̩^{33},
蛋 绿 变化 做 松石 绿 山 高 上 松石 绿 沫 绿 产生

dər^{33} hər^{21} pɯ^{33} pɑ^{33} be^{33},uɑ^{33} hər^{21} iə^{55} lo^{33} the^{21} nɯ^{33} thv̩^{33}. | phv̩^{33} lɑ^{21} gɑ^{33} lɑ^{21} sʅ^{21} ɕi^{33}
沫 绿 变化 做 松石 绿 尤罗 这 由 产生 神 胜神 三 百

tʂhuɑ^{55} tshər^{21}, uɑ^{33} hər^{21} iə^{55} lo^{33} kv̩^{33} dɯ^{33} zɑ^{21} lu^{33}, thv̩^{33} phe^{33} dʑo^{33} phər^{21} kv̩^{33}, ɕy^{21} mi^{33}
六十 松石 绿 尤罗 上 一 降 来 土布 桥 白 上 香火

bæ^{33} mi^{33} kv̩^{33} dɯ^{33} zɑ^{21} lu^{33}. | i^{33} tʂhʅ^{33} mɯ^{21} gə^{33} mi^{33} tshʅ^{21} gv̩^{33} kv̩^{55} mɯ^{21} le^{33} zər^{21}, |
灯盏 上 一 降 来 南方 的 火鬼 九 个 下 又 压

tshʅ^{33} ne^{21} iə^{21}, dv̩^{21} ne^{21} tse^{21}, tɕi^{21} ne^{21} hər^{33}, tər^{21} ne^{21} lɑ^{33} mɯ^{21} le^{33} zər^{21}.
楚鬼 和 尤鬼 毒鬼 和 仄鬼 云鬼 和 风鬼 呆鬼 和 佬鬼 下 又 压

一个是墨玉般黝黑的蛋，一个是银白色的蛋，一个是黄金一样的蛋，产生了五颗蛋。由海螺般洁白的蛋作变化，在东方海螺般洁白的高山上，产生了白色的泡沫，由白色的泡沫，产生了海螺般洁白的尤罗神偶。请三百六十尊神和胜神降临到海螺般洁白的尤罗神偶上来，降临在人们为其准备的香火灯盏上来，把东方九个白色的鬼镇压下去，把楚鬼、尤鬼、呆鬼、佬鬼镇压下去。松石般碧绿的蛋作变化，在南方松石般碧绿的高山上，产生了绿色泡沫，由绿色泡沫作变化，产生了松石般碧绿尤罗神偶，请三百六十个神和胜神降临在绿色尤罗神偶上，降临到土布白桥上，降临在香火、灯盏上来。把南方的九个火鬼镇压下去，把楚鬼、尤鬼、毒鬼、仄鬼、云鬼、风鬼、呆鬼、佬鬼镇压下去。

285-C-11-13

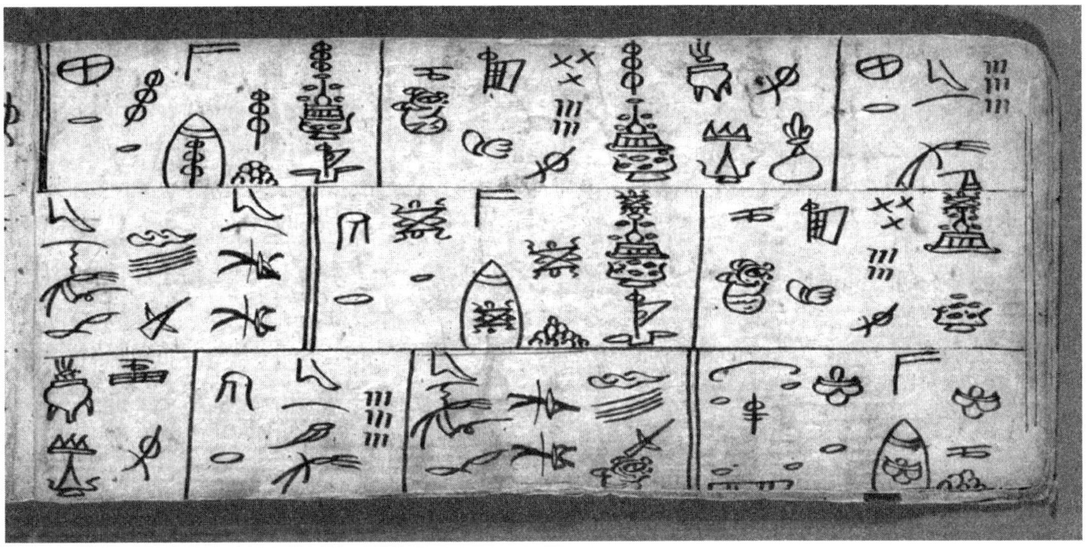

ȵi^{21} me^{33} gv̩^{21}, tʂhu^{21} kv̩^{33} nɑ^{21} nɯ^{33} pɯ^{33} pɑ^{33} be^{33}, tʂhu^{21} nɑ^{55} ʥy^{21} ʂuɑ^{21} kv̩^{33}, dər^{21} nɑ^{21}
西方 墨玉 蛋 黑 由 变化 做 墨玉 黑 山 高 上 沫 黑

the^{21} nɯ^{33} thv̩^{33}, tʂhu^{21} dər^{33} kv̩^{33} nɯ^{33} tʂhu^{33} nɑ^{21} iə^{55} lo^{33} the^{21} nɯ^{33} thv̩^{33}. | phv̩^{33} lɑ^{21}
这 由 产生 墨玉 沫 上 由 墨玉 尤罗 这 由 产生 神

gɑ^{33} lɑ^{21} sɿ^{21} ɕi^{33} tʂhuɑ^{55} tshər^{21} zɑ^{21} lɯ^{33} me^{33}, tʂhu^{33} nɑ^{21} iə^{55} lo^{33} kv̩^{33}, tʂhuɑ^{33}phər^{21} kuɑ^{55}
胜神 三 百 六十 降 来 是 墨玉 尤罗 上 米 白 神粮

mu^{21} lo^{21}, ɕy^{21} mi^{33}、bæ^{33} mi^{33} kv̩^{33} me^{33} dɯ^{33} zɑ^{21} lu^{33}. | ȵi^{33} me^{33} gv̩^{21} ʂu^{21} tshɿ^{21} gv̩^{33} kv̩^{55}
里 香火 灯盏 上 是 一 降 来 西方 铁 鬼 九 个

mɯ^{21} le^{33} zər^{21}, | tshɿ^{33} ne^{21} iə^{21}, tɕi^{21} ne^{21} hər^{33}, tər^{21} ne^{21} lɑ^{33}, dv̩^{21} ne^{21} tse^{21} mɯ^{21}
下 又 压 楚鬼 和 尤鬼 云鬼 和 风鬼 呆鬼 和 佬鬼 毒鬼 和 仄鬼 下

le^{33} zər^{21}. ‖ ho^{33} gv̩^{33} lo^{21} , hæ^{33} ʂɿ^{21} kv̩^{33} ʂɿ^{21} pɯ^{33}pɑ^{33} be^{33}, hæ^{33} ʂɿ^{21} ʥy^{21} ʂuɑ^{21} kv̩^{33},
又 压 北方 金 黄 蛋 黄 变化 做 金 黄 山 高 上

hæ^{33} ʂɿ^{21} dər^{21} ʂɿ^{21} thv̩^{33}, dər^{21} ʂɿ^{21} lo^{21} nɯ^{33} iə^{55} lo^{33} ʂɿ^{21} gə^{33} the^{21} nɯ^{33} thv̩^{33}. | phv̩^{33}
金 黄 沫 黄 产生 沫 黄 里 由 尤罗 黄 的 这 由 产生 神

lɑ^{21} gɑ^{33} lɑ^{21} sɿ^{21} ɕi^{33} tʂhuɑ^{55} tshər^{21} zɑ^{21} lɯ^{33} me^{33}, hæ^{33} ʂɿ^{21} iə^{55} lo^{33} kv̩^{33}, tʂhuɑ^{33} phər^{21}
胜神 三 百 六 十 下 来 是 金 黄 尤罗 上 米 白

kuɑ^{55} mu^{21} lo^{21},ɕy^{21} mi^{33} bæ^{33} mi^{33} kv̩^{33}, thv̩^{33} phe^{33} ʥo^{33} phər^{21} kv̩^{33} dɯ^{33} zɑ^{21} lu^{33}. | ho^{33}
祭粮 里 香火 灯盏 上 土 布 桥 白 上 一 降 来 北方

gv̩^{33} lo^{21} ʥi^{21} tshɿ^{21} gv̩^{33} kv̩^{55} mɯ^{21} le^{33} zər^{21}, | tshɿ^{33} ne^{21} iə^{21}, dv̩^{21} ne^{21} tse^{21}, tɕi^{21} ne^{21}
水 鬼 九 个 下 又压 楚鬼 和 尤鬼 毒鬼 和 仄鬼 云鬼 和

hər^{33}, tər^{21} ne^{21} lɑ^{33} mɯ^{33} le^{33} zər^{21}. ‖ mɯ^{33} le^{33} dy^{21} zy̩^{55} gy̩^{33}, ŋy̩^{33} phər^{21} ŋy̩^{21} ky̩^{33} pɯ^{33}
风鬼 呆鬼 和 佬鬼 下 又 压 天 和 地 中央 银 白 银 蛋 变化

pɑ^{33} be^{33}, ŋy̩^{33} phər^{21} dʑy^{21} ʂuɑ^{21} ky̩^{33}, ŋy̩^{33} phər^{21} dər^{21} phər^{21} thy̩^{33}. |
做 银 白 山 高 上 银 白 沫 白 产生

西方，墨玉般的黑蛋作变化，在墨玉般的黑色高山上，产生了墨玉般的泡沫，从这泡沫之中产生了墨玉般黝黑的尤罗神偶。三百六十个神和胜神，请降临在墨玉般黝黑的神偶上来，请降临到白米神粮里，降临到香火、灯盏上来，把西方的九个铁鬼镇压下去，把楚鬼、尤鬼、云鬼、风鬼、呆鬼、佬镇、毒鬼、仄鬼压下去。北方金黄色蛋作变化，在金黄色的高山上，产生了金黄色的泡沫，从金黄色泡沫中产生出金黄色的尤罗神偶。三百六十尊神和胜神，请降临到这金黄色的尤罗上来，降临在祭粮里来，降临到香火、灯盏及土布白桥上来。把北方的九个水鬼镇压下去，把楚鬼、尤鬼、毒鬼、仄鬼、云鬼、风鬼、呆鬼、佬鬼镇压下去。天地中央银白色蛋作变化，在银白色的高山上，产生了银白色的泡沫。

285-C-11-14

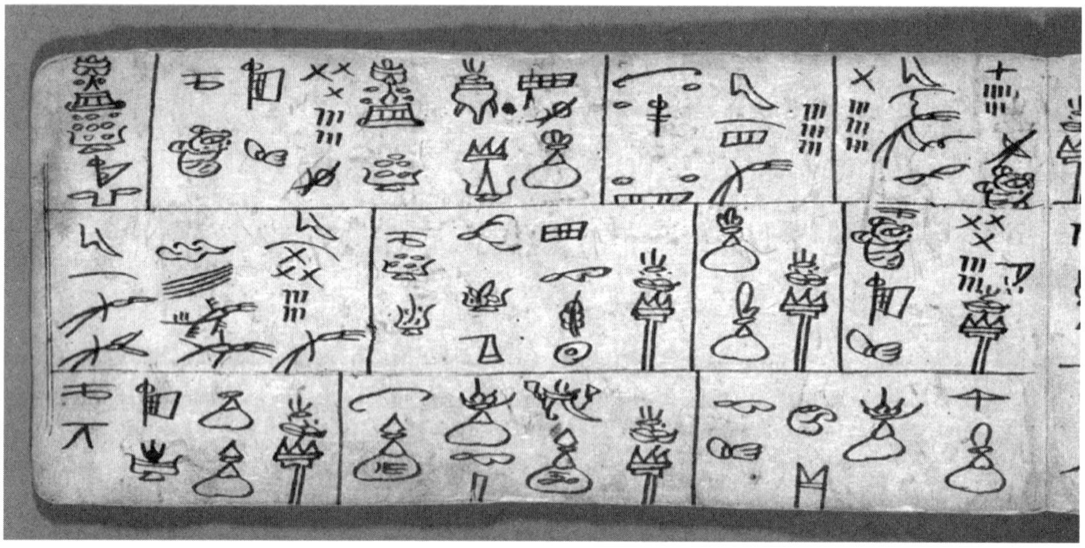

dər^{21} phər^{21} ky̩^{33} nɯ^{33}, ŋy̩^{33} phər^{21} iə^{55} lo^{33} the^{21} nɯ^{33} thy̩^{33}. | phy̩^{33} lɑ^{21} gɑ^{33} lɑ^{21} sʅ^{21} ɕi^{33}
沫 白 上 由 银 白 尤罗 这 由 产生 神 胜神 三 百

tʂhuɑ^{55} tshər^{21} zɑ^{21} lɯ^{33} me^{33},ŋy̩^{21} phər^{21} iə^{55} lo^{33} ky̩^{33}, tʂhuɑ^{33} phər^{21} kuɑ^{55} mu^{21} lo^{21}, ɕy^{21}
六十 降 来 是 银 白 尤罗 上 米 白 祭粮 里 香火

mi^{33}、bæ^{33} mi^{33} ky̩^{33},thy̩^{33} phe^{33} dʑo^{33} phər^{21} ky̩^{33} me^{33} dɯ^{33} zɑ^{21} lu^{33}. | mɯ^{33} le^{33} dy^{21} ly^{55} gy̩^{33}
灯盏 上 土 布 桥 白 上 是 一 降 来 天 和 地 中央

gə^{33} tʂʅ^{33} tshʅ^{21} gy̩^{33} lu^{21} mɯ^{21} le^{33} zər^{21}, | gy̩^{33} tshər^{21} tshʅ^{33} ne^{21} iə^{21}, ʂər^{33} tshər^{21} tər^{21} ne^{21}
的 土鬼 九 个 下 又 压 九 十 楚鬼 和 尤鬼 七 十 呆鬼 和

lɑ^{33}, | dy^{21} ne^{21} tse^{21}, tɕi^{21} ne^{21} hər^{33}, mu^{33} ne^{21} ɯ^{21}, tshʅ^{21} uɑ^{33} sʅ^{21} ɕi^{33} tʂhuɑ^{55} tshər^{21} mɯ^{21}
佬鬼 毒鬼 和 仄鬼 云鬼 和 风鬼 猛鬼 和 恩鬼 鬼 族 三 百 六 十 下

le^{33} zər^{21}. | tʂhuɑ^{33} phər^{21} kuɑ^{55} mu^{21} nɯ^{33}, ʐy̩^{33} ky̩^{33} ʂu^{21}, le^{55} ky̩^{33} gɯ^{21}, tʂhər^{21} nɑ^{55} ɕy^{55}
又 压 米 白 祭粮 由 酒 头 醇 茶 头 酽 肥肉 瘦肉 柏

mɑ^{21} nɯ^{33} tshu^{55} pɑ^{33} be^{33}, | lu^{21} ne^{21} se^{21} lɑ^{33} tshu^{55} pɑ^{33} be^{33}, | phy̩^{33} lɑ^{21} gɑ^{33} lɑ^{21} sɿ^{21} ɕi^{33}
油 由 天香 烧 卢神 和 沈神 也 天香 烧 神 胜神 三 百

tʂhuɑ^{55} tshər^{21} tshu^{55} pɑ^{33} be^{33}, | phər^{21} ne^{21} ʂæ^{21}, gɑ^{33} ne^{21} u^{21}, o^{55} ne^{21} he^{21} tshu^{55} pɑ^{33}
六十 天香 烧 盘神 和 禅神 胜神 和 吾神 沃神 和 恒神 天香

be^{33}, | mɯ^{33} gə^{33}sɑ^{21} i^{33} uə^{33} de^{21}, to^{33} bɑ^{33} ʂər^{55} lər^{33}, i^{33} gy̩^{21} o^{33} kə^{21}, he^{21} dɯ^{21} o^{33} phər^{21}
做 天 的 刹依威德 东巴什罗 依古阿格 恒迪窝盘

tshu^{55} pɑ^{33} be^{33}. | ʂə^{55} lɑ^{33} uə^{33} kə^{21}, mɯ^{33} lɯ^{55} du^{21} dʑɿ^{33}
天香 烧 寿拉威格 美利董主

从银白色的泡沫之中，产生了银白色的尤罗神偶。请三百六十尊大神、胜神降临到这白银似的尤罗神偶中，降临在白米祭粮中，降临在香火、灯盏上，降临到土布白桥上来。把天地中央的九个土鬼镇压下去，把九十个楚鬼、尤鬼，七十个呆鬼、佬鬼镇压下去，把毒鬼、仄鬼、云鬼、风鬼、猛鬼、恩鬼镇压下去，把三百六十种鬼镇压下去。用白米做祭粮，用醇酒，头道酽茶供养诸神，用肥肉、瘦肉、柏枝、酥油烧天香，供养卢神和沈神，供养三百六十个大神和胜神，供养盘神和禅神、胜神和吾神、沃神和恒神，供养天上的刹依威德大神，供养东巴什罗、依古阿格、恒迪窝盘大神，供养寿拉威格、美利董主，

285-C-11-15

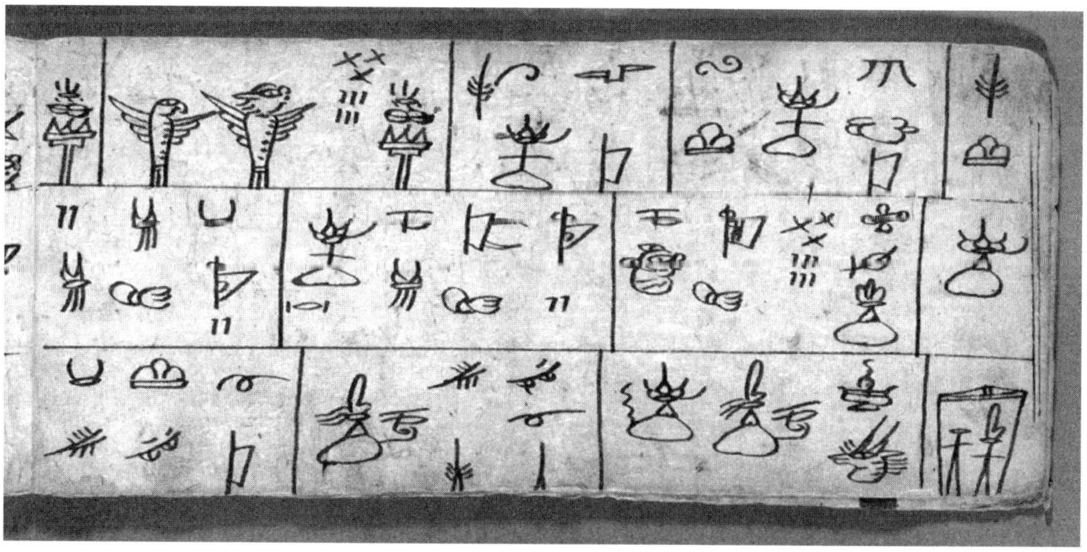

tshu^{55} pɑ^{33} be^{33}, | to^{33} kə^{21} iə^{33} mɑ^{21} sɿ^{21} ɕi^{33} tʂhuɑ^{55} tshər^{21} tshu^{55} pɑ^{33} be^{33}, | py^{21} ne^{21} sər^{33}
天香 烧 端格 优麻 三 百 六 十 天香 烧 祭司 和 祭木

khu^{33} gy̩^{33} ly̩^{21} thy̩^{33} be^{33} ho^{55}. | ly̩^{33} ne^{21} py^{21} khu^{33} kɑ^{33} le^{21} by̩^{33} be^{33} ho^{55}. | sər^{33} ne^{21} ly̩^{33}
嘴 保佑 出 做 愿 祭石 和 祭司 嘴 赐福 堆 成 愿 祭木 和 祭石

ȵi^{33} kv̩^{55}, kv̩^{33} lɑ^{21} kho^{33} the^{55} ȵi^{33}, | py^{33} bv̩^{21} gə^{33} kv̩^{33} phər^{21}, khu^{33} gə^{33} ʥæ^{21} ʂʅ^{21}, lɑ^{21}
两 个 头 手 角 那样 祭司 的 头 白 口 中 牙 黄 手

ʂər^{21} the^{55} ȵi^{55} be^{33}. | phv̩^{33} lɑ^{21} gɑ^{33} lɑ^{21} sʅ^{21} ɕi^{33} tʂhuɑ^{55} tshər^{21} dɯ^{33} zɑ^{21} lu^{33}, | py^{21} kho^{33}
长 那样 地 神 胜神 三 百 六十 一 下 来 祭 声

mæ^{55} mə^{33} tɑ^{55}, lu^{33} ȵə^{21} tər^{55} le^{33} tɕi^{33} be^{33} ho^{55}. | phɑ^{21} mæ^{55} sər^{33} ȵə^{21} tər^{55}, sər^{33} ȵə^{21}
后 不 到 石 上 系 又 在 做 愿 卜 尾 木 上 结 木 上

tɕhi^{33} be^{33} ho^{55}. py^{21} ne^{21} phɑ^{21} lɑ^{33} zʅ^{33} ʂər^{21} hɑ^{55} i^{33} gv̩^{33} be^{33} ho^{55}. | i^{33} dɑ^{21} tʂhʅ^{33}dɯ^{33}
守 做 愿 祭司 和 卜师 也 寿 长 日 久 成 做 愿 主人 这 一

ʥi^{21}, |
家

供养三百六十尊端格优麻战神。愿祭司和祭木都能保佑和帮助人类，愿祭司的口中和祭石之中，能赐予人们福泽。祭石和祭木两个，就像头上长角，白头、黄牙、长长手的祭司一样。请三百六十尊神和胜神降临来，祭司祭祀结束并不算完事，把祭司尚未说完的话系在祭石上，把卜师卜卦中尚未了结的东西系在祭木上。愿祭司和卜师健康长寿。这一户主人家请

285-C-11-16

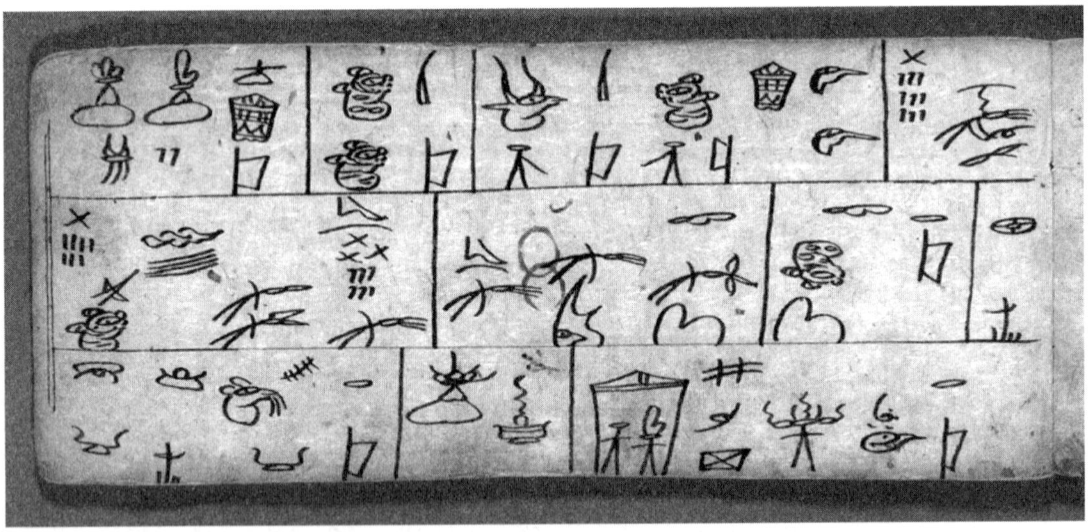

lu^{21} se^{21} ȵi^{33} kv̩^{55} nɯ^{33} khu^{33} tʂhʅ^{33} gæ^{33}, | zər^{21} lɑ^{33} khu^{33} le^{33} tɕhi^{33}, | uæ^{33} khu^{33} bər^{21} nɯ^{33}
卢神沈神 两 个 由 门 所 护 豹 虎 门 又 守 左 门 牦牛 由

tɕhi^{33}, i^{21} khu^{33} lɑ^{33} nɯ^{33} gæ^{33} le^{33} ko^{33} ko^{21}. | gv̩^{33} tshər^{21} tshʅ^{33} ne^{21} iə^{21}, ʂər^{33} tshər^{21} tər^{21}
守 右 门 虎 由 占 又 牢固 九 十 楚鬼 和 尤鬼 七 十 呆鬼

ne^{21} lɑ^{33}, tɕi^{21} ne^{21} hər^{33}, dv̩^{21} ne^{21} tse^{21} , tshʅ^{21} uɑ^{33} sʅ^{21} ɕi^{33} tʂhuɑ^{55} tshər^{21} mɯ^{21} le^{33}zər^{21}. |
和 佬鬼 云鬼 和 风鬼 毒鬼 和 仄鬼 鬼 族 三 百 六 十 下 又 压

tshɿ^{21} tʂhʅ^{33} zər^{21} me^{33}æ^{21} n̥ə^{21} do^{55} le^{33} ʂʅ^{33},zy̩^{21} tʂhʅ^{33} uɑ^{21} gə^{33} bu^{33} tho^{21} lo^{55} le^{33} ʂʅ^{33}. dʐʅ^{33}
鬼 所 压 是 崖 上 摔 又 死 仇 所有 的 坡 后 走 又 死 支鬼

tʂʅ^{33} uɑ^{21} me^{33} bu^{21} ky̩^{33} ʂʅ^{33} be^{33} ho^{55}. | n̥i^{55} nɯ^{33} py^{21} me^{33} hɑ^{55} tɕər^{21} khuɑ^{33}, hɑ^{55} nɯ^{33}
所有 的 坡 上 死 做 愿 白天 由 祭 是 夜晚 上 益 天 由

py^{21} me^{33} khy̩^{55} tɕər^{21} khuɑ^{33}, khy̩^{55} nɯ^{33} py^{21} me^{33} zɿ^{33} tɕər^{21} khuɑ^{33} be^{33} ho^{55}. | py^{33} by̩^{21}
祭 是 年 上 益 年 由 祭人 这 辈子 上 益 做 愿 祭司

zɿ^{33} ʂər^{21} hɑ^{55} i^{33} ho^{55}. | i^{33}dɑ^{21} tʂhʅ^{33} dɯ^{33} dʑi^{21}, mə^{33} gu^{21} mə^{21} tshər^{33}, kho^{33} y^{21} he^{33} hɯ^{21},
寿 长 日 久 愿 主人 这 一 家 不 疾 不 病 声 轻 神 安

zɿ^{33}ʂər^{21} hɑ^{55} i^{33}, dʑi^{21} i^{33} dər^{33} ʂər^{55} gy̩^{33} be^{33} ho^{55}.
寿 长 日 久 水 流 塘 满 成 做 愿

卢神和沈神守护着这一户主人家的门，由凶豹和猛虎守住这一户主人家的门，让牦牛守住左门，猛虎守住右门，愿守护的门牢靠稳固。把九十个楚鬼和尤鬼，七十个呆鬼和佬鬼，以及所有的云鬼和风鬼、毒鬼和仄鬼镇压下去，把三百六十种鬼镇压下去。让镇压不死之鬼摔死在山崖下，愿仇人都死在山坡背后，支鬼(灾祸鬼)死在山坡上。愿白天做的祭祀，一天都见成效；一天做祭祀，一个月里都见成效；一个月做祭祀，一年都见成效；一年做祭祀，一辈子都有效。愿祭司健康长寿，愿这一户主人家不再发生疾病，家中常传佳音，家人心神安宁，健康长寿，生活似水流满塘充裕富足。

285-C-11-17

封底

（翻译：和宝林）

535-C-12-01

hər^{33} lɑ^{33} lɯ^{21} khɯ^{55} · lu^{21} tɯ^{33} uɑ^{21} me^{55}

大祭风 · 卢神起身

535-C-12 大祭风·卢神起身

【内容提要】

做祭祀的这一户主人家，因家中有事需要做祭祀，就来迎请善于做祭祀的祭司，祭司们不要以自己善于祭祀而推三阻四，要像白鹤一般飞了来，要像猛虎一样跳跃着来。祭司们一路上走着卢神和沈神开辟的道路而来，是熟知卢神、沈神规矩的人，祭司们起了身，卢神也就来到了。因此，主人一家要像对待卢神和沈神一样对待祭司，祭司们也因为有了卢神的帮助而容易成功。现在，卢神、沈神虽然不在了，但是他们的规矩已经传在了祭祀场上的卢神石和祭木上，竖起卢神石，竖起祭木就能战胜各种鬼。

【英文提要】

Great Sacrifice to Wind, Rising of God *lu*

The family under ritual asked priests to hold the sacrificing ritual. Priests didn't make any excuse, even though they were good at ritual, but rushed to arrive like white crane and like tiger. Priests who well knew the rule of god ***lu*** and ***se*** followed the way opened up by these two gods. When priests rose, so arrived the ***lu***. Thus, the family need to treat priests as ***lu*** and ***se***. Priests, under the help of ***lu***, made the ritual easier succeed. Now, the two gods passed away, but the rule was descended to the sacrificial stone (***lu*** stone) and wood. Once erecting these stones and woods, ghosts would be conquered.

535-C-12-02

第 1 行："5118"为洛克藏书的标号，东巴文字为"大祭风仪式"。
第 2 行：用洛克音标标注此书用于"大祭风仪式"。
第 3 行：东巴文字为书名《卢神起身》。
第 4 行：用洛克音标标注此书书名的纳西语读音。

535-C-12-03

ɑ^{33} lɑ^{33} mə^{33} ʂər^{55} ȵi^{33}. bi^{21} thʏ^{33} mə^{55} tʂhʅ^{33} ȵi^{33}, | i^{33} dɑ^{21} tʂhʅ^{33} dɯ^{33} ʥi^{21}, phər^{21} ne^{21} ʂæ^{21}
呵 也 不 说 日 日 出 的 这 天 主人 这 一 家 盘神 和 禅神

kɑ^{33} tɕhi^{33}, gɑ^{33} ne^{21} u^{21} kɑ^{33} tɕhi^{33}, o^{55} ne^{21} he^{21} kɑ^{33} tɕhi^{33}, to^{33} kə^{21} iə^{33} mɑ^{21} sʅ^{21} ɕi^{33}
力 求 胜神 和 吾神 力 求 沃神 和 恒神 请求 端格 优麻 三 百

tʂhuɑ^{55} tshər^{21} le^{33} kɑ^{33} tɕhi^{33}. | bər^{21} ne^{33} mə^{33} thæ^{55}nɯ^{33}, bər^{21} kho^{33} tshər^{55} le^{33} py^{21}. lɑ^{33}
六 十 又 请求 牦牛 由 不 撞 就 牦牛 角 斩 又 祭 虎

nɯ^{33} mə^{33} tshɑ^{55} nɯ^{33}, lɑ^{33} ʥæ^{21} ʥʅ^{55} le^{33} py^{21}. | gʏ^{21} ne^{21} bu^{21} nɯ^{33} mə^{33} dər^{33} nɯ^{33} ,gʏ^{21}
由 不 咬 就 虎 牙 凿 又 祭 熊 和 野猪 由 不 伤 就 熊

bu^{21} ʤæ^{21} ʂər^{21} ʤʅ^{55} le^{33} py^{21}. | gy̩^{33} bɯ^{33} zy̩^{21} nɯ^{33} mə^{33} mæ^{21} nɯ^{33}, gy̩^{21} bɯ^{33} zy̩^{21} lɑ^{21}
猪 牙 长 凿 又 祭 拼命 仇 由 不 及 就 拼命 仇 手

tshər^{55} le^{33} py^{21}. | hɯ^{21} mə^{33} gɯ^{33} sɿ^{33} nɯ^{33}, ky̩^{55} ʥi^{21} kæ^{33} nɯ^{33} thy̩^{21}, | ʥi^{21} mə^{33} i^{33} sɿ^{33}
斩 又 祭 雨 未 下 还 就 毡 房 前 由 搭 水 不 有 前

nɯ^{33}, ʣo^{21} pɑ^{21} kæ^{33} nɯ^{33} tso^{55}. | hər^{33} mə^{33} thy̩^{33} sɿ^{33} nɯ^{33}, bu^{21} ʂuɑ^{21} kæ^{33} nɯ^{33} khu^{33}. |
就 桥 宽 前 由 架 风 不 吹 前 就 坡 高 前 就 设

ʣər^{21} mə^{33} lɯ^{33} sɿ^{33} nɯ^{33}, gy̩^{33} ʥy^{21} kæ^{33} nɯ^{33} hu^{33}. | mu^{21} mə^{33} lɯ^{33} sɿ^{33} nɯ^{33}, ʂər^{33}
盗 不 来 前 就 九 山 前 由 拦 兵 不 来 前 就 七

lo^{33} nɑ^{21} le^{33} hu^{33}. || phy̩^{33} be^{33} ty̩^{33} lo^{21} kho^{33}, py^{21} ky̩^{55} dɯ^{33} ty̩^{21} ʥy^{21}, py^{21} dɯ^{21} py^{21}
箐 大 又 拦 祖 的 千 箐 里 祭 会 一 千 有 祭司 大祭司

tɕi^{55} ko^{55}, py^{21} tʂhər^{55} u^{55} nɯ^{33} dɯ^{21}, py^{21} lɑ^{33} u^{55} le^{33} ɯ^{33}.
小 中 祭司 辈 你 由 大 祭 也 你 又 善

远古的时候。好日子这一天，这一户主人家，求助于盘神、禅神、胜神、吾神、沃神、恒神，求助于三百六十尊端格优麻战神。牦牛尚未撞人，就先做祭祀把牦牛角斩断。老虎尚未咬人，就先做祭祀凿断它的牙齿。熊和野猪尚未伤人，就先做祭祀，把它们伤人的牙齿斩断。前来拼命的仇人尚未赶到，就做祭祀把他们伸长的手斩断。未下雨就搭好避雨的毡房，未发大水就先架好宽大的桥梁。未起风就先筑好避风的长堤。强盗尚未来到，就到九座山上拦截。敌兵尚未来到，就先到七道山箐中去设防。

在祖祖辈辈居住的上千个山谷之中，有大大小小上千个祭司，辈分最大的就是你，最善于做祭祀的也是你。

535-C-12-04

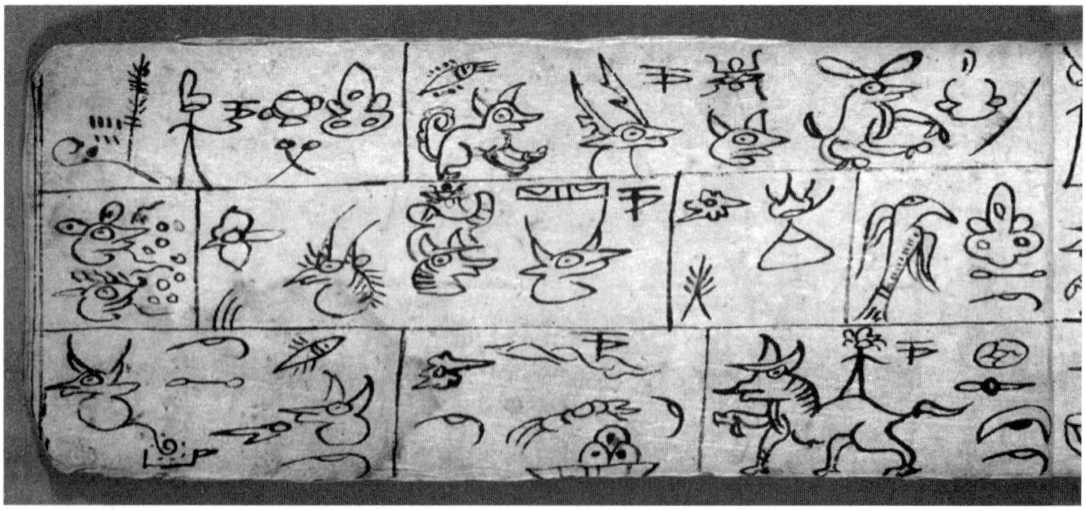

mɯ^{33} ʥʅ^{21}ʂər^{33} lo^{33} nɑ^{21}, phɑ^{21} ky̩^{55} ɕi^{33} ɕi^{33} ʥy^{21}, phɑ^{21} ky̩^{55} dɯ^{21} tɕi^{55} ko^{55}, phɑ^{21} tʂhər^{55}
竹 长 七 箐 大 卜 会 百 百 有 卜 会 大 小 中 卜 辈

u^{55} nɯ^{33} dɯ^{21}, phɑ^{33} lɑ^{33} u^{55} nɯ^{33} ɯ^{33}. | lɯ^{55} khɯ^{33} tʂhuɑ^{55} phər^{21} dy^{55}, khɯ^{33} ʂʅ^{21} tɕhi^{21}
你 由 大 卜 也 你 由 善 猎 狗 鹿 白 追 狗 黄 麂子

le^{33} dy^{55}, tɕhi^{21} le^{33} iə^{21} py̩^{21} dy^{55}, | gy̩^{21} bu^{21} bɯ^{21} ly^{33} dy^{55}, | se^{21} me^{33} zə̩^{21} hər^{21} dy^{55},
獐子 追 麂 獐 尤补草 追 熊 猪 栗 果 追 岩羊 母 草 绿 追

gu^{21} tʂhu^{21} tɕi^{55} ʂʅ^{21} dy^{55}, | mu^{21} ɯ^{33} lo^{21} phər^{21} dy^{55}, | dy^{55} dy^{55} py^{21} dy^{55} tshʅ^{21}, | sʅ^{33} pɑ^{33}
马 快 鞍 黄 追 牛 善 牛杠 白 追 请 请 祭司 请 来 斯巴吉补

dʑi^{33} by̩^{33} tsʅ^{55}, py^{21} ɯ^{33} kho^{33} nɯ^{33} uɑ^{21} mə^{33} tʂər^{21}, | uɑ^{21} nɑ^{21} ɯ^{33} me^{33} ʂʅ^{33} nɯ^{33} uɑ^{21}
是 诵 善 声 由 妨 不 使 鹰 黑 善 是 肉 由 妨

mə^{33} tʂər^{21}, | ɯ^{33} ʂʅ^{21} no^{33} nɯ^{33} uɑ^{21} mə^{33} tʂər^{21}. lɯ^{55} khɯ^{33} ɯ^{33} me^{33} ʂʅ^{33} nɯ^{33} uɑ^{21} mə^{33}
不 使 牛 黄 奶 由 妨 不 使 猎狗 善 是 肉 由 妨 不

tʂər^{21}, | tɕi^{21} phər^{21} sʅ^{33} do^{33} dɯ^{33}, py^{21} lɑ^{33} dɯ^{33} tshʅ^{33} tɯ^{33} mə^{33} gɑ^{33}, dy^{21} gə^{33} lu^{33} nɑ^{21}
使 云 白 毛 团 大 祭司 也 一 点 起 不 难 地 的 石 黑

ku^{55},tsʅ^{21} lu^{33} bu^{21} mə^{33} ʂuɑ^{21}. | ə^{55} tsʅ^{33} the^{33}tsʅ^{33} zu̩ɑ^{33} phər^{21} dʑæ^{33}, ȵi^{55} mə^{33} lu^{21} me^{33} hu^{21}
抛 竖 石 披 不 高 阿孜腾孜 马 白 骑 白天 不 够 是 夜

le^{33} tʂu^{55}, |
由 接

在生长竹子的七座大山箐中，会卜卦的卜师有上百个，在这上百个卜师中，你的辈分最大，你最善于卜算。就像猎狗追逐野兽，黄狗追逐麂子和獐子，麂子、獐子追逐尤补草，熊和野猪追逐栗果，母岩羊追逐绿草，骏马追求黄色的马鞍，耕牛追白轭，我们追逐你，请你来做祭祀。经斯巴吉补（卢神）传授的你，不要因善于祭祀，声音好而妨碍了你的成行。就像不让肉食妨碍黑鹰的捕获，奶水妨碍奶牛的产奶，肉食妨碍猎狗的捕猎。天上涌起毛团一般的白云，祭司不会因此而难以起身成行，大道上滚落有黑石头，再大的石头也没有山坡高，不会妨碍祭司成行。就像阿孜腾孜人，骑着快马，昼夜不停地赶了来。

535-C-12-05

py^{55} lɑ^{33} nɯ^{21} ly̩^{55} nɯ^{33} le^{33} dy^{55} tshʅ^{21}, gɑ^{33} ko^{21} lo^{21} nə^{21} le^{33} thy̩^{33} tshʅ^{21}. | dzər^{21} tsæ^{55} le^{55}
祭司 也 福 富有 由 又 请 来 赢 家 里 面 又 到 来 威 加 牛

gu^{21} dʑi^{33}, dʑi^{33} se^{33} le^{21} mə^{33} y^{21}, phɑ^{21} tər^{55} uɑ^{21} tshu^{21} dʑi^{33}, dʑi^{33} se^{33} le^{21} mə^{33} y^{21} . | ə^{33}
马 供 供 了 又 不 拿 卜 系 松石 墨玉 供 供 了 又 不 拿 父

sʅ^{21} ə^{33} gy̩^{33} ŋə^{21}, zo^{33} ɯ^{33} ɕi^{33} nɯ^{33} tʂər^{21}, mə^{33} ty^{21} be^{33} mə^{33} du^{33}. | gu^{21} tshu^{21} ɕi^{33} nɯ^{33}
舅 我 儿 好 别人 由 使 不 愿 做 不 兴 马 快 人 由

lu^{21}, mə^{33} gə^{21} be^{33} mə^{33} lu^{33}. | dʐʅ^{33} mə^{33} tɕi^{33} me^{33} bu^{33} nɯ^{33} gɑ^{33} ky̩^{55} iə^{33}, py^{21} mə^{33} lɯ^{33}
骑 不 满意 做 不 兴 酋长 不 在 是 纠纷 由 赢 会 了 祭司 不 来

me^{33} khu^{33} nɯ^{33} gɑ^{33} ky̩^{55} iə^{33}. | ə^{33} sʅ^{21} ə^{33} gy̩^{33} ŋə^{21}, py^{21} zɑ^{21} tshʅ^{21} dɯ^{33} ȵi^{33}, bu^{21} ʂuɑ^{21}
是 口舌 由 赢 会 了 父 舅 我 祭司 下 来 一 天 坡 高

lɑ^{33} tsho^{33} be^{33} le^{33} tshʅ^{21}, ho^{55} dʑi^{21} py^{21} nɯ^{33} dər^{21}, ʂu^{21} dzər^{33} ȵi^{33} dzər^{33} be^{33} le^{33} tshʅ^{21}. |
虎 跳 地 又 来 深 水 祭司 由 涉 水獭 游 鱼 游 地 又 来

dy^{21} dɯ^{21} dy^{21} tɕi^{55} dər^{21}, ʐuɑ^{33} dʑæ^{33} ʐuɑ^{33} dʑə^{21} be^{33} le^{33} tshʅ^{21}, | mɯ^{33} by̩^{21} ə^{33} phy̩^{33} gy̩^{33}
地 大 地 小 赶 马 骑 马 跑 地 又 来 天 下 祖父 九

tʂhər^{55} py^{21}, py^{21} nɯ^{33} lu^{21} sʅ^{33} sʅ^{33} bə^{55} tshʅ^{21}, sʅ^{33} phər^{21} ʐy̩^{21} ly̩^{33} ky̩^{33}, tshʅ^{33} ʂu^{33} phər^{21}
代 祭 祭司 由 卢神 引 了 来 毡 白 神座 上 犁 铁 白

me^{33} lu^{21} lu^{33} ky̩^{33}, tʂhuɑ^{33} phər^{21} kuɑ^{55} mu^{21} lo^{21}, uɑ^{21} tʂu^{55} mə^{33} bɯ^{21} gy̩^{33}, | dy^{21} tɕər^{21}
的 卢神 石 上 米 白 祭粮 倒 泽 接 不 断 成 地 上

ə^{33} dʐʅ^{33} ʂər^{33} tʂhər^{55} phæ^{21},
祖母 七 代 卜

祭司由富有福泽的人家来请，来到了赢家。给祭司加神威要供上牛和马，主人家供上去就不会再往回拿。占卜献上松石和墨玉，献出去的东西，这一户主人家也不再往回拿。父舅辈的我，好男儿常被人使唤，不要做出不愿意的样子，快马被人骑，不能做出不满意的样子。若酋长不在场，纠纷就会漫延，祭司不来做祭祀，口舌是非就会滋长。父舅辈的祭司我，经过大小山坡，如猛虎般跳跃过来，经过大河小河，如同水獭和鱼儿一样游了过来，经过那大小地方，我骑马跑马飞也似的赶了来。

祖上九代都做过祭祀的我这祭司，引着卢神来到了祭坛上，用白色毛毡铺神座，白铁犁尖竖做卢神石，白米做祭粮倒在神座上，祭坛之上，福泽不会中断。我是大地上七代祖母都善于卜算的人，

535-C-12-06

pha^{21} nɯ^{33} se^{21} sɿ^{33} sɿ^{33} pbə^{55} tshɿ^{21}， sɿ^{33} phər^{21} ʐʯ^{21} lʯ^{33} kʯ^{33} nɯ^{33} za^{21}, ua^{21} tʂu^{55} mə^{33} bɯ^{21}
卜师 由 沈神 引 了 来 毡 白 神座 上 由 下 福泽接 不 缺

gʯ^{33}.｜phər^{21} ne^{21} ʂæ^{21}, ga^{33} ne^{21} u^{21}, o^{55} ne^{21} he^{21}, phʯ^{33} la^{21} tʂhʅ^{33} ua^{21} nɯ^{33} dɯ^{33} bu^{21}
成 盘神 和 禅神 胜神 和 吾神 沃神 和 恒神 神 所有 由 一 本领

iə^{55}.｜mɯ^{33} lɯ^{55} lər^{55} thʯ^{33} bu^{21} ȵə^{21} thʯ^{33}, ʐʅ^{33} phər^{21} gʯ^{55} ʐʅ^{33} ʥɿ^{21} ȵə^{21} thʯ^{33},｜tɕy^{55} gə^{21}
给 天 地 量 成 坡 由 到 路 白 九 条 会 处 到 最 上

me^{33} ȵi^{33} ʐʅ^{33}, phər^{21} ne^{21} ʂæ^{21} gə^{33} ʐʅ^{33}, phər^{21} ta^{55} ʂæ^{21} ta^{55} ne^{21} le^{33} ʥi^{33}.｜mæ^{55} gu^{21} gə^{33}
的 两 条 盘神 和 禅神 的 路 盘神 说 禅神 说 地 又 走 这后 的

ȵi^{33} ʐʅ^{33}, ga^{33} ne^{21} u^{21} gə^{33} ʐʅ^{33},o^{55} ne^{21} he^{21} gə^{33} ʐʅ^{33}, thɯ^{33} ȵi^{33} ʐʅ^{33} nɯ^{33} ʥi^{33} le^{33} tshɿ^{21}.｜
两 条 胜神 和 吾神 的 路 沃神 和 恒神 的 路 这 两 条 由 走 又 来

thɯ^{33} gu^{21} me^{33} ȵi^{33} ʐʅ^{33}, bi^{33} ne^{21} le^{21} gə^{33} ʐʅ^{33}, mɯ^{33} bʯ^{21} bi^{21} thʯ^{33} ua^{33} lʯ^{21} ʐʅ^{33}, dy^{21}khu^{33}
这 后 的 两 条 日 和 月 的 路 天 下 日 出 温 暖 路 地 上

le^{21} tshe^{55} bu^{33} zæ^{33} ʐʅ^{33}, thɯ^{33} ʐʅ^{33} ʥi^{33} le^{33} tshɿ^{21}.｜thɯ^{33} gu^{21} me^{33} ȵi^{33} ʐʅ^{33}, lu^{21} ne^{21} se^{21}
月 光 亮 闪 路 这 路 走 了 来 这 后 的 两 路 卢神 和 沈神

gə^{33}ʐʅ^{33},lɯ^{55}me^{33} lɯ^{55} tʂhʅ^{33} kv̩^{55}, lu^{21} se^{21} khu^{33} le^{33} pu^{55}, thɯ^{33} ʐʅ^{33} ʥi^{33} le^{33} tshʅ^{21}.｜mæ^{55}
的 路 动 的 动 所 会 卢神 沈神 活 又 带 这 路 走 又 来 后边

gu^{21} gə^{33} n̥i^{33} ʐʅ^{33}, kv̩^{55} ne^{21} sʅ^{33} gə^{33} ʐʅ^{33}, lər^{55} ne^{21} tshə^{55} gə^{33} ʐʅ^{33},｜ŋv̩^{21} phər^{21} lər^{55} dy^{21}
的 两 条 能人 和 智者 的 路 丈者 和 量者 的 路 银 白 丈 杆

pu^{55}, lər^{55} le^{33} gv̩^{33} mɯ^{33} thv̩^{33},lər^{55} le^{33} mə^{33} dər^{33} dər^{33}, hæ^{21} ʂʅ^{21} tshə^{55} dy^{21} pu^{55}, tʂhə^{55}
带 丈 又 九 天 开 丈 又 不 差错 金 黄 量 杆 带 量

le^{33} ʂər^{33}dy^{21} khu^{33}, tʂhər^{55} le^{33} mə^{33} dər^{33} dər^{33}, thɯ^{33} ʐʅ^{33} ʥi^{21} le^{33} tshʅ^{21}.｜mæ^{55} gu^{21} gə^{33}
又 七 地 辟 量 又 不 差错 这 路 走 又 来 后边 的

n̥i^{33} ʐʅ^{33}, ʥʅ^{33} ne^{21} lɯ^{21} gə^{33} ʐʅ^{21}, ʥʅ^{33} lɯ^{21} lv̩^{55} lv̩^{33} dʐv̩^{33} uɑ^{33} tɕhər^{33}, thɯ^{33} ʐʅ^{33} ʥi^{21} le^{33}
两 条 酋长 和 长者 的 路 酋长 长者 团结 纠纷 骨 断 这 路 走 又

tshʅ^{21}.｜mæ^{55} gu^{21} gə^{33} n̥i^{33} ʐʅ^{33}, py^{21} ne^{21} phɑ^{21} gə^{33} ʐʅ^{33}, py^{21} phɑ^{21} lv̩^{55} lv̩^{33} tshʅ^{21} uɑ^{33}
来 后边 的 两 条 祭司 和 卜师 的 路 祭司 卜师 团结 鬼 骨

tɕhər^{33}, thɯ^{33} ʐʅ^{33} ʥi^{33} le^{33} tshʅ^{21}.｜mæ^{55} gu^{21} gə^{33} sʅ^{55} ʐʅ^{33}, kho^{33} ne^{21} dʐʅ^{33} gə^{33} ʐʅ^{33},
断 这 路 走 了 来 后边 的 三 条 孔鬼 和 支鬼 的 路

do^{21} ne^{21} ɕy^{33} gə^{33} ʐʅ^{33}, thɯ^{33} ʐʅ^{33} ŋə^{21} mə^{33} ʥi^{33}.
铎鬼 和 虚鬼 的 路 这 路 我 不 走

卜师把沈神引领了下来，在白色的牦牛毡子神座上降临来，沈神的降临使福泽不断。祭司由盘神、禅神、胜神、吾神、沃神和恒神，所有的神灵赐予本领，从丈量天地的山坡上走下来，走到了九条白色道路交汇的地方。最上边的这两条路，是盘神、禅神走的路，和盘神、禅神说着话，从这两条道上走了来。之后两条路，是胜神和吾神走的路，是沃神和恒神走的路，从这两条上走了来。这以后的两条路，是天上日和月的路，天上日出温暖，大地上月光明亮晶莹，从这两条路上走了来。这以后的两条路，是卢神和沈神走的路，天下所有的动物，都按照卢神和沈神的规矩行事，从这两条路上走了下来。后边的这两条路是能者和智者，丈者和量者的路，丈者带着白银丈杆开出九重天，所开的天不发生差错；量者带着黄金量具，辟出七块地，所辟的地不发生差错，从这条道路上走了来。后边的两条路是酋长和长者的路，酋长和长者团结才能排解纠纷，从这条路上走了来。后边的两条路是祭司和卜师的路，祭司和卜师团结就能战胜鬼族，从这条路上走了来。后边的三条道路是孔鬼、支鬼的路，是铎鬼和虚鬼的路，这三条道路我们不走。

535-C-12-07

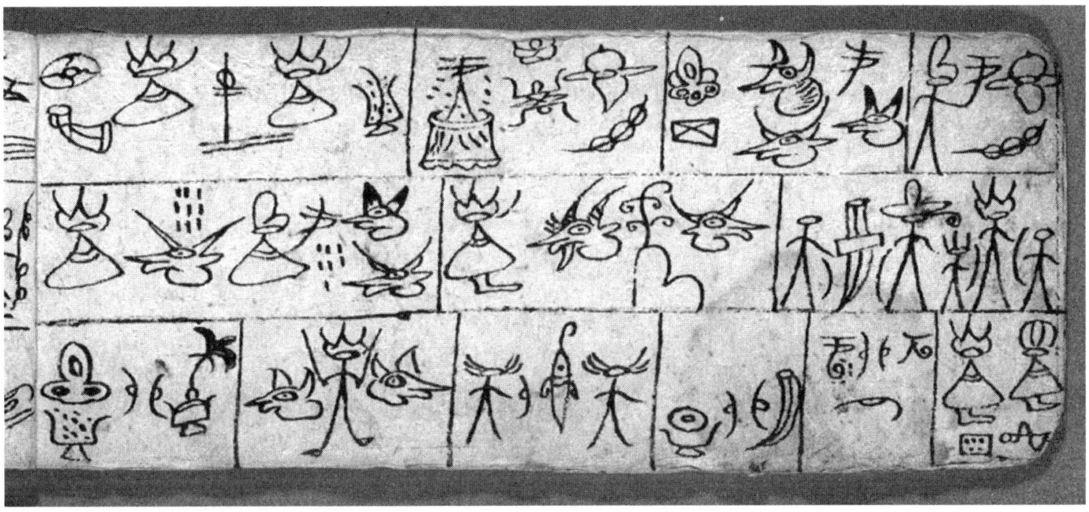

ə^{33} sɿ^{21} ə^{33} gv̩^{33} ŋə^{21}, n̩i^{33} ly^{55} gv̩^{33} nɯ^{33} tshɿ^{21}. zʅ^{33} ly^{55} gv̩^{33} nɯ^{33} dʑi^{33}, tʂhuɑ^{33} ly^{55} gv̩^{33} nɯ^{33}
父 舅 我 太阳 正中 由 来 路 中间 由 走 床 中间 由

dʐɿ^{21}, khu^{33} gv̩^{33} zʅ^{33} nɑ^{21} dʑi^{33}. | sɿ^{33} phər^{21} zʅ^{21} lv̩^{33} tɯ^{21}, tshɿ^{33} ʂu^{33} phər^{21} me^{33} se^{33} do^{33}
坐 口 中 酒 醇 喝 毡 白 神座 设 犁 铁 白 的 按 规矩

lu^{21} lu^{33} tshɿ^{55}, ŋv̩^{21} hæ^{21} uɑ^{33} tʂhu^{21} i^{33} dɑ^{55} be^{33} le^{33} tɕi^{33}. | gu^{21} ɯ^{33} zə^{21} hər^{21} dʑi^{33}, mu^{21}
卢神 石 竖 银 金 松石 墨玉 酬礼 做 又 放 马 好 草 青 献 牛

kæ^{33} tshe^{33} phər^{21} dʑi^{33}, | phɑr^{21} tər^{55} uɑ^{21} tʂhu^{21} dʑi^{33}, | py^{21} kæ^{33} gv̩^{33} nɯ^{21} dʑi^{33}, phɑ^{21}
前 盐 白 献 卜 系 松石 墨玉 供 祭司 前 九 畜 供 卜师

kæ^{33} ʂər^{33} nɯ^{21} dʑi^{33}.py^{21} tshɿ^{21} gə^{33} dɯ^{33} n̩i^{33}, lɑ^{33} khɑ^{33} tshɿ^{55} kv̩^{33} bu^{21}, tshɿ^{55} ne^{21} y^{21} mə^{33}
前 七 畜 供 祭司 来 的 一 天 白杨 山羊 上 坡 山羊 和 绵羊 不

ho^{55}, tʂhv̩^{33} phi^{21} pə^{55} le^{33} tshɿ^{21}. | bər^{33} pv̩^{55} dʑo^{21} kho^{33} nv̩^{55}, bər^{33} ne^{21} pv̩^{55} mə^{33} ho^{55},
混 分 别 了 又 来 客 送 桥 旁边 远客 和 近邻 不 混

bər^{33} pv̩^{55} le^{33} du^{33} by^{33}. ɕi^{33}nɯ^{21} tshɿ^{21} ko^{55} gɯ^{33}, py^{21} nɯ^{33} le^{33} du^{33} by^{33}, | tʂhər^{33}ɯ^{33} dv̩^{21}
远客近邻 又 分清 人 和 鬼 之间 祭司 由 又 分清 药 毒

lɑ^{33} le^{33} du^{33} by^{33}. | n̩i^{33} khɯ^{33} ko^{55} gə^{33} dy^{21} be^{33} tshɿ^{21}. | n̩i^{33} dʐɿ^{33} ko^{55} gə^{33} mu^{55} be^{33}
也 又 分清 两 狗 间 的 棍子 做 来 两 酋长 间 的 耆老 做

tshɿ^{21}. | mɑ^{33} ne^{21} dʑi^{21} mə^{33} ho^{55}, dʑi^{21} ne^{21} mɑ^{21} lɑ^{33} le^{33} du^{33} by^{33}, | no^{33} ne^{21} ʂæ^{33} mə^{33}
使 油 和 水 不 混 水 和 油 也 又 分清 奶 和 血 不

ho^{55}, no^{33} ne^{21} ʂæ^{33} lɑ^{33} du^{33} by^{33}, | py^{21} nɯ^{33} lu^{21} sɿ^{33} sɿ^{33} le^{33} tshɿ^{21}. |
混 奶 和 血 也 分清 祭司 由 卢神 引 又 来

父舅辈的祭司我，在太阳当空的时候走了来，从正中的道路走了来，坐在这一户主人家正中的床上，口中喝着醇正的酒。用白色毛毡铺神座，白铁犁尖当作卢神石，按规矩竖在神座上，白米做祭粮倒在神座的簸箕里，金银墨玉松石做酬金放在神座上。给马献青草，给牛儿献白色盐巴，卜卦之时献上松石墨玉。给祭司供上九头牲畜，给卜师献上七匹牲畜。祭司到来的这一天，走到长满白杨树林放牧羊儿的山坡上，分清了山羊和绵羊。走到了桥附近，分清了远客和近邻。我在人和鬼之间来做识别之人，在药和毒之间，来做分清毒和药之人。祭司我，来做两狗之间的棍子，两位酋长之间的耆老；不让油和水混在一起，把油和水分开；不让奶和血混在一起，来做奶和血的分开人。祭司我引着卢神降临来。

535-C-12-08

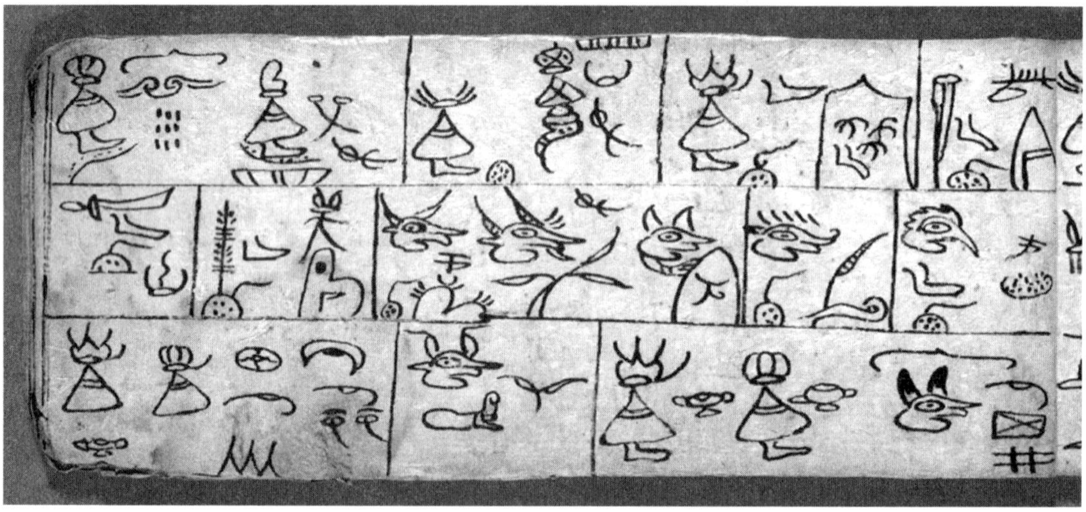

dɯ^{33} u^{33} i^{33} me^{33} lu^{21} u^{33} i^{33}, lu^{21} u^{33} i^{33} me^{33} mɯ^{33} gv̩^{33} tɕi^{21} nɯ^{21} zɑ^{21}. dɯ^{33} u^{33} i^{33} me^{33}
一 福 有 是 卢神 福 有 卢神福 有 是 天 上 云 由 降 一 福 有 是

se^{21} u^{33} i^{33}, se^{21} u^{33} i^{33} me^{33}, i^{33} tɕy^{55} dy^{21} nɯ^{33} zɑ^{21}. | dɯ^{33} u^{33} i^{33} me^{33} dʐʅ^{33} u^{33} i^{33}, dʐʅ^{33} u^{33}
沈神福 有 沈神 福 有 是 丰饶 大地 由 下 一 福 有 是 酋长 福 有 酋长 福

i^{33} me^{33} lɯ^{33} mɯ^{33} kho^{33} nɯ^{33} zɑ^{21}. | dɯ^{33} u^{33} i^{33} me^{33} py^{21} u^{33} i^{33}, py^{21} u^{33} i^{33} me^{33} be^{33}
有 是 利美 处 由 下 一 福 有 是 祭司 福 有 祭司 福 有 是 村

khɯ^{33} dʑy^{21} nɯ^{33} zɑ^{21}, | dɯ^{33} u^{33} i^{33} me^{33} dʑi^{21} u^{33} i^{33} ,dʑi^{21} u^{33} i^{33} me^{33} so^{33} ʂuɑ^{21} kv̩^{33}
旁 山 由 降 一 福 有 是 水 福 有 水 福 有 是 岭 高 处

nɯ^{33} zɑ^{21}. | dɯ^{33} u^{33} i^{33} me^{33} ʂu^{21} u^{33} i^{33}, ʂu^{21} u^{33} i^{33} me^{33} lu^{33} bv̩^{33} kho^{33} nɯ^{33} zɑ^{21}. | dɯ^{33}
由 降 一 份 有 是 铁 福 有 铁 福 有 是 石 堆 处 由 降 一

u^{33} i^{33} me^{33} mɯ^{55} u^{33} i^{33}, mɯ^{55} u^{33} i^{33} me^{33} tse^{33} nɑ^{21} bu^{21} nɯ^{33} zɑ^{21}, | dɯ^{33} u^{33} i^{33} me^{33}
份 有 是 竹 福 有 竹 福 有 是 仄 纳 坡 由 降 一 福 有 是

bv̩^{33} u^{33} i^{33}, bv̩^{33} u^{33} i^{33} me^{33} ko^{21} gv̩^{33} phər^{21} nɯ^{33} zɑ^{21}, dɯ^{33} u^{33} i^{33} me^{33} tshʅ^{55} u^{33} i^{33}, tshʅ^{55}
羊 福 有 羊 福 有 是 高原 上 白 由 降 一 福 有 是 山羊 福 有 山羊

u^{33} i^{33} me^{33} dɑ^{33} iə^{21} ʥər^{21} nɯ^{33} zɑ^{21}. khɯ^{33} u^{33} i^{33} me^{33} ʂæ^{21} ʥy^{21} kv̩^{33} nɯ^{33} zɑ^{21}. | bu^{21}
福 有 是 达尤 树 由 降 狗 福 有 是 禅 山 上 由 降 猪

u^{33} i^{33} me^{33} tshy^{55} kho^{33} dv̩^{21} nɯ^{33} zɑ^{21}. | æ^{21} u^{33} i^{33} me^{33} phɯ^{33} bv̩^{33} tɯ^{33} nɯ^{33} zɑ^{21}. |
福 有 是 小米 地 旁 由 降 鸡 福 有 是 糠 堆 旁 由 降

py^{21} dɯ^{21} mə^{33} ʥɿ^{21} me^{33} lu^{21} mə^{33} tɯ^{33}, bi^{21} thv̩^{33} mə^{33} mi^{33} mi^{33}, le^{21} tshe^{55} mə^{33} do^{33}
祭司 大 不 坐 是 卢神 不 起身 日 出 不 相闻 月 光 不 相见

do^{21}, | lɑ^{33} iə^{21} phər^{21} kho^{33} ʂər^{21}, so^{33} ʂər^{21} tʂhu^{21} gv̩^{33} se^{21}. | py^{21} dɯ^{21} kæ^{33} i^{33} lu^{21}
悠长 牦牛 很 少 早 角 长 成 了 祭 大 前 是 卢神

dɯ^{21} tɯ^{33}, ʥi^{33} y^{21} mɯ^{33} kv̩^{55} bv̩^{21}, ʥi^{33} tsho^{21} mə^{33} gu^{21} mə^{33} tshər^{33} gv̩^{33}. |
大 起 人 生 天 穹 下 精人 崇人 不 痛 不 病 成

说有福分，卢神有福分，卢神的福分来自天上云彩中。说有福分，沈神有福分，沈神的福分，来自丰饶的大地。说有福分，酋长有福分，酋长的福分来自利美生活的地方。说有福分，祭司有福分，祭司的福分来自村旁的山上。说有福分，水有福分，水的福分来自山岭的高处。说有福分，铁有福分，铁的福分来自石堆中。说有福分，竹子有福分，竹子的福分来自仄纳坡上。说有福分，绵羊有福分，绵羊的福分来自高原牧场中。说有福分，山羊有福分，山羊的福分来自达尤树。说有福分，狗有福分，狗的福分来自于禅山。说有福分，猪有福分，猪的福分来自小米地旁，鸡的福分来自糠堆旁。大祭司不上座，卢神不会起身，白天不相闻，晚上不相见，就像长长的牦牛角，已经很长时间了。现在，在祭司前边，卢神已经起身，天底下的人不会再生病。

535-C-12-09

ʥɿ^{33} mə^{33} ʥɿ^{21} me^{33} lo^{21} mə^{33} ʨhi^{33}, ʥɿ^{21} dɯ^{21} ʥɿ^{21} me^{33} lo^{21} dɯ^{21} ʨhi^{33}. | ʥi^{33} ʥə^{21} lɑ^{33}
酋长 不 在 是 箐 不 守 酋长 大 在 是 箐 大 守 人 住 辽阔

lər^{33} dy^{21}, phər^{21} nɑ^{55} mə^{33} æ^{21} thv̩^{33}, thɯ^{33} lɑ^{33} lu^{21} nɯ^{33} be^{33}, lu^{21} tɯ^{33} tɯ^{33} le^{33} py^{21}. |
地 白 黑 不 争 出 这 也 卢神 由 做 卢 起身 又 祭

mɯ^{33} i^{33} phər^{21} nɯ^{33} thy̩^{33}, mɯ^{33} thy̩^{33} ku^{55} ʂuɑ^{21}, khɯ^{21} ʥʅ^{21} mɯ^{33} ʂər^{55} lu^{21} nɯ^{33} be^{33}, lu^{33}
天 是 盘神 由 开 天 开 廓 高 星 长 天 满 卢神 由 做 卢神

tɯ^{33} tɯ^{33} le^{33} py^{21}. dy^{21} i^{33} ʂæ^{21} nɯ^{33} khu^{33}, dy^{21} khu^{33} khuə^{55} gɯ^{21}, zə̩^{21} ʥʅ^{21} dy^{21} ʂər^{55} lu^{21}
起身 又 祭 地 是 禅神 由 辟 地 辟 域 清 草 长 地 满 卢神

nɯ^{33} be^{33}, lu^{21} tɯ^{33} tɯ^{33} le^{33} py^{21}. | mɯ^{33} ne^{21} dy^{21} dɯ^{55} dɯ^{33}, bi^{21} ne^{21} le^{21} pɑ^{55} pɑ^{33}, hu^{21}
由 做 卢神 起身 又 祭 天 和 地 匀称 日 和 月 交替 夜

ne^{21} ȵi^{55} ʂər^{55} ʂər^{33}, ʥi^{21} ne^{21} khæ^{33} iə^{55} iə^{33} me^{33} lu^{21} nɯ^{33} be^{33}, lu^{21} tɯ^{33} tɯ^{33} le^{33} py^{21}. |
和 白天 圆满 水 和 渠 相符 是 卢神 由 做 卢神 起身 又 祭

uə^{33} i^{33} ky̩^{55} nɯ^{33} tshʅ^{55}, uə^{33} tshʅ^{55} so^{33} ʂuɑ^{21} gy̩^{33}, | lu^{33} i^{33} lu^{21} nɯ^{33} ɕi^{21}, lu^{33} ɕi^{21} kɑ^{33}
寨 是 会者 由 建 寨 建 岭 高 成 石 是 卢神 由 养 石 养 肥硕

dɯ^{21}, lu^{33} ʥy^{33} lo^{21} ʂər^{21} lu^{21} nɯ^{33} be^{33}. sər^{33} i^{33} se^{21} nɯ^{33} ɕi^{21}, sər^{33} ɕi^{21} uɑ^{33} by^{33}, sər^{33} ʥʅ^{21}
石 有 箐 满 卢神 由 做 树 是 沈神 由 养 树 养 粗壮 树 长

ʥy^{21} ʂər^{55} lu^{21} nɯ^{33} be^{33}, lu^{33} tɯ^{33} tɯ^{33} le^{33} py^{21}. | be^{33} le^{33} be^{55} tshʅ^{21} zʅ^{33}, tsuɑ^{21} nɯ^{33} tʂʅ^{55}
山 满 卢神 由 做 卢神 起身 又 祭 本勒奔楚汝 男 的 土

lu^{33} ty̩^{21}nɯ^{33} uə^{33} ʂʅ^{55} tshʅ^{55}, uə^{33} tshʅ^{55} so^{33} ʂuɑ^{21}gy̩^{33}, thɯ^{33} lɑ^{33} lu^{21} nɯ^{33} be^{33}, lu^{21}tɯ^{33} tɯ^{33}
石 千 由 房 新 建 房 建 岭 高 成 这 也 卢神 由 做 卢神 起身

le^{33} py^{21}. | ʂər^{33} ɕi^{33} gɯ^{21} phər^{21} khə^{33}, nɑ^{21} mo^{33} ʥi^{21} le^{33} thy̩^{55}, ty̩^{21} lu^{33} me^{33} nɯ^{33} nər^{55},
又 祭 七 百 板 白 划 广大 房 又 加 千 石 大 由 压

zu̩^{21} hɯ^{21} mə^{33} i^{21} gy̩^{33}, | tse^{33} nɑ^{21} lo^{22} mɯ^{55} hər^{21} dɑ^{55}, mɯ^{55} hər^{21} phiə^{33} phiə^{21} tər^{55}, tʂhʅ^{55} ʂʅ^{21}
夏 雨 不 漏 成 仄纳 箐 竹 绿 砍 竹 绿 篱笆 编 土 黄

tʂhər^{33} nɯ^{33} iə^{21}, tshʅ^{33} hər^{33} mə^{33} se^{21} gy̩^{21}, thɯ^{33} lɑ^{33} lu^{21} nɯ^{33} be^{33}, lu^{21} tɯ^{33} tɯ^{33} le^{33}
泥 由 抹 冬 风 不 到 成 这 也 卢神 由 做 卢神 起身 又

py^{21}. | ʥi^{33} y^{21}mɯ^{33} ky̩^{55} by̩^{21}, mɯ^{33} ky̩^{33} bi^{21}ky̩^{33} le^{33} ky̩^{33} tɕy^{33} tɕy^{21} lɑ^{33}, dy^{21} lo^{21}dy̩^{33} ky̩^{33}
祭 人 生 天 穹 下 天 上 日 头 月 头 回头 也 地 上 犁 头

lo^{21} ky̩^{33} tɕy^{33} tɕy^{21} lɑ^{33}, lu^{21} le^{33} tɕy^{21} mə^{33} ȵi^{21}. | æ^{21} ʂuɑ^{21} khæ^{33} ʂʅ^{55} thy̩^{55}, ho^{55} lo^{21} ʥi^{21}
牛 杠 回头 也 卢神 又 回 不 要 崖 高 渠 新 开 深 处 水

dɯ^{21} tsər^{33}, dər^{33} ɯ^{33} lo^{21} le^{33} khɯ^{55}, dər^{33} ɯ^{33} bɑ^{21} phy̩^{55} bɑ^{21} ɯ^{33} lu^{21} nɯ^{33} be^{33}, lu^{21} tɯ^{33}
大 堵 田 好 里 又 放 田 地 庄稼 撒 庄稼 好 卢神 由 做 卢神 起身

tɯ^{33} le^{33} py^{21}. |
又 祭

若酋长不在位，七道山箐不设防，酋长在位七箐中又设防。大地上黑白之间无争斗，这也是卢神所为，请卢神起身做祭祀。天由盘神所开，开出的天，天廓高远，天上布满了星星，这也是卢神所为，请卢神起身做祭祀。地由禅神所辟，所辟的地，地域宽阔，大地上长满了青草，这也是卢神所为，请卢神起身做祭祀。天和地匀称，日月相交替，昼夜圆满，水和渠相符，这也是卢神所为，请卢神起身做祭祀。村寨由会者建设，所建的房子和山岭一般高大。石头由卢神养育，所养成的石硕大，石头布满山箐，这是卢神所为。树木由沈神养护，所养的树木粗大，大山上长满了树木，这也是卢神所为，请卢神起身做祭祀。人类（本勒奔楚汝）男的用土和石头，建设起新房，所建的房屋像山岭一样高，这也是卢神所为，请卢神起身做祭祀。划来七百块房头板盖于房头上，再压上千颗大石头，不让夏天的雨水漏进屋；从七座仄纳山箐里砍来绿竹，编成绿竹篱笆，抹上黄泥巴，不让冬风刮进屋，这也是卢神所为，请卢神起身做祭祀。人们生活在天穹下，天上的日月会回头，大地上犁和牛杠可以来回往返，来了的卢神不再转回。在高崖上修新渠，从最深处把江水堵进来，把水渠中的水放到肥田沃地里，地里的的庄稼长势好，这也是卢神所为，请卢神起身做祭祀。

535-C-12-10

ko^{21} kv̩^{33} nɯ^{33} lv̩^{55} nɯ^{21} phi^{55} nɯ^{21} le^{33} ʂu^{21}, bv̩^{33} le^{33} ʂu^{21} me^{33} sɿ^{33} do^{33} dɯ^{33}, | lo^{21} kho^{33}
高原 上 畜 牧 畜 失 畜 又 找 羊儿 找 的 毛 团 得 箐 甲

uɑ^{21} phi^{55} uɑ^{21} le^{33} ʂu^{21}, tʂhuɑ^{55} kho^{33} lu^{33} n̩ə^{21} tsɿ^{55}, ʂu^{21} me^{33} le^{33} dɯ^{33} du^{33} me^{33} lu^{21} nɯ^{33}
松石 丢 松石 又 找 鹿 角 石 中 藏 找 的 又 得 兴 的 卢神 由

be^{33},lu^{21} tɯ^{33} tɯ^{33} le^{33} py^{21}. | ŋv̩^{33} lv̩^{33} ʐʅ^{33} phər^{21} thv̩^{55}, phər^{21} nɑ^{55} tv̩^{21} nɯ^{33} ʥi^{33}, ʐʅ^{33} ʂu^{21}
做 卢神 起身 又 祭祀 雪山 路 白 开 盘人 纳人 千 由 走 路 找

ʐʅ^{33} dɯ^{33} me^{33} phv̩^{33} lɑ^{21} lu^{21} nɯ^{33} be^{33}. lu^{21} tɯ^{33} tɯ^{33} le^{33} py^{21}. | ho^{55} lo^{21} ʥo^{21} pɑ^{21} tso^{55} ,
路 得 是 神 卢神 由 做 卢神 起身 又 祭 深 处 桥 宽 架

khuɑ^{33} ʥʅ^{21} ɕi^{33} nɯ^{33} ʥi^{33}, ʥo^{21} ʂu^{21} ʥo^{21} dɯ^{33} me^{33} phv̩^{33} lɑ^{21} lu^{21} nɯ^{33} be^{33}. | bv̩^{33} lv̩^{55}
蹄 长 百 由 走 桥 找 桥 得 是 神 卢神 由 做 羊 牧

sɿ^{33} ko^{21} do^{33}, ko^{21} ʂuɑ^{21} do^{33} le^{33} bv̩^{33} phər^{21} dzv̩^{33}, | le^{55} me^{33} sɿ^{33} u^{21} khu^{33}, u^{21} khu^{33} u^{21}
三 高原 爬 高原 爬 又 羊 白 增 牛 儿 三 驾 布 架布 架

le^{33} ʂər^{55} hɯ^{33} me^{33}, phv̩^{33} lɑ^{21} lu^{21} nɯ^{33} be^{33}. | sər^{33} dər^{33} tʂu^{55} mə^{33} ȵi^{21}, ʂu^{33} phər^{21} dʑɿ^{33}
又 满 去 是 神 卢神 由 做 木 短 接 不 成 铁 白 凿子

nɯ^{33} dʑɿ^{33}, ʂər^{33} dər^{33} le^{33} tʂu^{55} ȵi^{21} me^{33}, phv̩^{33} lɑ^{21} lu^{21} nɯ^{33} be^{33}. | lu^{33} gɯ^{33} tse^{55} mə^{33}
由 凿 木 短 又 接 成 是 神 卢神 由 做 石 裂 合 不

ȵi^{21}, tʂʅ^{55} ʂʅ^{21} tʂhər^{33} nɯ^{33} iə^{21}, lv̩^{21} gɯ^{33} le^{33} tse^{55} ȵi^{21}, thɯ^{33} lɑ^{33} phv̩^{33} lɑ^{21} lu^{21} nɯ^{33}
成 土 黄 泥 由 抹 石 裂 又 合 成 这 也 神 卢神 由

be^{33}. | dy^{21} kv̩^{33} dʑɿ^{33} nɯ^{33} dʑɿ^{21}, dzv̩^{33} tɕər^{21} gɑ^{33} le^{33} dʑɿ^{21}, uə^{33} khɯ^{33} py^{21} nɯ^{33} dʑɿ^{21} ,
做 地 头 酋长 由 住 纠纷 上 赢 又 住 寨 旁 祭司 由 住

tshɿ^{21} do^{21} mə^{33} zər^{33} tshɿ^{21} tɕər^{21} gɑ^{33} le^{33} dʑɿ^{21}. | i^{33} dɑ^{21} nɑ^{21} mo^{33} be^{33} tv̩^{55} ko^{55}, gɑ^{33} ko^{21}
鬼 见 不 怕 鬼 上 胜 又 住 主人 广大 村 庄 里 胜 家

mə^{33} ȵi^{55} gv̩^{33}. thɯ^{33} lɑ^{33} lu^{21} nɯ^{33} be^{33}, lu^{21} tɯ^{33} tɯ^{33} le^{33} py^{21}. | phv̩^{33} dər^{33} lɯ^{55} nɯ^{33}
不 败 成 这 也 卢神 由 做 卢神 起身 又 祭 祖 田 孙 由

tʂu^{55}, gɯ^{33} zo^{33} mə^{33} ʐu^{21} gv̩^{33}, | sɿ^{21} dʑi^{21} zo^{33} nɯ^{33} dʑɿ^{21}, sɿ^{33} zo^{33} ʂuɑ^{33} ʂuɑ^{33}, sɿ^{21} tʂhər^{33}
种 饱 汉 不 饥 成 父 房 儿 由 住 三 儿 整齐 三 代

dɯ^{55} dɯ^{33}, nɯ^{21} ʂu^{21} nɯ^{21} dɯ^{33} me^{33}. phv̩^{33} lɑ^{21} lu^{21} nɯ^{33} be^{33}. | be^{33} le^{33} be^{55} tshɿ^{21} zɿ^{21},
一般 大 福 找 福 得 是 神 卢神 由 做 人类

mi^{33} lv̩^{21} tɑ^{55} lo^{33} dɯ^{33} dʑi^{21} be^{33}, zɿ^{33} be^{33} dʑɿ^{21} du^{33} me^{33}, phv̩^{33} lɑ^{21} lu^{21} nɯ^{33} be^{33}. | le^{55}
男 女 结合 一 家 地 一起 相伴 兴 是 神 卢神 由 做 牛

到高原牧场上去放牧。丢失了牲畜去寻找牲畜却找到了羊儿，又剪得羊毛，在山箐中丢失了松石去寻找松石，发现松石中藏了鹿角，这也是卢神所为，请卢神起身做祭祀。在雪山上开出一条白色的路，上千个盘人和纳人行走，找路得路，这也是卢神安排的结果，请卢神起身做祭祀。在深箐里架起宽大的桥梁，供上百只长蹄的动物行走，找桥得桥，这也是卢神安排的结果。到高原牧场上去放牧，放牧的羊群散满三个牧场，到田地里去驾牛犁田，大地上布满了耕地犁田的耕牛，这些都是卢神安排的结果。木头短了不能接，使用白铁凿子，短木又能接上，这是卢神安排的结果。石头裂了合不拢，抹上黄土泥巴，石头也能砌合，这也是卢神安排的结果。酋长住在村头上，有酋长在就能战胜纠纷，祭司就住在村寨旁，有了祭司就不怕鬼，就能战胜鬼。在这广大的村庄里，这一户主人家不会衰败，这也是卢神安排的结果，请卢神起身做祭祀。祖辈的田地由孙辈们耕种，饱汉不再饥饿，父辈的房产由儿辈来继承，兄弟整齐，儿孙满堂，找福得福，这也是卢神所为。在辽阔大地上，男女青年结合成夫妻，一辈子在一起生活，这也是卢神所为，请卢神起身做祭祀。

535-C-12-11

gu^{21} ʂuɑ^{33} ʂuɑ^{33} dɯ^{33} kho^{21} tər^{55} , kho^{21} ʂər^{55} ʂər^{33} du^{33} me^{33} phy̩^{33} lɑ^{21} lu^{21} nɯ^{33} be^{33}. | be^{33}

马 一起 一 圈 关 圈 满 兴 是 神 卢神 由 做

le^{33} be^{55} tshɿ^{21} zɿ^{33}, gu^{21} tshər^{33} mə^{33} thy̩^{33} nɯ^{33} py^{21} ɕy^{33} kæ^{33} nɯ^{33} be^{33}, zɿ^{33} ʂər^{21} hɑ^{55} i^{33}

本勒奔楚汝 疾病 不 生 就 祭祀 前 由 做 寿 长 日 久

du^{33} me^{33} lu^{21} nɯ^{33} be^{33}, lu^{21} tɯ^{33} tɯ^{33} le^{33} py^{21}. | gy̩^{33} tshər^{21} ʥi^{33} be^{33} mə^{33} bɯ^{21} nɯ^{33} ko^{21}

兴 是 卢神 由 做 卢神 起身 又 祭 九十 衣 薄 不 烂 就 针

le^{33} ʐʅ^{21}, zɿ^{33} be^{33} ly̩^{21} du^{33} me^{33} lu^{21} nɯ^{33} be^{33}. | æ^{21} bɯ^{33} dɯ^{33} ȵi^{33}, khuɑ^{55} gæ^{21} kæ^{33} nɯ^{33}

又 缝 辈 地 暖 兴 是 卢神 由 做 战 去 一 天 铠甲 前 就

ʂu^{21}, gɑ^{33} zo^{33} mə^{33} ȵi^{55} gy̩^{33} du^{33} me^{33} lu^{21} nɯ^{33} be^{33}, | lɯ^{21} bɯ^{33} dɯ^{33} ȵi^{33} dy̩^{33} lo^{21}

找 胜 人 不 败 成 兴 是 卢神 由 做 犁 去 一 天 犁 轭

le^{33} y^{55} y^{33}, gɯ^{33} zo^{33} mə^{33} ʐʅ^{21} gy̩^{33} du^{33} me^{33} lu^{21} nɯ^{33} be^{33}. | py^{21} bɯ^{33} dɯ^{33} ȵi^{33},

又 准备 饱 汉 不 饥 成 兴 是 卢神 由 做 祭 去 一 天

lu^{21} se^{21} le^{33} y^{55} y^{33}, py^{21} le^{33} tshɿ^{21} uɑ^{33} tɕhər^{33} du^{33} me^{33} lu^{21} nɯ^{33} be^{33}. | phɑ^{21} bɯ^{33} dɯ^{33}

卢神沈神又 准备 祭 又 鬼 骨 断 兴 是 卢神 由 做 卜 要 一

ȵi^{33}, phy̩^{33} lɑ^{21} kuɑ^{55} mu^{21} o^{55}, phɑ^{21} le^{33} miə^{21} thɑ^{55} du^{33} me^{33} phy̩^{33} lɑ^{21} lu^{21} nɯ^{33} be^{33}. |

天 神 祭粮 撒 卜 又 眼 尖 兴 是 神 卢神 由 做

ʥi^{33} y^{21} nɯ^{33} ky̩^{55} by̩^{21}, tshɿ^{21} nɯ^{33} mə^{33} tshɿ^{21} me^{33} ɕi^{33} lɑ^{33} sy^{21} mə^{33} gu^{21}. | ʥi^{33} ʥə^{21}

人 生 天 穹 下 鬼 由 不 妨 是 人 也 什么 不 病 人 住

lɑ^{33} lər^{33} dy^{21}, tshɿ^{55} khy̩^{33} ɕi^{33} mə^{33} ʥy^{21} me^{33} tshɿ^{55} mə^{33} phi^{55} , khy̩^{33} ne^{21} thɯ^{33} mə^{33}

辽阔 地 山羊 偷 人 没 有 是 山羊 不 丢失 偷 在 那 不

do^{21}. | khv̩^{33} ɕi^{33} lo^{21} nɯ^{33} dʑʅ^{21}, | lo^{21} ɕi^{33} bu^{21} nɯ^{33} do^{21}, tshʅ^{55} phi^{55} le^{33} ʂu^{21} dɯ^{33} me^{33} lu^{21}
见 偷 人 箐 由 住 告 人 坡 由 见 山羊 失 又 找 得 是 卢神

nɯ^{33} be^{33}.
由 做

把牛和马关在一个圈里，繁衍增殖的牛马满圈，这是卢神安排的结果。人类不生疾病，这是之前做祭祀的缘故，一辈子健康长寿，这也是卢神所为，请卢神起身做祭祀。九十件单薄的衣服，不烂的时候，就勤于补缀，一辈子都可以得到温暖；要去参加战争，在这之前准备好铠甲，战场上就能常胜不败，这是卢神安排的结果；要去耕地先准备好犁和轭，汉子就不会受饥饿，这也是卢神所为。在祭祀场上设置好卢神和沈神的位置，把卢神沈神请来，祭祀中就能战胜鬼族，这是卢神所为；要去卜卦，准备好撒给神灵们的祭粮，卜师的眼睛才能雪亮看清楚卦象，这些都是卢神安排的结果。在人类生活的天穹之下，若没有鬼来妨人，人就不会生病。人们生活在辽阔大地上，没有人偷山羊，山羊就不会丢失。即使偷的时候未发觉，但是，偷的人在山箐里，山坡上的人却看见了，偷去的山羊又能找到，这也是卢神所为。

535-C-12-12

gv̩^{21} tshər^{21} phər^{21} khu^{33} khɯ^{55}, phər^{21} mi^{55} pɯ^{21} lɯ^{33} le^{55}, miə^{21} thɑ^{55} ɯ^{33} le^{33} do^{21}, | phər^{21}
九 十 盘人 门 前 盘人 女 经书 翻 眼 尖 好 又 见 盘人

zo^{33} uɑ^{21} tshi^{21} ly^{55}, tshi^{21} ɯ^{33} tʂhʅ^{33} le^{33} ly^{21}. | ʂər^{33} tshər^{21} nɑ^{21} khu^{33} thv̩^{55}, nɑ^{21} nɯ^{33} bɯ^{21}
男 肩 胛 占 卦 好 那 又 看 七 十 纳人 门 前 纳人 由 经书

lɯ^{33} tshu^{33}, he^{33} thɑ^{55} ɯ^{33} le^{33} mi^{33}. | nɑ^{21} mo^{33} be^{33} tv̩^{55} tɯ^{33}, tshʅ^{21} ʂu^{21} py^{21} nɯ^{33} ʂu^{21},
吟 耳 好 妙 又 闻 广大 村 庄 里 鬼 找 祭司 由 找

tshʅ^{21} mə^{33} sʅ^{33} me^{33} dər^{33} ȵə^{21} ku^{55}, dər^{33} kv̩^{33} tshʅ^{21} ʂʅ^{33} ʂʅ^{21},dər^{33}mæ^{33} uɑ^{21}dzʅ^{33} dzʅ^{33}, thɯ^{33}
鬼 不 知 是 卦 书 上 卦 头 鬼 休息 卦 尾 福 流淌 这

lɑ^{33} lu^{21} nɯ^{33} be^{33}. | ŋv̩^{33} lv̩^{33} tho^{33} dʑʅ^{21} uɑ^{33}, ɕy^{33} phu^{21} khu^{55} mə^{33} dʑy^{33}, ɕy^{33} phu^{21}
也 卢神 由 做 雪山 松 长 处 兽 逃 处 不 有 兽 逃

khɯ^{33} ne^{21} lɯ^{55} nɯ^{33} ʂu^{21} dɯ^{33} lɑ^{33} lu^{21} nɯ^{33} be^{33}. | nɑ^{21} mo^{33} be^{33} ty̩^{55} tɯ^{33}, tshɿ^{21} mə^{33} sɿ^{33}
狗 和 猎神 由 找 这 也 卢神 由 做 广大 村庄 里 鬼 不 知

me^{33} iɑ^{33} ko^{21} tər^{33},py^{21} ne^{21} phɑ^{21} nɯ^{33} le^{33} ʂu^{21} le^{33} dɯ^{33} du^{33}. | mə^{33} sɿ^{33} tshɿ^{21} i^{33} tɕi^{21}
的 家里 来 祭司 和 卜师 由 又 找 又 得 兴 不 知 鬼 是 云

sɿ^{55} ty^{33} le^{33} ʂɿ^{33}. | ɕy^{33} phi^{55} khɯ^{33} ne^{21} lɯ^{55} nɯ^{33} ʂu^{21}, | tshɿ^{21} dʑi^{33} sɿ^{55} thy̩^{33} lu^{21} nɯ^{33}
三 层 又 死 兽 丢 狗 和 猎神 由 找 鬼 走 三 步 卢神 由

do^{21}. | bi^{21} khɯ^{33} ʂər^{21} me^{33} ky̩^{33}, dʑy^{21} nɑ^{55} zo^{55} lo^{33} ky̩^{33}, dʑi^{21} pɯ^{21} tɕi^{21} nɯ^{33} dɯ^{33}, | ly^{55}
见 日光 长 的 地方 居那若罗 上 飞 本事 云 由 得 飘

pɯ^{21} the^{33} nɯ^{33} dɯ^{33}, | tɑ^{55} pɯ^{21} lu^{21} nɯ^{33} dɯ^{33}.
本事 旗 由 得 说 本事 卢神 由 得

在九十个盘人门前，盘人的女子在翻看经书，眼尖的盘人女看出了好兆头，盘人的男子在占卜，占卜用的肩胛骨中出现了好的征兆。在七十个纳人门前，纳人在诵读经书，耳朵里又听到神妙的声音。在广大的村庄里，祭司找不着鬼，就在卦书中去寻找，卦书丢在卦具头上，那里正好有鬼魂在休憩。卦书抛掷在卦具后边，那里福泽正在流淌，这也是卢神所为。在雪山下长着松树的山坡上，野兽无处可逃，总被猎狗和猎神找到，这也是卢神所为；在广大的村庄里，不知名的鬼来到了家中，祭司和卜师能找到这些鬼，这也是卢神所为；不知名的鬼被赶到三层白云中，死在了白云间。就像野兽丢失让猎狗和猎神去寻找，只要鬼走动三步，卢神就能发现鬼的踪迹。

在阳光所及的地方，飞的本事由居那若罗神山上的白云得到；飘扬的本事，由旗幡得到；说话的本领，让卢神得到；

535-C-12-13

thɯ^{33} pɯ^{21} se^{21} nɯ^{33} dɯ^{33}, | ly^{21} pɯ^{21} zæ^{21} pɯ^{21} he^{21} nɯ^{33} dɯ^{33}, | gy̩^{33} pɯ^{21} dʑo^{21} nɯ^{33}
喝 本事 沈神 由 得 看本事 笑 本事 恒神 由 得 渡 本事 桥 由

dɯ^{33}. | sɿ^{33} pɑ^{33} dʑi^{33} bv̩^{33} tʂv̩^{55}, tʂv̩^{55} kv̩^{33} æ^{21} ȵə^{21} tʂv̩^{55}, æ^{21} ȵə^{21} mə^{33} kho^{33} gə^{33} ŋv̩^{33}
得 斯巴吉补 采 采 处 崖 上 采 崖 上 不 取 的 银

phər^{21} lu^{21} lu^{33} thv̩^{33}. | gɑ^{33} mɑ^{33} dʑi^{33} mu^{33} tʂv̩^{55} , tʂu^{55} kv̩^{33} dʑi^{21} ȵə^{21} tʂv̩^{55}, dʑi^{21} ȵə^{21}
白 卢神 石 产生 嘎玛金姆 采 采 处 水 中 采 水 中

mə^{33} tʂv̩^{55} gə^{33} hæ^{33} ʂɿ^{21} lu^{21} lu^{33} thv̩^{33}. | dʑi^{21} ne^{21} æ^{21} nɯ^{33} pɯ^{33} pɑ^{33} be^{33}, lu^{21} lv̩^{33} sɿ^{21}
不 采 的 金 黄 卢神 石 出 水 和 崖 由 交合 做 卢神 石 三

ɕi^{33} tʂhuɑ^{55} tshər^{21} the^{21} nɯ^{33} thv̩^{33}. | hæ^{21} ne^{21} ŋv̩^{21} gə^{33} lu^{21} lu^{33} i^{33}, gɑ^{33} tʂv̩^{33} u^{21} tʂv̩^{33}
百 六十 这 由 产生 金 和 银 的 卢神 石 是 胜神 迎请 吾神迎请

lu^{21} lu^{33} thv̩^{33}. | uɑ^{21} ne^{21} tʂhu^{21} gə^{33} lu^{21} lu^{33} i^{33}, ʂv̩^{21} tʂv̩^{33} lv̩^{21} tʂv̩^{33} lu^{21} lu^{33} thv̩^{33}. | dʑy^{21}
卢神 石 出 松石 和 墨玉 的 卢神 石 署 请 龙 请 卢神 石 出

nɑ^{55} zo^{55} lo^{33} khɯ^{33}, lu^{21} lu^{33} nɑ^{21} me^{33} thv̩^{33}, lu^{21} lu^{33} nɑ^{21} me^{33} thɯ^{33}, to^{55} khɯ^{55} tʂhə^{55}
居那若罗 脚 卢神 石 黑 的 产生 卢神 石 黑 的 是 消灾 除秽

ʂu^{55} tʂhə^{55} py^{21} lu^{21} lu^{33} thv̩^{33}. | phv̩^{21} lɑ^{21} gv̩^{55} be^{33} gu^{33}, mɯ^{33} thv̩^{33} pɯ^{55} dʐɿ^{21} le^{33} be^{33}
秽 祭 卢神 石 产生 神 九 兄弟 天 开 师傅 又 做

ȵə^{21}, lu^{21} lu^{33} ʂu^{21} le^{33} do^{21}, mɯ^{33} gə^{33} ŋv̩^{21} phər^{21} lu^{21} lu^{33} thv̩^{33}. | lɑ^{21} mi^{55} ʂər^{33} me^{33}
时 卢神 石 找 又 见 天 的 银 白 卢神 石 产生 神 女 七 姐姐

he^{21}, dy^{21} khu^{33} pɯ^{55} dʐɿ^{21} be^{33} ȵə^{21}, lu^{21} lu^{33} ʂu^{21} me^{33} dɯ^{33}, hæ^{21} ʂɿ^{21} lu^{21} lu^{33} thv̩^{33}. |
地 辟 师 傅 做 时 卢神 石 找 的 得 金 黄 卢神 石 产生

mɯ^{33} gə^{33} nɑ^{55} bv̩^{21} so^{33} gu^{33} nɯ^{33}, uɑ^{33} hər^{21} lu^{21} lu^{33} tshɿ^{55}, tshɿ^{21} le^{33} py^{21}。
天 的 纳补梭恭 由 松石 绿 卢神 石 竖 鬼 又 祭

喝的本事由沈神得到，看的和笑的本事由恒神得到，涉水过河的本事由桥得到。由斯巴吉补去采，到山崖上去采，得到了不是山崖上采得的银白卢神石。由嘎玛金姆去取，到水中去取，取来了不是从水中取来的金黄卢神石。由山崖和水流相交合，产生了三百六十种卢神石。金黄和银白的卢神石，是迎请胜神和吾神的卢神石。松石和墨玉色的卢神石，是迎请署和龙的卢神石。从居那若罗山脚下取来的黑色卢神石，是消灾和除秽的卢神石。神的九兄弟去做开天的师傅时，找到了银白的卢神石。神的七姐妹，去做辟地师傅时，找到了金黄的卢神石。天上的纳补梭恭祭司竖起松石般绿的卢神石做祭祀。

535-C-12-14

dy^{21} gə^{33} py^{33} bv̩^{21} sɑ^{33} bv̩^{33} sɑ^{33} lɑ^{21} hæ^{33} ʂʅ^{21} lu^{21} lu^{33} tshʅ^{55}, hæ^{33} ʂʅ^{21} lu^{21} lu^{33} thv̩^{33}. |
地 的 祭司 莎补莎劳 金 黄 卢神 石 竖 金 黄 卢神 石 产生

he^{21} i^{33} kɯ^{21} khu^{55} tʂhu^{21} nɑ^{55} lu^{21} lu^{33} tshʅ^{55}, | mi^{21} tʂhʅ^{33} ti^{33} duɑ^{33} ŋv̩^{33} phər^{21} lu^{21} lu^{33}
恒依格空 墨玉 卢神 石 竖 明斥丁端 银 白 卢神 石

tshʅ^{55}. | mɯ^{33} lɯ^{55} du^{21} dʑʅ^{33} gə^{33} py^{33} bv̩^{21} i^{21} ʂʅ^{55} bu^{21} dʑo^{33} uɑ^{33} hər^{21} lu^{21} lu^{33} tshʅ^{55}, uɑ^{33}
竖 美利董主 的 祭司 伊世补佐 松石 绿 卢神 石 竖 松石

hər^{21} lu^{21} lu^{33} thv̩^{33}. | tsho^{21} ze^{33} lɯ^{55} ɯ^{33} ŋv̩^{21} phər^{21} lu^{21} lv̩^{21} tshʅ^{55}, ŋv̩^{55} phər^{21} lu^{21} lu^{33}
绿 卢神 石 出 崇忍利恩 银 白 卢 石 竖 银 白 卢神 石

thv̩^{33}. | mɯ^{33} zʅ^{33} gv̩^{55} zʅ^{33} uɑ^{33} hər^{21} lu^{21} lu^{33} tshʅ^{55}, dv̩^{21} tshʅ^{21} gv̩^{33} kv̩^{55} mɯ^{21} le^{33} zər^{21}.
出 天 上 九 兄弟 绿松 卢神 石 竖 毒鬼 九 个 下 又 压

dy^{21}zʅ^{33} ʂər^{33} zʅ^{33} hæ^{33} ʂʅ^{21} lu^{21} lu^{33} tshʅ^{55}, mu^{33} tshʅ^{21} ʂər^{33} kv̩^{55} mɯ^{21} le^{33} zər^{21}. | mɯ^{33} gə^{33}
地 上 七 兄弟 金 黄 卢神 石 竖 猛鬼 七 个 下 又 压 天 的

sɑ^{21} lɯ^{55} uə^{33} de^{21} lu^{21} lu^{33} tshʅ^{21}, mi^{33} tshʅ^{21} mɯ^{21} le^{33} zər^{21}. | i^{33} gv̩^{21} o^{33} kə^{21} lu^{21} lu^{33}
刹依威德 卢神 石 竖 火 鬼 下 又 压 依古阿格 卢神 石

tshʅ^{55}, i^{33} gv̩^{21} ti^{33} nɑ^{55} mɯ^{21} le^{33} zər^{21}. | he^{21} dɯ^{21} uɑ^{33} phər^{21} lu^{21} lu^{33} tshʅ^{55}, tshʅ^{21} dɯ^{21}
竖 依古丁纳 下 又 压 恒迪窝盘 卢神 石 竖 此迪窝纳

o^{33} nɑ^{21} mi^{21} le^{33} zər^{21}. | mɯ^{33} lɯ^{55} du^{21} dʑʅ^{33} lu^{21} lu^{33} tshʅ^{55}, mɯ^{33} lɯ^{55} ʂv̩^{21}dʑʅ^{33} mi^{21} le^{33}
下 又 压 美利董主 卢神 石 竖 美利术主 下 又

zər^{21}. | to^{33} bɑ^{33} ʂər^{55} lər^{33} lu^{21} lu^{33} tshʅ^{55}, dv̩^{21}lɯ^{55} tɕhɑ^{55} pɑ^{33} lɑ^{33} lɯ^{55} mɯ^{21} le^{33} zər^{21}. | i^{21}
压 东巴什罗 卢神 石 竖 毒利巧巴拉利 下 又 压

ʂʅ^{55} bu^{21} ʥo^{33} lu^{21} lu^{33} tshʅ^{55}, mə^{33} bɑ^{33} uɑ^{33} ly̩^{21} mi^{21} le^{33} zər^{21} | tɑ^{33} tsɑ^{33} ə^{33} u^{55} lu^{21}
伊世补佐 卢神 石 竖 莫巴窝鲁 下 又 压 岛周欧吾 卢神

lu^{33} tshʅ^{55}, dy̩^{21} nɑ^{55} tɑ^{33} so^{33} mi^{21} le^{33} zər^{21}. | iə^{21} lɑ^{55} ti^{33} duɑ^{33} lu^{21} lu^{33} tshʅ^{55}, ly̩^{33}
石 竖 毒纳岛梭 下 又 压 尤拉丁端 卢神 石 竖

me^{33} mu^{33} ɯ^{21} mi^{21} le^{33} zər^{21}. |
鲁美猛恩 下 又 压

大地的祭司莎补莎劳竖起金黄卢神石，从此世上产生了金黄的卢神石。恒依格空竖起墨玉里的卢神石，从此世上产生了墨玉色的卢神石。明斥丁端竖起银白的卢神石，从此世上有了银白的卢神石。美利董主家的祭司伊世补佐竖起松石色卢神石，从此世上产生了松石绿的卢神石。崇忍利恩竖起银白的卢神石，从此世上产生了银白的卢神石。天上九兄弟竖起松石般碧绿的卢神石，把九个毒鬼镇压下去。地上的七兄弟，竖起金黄色的卢神石，把七个猛鬼镇压下去。天上的刹依威德竖起卢神石，把火鬼镇压下去。依古阿格竖起卢神石，把依古丁纳镇压下去。恒迪窝盘竖起卢神石，把此迪窝纳镇压下去。美利董主竖起卢神石，把美利术主镇压下去。东巴什罗竖起卢神石，把毒利巧巴拉利镇压下去。伊世补佐竖起卢神石，把莫巴窝鲁镇压下去。岛周欧吾竖起卢神石，把毒纳岛梭镇压下去。尤拉丁端竖起卢神石，把鲁美猛恩镇压下去。

535-C-12-15

tho^{33} kə^{55} gy̩^{55} zʅ^{33} lu^{21} lu^{33} tshʅ^{55}, tho^{33} mɑ^{21} gy̩^{55} zʅ^{33} mɯ^{21} le^{33} zər^{21}. | gɑ^{33} zo^{33} gy̩^{33} ky̩^{55}
妥构 九 个 卢神 石 竖 妥麻 九 个 下 又 压 胜 儿 九 个

lu^{21} lu^{33} tshʅ^{55} , ȵi^{33} zo^{33} gy̩^{33} ky̩^{55} mɯ^{21} le^{33} zər^{21}. | he^{21} zo^{33} gy̩^{55} zʅ^{33} lu^{21} lu^{33} tshʅ^{55},
卢神石 竖 尼 人 九 个 下 又 压 神 男 九 个 卢神 石 竖

tshʅ^{21} zo^{33} gy̩^{33} ky̩^{55} mɯ^{21} le^{33} zər^{21}. | do^{33} sɑ^{33} ŋɑ^{33} thy̩^{55} lu^{21} lu^{33} tshʅ^{55}, ȵə^{55} sɑ^{33} ɕo^{33}
鬼 儿 九 个 下 又 压 都莎敖吐 卢神 石 竖 纽莎许罗

lo^{21} mɯ^{21} le^{33} zər^{21}. | tsə^{33} uə^{21} lu^{55} zɿ^{33} lu^{21} lu^{33} tshɿ^{55}, tshə^{33} me^{33} ȵi^{33} tsər^{21} ho^{55} kv̩^{33}
下 又 压 周威 四 个 卢神 石 竖 周美 二 十 八 个

mɯ^{21} le^{33} zər^{21}. | mə^{33} phɑ^{21} ɯ^{33} hɑ^{55} lu^{21} lu^{33} tshɿ^{55}, tʂʅ^{33} tshɿ^{21} mɯ^{21} le^{33} zər^{21}, | hɑ^{33} zo^{33}
下 又 压 莫盘恩浩 卢神 石 竖 土鬼 下 又 压 哈 儿

gv̩^{33} kv̩^{55} lu^{21} lu^{33} tshɿ^{55}, sər^{33} tshɿ^{21} gv̩^{33} lu^{21} mi^{21} le^{33} zər^{21}, | tsho^{21} ze^{33} lɯ^{55} ɯ^{33} lu^{21} lu^{33}
九 个 卢神 石 竖 斯鬼 九 个 下 又 压 崇忍利恩 卢神 石

tshɿ^{55}, dæ^{33} me^{33} lo^{33} pɑ^{21} mi^{21} le^{33} zər^{21}. | kɑ^{33} le^{21} tshy^{55} lu^{21} lu^{33} tshɿ^{55}, dv̩^{33} phər^{21} lo^{33}
竖 丹美罗保 下 又 压 高勒趣 卢神 石 竖 毒盘罗纽

ȵə^{55} mɯ^{21} le^{33} zər^{21}. | ȵi^{33} me^{33} thv̩^{33} gə^{21} tshe^{55} tshe^{55} bv̩^{33} dv̩^{33} phər^{21} lu^{21} lu^{33} tshɿ^{55},
下 又 压 东方 格衬称补 海螺 白 卢神 石 竖

tshɿ^{21} uɑ^{33} phər^{21} me^{33} gv̩^{33} kv̩^{55} mɯ^{21} le^{33} zər^{21}. | i^{33} tʂhʅ^{33} mɯ^{21} se^{55} zʅ^{33} mi^{21} gu^{33} uɑ^{33}
鬼 放 白 的 九 个 下 又 压 南方 胜日明恭 松石

hər^{21} lu^{21} lu^{33} tshɿ^{55}, tshɿ^{21} uɑ^{33} hər^{21} me^{33} gv̩^{33} kv̩^{55} mi^{21} le^{33} zər^{21}.
绿 卢神 石 竖 鬼 族 绿 的 九 个 下 又 压

九个妥构竖起卢神石，把九个妥麻鬼镇压下去。九个胜神儿女竖起卢神石，把九个尼族镇压下去。九个神的儿子竖起卢神石，把九个鬼镇压下去。都莎敖吐竖起卢神石，把纽莎许罗镇压下去，四个周威兄弟竖起卢神石，把二十八个周美鬼镇压下去。莫盘恩浩竖起卢神石，把土鬼镇压下去。九个哈族儿女竖起卢神石，把九个斯族鬼镇压下去。崇忍利恩竖起卢神石，把丹美罗保镇压下去。高勒趣竖起卢神石，把毒盘罗纽镇压下去。东方，格衬称补竖起海螺般洁白的卢神石，把九个白色的鬼镇压下去。南方，胜日明恭竖起松石般碧绿的卢神石，把九个绿色的鬼镇压下去。

535-C-12-16

ȵi^{33} me^{33} gv̩^{21}, nɑ^{55} se^{33} tshu^{33} lu^{21} lu^{21} lu^{33} tshɿ^{55}, tshɿ^{21} uɑ^{33} nɑ^{21} me^{33} mɯ^{21} le^{33} zər^{21}. |
西方 纳生初卢 卢神 石 竖 鬼 族 黑 的 下 又 压

ho^{33} gv̩^{33} lo^{21} , gv̩^{33} se^{55} khə^{33} bɑ^{33} lu^{21} lu^{33} tshɿ^{55}, tshɿ^{21} uɑ^{33} ʂʅ^{21} me^{33} mɯ^{21} le^{33} zər^{21}. |
北方 古生抠巴 卢神 石 竖 鬼 族 黄 的 下 又 压

mɯ^{33} le^{33} dy^{21} ʐv̩^{55} gv̩^{33}, so^{33} y^{21} tsi^{55} gv̩^{33} tʂhu^{33} ʥæ^{21} lu^{21} lu^{33} tshɿ^{55}, tshɿ^{21} uɑ^{33} ʥæ^{21} me^{33}
天 和 地 中央 梭余晋古 玉花 卢神 石 竖 鬼 族 花 的

mi^{21} le^{33} zər^{21}. || bi^{21} thv̩^{33} mə^{55} tʂhʅ^{33} ȵi^{33}, i^{33} dɑ^{21} tʂhʅ^{33} dɯ^{33} ʥi^{21}, ly^{55} kv̩^{33} py^{33} bv̩^{21} nɯ^{33},
下 又 压 日 出 的 这 天 主人 这 一 家 利古 祭司 由

dv̩^{33} phər^{21} lu^{21} lu^{33} sɿ^{21} ɕi^{33} tʂhuɑ^{55} tshər^{21} tshɿ^{55}, tshɿ^{21} uɑ^{33} sɿ^{21} ɕi^{33} tʂhuɑ^{55} tshər^{21} mɯ^{21} le^{33}
海螺白 卢神 石 三 百 六十 竖 鬼 族 三 百 六十 下 又

zər^{21}. | lu^{21} lu^{33} phər^{21} me^{33} tshɿ^{21}, tshɿ^{21} phər^{21} gv̩^{33} kv̩^{55} mɯ^{21} le^{33} zər^{21}, lu^{21} lu^{33} hər^{21} me^{33}
压 卢神 石 白 的 竖 鬼 白 九 个 下 又 压 卢神 石 绿 的

tshɿ^{55}, tshɿ^{21} hər^{21} gv̩^{33} kv̩^{55} mɯ^{21} le^{33} zər^{21}. lu^{21} lu^{33} nɑ^{21} me^{33} tshɿ^{55}, tshɿ^{21} nɑ^{21} gv̩^{33} kv̩^{55}
竖 鬼 绿 九 个 下 又 压 卢神 石 黑 的 竖 鬼 黑 九 个

mɯ^{21} le^{33} zər^{21}. | lu^{21} lu^{33} ʂʅ^{21} me^{33} tshɿ^{55}, tshɿ^{21} ʂʅ^{21} gv̩^{33} kv̩^{55} mɯ^{21} le^{33} zər^{21}, lu^{21} lu^{33} ʥæ^{21}
下 又 压 卢神 石 黄 的 竖 鬼 黄 九 个 下 又 压 卢神 石 花

me^{33} tshɿ^{55}, tshɿ^{21} ʥæ^{21} gv̩^{33} kv̩^{55} mɯ^{21} le^{33} zər^{21}. | lu^{21} lu^{33} sɿ^{21} ɕi^{33} tʂhuɑ^{55} tshər^{21} tshɿ^{55},
的 时差 鬼 杂色 九 个 下 又 压 卢神 石 三 百 六十 竖

tshɿ^{21} uɑ^{33} sɿ^{21} ɕi^{33} tʂhuɑ^{55} tshər^{21} mɯ^{21} le^{33} zər^{21}. | ȵi^{33} me^{33} thv̩^{33} gə^{21} tshe^{55} tshe^{55} bv̩^{33} dv̩^{33}
鬼 族 三 百 六十 下 又 压 东方 格衬称补 海螺

phər^{21} lu^{21} lu^{33} le^{33} kɑ^{33} tɕhi^{33}. | i^{33} tʂhʅ^{33} mɯ^{21}, se^{55} ʐʅ^{33} mi^{21} gu^{33} uɑ^{33} hər^{21} lu^{21} lu^{33} le^{33}
白 卢神 石 又 力求 南方 胜日明恭 松石 绿 卢神 石 又

kɑ^{33} tɕhi^{33}. |
力求

西方，纳生初卢竖起卢神石，把黑色的鬼镇压下去。北方，古生抠巴竖起黄色的卢神石，把黄色的鬼镇压下去。天地中央，梭余晋古竖起杂色的卢神石，把杂色的鬼镇压下去。

好日子这一天，这一户主人家和利古祭司，竖起三百六十个海螺般洁白的卢神石，把三百六十个鬼镇压下去。竖起白色的卢神石，把九个白色鬼镇压下去；竖起绿色的卢神石，把九个绿色的鬼镇压下去；竖起黑色的卢神石，把九个黑色的鬼镇压下去；竖起黄色的卢神石，把九个黄色的鬼镇压下去；竖起杂色的卢神石，把九个杂色的鬼镇压下去。竖起三百六十个卢神石，把三百六十种鬼镇压下去。东方，求助于格衬称补海螺般洁白的卢神石。南方，求助于胜日明恭松石般碧绿的卢神石。

535-C-12-17

ȵi^{33} me^{33} gv̩^{21}, na^{55} se^{33} tshu^{33} lu^{21} phv̩^{33} la^{21} tʂhu^{21} na^{55} lu^{21} lu^{33} le^{33} ka^{33} tɕi^{33}. | ho^{33} gv̩^{33}

西方 纳生初卢 神 墨玉 卢神 石 又 求助 北方

lo^{21}, gv̩^{33} se^{55} khə^{33} ba^{33} phv̩^{33} la^{21} hæ^{33} ʂʅ^{21} lu^{21} lu^{33} le^{33} ka^{33} tɕhi^{33}. | mɯ^{33} le^{33} dy^{21} ly^{55}

古生抠巴 神 金 黄 卢神 石 又 求助 天 又 地 中央

gv̩^{33}, so^{33} y^{21} tsi^{55} gv̩^{33} phv̩^{33} la^{21} lu^{21} lu^{33} dʑæ^{21} me^{33} le^{33} ka^{33} tɕhi^{33}. | phv̩^{33} la^{21} lu^{21} lu^{33}

梭余晋古 神 卢神 石 花 的 又 求助 神 卢神 石

sɿ^{21} ɕi^{33} tʂhua^{55} tshər^{21} le^{33} ka^{33} tɕhi^{33}. | tʂhv̩^{55} mɯ^{33} tʂhv̩^{55} sɿ^{55} he^{33}, nɯ^{33} tɕi^{33} bv̩^{33} ko^{21}

三 百 六十 又 求助 秋天 秋 三 月 畜 放 羊 高原

za^{21}. | tɕi^{55} tha^{55} bv̩^{33} tshɿ^{33} gæ^{21}, ua^{33} kɯ^{21} sɿ^{33} phər^{21} ku^{55}, sɿ^{33} phər^{21} ʐʅ^{21} lu^{33} tɯ^{33}, tshɿ^{33}

下 剪 利 羊 毛 剪 五 斤 毡 白 擀 毡 白 神座 设 犁

ʂu^{33} phər^{21} me^{33} se^{33} do^{33} lu^{21} lu^{33} tshɿ^{55} tʂhua^{33} phər^{21} kua^{55} mu^{21} o^{55}. | sɿ^{33} phər^{21} ʐv̩^{21} lu^{33}

铁 白 的 规矩 卢神 石 竖 米 白 祭粮 倒 毡 白 神座

kv̩^{33}, ŋv̩^{21} hæ^{21} ua^{33} tʂhu^{21} i^{33} da^{55} be^{33} le^{33} tɕi^{33}. bər^{21} y^{21} ʐʅ^{33} ha^{33} tʂhər^{21}na^{55} ɕy^{55} ma^{21}

上 银 金 松石 墨玉 酬礼 做 又 放 牦牛 羊 酒 饭 肥肉 瘦肉 柏 油

nɯ^{33}, mɯ^{33} ne^{21} dy^{21} ko^{55} gɯ^{33},phər^{21} ne^{21} ʂæ^{21}, ga^{33} ne^{21} u^{21},o^{55} ne^{21} he^{21}, lu^{21} ne^{21} se^{21}

由 天 和 地 间 盘神 和 禅神 胜神 和 吾神沃神 和 恒神 卢神 和 沈神

tshu^{55} pa^{33} be^{33}, | to^{33} kə^{21} iə^{33} ma^{21} sɿ^{21} ɕi^{33} tʂhua^{55} tshər^{21} tshu^{55} pa^{33} be^{33}.

天香 烧 端格 优麻 三 百 六十 天香 烧

西方，求助于纳生初卢的墨玉色卢神石。北方，求助于古生抠巴金黄色的卢神石。天地中央求助于梭余晋古杂色的卢神石。求助于神的三百六十种卢神石。秋天的三个月里，放牧在高原上的羊群下山来，剪来五斤羊毛擀成白色羊毛毡。用白色羊毛毡子铺神座，用白铁犁尖按规矩竖在神座上当卢神石，白米做祭粮撒在神座的簸箕里，银、金、松石、墨玉放在神座上做神的酬金。用牦牛、羊、酒、饭、肥肉、瘦肉、柏枝、酥油烧天香，供养天地之间的盘神、禅神、胜神、吾神、沃神、恒神、卢神和沈神，供养三百六十尊端格和优麻战神。

535-C-12-18

bi^{21} thy̩^{33} mə^{355} tʂʅ^{33} ȵi^{33}, i^{33} dɑ^{21} tʂʅ^{33} dɯ^{33} dʑi^{21}, uə^{33} ky̩^{33} ty̩^{21} dʑi^{21} dʐʅ^{21}, ty̩^{21} ɕy^{33} tshə^{21}
日 出 的 那 天 主人 这 一 家 寨 头 千 家 住 千 法事 这

mə^{33} be^{33}, ty̩^{21} kuɑ^{55} tshə^{21} mə^{33} o^{55}. uə^{33} mæ^{33} ɕi^{33} dʑi^{21} dʐʅ^{21}, ɕi^{33} ɕy^{33} tshə^{21} mə^{33} be^{33}, ɕi^{33}
不 做 千 粮 这 不 倒 寨 尾 有 家 住 百 法事 这 不 做 百

kuɑ^{55} tʂhə^{21} mə^{33} o^{55}. | i^{33} dɑ^{21} tʂʅ^{33} dɯ^{33} dʑi^{21}, ʐu^{21} hɯ^{21} mə^{33} lɯ^{33} nɯ^{33}, ʐu^{21} dʑe^{33} ɕy^{21}
祭粮 这 不 倒 主人 这 一 家 夏 雨 不 来 就 夏 麦 红

mə^{33} fy̩^{33}, lu^{21} ne^{21} se^{21} le^{33} du^{33}, | tɑ^{55} tʂʅ^{33} ky̩^{55} nɯ^{33} tɑ^{55}, lu^{21} se^{21} kæ^{33} i^{33} tʂhər^{21} phər^{21}
不 霉 卢神 和 沈神 又 献 说 所 会 由 说 卢神 沈神 前 是 肥肉 白

dʑi^{33}. | tshʅ^{33} mɯ^{33} tshʅ^{33} sʅ^{55} he^{33}, lu^{21} i^{33} khu^{33} ȵi^{55} dzy̩^{33} mə^{33} ʂə^{55}, lu^{21} kæ^{33} ɕi^{33} phər^{21}
献 冬天 冬 三 月 卢神 是 口 空 纠纷 不 说 卢神 前 稻 白

mə^{33} fy̩^{33} kuɑ^{55} le^{33} o^{55}. | ʐu^{21} mɯ^{33} ʐu^{21} sʅ^{55} he^{33}, se^{21} i^{33} lɑ^{21} ȵi^{55} khɯ^{21} mə^{33} bi^{21}, se^{21}
不 瘪 粮 又 倒 夏天 夏 三 月 沈神 是 手 空 绳 不 搓 沈神

kæ^{33} dʑe^{33} ɕy^{21} mə^{33} huɑ^{55} kuɑ^{55} le^{33} o^{55}. | bi^{21} thy̩^{33} mə^{55} tʂʅ^{33} ȵi^{33}, i^{33} dɑ^{21} tʂʅ^{33} dɯ^{33} dʑi^{21},
前 麦 红 不 霉 粮 又 倒 日 出 的 这 天 主人 这 一 家

uæ^{33} i^{33} lu^{21} kuɑ^{55} o^{55}, i^{21} i^{33} se^{21} kuɑ^{55} o^{55}, | phər^{21} ne^{21} ʂæ^{21}, gɑ^{33} ne^{21} u^{21}, o^{55} ne^{21} he^{21},
左 是 卢神 粮 倒 右 是 沈神 粮 倒 盘神 和 禅神 胜神 和 吾神 沃神 和 恒神

to^{33} kə^{21} iə^{33} mɑ^{21} sɿ^{21} ɕi^{33} tʂhuɑ^{55} tshər^{21} kuɑ^{55} le^{33} o^{55}. | mɯ^{33} tɕər^{21} tshe^{21} ho^{55} ty^{33}, mə^{33}
端格 优麻 三 百 六十 祭粮 又 倒 天 上 十 八 层

py^{21} ʥi^{33} zy̩^{21},
莫毕精如

好日子这一天，在这一户主人家居住的村庄里，虽然寨头居住着千户人家，但这里不是为这千户人家做祭祀，他们不会把祭粮倒到这里来。寨后居住着百户人家，这里也不是为这百户人家做祭祀，他们也不会把祭粮倒到这里来。这一户主人家，把夏天雨水未来就收拾好的不霉烂的红麦，献给卢神和沈神，所有会说的都来说卢神和沈神的好处，把白白的肥肉献给卢神和沈神。冬天的三个月里，卢神不会空着嘴巴为别人排解纠纷，把冬天不干瘪的白色稻谷献给卢神。夏天的三个月里，沈神不会空着手搓绳子，把夏天未曾霉烂的红麦献给沈神。这一户主人家，左边给卢神倒神粮，右边给沈神倒神粮，给盘神、禅神、胜神、吾神、沃神、恒神倒神粮，给三百六十尊端格和优麻战神倒神粮，给十八层天上的莫毕精如战神，

535-C-12-19

be^{21} dæ^{21} sɿ^{21} ɕi^{33} tʂhuɑ^{55} tshər^{21}, lər^{21} ʥə^{33} tɕi^{55} ʥə^{33} ʥe^{33} ɕy^{21} kuɑ^{55} le^{33} o^{55}. | ho^{33} gy̩^{33}
本丹 三 百 六十 朗久敬久 麦 红 粮 又 倒 北边

ho^{33} lo^{21} dy^{21}, lu^{21} le^{33} bɯ^{33} dɯ^{33} ȵi^{33}, lu^{21} ʂʅ^{33} mæ^{55} mə^{33} phi^{55} , lu^{21} mæ^{55} lu^{33} ȵə^{21} tʂu^{55},
地方 卢神 又 去 一 天 卢神 死 尾 未 丢 卢神 尾 石 由 接

lu^{21} lu^{33} tʂhʅ^{33} tsɿ^{21} me^{33} khuɑ^{55} nɯ^{33} dər^{33} be^{33} se^{21}. | i^{33} tʂhʅ^{33} i^{33} mɯ^{21} dy^{21}, se^{21} le^{33} bɯ^{33}
卢神 石 所 竖 是 神粮 由 着 做 了 南边 地方 沈神 又 去

dɯ^{33} ȵi^{33}, se^{21} ʂʅ^{33} mæ^{55} mə^{33} tɑ^{55}, se^{21} mæ^{55} sər^{33} ȵə^{21} tʂu^{55}, khuɑ^{33} sɿ^{33} sər^{33} hər^{21} kho^{33},
一 天 沈神 死 后 不 完 沈神 尾 木 上 接 夸斯含柯

py^{21} sər^{33} tʂhʅ^{33} tshɿ^{55} me^{33}, py^{21} sər^{33} ʂæ^{33} nɯ^{33} dər^{33}, phɑ^{33} mə^{33} phər^{21} be^{33} se^{21}. | bi^{21} thy̩^{33}
祭 木 所 竖 是 祭 木 血 由 着 脸 不 白 做 了 日 出

mə^{55} tʂʅ^{33} ȵi^{33}, ly^{55} kv̩^{33} py^{33} bv̩^{21} nɯ^{33} lu^{21} lu^{33} phər^{21} me^{33} tshʅ^{55}, lu^{21} lu^{33} phɑ^{33} i^{33} mɯ^{33}

的 这 天 利古 祭司 由 卢神 石 白 的 竖 卢神 石 脸 是 天

bv̩^{21} ȵi^{33} me^{33}、he^{33} me^{33} the^{55} ȵi^{33} bu^{33}dɯ^{21} lu^{55} lɑ^{33} gv̩^{21}, kɯ^{21} ne^{21} zɑ^{21} the^{55} ȵi^{33} dze^{33} dɯ^{21}

下 太阳 月亮 那样 光 大 灿烂 成 星 和 宿 那样 亮 大

zi^{55}zæ^{33} gv̩^{33}, | lu^{21} lu^{33}tshʅ^{55} me^{33}, mɯ^{33}dʐər^{33}、 ɕə^{33} tɕhy^{21}、ʂv̩^{21} tʂv̩^{33}me^{33} lu^{21} lu^{33} thv̩^{33}. |

闪闪 成 卢神 石 竖 是 青龙 大鹏 署 请 的 卢神 石 产生

ly^{55} kv̩^{33} py^{33} bv̩^{21} nɯ^{33}, ȵi^{33} me^{33} thv̩^{33}, ho^{33} gv̩^{33} lo^{21}, ȵi^{33} me^{33} gv̩^{21}, i^{33} tʂhʅ^{33} mɯ^{21} gə^{33}

利古 祭司 由 东方 北方 西方 南方 的

lu^{21} lu^{33} sʅ^{21} ɕi^{33} tʂhuɑ^{55} tshər^{21} thɯ^{33} nɯ^{33} tshʅ^{55}, | bər^{21} y^{21} ʐʅ^{33} hɑ^{33} tʂhər^{21} nɑ^{55} ɕy^{55} mɑ^{21}

卢神 石 三 百 六十 这 由 竖 牦牛 羊 酒 饭 肥肉 瘦肉 柏 油

nɯ^{33} lu^{21} lu^{33} sʅ^{21} ɕi^{33} tʂhuɑ^{55} tshər^{21} tshu^{55} pɑ^{33} be^{33}. | phv̩^{33} lɑ^{21} zɑ^{21} me^{33}

由 卢神 石 三 百 六十 天香 做 神 下 是

给三百六十尊本丹战神，给朗久敬久战神供上红麦祭粮。北方的卢神要离去的那一天，卢神虽然死了，卢神的事情尚未完结，卢神所做过的事接在了石上，竖上卢神石就要撒上祭粮。南方，沈神离去的那一天，沈神虽然死了，沈神的事并未了结，沈神所说过的话系在树木上，在夸斯含柯地方，只要竖起祭木，都要沾染上牺牲的鲜血，不让祭木泛白。好日子这一天，利古祭司竖起卢神石，卢神石就像天上的太阳和月亮一样光辉灿烂，就像天上的星星一样晶莹明亮，所竖的卢神石是迎请龙、署和大鹏的卢神石。利古祭司在东边、南边、西边、北边竖起各种各样的三百六十个卢神石，用牦牛、羊、酒、饭、瘦肉、柏枝、酥油烧天香，请神降临来。

535-C-12-20

dv̩^{33} phər^{21} lu^{21} lu^{33} kv̩^{33}, ko^{33} phər^{21} kə^{55} phər^{21} the^{55} ȵi^{33} dɯ^{33} zɑ^{21} lu^{33}. | tʂhu^{21} nɑ^{55} lu^{21}

海螺 白 卢神 石 上 鹤 白 鹰 白 那样 一 降 来 墨玉 黑 卢神

lu^{33} kv̩^{33}, ɕə^{33} tɕhy^{21} ɕə^{21} gu^{55} the^{55} ȵi^{33} dɯ^{33} zɑ^{21} lu^{33}. | uɑ^{33} hər^{21} lu^{21} lu^{33} kv̩^{33}, uɑ^{33} hər^{21}
石 上 大鹏 大雕 那样 一 降 来 松石 绿卢神 石 上 松石 绿

nɯ^{33} dʐər^{33}, dv̩^{33} phər^{21} si^{33} gɯ^{33} the^{55} ȵi^{33} dɯ^{33} zɑ^{21} lu^{33}. | phv̩^{21} lɑ^{21} zɑ^{21} me^{33}, lu^{21} lu^{33}
美汁 海螺 白 狮子 那样 一 下 来 神 降临 是 卢神 石

sɿ^{21} ɕi^{33} tʂhuɑ^{55} tshər^{21} kv̩^{33}, ȵi^{33} me^{33} he^{33} me^{33} the^{55} ȵi^{33} bu^{33} dɯ^{21} lu^{55} lɑ^{33} dɯ^{33} zɑ^{21}
三 百 六十 上 太阳 月亮 那样 光辉灿烂 一 下

lu^{33}. | phv̩^{33} lɑ^{21} khv̩^{21} me^{33} i^{33}, uɑ^{33} hər^{21} dɑ^{33} khə^{21} kho^{33} nɯ^{33} khv̩^{21}, dv̩^{33} phər^{21} mu^{21}
来 神灵 请 的 是 松石 绿 法鼓 声 由 请 海螺 白 螺号

kho^{33} kho^{33} nɯ^{33} khv̩^{21} , hæ^{33} ʂʅ^{21} tsæ^{33} lər^{21} kho^{33} nɯ^{33} khv̩^{21}, khv̩^{21} me^{33} gə^{33} dɯ^{33} zɑ^{21}
声 由 请 金 黄 板铃 声 由 请 请 是 也 一 降临

lu^{33}. | phv̩^{33} lɑ^{21} zɑ^{21} me^{33} sɿ^{55} thy^{55} dɯ^{33} be^{33} lu^{33}. | lu^{21} se^{21} zɑ^{21} me^{33} py^{21} thy^{55} dɯ^{33} be^{33}
来 神 降 是 活人 保 一 做 来 卢神 沈神 降 是 祭司 帮 一 做

lu^{33}. | tɕər^{33} pu^{55} zɑ^{21} me^{33} hɯ^{21} thy^{55} dɯ^{33} be^{33} lu^{33}. | py^{21} nɯ^{33} mi^{33} mə^{33} dər^{33} bɯ^{33} lɑ^{33}. |
来 布谷鸟 降 是 雨 随 一 做 来 祭司 由 目的 不 达 也 是

lu^{21} nɯ^{33} py^{21} me^{33} mi^{33} le^{33} dər^{33}. | lər^{21} khæ^{55} gɯ^{33} mə^{33} zɑ^{21} bɯ^{33} lɑ^{21}, se^{21} nɯ^{33} lər^{21}
卢神 由 祭 的 目的 又 中 瞄 射 纹 不 现 也 是 沈神 由 瞄

khæ^{55} gɯ^{33} le^{33} zɑ^{21}. | py^{21} nɯ^{33} tshʅ^{21} le^{33} zər^{21}.
射 裂 又 现 祭司 由 鬼 又 压

请的神就像白鹤和白鹰一样，降临到海螺般洁白的卢神石上来，所请的神就像大鹏大雕一样降临在墨玉一样的卢神石上来，就像青龙和白海螺色的狮子一样降临到松石绿的卢神石上，请所有神灵就像光辉灿烂的太阳，晶莹明亮的月亮一样降临在三百六十个卢神石上来。人们用松石般碧绿法鼓的敲打声，白海螺的螺号声，金黄色的板铃响声来迎请神灵。请神灵降临来保佑活着的人，请卢神和沈神降临来帮助祭司。就像布谷鸟的叫声唤来春天的喜雨。即使祭司所做的祭祀有不周到的地方，卢神来帮助，则没有不周全之处了。即使瞄着射的靶子不出现裂纹，沈神降临就没有射不中的靶。做祭祀的祭司把鬼镇压下去。

535-C-12-21

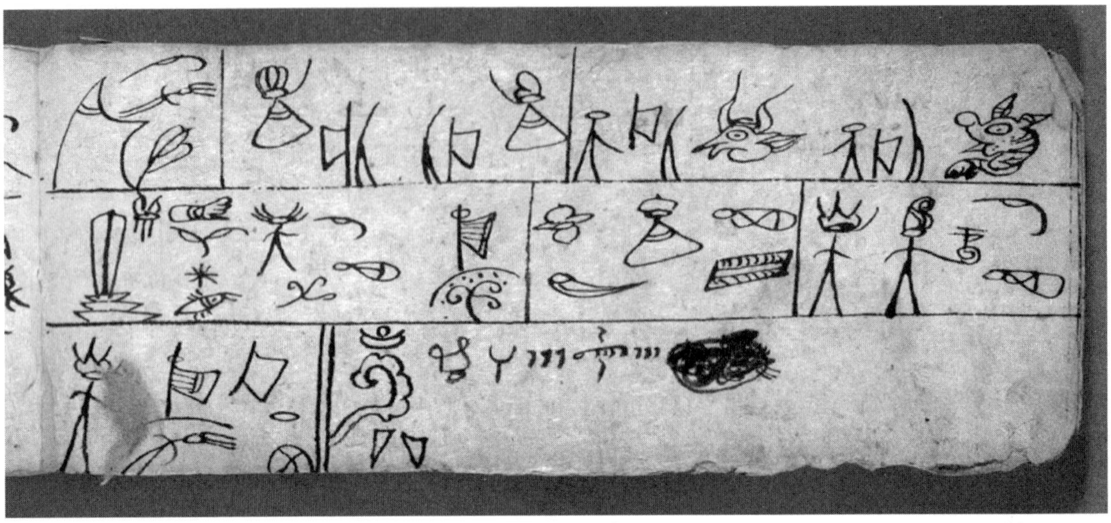

mə^{33} ʂʅ^{33} me^{33} zʅ̩^{21} æ^{21} kho^{33} do^{55} le^{33} ʂʅ^{33}. | uæ^{33} khu^{33} lu^{21} nɯ^{33} tɕhi^{33}, i^{21} khu^{33} se^{21} nɯ^{33}
不 死 的 仇人 崖 间 摔 又 死 左 门 卢神 由 守 右 门 沈神 由

tɕhi^{33}, uæ^{33} khu^{33} bər^{21} nɯ^{33} tɕhi^{33}, i^{21} khu^{33} lɑ^{33} nɯ^{33} tɕhi^{33}. | dʑy^{21} nɑ^{55} zo^{55} lo^{33} kʏ̩^{33}, lɑ^{33} iə^{21}
守 左 门 牦牛 由 守 右 门 虎 由 守 居那若罗 上 广大

tʏ̩^{33} tʂʅ^{21} lɯ^{55}, dʐʅ^{33} ne^{21} lɯ^{21} mə^{33} phi^{55}, dzʏ̩^{33} tɕər^{21} gɑ^{33}, | he^{21} i^{33} uɑ^{33} dʑi^{21} kʏ̩^{33}, he^{21}
千 种 动物 酋长 和 长老 不 失 纠纷 上 赢 神 的 碧 水 头 神

gə^{33} bɯ^{21} lɯ^{33} tʂhʅ^{33} mə^{33} phi^{55}, | py^{21} ne^{21} phɑ^{21} mə^{33} phi^{55}, | py^{21} nɯ^{33} tshʅ^{21} tɕər^{21} gɑ^{33}
的 经书 那 不 丢 祭司 和 卜师 不 失 祭司 由 鬼 上 赢

me^{33} dɯ^{33} khu^{55} le^{33} thʏ̩^{33} ho^{55}. ‖ zo^{33} y^{21} sʅ^{33} tshər^{21} sʅ^{55} khʏ̩^{33}
的 一 处 又 出 愿 人 活 三 十 三 岁

愿祭祀中未死的仇人，摔死在山崖上。左门由卢神来守，右门由沈神来守；左门由牦牛来守，右门由老虎来守。在居那若罗神山上，有成百上千种的动物，他们之间离不开酋长和长者，有酋长和长老，就能战胜所有的纠纷和灾祸。在神的碧水头，不能丢失神灵使用的经书，祭司和卜师不分离，有了祭司和卜师就能战胜鬼族。愿祭司们战胜各种鬼。

是我三十三岁……

535-C-12-22

ə⁵⁵ gɑ³³ uə³³ kẏ³³ gə³³ the³³ ɯ³³ uɑ²¹ me⁵⁵. ʐuɑ³³ phər²¹ ɯ³³ nɑ²¹ y²¹ phər²¹
阿 嘎 坞古 的 经书 是 的 马 白 牛黑 羊 白

这是一本阿嘎坞古的经书。白马、黑牛、白羊……

535-C-12-23

封底

（翻译：和宝林）

361-C-13-01

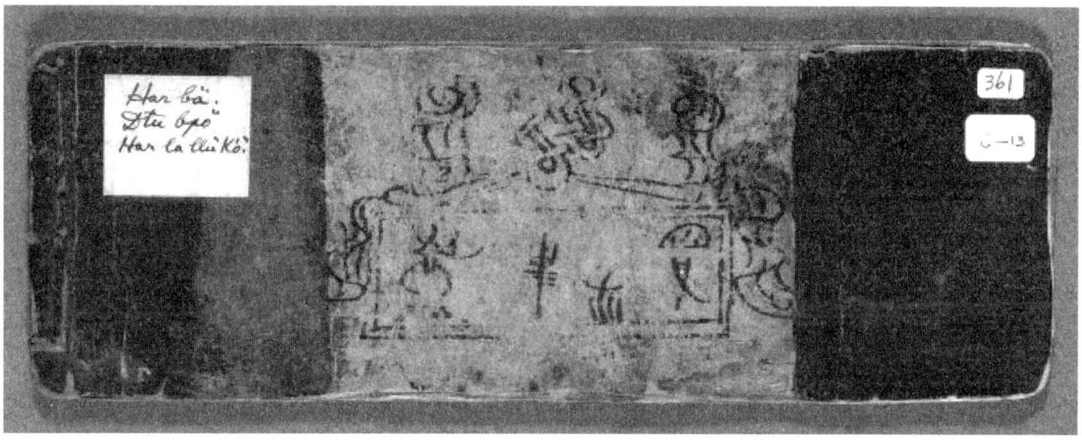

ty̩^{55} py^{21} uɑ^{21} me^{55}

顶 灾 经

361-C-13 顶灾经

【内容提要】

所谓的顶灾，就是抵御天上施放的灾祸，仪式中用一根白杨木顶上一个鸡蛋就可以进行了。这本经书讲了三个顶灾的故事。第一个故事说，巴乌崇宝外出做客待了三天，家中的父母死了，杀狗来办丧事，结果产生柯鬼（口舌鬼）、支鬼（伤害鬼）、端鬼（瘟疫）和疰鬼（传染）。第二个故事说崇忍利恩从天上娶回天女衬恒褒白，结果，天上的柯罗柯兴因夺妻而产生怨恨，从天上放下灾祸。第三个故事说美利董主到美利术主地盘上行猎，得罪了美利术主，美利术主施放各种鬼和灾祸到美利董主地方。经书最后讲述了人们使用各种办法抵御灾祸和鬼的过程。

【英文提要】

Book of Propping Disasters

To prop disaster, here, refers to fending against disasters casted from the upper world. During the ritual, this manifested as putting an egg on the top of a stick. In this book, there are three stories of propping disaster. The first one says that, ***pa u tshu ba*** visited others for three days, during which his parents had died. He killed dogs for mourning but produced ***khə***（ghost of quarrel）, ***dʐʅ***（ghost of harm）, ***dua***（ghost of pestilence）and ***dʐu***（ghost of contagion）. The second one says that, ***tsho ze lɯ ɯ*** married fairy ***tshe hɯ bu bə*** from heaven. However, this behavior caused the grudges of ***khə lo khə ɕi***, who casted disasters on the earth. The third one says that, ***mɯ lu du dzʅ*** hunted on the land of ***mɯ lu*** sʅ ***dzʅ***. This offended ***mɯ lu*** sʅ ***dzʅ*** who casted all kinds of ghosts and disasters on the land of ***mɯ lu du dzʅ***. Finally, this book tells the procedure how mankind fended disasters and ghosts.

361-C-13-02

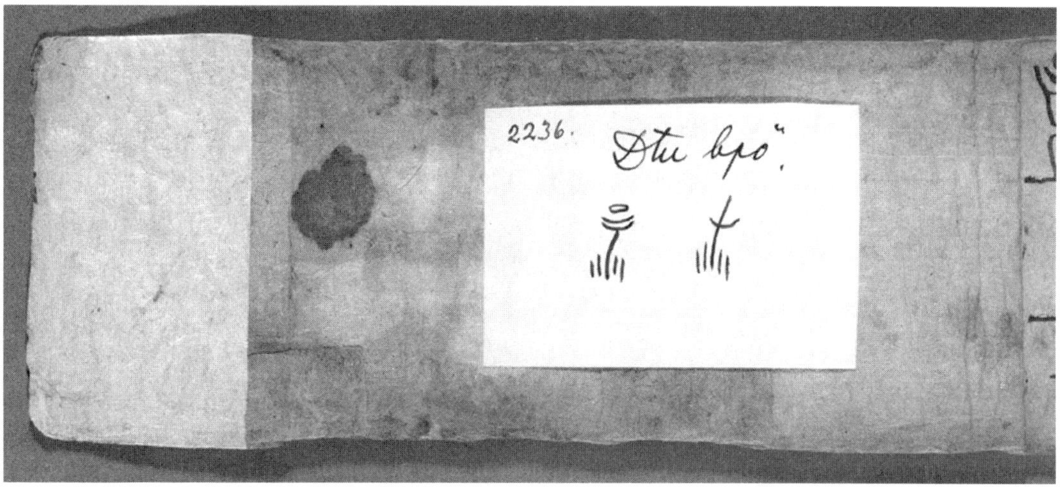

第 1 行：“2236”为洛克藏书的标号，洛克音标是“顶灾”的纳西语读音。
第 2 行：东巴文字是此书书名《顶灾》。

361-C-13-03

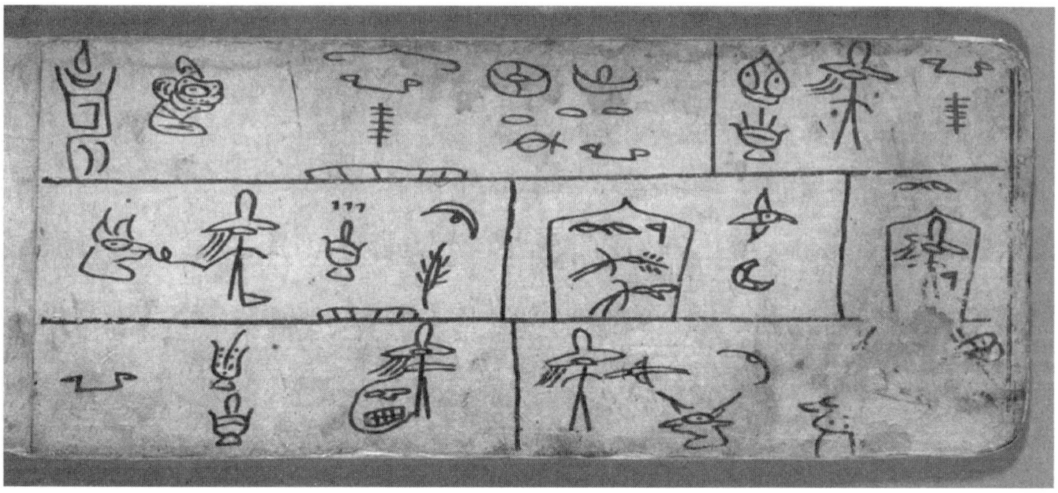

ɑ^{33} lɑ^{33} mə^{33} ʂər^{55} ȵi^{33}, mɯ^{33} thv̩^{33} dy^{21} khu^{33} zɿ^{33} , bi^{21} thv̩^{33} le^{21} thv̩^{33} zɿ^{33}, kɯ^{21} thv̩^{33} zɑ^{21}
呵 也 不 说 日 天 开 地 辟 代 日 出 月 出 代 星 出 宿

thv̩^{33} zɿ^{33}, | pɑ^{33} u^{33} tshu^{33} bɑ^{21} thv̩^{33} tʂhʅ^{33} zɿ^{33}, | pɑ^{33} u^{33} tshu^{33} bɑ^{21} khɯ^{33} ʂər^{21} ɕi^{33} dy^{21}
出 代 巴乌崇宝 出 这 代 巴乌崇宝 狗 牵 别人 地方

bər^{33} be^{33} sɿ^{55} hɑ^{33} gv̩^{33}. | pɑ^{33} u^{33} tshu^{33} bɑ^{21} iɑ^{33} ko^{21} ə^{33} sɿ^{21} ə^{33} me^{33} mu^{55} le^{33} dʑə^{21}. |
客 做 三 天 到 巴乌崇宝 家里 父 母 死 又 有

pɑ^{33} u^{33} tshu^{33}bɑ^{21} iɑ^{33} ko^{21} le^{33} thv̩^{33} ȵə^{21}, zʅ^{33} ne^{21} hɑ^{33}、tʂhər^{21} gu^{21} nɑ^{55} gu^{21} pu^{55}, ə^{33} sɿ^{21}
巴乌崇宝 家里 又 到 时 酒 和 饭 肥肉 背 瘦肉 背 带 父亲

ə^{33} me^{33} ʂʅ^{33} me^{33} le^{33} ŋv̩^{55}, ŋv̩^{55} me^{33} le^{33} tʂu^{55} dər^{33} se^{21} tsɿ^{55}. | pɑ^{33} u^{33} tshu^{33} bɑ^{21} thɯ^{33},
母亲 死 的 又 超度 超度 的 又 接 该 了 说 巴乌崇宝 他

kho^{55} lo^{33} nɯ^{21} mə^{33} dʑy^{21}, tɕə^{55} lo^{33} æ^{33} mə^{33} dʑy^{33}.
杀 的畜 没 有 煮 的 粮 没 有

远古的时候，在开天辟地、日月形成、星和宿出现的年代里，在巴乌崇宝在世的那一代，有一天，巴乌崇宝牵着狗到别人的地方去做客。巴乌崇宝做客在外面待了三天，家中的父母亲死了。巴乌崇宝一回到家中就应该准备酒和饭及肥肉和瘦肉，超度死去的父母亲，并把他们接在历代祖先之后。但是，巴乌崇宝他没有可杀的牲畜，没有下锅煮的粮食。

361-C-13-04

khɯ^{33} phər^{21} dɯ^{33} ty̥^{21} kho^{55}, khɯ^{33} nɑ^{21} dɯ^{33} ɕi^{33} kho^{55}, phər^{2}、nɑ^{55} ʂʅ^{33} dʐʅ^{33} tʂər^{21}. |
狗 白 一 千 杀 狗 黑 一 百 杀 盘人 纳人 肉 吃 使

phər^{21} nɑ^{55} ty̥^{33} mu^{21} iə^{55} le^{33} tɕi^{33}, phər^{21} ne^{21} nɑ^{21}, ty̥^{33} mu^{21} y^{21} ɕi^{33} tʂhʅ^{33} mə^{33} ȵi^{33}. | le^{55}
白 黑 千 种 给 又 在 盘人 和 纳人 千 种 来 人 这 不 要

tɕhi^{33} sʅ^{33} phy̥^{33} le^{33} ʂə^{55} me^{33}, khɯ^{33} ʂʅ^{21} iə^{55} le^{33} tɕi^{33} me^{33} i^{33}, | ȵə^{55} dy^{21} khɯ^{33} ʂʅ^{33}
楞启斯普 又 说 是 狗 肉 给 又 放 的 是 我们 地方 狗 肉

mə^{33} dʑy^{33} lɑ^{21} be^{33} tsʅ^{55}, | iə^{55} ʂʅ^{33} ȵə^{55} iə^{55} lu^{33} be^{33} tsʅ^{55}. | le^{55} tɕhi^{33} sʅ^{33} phy̥^{33} le^{33} ʂə^{55}
没 有 也 做 说 给 肉 我 给 来 做 说 楞启斯普 又 说

me^{33}, khɯ^{33} phy̥^{33} ȵə^{55} dy^{21} dɯ^{21} mu^{33} tsʅ^{55}. | pɑ^{33} u^{33} tshu^{33} bɑ^{21} ny̥^{21}, tshu^{21} be^{33} ȵə^{55}
是 狗 价 我们 地方 大 的 说 巴乌崇宝 你 赶快 地 我

dy^{21} khɯ^{33} ʂʅ^{33} tɕhi^{33} lu^{33} tsʅ^{55}. | pɑ^{33} u^{33} tshu^{33} bɑ^{21} thɯ^{33}, khɯ^{33} phər^{21} ty̥^{21} le^{33} kho^{55}, |
地 狗 肉 卖 来 说 巴乌崇宝 他 狗 白 千 又 杀

杀了一千只白狗，杀了一百只黑狗，去招待盘人、纳人和千种人，盘人、纳人和来吊丧的千种人不吃他的狗肉。楞启斯普就说："你招待别人的这个狗肉，我们那个地方没有，就送给我吧！"楞启斯普还说："我们那个地方，狗的价钱很高。巴乌崇宝，赶快到我们那地方去卖

狗肉吧。”巴乌崇宝，又杀了千只白狗，

361-C-13-05

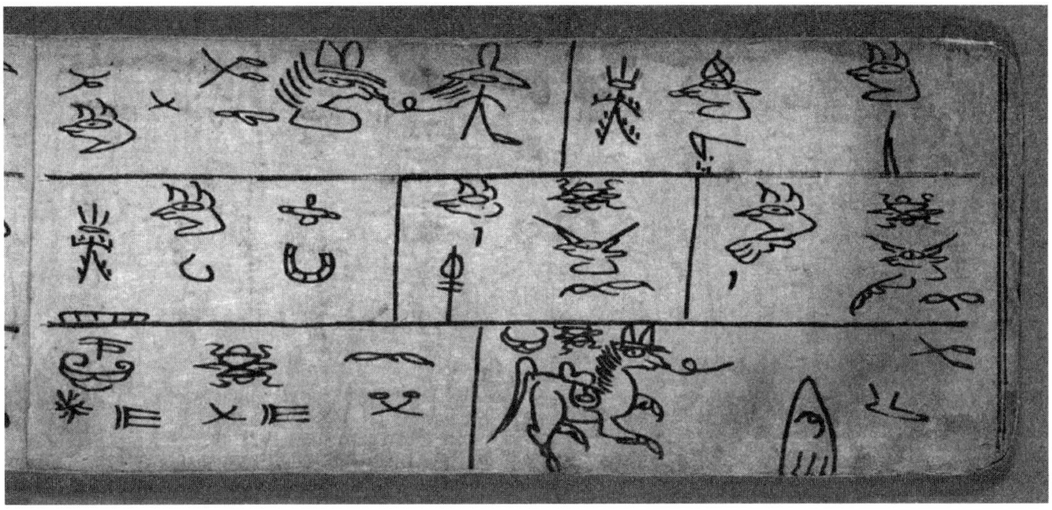

khɯ^{33} nɑ^{21} ɕi^{33} le^{33} kho^{55}, khɯ^{33} ʂʅ^{33} y^{21} le^{33} dər^{21} me^{55} bu^{21} phər^{21} tɕər^{21} ȵə^{21} tɕi^{55} le^{33} tɕi^{33},
狗 黑 百 又 杀 狗 肉 拿 又 骡 母 鬃 白 上 驮 又 放

dər^{21} me^{55} bu^{21} phər^{21} ʂər^{21}, pɑ^{33} u^{33} tshu^{33} bɑ^{21} thɯ^{33}, le^{55} tɕhi^{33} sɿ^{33} phv̩^{33} dy^{21}, tshu^{21} be^{33}
骡 母 鬃 白 牵 巴乌崇宝 他 楞启斯普 地方 赶快 地

khɯ^{33} ʂʅ^{33} tɕhi^{33} le^{33} khɯ^{55}. | le^{55} tɕhi^{33} sɿ^{33} phv̩^{33} dy^{21}, khɯ^{33} phv̩^{33} dɯ^{21} le^{33} dʑə^{21}, | pɑ^{33} u^{33}
狗 肉 卖 又 去 楞启斯普 地方 狗 价 高 又 有 巴乌崇宝

tshu^{33} bɑ^{21} nɯ^{33}, khɯ^{33} kv̩^{33} dɯ^{33} ly^{33} dɯ^{33} khv̩^{21} ku^{21}, hæ^{21} kv̩^{33} dɯ^{33} ly^{33} tʂhʅ^{33} bə^{21} iə^{55}, |
由 狗 头 一 个 那 边 交 金 蛋 一 颗 这 边 给

khɯ^{33} ʂʅ^{33} dɯ^{33} ʂuɑ^{21} dɯ^{33} khv̩^{21} ku^{21}, hæ^{33} ʂʅ^{21} dɯ^{33} tɕi^{21} y^{21} le^{33} tʂhʅ^{33} bə^{33} iə^{55}, | ŋv̩^{21}
狗 肉 一 块 那 边 交 金 黄 一 斤 拿 又 这 边 给 银

phər^{21} tv̩^{21} sɑ^{55}, hæ^{33} ʂʅ^{21} ɕi^{33} sɑ^{33} iə^{33} le^{33} tɕi^{33}. | pu^{33} u^{33} tshu^{33} bɑ^{21} thɯ^{33}, ŋv̩^{33} hæ^{21} dər^{21}
白 千 担 金 黄 百 担 给 又 在 巴乌崇宝 他 银 金 骡

me^{33} bu^{21} phər^{21} tɕər^{21} ȵə^{21} tɕi^{55}, dər^{21} me^{55} bu^{21} phər^{21} ʂər^{21} , dʑi^{33} le^{33} mɑ^{55} mi^{33} pɑ^{33} lɑ^{21}
母 鬃 白 上边 驮 骡 母 鬃 白 牵 走 又 冒米巴拉

dʑy^{21} khɯ^{33} thv̩^{33} ȵə^{21} tɕi^{33}, |
山 脚 下 地方 到

又杀了百只黑狗，把狗肉拿来驮在白鬃的母骡身上，牵着母骡赶快地走到了楞启斯普的地方，去卖狗肉。楞启斯普的地方，狗肉的价钱果然高，巴乌崇宝把一个狗头递过去，那边给巴乌崇宝递过来一个黄金蛋，巴乌崇宝递过去一块狗肉，那边就递过来一斤黄金，巴乌崇宝得到了千担的白银，百担的黄金。巴乌崇包把黄金和白银驮在白鬃的母骡身上，牵着母骡走到了

冒米巴拉山的山脚下，

361-C-13-06

dʑæ^{21} bər^{33} dər^{33} n̥ə^{21} i^{55} le^{33} tɕi^{33}. pɑ^{33} u^{33} tshu^{33} bɑ^{21} uæ^{33} tɕy^{21} sɿ^{55} dzʅ^{21} ne^{21}, gə^{21} le^{33} tɯ^{33}
泥塘 里 躺 又 在 巴乌崇宝 左 边 三 拽 在 上 又 起

mə^{33} n̥i^{21}, i^{21} tɕy^{21} sɿ^{55} dzʅ^{21} ne^{21} lɑ^{33} tɯ^{33} mə^{33} n̥i^{21}. pɑ^{33} u^{33} tshu^{33} bɑ^{21} mɑ^{55} mi^{33} pɑ^{33} lɑ^{21}
不 了 右 边 三 拽 在 也 起 不 了 巴乌崇宝 冒米巴拉

dʑy^{21}ky̩^{33} dʑər^{21} hər^{21} dɯ^{33} kə^{55} tɕhər^{33} le^{33} dzʅ^{21},dər^{33} me^{55} bu^{21} phər^{21} bɑ^{21} le^{33} mɯ^{33} ne^{21}
山 上 树 绿 一 枝 摘 又 打 骡 母 鬃 白 叫 又 天 和

dy^{21}n̥ə^{21} mi^{33} le^{33} hə^{21}. mɑ^{55} mi^{33} pɑ^{33} lɑ^{33} dʑy^{21} khɯ^{33} thy̩^{55}, | ʂy̩^{21} gə^{33} bər^{21} by̩^{21} dʑə^{33} iə^{21}
地 上 闻 又 去 冒米巴拉山 旁边 署 的 班补玖尤卡

khɑ^{33} nɯ^{33} mi^{33}, | hɯ^{21} nɑ^{55} pɑ^{55} lo^{33}, hər^{33} thy̩^{33} tshe^{55} phy̩^{55} le^{33} khɯ^{55} tshɿ^{21}. | ʂy̩^{21} phər^{21}
由 闻 雨 大 瓢 泼 风 吹 叶 落 又 放 来 署 白

ly̩^{21} phər^{21} nɯ^{33} hɯ^{21} gɯ^{33} dʑo^{33} sɿ^{33} tshe^{33} i^{33} le^{33} khɯ^{55} tshɿ^{21}, | ʂy̩^{21} hər^{21} ly̩^{21} hər^{21}
龙 白 由 雨 下 冰雹 引 盐 有 又 放 来 署 绿 龙 绿

nɯ^{33}, hɯ^{21} gɯ^{33} dʑo^{33} sɿ^{33} le^{33} khɯ^{33} tshɿ^{21}, | ʂy̩^{21} nɑ^{21} ly̩^{21} nɑ^{21} nɯ^{33}, hɯ^{21} gɯ^{33} dʑo^{33}
由 雨 下 冰雹 引 又 放 来 署 黑 龙 黑 由 雨 下 冰雹

sɿ^{33} le^{33} khɯ^{55} tshɿ^{21}, | ʂy̩^{21} ʂʅ^{21} ly̩^{21} ʂʅ^{21} nɯ^{33}, hɯ^{21} gɯ^{33} dʑo^{33} ʂʅ^{33} le^{33} khɯ^{55} tshɿ^{21}, |
引 又 放 来 署 黄 龙 黄 由 雨 下 冰雹 引 又 放 来

白鬃的母骡躺倒在泥塘之中。巴乌崇宝往左边拽三下，白鬃母骡起不了，巴乌崇宝往右边拽三下，白鬃母骡起不了。巴乌崇宝摘来冒米巴拉山上的一根绿树枝，去打白鬃的母骡，母骡的叫声传到了天上地下。这声音被冒米巴拉山上的署神班补玖尤卡听到，他施放出瓢泼大雨和吹落树叶的狂风。白署白龙施放出带有盐味的暴雨和冰雹，绿署绿龙施放出来暴雨和冰雹，

黑署黑龙施放出暴雨和冰雹，黄署黄龙放出暴雨和冰雹，

361-C-13-07

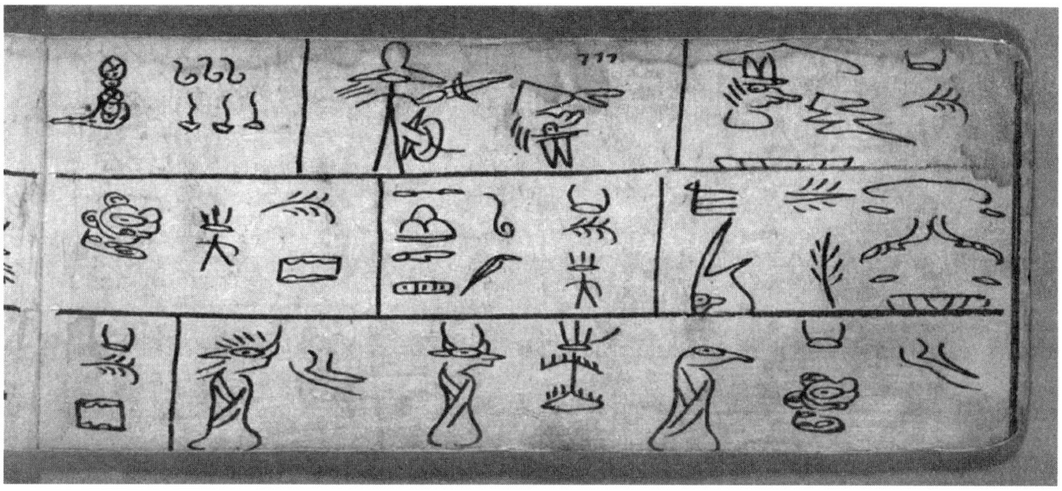

ʂv̩^{21} dʑæ^{21} lv̩^{21} dʑæ^{21} nɯ^{33} hɯ^{21} gɯ^{33} dʑo^{33} ʂv̩^{33} le^{33} khɯ^{55} tshɿ^{21}. | pɑ^{33} u^{33} tshu^{33} bɑ^{21} nɯ^{33},
署 花 龙 花 由 雨 下 冰雹 引 又 放 来 巴乌崇宝 由

thɯ^{55} ko^{55} zə̩r^{33} le^{33} tæ^{21}, dɯ^{33} dɑ^{55} n̩i^{33} thy^{33}, n̩i^{33} dɑ^{55} sɿ^{55} thy^{33} be^{33}, dər^{21} me^{33} bu^{21} phər^{21}
腰 间 力 又 抽 一 刀 两 节 两 刀 三 节 地 骡 母 鬃 白

sy^{55}. | kv̩^{33} nɯ^{33} mɯ^{33} gə^{33} kho^{33} pɯ^{55} hə^{21}, ɯ^{33} nɯ^{33} dy^{21} gə^{33} kho^{33} pɯ^{55} hə^{21}, | dʐʅ^{33} tshɿ^{21}
杀 头 由 天 上 柯鬼 出 去 皮 由 地 的 柯鬼 出 去 支鬼

lɑ^{33} tshɿ^{21} pɯ^{55} le^{33} hə^{21}. | uɑ^{33} nɯ^{33} lu^{33}, ʂʅ^{33} nɯ^{33} tʂʅ^{33}, ʂæ^{33} nɯ^{33} dʑi^{21} gə^{33} kho^{33} tshɿ^{21}pɯ^{55}
佬 鬼 出 又 去 骨 由 石 肉 由 土 血 由 水 的 柯鬼 出

le^{33} hə^{21}. | ho^{21} nɯ^{33} æ^{21}, mæ^{33} nɯ^{33} dʑər^{21}, lu^{55} khɯ^{33} lu^{55} lɑ^{21} nɯ^{33} mɯ^{33} zɿ^{55} dy^{21} zɿ^{55}
又 去 肋 由 崖 尾 由 树 四 脚 四 手 由 天 和 地 中央

lo^{33} gə^{33} kho^{33} tshɿ^{21} pɯ^{55} le^{33} hə^{21}. | n̩i^{33} me^{33} thy^{33}, tər^{21} zɑ^{55} dʑə^{21} bv̩^{33} nɯ^{33} kho^{33} khɯ^{55}
的 柯鬼 出 又 去 东方 呆娆玖补 由 柯鬼 放

tshɿ^{21}. i^{33}tʂhʅ^{33}mɯ^{21}, ʂʅ^{21}dʐʅ^{33} dʑi^{33} bv̩^{33} nɯ^{33} kho^{33} khɯ^{55} tshɿ^{21}. n̩i^{33} me^{33} gv̩^{21}, le^{55} tɕhi^{33} sɿ^{33}
来 南方 史支金补 由 柯鬼 放 来 西方 楞启斯普

phv̩^{33} nɯ^{33} kho^{33} khɯ^{55} tshɿ^{21}, ho^{33} gv̩^{33} lo^{21}, nv̩^{21} dʐɿ^{33} dʑi^{33} bv̩^{33} nɯ^{33} kho^{33} ne^{21} dʐʅ^{33} khɯ^{55}
由 柯鬼 放 来 北方 奴孜金补 由 柯鬼 和 支鬼 放

tshɿ^{21}. |
来

天地中央，杂色的署和龙施放出暴雨和冰雹。巴乌崇宝抽出腰间的刀，把白鬃的母骡一

刀两节、两刀三节地杀死了。由白鬃母骡的头，产生出天上的柯鬼（口舌鬼），由它的皮产生出地上的柯鬼，产生出支鬼（被伤害的鬼）和佬鬼（被野兽咬死的鬼）。由白鬃母骡的骨头产生出石头的柯鬼，由它的肉产生出土中的柯鬼，由它的血产生出水中的柯鬼，由它的肋骨产生出山崖中的柯鬼，由它的尾巴产生出树上的柯鬼，由它的四只手脚产生出天地中央的柯鬼。东方鬼的头目呆娆玖补放出柯鬼来，南方鬼的头目史支金补放出柯鬼来，西方鬼的头目楞启斯普放出柯鬼来，北方鬼的头目奴孜金补放出柯鬼和支鬼到人间去作祟。

361-C-13-08

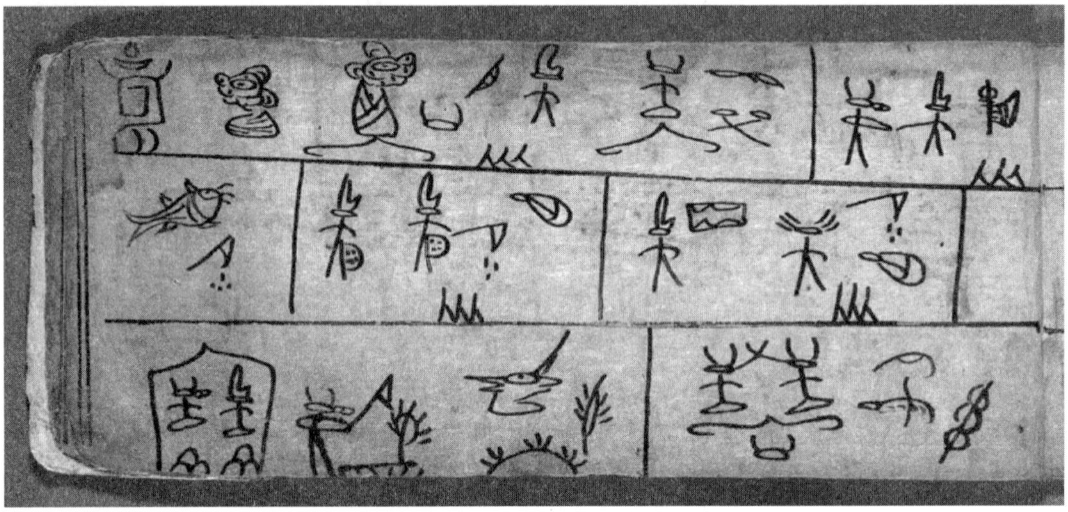

ɑ^{33} lɑ^{33} mə^{33} ʂər^{55} ȵi^{33}, mɯ^{33} gə^{21} khv̩^{21} nɯ^{33} ʥɿ^{21} me^{33} ʥɿ^{33} lɑ^{21} ʥɿ^{33} ə^{33} phv̩^{33}, thɯ^{33} gə^{33}
呵 也 不 说 日 天 上 边 由 住 的 孜佬孜阿普 他 的

tshe^{55} hɯ^{21} bu^{33} bə^{21} mi^{55}, iə^{55} me^{33} mɯ^{33} kv̩^{33} ʥɿ^{21} me^{33} kho^{33} lo^{33} kho^{33} ɕi^{33} tɕər^{21} ȵə^{21} iə^{55}
衬恒褒白 姑娘 给 是 天 上 住 的 柯罗柯兴 上 边 给

le^{33} tɕi^{33}. | tsho^{21} ze^{33} lɯ^{55} ɯ^{33}nɯ^{33}, gɑ^{33} mi^{55} be^{33} me^{33} ȵi^{33} mi^{55} be^{21} le^{33} tshɿ^{21}, | gɯ^{33} mi^{55}
又 放 崇忍利恩 由 胜 女 做 的 败家 女 做 又 来 饱 女

be^{33} le^{33} ʐu^{21} mi^{55} be^{33} le^{33} tshɿ^{21}, | hɯ^{21} mi^{55} be^{33} me^{33} si^{33} mi^{55} be^{33} le^{33} tshɿ^{21}. | tsho^{21} ze^{33}
做 又 饿 女 做 又 来 富 女 做 的 穷 女 做 又 来 崇忍利恩

lɯ^{55} ɯ^{33}、tshe^{55} hɯ^{21} bu^{33} bə^{21} mi^{55}, ȵi^{33} lv̩^{21} tɑ^{55} lo^{33} dɯ^{33} ʥi^{21} be^{33}. dy^{21} lo^{21} ʐv̩^{55} be^{33} æ^{33}
衬恒褒白 姑娘 两 青年 结合 一 家 做 地 里 活 做 粮

phv̩^{55} æ^{21} tv̩^{21} ne^{21} le^{33} ʥɿ^{21}, ko^{21} kv̩^{33} nɯ^{21} lv̩^{55} nɯ^{21} ɕi^{21} ne^{21} le^{33} ʥɿ^{21}. | mɯ^{33} kv̩^{33} kho^{33}
撒 粮 栽 地 又 住 高原 上 畜 牧 畜 养 地 又 住 天 上

lo^{21} kho^{33} ɕi^{33} kho^{33} zɿ^{33} le^{33} ʥɿ^{21} guə^{33}, mɯ^{33} kv̩^{33} khv̩^{33} mə^{33} du^{33} me^{33} tʂhu^{21} le^{33} khv̩^{33}, |
柯罗柯兴 柯 兄弟 又 商量 天 上 偷 不 兴 的 快 又 偷

远古的时候，住在天上的孜佬孜阿普，他有一个姑娘叫衬恒褒白，已经答应给天上的柯罗柯兴做媳妇。崇忍利恩把这胜家的姑娘娶了来做败家的媳妇，把这可以吃饱肚子的姑娘，娶来做饿汉的媳妇，把这富裕家庭的女儿，娶了来做穷人家的媳妇。崇忍利恩和衬恒褒白姑娘，两个年轻人结合成一家。他们在地里干活撒播庄稼收获粮食，在高原上放牧饲养牲畜，愉快地生活着。天上的柯罗柯兴兄弟们商量说：崇忍利恩把天上不该偷的东西偷去了，

361-C-13-09

dy^{21} lo^{21} pu^{55} mə^{33} du^{33} me^{33} tʂhu^{21} le^{33} pu^{55}, | mɯ^{33} kʏ^{33} tshe^{55} hɯ^{21} bu^{33} bə^{21} mi^{55}, ʐʏ^{21}
地 上 带 不 兴 的 快 又 带 天 上 衬恒褒白 姑娘 仇

dy^{21} hɯ^{33} se^{21} tsʅ^{55}. | ʥi^{33} ʥə^{21} lɑ^{33} lər^{33} dy^{21}, hɯ^{33} mə^{33} du^{33} me^{33} hɯ^{33} se^{33} iə^{33}, kho^{33}
在 去 了 说 人 住 辽阔 地 去 不 兴 的 去 了 有 柯鬼

ne^{21} dʐʅ^{33} pɯ^{55} tshʅ^{21}. | lu^{21} se^{21} mɑ^{33} phər^{21} lʏ^{55},ʥi^{33} ʥə^{21} lɑ^{33} lər^{33} dy^{21} thʏ^{33} mə^{33} du^{33}
和 支鬼 产生 来 卢神 沈神 酥油 饼 人 住 辽阔 地 到 不 兴

me^{33} dy^{21} ȵə^{21} thʏ^{33} se^{33} iə^{33}. | mɯ^{33} zʅ^{33} kho^{33} lo^{21} kho^{33} ɕi^{33} thɯ^{33} mə^{33} hɯ^{21} nʏ^{55} me^{33}
的 地 上 到 了 有 天 裔 柯罗柯兴 他 不 高兴 心

gu^{21}, kho^{33} ne^{21} dʐʅ^{33} le^{33} khɯ^{55} tshʅ^{21}, | tshʅ^{33} miə^{33} ʂʅ^{33}, ʐu^{21} bʏ^{33} tɕhi^{21}, mə^{33} me^{21} uɑ^{33}
疼 柯鬼 和 支鬼 又 放 来 冬 眼 黄 夏 肠 疼 不 熟 秆

by^{33}, ɕi^{33} phər^{21} fʏ^{33} ,ʥe^{33} ɕy^{21} huɑ^{55},ʥy^{33}tʂhər^{33} , sɑ^{33} le^{21} le^{33} khɯ^{33} tshʅ^{21}. | ɯ^{33} ɕy^{21} gu^{21},
粗 稻 白 疯长 麦 红 锈 蔓箐 烂 麻 枯 又 放 来 牛 红 病

ʐuɑ^{33} gu^{21}, bu^{21} gu^{21}, æ^{21} gu^{21}, khɯ^{33} phər^{21} dʐər^{21} khɯ^{55} tshʅ^{21}. |
马 病 猪 病 鸡 病 狗 白 惊吓 放 来

把不能带到地上去的东西带到地上去了。天上的衬恒褒白姑娘嫁到仇人的地方去了。在人类居住的辽阔大地上，有了不应该有的东西，这样就产生出柯鬼（口舌鬼）和支鬼（伤害人的鬼）。就像卢神和沈神的酥油饼许多不该到大地上的东西，带到到了人类居住的辽阔大地上。从此，大地上就有了许多不该有的东西。天上的柯罗柯兴心中不高兴又痛心，他把柯鬼和支

鬼从天上放下来，同时放来冬天的黄眼病，夏天的肠胃病，放出庄稼禾秆粗壮而不成熟，白稻疯长籽粒干瘪的病变，红麦上放来锈病，放来蔓箐霉烂、麻秆干枯的病变，在红牛、马、猪、鸡等畜和禽中施放疾病，让白狗惊吓不止。

361-C-13-10

mɯ^{33} lɯ^{55} du^{21} dɯ^{33} tʂhər^{55}, mɯ^{33} lɯ^{55} du^{21} ʥɿ^{33} thɯ^{33}, ʂv̩^{21} dy^{21} khɯ^{33} ʂər^{21} ɕy^{33} dy^{55} le^{33}
美利董主 一 代 美利董主 他 术 地 狗 牵 兽 猎 又

u^{55} khɯ^{55}. ʂv̩^{21} gə^{33} i^{33} bv̩^{21} kv̩^{55} tv̩^{21} dɯ^{33} phu^{55} sɑ^{55}, i^{33} kho^{55} i^{33} tshe^{55} ne^{21}. | i^{33} bv̩^{21} kv̩^{55}
做 去 术 的 野牛 公头 直 一 只 猎 野牛 杀 野牛 剖 在 野牛 公 头

tv̩^{21} gə^{33} hu^{55} ko^{33} lo^{21} nɯ^{33}, dər^{33} ne^{21} dʐu^{33} pɯ^{55} tshɿ^{21}, | dər^{33} tshɿ^{21} tshe^{21} ho^{55} kv̩^{33} i^{33}
直 的 胃 里边 由 端鬼 和 痄鬼 产出 出 端 鬼 十 八 个 是

the^{21} nɯ^{33} thv̩^{33}. ɯ^{33} ɕy^{21} mu^{21} me^{33} dər^{33}, ʂæ^{33} ɕy^{21} thɯ^{21} me^{33} dər^{33}, miə^{21} kv̩^{33} miə^{21} tse^{21}
这 由 产生 皮 红 披 的 端鬼 血 红 喝 的 端鬼 眼睛 眨巴

dər^{33}, ʂʅ^{33} ɕy^{21}ʥɿ^{33} me^{33} dər^{33}, khə^{55} khuɑ^{21}hæ^{33} me^{33} dər^{33}, zʐər^{33} khuɑ^{21}ʂu^{21} khuɑ^{21} pu^{55} me^{33}
端鬼 肉 红 吃 的 端鬼 篮 烂 挎 的 端鬼 刀 破 铁 破 带 的

dər^{33}, tʂhə^{55} bər^{21} pu^{55} me^{33} dər^{33}, | dər^{33} tshɿ^{21} tshe^{21} ho^{55} kv̩^{33} i^{33} the^{21} nɯ^{33} thv̩^{33} the^{21} nɯ^{33}
端鬼 秽 绳 带 的 端鬼 端鬼 十 八 个 是 这 由 产生 这 由

pɯ^{55}.
出来

在美利董主在世的年代里，美利董主牵着狗到美利术主的地方去打猎。美利董主猎到一头健壮的平头公野牛。在杀野牛、剖开野牛肚的时候，从野牛胃里产生出端鬼和痄鬼(产生疾病、瘟疫的鬼)，产生出十八个端鬼。产生出披红皮的端鬼、吮鲜血的端鬼，产生出眨巴着眼睛、吃红肉的端鬼，产生出挎着破旧篮子的端鬼，带着破刀烂铁的端鬼，带着秽绳的端鬼，就这样产生出十八个端鬼来。

361-C-13-11

i^{33} dɑ^{21} tʂhʅ^{33} dʑi^{21} ko^{21}, uə^{33} kv̩^{33} phv̩^{55} lu^{33} be^{33}, dər^{33} ɯ^{33} huɑ^{55} lv̩^{33} be^{33}, tʂhʅ^{55} lu^{33} uɑ^{21}
主人 这 家 里 寨 头 撒 石 做 田 好 锈 病 做 土 石 积

tshʅ^{21} le^{33} be^{33} tshʅ^{21} i^{33} kv̩^{55}, bv̩^{33} o^{21} tɯ^{33} gə^{33} n̩ə^{55} tʂə^{33} be^{33}, æ^{21} uɑ^{21} tɯ^{33} gə^{33} sɑ^{33} no^{21}
水 又 做 来 也 会 羊 食 处 的 粘草 做 鸡 食 处 的 麻乱

le^{33} khɯ^{55} tshʅ^{21}. | i^{33} dɑ^{21} tʂhʅ^{33} dɯ^{33} dʑi^{21}, iæ^{33} kæ^{21} dɯ^{33} mə^{33} hɯ^{21}, hu^{21} kho^{33} mə^{33} i^{55}
又 放 来 主人 这 一 家 丈夫 一 不 高兴 夜 半 不 睡

ŋv̩^{21}, bv̩^{33} le^{21} dɯ^{33} mə^{33} hɯ^{21}, n̩i^{55} kho^{33} z̩ə^{21} mə^{33} guə^{33}. | phɑ^{21} tso^{33} sʅ^{21} ɕi^{33} tʂhuɑ^{55}
着 羊儿 一 不 高兴 半天 草 不 食 卜 具 三 百 六

tshər^{21} khə^{21}, dɯ^{33} phɑ^{21} dɯ^{33} ɕə^{55} le^{33} ne^{21} khɯ^{55}. phɑ^{21} miə^{21} thɑ^{55} nɯ^{33} do^{21}, kho^{33} ne^{21}
十 前 一 卜 一 占 又 做 去 卜 眼 尖 由 见 柯鬼 和

dʐʅ^{33} gə^{33} uɑ^{33} gɯ^{33} thv̩^{33}, tshi^{21} gɯ^{33} zɑ^{21}. | i^{33} dɑ^{21} tʂhʅ^{33} dɯ^{33} dʑi^{21}, phər^{21} ne^{21} ʂæ^{21}
支鬼 的 骨 纹 出 胛 纹 降 主人 这 一 家 盘神 和 禅神

kɑ^{33} tɕhi^{33}, gɑ^{33} ne^{21} u^{21} kɑ^{33} tɕhi^{33}, o^{55} ne^{21} he^{21} kɑ^{33} tɕhi^{33}, bər^{21} nɯ^{33} mə^{33} thæ^{55} nɯ^{33},
求助 胜神 和 吾神 求助 沃神 和 恒神 求助 牦牛 由 不 顶 就

bər^{21} kho^{33} tshər^{55} le^{33} py^{21}, lɑ^{33} nɯ^{33} mə^{33} tshɑ^{55} nɯ^{33}, lɑ^{33} dʑæ^{21} dʐʅ^{55} le^{33} py^{21}, z̩v̩^{21} nɯ^{33}
牦牛 角 斩 又 祭 虎 由 不 咬 就 虎 牙 凿 又 祭 仇人 由

mə^{33} mæ^{21} nɯ^{33}, z̩v̩^{21} lɑ^{21} tshər^{55} le^{33} py^{21}. |
不 及 就 仇 手 斩 又 祭

这些鬼一来，到这一户主人家中，在主人的房头上抛撒石头，在主人的庄稼地里施放霉锈病，在这一户主人居住的土石坡上施放积水，使之产生泥石流，在这一户主人的羊食草的地方施放粘草（一种植物名），在鸡儿啄食的地方施放乱麻。这一户主人家，大丈夫一不高兴，半夜睡不着觉，羊儿一不高兴，半天不吃草。这一户主人家到拥有三百六十种卜具的卜师跟前去卜卦。眼尖的卜师看出了卜纹，呈现出柯鬼、支鬼作祟的骨纹和肩胛骨纹。这一户主人家求助于盘神和禅神，求助于胜神和吾神，求助于沃神和恒神。牦牛尚未撞死人，先做祭祀把牦牛的长角斩断；老虎尚未咬人，先做祭祀把老虎伤人的利牙凿断；仇人尚未来到，先做祭祀把仇人伸长的手斩断。

361-C-13-12

æ^{21} nɯ^{33} tshʅ^{21} dẓu^{33} be^{33} le^{33} ẓuɑ^{21}. | lu^{21} nɯ^{33} le^{33} ṣə^{55} me^{33}, dẓər^{21} me^{33} phy̩^{33} lɑ^{21} nɯ^{33}
鸡 由 鬼 债 做 又 还 卢神 由 又 说 是 威 的 神 由

kho^{33} le^{33} thy̩^{55}, dæ^{21} hɑ^{33} iə^{55}, lo^{21} hɑ^{33} lo^{21} le^{33} thy̩^{33}. ‖ mɯ^{33} gə^{33} dẓər^{33} phər^{21} sʅ^{55} thiə^{33}
柯鬼 又 除 丹鬼 饭 施 施 食 施 又 成 天 上 露 白 三 滴

nɯ^{33}, ʥi^{33} ʥə^{21} lɑ^{33} lər^{21} dy^{21}, ʥʅ^{55} ʥʅ^{21} sʅ^{33} khuɑ^{21} ty̩^{55}, ʥʅ^{55} ʥʅ^{21} sʅ^{33} khuɑ^{21} tṣʅ^{55} nɑ^{21} sʅ^{55}
由 人 住 辽阔 地 冰柱 三 柱 顶 冰凌 三 柱 土 里 三

tṣhər^{33} ty̩^{55}. | tṣʅ^{55} nɑ^{21} sʅ^{55} tṣhər^{33} nɯ^{33}, ẓə^{21} hər^{21} sʅ^{33} ʥər^{21} ty̩^{55}. ẓə^{21} hər^{21} sʅ^{33} ʥər^{21}
把 顶 土 黑 三 把 由 草 绿 三 棵 顶 草 绿 三 棵

nɯ^{33}， pɯ^{33} lɯ^{33} sʅ^{33} ʥər^{21} ty̩^{55}. pɯ^{33} lɯ^{33} sʅ^{33} ʥər^{21} nɯ^{33},bɯ^{21} ʥər^{21} sʅ^{33} ʥər^{21} ty̩^{55}. bɯ^{21}
由 蒿草 三 棵 顶 蒿草 三 棵 顶 栗树 三 棵 顶 栗树

ʥər^{21} sʅ^{33} ʥər^{21} nɯ^{33}, tho^{33}ʥər^{21} sʅ^{33} ʥər^{21} thy̩^{55}.tho^{33} ʥər^{21} sʅ^{33} ʥər^{21} nɯ^{33}, lɯ^{33} nɑ^{21} sʅ^{33}
三 棵 由 松树 三 棵 顶 松树 三 棵 由 杉 黑 三

ʥər^{21} ty̩^{55}, lɯ^{33} nɑ^{21} sʅ^{33} ʥər^{21} nɯ^{33}, ɕy^{55} hər^{21} sʅ^{33} ʥər^{21} ty̩^{55}. ɕy^{55} ʥər^{21} sʅ^{33} ʥər^{21} nɯ^{33},
棵 顶 杉 黑 三 棵 由 柏 绿 三 棵 顶 柏 树 三 棵 由

æ^{21} ṣuɑ^{21} sʅ^{33} æ^{21} ty̩^{55}. | ʥy^{21} nɑ^{21} sʅ^{33} ʥy^{21} nɯ^{33}， ʥi^{33} ʥə^{21} lɑ^{33} lər^{33} dy^{21}, ṣy̩^{21} dẓər^{33} gə^{21}
崖 高 三 崖 顶 山 大 三 山 由 人 住 辽阔 地 署 威 上

le^{33} tv̩^{55}. |
又 顶

用鸡偿还各种鬼索取的债。卢神说："要用神威把柯鬼除掉，给丹鬼施食，给各种鬼施食。"

天上的三滴白色露珠顶起大地上的三柱冰凌。三柱冰凌顶起三把黑土。三把黑土顶起三丛青草，三丛青草顶起三棵蒿草，三棵蒿草顶起三棵栗树，三棵栗树顶起三棵松树，三棵松树顶起三棵黑杉树。三棵黑杉树顶起三棵绿柏树。三棵绿柏树顶起三座山崖。在三座大山上把辽阔大地上的署之淫威顶上去。

361-C-13-13

ʥy^{21} nɑ^{55} zo^{55} lo^{33} kv̩^{33}, tʂhuɑ^{55} kho^{33} ʂər^{21} nɯ^{33} thv̩^{55}, | ʥy^{33} nɑ^{55} zo^{55} lo^{33} thɯ^{55}, le^{55} do^{21}
居那若罗 上 鹿 角 长 由 顶 居那若罗 腰 獐 臀

nɑ^{21} nɯ^{33} tv̩^{55}, ʥy^{21} nɑ^{55} zo^{55} lo^{33} khɯ^{33}, huɑ^{33} phər^{21} khɯ^{33} ɕy^{21} me^{33} nɯ^{33} tv̩^{55}. | nɑ^{21} mo^{33}
黑 的 顶 居那若罗 脚 白鹇 腿 红 的 由 顶 广大

be^{33} tv̩^{55} tɯ^{33}, æ^{21} phər^{21} tɕy^{21} kho^{33} tshʅ^{21} nɯ^{33} tv̩^{55}. | æ^{21} dv̩^{33} i^{21} tʂhʅ^{33} ʥo^{33}, tsho^{21} bər^{33} |
村 庄 里 公鸡 啼 声 尖 由 顶 鸡 翅 右 这 边 人 迁

i^{21} thɯ^{33} ʐʅ^{33} gə^{33} kho^{33} ne^{21} dʐʅ^{33} le^{33} tv̩^{55}, | æ^{21} dv̩^{33} uæ^{33} tʂhʅ^{33} ʥo^{33}, tsho^{21} bər^{33} uæ^{33}
右 这 路 的 柯鬼 和 支鬼 又 顶 鸡 翅 左 这 支 人 迁 左

thɯ^{33} ʐʅ^{33} gə^{33} kho^{33} ne^{21} dʐʅ^{33} le^{33} tv̩^{55}. lɯ^{55} tshe^{33} lɯ^{55} mæ^{33} ʂər^{21}, dv̩^{33} mæ^{33} tshe^{21} ȵi^{33}
这 路 的 柯鬼 和 支鬼 又 顶 绶带鸟 尾 长 翅 尾 十二

pə^{21}, mɯ^{33} lɯ^{55} tshe^{21} ȵi^{33} khv̩^{55} gə^{33} kho^{33} ne^{21} dʐʅ^{33} le^{33} tv̩^{55}. | mɯ^{33} zʅ^{33} kho^{33} lo^{21} kho^{33}
支 天 地 十 二 年 的 柯鬼 和 支鬼 又 顶 天 高 柯罗柯兴

ɕi^{33} kho^{33} khɯ^{55} lɯ^{33} me^{33} gə^{21} le^{33} tv̩^{55}, be^{33} le^{33} be^{55} tshʅ^{21} zʅ^{33} tɕər^{21}, tshʅ^{33} miə^{33} ʂʅ^{21},
柯鬼 放 来 是 上 又 顶 人类 上 冬 眼 黄

zu̧²¹ bv̩³³ tɕhi³³ khɯ⁵⁵ lɯ³³ me³³ gə²¹ le³³ tv̩⁵⁵. |
夏 肠 疼 放 来 的 上 又 顶

居那若罗神山顶上，由白鹿的长角来顶；在居那若罗神山的山腰上，用黑色獐子的黑臀来顶；在居那若罗山脚下，由红腿的白鹇鸟来顶。在广大的村庄里，由尖利的公鸡啼鸣声来顶；鸡右边的翅膀，到人类迁徙右路上去顶灾；鸡左边的翅膀，到人类迁徙的左路上去顶灾；用绶带鸟的十二支翅膀，尾巴上的羽毛去顶在天地十二年中的灾祸鬼，把柯鬼、支鬼顶回去。把天上柯罗柯兴施放的柯鬼顶回去，把人类冬天的黄眼病、夏天的肠胃疼痛顶上去。

361-C-13-14

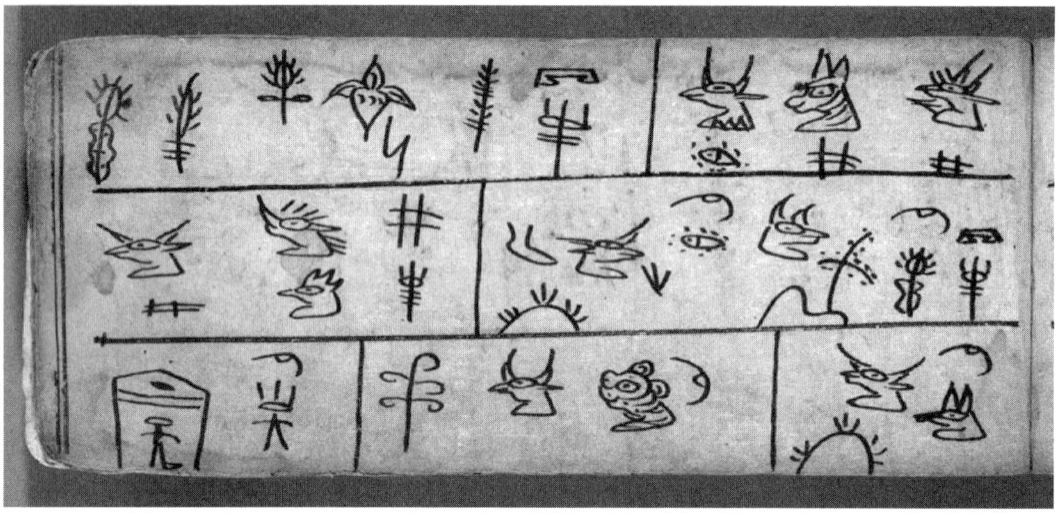

dʑe³³ ɕy²¹ huɑ⁵⁵, ɕi³³ phər²¹ fv̩³³ , mə³³ me²¹ uɑ³³ by³³, dʑy³³ ly³³ tʂhər³³, sɑ³³ dʑər²¹ le²¹ khɯ⁵⁵
麦 红 锈 稻 白 疯长 不 熟 杆 粗 蔓箐根 烂 麻 棵 枯 放

lɯ³³ me³³ gə²¹ le²¹ tv̩⁵⁵. | ɯ³³ ɕy²¹ kho³³ tho²¹ dər³³ khɯ⁵⁵ lɯ³³, zu̧ɑ³³ kho³³ tho²¹ gu²¹ khɯ⁵⁵
来 的 上 又 顶 牛 红 背后 端鬼 放 来 马 背后 病 放

lɯ³³, tshʅ⁵⁵ y²¹ kho³³ tho²¹ gu²¹ khɯ⁵⁵ lɯ³³, bu²¹ æ²¹ kho³³ tho²¹ gu²¹ khɯ⁵⁵ lɯ³³ me³³ gə²¹
来 山羊 绵羊 背后 疾 放 来 猪 鸡 背后 病 放 来 是 上

le³³ tv̩⁵⁵. | ko²¹ kv̩³³ phər²¹, bv̩³³ o²¹ tɯ³³ i³³ dər³³ khɯ⁵⁵ lɯ³³ mə³³ tʂər²¹, di³³ li²¹ bu²¹ khɯ³³
又 顶 高原 顶 白 羊 食 处 是 端鬼 放 来 不 使 蕨菜 坡 狗

kho³³ tho²¹ i³³ dzy̩³³ khɯ⁵⁵ lɯ³³ mə³³ tʂər²¹, dʑe³³ ɕy²¹ huɑ⁵⁵ khɯ³³ lɯ³³ mə³³ tʂər²¹, gə²¹ le³³
背后 是 纠纷 放 来 不 使 麦 红 锈 放 来 不 使 上 又

tv̩⁵⁵. | nɑ²¹ mo³³ be³³ tv̩⁵⁵ tɯ³³, ɕi³³ kho³³ tho²¹ tshʅ²¹ khɯ⁵⁵ lɯ³³ mə³³ tʂər²¹, | di³³ li²¹ bu²¹,
顶 广大 村 庄 里 人 背后 鬼 放 来 不 使 蕨菜 坡

ɯ³³ kho³³tho²¹ i³³ lɑ³³khɯ⁵⁵ lɯ³³ mə³³tʂər²¹, | ko²¹ kv̩³³ bv̩³³ kho³³ tho²¹ i³³ phɑ²¹ khɯ⁵⁵ lɯ³³
牛 背 后 是 虎 放 来 不 使 高原上 羊 背后 是 豺 放 来

mə^{33} tʂər^{21}.
不　使

把柯罗柯兴施放的红麦霉锈，白稻疯长不结籽，庄稼禾秆粗壮不成熟，蔓箐根部霉烂，麻杆枯黄的病变顶上去。把红牛背后的端鬼，马背后的病变，山羊、绵羊、猪、鸡等畜禽中的疾病顶上去。不让柯罗柯兴在高原牧场的羊背后施放端鬼，不让他们在生长蕨菜的山坡上的狗背后施放纠纷，不再让他们在红麦中施放锈病，不再让他们在村庄的人群背后施放各种鬼，不再让他们在生长蕨菜的山坡上的牛背后施放猛虎，在高原牧场上的羊群背后施放豺狼。

361-C-13-15

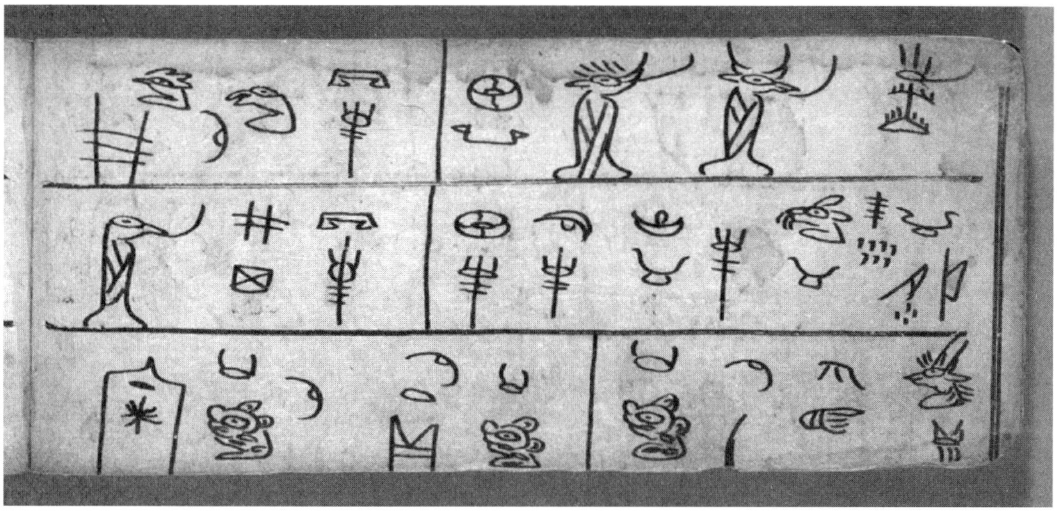

ko^{55} khɯ^{33} æ^{33} tho^{33} kə^{55} khɯ^{55} lɯ^{33} mə^{33} tʂər^{21} gə^{21} le^{33} ty̩^{55}. | ȵi^{33} me^{33} thy̩^{33}, tər^{21} zɑ^{55}
粮架 下 鸡 背后 鹰 放 来 不 使 上 又 顶 东方 呆娆玖补

dʑə^{21} by̩^{33} nɯ^{33}. gu^{21} khɯ^{55} tshər^{33} khɯ^{55} lɯ^{33} me^{33} gə^{21} le^{33} ty̩^{55}. i^{33} tʂʅ^{33} mɯ^{21}, ʂʅ^{21} dzʅ^{33} dʑi^{33}
由 疾 放 病 放 来 是 上 又 顶 南方 史支金补

by̩^{33} nɯ^{33}, gu^{21} khɯ^{55} tshər^{33} khɯ^{55} lɯ^{33}me^{33} gə^{21} le^{33} ty̩^{55}. ȵi^{33} me^{33}gy̩^{21}, le^{55} tɕhi^{33} sʅ^{33} phy̩^{33}
由 疾 放 病 放 来 的 上 又 顶 西方 楞启斯普

nɯ^{33}, gu^{21} khɯ^{55} tshər^{33} khɯ^{55} lɯ^{33} me^{33} gə^{21} le^{33} ty̩^{55}. | ho^{33} gy̩^{33} lo^{21}, ny̩^{21} dʐʅ^{33} dʑi^{33} by̩^{33}
由 疾 放 病 放 来 的 上 又 顶 北方 奴孜金补

nɯ^{33}, gu^{21} khɯ^{55} tshər^{33} khɯ^{55} lɯ^{33} me^{33} gə^{21} le^{33} ty̩^{55}. | ȵi^{55} ne^{21} hɑ^{55} nɯ^{33} ty̩^{55} me^{33} he^{33}
由 疾 放 病 放 来 的 上 又 顶 白天 和 夜 由 顶 是 月

tɕər^{21} khuɑ^{33}, he^{33} nɯ^{33} ty̩^{55} me^{33} khy̩^{55} tɕər^{21} khuɑ^{33}. khy̩^{55} nɯ^{33} ty̩^{55} me^{33} zʅ^{33} tɕər^{21} khuɑ^{33}.
上 益 月 由 顶 是 年 上 益 年 由 顶 是 一辈子 上 益

zʅ^{33} ʂər^{21} be^{33} le^{33} be^{33} ho^{55}. | nɑ^{21} mo^{33} be^{33} ty̩^{55} tɯ^{33}, kho^{33} ne^{21} dzʅ^{33} i^{33} lɯ^{33} mə^{33}
寿 长 做 又 做 愿 广大 村庄 里 柯鬼 和 支鬼 是 来 不

tʂər^{21}, uə^{33} kv̩^{33} kho^{33} ne^{21} dzʅ^{33} nɯ^{33} ʥʅ^{21} mə^{33} tʂər^{21}. | kho^{33} ne^{21} dzʅ^{33} mə^{33} tɕhi^{33} me^{33}
使 寨 头 柯鬼 和 支鬼 由 住 不 使 柯鬼 和 支鬼 不 送 是

kho^{33} ne^{21} dzʅ^{33} kɑ^{33} lɑ^{33} i^{33} kv̩^{55}.
柯鬼 和 支鬼 游荡 也 会

不让他们在粮架下的鸡背后施放恶鹰。把东边呆娆玖补施放的疾病顶上去。把南方史支金补施放的疾病顶上去。把西方楞启斯普施放的疾病顶上去。把北方奴孜金补施放的疾病顶上去。人们在白天和夜间顶灾，愿一个月中得益、有效果；在这个月中顶灾，愿一年中得益、有效果；在一年中顶灾，愿这一辈子得益、有效果。愿人们健康长寿。

不让柯鬼和支鬼滞留在广大的村庄里，不让柯鬼和支鬼常住在寨子里，把柯鬼和支鬼送回去。不送走柯鬼和支鬼，柯鬼和支鬼就会到处游荡，

361-C-13-16

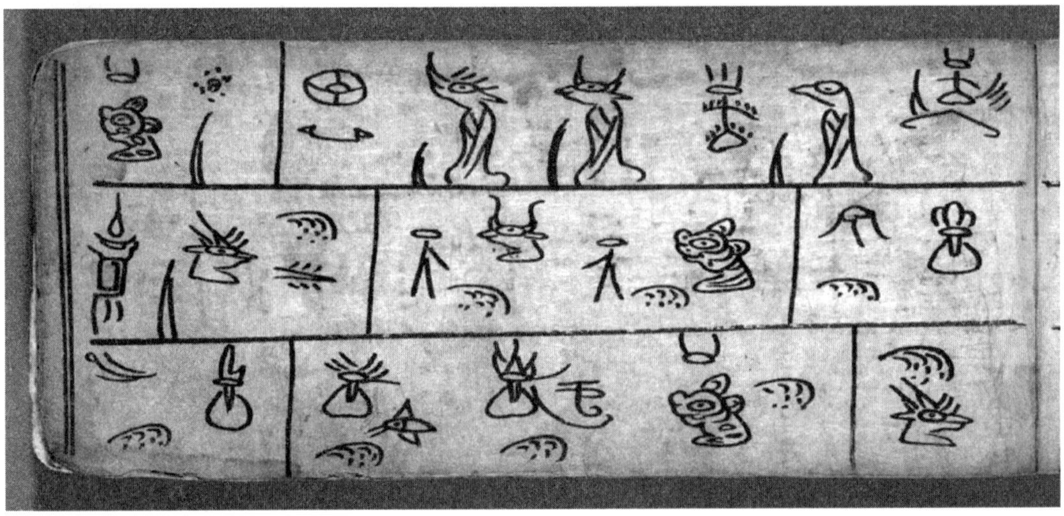

kho^{33} ne^{21} dzʅ^{33} by^{21} le^{33} tɕhi^{33}. | n̩i^{33} me^{33} thv̩^{33}, tər^{21} zɑ^{55} ʥə^{33} bv̩^{33} khə^{21} le^{33} tɕhi^{33}, i^{33} tʂhʅ^{33}
柯鬼 和 支鬼 外 又 送 东方 呆娆玖补 跟前 又 送 南边

mi^{21}, ʂʅ^{21} dzʅ^{33} ʥi^{21}bv̩^{33} khə^{21} le^{33} tɕhi^{33}, n̩i^{33} me^{33} gv̩^{21} , le^{55} tɕhi^{33} sʅ^{33} phv̩^{33} khə^{21} le^{33} tɕhi^{33},
史支金补 跟前 又 送 西方 楞启斯普 跟前 又 送

ho^{33} gv̩^{33} lo^{21}, nv̩^{21} ʥʅ^{33} ʥi^{33} bv̩^{21} khə^{21} le^{33} tɕhi^{33}, mɯ^{33} kv̩^{33} kho^{33} lo^{21} kho^{33} ɕi^{33} khə^{21} tɕhi^{33}
北方 奴孜金补 跟前 又 送 天 上 柯罗柯兴 跟前 送

le^{33} fæ^{33}. ‖ tɕhi^{33} se^{33} no^{55} nɯ^{33} mæ^{21}. | i^{21} i^{33} bər^{21} nɯ^{33} no^{55}, uæ^{33} i^{33} lɑ^{33} nɯ^{33} no^{55}, | ho^{33}
又 去 送 了 赶 由 跟 右 是 牦牛 由 赶 左 是 虎 由 赶 北方

gv̩^{33} lo^{21} i^{33} lu^{21} nɯ^{33} no^{55}, | i^{33} tʂhʅ^{33} mɯ^{21} i^{33} se^{21} nɯ^{33} no^{55}, | ʥʅ^{33} ne^{21} mu^{55} nɯ^{33} no^{55},
是 卢神 由 赶 南边 是 沈神 由 赶 酋长 和 耆老 由 赶

py^{21} ne^{21} phɑ^{21} nɯ^{33} no^{55}, kho^{33} ne^{21} dzʅ^{33} le^{33} no^{55}. | no^{55} se^{33}
祭司 和 卜师 由 赶 柯鬼 和 支鬼 又 赶 赶 了

把柯鬼和支鬼送出去，送走。把柯鬼和支鬼送到东边呆娆玖补跟前去，送到南方的史支金补跟前去，送到西方的楞启斯普跟前去，送到北方的奴孜金补跟前去，送到天上的柯罗柯兴跟前去。

送了之后，紧接着就要赶鬼。右边由牦牛来赶鬼，左边由老虎来赶鬼，北方由卢神来赶鬼，南边由沈神来赶鬼，由酋长和耆老来赶鬼，由祭司和卜师来赶鬼，把柯鬼和支鬼赶出去。赶了之后，

361-C-13-17

zər^{21} nɯ^{33} mæ^{21}. mɯ^{33} dɯ^{21} tɕi^{21} nɯ^{33} zər^{21}, dy^{21} dɯ^{21} ʐə^{21} nɯ^{33} zər^{21}, dʑy^{21} dɯ^{21} be^{33} nɯ^{33}

压 由 跟 天 大 云 由 压 地 大 草 由 压 山 大 雪 由

zər^{21}, lo^{21} ho^{55} dʑi^{21} nɯ^{33} zər^{21}. | mi^{55} i^{33} zo^{33} nɯ^{33} zər^{21}, khuɑ^{21} i^{33} by̩^{33} nɯ^{33} zər^{21}, ʐuɑ^{33} i^{33}

压 箐 深 水 由 压 女 是 男 由 压 灶 是 锅 由 压 马 是

tɕi^{55} nɯ^{33} zər^{21}, mu^{21} i^{33} lo^{21} nɯ^{33} zər^{21}, | kho^{33} ne^{21} dʐʅ^{33} le^{33} zər^{21}. | zər^{21} se^{33} tər^{55} nɯ^{33}

驮 由 压 牛 是 牛杠 由 压 柯鬼 和 支鬼 又 压 压 了 关 由

mæ^{21}. ȵi^{33} me^{33} thy̩^{33}, sər^{33} khu^{33}ʂu^{21}nɯ^{33} tər^{55}, | i^{33} tʂhʅ^{33} mi^{21}, mi^{33} khu^{33} dʑi^{21} nɯ^{33} tər^{55}, |

跟 东方 木 门 铁 由 关 南方 火 门 水 由 关

ȵi^{21} me^{33} gy̩^{21}, ʂu^{21} khu^{33} mi^{33} nɯ^{33} tər^{55}, | mɯ^{33} le^{33} dy^{21} ly^{55} gy̩^{33}, tʂʅ^{3} khu^{33} dʑi^{21} nɯ^{33}

西方 铁 门 火 由 关 天 又 地 中央 土 门 水 由

tər^{55}, kho^{33} ne^{21} dʐʅ^{33} khu^{33} tər^{55} . | tər^{55} se^{33} gə^{21} nɯ^{33} mæ^{21}

关 柯鬼 和 支鬼 门 关 关 了 撬 由 跟

紧跟着镇压。天再大也由云彩来压，地再大也由青草来压，山再大也由雪来压，箐再深也由水来压，女人由男人来压，灶由锅来压，马由驮子来压，牛由牛杠来压，把柯鬼和支鬼镇压下去。镇压之后紧跟着关门。东边的木门由铁来关，南边的火门由水来关，西方的铁门由火来关，天地中央的土门由水来关，把柯鬼、支鬼的门关紧。

关了之后由竹片来撬（布置在路上的竹片，以防鬼返回）。

361-C-13-18

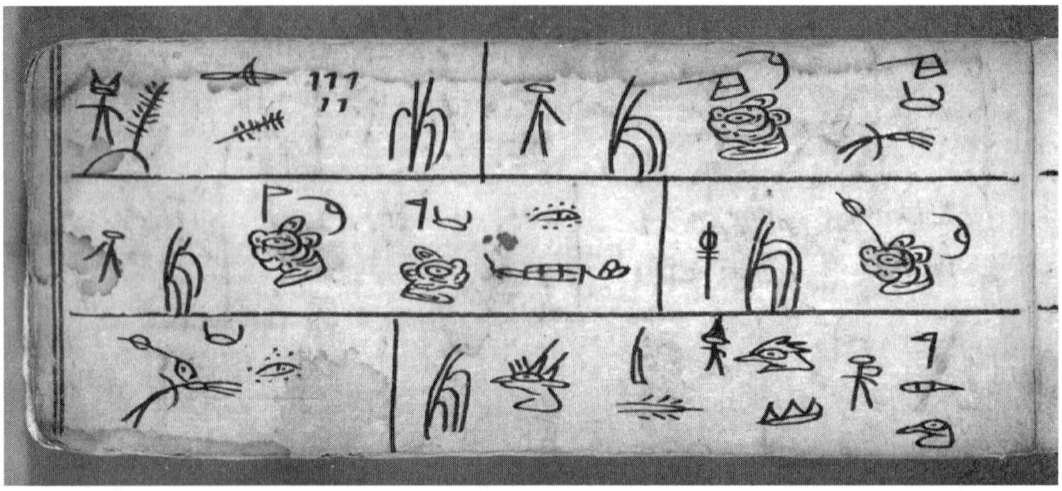

tse^{33} nɑ^{33} mɯ^{33} ʥʅ^{21} ko^{21}, mɯ^{55} hər^{21} uɑ^{55} ly^{33} dɑ^{55}, mɯ^{33} khæ^{33} tshæ^{21} i^{33} uɑ^{55} kho^{21} be^{33}
仄纳 竹 长 高原 竹 绿 五 个 砍 竹 叉子 是 五 片 做

le^{33} gə^{21}. | uɑ^{33} gə^{33} dɯ^{33} kho^{21} lɑ^{33} gə^{33} ʂu^{21} kv̩^{33} gə^{21}, lɑ^{33} kv̩^{33} gə^{21} mə^{33} uɑ^{21}, kho^{33} ne^{33}
又 撬 左 的 一 片 虎 的 铁 头 撬 虎 头 撬 不 是 柯鬼 和

dʐʅ^{33} gə^{33} ʂu^{21} kv̩^{33} gə^{21} le^{33} ʂʅ^{33}. | i^{21} gə^{33} dɯ^{33} kho^{21} lɑ^{21} ko^{21} pɯ^{55}, lɑ^{21} ko^{21} pɯ^{55} mə^{33}
支鬼 的 铁 头 撬 又 死 右 的 这 片 虎 内 崩 虎 内 崩 不

uɑ^{21}, kho^{33} ne^{21} dʐʅ^{33}, dər^{33} ne^{21} dʐu^{33} ko^{21} pɯ^{55} le^{33} fæ^{33}. | ly^{55} gə^{33} dɯ^{33} kho^{21} lɑ^{33} gə^{33}
是 柯鬼 和 支鬼 端鬼 和 疰鬼 内 崩 又 去 中间 的 一 片 虎 的

to^{55} ȵə^{21} gv̩^{21}, lɑ^{33} to^{55} gv̩^{21} mə^{33} uɑ^{21}, kho^{33} ne^{21} dʐʅ^{3}, dər^{33} ne^{21} dʐu^{33} gv̩^{21} ʂʅ^{33} le^{33} fæ^{33}. |
额 上 戳 虎 额 戳 不 是 柯鬼 和 支鬼 端鬼 和 疰鬼 戳 死 又 去

gə^{21} se^{21} tɕhi^{21} nɯ^{33} mæ^{21}, dv̩^{33} ɕə^{55} mi^{33} mɑ^{21} ko^{21} tsʅ^{55} tʂə^{55} |
撬 了 签插 由 跟 毒秀米玛戈自周

在仄纳高原上砍来五棵竹子，每棵竹子划成五片，做成竹叉子。左边的这一片往猛虎的铁头上撬，不是撬了猛虎的铁头，而是把柯鬼和支鬼的铁头撬掉了。右边这一片撬在猛鬼的内脏中，不是撬掉了猛虎的内脏，而是把柯鬼、支鬼、端鬼和疰鬼的内脏撬掉了。中间的一片，戳在了虎的额头上，不是戳在猛虎的额头上，而是戳死了柯鬼和支鬼、端鬼和疰鬼。撬了之后，紧跟着插签子。

毒秀米玛戈自周（签子的名字）

361-C-13-19

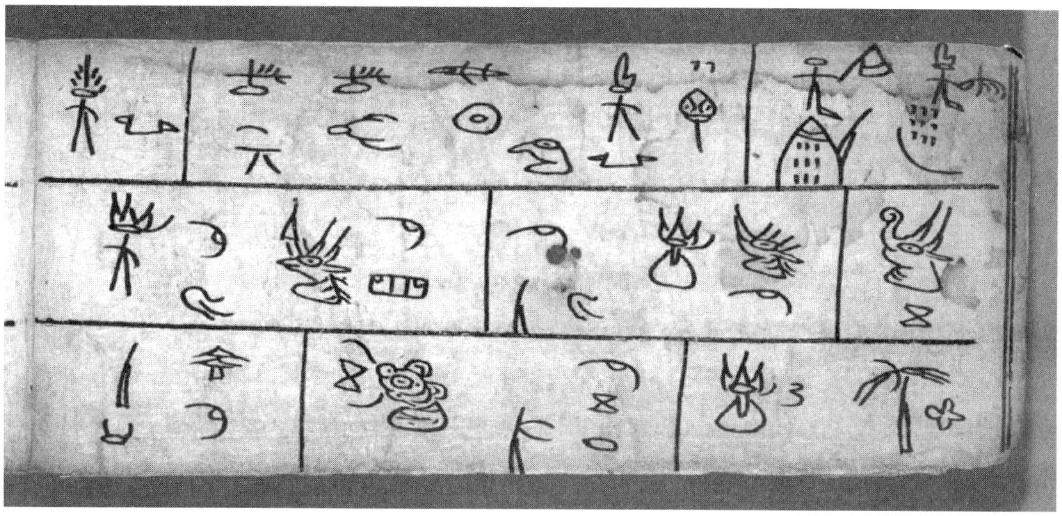

tɕhi^{33} gə^{33} ə^{33} sɿ^{21} thy̩^{33}, | so^{55} ɕə^{55} so^{55} gɯ^{33} dɑ^{21} mɑ^{21} tsɿ^{55}, tɕhi^{21} gə^{33} ə^{33} me^{33} thy̩^{33},
签子 的 父亲 产生 宋雄宋庚达麻自 签 的 母亲 产生

thɯ^{33} n̩i^{33} ky̩^{55} nɯ^{33} pɯ^{33} pɑ^{33} be^{33}, | tɕhi^{21} dæ^{21} tshe^{21} ho^{55} ly^{33} i^{33} the^{21} nɯ^{33} thy̩^{33}, tɕhi^{33}
这 两 个 由 交合 做 签 强 十 八 支 是 这 由 产生 签

zo^{33} gy̩^{55} be^{33} gu^{33}, tse^{55} thɑ^{55} gy̩^{33} tʂu^{21} pu^{55}, gy̩^{33} dʑy^{21} ky̩^{33} nɯ^{33} zɑ^{21} le^{33} tshɿ^{21}, tɕhi^{21} mi^{55}
儿 九 兄弟 斧 利 九 把 带 九 山 上 由 下 又 来 签 女

gy̩^{33} me^{33} he^{21}, dɑ^{21} thɑ^{55} gy̩^{33} dʑo^{21} pu^{55}, gy̩^{33} lo^{33} nɑ^{21} nɯ^{33} zɑ^{21} le^{33} tshɿ^{21}, | py^{21} by̩^{33} mə^{33}
九 姐妹 镰刀 利 九 把 带 九 箐 大 由 降 又 来 祭司 不

uɑ^{21} me^{33}, tɕhi^{21} y^{55} y^{33} mə^{33} lo^{21}, | tɕhi^{21} mə^{33} uɑ^{21} me^{33} py^{21} bu^{21} be^{33} mə^{33} lo^{21}. | mɯ^{33}
是 的 签 打扮 不 了 签 不 是 是 祭司 帮 做 不 了 青龙

dʐ̩ər^{33} kho^{33} thɑ^{55} me^{33} tɕhi^{21} kho^{33} thɑ^{55} mə^{33} gy̩^{33}. | lɑ^{33} dʑæ^{21} thɑ^{55} me^{33} tɕhi^{21} dʑæ^{21}
角 利 是 签 角 利 不 及 虎 牙 利 是 签 牙

thɑ^{55} mə^{33} gy̩^{33}, | py^{21} se^{33} tɕy^{21} lɯ^{33} me^{33} tshɿ^{21}, tɕhi^{21} ky̩^{33} tsɑ^{55} le^{33} sy^{55}. |
利 不 及 祭 了 回 来 的 鬼 签 上 戳 又 杀

是签的父亲，宋雄宋庚达麻自是签子的母亲。由他们两人相交合，产生了强大的十八支签子。签的九个兄弟带着九把利斧，从九座大山上降临来，签子的九姐妹带着九把镰刀，从九道大山箐中降临来。若不是祭司就不会打扮签子，若不是签子就帮不了祭司的忙。青龙的角再锋利，没有签子的角锋利。虎的牙齿再锋利，没有签子的牙齿锋利。祭祀过的鬼往回返，就让它戳死在签子上。

361-C-13-20

lo^{21} se^{33} bər^{33} i^{33} le^{33} tɕy^{21} lɯ^{33}, tɕhi^{21} ky̩^{33} tsɑ^{55} le^{33} sy^{55}. | le^{55} tɕhi^{33} sɿ^{33} phy̩^{33} tɕhi^{21} to^{55} lo^{55}
待了 客 是 又 回 来 签 头 戳 又 杀 楞启斯普 签 上 越

lɯ^{33} me^{33}. tɕhi^{21} ky̩^{33} tsɑ^{55} le^{33} sy^{55}. tɕhi^{21} by̩^{21} by̩^{21} lɯ^{33} me^{33}, tɕhi^{21} ky̩^{33} tsɑ^{55} le^{33} sy^{55}. |
来 是 签 头 戳 又 杀 签 下 爬 来 是 签 头 戳 又 杀

py^{21} by̩^{21} ŋə^{55} tɕər^{21} dy̩^{21} iə^{55} lɯ^{33} me^{33}, dy̩^{21} zʅ^{33} nɑ^{21} me^{33} tɕhi^{21} ky̩^{33} tsɑ^{55} le^{33} sy^{55}. ‖
祭司 我 上 毒 施 来 是 毒 蛇 黑 的 签 头 戳 又 杀

ɯ^{33} ly̩^{55} lɑ^{33} khɑ^{33} ko^{21}, lɑ^{33} ɕy^{21} dʐʅ^{21} tɯ^{33} ɯ^{33} tɕhi^{55} khɑ^{33} nɯ^{33} phi^{55} le^{33} fæ^{33}, | ko^{33}
牛 牧 白杨 林 虎 红 住 处 牛 唾沫 苦 的 唾 又 去 高原

ʂuɑ^{21} ko^{21} ky̩^{33} phər^{21}, by̩^{33} tɕi^{55} khɑ^{33} i^{33} phɑ^{21} dʐʅ^{33} tɯ^{33} phi^{55} le^{33} fæ^{33}. | nɑ^{33} sɑ^{21} uə^{33}
高原 顶 白 羊 口沫 苦 是 豺 住 处 唾 又 去 纳刹乌古埔

ky̩^{33} bu^{21}, khɯ^{33} tɕhi^{55} khɑ^{33} i^{33} dzʅ^{33} dʐʅ^{21} tɯ^{33} phi^{55} le^{33} fæ^{33}. | py^{21} tɕhi^{55} khɑ^{33} i^{33} tshʅ^{21}
狗 口沫 苦 是 豹 住 处 唾 又 去 祭司 口沫 苦 是 鬼

tɯ^{33} phi^{55} le^{33} fæ^{33}. |
处 唾 又 去

待过之客人（鬼）又返回来，让他戳死在签子上。楞启斯普若想从签子头上越过去，就让他戳死在签子头上，若想从签子底下爬回来，也让他戳死在签子头上。让来给祭司施放毒药的黑色毒蛇戳死在签子头上。在放牦牛的白杨树林里，牛苦涩的口沫唾到猛虎的住处去。在放牧羊群的白色高原上，白羊苦涩的口沫唾到豺狼住的地方去。在纳刹乌古埔山坡上，把狗苦涩的口沫唾到凶豹住的地方去。把祭司苦涩的口沫唾到鬼住的地方去。

361-C-13-21

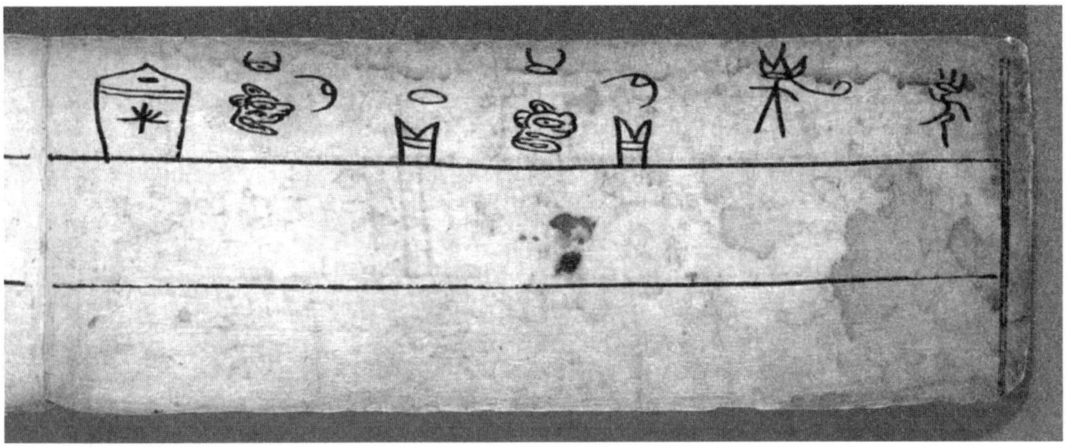

nɑ²¹ mo³³ be³³ tʏ̩⁵⁵ tɯ³³, kho³³ ne²¹ dʐʅ³³ lɯ³³ mə³³ tʂər²¹, uə³³ kʏ̩³³ kho³³ ne²¹ dʐʅ³³ nɯ³³ uə²¹
广大　村　庄　里　柯鬼　和　支鬼　来　不　使　寨　头　柯鬼　和　支鬼　由　集中

mə³³ tʂər²¹, py²¹ tɕi⁵⁵ khɑ³³ i³³ tshʅ²¹ ne²¹ ȵə²¹ tɯ³³ phi⁵⁵.
不　使　祭司　口沫　苦　是此鬼　和　扭鬼　处　唾

在广大村庄里，不让柯鬼和支鬼来横行，在人们居住的村庄上边，不让柯鬼和支鬼聚集，祭司苦涩的口沫唾往此鬼和扭鬼的地方去。

361-C-13-22

封底

（翻译：和宝林）

539-C-14-01

khɑ^{33} ʐər^{33} sɑ^{55} · tɕi^{21} ne^{21} hər^{33} py^{21}、tshɿ^{33} ne^{21} iə^{21} py^{21} · du^{21} tɯ^{33}

求助于卡冉纽究大神·祭云鬼和风鬼、楚鬼和尤鬼·迎请卢神

539-C-14 求助于卡冉纽究大神·祭云鬼和风鬼、楚鬼和尤鬼·迎请卢神

【内容提要】

这是一本祭风仪式中用于迎请卢神的经书。所谓的祭风仪式就是祭祀风鬼、云鬼、楚鬼、尤鬼等的仪式。家人在外不慎碰上吊死或其他夭折者变成的鬼，就会生病，就需要祭祀这些鬼魂。经书一开始就说，在这一户主人家中，有鬼作祟需要祭祀。要祭祀就得迎请祭司，因祭司们是按照卢神、沈神（规矩之神）行事的，因此祭司就要迎请卢神。天地间的一切事物，都是由卢神和沈神所支配的，因此祭祀中有了卢神和沈神就能保证祭祀之顺利进行。即使卢神和沈神不在了，但是，只要把表示卢神的卢神石竖在祭祀场上，把表示沈神的祭木插在祭祀场上，就意味着卢神和沈神降临了，这一户主人家就要像卢神和沈神降临一样看待它们。

【英文提要】

Appealing to God *kha ʐər n̥ə dʑə*, Sacrificing Ghosts *tɕi*, *hər*, *tshʅ* and *iə*，Invoking God *du*

The book is about invoking the god ***du*** during the ritual of sacrificing to wind. This was actually a ritual of sacrificing ***tɕi***, ***hər***, ***tshʅ*** and ***iə***. The family member would suffer from disease once he rushed into the ghost bred from those died of hanging or died young. The book says in the beginning that if ghosts haunted in the house, the family needed to ask priests to hold a ritual. Because priests followed the way of ***du*** and ***se*** (gods of rule), to invoke priest actually was to invoke the god ***du***. Everything in the world was dominated by these two gods. Therefore, the ritual would go successfully once they were there. Even the two gods passed away, once erecting the stone symbolized the god ***du*** and the wood symbolized the god ***se***, which implied the existence of the two gods. The family under ritual had to treat the stone and wood as gods.

539-C-14-02

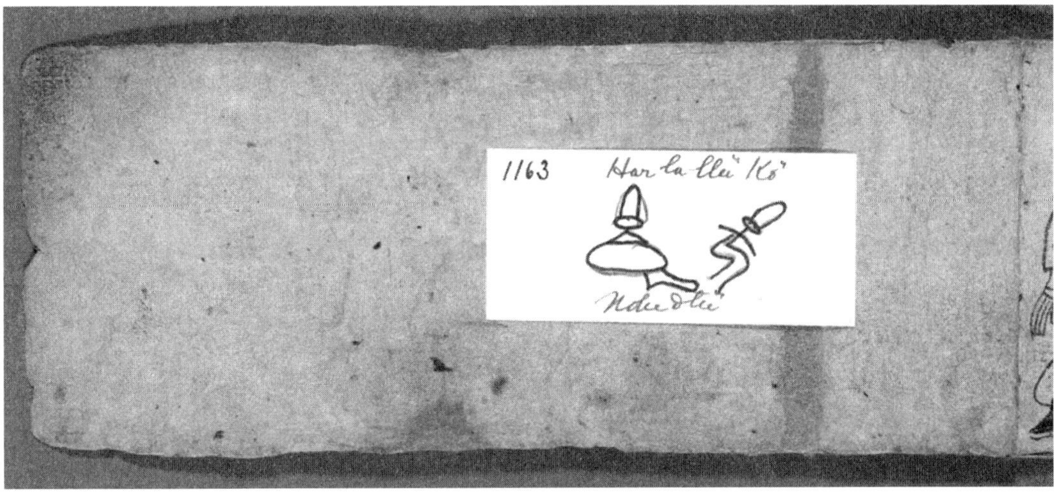

第 1 行：“1163”为洛克藏书的标号，并用洛克音标注下此书用于“大祭风仪式”。
第 2 行：东巴文为 “迎请卢神”。
第 3 行：用洛克音标拼写此书书名的纳西语读音。

539-C-14-03

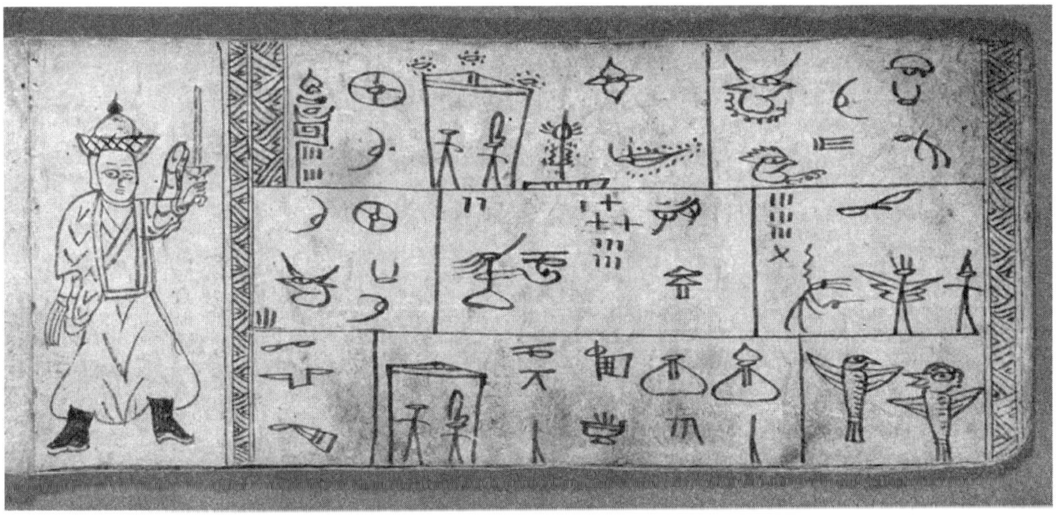

bi^{21} thv̩^{33} mə^{55} tʂhʅ^{33} n̡i^{33}, i^{33} dɑ^{21} tʂhʅ^{33} ʥi^{21} ko^{21}, uə^{33} ɯ^{33} kv̩^{33} i^{33} phv̩^{55} lu^{33} be^{33}, dər^{33}
日 出 的 那 天 主人 这 家 里 寨 好 上 是 撒 石 做 田

ɯ^{33} huɑ^{55} lv̩^{33} be^{33}, tʂʅ^{55} lu^{33} uɑ^{21} tshi^{21} le^{33} tər^{21} tshʅ^{21}. | bv̩^{33} uɑ^{21} tɯ^{33} i^{33} n̡ə^{55} tʂə^{33} khɯ^{55},
好 锈 病 做 土 石 积水 又 堵 来 羊 食 处 是 粘草 放

æ^{21} uɑ^{21} tɯ^{33} i^{33} sɑ^{33} no^{21} khɯ^{55}. i^{33} kæ^{21} dɯ^{33} mə^{33} hɯ^{21}, hu^{21} kho^{33} mə^{33} i^{55} ŋv̩^{21}, | bv̩^{33}
鸡 啄 处 是 麻绒 放 丈夫 一 不 高兴 夜 半 不 睡着 羊儿

le^{21} dɯ^{33} mə^{33} hɯ^{21}, n̡i^{55} kho^{33} zə^{21} mə^{33} guə^{33}. | n̡i^{33} n̡i^{33} lɑ^{33} mɯ^{33} sʅ^{55}, phɑ^{21} tso^{33} sʅ^{21} ɕi^{33}
一 不 高兴 半天 草 不 食 第二天 的 早晨 卜 具 三 百

tʂhuɑ55 tshər21 khə21, dɯ33 phɑ21 dɯ33 ɕə55 le33 be21 khɯ55. phɑ21 miə21 thɑ55 nɯ33 do21, dʐʅ33
六十 前 一 卜 一 占 又 做 去 卜师 眼 尖 来 见 酋长

nɣ55 me33 nɯ33 no33, | gɣ33 tshər21 tshʅ33 ne21 iə21, ze21 ne21 me21, dɣ21 ne21 tse21 uɑ33 gɯ33
心 来 觉 九十 楚鬼 和 尤鬼 壬鬼 和 枚鬼 毒鬼 和 仄鬼 骨 纹

thɣ33, tshi21 gɯ33 zɑ21. | i33 dɑ21 tʂhʅ33 dɯ33 dʑi21, phər21 ne21 ʂæ21 kɑ33 tɕhi33, gɑ33 ne21 u21
出 胛 纹 降 主人 这 一 家 盘神 和 禅神 力 求 嘎神 和 吾神

kɑ33 tɕhi33, o55 ne21 he21 kɑ33 tɕhi33, | to33 kə21 iə33 mɑ21
力 求 沃神 和 恒神 力求 端格 优麻

好日子这一天，有鬼在这一户主人家的房头上抛撒石头，在这一户主人家的田地中施放庄稼的霉锈病，在这一户主人家的羊儿食草的地方施放粘草，在这一户主人家居住的山坡上堵塞积水，在这一户主人家的鸡啄食的地方施放乱麻。丈夫一不高兴，半夜睡不着觉，羊儿一不高兴，半天不肯食草。第二天一早，这一户主人家就到拥有三百六十种卜具的卜师跟前去卜卦。眼尖的卜师看出了原由，酋长心里明白了，肩胛骨裂纹中呈现出九十个楚鬼和尤鬼、壬鬼和枚鬼、毒鬼和仄鬼作祟的卜纹。这一户主人求助于盘神和禅神，求助于嘎神和吾神，求助于沃神和恒神，求助于

539-C-14-04

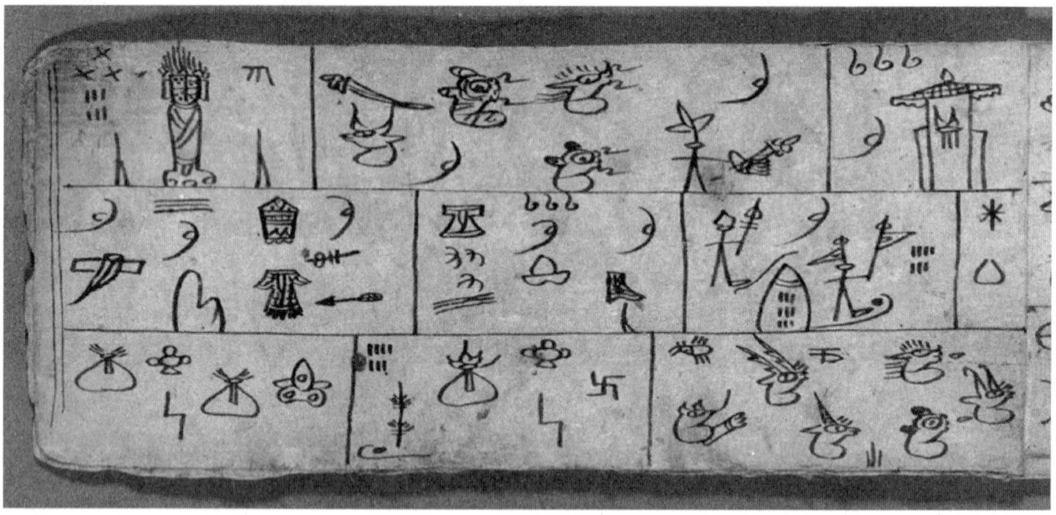

sʅ21 ɕi33 tʂhuɑ55 tshər21 le33 kɑ33 tɕhi33, khɑ33 ʐər33 ɳə55 dʑə21 le33 kɑ33 tɕhi33. | bər21 nɯ33 mə33
三 百 六十 又 力求 卡冉纽究 又 力求 牦牛 由 未

thæ55 nɯ33, bər21 kho33tshər55 le33 py21. lɑ33 nɯ33 mə33 tshɑ55 nɯ33, lɑ33 dʑæ21 tshər55 le33 py21.
顶 就 牦牛 角 斩 又 祭 虎 由 不 咬 就 虎 牙 斩 又 祭

gɣ21 bu21 mə33 mæ21 nɯ33, dʑæ21 ʂər21 dʐʅ55 le33 py21. gɣ33 bɯ33 ʐɣ21 nɯ33 mə33 mæ21 nɯ33,
熊 猪 不 及 就 牙 长 凿 又 祭 拼命 仇 由 不 到 就

ʐy̩^{21} lɑ^{21} tshər^{55} le^{33} py^{21}.｜hɯ^{21} mə^{33} lɯ^{33} nɯ^{33} ky̩^{55} dʑi^{21} kæ^{33} nɯ^{33} thy̩^{21}. dʑi^{21} mə^{33} lɯ^{33}
仇 手 斩 又 祭 雨 未 来 就 毡 房 前 就 搭 水 没 来

nɯ^{33} dʑo^{21} pɑ^{21} kæ^{33} nɯ^{33} tso^{55}. hər^{33} mə^{33} lɯ^{33} nɯ^{33} bu^{21} ʂuɑ^{21} kæ^{33} nɯ^{33} tɑ^{21}. lɯ^{33} ne^{21}
就 桥 宽 前 就 架 风 不 来 就 坡 高 前 由 挡 箭 和

ly^{33} nɯ^{33} mə^{33} dər^{33} nɯ^{33}, khuɑ^{55} gæ^{21} kæ^{33} nɯ^{33} mu^{21} .｜be^{33} mə^{33} lɯ^{33} nɯ^{33} dʑi^{33} ly̩^{21} kæ^{33}
矛 由 不 中 就 铠甲 前 就 穿 雪 未 来 就 衣 暖 前

nɯ^{33} mu^{21}.｜hɯ^{21} mə^{33} lɯ^{33} nɯ^{33} ku^{33} mu^{21} kæ^{33} nɯ^{21} thæ^{33}. tɕhi^{33} nɯ^{33} mə^{33} gy̩^{21}
由 穿 雨 未 来 就 帽子 前 由 戴 刺 由 未 戳

nɯ^{33} ʐɑ^{33} nɑ^{21} kæ^{33} nɯ^{33} kɯ^{55}.｜dʑər^{21} mə^{33} lɯ^{33} sɿ^{33} nɯ^{33}, gy̩^{33} dʑy^{21} ky̩^{33} le^{33} dy^{55}, mu^{33}
就 鞋 黑 前 就 穿 盗 不 来 就 由 九 山 上 又 赶 兵

mə^{33} lɯ^{33} sɿ^{33} nɯ^{33}, ʂər^{33} lo^{33} nɑ^{21} le^{33} tɕhi^{33}.｜phy̩^{33} be^{33} ty̩^{21} lo^{21} kho^{33}, dʐʅ^{21} ky̩^{55} dɯ^{33} ty̩^{21}
未 来 前 就 七 箐 又 守 祖 的 千 箐 里 主事 会 一 千

dʑy^{21}, dʐʅ^{33} tʂhər^{55} u^{55} nɯ^{33} dɯ^{21}, dʐʅ^{33} ky̩^{55} u^{55} nɯ^{33} ɯ^{33}.｜mɯ^{33} khɯ^{33} ʂər^{33} lo^{33} nɑ^{21}, py^{21}
有 主事 代 您 由 大 主事 会 您 由 好 竹 根 七 箐 大 祭

ky̩^{55} dɯ^{33} ɕi^{33} dʑy^{21}, py^{21} tʂhər^{55} u^{55} nɯ^{33} dɯ^{21}, py^{21} ky̩^{55} u^{55} nɯ^{33} ɯ^{33}.｜lɯ^{55} khɯ^{55}
会 一 百 有 祭 辈 您 由 大 祭 会 您 由 好 猎 狗

tʂhuɑ^{55} phər^{21} dy^{55}, se^{21} me^{33} bər^{21} zɿ^{33} dy^{55}, gy̩^{21} bu^{21} sɿ^{55} bɯ^{21} dy^{55}, tɕhi^{21}
鹿 白 追 岩羊 大 稗 草 赶 熊 猪 栗果 追 鹿

三百六十尊端格和优麻战神，求助于卡冉纽究战神。尚未被牦牛撞倒，先做祭祀把牦牛的长角斩断。尚未被猛虎咬伤，就先做祭祀把猛虎的牙齿凿掉。尚未被熊和野猪袭击，就先作祭祀把熊和野猪獠牙凿掉。来拼命的仇人尚未来到，先作祭仪把仇人伸长的手斩断。大雨尚未到，先搭建好避雨的毡房。大水尚未来到，先在山箐中架好宽大的桥梁。大风尚未到，先筑好防风堤。尚未被箭和矛伤害，先穿好防身的铠甲。大雪尚未下，先穿上温暖的衣服。大雨尚未下，先戴防雨的帽子。脚尚未被刺戳伤，先穿上黑色靴子。强盗尚未来到就到九山上去拦截，敌兵尚未来到就派兵到七座大山箐中去设防。

在祖辈居住的上千个大山谷中，有上千主事者，能主事的您的辈分最大，您最会主事。在长着竹子的七个山箐中，能祭祀的祭司有上百个，在这些人中，你的辈分最大，您最善于做祭祀。就像猎狗追逐白鹿，岩羊追逐稗草，老熊和野猪追逐栗果，

539-C-14-05

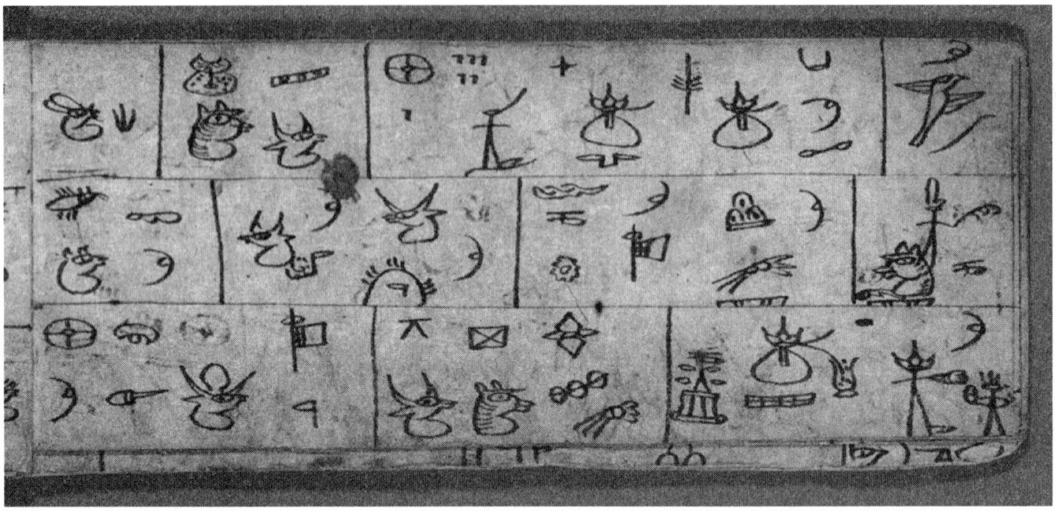

le^{33} zə̧^{21} hər^{21} dy^{55}. | gu^{21} ɯ^{33} tɕi^{55} ʂʅ^{21} dy^{55}. le^{55} nɑ^{21} lo^{21} phər^{21} dy^{55}, | dɯ^{33} ȵi^{33} uɑ^{55} thy̩^{33}
獐 草 绿 追 骏马 鞍 黄 追 牛 黑 牛杠 白 追 一 天 五 次

dy^{55}, uɑ^{55} ȵi^{33} tshe^{21} thy̩^{33} dy^{55}, dy^{55} dy^{55} py^{21} dy^{55} thy̩^{33}. ə^{33} sʅ^{21} py^{21} ky̩^{55} me^{33} khuɑ^{33}
请 五 天 十 次 请 请 祭司 请 到 父辈 祭 会 是 声

nɯ^{33}uɑ^{21} mə^{33} tʂər^{21}. | bi^{21} ky̩^{55} ɯ^{33} me^{33} dy̩^{33} nɯ^{33} uɑ^{21} mə^{33} tʂər^{21}, | lɯ^{55} khɯ^{33} ɯ^{33} me^{33}
由 妨 不 使 飞 会 善 的 翅 由 妨 不 使 猎 狗 好 的

ʂʅ^{33} nɯ^{33} uɑ^{21} mə^{33} tʂər^{21}, | tshɑ^{21} ɯ^{33} me^{33} i^{33} no^{33} nɯ^{33} uɑ^{21} mə^{33} tʂər^{21}, by̩^{33} le^{21} ɯ^{33} me^{33}
肉 由 妨 不 使 挤奶 牛 母 是 奶 由 妨 不 使 羊儿 好 的

ko^{21} nɯ^{33} uɑ^{21} mə^{33} tʂər^{21}. | mɯ^{33} gə^{33} tɕi^{21} phər^{21} sʅ^{33} do^{33} tɯ^{33}, dɯ^{33} tshʅ^{55} tɯ^{33} mə^{33}
高原 由 妨 不 使 天 的 云 白 羊毛 团 起 一 点 起 不

gɑ^{33} be^{33} le^{33} tshʅ^{21}. dy^{21} gə^{33} lu^{33} nɑ^{21} ku^{55}, tsʅ^{21} lu^{33} bu^{21} mə^{33} ʂuɑ^{21}. | ə^{55} tsʅ^{33} the^{33} tsʅ^{33} ʐuɑ^{33}
难 地 而 来 地 的 石 黑 抛 竖 石 坡 不 高 阿孜腾孜 马

phər^{21} dʑæ^{33}, dʑæ^{33} mə^{33} mæ^{21} me^{33} thy̩^{55} nɯ^{33} lu^{21} le^{33} lu^{33}, | ȵi^{33} mə^{33} mæ^{21} me^{33} hu^{21} nɯ^{33} tʂu^{55}
白 骑 骑 不 成 的 步 由 量 又 来 白天 不 及 是 夜 由 接

le^{33} lu^{33}, nɯ^{21} ko^{21} le^{33} lu^{21} thy̩^{33}, gɑ^{33} ko^{21} mə^{33} ȵi^{55} gy̩^{33}. | dzə̧r^{21} tsæ^{55} le^{55} gu^{21} dʑi^{33},
又 来 福 家 又 走 到 胜 家 不 败 成 威 加 牛 马 献

gu^{21} tshu^{21} tshe^{33} phər^{21} dʑi^{33}, phɑ^{21} tɕər^{21} uɑ^{21} tʂhu^{21} dʑi^{33}, ku^{55} se^{33} le^{21} mə^{33} y^{21}. | tshʅ^{33} ʂu^{33}
马 快 盐 白 供 卜 上 松石 墨玉 供 献 了 又 不 拿 犁 铁

phər^{21} me^{33} lu^{21} lu^{33} tshʅ^{55}, tʂhuɑ^{33} phər^{21} khuɑ^{55} mu^{21} o^{55}, py^{21} khu^{33} le^{55} nɑ^{21} dʑi^{33}, i^{33} dɑ^{55}
白 的 卢神 石 竖 米 白 祭粮 倒 祭司 口 茶 酽 献 酬金

iə^{55} me^{33} le^{21} mə^{33} y^{21}, tshɿ^{21} nɯ^{33} mə^{33} tɕi^{55} kʏ^{55}.
给 是 又 不 拿 鬼 由 不 怕 会

就像麂子和獐子追逐绿草，骏马追逐鞍荐，黑牛追逐白色的牛杠，一天请五次，五天请十次，就是来请祭司你。父辈的祭司呀，别让你祭诵时的好嗓音妨碍了你的成行，就像善飞的鸟儿，别让好的翅膀妨碍了飞行，别让猎物的肉妨碍了猎狗的行猎，别让乳汁妨碍了奶牛的挤奶，别让肥沃的高原妨碍了羊儿的放牧。天上飘起了白羊毛似的云彩，这并不会给祭司的成行带来一点点难处，大地上滚落有黑石头，再大的黑石也没坡高，不会妨碍祭司成行。像善骑的阿孜腾孜人，骑着白色的骏马赶路来，实在不能骑马的地方，就用脚步量了来，白天到不了，连夜赶了来。 祭司们走到了有福之家，常胜之家不会失败。祭司加威力时要献上牛和马，就像给骏马喂盐巴水，要给卜师献上松石和墨玉，这一户主人家献出去的东西，就不会再往回拿。（用白色毛毡铺神座）白铁犁尖竖卢神石，白米做祭粮倒在神座簸箕里，给祭司献上酽茶，若祭司不取主人给予的酬金，鬼就不会害怕。

539-C-14-06

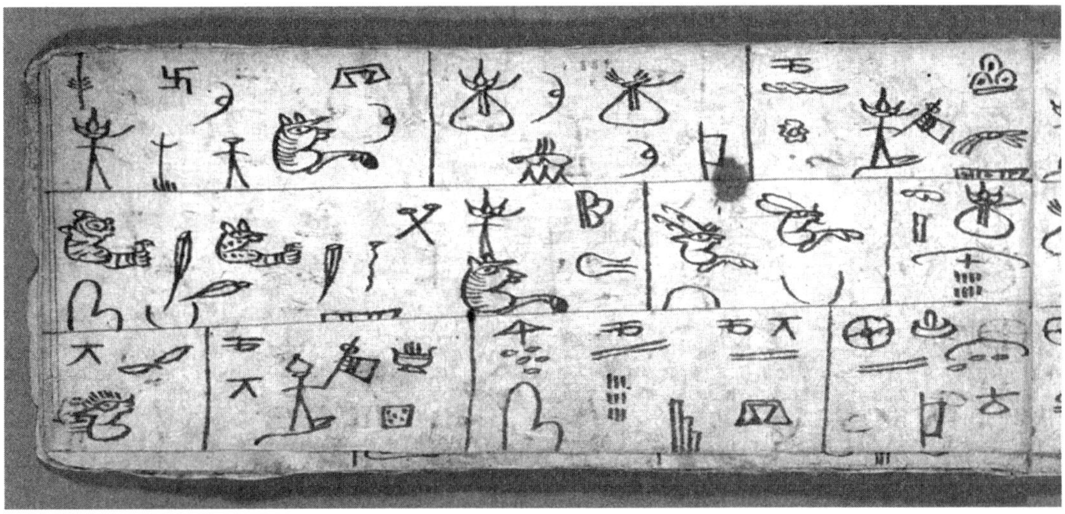

ə^{33} sɿ^{21} ə^{33} gʏ^{33} ŋə^{21}, py^{21} ɯ^{33} ɕi^{33} nɯ^{33} tʂər^{21}, mə^{33} ty^{21} be^{33} mə^{33} du^{33}, gu^{21} tshu^{21} ɕi^{33} nɯ^{33}
父 舅 我 祭 善 人 由 使 不 愿 做 不 兴 骏马 人 由

lu^{21}, mə^{33} gə^{21} be^{33} mə^{33} du^{33}.｜py^{21} mə^{33} tshɿ^{33} dɯ^{33} ɳi^{33}, bʏ^{33} nɯ^{33} gɑ^{33} kʏ^{55} iə^{33}, dʑɿ^{33}
骑 不 高兴 做 不 兴 祭司 不 来 一 天 是非 由 胜 会 的 事者

mə^{33} tshɿ^{21} dɯ^{33} ɳi^{33}, khu^{33} nɯ^{33} gɑ^{33} kʏ^{55} iə^{33}.｜mɯ^{33} gə^{33} tɕi^{21} phər^{21} sɿ^{33} do^{33} tɯ^{33},
不 来 一 天 口舌 由 胜 会 的 天 的 云 白 羊毛团 起

py^{21} lɑ^{33} tɯ^{33} mə^{33} gɑ^{33}, dy^{21} tɕər^{21} lu^{33} nɑ^{21} ku^{55}, py^{21} nɯ^{33} dʑi^{33} mə^{33} gɑ^{33}.｜py^{21} zɑ^{21}
祭司也 起 不 难 地 上 石 黑 抛 祭司 由 走 不 难 祭司 下

tshɿ^{21}dɯ^{33} ɳi^{33}, bu^{21} ʂuɑ^{21} lo^{55} me^{33} thɯ^{33}, lɑ^{33} tsho^{33} be^{33} le^{33} tshɿ^{21}, ho^{55} lo^{33} dʑi^{21} dər^{21} me^{33}
来 一 天 坡 高 越 的 是 虎 跳 地 又 来 深 箐 水 涉 是

ʂu^{21} dʐər^{33}、ȵi^{33} dʐər^{33} be^{33} le^{33} tshɿ^{21}, dy^{21} ʨər^{21} ʥi^{21} dɯ^{21} ʥi^{21} ʨi^{55} dər^{21}, py^{21} nɯ^{33} gu^{21}
水獭 游 鱼 游 地 又 来 地 上 水 大 水 上 涉 祭司 由 骏马

tshu^{21} lu^{21}, ʥi^{21} phy̥^{55} ʥi^{21} sɑ^{21} be^{33} le^{33} tshɿ^{21}. | bu^{33} ky̥^{33} ʨhi^{21} tsho^{33} be^{33} le^{33} tshɿ^{21}, kho^{33}
骑 水 溅 水 散 地 又 来 坡 处 麂 跳 地 又 来 洞

ho^{55} le^{33} tsho^{33} be^{33} le^{33} tshɿ^{21}. | ly^{55} ky̥^{33} py^{33} by̥^{21} ŋə^{21}, mɯ^{33} ʨər^{21}tshe^{21} ho^{55} ty^{33}, to^{33} bɑ^{33}
深 獐 跳 地 又 来 利古 祭司 我 天 上 十 八 层 东巴

ʂər^{55} lər^{33} nɯ^{33} dʐər^{21} bu^{21} dɯ^{33} bu^{21} iə^{55}, | mɯ^{33} ʨər^{21} phər^{21} ne^{21} ʂæ^{21}, gɑ^{33} ne^{21} u^{21} sɿ^{33}
什罗 由 威灵 本事大一 本事 给 天 上 盘神 和 禅神 嘎神 和吾神 引

le^{33} tshɿ^{21}. | mɯ^{33} ʂuɑ^{21} kɯ^{21} lər^{55} bu^{21} ȵə^{21} thy̥^{55}, ʐʅ^{33} phər^{21} gy̥^{55} ʐʅ^{33} ʥɿ^{21}, gə^{33} gə^{21} me^{33}
又 来 天 高 星 众 坡 上 到 路 白 九 条 汇 最 上 的

ȵi^{33} ʐʅ^{33}, phər^{21} ne^{21}ʂæ^{21} gə^{33} ʐʅ^{33}, phər^{21} tɑ^{55} ʂæ^{21} tɑ^{55} ne^{21}, thɯ^{33} ʐʅ^{33} ʥi^{33} le^{33} tshɿ^{21}. | thɯ^{33}
两 条 盘神 和 禅神 的 路 盘神 说 禅神 说 地 这 路 走 又 来 这

gu^{21} me^{33} ȵi^{33} ʐʅ^{33},bi^{21} ne^{21} le^{21} gə^{33} ʐʅ^{33}, mɯ^{33} by̥^{21} kɯ^{21} tʂhʅ^{3} ʥɿ^{21}, bi^{21} ne^{21} le^{21} khu^{33} nɯ^{33}
后 的 两 条 日 和 月 的 路 天 下 星 所 长 日 和 月 跟前 由

bər^{33},
迁

作为父舅辈的祭司我，善于祭祀而被别人使唤，不兴做出不愿意的样子，善跑的骏马被人骑，不兴做出不高兴的样子，若祭司不到祭祀场地，是非就会十分猖獗，若主事者不到祭祀场地，口舌就会很多。即使天上飘起羊毛团似的白云，也不会妨碍祭司成行。即使大地上滚落有黑色石头，也不会阻碍祭司要走的路。祭司起身成行的这一天，若遇到高高的山坡，就像猛虎一样跳过来；若遇到深谷中的大江，就像水獭和鱼儿一样游过来；若遇上大地上的大河小溪，就骑着骏马，溅着水花涉水赶过来。路上若遇高地，就像麂子一般跳起来；路上若遇到洼地，就像獐子一样跳过来。

利古祭司我，十八层天上的东巴什罗曾赐予我强大的威灵，我是身后引着盘神、禅神、嘎神、吾神降临来的。我走到了天边众星汇聚的山坡上，那里汇集着九条道路，最上边的两条是盘神和禅神走的路，我是听着盘神、禅神说的话，沿着这条道路走过来的。这以后的两条路，是太阳和月亮走的路，天上所有的星星，都从太阳和月亮旁边迁徙过来，

539-C-14-07

py^{21} nɯ^{33} thɯ^{33} ʐʅ^{33} dʑi^{33} le^{33} tshʅ^{21}. | thɯ^{33} gu^{21} me^{33} ȵi^{33} ʐʅ^{33}, gɑ^{33} ne^{21} u^{21} gə^{33} ʐʅ^{33}, gɑ^{33}
祭司 由 这 路 走 又 来 这 以后 的 两 条 嘎神 和 吾神 的 路 嘎神

ʂə^{55} u^{21} ʂə^{55} ne^{21} le^{33} tshʅ^{21}. thɯ^{33} gu^{21} me^{33} ȵi^{33} ʐʅ^{3}, o^{55} ne^{21} he^{21} gə^{33} ʐʅ^{3}, lu^{21} ne^{21} se^{21} gə^{33}
说 吾神 说 地 又 来 这以后 的 两 条沃神 和 恒神 的 路 卢神 和 沈神 的

ʐʅ^{33}. o^{55} dʐʅ^{21} dɯ^{33} tʂuɑ^{33} gy̩^{33}, he^{21} ɕy^{55} dɯ^{33} uɑ^{21} gy̩^{33} , thɯ^{33} ʐʅ^{33} dʑi^{33} le^{33} tshʅ^{21}. lɯ^{55} mu^{33}
路 沃神 坐 一 床 成 恒神 站 一 片 成 这 路 走 又 来 动 的

lɯ^{55} tʂhʅ^{33} ky̩^{55}, lu^{21} se^{21} tʂhʅ^{33} ʂə^{55} khu^{33} khu^{33} be^{33}, thɯ^{33} ʐʅ^{33} dʑi^{33} le^{33} tshʅ^{21}. | thɯ^{33} gu^{21}
动 所 会 卢神 沈神 所 说 标准 做 这 路 走 又 来 这 后

me^{33} dɯ^{33} ʐʅ^{3}, ky̩^{55} ne^{21} sʅ^{33} gə^{33} ʐʅ^{33}, ky̩^{33} zo^{33} ky̩^{55} phy̩^{55} lu^{33} , ky̩^{55} me^{33} be^{21} le^{33} tshʅ^{21},
的 一 条 会者 和 知者 的 路 会 者 会 普鲁 会 的 做 又 来

sʅr^{33} zo^{33} sʅ^{33} mɪə^{33} hɯ^{21}, mə^{33} sʅ^{33} so^{21} le^{33} tshʅ^{21}. thɯ^{21} gu^{21} me^{33} ȵi^{33} zʅ^{33}, lər^{55} ne^{21} tshə^{55}
知 人 知 谬赫 不 知 学 又 来 这 后 的 两 条 丈者 和 量者

gə^{33} ʐʅ^{33}, ŋy̩^{21}phər^{21} lər^{55} dy^{21} pu^{55}, lər^{55} le^{33} gy̩^{33} mɯ^{33} thy̩^{33}, hæ^{33} ʂʅ^{21} tʂhə^{55} dy^{21} pu^{55}, tʂhə^{55}
的 路 银 白 丈 杆 带 丈 又 九 天 开 金 黄 量 棍 带 量

le^{33} ʂər^{33} dy^{21} khu^{33}, thɯ^{33} ʐʅ^{33} dʑi^{33} le^{33} tshʅ^{21}. | thɯ^{33} gu^{21} me^{33} ȵi^{33} ʐʅ^{33}, dʐʅ^{33} ne^{21} lɯ^{21} gə^{33}
又 七 地 辟 这 路 走 又 来 这 以后 的 两 条 主事 和 长者 的

ʐʅ^{33}, dʐʅ^{21} lɯ^{21} ly̩^{55} ly̩^{33} dzy̩^{33} uɑ^{33} tɕhər^{33}, thɯ^{33} ʐʅ^{33} dʑi^{33} le^{33} tshʅ^{21}. | thɯ^{33} gu^{21} me^{33} dɯ^{33}
路 主事 长者 团结 纠纷 骨 断 这 路 走 又 来 这 后 的 一

ʐʅ^{33}, py^{21} ne^{21} phɑ^{21} gə^{33} ʐʅ^{33}, py^{21} phɑ^{21} thy̩^{33} tshʅ^{21} tshʅ^{21} uɑ^{33} tɕhər^{33},thɯ^{33} ʐʅ^{33} dʑi^{33} le^{33}
条 祭司 和 卜师 的 路 祭司 卜师 到 来 鬼 骨 断 这 路 走 又

tshɿ^{21},｜tɕy^{55} mæ^{55} sɿ^{55} zʅ^{33} dʑy^{33}, bə^{33} mu^{33} ɕy^{55} tshɿ^{21} zʅ^{33}, ɕy^{33} tʂhə^{55} do^{21} dzʅ^{33} zʅ^{33},
来 最后 三 条 有 人类 虚幻鬼 路 虚鬼 秽鬼 铎鬼 支鬼 路

thɯ^{33} zʅ^{33} py^{21} mə^{33} dʑi^{33}.｜ə^{33} sɿ^{21} ə^{33} gv̩^{33} ŋv̩^{21},｜ȵi^{21} ly^{55} gv̩^{33} nɯ^{33} dʑi^{33}. dʑi^{21} lo^{21} tʂuɑ^{33}
这 路 祭司 不 走 父 舅 我 白天 由 走 房 中 床

ly^{55} gv̩^{33} nɯ^{33} dʐʅ^{21}, khu^{33} gv̩^{33} zʅ^{3} nɑ^{21} dʑi^{33}. sɿ^{33} phər^{21} zʅ^{21} lv̩^{33} tɯ^{21}, tshɿ^{33} ʂu^{33} phər^{21} me^{33}
中间 由 坐 口 中 酒 醇 喝 毡 白 神座 设 犁 铁 白 的

lu^{21} lu^{33} tshɿ^{55}, tʂhuɑ^{33} phər^{21} kuɑ^{55} mu^{21} o^{55}, ŋv̩^{21} hæ^{21} uɑ^{33} tshu^{21} i^{33} dɑ^{55} be^{33} le^{33} tɕi^{33}.
卢神 石 竖 米 白 祭粮 簸箕 倒 银 金 松石 墨玉 酬金 做 又 放

dʐər^{21} tsæ^{55} le^{55} gu^{21} dʑi^{33}, phɑ^{21} tər^{55} uɑ^{21} tʂhu^{21} dʑi^{33}.｜py^{21} be^{33} tshɿ^{21} dɯ^{33} ȵi^{33}, lɑ^{33} khɑ^{33}
威 加 牛 马 供 卜卦 松石 墨玉 供 祭祀 做 来 一 天 白杨

tshɿ^{33} lv̩^{55} bu^{21} , tshɿ^{55} ne^{21} y^{21} mə^{33} ho^{55}, tshɿ^{55} y^{21} le^{33} du^{33} by^{33}.
山羊 放 坡 山羊 和 绵羊 不 混 山羊 绵羊 又 分开

祭司我就是从这条路上走过来的。这以后的两条路，是嘎神和吾神走的路，和嘎神、吾神说着话，从这条道路上走了来。这以后的两条路，是沃神和恒神走的路，在这条路上，坐着的沃神坐满了一张张床，站着的恒神是一大片，我从这一条路上走了来。这以后的一条路是卢神和沈神的路，卢神和沈神所说过的话，成了人们所遵循的规矩，我沿着这一条路走了过来。这以后的一条路，是会者和知者的路，会者最会的是普鲁（能人），会的都做了来。知者最知的是谬赫（智者），不知道的就学了来，我沿着这条道路走了来。之后两条路里丈量者和测量者的路，拿白银丈量杆，开了九片天，拿着黄金尺，辟了七片地，我是沿此路而来。这以后的两条路，是主事者和长者人走的路，主事者和长者人团结，能折断纠纷，我沿着这条路走了来。这以后的一条路，是祭司和卜师走的路，祭祀和卜师的来到，能战胜鬼族，我沿着这条路走了来。最后的三条路，是虚鬼（虚幻鬼）、秽鬼、铎鬼、支鬼走的路。祭司我不走这一条路。

父舅辈的我，是从光天化日之下走来，到了主人家中，就坐在了房子里边的大床中央，口中喝着醇酒。东巴祭司用白色牦牛毡子铺神座，竖起白铁犁尖当卢神石，白米做祭粮倒在神座簸箕里，金、银、墨玉、松石做神的酬金。祭司加威灵时献上牛和马，卜卦时献上了松石、墨玉。祭司来做祭祀的那一天，在长满白杨树林的山坡旁，不让山羊和绵羊混在一起，将它们分开了。

539-C-14-08

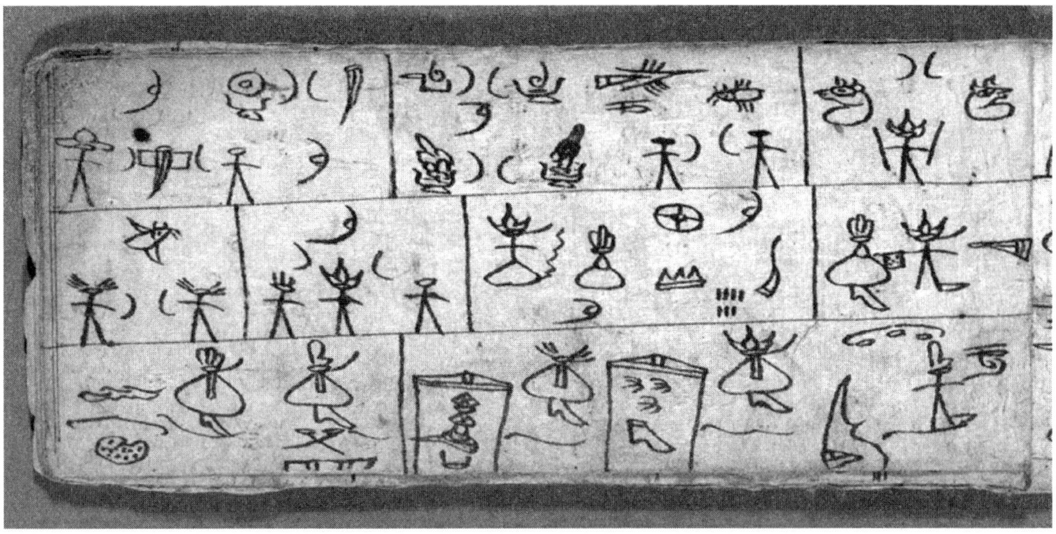

bər^{33} pv̩^{55} dʐo^{21} kho^{33} nv̩^{55}, bər^{33} ne^{21} pv̩^{55} mə^{33} ho^{55}, bər^{33} pv̩^{55} le^{33} tʂhv̩^{33} phi^{21} , mɑ^{21} ne^{21}
远客 近邻 桥 附近 远客 和 近邻 不 混 远客 近邻 又 分开 油 和

dʑi^{21} mə^{33} ho^{55}, mɑ^{21} ne^{21} dʑi^{21} lɑ^{33} le^{33} tʂhv̩^{33} phi^{21}. | no^{33} ne^{21} ʂæ^{33} mə^{33} ho^{55}, no^{33} ne^{21} ʂæ^{21}
水 不 混 油 和 水 也 又 分开 奶 和 血 不 混 奶 和 血

lɑ^{33} le^{33} tʂhv̩^{33} phi^{21}, tʂhər^{33} ne^{21} dv̩^{21} mə^{33} ho^{55}, tʂhər^{33} ne^{21} dv̩^{21} lɑ^{33} le^{33} tʂhv̩^{33} phi^{21}, to^{3}
^{3}也又 分开 药 和 毒 不 混 药 和 毒 也 又 分清 松

phər^{21} ȵi^{33} gɯ^{33} dʐʅ^{33} nɯ^{33} le^{33} tʂhv̩^{33} phi^{21}, u^{21} nɑ^{55} ȵi^{33} kv̩^{33}, lɯ^{21} nɯ^{33} le^{33} tʂhv̩^{33} phi^{21}. |
白 两半 凿子 由 又 分开 仆人 两 个 长者 由 又 分别

khɯ^{33} mu^{33} ȵi^{33} kv̩^{55} dy^{21} nɯ^{33} le^{33} tʂhv̩^{33} phi^{21}, | dʐʅ^{33} dɯ^{21} ȵi^{33} kv̩^{55}, mu^{55} nɯ^{33} le^{33} tʂhv̩^{33}
狗儿 两 个 棍 由 又 分开 主事者 大 两 个 耆者 由 又 分开

phi^{21}. | py^{21} ne^{21} lu^{21} ȵi^{33} kv̩^{55}, ȵi^{55} tɕy^{21} mə^{33} do^{33} do^{21}, hu^{21} tɕy^{21} mə^{33} mi^{33} mi^{33}, lɑ^{33} iə^{21}
祭司 和 卢神 两 个 白天 不 相见 夜间 不 相闻 悠长

bər^{21} kho^{33} ʂər^{21}, hɑ^{55} ʂər^{21} le^{33} gv̩^{33} se^{21}. | py^{21} nɯ^{33} lu^{21} sʅ^{33} sʅ^{33} le^{33} tshʅ^{21}. | dɯ^{33} u^{33} i^{33}
牦牛 角 长 日 久 又 成 了 祭司 由 卢神 引 又 来 一 福 有

me^{33} lu^{21} u^{33} i^{33}, lu^{21} u^{33} mɯ^{33} gv̩^{33} tɕi^{21} nɯ^{33} zɑ^{21}, dɯ^{33} u^{33} i^{33} me^{33} se^{21} u^{33} i^{33}, se^{21} u^{33} i^{33}
是 卢神 福 有 卢神 福 天 上 云 由 降临 一 福 有 是 沈神 福 有 沈神福有

me^{33} i^{33} tɕy^{55} dy^{21} nɯ^{33} zɑ^{21}. | dɯ^{33} u^{33} i^{33} me^{33} dʐʅ^{33} u^{33} i^{33}, dʐʅ^{33} u^{33} i^{33} me^{33} lɯ^{33} mɯ^{33}
是 富饶 大地 由 降临 一 福 有 是 主事人福 有 主事 福 有 是 利美

kho^{33} nɯ^{33} zɑ^{21}, dɯ^{33} u^{33} i^{33} me^{33} py^{21} u^{33} i^{33}, py^{21} u^{33} i^{33} me^{33} nɑ^{21} mu^{33} be^{33} khɯ^{33}
地方 由 降临 一 福 有 是 祭司 福 有 祭司 福 有 的 广大 村 处

dʑy^{21} nɯ^{33} zɑ^{21}. dɯ^{33} u^{33} i^{33} me^{33} phɑ^{21} u^{33} i^{33}, phɑ^{21} u^{33} i^{33} me^{33} mɯ^{33} ʂuɑ^{21} kɯ^{33} æ^{21}.
以 降 一 福 有 是 卜 福 有 卜 福 有 是 天 高 星 崖

kho^{33} nɯ^{33} zɑ^{21}.
处 由 降临

把客人送到桥附近的地方，不让近邻和客人相混，将邻居和远客分清；不让油和水混在一起，把油和水分开；不让血和奶混在一起，把血和奶分开；不让毒和药混在一起，把毒和药分开；由白铁凿子将白色松木分成两半，由长者分清两个仆人之间的是与非，由棍子将两只厮咬的狗儿分开，由耆老分清两个主事者之间的是与非。祭司和卢神两个，白天不相见，夜间没有声息相闻，就像长长的牦牛角已有很长时间了。今天祭司领着卢神降临来。卢神有福分，卢神的福分来自天上白云间，沈神有福分，沈神的福分来自富饶的大地，主事者的福分来自利美的地方，祭司的福分来自村寨里，卜师的福分来自高天星崖之下。

539-C-14-09

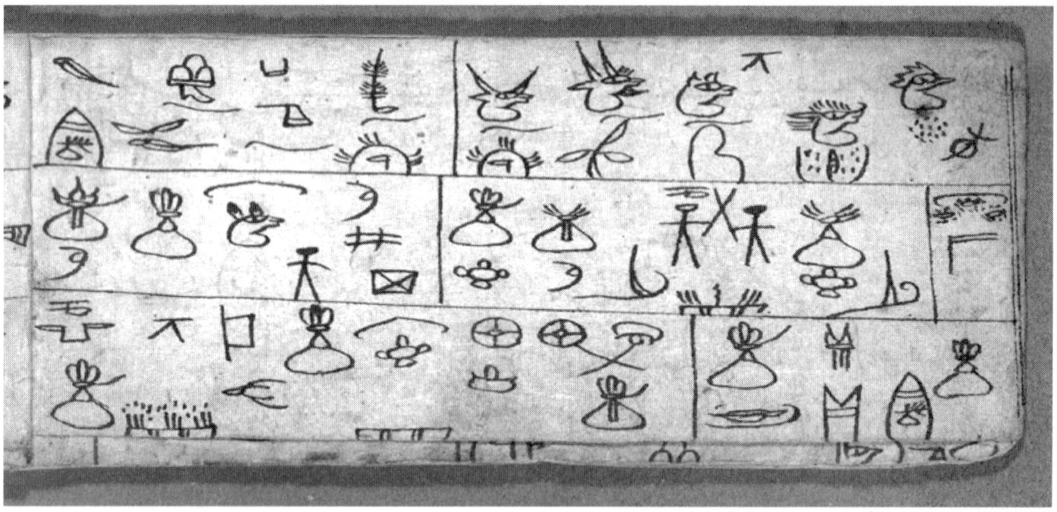

ʥi^{21} u^{33} i^{33} me^{33} so^{33} ʂuɑ^{21} kv̩^{33} nɯ^{33} zɑ^{21}, lu^{33} u^{33} i^{33} me^{33} lv̩^{33} y^{21} ʥi^{21} nɯ^{33} zɑ^{21}, ʂu^{21} u^{33}
水 福 有 是 岭 高 处 由 下 石 福 有 是 石 生 水 由 下 铁 福

i^{33} me^{33}, ʂu^{21} sɿ^{55} kho^{33} nɯ^{33} zɑ^{21}, mɯ^{55} u^{33} i^{33} me^{33} tse^{33} nɑ^{33} ko^{21} nɯ^{33} zɑ^{21}. | bv̩^{33} u^{33} i^{33}
有 是 铁 捡 处 由 下 竹 福 有 是 仄纳 高原 由 下 羊 福 有

me^{33} ko^{21} kv̩^{33} phər^{21} nɯ^{33} zɑ^{21}, tshɿ^{55} u^{33} i^{33} me^{33}, dɑ^{33} iə^{21} ʥər^{21} nɯ^{33} zɑ^{21}, khɯ^{33} u^{33} i^{33}
是 高原 上 白 由 下 山羊 福 有 是 达尤 树 由 下 狗 福 有

me^{33} ʂæ^{21} ʥy^{21} khɯ^{33} nɯ^{33} zɑ^{21}, bu^{21} u^{33} i^{33} me^{33} tshy^{55} khɯ^{33} dv̩^{21} nɯ^{33} zɑ^{21}, æ^{21} u^{33} i^{33}
是 禅 山 旁 由 下 猪 福 有 是 小米 地 处 由 下 鸡 福 有

me^{33} phɯ^{33} bv̩^{33} tɯ^{33} nɯ^{33} zɑ^{21}. ‖ py^{21} mə^{33} ʥɿ^{21} me^{33} lu^{21} mə^{33} tɯ^{33}, py^{21} dɯ^{21} tɯ^{33} me^{33}
是 糠 堆 处 由 下 祭司 不 坐 是 卢神 不 起身 祭司 大 起 是

lu^{21} dɯ^{21} tɯ^{33}, ʥi^{33} y^{21} mɯ^{33} kv̩^{55} bv̩^{21}, nɑ^{21} zo^{33} mə^{33} gu^{21} mə^{33} tshər^{33} gv̩^{33}. | lu^{21} dɯ^{21}
卢神 大 起 人 生 天 穹 下 纳西 人 不 病 不 疾 成 卢神 大

tɯ^{33} le^{33} py^{21}.dʑʅ^{33} dɯ^{21} mə^{33} dʑʅ^{21} lo^{21} mə^{33} tɕhi^{33}, dʑʅ^{33} dɯ^{21} dʑʅ^{21} me^{33} lo^{21} dɯ^{21} tɕhi^{33},
起 又 祭 酋长 大 不 坐 箐 不 防 酋长 大 坐 是 箐 大 守

dʑi^{33} dʑə^{21} lɑ^{33} lər^{33} dy^{21}, phər^{21} nɑ^{55} mə^{33} æ^{21} gʏ^{33}.｜mɯ^{33} i^{33} phər^{21} nɯ^{33} thʏ^{33}, mɯ^{33} ʂuɑ^{21}
人 住 辽阔 地 盘人 纳人 不 争斗 成 天 是 盘神 由 开 天 高

kɯ^{21} ʂər^{55} lu^{21} nɯ^{33} be^{33}, dy^{21} i^{33} ʂæ^{21} nɯ^{33} khu^{33}, dy^{21} gɯ^{21} zə^{21} ʂər^{55} lu^{21} nɯ^{33} be^{33}, lu^{21}
星 满 卢神 由 做 地 是 禅神 由 辟 地 阔 草 满 卢神 由 做 卢神

tɯ^{33} tɯ^{33} le^{33} py^{21}. mɯ^{33} ne^{21} dy^{21} dɯ^{55} dɯ^{33}, bi^{21} ne^{21} le^{21} pɑ^{55} pɑ^{33}, n̥i^{55} ne^{21} hu^{21} ʂər^{55}
起身 又 是 天 和 地 相称 日 和 月 相接 白天 和 夜 圆满

ʂər^{33} lɑ^{33} lu^{21} nɯ^{33} be^{33}, lu^{21} tɯ^{33} tɯ^{33} le^{33} py^{21}.｜dʑi^{2} ne^{21} khæ^{33} iə^{55} iə^{33} lɑ^{33} lu^{21} nɯ^{33}
也 卢神 由 做 卢神 起身 又 祭 水 和 渠 匀称 也 卢神 由

be^{33},uə^{33} i^{33} kʏ^{55} nɯ^{33} tsʅ^{55}, uə^{33} tshʅ^{55} so^{33} ʂuɑ^{21} gʏ^{33} du^{33} me^{33} lu^{21} nɯ^{33} be^{33}, lu^{21}
做 寨 是 会者 由 建 寨 建 岭 高 成 兴 是 卢神 由 做 卢神

tɯ^{33} le^{33} py^{21}.
身 又 祭

水拥有的福分，来自高山峻岭之中。石头的福分，来自长石头的水中。铁的福分来自捡到铁矿的地方。竹子的福分来自生长竹子的仄纳高原上。羊儿的福分来自放牧羊儿的高原上。山羊的福分来自达尤树林里。狗儿的福分来自放狗打猎的禅山上。猪的福分来自小米地旁，鸡的福分来自糠堆旁。

祭司不在祭祀场上就坐，卢神就不会起身来到这里，祭司来到祭祀场上，卢神也起身到了这里，这样，人类生活天穹之下，纳西人就不会再生疾病，请卢神起身来做祭祀。酋长不在位，山谷中就不会去设防，酋长就位了，山谷中又去设防，这样，辽阔大地上盘人和纳人就不会争斗了。天虽由盘神所开，天上布满星星，是由卢神所为；大地由禅神所辟，大地辽阔长满青草是卢神所为，请卢神起身去做祭祀。天和地相称，日和月相交替，白天和夜间圆满都是卢神所为，请卢神起身去做祭祀。水和渠匀称，也是卢神所为；寨子虽然由会者建造，但村寨能建造得像山岭一般高大，也是卢神所为，请卢神起身去做祭祀。

539-C-14-10

sər^{33} i^{33} se^{21} nɯ^{33} ɕi^{21}, ʂər^{33} ɕi^{21} uɑ^{33} by^{33}, sər^{33} dʐʅ^{21} dʑy^{21} ʂər^{55} se^{21} nɯ^{33} be^{33}. lu^{33} i^{33} lu^{21}
树 是 沈神 由 养 树 养 干 粗 树 长 山 满 沈神 由 做 石 是 卢神

nɯ^{33} ɕi^{21}, lu^{33} tshʅ^{55} kɑ^{33} dɯ^{21}, lu^{33} dʑy^{21} lo^{21} ʂər^{55} lu^{21} nɯ^{33} be^{33}. | be^{33} le^{33} be^{55} tshʅ^{21} zʅ^{33},
由 养 石 竖 硕大 石 有 箐 满 卢神 由 做 本勒奔楚汝

tsuɑ^{21} nɯ^{33} dʑi^{21} thy̩^{21} me^{33}, ʂər^{33} ɕi^{33} gɯ^{21} phər^{21} khə^{33},nɑ^{21} mu^{33} dʑi^{21} ȵə^{21} kɑ^{55}, sʅ^{33} tshər^{21}
男 的 房子建 的 七 百 板 白 划 广大 房 上 盖 三 十

lu^{33} nɯ^{33} nər^{55}, ʐʅ^{21} hɯ^{21} mə^{33} i^{21} gy̩^{33}. | lo^{21} nɑ^{55} mɯ^{55} hər^{21} dɑ^{55}, mɯ^{55} ʂʅ^{21} mɯ^{55} phiə^{33} phiə^{21}
石 由 压 夏 雨 不 漏 成 箐 大 竹 绿 砍 竹 黄 竹 篱笆

tər^{55}, nɑ^{21} mu^{33} dʑi^{21} ȵə^{21} thy^{55}. | tʂʅ^{55} ʂʅ^{21} tʂhər^{33} nɯ^{33} iə^{21}, tshʅ^{33} hər^{33} mə^{33} se^{21} gy̩^{33}. |
编 广大 房 上 围 土 黄 泥 由 抹 冬 风 不 漏 成

æ^{21} ʂuɑ^{21} dʑi^{21} khə^{33} ʂʅ^{21}, dər^{33} ɯ^{33} ɕi^{33} phər^{21} dʑe^{33} ɕy^{21} lɯ^{33} ȵə^{21} khɯ^{55}, dʑe^{33} mi^{55} ɕi^{21} mi^{55}
崖 高 水 渠 修 田 好 稻 白 麦 红 地 里 放 麦 熟 稻 熟

me^{33} lu^{21} nɯ^{33} be^{33}, lu^{21} tɯ^{33} tɯ^{33} le^{33} py^{21}. | be^{33} le^{33} be^{55} tshʅ^{21} zʅ^{33}, uə^{33} mə^{33} lu^{21} me^{33}
是 卢神 由 做 卢神 起身 又 祭 本勒奔楚汝 寨 不 够 是

so^{33} ȵə^{21} kho^{33}, dər^{33} mə^{33} ly̩^{21} me^{33} khɯ^{21} ȵə^{21} kho^{33}. | uə^{33} ky̩^{33} dʐʅ^{33} nɯ^{33} dʐʅ^{21}, dʐy̩^{33} tɕər^{21}
岭 上 取 田 不 够 是 荒 地 取 寨 头 酋长 由 坐 纠纷 上

gɑ^{33} le^{33} dʐʅ^{21}, uə^{33} khɯ^{33} py^{21} nɯ^{33} dʐʅ^{21}, tshʅ^{21} tɕər^{21} gɑ^{33} le^{33} dʐʅ^{21}. | sʅ^{21} uə^{33} zo^{33} nɯ^{33}
赢 又 坐 寨 旁 祭司 由 坐 鬼 上 赢 又 坐 父 寨 儿 由

dʐʅ^{21}, gɑ^{33} ko^{21} mə^{33} ȵi^{55} gy̩^{33} du^{33} me^{21}.
住 胜 家 不 败 成 兴 的

树由沈神来养育，沈神养育的树干粗壮，山上长满了大树。石头由卢神来养育，卢神养育的石头硕大，立起的石头堆满了山谷。人类（本勒奔楚汝）建造的房屋，划来七百块白色木板盖在房头上，再压上三十颗石头，不让夏天的大雨漏进屋；长满绿竹的大山箐中砍来竹子，用黄色竹子编成篱笆，篱笆围在宽大的房子周围，和起黄色泥巴抹在篱笆上，不让冬天寒风吹进屋。从高高的山崖上修起水渠，把水引到田地里，引到白色稻谷和红麦地里，地里的白稻和红麦丰收了，这全靠卢神所为，请卢神起身做祭祀。人类村寨不够居住，从山岭上取得，田地不够耕种，从荒田野地中取得，牲畜不够从野兽中猎取。在人类的村寨上头住着酋长，有了酋长就能解决纠纷；在村寨之中住着祭司，有了祭司便能战胜鬼族。儿子居住着父辈留下的村寨，胜家能永远立于不败之地。

539-C-14-11

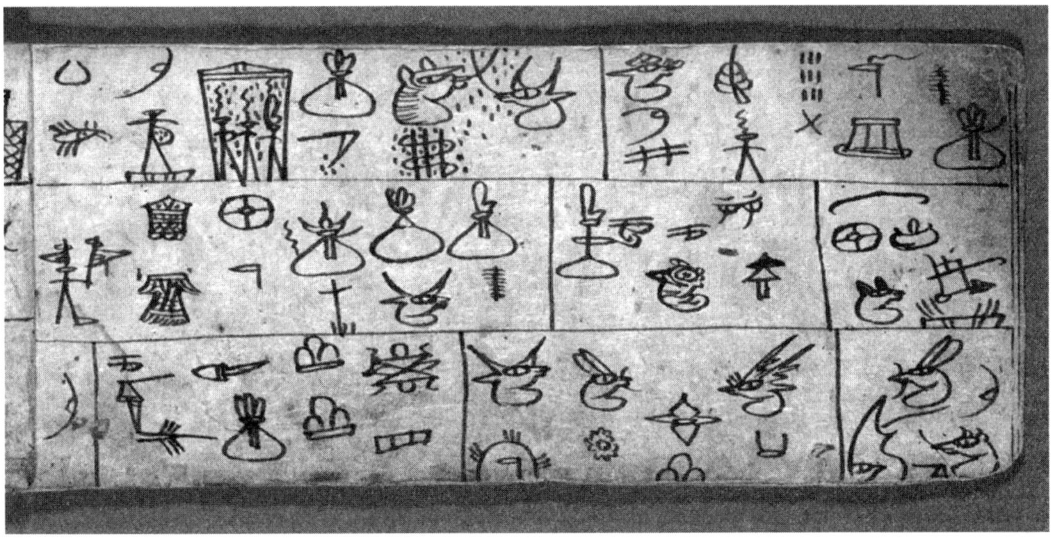

phy̩^{33} lɯ^{33} lɯ^{55} nɯ^{33} tʂu^{55}, gɯ^{33} zo^{33} mə^{33} ʐu^{21} gy̩^{33}. ȵi^{33} ly̩^{21} dɯ^{33} dʑi^{21} be^{33}. mi^{55} hæ^{21}
祖父 地 孙 由 种 饱 汉 不 饥 成 两 青年 一 家 做 女 娶

tʂho^{21} dʐʅ^{33} dʑi^{21} ʂər^{55} ʂər^{33} du^{33} me^{33} lu^{21} nɯ^{33} be^{33}, lu^{21} tɯ^{33} tɯ^{33} le^{33} py^{21}. ɛʅ^{55} ko^{21} le^{55}
人 增 房 满满 兴 是 卢神 由 做 卢神 起身 又 祭 沽人家 牛

gu^{21} dɯ^{33} kho^{33} be^{33}, le^{55} gu^{21} kho^{21} ʂər^{55} ʂər^{33} du^{33} me^{33} lu^{21} nɯ^{33} be^{33}, lu^{21} tɯ^{33} tɯ^{33} le^{33}
马 一 栏 做 牛 马 栏 满满 兴 是 卢神 由 做 卢神 起身 又

py^{21}. | be^{33} le^{33} be^{55} tshʅ^{21} zʅ^{33}, gu^{21} tshər^{33} mə^{33} thy̩^{33} nɯ^{33}, py^{21} ɕy^{33} khuə^{55} ɕy^{33} be^{33}, zʅ^{33}
祭 本勒奔楚汝 疾 病 不 生 就 祭祀 法事 做 寿

ʂər^{21} hɑ^{55} i^{33} du^{33} me^{33} lu^{21} nɯ^{33} be^{33}. gy̩^{33} tshər^{21} dʑi^{33} be^{33} mə^{33} bɯ^{21} nɯ^{33}, ʂər^{33} tshər^{21} le^{33}
长 日 久 兴 是 卢神 由 做 九 十 衣 薄 不 烂 就 七 十 裤子

dʑi^{33} ko^{21} nɯ^{33} ʐʅ^{21}, zʅ^{33} be^{33} ly̩^{21} du^{33} me^{33} lu^{21} nɯ^{33} be^{33}. | dæ^{21} zo^{33} khuɑ^{55} gæ^{21} le^{33} y^{55}
针 由 缝 辈 地 暖 兴 是 卢神 由 做 勇 士 铠甲 又 准备

y^{33}, gɑ^{33} ko^{21} mə^{33} ȵi^{55} gv̩^{33} du^{33} me^{33} lu^{21} nɯ^{33} be^{33}, lu^{21} tɯ^{33} tɯ^{21} le^{33} py^{21}. py^{21} bɯ^{33} dɯ^{33}
胜 家 不 败 成 兴 是 卢神 由 做 卢神 起身 又 祭 祭 要 一

ȵi^{33} lu^{21} se^{21} le^{33} y^{55} y^{33}, py^{21} le^{33} zɿ^{33} be^{33} nɯ^{21} thv̩^{33} du^{33} me^{33} lu^{21} nɯ^{33} be^{33}. | phɑ^{21}
天 卢神 沈神 又 打扮 祭 又 世代 地 福 生 兴 是 卢神 由 做 卜

bɯ^{33} dɯ^{33} ȵi^{33} phv̩^{33} lɑ^{21} kuɑ^{55} mu^{21} le^{33} y^{55} y^{33}, phɑ^{21} miə^{21} thɑ^{55} du^{33} me^{33} lu^{21} nɯ^{33}
要 一 天 神 神粮 簸箕 又 准备 卜 眼 尖 兴 是 卢神 由

be^{33}. | dʑi^{33} y^{21} mɯ^{33} kv̩^{55} bv̩^{21}, bi^{21} le^{21} le^{33} tɕy^{33} tɕy^{21} du^{33} me^{33} lu^{21} nɯ^{33} be^{33}, dy^{21}
做 人 生 天 穹 下 日 月 又 轮回 兴 是 卢神 由 做 地

tɕər^{21} le^{55} lɯ^{21} dv̩^{33} tshɿ^{33} le^{33} tɕy^{21} tɕy^{21} du^{33} me^{33} lu^{21} nɯ^{33} be^{33}. | sər^{33} dər^{33} tʂu^{55}
上 牛 犁 犁架 犁尖 又 来回 兴 是 卢神 由 做 木 短 接

mə^{33} thɑ^{55}, ʂu^{33} phər^{21} dʐɿ^{33} nɯ^{33} dʐɿ^{33}, sər^{33} dər^{33} le^{33} tʂu^{55} thɑ^{55} du^{33} me^{33} lu^{21} nɯ^{33} be^{33},
不 成 铁 白 凿 由 凿 木 短 又 能 接成 兴 是 卢神 由 做

lu^{33} gɯ^{33} tse^{55} mə^{33} thɑ^{55}, tʂɿ^{55} ʂɿ^{21} tʂhər^{33} nɯ^{33} iə^{21}, lu^{33} gɯ^{33} le^{33} tse^{55} thɑ^{55} du^{33} me^{33} lu^{21}
石 裂 合 不 成 土 黄 泥 由 抹 石 裂 又 合 成 兴 是 卢神

nɯ^{33} be^{33}. | ko^{21} kv̩^{33} le^{55} sɿ^{33} phi^{55}, sɿ^{33} phi^{55} bv̩^{33} nɯ^{33} dɯ^{33}, sɿ^{33} dʐɿ^{21} bv̩^{33} nɯ^{33} ɯ^{33}.
由 做 高原 上 獐 毛 失 毛 失 羊 由 得 毛 长 羊 由 好

lv̩^{33} kho^{33} uɑ^{21} zi^{33} phi^{55}, uɑ^{21} phi^{55} tʂhuɑ^{55} nɯ^{33} ʂu^{21}, tʂhuɑ^{55} kho^{33} uɑ^{21} nɯ^{33} dɯ^{33} tʂər^{55}
石 中 松石 美 失 松石 失 鹿 又 找 鹿 角 松石 由 一 节

tʂu^{55} du^{33} me^{33} lu^{21} nɯ^{33} be^{33}. | ŋv̩^{33} lv̩^{33} æ^{21} phɑ^{33} phər^{21}, ɕy^{33} dʑy^{21} mə^{33} dʑy^{21} mə^{33}
接 兴 是 卢神 由 做 雪山 崖 面 白 兽 有 不 有 不

sɿ^{33} me^{33}, ɕy^{21} ʂu^{21} khɯ^{33} nɯ^{33} ʂu^{21}, ʂu^{21} le^{33} dɯ^{33} du^{33} me^{33} lu^{21} nɯ^{33} be^{33}. lu^{21} tɯ^{33}
知 是 兽 找 狗 由 找 找 又 得 兴 是 卢神 由 做 卢神 起身

tɯ^{33} le^{33} py^{21}. |
又 祭

祖父遗留下来的田地，由子孙们来耕种，饱汉一辈子不会饥饿。两人做成一家子，娶来的女人生下许多小孩，增加的人丁挤满房屋，这也是卢神所为。在人们的家中，牛和马关在一个栅栏之中，发达兴旺的牛和马挤满了栏圈，这是卢神所为，请卢神起身做祭祀。人们在尚未发生疾病的时候，就做祭祀预防疾病，人类就会健康长寿，这是卢神所为，请卢神起身做祭祀。九十条单薄的衣服和七十条裤子，尚未穿破就及时用针线缝补，就会一辈子穿得暖和，这也是卢神所为。参战的勇士及时准备铠甲，就能在战场上常胜不败，这也是卢神保佑的结果，请卢神起身做祭祀。要做祭祀前先把卢神和沈神打扮好，这样就一辈子都会有福泽；要卜卦的时候准备好神粮簸箕，卜师的眼睛就会很敏锐，这也是卢神所为，请卢神起身做祭祀。

在人们生存的天穹之下，天上的日月会轮番出现，大地上用牛犁地，犁架和犁尖任人来回往返，这些都是卢神所为。木头短了不能接，用白铁凿子凿，短木又能接；石头裂开了不能合，用黄土做泥巴抹在石头上，裂开的石头又能拼合，这也是卢神所为。高原上的獐子丢失了身上的毛，这毛由放牧在高原上的羊儿所得，羊儿身上毛长得好；在石缝中丢失了松石，松石由白鹿去寻找，结果鹿角接上了一节松石，这也是卢神所为。雪山的白色山崖下，不知有没有野兽，让猎狗去寻找野兽，结果猎到了野兽，这也是卢神所为，请卢神起身做祭祀。

539-C-14-12

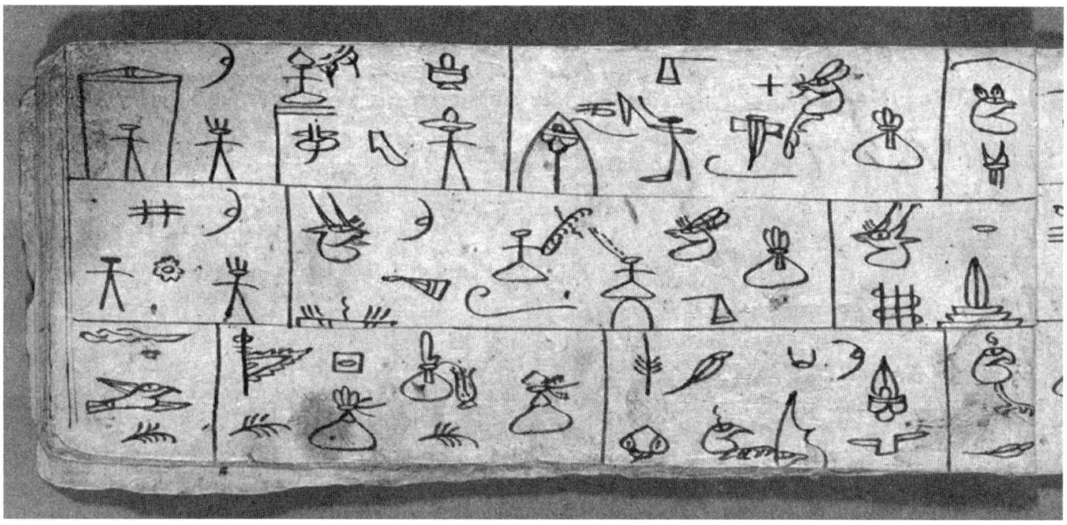

nɑ^{21} mu^{33} be^{33} ty̩^{55} tɯ^{33}, tshʅ^{21} ʥy^{21} mə^{33} ʥy^{21} me^{33}, py^{21} ʥʅ^{21} ʂuɑ^{21} be^{33} ʥʅ^{21}, py^{21} miə^{21}
宽大 村 庄 里 鬼 有 没 有 是 祭司 坐 高 地 坐 祭司 眼

thɑ^{55} nɯ^{33} ly^{21}, dər^{33} khɯ^{33} ʂər^{21} nɯ^{33} ly^{21}, bər^{33} ʥy^{21} le^{33} do^{21} du^{33} me^{33} lu^{21} nɯ^{33} be^{33}. |
尖 由 瞧 卦 眼 长 由 瞧 客 有 又 见 兴 是 卢神 由 做

ŋy̩^{33} ly̩^{33} ʐʅ^{33} phər^{21} thy̩^{55}, nɑ^{21} zo^{33} ty̩^{21} nɯ^{33} ʥi^{33}, ʐʅ^{33} ʂu^{21} ʐʅ^{33} dɯ^{33} du^{33} me^{33} lu^{21} nɯ^{33}
雪山 路 白 廾 纳 人 千 由 走 路 找 路 得 兴 是 卢神 由

be^{33}, ɕi^{33} lo^{21} ʥo^{21} pɑ^{21} tso^{55}, khuɑ^{33}ʥʅ^{21} ɕi^{33} nɯ^{33} ʥi^{33} , ʥi^{33} le^{33} ʥo^{21} ʂu^{21} ʥo^{33} dɯ^{33} me^{33}
做 百 箐 桥 宽 架 蹄 长 百 由 走 走 又 桥 找 桥 得 是

lu^{21} nɯ^{33} be^{33}. | ʥi^{33} y^{21} mɯ^{33} ky̩^{55} by̩^{21}, nɑ^{21} zo^{33} tshʅ^{21} mə^{33} sʅ^{33}, mə^{33} gu^{21} mə^{33} tshər^{33}
卢神 由 做 人 生 天 穹 下 纳 人 鬼 不 跟 不 病 不 疾

du^{33} me^{33} lu^{21} nɯ^{33} be^{33}. | ʥi^{33} ʥə^{21} lɑ^{33} lər^{33} dy^{21} , by̩^{33} ly̩^{55} tshʅ^{55} phər^{21} phi^{55}, khy̩^{33} ɕi^{33}
兴 是 卢神 由 做 人 住 辽阔 地 羊 放 山羊 白 失 偷 人

lo^{21} nɯ^{33} ʥʅ^{21}, do^{21} ɕi^{33} bu^{21} nɯ^{33} ʥʅ^{21}, le^{33} lo^{21} le^{33} ʂu^{21} dɯ^{33} du^{33} me^{33} lu^{21} nɯ^{33} be^{33}. lu^{21}
箐 由 在 见 人 坡 上 坐 又 告诉 又 找 得 兴 是 卢神 由 做 卢神

tɯ^{33} tɯ^{33} le^{33} py^{21}.｜lu^{21} dɯ^{21} tʂhʅ^{33} tɯ^{33} se^{33} kho^{33} tho^{21}, dʑy^{21} na^{55} zo^{55} lo^{33} kʏ^{33},｜dʑi^{21}

起身 又 祭 卢神 大 这 起身 了 以后 居那若罗 上 飞

pɯ^{21} tɕi^{21} nɯ^{33} dɯ^{33}.｜ly^{55} pɯ^{33} the^{33} nɯ^{33} dɯ^{33}, ta^{55} pɯ^{21} lu^{21} nɯ^{33} dɯ^{33}, thɯ^{21} pɯ^{21} se^{21}

事 云 由 得 飘 事 旗 由 得 说 事 卢神 由 得 喝 事 沈神

nɯ^{33} dɯ^{33}, zæ^{21} pɯ^{21} he^{21} nɯ^{33} dɯ^{33}.｜sʅ^{33} pa^{33} dʑi^{33} bʏ^{33} tʂʏ^{55}, tʂʏ^{55} kʏ^{33} æ^{21} ɳə^{21} tʂʏ^{55},

由 得 笑 事 恒神 由 得 斯巴吉补 接 接 处 崖 上 接

æ^{21} ɳə^{21} mə^{33} kho^{33} gə^{33} ŋʏ^{33} phər^{21} lu^{21} lu^{33} thʏ^{33}.｜ka^{33} ma^{33} dʑi^{33} mu^{33} tʂʏ^{55}, tʂʏ^{55}

崖 上 不 取 的 银 白 卢神 石 产生 嘎玛金姆 接 接

kʏ^{33} dʑi^{21} ɳə^{21} tʂʏ^{55},

处 水 由 接

在广大的村庄里，没有人知道有没有鬼，祭司坐在高处，由敏锐的眼睛来瞧，用长眼的卦来瞧，能看见客人（鬼）就坐在下边，这也是卢神所为；在雪山上开一条道路，上千的纳人走过，所要找的路找到了，这也是卢神所为。在上百个山谷中架桥，由百种长蹄的动物走过，所要找的桥也找到了，这也是卢神所为；在人们生活的天穹之下，纳人不招引鬼，就不会有疾病，这也是卢神所为。在辽阔的大地上，牧羊人丢失了一只山羊，偷羊人在山谷中，坐在山坡上的人看见了，告诉了丢失山羊的人，丢失的羊又能找到，这也是卢神所为，请卢神起身做祭祀。

卢神起身之后，在居那若罗神山上，飞的本事由天上的云彩得到，飘的本事由旗幡得到，说的本事由卢神得到，喝的本事由沈神得到，笑的本事由恒神得到。

由斯巴吉补（卢神）接，接在崖石上，得到了不是在崖壁石上取得的白银卢神石。由嘎玛金姆（沈神）接，接在水中，

539-C-14-13

dʑi^{21} ɳə^{21} mə^{33} kho^{33} gə^{33} hæ^{33} ʂʅ^{21} lu^{21} lu^{33} thʏ^{33}.｜ŋʏ^{21} hæ^{21} lu^{21} lu^{33} thɯ^{33}, ga^{33} tʂʏ^{33} u^{21}

水 中 不 取 的 金 黄 卢神 石 产生 银 金 卢神 石 是 嘎神 迎请 吾神

tʂv̩^{33} lu^{21} lu^{33} thv̩^{33}.| uɑ^{21} tshuɑ^{21} lu^{21} lu^{33} thɯ^{33} ʂv̩^{21} tʂv̩^{33} lv̩^{21} tʂv̩^{33} lu^{21} lu^{33} thv̩^{33}.| sər^{33}
迎请 卢神 石 产生 松石 墨玉 卢神 是 署 请 龙 请 卢神 石 产生 木

ne^{21} lv̩^{33} gə^{33} lu^{21} lu^{33} thɯ^{33}, tshʅ^{33} py^{21} iə^{21} py^{21}, dv̩^{21} py^{21} tse^{21} py^{21} lu^{21} lu^{33} thv̩^{33}.| tɕi^{21}
和 石 的 卢神 石 是 楚鬼 祭 尤鬼 祭 毒鬼 祭 仄鬼 祭 卢神 石 产生 云鬼

ne^{21} hər^{33} py^{21} lu^{21} lu^{33} thv̩^{33}.| dʑi^{21} ne^{21} æ^{21} ȵi^{33} kv̩^{55} nɯ^{33} mə^{33} do^{21}pɯ^{33} pɑ^{33} be^{33}, lu^{21}
和 风鬼 祭 卢神 石 产生 水 和 崖 两 个 由 不 见 变化 做 卢神

lu^{33} sʅ^{21} ɕi^{33} tʂhuɑ^{55} tshər^{21} the^{21} nɯ^{33} thv̩^{33}. tɕy^{55} tshu^{21} mɯ^{33} gə^{33} nɑ^{55} bv̩^{33} so^{33} gu^{33} py^{33}
石 三 百 六十 这 由 产生 最初 天 的 纳补梭恭 祭司

bv̩^{21} nɯ^{33}, uɑ^{33} hər^{21} lu^{21} lu^{33} tshʅ^{55}, tshʅ^{21} hər^{21} mɯ^{21} le^{33} zər^{21}. dy^{21} gə^{33} sɑ^{33} bv̩^{33} sɑ^{33} lɑ^{21}
由 松石 绿 卢神 石 竖 鬼 绿 下 又 压 地 的 莎补莎劳

py^{33} bv̩^{21} nɯ^{33}, hæ^{33} ʂʅ^{21} lu^{21} lu^{33} tshʅ^{55}, tshʅ^{21} ʂʅ^{21} mɯ^{21} le^{33} zər^{21}.| ȵi^{33} me^{33} thv̩^{33}, gə^{21}
祭司 由 金 黄 卢神 石 竖 鬼 黄 下 又 压 东方

tshe^{55} tshe^{55} bv̩^{33} dv̩^{33} phər^{21} lu^{21} lu^{33} tshʅ^{55}, tshʅ^{21} uɑ^{33} phər^{21} me^{33} mɯ^{21} le^{33} zər^{21}.| i^{33} tʂhʅ^{33}
格衬称补 海螺 白 卢神 石 竖 鬼 族 白 的 下 又 压 南方

mɯ^{21}, se^{55} ʐʅ^{33} mi^{21} gu^{33} uɑ^{33} hər^{21} lu^{21} lu^{33} tshʅ^{55}, tshʅ^{21} uɑ^{33} hər^{21} me^{33} mɯ^{21} le^{33} zər^{21}.
胜日明恭 松石 绿 卢神 石 竖 鬼 族 绿 的 下 又 压

ȵi^{33} me^{33} gv̩^{21}, nɑ^{55} se^{33} tshu^{33} lu^{21} tshu^{21} nɑ^{55} lu^{21} lu^{33} tshʅ^{55},tshʅ^{21} uɑ^{33} nɑ^{21} me^{33} mɯ^{21}
西方 纳生初卢 墨玉 卢神 石 竖 鬼 族 黑 的 下

le^{33} zər^{21}.| ho^{33} gv̩^{33} lo^{21}, gv̩^{33} se^{55} khə^{33} bɑ^{33} hæ^{33} ʂʅ^{21} lu^{21} lu^{33} tshʅ^{55}, tshʅ^{21} uɑ^{33} ʂʅ^{21} me^{33}
又 压 北方 古生抠巴 金 黄 卢神 石 竖 鬼 族 黄 的

mɯ^{21} le^{33} zər^{21}. mɯ^{33} le^{33} dy^{21} ʐv̩^{55} gv̩^{33}, so^{33} y^{21} tsi^{55} gv̩^{33} tshu^{33} dʑæ^{21} lu^{21} lu^{33} tshʅ^{55},
下 又 压 天 又 地 中央 梭余晋古 墨玉 杂色卢神 石 竖

产生了未从水中取出的金黄色卢神石。金银做的卢神石，是迎请嘎神和吾神的卢神石。松石和墨玉的卢神石，是迎请署和龙的卢神石。木头和石头做的卢神石，是祭祀楚鬼、尤鬼、毒鬼、仄鬼的卢神石，是祭祀云鬼和风鬼的卢神石。水流和山崖在人们看不见的地方作变化，产生了三百六十种卢神石。最初，由天上的纳补梭恭竖起碧绿的卢神石，把绿色的鬼镇压下去。由地上的莎补莎劳竖起金黄色的卢神石，把黄色的鬼镇压下去。东方，格衬称补竖起海螺般洁白的卢神石，把白色的鬼镇压下去。南方由胜日明恭竖起松石般碧绿的卢神石，把绿色的鬼镇压下去。西方，由纳生初卢竖起墨玉般的卢神石，把黑色的鬼镇压下去。北方，由古生抠巴竖起金黄色的卢神石，把黄色的鬼镇压下去。天地中央，由梭余晋古竖起花墨玉色的卢神石，

539-C-14-14

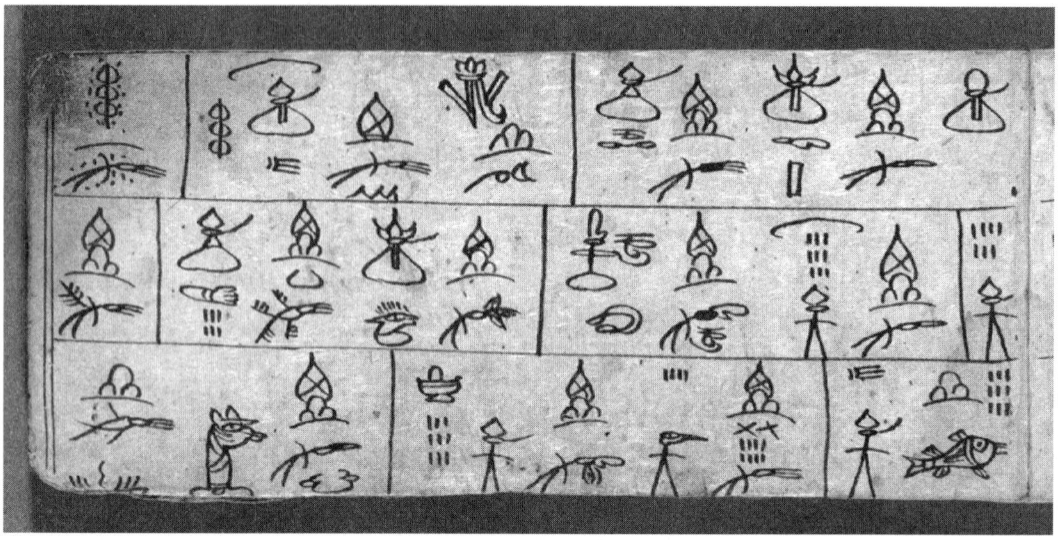

tshɿ^{21} uɑ^{33} ʥæ^{21} me^{33} mɯ^{21} le^{33} zər^{21}. | tɕy^{55} tshu^{21} mɯ^{33} gə^{33} sɑ^{21} i^{33} uə^{33} de^{21} lu^{21} lu^{33}
鬼 族 花 的 下 又 压 最初 天 的 刹依威德 卢神 石

tshɿ^{55}, mi^{33} mɑ^{21} se^{21} te^{55} mɯ^{21} le^{33} zər^{21}. i^{33} gv̩^{21} o^{33} kə^{21} lu^{21} lu^{33} tshɿ^{55}, i^{33} gv̩^{21} ti^{33} nɑ^{5}
^{5}竖 米麻沈登 下 又 压 依古阿格 卢神 石 竖 依古丁纳

mɯ^{21} le^{33} zər^{21}. | he^{21} dɯ^{21} uɑ^{33} phər^{21} lu^{21} lu^{33} tshɿ^{55}, tshɿ^{21} dɯ^{21} uɑ^{33} nɑ^{21} mɯ^{21} le^{33} zər^{21}.
下 又 压 恒迪窝盘 卢神 石 竖 此迪窝纳 下 又 压

to^{33} bɑ^{33} ʂər^{55} lər^{33} lu^{21} lu^{33} tshɿ^{55}, dv̩^{21} lɯ^{55} tɕhɑ^{55} pɑ^{33} lɑ^{33} lɯ^{55} nɯ^{21} le^{33} zər^{21}. mɯ^{33} lɯ^{55}
东巴什罗 卢神 石 竖 毒利巧巴拉利 下 又 压 美利董主

du^{21} ʥɿ^{33} lu^{21} lu^{33} tshɿ^{55}, | mɯ^{33} lɯ^{55} ʂv̩^{21} ʥɿ^{33} mɯ^{21} le^{33} zər^{21}. | iə^{21} lɑ^{55} di^{33} duɑ^{33} lu^{21}
卢神 石 竖 美利术主 下 又 压 尤拉丁端 卢神

lu^{33} tshɿ^{55}, le^{55} tɕhi^{33} sɿ^{33} phv̩^{33} mɯ^{21} le^{33} zər^{21}. i^{21} ʂʅ^{55} bu^{21} ʥo^{33} lu^{21} lu^{33} tshɿ^{55}, mə^{33} py^{21}
石 竖 楞启斯普 下 又 压 伊世补佐 卢神 石 竖 牟毕朵纳

to^{33} nɑ^{55} mɯ^{21} le^{33} zər^{21}. | mə^{33} phɑ^{21} y^{21} te^{33} lu^{21} lu^{33} tshɿ^{55}, mə^{33} phæ^{21} ti^{33} nɑ^{55} mɯ^{21} le^{33}
下 又 压 牟盘余登 卢神 石 竖 牟盘丁纳 下 又

zər^{21}. mɯ^{33} zɿ^{33} gv̩^{55} zɿ^{33} lu^{21} lu^{33} tshɿ^{55}, dv̩^{21} tshɿ^{21} gv̩^{33} kv̩^{55} mɯ^{21} le^{33} zər^{21}. | dy^{21} zɿ^{33}
压 天 上 九 兄弟卢神 石 竖 毒鬼 九 个 下 又 压 地 上

ʂər^{33} zɿ^{33} lu^{21} lu^{33} tshɿ^{55}, dy^{21} gə^{33} mu^{33} tshɿ^{21} ʂər^{33} lu^{21} mɯ^{21} le^{33} zər^{21}. tɑ^{33} tsɑ^{33} ə^{33} u^{55} lu^{21}
七 兄弟 卢神 石 竖 地 的 猛 鬼 七 个 下 又 压 岛周欧吾 卢神

lu^{33} tshɿ^{55}, dv̩^{21} nɑ^{55} tɑ^{33} so^{33} mɯ^{21} le^{33} zər^{21}. | hɑ^{33} zo^{33} gv̩^{33} kv̩^{55} lu^{21} lu^{33} tshɿ^{55}, sər^{33} tshɿ^{21}
石 竖 毒纳岛梭 下 又 压 哈 儿 九 个 卢神 石 竖 斯鬼

gv̩^{33} lv̩^{21} mɯ^{21} le^{33} zər^{21}. tʂə^{33} uə^{21} lu^{55} zʅ^{33} lu^{21} lu^{33} tshʅ^{55}, tʂə^{33} me^{33} ȵi^{33} tsər^{21} ho^{55} kv̩^{33}
九 个 下 又 压 周威 四 兄弟 卢神 石 竖 周 美 二 十 八 个

mɯ^{21} le^{33} zər^{21}. | do^{33} sɑ^{33} ŋɑ^{33} thv̩^{55} lu^{21} lu^{33} tshʅ^{55}, ȵi^{33} tshʅ^{21} gv̩^{33} lu^{21} mɯ^{21} le^{33} zər^{21}. |
下 又 压 都莎敖吐 卢神 石 竖 尼 鬼 九 个 下 又 压

把杂色的鬼镇压下去。最初，由天上的刹依威德竖起卢神石，把米麻沈登鬼镇压下去。依古阿格竖起卢神石，把依古丁纳镇压下去。恒迪窝盘竖起卢神石，把此迪窝纳镇压下去。东巴什罗竖起卢神石，把毒利巧巴拉利镇压下去。美利董主竖起卢神石，把美利术主镇压下去。尤拉丁端竖起卢神石，把楞启斯普镇压下去。伊世补佐竖起卢神石，把牟毕朵纳镇压下去。牟盘余登竖起卢神石，把牟盘丁纳镇压下去。天之九兄弟竖起卢神石，把九个毒鬼镇压下去。地之七兄弟竖起卢神石，把大地上的七个猛鬼镇压下去。岛周欧吾竖起卢神石，把毒纳岛梭镇压下去。哈儿九兄弟竖起卢神石，把九个斯鬼镇压下去。周威四兄弟竖起卢神石，把二十八个周美镇压下去。都莎敖吐竖起卢神石，把九个尼鬼镇压下去。

539-C-14-15

du^{21} zo^{33} gv̩^{33} kv̩^{55} lu^{21} lu^{33} tshʅ^{55}, ʂv̩^{21} tshʅ^{21} gv̩^{33} lu^{21} mɯ^{21} le^{33} zər^{21}. | tsho^{21} ze^{33} lɯ^{55} ɯ^{33}
董 儿 九 个 卢神 石 竖 术鬼 九 个 下 又 压 崇忍利恩

gə^{33} dʑə^{21} bv̩^{33} thv̩^{33} tʂhʅ^{33} lu^{21} lu^{33} tshʅ^{55},dæ^{33} me^{33} lo^{33} pɑ^{21} mɯ^{21} le^{33} zər^{21}, tshʅ^{33} ne^{21} iə^{21}
的 久补土蚩 卢神 石 竖 丹美罗保 下 又 压 楚鬼 和 尤鬼

tʂhʅ^{33} uɑ^{21} mɯ^{21} le^{33} zər^{21}. | kɑ^{33} le^{21} tshy^{55} gə^{33} dʑi^{33} ɯ^{33} ʂər^{55} lər^{33} lu^{21} lu^{33} tshʅ^{55}, dv̩^{33}
所有 下 又 压 高勒趣 的 精恩什罗 卢神 石 竖

phər^{21} lo^{33} ȵə^{55} mɯ^{21} le^{33} zər^{21}，tshʅ^{33} ne^{21} iə^{21} tʂhʅ^{33} uɑ^{21} mɯ^{21} le^{33} zər^{21}. | bi^{21} thv̩^{33} mə^{55}
毒盘罗纽 下 又 压 楚鬼 和 尤鬼 所有 下 又 压 日 出 的

tʂhʅ^{33} ȵi^{33}, i^{33} dɑ^{21} tʂhʅ^{33}dɯ^{33} dʑi^{21}, lɯ^{55} kv̩^{33} py^{33} bv̩^{21} nɯ^{33}, lu^{21} lu^{33} phər^{21} me^{33} tshɿ^{55}, sər^{33}
这 天 主人 这 一 家 利古 祭司 由 卢神 石 白 的 竖 木

tshɿ^{21} phər^{21} me^{33} mɯ^{21} le^{33} zər^{21}; | lu^{21} lu^{33} hər^{21} me^{33} tshɿ^{55}, tshɿ^{21} hər^{21} mɯ^{21} le^{33} zər^{21};
鬼 白 的 下 又 压 卢神 石 绿 的 竖 鬼 绿 下 又 压

lu^{21} lu^{33} nɑ^{21} me^{33} tshɿ^{55}, tshɿ^{21} nɑ^{21} mɯ^{21} le^{33} zər^{21}; lu^{21} lu^{33} ʂʅ^{21} me^{33} tshɿ^{55}, tshɿ^{21} ʂʅ^{21}
卢神 石 黑 的 竖 鬼 黑 下 又 压 卢神 石 黄 的 竖 鬼 黄

mɯ^{21} le^{33} zər^{21}; lu^{21} lu^{33} dʑæ^{21} me^{33} tshɿ^{55}, tshɿ^{21} dʑæ^{21} mɯ^{21} le^{33} zər^{21}. | khɑ^{33} ʐər^{33} ȵə^{55}
下 又 压 卢神 石 花 的 竖 鬼 花 下 又 压 卡冉纽究

dʑə^{21} lu^{21} lu^{33} tshɿ^{55}, tshɿ^{33} ne^{21} iə^{21} gv̩^{33} tshər^{33} gv̩^{33} kv̩^{55} mɯ^{21} le^{33} zər^{21}, ze^{21} tshɿ^{21} mɯ^{21} le^{33}
卢神 石 竖 楚鬼 和 尤鬼 九 十 九 个 下 又 压 壬 鬼 下 又

zər^{21}, dv̩^{21} ne^{21} tse^{21} mɯ^{21} le^{33} zər^{21}, tər^{21} ne^{21} lɑ^{33} mɯ^{21} le^{33} zər^{21} , tɕi^{21} tshɿ^{21} hər^{33} tshɿ^{21} tv̩^{33}
压 毒鬼 和 仄鬼 下 又 压 呆鬼 和 佬鬼 下 又 压 云 鬼 风 鬼 千

tv̩^{21} kɯ^{33} kɯ^{21} mɯ^{21} le^{33} zər^{21}. | lu^{21} lu^{33} sɿ^{21} ɕi^{33} tʂhuɑ^{55} tshər^{21} tshɿ^{55}, tshɿ^{21} uɑ^{33} sɿ^{21}
千 万 万 下 又 压 卢神 石 三 百 六十 竖 鬼 族 三

ɕi^{33} tʂhuɑ^{33} tshər^{21} mɯ^{21} le^{33} zər^{21}. | i^{33} dɑ^{21} tʂhʅ^{33} dɯ^{33} dʑi^{21},
百 六十 下 又 压 主人 这 一 家

九个董族儿女竖起卢神石，把九个术鬼镇压下去。崇忍利恩的久补土蚩祭司竖起卢神石，把丹美罗保鬼镇压下去，把所有的楚鬼和尤鬼镇压下去。高勒趣的祭司精恩什罗竖起卢神石，把毒盘罗纽鬼镇压下去，把所有的楚鬼和尤鬼镇压下去。

好日子这一天，这一户主人家，请利古祭司竖起白色的卢神石，把木方位的白色鬼镇压下去；竖起绿色的卢神石，把绿色的鬼镇压下去；竖起黑色的卢神石，把黑色的鬼镇压下去；竖起黄色的卢神石，把黄色的鬼镇压下去；竖起杂色的卢神石，把杂色的鬼镇压下去。卡冉纽究战神竖起卢神石，把九十九个楚鬼和尤鬼镇压下去，把千千万万的壬鬼、毒鬼和仄鬼、呆鬼和佬鬼、云鬼和风鬼镇压下去。竖起三百六十个卢神石，把三百六十种鬼族镇压下去。这一户主人家，

539-C-14-16

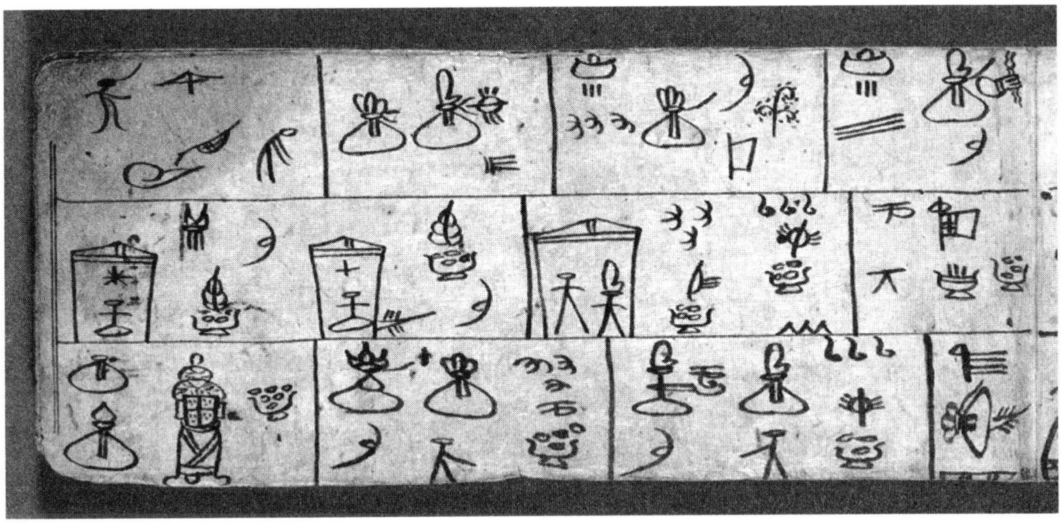

gə^{21} i^{33} ȵə^{55} ȵə^{55} by̩^{33} by̩^{21} ky̩^{33} nɯ^{33} mɯ^{33} lɯ^{55} hɯ^{55} tshy^{55} ʐuɑ^{21}. | du^{33} se^{21} kæ^{21} i^{33} u^{33}
上 是 摇 晃 震荡 处 的 天 地 海 价 还 卢神 沈神 前 是 财物

ʥe^{33} sɑ^{55}. | tshʅ^{33} mɯ^{33} tshʅ^{33} sʅ^{55} he^{33}, lu^{21} i^{33} khu^{33} ȵi^{55} dʐy̩^{33} mə^{33} ʂə^{55}; | ȵə^{21} mɯ^{33} ȵə^{21}
粮食 供 冬天 冬 三 月 卢神 是 口 空 纠纷 不 排解 春天 春

sʅ^{55} he^{33} , se^{21} i^{33} lɑ^{21} ȵi^{55} khɯ^{21} mə^{33} bi^{21}. | uə^{33} ky̩^{33} ty̩^{21} ʥi^{21} ʥʅ^{21}, ty̩^{21} ɕy^{33} tʂhə^{21} mə^{33}
三 月 沈神 是 手 空 绳 不 搓 寨 头 千 家 住 千 祭祀 这里 不

be^{33},ty̩^{21} kuɑ^{55} tʂhə^{21} mə^{33} o^{55}. uə^{33} mæ^{33} ɕi^{33} ʥi^{21} ʥʅ^{21}, ɕi^{33} ɕy^{33} tʂhə^{21} mə^{33} be^{33}, ɕi^{33} kuɑ^{55}
做 千 粮 这 不 撒 寨 尾 百 家 住 百家祭祀 这里 不 做 百家 神粮

tʂhə^{21} mə^{33} o^{55}. | i^{33} dɑ^{21} tʂhʅ^{33} dɯ^{33} ʥi^{21}, tshʅ^{33} i^{33} ɕi^{33} phər^{21} kuɑ^{55} le^{33} be^{33}, ʐy̩^{21} i^{33} ʥe^{33}
这 不 撒 主人 这 一 家 冬 是 稻 白 祭粮 又 做 夏 是 麦

ɕy^{21} kuɑ^{55} le^{33} be^{33}, | phər^{21} ne^{21} ʂæ^{21} kuɑ^{55} o^{55}, gɑ^{33} nc^{21} u^{21} kuɑ^{55} o^{55}, | o^{55} ne^{21} he^{21},
红 祭粮 又 做 盘神 和 禅神 祭粮 撒 嘎神 和 吾神祭粮 撒 沃神 和 恒神

khɑ^{33} zər^{33} ȵə^{55} ʥə^{21} kuɑ^{55} le^{33} o^{55}. | lɯ^{55} ky̩^{33} py^{33} by̩^{21} mə^{33} py^{21} kæ^{33} nɯ^{33}, uæ^{33} bə^{21}
卡冉纽究 祭粮 又 撒 利古 祭司 不 祭 前 就 左边

lu^{21} ʥʅ^{21} tshʅ^{33} ɕi^{33} phər^{21} kuɑ^{55} o^{55}. | mə^{33} phɑ^{21} kæ^{33} nɯ^{33}, i^{21} bə^{21} se^{21} ʥʅ^{21} ʐu^{21} ʥe^{33}
卢神 住 冬 稻 白 祭粮 撒 不 卜 前 就 右边 沈神 住 夏 麦

ɕy^{21} kuɑ^{55} o^{55}. | ho^{33} gy̩^{33} ho^{33} lo^{21} dy^{21}, lu^{21} mu^{55} lu^{21} ʥi^{33} le^{33} bɯ^{33} lɑ^{33} , lu^{21} mæ^{55}
红 祭粮 撒 北边 地方 卢神 老 卢神 走 又 去 也 卢神 后

从上边震荡摇晃处去偿还天地间大海的赔价。要在卢神和沈神前边供上财物和粮食，冬天的三个月里， 卢神不会空着嘴巴来排解纠纷；春天的三个月里，沈神不能空手搓绳子。村寨头上住着千户人家，不是这千户人家在这里做祭祀，千户的祭粮不会往这里撒。寨尾住着百户人家，不是这百户人家在这里做祭祀，百户人家的祭粮也不会往这里撒。这一户主人要用冬天的白色稻谷，夏天的红色麦子，给盘神和禅神撒神粮，给嘎神和吾神、沃神和恒神撒神粮，给卡冉纽究战神撒神粮。

利古祭司在未开始祭祀前，就要先给左边的卢神撒冬天白色稻谷做的祭粮，卜师在未卜前，就要先给右边的沈神撒夏天红麦做的祭粮。当北边地方的卢神老了，要离开的时候，卢神未了的后事放在

539-C-14-17

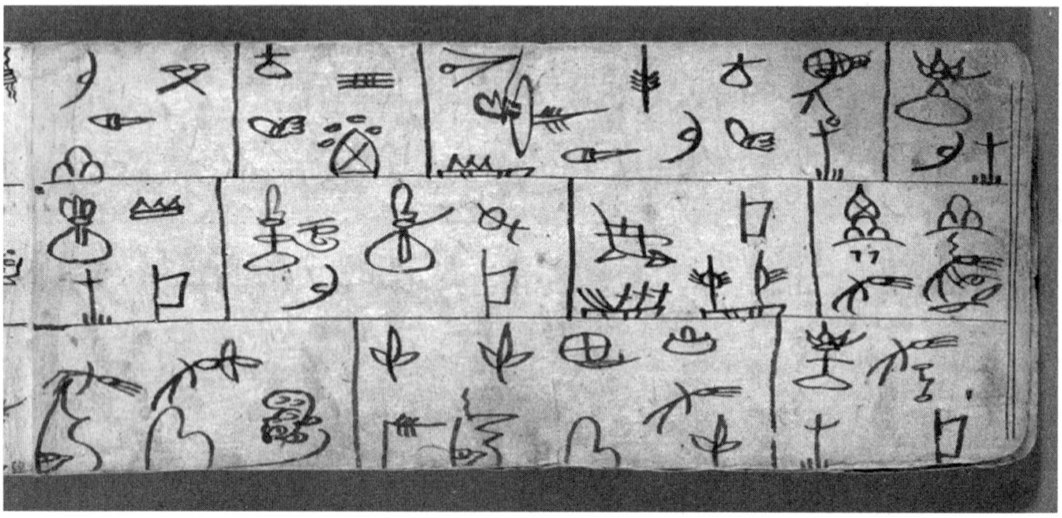

lu^{33} n̥ə^{21} tɕi^{33}, lu^{33} mu^{55} le^{21} mə^{33} kv̩^{55}, lu^{21} mæ^{55} lu^{33} n̥ə^{21} tʂu^{55}. | lu^{21} lu^{33} tʂhʅ^{33} tsʅ^{21} kuɑ^{55}

石 上 放 石 老 又 不 会 卢神 后 石 上 接 卢神 石 所 竖 粮

nɯ^{33} o^{55}, kuɑ^{55} nɯ^{33} dər^{33} me^{33} kv̩^{33} mə^{33} hər^{21}. | i^{33} tʂhʅ^{33} i^{33} mɯ^{21} dy^{21}. se^{21} mu^{55} se^{21} dʑi^{33}

由 撒 粮 由 中 是 头 不 绿 南边 地方 沈神 老 沈神 走

le^{33} bɯ^{21} me^{33}, se^{21} mæ^{55} sər^{33} n̥ə^{21} tʂu^{55}, sər^{33} le^{33} mu^{55} mə^{33} kv̩^{55}, py^{21} sər^{33} tʂhʅ^{33} tshʅ^{55}

又 去 是 沈神 后 木 上 接 木 又 老 不 会 祭 木 所 竖

me^{33} ʂæ^{33} nɯ^{33} dər^{33} be^{33} ho^{55}, py^{21} sər^{33} phɑ^{33} mə^{33} phər^{21}. | py^{21} nɯ^{33} tʂhʅ^{33} py^{21} mi^{33} mə^{33}

是 血 由 抹 做 愿 祭 木 面 不 白 祭司 由 所 祭 目的 不

dər^{33} bɯ^{33} lɑ^{33}, uæ^{33} gə^{33} lu^{21} py^{21} mi^{33} le^{33} dər^{33} be^{33} ho^{55}. | phɑ^{21} nɯ^{33} tʂhʅ^{33} phɑ^{21} gɯ^{33}

达 也 是 左 的 卢神 祭 目的 又 达 做 愿 卜 又 这 卜 纹

mə^{33}zɑ^{21} bɯ^{33} lɑ^{33}, i^{21}gə^{33} se^{21} nɯ^{33} tʂhʅ^{33} phɑ^{21} gɯ^{33} le^{33} zɑ^{21} be^{33} ho^{55}. | dər^{33} lɯ^{33} khɯ^{21}

不 降 也 是 右 的 沈神 由 所 卜 纹 又 降 做 愿 荒 地 野

lɯ^{33} le^{33} lɯ^{21} bɑ^{21} phv̩^{55} me^{33}, ɕi^{33} phər^{21} dʑe^{33} ɕy^{21} kɑ^{33} be^{33} ho^{55}. | lu^{21} lu^{33} tʂhʅ^{33} tshʅ^{55}

地 牛 犁 庄稼 种 是 稻 白 麦 红 好 做 愿 卢神 石 所 竖

me^{33}，n̥i^{55} tshʅ^{21},tshʅ^{33} ne^{21} iə^{21} lɑ^{33} mɯ^{21} le^{33} zər^{21}, | tshʅ^{21} khuɑ^{21} æ^{21} n̥ə^{21} do^{55}, zv̩^{21} ɕi^{33}

的 败 鬼 楚鬼 和 尤鬼 也 下 又 压 鬼 坏 崖 下 跌 仇 人

bu^{21} kʏ̩^{33} ʂʅ̩^{33}, dʐʅ̩^{33} tshɿ^{21} lo^{21} le^{33} ʂʅ̩^{33} be^{33} ho^{55}. | zə̩r^{21} dzsər^{21} tɕhzr^{33}, zʏ̩^{21} æ^{21} biə^{21}, zʏ̩^{21} dy^{21}
坡 死 支鬼 箐 又 死 做 愿 仇 树 折 仇 崖 垮 仇 地

bi^{21} gʏ̩^{21} le^{21} gʏ̩^{21}, zʏ̩^{21} ɕi^{33} ʂʅ̩^{33} be^{33} ho^{55}. ‖ lɯ^{55} kʏ̩^{33} py^{33} bʏ̩^{21} tshɿ^{21} tʂhʅ^{33} py^{21} me^{33}, tshɿ^{21}
日 落 月 落 仇 人 死 做 愿 利古 祭司 鬼 所 祭 是 鬼

uɑ^{33} tɕhər^{33} be^{33} ho^{55}.
骨 断 做 愿

石头上，石头不会衰老，卢神未了之事由石头来完成。只要竖起卢神石就要撒祭粮，祭粮撒在石头上，不让卢神石泛绿。当南边地方的沈神老了要离去的时候，把沈神未完成的事接在了树木上，树木不易衰老，所竖的祭木都要抹上牺牲的血，不能让祭木的表面泛白。即使祭司在祭祀之时，有什么做不周到的地方，只要左边的卢神在，卢神就会照顾周到。即使卜师卜卦时，会有不出现卜纹和征兆的情况发生，只要右边的沈神在，卜纹和征兆就会全部降临。

愿这一户主人家用牛开犁的荒田野地里撒播的白稻和红麦长势好，丰产丰收。愿这一户主人家竖起的卢神石能把败鬼、楚鬼、尤鬼镇压下去，愿来到这一户主人家中作祟的鬼，摔死在山崖间，愿这一户主人家的仇人死在山坡上，来到这一户主人家中作祟的支鬼，死在山谷之中。愿仇人地方的大树折断，山崖崩塌，仇人的地方没有太阳和月亮，仇人死光。愿利古祭司所祭的鬼都折断骨头。

539-C-14-18

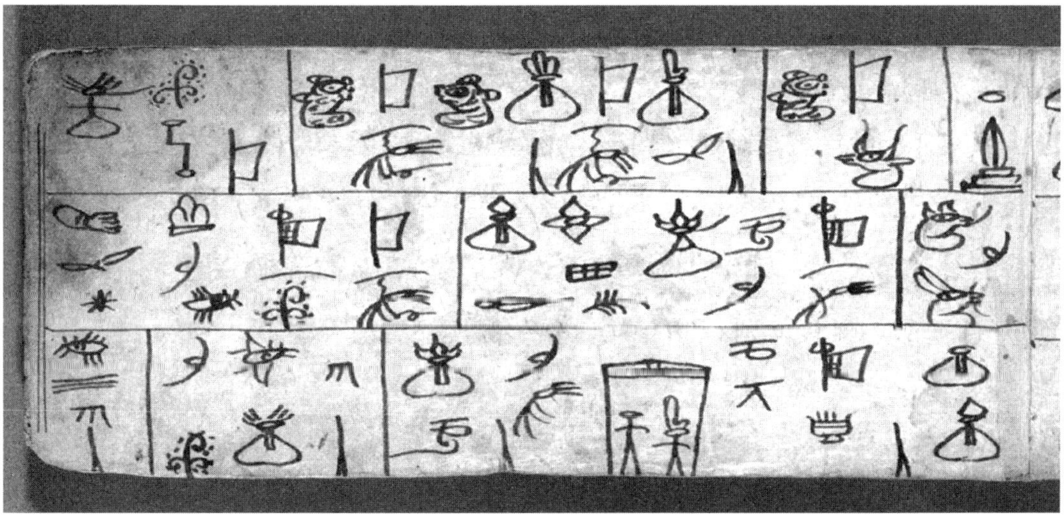

ʥɿ^{33} nɯ^{33} tʂhʅ^{33} ʂə̩^{55} me^{33} dzʏ̩^{33} uɑ^{33} tɕhər^{33} be^{33} ho^{55}. | dʐʅ̩^{33} ne^{21} lɑ^{33} nɯ^{33} khu^{33} le^{33} tɕhi^{33},
酋长 由 所 说 的 纠纷 骨 断 做 愿 豹 和 虎 由 门 又 守

tshɿ^{33} tshɿ^{21} mɯ^{21} le^{33} zər^{21}. lu^{21} ne^{21} se^{21} nɯ^{33} khu^{33} le^{33} tɕhi^{33}, tshɿ^{33} ne^{21} iə^{21} tʂhʅ^{33} uɑ^{2}
楚鬼 下 又 压 卢神 和 沈神 由 门 又 守 楚鬼 和 尤鬼 所有

mɯ^{21} le^{33} zər^{21}. | lɑ^{33} ne^{21} bər^{21} nɯ^{33} khu^{33} le^{33} tɕhi^{33} be^{33} ho^{55}. | ʥy^{21} nɑ^{55} zo^{55} lo^{33} kʏ̩^{33},
下 又 压 虎 和 牦牛 由 门 又 守 做 愿 居那若罗 上

lɑ^{33} iə^{21} tv̩^{33} tʂʅ^{21} lɯ^{55}, lu^{21} lu^{33} tʂhʅ^{33} mə^{33} lɯ^{55}, du^{33} lu^{33} tʂhʅ^{33} tshʅ^{55} me^{33} dʐv̩^{33} tɕər^{21} gɑ^{33}
古老 千 种 脱 卢神 石 那 不 脱 卢神 石 所 竖 的 纠纷 上 赢

be^{33} ho^{55}, lu^{21} lu^{33} tʂhʅ^{33} tshʅ^{55} me^{33} tshʅ^{21} le^{33} zər^{21} be^{33} ho^{55}. | he^{21} i^{33} uɑ^{33} ʥi^{21} mæ^{33}, the^{33}
做 愿 卢神 石 所 竖 是 鬼 又 压 做 愿 神 的 瓦 吉 下游 经书

ɯ^{33} zə̩^{21} pɯ^{21} phi^{55}, py^{21} ne^{21} phɑ^{21} mə^{33} phi^{55}, py^{33} phɑ^{21} lv̩^{55} lv̩^{33} tshʅ^{21} tɕər^{21} gɑ^{33}. | khɯ^{33}
草 蒿 失 祭司 和 卜师 不 离弃 祭司 卜师 团结 鬼 上 胜 狗

mu^{21} ɕy^{33} mə^{33} gv̩^{21}, hər^{21} ne^{21} lɯ^{55} kɑ^{33} tɕhi^{33}. | dʐv̩^{33} mə^{33} gv̩^{21} me^{33} ʥʅ^{33} ne^{21} mu^{55} kɑ^{33}
儿 兽 不 赢 风 和 利神 力 求 纠纷 不 赢 是 酋长 和 耆老 力

tɕhi^{33}.tshʅ^{21} mə^{33} gv̩^{21} me^{33}, py^{21} ne^{21} phɑ^{21} kɑ^{33} tɕhi^{33}. i^{33} dɑ^{21} tʂhʅ^{33} dɯ^{33} ʥi^{21}, phər^{21} ne^{21}
求 鬼 不 赢 是 祭司 和 卜师 力 求 主人 这 一 家 盘神 和

ʂæ^{21}, gɑ^{33} ne^{21} u^{21}, o^{55} ne^{21} he^{21} kɑ^{33} tɕhi^{33},
禅神 嘎神 和 吾神沃神 和 恒神力 求

愿酋长排解的纠纷，都能化解。这一户主人的门让凶豹猛虎来守护，把家中的楚鬼镇压下去。这一户主人家的门，由卢神和沈神来守护，把所有的楚鬼和尤鬼镇压下去。愿这一户主人家的门，由虎和牦牛来守护。

在居那若罗神山上，什么古老的东西都会脱手丢失，就是不能脱离卢神石，愿竖上卢神石就能战胜纠纷灾祸，愿竖上卢神石就能把各种鬼镇压下去。在神的瓦吉河下游，经书会丢失在蒿草之中，但是，祭司和卜师不能离弃，祭司和卜师团结能战胜各种鬼。狗儿不敌野兽，求助风神和猎神；人们不能战胜纠纷，求助于耆老和酋长；人们不敌鬼族，求助于祭司和卜师。这一户主人家求助于盘神、禅神、嘎神、吾神、沃神、恒神，

539-C-14-19

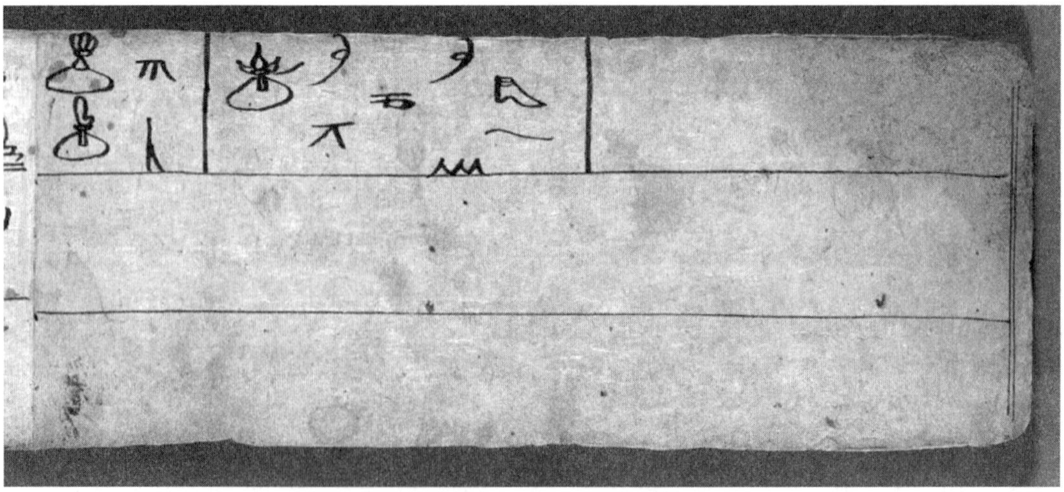

lu^{21} ne^{21} se^{21} kɑ^{33} tɕhi^{33}. | py^{21} mə^{33} uɑ^{21} me^{33}, phər^{21} ne^{21} ʂæ^{21} le^{33} khv̩^{21} mə^{33} lo^{21}, phər^{21}
卢神 和 沈神 力求 祭司 不 是 是 盘神 和 禅神 又 请 不 了 盘神

ne²¹ ʂæ²¹ mi²¹ le³³ zɑ²¹ mə³³ lɯ³³
和 禅神 下 又 降 不 来

求助于卢神和沈神。若不是祭司，就不能迎请盘神和禅神，盘神和禅神也不会降临来。

539-C-14-20

封底

（翻译：和宝林）

546-C-15-01

la^{33} lɯ^{21} khɯ^{55} · phy̩^{33} la^{21} gə^{21} py̩^{55}

大祭风 · 把神送上去

546-C-15 大祭风·把神送上去

【内容提要】

在做祭祀的时候，这一户主人和主持祭祀的祭司们，因为敌不过仇人和各种鬼，把住在各个地方各种各样的神和祭司都请到祭祀场中来。请来的这些神灵，这一户主人用牲畜、粮食和财物来供养。祭祀结束后，为了不让这些神滞留在仇人和鬼地方，需要把这些神灵从鬼地及仇人的地方招回来。也为了不让神灵长久地滞留在作祭的地方，也需要把这些神灵赶快送回去。这一本经书就是讲述把各种神灵，送回到他们自己地方的事情。

【英文提要】

Great Sacrifice to Wind, Ascending Gods back

During the ritual, because of weakness in power, the host family and priests prayed all gods to befall on the shrine from all directions to counter the enemy and ghost. All these gods needed to be consecrated by livestock, provision and property. When the ritual finished, for not to detain these gods in the land of enemy and ghost, it was needed to summon them back. Also, for not to detain them in the sacrificial shrine, it was needed to ascend these gods back as well. This book tells the story of ascending gods back to where they belonged.

546-C-15-02

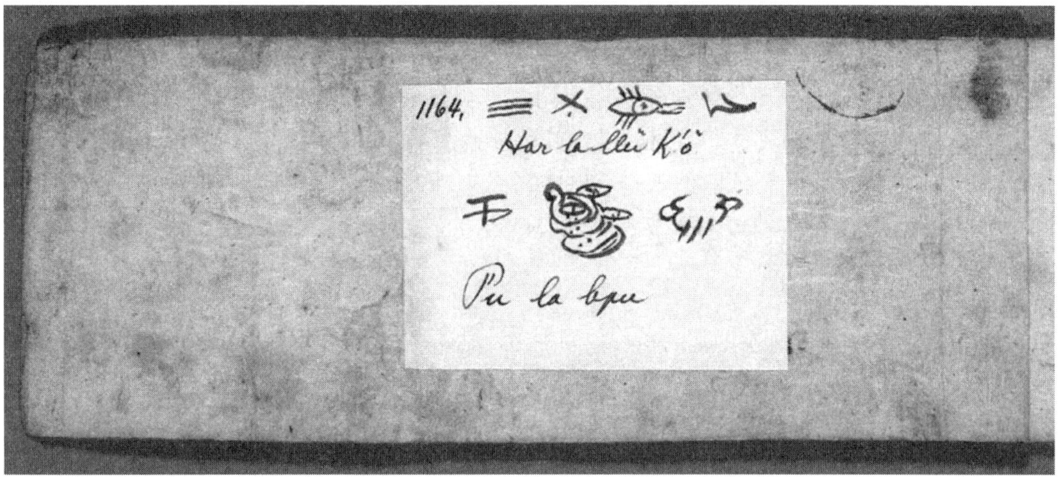

第 1 行：“1164”为洛克藏书的标号，东巴文字为“大祭风仪式”。
第 2 行：用洛克音标注下此书用于“大祭风仪式”。
第 3 行：东巴文字为书名《送神》。
第 4 行：用洛克音标注下此书书名的纳西语读音。

546-C-15-03

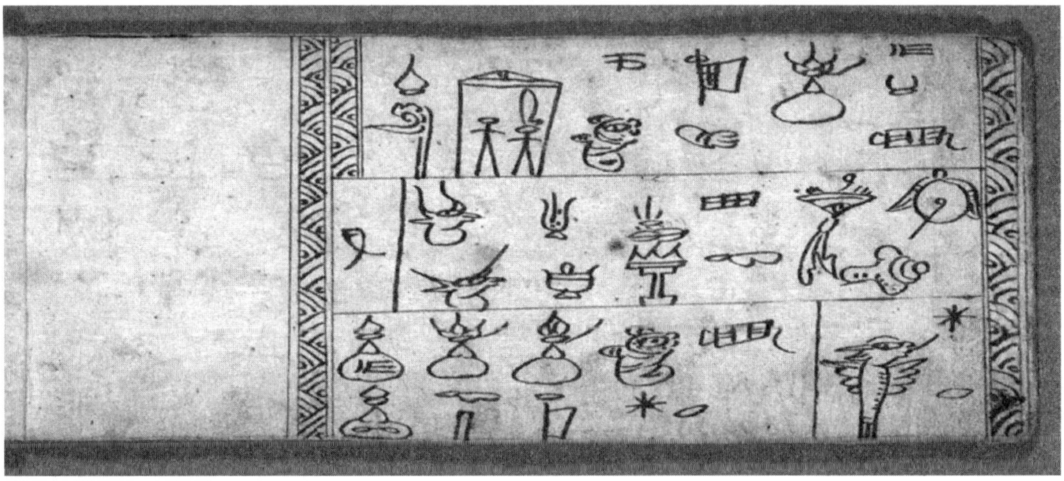

i^{33} dɑ^{21} tʂhʅ^{33} dɯ^{33} ʥi^{21}, phʏ̩^{33} lɑ^{21} gɑ^{33} lɑ^{21} thɯ^{33}, py^{33} bʏ̩^{21} kho^{33} ɯ^{33} sɑ^{55} ɯ^{33} me^{33} nɯ^{33}
主人 这 一 家 神 胜神 他 祭司 声 好 气 好 的 由

khʏ̩^{21} me^{33}, | bər^{21} y^{21} ʐʅ^{33} hɑ^{33} tʂhər^{21} nɑ^{55} ɕy^{55} mɑ^{21} tʂhu^{55} pɑ^{33} be^{33}. hæ^{33} ʂʅ^{21} tsæ^{33} lər^{21}
请 是 牦牛 羊 酒 饭 肥肉 瘦肉 柏 油 天香 做 金 黄 板铃

kho^{33}, dʏ̩^{33} phər^{21} mu^{21} kho^{33}, uɑ^{33} hər^{21} dɑ^{33} khə^{21} kho^{33} nɯ^{33}, | sɑ^{21} i^{33} uə^{33} de^{21}, he^{21}
声 海螺 白 螺号 声 松 绿 法鼓 声 由 刹依威德

dɯ^{21} uɑ^{33} phər^{21}, to^{33} bɑ^{33} ʂər^{55} lər^{33}, he^{21} i^{33} kɯ^{21} khu^{55}, phʏ̩^{33} lɑ^{21} tʏ̩^{33} tʏ̩^{21} kɯ^{33} kɯ^{21}
恒迪窝盘 东巴什罗 恒依格空 神 千 千 万 万

khy̩^{21} , | iə^{33} mɑ^{21} ty̩^{33} ty̩^{21} kɯ^{33} kɯ^{21} |
请 优麻 千 千 万 万

这一户主人家，迎请胜神和其他神灵，用祭司的好声好气来迎请，用牦牛、羊、酒、肥肉、瘦肉、饭、柏枝、酥油烧天香来迎请，用金黄色板铃的响声、白海螺的螺号声、松石般碧绿的法鼓响声来迎请。迎请刹依威德大神、恒迪窝盘大神、东巴什罗大神、恒依格空大神，迎请千千万万的各种神灵，迎请千千万万的优麻战神，

546-C-15-04

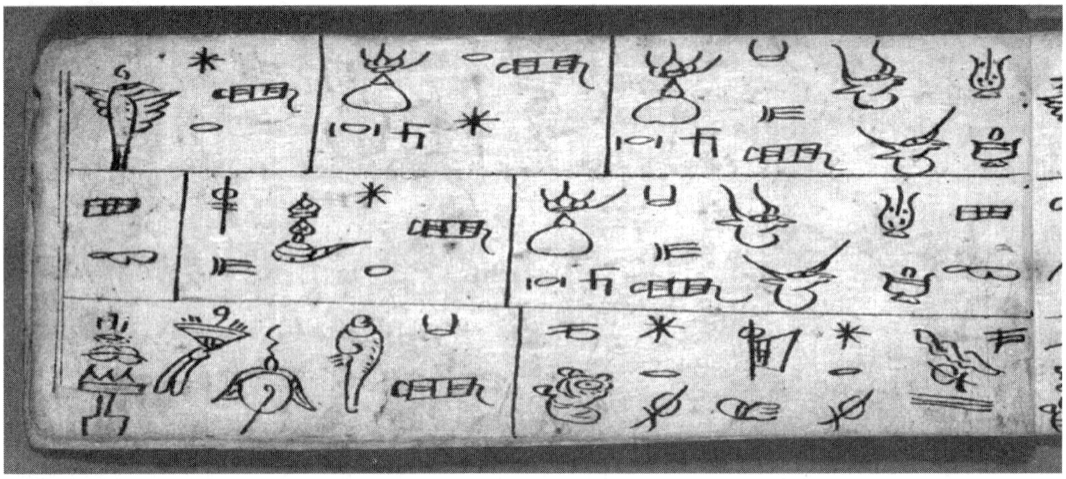

to^{33} kə^{21} ty̩^{33} ty̩^{21} kɯ^{33} kɯ^{21} khy̩^{21}, | py^{33} by̩^{21} py^{21} ɯ^{33} me^{33} ty̩^{33} ty̩^{21} kɯ^{33} kɯ^{21} khy̩^{21}. |
端格 千 千 万 万 请 祭司 祭 善 的 千 千 万 万 请

py^{33} by̩^{21} kho^{33} ɯ^{33} sɑ^{55} ɯ^{33} me^{33} nɯ^{33} khy̩^{21}, bər^{21} y^{21}ʐʅ^{33} hɑ^{33} tʂhər^{21} nɑ^{55} ɕy^{55} mɑ^{21} nɯ^{33}, |
祭司 声 好 气 好 的 由 请 牦牛 羊 酒 饭 肥肉 瘦肉 柏 油 由

ly^{55} ṇi^{33} sɑ^{21} dɑ^{55}, ʂy̩^{21} ne^{21} ṇi^{33} ty̩^{33} ty̩^{21} kɯ^{33} kɯ^{21} khy̩^{21}. | py^{33} by̩^{21} kho^{33} ɯ^{33} sɑ^{55} ɯ^{33}
吕尼 刹道 署 和 尼 千 千 万 万 请 祭司 声 好 气 好

me^{33} nɯ^{33} khy̩^{21}, | bər^{21} y^{21} ʐʅ^{33} hɑ^{33} tʂhər^{21} nɑ^{55} ɕy^{55} mɑ^{21} tshu^{55} pɑ^{33} be^{33}, hæ^{33} ʂʅ^{21} tsər^{33}
的 由 请 牦牛 羊 酒 饭 肥肉 瘦肉 柏 油 天香 烧 金 黄 板铃

lər^{21} kho^{33}, uɑ^{33} hər^{21} dɑ^{33} khə^{21} kho^{33}, dy̩^{33} phər^{21} mɯ^{21} kho^{33} kho^{33} nɯ^{33} khy̩^{21}. | phy̩^{33} lɑ^{21}
声 松石 绿 法鼓 声 海螺 白 螺号 声 由 请 神

ty̩^{33} ty̩^{21} kɯ^{33} kɯ^{21} zɑ^{21} me^{33}, gɑ^{33}lɑ^{21} ty̩^{33} ty̩^{21} kɯ^{33} kɯ^{21} zɑ^{21} me^{33}, tɕər^{21} phər^{21} hər^{33} phər^{21}
千 千 万 万 降 是 胜神 千 千 万 万 降 是 云 白 风 白

ky̩^{33} nɯ^{33} zɑ^{21}. |
上 由 降

迎请千千万万的端格战神，迎请千千万万的善于祭祀的祭司。要用祭司的好声好气，用牦牛、羊、酒、饭、肥肉、瘦肉、柏枝、酥油烧天香迎请各种神灵。迎请吕尼刹道，迎请千千万万

的署和尼。要用祭司的好声好气来请，用牦牛、羊、酒、饭、肥肉、瘦肉、柏枝、酥油烧天香，用金黄色板铃的摇晃声、绿松石法鼓的敲打声、白海螺的螺号声迎请胜神和其他神灵。千千万万的胜神和其他神灵从白云和白风中降临来。

546-C-15-05

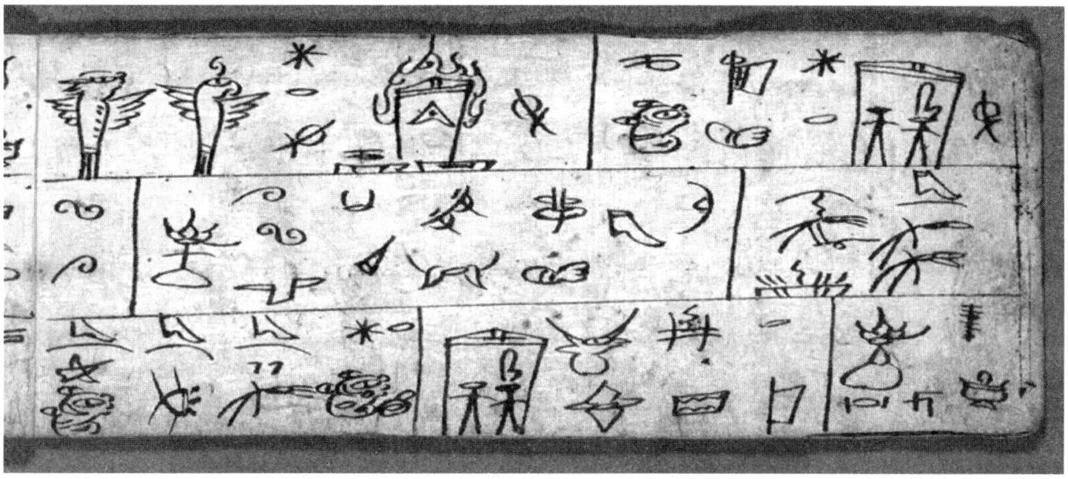

to^{33} kə^{21} iə^{33} mɑ^{21} tʏ̩^{33} tʏ̩^{21} kɯ^{33} kɯ^{21} zɑ^{21} me^{33}, phər^{21} nɑ^{55} lɯ^{33} kæ^{33} tʂu^{55}, tshʅ^{33} ʂu^{33} phər^{21}
端格　优麻　千　千 万　万　降　是　白　黑　地　相接　犁　铁　白

me^{33} mi^{33} dʐʅ^{33} tʂhʅ^{3} huɑ^{33} huɑ^{21} me^{33} uə^{33} ko^{33} lo^{21} nɯ^{33} zɑ^{21} le^{33} tshʅ^{21}.｜phʏ̩^{33} lɑ^{21} gɑ^{33} lɑ^{21}
的　火　燃　熊熊　的　寨　里边 由　降　又　来　神　胜神

tʏ̩^{33} tʏ̩^{21} kɯ^{33} kɯ^{21} zɑ^{21} me^{33}, i^{33} dɑ^{21} tʂhʅ^{33} dʑi^{21} tɕər^{21}. gʏ̩^{33} lʏ̩^{21} kɑ^{33} le^{21} be^{33} le^{33} zɑ^{21} le^{33}
千 千　万　万　降　是　主人　这　家　上　赐福　保佑　做　又 降　又

tshʅ^{21},｜py^{21} tɕər^{21} gʏ̩^{33} lʏ̩^{21} kɑ^{33} le^{21} be^{33} le^{33} thʏ̩^{33}, py^{21} gə^{33} kʏ̩^{33} gə^{33} kho^{33} thɑ^{55}, ly^{21} lo^{33}
来　祭司　上　赐福　保佑　做　又　成　祭司 的　头　的　角　利　瞧　的

miɔ^{21} thɑ^{55}, mi^{33} gə^{33} he^{33} thɑ^{55}, sʅ^{33} gə^{33} nɯ^{21} thɑ^{55}, py^{21} gə^{33} mə^{33} mæ^{21} kʏ̩^{33} gə^{33} khɯ^{33}
眼　尖　听 的　耳　敏　想　的　心　慧　祭司的　不　及　处　的　腿

lɑ^{21} le^{33} be^{33} tshʅ^{21}.｜dʑi^{33} dʑə^{21} lɑ^{33} lər^{33} dy^{21}, tshʅ^{33} ne^{21} iə^{21} le^{33} zər^{21}, dʏ̩^{21} ne^{21} tse^{21} le^{33}
手　又　做　来　人　住　辽阔　地　楚鬼 和 尤鬼 又　压　毒鬼 和 仄鬼 又

zər^{21}, tər^{21} ne^{21} lɑ^{33} le^{33} zər^{21}, mu^{33} ne^{21} ɯ^{21} le^{33} zər^{21}, ȵi^{55} tshʅ^{21}zər^{21}, dʐʅ^{33} ne^{21} tʂhə^{55}
镇压 呆鬼 和 佬鬼 又　镇压 猛鬼 和 恩鬼 又　镇压 败鬼　压　支鬼　和　秽鬼

tʏ̩^{33} tʏ̩^{21} kɯ^{33} kɯ^{21} mɯ^{21} le^{33} zər^{21}.｜i^{33} dɑ^{21} tʂhʅ^{33} dɯ^{33} dʑi^{21}, nɯ^{21} ne^{21} uɑ^{21}, hɯ^{21} ne^{21}
千　千　万　万　下　又　压　主人　这　一　家　福　和　泽　富　和

dʑæ^{33} le^{33} gʏ̩^{33} ho^{55}.｜py^{21} bʏ̩^{21} py^{21} ɯ^{33} me^{33} zʅ^{33} ʂər^{21} hɑ^{55} i^{33},｜
裕　又 成　愿　祭司　祭　善　的　寿　长　日　久

千千万万的端格和优麻战神，从铸造白铁犁尖的、熊熊燃烧着大火的寨子里降临来。千千万万的胜神和其他神灵降临到这一户主人家中，来给这一户主人赐福和保佑，来给主持祭祀的祭司赐福和保佑，来做祭司头上锋利的角，来做祭司瞧鬼的眼睛，来做祭司听鬼的耳朵，来做祭司想办法的心，来做祭司所不及之处的手和脚。在人们居住的辽阔大地上，帮助祭司镇压楚鬼和尤鬼，镇压毒鬼和仄鬼、呆鬼和佬鬼、猛鬼和恩鬼，镇压战败之鬼，镇压千千万万的支鬼和秽鬼。愿做过祭祀之后的这一户主人家有福有泽。愿善于做祭祀的祭司健康长寿，

546-C-15-06

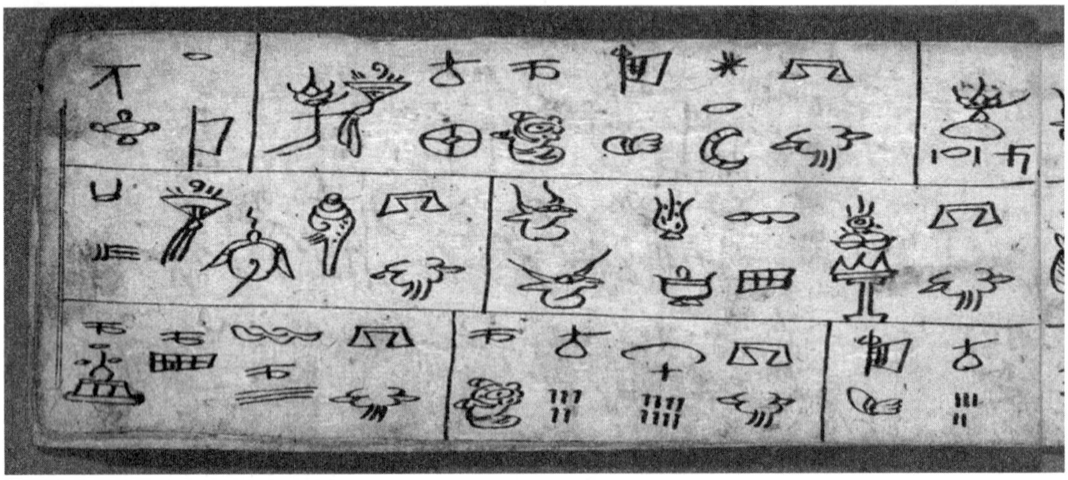

dzər^{21} dɯ^{21} gv̩^{33} be^{33} ho^{55}. | py^{33} bv̩^{21} hæ^{33} ʂʅ^{21} tsər^{33} lər^{21} do^{55}. tʂhʅ^{33} n̡i^{33} phv̩^{33} lɑ^{21} gɑ^{33} lɑ^{21}
威 大 成 做 愿 祭司 金 黄 板铃 摇 今天 神灵 胜神

tv̩^{33} tv̩^{21} kɯ^{33} kɯ^{21} tʂhʅ^{33} dʑy^{21} me^{33} gə^{21} le^{33} pv̩^{55}. | py^{33} bv̩^{21} py^{21} kho^{33} ɯ^{33} kv̩^{33} nɯ^{33}
千 千 万 万 所 有 的 上 又 送 祭司 祭祀 声 善于 上 由

gə^{21} le^{33} pv̩^{55}. | py^{33} bv̩^{21} kho^{33} ɯ^{33} sɑ^{55} ɯ^{33} kv̩^{33} nɯ^{33} gə^{21} le^{33} pv̩^{55}, hæ^{33} ʂʅ^{21} tsər^{33} lər^{21}
上 又 送 祭司 声 好 气 好 上 由 上 又 送 金 黄 板铃

kho^{33}, uɑ^{33} hər^{21} dɑ^{33} khə^{21} kho^{33}, dv̩^{33} phər^{21} mu^{21} kho^{33} kho^{33} kv̩^{33} nɯ^{33} gə^{21} le^{33} pv̩^{55}. |
声 松石 绿 法鼓 声 海螺 白 螺号 声 上 由 上 又 送

bər^{21} y^{21} ʐʅ^{33} hɑ^{33} tʂhər^{21} nɑ^{55} ɕy^{55} mɑ^{21} tshu^{55} pɑ^{33} kv̩^{33} nɯ^{33} gə^{21} le^{33} pv̩^{55}. | sʅ^{33} phər^{21}
牦牛羊 酒 饭 肥肉 瘦肉 柏 油 天香 上 由 上 又 送 毡 白

ʐv̩^{21} lv̩^{33} kv̩^{33}, tshʅ^{33} ʂu^{33} phər^{21} me^{33} se^{33} do^{33} lu^{21} lu^{33} kv̩^{33}, tʂhuɑ^{33} phər^{21} kuɑ^{55} mu^{21} lo^{21} ,
神座 上 犁 铁 白 的 规矩 卢神 石 上 米 白 神粮 里

thv̩^{33} phe^{33} dʑo^{21} phər^{21} kv̩^{33}, tɕi^{21} phər^{21} 、hər^{33} phər^{21} kv̩^{33} nɯ^{33} gə^{21} le^{33} pv̩^{55}. | phv̩^{33} lɑ^{21}
土 布 桥 白 上 云 白 风 白 上 由 上 又 送 神

tʂhʅ^{33} uɑ^{21} me^{33}, mɯ^{33} tɕər^{21} tshe^{21} ho^{55} ty^{33} nɯ^{33} gə^{21} le^{33} pv̩^{55}, | gɑ^{33} lɑ^{21} tʂhʅ^{33} uɑ^{21}me^{33}, |
所有 的 天 上 十八 层 由 上 又 送 胜神 所有 的

具有强大的神威。

祭司摇晃金黄色的板铃。今天，要把千千万万的胜神和所有的神灵都要送回去。用祭司的好声好气、好言好语来送，用摇晃金黄色板铃的响声，敲打松石般碧绿的法鼓声，用白海螺的螺号声来送；在牦牛、羊、酒、饭、肥肉、瘦肉、柏枝、酥油的天香上往上送；从白色牦牛毡子神座上，白铁犁尖按规矩竖立的卢神石上，盛白米做的祭粮中往上送；从白色的土布桥上往上送，从天上的白风和白云中往上送。把所有的神灵送到十八层天上去，把所有的胜神

546-C-15-07

bər^{33} phər^{21} kv̩^{33} nɯ^{33} gə^{21} le^{33} pv̩^{55}. | iə^{33} mɑ^{21}gv̩^{33} gu^{33} tʂhʅ^{3} uɑ^{21} me^{33}, y^{21} phər^{21} kv̩^{33} nɯ^{33}
牦牛 白 上 由 上 又 送 优麻 九 个 所有 的 羊 白 上 由

gə^{21} le^{33} pv̩^{55}. | gɑ^{33} ne^{21} u^{21}, phər^{21} ne^{21} ʂæ^{21}, o^{55} ne^{21} he^{21} tʂhʅ^{33} uɑ^{21}me^{33}, gu^{21} phər^{21} kv̩^{33}
上 又 送 胜神 和 吾神 盘神 和 禅神 沃神 和 恒神 所有 的 马 白 上

nɯ^{33} gə^{21} le^{33} pv̩^{55}. | py^{33} bv̩^{21} kho^{33} ɯ^{33} sɑ^{55} ɯ^{33} kv̩^{33}, hæ^{33} ʂʅ^{21} tsər^{33} lər^{21} kho^{33}, uɑ^{33} hər^{21}
由 上 又 送 祭司 声 好 气 好 上 金 黄 板铃 声 松石 绿

dɑ^{33} khə^{21} kho^{33}, dv̩^{33} phər^{21} mu^{21} kho^{33} kho^{33} kv̩^{33} nɯ^{33} gə^{21} le^{33} pv̩^{55}. | phv̩^{33} lɑ^{21} gɑ^{33} lɑ^{21}
法鼓 声 海螺 白 螺号 声 上 由 上 又 送 神 胜神

tʂhʅ^{33} uɑ^{21} me^{33}, zv̩^{21} dy^{21} tshe^{21} sɿ^{55} dy^{21} i^{33} æ^{21} mə^{33} tʂər^{21}, tshʅ^{33} dy^{21} iə^{21} dy^{21}, dv̩^{21} dy^{21} tse^{21}
所有 的 仇 地 十 三 地 是 滞 不 使 楚鬼 地 尤鬼 地 毒鬼 地 仄鬼

dy^{21}, tər^{21} dy^{21} lɑ^{33} dy^{21}, mu^{33} dy^{21} ɯ^{21} dy^{21}, tʂhə^{55} dy^{21} dʐʅ^{33} dy^{21} æ^{21} mə^{33} tʂər^{21} | gə^{21} le^{33}
地 呆鬼 地 佬鬼 地 猛鬼 地 恩鬼 地 秽鬼 地 支鬼 地 滞 不 使 上 又

pv̩^{55}, | he^{21} gə^{33} ko^{33} phər^{21} thɯ^{33}, fv̩^{55} dʑi^{33} æ^{21} nɑ^{21} dy^{21} æ^{21} mə^{33} tʂər^{21}
送 神 白 鹤 白 是 炭黑 鸡 黑 地方 滞 不 使

从白牦牛身上往上送。把所有的九种优麻战神，从白羊身上往上送。把所有的胜神、吾神、

盘神、禅神、沃神、恒神从白色的马儿上往上送。把所有的神灵从祭司的好声好气中，金黄色板铃的响声中，松石般碧绿的法鼓敲打声中，白海螺的螺号声中往上送。不让所有的胜神和其他大神滞留在仇人的十三个地方，滞留在楚鬼、尤鬼、毒鬼、仄鬼、呆鬼、佬鬼、猛鬼、恩鬼、秽鬼、支鬼的地方，把他们送回到上边神地去。不让神的白鹤滞留在木炭般黝黑的鸡居住的地方。

546-C-15-08

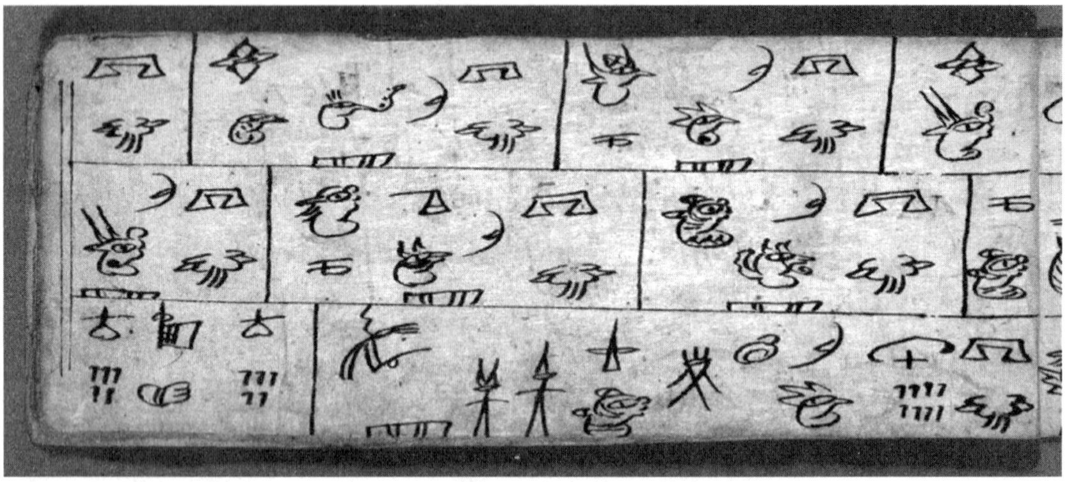

gə^{21} le^{33} py̩^{55}. | uɑ^{33} hər^{21} tɕər^{55} pu^{33} thɯ^{33}, fy̩^{33} phər^{21} tʂhə^{55} dʑi^{21} thɯ^{21} me^{33} dy^{21} ȵə^{21} æ^{21}
上 又 送 松石 绿 布谷鸟 是 野鸡 白 秽 水 喝 的 地方 上 滞

mə^{33} tʂər^{21} gə^{21} le^{33} py̩^{55}. | ɕə^{33} tɕhy^{21} phər^{21} me^{33} , æ^{21} nɑ^{55} dy^{21} ȵə^{21} æ^{21} mə^{33} tʂər^{21} gə^{21}
不 使 上 又 送 大鹏 白 的 鸡 黑 地方 上 滞 不 使 上

le^{33} py̩$^{5\ 5}$. | uɑ^{33} hər^{21} mɯ^{33} dzər^{33}, fy̩^{55} dʑi^{33} ly̩^{21} nɑ^{21} me^{33} dy^{21} æ^{21} mə^{33} tʂər^{21} gə^{21} le^{33}
又 送 松石 绿 青龙 炭黑 龙 黑 的 地方 滞 不 使 上 又

py̩^{55}. | dy̩^{33} phər^{21} si^{33} gɯ^{33}, khɯ^{33} nɑ^{55} ʂu^{21} ky̩^{33} dʐʅ^{21} me^{33} dy^{21} ȵə^{21} æ^{21}mə^{33} tʂər^{21} gə^{21} le^{33}
送 海螺 白 狮子 狗 黑 铁 头 长 的 地方 上 滞 不 使 上 又

py̩^{55}. | bə^{33} dɯ^{21} lɑ^{33} ɕy^{21} , dæ^{33} me^{33} lo^{33} pɑ^{21} dy^{21} ȵə^{21} æ^{21} mə^{33} tʂər^{21} gə^{21} le^{33} py̩^{55}. |
送 掌 大 虎 红 狐 母 腮 宽 地方 上 滞 不 使 上 又 送

phy̩^{33} lɑ^{21} tʂhʅ^{33} uɑ^{21} me^{33}, gɑ^{33} lɑ^{21} tʂhʅ^{33} uɑ^{21} me^{33}, | tshʅ^{33} ne^{21} iə^{21} dy^{21}, dy̩^{21} ne^{21} tse^{21}
神 所有 是 胜神 所有 是 楚鬼 和 尤鬼 地方 毒鬼 和 仄鬼

dy^{21}, tər^{21} ne^{21} lɑ^{33} dy^{21}, mu^{33} ne^{21} ɯ^{21} dy^{21}, tʂhə^{55} ne^{21} dzʅ^{21} dy^{21} æ^{21} mə^{33} tʂər^{21}, mɯ^{33}
地方 呆鬼 和佬鬼 地方 猛鬼 和 恩鬼 地方 秽鬼 和 支鬼 地方 滞 不 使 天

tɕər^{21} tshe^{21} ho^{55} ty^{33} gə^{21} le^{33} py̩^{55}.
上 十八 层 上 又 送

把他们送回到上边神地去。不让松石般碧绿的布谷鸟，滞留在野鸡喝脏水的地方，把他们送回到上边神地去。不让白色的大鹏鸟滞留在黑鸡的地方，把他们送上去。不让松石般碧绿的青龙，滞留在木炭般黝黑的黑龙的地方，把他们送到神地去。不让海螺般洁白的狮子，滞留在长铁头的黑狗住地，把他们送回到上边的神地去。不让巨掌红虎滞留在宽腮母狐住的地方，把他们送回到神地去。不让所有的胜神和其他神灵，滞留在楚鬼、尤鬼、毒鬼、仄鬼、呆鬼、佬鬼、猛鬼、恩鬼、秽鬼、支鬼居住的地方，把他们送回到十八层天上去。

546-C-15-09

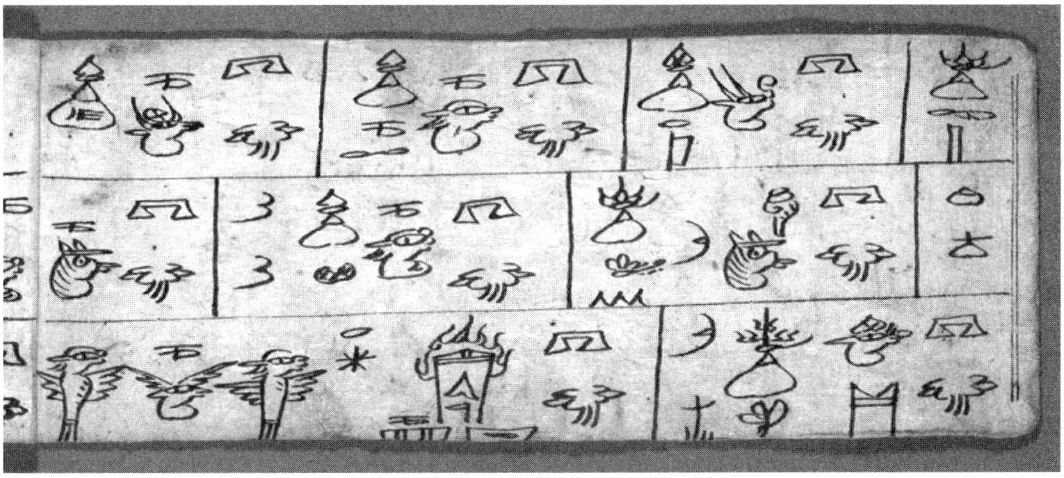

sɑ^{21} i^{33} uə^{33} de^{21} dy̩^{33} phər^{21} ɕə^{33} tɕhy^{21} dʑæ^{33} le^{33} gə^{21} le^{33} py̩^{55}, | he^{21} dɯ^{21} uɑ^{33} phər^{21} dy̩^{33}
刹依威德 海螺白 大鹏 骑 又 上 又 送 恒迪窝盘

phər^{21} si^{33} gɯ^{33} dʑæ^{33} le^{33} gə^{21} le^{33} py̩^{55}. | he^{21} i^{33} kɯ^{21} khu^{55} uɑ^{33} hər^{21} mɯ^{33} dzə̩r^{33} dʑæ^{33}
海螺白 狮子 骑 又 上 又 送 恒依格空 松石 绿 青龙 骑

le^{33} gə^{21} le^{33} py̩^{55}. | to^{33} bɑ^{33} ʂər^{55} lər^{33} gu^{21} phər^{21} dʑæ^{33} le^{33} gə^{21} le^{33} py̩^{55}. | se^{55} se^{33} khə^{33}
又 上 又 送 东巴什罗 马 白 骑 又 上 又 送 胜生柯久

dʑə^{21} dy̩^{33} phər^{21} si^{33} gɯ^{33} dʑæ^{33} le^{33} gə^{21} le^{33} py̩^{55}. | mɑ^{55} mi^{33} pɑ^{33} lɑ^{33} dy̩^{33} phər^{21} gu^{21}
海螺 白 狮子 骑 又 上 又 送 冒米巴拉 海螺 白 马

phər^{21} dʑæ^{33} le^{33} gə^{21} le^{33} py̩^{55}. | thy̩^{33} tʂhʅ^{33} iə^{33} mɑ^{21} tʂhuɑ^{55} phər^{21} dʑæ^{33} gə^{21} le^{33} py̩^{55}.
白 骑 又 上 又 送 土蚩优麻 鹿 白 骑 上 又 送

iə^{33} mɑ^{21} ty̩^{33} ty̩^{21} kɯ^{33} kɯ^{21}, phər^{21} nɑ^{55} lɯ^{33} kæ^{33} tʂu^{55}, tshʅ^{33} ʂu^{33} phər^{21} me^{33} uə^{33} ko^{33}
优麻 千 千 万 万 白 黑 地 相接 犁 铁 白 的 寨 里

lo^{21}, mi^{33} dʐʅ^{33} tʂhʅ^{33} huɑ^{33} huɑ^{21} ky̩^{33} nɯ^{33} gə^{21} le^{33} py̩^{55}. | mə^{33} py^{21} dʑi^{33} zy̩^{21}, hæ^{33} ʂʅ^{21}
边 火 烧 正 熊熊 上 由 上 又 送 莫毕精如 金 黄

tsho^{21} ze^{33} uə^{33} ko^{33} lo^{21} nɯ^{33} gə^{21} le^{33} py̩^{55}.
大象 寨 里边 由 上 又 送

让刹依威德大神骑着白海螺般洁白的大鹏鸟，送回到上边的神地去。让恒迪窝盘大神骑着海螺般洁白的狮子，送回到上边的神地去。让恒依格空骑着松石般碧绿的青龙，送回到上边的神地去。让东巴什罗大神骑着白马，送回到上边的神地去。让胜生柯久大神，骑着海螺般洁白的狮子，送回到上边去。让冒米巴拉大神，骑着海螺般洁白的马，送到上边的神地去。让土蚩优麻战神骑着白鹿，送到上边的神地去。把千千万万的优麻战神，送回到黑白交接处，燃烧着熊熊大火的铸造白铁尖的寨子里边去。把莫毕精如大神，送回到似金黄色大象的寨子里边去。

546-C-15-10

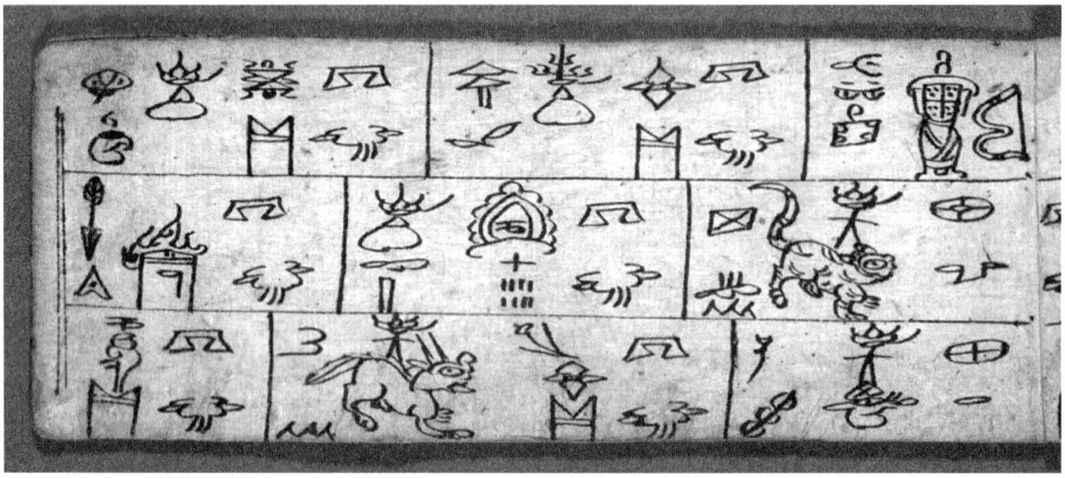

lo^{21} pɑ^{33} thɑ^{33} kə^{55} hæ^{33} ʂʅ^{21} uə^{33} ko^{33} lo^{21} nɯ^{33} gə^{21} le^{33} py̥^{55}. | thɑ^{55} iə^{33} ti^{33} bɑ^{33} i^{33} uɑ^{33}
罗巴涛格 金 黄 寨 里边 由 上 又 送 套优丁巴 是 松石

hər^{21} uə^{33} ko^{33} lo^{21} nɯ^{33} gə^{21} le^{33} py̥^{55}. | kho^{33} zər^{33} ȵə^{55} dʑə^{21} lɯ^{33} sʅ^{33} lɯ^{33} me^{33} uə^{33} ko^{33}
绿 寨 里边 由 上 又 送 卡冉纽究 箭 弓 寨 里

lo^{21}, tshʅ^{33} nɑ^{21}ʂu^{55} me^{33} mi^{33} dʐʅ^{33} tʂhʅ^{33} huɑ^{33} huɑ^{21}me^{33} uə^{33} ko^{33} lo^{21} nɯ^{33} gə^{21} le^{33} py̥^{55}. |
边 犁 黑 铸 的 火 烧 熊熊 的 寨 里边 由 上 又 送

to^{33} bɑ^{33} ʂər^{55} lər^{33} i^{33}, mɯ^{33} tɕər^{21} tshe^{21} ho^{55} ty^{33}, i^{33} pu^{33} phər^{21} me^{33} ky̥^{55} dʑi^{21} by̥^{21} nɯ^{33}
东巴什罗 是 天 上 十八 层 绸缎 白 的 帐 房 下 由

gə^{21} le^{33} py̥^{55}. | gə^{21} tshe^{55} tshe^{55} by̥^{33} i^{33}, bə^{33} dɯ^{21} lɑ^{33} ɕy^{21} dʑæ^{33}, ȵi^{33} me^{33} thy̥^{33} gə^{33} dy̥^{33}
上 又 送 格衬称补 是 掌 大 虎 红 骑 东方 的 海螺

phər^{21} uə^{33} ko^{33} lo^{21} gə^{21} le^{33} py̥^{55}. | se^{55} ʐʅ^{33} mi^{21} gu^{33} i^{33}, uɑ^{33} hər^{21} mɯ^{33} dʐər^{33} dʑæ^{33}, i^{33}
白 寨 里边 上 又 送 胜日明恭 是 松石 绿 青龙 骑 南方

tʂhʅ^{33} mɯ^{21} gə^{33} uɑ^{33} hər^{21} uə^{33} ko^{33} lo^{21} gə^{21} le^{33} py̥^{55}. | nɑ^{55} se^{33} tshu^{33} lu^{21} i^{33}, hæ^{33}
的 松石 绿 寨 里边 上 又 送 纳生初卢 是 金

ʂʅ^{21} tsho^{21} ze^{33} dʑæ^{33}, ȵi^{33} me^{33} gy̥^{21},
黄 大象 骑 西方

把罗巴涛格大神，送到金黄色寨子里边去；把套优丁巴大神，送回到绿松石寨子里边去。把卡冉纽究战神送回到弓箭寨子里，送回到熊熊燃烧着大火的，铸造黑色犁尖的寨子里边去。把东巴什罗送回到十八层天上的白色绸缎帐篷里边去。让格衬称补祭司，骑着巨掌红虎，送回到东方白色海螺的寨子里边。让胜日明恭祭司，骑着松石般碧绿的青龙，送回到南方的绿松石寨子里边去。让纳生初卢骑着金黄色的大象，往西边方向

546-C-15-11

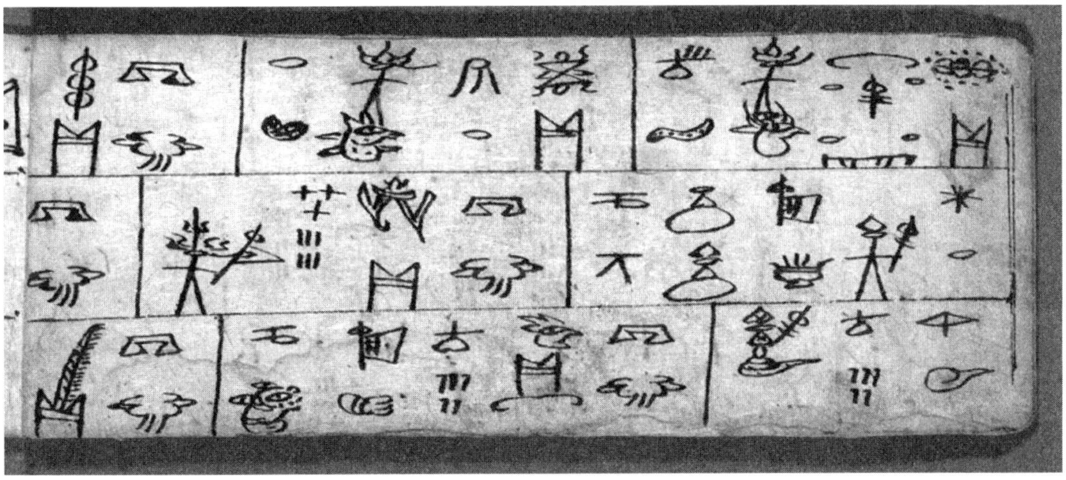

tʂhu^{21} nɑ^{55} uə^{33} ko^{33} lo^{21} gə^{21} le^{33} pv̩^{55}. | gv̩^{33} se^{55} khə^{33} bɑ^{33} i^{33}, hæ^{33} ʂʅ^{21} py^{21} ʂʅ^{21} dʑæ^{33},
墨玉 寨 里边 上 又 送 古生抠巴 是 金 黄 刺猬 黄 骑

ho^{33} gv̩^{33} lo^{21}, hæ^{33} ʂʅ^{21} uə^{33} ko^{33} lo^{21} gə^{21} le^{33} pv̩^{55}. | so^{33} y^{21} tshi^{55} gv̩^{33} i^{33}, tshu^{33} dʑæ^{21}
北方 金 黄 寨 里边 上 又 送 梭余晋古 是 墨玉 花

ɕə^{33}tɕhy^{21} dʑæ^{33}, mɯ^{33} le^{33} dy^{21} ly^{55} gv̩^{33}, tshu^{33} dʑæ^{21} uə^{33} ko^{33} lo^{21} nɯ^{33} gə^{21} le^{33} pv̩^{55}. | be^{21}
大鹏 骑 天 和 地 中央 墨玉 花 寨 里边 由 上 又 送 本丹

dæ^{21} sɿ^{21} ɕi^{33} tʂhuɑ^{55} tshər^{21} i^{21}, o^{33} uə^{33} ko^{33} lo^{21} nɯ^{33} gə^{21} le^{33} pv̩^{55}. | phər^{21} ne^{21} ʂæ^{21},
三 百 六十 是 沃神 寨 里 边 由 上 又 送 盘神 和 禅神

gɑ^{33} ne^{21} u^{21}, he^{21} gə^{33} dæ^{21} mu^{21} tv̩^{33} tv̩^{21} kɯ^{33} kɯ^{21} thɯ^{33}, he^{33} gə^{33} ɕy^{55} hər^{21} uə^{33} kv̩^{33}
胜神 和 吾神 神 的 强 兵 千 千 万 万 是 神 的 柏 绿 寨 上

gə^{21} le^{33} pv̩^{55}. | phv̩^{33} lɑ^{21} gɑ^{33} lɑ^{21} tʂhʅ^{33} uɑ^{21} me^{33}, mɯ^{33} gə^{33} ɕə^{55} gə^{33} uə^{33} ko^{33} lo^{21} nɯ^{33}
上 又 送 神 胜神 所有 的 天 的 雄 的 寨 里边 由

gə^{21} le^{33} pv̩^{55}. | ʂv̩^{21} mu^{21} tʂhʅ^{33} uɑ^{21} me^{33}, mɯ^{33} lɯ^{55} dɑ^{21} dʑi^{21} hɯ^{55} ko^{33} lo^{21}
上 又 送 署 兵 所有 的 美利达吉 海 里边

送到墨玉寨子里边去。让古生抠巴祭司骑着金黄色刺猬，送到金黄色的寨子里边去。让梭余晋古祭司，骑着花墨玉般的大鹏鸟，送回到天地中央花墨玉般的寨子里去。把三百六十尊本丹战神，送回到沃神寨子里边去。把千千万万的盘神、禅神、胜神、吾神的强兵勇将送回到绿柏神寨里边去。把所有的胜神和其他神灵，送回到天上的“雄”的寨子里边去。把所有的

署兵，送回到美利达吉神海里边去。

546-C-15-12

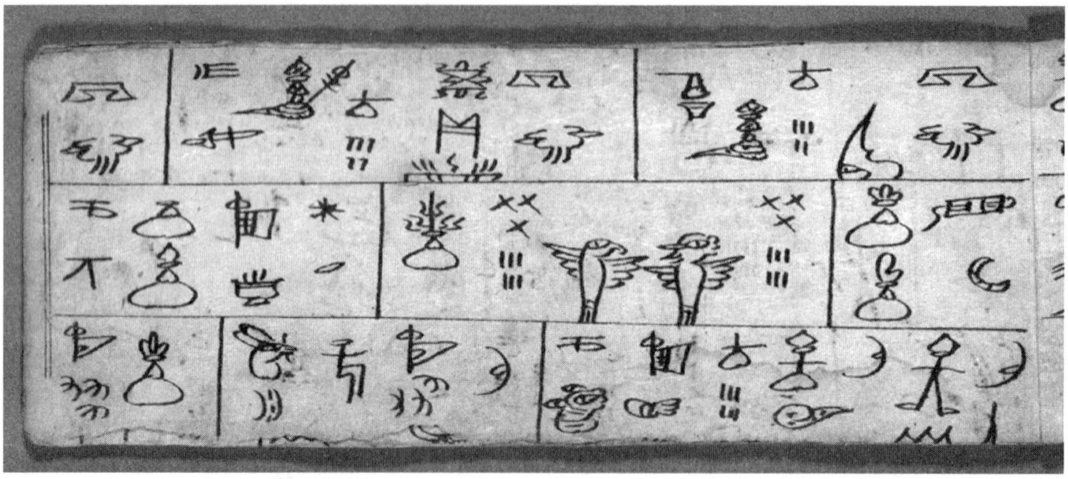

gə^{21} le^{33} pv̩^{55}. | sɑ^{21} dɑ^{55} ʂv̩^{21} mu^{21} tʂhʅ^{33} uɑ^{21} me^{33}, ʥi^{33} ʥə^{21} lɑ^{33} lər^{33} dy^{21}. hæ^{33} ʂʅ^{21} uə^{33}
上 又 送 刹道 署 兵 所有 的 人 住 辽阔 地 金 黄 寨子

ko^{33} lo^{21} gə^{21} le^{33} pv̩^{55}. | ty^{21} gə^{33} ʂv̩^{21} tʂhʅ^{33} uɑ^{21} me^{33} æ^{21} kv̩^{33} gə^{21} le^{33} pv̩^{55}. | phər^{21} ne^{21}
里边 上 又 送 敦 的 署 所有 是 崖 上 上 又 送 盘神 和

ʂæ^{21}, gɑ^{33} ne^{21} u^{21}, o^{55} ne^{21} he^{21} tv̩^{33} tv̩^{21} kɯ^{33} kɯ^{21}, | be^{21} dæ^{21} sʅ^{21} ɕi^{33} tʂhuɑ^{55} tshər^{21},
禅神 胜神和 吾神 沃神 和 恒神 千 千 万 万 本丹 三 百 六十

to^{33} kə^{21} iə^{33} mɑ^{21} sʅ^{21} ɕi^{33} tʂhuɑ^{55} tshər^{21} , | lu^{21} ne^{21} se^{21} nɯ^{33} khv̩^{21} ʥy^{33} ȵə^{21}, the^{33} lɯ^{33}
端格 优麻 三 百 六十 卢神 和 沈神 由 请 有 候 还 来

be^{33} mə^{33}lu^{33}, | le^{33} bɯ^{21} dɯ^{33} ȵi^{33} tɯ^{33} le^{33} the^{33} be^{33} mə^{33} ʥə^{21} be^{33} le^{33} fæ^{33}. | phv̩^{33} lɑ^{21}
勉强 不 兴 又 回 一 天 起 又 别 难 不 勉强 地 又 去 神

gɑ^{33} lɑ^{21} tʂhʅ^{33} uɑ^{21} me^{33}, hɯ^{55} nɑ^{21} khu^{33} ʥʅ^{21} me^{33} thɯ^{33} mə^{33} uɑ^{21}, mi^{21} dy^{21} ɕy^{55} mi^{21}
胜神 所有 的 海 黑 旁 坐 的 那 不 是 下边 地方 站 下边

dy^{21} tɕhi^{33} me^{33} tʂhʅ^{33} mə^{33} uɑ^{21}, |
地方 守 的 那 不 是

把所有的刹道署兵，送回到人们居住的辽阔大地上，金黄色的寨子里边去。把所有敦的署神，送回到山崖上边去。千千万万的盘神和禅神、胜神和吾神，沃神和恒神，三百六十尊本丹战神，三百六十尊端格和优麻战神，在卢神和沈神有请的时候，他们不勉强，毫不为难地来了，现在，要起身回去的时候也不要勉强、为难。所有的神灵和胜神，你们不能坐在鬼族的黑海边上，不能站着守住下边的鬼地，

546-C-15-13

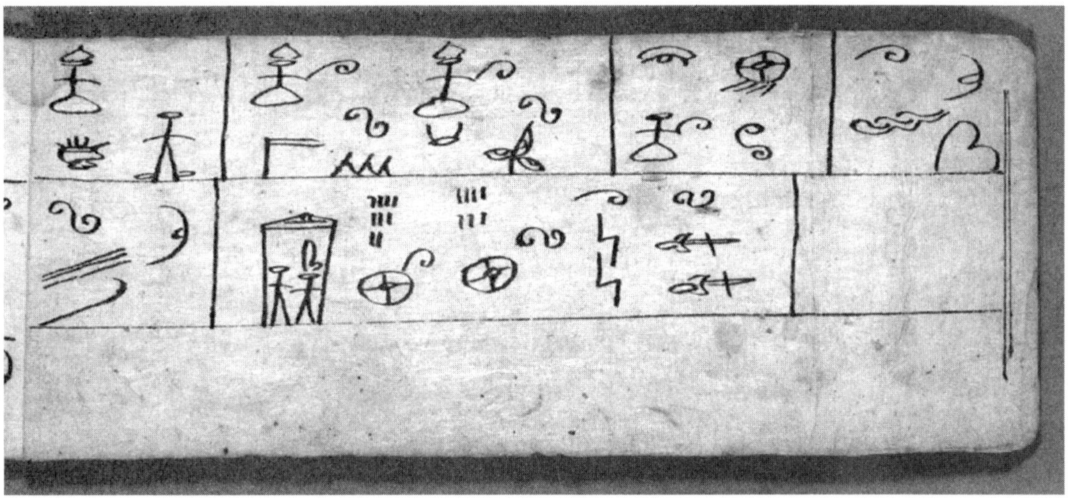

u^{33} dy^{21} u^{33} le^{33} dʐʅ^{21}, u^{33} dy^{21} u^{33} le^{33} ɕy^{55} le^{33} lu^{33}. | he^{21} lɑ^{21} ʂuɑ^{21} dʐʅ^{21} ɕy^{21} gv̩^{33} lv̩^{21}, ɕy^{21}
自己地方自己又 坐自己地方 自己 又 站 又 来 神 也 高 住 低 赐福 低

kɑ^{33} le^{21}. kho^{33} dʐʅ^{21} nv̩^{55} gv̩^{33} lu^{21} , nv̩^{55} kɑ^{33} le^{21}. | dɑ^{21} dʐʅ^{21} bɑ^{21} gv̩^{33} lv̩^{21}, bɑ^{21} kɑ^{33} le^{21}
保佑 远 住 近 赐福 近 保佑 阴面 住 阳 赐福 保佑 又

be^{33} lu^{33}. | he^{21} mɯ^{33} gv̩^{33} lv̩^{21} kɑ^{33} le^{21} me^{33}, mɯ^{33} kv̩^{33} tɕi^{21} nɯ^{33} tʂuɑ^{55} mə^{33} tʂər^{21}, dy^{21}
做 来 神 由 赐福 保佑 是 天 上 云 由 隔 不 使 地

lo^{21} bu^{21} nɯ^{33} tʂuɑ^{55} mə^{33} tʂər^{21}, | gv̩^{33} lv̩^{21} kɑ^{33} le^{21} hər^{33} ne^{21} lo^{21} nɯ^{33} tʂuɑ^{55} mə^{33} tʂər^{21}. |
上 坡 由 隔 不 使 赐福 保佑 风 和 箐 由 阻 不 使

i^{33} dɑ^{21} tʂhʅ^{33} dʑi^{21} tɕər^{21}, gv̩^{33} ȵi^{33} gv̩^{33} lv̩^{21}, ʂər^{33} ȵi^{33} kɑ^{33} le^{21}, gv̩^{33} lv̩^{21} tʂhər^{33} tʂhər^{21}, kɑ^{33}
主人 这 家 上 九 天 赐 福 七 天 保佑 赐福 稳妥 保佑

le^{21} dɑ^{55} dɑ^{33} gv̩^{33} be^{33} ho^{55}.
牢固 成 做 愿

神灵们要坐就坐在自己的地方上，要站也站到自己的地方上去。神若住在高处，请给低处的人赐福保佑。若神住在远处，请给近处的人赐福保佑。神若住在背阴处，请给住在向阳一边的人赐福保佑。神给予人们赐福和保佑，不为天上的云彩所阻隔，不为大地上的山坡所阻隔，不为风和山谷所阻隔。这一户主人家得到神九天的赐福，七天的保佑，愿神所赐的福分稳妥，愿神所给予的保佑牢靠。

546-C-15-14

封底

（翻译：和宝林）

548-C-16-01

la^{33} lɯ^{21} khɯ^{55} · phy̩^{33} la^{21} gə^{21} le^{33} sɿ^{33}

大祭风 · 把神接引上来

548-C-16 大祭风·把神接引上来

【内容提要】

当祭祀需要的时候，把各种各样的神兵、本丹战神等请到祭祀场中来了，当所要杀的仇人和鬼杀掉了，该镇压的仇人和鬼都镇压掉了，就不能让神灵和他们的战神和勇敢士兵滞留在仇人的地方，滞留在鬼地。这一户主人，用各种牺牲、各种粮食和财物将神灵和战神接引上来，有的请他们回到祭祀场上设置的神寨之中，有的直接送往神地。当这一户主人和主持祭祀的祭司们，再需要这些神灵降临时，不要太为难，请他们高高兴兴地降临来。也愿这些神灵能赐福保佑这一户主人和祭司们，使他们健康长寿。

【英文提要】

Great Sacrifice to Wind, Guiding Gods back

During the ritual, all kinds of warriors and warlord ***be dæ*** were prayed to befall on the sacrificial shrine. After killing and suppressing all enemies and ghosts, these warriors and ghosts should not detain in the land of evil. The family consecrated all kinds of livestock, provision and property to guide these gods back to the sacred village set on the shrine or back to the sacred land directly. The family and priests, for a second time, prayed to these gods for befalling without hesitation, and prayed to these gods for blessing longevity.

548-C-16-02

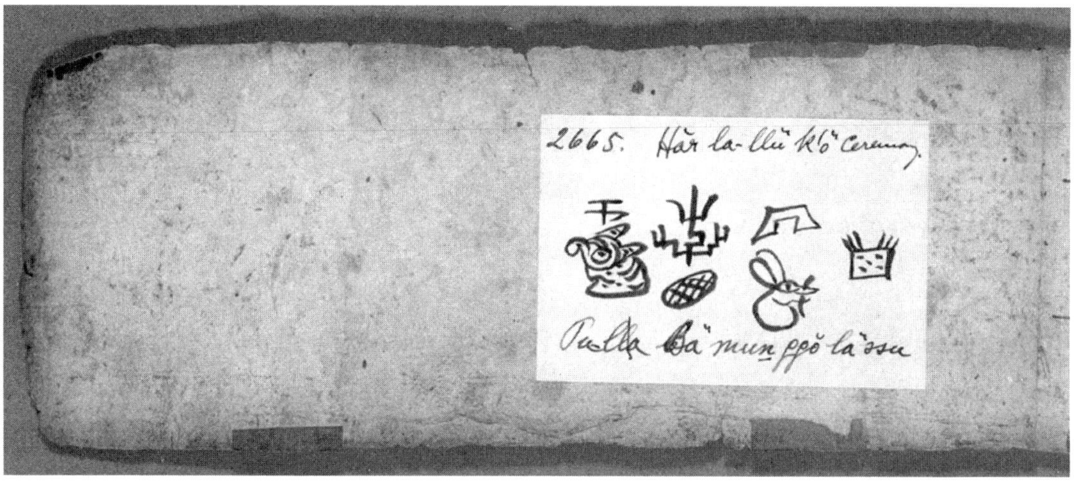

第 1 行："2665"为洛克藏书的标号，并用洛克音标注下此书用于"大祭风仪式"。

第 2 行：东巴文字为此书书名《把神和本丹神兵接上来》。

第 3 行：用洛克音标注下此书书名的纳西语读音。

548-C-16-03

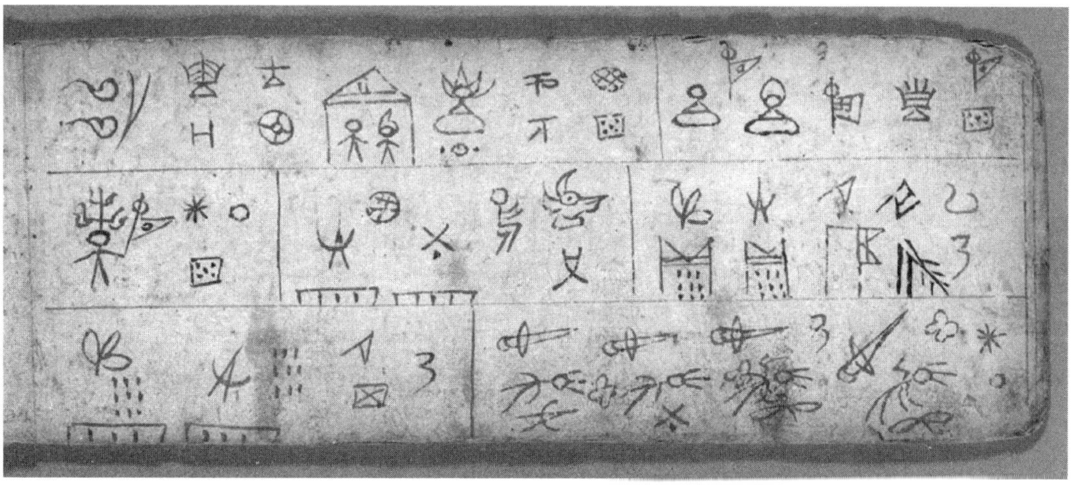

sɿ^{55} u^{21} ɯ^{33} me^{33} tʂhʅ^{33} dɯ^{33} ɲi^{33}, i^{33} da^{21} tʂhʅ^{33} dɯ^{33} dʑi^{21}, ly^{55} kʏ^{33} py^{33} bʏ^{21} nɯ^{33} phər^{21}
素 吾 好　的 这　一　天　主人　这　一　家 利古　祭司　　由 盘神

mu^{21}ʂæ^{21}mu^{21}sɿ^{33}, | o^{55} mu^{21} he^{21} mu^{21} sɿ^{33}, ga^{33}mu^{21} u^{21} mu^{21} sɿ^{33}, | be^{21} dæ^{21} tʏ^{33} tʏ^{21} kɯ^{33}
兵 禅神 兵　引 沃神 兵 恒神 兵　引 胜神 兵 吾神 兵　引 本丹　　千　千　万

kɯ^{21}sɿ^{21}, | tər^{21} dy^{21} la^{33} dy^{21} mu^{21} tɯ^{33} khɯ^{55} me^{33}, | dæ^{21} be^{33} zʏ^{21} uə^{33} gʏ^{55} uə^{33} phʏ^{21}, tər^{21}
万　引 呆鬼 地 佬鬼 地　兵　起　去　是　勇敢 地 仇　寨　九　寨　攻 呆鬼

uə^{33} gʏ^{55} uə^{33} phʏ^{21}, zʏ^{21} uə^{33} phʏ^{21} me^{33} uə^{33} kʏ^{33} uə^{33} pa^{55} tɕhər^{33}, tshɿ^{21} gə^{33} dʑər^{21} na^{21}
寨 九　寨　毁　仇　寨　攻　是　寨　头　寨 坊　断　鬼　的 树　黑

mɯ²¹ le³³ tshe⁵⁵ se³³ me³³.| zʏ̩²¹ dy²¹ gʏ̩³³ dy²¹ tshe⁵⁵, tər²¹ dy²¹ gʏ̩³³ dy²¹ tshe⁵⁵ se³³ me³³.|
下 又 毁 了 是 仇 地 九 地 毁 呆鬼 地 九 地 毁 了 是

tər²¹ tshɿ²¹ la³³ tshɿ²¹ sy⁵⁵, mu³³ tshɿ²¹ ɯ²¹ tshɿ²¹ sy⁵⁵, tshɿ³³ tshɿ³³ iə²¹ tshɿ²¹ sy⁵⁵, tshɿ²¹ mu³³
呆鬼 佬鬼 杀 猛鬼 恩鬼 杀 楚鬼 尤鬼 杀 鬼 兵

tʏ̩³³ tʏ̩²¹ kɯ³³ kɯ²¹ sy⁵⁵ se²¹ me⁵⁵,|
千 千 万 万 杀 了 是

素（人或生命神）、吾（粮神）保佑的这一天。这一户主人家，利古祭司带领着盘神兵、禅神兵、沃神兵、恒神兵、胜神兵、吾神兵，带领着千千万万的本丹神兵，去到呆鬼、佬鬼地方去作战。勇敢地攻破了仇人的九个寨，攻破了呆鬼的九个寨子，捣毁了仇人寨头的寨坊，砍倒了鬼地的黑树，攻克了仇人的九个地方，攻克了呆鬼的九个地方，杀掉了呆鬼、佬鬼、猛鬼、恩鬼、楚鬼、尤鬼以及千千万万的鬼族士兵，

548-C-16-04

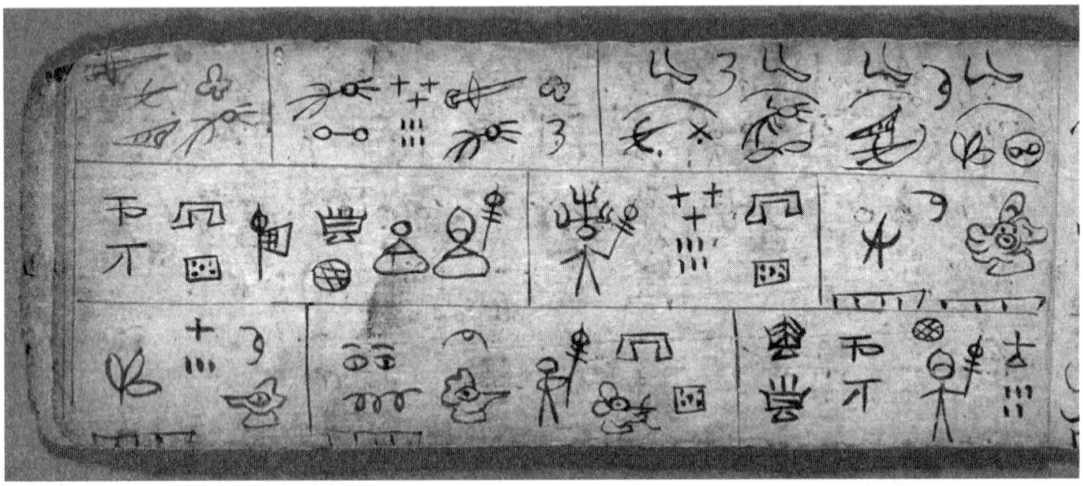

to³³ ne²¹ do²¹ tshɿ²¹ sy⁵⁵, | tshɿ²¹ ua³³ sɿ²¹ ɕi³³ tʂhua⁵⁵ tshər²¹ le³³ sy⁵⁵ se²¹. | tər²¹ ne²¹ la³³
垛鬼 和 铎鬼 杀 鬼 族 三 百 六十 又 杀 了 呆鬼 和 佬鬼

zər²¹ se²¹, tshɿ³³ ne²¹ iə²¹ zər²¹ se²¹, to⁵⁵ ne²¹ do²¹ le³³ tɯ³³ mə³³ tʂər²¹, mɯ²¹ le³³ zər²¹, zʏ̩²¹
压 了 楚鬼 和 尤鬼 压 了 垛鬼 和 铎鬼 又 起 不 使 下 又 压 仇人

la³³ mɯ²¹ le³³ zər²¹, ma²¹ lʏ̩⁵⁵ ua³³ mə³³ i³³ nɯ³³ ua³³ le³³ zər²¹. | phər²¹ mu²¹ ʂæ²¹mu²¹ gə²¹
也 下 又 压 油饼 骨 不 有 是 骨 又 压 盘神 兵 禅神 兵 上

le³³ sɿ³³, ga³³ mu²¹ u²¹ mu²¹ gə²¹ le³³ sɿ³³, o⁵⁵ mu²¹ he²¹ mu²¹ gə²¹ le³³ sɿ³³, | be²¹ mu²¹ sɿ²¹
又 引 胜神 兵 吾神 兵 上 又 引 沃神 兵 恒神 兵 上 又 引 本丹 兵 三

ɕi³³ tʂhua⁵⁵ tshər²¹ gə²¹ le³³ sɿ³³. | tər²¹ dy²¹ mə³³ æ²¹ se²¹, la³³ dy²¹ mə³³ æ²¹ se²¹, | zʏ̩²¹ gə³³
百 六十 上 又 引 呆鬼 地方 不 滞 了佬鬼 地方 不 滞 了 仇人 的

tshe^{21} sɿ^{33} dy^{21} ȵə^{21} mə^{33} æ^{21} se^{21}. | tshə^{55} ne^{21} ȵə^{21} dy^{21} mə^{33} æ^{21} se^{21}, mu^{21} dæ^{21} tʂhʅ^{33}

十 三 地方 上 不 滞 了 秽鬼 和 扭鬼 地方 不 滞 了 兵 勇 所有

uɑ^{21} gə^{21} le^{33} sɿ^{33}, | sɿ^{55} u^{21} phər^{21} ʂæ^{21} mu^{21} dæ^{21} tʂhʅ^{33} uɑ^{21} me^{33}, |

上 又 引 素 吾 盘神 禅神 兵 勇 所有 的

杀掉垛鬼和铎鬼，把三百六十种鬼全杀掉了。接着镇压呆鬼和佬鬼，镇压楚鬼和尤鬼，镇压了垛鬼和铎鬼，把他们全都镇压下去。本来油饼中没有骨头，就像压油饼中骨头一样，把所有的仇人镇压下去。把盘神兵、禅神兵、胜神兵、吾神兵、沃神兵、恒神兵以及三百六十个本丹神兵接引上来，不让他们滞留在呆鬼和佬鬼的地方，不让他们滞留在仇人的十三地方，不让他们滞留在秽鬼和扭鬼（沾染污秽的鬼）的地方，要把所有勇敢的神兵引上来。

要把素神和吾神保佑的所有的盘神兵和禅神兵，

548-C-16-05

phər^{21} ne^{21} ʂæ^{21} gə^{33} uə^{33} ko^{33} lo^{21} gə^{21} le^{33} sɿ^{33}, gə^{21} le^{33} py^{55}.| gɑ^{33} ne^{21} u^{21} mu^{21} tʂhʅ^{33} uɑ^{21},

盘神 和 禅神 的 寨 里边 上 又 引 上 又 送 胜神 和 吾神 兵 所有

gɑ^{33} uə^{33} lo^{21} gə^{21} le^{33} sɿ^{33}.| o^{55} mu^{21} he^{21} mu^{21} tʂhʅ^{33} uɑ^{21}, o^{55} uə^{33} he^{21} uə^{33} ky^{33} gə^{21} le^{33}

胜神 寨 里 上 又 引 沃神 兵 恒神 兵 所有 沃神 寨 恒神 寨 上 上 又

sɿ^{33}.| be^{21} dæ^{21} tʂhʅ^{33} uɑ^{21} me^{33} be^{21} uə^{33} lo^{21} gə^{21} le^{33} sɿ^{33}.| gɑ^{33} lɑ^{21} mu^{21} dæ^{21} tʂhʅ^{33}

引 本丹 所有 的 本 寨 里 上 又 引 胜神 兵 勇 所有

uɑ^{21} me^{33}, ɕə^{55} gə^{33} uə^{33} ko^{33} lo^{21} gə^{21} le^{33} sɿ^{33}.| to^{33} kə^{21} iə^{33} mɑ^{21} mu^{21} dæ^{21} tʂhʅ^{33} uɑ^{21}

的 雄 的 寨 里边 上 又 引 端格 优麻 兵 勇 所有

me^{33}, phər^{21} nɑ^{55} lɯ^{33} kæ^{33} tʂu^{55}, tshʅ^{33} ʂu^{33} phər^{21} me^{33} uə^{33} ko^{33} lo^{21}, mi^{33} dʑʅ^{33} tʂhʅ^{33}

的 白 黑 地 相接 犁 铁 白 的 寨 里边 火 烧

huɑ^{33} huɑ^{21} gə^{33} uə^{33} ko^{21} lo^{21} gə^{21} le^{33} py^{55}.| ȵi^{33} gə^{33} mu^{21} dæ^{21} tʂhʅ^{33} uɑ^{21} me^{33}, dʑy^{21} nɑ^{55}

熊熊 的 寨 里 边 上 又 送 尼 的 兵 勇 所有 的 居那若罗

zo^{55} lo^{33} kv̩^{33} gə^{21} le^{33} pv̩^{55}.|ə^{33} n̠i^{33} lɑ^{21} ʂər^{55} n̠i^{33}, bə^{33} dɯ^{21} lɑ^{33} ɕy^{21}, ʐʅ^{21} ɯ^{33} tʂhuɑ^{55}
顶 上 又 送 昨天 也 前天 掌 大 虎 红 蛇 皮 鹿

phər^{21} me^{33} n̠i^{33} kv̩^{55},
白 的 两 个

引了送回到盘神和禅神的寨子里边去。把所有胜神和吾神的兵，送回到胜神的寨子里边去。把沃神兵和恒神兵以及所有的神兵，接引到沃神、恒神的寨子里边去。把所有本丹神兵，送回到本丹神寨里边去。把所有胜神的勇敢士兵送回“雄”（天上）的神寨里边去。把所有端格和优麻的勇敢士兵，送回到黑白交接的地方，铸造白铁犁尖，燃烧着熊熊大火的寨子里边去。把署族尼的所有勇敢的士兵，送回到居那若罗神山顶上去。

在过去的日子里。巨掌红虎和长着一身蛇皮似花斑的白鹿，

548-C-16-06

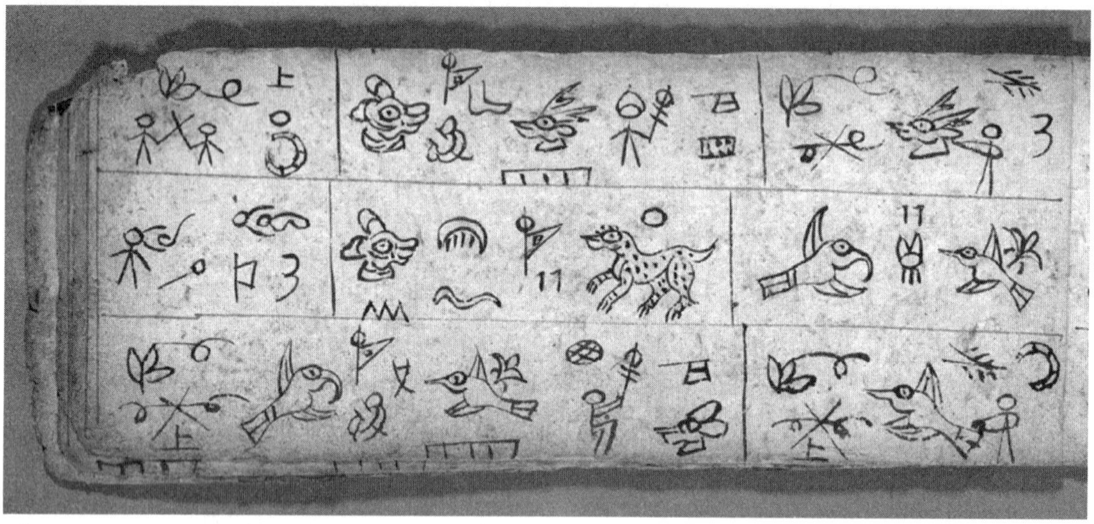

ʐv̩^{21} tər^{55}, æ^{33} tər^{55}, ʂə^{55} kv̩^{33} dʑy^{33}.|bə^{33} dɯ^{21} lɑ^{33} ɕy^{21} dæ^{21} me^{33} nɯ^{33}, ʐʅ^{21} ɯ^{33} tʂhuɑ^{55} phər^{21}
仇 结 争斗 结 吵 曾 有 掌 大 虎 红 能干 地 由 蛇 皮 鹿 白

dy^{21} mu^{21} tɯ^{33} thæ^{55} ʂu^{21} le^{33} u^{55} hɯ^{33}.|ʐv̩^{21} tər^{55} thæ^{33} ʂu^{21} me^{33} tʂhuɑ^{55} mæ^{33} se^{21}, ʐv̩^{21} ʂæ^{33}
地方 兵 起 顶撞 又 做 去 仇 结 顶撞 是 鹿 得 了 仇 血

thɯ^{33} me^{33} khu^{33} ɕy^{21}se^{21}, ʐv̩^{21} ʂʅ^{33} dʐʅ^{33} me^{33} phɑ^{33} phər^{21} se^{21}.|bə^{33} dɯ^{21} lɑ^{33} ɕy^{21} pər^{55} zi^{33}
喝 是 嘴 红 了 仇 肉 吃 是 脸 白 了 掌 大 虎 红 斑纹 美

kæ^{21} zi^{33} thɯ^{33}, dæ^{21} dʑo^{21} the^{55} n̠i^{33} gv̩^{33}. thɯ^{33} lɑ^{33} phv̩^{33} lɑ^{21} dzər^{21} nɯ^{33} thy^{55} iə^{55} mə^{21}.|
胆识 强 是 能干 模样 那样 成 这 也 神 威 由 给予 的

uə^{21} ʂʅ^{21} v̩^{55} zi^{33} me^{33} n̠i^{33} kv̩^{55}, ʐv̩^{21} tər^{55} æ^{21} tər^{55} ʂə^{55} ʂə^{55} æ^{33} æ^{21} dɯ^{33} thv̩^{33} dʑy^{33},
鹰 黄 鸟儿 的 两 个 仇 结 争斗 吵嘴 争斗 一 事 有

uə^{21} dæ^{21} me^{33} nɯ^{33} v̩^{55} zi^{33} dy^{21} mu^{21} tɯ^{33} thæ^{55} ʂu^{21} le^{33} u^{55} hɯ^{33},| uə^{21} ʂʅ^{21} ʐʅ^{21} tər^{55} ʂə^{55}
鹰 能干 者 以 鸟儿 地 兵 起 顶撞 又 做 去 鹰 黄 仇结 争吵

tər^{55} æ^{21} tər^{55} me^{33}, y̩^{55} zi^{33} y^{21} mæ^{33} dʑy^{33}.
争斗 是 鸟儿 捉 着 有

因争吵、争斗而结下了仇怨。巨掌红虎勇敢地起兵到长一身蛇皮似花斑的白鹿地方去冲撞，结果抓获了白鹿。巨掌红虎喝鹿血，把嘴唇都染红了，巨掌红虎吃鹿肉使脸庞变白了。巨掌红虎的斑纹漂亮且威武，就像一个大英雄，这是神强大的威力保佑的结果。黄色的雄鹰和鸟儿吵架、争斗而结下仇怨，勇敢的黄色雄鹰起兵到鸟儿的地方去冲撞、去战斗，黄鹰在与鸟儿争吵、争斗之中捉获了鸟儿。

548-C-16-07

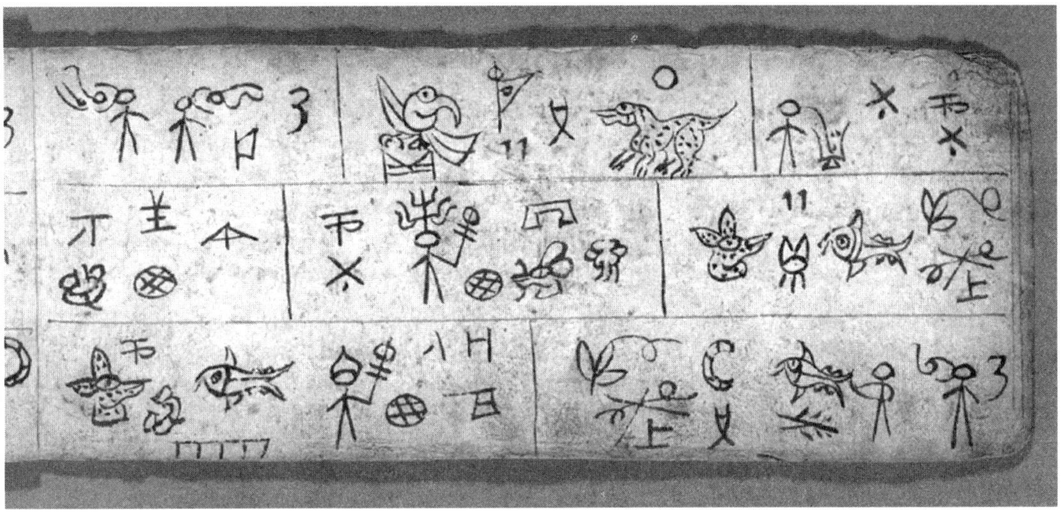

zy̩^{21} ʂæ^{33} thɯ^{21} me^{33} ny̩^{55} ɕy^{21} se^{21}, zy̩^{21} ʂʅ^{33} dʐʅ^{33} me^{33} phɑ^{33} phər^{21} se^{21}. thɯ^{33} lɑ^{33} phy̩^{33} lɑ^{21}
仇 血 喝 的 嘴 红 了 仇 肉 吃 的 脸 白 了 这 也 神

dzə̩r^{21} nɯ^{33} thy^{55} iə^{55} mu^{21}.|uə^{21} lɑ^{33} uə^{33} ky̩^{33} le^{33} hɑ^{55}, dy̩^{33} zi^{33} mæ^{33} zi^{33} mə^{33} phi^{55} mə^{33}
威 由 保 给 的 鹰 也 寨 头 又 栖 翅 美 尾 美 不 失 不

ʂʅ^{33} dæ^{21} dʑo^{21} the^{55} ȵi^{33} gy̩^{33},|thɯ^{33} lɑ^{33} phy̩^{33} lɑ^{21} dzə̩r^{21} nɯ^{33} uɑ^{21} mu^{33} me^{33}.|phy̩^{33} lɑ^{21}
损 英雄 那样 成 这 也 神 威 由 做 的 是 神

be^{21} mu^{21} gə^{21} le^{33} py̩^{55}.|ʂu^{21} zi^{33} bɑ^{21} phər^{21} ȵi^{33} ȵi^{33} ky̩^{55}, zy̩^{21} tər^{55} ʂə^{55} tər^{55} æ^{21} tər^{55} dʑy^{33}
本 兵 上 又 送 水獭 美 花 白 鱼 两 个 仇 结 争吵 争斗 有

me^{33} nɯ^{33},|ʂu^{21} zi^{33} bɑ^{21} phər^{21} dæ^{21} me^{33} nɯ^{33}, ȵi^{33} dy^{21} mu^{21} tɯ^{33} thæ^{55} ʂu^{21} le^{33} u^{55}
的 由 水獭 美 花 白 能干 的 由 鱼 地 兵 兴 顶撞 又 做

khɯ^{55}, |zy̩^{21} tər^{55} ʂə^{55} tər^{55}, æ^{21} tər^{55} dʑy^{33} me^{33} ȵi^{33} y^{21} mæ^{33}, ʂæ^{33} thɯ^{21} khu^{33} ɕy^{21} se^{21}.|
去 仇 结 争吵 争斗 有 的 鱼 捉 得 血 喝 口 红 了

喝仇人的血，把嘴染红了，吃仇人的肉使脸庞更加洁白了，这是神威保佑的结果。鹰飞回到寨头上，它的翅膀和尾羽丝毫没有损伤，就像一位英雄，这就是神威使然，把神的勇敢士兵送回到神寨去。长着一身漂亮的白色花斑的水獭和鱼儿因争吵、争斗结下了仇怨，长着一身

漂亮白色花斑的水獭勇敢地起兵到鱼儿那里去顶撞。因争吵、争斗结下仇怨的鱼儿被水獭捉住，水獭喝仇人的血，把嘴唇染红了，

548-C-16-08

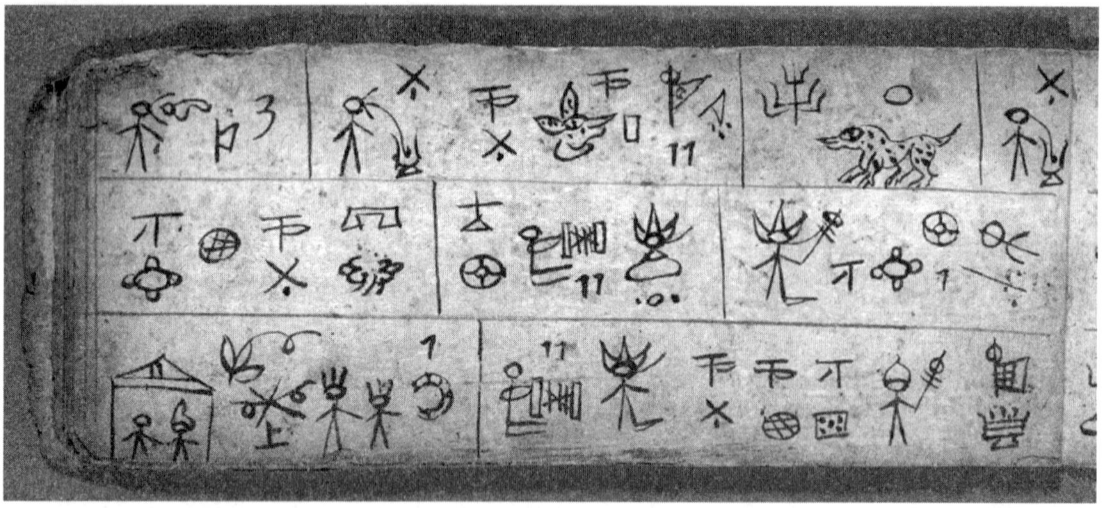

ʂɿ³³ dʐɿ³³ phɑ³³ phər²¹ se²¹. | thɯ³³ lɑ³³ phv̩³³ lɑ²¹ dzə̣r²¹ nɯ³³ thy⁵⁵ iə⁵⁵ mu²¹, ʂu²¹ zi³³ bɑ²¹
肉 食 脸 白 了 这 也 神 威 由 帮 给 的 水獭 美 花

phər²¹ dæ²¹ me³³ the⁵⁵ ȵi³³ be³³, | be²¹ dæ²¹ tso³³ tso³³ gv̩³³, | thɯ³³ lɑ³³ phv̩³³ lɑ²¹ dzə̣r²¹
白 英雄 的 那样 做 本丹 模样 成 这 也 神 威

dɯ²¹ be³³ mu³³ me⁵⁵, phv̩³³ lɑ²¹ gə²¹ le³³ pv̩⁵⁵. | tʂhɿ³³ ȵi³³ i³³ dɑ²¹ py³³ bv̩²¹ ȵi³³ kv̩⁵⁵, |
大 做 的 是 神 上 又 送 今天 主人 祭司 两 个

py²¹ dæ²¹ dzə̣r²¹ dɯ²¹ zɑ²¹ lɯ³³ gə³³ dɯ³³ ȵi³³. | i³³ dɑ²¹ tʂhɿ³³ dɯ³³ dʑi²¹, tshɿ²¹ tɕər²¹ zv̩²¹
祭司 能干威 大 下 来 的 一 天 主人 这 一 家 鬼 上 仇

tər⁵⁵、 ʂə⁵⁵ tər⁵⁵、 æ²¹ tər⁵⁵, dɯ³³ thv̩³³ dʑy³³ me³³, | i³³ dɑ²¹ py³³ bv̩²¹ phv̩³³ lɑ²¹ phər²¹
结 争吵 争头 一 事 有 的 主人 祭司 神 盘神

mu²¹ ʂæ²¹ mu²¹ gu²¹ nɯ³³ sɿ³³, gɑ³³ mu²¹ u²¹ mu²¹ dæ²¹ me³³ gu²¹ nɯ³³ sɿ³³,
兵 禅神 兵 后 由 引 胜神 兵 吾神 兵 强 的 后 由 引

食仇人肉，脸庞更加洁白了。这使长一身漂亮花斑的水獭，得到神威的帮助成了英雄，成了勇敢的神兵本丹的样子。这也是神威使其然，把神送回去。

今天，这一户主人和祭司，要让具有强大神威的祭司降临来。这一户主人因与鬼争吵、争斗结下了仇怨，主人和祭司带领着盘神兵、禅神兵、胜神兵、吾神兵，带领着强大的神兵，

548-C-16-09

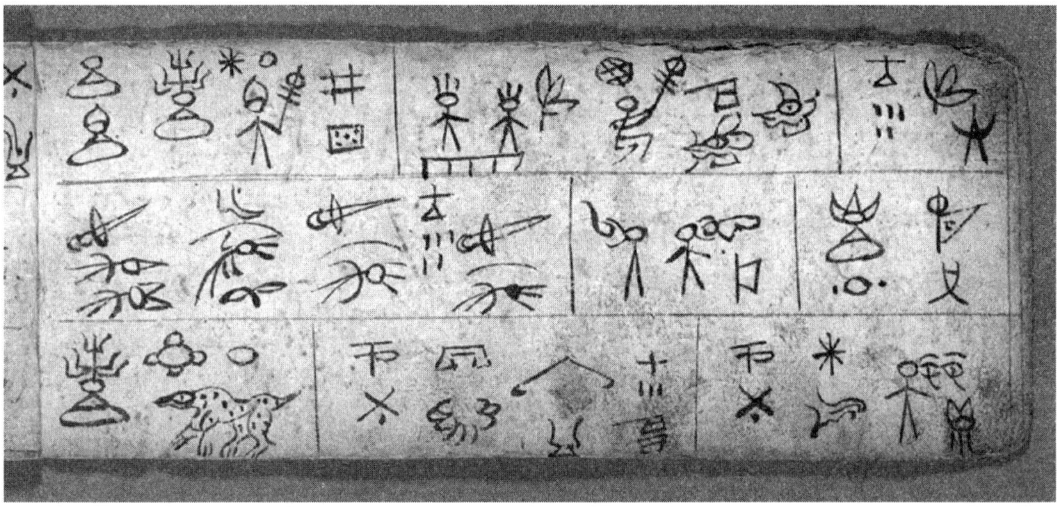

o^{33} ne^{21} he^{21}, be^{21} mu^{21} tv̩^{33} tv̩^{21} kɯ^{33} kɯ^{21} gu^{21} nɯ^{33} sɿ^{33}. | tshɿ^{21} dy^{21}、ȵə^{21} dy^{21} zv̩^{21} tər^{55}
沃神和 恒神 本丹 兵 千 千 万 万 后 由 引 此鬼 地方 扭鬼 地方 仇 结

mu^{33} tɯ^{33} thæ^{55} ʂu^{21} le^{33} u^{55} khɯ^{55}, | zv̩^{21} tʂhʅ^{33} uɑ^{21} me^{33} mɯ^{21} le^{33} sy^{55}, tər^{21} ne^{21} lɑ^{33},
兵 起 顶撞 又 做 去 仇 所有 的 下 又 杀 呆鬼 和 佬鬼

dv̩^{21} ne^{21} tse^{33} le^{33} sy^{55}, tshɿ^{33} ne^{21} iə^{21} mɯ^{21} le^{33} zər^{21} , tshɿ^{21} phər^{21} tshɿ^{21} nɑ^{21} tʂhʅ^{33} uɑ^{21}
毒鬼 和 仄鬼 又 杀 楚鬼 和 尤鬼 下 又 压 鬼 白 鬼 黑 所有

mɯ^{21}le^{33} sy^{55}, | mɯ^{21} le^{33} zər^{21}. | zv̩^{21} ʂæ^{33} thɯ^{21} me^{33} khu^{33} ɕy^{21} se^{21} , zv̩^{21} ʂʅ^{33} dʑʅ^{33} me^{33}
下 又 杀 下 又 压 仇人 血 喝 是 嘴 红 了 仇 肉 吃 是

phɑ^{33} phər^{21} ho^{55}. | py^{33} bv̩^{21} dæ^{21} me^{33} be^{21} dæ^{21} dzər^{21} dɯ^{21} tso^{33} tso^{33} gv̩^{33}, | phv̩^{33} lɑ^{21}
脸 白 愿 祭司 能干 的 本丹 威 大 样子 成 神

gə^{21} le^{33} pv̩^{55}, mɯ^{33} tɕər^{21} tshe^{21} sɿ^{55} ty^{33} le^{33} pv̩^{55}. | phv̩^{33} lɑ^{33} tv̩^{33} tʂʅ^{21} miə^{21} thɑ^{55} kv̩^{33}.
上 又 送 天 上 十三 层 又 送 神 侦察 眼 尖 上

带领着千千万万的沃神、恒神和本丹神兵，到楚鬼和扭鬼的地方去结仇冲撞，杀掉所有的仇人，杀掉所有的呆鬼、佬鬼、毒鬼、仄鬼、楚鬼、尤鬼，杀掉所有的黑白之鬼。喝仇人的血，把嘴巴染红了。吃仇人的肉，把脸庞吃得洁白了。能干的祭司就像具有强大威力的本丹战神。战斗结束之后，把所有神灵送回到十三层天上去，送到眼睛敏锐的神灵侦察敌情的神地上去，

548-C-16-10

he^{33} i^{33} dʑə^{33} khə^{21} bu^{21} kv̩^{33}. | phv̩^{33} lɑ^{21} gu^{21} lu^{21} kv̩^{33}. | lv̩^{33} gɯ^{33} kv̩^{33} nɯ^{33} tɑ^{55} sɿ^{33} zə̣r^{21}
神 的 垭口 坡 上 神 马 跑 处 石 裂 上 由 说 在 响

sɿ^{33} uə^{33}. | lɑ^{33} ɕy^{21} dʑæ^{21} sɿ^{33} dʑæ^{21} tshɑ^{21} kv̩^{33}, | phv̩^{33} lɑ^{21} gu^{21} dʑæ^{33} gu^{21} lu^{21} khə^{33} dʑə^{21}
在 寨 虎 红 牙 磨 牙 擦 处 神 马 骑 马 跑 玩耍

me^{33} dy^{21} kv̩^{33} ȵə^{21} pv̩^{55} le^{33} fæ^{33}. | gu^{21} tshu^{21} khə^{33} lo^{21} mə^{33} v̩^{21} me^{33}, | phv̩^{33} lɑ^{21}
的 地 上 边 送 又 去 马 骏 沟 里 不 陷 是 神

dzə̣r^{21} nɯ^{33} uɑ^{21} iə^{55} mə^{21}, | lɯ^{33} sɿ^{33} æ^{21} khæ^{55} æ^{21} dʐɿ^{21} hɯ^{33}. | lɯ^{33} sɿ^{33} mə^{33} tɕhər^{33} ə^{21}
威 由 保 给 的 箭 崖 射 崖 插 去 箭 不 断 粘

tæ^{55} ə^{21} zʅ^{21} me^{33}, | thɯ^{33} lɑ^{33} phv̩^{33} lɑ^{21} dzə̣r^{21} nɯ^{33} uɑ^{21} i^{33} mu^{21}. |
住 插进 是 这 也 神 威 由 保 给 的

送到神地垭口的山坡上去；送到神灵们骑马跑马的地方去；送到裂石有响声，裂石会说话的地方去；送到红虎擦牙磨牙的地方去，送到大神们骑马跑马玩耍的地方去。大神们骑马跑马而不陷进沟壑之中，是神威保佑的结果。往山崖崖壁上射箭，箭射中山崖，箭杆不断地粘和插在山崖上，是神威保佑的结果，

548-C-16-11

zɿ^{33} mi^{55} be^{33} gɯ^{33} me^{33} gə^{33} dy^{21}, bɑ^{21} phy̩^{55} le^{33} u^{55} hɯ^{33}, | zɿ^{33} mi^{55} bɑ^{21} mə^{33} sy^{55} me^{33}
全年 雪 下 做 的 地方 庄稼 撒 又 做 去 全年 庄稼 不 冻死 的

thɯ^{33}, bɑ^{21} phy̩^{55} bɑ^{21} ɯ^{33} gy̩^{33} . | phy̩^{33} lɑ^{21} dzə̣r^{21} dɯ^{21} me^{33} nɯ^{33} uɑ^{21}, | phy̩^{33} lɑ^{21} gə^{21} le^{33}
是 庄稼 撒 庄稼 好 成 神 威 大 的 由 保 神灵 上 又

py̩^{55}. | mɯ^{33} lɯ^{55} dɑ^{21} hɯ^{55} ko^{33} lo^{21}, mi^{33} khɯ^{55} le^{33} u^{55} hɯ^{33}, | mi^{33} khɯ^{55} mi^{33} mə^{33}
送 美利达吉 海 里边 火 点 又 做 去 火 烧 火 不

gə^{21} , bu^{33} dɯ^{21} lu^{55} lɑ^{33} dʑi^{21} lo^{21} mi^{33} dzʅ^{33} me^{33}, | phy̩^{33} lɑ^{21} dzə̣r^{21} dɯ^{21} nɯ^{33} uɑ^{21}. | ly^{33}
灭 光 大 四 射 水 中 火 燃 是 神 威 大 由 庇佑 矛

thɑ^{55} ky̩^{33} ȵə^{21} uə^{33} tshʅ^{55} le^{33} u^{55} hɯ^{21}, uə^{33} mə^{33} biə^{21}, | ly^{33} thɑ^{55} ky̩^{33} uə^{33} tshʅ^{33} thy̩^{33}
利 上 边 寨 建 又 做 去 寨 不 垮塌 矛 利 上 寨 建 成

me^{33}, | thɯ^{33} lɑ^{33} phy̩^{33} lɑ^{21} |
是 这 也 神

到全年下雪的地方去撒播庄稼，全年庄稼都不曾冻死，撒播的庄稼有好收成，是强大的神威保佑的结果，把神灵送上去。到美利达吉神海里去点火，所点的火不灭而光芒四射地在水中燃烧起来，是强大的神威保佑的结果。在矛尖大小的地方上去建造村寨，所建的村寨不垮塌，能在矛尖大的地方建成房屋，这也是强大的神威保佑的结果。

548-C-16-12

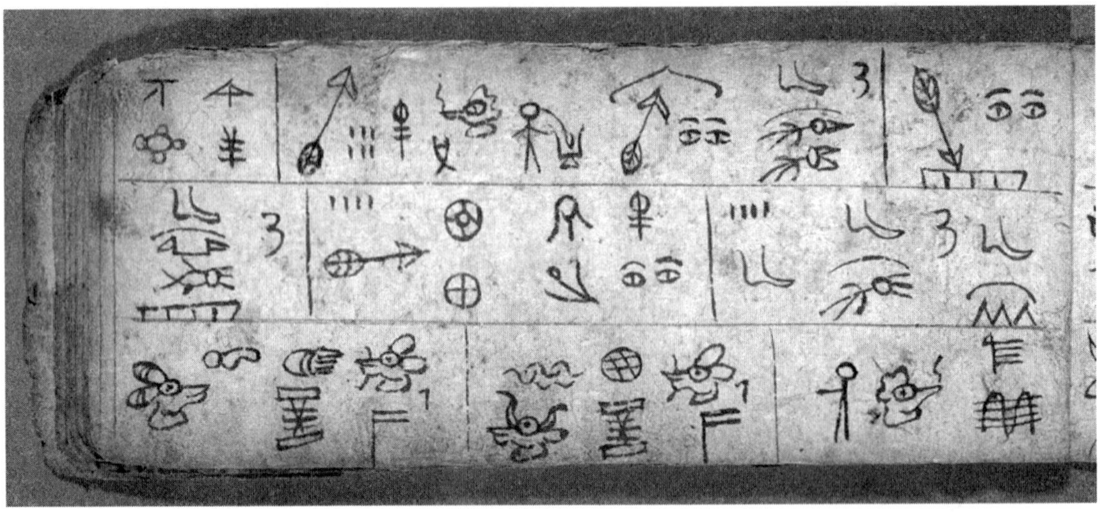

dzə̣r^{21} dɯ^{21} me^{33} uɑ^{21} mu^{21}. | lɯ^{33} sʅ^{33} tʂhuɑ^{55} ly^{33} me^{33} dʑy^{33} thɯ^{33}, dɯ^{33} ly^{33} mɯ^{33}
威 大 的 保 是 箭 六 支 的 有 是 一 支 天

n̡ə^{21} khæ^{55}, mɯ^{33} gə^{33} dy̩^{21} tshʅ^{21} tse^{21} tshʅ^{21} mɯ^{21} le^{33} zər^{21} se^{21}. | dɯ^{33} ly^{33} dy^{21} n̡ə^{21}
方向 射 天 的 毒鬼 仄鬼 下 又 压 了 一 支 地方 向

le^{33} khæ^{55}, dy^{21} gə^{33} thy̩^{33} tshʅ^{21} mu^{33} tshʅ^{21} le^{33} zər^{21} se^{21}. | lu^{55} ly^{33} n̡i^{33} me^{33} thy̩^{33}, n̡i^{33}
又 射 地 的 土鬼 猛鬼 又 压 了 四 支 东边 西边

me^{33} gy̩^{21} , ho^{33} gy̩^{33} lo^{21}, i^{33} tʂhʅ^{33} mɯ^{21} n̡ə^{21} ly^{21} le^{33} khæ^{55}, | lu^{33} bə^{21} tshʅ^{21} zər^{21} se^{21}. mi^{33}
北方 南边 方向 瞧 又 射 四 边 鬼 压 了 火

tshʅ^{21} tshə^{55} tshʅ^{21} le^{33} zər^{21} se^{21}. | lo^{21} ʂʅ^{33} lɑ^{33} phe^{33} le^{21} dɯ^{33} ʂuɑ^{21}, | tɕi^{55} guə^{33} bər^{21} guə^{33}
鬼 秽鬼 又 压 了 施 肉 前腿 一 块 水牛 牦牛

mu^{21} phe^{33} le^{21} dɯ^{33} ʂuɑ^{21}. | ho^{21} dər^{33} uæ^{33} tɕy^{21} bə^{21}, |
大腿肉 一 块 肋骨 短 左 一 边

大神们的六支箭，一支朝着天的方向射去，把天上的毒鬼、仄鬼镇压下去。一支朝着大地的方向射去，把大地上的土鬼、猛鬼镇压下去。剩下的四支箭朝着东边方向、南边方向、西边方向、北边方向射去，把四个方向上的所有鬼镇压下去，把火鬼秽鬼镇压下去。

把施食用的整支前腿，水牛、牦牛的一整条大腿肉，左边的一块短肋骨，

548-C-16-13

ho^{21} ʂər^{21} i^{21} tɕy^{21} bə^{21}, | by^{21} ʂɿ^{33} gv̩^{33} sy^{21}, | khv̩^{21} ʂɿ^{33} tshe^{33} sy^{21}, dʑi^{55} me^{33} mɯ^{55} khv̩^{21},
肋 长 右 一 边　外 肉 九 样　里 肉 十 样 烧 的 火 烟

tɕə^{55} me^{33} sɑ^{55} sɑ^{33}, | be^{21} dæ^{21} phv̩^{33} lɑ^{21} tʂhu^{55} pɑ^{33} be^{33}. | thɯ^{33} mə^{33} uɑ^{21} me^{33} | py^{33} bv̩^{21}
煮 的 蒸汽　本丹　神灵　天香　烧　这 不 是 的　祭司

gə^{21} mə^{33} dʐɿ^{21}, | zər^{33} thɑ^{55} zv̩^{55} me^{21} tər^{21} sy^{55} se^{21}. | py^{33} bv̩^{21} gə^{21} le^{33} dʐɿ^{21} se^{21}. | thɯ^{33}
上 不 坐　刀 利 抽 了 呆鬼 杀 了　祭司　上 又 坐 了　这

mə^{33} uɑ^{21} nɑ^{55} sɿ^{33}, hæ^{33} ʂɿ^{21} tsæ^{33} lər^{21} gə^{21} mə^{33} tʂhɿ^{33}. uɑ^{33} hər^{21} dɑ^{33} khə^{21} gə^{21} mə^{33}
不 是 的 话 金 黄 板铃　上 不 吊 松石 绿 法鼓　上 不

tʂhɿ^{33}, | zər^{33} thɑ^{55} tshɿ^{33} ne^{21} iə^{21} sy^{55}, dv̩^{21} ne^{21} tse^{21} sy^{55}, tər^{21} ne^{21} lɑ^{33} zər^{21} |
吊　刀 快 楚鬼 和 尤鬼 杀 毒鬼 和 仄鬼 杀 呆鬼 和 佬鬼 压

右边的一条长肋骨，外面的九种肉，里边的十种肉，用烧这些肉的烟子，煮这些肉的热气，给大神们作供养，供养各种神灵和本丹战神。若不是这样做，祭司们就不能到上边就座。若不是从刀鞘中抽出利刀把呆鬼杀了，祭司们也不会到上边就座，金黄色的板铃、松石般碧绿的法鼓也不会挂到上边的神座上去。用快刀杀掉了楚鬼、尤鬼，杀掉了毒鬼、仄鬼，镇压了呆鬼和佬鬼，

548-C-16-14

ȵi^{33} me^{33} he^{33} me^{33} the^{55} ȵi^{33} gə^{33} hæ^{33} ʂʅ^{21} tsæ^{33} lər^{21},uɑ^{33} hər^{21} dɑ^{33} khə^{21} gə^{21} le^{33} hæ^{55}. |
太阳 月亮 那样 的 金 黄 板铃 松石 绿 法鼓 上 又 挂

thɯ^{33} mə^{33} uɑ^{21} nɑ^{55} sɿ^{33}, ɕi^{33} dæ^{21} gə^{21} mə^{33} ʥʅ^{21}, | tər^{21} tshʅ^{21} le^{33} sy^{55} se^{21}, ɕy^{33} dæ^{21} gə^{21}
这 不 是 的话 人 能干 上 不 坐 呆鬼 又 杀 了 人 能干 上

le^{33} ʥʅ^{21}. | thɯ^{33} mə^{33} uɑ^{21} nɑ^{55} sɿ^{33}, dẓər^{33} su^{21} ẓər^{33} thɑ^{55} lɯ^{33} thɑ^{55} ʥi^{33} mə^{33} sɿ^{33}, | tər^{21}
又 坐 这 不 是 的话 兵器 刀 利 箭 利 鞘 不 装 呆鬼

tshʅ^{21} tʂhʅ^{33} uɑ^{21} le^{33} sy^{55} le^{33} zər^{21} se^{21}, | ẓər^{33} thɑ^{55} ʥi^{33} le^{33} khɯ^{55}, lɯ^{33} sɿ^{33} lɯ^{33} py̩^{33}
所有 又 杀 又 压 了 刀 快 鞘 又 放 弓 箭 套囊

khɯ^{55}, | be^{21} dæ^{21} dẓər^{21} dɯ^{21} thɯ^{33}, be^{21} uə^{33} lo^{21} nɯ^{33} gə^{21} le^{33} tɕi^{33}. | py^{33} by̩^{21} gy̩^{33} ʥi^{33}
放 本丹 威 大 是 本神 寨 里 由 上 又 放 祭司 衣服

phy̩^{33}, be^{21} uə^{33} khɯ^{33} nɯ^{33} gə^{21} le^{33} lo^{55}, | py^{33} by̩^{21} dẓər^{21} dɯ^{21} |
脱 本丹 寨 旁边 由 上 又 摞 祭司 威 大

才把太阳似的金黄色板铃，月亮似的绿松石法鼓挂在上边。若不是这样，能干的人还不能到上边就座，当呆鬼和佬鬼杀掉了，能干的人才能回到上边就座。若不是这样，各种兵器、快刀、利箭就不会进鞘，当把所有的呆鬼杀掉，镇压下去了，快刀才能回到刀鞘中，利箭才能回到箭囊之中，才能把具有强大威力的本丹战神送回到神寨之中去，才能把祭司身上的衣服脱掉，摞在本丹神寨旁，才能脱掉祭司具有强大神威的

548-C-16-15

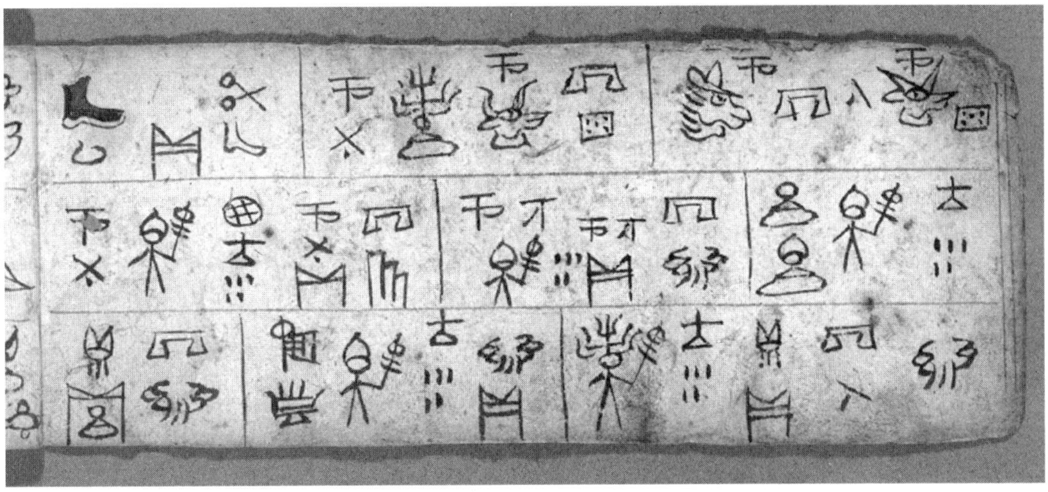

zɑ^{33} nɑ^{21} phy̩^{55}, be^{21} gə^{33} uə^{33} khɯ^{33} tɕi^{33}. | be^{21} dæ^{21} phy̩^{33} lɑ^{21} bər^{21} phər^{21} ky̩^{33} nɯ^{33} gə^{21}
靴 黑 脱 本丹 的 寨 旁 放 本丹 神 牦牛 白 上 由 上

le^{33} sʅ^{33}, | gu^{21} phər^{21}, y^{21} phər^{21} ky̩^{33} nɯ^{33} gə^{21} le^{33} sʅ^{33}. | phy̩^{33} lɑ^{21} be^{21} mu^{21} tʂhʅ^{33} uɑ^{21}
又 引 马 白 羊 白 上 由 上 又 引 神 本 兵 所有

me^{33}, phy̩^{33} lɑ^{21} uə^{33} ko^{33} lo^{21} nɯ^{33} gə^{21} le^{33} dʐʅ^{21}. | phər^{21} mu^{21},ʂæ^{21} mu^{21} tʂhʅ^{3} uɑ^{21} me^{33},
的 神 寨 里边 由 上 又 坐 盘神 兵 禅神 兵 所有 的

phər^{21} uə^{33} ʂæ^{21} uə^{33} lo^{21} nɯ^{33} gə^{21} le^{33} py̩^{55}. | o^{55} ne^{21} he^{21} gə^{33} mu^{21}dæ^{21} tʂhʅ^{33} uɑ^{21} me^{33}, |
盘神 寨 禅神 寨 里 由 上 又 送 沃神 和 恒神 的 兵 勇 所有 的

o^{55} uə^{33} ky̩^{33} gə^{21} le^{33} py̩^{55}, | gɑ^{33} ne^{21} u^{21} mu^{21} tʂhʅ^{33} uɑ^{21} me^{33}, gɑ^{33} uə^{33} ky̩^{33} gə^{21} le^{33}
沃神 寨 兵 上 又 送 胜神 和 吾神 兵 所有 的 胜神 寨 上 上 又

py̩^{55} | be^{21} dæ^{21} tʂʅ^{33} uɑ^{21} me^{33}, be^{21} uə^{33} ky̩^{21} gə^{21} le^{33} py̩^{55}. |
送 本丹 所有 的 本 寨 里 上 又 送

黑色靴子，放回到本丹神寨旁。把本丹战神从白牦牛、白马、白羊上引回到神地里去。让所有的神以及本丹战神的士兵，回到神寨里上坐。让所有的盘神兵、禅神兵回到盘神寨、禅神寨中去。把所有的沃神兵、恒神兵送回到沃神、恒神寨中去。把所有的胜神兵、吾神兵送回到胜神的神寨里去。把所有的本丹神兵送回到本丹神寨里去。

548-C-16-16

gɑ^{33} lɑ^{21} mu^{21} dæ^{21} tʂhʅ^{33} uɑ^{21} me^{33}, ɕə^{55} gə^{33} uə^{33} ȵə^{21} gə^{21} le^{33} py̩^{55}. | to^{33} kə^{21} iə^{33} mɑ^{21}
胜神 兵 勇 所有 的 雄 的 寨 里 上 又 送 端格 优麻

mu^{21}dæ^{21} tʂhʅ^{33} uɑ^{21} me^{33}, phər^{21} nɑ^{55} lɯ^{33} kæ^{33} tʂu^{55}, tshʅ^{33} ʂu^{33} phər^{21} me^{33} mi^{33} dzʅ^{33} tʂhʅ^{3}
兵 勇 所有 的 白 黑 地 相接 犁 铁 白 的 火 烧 这

huɑ^{33} huɑ^{21}me^{33} uə^{33} ko^{21} lo^{21} gə^{21} le^{33} py̩^{55}. | ȵi^{33} gə^{33} mu^{21} dæ^{21} tʂhʅ^{33} uɑ^{21} me^{33}, dʑy^{21} nɑ^{55}
熊熊 的 寨 里边 上 又 送 尼 的 兵 勇 所有 的 居那若罗

zo^{55} lo^{33} ky̩^{33} gə^{21} le^{33} py̩^{55}. | ʂy̩^{21} gə^{33} mu^{21} dæ^{21} tʂhʅ^{33} uɑ^{21} me^{33}, mɯ^{33} lɯ^{55} dɑ^{21} dʑi^{21} hɯ^{55}
上 上 又 送 署 的 兵 勇 所有 的 美利达吉 海

lo^{21} gə^{21} le^{33} py̩^{55}. | sɑ^{21} dɑ^{55} mu^{21} dæ^{21} tʂhʅ^{33} uɑ^{21} me^{33}, dʑi^{33} dʑə^{21} lɑ^{33} lər^{33} dy^{21} gə^{21} le^{33}
里 上 又 送 刹道 兵 勇 所有 的 人 住 辽阔 地 上 又

py̩^{55}. | phy̩^{33} lɑ^{21} mu^{21} dæ^{21} tʂhʅ^{33} uɑ^{21} me^{33}, mɯ^{33} tɕər^{21} tshe^{21} sʅ^{55} ty^{33} gə^{21} le^{33} py̩^{55}. | dʑi^{55}
送 神 兵 勇 所有 的 天 上 十 三 层 上 又 送 烧

me^{33} mɯ^{55} khɯ^{21} |
的 火烟

把胜神所有的勇敢的士兵，送回到“雄”（天上）的寨子里边去。把端格和优麻战神所有的勇敢士兵，送到黑白交接的地方铸造犁尖的、燃烧着熊熊大火的寨子里边去，把署族尼的所有勇敢士兵，送回到居那若罗神山上去。把署的所有勇敢士兵，送到美利达吉神海中去，把所有刹道的勇敢士兵，送回到人类居住的辽阔大地上去。把所有的勇敢的神兵送回到十三层天上去。用烧肉的火烟，

548-C-16-17

tɕə^{55} me^{33} sɑ^{55} sɑ^{33}, tʂhu^{55} pɑ^{33} kv̩^{33} nɯ^{33} gə^{21} le^{33} pv̩^{55}, | phv̩^{33} lɑ^{21} be^{21} dæ^{21} tʂhʅ^{33} uɑ^{21}
煮 的 气味 天香 上 由 上 又 送 神 本丹 所有

me^{33}, mɯ^{33} tɕər^{21} tshe^{21} ho^{55} ty^{33} gə^{21} le^{33} pv̩^{55}. | sɿ^{55} u^{21} phər^{21} mu^{21} ʂæ^{21} mu^{21} lər^{21} tsɿ^{33}
的 天 上 十 八 层 上 又 送 素 吾 盘神 兵 禅神 兵 叫 请

lər^{33} n̥i^{33} ʥy^{21} le^{33} dy^{55} ɯ^{33}, | khv̩^{21} ʥy^{33} le^{33} zɑ^{21} ɯ^{33}. | so^{21} n̥i^{33} lɑ^{33} mɯ^{33} sɿ^{55}, phv̩^{33} lɑ^{21}
喊 要 需要 又 请 易 请 时 又 降临 好 明天 也 后天 神灵

zɑ^{21} me^{33} sɿ^{33} phər^{21} ʐv̩^{21} lv̩^{33} khv̩^{33}, tshʅ^{33} ʂu^{33} phər^{21} me^{33} se^{33} do^{33} lu^{21} lu^{33} kv̩^{33}, tʂhuɑ^{33}
降 是 毡 白 神座 上 犁 铁 白 的 规矩 卢神石 上 米

phər^{21} kuɑ^{55}mu^{21} lo^{21}dɯ^{33}zɑ^{21} lu^{33}. | i^{33} dɑ^{21}、 py^{33} bv̩^{21}dʐ̩ər^{21} dɯ^{21} zɿ^{33} ʂər^{21} hɑ^{55} i^{33} ho^{55}. |
白 祭粮 里 一 降 来 主人 祭司 威 大 寿 长 日 久 愿

用煮肉的气味，和天香往上送。把所有的本丹神兵送回到十八层天上去。

素神和吾神保佑的盘神兵和禅神兵，当我们需要帮助时就来请你们，希望喊你们时容易喊，请你们及时降临来。在以后的日子里（明天和后天）若神灵们降临来，请你们降临在白色牦牛毡铺设的神座上，白铁犁尖按规矩竖起的卢神石上，请你们降临到白米做的祭粮里。愿这一户主人和具有大威灵的祭司健康长寿。

548-C-16-18

封底

（翻译：和宝林）

547-C-17-01

la^{33} lɯ^{21} khɯ^{55} • sɿ^{33} by̩^{33} phy̩^{33} sɿ^{55} tʂhər^{33} y^{21} ga^{33} la^{21} gə^{21} le^{33} py̩^{55}

大祭风·送三代斯补祖先胜利神

547-C-17 大祭风·送三代斯补祖先胜利神

【内容提要】

胜利神祖先，应该指参加过战争或在战场上阵亡的祖先。但在经书中却指每一位死去的祖先。这一户主人家、各种神灵和战神一道，把这一户主人家的三代胜利神祖先（这里指美利董主、崇忍利恩、高勒趣）及其他众多的祖先都请来了，要和各种神灵一起用各种财物和食品供养这些斯补（祖先）胜利神。然后，一一地把他们送回到他们的地方去，希望祭祀的神灵、战神和三代斯补祖先胜利神能赐福保佑家人。

【英文提要】

Great Sacrifice to Wind, Ascending the Ancestors of *sɿ by̩* (God of Victory) through Three Generations

Ancestors of victor should refer to those who jointed battle or died on the battlefield. In this book, however, it referred to each died ancestor. The family, with all gods and warlords, invoked ancestors through three generations (here referred to ***mɯ lɯ du dʑɿ, tsho ze lɯ ɯ*** and ***ga le tɕhy***) and other ancestors, who would be consecrated with foods and property by the family. Then, all these gods, warlords and sç bv（ancestor）victors were ascended back to where they belonged and blessed with bestowing felicity on the family.

547-C-17-02

第 1 行：“1132”为洛克藏书的标号，东巴文字为“大祭风仪式”。
第 2 行：用洛克音标注下此书用于“大祭风仪式”。
第 3 行：东巴文字为书名《送三代斯补祖先胜利神·施食》。
第 4 行：用洛克音标注下此书书名的纳西语读音。

547-C-17-03

mɯ^{33} lɑ^{33} kɯ^{21} tʂhʅ^{33} dʐʅ^{21}, kɯ^{21} dʐʅ^{21} tʂhʅ^{33} n̩i^{33} ɯ^{33}; dy^{21} lɑ^{33} zə̣^{21} tʂhʅ^{33} y^{21}, zə̣^{21} y^{21} tʂhʅ^{33}
天 也 星 所 长 星 长 这 天 好 地 也 草 所 生 草 生 今天

n̩i^{33} hər^{21}.｜uæ^{33} nɯ^{33} bi^{33} thy̩^{33} ly̩^{21}, bi^{33} thy̩^{33} tʂhʅ^{33} n̩i^{33} ly̩^{21}; i^{21} nɯ^{33} le^{21} tshe^{55} bu^{33}, le^{21}
绿 左 由 日 出 暖 日 出 今天 暖 右 由 月 光亮 月

tshe^{55} tʂhʅ^{33} n̩i^{33} bu^{33}.｜gə^{21} i^{33} lɑ^{33} sɑ^{21} do^{55} khɯ^{33} phər^{21}, gy̩^{33} dʐʅ^{21} khy̩^{55} tsʅ^{21} ɯ^{33}, khy̩^{55}
儿 这 天亮 上 是 拉萨 坡 脚 白 藏族 年 算 善 岁

lɑ^{33} tʂhʅ^{33} khy̩^{55} ɯ^{33};｜mi^{21} i^{33} by̩^{33} ly̩^{55} ʐʅ^{33} zɑ^{21} mæ^{33}, le^{33} by̩^{33} he^{33} tsʅ^{21} ɯ^{33}, he^{33} lɑ^{33}
也 这 岁 好 下 是 羊 牧 路 下 尾 白族 月 算 善 月 也

tʂhʅ^{33} he^{33} ɯ^{33}; | dʑi^{21} y^{21} ly^{55} gv̩^{33} hɑ^{55}, nɑ^{21} ɕi^{33} hɑ^{55} tsʅ^{21} ɯ^{33}, hɑ^{55} ɯ^{33} tʂhʅ^{33} dɯ^{33}
这 月 好 人 生 中间 聚 纳西 天 算 善 天 好 这 一

n̩i^{33}. | bi^{21} thv̩^{33} mə^{55} tʂhʅ^{33} n̩i^{33}, i^{33} dɑ^{21} ly^{55} gv̩^{33} py^{33} bv̩^{21} nɯ^{33}, sʅ^{33} phər^{21} ʐʅ^{21} lv̩^{33}
天 日 出 的 这 天 主人 利古 祭司 由 毡 白 神座

tɯ^{21}, tshʅ^{33} ʂu^{33} phər^{21} me^{33} se^{33} do^{33} lu^{21} lu^{33} tshʅ^{55}, ŋv̩^{21} hæ^{21} uɑ^{33} tʂhu^{21} nɯ^{33} i^{33} dɑ^{55}
设 犁 铁 白 的 按规矩 卢神 石 竖 银 金 松石 墨玉 由 酬金

be^{33} le^{33} tɕi^{33}. | bər^{21} y^{21} ʐʅ^{33} hɑ^{33} tʂhər^{21} nɑ^{55} ɕy^{55} mɑ^{21} tʂhu^{55} pɑ^{33} be^{33}, mɯ^{33} bv̩^{21} phər^{21}
做 又 放 牦牛 羊 酒 饭 肥肉 瘦肉 柏 油 天香 烧 天 下 盘神

ne^{21} ʂæ^{21}, gɑ^{33} ne^{21} u^{21}, o^{55} ne^{21} he^{21}, to^{33} kə^{21} iə^{33} mɑ^{21} sʅ^{21} ɕi^{33} tʂhuɑ^{55} tshər^{21} tʂhu^{55}
和 禅神 胜神和 吾神 沃神和 恒神 端格 优麻 三 百 六十 天香

pɑ^{33} be^{33}. |
烧

天上所有的星星，今天长得格外好，大地上所生长的草儿，今天长得格外碧绿，左边的太阳暖融融，今天的太阳格外暖和，右边的月色明亮，今晚的月色分外明。住在拉萨白色山脚的藏族善于推算年份，今年的年份好；住在牧羊路下方的白族善于推算月份，这月最好；住在中央的纳西人善于推算日子，今天是个好日子。在日出的这一天，这一户主人家请利古祭司做祭祀，祭司用白色牦牛毡子铺神座，白铁犁尖按规矩竖成卢神石，白米做祭粮倒在神座的簸箕里，用金银、墨玉、松石做神的酬金。用牦牛、羊、酒、饭、肥肉、瘦肉、柏枝、酥油烧天香，供养天下的盘神、禅神、胜神、吾神、沃神、恒神，来供养三百六十尊端格和优麻战神。

547-C-17-04

ə^{33} so^{13} he^{21} gə^{33} nɯ^{21} phər^{21},bu^{21} ʂʅ^{33} nɑ^{55} dʑi^{33} dʑi^{33}, tʂhər^{33} dʑi^{33} dʑi^{33}, ʐʅ^{33} ne^{21} hɑ^{33} nɯ^{33}
最初 神 的 羊 白 猪 肉 肉 精精 肥肉 油汪汪 酒 和 饭 由

mɯ^{33} by̩^{21} phər^{21} ne^{21} ʂæ^{21}, gɑ^{33} ne^{21} u^{21}, phy̩^{33} sɿ^{55} tʂhər^{33} gə^{33} y^{21} gɑ^{33} lɑ^{21} sɿ^{21} ɕi^{33} tʂhuɑ^{55}
天 下 盘神 和 禅神 胜神 和 吾神 祖 三 代 的 祖先 胜利神 三 百 六

tshər^{21} khɯ^{33} mu^{33} dɯ^{33} ɯ^{33} dʑi^{33}, se^{33} me^{21} dɯ^{33} ɯ^{33} gu^{21}. | ə^{33} i^{33} nɯ^{21} kho^{55} æ^{33} tɕə^{55} se^{21},
十 全牲 一 份 供 饱满粮 一 份 献 现在 牲 杀 粮 煮 了

nɑ^{33} dʑi^{33} dʑi^{33} tʂhər^{21} dʑi^{33} dʑi^{33}, zʅ^{33} ne^{21} hɑ^{33} le^{33} mi^{55} se^{21}. | zʅ^{33} tshər^{33} hɑ^{33} tshər^{33} ho^{33}
肉 精精 肥肉 油 油 酒 和 饭 又 熟 了 酒 热 饭 热 汤

tshər^{33} lo^{21},mɯ^{33} by̩^{21} phər^{21} ne^{21} ʂæ^{21}, gɑ^{33} ne^{21} u^{21}, o^{55} ne^{21} he^{21} zʅ^{33} i^{21} hɑ^{33} i^{21} me^{33} nɯ^{33}
热 施 天 下 盘神 和 禅神 胜神 和吾神 沃神和 恒神 酒 好 饭 的 由

ʂʅ^{21}, | phy̩^{33} sɿ^{55} tʂhər^{33} gə^{33} y^{21} gɑ^{33} lɑ^{21} sɿ^{21} ɕi^{33} tʂhuɑ^{55} tshər^{21}, hɑ^{33} i^{21} me^{33} nɯ^{33} ʂʅ^{21}. |
施 祖 三 代 的 祖先 胜利神 三 百 六十 饭 好 的 由 施

mɯ^{33} by̩^{21} phər^{21} ne^{21} ʂæ^{21}, gɑ^{33} ne^{21} u^{21}, o^{55} ne^{21} he^{21}, | phy̩^{33} sɿ^{55} tʂhər^{33} gə^{33} y^{21} gɑ^{33}
天 下 盘神 和 禅神 胜神 和 吾神 沃神 和 恒神 祖 三 代 的 祖先 胜利神

lɑ^{21}, hɑ^{33} i^{21} mə^{33} ly^{21} me^{33}, dʐʅ^{33} mə^{33} n̥i^{33} i^{33} ky̩^{55}. |
饭 是 不 去除 是 吃 不 要 也 会

起先，已经用神的白绵羊、肉精精的瘦肉、油汪汪的肥肉和各种粮食，给天下的盘神、禅神、胜神、吾神和三百六十尊三代祖先胜利神，献过全牲和饱满的粮食了。现在，牺牲已宰杀，粮食已下锅煮熟，肉精精的瘦肉、油汪汪的肥肉、白酒和饭都已经煮熟了，要用热酒、热饭、热汤来施食，要给天下的盘神、禅神、胜神、吾神和三百六十尊三代祖先神施食。但是，若不去除肉食和饭中的不净物，天下的盘神、禅神、胜神、吾神、沃神和恒神，以及三代祖先胜利神会吃不下去，

547-C-17-05

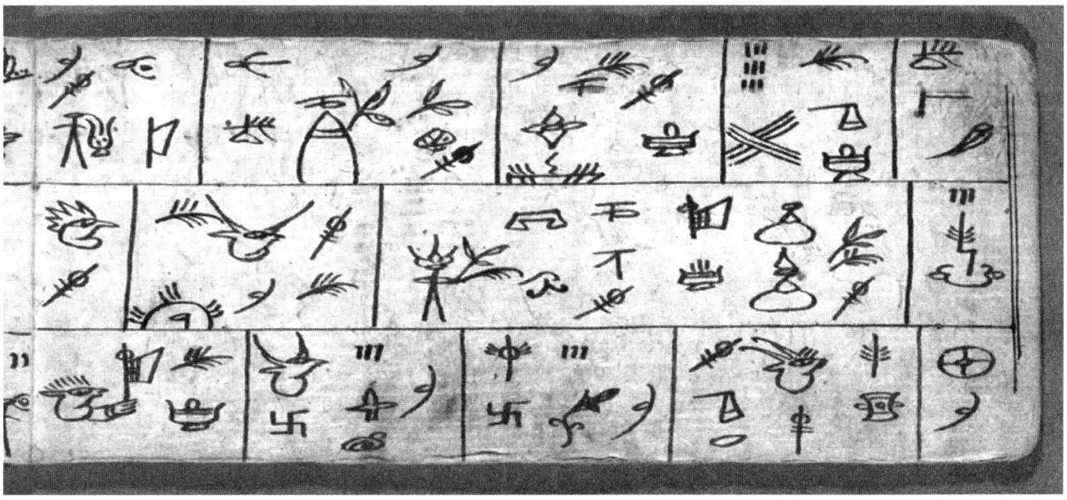

mə^{33} ly^{21} bɯ^{33} me^{33} thɯ^{21} khu^{33} khɑ^{33} i^{33} ky̩^{55}. | ə^{33} so^{13} phər^{21} dʑy^{21} ky̩^{33}, dʑər^{21} mə^{33} dʐʅ^{21}
不 去除 去 是 喝 嘴 苦 也 会 最初 白 山 上 树 未 长

nɯ33 mu21 sɿ33 dʑɿ21, mu21 tshe55 pɑ21 nɯ33 ly21. | dʑi33 dʑə21 lɑ33 lər33 dy21, zə21 mə33 hər21
就 杜鹃 先 长 杜鹃 叶 宽 由 去除 人生 辽阔 地 草 不 绿

nɯ33 pɯ55 sɿ33 hər21, pɯ55 khɯ33 phər21 nɯ33 hɑ33 le33 ly21. | gy55 zʅ33 dʑɿ21 gə33 pɯ33 ʂu21
就 蒿 先 绿 蒿 根 白 由 饭 又 去除 九 路 会 的 蒿 纯

pɯ33 nɯ33 ly21, | so33 ʂuɑ21 ky21, æ21 khɯ33 mə33 tʂhər33 gə33 dʑi21 ʂu21 dʑi21 nɯ33 ly21, | ko33
蒿 由 去除 岭 高 处 鸡 脚 不 洗 的 水 纯 水 由 去除 高原

ʂuɑ21 ko21 ky33 phər21, by33 nɯ33 mə33 guə33 gə33 pɯ55 hər21 me33 nɯ33 ly21. | ly55 gy33
顶 上 白 羊儿 由 不 舔 的 蒿 绿 的 由 去除 利古

py33 by21 nɯ33, ʂo33 ʂuɑ21 mi33 thy21 tʂʅ55, gə21 i33 phər21 ne21 ʂæ21, gɑ33 ne21 u21, o55 ne21 he2
祭司 由 梭刷 火 把 点 上 是 盘神 和 禅神 胜神和 吾神沃神 和 恒神

so33 ʂuɑ21 me33 nɯ33 ly21, | sɿ55 tʂhər33 sɿ33 by33 y21 gɑ33 lɑ21 hɑ33 lɑ33 ly21, | ly21 le33 mu33
梭刷 的 由 去除 三 代 祖先 祖先 胜利神 饭 也 去除 去除又 牺牲

ɯ33 sɿ33 sy21 tshə55 mə33 tæ55, | dʑe33 ɯ33 sɿ33 sy21 dy21 mə33 i33, | ly21 le33 ʂu33 ʂu21 le33
好 三 样 秽 不 沾 粮 好 三 样 毒 不 有 去除又 纯 净 又

gy33 se21, ly21 ɕy55 mɯ33 to21 ʂʅ33 le33 fæ33. | bi21 thy33 mə55 tʂhʅ33 ɲi33, |
成 了 去除 下 背后 死 又 去 日 出 的 这 天

若不去除秽物，喝时会苦口。最初，白色的山上树木未生长，先长出杜鹃树，用宽叶杜鹃树枝来除秽。在人类居住的辽阔大地上，草类未发芽，蒿枝先发芽，用白根蒿枝去除饭中的秽物。用九条路交会处干净的蒿枝除秽，用高原上不曾被野鸡洗过脚的净水洗秽，用高原上未曾被羊舔食的蒿草来除秽。利古祭司用梭刷火把（除秽火把）为天上盘神、禅神、胜神、吾神、沃神、恒神除秽，为三代祖先胜利神除秽，为献给祖先的饭和三种牺牲去除秽物。去除后三种牺牲不粘秽，三种粮食没有毒，他们吃的东西都纯净了。让清除出的秽物死在下边的地方。

太阳晴朗的今天，

547-C-17-06

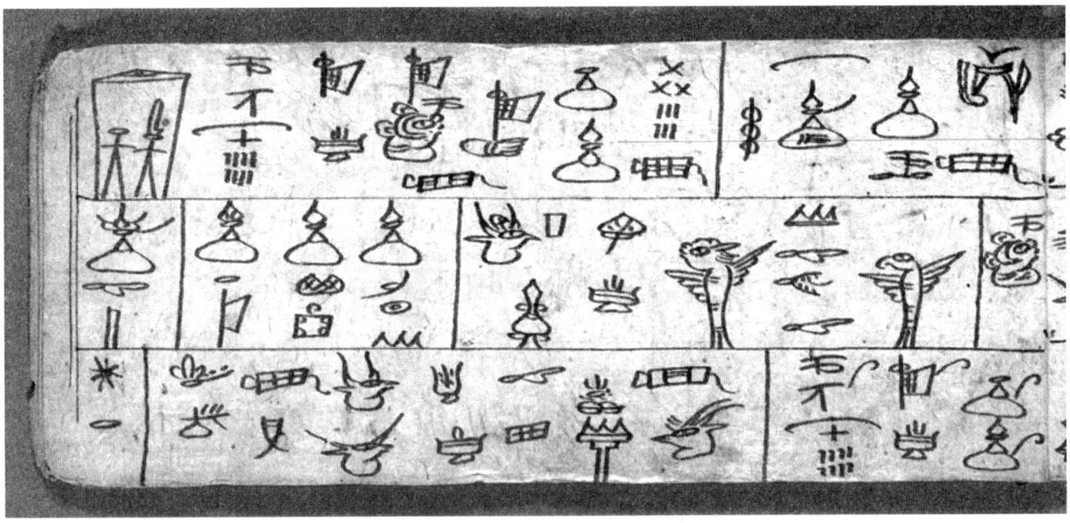

i^{33} dɑ^{21} tʂhʅ^{33} dɯ^{33} dʑi^{21}, mɯ^{33} tɕər^{21} tshe^{21} ho^{55} ty^{33}, phər^{21} ne^{21} ʂæ^{21}, gɑ^{33} ne^{21} u^{21}, phy̩^{33} lɑ^{21}
主人 这 一 家 天 上 十八 层 盘神 和 禅神 胜神 和 吾神 神

gɑ^{33} lɑ^{33} sɿ^{21} ɕi^{33} tʂhuɑ^{55} tshər^{21} khy̩^{21}, o^{55} ne^{21} he^{21} le^{33} khy̩^{21}. | tɕy^{55} ttshu^{21}, mɯ^{33} tɕər^{21} sɑ^{21}
胜神 三 百 六十 请 沃神 和 恒神 又 请 最初 天 上

lɯ^{55} uə^{33} de^{21}, he^{21} dɯ^{21} uɑ^{33} phər^{21}, i^{33} gy̩^{33} o^{33} kə^{21} khy̩^{21}. | to^{33} bɑ^{33} ʂər^{55} lər^{33}, | he^{21} i^{33}
刹依威德 恒迪窝盘 依古阿格 请 东巴什罗 恒依格空

kɯ^{21} khu^{55}, se^{55} se^{33} khə^{33} dʑə^{21}, mɑ^{55} mi^{33} pɑ^{33} lɑ^{33} khy̩^{21}, | to^{21} tshy^{55} kə^{55} by̩^{33}, pɑ^{33} u^{33}
胜生柯久 冒米巴拉 请 铎趣构补 巴乌优麻

iə^{33} mɑ^{21}, mi^{21} ʂʅ^{33} gɯ^{21} ʂʅ^{33} iə^{33} mɑ^{21}, | phy̩^{33} lɑ^{21} ty̩^{33} ty̩^{21} kɯ^{33} kɯ^{21} khy̩^{21}. | ə^{33} so^{13} khy̩^{21}
明史格施 优麻 神 千 千 万 万 请 刚才 请

me^{33}, bər^{21} y^{21} ʐʅ^{33} hɑ^{33} tʂhər^{21} nɑ^{55} ɕy^{55} mɑ^{21} tʂhu^{33} pɑ^{33} ky̩^{33} nɯ^{33} le^{33} khy̩^{21} se^{21}. | mɯ^{33}
是 牦牛 羊 酒 饭 肥肉 瘦肉 柏 酥油 天香 上 由 又 请 了 天

tɕər^{21} tshe^{21} ho^{55} ty^{33}, gɑ^{33} ne^{21} u^{21}, o^{55} ne^{21} he^{21} nɯ^{33} gy̩^{33} ly̩^{21} dɯ^{33} be^{33} lu^{33}. |
上 十 八 层 胜神 和 吾神 沃神 和 恒神 由 赐福 一 做 来

这一户主人家，迎请十八层天上的盘神、禅神、胜神、吾神、沃神、恒神和三百六十尊胜神。迎请了最早产生的天上的刹依威德、恒迪窝盘、依古阿格诸位大神，迎请了东巴什罗、恒依格空、胜生柯久、冒米巴拉、铎趣构补（大鹏鸟）、巴乌优麻、明史格施优麻等诸位大神，迎请了千千万万的神灵。刚才，这一户主人家用牦牛、羊、酒、饭、肥肉、瘦肉、柏枝、酥油烧天香迎请了诸神。请天上十八层的胜神、吾神、沃神、恒神，给这一户主人家赐下福分。

547-C-17-07

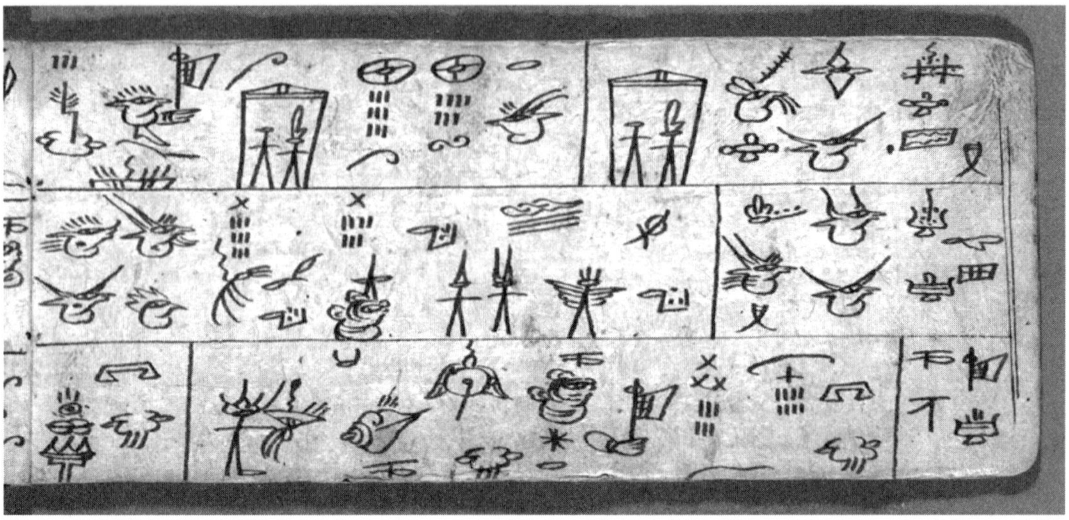

sɿ33 by̩33 phy̩33 sɿ55 tʂhər33 gə33 y21 gɑ33 lɑ21, i33 dɑ21 tʂhʅ33 ʥi21 tɕər21, gy̩33 ly̩21 gɑ33 le33 le33
斯补 祖 三 代 的 祖先 胜利神 主人 这 家 上 赐福 保佑 又

thy̩55 se33, gy̩33 ȵi33 gy̩33 ly̩21 , ʂər33 ȵi33 kɑ33 le21 le33 gy̩33 se21. | i33 dɑ21 tʂhʅ33 dɯ33 ʥi21,
做 了 九 天 赐福 七 天 保佑 又 成 了 主人 这 一 家

khy̩55 me55 khy̩55 dɯ33, zʅ33 me55 zʅ33 dɯ33. nɯ21 me55 nɯ21 dɯ33, uɑ21 me55 uɑ21 dɯ33, hɯ21
岁 要 岁 得 寿 要 寿 得 福 要 福 得 泽 要 泽 得 富

me55 hɯ21 dɯ33, ʥæ33 me55 ʥæ33 dɯ33 me33. | bu21 nɑ21 y21 nɑ21, tshʅ55 nɑ33 æ21 nɑ21 nɯ33,
要 富 得 豪 要 豪 得 是 猪 黑 羊 黑 山羊 黑 鸡 黑 由

gy̩33 tshər21 tshʅ33 ne21 iə21 dʐu33 ʐuɑ21, ʂər33 tshər21 tər21 ne21 lɑ33 dʐu33 ʐuɑ21, dy̩21 ne21 tse21,
九十 楚鬼 和 尤鬼 债 还 七十 呆鬼 和 佬鬼 债 还 毒鬼 和 仄鬼

tɕi21 ne21 hər33, zɑ21 ne21 ze21 dʐu33 ʐuɑ21. | ə33 i33 me33, bər21 y21 ʐʅ33 hɑ33 tʂhər21 nɑ55 ɕy55
云鬼 和 风鬼 饶鬼 和 壬鬼 债 还 现在 是 牦牛 羊 酒 饭 肥肉 瘦肉 柏枝

mɑ21 tʂhu55 pɑ33 ky̩33 nɯ33 gə21 le33 py̩55. | ly55 ky̩33 py33 by̩21 hæ33 ʂʅ21 tsər33 lər21 do55, dy̩33
酥油 天香 上 由 上 又 送 利古 祭司 金 黄 板铃 摇 海螺

phər21 mu21 kho33mu21, uɑ33 hər21 dɑ33 khə21 lɑ55, phy̩33 lɑ21 ty̩33 ty̩21 kɯ33 kɯ21. gɑ33 lɑ21
白 螺号 吹 绿松石 法鼓 打 神 千 千 万 万 胜利神

sɿ21 ɕi33 tʂhuɑ55 tshər21, mɯ33 tɕər21 tshe21 ho55 ty33 gə21 le33 py̩55, | phər21 ʂæ21 gɑ33 u21
三 百 六十 天 上 十八 层 上 又 送 盘神 禅神 胜神 吾神

斯补三代祖先胜利神，也给这一户主家赐福、保佑，人们已经得到他们九天的赐福，七天的保佑。这一户主家已经向诸神祈求寿岁，得到了寿岁；祈求福泽，得到了福泽；祈求富裕得到了富裕。这一户主人家，用黑猪、黑绵羊、黑山羊、黑鸡，偿还了九十个楚鬼、尤鬼索取的债，偿还了七十个呆鬼、佬鬼索取的债，偿还了毒鬼、仄鬼、云鬼、风鬼、饶鬼、壬鬼索取的债。现在，要用牦牛、羊、酒、饭、肥肉、瘦肉、柏枝、酥油烧天香，把诸神送回去，利古祭司摇晃金黄色板铃、敲打绿松石法鼓、吹响白海螺螺号，把千千万万的神灵，三百六十尊胜利神送回到天上去，要把盘神、禅神、胜神、吾神、

547-C-17-08

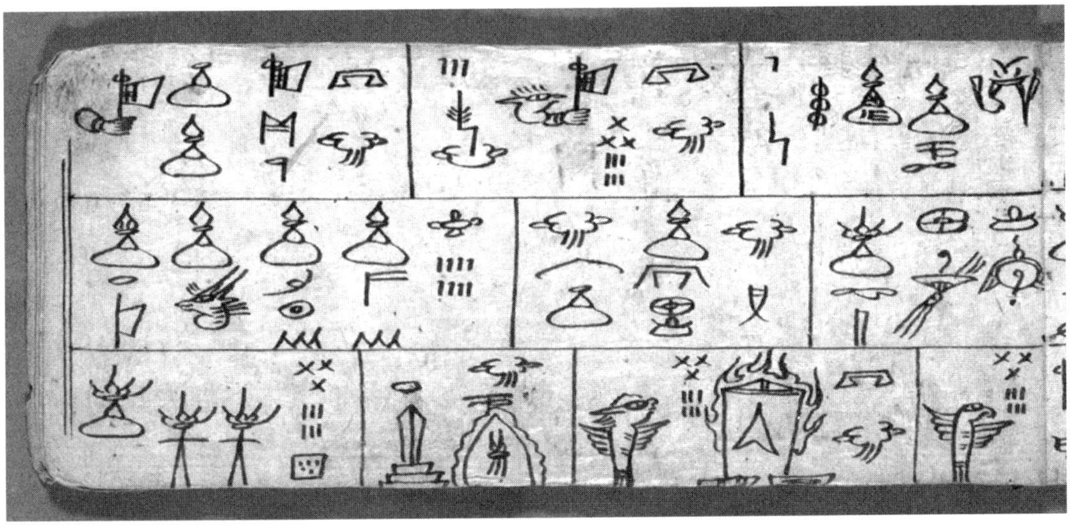

gɑ^{33} lɑ^{21} o^{55} ne^{21} he^{21} gɑ^{33} uə^{33} ko^{33} lo^{21} gə^{21} le^{33} pv̩^{55}, | sɿ^{33} bv̩^{33} phv̩^{33} sɿ^{55} tʂər^{33} y^{21} gɑ^{33}
胜利　沃神　和　恒神　胜神　寨　里边　上　又　送　斯补　祖　三　代　胜神

lɑ^{21} sɿ^{21} ɕi^{33} tʂhuɑ^{55} tshər^{21} gə^{21} le^{33} pv̩^{55}. | dɯ^{33} tʂhər^{55} tɕy^{55} tʂhu^{21} sɑ^{21} i^{33} uə^{33} de^{21}, he^{21}
三　百　六十　上　又　送　一　代　最早　刹依威德

dɯ^{21} uɑ^{33} phər^{21}, i^{33} gv̩^{21} o^{33} kə^{21}, | he^{21} i^{33} kɯ^{21} ku^{55}, se^{55} se^{33} khə^{33} dʑə^{21}, mɑ^{55} mi^{33} pɑ^{33}
恒迪窝盘　依古阿格　恒依格空　胜生柯久　冒米巴拉

lɑ^{33}, ʂuɑ^{33} ʂuɑ^{21} ɕy^{33} ɕy^{21} kv̩^{33} nɯ^{33} dʑɿ^{21} me^{33} he^{21} dɯ^{21} ho^{55} kv̩^{33}, | mɯ^{33} kv̩^{33} gə^{21}
高高　低低　处　由　住　的　神　大　六　个　天　上　上

le^{33} pv̩^{55}, o^{55} ne^{21} he^{21} gə^{33} ɲi^{33} me^{33} he^{33} me^{33} uə^{33} ko^{33} lo^{21} gə^{21} le^{33} pv̩^{55} me^{55}. | to^{33}
又　送　沃神　和　恒神　的　太阳　月亮　寨　里边　上　又　送　要

bɑ^{33} ʂər^{55} lər^{33} hæ^{33} ʂɿ^{21} tsər^{33} lər^{21}ɲi^{33} me^{33} dɯ^{33} me^{33} do^{55}, uɑ^{33} hər^{21} dɑ^{33} khə^{21} he^{33} me^{33}
东巴什罗　金　黄　板铃　太阳　大　的　摇　松石　绿　法鼓　月亮

dɯ^{33} me^{33} lɑ^{55}, | ti^{33} tsɿ^{33} gə^{21} bɑ^{21} sɿ^{21} ɕi^{33} tʂhuɑ^{55} tshər^{21} gu^{21} nɯ^{33} sɿ^{33}, dʑy^{21} nɑ^{55} zo^{55}
大　的　敲　弟子　格巴　三　百　六十　后　由　引　居那若罗

lo^{33} kv̩^{33}, i^{21} pu^{33} phər^{21} me^{33} kv̩^{55} dʑi^{21} bv̩^{21} gə^{21} le^{33} pv̩^{55}. | iə^{33} mɑ^{21} sɿ^{21} ɕi^{33} tʂhuɑ^{55}
上　绸缎　白　的　上　帐篷　上　又　送　优麻　三　百　六十

tshər^{21}, tshʅ^{33} ʂu^{33} phər^{21} me^{33} mi^{33} dzʅ^{33} tʂhʅ^{33} hua^{33} hua^{21} gə^{33} uə^{33} ko^{33} lo^{21} gə^{21} le^{33}
犁 铁 白 的 火 烧 熊熊 的 寨 里边 上 又

pv̩^{55}. | tho^{33} kə^{21} sʅ^{21} ɕi^{33} tʂhua^{55} tshər^{21}
送 端格 三 百 六十

沃神、恒神，所有的胜利神，送回到胜神的寨子里边去。把三百六十位三代斯补祖先胜利神送上去。要把最早出世的刹依威德大神、恒迪窝盘大神、依古阿格大神、恒依格空大神，胜生柯久大神、冒米巴拉大神，住在高高低低地方的八位大神，送回到天上沃神、恒神的太阳、月亮寨子里边去。东巴什罗摇晃着太阳似的金黄板铃、敲打着月亮似的绿松石法鼓，要让其带领着六十位格巴弟子，回到居那若罗神山上的绸缎帐篷之中去。要把三百六十尊优麻战神，送回到黑白交接的地方，燃烧着熊熊大火的、铸造白铁犁尖的寨子里边去。要把三百六十尊端格战神

547-C-17-09

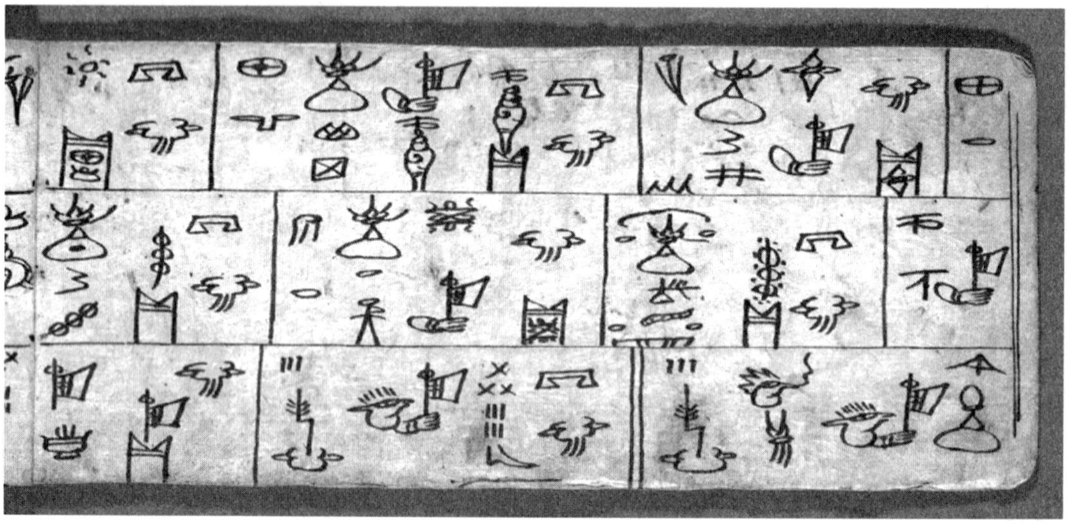

bu^{33} dɯ^{21} lu^{55} la^{33} gə^{33} ȵi^{33} me^{33} he^{33} me^{33} uə^{33} ko^{33} lo^{21} gə^{21} le^{33} pv̩^{55}. | ȵi^{33} me^{33} thv̩^{33} gə^{21}
光 大 四射 的 太阳 月亮 寨 里边 上 又 送 东方

tshe^{55} tshe^{55} bv̩^{33} dv̩^{33} phər^{21} ga^{33} la^{21}, dv̩^{33} phər^{33} uə^{33} ko^{33} lo^{21} gə^{21} le^{33} pv̩^{55}. | i^{33} tʂhʅ^{33}
格衬称补 海螺 白 胜利神 海螺 白 寨 里边 上 又 送 南方

mi^{21}, se^{55} ʐʅ^{33} mi^{21} gu^{33} ua^{33} hər^{21} ga^{33} la^{21}, ua^{33} hər^{21} uə^{33} ko^{33} lo^{21} nɯ^{33} gə^{21} le^{33} pv̩^{55}. |
胜日明恭 松石 绿 胜利神 松石 绿 寨 里边 由 上 又 送

ȵi^{33} me^{33} gv̩^{21}, na^{55} se^{33} tshu^{33} lu^{21} tʂhu^{33} na^{55} uə^{33} ko^{33} lo^{21} nɯ^{33} gə^{21} le^{33} pv̩^{55}. | ho^{33} gv̩^{33}
西方 纳生初卢 墨玉 黑 寨 里边 由 上 又 送 北方

lo^{21}, gv̩^{33}se^{55} khə^{33} ba^{33} hæ^{33} ʂʅ^{21} ga^{33} la^{21}, hæ^{33}ʂʅ^{21} uə^{33} ko^{33} lo^{21}nɯ^{33} gə^{21} le^{33} pv̩^{55}. | mɯ^{33}
古生抠巴 金 黄 胜利神 金 黄 寨 里边 由 上 又 送 天

le^{33} dy^{21} zv̩^{55} gv̩^{33}, so^{33}y^{21} tsi^{55} gv̩^{33} tʂhu^{33} dʑæ^{21} uə^{33} ko^{33} lo^{21} nɯ^{33} gə^{21} le^{33} pv̩^{55}. | phər^{21}
和 地 中央 梭余晋古 墨玉 花 寨 里边 由 上 又 送 盘神

ne^{21} ʂæ^{21} gɑ^{33} lɑ^{21}, gɑ^{33} ne^{21} u^{21} gɑ^{33} lɑ^{21}, gɑ^{33} uə^{33} lo^{21} gə^{21} le^{33} pv̩^{55}. | phv̩^{33} sɿ^{55} tʂhər^{33}
和 禅神 胜利神 胜神 和 吾神胜利神 胜神 寨 里 上 又 送 祖 三 代

gə^{33} y^{21} gɑ^{33} lɑ^{21} sɿ^{21} ɕi^{33} tʂhuɑ^{55} tshər^{21} gə^{21} le^{33} pv̩^{55}. | tɕy^{55} kv̩^{33}, sɿ^{33} bv̩^{33} phv̩^{33} sɿ^{33}
的 祖先 胜利神 三 百 六十 上 又送 最早 斯补 祖 三

tʂhər^{33} gə^{33} y^{21} gɑ^{33} lɑ^{21}, mɯ^{33} lɯ^{55} du^{21} dʑɿ^{33}
代 的 祖先 胜利神 美利董主

送回到光辉灿烂的太阳、月亮寨子里边去。把东方海螺般洁白的格衬称补大神，送回到海螺般洁白的寨子里边去。把南方松石般碧绿的胜日明恭胜神，送回到松石般碧绿的寨子里边去。把西方墨玉般黝黑的纳生初卢大神，送回到墨玉般的黑色寨子里边去。把北方金黄色的古生抠巴胜利神，送回到金黄寨子里边去。把天地中央花墨玉般的梭余晋古大神，送回到花墨玉色的寨子里去。把盘神、禅神、胜神之胜利神，送回到胜者的寨子里边去。把三百六十尊三代祖先胜利神送回去。把三代斯补祖先中最早一代的祖先胜利神，送到美利董主

547-C-17-10

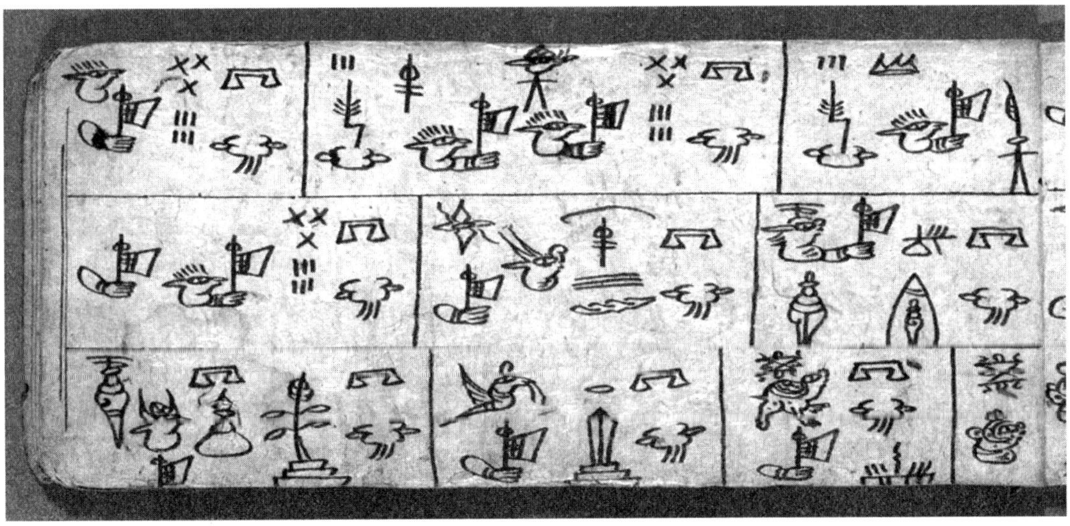

gə^{33} y^{21} gɑ^{33} lɑ^{21} sɿ^{21} ɕi^{33} tʂhuɑ^{55} tshər^{21} khə^{21} gə^{21} le^{33} pv̩^{55}, | tɕy^{55} ly^{55} gə^{33} sɿ^{33} bv̩^{33}
的 祖先 胜利神 三 百 六十 前 上 又 送 居中 的 斯补

phv̩^{33} sɿ^{55} tʂhər^{33} y^{21} gɑ^{33} lɑ^{21}, tsho^{21} ze^{33} lɯ^{55} ɯ^{33} y^{21} gɑ^{33} lɑ^{21} sɿ^{33} ɕi^{33} tʂhuɑ^{55} tshər^{21}
祖 三 代 祖先 胜利神 崇忍利恩 祖先 胜利神 三 百 六十

khə^{21} gə^{21} le^{33} pv̩^{55}. | tɕy^{55} mi^{21} gə^{33} sɿ^{33} bv̩^{33} phv̩^{33} sɿ^{55} tʂhər^{33} y^{21} gɑ^{33} lɑ^{21}, kɑ^{33} le^{21}
前 上 又 送 最 下 的 斯补 祖 三 代 祖 胜利神 高勒趣

tshy^{21} y^{21} gɑ^{33} lɑ^{21} sɿ^{21} ɕi^{33} tʂhuɑ^{55} tshər^{21} khə^{21} gə^{21} le^{33} pʏ^{55}. | uɑ^{33} hər^{21} mɯ^{33} dʐər^{33}
祖先胜利神 三 百 六十 前 上 又 送 松石 绿 青龙

gɑ^{33} lɑ^{21}, mɯ^{33} ly^{55} gʏ^{33} nɯ^{33} gə^{21} le^{33} pʏ^{55}. | dʏ^{33} phər^{21} se^{33} gɯ^{33} gɑ^{33} lɑ^{21}, dʏ^{33} phər^{21}
胜利神 天 中央 由 上 又 送 海螺 白 狮子 胜利神 海螺 白

dʑy^{21} ʂuɑ^{21} so^{33} ʂuɑ^{21} kʏ^{33} nɯ^{33} gə^{21} le^{33} pʏ^{55}. | dʏ^{33} phər^{21} ɕə^{33} tɕhy^{21} gɑ^{33} lɑ^{21}, he^{21} i^{33}
山 高 岭 高 处 由 上 又 送 海螺 白 大鹏 胜利神 含依巴达

bɑ^{33} dɑ^{21} dʑər^{21} kʏ^{33} nɯ^{33} gə^{21} le^{33} pʏ^{55}. | lʏ^{21} dʑə^{33} gɑ^{33} lɑ^{21},dʑy^{21} nɑ^{55} zo^{55} lo^{33} kʏ^{33} nɯ^{33}
树 上 由 上 又 送 鲁玖 战神 居那若罗 上 由

gə^{21} le^{33} pʏ^{55}. | hæ^{33} ʂɿ^{21} pɑ^{55} me^{33} gɑ^{33} lɑ^{21}, dʑi^{33} dʑə^{21} lɑ^{33} lər^{33} dy^{21} nɯ^{33} gə^{21} le^{33}
上 又 送 金 黄 蛙 大 胜利神 人 住 辽阔 地 由 上 又

pʏ^{55}. | hæ^{33} ʂɿ^{21} bə^{33} dɯ^{21} lɑ^{33} ʂɿ^{21} gɑ^{33} lɑ^{21}
送 金子 黄 掌 大 虎 黄 胜利神

及三百六十尊祖先胜利神居住的地方去。把三代斯补祖先中居中一代的祖先胜利神，送回到崇忍利恩及三百六十位祖先胜利神居住的地方去。把三代斯补祖先中最晚一代的祖先胜利神，送到高勒趣及三百六十位祖先居住的地方去。把松石般碧绿的青龙战神，送回到蓝天的中央地方去。把海螺般洁白的狮子胜神，送回到高山峻岭上去。把海螺般洁白的大鹏鸟胜利神，送回到含依巴达神树上去。把鲁玖战神送回到居那若罗神山上去。把金黄大蛙胜利神，送回到辽阔大地上去。把金黄色巨掌黄虎胜利神，

547-C-17-11

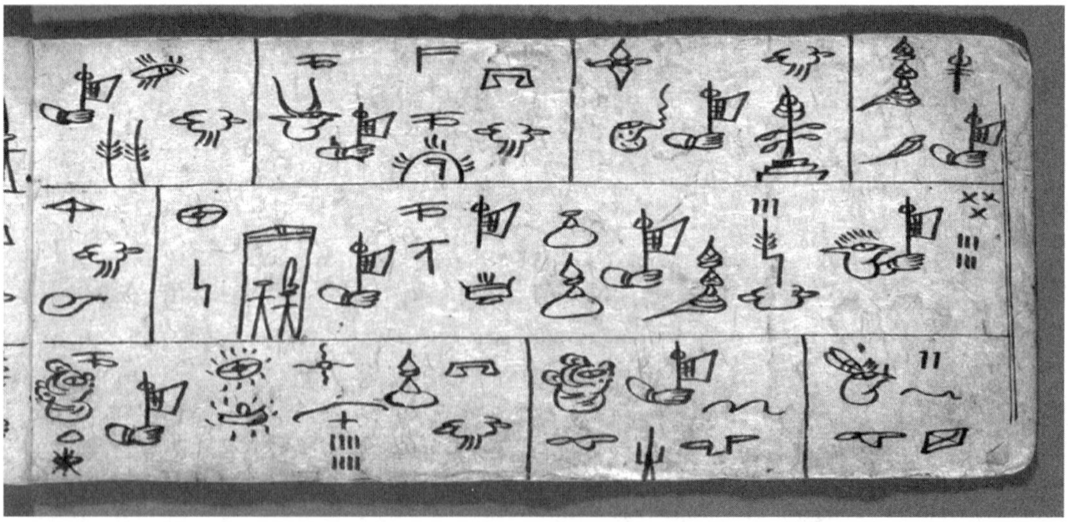

lɯ^{55} tshu^{21} lɯ^{55} nɑ^{21} kho^{55} le^{33} pʏ^{55}. | bər^{33} phər^{21} gɑ^{33} lɑ^{21} ko^{21} ʂuɑ^{21} ko^{21} kʏ^{33} phər^{21}
林 密 林 黑 处 又 送 牦牛 白 胜神 高原 高 原 上 白

gə^{21} le^{33} pv̩^{55}. | uɑ^{33} hər^{21} tɕər^{55} pu^{33} gɑ^{33} lɑ^{21}, he^{21} i^{33} bɑ^{55} dɑ^{21} ʥər^{21} le^{33} pv̩^{55}. | ly^{13} i^{33}
上 又 送 松石 绿 布谷鸟 胜利神 含依巴达 树 又 送 律依景补

dʐi^{33} bv̩^{33} gɑ^{33} lɑ^{21}, mɯ^{33} lɯ^{55} dɑ^{21} ʥi^{21} hɯ^{55} le^{33} pv̩^{55}. | tʂhʅ^{33} ȵi^{33}, i^{33} dɑ^{21} tʂhʅ^{33}
胜利神 美利达吉 海 又 送 今天 主人 这

dɯ^{33}tʂhər^{55} gə^{33} y^{21} gɑ^{33} lɑ^{21}, phər^{21} ne^{21}ʂæ^{21}, gɑ^{33} ne^{21} u^{21}, o^{55} ne^{21} he^{21} gɑ^{33} lɑ^{21}, ʂv̩^{21}
一 代 的 祖先 胜利神 盘神 和 禅神 胜神 和吾神沃神 和 恒神 胜利神 署

gə^{33} gɑ^{33} lɑ^{21}, sʅ^{33} bv̩^{33} phv̩^{33} sʅ^{55} tʂhər^{33} gə^{33} y^{21} gɑ^{33} lɑ^{21} sʅ^{21} ɕi^{33} tʂhuɑ^{55} tshər^{21}, phv̩^{33}
的 胜利神 斯补 祖 三 代 的 祖先 胜利神 三 百 六十 神

lɑ^{21} tv̩^{33} tv̩^{21} kɯ^{33} kɯ^{21}, gɑ^{33} lɑ^{21} tv̩^{33} tv̩^{21} kɯ^{33} kɯ^{21} thɯ^{33}, ȵi^{33} me^{33} he^{33} me^{33} bu^{33}
千 千 万 万 胜利神 千 千 万 万 是 太阳 月亮 光

dɯ^{21} lu^{55} lɑ^{33} gə^{33}, he^{21} i^{33} mɯ^{33} kə^{55} khv̩^{21} mɯ^{33} tɕər^{21} tshe^{21} ho^{55} ty^{33} gə^{21} le^{33} pv̩^{55}. |
大 四 射 的 神 的 天 穹 上 天 上 十 八 层 上 又 送

tər^{21} ʂʅ^{33} lɑ^{33} ʂʅ^{33} dʐər^{33} le^{33} tv̩^{55}, gɑ^{33} lɑ^{21} ʐʅ^{33} le^{33} thv̩^{33}, | tɕhi^{21} ʂʅ^{33} le^{33} ʂʅ^{33} ȵi^{55} ʐʅ^{33}
凶 死 夭折 死 威 又 顶 胜利神 路 又 开 麂子 死 獐子 死 败 路

tshe^{55},
毁

往黑色茂密的大森林中送。白牦牛胜利神往白色高原上送。绿松石般的布谷鸟胜利神，往含依巴达神树上送。署族的律景补胜利神，往美利达吉神海中送。今天，这一户主人家，要把这一家这一代的胜利神祖先和盘神、禅神、胜神、吾神、沃神、恒神、署的胜利神一起，以及和三百六十个三代斯补祖先胜利神一起，和千千万万的神灵、胜利神一起，送到神的十八层天穹上去，送回到太阳和月亮光辉灿烂的地方去。把凶死和夭折的淫威顶上去，开辟胜利神之路，捣毁麂子和獐子死亡的路①。

547-C-17-12

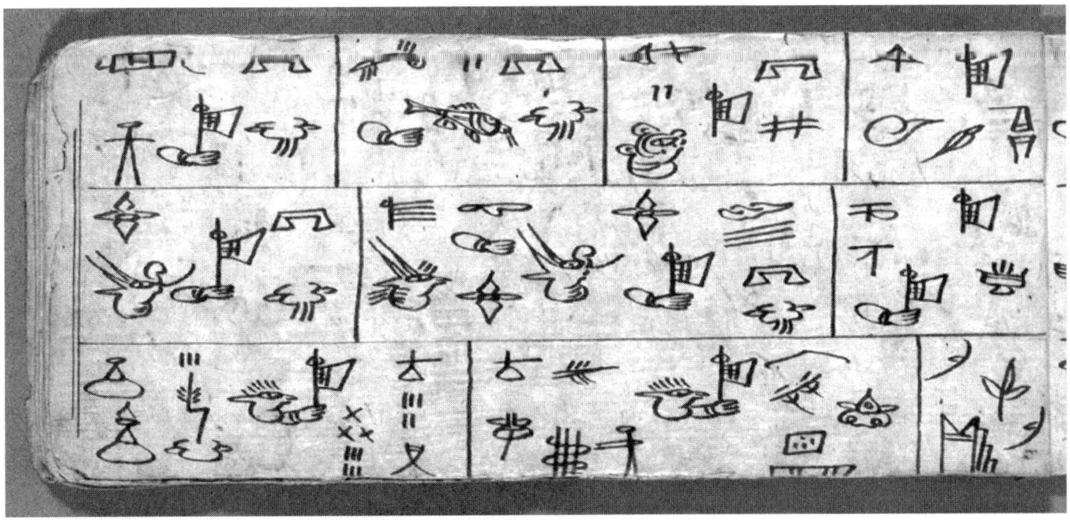

① 这一句不知其义，硬译如是，存疑。

khv̩^{21} zo^{33} nɯ^{33} y^{21} gɑ^{33} lɑ^{21} gə^{21} le^{33} pv̩^{55},| phv̩^{33} lɑ^{21} ȵi^{55} ȵi^{21} gə^{21} le^{33} pv̩^{55} .| dɑ^{33}
里 儿 由 祖先 胜利神 上 又 送 神 那样 上 又 送 地

gə^{33} phv̩^{33} lɑ^{21} gɑ^{33} lɑ^{21} ȵi^{33} gv̩^{55} gu^{21} gə^{21} le^{33} pv̩^{55}.| mɯ^{33} lɯ^{55} dɑ^{21} ʥi^{21} hɯ^{55} gɑ^{33} lɑ^{21}
的 大神 胜利神 两 个 后 上 又 送 美利达吉 海 胜利神

ʥi^{21} ty^{55} ko^{55},| uɑ^{33} hər^{21} mɯ^{33} dʐər^{33} gɑ^{33} lɑ^{21} gə^{21} le^{33} pv̩^{55}.| ho^{55} gə^{33} i^{33} ʂɿ^{33} lɑ^{33}
水 层 间 松石 绿 青龙 胜利神 上 又 送 深 的 是 黄 和

hər^{21}, uɑ^{33} hər^{21} mɯ^{33} dʐər^{33} gɑ^{33} lɑ^{21} , tɕi^{21} ne^{21} hər^{33} kv̩^{33} gə^{21} le^{33} pv̩^{55}.| phər^{21} ne^{21}
绿 松石 绿 青龙 胜利神 云 和 风 上 上 又 送 盘神 和

ʂæ^{21} gɑ^{33} lɑ^{21}, gɑ^{33} ne^{21} u^{21}gɑ^{33} lɑ^{33}, o^{55} ne^{21} he^{21} gɑ^{33} lɑ^{21}, phv̩^{33} sɿ^{55} tʂhər^{33} gə^{33} y^{21} gɑ^{33}
禅神 胜利神 胜神和吾神胜利神 沃神 和 恒神 胜利神 神祖 三 代 的 祖先 胜利神

lɑ^{21} sɿ^{21} ɕi^{33} tʂhuɑ^{55} tshər^{21} tʂhɿ^{33} uɑ^{21} me^{33},| tʂhɿ^{33} nɯ^{33} mæ^{55} kho^{33} tho^{21}, y^{21} gɑ^{33} lɑ^{21}
三 百 六十 所有 的 从 这 以后 祖先 胜利神

tʂhɿ^{33} uɑ^{21} me^{33}, mɯ^{33} ne^{21} dy^{21} ɯ^{33} kv̩^{33} ȵə^{21} le^{33} ly^{21} le^{33} sɿ^{21} lu^{33}.| zv̩^{21} mə^{33} ʥy^{21}
所有 的 天 和 地 好 上 边 又 瞧 又 认 来 仇人 没 有

zv̩^{21} uə^{33} mə^{33} ʥy^{33},
仇 寨 不 有

由家里的儿女把祖先胜利神送上去，就像大神和胜利神一样，把祖先胜神也送上去。美利达吉神海是神灵居住的地方，把绿松石色的青龙胜神送到神海中去。把黄黄绿绿深水中的绿松石色青龙胜利神，送到白云和白风上去。所有的盘神、禅神、胜神、吾神、沃神和恒神的胜利神，以及三百六十个三代斯补祖先胜利神，从此以后，祖先居住的好天好地方，又来瞧，又来认。请住到没有仇人、没有仇人的房舍，

547-C-17-13

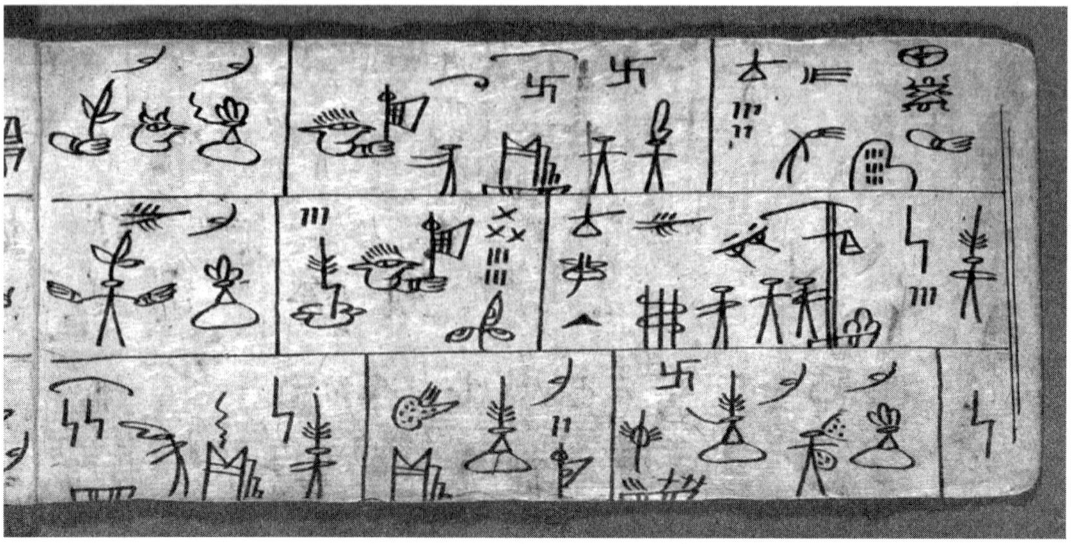

ʐv̩^{21} lɑ^{21} mə^{33} mæ^{21}, ʐv̩^{21} khɯ^{33} mə^{33} khɯ^{55} me^{33} gə^{33} dy^{21} i^{33} le^{33} dʑʅ^{21} lu^{33}. | sʅ^{33} bv̩^{33} y^{21}
仇 手 不 及 仇 狗 不 放 做 的 地方 是 又 住 来 斯补 祖先

gɑ^{33} lɑ^{21}, u^{33} gə^{33} mɯ^{33} ɯ^{33} dy^{21} ɯ^{33}, dʑʅ^{33} ɯ^{33} lo^{21} ɳə^{21} dʑʅ^{21}, zo^{33} ɯ^{33} mi^{55} ɯ^{33} ɕi^{21} le^{33}
胜利 自己 的 天 好 地 好 寨 好 里边 住 儿 好 女 好 养 又

dʑʅ^{21}. | sɑ^{55} mə^{33} mæ^{33} be^{33} ʂʅ^{33} tʂhʅ^{3} uɑ^{21}, tʂhʅ^{33} ȵi^{33} ʂʅ^{33} bu^{21} gv̩^{33} bu^{21} lo^{55} bɯ^{33} lɑ^{33}, | ʐv̩^{21}
住 气 未 接 地 死 所有 今天 死 坡 九 坡 越 也 是 仇

lɑ^{21} ʂər^{21} nɯ^{33} mæ^{21} mə^{33} lu^{33}. | sʅ^{33} bv̩^{33} phv̩^{33} sʅ^{55} tʂhər^{33} y^{21} gɑ^{33} lɑ^{21} sʅ^{21} ɕi^{33} tʂhuɑ^{55}
手 长 由 及 不 了 斯补 祖 三 代 祖先 胜利神 三 百 六

tshər^{21} nv̩^{21}, | tʂhʅ^{33} nɯ^{33} mæ^{55} kho^{33} tho^{21}, zo^{33} sʅ^{55} kv̩^{33} gə^{33} dʑi^{33} me^{33} mɯ^{33} tv̩^{55} ʂu^{33} zər^{21}
十 是 这样 的 以后 儿 三 个 的 房 大 天 顶 铁 柱

khɯ^{33} i^{33} le^{33} ly^{21} lu^{21}, dy^{21} khɯ^{33} gɑ^{33} lv̩^{33} tsʅ^{21} me^{33} le^{33} ly^{21} lu^{33}.sʅ^{33} bv̩^{33} phv̩^{33} sʅ^{55} tʂhər^{33}
旁 是 又 瞧 来 地 旁 胜 石 竖 的 又 瞧 来 斯补 祖 三 代

y^{21} gɑ^{33} lɑ^{21}, me^{33} gə^{33} mɯ^{33} dy^{21} mi^{55} nɯ^{33} gæ^{33} me^{33} tʂhər^{33} tʂhər^{21} gv̩^{21}. sʅ^{21} gə^{33} dʑʅ^{33}
祖先 胜利神 母 的 天 地 女儿 由 守 是 稳妥 成 父 的 村

uə^{33} zo^{33} nɯ^{33} dʑʅ^{21} me^{33} tʂhər^{21} hɑ^{55} i^{33}. | sʅ^{21} gə^{33} dʑʅ^{33} uə^{33} zo^{33} nɯ^{33} dʑʅ^{21}, gɑ^{21} ko^{21} mə^{33}
寨 儿 由 住 是 那 长 久 父 的 寨 村 儿 由 住 胜 家 不

ȵi^{55} gv̩^{33}, | sʅ^{21} gə^{33} dər^{33} ɯ^{33} zo^{33} nɯ^{33} tʂu^{55}, gɯ^{33} zo^{33} mə^{33} ʐu^{21} gv̩^{33} du^{33} mə^{21}. | dɯ^{33}
败 成 父 的 田 好 儿 由 种 饱 汉 不 饥 成 兴 的 一

tʂhər^{55}
代

仇人的手伸不到，仇人的狗也放不到的地方来。斯补祖先胜利神要住就要住在自己的好天地之中，住在自己的村寨里，养育着自己的好儿好女。即使祖先胜神死时未接上气，你们已越过死地的九道山坡，仇人的手伸得再长，也赶不上你们了。从此以后，三百六十个三代斯补祖先胜利神，你们又来看你们三个儿子建起的大房子，又来看大房中竖起的顶天铁柱，又来看地旁竖起胜利石。三代斯补祖先胜利神①。母亲的天地由儿女守着，根基比较牢固；父亲的村寨由儿女居住，就可以常胜久安，永远立于不败之地；父辈的田地由儿孙来耕种，饱汉不容易闹饥荒。

① 此句与前后文的句意难以连接，硬译如是，存疑。

547-C-17-14

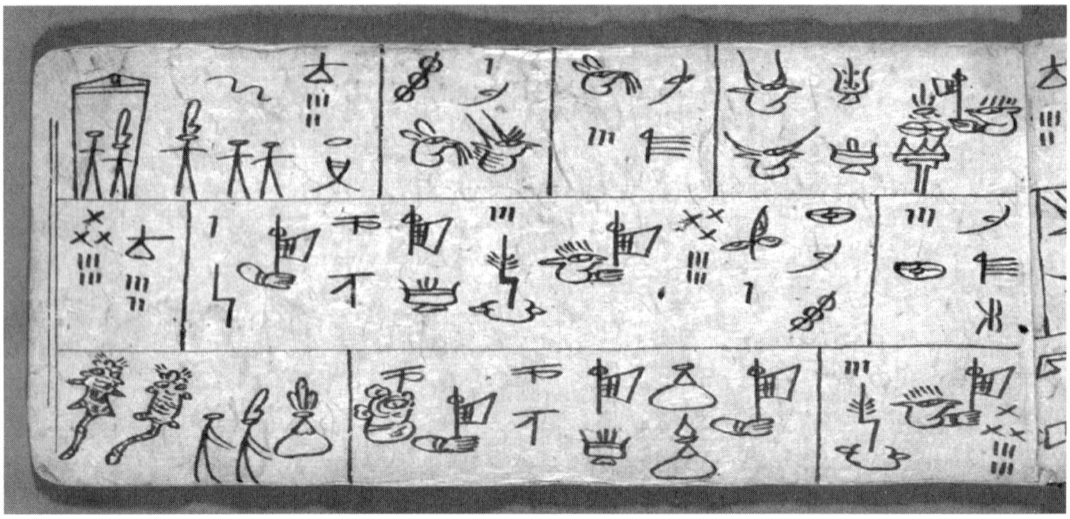

i^{33} dɑ^{21} tʂhʅ^{33} dɯ^{33} ʥi^{21}, zo^{33} me^{21} mi^{55}, ly̩^{33} by̩^{33} ly̩^{33} me^{33} gy̩^{33} me^{33} tʂhʅ^{33} uɑ^{21} me^{33}, | dɯ^{33}

主人 这 一 家 儿 和 女 孙子 孙女 好 的 所有 的 一

khy̩^{55} mə^{33} tshu^{55} i^{55}, sʅ^{55} khy̩^{33} mə^{33} ho^{21} lu^{33}. | bər^{21} y^{21} ʐʅ^{33} hɑ^{33} tʂhər^{21} nɑ^{55} ɕy^{55} mɑ^{21}

年 不 供奉 是 三 年 不 好 兴 牦牛 羊 酒 饭 肥肉 瘦肉 柏 油

nɯ^{33}, y^{21} gɑ^{33} lɑ^{21} sʅ^{21} ɕi^{33} tʂhuɑ^{55} tshər^{21} tʂhʅ^{33} uɑ^{21} me^{33} tʂhu^{55} pɑ^{33} be^{33}. | dɯ^{33} tʂhər^{55},

由 祖先 胜利神 三 百 六十 所有 的 天香 烧 一 代

phər^{21} ne^{21} ʂæ^{21} gɑ^{33} lɑ^{21}, gɑ^{33} ne^{21} u^{21} gɑ^{33} lɑ^{33}, sʅ^{33} by̩^{33} phy̩^{33} sʅ^{55} tʂhər^{33} y^{21} gɑ^{33}

盘神 和 禅神 胜利神 战神 和 吾神 胜利神 斯补 祖 三 代 祖先 胜利神

lɑ^{21} sʅ^{21} ɕi^{33} tʂhuɑ^{55} tshər^{21} ny̩^{55}, dɯ^{33} ȵi^{33} mə^{33} tʂhu^{21} me^{33}, | sʅ^{55} ȵi^{33} mə^{33} ho^{21} i^{33}. | zo^{22}

三 百 六十 是 一 天 不 供奉 是 三 天 不 好 会 儿

ne^{21} mi^{33} nɯ^{33} ʐər^{21} ɯ^{33} lɑ^{33} ɯ^{33} khu^{33}, lu^{21} kæ^{33} le^{33} fy̩^{33}. | phy̩^{33} lɑ^{21} gɑ^{33} lɑ^{21}, phər^{21}

和 女 由 豹 皮 虎 皮 铺 卢神 前 又 作揖 神 胜利神 盘神

ne^{21} ʂæ^{21}, gɑ^{33} ne^{21} u^{21}, o^{55} ne^{21} he^{21} gɑ^{33} lɑ^{21}, | phy̩^{33} sʅ^{55} tʂhər^{33} y^{21} gɑ^{33} lɑ^{21} sʅ^{21} ɕi^{33}

和 禅神 胜神和 吾神 沃神 和 恒神 胜利神 祖 三 代 祖先 胜利神 三 百

tʂhuɑ^{55} tshər^{21}

六十

这一代的这一户主人家的好儿好女，好的孙子孙女，所有的家人，一年不好好供奉祖先胜利神，三年也好不了。及时地用牦牛、羊、酒、饭、肥肉、瘦肉、柏枝、酥油给三百六十个斯补祖先胜利神烧天香，供养他们。所有的盘神、禅神、战神、吾神的胜利神，以及三百六十个三代斯补祖先胜利神，若一天不认真供奉祭祀，三天也弥补不好。儿女们在卢神面前铺上豹子皮和虎皮，向卢神祭祀作揖。所有的盘神、禅神、吾神、沃神、恒神的胜利神，

所有的神灵和战神，以及三百六十个三代斯补祖先的胜利神，

547-C-17-15

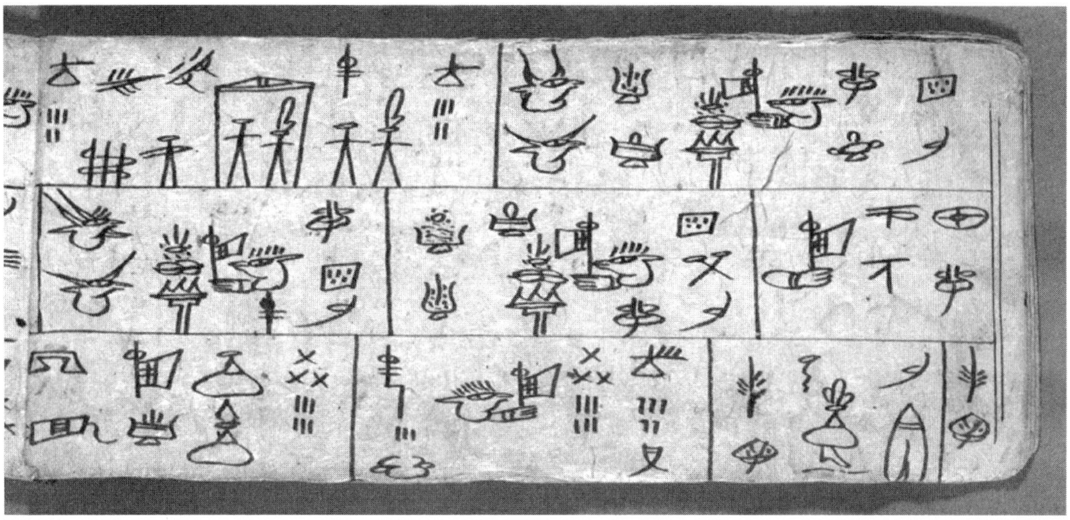

tʂhʅ^{33}uɑ^{21} me^{33}, tʂhʅ^{33} sʅ^{21} lɑ^{21} kv̩^{33} mæ^{55}, i^{33} dɑ^{21} tʂhʅ^{33} dʑi^{21}zo^{33} mi^{55} tʂhʅ^{33} uɑ^{21} le^{33} ly^{33} ly^{21}
所有 的 多 这 的 以后 主人 这 家 儿 女 所有 又 照 看

iə^{55} lu^{33}. | bər^{21} y^{21} ʐʅ^{33} hɑ^{33} nɯ^{33} tʂhu^{55} pɑ^{33} be^{33}, y^{21} gɑ^{33} lɑ^{21} dɯ^{21} dɯ^{33} tʂhər^{55} mə^{33} phi^{55}
给 来 牦牛 羊 酒 饭 由 供养 做 祖先 胜利神 大 一 代 不 漏

gə^{21} le^{33} sʅ^{33}, | tshʅ^{55} ne^{21} y^{21} nɯ^{33} tʂhu^{55}pɑ^{33} be^{33}, sʅ^{33} bv̩^{33} ly^{55} dɯ^{33} tʂhər^{55} gə^{33} y^{21} gɑ^{33}
上 又 引 山羊 和 绵羊 由 供养 做 斯补 中 一 代 的 祖先胜利神

lɑ^{21} mə^{33} phi^{55} gə^{21} le^{33} sʅ^{33}. | tʂhər^{33} dʑi^{21} tʂhər^{33} khuɑ^{55}, ʐʅ^{33} ne^{21} hɑ^{33} nɯ^{33} tʂhu^{55} pɑ^{33} be^{33},
不 失 上 又 引 药 水 药 碗 酒 和 饭 由 供养 做

sʅ^{33} bv̩^{33} tɕi^{55} dɯ^{33} tʂhər^{55}y^{21} gɑ^{33} lɑ^{21} mə^{33} phi^{55} gə^{21} le^{33} sʅ^{33}. | tʂhʅ^{33} n̩i^{33}, phər^{21}ne^{21} ʂæ^{21}
斯补 小 一 代 祖先 胜利神 不 失 上 又 引 今天 盘神 和 禅神

gɑ^{33} lɑ^{33} , gɑ^{33} ne^{21} u^{21}, o^{55} ne^{21} he^{21} sʅ^{21} ɕi^{33} tʂhuɑ^{55} tshər^{21} nɯ^{33} gə^{21} le^{33} khv̩^{21}, | phv̩^{33}
胜利神 胜神 和 吾神 沃神和 恒神 三 百 六十 由 上 又 请 祖

sʅ^{55} tʂhər^{33} gə^{33} y^{21} gɑ^{33} lɑ^{21} sʅ^{21} ɕi^{33} tʂhuɑ^{55} tshər^{21} tʂhʅ^{33} uɑ^{21} me^{33}, | sʅ^{33} pɑ^{33} dʑi^{33} bv̩^{33}
三 代 的 祖先 胜利神 三 百 六十 所有 的 斯巴吉补

guə^{55} guə^{21}be^{33}, dʑy^{21} kv̩^{33} tɕhi^{33} tɕhi^{33} bɯ^{33} mə^{33} n̩i^{21}. | sʅ^{33} pɑ^{33}
一样 地 山 上 守候 去 不 要 斯巴

从今以后，又来照看这一户主人家的儿女。这一户主人家，用牦牛、羊、酒、饭供养上一代的斯补祖先胜利神，把他们一个不漏地接引上去。这一户主人家，用山羊和绵羊供养中间一代的斯补祖先胜利神，把他们一个不漏地接引上去。这一户主人家用药水、药碗、酒、饭供养下一代的斯补祖先胜利神，把他们一个不漏地接引上去。今天，由盘神、禅神、胜神、吾

神、沃神、恒神的三百六十尊胜利神来邀请，所有的三百六十个三代斯补胜利神祖先，不要像斯巴吉补那样成天守候在大山上。

547-C-17-16

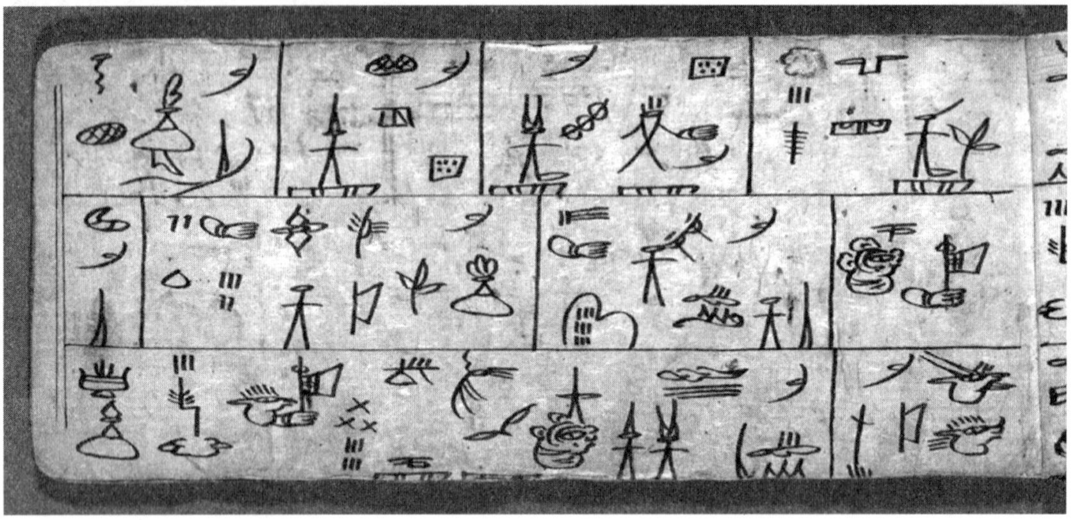

dʑi^{33} mu^{33} guə^{55} guə^{55} be^{33}, lo^{21} kho^{33} tɕhi^{33} bɯ^{33} lɑ^{33} mə^{33} ȵi^{21}, | dy̩^{21} dy^{21} khə^{33} dʑə^{21} bɯ^{33}
吉姆 那样 地 箐 里 守候 去 也 不 要 毒鬼 地方 玩耍 去

mə^{33} ȵi^{21}, | tse^{21}dy^{21} tshu^{55} tshu^{33} bɯ^{33} mə^{33} ȵi^{21}, mu^{33} dy̩^{21} sɿ^{21} to^{55} bɯ^{33} mə^{33} ȵi^{21}. | phy̩^{33}
不 要 仄鬼 地 游荡 去 不 要 猛鬼 地 骰子 掷 去 不 要 祖

sɿ^{55} tʂhər^{33} gə^{33} y^{21} gɑ^{33} lɑ^{21}, zy̩^{21} dy^{21}lo^{33} thy̩^{33} tɕhi^{33} tɕhi^{33} tso^{33} mə^{33} dʑy^{33}. | ȵi^{33} kɯ^{21}
三 代 的 祖先 胜利神 仇人地方 活 做 守候 的 没 有 涅庚劳瓦

lɑ^{21} uɑ^{33} the^{55} ȵi^{33} be^{33}, ɕi^{33} gə^{33} khu^{33} tho^{21} khu^{33} kæ^{33} zy̩^{55} bɯ^{33} lɑ^{33} mə^{33} du^{33}. | sɑ^{33} lɑ^{21}
那样 地 别人 的 门 后 门 前 缩 去 也 不 兴 沙劳恭补

gu^{21} by̩^{33} the^{55} ȵi^{33} be^{33}, by̩^{33} ly^{21} by̩^{33} tɕhi^{33} bɯ^{33} mə^{33} du^{33}. | phy̩^{33} lɑ^{21} gɑ^{33} lɑ^{21}, o^{55}
那样 地 炙肉 看 炙肉 候 去 不 兴 神 战神 沃神

ne^{21} he^{21}, phy̩^{33} sɿ^{33} tʂhər^{33} gə^{33} y^{21} gɑ^{33} lɑ^{21} sɿ^{33} ɕi^{33} tʂhuɑ^{55} tshər^{21} tʂhʅ^{33} uɑ^{21} me^{33}, phər^{21}
和 恒神 祖先 三 代 的 祖先 胜利神 三 百 六十 所有 的 白

nɑ^{55} lɯ^{33} kæ^{33} tʂu^{55}, tshɿ^{33} ne^{21} iə^{21}, tər^{21} ne^{21} lɑ^{33}, dy̩^{21} ne^{21} tse^{21}, tɕi^{21} nɯ^{21}hər^{33} dy^{21}
黑 地 交接 楚鬼 和 尤鬼 呆鬼 和 佬鬼 毒鬼 和 仄鬼 云鬼 和 风鬼 地方

by̩^{33} tɕhi^{33} bɯ^{33} mə^{33} lu^{33}. | tshɿ^{33} py^{21} ly^{55} khu^{33} dy̩^{21}, tshɿ^{55} ne^{21} bu^{21} nɯ^{33}
炙肉 候 去 不 兴 祭祀 做 场 里 山羊 和 猪 由

不要像斯巴吉姆那样成天守候在山箐里，不要到毒鬼的地方去游玩，不要到仄鬼的地方去游荡，不要到猛鬼的地方掷骰子赌博。三代斯补祖先胜利神，不要到仇人的地方去干活，仇人的地方，没有什么可等待的。不要像涅庚劳瓦那样成天卷宿在别人的门前房后，不要像沙劳恭补那样去守候，去看别人在烧炙肉食。所有的神灵、战神、沃神、恒神和三百六十个三代斯补祖先胜利神，不要跑到黑白交接的地方去，不必守候在楚鬼、尤鬼、呆鬼、佬鬼、毒鬼、仄鬼、云鬼、风鬼烧炙肉食的地方。在祭祀场上的山羊和猪，

547-C-17-17

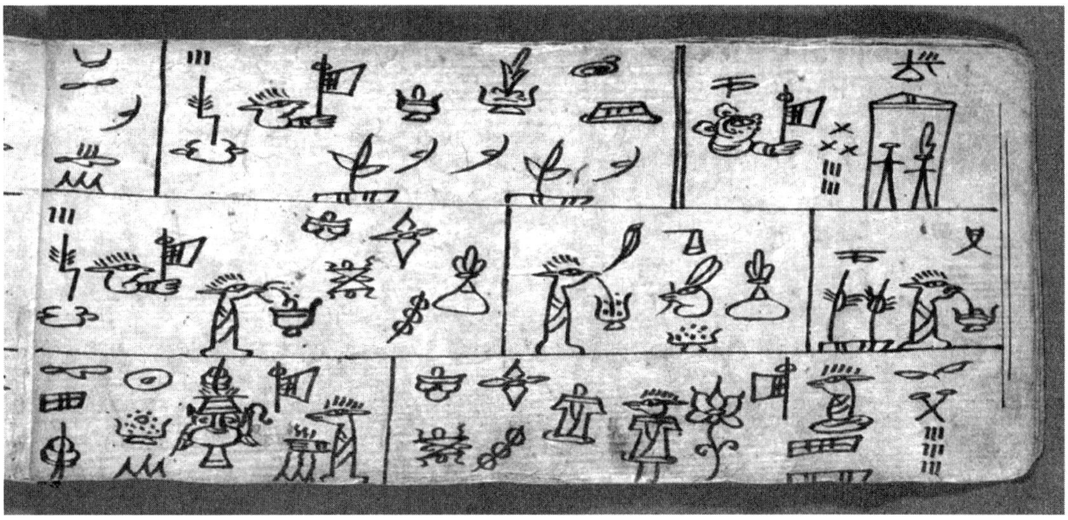

kho^{33} ne^{21} uɑ^{33} mə^{33} by̩^{33}, | phy̩^{33} sɿ^{55} tʂhər^{33} gə^{33} y^{21} gɑ^{33} lɑ^{21}, ʐy̩^{21} dy^{21} hɑ^{33} mə^{33} dʑɿ^{21},
口舌 和 灾祸 不 炙 祖 三 代 的 祖先 胜利神 仇人地方 饭 不 吃

ʐy̩^{21} tʂhər^{33} lɑ^{33} mə^{33} ȵi^{33}, ʐy̩^{21} dy^{21} tshə^{55} dʑi^{33} lɑ^{33} mə^{33} mu^{21}. ‖ phy̩^{33} lɑ^{21} gɑ^{33} lɑ^{21} sɿ^{21} ɕi^{33}
仇人 药 也 不 要 仇人 地方 秽 衣 也 不 穿 神 战神 三 百

tʂhuɑ^{55}tshər^{21} thɯ^{33}, ə^{33} so^{33} i^{33} dɑ^{21} tʂhɿ^{33} dʑi^{21} nɯ^{33}, sɿ^{33} by̩^{33} phy̩^{33} sɿ^{55} tʂhər^{33} gə^{33} y^{21} gɑ^{33}
六十 是 刚才 主人 这 家 由 斯补 祖 三 代 的 祖先胜利神

lɑ^{21}, y^{21} hɑ^{33} le^{33} ʂɿ^{21} se^{21}, ŋy̩^{21} hæ^{21} uɑ^{33} tʂhu^{21} le^{33} du̩^{33} se^{21}, | dʑi^{21} ʂu^{21} ʐɿ^{33} ʂu^{21} le^{33} thɯ^{21}
祖先 饭 又 施 了 银 金 松石 墨玉 又 供 了 水 净 酒 醇 又 喝

lu^{33} , by^{21} ʂu^{21} le^{33} mɑ^{55} lu^{33}, | dər^{33} lɯ^{33} kho^{55} gə^{33} ɕi^{33} phər^{21} dʑe^{33} ɕy^{21} hɑ^{33} me^{33} le^{33} dʑɿ^{33}
来 炒面 纯 又 吃 来 田 地 里 的 稻 白 麦 红 饭 是 又 吃

lu^{33}. | nɑ^{55} dər^{33} dər^{33}, tʂhər^{21} dʑi^{33} dʑi^{33}, ɕy^{55} mɑ^{21}, ɕy^{33} by^{21} ,ɕy^{55} hər^{21} py^{21} bɑ^{33} dʑi^{21} nɯ^{33}
来 肉 精精 肥肉 汪 汪 柏 酥油 炒面 柏 绿 净水壶 水 由

y^{21} gɑ^{33} lɑ^{21} le^{33} lo^{21}. | ŋy̩^{21} dʑi^{33} hæ^{21} dʑi^{33}, uɑ^{21} dʑi^{33} tʂhu^{21} dʑi^{33}, ŋy̩^{21} bɑ^{21} hæ^{21} bɑ^{21}, tʂhu^{21}
祖先 胜利神 又 施 银 衣 金 衣 松石 衣 墨玉 衣 银 花 金 花 墨玉

bɑ^{21} uɑ^{21} bɑ^{33}, y^{21} gɑ^{33} lɑ^{21} tɕər^{21} thy̩^{33} phe^{33} gy̩^{33} sy^{21} iə^{55} le^{33} tɕi^{33} |
花 松石 花 祖先 胜利神 上 布匹 九 样 给 又 在

不能让它们成为口舌是非。斯补三代祖先胜利神不要去吃仇人地方的饭，不去喝仇人给的药，不去穿仇人污秽的衣服。所有的神灵以及三百六十位战神和三代斯补祖先胜利神，刚才，这一户主人家施了食，供上了金、银、墨玉、松石。现在，请三代祖先胜利神们来喝纯净的水，来喝醇酒，来吃干净的炒面，来吃田地里白色稻谷、红麦做的饭，来吃肉精精的瘦肉，油汪汪的肥肉，人们会给三代祖先胜利神施肥肉、瘦肉、柏枝、酥油、炒面和插着柏枝的净水壶，会给他们献上金衣、银衣、松石衣、墨玉衣，戴上了金花、银花、松石花、墨玉花。给祖先胜利神九种布匹。

547-C-17-18

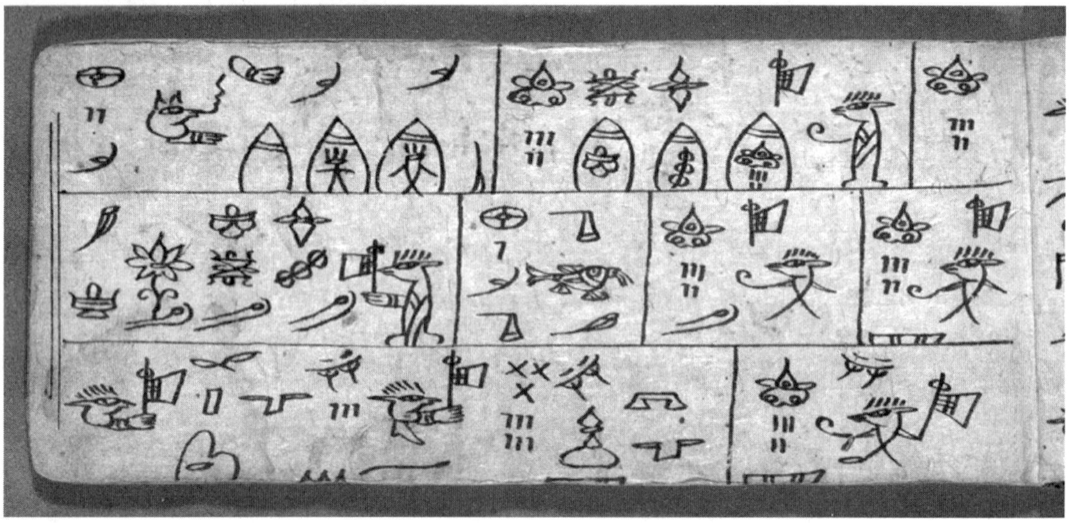

ȵi^{33} ȵi^{21} lɑ^{33} mɯ^{33} sɿ^{55}, khɯ^{33} lɑ^{33} dʑy^{21} ȵə^{21} khɯ^{55} mə^{33} ȵi^{21}, tshɿ^{21} dʑy^{21} mu^{33} dʑy^{21} kv̩^{33}
第二天 的 早晨 狗 也 山 上 放 不 要 鬼 山 猛鬼 山 上

tɕhi^{33} bɯ^{33} lɑ^{33} mə^{33} ȵi^{21}, | no^{21} by^{33} uɑ^{33} sy^{21} thɯ^{33}, hæ^{21} i^{33} hæ^{21} dʑy^{21} kv̩^{33} le^{33} tɕhi^{33}, ŋv̩^{21}
送 去 也 不 要 宝贝 五 样 是 金 是 金 山 上 又 送 银

i^{33} ŋv̩^{21} dʑy^{21} kv̩^{33} le^{33} tɕhi^{33}, tʂhu^{21} i^{33} tʂhu^{21} dʑy^{21} kv̩^{33} le^{33} tɕhi^{33}, sɿ^{33} bv̩^{33} y^{21} gɑ^{33} lɑ^{21} y^{21}
是 银 山 则 又 送 墨玉 墨玉 山 上 又 送 斯补 祖先 胜利神 祖先

dʑy^{21} ɯ^{33} le^{33} tɕhi^{33}, | no^{21} by^{55} uɑ^{33} sy^{21}, hɑ^{33} ne^{21} dʑi^{21} nɯ^{33} y^{21} le^{33} lo^{21}, bɑ^{21} i^{33} lo^{21} zi^{33}
山 上 又 送 宝贝 五 样 饭 和 水 由 祖先 又 施 花 是 箐 美

kv̩^{33} le^{33} tɕhi^{33}, ŋv̩^{21} ne^{21} hæ^{21} i^{33} ŋv̩^{21} lo^{21} hæ^{21} lo^{21} khu^{33} le^{33} tɕhi^{33}, uɑ^{21} ne^{21} tʂhu^{21} i^{33} uɑ^{21}
上 又 送 银 和 金 是 银 箐 金 箐 里 又 送 松石 和 墨玉 是 松石

lo^{21} tʂhu^{21} lo^{21} kho^{33} le^{33} tɕhi^{33}, sɿ^{33} bv̩^{33} y^{21} gɑ^{33} lɑ^{21} y^{21} lo^{21} kho^{33} le^{33} tɕhi^{33}. | dɯ^{33} ȵi^{33}
箐 墨玉 箐 里 又 送 斯补 祖先 胜利神 祖先 箐 里 又 送 一 天

dʑi^{21} gə^{33} ȵi^{33} nɯ^{33} ʂu^{33} ʂu^{21} mə^{33} dɯ^{33} gə^{33}, | y^{21} gɑ^{33} lɑ^{21} nɯ^{33} dʑi^{21} lo^{21} no^{21} by^{55} uɑ^{55}
水 的 鱼 也 寻 找 不 得 的 祖先 胜利神 由 水 里 宝物 五

sy^{21} dɯ^{33}, | y^{21} gɑ^{33} lɑ^{21} no^{21} by^{55} uɑ^{55} sy^{21} dʑy^{33} me^{33} dy^{21} nɯ^{33} iə^{21} gə^{33} to^{55} ne^{21} bu^{21} kv̩^{33}
样 得 祖先 胜利神 宝物 五 样 有 的 地方 由 尤 的 岗 和 坡 上

thv̩^{33}, mi^{21} gə^{33} sɿ^{55} nɯ^{33} y^{21} gɑ^{33} lɑ^{21} sɿ^{21} ɕi^{33} tʂhuɑ^{55} tshər^{21} he^{21} gə^{33} dy^{21} ɳə^{21} pv̩^{55}, he^{21}
到 下 的 活人 由 祖先 胜利神 三 百 六十 神 的 地方 上 送 神

gə^{33} dy^{21} ɳə^{21} thv̩^{33}. | y^{21} gɑ^{33} lɑ^{21} no^{21} by^{55} uɑ^{33} sy^{21} dʑy^{33} me^{33} dy^{21} ɳə^{21} dʑɿ^{21}。
的 地方 里 到 祖先 胜利神 宝物 五 样 有 的 地方 住

第二天早上，不要把狗放到山上去，不要把斯补三代祖先胜利神送到鬼的山上去，送到猛鬼的山上去。世上的五种宝物应该回到他们自己的地方去。金子应该回到金山上，银子应该回到银山上，松石应该回到松石山上，墨玉应该回到墨玉山上。用五种宝物，用各种食物和水给祖先施食。是花朵应该回到美丽的山箐中去，金和银应该回到产金产银的山箐里去，松石和墨玉，应该回到产松石、墨玉的山箐里去，应该把祖先送回到祖先们居住的山箐中去，回到有五种宝物的地方去。一天，祖先胜利神从水中找到了连鱼儿也无法找到的五种宝物，把祖先胜利神送到有五种宝物的地方去，送到尤氏族曾经生活过的山坡和山岗上去，由下面的人把三百六十个三代斯补祖先胜利神送到神地去，送到有五种宝物的地方去。

547-C-17-19

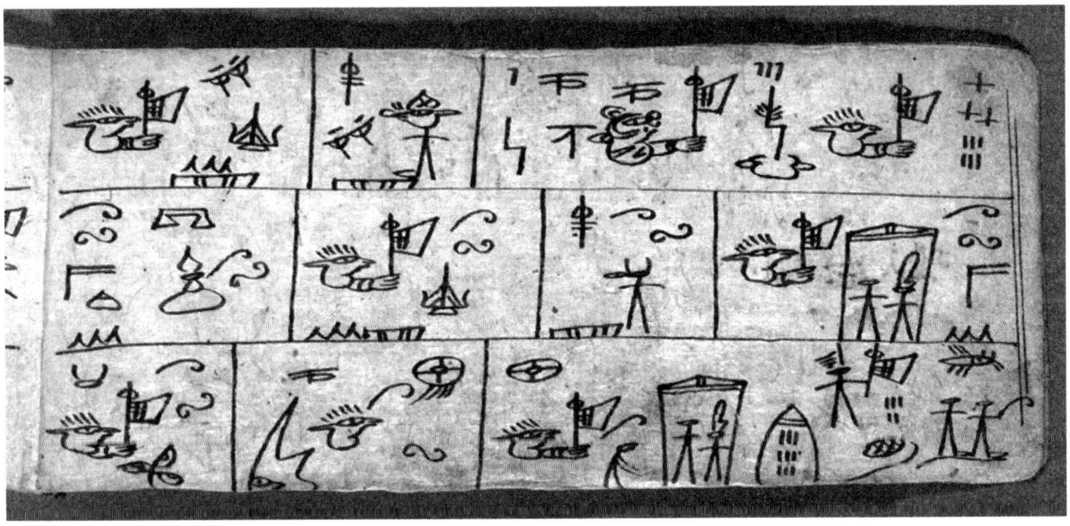

y^{21} gɑ^{33} lɑ^{21} nɯ^{33} mi^{21} gə^{33} sɿ^{55} ɳə^{21} le^{33} ly^{21} lu^{33}. | y^{21} gɑ^{33} lɑ^{21} lɑ^{33} be^{55} tshɿ^{21} zɿ^{33}
祖先胜利神 由 下边 的 活人 上 又 看 来 祖先 胜利神 也 人类

dʑɿ^{21} me^{33} dy^{21} le^{33} ly^{21} lu^{33}. | dɯ^{33} tʂhər^{55} phər^{21} ne^{21} ʂæ^{21}, phv̩^{33} lɑ^{21} gɑ^{33} lɑ^{21} , sɿ^{33} bv̩^{33}
地方 里 瞧 住 大 代 盘神 和 禅神 神 胜神 斯补

phv̩^{33} sɿ^{55} tʂhər^{33} gə^{33} y^{21} gɑ^{33} lɑ^{21} sɿ^{21} ɕi^{33} tʂhuɑ^{55} tshər^{21} nɯ^{33}, | gv̩^{33} lv̩^{21} kɑ^{33} le^{21} le^{33}
祖 三 代 的 祖先 胜利神 三 百 六十 由 赐福 保佑 又

thy^{55} lu^{21}, ʂuɑ^{21} dʑɿ^{21} ɕy^{21} gv̩^{33} lv̩^{21}, gə^{21} gə^{33} he^{21} nɯ^{33} gv̩^{33} lu^{21} kɑ^{33} le^{21} le^{33} be^{33} lu^{33}, |
做 来 高 住 低 赐福 上 的 神 由 赐福 保佑 又 做 来

y^{21} gɑ^{33} lɑ^{21} nɯ^{33} mi^{21} gə^{33} sɿ^{55} tɕər^{21} gʏ^{33} lʏ^{21} kɑ^{33} le^{21} le^{33} thy^{33} lu^{33}. | ly^{33} gə^{33} y^{21} gɑ^{33}
祖先胜利神由 下 的 活人 上 赐神 保佑 又 做 来 中 的 祖 胜利神

lɑ^{33}, dy^{21} lo^{21} be^{33} le^{33} be^{55} tshɿ^{21} zɿ^{33} tɕər^{21} gʏ^{33} lu^{21} kɑ^{33} le^{21} le^{33} ly^{21} lu^{33}. | tɕi^{55} gə^{33}
地 里 本勒奔楚汝 上 赐福 保佑 又 做 来 小 的

y^{21}gɑ^{33} lɑ^{21} nɯ^{33} i^{33} dɑ^{21} tʂhʅ^{33} dʑi^{21} tɕər^{21}, ʂuɑ^{21} dʐʅ^{21} ɕy^{21} kʏ^{33} gʏ^{33} lʏ^{21} kɑ^{33} le^{21} le^{33} be^{33}
祖先 胜利神 由 主人 这 家 上 高 住 低 处 赐福 保佑 又 做

lu^{33}, | kho^{33} dʐʅ^{21} nʏ^{55} tɕər^{21} gʏ^{33} lu^{21} kɑ^{33} le^{21} dɯ^{33} be^{33} lu^{33}, | æ^{21} phər^{21} dɑ^{21} kʏ^{33} dʐʅ^{21}
来 远 住 近 上 赐福 保佑 一 做 来 崖 白 阴 处 住

me^{33}, bɑ^{21} tɕy^{21} gʏ^{33} lʏ^{21} kɑ^{33} le^{21} dɯ^{33} be^{33} lu^{33}. | tʂhʅ^{33} n̥i^{33} y^{21} gɑ^{33} lɑ^{21} nɯ^{33},
是 阳 面 赐福 保佑 一 做 来 今天 祖先 胜利神 由

i^{33} dɑ^{21} tʂhʅ^{33} dʑi^{21} tɕər^{21}, gʏ^{33} lʏ^{21} kɑ^{33} le^{33} le^{21} be^{33} iə^{55} me^{33}, gʏ^{33} dʑy^{21} uɑ^{33} lo^{21} mu^{21}
主人 这 家 上 赐福 保佑 又 做 给 是 九 山 五 箐 兵

tɯ^{33} khɯ^{55}, lɯ^{55} mu^{33} lɯ^{33} tʂhʅ^{33} uɑ^{21},
起 去 人 和 人 所有

祖先胜利神到了神地，应该看到下边活着的人，看到大地人的人类。盘神、禅神的胜利神，以及大一辈的三百六十个三代斯补祖先胜利神，给人赐福保佑，住在高处的斯补胜利神及各种神灵，给住在低处的人类赐福保佑，中间一代的斯补祖先胜利神，给下边活着的家人赐福保佑，下一代斯补祖先胜利神，给大地上的所有人类赐福保佑。住在高处的胜神祖先，给住在低处的家人赐福保佑，住在远处的祖先胜利神给住在近处的家人赐福保佑。住在白色山崖背阴处的祖先胜利神，给住在阳坡上的家人赐福保佑。今天，祖先胜利神给这一户家人赐福保佑，这一户主人家若到九座大山上，起兵去五道山箐里作战，让所有的人都能捉到仇敌。

547-C-17-20

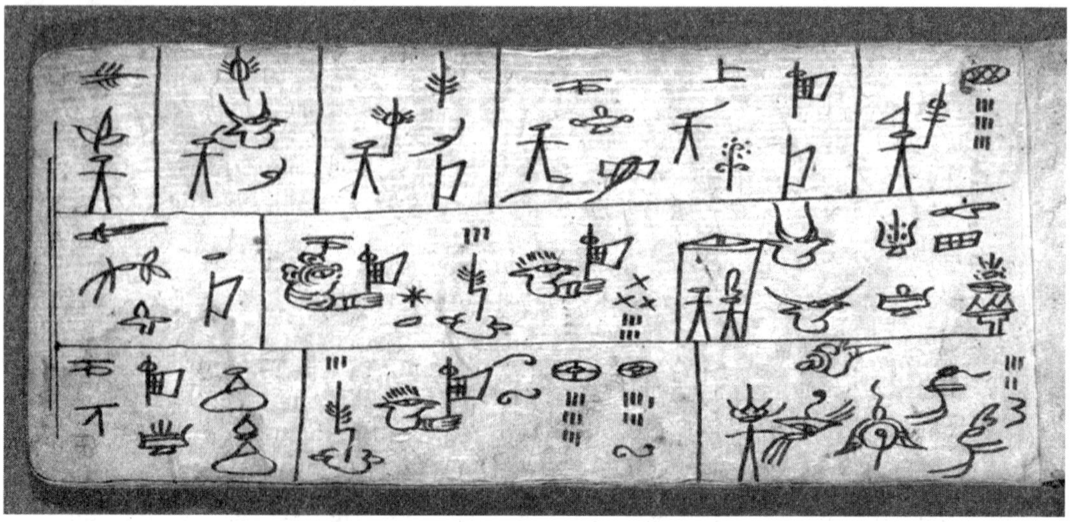

ʐv̩^{21} y^{21} ʐv̩^{21} mæ^{33} se^{21}. | u^{33} dʑe^{33} mə^{33} lɯ^{55} le^{33} mæ^{33} se^{21}. | dʑæ^{33} mə^{33} sɿ^{33} me^{33} le^{33} dɯ^{33}
仇人捉 仇人 得 了 财物 不 失 又 得 了 粮 不 知 的 又 得

ho^{55}. | ʐʅ^{33} dʑi^{33} ʐʅ^{33} phər^{21} dɯ^{33}, gv̩^{33} bɯ^{33} dʑo^{21} pɑ^{21} dɯ^{33}, dʐv̩^{33} ʂə^{55} dʐv̩^{33} gɑ^{33} ho^{55}. |
愿 路 行 路 道 得 涉 要 桥 宽 得 纠纷解决 纠纷 赢 愿

dæ^{21}mu^{21} tɯ^{33} bɯ^{33} me^{33}, gv̩^{33} bɯ^{33} ʐv̩^{21} sy^{55} zy^{21} mæ^{21} gv̩^{33} be^{33} ho^{55}. | phv̩^{33} lɑ^{21},
强 兵 起 要 是 拼命 仇人 杀 仇 得 成 做 愿意 神

gɑ^{33} lɑ^{21} tv̩^{33} tv̩^{21} kɯ^{33} kɯ^{21}, sɿ^{33} bv̩^{33} phv̩^{33} sɿ^{55} tʂhər^{33} gə^{33} y^{21} gɑ^{33} lɑ^{21} sɿ^{21} ɕi^{33} tʂhuɑ^{55}
胜利神 千 千 万 万 斯补 祖 三 代 的 祖先 胜利神 三 百 六十

tshər^{21}, i^{33} dɑ^{21} tʂhʅ^{33} dɯ^{33} dʑi^{21}, bər^{21} y^{21}ʐʅ^{33} hɑ^{33} tʂhər^{21} nɑ^{55} ɕy^{55} mɑ^{21}tʂhu^{55} pɑ^{33} be^{33}. |
主人 这 一 家 牦牛 羊 酒 饭 肥肉 瘦肉 柏 油 天香 烧

phər^{21} ʂæ^{21} gɑ^{33} u^{21} o^{55} he^{21}, | phv̩^{33} sɿ^{55} tʂhər^{33} gə^{33} y^{21} gɑ^{33} lɑ^{21} gv̩^{33} ȵi^{33} gv̩^{33} lv̩^{21}, ʂər^{33}
盘神 禅神 胜神吾神沃神恒神 祖 三 代 的 祖先 胜利神 九 天 赐福 七

ȵi^{33} kɑ^{21} le^{21} iə^{55}. | ly^{55} gv̩^{33} py^{33} bv̩^{21} hæ^{33} ʂʅ^{21} tsər^{33} lər^{21} do^{55}, dv̩^{33} phər^{21} mu^{21} kho^{33}
天 保佑 做 利古 祭司 金 黄 板铃 摇 海螺 白 螺号

mu^{21}, uɑ^{33} hər^{21} dɑ^{33} khə^{21} lɑ^{55}, zo^{33} ne^{21} mi^{55} nɯ^{33} fv̩^{33} le^{33} gə^{21} le^{33} pv̩^{55}.
吹 松石 绿 法鼓 敲 儿 和 女 由 作揖 又 上 又 送

应该得到的财物一点也不漏地得到，还得到了意料之外的许多粮食。愿这一户主人家出门得大道，涉水得宽桥，能在纠纷和灾祸之中胜出。若兴兵去结仇，能杀掉来拼命的仇人。这一户主人家，用牦牛、羊、酒、饭、肥肉、瘦肉、柏枝、酥油烧天香，供养所有的神灵，所有的战神，以及三百六十个三代祖先胜利神。希望他们给这一户主人家赐予九天的福，给予七天的保佑。主持祭祀的祭司摇晃金黄色板铃，吹响白色海螺螺号，敲打绿松石法鼓，家中的儿女们作揖，把胜神祖先送上去。

547-C-17-21

封底

（翻译：和宝林）

295-C-18-01

la^{33} $lɯ^{21}$ $khɯ^{55}$ • ma^{21} de^{33} to^{33} ma^{33} no^{55}

大祭风·用麻登面偶赶鬼

295-C-18 大祭风·用麻登面偶赶鬼

【内容提要】

在仪式进行到赶鬼的阶段时，就要请出麻登大神来赶鬼，祭司们拿起面偶，就像请出了麻登大神，用这面偶在这一户主人的各个地方把鬼赶出来，让躲藏在这一户主人家中所有的鬼，所有的由各种鬼施放的疾病，都随着这个面偶抛到仇人的地方去，然后，由麻登大神攻破仇人的鬼寨，捣毁仇人的地方，杀死所有的仇人和鬼。

麻登是住在东、南、西、北、中及鬼的黑地，红色山和谷中的七个女神，她们身体庞大，目光有神，专门吃仇人肉，啃仇人骨头，特别喜欢喝仇人和鬼地各种黑色动物心中的鲜血，是被人称作好女子的大神。

【英文提要】

Great Sacrifice to Wind, Exorcising Ghosts by Flour Puppet *ma te*

In the process of exorcising ghosts, the god ***ma de*** were prayed to appear. Priests took the flour puppet, symbolized the appearance of god ***ma de***. They used the puppet to exorcise ghosts out of the family. All these ghosts and diseases casted by them were dispelled with the puppet out of the land of enemy. Then, god ***ma de*** broke the ghost village, ruined the land of enemy and killed all evils.

ma de were seven goddesses lived in the east, south, west, north, center, the land of ghost and red valley respectfully. They had massive stature with bright piercing eyes. These goddesses only ate the flesh, gnawed the bone and drank the blood of enemies and the blood of black animals. Because of this, the goddess was regarded as “good girl god”.

295-C-18-02

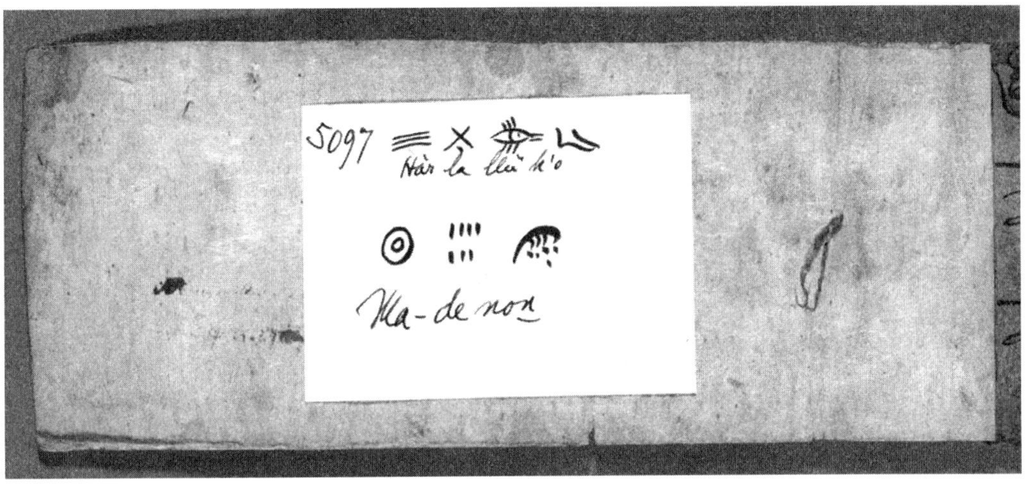

第 1 行：“5097”为洛克藏书的标号，东巴文字为“大祭风仪式”。

第 2 行：用洛克音标注下此书用于“大祭风仪式”。

第 3 行：东巴文字为书名，《用麻登赶鬼》。

第 4 行：用洛克音标注下此书书名的纳西语读音。

295-C-18-03

ɑ^{33} lɑ^{33} mə^{33} ʂər^{55} ȵi^{33}, bi^{21} thy̩^{33} mə^{55} tʂhʅ^{33} ȵi^{33} khy̩^{21} me^{33}, | khy̩^{21} khy̩^{21} bɯ^{33} ɯ^{33} ʂər^{33}
呵 也 不 说 日 日 出 的 这 天 请 是 请 请 妇 好 七

ky̩^{55} khy̩^{21}, | mə^{33} uɑ^{21} mə^{33} kɑ^{33} tɕhi^{33}, | uɑ^{21} le^{33} ny̩^{21} kɑ^{33} tɕhi^{33}. | tʂər^{55} ŋy̩^{21} mə^{33} dʑy^{33}
个 请 无 事 不 求助 有事 又 您 力 求 要紧事 没 有

ny̩^{21} mə^{33} tshi^{21}, | tʂər^{55} ŋy̩^{21} dʑy^{33} le^{33} dɯ^{33} zɑ^{21} lu^{33}. | ȵi^{33} me^{33}thy̩^{33}, i^{33} tʂhʅ^{33} mɯ^{21}, ȵi^{33}
你 不 求 要紧事 有 了 一 降临 来 东方 南方 西方

me^{33} gy̩^{21}，ho^{33} gy̩^{33} lo^{21} lu^{55} khu^{33} nɯ^{33} dʐʅ^{21} me^{33} bɯ^{33} ɯ^{33},
北方 四 边 由 住 的 妇 好

远古的时候，在好日子的这一天，就是要请七位能干的好女人，无事不求她们帮忙，有事才求助于她们。没有要紧事，你们也不会降临来，有要紧的事，你们一定会降临来。住在东方、南方、西方、北方四个方位能干的好女人，

295-C-18-04

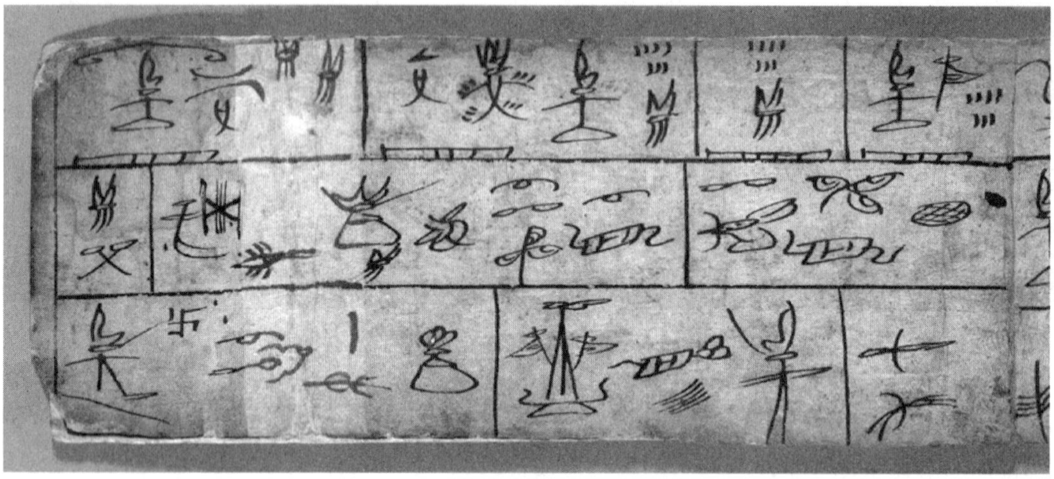

mɯ^{33} ne^{21} dy^{21} ko^{55} gɯ^{33} nɯ^{33} dʐʅ^{21} me^{33} tʂhʅ^{33} kʏ^{55} kʏ^{33}, | khuɑ^{21} me^{33} mu^{33} dy^{21} nɯ^{33}
天 和 地 中央 由 住 的 这 个 个 晦 的 猛鬼 地方 由

dʐʅ^{21} me^{33} tʂhʅ^{33} ʂər^{33} kʏ^{55}, | dy^{21} ly^{55} gʏ^{33} nɯ^{33} dʐʅ^{21} me^{33} tʂhʅ^{33} ʂər^{33} kʏ^{55}. | bɯ^{33} dæ^{21} tʂhʅ^{33}
住 的 这 七 个 地 中央 由 住 的 这 七 个 妇 能干 这

ʂər^{33} kʏ^{33}, dæ^{21} me^{33} dy^{21} gə^{33} dʐʅ^{21} kʏ^{33} dʐʅ^{21} le^{33} tɕi^{33}. | i^{33} dɑ^{21} tʂhʅ^{33} dɯ^{33} dʑi^{21}, lɯ^{55} kʏ^{33}
七 个 能干 的 地 的 住 处 住 又 来 主人 这 一 家 利古

py^{33} bʏ^{21} nɯ^{33}, mə^{33} uɑ^{21} nʏ^{21} mə^{33} khʏ^{21}, | uɑ^{21} le^{33} nʏ^{21} khʏ^{21} mu^{21}. | mə^{33} uɑ^{21} bɯ^{33}
祭司 由 无 事 您 不 请 有事 又 您 请 的 无事 妇

ɯ^{33} zɑ^{21} mə^{33} tʂər^{21}, uɑ^{21} le^{33} bɯ^{33} ɯ^{33} dɯ^{33} zɑ^{21} lu^{33}. | bɯ^{33} ɯ^{33} ʂʅ^{33} tsɑ^{55} to^{33} mɑ^{33} le^{33}
好 降临 不 使 有事 又 妇 好 一 降临 来 妇好 肉 插 面偶 又

dʐu^{33} fæ^{33}, | tshʅ^{21} sy^{55}
拿 去 鬼 杀

还有住在天地中央的这些个，住在晦暗的猛鬼地方的这七个，住在天地中央的这七个。能干的女人，请你们住到能干、勇敢的人住的地方来。这一户主人家无事不会请你们帮忙，有事才求助于你们。无事不会请你们降临，有事才请你们降临来。请你们来拿插着肉的面偶，请你们去杀上千个的鬼。

295-C-18-05

tv̩^{33} tv̩^{21} sy^{55}. ‖ sɿ^{55} u^{21} dɯ^{21} me^{33} tʂʅ^{33} dɯ^{33} dʑi^{21}, ɕy^{21} me^{33} dy^{21} nɯ^{33} gə^{21} dɯ^{55} dɯ^{33}, |
千 千 杀 素 吾 保佑 的 这 一 家 低 处 地 由 上 一 带

ʂuɑ^{21} me^{33} mɯ^{33} ȵə^{21} dʑʅ^{21} me^{33} tʂʅ^{33} dɯ^{33} gv̩^{33}, | uɑ^{33} hər^{21} no^{21} py^{55} kv̩^{33} tshi^{33} lɯ^{55} nɑ^{21}
高 的 天 上 住 的 这 一 位 松石 绿 宝贝 头发 杉 黑林

bi^{33} the^{55} ȵi^{21}, | uɑ^{33} hər^{21} mɯ^{33} dzər^{33} dzæ^{33}, | khuɑ^{33} tʂʅ^{33} thv̩^{55} me^{33} uɑ^{33} hər^{21} mɯ^{33} dzər^{33}
带 一样 松石 绿 青龙 骑 声 所 发 是 松石 绿 青龙

khuɑ^{33} le^{33} thv̩^{55}, | kv̩^{33} tshi^{33} kv̩^{33} fv̩^{33} dɯ^{33} sɑ^{21} me^{33}, | lɯ^{55} tshu^{21} bi^{33} nɑ^{21}the^{55} ȵi^{33} gv̩^{33}, |
声 又 出 头 上 头发 一 散 是 黑杉 林 大 那样 成

miə^{21} i^{33} khv̩^{55} ɯ^{33} so^{33} ɯ^{33} the^{55} ȵi^{33} gv̩^{33}, | dʑæ^{21} i^{33} ʂu^{33} phər^{21} phy^{33} bɑ^{33} zɑ^{21} me^{33} the^{55}
眼 是 长庚星 启明星 那样 成 牙 是 铁 白 降魔杵 降临 的 那

ȵi^{33} gv̩^{33}. |
样 成

素神和吾神保佑的这一家，从低处的大地往上，住在高处天上的这一位，头上长着绿松石宝贝似又似黑杉林般茂密的头发。松石般绿的青龙做坐骑，她发出的声音就像松石般绿的青龙发出的吼鸣声，她披散开的头发就像一片黑杉大森林，她的眼睛就像长庚星和启明星一般闪闪发光，她的牙齿就像天上降临的降魔杵。

295-C-18-06

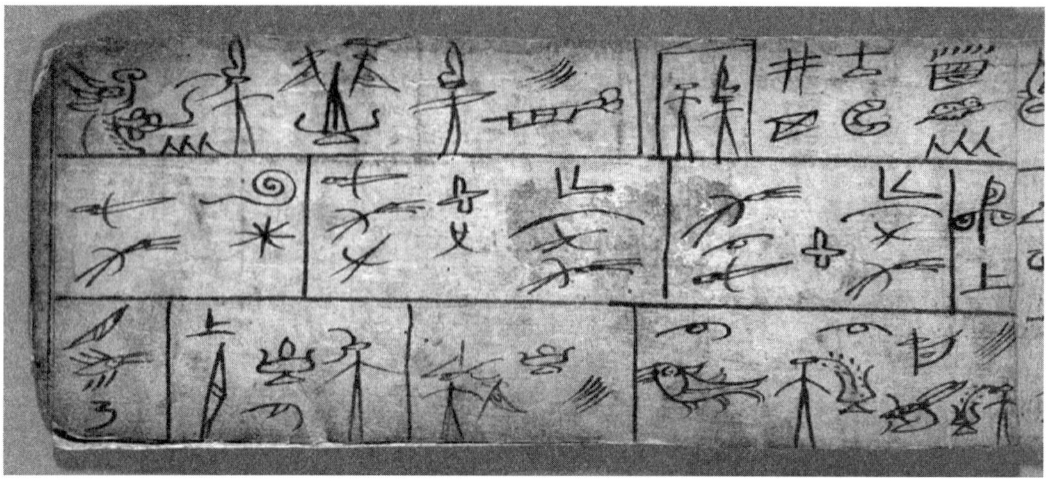

uɑ^{33} hər^{21} nɯ^{33} dʐər^{33} nɯ^{33} fv̩^{55} ʥi^{33} lv̩^{21} nɑ^{21} mi^{21} le^{33} sy^{55}, bɯ^{33} ɯ^{33} mɑ^{21} de^{33} nɯ^{33} ʐv̩^{21}

松石 绿 青龙 由 黑炭 龙 黑 下 又 杀 女 好 麻登 由 仇

ʂæ^{33} thɯ^{21}, ʐv̩^{21} uɑ^{33} khæ^{55}, ʂʅ^{33} tsɑ^{55} to^{33} mɑ^{33} le^{33} dʐu^{33} fæ^{33}. | i^{33} dɑ^{21} tʂhʅ^{33} dɯ^{33} ʥi^{21},

血 喝 仇 骨 啃 肉 插 面偶 又 拿 去 主人 这 一 家

gu^{21} tshər^{33} tʂhʅ^{33} ʥy^{33} me^{33}, ʐv̩^{21} dy^{21} nɯ^{33} mi^{21} le^{33} phv̩^{55}, | tshʅ^{21} sy^{55} tv̩^{33} tv̩^{21} sy^{21}, | tər^{21}

疾病 所有 的 仇 地 由 下 又 撒 鬼 杀 千 千 杀 呆鬼

tshʅ^{21} sy^{55} me^{33} tər^{21} tshʅ^{21} mɯ^{21} le^{33} zər^{21}, | tshʅ^{21} sy^{55} mə^{33} mæ^{33} gə^{33} tər^{21} tshʅ^{21} mɯ^{21} le^{33}

杀 是 呆鬼 下 又 压 鬼 杀 不 得 的 呆鬼 是 又

zər^{21}. | bɯ^{33} ɯ^{33} mɑ^{21} de^{33} nv̩^{21} lɑ^{33} ʂə^{55} do^{21} lɯ^{33} se^{21}. | ʂə^{55} do^{21} hɑ^{33} mə^{33} ʥʅ^{33}, | dæ^{21}

压 女 好 麻登 您 也 害羞 会 了 害羞 饭 不 吃 勇敢

hɑ^{33} ʥʅ^{33} le^{33} fæ^{33}. | mə^{33} ȵi^{33} ʐʅ^{33} mə^{33} thɯ^{21}, dæ^{21} me^{33} ʐʅ^{33} le^{33} thɯ^{21} le^{33} fæ^{33}.

饭 吃 又 去 不 要 酒 不 喝 勇敢 者 酒 又 喝 又 去

松石般碧绿的青龙，把鬼地木炭般黝黑的龙杀掉，好女子麻登神喝仇人的血，啃仇人的骨头，又去拿插肉的面偶。把这一户主人家所有的疾病，都抛撒到仇人的地方去，杀死上千的鬼，杀死呆鬼，把呆鬼镇压下去，把未被杀死的所有鬼和呆鬼镇压下去。好女子麻登也会害羞，害羞则会不吃饭，请您勇敢地吃饭。不喝太客气的酒，要喝就喝令人勇敢的酒。

295-C-18-07

bɯ^{33} ɯ^{33} mɑ^{21} de^{33} nɯ^{33} lɑ^{21} i^{33} dɯ^{21} sɑ^{21} ne^{21} me^{33} i^{33}, zy̩^{21} gə^{33} ny̩^{55} me^{33} ʂu^{21} ne^{21} the^{55}
女 好 麻登 由 手 是 一 展开 在 的 是 仇 的 心 找 在 那样

ȵi^{33} gy̩^{33}. | dɯ^{33} tsho^{33} ne^{21} me^{33} i^{33}, gy̩^{33} bɯ^{33} zy̩^{21} zər^{21} mɯ^{21} le^{33} zər^{21}. | lɯ^{33} sɿ^{33} lɯ^{33}
成 一 跳 在 做 是 拼命 仇 压 下 又 压 箭 弓

me^{33} lɑ^{21} phə^{33} ty^{55} me^{33} nɯ^{33}, zy̩^{21} sy^{55} mi^{21} le^{33} sy^{55}. | lɯ^{33} sɿ^{33} tshɿ^{55} si^{33} tshi^{55} iə^{21} nɯ^{33}
手 中 拿 做 是 仇人 杀 下 又 杀 箭 醋西醋尤 心

tɕər^{21} dər^{33}. gə^{21} lɑ^{21} ɯ^{33} thɯ^{33} ty̩^{21} dy̩^{33} lɯ^{33}. | sɿ^{55} u^{21} ɯ^{33} me^{33} tʂhʅ^{33} dɯ^{33} dy^{21} nɯ^{33}
上 中 格 劳 恩 替 督 都 利 素神吾神 好 的 这 一 地 由

gə^{21} dɯ^{55}dɯ^{33}, | dy^{21} dɯ^{21} tʂhər^{21} me^{33} tɕər^{21} ʥʅ^{21} me^{33} mi^{55} ɯ^{33} tʂhʅ^{33} dɯ^{33} gy̩^{33}, | lɯ^{55} tshu^{21}
上 一 带 地 大 富裕 的 上 住 的 女 好 这 一 个 黑杉林

lɯ^{55} nɑ^{21} kho^{55}, le^{55} nɑ^{21} ʥæ^{21} ʂər^{21} ʥæ^{33}, | gy̩^{33} ȵə^{21} ʥi^{33} zi^{33} mu^{21}, lɯ^{33} sɿ^{33} lɯ^{33} me^{33}
里 獐 黑 牙 长 骑 身 上 衣 美 穿 箭 弓

ly^{33} thɑ^{55} lɑ^{21} phə^{33} ty^{55}, mɯ^{33} nɯ^{33} za^{21} le^{33} tshɿ^{21},
矛 利 手 中 拿 天 由 降 又 来

好女子麻登大神展开大手好像正在寻找仇人的心。她跳起来把所有来拼命的仇人镇压下去。她把弓箭拿在手中，射杀所有的仇人。箭射中醋西醋尤①之心。“格劳恩替督都利。”（咒语）

素神和吾神保佑的好地方，以及住在这以上的富裕的大地方的这一个好女子——麻登大神，骑着大森林中长着长长牙齿的黑獐子，身上穿着漂亮的衣服，手里拿着弓箭和利矛，从天上降临下来，

① 醋西醋尤：音译名词，为鬼域中的鳌鱼，据说其嘴里长着一棵刀剑树，会把人之灵魂挂在此树上。

295-C-18-08

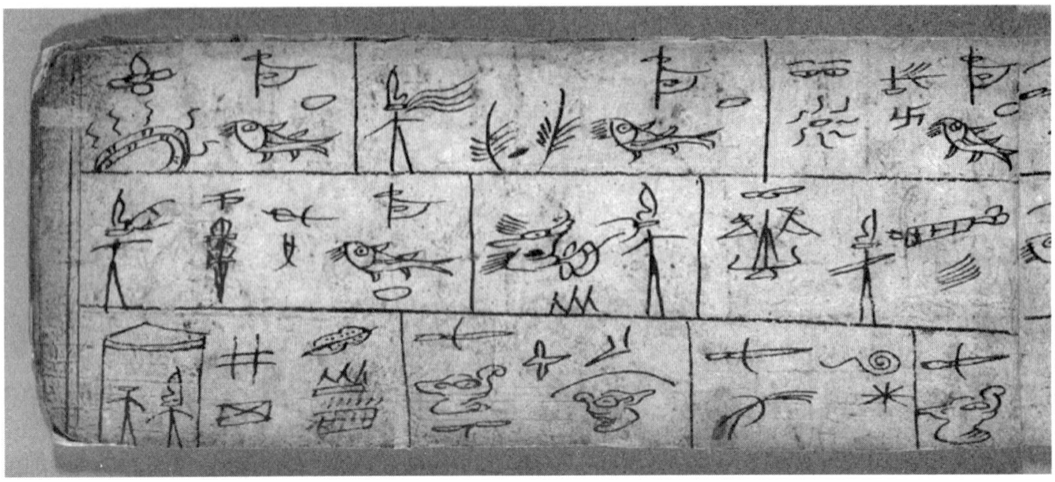

mi^{33} ɕi^{55} ʂʅ^{33} hər^{21} the^{55} ȵi^{33} bi^{33} zi^{33} bæ^{33} zæ^{33} gv̩^{33}, | kv̩^{33} ly^{33} kv̩^{33} fv̩^{33} gə^{21} le^{33} dɯ^{33} sɑ^{21}
彩虹 黄 绿 那样 闪烁明亮 成 头 上 头 发 上 又 一 散

ne^{21}, lɯ^{55} tshu^{21} bi^{33} nɑ^{21} the^{55} ȵi^{33} gv̩^{33}. | miə^{21} ly^{33} khv̩^{55} ɯ^{33} so^{33} ɯ^{33} bu^{33} me^{33} the^{55} ȵi^{33}
是 黑杉林 那样 成 眼睛 长庚星 启明星 亮 的 那样

gv̩^{33}. | khu^{33} lo^{21} dʑæ^{21} ʂər^{21} me^{33}, ʂu^{33} phər^{21} phy^{33} bɑ^{33} zɑ^{21} me^{33} the^{55} ȵi^{33} gv̩^{33}. | bɯ^{33} ɯ^{33}
成 嘴 中 牙 长 是 铁 白 降魔杵 下 来 那样 成 女 好

mɑ^{21} de^{33} nɯ^{33} bu^{21} nɑ^{21} mi^{21} le^{33} sy^{55}, | ʂʅ^{33} tsɑ^{55} to^{33} mɑ^{33} le^{33} dʐu̩^{33} fæ^{33}. | i^{33} dɑ^{21} tʂhʅ^{33}
麻登 由 猪 黑 下 又 杀 肉 插 面偶 又 拿 去 主人 这

dʑi^{21} gə^{33} gu^{21} tshər^{33} tʂhʅ^{33} dʑy^{33} me^{33}, zv̩^{21} dy^{21} nɯ^{33} mi^{21} le^{33} phv̩^{55}, | tshi^{55} si^{33} tshi^{55} iə^{21}
家 的 疾病 所有 的 仇 地 由 下 又 撒 醋西醋尤

mɯ^{21} le^{33} sy^{55}, mɯ^{21} le^{33} zər^{21}, | tshʅ^{21} khuɑ^{21} tv̩^{33} tv̩^{21} mɯ^{21} le^{33} sy^{55}. |
下 又 杀 下 又 镇压 鬼 恶 千 千 下 又 杀

就像从天上落到地上的黄黄绿绿的彩虹那样闪闪发光，散开的头发，像一片大黑杉森林，脸上的眼睛就像长庚星和启明星那样明亮。她口中的长牙，就像白铁降魔杵降临了一样。这位好女子麻登大神杀掉了仇地黑猪，让她们去取插上肉的面偶。把这一户主人家中的所有疾病，抛到仇人的地方去，杀死醋西醋尤，把它镇压下去，杀掉上千恶鬼。

295-C-18-09

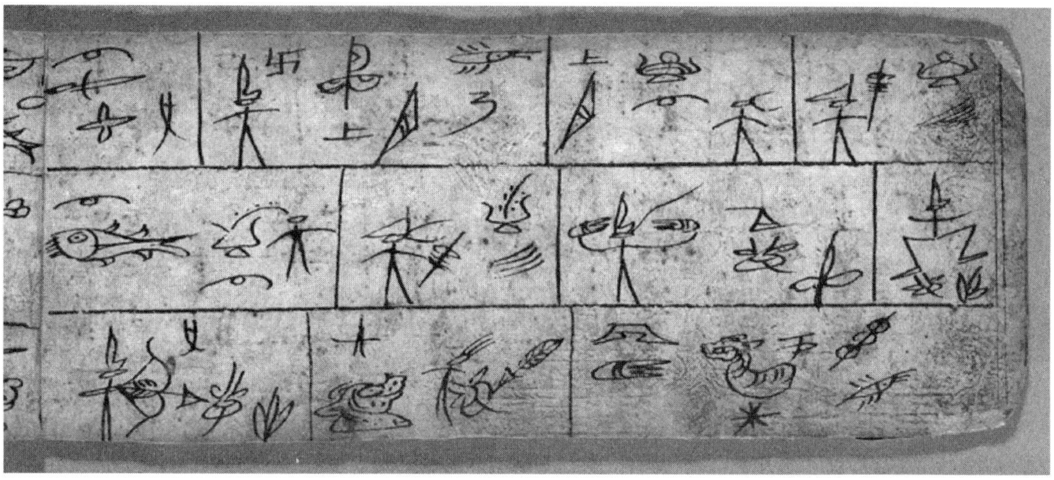

tshi^{55} si^{33} tshi^{55} iə^{21} mə^{33} sy^{55} me^{33}, | bɯ^{33} ɯ^{33} mɑ^{21} de^{33} ny̩^{21}, ʂə^{55} do^{21} lɯ^{33} se^{21}, | ʂə^{55} do^{21} hɑ^{33}
醋西醋尤　不　杀　的　女　好 麻登　你　害羞　会　了　害羞　饭

mə^{33} dʐʅ^{33}, | dæ^{21} hɑ^{33} le^{33} dʐʅ^{33} fæ^{33}. | mə^{33} n̥i^{33} ʐʅ^{33} mə^{33} thɯ^{21}, | dæ^{21} ʐʅ^{33} le^{33} thɯ^{33} fæ^{33}. |
不　吃　勇敢 饭　又　吃 去　不　要　酒　不　喝　勇敢 酒　又　喝　去

bɯ^{33} ɯ^{33} mɑ^{21} de^{33} nɯ^{33} lɑ^{21} i^{33} dɯ^{33} sɑ^{21} ne^{21}, zy̩^{21} gə^{33} nɯ^{33} ʂu^{21} the^{55} n̥i^{33} gy̩^{33}. | bɯ^{33}
女　好 麻登　由　手　是　一　展开　在　仇人　的　心　找　那样　成　女

ɯ^{33} mɑ^{21} de^{33} dɯ^{33} tsho^{33} ne^{21}, zy̩^{21} zər^{21} mi^{21} le^{33} zər^{21}. | bɯ^{33} ɯ^{33} mɑ^{21} de^{33} khæ^{55} lɯ^{33}
好 麻登　一　跳　在　仇人　压　下　又　压　女　好　麻登　射　弓

khæ^{55} tso^{33}pu^{55} dɯ^{33} khæ^{55} me^{33}, zy̩^{21} gə^{33} nɯ^{33} tɕər^{21} dər^{33}, | tər^{21} ne^{21} lɑ^{33}, tshʅ^{21} khuɑ^{21}
射　箭带　一　射　的　仇人　的　心　上　中　呆鬼 和 佬鬼　鬼　恶

nɯ^{33} n̥ə^{21} dər^{33}. | gə^{33} lɑ^{21} ɯ^{33} thɯ^{33} mæ^{33} phər^{21} ty̩^{21} tshu^{33} lɯ^{55}. |
心　上　中　格　劳 思　替　满　盘　督　崇　利

若不杀醋西醋尤，好女子麻登大神会害羞，害羞则会不吃饭，请您勇敢地去吃饭吧。您不要勉强去喝您不想喝的酒，要喝就去喝勇敢者的酒。好女子麻登大神那展开的手，就像去寻找仇人的心。麻登大神跳一跳，就把所有的仇人镇压下去了。麻登大神手里拿着大弓，搭上利箭一箭射中仇人心，射中呆鬼、佬鬼和所有恶鬼的心口上。“格劳恩替满盘督崇利。”（咒语）

295-C-18-10

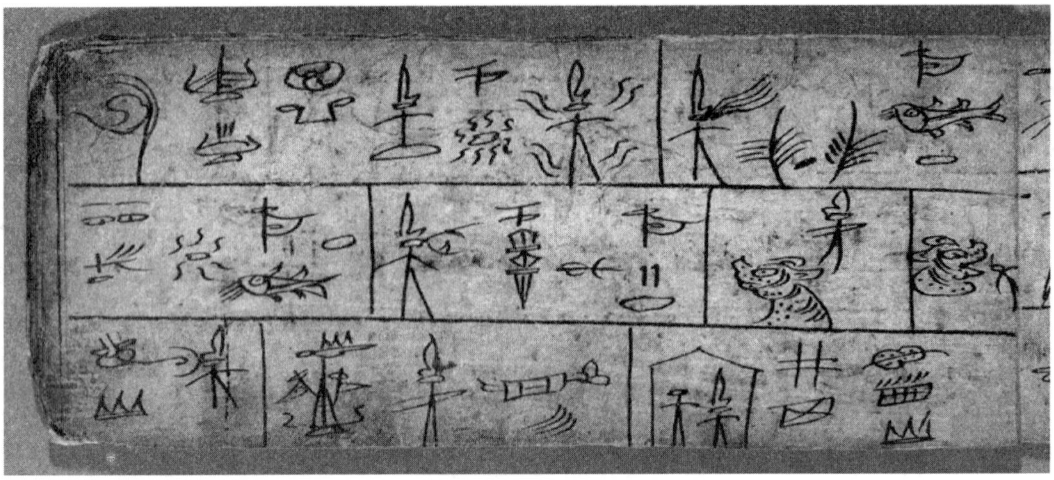

sɿ^{55} u^{21} tʂhʅ^{33} dɯ^{33} dʑi^{21}, ȵi^{33} me^{33} thv̩^{33} nɯ^{33} dʐʅ^{21} me^{21} bɯ^{33} dæ^{21} tʂhʅ^{33} dɯ^{33} gv̩^{33}, kɯ^{21}
素神吾神这 一 家 东方 由 住 的 女 勇 这 一 个 星

phər^{21} the^{55} ȵi^{33} bu^{33} dɯ^{21} lu^{55} lɑ^{33} gv̩^{33}. | kv̩^{33} ȵə^{21} kv̩^{33} fv̩^{33} sɑ^{21} me^{33} lɯ^{55} tshu^{21} bi^{33}
白 那样 光 大 灿烂 成 头 上 头 发 散 是 黑杉林

nɑ^{21} the^{55} ȵi^{55} gv̩^{33}. | miə^{21} i^{33} khv̩^{55} ɯ^{33} so^{33} ɯ^{33} bu^{33} dɯ^{21} zi^{55} zæ^{33} the^{55} ȵi^{33} gv̩^{33}, | khu^{33}
那样 成 眼 是 长庚星 启明星 光 大 闪闪 那样 成 口

gə^{33} hɯ^{33} dʑæ^{21} me^{33}, ʂu^{33} phər^{21} phv̩^{33} bɑ^{33} the^{55} ȵi^{33} gv̩^{33}. | bɯ^{33} dæ^{21} bə^{21} dɯ^{21} lɑ^{33} ɕy^{21}
中 獠牙 是 铁 白 降魔杵 那样 成 女 勇 掌 大 虎 红

dʑæ^{33}, | bə^{33} dɯ^{21} lɑ^{33} ɕy^{21} nɯ^{33}, zv̩^{21} tʂhʅ^{33} uɑ^{21} me^{33} do^{55} le^{33} sy^{55}. | bɯ^{33} dæ^{21} mɑ^{21} de^{33}
骑 掌 大 虎 红 由 仇人 所有 的 扑 又 杀 女 勇 麻登

nɯ^{33}, nɯ^{33} ly^{55} gv̩^{33} gə^{33} ʂæ^{33} ɕy^{21} thɯ^{21}, | bɯ^{33} dæ^{21} ʂʅ^{33} ɕy^{21} tsɑ^{55} me^{33} to^{33} mɑ^{33} le^{33} dʐu̩^{33}
由 心 中间 的 血 红 喝 女 勇 肉 红 插 的 面偶 又 拿

fæ^{33}. | i^{33} dɑ^{21} tʂhʅ^{33} dɯ^{33} dʑi^{21}, gu^{21} tshər^{33} tʂhʅ^{33} uɑ^{21} me^{33}, zv̩^{21} dy^{21} mɯ^{21} le^{33} phv̩^{55}.
去 主人 这 一 家 疾病 所有 的 仇人 地 下 又 撒

素神和吾神保佑的这一户主人家，东方住着一位像白色星宿那样光辉灿烂的勇敢女神。她披开的头发就像一片黑杉林，她的眼睛就像长庚星和启明星那样闪烁明亮，嘴中的獠牙就像白铁降魔杵降临了一样。她骑着巨掌红虎降临来，巨掌红虎扑上去咬死了所有的仇人。勇敢的女神麻登，喝了仇人心中的热血，勇敢的女神麻登快去取插肉的面偶。把这一户主人家中所有的疾病，都随面偶抛撒到仇人的地方去。

295-C-18-11

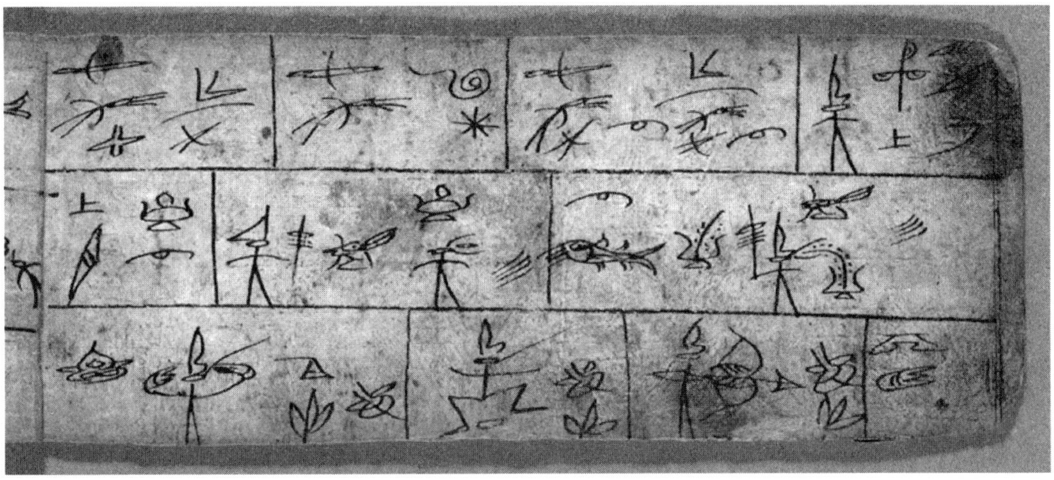

tshʅ^{21} sy^{55} mi^{21} le^{33} sy^{55}, tər^{21} tshʅ^{21} mɯ^{21} le^{33} zər^{21}. | tshʅ^{21} sy^{55} ty̩^{33} ty̩^{21} sy^{55}. | tər^{21} tshʅ^{21}
鬼 杀 下 又 杀 呆鬼 下 又 压 鬼 杀 千 千 杀 呆鬼

mə^{33} sy^{55} me^{33}, tər^{21} tshʅ^{21} mə^{33} zər^{21} me^{33}, | bɯ^{33} ɯ^{33} mɑ^{21} de^{33} ny̩^{21}, ʂə^{55} do^{21} lɯ^{33} i^{33}
不 杀 的 呆鬼 不 压 的 女 好 麻登 你 害羞 来 也

ky̩^{33}, | ʂə^{55} do^{21}hɑ^{33} mə^{33} dʑʅ^{33}, | dæ^{21} hɑ^{33} le ^{33} dʑʅ^{33} fæ^{33}, | mə^{33} ȵi^{33} ʐʅ^{33} mə^{33} thɯ^{21}, dæ^{21}
会 害羞 饭 不 吃 勇敢 饭 又 吃 去 不 要 酒 不 喝 勇

ʐʅ^{33} le ^{33} thɯ^{21} fæ^{33}. | bɯ^{33} ɯ^{33} mɑ^{21} de^{21} lɑ^{21} sɑ^{21} me^{33}, ʐy̩^{21} gə^{33}nɯ^{33} le^{33} ʂu^{21}, | bɯ^{33} ɯ^{33}
酒 又 喝 去 女 好 麻登 手 展 出 仇 的 心 又 找 女 好

mɑ^{21} de^{33} tsho^{33} ne^{21} me^{33}, ʐy̩^{21} zər^{21} mɯ^{21} le^{33} zər^{21}. | mɑ^{21} de^{33} khæ^{55} lɯ^{33} khæ^{55} tso^{33} lɑ^{21}
麻登 跳 在 是 仇 压 下 又 压 麻登 射 弓 射 器 手

phə^{33} ty^{55}, ʐy̩^{21} gə^{33} nɯ^{33} ty̩^{55} ty̩^{21} le^{33} khæ^{55}. | gə^{33} lɑ^{21}
中 拿 仇人 的 心 直直 又 射 格 劳

把鬼杀死，把呆鬼镇压下去，杀死上千的鬼。若不杀呆鬼，把呆鬼镇压下去，好女子麻登会害羞，会不好意思吃饭，请您勇敢地去吃饭吧。好女子不能勉强去喝不想喝的酒，应该去喝勇敢者的酒。好女子麻登大神展开的双手就像要去寻找仇人的心，好女子麻登大神跳起来把仇人镇压下去。好女子麻登大神手里拿着弓箭，直朝仇人的心脏射去。“格劳

295-C-18-12

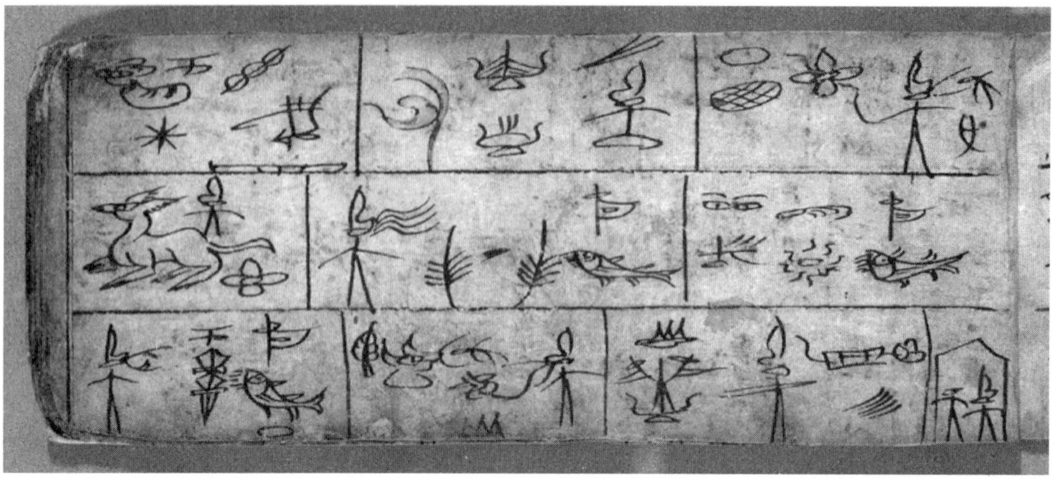

ɯ^{33} thɯ^{33} mæ^{33} phər^{21} ty̩^{21} tshu^{21} dy̩^{33} lɯ^{33}. ‖ sɿ^{55} u^{21} ɯ^{33} me^{33} tʂhʅ^{33} dɯ^{33} dʑi^{21}, i^{33} tshʅ^{33} mɯ^{21}
恩 替 满 盘 督 崇 都 利 素神吾神 好 的 这 一 家 南方

nɯ^{33} dʐʅ^{21} gə^{33} tʂhʅ^{33} dɯ^{33} gy̩^{33}, | gu^{33} mu^{33} uɑ^{33} hər^{21} bu^{33} dɯ^{21} lu^{55} lɑ^{33} the^{55} n̩i^{33} gy̩^{33},
由 住 的 这 一 个 身体 松石 绿 光 大 四射 那样 成

zy̩^{21} ʂʅ^{33} dʐʅ^{33}me^{33} uɑ^{33} hər^{21} ɕy^{55} khɯ^{33} dʑæ^{33}, | ky̩^{33} ly^{33} ky̩^{33} fy̩^{33} sɑ^{21} me^{33} lɯ^{55} tshu^{21}
仇 肉 吃 的 松石 绿 豺 狼 骑 头 头发 散 是 黑杉林

bi^{33} nɑ^{21} the^{55} n̩i^{33} gy̩^{33}. | miə^{21} ly^{33} khy̩^{55} ɯ^{33} so^{33} ɯ^{33} the^{55} n̩i^{33} gy̩^{33}, | khu^{33} gə^{33} hɯ^{33}
那样 成 眼睛 长庚星 启明星 那样 成 嘴 的 獠牙

dʑæ^{21} dʐʅ^{21} me^{33} ʂu^{33} phər^{21} phy^{21} bɑ^{33} the^{55} n̩i^{33} gy̩^{33}. | uɑ^{33} hər^{21} ɕy^{55} khɯ^{33} nɯ^{33} zy̩^{21} ʂʅ^{33}
长 是 铁 白 降魔杵 那样 成 松石 绿 豺狼 由 仇 肉

dʐʅ^{33}, bɯ^{33} ɯ^{33}mɑ^{21} de^{33} zy̩^{21} gə^{33} ny̩^{55} me^{33} ʂæ^{33} ɕy^{21} thɯ^{21}, | ʂʅ^{33} tsɑ^{55} to^{33} mɑ^{33} dzu̩^{33} le^{33}
吃 女 好 麻登 仇人 的 心 血 红 喝 肉 插 面偶 拿 又

fæ^{33}. | i^{33} dɑ^{21} tʂhʅ^{33} dɯ^{33} dʑi^{21},
去 主人 这 一 家

恩替满盘督崇都利。”（咒语）

素神和吾神保佑的这一户主人家，住在南方的这位好女子，身体就像绿松石般光辉灿烂，她骑着一只吃仇人肉的松石般碧绿的豺狼，头上披散的头发就像一片黑杉林，她的眼睛就像长庚星和启明星那样光芒四射，嘴里的獠牙就像白铁降魔杵一样。绿松石色的豺狼扑食仇人肉，好女子麻登喝仇人心中鲜红的血液。让好女子麻登大神去拿插肉的面偶。把这一户主人家，

295-C-18-13

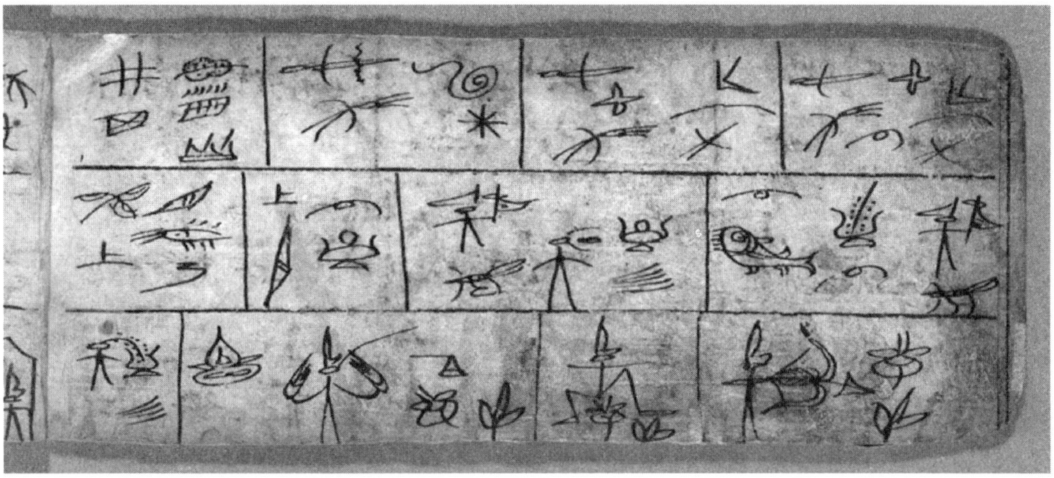

gu^{21} ne^{21} tshər^{21} , zʅ̩y^{21} gə^{33} dy^{21} nɯ^{33} mɯ^{21} le^{33} phy̩^{55}. | tshʅ^{21} sy^{55} ty̩^{33} ty̩^{21} sy^{55}. | tshʅ^{55} sy^{55} mɯ^{21}
疾 和 病 仇 的 地方 由 下 又 撒 鬼 杀 千 千 杀 鬼 杀 下

le^{33} sy^{55}, tər^{21} zər^{21} mɯ^{21} le^{33} zər^{21}. | tshʅ^{21} mə^{33} sy^{55}, tər^{21} mə^{33} zər^{21} me^{33}，ny̩^{33} lɑ^{33} ʂ̩ə^{55}
又 鬼 呆鬼 压 下 又 压 鬼 不 杀 呆鬼 不 压 的 您 也 害羞

do^{21} lɯ^{33} se^{21}. | ʂ̩ə^{55} do^{21} hɑ^{33} mə^{33}dʑʅ^{33}, | dæ^{21} hɑ^{33} le^{33} dʑʅ^{33} fæ^{33}. | mə^{33} n̩i^{33} zʅ^{33} mə^{33} thɯ^{21},
会 了 害羞 饭 不 吃 勇敢 饭 又 吃 去 不 要 酒 不 喝

dæ^{21} zʅ^{33} le^{33} thɯ^{21} fæ^{33}. | bɯ^{33} ɯ^{33} lɑ^{21} sɑ^{21} me^{33}, zʅ̩y^{21} gə^{33} nɯ^{33} ʂ̩u^{21} ne^{21}, | bɯ^{33} ɯ^{33} tsho^{33}
勇敢 酒 又 喝 去 女 好 手 展开 是 仇人 的 心 找 在 女 好 跳

ne^{21}me^{33}, zʅ̩y^{21}zər^{21} mɯ^{21} le^{33} zər^{21}, | bɯ^{33} ɯ^{33} khæ^{55} lɯ^{33} khæ^{55} tso^{33} lɑ^{21} phə^{33} ty^{55},
在 是 仇人 压 下 又 压 女 好 射 箭 射 器 手 中 拿

zʅ̩y^{21} gə^{33} nɯ^{33} ty̩^{55} ty̩^{21} le^{33} khæ^{55}.
仇人 的 心 直直 又 射

家中所有的疾病，抛到仇人的地方去。杀死上千的鬼，把鬼统统杀死，把所有的呆鬼镇压下去。若未杀鬼未镇压掉呆鬼，好女子麻登会害羞，不好意思把饭吃，请您勇敢地去吃饭。不想喝的酒您不能勉强喝，要喝就去喝勇敢者的酒。好女子展开双手去寻找仇人的心，好女子跳起来把仇人镇压下去，好女子拿起弓箭，直直地朝仇人的心脏射去。

295-C-18-14

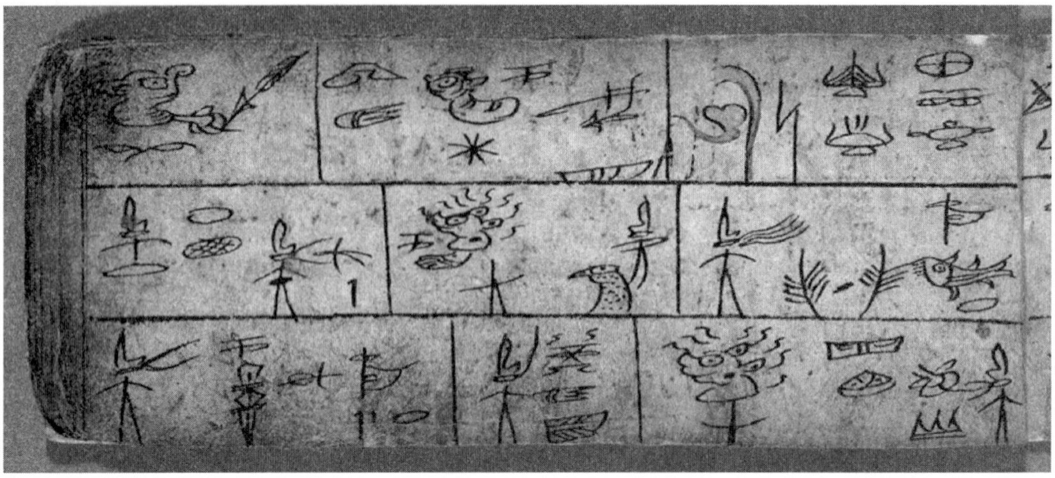

tshi^{55} si^{33} tshi^{55} iə^{21} nɯ^{33} tɕər^{21} dər^{33}.｜gə^{21} lɑ^{21} ɯ^{33} thɯ^{33} mæ^{33} phər^{21} tʏ̩^{21} dʏ̩^{33} lɯ^{33}.‖dɯ^{33}
醋西醋尤 心 上 中 格 劳 恩 替 满 盘 督 都 利 一

tʂhʅ^{55} sʅ^{55} u^{21} ɯ^{33} me^{33} tʂhʅ^{33} dɯ^{33} dʑi^{21}, ȵi^{33} me^{33} gʏ̩^{21} ȵə^{21} dʐʅ^{21} me^{33} tʂhʅ^{33} dɯ^{33} gʏ̩^{33}, gu^{33}
代 素 吾 好 的 这 一 家 西边 方向 住 的 这 一 位 身体

mu^{33} tshu^{21} nɑ^{55} bu^{33} dɯ^{21} lu^{55} lɑ^{33} gʏ̩^{33}, tər^{21} ʂʅ^{33} dʐʅ^{33} me^{33} bɯ^{33} ɯ^{33} dɯ^{33} gʏ̩^{33} uɑ^{21}.｜tər^{21}
墨玉 光 大 四 射 成 呆鬼 肉 食 的 女 好 一 个 是 呆鬼

gə^{33} gʏ̩^{21} nɑ^{55} lɑ^{21} phər^{21} dʐər^{33} le^{33} tʂhʅ^{33} ȵə^{55} ȵə^{33}, ɕə^{21} gu^{55} dʑæ^{21} me^{33} dɯ^{33} me^{33}
的 熊 黑 手 白 吓 又 那 发抖 大雕 花 的 一 只

dʑæ^{33},｜kʏ̩^{33} ly^{33} kʏ̩^{33} fʏ̩^{33} sɑ^{21} i^{33} me^{33} lɯ^{55} tshu^{21} bi^{33} nɑ^{21} the^{55} ȵi^{33} gʏ̩^{33},｜khu^{55} gə^{33} hɯ^{33}
骑 头 头发 散 的 是 黑杉林 那样 成 口 的 獠牙

dʑæ^{21} i^{33} ʂu^{33} phər^{21} phy^{33} bɑ^{33} zɑ^{21} me^{33} the^{55} ȵi^{33} gʏ̩^{33}.｜bɯ^{33} ɯ^{33} mɑ^{21} de^{33} nɯ^{33} hæ^{33} ʂʅ^{21}
是 铁 白 降魔杵 下 的 那样 成 女 好 麻登 由 金 黄

pɯ^{21} lɯ^{33} lɑ^{33} phə^{33} ty^{55},｜tər^{21} gə^{33} gʏ̩^{21} nɑ^{21} thɯ^{33} dʐər^{21} le^{33} tʂhʅ^{33} lo^{33} lo^{33}, mɑ^{21} de^{33}
经书 手 中 拿 呆鬼 的 熊 黑 他 惊 又 发抖 麻登

pɯ^{33} pɑ^{33} be^{33}, tər^{21} gə^{33} gʏ̩^{21} nɑ^{21} nʏ̩^{33} ly^{55} gʏ̩^{33} gə^{33} ʂæ^{33} ɕy^{21} thɯ^{21}.
变化 做 呆鬼 的 熊 黑 心 中央 的 血 红 喝

箭儿射中醋西醋尤的心窝。“格劳恩替满盘督都利。”（咒语）

素神、吾神保佑的这一户主人家，住在西方的身体似墨玉一般光辉灿烂，食呆鬼肉的这一位好女子，骑一只使呆鬼四蹄白黑熊吓得只发抖的花身子大雕，她散开的头发就像一片大森林，嘴中的獠牙就像天上降临的白铁降魔杵一般。好女子麻登大神将金黄色的经书拿在手中，使呆鬼的黑熊吃惊而发抖，麻登大神做变化，喝掉了黑熊心中鲜红的血。

295-C-18-15

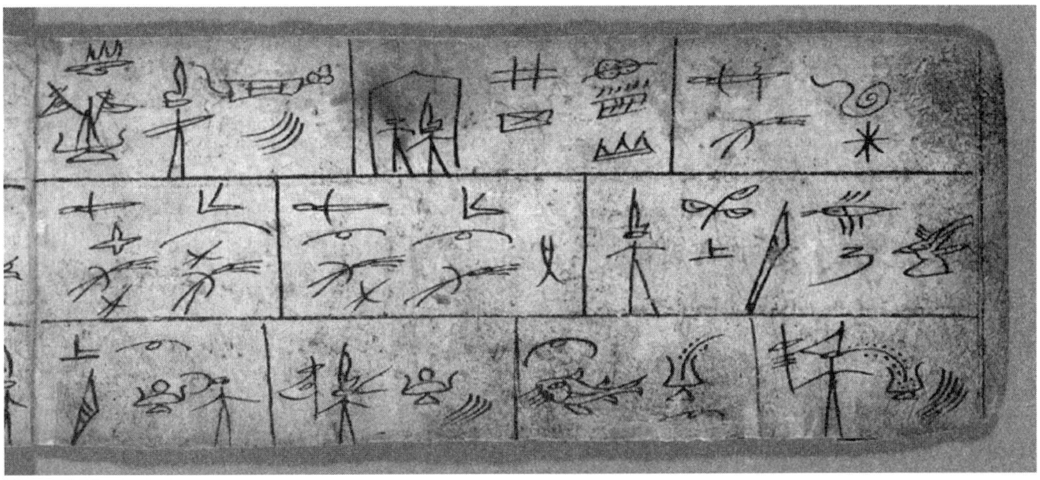

bɯ^{33} ɯ^{33} mɑ^{21} de^{33} ʂʅ^{33} ɕy^{21} tsɑ^{55} me^{33} to^{33} mɑ^{33} le^{33} dʐu^{33} fæ^{33}. | i^{33} dɑ^{21} tʂhʅ^{33} dɯ^{33} ʥi^{21}
女 好 麻登 肉 红 插 的 面偶 又 取 去 主人 这 一 家

gu^{21} ne^{21} tshər^{33} tʂhʅ^{33} uɑ^{21} me^{33}, ʐy̩^{21} gə^{33} dy^{21} nɯ^{33} mi^{21} le^{33} phy̩^{55}. | tshʅ^{21} sy^{55} ty̩^{33} ty̩^{21}
疾 和 病 所有 的 仇人 的 地方 由 下 又 撒 鬼 杀 千 千

sy^{55}, | tər^{21}tshʅ^{21} mi^{21} le^{33} sy^{55}, tər^{21} tshʅ^{21} mɯ^{21} le^{33} zər^{21} , | tər^{21} tshʅ^{21} mə^{33} sy^{55} me^{33},
杀 呆鬼 下 又 杀 呆鬼 下 又 压 呆鬼 不 杀 的

tshʅ^{21} lɑ^{33} mə^{33} zər^{21} me^{33}, | mɑ^{21} de^{33} ny̩^{21} ʂə^{55} do^{21} le^{33} lɯ^{33} se^{21}, | ʂə^{55} do^{21} hɑ^{33} mə^{33}
鬼 也 未 压 的 麻登 你 害羞 又 会 了 害羞 饭 不

ʥʅ^{33}, | dæ^{21} hɑ^{33} ʥʅ^{33} le^{33} fæ^{33}. | mə^{33} n̩i^{33} ʐʅ^{33} mə^{33} thɯ^{21}, | dæ^{21} ʐʅ^{33} thɯ^{21} le^{33} fæ^{33}. |
吃 勇敢 饭 吃 又 去 不 要 酒 不 喝 勇 酒 喝 又 去

好女子麻登大神，又去取插肉的面偶。把这一户主人家所有的疾病，都向仇人的地方抛撒下去，杀掉了上千的鬼，杀掉所有呆鬼，把呆鬼镇压下去。若未杀掉呆鬼，未把呆鬼镇压下去，麻登大神会害羞，会不好意思吃饭，请您勇敢地去吃饭。不想喝的酒，你不要勉强地去喝，要喝就去喝勇敢者的酒。

295-C-18-16

bɯ^{33} ɯ^{33} lɑ^{21} sɑ^{21} me^{33} , ʐy̩^{21} khu^{33} khɑ^{33} gə^{33} nɯ^{33} le^{33} ʂu^{21}, bɯ^{33} ɯ^{33} mɑ^{21} de^{33} tsho^{33} ne^{21}
女 好 手 展开 是 仇人 嘴 臭 的 心 又 找 女 好 麻登 跳 在

me^{33}, ʐy̩^{21} zər^{21} mi^{21} le^{33} zər^{21}. | bɯ^{33} ɯ^{33} mɑ^{21} de^{33} nɯ^{33} khæ^{55} lɯ^{33} khæ^{55} tso^{33} pu^{55}, ʐy̩^{21}
是 仇人 压 下 又 压 女 好 麻登 由 射 箭 射 器 带 仇人

gə^{33} ny̩^{55} me^{33} ty̩^{55} ty̩^{21} khæ^{55}. | tər^{21} ne^{21} lɑ^{33} gə^{33} ny̩^{33} me^{33} ky̩^{33} le^{33} khæ^{55}. | gə^{33} lɑ^{21}
的 心脏 直直 射 呆鬼 和 佬鬼 的 心 上 又 射 格 劳

ɯ^{33} thɯ^{33} mæ^{33} phər^{21} ty̩^{21} tshu^{21} dy̩^{33} lɯ^{33}. ‖ sʅ^{55} u^{21} ɯ^{33} me^{33} tʂhʅ^{33} dɯ^{33} dʑi^{21}, ho^{33} gy̩^{21} lo^{21}
恩 替 满 盘 督 崇 都 利 素神 吾神 好 的 这 一 家 北边

ȵə^{21} dʐʅ^{21}me^{33} mi^{55} ɯ^{33} tʂhʅ^{33} dɯ^{33} gy̩^{33}, tshy^{55} ɕy^{21} dʑi^{33} me^{33} mu^{21}, bər^{21} ɕy^{21} lɑ^{21} phə^{33} ty^{55}, |
方向 住 的 女 好 这 一 个 闪电 红 衣 大 穿 绳 红 手 中 拿

phɑ^{21}khɯ^{33} ɕy^{21} me^{33} dɯ^{33} phu^{55} dʑæ^{33}, | ky̩^{33} ly^{33} ky̩^{33} fy̩^{21} sɑ^{21} me^{33}, lɯ^{55} tshu^{21} bi^{33} nɑ^{21} the^{55}
狼 红 的 一 只 骑 头 头 发 散 是 黑杉林 那样

ȵi^{33} gy̩^{33}, miə^{21} ly^{33} kɯ^{21} bu^{21}
成 眼睛 星 亮

好女子展开双手，寻找臭嘴仇人的心，她跳起来把仇人镇压下去。麻登大神带着弓和箭，直直地朝着仇人的心脏射去，射在呆鬼和佬鬼的心窝上。“格劳恩替满盘督崇都利。”（咒语）

素神和吾神保佑的这一户主人家，住在北边方向的这一位好女子，身上穿着红闪电般的衣服，手里拿着红绳子，骑着一只红色的野狼，披散的头发像一片黑杉林，眼睛像闪亮的

295-C-18-17

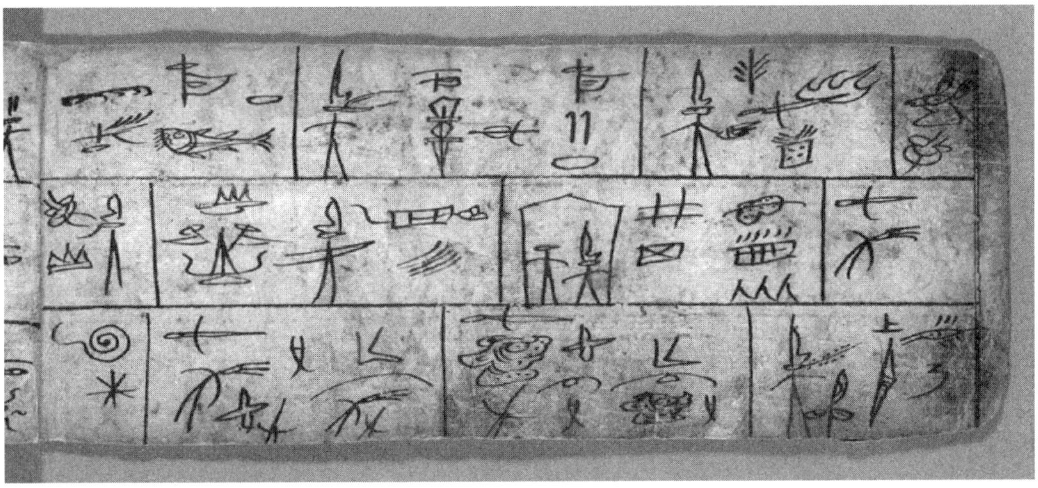

khy̩^{55} ɯ^{33} so^{33} ɯ^{33} the^{55} n̩i^{33} gy̩^{33}, | bɯ^{33} ɯ^{33} khu^{33} gə^{33} ʥæ^{21} i^{33} ʂu^{33} phər^{21} phy^{33} bɑ^{21} zɑ^{21}
长庚星 启明星 那样 成 女 好 嘴 的 獠牙 是 铁 白 降魔杵 降

me^{33} thə^{55} n̩i^{33} gy̩^{33}. | ʂu^{33} phər^{21} gæ^{21} thɑ^{55} , sər^{33} ne^{21} sɿ^{55} ko^{55} mi^{33} dʐʅ^{33} tʂhʅ^{33} huɑ^{33} huɑ^{21}
的 那样 成 铁 白 刀 利 木 和 茅草 火 燃 熊熊

ky̩^{55} me^{33} lɑ^{21} phu^{33} ty^{55}, | zy̩^{21} dy^{21} phɑ^{21} nɑ^{21} nɯ^{33} le^{33} thy̩^{55}, nɯ^{33} ly^{55} gy̩^{33} ʂæ^{33} le^{33} thɯ^{21}.
会 的 手 中 拿 仇人 地方 豺 黑 心 又 掏 心 中央 血 又 喝

bɯ^{33} ɯ^{33} mɑ^{21} de^{33} lɑ^{33}, ʂʅ^{33} ɕy^{21} tsɑ^{55} me^{33} to^{33} mɑ^{33} le^{33} dʐu^{33} fæ^{33}. | i^{33} dɑ^{21} gu^{21} tshər^{33}
女 好 麻登 也 肉 红 插 的 面偶 又 取 去 主人 疾 病

tʂhʅ^{33} ʥy^{33} me^{33}, zy̩^{21} dy^{21} nɯ^{33} mi^{21} phy̩^{55} le^{33} fæ^{33}. | tshɿ^{21} sy^{55} ty̩^{33} ty̩^{21} sy^{55}, | tshɿ^{21} sy^{55}
所 有 的 仇人 地方 由 下 撒 又 去 鬼 杀 千 千 杀 鬼 杀

tər^{21} ʂy^{55} me^{33}, tʂhɿ^{21} zər^{21} tər^{21} zər^{21} mi^{21} le^{33} zər^{21}, | tər^{21} ʂy^{55} lɑ^{33} ʂy^{55} mə^{33} ʂy^{55} me^{33},
呆鬼 杀 是 鬼压 呆鬼 压 下 又 压 呆鬼 杀 佬鬼 杀 未 杀 是

tər^{21} zər^{21} lɑ^{33} zər^{21} mə^{33} zər^{21} me^{33}, | bɯ^{33} ɯ^{33} mɑ^{21} de^{33} ny̩^{21} , ʂə^{55} do^{21} le^{33} lɯ^{33} se^{21},
呆鬼 压 佬鬼 压 不 压 是 女 好 麻登 你 害羞 又 会 了

长庚星和启明星一般，好女子麻登大神嘴里的獠牙，就像从天上降临的白铁降魔杵，她手里拿着能使树木和茅草燃起熊熊大火的利剑，要掏出仇人地方黑色豺狼的心，喝心窝中的鲜血。好女子麻登大神去取插着红肉的面偶，把这一户主人家中所有的疾病，都随面偶向仇人的地方抛撒下去。杀死了上千的鬼，杀掉所有的呆鬼和佬鬼，把呆鬼和佬鬼镇压下去。若未把呆鬼和佬鬼杀掉，未把呆鬼、佬鬼镇压下去，好女子麻登会害羞，

295-C-18-18

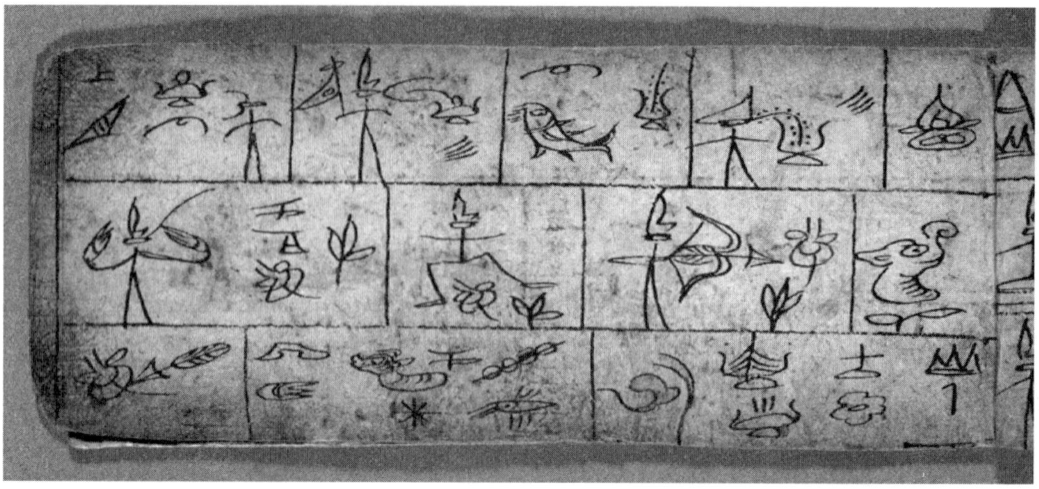

ʂə^{55} do^{21} hɑ^{33} mə^{33} dʐʅ^{33}, | dæ^{21} hɑ^{33} le^{33} dʐʅ^{33} fæ^{33}. | mə^{33} ȵi^{33} zʅ^{33} mə^{33} thɯ^{21}, | dæ^{21} zʅ^{33}
害羞 饭 不 食 勇 饭 又 食 去 不 要 酒 不 喝 勇 酒

thɯ^{21} le^{33} fæ^{33}. | bɯ^{33} ɯ^{33} mɑ^{21} de^{33} lɑ^{21} sɑ^{21} me^{33}, ʂu^{33} phər^{21} tse^{55} thɑ^{55} lɑ^{21} phə^{33} ty^{55}, zy̩^{21}
喝 又 去 女 好 麻登 手 展 是 铁 白 斧 利 手 中 拿 仇人

gə^{33} nɯ^{33} le^{33} thy̩^{55}, | bɯ^{33} ɯ^{33} tsho^{33} ne^{21} me^{33}, zy̩^{21} zər^{21} mɯ^{21} le^{33} zər^{21}. | mɑ^{21} de^{33} khæ^{55}
的 心 又 掏 女 好 跳 在 是 仇人 压 下 又 压 麻登 射

lɯ^{33} khæ^{33} tso^{33} lɑ^{21} phə^{33} ty^{55}, zy̩^{21} gə^{33} nɯ^{33} ty̩^{55} ty̩^{21} le^{33} khæ^{55}, | tshʅ^{55} si^{33} tshi^{55} iə^{21}
箭 射 器 手 中 拿 仇人 的 心 直直 又 射 醋西醋尤

nɯ^{33} ko^{21} dər^{33}. | gə^{55} lɑ^{21} ɯ^{33} thɯ^{33} mæ^{33} phər^{21} dy̩^{21} tshu^{33} lɯ^{33}. ‖ sɿ^{55} u^{21} ɯ^{33} me^{33} tʂhʅ^{33}
心 窝 中 格 劳 恩 替 满 盘 督 崇 利 素神吾神好 的 这

dɯ^{33} dʑi^{21}, tʂhʅ^{33} sɿ^{21} mi^{21} dɯ^{33} dy^{21},
一 家 这 样 的 一 地

不好意思去吃饭，请勇敢地去吃饭。不要勉强去喝不想喝的酒，去喝勇敢者的酒吧。好女子麻登大神展开双手，拿着白铁利斧去掏仇人的心脏，跳一跳把仇人镇压下去。麻登大神把弓和箭拿在手中，直直地射中敌人的心窝，射中醋西醋尤的心。“格劳恩替满盘督崇利。”（咒语）

素神和吾神保佑的这一户主人家，在这样一个地方，

295-C-18-19

ʥy^{21} ɕy^{21} lo^{21} ɕy^{21} phy^{21} n̥ə^{21} thy̩^{33}. | khuɑ^{21} me^{33} mu^{33} nɯ^{33} ʥʅ^{21} me^{33} dy^{21}, dɑ^{33} uɑ^{21} bɑ^{21}
山　红　箐　红　窝　里　到　坏　的　猛鬼　由　住　的　地方　影子　阳光

nɑ^{21} khy̩^{55} khy̩^{33} me^{21} dy^{21} nɯ^{33} ʥʅ^{21} me^{33} tʂhʅ^{3} dɯ^{33} gy̩^{33}. | gy̩^{33} mu^{33} dɯ^{21} me^{33} ɕi^{33} ko^{33}
黑　黝黝　的　地　由　住　的　这　一　位　身子　大　是　人　吞

thɑ^{55} uə^{21} gy̩^{33}. | dɑ^{33} uɑ^{21} nɑ^{21} khy̩^{55} khy̩^{33} me^{33} ʥi^{33} nɑ^{21} mu^{21}, | ky̩^{33} ly^{33} ky̩^{33} sɑ^{21} me^{33},
成　那样　成　影子　黑　黝黝　的　衣　黑　穿　头　头　发　散　是

lɯ^{55} tʂhu^{21} bi^{33} nɑ^{21} the^{55} n̥i^{33} gy̩^{33}, | miə^{21} ly^{33} kɯ^{21} bu^{33} khy̩^{55} ɯ^{33} so^{33} ɯ^{33} the^{55} n̥i^{33} gy̩^{33}.
黑杉林　那样　成　眼　睛　星　亮　长庚星　启明星　那样　成

khu^{33} gə^{33} ʥæ^{21} i^{33} ʂu^{33} phər^{21} phy^{33} bɑ^{33} zɑ^{21} me^{33}
嘴　的　牙　上　铁　白　降魔杵　下　的

在红色山和红色的箐窝子里，住着坏蛋猛鬼。住在没有阳光、像影子一般黑黝黝地方的好女子麻登大神，她高大的身躯就像可以吞食掉一个人，她身上穿着影子似的黑色大衣，披散着的头发就像一片黑杉林，眼睛就像明亮的长庚星和启明星一般，嘴里的牙齿就像天上降临的白铁降魔杵。

295-C-18-20

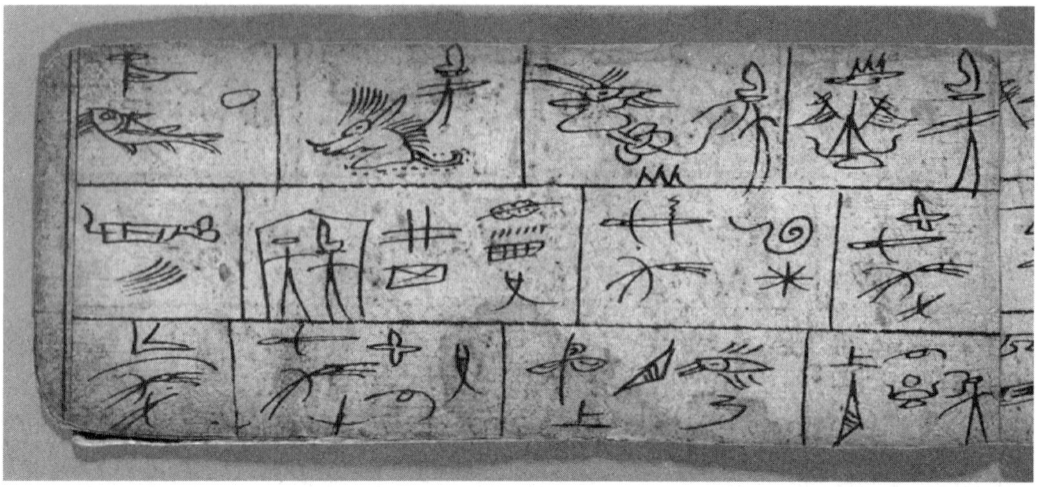

the^{33} ȵi^{33} gv̩^{33}. | bɯ^{33} ɯ^{33} mɑ^{21} de^{33} thɯ^{33}, bu^{21} ʂʅ^{21} dɯ^{33} phu^{55} ʥæ^{33}, | tər^{21} gə^{33} tshʅ^{55} nɑ^{21}
这样 成 女 好 麻登 她 猪 黄 一 只 骑 呆鬼 的 山羊 黑

do^{55} le^{33} sy^{55}. mɑ^{21} de^{33} nɯ^{33} tshʅ^{21} nɑ^{21} nɯ^{33} ly^{55} gv̩^{33} gə^{33} ʂæ^{33} ɕy^{21} thɯ^{21}. | ʂʅ^{33} tsɑ^{55} to^{33}
扑 又 杀 麻登 由 山羊 黑 心 中央 的 血 红 喝 肉 插 面偶

mɑ^{33} dʐu̩^{33} le^{33} fæ^{33}. | i^{33} dɑ^{21} tʂhʅ^{33} dɯ^{33} ʥi^{21}, gu^{21} ne^{21} tshər^{33} tʂhʅ^{33} uɑ^{21} me^{33}, ʐv̩^{21} gə^{33}
取 又 去 主人 这 一 家 疾 和 病 所有 是 仇人 的

dy^{21} nɯ^{33} mi^{21} le^{33} phv̩^{55}. | tshʅ^{21} sy^{55} tv̩^{33} tv̩^{21} sy^{55}, | tər^{21} tshʅ^{21} tʂhʅ^{33} sy^{55} me^{33}, tər^{21} tshʅ^{21}
地方 由 下 又 撒 鬼 杀 千 千 杀 呆鬼 所 杀 的 呆鬼

mɯ^{21} le^{33} zər^{21}. | tər^{21} tshʅ^{21} mə^{33} sy^{55} me^{33}, | bɯ^{33} ɯ^{33} mɑ^{21} de^{33} nv̩^{21} ʂə^{55} do^{21} lɯ^{33} i^{33}
下 又 压 呆鬼 未 杀 的 女 好 麻登 你 害羞 会 的

se^{21} | ʂə^{55} do^{21} hɑ^{33} mə^{33} ʥʅ^{33},
了 害羞 饭 不 吃

好女子麻登大神，骑一头黄的野猪，黄色的野猪扑杀了呆鬼的黑色山羊。麻登大神喝掉了黑色山羊心窝中鲜红的血液。好女子麻登大神去取插肉的面偶，把这一户主人家中的所有疾病，随面偶向仇人的地方抛撒下去。杀死了上千的鬼，杀死呆鬼并把呆鬼镇压下去。若未杀掉呆鬼，好女子麻登大神会害羞，会不好意思去吃饭，

295-C-18-21

dæ^{21} hɑ^{33} ʥʅ^{33} le^{33} fæ^{33}. | mə^{33} ȵi^{33} ʐʅ^{33} mə^{33} thɯ^{33}, | dæ^{21} ʐʅ^{33} thɯ^{21} le^{33} fæ^{33}. | bɯ^{33} ɯ^{33}
勇 饭 吃 又 去 不 要 酒 不 喝 勇 酒 喝 又 去 女 好

mɑ^{21} de^{33} lɑ^{21} sɑ^{21} me^{33}，zy̩^{21} gə^{33} nɯ^{33} le^{33} ʂu^{21}. | thɯ^{33} nɯ^{33} tsho^{33} me^{33} zy̩^{21} zər^{21} mi^{21}
麻登 手 散 是 仇人 的 心 又 找 她 由 跳 是 仇 压 下

le^{33} zər^{21}. | mɑ^{21} de^{33} khæ^{55} lɯ^{33} khæ^{55} tso^{33} lɑ^{21} phə^{33} ty^{55}, zy̩^{21} gə^{33} nɯ^{33} ty̩^{55} ty̩^{21} le^{33}
又 压 麻登 射 箭 射 器 手 中 拿 仇人 的 心 直直 又

khæ^{55}, | tər^{21} tshʅ^{21} nɯ^{33} ȵə^{21}dər^{21}. | gə^{21} lɑ^{21} ɯ^{33} thɯ^{33} mæ^{33} phər^{21} ty̩^{21} tshu^{21} lɯ^{55}. | bɯ^{33} ɯ^{33}
射 呆鬼 心 上 中 格 劳 恩 替 满 盘 督 崇 利 女 好

mɑ^{21} de^{33} ʂər^{33} ky̩^{55}, zy̩^{21} ʂæ^{33} thɯ^{21}, zy̩^{21} ʂʅ^{21} ʥʅ^{33}, zy̩^{21} uɑ^{33} khæ^{33}， zy̩^{21} uɑ^{33} ty^{33}，
麻登 七 个 仇 血 喝 仇 肉 食 仇 骨 啃 仇 骨 砸

请勇敢地去吃饭。不去勉强地喝不想喝的酒，要喝就去喝勇敢者的酒。好女子麻登展开双手去寻找仇人的心，跳一跳把仇人镇压下去。好女子麻登手中拿起弓和箭，直直地朝仇人的心窝射过去，正射中呆鬼的心。“格劳恩替满盘督崇利。”（咒语）七个好女子麻登大神，去喝仇人血，去吃仇人肉，去啃仇人骨头，去砸碎仇人的骨头，

295-C-18-22

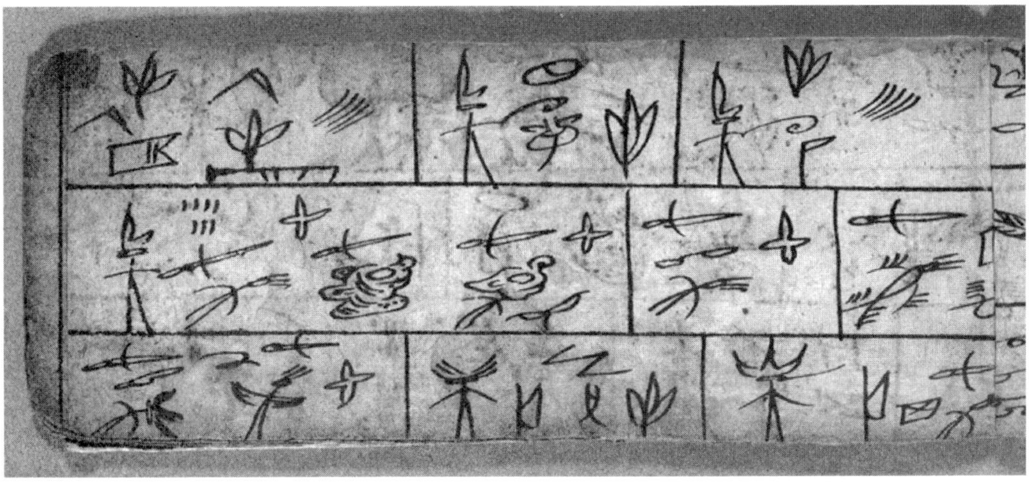

zv̩^{21} uə^{33} phv̩^{21}, zv̩^{21} dy^{21} tshe^{55} le^{33} fæ^{33}. | zv̩^{21} gə^{33} nɯ^{33} le^{33} thv̩^{55}, | zv̩^{21} ko^{21} pɯ^{55} le^{33}

仇人 寨 攻 仇人 地方 破 又 去 仇人 的 心 又 掏 仇 内脏 捅 又

fæ^{33}. | bɯ^{33} ɯ^{33} mɑ^{21} de^{33} ʂər^{33} kv̩^{55} nɯ^{33} tshʅ^{21} sy^{55}, lɑ^{33} nɑ^{21} sy^{55}, tshʅ^{55} si^{33} tshi^{55} iə^{21} sy^{55}, |

去 女 好 麻登 七 个 由 鬼 杀 虎 黑 杀 醋西醋尤 杀

tshʅ^{21} uɑ^{33}sʅ^{21} ɕi^{33} tʂhuɑ^{55} tshər^{21} mɯ^{21} le^{33} sy^{55}, | mu^{33} tshʅ^{21} ɯ^{21} tshʅ^{21} tʂhʅ^{33} le^{33} sy^{55}, to^{55}

鬼 族三 百 六十 下 又 杀 猛鬼 恩鬼 这 又 杀 坡

kv̩^{33} lo^{21} kho^{33} nɑ^{21} gə^{33} | zv̩^{21} tshʅ^{21} ʂʅ^{33} tshʅ^{21} sy^{55}, ze^{21} tshʅ^{21} tʂhʅ^{33} uɑ^{21} mɯ^{21} le^{33} sy^{55}. |

上 箐 里 大 的 仇 鬼 死 鬼 杀 壬 鬼 所有 下 又 杀

dʐʅ^{33} khu^{33} zv̩^{21} nɯ^{33} tɕhər^{55} lɯ^{33} me^{33}, | py^{21} khu^{33} tshʅ^{21} nɯ^{33} tshe^{55} lɯ^{33} me^{33}, |

酋长话 仇人 由 打断 来 是 祭司 话 鬼 由 毁 来 是

去攻破仇人的村寨，去捣毁仇人的地方。把仇人的心脏掏出来，把仇人的内脏捅出来。七个好女子麻登大神杀掉所有的鬼，杀掉鬼地黑色的猛虎，杀掉醋西醋尤，把仇人的地方的三百六十种鬼杀死，杀掉猛鬼和恩鬼，杀掉大山上、山箐里的所有仇鬼和死鬼，杀掉所有的壬鬼。把来打断酋长说话的仇人，阻碍祭司诵经的鬼及

295-C-18-23

dv̩^{21} iə^{55} lɯ^{33} me^{33} tʂhʅ^{33} uɑ^{21} me^{33}, gv̩^{33} bɯ^{33} zv̩^{21} i^{33} mi^{21} le^{33} sy^{55}, gv̩^{33} bɯ^{33} zv̩^{21} zər^{21}

毒 投 来 的 所有 的 拼命 仇 是 下 又 杀 拼命 仇人 压

mɯ^{21} le^{33} zər^{21}. | i^{33} dɑ^{21} tʂhʅ^{33} dɯ^{33} dʑi^{21} , py^{21} nɯ^{33} tshʅ^{21} tʂhʅ^{33} py^{21} me^{33} mi^{33} dər^{33} ho^{55},

下 又 压 主人 这 一 家 祭司 由 鬼 所 祭 的 目的 达 愿

lər^{21} khæ^{55} gɯ^{33} zɑ^{21} ho^{55}. | kho^{33} y^{21} he^{33} hɯ^{21}, zʅ^{33} ʂər^{21} hɑ^{55} i^{33}, dʑi^{21} i^{33} dər^{33} ʂər^{55} gv̩^{33}

瞄 射 裂 现 愿 声 轻 神 安 寿 长 日 久 水 流 塘 满 成

be^{33} ho^{55}. | i^{33} dɑ^{21} tʂhʅ^{33} dʑi^{21} ko^{21}, py^{21} le^{33} lɯ^{33} me^{33} le^{33} the^{33} gə^{21} mə^{33} tʂər^{21}, | gu^{21} ne^{21}
做 愿 主人 这 家 里 祭司 又 来 是 又 反 伤 不 使 疾 和

tshər^{33} tʂhʅ^{33} uɑ^{21}, | dæ^{21} me^{33} mɑ^{21} de^{33} ʂər^{33} kv̩^{55} gə^{33} mɑ^{21} de^{33} to^{33} mɑ^{33} ʂər^{33} ly^{33} kv̩^{33}
病 所有 勇 的 麻登 七 个 的 麻登 面偶 七 个 上

nɯ^{33} lo^{55} le^{33} fæ^{33}.
由 越 又 去

所有来投毒、来拼命的仇人杀死，镇压下去。愿这一户主人家请来的祭司，所有的祭祀都能达到目的，都有成效，就像瞄准射出去的箭，使靶板呈现出裂纹。愿做祭祀的这一户主家做过祭祀之后，家中常传佳音，家人身心安宁，健康长寿，生活似水流满塘充裕富足。把家中所有的疾病，都随七个勇敢的麻登大神面偶抛出去。

295-C-18-24

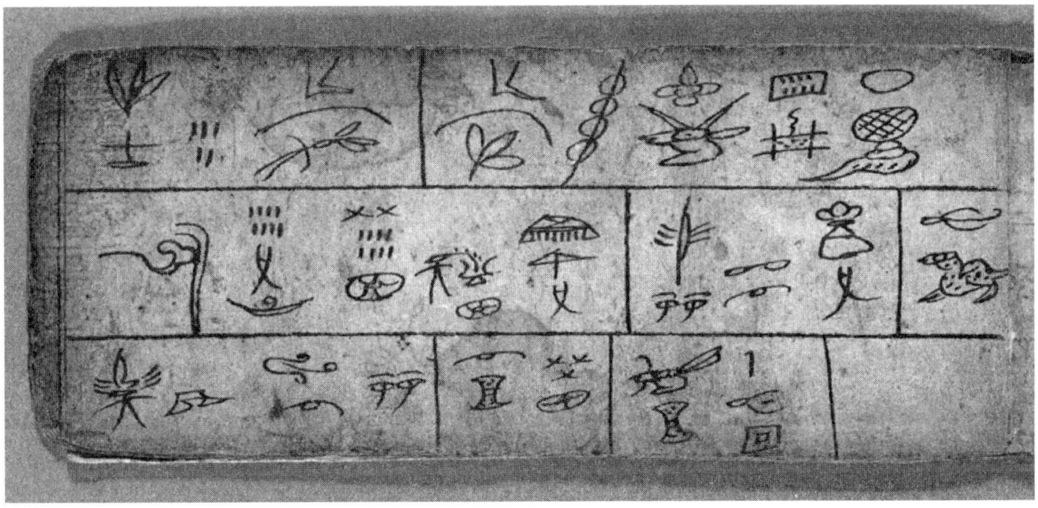

zv̩^{21} tʂhʅ^{33} uɑ^{21} me^{33} mɯ^{21} le^{33} zər^{21}, | zv̩^{21} zər^{21} tshu^{21} me^{33} i^{33} nɯ^{21} ne^{21} uɑ^{21}, hɯ^{21} ne^{21}
仇人 所有 的 下 又 压 仇 压 早 的 是 福 和 泽 富 和

dʑæ^{33} gv̩^{33} be^{33} ho^{33}. ‖ huɑ^{33} me^{33} he^{33}, ȵi^{55} tsər^{21} ho^{33} ȵi^{33} thɯ^{33} ȵi^{33} pər^{55} mu^{33} me^{33}. |
裕 成 做 愿 八月 二 十 八 日 这 天 写 的 是

ɕi^{33} ly^{21} tʂər^{21} mə^{33} du^{33} me^{33}, | ə^{33} tso^{33} ə^{33} dʑʅ^{33} gə^{33} phv̩^{55} mə^{33} ly^{21}①. | mə^{33} tho^{21} sʅ^{33}
别人瞧 让 不 兴 的 阿佐 祖母 的 撒 不 看 不 通 三十

tshər^{33} ȵi^{33}, | le^{33} tho^{21} dɯ^{33} khɑ^{33} dɑ^{21}.
日 又 通 一 会儿

把所有的仇人镇压下去。及早地镇压了仇人，但愿家中有福有泽，生活富裕。

这一本经书写于八月二十八日这一天，不能轻易让别人看。不通则三十天亦不通，通则只要一会儿。

① 此句读出后不知其意，存疑未译。

295-C-18-25

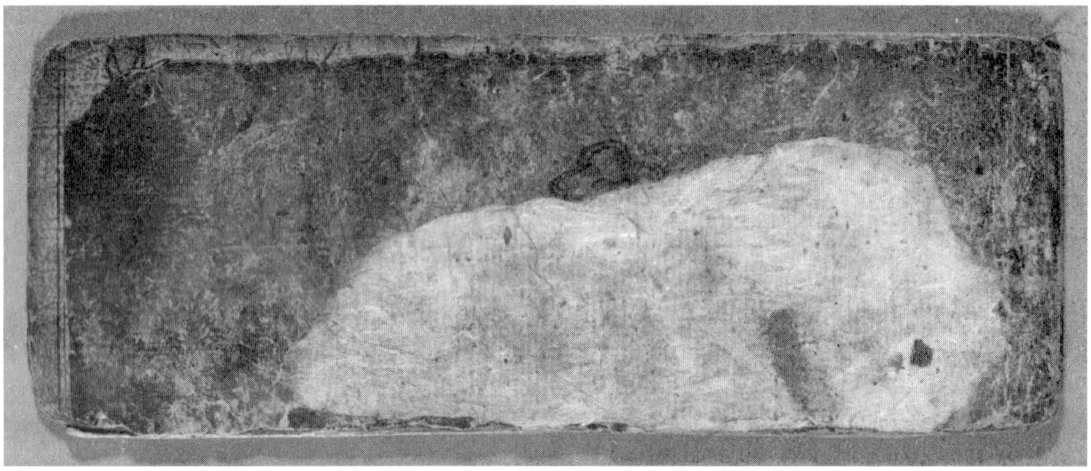

封底

（翻译：和宝林）

271-C-19-01

la^{33} lɯ^{21} khɯ^{55} · mu^{55} dʐʅ^{33} mi^{55}

大祭风 · 细说死事

271-C-19 大祭风·细说死事

【内容提要】

这是一本大祭风仪式中细说死事的经书，也是一本安慰死者的经书。经书说世界上只要是有生命的东西，都要面临衰老和死亡，不论是山上的动物和各个地方的人类，都想尽办法来防止衰老，逃避死亡。但是，衰老和死亡终是不期而至，因此，死者不必怨恨。活着的人会按规矩，周到地做祭祀，让死者回到他们应该去的地方。经书还说：在人们生活的天穹之下，动物的生存都要依赖于自己所拥有的独特的本事，在这种独特的本事上想办法，才能生存下来。就像猛虎和凶豹在自己的威风和牙齿上想办法。野鸡和箐鸡在自己的爪子上想办法，老熊和野猪在自己獠牙上想办法。祭司们在粮食、酒水和肉食上想办法，才能祭祀好死者。凡事得有规矩，照着规矩行事就不会发生错误，人们也会按古老的规矩，给死者供各种供品，献各种食物。请死者放心。

【英文提要】

Great Sacrifice to Wind, Explaining the Dead in Details

This book detailedly explained the death during the ritual of sacrificing to wind. It is also a book of comforting the dead. It says that all the living ought to face aging and death. Animals and mankind left nothing untried to prevent from aging and escape from death, which, however, were destined to happen finally. Thus, the dead should not blame on these. Those alive, by following the rule would considerately hold a ritual, which took the dead back to where they belonged. The book also says that, under the vault of heave, the existence of all livings relied on the special skill they had. Only if finding the way based on the skill, could the living survive. For instance, tiger and leopard found the way based on their power and teeth, while pheasant and bird relied on their claws. Bear and boar relied on their tusks, while only priests relied on provision, drinks and meets, could they well sacrificed the dead. Everything needed to follow the rule that would not lead to any mistake. Mankind, also, would follow the old rule, consecrated and offered oblations to the dead. Please rest assured.

271-C-19-02

第 1 行："1140"为洛克藏书的标号，东巴文字为"大祭风仪式"。
第 2 行：用洛克音标注下此书用于"大祭风仪式"。
第 3 行：东巴文字为书名，《细说死事》。
第 4 行：用洛克音标注下此书书名的纳西语读音。

271-C-19-03

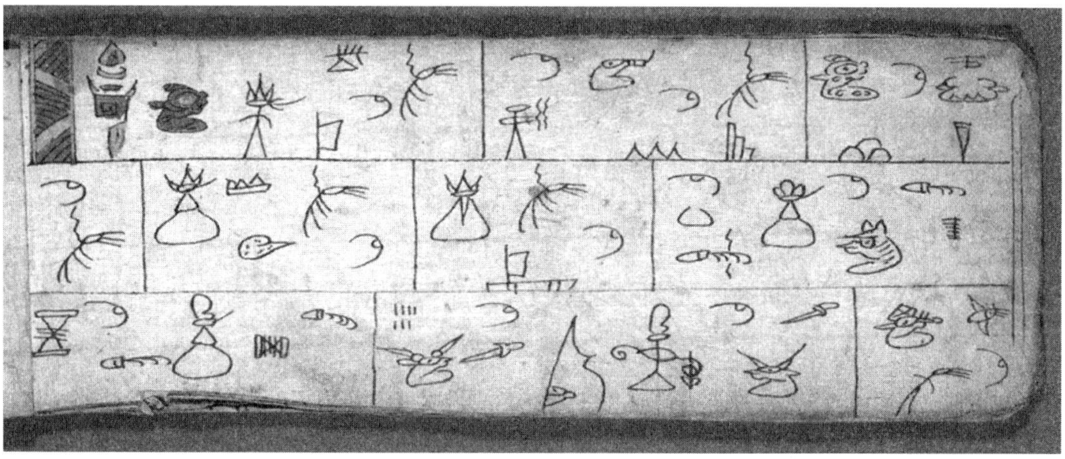

ɑ^{33} lɑ^{33} mə^{33} ʂər^{55} n̥i^{33}, khu^{33} nɯ^{33} khu^{33} si^{55} so^{33}, mə^{33} si^{55} so^{33} me^{33} mə^{33} ne^{55} n̥i^{21}, khu^{33}
呵 也 不 说 日 口 的 口 吟唱 不 吟唱 是 不 一样 口

si^{55} so^{33} me^{33} tshɿ^{33} dʑo^{21} be^{33}. | lɑ^{21}nɯ^{33} lɑ^{21} si^{55} so^{33}, mə^{33} si^{55} so^{33} me^{33} mə^{33} zi^{55} zʅ^{21}, lɑ^{21}
吟唱 是 楚鬼 事 做 手 由 手 搓动 不 搓动 是 不 紧 手

si^{55} so^{33} me^{33} khɯ^{21} tɑ^{55} bi^{21}, khɯ^{21} bi^{21} zi^{55} zʅ^{21} se^{21}, tʂhʅ^{33} khɯ^{21} tshɿ^{33} khɯ^{21} uɑ^{21}, tshɿ^{33}
搓动 是 线 仅 搓 线 搓 紧 了 这 这 线 楚鬼 线 是 楚鬼

khɯ^{33} tʂhə^{21} tʂhʅ^{33} dʑɿ^{21}, khɯ^{21} bi^{21} zi^{55} zʅ^{21} se^{21}. | ə^{55} dʐʅ^{21} tɑ^{55} pʅ^{21} zo^{33}, tshɿ^{33} lu^{33} mə^{33}
线 这里 所 在 线 搓 紧 了 阿支道补 人 楚鬼 石 不

tshɿ^{55} mə^{33} tɯ^{33} tɯ^{33}, tshɿ^{33} lu^{33} tʂhʅ^{33} tshɿ^{55} tʂhʅ^{3} tɯ^{33} tɯ^{33}, ər^{33} phər^{21} be^{33} nɯ^{33} tshɿ^{21} khuɑ^{21}
竖 不 牢靠 楚鬼 石 这 竖 这 牢固 铜 白 薄 由 楚鬼 桩

tho^{55}, tʂhʅ^{33} tho^{55} tʂhʅ^{33} tʂhər^{33} tʂhər^{21}. | ə^{33} lɯ^{55} tɑ^{55} by̩^{21} zo^{33}, tshɿ^{33} mi^{21} mə^{33} tsɿ^{55} mə^{33}
插 这 插 这 稳妥 阿利道补 人 楚鬼 名 不 起 不

ne^{55} ȵi^{21}, | tshɿ^{33} mi^{21} py^{21} nɯ^{33} tsɿ^{55}, mi^{21} tsɿ^{55} mə^{33} dər^{33} dər^{33}. | py^{21} nɯ^{33} tshɿ^{33} dy^{21}
一样 楚鬼 名 祭司 由 起 名 起 不 差错 祭司 由 楚鬼 地

khu^{33}, dy^{21}khu^{33} mə^{33}dər^{33} dər^{33}. | mə^{33} kɑ^{33} phy̩^{33} mə^{33} kɑ^{33}, phy̩^{33}mə^{33} kɑ^{33} me^{33}nɯ^{33}, lu^{21}
辟 地 辟 不 差错 不 好 祖父 不 好 祖父 不 好 做 的 卢神

gu^{21} khy̩^{33} fæ^{33} tsɿ^{55}. phy̩^{33} nɯ^{33} du^{21} gu^{21} tʂhʅ^{33} mə^{33} khy̩^{33}, du^{21} nɯ^{33} phy̩^{33} zɿ^{33} tshu^{21} khy̩^{33}
马 偷 去 说 祖父 由 卢神 马 那 不 偷 卢神 由 祖父 寿 早 偷

se^{21}. | mə^{33} kɑ^{33} dʑɿ^{33} mə^{33} kɑ^{33}, dʑɿ^{33} mə^{33} kɑ^{33} me^{33} nɯ^{33}, se^{21} phe^{21} khy̩^{33} bɯ^{33} tsɿ^{55}. se^{21}
了 不 好 祖母 不 好 祖母 不 好 做 的 沈神 布 偷 去 说 沈

phe^{21} le^{21} mə^{33} khy̩^{33}, se^{21} nɯ^{33} dʑɿ^{33} zɿ^{33} tshu^{21} khy̩^{33} se^{21}. | ʂər^{33} tshər^{21} by̩^{33} thɑ^{55} me^{33},
布 又 不 偷 沈神 由 祖母 寿 早 偷 了 七 十 羊 壮 的

zə̧^{21} thər^{55} mə^{33} thər^{55} ȵə^{55} nɯ^{33} dʑɿ^{33}, kho^{33} lo^{33} ȵə^{55} mə^{33} dʑɿ^{33}. æ^{21} ʂuɑ^{21} bə^{33} me^{33} mi^{55},
草 吃 不 吃 自己 由 做主 杀 事 自己 不 做主 崖 高 崩 妇 女

dy̩^{21} lo^{33} ȵə^{55} tɕy^{55} dʑɿ^{33}, khɯ^{21} by^{33} khɯ^{21} tshɿ^{21} ȵə^{55} mə^{33} dʑɿ^{33}. ʂər^{21} tshər^{21} by̩^{33} thɑ^{55} me^{33},
纺线 事 自己 做主 线 粗 线 细 自己 不 做主 七十 羊 壮 的

kho^{55} me^{33} mu^{33} uɑ^{21} se^{21}. | be^{33} le^{33} be^{55} tshɿ^{21} zɿ^{33}, ʂʅ^{33} lo^{33} mu^{55} lo^{33} ȵə^{55} mə^{33} dʑɿ^{33},
杀 的 牺牲 是 了 本勒奔楚汝 死 事 老 事 自己 不 做主

远古的时候，吟唱和不吟唱就是不一样，只要是在吟唱，那就是在做超度楚鬼的事情。手儿在搓动，手儿一搓动，手中的线就会搓紧，这线就是楚鬼的线。人们在这里要把楚鬼的线搓紧。阿支道补人，不把祭祀楚鬼的祭石竖起来，祭祀就不牢靠，要在这里竖起祭祀楚鬼的祭石。用白色铜片做成桩子，这铜桩要做成祭祀楚鬼的桩子，插起楚鬼的桩子，祭祀就稳妥了。阿利道补人，起不起楚鬼的名字不一样，祭司这里给楚鬼取了名，所取的名字不会差错。祭司为楚鬼在这里开辟了一块地方，所辟的地也无差错。

不好祖父不好，祖父想去偷卢神的马，卢神的马没有偷着，卢神反而偷去了祖父的寿岁。不好祖母不好，祖母想去偷沈神织的布，沈神的布没有偷到，沈神反倒偷去了祖母的寿岁。七十只肥壮的羊儿，吃不吃草可以由自己做主，但杀不杀却自己做不了主。高高山崖旁边的崩人妇女，纺不纺线可以自己做主，线的粗细自己却做不了主。七十只肥壮的羊儿就要被宰杀，被做成为牺牲了。本勒奔楚汝（人类）的衰老和死亡自己做不了主，死亡的事情终于发生了。

271-C-19-04

mɯ33 lɯ55 du21 dʑe55 tɕi33, bər21 kho33 tshər55 mə33 kʏ55, tshər55 ʂər21 tshər55 dər33 tshər55,bər21
美利董主 年轻人 牦牛 角 斩 不 会 斩 长 斩 短 斩 牦牛

miə21 ɕə55 mə33 kʏ55, miə21 gɯ21 miə21 uɑ21 ɕə55. bər21 ʂʅ33 by33 mə33 kʏ55, phe55 dɯ21 phe55
眼 卜 不 会 眼 真 眼 是 卜 牦牛 肉 分 不 会 块 大 块

tɕi55 by33. | be33 le33 be55 tshʅ21 zʅ33, ʂʅ33 thʏ33 mu55 thʏ33 ne21 thʏ33 tshʅ21, tshʅ33 ɯ33 ʂər33
小 分 本勒奔楚汝 死 发生 衰老 发生 来 发生 来 吊死者 好 事

thʏ33 tshʅ21, | mɯ33 lɯ55 du21 ze55 tɕi33, tshʅ33 dər33 ʂʏ55 bə21 tsʅ55, ʂʅ33 dʑʅ33 mu55 dʑʅ33 tɕy21
发生 来 美利董主 年轻人 吊死 错 改 要 说 死 事 衰老 事 扳回

bə21 tsʅ55. | mɯ33 lɯ55 du21 ze55 tɕi33, bɑ21 phər21 lɯ33 sʅ33 hɯ55, ho33 gʏ33 lo21 tɕy21 le33 khæ55
要 说 美利董主 年轻人 花 白 箭 粘 北边 方向 又 射

khɯ55. ho33 gʏ33 lo21 tɕy21 le21 mə33 dər33, gʏ33 dʑʅ21 phər21 bə33 lɯ33 gə33 khu33 khɯ33 thʏ55
去 北边 方向 又 不 中 藏族 盘 崩仂 的 门 跟 前

ȵə21 dər33. gʏ33 dʑʅ21 phər21 bə33 lɯ21 ʂʅ33 dʑʅ33 hɯ33, mu33 dʑʅ33 tɕy21 bə21 tsʅ55, hæ33 ʂʅ21 bæ33
上 中 藏族 盘 崩仂 死 事 抛 老 事 扳回 要 说 金 黄 灯火

mi33 tɕər33 kæ33 gɯ21, o55 ne21 he21 kæ33 kɯ33, | ʂʅ33 dʑʅ33 hɯ55 mə33 lo21, mu55 dʑʅ33 tɕy21
盏 前 拜 沃神 和 恒神 前 拜 死 事 抛 不 了 老 事 回

mə33 lo21, gʏ33 dʑʅ21 phər21 bə33 lɯ21, phər21 khu33 thʏ55 nɯ33 ʂʅ33 ne21 mu55 le33 dʑə21. | mɯ33
不 了 藏族 盘 崩仂 盘神 门 前 由 死 和 老 又 有

lɯ55 du21 ze55 tɕi33, lɯ33 sʅ33 bɑ21 phər21 hɯ55, i33 tʂhʅ33 i33 mɯ21 dy21 ȵə21 khæ55 le33 hɯ33.
美利董主 年轻人 箭 花 白 粘 南边 地方 上 射 又 去

i^{33} tʂhʅ^{33} i^{33} mɯ^{21} dy^{21} ȵə^{21} le^{33} mə^{33} dər^{33}, le^{33} bv̩^{33} ʂæ^{21} khu^{33} khɯ^{55} ȵə^{21} dər^{33} le^{33}
南方 地方 上 又 不 中 白族 禅 门 前 上 中 又

tɕi^{33}, | ʂʅ^{33} dʑʅ^{33} hɯ^{55}, mu^{55} dʑʅ^{33} tɕy^{21} bə^{21} tsʅ^{55}, ʂæ^{21} zo^{33} ʂæ^{21} mi^{55} thɯ^{33}, ʂæ^{21} bər^{33} lɯ^{21}
在 死 事 抛 老 事 扳回 要 说 禅 儿 禅 女 是 禅 崩仂

kæ^{33} kɯ^{33}, ɕy^{55} dy^{21} tshʅ^{33} tshʅ^{33} tʂhʅ^{55}, ɕy^{21} sər^{33} bɑ^{21} phər^{21} tʂʅ^{55}, bi^{21} thv̩^{33} bi^{21} kæ^{33}
前 拜 香 条 点 点 燃 柏 枝 花 白 点 日 出 日 前

kɯ^{33}, le^{21} thv̩^{33} le^{21} kæ^{33} kɯ^{33}, o^{55} ne^{21} he^{21} kæ^{33} kɯ^{33}. |
拜 月 出 月 前 拜 沃神 和 恒神 前 拜

美利董主家的年轻人，不会斩牦牛角，把牦牛角斩成长短不一。不会用牦牛的眼睛去卜卦，只看到真和实的眼睛，没有发现眼睛中呈现出的卦象。不会分牦牛肉，把牦牛肉割成大块小块的。这样，在“本勒奔楚汝（人类）”中间就发生了死亡和衰老的事，发生了好人吊死的事情。美利董主家的年轻人，要改正人类有死亡的错误，要把人类衰老的事情扳回。美利董主家的年轻人，将白色的花朵作为箭花粘在箭羽上，往北边方向射去。箭没有射到北边，却射在了盘人门前。藏族的盘人儿女，为了抛弃死亡，扳回衰老，跪拜在金黄神灯面前，跪拜在沃神、恒神面前，但抛不掉的是死亡，扳不回的是衰老，藏族的老人死在了盘神门前。美利董主家的年轻人，用白色花朵作箭花，粘在箭羽上，朝南边的地方射去。箭没有射到南边的地方，却射在了白族禅人门前。白族禅的年轻人，要抛弃死亡，扳回衰老，跪拜在禅崩仂面前，燃起星星点点的香条，烧起开白花的柏树枝，日出时跪拜在太阳面前，月出时跪拜在月亮面前，跪拜在沃神、恒神面前。

271-C-19-05

ʂʅ^{33} dʑʅ^{33} hɯ^{55} mə^{33} lo^{21}, mu^{55} dʑʅ^{33} tɕy^{21} mə^{33} lo^{21}, le^{33} bv̩^{33} ʂæ^{21}dɯ^{21} mu^{55}, ʂæ^{21} khu^{33} khɯ^{55}
死 事 抛 不 了 衰老 事 扳回 不 了 白族 禅 大 死 禅神 门 前

nɯ^{33} mu^{55}. | mɯ^{33} lɯ^{55} du^{21} ze^{55} tɕi^{33}, bɑ^{21} phər^{21} lɯ^{21} sʅ^{33} hɯ^{55}, mə^{33} khæ^{55} mə^{33} thɑ^{55} tɑ^{33},
由 死 美利董主 年轻 花 白 箭 粘 不 射 不 行

dɯ^{33} khæ^{55} le^{33} ne^{21} khɯ^{55}, tshʅ^{21} khu^{33} sɑ^{21} n̩ə^{21} dər^{33}, tshʅ^{21} khu^{33} sɑ^{21} nɯ^{33} phv̩^{55}, ɯ^{33}
一 射 又 做 去 鬼 气喘 上 中 鬼 气喘 由 喷 牛

khu^{33} sɑ^{21} gv̩^{33} hə^{21}, ʐʅ^{21} khu^{33} sɑ^{21} gv̩^{33} hə^{21}.｜ʥi^{33} mu^{55} lɑ^{33} sɑ^{21} bu^{21}, lɯ^{33} ʥʅ^{21} bu^{21} nɯ^{33}
气喘 成 了 死者 气喘 成 了 人 老 纳刹坡 杉 长 坡 由

mu^{55} le^{33} hə^{21}.｜tse^{33} lo^{33} bər^{21} me^{33} nɑ^{21}, uɑ^{21}me^{33} n̩ə^{55} tɕy^{55} ʥʅ^{33},｜kho^{55} me^{33} n̩ə^{55} mə^{33}
死 又 去 仄箐 牦 大 黑 食 是 自 做主 杀 是 自 不

ʥʅ^{33}.｜dər^{33} kv̩^{33} æ^{33} bɑ^{21} phər^{21}, bɑ^{21} bɑ^{21} n̩ə^{55} tɕy^{55}ʥʅ^{33}, æ^{33} tɕə^{55} n̩ə^{55} mə^{33} ʥʅ^{33}.｜lɯ^{21}
做主 田里 庄稼 花 白 花 开 自己 做主 粮 煮 自己 不 做主 犁

tɯ^{33} le^{33} ɯ^{33} dy^{33}, lɯ^{21} lo^{33} n̩ə^{55} tɕy^{55} ʥʅ^{33}, ho^{55} be^{33} n̩ə^{55} mə^{33} ʥʅ^{33}. ko^{21} te^{33} ɯ^{33} æ^{21} me^{33},
处 牛 牛 崽 犁 事 自己 做主 深 浅 自己 不 做主 咯噔 好 鸡 母

kv̩^{21} bɯ^{33} n̩ə^{55} tɕy^{55} ʥʅ^{33}, kho^{55} lo^{33} n̩ə^{55} mə^{33} ʥʅ^{33}.｜be^{33} le^{33} be^{55} tshʅ^{21} zʅ^{33}, ʂʅ^{33} lo^{33} mu^{55}
下蛋 要 自己 做主 杀 事 自己 不 做主 本勒奔楚汝 死 事 老

lo^{33} n̩ə^{55} mə^{33} ʥʅ^{33}. dɯ^{33} ʂʅ^{33} tshʅ^{33} piə^{55} hə^{21}.｜tʂuɑ^{21} me^{33} tʂuɑ^{21} tʂhuɑ^{33} uɑ^{21}, gv̩^{33} dzy^{21}
事 自己 不 做主 一 死 楚鬼 变 去 男 的 男 所有 九 山

ʐv̩^{55} be^{33} khɯ^{55}, ʐv̩^{55} be^{33} ʐv̩^{55} mə^{33} bi^{33}, gv̩^{33} ʥy^{21} do^{55} le^{33} ʂʅ^{33}.｜bɯ^{33} me^{33} bɯ^{33} tʂhʅ^{33}
活 做 去 活 做 活 不 赢 九 山 跌 又 死 妇女 的 妇女 所有

uɑ^{21}, ʂər^{33} lo^{33} nɑ^{21} i^{33} ʐv̩^{55} be^{33} khɯ^{55}, mɯ^{55} ʥʅ^{21} tʂər^{55} nɯ^{33} du^{33}, ʐv̩^{55} be^{33} tʂər^{55} mə^{33}
七 箐 大 是 活 做 去 竹 长 节 由 量 活 做 节 不

ʥy^{33}, ʂər^{33} lo^{21} do^{55} le^{33} ʂʅ^{33}.｜tɕy^{55} gɑ^{33} lɑ^{33} tɕy^{55} gɑ^{33} , ʂʅ^{33} ʥʅ^{33} hɯ^{55}, mu^{55} ʥʅ^{33} tɕy^{21}
有 七 箐 跌 又 死 最 猛 虎 最 猛 死 事 抛 老 事 扳回

bɯ^{33} tsʅ^{55}, ʂʅ^{33} phu^{21} ʒo^{33} le^{33} hɯ^{33}, ʒo^{33} be^{33} ʒo^{33} mə^{33} gv̩^{21}, so^{33} gv̩^{33} phər^{21} nɯ^{33} do^{55}
要 说 死 逃 岭 又 去 岭 做 岭 不 赢 岭 头 白 由 跌

le^{33} ʂʅ^{33}.｜tɕy^{55} gɑ^{33} dzʅ^{33} tɕy^{55} gɑ^{33}, dzʅ^{33} phɑ^{33} phər^{21} nɯ^{33} ʂʅ^{33} ʥʅ^{33} hɯ^{55}, mu^{55} ʥʅ^{33}
又 死 最 凶 豹 最 凶 豹 脸 白 由 死 事 抛 老 事

tɕy^{21} bɯ^{33} tsʅ^{55}, dzʅ^{33} phu^{21} æ^{21} le^{33} hɯ^{33}, dzʅ^{33} phɑ^{33} phər^{21} lɑ^{33} æ^{21} ʂuɑ^{21} lo^{21} nɯ^{33}
扳回 要 说 豹 逃 崖 又 去 豹 脸 白 也 崖 高 上 由

do^{55} le^{33} ʂʅ^{33}.
跌 又 死

白族禅人还是抛不掉死事，衰老不能扳回，白族的禅人死在了禅神的门前。

美利董主家的年轻人，将白色花粘在箭羽上，不射不行，一箭射出去，箭射在了喘气鬼上，喘气鬼的气喷在牛上，牛也喘起气来，喘气牛的气喷在死者身上，死者变成了患哮喘病的死者。人在纳刹坡上衰老了，死在了生长大杉树的山坡上。

仄箐的牦牛吃不吃草可以自己做主，宰杀与否却不能自己做主。田地里的庄稼开不开花，自己可以做主，成熟以后的粮食什么时候被下锅却不能自己做主。正在犁地的耕牛，犁不犁地自己可以做主，自己却做不了主犁田时的深浅。咯噔咯噔下蛋的母鸡，下不下蛋可以自己做主，当人们要宰杀它时，自己却做不了主。生活在辽阔大地上的本勒奔楚汝（人类），衰老和死亡的事自己不能做主。这位死者一死就变成了楚鬼。所有的这些男人，到九山上去干活，干不完活就跌死在了山上。所有的这些妇女，到七个山箐中去做活，山箐中的竹子虽有节，女人活却没有度，活还未干好，就跌死在了山箐里。

世上最勇猛的是老虎，猛虎要抛弃死亡，防止衰老逃到了山岭上。最终，逃不出山岭，死在了白色山岭上。最凶的是豹子，白脸的豹子要抛弃死亡，防止衰老，为躲避死亡，凶豹逃到了山崖上，却仍然摔死在了山崖间。

271-C-19-06

ʐʅ^{21} ɯ^{33} tʂhuɑ^{55} phər^{21} thɯ^{33}, ʂʅ^{33} ʥʅ^{33} mu^{55} ʥʅ^{33} hɯ^{55} bə^{21} tsʅ^{55}, ʂʅ^{33} phu^{21} lɯ^{21} tʂhʅ^{33} ɯ^{33}
蛇 皮 鹿 白 他 死 事 衰老 事 抛 要 说 死 逃 利耻恩

ȵə^{21} le^{33} u^{55} hɯ^{33}, lɯ^{33} be^{33} lɯ^{33} mə^{33} gy̩^{21}, lɯ^{33} tɕhi^{33} thɑ^{55} nɯ^{33} tsɑ^{55} le^{33} ʂʅ^{33}. | i^{33} me^{33}
地方 又 回 去 杉树 做 杉树 不 赢 杉 桩 利 由 戳 又 来 野牛

bu^{21} hər^{21} thɯ^{33}, ʂʅ^{33} ʥʅ^{33} hɯ^{55}, mu^{55} ʥʅ^{33} tɕy^{21} bə^{21} tsʅ^{55}, ʂʅ^{33} phu^{21} æ^{21} ʂuɑ^{21} kho^{33} ȵə^{21} le^{33}
鬃 绿 他 死 事 抛 老 事 扳回 要 说 死 逃 避 高 处 上 又

u^{55} hɯ^{33}, i^{33} me^{33} bu^{21} hər^{21} æ^{21} ʂuɑ^{21} kho^{33} ȵə^{21} do^{55} le^{33} ʂʅ^{33}. | gy̩^{33} na^{55} ko^{33} phər^{21} thɯ^{33},
回 去 野牛 母 鬃 绿 崖 高 处 上 跌 又 死 熊 黑 胸 白 他

ʂʅ^{33} ʥʅ^{33} hɯ^{55}, mu^{55} ʥʅ^{33}tɕy^{21} bə$^{2\ 1}$ tsʅ^{55}, ʂʅ^{33} phu^{21} bɯ^{21} ʂʅ^{21} ʥər^{21} ȵə^{21} le^{33} u^{55} hɯ^{33}, bɯ^{21}
死 事 抛 老 事 扳回 要 说 死 逃 栗 黄 树 上 又 回 去 栗

ly^{33} hər^{21} nɯ^{33} kuɑ^{33}, bɯ^{33} ʂʅ^{21} ʥər^{21} by̩^{21} do^{55} le^{33} ʂʅ^{33}. | le^{55} by̩^{21} ky̩^{55} ty̩^{21} thɯ^{33}, ʂʅ^{33}
果 绿 由 骗 栗 黄 树 下 摔 又 死 獐 公 角 直 他 死

dʐʅ33 hɯ55, mu55 dʐʅ33 tɕy21 bə21 tsʅ55, le33 phu21 le55 ho21 dʐər21 le33 khɯ55, ʂʅ33 dʐʅ33 hɯ55 mə33

事 抛 老 事 扳回 要 说 又 逃 又 倒 树 又 去 死 事 抛 不

lo21, mu55 dʐʅ33 tɕy21 mə33 lo21, le55 ho21 dʐər21 nɯ33 do55 le33 ʂʅ33. | ʂu21 zo33 bɑ21 phər21 thɯ33,

了 老 事 扳回 不 了 又 倒 树 由 摔 又 死 水獭 斑 白 他

ʂʅ33 dʐʅ33 hɯ55, mu55 dʐʅ33 tɕy21 bə21 tsʅ55, ʂʅ33 phu21 uɑ33 hər21 hɯ55 n̥ə21 le33 u55 khɯ55, uɑ33

死 事 抛 老 事 回 要 说 死 逃 松石 绿 海 里 又 回 去 松石

hər21 hɯ55 n̥ə21 do55 le33 ʂʅ33. tshʅ33 dʑi33 iə21 dʑi33 tɕhi33 mə33 lo21. | tʂuɑ21 mu33 tʂuɑ21 tʂhʅ33

绿 海 里 摔 又 死 楚鬼 走 尤鬼 走 守 不 了 男 的 男 所有

uɑ21, ŋv̩33 lv̩33 dɯ21 me33 ɯ21 bə21 tsʅ55, ŋv̩33 lv̩33 dɯ21 le33 ɯ21 mə33 thv̩33. ʂər33 lv̩21 hæ21 mi55

雪山 大 的 抱 要 说 雪山 大 又 抱 不 成 七 个 金

dʑə21, hɯ55 ʂʅ21 khu33 nɯ33 ɕy55, hɯ55 ʂʅ21 pu55 bə21 tsʅ55, hɯ55 ʂʅ21 hɯ55 ku55 iə33, hɯ55 ʂʅ21

姑娘 海 黄 旁 由 站 海 黄 带 要 说 海 黄 海 荡漾 海 黄

pu55 mə33 thɑ55. | æ21 ʂuɑ21 thɯ55 gə33 dʑy21 khuɑ21 phər21, n̥i33 dʑy21 phər21 bə21 tsʅ55,

带 不 成 崖 高 间 的 冰 柱 白 两 季 白 要 说

ʐu21 n̥i33 me33 nɯ33 dʑər55, n̥i33 dʑy21 phər21 mə33 lo21. | ko21 kv̩21 ʐə21 tshe55 hər21, n̥i33 dʑy21

夏 太阳 由 晒 两 季 白 不 成 高原 草 叶 绿 两 季

bɑ21 bə21 tsʅ55, tshʅ33 n̥i33 phər21 nɯ33 sy55, n̥i33 dʑy21 bɑ21 mə33 lo21. | tshʅ33 mɯ33 tshʅ33 sʅ55

开花 要 说 冬天 霜 白 由 冻 两 季 开 不 了 冬天 冬 三

he33 gə33 le55 me33 le55 do21 khuɑ21, ʐu21 mu33 ʐu21 sʅ55 he33 gə33 ʐʅ21 ɯ33 kho33 tɕi21

月 的 獐母 獐 臀 坏 夏 的 夏 三 月 的 蛇 皮 角 朽

khuɑ21, ʂuɑ21 kv̩33 dæ33 mæ55 khuɑ21, tʂu21 kv̩33 tʂhuɑ33 go21 khuɑ21, ʐv̩21 dy21 mi21 le33 tshi55. |

晦 高 处 垃圾 晦 碓 上 米 碎 晦 仇 地 下 又 抛

i33 dɑ21 mɯ33 lɯ55 ʂʅ33 dʐʅ33 kv̩33 nɯ33 hɯ55, lɑ33 tho21 gɑ33 dʐʅ33 mæ55 nɯ33 tɕy21.

主人 天 地 死 事 头 由 抛 虎 后 难 纠纷 后 由 回

身上长着蛇皮似花斑的白鹿，要抛弃死亡，防止衰老，逃到了利耻恩的地方，却敌不过利耻恩地方的杉树的树桩，戳死在了杉树的树桩上。绿鬃的母野牛，要抛弃死亡，防止衰老，逃到了高处的山崖上，却从山崖的高处摔下来死了。白胸脯的黑熊，要抛弃死亡，防止衰老，逃到了黄栗树下，因摘取黄栗树上的果实，摔死在了黄栗树下。直角的公獐子，要抛弃死亡，防止衰老，逃到了倒树之上，却摔死在了倒树之下。身上有白色斑点的水獭，要抛弃死亡，防止衰老，逃到了松石般碧绿的大海中，它却跌死在了松石般碧绿的大海之中。即使人们天天守着要寻死之人，也阻止不了要成为楚鬼和尤鬼的人。

所有的男子，说是要将雪山抱走，雪山太大，人们抱不走它。七个金子般的妇女，站在黄色的大海边，想把黄色的大海带走，黄色的海水荡漾着，大海带不走。高高山崖上的冰桩，一年之中想要结两季冰，可被夏天的太阳暴晒，结不了两次冰。高原上碧绿的野草，一年之内想要开两次花，可被冬天的冰霜冻杀，开不了两次花。类似于一年之内不能开两次花的这一群人，就像冬三月母獐臀上堆积的酸臭物，像夏天中有蛇皮似花斑的白鹿头上的朽角，像高处的垃圾，像碓旁的碎米等，将一切不好的东西抛出去。把天地间的死事，从人们头上抛下去，把隐藏在猛虎之后凶险的纠纷和灾祸化解掉。

271-C-19-07

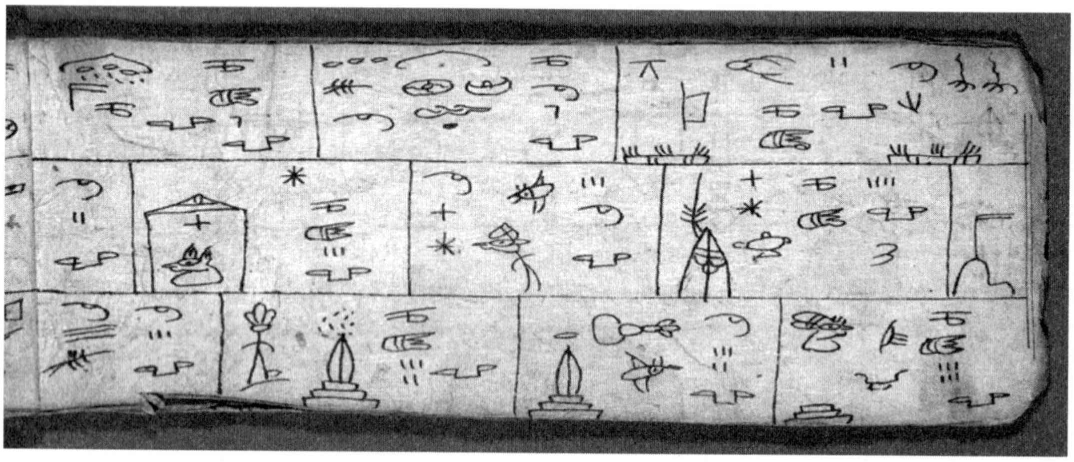

mɯ^{33} ʂuɑ^{21} phər^{21} nɯ^{33} thv̩^{33}, kɯ^{21} dʐʅ^{21} mɯ^{33} ʂər^{55} phər^{21} nɯ^{33} be^{33}, lɑ^{33} iə^{21} phər^{21} lu^{55} lu^{21},
天 高 盘神 由 开 星 长 天 满 盘神 由 做 悠长 白 规矩

uɑ^{21} me^{33} dɯ^{33} lu^{21} tshu^{21} thv̩^{33} se^{21}. | kɯ^{21} thv̩^{33} mæ^{55} mə^{33} tɑ^{55}, ʐu^{21} mɯ^{33} ʐu^{21} sʅ^{55} he^{33},
是 的 一 规矩 早 出 了 星 出 后 不 到 夏 天 夏 三 月

bi^{21} le^{21} tɕi^{21} nɯ^{33} kɑ^{55}, nɑ^{21} dɯ^{21} khv̩^{55} khv̩^{55} hə^{21}, mə^{33} uɑ^{21} dɯ^{33} lu^{21} tʂhə^{21} thv̩^{33} se^{21}. |
日 月 云 由 遮 黑 大 黝黝 去 不 好 一 规矩 这 出 了

dy^{21} i^{33} ʂæ^{21} nɯ^{33} khu^{33}, dy^{21} dʐʅ^{21} zə^{21} ʂər^{55} hə^{21}, dy^{21} dʑy^{33} khuə^{55} gɯ^{21} se^{21}, lɑ^{33} iə^{21} phər^{21}
地 是 禅神 由 辟 地 长 草 满 去 地 有 域 阔 了 悠长 白

lu^{55} lu^{21}, uɑ^{21} me^{33} ȵi^{33} lu^{21} tshu^{21} thv̩^{33} se^{21}. tshʅ^{33} mɯ^{33} tshʅ^{33} sʅ^{55} he^{33}, tshʅ^{33} ȵi^{33} phər^{21}
规矩 是 的 两 规矩 早 产生 了 冬 天 冬 三 月 冬 霜 白

nɯ^{33} sy^{55}, zə^{21} ȵi^{33} dʑy^{21} mə^{33} hər^{21}, mə^{33} uɑ^{21} ȵi^{33} lu^{21} tʂhu^{21} thv̩^{33} se^{21}. | nɑ^{21} mo^{33} be^{33} tv̩^{55}
由 杀 草 两 次 不 绿 不 好 两 规矩 早 产生 了 广 大 村庄

tɯ^{33}, dʑi^{33}dʐʅ^{21} dʑi^{21} nɯ^{33} dʐʅ^{21}, tv̩^{21} le^{33} ɕi^{33} dʑi^{21} tshʅ^{55} le^{33} dʐʅ^{21}, lɑ^{33} iə^{21} phər^{21} lu^{55} lu^{21}, uɑ^{21}
里 人 住 房 由 住 千 又 百 房 建 又 住 悠长 白 规矩 好

me^{33} sʅ^{55} lu^{21} tshu^{21} thv̩^{33} se^{21}. | be^{33} le^{33} be^{55} tshʅ^{21} zʅ^{33}, tv̩^{21} le^{33} ɕi^{33} khv̩^{55} y^{21} bə^{21} tsʅ^{55}, tv̩^{21}
的 三 规矩 早 产生 了 本勒奔楚汝 千 又 百 年 活 要 说 千

khy̩^{55} the^{21} le^{33} phi^{55}, ɕi^{33} khy̩^{55} lɯ^{55} mə^{33} y^{21}, mə^{33} uɑ^{21} sɿ^{33} lu^{21} thy̩^{33}. | ŋy̩^{33} ly̩^{33} tho^{33}dʑy^{21}
年 这 又 丢 百 年 也 没 活 不 是 三 规矩 产生 雪山 松 山

uɑ^{33}, ɕi^{33} tshə^{55} dʑər^{21} the^{21} dʐɿ^{21}, y^{21} le^{33} ty̩^{21} khy̩^{55} ɕi^{33} khy̩^{55} dɯ^{33}, lɑ^{21} iə^{21} phər^{21} lu^{55} lu^{21},
处 百 尺 树 这 里 长 又 千 年 百 年 得 悠长 白 规矩

uɑ^{21} me^{33} lu^{55} lu^{21} tshu^{21} thy̩^{33} se^{21}. | dʑər^{21} y^{21} bu^{21} ʂuɑ^{21} ky̩^{33}, hər^{33} mu^{55} me^{33} nɯ^{33} mæ^{21},
好 的 四 规矩 早 产生 了 树 长 坡 高 处 风 大 的 由 袭

dʑər^{21} dʐɿ^{21} tʂhə^{21} lɯ^{21} hə^{21}, mə^{33} uɑ^{21} sɿ^{33}① lu^{21} tʂhə^{21} thy̩^{33} se^{21}. | mɯ^{33} lɯ^{55} du^{21} ə^{33} py̩^{33}, do^{33}
树 长 这里 倒 了 不 是 三 规矩 这里 产 了 美利卢神 老人 爬

sɿ^{33} dʐu̩^{33} sɿ^{33} ne^{21}, dʑy^{21} nɑ^{55} zo^{55} lo^{33} ky̩^{33} le^{33} thy̩^{33}, lɑ^{33} iə^{21}phər^{21} lu^{55} lu^{21}, uɑ^{21} me^{33} uɑ^{33}
呀 上 呀 地 居那若罗 上 又 到 悠长 白 规矩 好 的 五

lu^{21} thy̩^{33}. | mɯ^{33} lɯ^{55} du^{21} ə^{33} py̩^{33} dʑy^{21} nɑ^{55} zo^{55} lo^{33} ky̩^{33} nɯ^{33} do^{55} le^{33} ʂɿ^{3}, mə^{21} uɑ^{21} uɑ^{33}
规矩 产生 美利卢神 老人 居那若罗 上 由 摔 又 死 不 是 五

lu^{21} tʂhə^{21} thy̩^{33} se^{21}. | lo^{55} ɕi^{33} ə^{33} dʐɿ^{33} thɯ^{33}, zɑ^{21} sɿ^{33} dʐu̩^{33} sɿ^{33} ne^{21}, khuə^{55} dɯ^{21} dʑy^{21} nɑ^{55}
规矩 这里产生 了 走 人 阿祖 他 下 呀 跟 呀 地 域 广 居那若罗山

zo^{55} lo^{33} khɯ^{33} le^{33} thy̩^{33}, lɑ^{233} iə^{21} phər^{21} lu^{55} lu^{21}, uɑ^{21} me^{33} tʂhuɑ^{55} lu^{21} thy̩^{33}.
脚 又 到 悠长 白 规矩 好 的 六 规矩 产生

高高的天由盘神来开，开出的天上布满了星星，这是自古以来就产生的第一个好的规矩。但是，就是天上的星星也未能一直亮到最后，在夏天的三个月里，乌云遮住了太阳和月亮，天上黑黝黝的，什么也没有，又产生了一个不好的规矩。大地由禅神开辟，大地上长满了青草，地域显得十分辽阔，这是自古以来就产生的第二个好的规矩。到了冬天三个月，冬季的霜冻杀掉了青青的草儿，草儿未能一直绿下去，接着又产生了第二个不好的规矩。在广大的村庄里，本勒奔楚汝（人类）建造了成百上千的房子，人类居住在房屋中生活着，这是自古以来就产生的第三个好的规矩。人类居住在村庄里，要活上上千年，但是，别说千年，就连百岁也未能活到，随之又产生了第三个不好的规矩。在雪山长满松树的山坡上，生长着百尺高的大树，这些树已经有了百年、千年的历史，这也是自古以来，早早就产生了的第四个好的规矩。但是，在高高的山坡，暴风一来就把大树吹倒了，这也是随之产生的第四个不好的规矩。美利卢神老人，爬呀爬，持续不断地向上攀登，一直可以爬到居那若罗的神山顶上，这是自古以来产生的第五个好规矩，但是，爬上山顶的老人却摔死在了山上，随之产生了第五个不好的规矩。走在路上的老奶奶，下呀下呀，不停地跟着下，下到居那若罗神山脚下，这是自古以来产生的第六个好规矩。

① sɿ^{33}（三）：原文有误，应是四，译文中校为四。

271-C-19-08

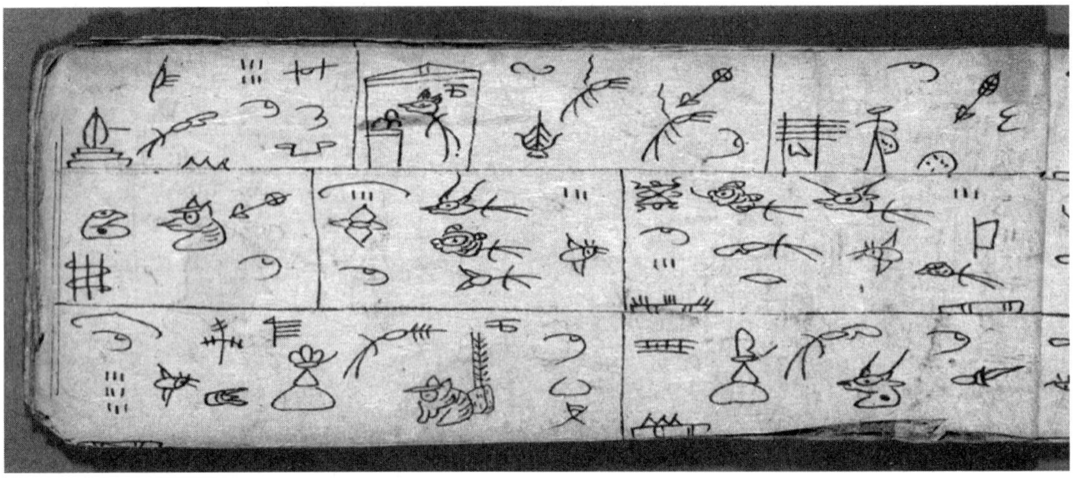

lo^{55} ɕi^{33} ə^{33} ʥʅ^{33} thɯ^{33}, ʥy^{21} nɑ^{55} zo^{55} lo^{33} thɯ^{55} nɯ^{33} mi^{21} le^{33} tɑ^{33}, ʥy^{21} nɑ^{55} zo^{55} lo^{3}
行 人 阿祖 他 居那若罗 腰 由 下 又 到 居那若罗山

khɯ^{33} nɯ^{33} mu^{55} le^{33} hə^{21}, mə^{33} uɑ^{21} tʂhuɑ^{55} lu^{33} kæ^{33} nɯ^{33} le^{33} thy̩^{33} se^{21}. | sɿ^{33} by̩^{33} u^{55}
脚下 由 死 又 去 不 是 六 规矩 前 由 又 产生 了 斯补 自己

khu^{33} thy̩^{55}, ʥi^{33} ɯ^{33} ky̩^{33} phər^{21} mu^{55} , gy̩^{33} ly̩^{21} sɿ^{55} n̥ə^{21} ly^{21}, kɑ^{33} le^{21} tshɿ^{33} mə^{33} khæ^{55},
门 前 精恩 头 白 老 赐福 人 上 瞧 保佑 鬼 不 散发

tshɿ^{33} n̥ə^{21} mə^{33} khæ^{55} lu^{33} be^{33} se^{21}. | bə^{33} mu^{33} lɑ^{33} ʂər^{21} ko^{55}, o^{21} me^{33} he^{33} dɯ^{21} mu^{55},
鬼 上 不 散 规矩 做 了 宽广 粮架 间 俄美恒迪 老

gy̩^{33} ly̩^{21} uɑ^{21} n̥ə^{21} khæ^{55}, gɯ^{33} zo^{33} mə^{33} ʐu^{21} gy̩^{33}. | kho^{21} ko^{55} nɑ^{55} to^{33} lo^{21} le^{33} mu^{55},
赐福 粮食 上 散 给 饱汉 不 饥 成 栅栏 间 纳朵罗鸟 又 死

gy̩^{33} ly̩^{21} ʐuɑ^{33} n̥ə^{21} khæ^{55}, tshɿ^{21} tɕər^{21} mə^{33} khæ^{55} gy̩^{33} be^{33} se^{21}. | mə^{33} mu^{55} mɯ^{33} mə^{33}
赐福 马 上 散发 鬼 上 不 散发 成 做 了 不 老 天 不

mu^{55}, mɯ^{33} mə^{33} mu^{55} me^{33} hər^{21} lər^{55} lər^{33}, mɯ^{33} tɕər^{21} mə^{33} ʂʅ^{33} mə^{33} mu^{55} sɿ^{55} ky̩^{33} ʥy^{21},
老 天 不 老 是 蓝 莹莹 天 上 不 死 不 老 三 个 有

kho^{33} dy̩^{21} bər^{21} ʥʅ^{33} mu^{55}， ʥʅ^{33} lɑ^{21} ə^{33} phy̩^{33} mu^{55}, mɯ^{33} zɿ^{33} pe^{55} tse^{33} mu^{55}, mɯ^{33} gy̩^{33} ky̩^{33}
柯督班孜 老 孜劳阿普 老 美汝贝增 老 天 体边 上`

nɯ^{33} mɯ^{55} le^{33} hə^{21}. | mə^{33} mu^{55} dy^{21} mə^{33} mu^{55}, dy^{21} mə^{33} mu^{55} me^{33} ʂʅ^{21} ɯ^{55} ɯ^{33}, dy^{21}
由 老 又 去 不 老 地 不 老 地 不 老 的 黄澄澄 地

tɕər^{21} mə^{33} ʂʅ^{33} mə^{33} mu^{55} sɿ^{55} ky̩^{33} ʥy^{21}, lɑ^{33} lər^{33} dy^{21} ʥʅ^{33} mu^{55}, dy^{21} mi^{55} tshe^{55} tshɿ^{21}
上 不 死 不 老 三 个 有 拉朗敦孜 老 敦命衬此

mu^{55}, dy^{21} zo^{33} y^{33} le^{21} mu^{55}, dy^{21} be^{33} ə^{33} lu^{21} mu^{55}, dy^{21} khu^{33} khɯ^{55} nɯ^{33} mu^{55} le^{33} hə^{21}. |
老 敦若余勒 老 敦本阿陆 老 地 旁 边 由 老 又 去

mə^{33} tʂhər^{33} mə^{33} mu^{55} me^{33} tʂhʅ^{33} gv̩^{33} kv̩^{55}, mɯ^{33} le^{33} dy^{21} ʐv̩^{55} gv̩^{33} nɯ^{33} mu^{55} le^{33} hə^{21}.
不 寡 不 老 的 这 九 个 天 又 地 中央 由 老 又 去

sər^{33} ʂʅ^{21} lɑ^{21} phv̩^{55} phv̩^{33}, ho^{33} gv̩^{33} ho^{33} lo^{21} dy^{21} , du^{21} khə^{21} phv̩^{55} bɯ^{33} tsʅ^{55} , du^{21} gə^{33} ə^{33}
木 黄 枝 脱 开 北方 地方 卢神 前 推 脱 要说 卢神 的父亲

sʅ^{21} ʂʅ^{33}, sʅ^{21} ʂʅ^{33} gu^{21} phər^{21}tsæ^{55}, tsæ^{55} pɯ^{21} tsæ^{55} lɯ^{33} lɯ^{55} mə^{33} uɑ^{21}, du^{21} khə^{21} phv̩^{55} mə^{33}
死 父 死 马 白 献 献 规 献 矩 若 不 是 卢神 前 推 不

thɑ^{55}. | i^{33} tʂhʅ^{33} i^{33} mɯ^{21} dy^{21}, dər^{33} me^{33} se^{21} khə^{21} phv̩^{55} bɯ^{33} tsʅ^{55}, se^{21} gə^{33} ə^{33} me^{33} ʂʅ^{33},
成 南边 地方 错 的 沈神 前 推 要 说 沈神 的 母亲 死

me^{33} ʂʅ^{33} le^{55} nɑ^{21} kho^{55}, kho^{55} pɯ^{21} kho^{55} lɯ^{33} lɯ^{55} mə^{33} uɑ^{21}, dər^{21} dər^{33} n̠i^{55} n̠i^{33} me^{33}
母 死 牛 黑 宰 宰 规矩 宰 来历 若 不 是 差错 的

se^{21} khə^{21} phv̩^{55} mə^{33} thɑ^{55}.
沈神 前 推 不 成

这走在路上的老奶奶，从居那若罗神山山腰上往下走，走到了居那若罗山脚下，就衰老死在了神山脚下，随之产生了第六个不好的规矩。

在历代斯补祖先居住的大门前，白头发的精恩老人死了，按规矩，他拥有的福泽应该赐给活着的人，不能散发给鬼族。在宽广的粮架间，俄美恒迪拥有的福泽应赐给粮食和庄稼，这样饱汉就不会受饥饿。栅栏中跳来跳去的纳朵罗鸟死了，它应该把福分赐给黄马，不能把福分散发给鬼。不会衰老的上天总是蓝莹莹的。虽说天不会衰老、不会死亡，但是，天上的柯督班孜、孜劳阿普、美汝贝增还是衰老了，他们死在了天边上。不老大地不会衰老，不会衰老的大地总是黄澄澄的。虽说大地永远不衰老，但是，大地上的拉朗敦孜、敦命衬此、敦若余勒和敦本阿陆还是衰老了，他们都死在了大地边边上。虽说世上有九个不会守寡不会死亡的人，但是，他们最终还是死在了天地中央。

就像黄色的树枝从树上脱落，人们要把人类衰老和死亡的罪责推脱给北方的卢神，但是，卢神的父亲也死了，他的父亲死时，卢神将乘骑送给他父亲做冥马，若不是将卢神当作给死人献冥马做乘骑之规矩的开创者，不能将衰老和死亡的罪责推脱给卢神。要把人类中产生的衰老和死亡的差错，推脱给南方的沈神。但是，沈神的母亲也死了，沈神母亲死时，宰杀黑牛祭祀死者，若不是把沈神当作宰杀牺牲、祭祀死者之规矩的开创者，就不能把这衰老和死亡的差错推脱给沈神。

271-C-19-09

mɯ^{33} ne^{21} dy^{21} ko^{55} gɯ^{33}, ŋy̩^{33} ly̩^{33} tʂhər^{21} dʑy^{33} mu^{55}; zə̩r^{33} ne^{21} ko^{21} ko^{55} gɯ^{33}, khɯ^{33} dʐʅ^{33}
天 和 地 中间 兀鲁蚩居 死 江边 和 高原 之间 肯兹罗什

lo^{21} ʂə^{55} mu^{55}; | phər^{21} mu^{55} nɑ^{21} mu^{55} me^{33}, dʑi^{33} pɯ^{55} nɑ^{33} sɑ^{21} bu^{21} nɯ^{33} mu^{55} le^{33} hə^{21}. bə^{33}
死 盘人 死 纳人 死 是 精贝纳刹坡 以 死 又 去 崩人

ne^{21} o^{21} mu^{55} me^{33}, | ko^{21} ne^{21} zə̩r^{33} ko^{55} gɯ^{33}, ty̩^{33} tʂʅ^{21} zʅ^{33} dʐʅ^{21} ky̩^{33} nɯ^{33} mu^{55} le^{33} hə^{21}. |
和 俄人 死 是 高原 和 江边 之间 千 条 路 汇 处 由 死 又 去

dʑy^{21} nɑ^{55} zo^{55} lo^{33} ky̩^{33}, to^{33} bɑ^{33} ʂər^{55} lər^{33} mu^{55}; | mɯ^{33} ze^{33} tɕy^{21} dɯ^{33} tʂhər^{55}, mɯ^{33}
居那若罗 上 东巴什罗 死 美壬局 一 代 天

gy̩^{33} ky̩^{33} nɯ^{33} mu^{55}; tɕy^{21}se^{33} dʑi^{33} dɯ^{33} tʂhər^{55}, mɯ^{33} gy̩^{33} ho^{21} nɯ^{21} mu^{55} le^{33} hə^{21}, dʑi^{33} se^{21}
体 上 由 死 局壬精 一 代 天 体 旁 由 死 又 去 精壬崇

tsho^{21} dɯ^{33} tʂhər^{55}, mɯ^{33} gy̩^{33} mæ^{33} nɯ^{33} mu^{55} le^{33} hə^{21}; | tsho^{21} ze^{33} lɯ^{55} ɯ^{33} i^{33}, dʑi^{33} y^{21}
一 代 天 体 尾 由 死 又 去 崇忍利恩 是 精余

zə̩^{21} dʐʅ^{33} bu^{21} nɯ^{33} mu^{55} le^{33} hə^{21}, tshe^{55} hɯ^{21} bu^{33} bə^{21} i^{33}, y^{21} pɯ^{55} zə̩^{21} gy̩^{33} bu^{21} nɯ^{33}
惹孜 坡 由 死 又 去 衬恒褒白 是 余本惹古 坡 由

mu^{55} le^{33} hə^{21}. | ɯ^{33} hɯ^{21} no^{33} dɯ^{33} tʂhər^{33}, sər^{33} dʑi^{21} ky̩^{33} nɯ^{33} mu^{55} le^{33} hə^{21}. | no^{55} be^{21}
死 又 去 恩恒诺 一 代 斯吉 上游 由 死 又 去 诺本丕

phy^{21} dɯ^{33} tʂhər^{55}, sər^{33} dʑi^{21} mæ^{33} nɯ^{33} mu^{55} le^{33} hə^{21}; | be^{21} phy^{21} o^{21} dɯ^{33} tʂhər^{55}, uɑ^{21}
一 代 斯吉 下游 由 死 又 去 本丕窝 一 代 瓦吉

dʑi^{21} mæ^{33} nɯ^{33} mu^{55} le^{33} hə^{21}. | o^{21} kɑ^{33} le^{21} dɯ^{33} tʂhər^{55}, lɯ^{33} mɯ^{33} sʅ^{33} sy^{21} zʅ^{33} gə^{33} ʂuɑ^{21}
下游 由 死 又 去 窝高勒 一 代 里美斯徐汝 的 高

ȵi^{33} ʂu^{55} dər^{33} ky̩^{33} nɯ^{33} mu^{55}, khɑ^{33} le^{21} tshy^{55} i^{33} lɯ^{33} ʂuɑ^{21} ʥi^{21} gy̩^{33} bu^{21} nɯ^{33} mu^{55}, ʥi^{33}
处 熏 架上 由 死 高勒趣 是 利刷吉古 坡 由 死

mi^{55} ʥi^{33} tsɿ^{33} i^{33}, uɑ^{33} hər^{21} dy^{21} ko^{33} lo^{21} o^{55} ʥi^{21} by̩^{21} nɯ^{33} mu^{55}. | tshy^{55} zɿ^{33} lu^{55} zɿ^{33} i^{33},
金命金滋 是 松石 绿 地 上 沃神 房 下 由 死 趣儿 四 兄弟 是

khɯ^{33} tshi^{21} sɿ^{55} nɯ^{33} mu^{55}.
肯齐素 由 死

兀鲁蚩居死在了天和地之间，肯兹罗什死在了高原和江边之间，盘人和纳人死在了精贝纳刹山坡上，崩人和俄人死在了高原和江边之间千条道路汇集的地方，东巴什罗死在居那若罗神山上。美壬局这一代人，死在了天体之上，局壬精这一代人，死在了天体旁，精壬崇这一代人死在了天后边，崇忍利恩死在了精余惹孜山坡上，衬恒褒白死在了余本惹古山坡上。恩恒诺这一代人，死在了斯吉河上游。诺本丕这一代人，死在了斯吉河下游。本丕窝这一代人，死在了瓦吉河下游。窝高勒这一代人，死在了里美斯徐汝高处的熏架上，高勒趣死在了利刷吉古山坡上，金命金滋死在了松石般碧绿的大地上沃神居住的房子里，高勒趣的四个儿子死在了肯齐素地方。

271-C-19-10

ho^{33} gy̩^{33} ho^{33} lo^{21} dy^{21}, gy̩^{33} ʥɿ^{21} phər^{21} dɯ^{21} mu^{55}, ɪ^{33} tʂhʅ^{33} ɪ^{33} mɯ^{33} dy^{21}, le^{33} by̩^{33} ʂæ^{21}
北边 地方 藏族 盘神 大 死 南方 地方 白族 禅神

dɯ^{21} mu^{55}, | lɑ^{33} sɑ^{21} to^{55} khɯ^{33} phər^{21} , to^{55} bɯ^{21} ɑ^{33} gɑ^{21} mu^{55}, | by̩^{33} ly̩^{55} zʅ^{33} zɑ^{21} mæ^{33},
大 死 拉萨坡 脚 白 垛本阿嘎 死 羊 牧 路 下 尾

by̩^{33} ly̩^{55} huɑ^{21} dɯ^{21} mu^{55}, | mu^{21} tshɑ^{21} i^{21} i^{55} sɿ^{33}, tho^{33} le^{33} bə^{33} tshɑ^{21} mu^{55}, | tshɿ^{33} tshɑ^{21} uæ^{33}
羊 牧 华迪 死 挤牛 奶 右 边 妥勒崩朝 死 挤马 奶 左

i^{55} sɿ^{33}, gy̩^{21} me^{33} sɑ^{55} ly̩^{21} mu^{55}, | lɯ^{33}mɯ^{33} khɯ^{33} sɿ^{21} i^{33}, bi^{33} dɯ^{21} by̩^{21} nɯ^{33} mu^{55}, | ky̩^{55}
一 边 古美韶鲁 死 利美肯斯 是 林 大 下 由 死 会

zɿ^{33} ȵi^{33} zɿ^{33} æ^{21} ʂuɑ^{21} kv̩^{33} nɯ^{33} mu^{55}, | sɿr^{33} mi^{55} ȵi^{33} me^{33} he^{21}, iə^{21} ʥi^{21} mæ^{33} nɯ^{33} mu^{55}
者 两 个 崖 高 上 由 死 知者 女 两 姐妹 尤吉 下游 由 死

le^{33} hə^{21}, | phər^{21} nɑ^{55} ȵi^{33} kv̩^{33}, zʅ^{33} phər^{21} khɯ^{33} nɯ^{33} mu^{55}, | bə^{21} o^{21} ȵi^{33} kv̩^{55}, ʥo^{21} kho^{33}
又 去 盘人 纳人 两 个 道 路 旁 由 死 崩人 俄人 两 上 桥 旁边

nv̩^{55} nɯ^{33} mu^{55}, | bər^{33} ne^{21} pv̩^{55} i^{33}, tv̩^{33} tv̩^{21} gv̩^{33} zʅ^{33} ʥɿ^{21} nɯ^{33} mu^{55}. | ko^{33} kə^{55} mu^{55}
由 死 客 和 邻 是 直 直 九 条 汇 由 死 鹤 鹰 死

me^{33} mɯ^{33} ʂuɑ^{21} tɕi^{21} tʂu^{55}
是 天 高 云 层

藏族的盘神死在了北边地方，白族的禅神死在了南边地方，垛本阿嘎死在了白色的拉萨山坡脚下，放羊华迪人死在了牧羊路下方，妥勒崩朝死在了右边挤牛奶的地方，古美韶鲁死在了左边挤马奶的地方，利美肯斯死在了大森林中，会者两兄弟死在了高高的山崖上，知者两姐妹，死在了尤吉河的下游，盘人和纳人死在了道路旁，崩人和俄人死在了桥附近，客人和送客的邻居，死在了九条大路汇集处。白鹤和黑鹰死在了天上白云间，

271-C-19-11

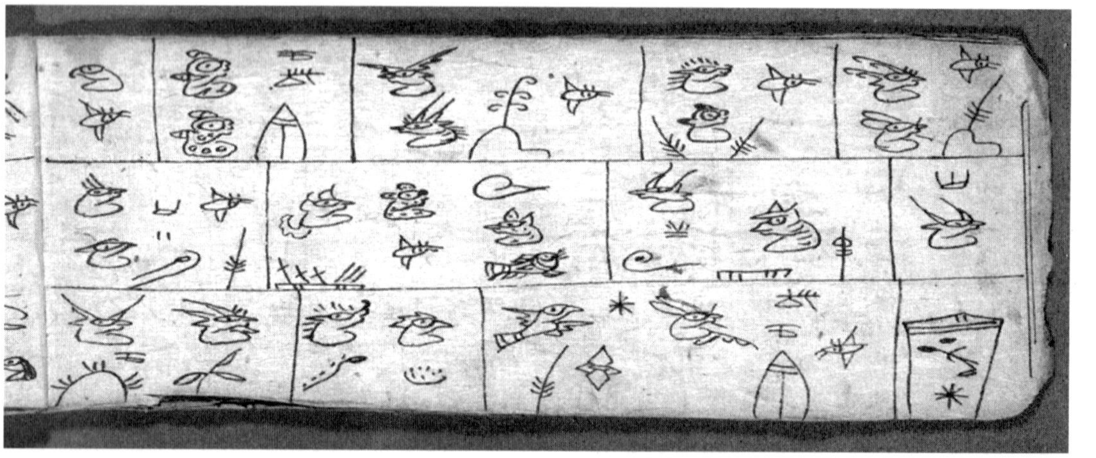

ko^{33} nɯ^{33} mu^{55}, | zər^{21} lɑ^{33} mu^{55} me^{33}, so^{33} gv̩^{33} phər^{21} nɯ^{33} mu^{55}, | tʂhuɑ^{55} i^{33} mu^{55} me^{33},
间 由 死 豹 虎 死 是 岭 身 白 由 死 鹿 野驴 死 是

lɯ^{21} tʂhʅ^{55} bu^{21} nɯ^{33} mu^{55}, | gv̩^{21} bu^{21} mu^{55} me^{33} bi^{33} dɯ^{21} bv̩^{21} nɯ^{33} mu^{55}, | tɕhi^{21} le^{33}
利耻 坡 由 死 熊 野猪 死 是 林 大 下 由 死 麂子 獐子

mu^{55} me^{33} , tho^{33} ʥɿ^{21} bu^{21} nɯ^{33} mu^{55}, | fv̩^{33} hɯ^{21} mu^{55} me^{33} sər^{33} ʥɿ^{21} ȵi^{33} lo^{21} kho^{33} nɯ^{33}
死 是 松 长 坡 由 死 野鸡 箐鸡 死 是 树 长 两 箐 里 由

mu^{55}, | dv̩^{21} dæ^{33} mu^{55} me^{33},dər^{33} lɯ^{33} khɯ^{21} lɯ^{33} tʂu^{55} nɯ^{33} mu^{55}, ʂu^{21} ȵi^{33} mu^{55} me^{33}
死 野猫 狐狸 死 是 肥 田 野 地 间 由 死 水獭 鱼 死 是

dər33 hɯ55 lo21 nɯ33 mu55, | bər21 mu55 tse33 lo33 nɑ21, ʐuɑ33 mu55 dy21 ly55 gɣ33. | ɯ33
塘 海 里 由 死 牦牛 死 仄 箐 大 马 死 地 中央 牛

mu55 so33 kho33 y21, | y21 mu55 ko21 kɣ33 phər21, tshɿ55 mu55 dɑ33 iə21 dʑər21, | bu21 mu55
死 梭柯余 绵羊 死 高原 上 白 山羊 死 青㭎 树 猪 死

tʂhɣ33 dʑi21 kɣ33, æ33 mɯ55 phɯ33 bɣ33 tɯ33, | dɣ33 dʐɿ21 dɯ33 tɣ21 mu55, dʑər21 hər21 kɣ33
硝水 泉 上 鸡 死 糠 堆 旁 翅 长 一 千 死 树 绿 上

nɯ33 mu55, khuɑ33 dʐɿ21 dɯ33 ɕi33 mu55, so33 gɣ33 phər21 nɯ33 mu55, | nɑ21 zo33 tʂhʅ33 mu55
由 死 蹄 长 一 百 死 岭 上 白 由 死 纳西 人 所 死

me33,tɣ21 dʑi21 bɣ21 nɯ33 mu55.
是 千 房 下 由 死

凶豹和猛虎死在白色山岭上，鹿和野驴死在利耻山坡上，熊和野猪死在大森林中，麂子和獐子死在长满松树的山坡上，野鸡和箐鸡死在两边长满树木的山箐之中，野猫和狐狸死在肥田野地之中，水獭和鱼儿死在水塘湖泊之中。牦牛死在仄箐中，马儿死在大地上，牛儿死在梭柯余地方，绵羊死在高原上，山羊死在青㭎树下，猪死在硝水泉边，鸡死在糠堆旁，上千只长翅的鸟儿死在绿色树枝上，上百只长蹄的野兽死在山岭上。纳西人死在了千间的房屋之中。

271-C-19-12

y55 le33 dʑi33 tsho21 ʂʅ33 le33 mu55 du33 me33, | tsho21 ze33 lɯ55 ɯ33 tsho21 bər33 tshɿ21 dɯ33 n̥i33,
生 又 精人 崇人 死 又 老 兴 是 崇忍利恩 人 迁 来 一 天

pu55 i33 mə33 pu55 sy21 mə33 dʑy33, mə33 ʂʅ33 mə33 mu55 gə33, mɯ33 lɯ55 mə33 ʂʅ33 tʂhər33, thɯ33
带 是 不 带 一样 没 有 不 死 不 老 的 天 地 不 死 药 这

tʂhər33 pu55 mə33 kɣ33. dʑi33 zɿ33 kɣ33 phər21 tshu21 mu55 se21. | tshe55 hɯ21 bu33 bə21 mi55,
药 带 不 会 精 人 头 白 早 死 了 衬恒褒白 女

tsho^{33}zɑ^{21} tshʅ^{21} dɯ^{33} n̥i^{33}, mə^{33} ho^{21} sy^{21} mə^{33} dʑy^{33}, lɯ^{33} ʂuɑ^{21} khæ^{33} me^{33} kɯ^{21}, tʂhʅ^{33} kɯ^{21}
人 降 来 一 天 不 赶 什么 没 有 利刷开美庚 这 庚

ho^{21} mə^{33} kv̩^{33}, gu^{21} tshu^{21} lu^{55} khuɑ^{33} dʐʅ^{21}, khuɑ^{33} dʐʅ^{21} tshu^{21} bɯ^{21} se^{21}.｜ɕi^{33} ne^{21} tshʅ^{33} ko^{55}
赶 不 会 马 快 遛 蹄 长 蹄 长 早 缺 了 人 和 楚鬼 之间

gɯ^{33}, dɯ^{33} gu^{33} tshu^{21} thv̩^{33} se^{21}. hər^{21} ne^{21} le^{21} go^{55} gɯ^{33}, dɯ^{33} bɑ^{21} tshu^{21} gə^{21} se^{21}.｜dʑi^{21}
一 别 早 出现 了 绿 和 枯 之间 一 花 早 谢 了 房

be^{33} dʑi^{21} zv̩^{55} gv̩^{33}, ko^{21} tshʅ^{21} tshu^{21} bɯ^{21} se^{21}, kho^{21} be^{33} kho^{21}zo^{55} lo^{33}, miə^{21} bər^{33} tshu^{21}
的 房 中间 针 细 早 断 了 亲 的 亲 中间 眼 泪 早

thv̩^{33} se^{21}. gv̩^{33} thv̩^{21} dʑi^{21} nɯ^{33} tʂhər^{33}, phər^{21} dɯ^{21} ko^{55} ko^{33} gv̩^{33},｜gv̩^{33} lv̩^{55} mɑ^{21} nɯ^{33}
出 了 九 桶 水 由 洗 白 大 生生 成 九 饼 油 由

mɑ^{33}, huɑ^{21}dɯ^{21} lo^{55} lo^{33} se^{21}. sər^{33} ʂʅ^{21} pər^{55} nɯ^{33} pər^{55}, bu^{33} dɯ^{21} zi^{55} zæ^{33} gv̩^{33}. tshe^{21} kɯ^{21}
搽 滑 大 溜溜 了 木 黄 梳 由 梳 光 大 闪亮 成 十 斤

le^{33} dʑi^{33} ku^{55}, uɑ^{33} kɯ^{21} sʅ^{33} phər^{21} ku^{55}, dɯ^{33} kɯ^{21} ku^{33} mu^{21} ku^{55}, kɯ^{21} phu^{55} bɯ^{33} kɯ^{55}
裤子 擀 五 斤 毡 白 擀 一 斤 帽子 擀 斤 半 腰带

ku^{55}, sʅ^{33} phər^{21} le^{33} gæ^{21} iə^{55},sʅ^{33} phər^{21} zɑ^{33} ko^{21} iə^{55}.｜gæ^{33} lɯ^{33} ko^{33} phər^{21} iə^{55}, gæ^{21} me^{33}
擀 毡 白 裤子 给 毡 白 袜子 给 刀 壳 身 白 给 刀 大

mæ^{33} phər^{21} iə^{55}.｜phe^{21} dʑi^{33} the^{33} dʑi^{33} iə^{55}, khɯ^{33} gv̩^{33} zɑ^{21} nɑ^{21} iə^{55}, tho^{33} pv̩^{55} le^{33} dʑi^{33}
尾 白 给 麻 衣 棉 衣 给 脚 上 鞋 黑 给 棉 布 裤子

iə^{55}, ŋv̩^{21} hæ^{21} uɑ^{21} tʂhu^{21} iə^{55}.
给 银 金 松石 墨玉 给

生活在大地上的精人和崇人，之所以产生衰老和死亡的事，就是因为崇忍利恩从天上迁徙下来的时候，带了许许多多的东西，就是不会带来天地间不死药，所以大地上的精人和崇人早早地死亡了。衬恒褒白从天上下来时，从天上赶来许多的牲畜，不会赶来利刷开美庚这只不会衰老的动物，因此，骏马的四蹄很快破损了。

人和楚鬼过早地分离了，在绿和枯之间，一朵鲜花过早地凋谢了。就像房子里边穿在针眼中的细线突然脱落了，栅栏之中的亲人很快流出了眼泪。人死后，用九桶清水来清洗，洗得白生生的，用九饼酥油来搽，把身体搽得滑溜溜的，用黄木做的梳子来梳头，把头发梳理得闪闪发亮。用十斤羊毛擀裤子，五斤羊毛擀白色的毡子，一斤羊毛擀帽子，半斤羊毛擀腰带，用羊毛擀白色裤子、擀白色袜子给死者。给死者送闪亮的刀壳，闪光的大刀，给他们麻布、棉布裤和黑色鞋子，给死者金银、墨玉、松石，

271-C-19-13

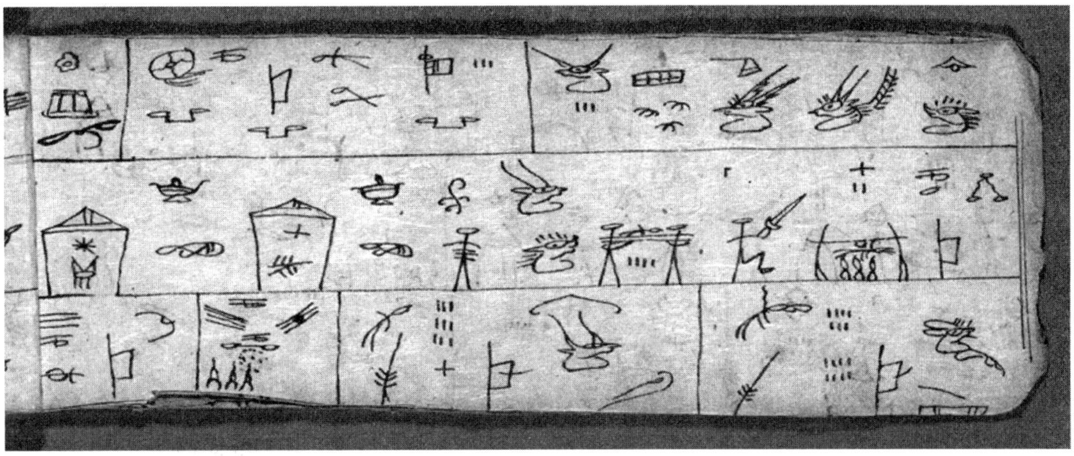

sɿ^{33} phər^{21} gy̩^{33} dʑi^{33} iə^{55}. | ȵi^{33} me^{33} khɯ^{33} phər^{21} thy̩^{33}, sɿ^{33} by̩^{33} gɑ^{33} khu^{33} khɯ^{55} ȵə^{21} tɕi^{33},
毛 白 衣服 给 太阳 光线 白 出 斯补 胜神 门 旁 边 放

gɑ^{33} lɑ^{21} sɿ^{55} thy̩^{33} y^{21} khæ^{55} se^{21}, y^{21} uɑ^{21} sɿ^{55} thy̩^{33} gɑ^{33} do^{21} se^{21}. | nɯ^{33} mu^{55} sɿ^{55} sy^{33} phe^{21}
胜神 三 样 死者 照 了 死者 魂 三 件 胜神 见 了 畜 牺牲 三 样 培本

be^{33} dʐɿ^{33} khɯ^{33} thy̩^{55} ȵə^{21} tɕi^{33}. kho^{55} mu^{33} tʂhuɑ^{55} nɯ^{33} tʂhʅ^{33} be^{33} se^{21} , tsæ^{55} gu^{21} i^{33} nɯ^{33}
祖先 跟前 上 放 杀 牲 鹿 由 这 做 了 献 马 野驴 由

be^{33}, ʐʅ^{33} sɿ^{33} me^{33} bu^{21} nɯ^{33} be^{33}. | uə^{33} ky̩^{33} ty̩^{33} dʑi^{21} dʐɿ^{21}, ty̩^{21} nɯ^{33} ty̩^{21} khuɑ^{55} phi^{55}, uə^{33}
做 路 引 是 猪 由 做 寨 头 千 家 住 千 由 千 碗 施 寨

mæ^{33} ɕi^{33} dʑi^{21} dʐɿ^{21}, ɕi^{33} nɯ^{33} ɕi^{33} khuɑ^{55} phi^{55}. kho^{21} nɯ^{33} kho^{21} hɑ^{33} phi^{55}, lɯ^{33} nɯ^{33} lɯ^{33}
尾 百 家 住 百 由 百 碗 施 亲 由 亲 饭 施 戚 由 戚

hɑ^{33} phi^{55}. lu^{33} ly̩^{21} mu^{21} le^{33} ly̩^{21}, dɯ^{33} ly̩^{21} khuɑ^{55} gæ^{21} hæ^{33}, gæ^{21} dɯ^{21} kæ^{33} nɯ^{33} ly̩^{21},
饭 施 四 人 死尸 又 抬 一 人 铠甲 披 挂 大刀 前 由 打

tshu^{21} tshu^{21} kæ^{33} nɯ^{33} ne^{21}, ly̩^{21} me^{33} ʐʅ^{21} ɯ^{33} mɯ^{33} tsɿ^{21} dy̩^{21} le^{33} thy̩^{33} , nɯ^{33} tsɿ^{21} dy̩^{21} nɯ^{33}
嘈 嘈 前 做 在 抬 是 死者 火葬场 又 到 火葬场 由

tɕər^{55}. mɯ^{33} lɯ^{55} tshe^{21} ȵi^{33} khy̩^{55}, mɯ^{33} nɯ^{33} sɿ^{33} khu^{33} dʑy^{33}, kɯ^{21} phər^{21} tshy^{55} gə^{33} khu^{33},
焚化 天 地 十二 年 天 由 三 灾 有 星 白 闪亮 灾

zy^{21} ɕy^{21} lɑ^{33} gə^{33} khu^{33}, hər^{33} phər^{21} zɑ^{21} gə^{33} khu^{33}, khu^{33} nɯ^{33} ly̩^{55} mə^{33} tʂər^{21}. | uæ^{33} nɯ^{33}
星 红 虎 的 灾 风 白 饶星 的 灾 灾 由 罩 不 使 左 由

hər^{21} phər^{21}thy̩^{33}, i^{21} nɯ^{33} hər^{33} nɑ^{21} thy̩^{33}, tɕər^{55} le^{33} uɑ^{33} phər^{21} dɯ^{33} tʂər^{55} piə^{55}. | tʂuɑ^{21}
风 白 吹 右 由 风 黑 吹 焚 又 骨 白 一 节 变 成年

i^{33} gv̩^{33} lv̩^{21} sər^{33} nɯ^{33} tɕər^{55}, gv̩^{33} the^{21} tɑ^{55} me^{33} tshe^{33} lv̩^{21} i^{33}, sər^{33} nɯ^{33} gv̩^{55} khu^{33} phu^{33},
是 九 筒 柴 由 烧 身 又 加 是 十 筒 有 木 由 九 门 开

sɿ^{33} bv̩^{33} bər^{21} y^{21} mɯ^{33} n̥ə^{21} ty^{55}, sɿ^{33} bv̩^{21} bər^{21} y^{21} mɯ^{33} n̥ə^{21} lo^{55} le^{33} fæ^{33}. | bɯ^{33} i^{33} ʂər^{33}
斯补 牦牛祖先 天 上 朝 斯补 牦牛祖先 天 上 走 又 去 妇女 是 七

lv̩^{21} sər^{33} nɯ^{33} tɕər^{55}, gv̩^{33} the^{21} tɑ^{55} me^{33} ho^{55} lv̩^{21} i^{33}, sər^{33} nɯ^{33} ʂər^{33} khu^{33} phu^{33}, le^{55} me^{33}
筒 柴 由 烧 身 又 加 是 八 筒 有 木 由 七 门 开 獐 母

ɕy^{21} zɑ^{21} dy^{21} n̥ə^{21} ty^{55} le^{33} fæ^{33}. |
兽 下 地 由 朝 又 去

施白色羊毛织的衣服。晨曦刚出现，就把尸体移到三代斯补祖先居住的胜神门前。三代胜神已经看见死者了，死者的灵魂也看见三代胜神祖先了。把三种牺牲放在培本祖先跟前。杀鹿做死者的牺牲，用野驴做死者的乘骑冥马，让猪去给死者开路。寨头住着千户人家，千户人家给死者施千碗食，寨后住着百户人家，百户人家给死者施百碗食。近亲们给死者施食，远戚给死者施食。由四个年青人抬着死者尸体，一个人披挂铠甲，举刀嘈嘈地喊着在前边开路，把死者抬到火葬场里，在火葬场里把死者火化。在天地间的十二年中，天上会产生三种灾祸，白色闪亮的星会产生灾祸，天上红色的星座会产生猛虎一般的灾祸，白风和饶星也会产生灾祸，不让死者被这三种灾祸罩住。在火葬场中，左边起白风，右边起黑风，在风中焚化尸体，把尸体烧得只剩几节骨头。成年男子用九筒柴来焚烧，加上尸体就是十筒，用树木开启死者的九道门，把口子朝着牦牛斯补祖先居住的天，让死者跟随祖先去。成年妇女用七筒柴焚烧，加上身体就是八筒，用树木开启死者的七道门，把口子朝着母獐等野兽出没的地方。

271-C-19-14

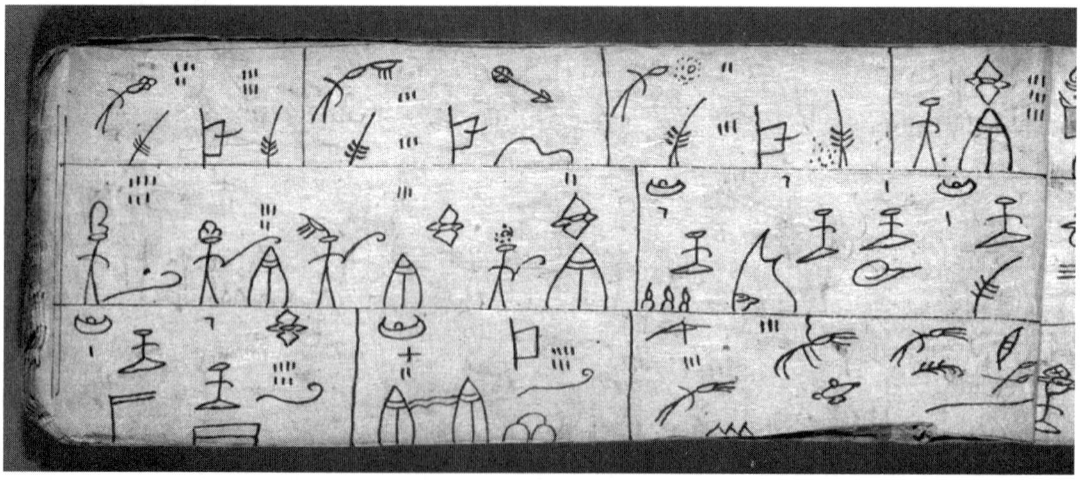

lv̩^{21} i^{33} uɑ^{33} lv̩^{21} sər^{33} nɯ^{33} tɕər^{55}, gv̩^{33} the^{21} tɑ^{55} me^{33} tʂhuɑ^{55} lv̩^{21} i^{33}, sər^{33} nɯ^{33} tʂhuɑ^{55}
男青年是 五 筒 柴 由 焚 身 又 加 是 六 筒 有 木 由 六

khu^{33} phu^{33}, lɯ^{33} dʐɿ^{21} bu^{21} n̥ə^{21} ty^{55} le^{33} fæ^{33}. | ɕi^{21} i^{33} sɿ^{33} lv̩^{21} sər^{33} nɯ^{33} tɕər^{55}, gv̩^{33} the^{21}
门 开 杉 长 坡 上 朝 又 去 女青年 是 三 筒 柴 由 焚 身 又

tɑ55 me33 lu55 ly̩21 i33, sər33 nɯ33 sɿ55 khu33 phu33, ɕy33 khæ55 bu21 ȵə21 ty55 le33 fæ33. | by21
加 是 四 筒 有 木 由 三 门 开 兽 射 坡 上 朝 又 去 小孩

i33 ȵi33 ly̩21 sər33 nɯ33 tɕər55, gy̩33 the21 tɑ55 me33 sɿ55 ly̩21 i33, sər33 nɯ33 sɿ55 khu33 phu33,
是 两 筒 柴 由 焚 身 又 加是 三 筒 有 木 由 三 门 开

tho33 dʐʅ21 bu21 ȵə21 ty55 le33 fæ33. | tʂuɑ21 i33 gy̩33 dʑy21 ky̩33 nɯ33 uɑ21 le33 ʂər55. bɯ33 i33
松 长 坡 上 朝 又 去 成年男子 是 九 山 上 由 魂 又 招 妇女 是

ʂər33 lo33 nɑ21 nɯ33 uɑ21 le33 ʂər55, ly̩33 i33 uɑ33 dʑy21 ky̩33 nɯ33 uɑ21 le33 ʂər33. ɕi21 i33 sɿ33
七 箐 大 由 魂 又 招 男青年 是 五 山 上 由 魂 又 招 女青年 是 三

dʑy21 ky̩33 nɯ33 uɑ21 le33 ʂər55. by21 i33 ȵi33 dʑy21 ky̩33 nɯ33 uɑ21 le33 ʂər55. | gy̩33 tshər21
山 上 由 魂 又 招 小孩 是 两 山 上 由 魂 又 招 九 十

tshɿ33 ne21 iə21 tʂhʅ33 uɑ21, dɯ33 he33 mɯ33 tsɿ21 dy̩21 nɯ33 dʐʅ21, dɯ33 he33 æ21 ʂuɑ21 ky̩33
楚鬼 和 尤鬼 所有 一 月 火葬场 由 住 一 月 崖 高 上

nɯ33 dʐʅ21, dɯ33 he33 dər33 hɯ55 khu33 nɯ33 dʐʅ21, dɯ33 he33 dzər21 hər21 ky̩33 nɯ33 dʐʅ21,
由 住 一 月 水塘 湖泊 旁 由 住 一 月 树 绿 处 由 住

dɯ33 he33 ʂuɑ21 ȵi33 ʂu55 dər33 ky̩33 nɯ33 dʐʅ21, dɯ33 he33 ɕy21 ȵi33 mɯ33 mæ33 ky̩33 nɯ33
一 月 高 要 熏 架 上 由 住 一 月 低 要 板凳 上 由

dʐʅ21, uɑ21 he33 gə21 le33 ʂər55. | dɯ33 he33 tshe21 ȵi33 tʂhuɑ21 so33 bu21 ȵə21 dʐʅ21, dɯ33 he33
坐 魂魄 上 又 招 一 月 十二 召梭 坡 上 坐 一 月

lu33 nɑ21 gy̩55 khu33 khɯ33 ȵə21 dʐʅ21, uɑ21 he33 gə21 le33 ʂər55. | mɯ33 lɯ55 ʂɿ33 dʐʅ33 sɿ55 thy̩33
石 黑 九 垭口 旁 由 住 魂魄 上 又 招 天 地 死 事 三 件

mi55, tshɿ33 pɯ21 sɿ55 thy̩33 dɯ33, tshɿ33 bɯ33 ʐʅ33 ȵə21 tshy55 le33 tɕi33.
讲 吊死鬼规矩 三 件 有 吊死鬼 去 路 上 还债 又 放

男青年用五筒柴来焚化，加上身体就是六筒，用树木开启死者的六道门，朝着长杉树的山坡来焚化。女青年用三筒柴来焚化，加上身体就是四筒，用木开启三道路门，朝着射猎野兽的山坡来焚化。小孩用两筒柴来焚化，加上身体就是三筒，开启三道门，朝着长满松树的山坡来焚化。

焚化之后，到九座山上给成年男子去招魂。到七道山箐里去给妇女招魂。到五座山上去给男青年招魂。到三座山上去给女青年招魂。小孩到两座山上招魂。所有的九十个楚鬼和尤鬼，他们的灵魂，一个月会住在火葬场中，一个月会住在高高的山崖上，一个月会住在水塘湖泊边，一个月会住在绿树上，一个月会住在高处的熏架上，一个月会住在低处的板凳上，从这些地方把死者的魂魄招回。一个月会住在十二个召梭山坡上，一个月会住在九道黑石垭口旁，从这些地方把他们的魂魄招回。

现在讲述了三桩天地间死亡的事情，有了三桩处理吊死者后事的规矩。在吊死者要去路上，放置了偿还各种债的东西。

271-C-19-15

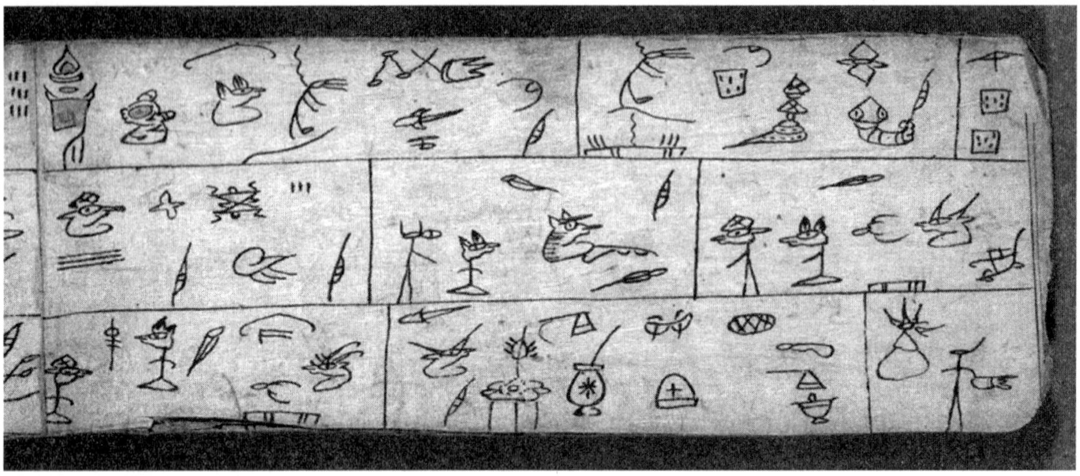

ɑ^{33} lɑ^{33} mə^{33} ʂər^{55} ȵi^{33}, ʥi^{33} y^{21} mɯ^{33} kv̩^{55} bv̩^{21}, tshɿ^{33} dʑi^{33} le^{33} bɯ^{21} me^{33}, zy^{21} ne^{21} tshy^{55}
呵 也 不 说 日 人 生 天 穹 下 吊死者 走 又 去 是 蕊星 和 闪电

nɯ^{33} æ^{21} i^{33} kv̩^{55}, gæ^{33} lv̩^{21} khuɑ^{55} phər^{21} nɯ^{33}, zy^{21} ne^{21} tshy^{55} dʐu̩^{33} ʐuɑ^{21}, zy^{21} ne^{21} tshy^{55}
由 争斗 也 会 刀 快 铠甲 白 由 蕊星 和 闪电 债 还 蕊星 和 闪电

nɯ^{33} hu^{33} mə^{33} tʂər^{21}. | ʥi^{33} dʑə^{21} lɑ^{33} lər^{33} dy^{21}, tshɿ^{33} dʑi^{33} le^{33} bɯ^{21} me^{33}, ʂv̩^{21} ne^{21} lv̩^{21}
由 拦 不 使 人 生 辽阔 地 吊死者 走 又 去 是 署名 和 龙

nɯ^{33} hu^{33} i^{33} kv̩^{55}, pɑ^{55} hər^{21} lɑ^{33} tʂə^{21} nɯ^{33} ʂv̩^{21} ne^{21} lv̩^{21} tshy^{55} ʐuɑ^{21}. | mɯ^{33} lɯ^{55} sɿ^{55} ʐʅ^{33}
由 拦 也 会 蛙 绿 手 爪 由 署 和 龙 债 还 天 地 三 路

sɿ^{33}, tsho^{21} bər^{33} sɿ^{55} ʐʅ^{33} lo^{21} ȵə^{21} sy^{21} be^{33} tshy^{55} bɯ^{33} næ^{21}, hɯ^{55} ʂʅ^{21} sɿ^{55} hɯ^{33} khu^{33} i^{33}
引 人 迁 三 路 里 边 啥 皆 还 去 该 海 黄 三 海 旁 是

tshy^{55} bɯ^{33} næ^{21}. | tsho^{21} bər^{33} ʥi^{33} y^{21} i^{21} nɯ^{33} tshɿ^{21}, dʑi^{21} kv̩^{33} kv̩^{33} nɯ^{33} tshɿ^{21} , i^{21} i^{33} gu^{21}
还 要 该 人 迁 人 生 右 由 来 水 上 处 由 来 右 是 马

nɯ^{33} tshy^{55}, dʑi^{21} kv̩^{33} mɯ^{33} ku^{55} ʂuɑ^{21} be^{33} tshy^{55}. | tsho^{21} bər^{33} ʥi^{33} y^{21} uæ^{33} nɯ^{33} tshɿ^{21},
由 还 水 上游 天 廓 高 地 还 人 迁 人 生 左 由 来

ʥi^{33} y^{21} dʑi^{21} nɯ^{33} tshɿ^{21}, dʑi^{21} mæ^{33} ɯ^{33} nɯ^{33} tshy^{55}, le^{55} lɯ^{21} dy^{21} khuə^{55} gɯ^{21} le^{33} tshy^{55}. |
人 生 水 由 来 水 下游 牛 由 来 牛 犁 地 域 宽 又 还

tsho^{21} bər^{33} ʥi^{33} y^{21} ly^{55} nɯ^{33} tshɿ^{21}, ʥi^{33} y^{21} dʑi^{21} nɯ^{33} tshɿ^{21}, dʑi^{21} ku^{55} ʂuɑ^{21} be^{33} tshy^{55},
人 迁 人 生 中 由 来 人 生 水 由 来 水 流 大 地 还

mɯ^{33} ku^{55} ʂuɑ^{21}, dy^{21} kuə^{55} le^{33} gɯ^{21} se^{21}. | kho^{55} me^{33} nɯ^{21} nɯ^{33} tshy^{55}, tɕə^{55} me^{33}æ^{33} nɯ^{33}
天 廓 高 地 域 又 辽阔了 杀 的 畜 由 还 煮 的粮 由

tshy^{55}, tʏ^{33} kə^{21}ʐʅ^{33} nɯ^{33} tshy^{55}, ɕə^{255} miə^{33} ɕi^{33} lʏ^{55} tshy^{55}, ʂʅ^{33} ʂu^{21} hɑ^{33} ʂu^{21} tʏ^{21} khə^{55} tshy^{55},
还 千 坛酒 由 还 饵饫 百 并 还 肉 纯 饭 纯 千 篮 还

py^{33} bʏ^{21} kho^{33} kɯ^{55} kho^{33} ʂu^{21} se^{21}, thɑ^{33} pɑ^{21} lɑ^{21}
祭司 声 洪大 声 纯 了 帮手 手

远古的时候，在人们生活的天穹之下，当吊死者就要离开的时候，天上的蕊星和闪电会争斗起来，用快刀和白色的铠甲偿还他们索取的债，蕊星和闪电就不会把吊死者拦住了。在人们生活的辽阔大地上，吊死者就要离开的时候，大地上的署和龙会拦住他们要走的路，用长爪的绿蛙偿还署和龙索取的债。在天地间有三条要走的路，要所有东西到这三条路上去还债。要到黑色的大海边去还债。人从右边一条路上迁徙下来，右边从大河的上游迁徙下来，右边的债，用骏马来偿还，右边大河上游地方的天廓高远地域辽阔了。人从左边一条路上迁徙下来，人从水旁走了出来，在河的下游左边的债，用耕牛来偿还，左边地方的地域宽广了。人从中间一条路上迁徙下来，人从水旁走了出来，用似水流一样浩大的东西偿还中间这一条路上的债，中间这条路天廓高远，地域辽阔了。用宰杀的牺牲来还债，用下锅煮熟的粮食来还债，用千坛醇酒来还债，用百块饵饫来还债，用千篮干净清洁的饭和肉食来还债，这样做了之后，祭司诵经的声音清脆洪亮了，帮手们的手

271-C-19-16

ʂu^{21} dʑi^{21} nɯ^{33} tʂhər^{33} phər^{21} se^{21}, gæ^{33} lər^{21} tər^{21} sər^{55} tər^{21} phər^{21} se^{21}. | mɯ^{33} lɑ^{33} mɯ^{33}
净 水 由 洗 白 了 刀子 砧板 板 白 了 天 也 天

tʂhʅ^{33} mɯ^{33} mə^{33} uɑ^{21}, mɯ^{33} ʂuɑ^{21} bu^{21} ʂʅ^{55} bu^{21} ɯ^{33} kʏ^{33} ȵə^{21} tshy^{55} le^{33} fæ^{33}.dy^{21} lɑ^{33} dy^{21}
这 天 不是 天 高 坡 新 坡 好 上 边 还 又 去 地 也 地

tʂhʅ^{33} dy^{21} mə^{33} uɑ^{21}, bu^{21} ʂuɑ^{21} bu^{21} ʂʅ^{55} bu^{21} ɯ^{33} dy^{21} ȵə^{21} tshy^{55} le^{33} fæ^{33}. | tshʅ^{33} kɑ^{33} do^{33}
这 地 不 是 坡 高 坡 新 坡 好 地方 上 还 又 去 楚鬼 逞强

me^{33}pɯ^{55} khɯ^{33} phər^{21} nɯ^{33} tshy^{55}, iə^{21} kɑ^{33} do^{33} me^{33} ɕy^{55} khɯ^{33} phər^{21} nɯ^{33} tshy^{55}. ‖ tshy^{55}
是 蒿 根 白 由 还 尤鬼 逞强 是 柏 根 白 由 还 还

pɯ^{21} tshɿ^{33} tɕər^{21} tɕi^{33}, mə^{33} tshɿ^{33} bɯ^{33} me^{33} hɑ^{33} mə^{33} dɯ^{33}. | dɯ^{33} ȵi^{33} tɕhi^{21} le^{33} tʂhy̩^{33}
事 办法 上 置 没有 办法 要 是 饭 不 得 一 天 麂子 獐子 食

ʂu^{21} hɯ^{33}, zə^{21} hər^{21} tər^{55} ȵə^{21} tshɿ^{33}, tshɿ^{33} le^{33} dɯ^{33} tʂhy̩^{33} dɯ^{33}, nɯ^{33} dɯ^{21} ty̩^{55} ty̩^{21} hə^{21}. |
找 去 草 绿 丛 上 办法 办法 又 得 食 得 心 大 直直 了

dɯ^{33} so^{21} by̩^{33} le^{21} tʂhy̩^{33} ʂu^{21} hɯ^{33}, iə^{21} tsɿ^{21} tər^{55} ȵə^{21} tshɿ^{33}, nɯ^{33} dɯ^{21} ty̩^{55} ty̩^{21} se^{21}. | dɯ^{33}
一 早 羊儿 食 找 去 尤孜 草 上 办法 心 大 直直 了 一

so^{21}fy̩^{33} hɯ^{21}tʂhy̩^{33} ʂu^{21} khɯ^{55}, dʑi^{33} phər^{21}mæ^{33} nɯ^{33} tshɿ^{33}, tshɿ^{33} le^{33} dɯ^{33} tʂhy̩^{33} dɯ^{33}, ho^{21}
早 野鸡 箐鸡 食 找 去 水 白 尾 由 办 法 又 得 食 得 肋

dɯ^{21} kæ^{55} kæ^{33} gy̩^{33}. | khuɑ^{55} ky̩^{33} dʑi^{21} mə^{33} thɯ^{21} nɯ^{33} tɕi^{55} khɑ^{33} ko^{33}, hɑ^{33} mə^{33} dʐʅ^{21}
大 溜溜 成 碗 中 水 不 喝 是 口沫 苦 吞 饭 不 吃

nɯ^{33} khu^{33} ȵi^{55} so^{33}. | dɯ^{33} so^{21} sɿ^{33} by̩^{33} bər^{21} y^{21} zo^{33}, mɯ^{33} ȵə^{21} le^{33} ʂu^{21} khɯ^{55}, tse^{33}
由 空空 哑 一 早 斯补 牦牛祖先人 天 上 又 找 去 仄

lo^{21} bər^{21} me^{33} mɑ^{33} phər^{21} ly̩^{55} tɕər^{21} tshɿ^{33}. dɯ^{33} so^{21} le^{55} me^{33} ɕy^{33} zɑ^{21} dy^{21} ȵə^{21} le^{33} ʂu^{21}
箐 牦牛 母 酥油 饼 上 办法 一 早 獐 母 兽 下 地 上 又 找

khɯ^{55}, le^{33} ʂu^{21} le^{21} mə^{33} mæ^{33}, by̩^{21} thɑ^{55} ʂʅ^{21} ko^{33} dʐʅ^{21} ȵə^{21} tshɿ^{33}. | dɯ^{33} so^{21} lo^{21} do^{33}
去 又 找 又 不 得 羊 壮 黄 角 长 上 办法 一 早 大箐

khɯ^{33} i^{33} tʂhy̩^{33} ʂu^{21} khɯ^{55}, tʂhy̩^{33} ɕy^{33} mə^{33} dər^{33} me^{33} tʂhʅ^{33} phi^{55} se^{21}, uɑ^{21} khɯ^{33} ȵi^{33} ȵə^{21}
旁 是 食 找 去 食 兽 不 得 的 食 失 了 吠 狗 儿 上

tshɿ^{33}, ɕy^{33} mə^{33} phi^{55} tshɿ^{33} ʂu^{21} tʂhʅ^{33} le^{33} dɯ^{33} le^{33} tshɿ^{21}. | dɯ^{33} so^{21} kə^{55} nɑ^{21} tʂhy̩^{33} ʂu^{33}
办法 兽 不 失 办法 找 食 又 得 又 来 一 早 鹰 黑 食 找

khɯ^{55},
去

用水洗白了，切菜用的砧板用刀子刮白了。不是这里的这个天，到一个新的更高的山坡上去还债。地也不是这里的这个地，到一个新的高高的山坡上去还债。若是这里的楚鬼来逞强，就用白根的蒿枝去还债。若这里的尤鬼来逞强，用白根的柏树枝去还债。

偿还了债之后，就要想办法找食，若没有办法就会找不到食物吃。一天，麂子和獐子去找食吃，在绿草丛上寻找办法，所找的食物找到了，有了食物它们放心大胆了。一天早上，羊儿去寻找食物，它们在尤孜野草上寻找办法，有了办法食物也就找到了，得到了食物它们放心大胆了。一天早上野鸡和箐鸡去寻找食物，它们在一条白色的河水下游寻找到办法，有了办法就有了食物，它们的身体肥壮，两肋间厚实滑溜了。喝不到碗中的水，只能吞咽苦涩的吐沫，吃不上碗里的饭，只能空肚子咂嘴巴。一天早上，牦牛似的斯补祖先去天上找食物，在仄箐的牦牛酥油饼上想办法。一天早上，到母獐似的野兽出没的地上寻找食物，食物没找到，在肥壮的长黄色角的羊儿上想办法，食物找到了。一天早上到山箐里寻找食物，野兽走失而找不到食物，在狂吠的猎狗上想办法，找到野兽找到了食物。一天早上，黑色的鹰去找食物，

271-C-19-17

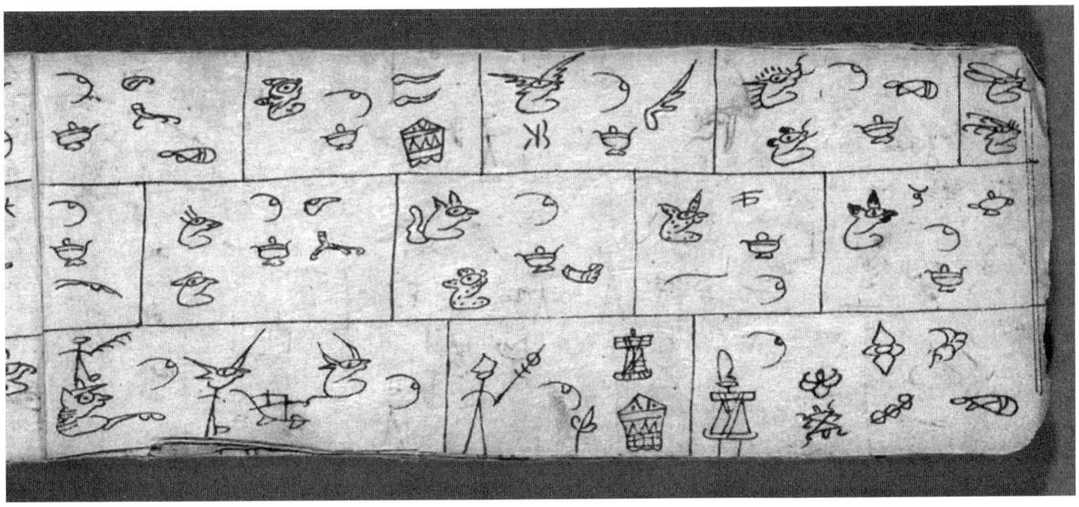

tʂhv̩^{33} ʂu^{21} tʂhv̩^{33} mə^{33} dɯ^{33}, nv̩^{55} ne^{21} tʂʅ^{21} le^{33} tshʅ^{33}, tʂhv̩^{33} ʂu^{21} tʂhv̩^{33} le^{33} dɯ^{33}. | dɯ^{33} so^{21}
食 找 食 不 得 嘴 和 爪 又 办法 食 找 食 又 得 一 早

lɑ^{33} ɕy^{33} tʂhv̩^{33} ʂu^{21} khɯ^{55}, tʂhv̩^{33} ʂu^{21} tʂhv̩^{33} mə^{33} dɯ^{33}, bər^{55} kæ^{21} tɕər^{21} le^{33} tshʅ^{33}, tʂv̩^{33} ʂu^{21}
虎 红 食 找 去 食 找 食 不 得 斑纹 胆识 上 又 办法 食 找

tʂhv̩^{33} le^{33} dɯ^{33}. | dɯ^{33} so^{21} tʂhuɑ^{55} i^{33} tʂhv̩^{33} ʂu^{21} khɯ^{55}, tʂhv̩^{33} mə^{33} dɯ^{33}, kho^{33} ne^{21} he^{33}
食 又 得 一 早 鹿 野驴 食 找 去 食 不 得 角 和 耳

tɕər^{21} tshʅ^{33}, tʂhv̩^{33} ʂu^{21} tʂhv̩^{33} le^{33} dɯ^{33}. | dɯ^{33} so^{21} gv̩^{21} bu^{21} tʂhv̩^{33} ʂu^{21} khɯ^{55}, tʂhv̩^{33} ʂu^{21}
上 办法 食 找 食 又 得 一 早 熊 猪 食 找 去 食 找

tʂhv̩^{33} mə^{33} dɯ^{33}, nv̩^{55} ne^{21} ʥæ^{21} ȵə^{21} tshʅ^{33}, tʂhv̩^{33} ʂu^{21} tʂhv̩^{33} le^{33} dɯ^{33}. | dɯ^{33} so^{21} tɕhi^{21}
食 不 得 嘴 和 牙 上 办法 食 找 食 又 得 一 早 鹿

le^{33} tʂhv̩^{33} ʂu^{21} khɯ^{55}, tʂhv̩^{33} ʂu^{21} tʂhv̩^{33} mə^{33} dɯ^{33}, kho^{33} me^{21} he^{33} tɕər^{21} tshʅ^{33}, tʂhv̩^{33} ʂu^{21}
獐 食 找 去 食 找 食 不 得 角 和 耳 上 办法 食 找

tʂhv̩^{33} dɯ^{33} se^{21}. | dɯ^{33} so^{21} fv̩^{33} hɯ^{21} tʂhv̩^{33} ʂu^{21} khɯ^{55}, tʂhv̩^{33} ʂu^{21} tʂhv̩^{33} mə^{33} dɯ^{33}, nv̩^{55}
食 得 了 一 早 野鸡 箐鸡 食 找 去 食 找 食 不 得 嘴

tʂhə^{21} tɕər^{21} ȵə^{21} tshʅ^{33}, tʂhv̩^{33} ʂu^{21} tʂhv̩^{33} dɯ^{33} se^{21}. | dɯ^{33} so^{21} dv̩^{21} dæ^{33} tʂhv̩^{33} ʂu^{21} khɯ^{55},
爪 上 边 办 法食 找 食 得 了 一 早 野猫 狐狸 食 找 去

tʂhʅ^{33} ʂu^{21} tʂhɣ̩^{33} mə^{33} dɯ^{33}, lɑ^{21} ne^{21} tʂʅ^{21} tɕər^{21} ȵə^{21} tshʅ^{33}，tʂhʅ^{33} ʂu^{21} tʂhɣ̩^{21} dɯ^{33} se^{21}. |
食 找 食 不 得 手 和 爪 上边 办法 食 找 食 得 了

dɯ^{33} so^{21} ʂu^{21} zi^{33} bɑ^{21} phər^{21} tʂhɣ̩^{33} ʂu^{21} khɯ^{55}, tʂhu^{33} ʂu^{21} tʂhɣ̩^{33} mə^{33} dɯ^{33}, ʂu^{21} phɑ^{33}
一 早 水獭 斑 白 食 找 去 食 找 食 不 得 水獭 斑

phər^{21} tɕər^{21} tshʅ^{33}, tʂhɣ̩^{33} ʂu^{21} tʂhɣ̩^{33} dɯ^{33} se^{21}. | dɯ^{33} so^{21} phɑ^{21} khɯ^{33} nɣ̩^{55} nɑ^{21} tʂhɣ̩^{33} ʂu^{21}
白 上 办法 食 找 食 得 了 一 早 豺 狼 嘴 黑 食 找

khɯ^{55}, tʂhɣ̩^{33} ʂu^{21} tʂhɣ̩^{33} mə^{33} dɯ^{33}, lɑ^{33} tʂʅ^{21} thɑ^{55} tɕər^{21} tshʅ^{33}, tʂhɣ̩^{33} ʂu^{21} tʂhɣ̩^{33} dɯ^{33} se^{21}. |
去 食 找 食 不 得 手 爪 利 上 办法 食 找 食 得 了

dɯ^{33} so^{21} ze^{55} tɕi^{33} gu^{21} lu^{21} bɯ^{33}, gu^{21} lu^{21} to^{55} mə^{33} thɣ̩^{33}, pɯ^{55} lɯ^{33} mæ^{33} dʐu^{33} tɕər^{21} ȵə^{21}
一 早 年轻人 马 跑 去 马 跑 坡 不 到 鞭子 尾 长 上边

tshʅ^{33}, gu^{21} lu^{21} to^{55} thɣ̩^{33} se^{21}. dɯ^{33} so^{21} ze^{55} tɕi^{33} le^{55} lɯ^{21} khɯ^{55}, le^{55} lɯ^{33} phu^{55} mə^{33} tɑ^{55},
办法 马 跑 坡 到 了 一 早 年轻人 牛 犁 去 牛 犁 对面 不 到

dɣ̩^{33} ne^{21} tshʅ^{33} tɕər^{21} tshʅ^{33}, le^{55} lɯ^{21} phu^{55} tɑ^{55} se^{21}. | dɯ^{33} so^{21} ze^{55} tɕi^{33} zɣ̩^{21} æ^{21} khɯ^{55},
犁 和 铧 上 办法 又 犁地 对面 到 了 一 早 年轻人 仇 斗 仇

zɣ̩^{21} æ^{21} zɣ̩^{21} mə^{33} gɣ̩^{33}, khuɑ^{55} ne^{21} gæ^{21} tɕər^{21} tshʅ^{33}, zɣ̩^{21} æ^{21} zɣ̩^{21} gɑ^{33} se^{21}. | dɯ^{33} so^{21}
仇 斗 仇 不 了 铠甲 和 刀 上 办法 仇 斗 仇 赢 了 一 早

bɯ^{33} dʑə^{21} ɕi^{33} zɣ̩^{21} khɯ^{55}, ɕi^{33} zɣ̩^{21} ɕi^{33} mə^{33} bi^{33}, ŋɣ̩^{21} dʑi^{33} hæ^{21} dʑi^{33}, uɑ^{33} dʑi^{33} tʂhu^{21} dʑi^{33}
女 好 人 嫁 去 人 嫁 人 不 满意 银 衣 金 衣 松石 衣 墨玉 衣

zi^{33} tɕər^{21} tshʅ^{33}, ɕi^{33} zɣ̩^{21} ɕi^{33} bi^{33} tshʅ^{21}.
美 上 办法 人 嫁 人 满意 了

食物找不到，在嘴和爪子上想办法，食物找到了。一天早上，巨掌红虎去找食物，食物找不到，在自己身上的斑纹和胆识上想办法，食物找到了。一天早上，鹿和野驴去找食物，食物找不到，在角和耳朵上想办法，食物找到了。一天早上，熊和野猪去找食物，食物找不到，在自己的嘴巴和牙齿上想办法，食物找到了。一天早上，麂子和獐子去找食物，食物找不到，在自己的角和耳朵上想办法，食物找到了。一天早上，野鸡和箐鸡去找食物，食物找不到，在自己的嘴和爪子上想办法，食物找到了。一天早上，野猫和狐狸去找食物，食物找不到，在自己的爪子上想办法，食物找到了。一天早上，身上长白斑的水獭去寻找食物，食物找不到，在自己的白色斑点上想办法，食物找到了。一天早上，黑嘴的豺狼去寻找食物，食物找不到，在自己的利爪上想办法，食物找到了。一天早上，年轻人去跑马，马跑不到山顶上去，在长尾巴的鞭子上想办法，马跑上了山坡。一天早上，年轻人去犁田，犁田犁不到对面，在犁架和犁铧上想办法，很快犁到了对面。一天早上，年轻人去和仇人争斗 ，斗不赢仇人，在铠甲和刀子上想办法，终于战胜了仇人。一天早上，女子去嫁人，嫁人使夫家不满意，在漂亮的金衣、银衣、松石、墨玉衣上想办法，很快使夫家满意了。

271-C-19-18

dɯ^{33} so^{21} ze^{55} tɕhi^{33} khɯ^{33} ʂər^{21} hɯ^{33}, khɯ^{33} mu^{33} khu^{33} mə^{33} ɕy^{21}, ze^{55} tɕi^{33} lɑ^{21} biə^{21} mə^{33}
一 早年 轻人 狗 牵 去 狗儿 嘴 不 红 年轻人 手 掌 不

ɕy^{21}, khɯ^{33} mu^{21} guə^{21} tɕər^{21} tshɿ^{33}, khɯ^{33} mu^{33} khu^{33} ɕy^{21} se^{21}, ze^{55} tɕi^{33} lɑ^{21} ɕy^{21} se^{21}. |
红 狗儿 项圈 上 办法 狗儿 嘴 红 了 年轻人 手 红 了

dɯ^{33} so^{21}, ze^{55} tɕi^{33} by̩^{33} ly̩^{55} khɯ^{55}, by̩^{33} ly̩^{55} ko^{21} mə^{33} thy̩^{33}, ly̩^{55} khɯ^{33} ȵi^{33} nə^{21} tshɿ^{33}, by̩^{33}
一 早 年轻人 羊 牧 去 羊 牧 高原 不 到 牧 狗 上边 办法 羊

ly̩^{55} ko^{21} thy̩^{33} se^{21}, by̩^{33} lɑ^{33} hɑ^{33} dɯ^{33} se^{21}. | dɯ^{33} so^{21} ze^{55} tɕi^{33} bæ^{33} phy̩^{21} hɯ^{33}, bæ^{33}
牧 高原 到 了 羊 也 食 得 了 一 早 年轻人 蜂 掏 去 蜂

phy̩^{21} bæ^{33} mə^{33} dɯ^{33}, mi^{33} thy̩^{21} tɕər^{21} ȵə^{21} tshɿ^{33}, bæ^{33} phy̩^{21} phy̩^{21} bæ^{33} dɯ^{33} se^{21}. | dɯ^{33}
掏 蜂 不 得 火 把 上 边 办法 蜂 掏 蜂蜜 得 了 一

so^{21} ze^{55} tɕi^{33} ȵi^{33} ku^{55} hɯ^{33}, ȵi^{33} ku^{55} ȵi^{33} mə^{33} ly̩^{55}, ŋy̩^{55} tʂhər^{55} hæ^{21} tʂhər^{55} me^{33} ȵə^{21}
早 年轻人 鱼 网撒 去 鱼 网撒 鱼 不 得 银 块 金 块 的 上

tshɿ^{33}, ȵi^{33} ku^{55} ȵi^{33} mæ^{33} se^{21}. ty̩^{21} uɑ^{21}æ^{33} nɯ^{33} tshɿ^{33}, ɕi^{33} miə^{21} khə^{55} nɯ^{33} tshɿ^{33}, ty̩^{33} mu^{21}
办法 鱼网撒 鱼 得 了 千 堆 粮 由 办法 千 眼 篮 由 办法 千 簸箕

hɑ^{33} nɯ^{33} tshɿ^{33}, ty̩^{33} kə^{21} ʐʅ^{33} nɯ^{33} tshɿ^{33}, kho^{55} me^{33} nɯ^{21} nɯ^{33} tshɿ^{33}, tɕə^{55} me^{33} æ^{33} nɯ^{33}
饭 由 办法 千 坛 酒 由 办法 杀 的 牲畜 由 办法 煮 的 粮 由

tshɿ^{33}, kɯ^{55} le^{33} py^{33} by̩^{21} kho^{33} ʂu^{21} se^{21}, thɑ^{33} pɑ^{21} lɑ^{21} tʂhər^{33} lɑ^{21} ʂu^{21} se^{21}, gæ^{21} phər^{21}
办法 熏 又 祭司 声 纯 了 帮手 手 洗 手 纯 了 刀 白

tər^{21} sər^{55} tər^{21} ʂu^{21} se^{21}. | tshɿ^{33} pɯ^{21} du^{33} tɕər^{21} tɕi^{33}, mɯ^{33} i^{33} du^{33} mə^{33} dʑy^{21}, mɯ^{33} i^{33}
砧板 刮 砧 净 了 办法 事 规矩 上 到 天 是 规范 没 有 天 是

phər^{21} nɯ^{33} du^{33}, mɯ^{33} lɑ^{33} ku^{55} ʂuɑ^{21} hə^{21}. dy^{21} lɑ^{33} du^{33} mə^{33} dʑy^{21} , dy^{21} i^{33} phər^{21} nɯ^{33}
盘神 由 规范 天 也 廓 高 了 地 也 规范 没 有 地 是 盘神 由

du^{33}, dy^{21} dʑy^{33} khuə^{55} gɯ^{21} hə^{21}.｜n̥i^{33} me^{33} n̥i^{55} du^{33} tʂər^{21}, he^{33} me^{33} hɑ^{55} du^{33} tʂər^{21}, khv̩^{55}
规范 地 有 域 辽阔 去 太阳 白天规范 使 月亮 夜 规范 使 长庚星

ɯ^{33} khv̩^{55} du^{33} tʂər^{21}, so^{33} ɯ^{33} so^{21} du^{33} tʂər^{21}.｜dzv̩^{33} i^{33} dʐʅ^{33} ne^{21} mu^{55} nɯ^{33} du^{33}, tshʅ^{21}
夜晚 规范 使 启明星 早晨 规范 使 纠纷 是 酋长 和 耆老 由 规范 鬼

i^{33} py^{21} ne^{21} phɑ^{21} nɯ^{33} du^{33},｜ɕy^{33} i^{33} khɯ^{33} ne^{21} lɯ^{55} nɯ^{33} du^{33}.｜lv̩^{33} i^{33}
是祭司 和 卜师 由 规范 兽 是 狗 和 猎神 由 规范 祭石 是

一天早上，年轻人牵狗去打猎，猎狗没有被兽血染红，年轻人的手掌未被血染红。年轻人在猎狗的项圈上想办法，猎狗嘴被染红了，年轻人手上沾上了鲜血。一天早上，年轻人赶上羊群想上高原牧场，羊儿不肯上山，在牧羊犬上想办法，羊群终于被赶上了高原牧场，羊也吃上了食。一天早上，年轻人去掏蜂窝，蜂窝没掏着，年轻人在火把上想办法，蜂窝掏着了，蜂蜜吃上了。一天早上，年轻人到水里去撒网捕鱼，鱼儿没能捕到，在金块和银块上想办法，拴上网坠子，鱼儿捕到了。人们在千堆的粮食上想办法，在千眼的篮子上想办法，在千张簸箕上的食物中想办法，在千坛醇酒上想办法，在宰杀的牲畜上办法，在锅里煮的粮食上办法。有了办法，祭司诵经的声音更加清脆纯正了，厨师和帮手们的手也用水洗白了，砧板也被白亮的刀儿刮干净了。于是，有了办法，还得有规范。上天没有人来规范，由盘神来规范。天廓高远了。大地无人来规范，由禅神（经书中写作盘，可能是笔误）来规范，地域辽阔了。让太阳去规范白天的日子，月亮去规范晚上的日子，让长庚星去规范黑夜，启明星去规范早晨。让酋长和耆老去规范纠纷，祭司和卜师规范鬼，狗和猎神规范野兽。祭石

271-C-19-19

du^{21} nɯ^{33} du^{33}, sər^{33} i^{33} se^{21}nɯ^{33} du^{33}. uə^{33} i^{33} kv̩^{55} nɯ^{33} du^{33}, dʑy^{21} ʂuɑ^{21} i^{33} be^{33} nɯ^{33} du^{33}.
卢神 由 规范 木 是 沈神 由 规范 寨 是 会者 由 规范 山 高 是 雪 由 规范

lo^{21} ho^{55} dʑi^{21} nɯ^{33} du^{33}.｜mi^{55} tɕi^{33} lv̩^{21} nɯ^{33} du^{33},kuɑ^{21} tɕər^{21} bv̩^{33} nɯ^{33} du^{33}, dʑy^{21} ʂuɑ^{21}
箐 深 水 由 规范 女青年 男青年 由 规范 灶 上 锅 由 规范 山 高

tshɿ^{33} be^{33} phər^{21} nɯ^{33} du^{33}, ʥi^{21} i^{33} ʐu^{21} hɯ^{21} nɑ^{55} nɯ^{33} du^{55}. | nɑ^{21} mo^{33} be^{33} tv̩^{55} tɯ^{33}, æ^{21}

冬 雪 白 由 规范 水 是 夏 雨 大 由 规范 广大 村 庄 里 公鸡

phər^{21}tɕy^{21} kho^{33} tshɿ^{21} nɯ^{33} du^{33}, ȵi^{55} hu^{21} le^{33} du^{33} by^{33}. | nɑ^{33} sɑ^{21} uə^{33} kv̩^{33} bu^{21}, khɯ^{33}

啼 声 细 由 规范 白天 夜 又 分开 广大 寨 上 坡 狗

phər^{21} lv̩^{21} kho^{33} tʂuɑ^{21} nɯ^{33} du^{33}, bər^{33} pv̩^{55} le^{33} du^{33} by^{33}. | lɑ^{33} khɑ^{33} tshɿ^{55} kv̩^{33} bu^{21},

白 吠 声 狂 由 规范 客 邻居 又 分别 白杨 山羊 坡

tshɿ^{55} le^{33} y^{21} du^{33} by^{33}. ho^{55} lo^{33} ʥo^{21} pɑ^{21} khu^{33}, bər^{33} pv̩^{55} le^{33} du^{33} by^{33}. | tshɿ^{33} tshɑ^{21} uæ^{33}

山羊 和绵羊分开 深 的 桥 宽 边 客人 邻居 又 分别 马奶 挤 左

i^{55} sɿ^{33}, uæ^{33} i^{33} gu^{21} zə̩^{21} hər^{21} nɯ^{33} du^{33}, mu^{21} tshɑ^{21} i^{21} i^{55} sɿ^{33}, i^{21} i^{33} mu^{21} tshe^{33} phər^{21}

一 边 左 是 马 草 绿 由 规范 牛 奶挤 右 一 边 右 是 牛 盐 白

nɯ^{33} du^{33}. | gu^{21} i^{33} du^{33} mə^{33} ʥy^{21}, gu^{21} tɕi^{55} ʂɿ^{21} nɯ^{33} du^{33}, hər^{33} phər^{21} le^{33} gv̩^{33} lv̩^{21}. |

由 规范 马 是 规范 没 有 马 驮 黄 由 规范 风 白 又 赐福

le^{55} lɯ^{21} du^{33} mə^{33} ʥy^{21}, bɯ^{21} ʂɿ^{21} dv̩^{33} nɯ^{33} du^{33}, ʂu^{33} phər^{21} tshɿ^{33} nɯ^{33} du^{33}, khɯ^{21} le^{55}

牛 犁 规范 没有 栗 黄 犁架 由 规范 铁 白 犁铧 由 规范 土块

lv̩^{55} dɯ^{21} lv̩^{55} tɕi^{55} du^{33}.

块 大 块 小 规范

由卢神来规范，树木由沈神来规范。村寨由会者来规范，高山由白雪来规范，深箐由流水来规范。女青年由男青年来规范，灶由锅来规范。高山由冬天的白雪来规范，水流由夏季的大雨来规范。在广大的村庄里，由公鸡响亮的啼声来规范，一天分成了白天和黑夜。在村寨上头的山坡上，由狗儿吠声来规范，分清了邻居和客人。在长满白杨树林的山坡上，将羊群中的山羊和绵羊分开。在深箐宽桥旁边，将客人中的邻居和远客分开。在挤马奶的左边，由喂马的绿草来规范，在挤牛奶的右边，由喂牛的盐巴来规范。马匹由黄色的驮子来规范，由白色的顺风来赐福。牛由黄栗做的犁架、白铁铸造的犁铧来规范，犁出大小不等的土块。

271-C-19-20

dʑy^{21} khɯ^{33} du^{33} mə^{33} dʑy^{21}, sər^{33} ʂʅ^{21} dʑər^{21} nɯ^{33} du^{33}。ŋʏ^{33} lʏ^{33} du^{33} mə^{33} dʑy^{21}.tshu^{21} nɑ^{55}
山 脚 规范 没 有 木 黄 树 由 规范 雪山 规范 没 有 墨玉

me^{33} nɯ^{33} du^{33}.｜le^{55} tɕhi^{33} ʂæ^{21} dʐʅ^{21} bu^{21}, ʂæ^{21} khə^{21} du^{33} mə^{33} dʑy^{21}, ʂæ^{21} khə^{21} hæ^{21} nɯ^{33}
的 由 规范 楞启 禅神 住 坡 禅神 前 规范 没 有 禅神 前 金 由

du^{33}. o^{55} pɯ^{55} o^{55} lɯ^{33} bu^{21}，o^{55} i^{33} du^{33} mə^{33} dʑy^{21},o^{55} khɯ^{33} uɑ^{21} nɯ^{33} du^{33}. he^{21} pɯ^{55} he^{21}
规范 沃神出 沃神来 坡 沃神是 规范 没 有 沃 前 松石 由 规范 恒神 出 恒神

lɯ^{33} bu^{21}, he^{21} i^{33} du^{33} mə^{33} dʑy^{21}, he^{21} khɯ^{33} tʂhu^{21} nɯ^{33} du^{33}.｜dɯ^{33} tʂhər^{55}, ɯ^{33} dʐʅ^{33} ə^{21}
来 坡 恒神是 规范 没 有 恒神 前 墨玉 由 规范 一 代 恩孜欧莱景

lər^{55} tɕi^{21}，tshʏ^{55} mɯ^{33} dʑər^{21} hər^{21} kʏ^{33} nɯ^{33} dʐʅ^{21}, no^{21} phər^{21} sʅ^{33} no^{21} gɯ^{21}, no^{21} phər^{21} be^{33}
秋天 树 绿 上 由 住 毛 白 三 毛 落 毛 白 雪

phər^{21} piə^{55}.｜tsi^{21} li^{55} dzər^{33} phər^{21} sʅ^{33}, lo^{33} mɑ^{21} ȵi^{33} phər^{21} sʅ^{33}, ko^{33} phər^{21} be^{33} phər^{21}
白 变 鹡鸰鸟 露 白 引 云雀 霜 白 引 鹤 白 雪 白

sʅ^{33}, fʏ^{33} phər^{21} hər^{33} phər^{21} sʅ^{55}, khə^{55} khə^{55} zɑ^{33} nɑ^{21} khə^{55}, u^{21} khə^{55} zɑ^{33} mə^{33} dɯ^{33}.｜tshʅ^{33}
引 野鸡 白 风 白 引 能干 鞋 黑 得 仆 能干 鞋 不 得 冬天

tʂhʅ^{33} du^{33} me^{33} be^{33} phər^{21} me^{33} nɯ^{33} du^{33}.｜ɯ^{33} dʐʅ^{33} ə^{21} lər^{55} tɕi^{21}, dʑər^{21} hər^{21} kho^{33} nɯ^{33}
所 规范 的 雪 白 的 由 规范 恩孜欧莱景 树 绿 处 由

hɑ^{55}, no^{21} hər^{21} sʅ^{33} no^{21} dʐu^{21}, no^{21} hər^{21} tʂhʅ^{33} sʅ^{33} no^{21}, zə^{21} hər^{21} sʅ^{55} tər^{33} piə^{33}. dʑi^{33} dʑə^{21}
栖 毛 绿 三 毛 掉 毛 绿 这 三 毛 草 绿 三 从 变 人 聚

lɑ^{33} lər^{33} dy^{21}, zə^{21} hər^{21} ȵə^{21} le^{33} du^{33}, zə^{21} hər^{21} kho^{33} zi^{55} zæ^{33} me^{33} thʏ^{33}, zə^{21} hər^{21} dʑər^{21}
辽阔 地 草 绿 春天 又 规范 草 绿 苗 闪亮 的 产生 草 绿 树

hər^{21} thʏ^{33}.｜ȵə^{21} mɯ^{33} ȵə^{21} sʅ^{55} he^{33}, dʑər^{21} hər^{21} sər^{21} lər^{55} lər^{21}, tɕər^{55} pu^{33} lu^{33} dʑe^{21} guə^{33},
绿 产生 春天 春 三 月 树 绿 蝉 鸣 布谷 石 游 觅食

tho^{33} tʂhu^{55} tɕhi^{21} phər^{21} lər^{21}, bi^{33} lo^{21} fʏ^{33} hɯ^{21} tɕy^{21}, tshʏ^{33} dʑə^{21} tshʏ^{33} lər^{21} ne^{21},
松林 间 麂 白 叫 林 里 野鸡 箐鸡 啼 马 跑 马 嘶 在

大山脚下没有东西来规范，由长在山脚下的黄色树木来规范。雪山没有什么来规范，由生长在雪山上的墨玉来规范。在楞启禅神住的山坡上，在禅神面前没有什么可以规范，禅神由黄金来规范。在沃神出世、沃神居住的山坡上，在沃神面前没有什么可以规范，沃神由松石来规范。在恒神出世、恒神居住的山坡上，在恒神面前没有什么东西可以规范，恒神由墨玉来规范。

一代恩孜欧莱景神鸟，栖在秋天的绿树枝上，从树上落下三根白色的绒毛，三根绒毛变成了白雪。鹡鸰鸟引来了白露，云雀引来了白霜，白鹤引来了白雪，野鸡引来了白风，能干的人穿上了黑色的鞋子，再能干的仆人也穿不上鞋。冬天的一切都由白雪来规范。恩孜欧莱景神鸟栖在绿树枝上，抖落了身上的三根绿色羽毛，三根羽毛变成了三棵绿草，在人类聚居的辽阔大地上，生长出了闪亮的绿色新苗。绿苗产生绿草，绿草长成了绿树。在春季的三个月中，蝉儿在绿树枝上鸣唱，布谷鸟在石头中觅食，松林中白鹿在鸣叫，树林里野鸡、箐鸡在啼叫，马儿在草地上撒欢、嘶叫。

271-C-19-21

mu^{21} lɑ^{33} mu^{21} ʥə^{21} mu^{21} lər^{21} ne^{21}. | ȵə^{21} tʂhʅ^{33} du^{33} me^{33} dy^{21} gə^{33} ʐə^{21} hər^{21} tər^{55} nɯ^{33}
牛 也 牛 跑 牛 叫 在 春天 所 规范 是 地 的 草 绿 丛 由

du^{33}. | ɯ^{33} ʥʅ^{33} ə^{21} lər^{55} tɕi^{21}, ʐu^{21} mɯ^{33} ʥər^{21} hər^{21} kv̩^{33} nɯ^{33} ʥʅ^{21}, no^{21} nɑ^{21} sʅ^{33} no^{21} gɯ^{21},
规范 恩孜欧莱景 夏 天 树 绿 上 由 栖 毛 黑 三 毛 落

no^{21} nɑ^{21} hɯ^{21} nɑ^{55} piə^{55}, zo^{33} ɯ^{33} ʥi^{33} khuɑ^{21} mu^{21}, | gu^{21} tshu^{21} tɕi^{55} khuɑ^{21} thy^{55}, ʥy^{33}
毛 黑 雨 大 变 男 好 衣 烂 穿 马 骏 鞍 烂 驮 山

mi^{21} ʒʅ^{55} ʂə^{33} thv̩^{33}, lo^{21} nɑ^{55} pɑ^{55} lo^{33} thv̩^{33}, ʐu^{21} tʂhʅ^{33} du^{33} mc^{33} ʐu^{21} hɯ^{21} nɑ^{55} nɯ^{33} du^{33}. |
体 滑坡 产 箐大 泥石流 产生 夏 所 规范 是 夏 雨 大 由 规范

ɯ^{33} ʥʅ^{33} ə^{21} lər^{55} tɕi^{21}, ʥər^{21} hər^{21} tər^{55} nɯ^{33} ʥʅ^{21}, no^{21} ʂʅ^{21} sʅ^{33} no^{21} gɯ^{21}, no^{21} ʂʅ^{21} bɑ^{21} ʂʅ^{21}
恩孜欧莱景 树 绿 枝 由 栖 毛 黄 三 毛 落 毛 黄 花 黄

piə^{33}, tʂhv̩^{55} mɯ^{33}tʂhv̩^{55} sʅ^{55} he^{33}, ʥy^{21} kv̩^{33} bɑ^{21} ʂʅ^{21} bɑ^{21}, lo^{21} kho^{33} uɑ^{21} bɑ^{21} bɑ^{21}, sər^{33} kv̩^{33}
变 秋 天 秋 三 月 山 上 花 黄 开 箐 里 松石 花 开 树 上

ŋv̩^{21} bɑ^{21} bɑ^{21}, lu^{33} kv̩^{33} hæ^{33} bɑ^{21} bɑ^{21}, dy^{21} lo^{21} bɑ^{21}sy^{21} bɑ^{21}, æ^{21} ʂuɑ^{21}tʂhu^{21} bɑ^{21}bɑ^{21}, ko^{21}
银 花 开 石 上 金 花 开 地 上 花 什么 开 崖 高 墨玉 花 开 高原

kv̩^{33} ŋv̩^{21} bɑ^{21} hæ^{21} bɑ^{21} bɑ^{21}, uɑ^{21} ly^{33} tʂhu^{33} ly^{33} tæ^{55}, be^{33} tshʅ^{21} zʅ^{33} ʥʅ^{21} me^{33} tv̩^{21} le^{33} ɕi^{33}
上 银 花 金 花 开 松石 果 墨玉 果 结 人类 住 的 千 又 百

dy^{21}, gy̩^{33} sy^{21} bɑ^{21} le^{33} bɑ^{21}. | tʂhy̩^{55} mu^{33} tʂhʅ^{33} du^{33} me^{33}, tʂhy̩^{55} bɑ^{21} ʂʅ^{21} nɯ^{33} du^{33}. | tsho^{21}
地方 九 样 花 又 开 秋天 所 规范 是 秋 花 黄 由 规范

ze^{33} lɯ^{55} ɯ^{33}, tshe^{55} hɯ^{21} bu^{33} bə^{21} ,tsho^{21} bər^{33} tsho^{33} zɑ^{21} tshʅ^{21} dɯ^{33} n̡i^{33}, dʑi^{33} dʑə^{21} lɑ^{33}
崇忍利恩 衬恒褒白 人 迁 人 下 来 一 天 人 住 辽阔

lər^{33} dy^{21}, ky̩^{55} dʑi^{21} thy̩^{21}, ʂu^{21} mi^{33} khɯ^{55}, gɑ^{33} khuɑ^{21} tho^{55} le^{33} dʐʅ^{21}. | ɯ^{33} hɯ^{21} sʅ^{21} zʅ^{33}
地 毡 房 搭 纯 火 烧 胜 桩 插 又 住 恩恒 三 兄弟

i^{33}, zo^{33} dɯ^{21} gy̩^{33} dʐʅ^{21} gy̩^{33}, bər^{21} me^{33} lɑ^{21} phər^{21} ho^{21},
有 儿 大 藏族 成 牦牛 大 手 白 赶

牛儿也在奔跑吼叫着。春天里的一切都由大地上的绿草来规范。

恩孜欧莱景神鸟栖在夏天的绿树枝上，落下三根黑色的羽毛，三根羽毛变成一场大雨，男子穿上破烂衣服，马儿备上了破烂的鞍荐。大山中出现山体崩塌，大箐里暴发了山洪，产生出泥石流。夏天的一切由暴雨来规范。

恩孜欧莱景神鸟，栖在绿树枝上，落下三根黄色的羽毛，黄色的毛变成黄色的野花。秋天的三个月里，山上盛开黄色的山花，山谷里盛开了松石花，树上开出了白色银花，石头上开出黄色的金花，大地上开出松石花，高高的山崖上开出墨玉花。高原上盛开金花、银花、结出松石、墨玉果，在人类居住的成百上千个地方，开出了九种不同的花朵，秋天里的一切都由秋天里开出的黄花来规范。

崇忍利恩和衬恒褒白姑娘从天上迁徙下来的时候，在人类居住的辽阔大地上，用牦牛毛毡搭建毡房，烧起纯净的火，插上胜桩，竖起胜石居住在辽阔大地上，他们养育了三个儿子，大儿子是藏族，放牧着前脚白的大牦牛，

271-C-19-22

ko^{21} bɑ^{21} be^{33} le^{33} dʐʅ^{33}, bər^{21} sʅ^{33} ky̩^{55} dʑi^{21} thy̩^{33}， so^{33} bɑ^{21} be^{33} le^{33} dʐʅ^{21}. | gy̩^{33} dʐʅ^{21} phər^{21}
高原 花 似 又 住 牦牛 毛 毡 房 搭 岭 花 地 又 住 藏族 盘神

py^{33} by̩^{21}, bər^{21} me^{33} lɑ^{21} phər^{21} kho^{55}, tsho^{21} bər^{33} du^{33} be^{33} tsʅ^{55}, le^{55} tɕhi^{33} zʅ^{33} bə^{21} tsʅ^{55}.
祭司 牦牛 大 手 白 杀 人 迁 祭 要 说 阴间 路 要 说

bər^{21} ʂʅ^{33} kv̩^{33} lo^{55} lo^{33}, bər^{21} ʂæ^{33} tɕhi^{21} lo^{55} lo^{33}, tsho^{21} bər^{33} du^{33} mə^{33} lo^{21}, le^{33} tɕhi^{33} ʐʅ^{33}
牦牛 肉 层 叠叠 牦牛 血 甜 津津 人 迁 祭 不 成 阴间 路

mə^{33} lo^{21}.｜gv̩^{33} dʐʅ^{21} tshʅ^{33} mə^{33} py^{21}, hər^{33} khɯ^{55} lɑ^{33} lɯ^{21} ʂuɑ^{33} ɕy^{21} be^{33}, mɯ^{33} lɯ^{33}
不 了 藏族 祖 不 祭 祭风 祭风树 高 低 做 竹子

kv̩^{21} khə^{55} dɯ^{21} tɕi^{55} be^{33}, khɯ^{21} ʂʅ^{21} khɯ^{21} hər^{21} be^{33}, bɑ^{21} ʂʅ^{21} bɑ^{21} hər^{21} be^{33},｜ʂər^{33} ɕi^{33}
蛋巢 大 小 做 线 黄 线 绿 做 花 黄 花 绿 做 七 百

khuɑ^{55} ʂuɑ^{33} be^{33}, uɑ^{33} ɕi^{33} khuɑ^{55} phər^{21} be^{33}, ȵə^{55} tshʅ^{21} ȵə^{55} le^{33} py^{21}.｜gv̩^{33} dʐʅ^{21} dʐər^{21}
牌 花 做 五 百 牌 白 做 自己 鬼 自己 又 祭 藏族 树

khɯ^{33} dʐʅ^{21}, dʐər^{21} hər^{21} ly^{33} iə^{21} dzy̩^{33} . ko^{21} kv̩^{33} bər^{21} ly^{55} me^{33}, dʐər^{21} phu^{55} tshe^{55} iə^{21}
旁 住 树 绿 果样 增 高原 上 牦牛 牧 是 树 上 叶 样

dʐʅ^{33}.｜zo^{33} tɕi^{55} le^{33} bv̩^{33} gv̩^{33}, ʐʅ^{33} zɑ^{21} mæ^{33} nɯ^{33} dʐʅ^{21}, khuɑ^{55} dʑi^{33} gæ^{33} dʑi^{33} mu^{21}, ȵə^{55}
长 儿 小 白族 成 路 下 尾 由 住 铠 衣 甲 衣 穿 自己

hɯ^{21} ȵə^{55} dʐæ^{33} ne^{21}, tsho^{21} ze^{33} gv̩^{33} dɯ^{21} tɕi^{55}, tɕi^{55} iə^{55} kho^{33} pɑ^{21} ho^{21},｜le^{33} bv̩^{33}
富 自己 裕 在 大象 身 大 驮 水牛 角 宽 赶 白族

bu^{21} ȵi^{55} ʂʅ^{21} dv̩^{33} kho^{55}, tsho^{21} bər^{33} du^{33} bə^{21} tsʅ^{55}, bu^{21} ʂæ^{33} thɯ^{21},bu^{21} ʂʅ^{33} dʐʅ^{33} me^{33} ho^{21}
猪 肥 黄 膘 杀 人 迁 祭 要 说 猪 血 喝 猪 肉 吃 是 肋

kæ^{55} kæ^{33}, tsho^{21} bər^{33} du^{33} mə^{33} kv̩^{55}, le^{55} tɕhi^{33} ʐʅ^{33} mə^{33} kv̩^{55},｜
滑溜 人 迁 祭 不 会 阴间 路 不 会

就像高原上的鲜花，居住在高原上，搭建牦牛毛毡做的毡房，就像鲜花一样，生活在山岭上。藏族的盘神祭司，要在人类迁徙的路上祭祖，要给阴间的死者指引一条要走的路。藏族把牦牛肉一层叠一层地垒在一起，牦牛的血也甜津津的，就是不能在迁徙路上祭祖，不能给死者指出一条阴间要走的路。他们制作高高低低的祭风树，制作大大小小的竹编蛋巢，制作黄线、绿线、黄花、绿花，制作七百块杂色木牌，五百块的白色木牌，自己祭祀自己的鬼。藏族住在树旁边，他们儿女子孙就像树上的果实一样繁衍，他们把牦牛放牧在高原牧场上，牦牛就像树上的叶子一样增长。

小儿子是白族，白族住在牧羊路的下方，他们披挂着铠甲，大象驮东西，赶着水牛，自己富裕地生活着。白族杀了膘肥肉厚的黄色猪，要祭祀人类迁徙路上的祖先，要给死者指引一条死者要走的路。他们喝着猪血，吃着猪肉，把身体养得胖胖的、滑溜溜的，他们祭祀不了人类迁徙路上的祖先，不能给阴间的死者指出一条要走的路，

271-C-19-23

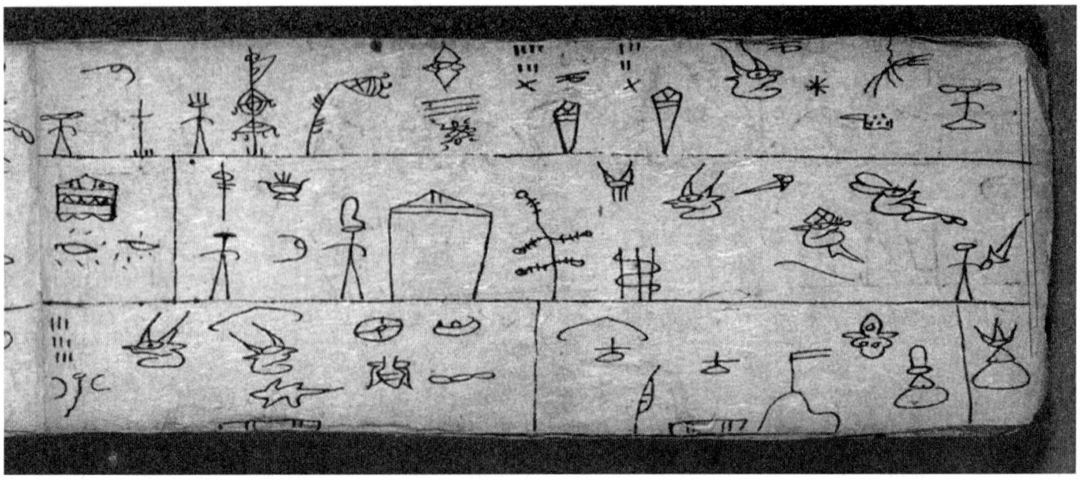

le^{33} by̩^{33} tshɿ^{33} le^{33} py^{21} mə^{33} ky̩^{55}. lɑ^{33} lɯ^{21} ʂuɑ^{33} ɕy^{21} be^{33}, mɯ^{33} lɯ^{33} ky̩^{21} khə^{55} dɯ^{21} tɕi^{55}
白族 祖 又 祭 不 会 祭风 树 高 低 竹子 蛋巢 大 小

be^{33}, khɯ^{21} ʂʅ^{21} khɯ^{21} hər^{21} be^{33}, bɑ^{21} ʂʅ^{21} bɑ^{21} hər^{21} be^{33}, ʂər^{33} ɕi^{33} khuɑ^{55} phər^{21} be^{33},uɑ^{33}
做 线 黄 线 绿 做 花 黄 花 绿 做 七 百 牌 白 做 五

ɕi^{33} khuɑ^{55} ʂuɑ^{33} be^{33}, bər^{33} phər^{33} ty̩^{33} ty̩^{21} nɯ^{33} tshɿ^{33} dʐu^{33} be^{33} le^{33} ʐuɑ^{21}. le^{33} by̩^{21} gæ^{21}
百 牌 花 做 牦牛 白 千 千 由 楚鬼 债 做 又 还 白族 崖

khɯ^{33} ʥɿ^{21}, gæ^{21} phu^{55} tshe^{55} iə^{21} dʐy̩^{33}.｜zo^{33} ly^{55} nɑ^{21}ɕi^{33} gy̩^{33}, ly^{55} gy̩^{33} u^{21} nɯ^{33} ʥɿ^{21}.
旁 住 崖 旁 叶 样 增 儿 次 纳西 成 中间 吾神 由 住

mi^{55} ly^{55} ʥi^{33} mə^{33}dɯ^{33}, zo^{33} ly^{55} ʥi^{21} mə^{33} dɯ^{33}, khuɑ^{21} ky̩^{33} ʥy^{21} ʥər^{21} dɯ^{33}.ɯ^{33} me^{33} nɑ^{21}
女 次 衣 不 得 儿 次 房 不 得 园 上 花椒 树 得 牛 大 黑

ly̩^{55} kho^{55}, tsho^{21} bər^{33} du^{33} bə^{21} tsɿ^{55}, le^{55} tɕhi^{33} ʐʅ^{33} bə^{21} tsɿ^{55}. ɯ^{33} ʂʅ^{3} gy̩^{55} by^{33} be^{33} le^{33} by^{33},
黝 杀 人 迁 祭 要 说 阴间 路 要 说 牛 肉 九 堆 地 又 分

ɯ^{33} gə^{21} ky̩^{33} nɯ^{33} mɯ^{33} le^{33} du^{33}, ɯ^{33} nɯ^{33} dy^{21} le^{33} du^{33}, tʂhər^{55} nɯ^{33} bi^{21} le^{33} du^{33}, sər^{55}
牛 的 头 由 天 又 祭 皮 的 地 又 祭 肺 由 日 又 祭 肝

nɯ^{33} le^{21} le^{33} du^{33}.｜mɯ^{33} lɑ^{33} tʂhʅ^{33} dɯ^{33}mɯ^{33} mə^{33} uɑ^{21} , mɯ^{33} ʂʅ^{55} mɯ^{33} ɯ^{33} dy^{55} le^{33}
由 月 又 祭 天 也 这 一 天 不 是 天 新 天 好 追 又

fæ^{33},dy^{21} lɑ^{33} tʂhʅ^{33} dɯ^{33} dy^{21} mə^{33} uɑ^{21}, dy^{21} ʂʅ^{55} dy^{21} ɯ^{33} du^{33} le^{33} fæ^{33}, bu^{21} ʂuɑ^{21} bu^{21} ɯ^{33}
去 地 也 这 一 地 不 是 地 新 地 好 祭 又 去 坡 高 坡 好

ky̩^{33} i^{33} du^{33} le^{33} fæ^{33}.｜py^{21} ne^{21}
上 是 祭 又 去 祭司 和

白族不会祭祖。制作高高低低的祭风树，制作大大小小的竹编蛋巢，制作黄线、绿线、黄花、绿花，制作七百块白色木牌，五百块杂色木牌，用上千头白牦牛偿还楚鬼索取的债。祭祀做过之后，住在山崖旁的白族，就像山崖边的大树树叶一样繁衍兴盛。

次儿是纳西，纳西人住在大地中央，大地中央是吾神居住的地方。次女没有衣服穿，次儿分不到房子住，分家时只分得园子里边的一棵花椒树。纳西人杀黑黝黝的大牛，要祭祀人类迁徙路上的祖先，要给阴间死者指出要走的路。将牛肉分成九份，用牛头来祭天，用牛皮来祭地，用牛肺祭太阳，牛肝祭月亮。祭的不是这里的这一个天，是去祭一个新的，比这里更好的天，祭的不是这里的这一个地，是祭一个新的，比这里更好的一个地。到高高山坡上去祭新的、更好的天地去。祭司和

271-C-19-24

ne^{55} phɑ^{21} nɯ^{33} tshʅ^{33} ne^{21} iə^{21} le^{33} du^{33}, | tshy^{55} ne^{21} ze^{21},tɕi^{21} ne^{21} hər^{33}, dʏ^{21} ne^{21} tse^{21}, kɯ^{21}
和 卜师 由 楚鬼 和 尤鬼 又 祭 趣鬼 和 壬鬼 云鬼 和 风鬼 毒鬼 和 仄鬼 星鬼

ne^{21} zɑ^{21}, mu^{33} ne^{21} ɯ^{21} , tər^{21} ne^{21} lɑ^{33} dʐu^{33} ʐuɑ^{21}. | gu^{21} tshər^{33} mə^{33} ʥy^{33} gʏ^{33} be^{33} ho^{55},
和 娆鬼 猛鬼 和 恩鬼 呆鬼 和 佬鬼 债 还 疾病 没 有 成 做 愿

i^{33} dɑ^{21} tʂʅ^{33} ʥi^{21} le^{33} gʏ^{33} hʊ^{55}.
主人 这 家 又 好 愿

卜师给楚鬼和尤鬼供上食品和财物，偿还趣鬼和壬鬼、云鬼和风鬼、毒鬼和仄鬼、星鬼和娆鬼、猛鬼和恩鬼、呆鬼和佬鬼索取的债。愿这一户主人的疾病痊愈，又呈现出美好吉祥的征兆。

271-C-19-25

封底

（翻译：和宝林）

408-C-20-01

iə^{33} mɑ^{21} tʂhu^{55} pɑ^{33} be^{33}

为优麻烧天香

408-C-20 为优麻烧天香

【内容提要】

优麻战神是集各种凶猛动物于一身的勇敢战神，它是天上最初的战神夫妇交合的蛋产生的。为了孵抱这个蛋，包括天上的太阳、月亮以及各种凶猛禽兽都抱了三天，所以，他们具有这些东西所有的优点。人们一旦有事，就请战神来帮忙，就得烧天香，供养这些战神。这一本经书虽说为优麻战神烧天香，但所供养的不仅是优麻战神，还包括了盘神、禅神、胜神、吾神、沃神、恒神等以及各个年代里的祭司，五方的大神，五方祭司，五方的署神等，还包括了能赐给人们福泽的村寨神，人类繁衍之神以及传承、传播等的神灵。最后，为了给做祭祀的这一户主人家赐福，还排除了各种的晦物，以及年灾月厄给人带来的灾祸。

【英文提要】

Great Sacrifice to Wind, Burning Incense for *iə ma*

iə ma was a brave warlord embodied with all fierce animals. He was born from an egg that produced by the warlord couple in the heaven. The sun, the moon and all beasts had hatched the egg for three days during its development, which embodied the egg with all the advantages. If anything happened, mankind prayed the warlord to help and burned incense to consecrate him. The book talks about burning incense to warlord ***iə ma***. As to consecrate, however, it also included the god ***phər***, ***sæ***, ***ga***, ***u***, ***o*** and ***he*** the priest in all eras, the god, the priest and ***ʂv*** in five directions. Besides, it included the god of village, who bestowed felicity to mankind, the god of reproducing and the god of inheritance. In the end, in order to bestowed felicity to the family, all filth and disasters were dispelled.

408-C-20-02

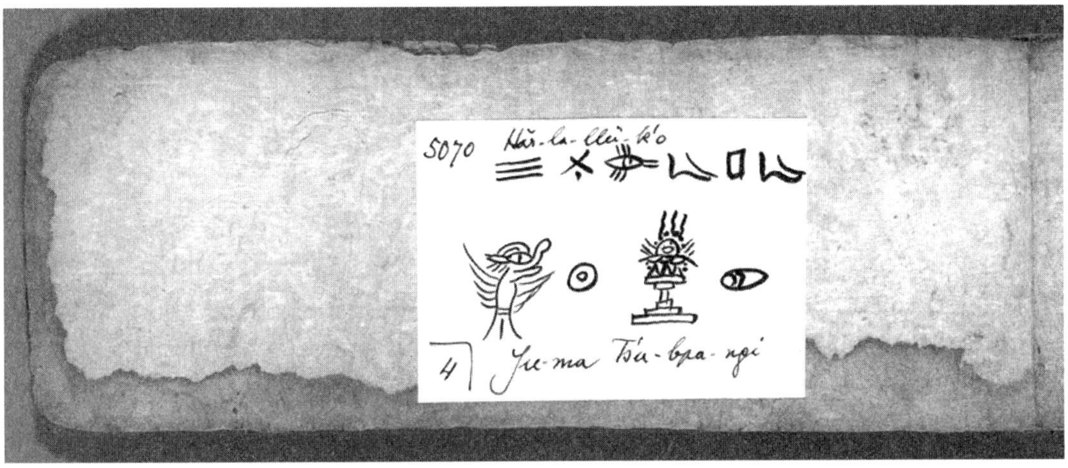

第 1 行：“5070”为洛克藏书的标号，用洛克音标注下此书用于“大祭风仪式”。

第 2 行：东巴文字为《大祭风仪式禳垛鬼》。

第 3 行：东巴文字为书名《为优麻烧天香》。

第 4 行：用洛克音标注下此书书名的纳西语读音。

408-C-20-03

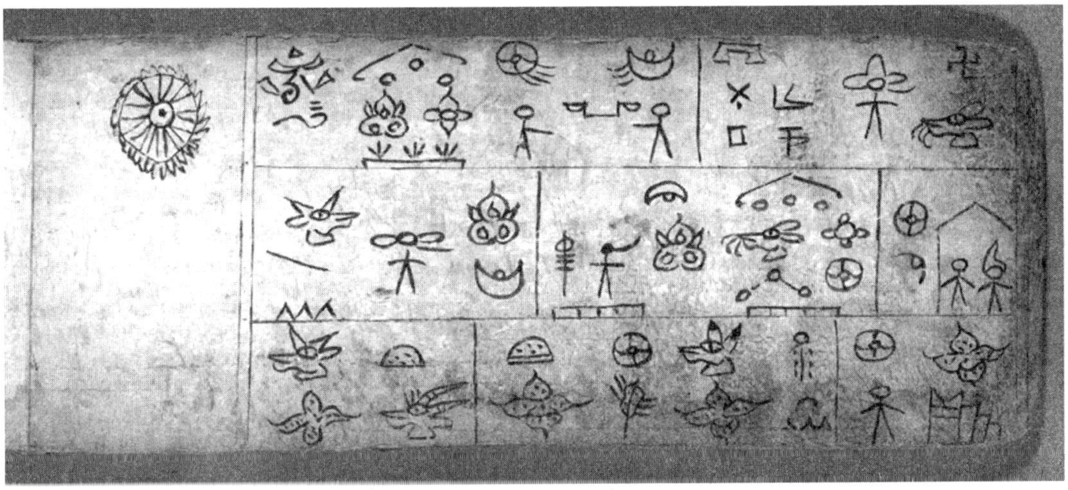

ɑ^{33} lɑ^{33} mə^{33} ʂər^{55} ȵi^{33}, mɯ^{33} lɑ^{22} kɯ^{21} tʂhʅ^{33} ʥʅ^{21}, kɯ^{21} ʥʅ^{21} tʂhʅ^{33} ȵi^{33} ɯ^{33}； dy^{21} lɑ^{33} zə̣^{21}
呵 也 不 说 日 天 也 星 所 长 星 长 这 天 好 地 也 草

tʂhʅ^{33} y^{21}, zə̣^{21} y^{21} tʂhʅ^{33} ȵi^{33} hər^{21}. uæ^{33} nɯ^{33} bi^{21} thy̩^{33} ly̩^{21},bi^{21} thy̩^{33}tʂhʅ^{33} ȵi^{33} ly̩^{21}； i^{21} nɯ^{33}
所 生 草 生 这 天 绿 左 由 日 出 暖 日 出 这 天 暖 右 由

le^{21} tshe^{55} bu^{33}, le^{21} tshe^{55} tʂhʅ^{33} ȵi^{33} bu^{33}. | gə^{21} i^{33} lɑ^{33} sɑ^{21} to^{55} khɯ^{33} phər^{21}, gy̩^{33}ʥʅ^{21} khy̩^{55}
月 光 明 月 光 今天 明 上 是 拉萨 坡 脚 白 藏族 年

tsʅ^{21} ɯ^{33}, khy̩^{55} lɑ^{33} tʂhʅ^{33} khy̩^{55} ɯ^{33}. | mi^{21} i^{33} by̩^{33} ly̩^{55} ʐʅ^{33} zɑ^{21} mæ^{33}, le^{33} by̩^{33} he^{33} tsʅ^{21}
算 善 年 也 这 年 好 下 是 羊 牧 路 下 尾 白族 月 算

ɯ^{33}, he^{33} lɑ^{33} tʂhʅ^{33} he^{33} ɯ^{33}.｜dʑi^{33} dʑə^{21} ly^{55} gy̩^{33} hɑ^{55}, nɑ^{21} ɕi^{33} hɑ^{55} tsʅ^{21} ɯ^{33}, hɑ^{55}
善 月 的 这 月 好 人 好 中间 聚 纳西 天 算 善 天

lɑ^{33} tʂhʅ^{33} hɑ^{55} ɯ^{33}. mɯ^{33} ne^{21}dy^{21} ko^{55} gɯ^{33}, kɯ^{21} ɯ^{33} zy^{21} ɯ^{33} ȵi^{55} ɯ^{33} hɑ^{55} ɯ^{33} tʂhʅ^{33}dɯ^{33}
也 这 天 好 天 和 地 之间 星 好 宿 好 白天 好 夜 好 这 一

ȵi^{33},｜bi^{21} thy̩^{33} mə^{33} tʂhʅ^{33} ȵi^{33}, i^{33} dɑ^{21} tʂhʅ^{33} dɯ^{33} dʑi^{21}, nɯ^{21} dʑy^{21} uɑ^{21} ȵi^{33} ȵi^{33}, uɑ^{21}dʑy^{33}
天 日 出 的 这 天 主人 这 一 家 畜 有 粮 要 粮 有

tʂʅ^{21} ȵi^{33} ȵi^{33}, ɕi^{33} dʑy^{33} huɑ^{21}ȵi^{33} ȵi^{33} bɯ^{33} me^{33},｜zo^{33} dʑy^{33}dʐʅ^{33} ne^{21} uə^{33} ȵi^{33} ȵi^{33} me^{33}.｜
庄稼需要 人 有 华神 要 要 是 儿 有 村 和 寨 需要 是

远古的时候，天上长满了星星，比今天的星星更明亮；大地上长满了清草，今天的草儿格外碧绿。左边出现的太阳暖融融；右边出现的月亮晶莹明亮。上边，拉萨白色山脚下的藏族善于推算年份，今年的年份最好。下边，牧羊路下边的白族善于推算月份，这一个月月份最好。住在中间的纳西族，善于推算日子，今天的日子最好。在天地之间的星好宿好；白天好、夜间也好的日子里，天气晴朗的这一天，这一户主人家，有了牲畜，还需要粮食，有了粮食，还需要庄稼好，有了人，还需要繁衍不断的华神，有了儿女还需要村寨。

408-C-20-04

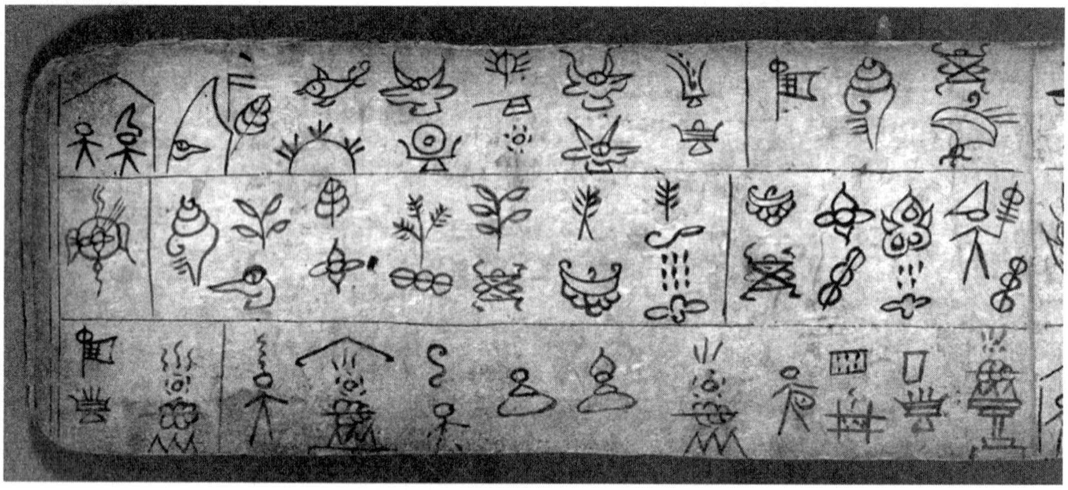

i^{33} dɑ^{21} tʂhʅ^{3} dɯ^{33} dʑi^{21}, æ^{33} ʂuɑ^{21} ɕy^{55}, ko^{21}ʂuɑ^{21} bæ^{33},bər^{33} phər^{21} mɑ^{21}, dʑe^{33} ʂu^{21} by^{21}, bər^{21}
主人 这 一 家 崖 高 柏 高原 蜂蜜 牦牛 白 酥油 麦 纯 面 牦牛

y^{21} ʐʅ^{33} hɑ^{33} nɯ^{33},｜dy̩^{33} phər^{21} gɑ^{33} lɑ^{21} mu^{21} kho^{33} kho^{33}, hæ^{33} ʂʅ^{21} tsæ^{33} lər^{21} kho^{33}, uɑ^{33}
羊 酒 饭 由 海螺 白 胜神 螺号 声 金 黄 板铃 声 松石

hər^{33} dɑ^{33} khə^{21} kho^{33},｜dy̩^{33} phər^{21} huɑ^{33} sər^{33}, uɑ^{21} hər^{21} ɕy^{55}, tshu^{21} nɑ^{55} i^{33} sər^{33}, bə^{33} ʂʅ^{21}
绿 法鼓 声 海螺 白 白桦 树 松石 绿 柏 墨玉 檀香 木 黄栗

sər^{33}, ŋy̩^{21} phər^{21} tho^{33} sər^{33}, sər^{33} uɑ^{33} gy̩^{33} sy^{21},｜ŋy̩^{33} hæ^{33} uɑ^{21} tshu^{21}, no^{21} py^{55} uɑ^{33} sy^{21},
树 银 白 松 木 树 木 九 样 银 金 松石 墨玉 宝石 五 样

dæ^{21} ne^{21} tshu^{21} gə^{33} gɑ^{33} ne^{21} u^{21} gə^{33} tʂhu^{55} pɑ^{33} be^{33}, | zɿ^{33} ʂər^{21} hɑ^{55} i^{33} me^{33} tʂhu^{55} pɑ^{33}
勇敢 和 迅速 的 胜神 和 吾神 的 天香 烧 寿 长 日 久 的 天香

be^{33}, ɕi^{33} tɕər^{21} gv̩^{33} lv̩^{21} kɑ^{33} le^{21} iə^{55} me^{33}, o^{55} ne^{21} he^{21} gə^{33} tʂhu^{55} pɑ^{33} be^{33}, ʥʅ^{33} me^{33}
烧 人 上 赐福 保佑 给 的 沃神 和 恒神 的 天香 烧 吃 的

gɯ^{33}, hɯ^{21} ne^{21} ʥæ^{33} gə^{33} to^{21} ne^{21} u^{21} gə^{33} tʂhu^{55} pɑ^{33} be^{33}.
饱 富 和 裕 的 朵神 和 吾神 的 天香 烧

这一户主人家，从高高的山崖上取来绿柏树枝，从高原上取来蜂蜜，取来牦牛乳做的酥油，取来纯净的麦面，由牦牛、羊、酒、饭，在胜神的白海螺螺号声中，在金黄色的板铃响声中，在绿松石的法鼓声中，用白海螺般的白桦树枝，松石般绿的柏树枝，墨玉般的檀香树枝，金黄色的栗树枝，银白色的松树枝，用九种树枝，用白银、黄金、松石、墨玉、宝石五种宝贝，为勇敢而行动迅速的胜神和吾神烧天香，供养他们。为给健康长寿的人烧天香，供养他们。给人赐福保佑的沃神和恒神烧天香，供养他们。给人吃饱肚子，赐予富裕的朵神和吾神烧天香，供养他们。

408-C-20-05

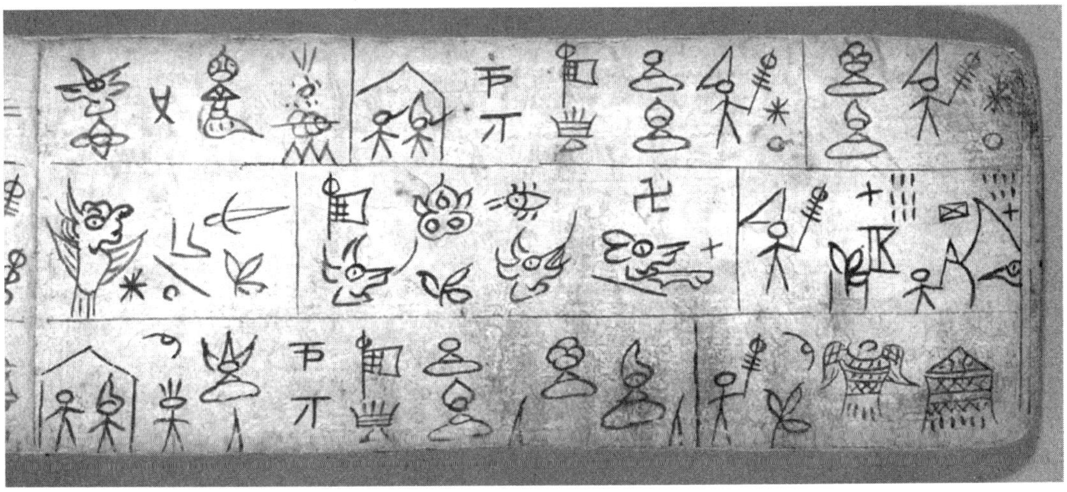

nɯ^{21} ne^{21} uɑ^{21} me^{55} iə^{55} gə^{33} ʂv̩^{21} gə^{33} tʂhu^{55} pɑ^{33} be^{33}. | i^{33} dɑ^{21} tʂhʅ^{33} dɯ^{33} ʥi^{21}, phər^{21}
福 和 泽 要 给 的 署 的 天香 烧 主人 这 一 家 盘神

ne^{21} ʂæ^{21}, gɑ^{33} ne^{21} u^{21}, o^{55} ne^{21} he^{21} gə^{33} dæ^{21} mu^{21} tv̩^{33} tv̩^{21} kɯ^{33} kɯ^{21}, | lu^{21} se^{21}, be^{21}
和 禅神 胜神 和 吾神 沃神 和 恒神 的 勇敢 兵 千 千 万 万 卢神 沈神 本

dæ^{21} tv̩^{33} tv̩^{21} kɯ^{33} kɯ^{21}, | iə^{33} mɑ^{21} tv̩^{33} tv̩^{21} kɯ^{33} kɯ^{21} ʐv̩^{21} sy^{55} zɑ^{21} le^{33} tshʅ^{21}. | gɑ^{33} khɯ^{33}
丹 千 千 万 万 优麻 千 千 万 万 仇 杀 下 又 来 胜 狗

ɯ^{33} me^{33} ʐv̩^{21} dy^{21} khɯ^{55}, lɯ^{55} khɯ^{33} ɯ^{33} me^{33} mi^{21} le^{33} zɑ^{21}, | dæ^{21} me^{33} ʐv̩^{21} uə^{33} gv̩^{33} tshər^{21}
好 的 仇 地 放 猎 狗 好 的 下 又 降临 能干 地 仇 寨 九 十

phv̩^{33},dæ^{21} me^{33} zv̩^{21} æ^{21} ʂər^{33} tshər^{21} tshe^{55}. | i^{33} dɑ^{21} tʂhʅ^{33} dɯ^{33} dʑi^{21}, tshʅ^{33} mə^{33} lɯ^{33} sʅ^{33} nɯ^{33}
攻　能干 地 仇人 崖 七　十　破　主人　这　一　家　鬼　未 来 就 来

py^{21} kɑ^{33} tɕhi^{33}. phər^{21} ne^{21} ʂæ^{21}, gɑ^{33} ne^{21} u^{21}, o^{55} ne^{21} he^{21} kɑ^{33} tɕhi^{33}, lu^{21} ne^{21} se^{21} kɑ^{33}
祭司　求助　盘神　和　禅神 胜神 和吾神 沃神 和 恒神 求助　卢神 和 沈神 求助

tɕhi^{33}. | ʂv̩^{55} mi^{33} zv̩^{21} æ^{21} mə^{33} gv̩^{21} me^{33} khuɑ^{55} ne^{21} gæ^{21} kɑ^{33} tɕhi^{33}.
年轻 人 仇 争 不 赢 是　铠　和 甲 求助

给祈求福泽就赐予福泽的署神烧天香，供养他们。

这一户主人家，盘神、禅神、胜神、吾神、沃神和恒神千千万万勇敢的士兵，卢神和沈神，千千万万的本丹战神，千千万万的优麻战神为了杀仇人降临来。把胜神的狗放到仇人的地方去，把好猎狗放到仇人的地方去，勇敢能干的神兵攻破仇人的九十个村寨，捣毁仇人的七十座山崖。这一户主人家，鬼尚未到家作祟，就先请祭司帮忙，请盘神、禅神、胜神、吾神、沃神、恒神帮忙，请卢神和沈神帮忙。年轻人斗不赢仇人，就请铠和甲来帮忙。

408-C-20-06

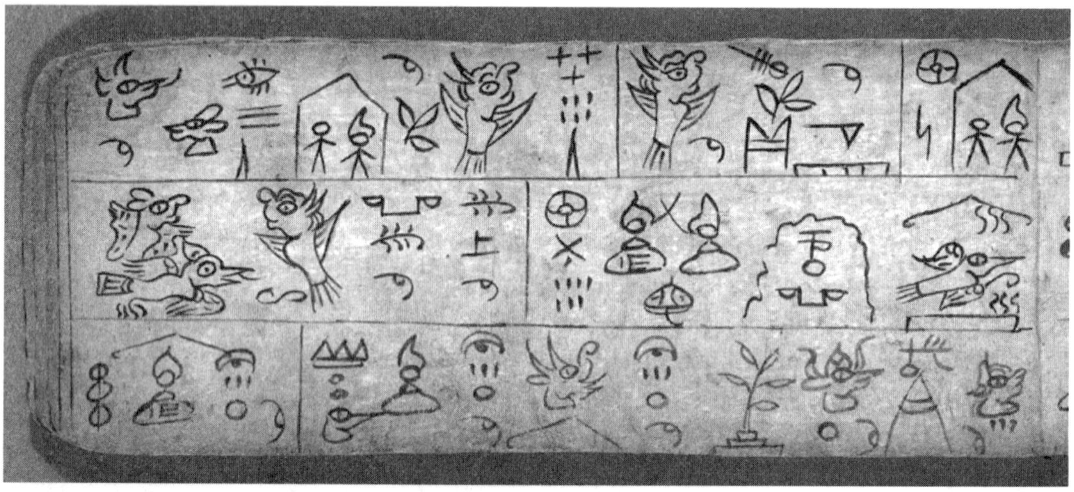

khɯ^{33} mu^{33} ɕy^{33} mə^{33} gv̩^{21} me^{33} hər^{33} ne^{21} lɯ^{55} kɑ^{33} tɕhi^{33}. i^{33} dɑ^{21} zv̩^{21} mə^{33} gv̩^{21} me^{33}
狗儿　兽 不　赢 是　风　和 猎神 求助　主人 仇人 不　敌 是

iə^{33} mɑ^{21} sʅ^{21} ɕi^{33} tʂhuɑ^{55} tshər^{21} le^{33} kɑ^{33} tɕhi^{33}. | iə^{33} mɑ^{21} dæ^{21} me^{33} zv̩^{21} uə^{33} phv̩^{21},
优麻　三 百　六十　又 求助　优麻　勇敢 地　仇　寨 破

zv̩^{21} dy^{21} tshe^{55}. | bi^{21} thv̩^{33} mə^{33} tʂhʅ^{33} ȵi^{33}, i^{33} dɑ^{21} iə^{33} mɑ^{21} nɯ^{33} gv̩^{33} lv̩^{21} kɑ^{33} le^{21}
仇 地　攻　日 出　这　一　天　主人　优麻　由 赐福　保佑

iə^{55} me^{33}, iə^{33} mɑ^{21} thv̩^{33} kv̩^{33} pɯ^{55} kv̩^{33} mə^{33} sʅ^{33} me^{33}, thv̩^{33} kv̩^{33} pɯ^{55} kv̩^{33} ʂə^{55} mə^{33}
给 是　优麻　出　处　不 处 不 知 是　出 处　来　处 说 不

ȵi^{21}. | ə^{33} ȵi^{33} lɑ^{21} ʂər^{55} ȵi^{33}, tɕy^{355} tshu^{21} mɯ^{33} gə^{33} sɑ^{21} lɯ^{55} uə^{33} de^{21}, uə^{33} tʂə^{55} ho^{21} mu^{33}
要　昨天　也　前天　最早　天　的 刹依威德　乌宙合姆

n̥i³³ kv̩⁵⁵ pɯ³³ pɑ³³ be³³. dv̩³³ phər²¹ kv̩⁵⁵ dʑi²¹ bv̩²¹, kv̩³³ phər²¹ dɯ³³ ly³³ thv̩³³. mɯ³³ ne²¹
两 个 交合 做 海螺白 毡 房 下 蛋 白 一 个 产生 天 和

dy²¹ n̥ə⁵⁵ n̥ə³³ me³³ iə³³ mɑ²¹ tʂhʅ³³ dɯ³³ gv̩²¹, | tɕy⁵⁵ tshu²¹ mɯ³³ gə³³ sɑ²¹ lɯ⁵⁵ uə³³ de²¹ sʅ⁵⁵
地 抖动 的 优麻 这 一 个 最早 天 的 刹依威德 三

hɑ³³ bv̩²¹, bv̩²¹ le³³ thv̩³³ mə³³ n̥i²¹. mi²¹ gə³³ uə³³ tʂə⁵⁵ ho²¹ mu³³ sʅ⁵⁵ hɑ³³ bv̩²¹, bv̩²¹ le³³ thv̩³³
天 孵 孵 又 出 不 可 下 的 乌宙合姆 三 天 孵 孵 又 出

mə³³ n̥i²¹. mɯ³³ gə³³ mɯ³³ dzʐər³³ sʅ⁵⁵ hɑ³³ bv̩²¹, bv̩²¹ le³³ thv̩³³ mə³³ n̥i²¹. hæ²¹ i³³ bɑ⁵⁵ dɑ²¹
不 可 天 的 青龙 三 天 孵 孵 又 出 不 可 含依巴达

dʑər²¹ kv̩³³ ɕə³³ tɕhy²¹ sʅ⁵⁵ hɑ³³ bv̩²¹, bv̩²¹ le³³ thv̩³³ mə³³ n̥i²¹. so³³ ʂuɑ²¹ kv̩³³ gə³³ dv̩³³ phər
树 上 大鹏 三 天 孵 孵 又 出 不 可 岭 高 上 的 海螺 白

si³³ gɯ³³ sʅ⁵⁵ hɑ³³ bv̩²¹, bv̩²¹ le³³ thv̩³³ mə³³ n̥i²¹.
狮子 三 天 孵 孵 又 出 不 可

狗儿不敌野兽，求助于风和猎神。主人家不敌仇人，求助于三百六十尊优麻战神，优麻战神勇敢地攻破仇人的村寨，捣毁仇人的地方。好日子这一天，这一户主人得到优麻战神的赐福保佑。但是，若不知道优麻战神的出处和来历。就不要说优麻的事。在过去的日子里，天上最早出现的刹依威德和乌宙合姆相交合，在海螺般洁白的毡房之中，产下了一枚白色的蛋。这个即将产生天和地都将颤动的优麻战神的白蛋，由天上的刹依威德来孵抱，抱了三天蛋未能孵化。由下边的乌宙合姆抱了三天，白蛋未能孵化。由天上的青龙抱了三天，白蛋未能孵化。由含依巴达神树上的大鹏鸟抱了三天，白蛋未能孵化。由山岭上海螺般洁白的狮子抱了三天，白蛋未能孵化。

408-C-20-07

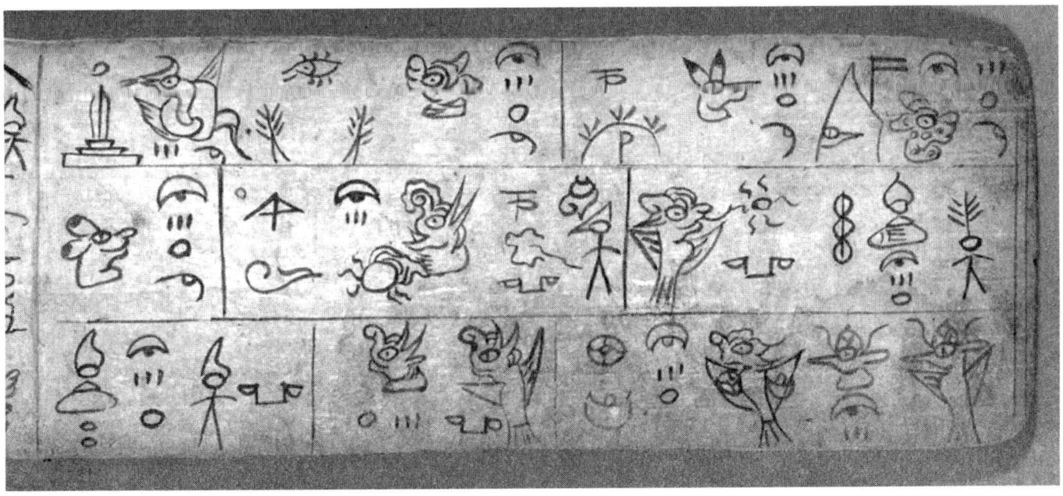

dʑy²¹ nɑ⁵⁵ zo⁵⁵ lo³³ kv̩³³, lv̩²¹ dʑə³³ sʅ⁵⁵ hɑ⁵⁵ bv̩²¹, bv̩²¹ le³³ thv̩³³ mə³³ n̥i²¹. lɯ⁵⁵ tshu²¹ lɯ⁵⁵
居那若罗 上 鲁玖 三 天 孵 孵 又 出 不 可 黑杉林

na^{21} kho^{55}, bə^{33} dɯ^{21} la^{33} ɕy^{21} sɿ^{55} ha^{33} bʏ^{21}, bʏ^{21} le^{33} thʏ^{33} mə^{33} ȵi^{33}.｜ko^{33} ʂua^{21} ko^{21} kʏ^{33}
中 掌 大 虎 红 三 天 孵 孵 又 出 不 可 高 原 原 上

phər^{21}, pha^{21} zo^{33} nʏ^{55} na^{21} so^{33} ha^{55} bʏ^{21}, bʏ^{21} le^{33} thʏ^{33} mə^{33} ȵi^{21}. æ^{21} ʂua^{21} dʐɿ^{33} zi^{33} ba^{21}
白 豺 儿 嘴 黑 三 天 孵 孵 又 出 不 可 崖 高 豹 美 花

phər^{21} sɿ^{33} ha^{55} bʏ^{21}, bʏ^{21} le^{33} thʏ^{33} mə^{33} ȵi^{21}.｜gʏ^{21} na^{55} ko^{33} phər^{21} sɿ^{55} ha^{33} bʏ^{21}, bʏ^{21} le^{33}
白 三 天 孵 孵 又 出 不 可 熊 黑 胸 白 三 天 孵 孵 又

thʏ^{33} mə^{33} ȵi^{21},｜mɯ^{33} lɯ^{55} da^{21} ʥi^{21} hɯ^{55} ko^{33} lo^{21},tshʏ^{55} si^{33} na^{33} pʏ^{21} nɯ^{33} kʏ^{33} kʏ^{55} kʏ^{33}
出 不 可 美利达吉 海 里边 醋西那补 由 蛋 壳 蛋

ʥi^{21} la^{21}nɯ^{33} dʐə^{21}, dʏ^{33} phər^{21} kʏ^{33} ʥi^{21} dæ^{21} me^{33} thʏ^{33},｜bu^{33} dɯ^{21} lu^{55} la^{33} gə^{33} iə^{33} ma^{21}
水 手 由 抓 海螺 白 蛋 水 勇 者 产生 光辉 灿烂 的 优麻

the^{21} nɯ^{33} thʏ^{33}. tɕy^{55} tshu^{21} sa^{21} i^{33} uə^{33} de^{21} sɿ^{55} ha^{33} bʏ^{21}, iə^{33}ma^{21} ə^{33} sɿ^{21} the^{21} nɯ^{33} thʏ^{33}.
这 由 产生 最初 刹依威德 三 天 孵 优麻 父亲 这 由 产生

uə^{33} tʂə^{55} ho^{33} mu^{33} sɿ^{55} ha^{33} bʏ^{21}, iə^{33} ma^{21} ə^{33} me^{33} the^{21} nɯ^{33} thʏ^{33}.｜ua^{33} hər^{21} mɯ^{33}
乌宙合姆 三 天 孵 优麻 母亲 这 由 产生 松石 绿 青龙

dʐər^{33} sɿ^{55} ha^{33} bʏ^{21}, ua^{33} hər^{21} mɯ^{33} dʐər^{33} guə^{55} guə^{21} iə^{33} ma^{21} the^{21} nɯ^{33} thʏ^{33}.｜ȵi^{33} me^{33}
三 天 孵 松石 绿 青龙 似 优麻 这 由 产生 太阳

he^{33} me^{33} sɿ^{55} ha^{33} bʏ^{21}, ȵi^{33} me^{33} he^{33} me^{33} guə^{55} guə^{21}iə^{33} ma^{21} the^{21} nɯ^{33} thʏ^{33}, dʏ^{33} phər^{21}
月亮 三 天 孵 太阳 月亮 似 优麻 这 由 产生 海螺 白

ɕə^{33} tɕhy^{21} sɿ^{55} ha^{33} bʏ^{21}, dʏ^{33} phər^{21} ɕə^{33} tɕhy^{21} guə^{55} guə^{21} iə^{33} ma^{21} the^{21} nɯ^{33} thʏ^{33}.｜
大鹏 三 天 孵 海螺 白 大鹏 似 优麻 这 由 产生

由居那若罗神山上的鲁玖（飞蟒）抱了三天，海螺般洁白的蛋孵化不了。由黑杉林中的巨掌红虎抱了三天，白蛋孵化不了。由高原白色山顶上的黑嘴豺狼抱了三天，白蛋孵化不了。由大山崖上的长白色花斑的豹子抱了三天，还是孵化不了。由白胸脯的黑熊抱了三天，白蛋孵化不了。美利达吉神海中的醋西那补用手爪抓破蛋壳，蛋水中产生出勇敢的战神，光辉灿烂的优麻出世了。最初，白蛋由刹依威德大神孵了三天，刹依威德就是优麻战神的父亲。由乌宙合姆女神孵了三天，女神乌宙合姆就是优麻战神的母亲。由天上的青龙孵了三天，产生了天上青龙似的优麻战神。由太阳和月亮孵了三天，产生了天上太阳和月亮似的优麻战神。由海螺般洁白的大鹏孵了三天，产生了海螺般洁白的大鹏似的优麻战神。

408-C-20-08

dy̩^{33} phər^{21} si^{33} gɯ^{33} sɿ^{55} hɑ^{33} by̩^{21}, dy̩^{33} phər^{21} si^{33} gɯ^{33} guə^{55} guə^{21} iə^{21} mɑ^{21} the^{21} nɯ^{33}
海螺 白 狮子 三 天 孵 海螺 白 狮子 似 优麻 这 由

thy̩^{33}. | uə^{21} gə^{33} ly̩^{21} dʑə^{33} sɿ^{55} hɑ^{33} by̩^{21}, uə^{21} gə^{33}ly̩^{21} dʑə^{33} guə^{55} guə^{21} iə^{33} mɑ^{21} the^{21} nɯ^{33} thy̩^{33}. |
产生 坞格鲁玖 三 天 孵 坞格鲁玖 似的 优麻 这 由 产生

phɑ^{21} khɯ^{33} ny̩^{55} nɑ^{21} sɿ^{55} hɑ^{33} by̩^{21}, phɑ^{21} khɯ^{33} ny̩^{55} nɑ^{21} guə^{55} guə^{21} iə^{33} mɑ^{21} the^{21}
豺狼 嘴 黑 三 天 孵 豺狼 嘴 黑 似的 优麻 这

nɯ^{33} thy̩^{33}. lɯ^{55} tshu^{21} lɯ^{55} nɑ^{21} kho^{55}, bə^{33} dɯ^{21} lɑ^{33} ɕy^{21} sɿ^{55} hɑ^{33} by̩^{21}, bə^{33} dɯ^{21} lɑ^{33}
由 产生 黑杉林 中 掌 大 虎 红 三 天 孵 掌 大 虎

ɕy^{21} guə^{55} guə^{21} iə^{33} mɑ^{21} the^{21} nɯ^{33} thy̩^{33}. | æ^{21} ʂuɑ^{21} ko^{55}, dʐʅ^{33} zi^{33} bɑ^{21} phər^{21} sɿ^{55} hɑ^{33}
红 似的 优麻 这 由 产生 崖 高 处 豹 美 花 白 三 天

by̩^{21},dʐʅ^{33} zi^{33} bɑ^{21} phər^{21} guə^{55} guə^{33} iə^{33} mɑ^{21} the^{21} nɯ^{33} thy̩^{33}. | gy̩^{21} nɑ^{55} ko^{33} phər^{21}
孵 豹 美 花 白 似的 优麻 这 由 产生 熊 黑 胸 白

sɿ^{55} hɑ^{33} by̩^{21}, gy̩^{21} nɑ^{55} ko^{33} phər^{21} guə^{55} guə^{21} iə^{33} mɑ^{21} the^{21} nɯ^{33} thy̩^{33}. | mɯ^{33} lɯ^{55} dɑ^{21}
三 天 孵 熊 黑 胸 白 似的 优麻 这 由 产生 美利达吉

dʑi^{21} hɯ^{55} ko^{33} lo^{21},tʂhy̩^{55} si^{33} nɑ^{21} py̩^{21} tʂə^{21} nɯ^{33} ʐy̩^{21}, tʂhy̩^{55} si^{33} tʂə^{21} dʐʅ^{21} iə^{33} mɑ^{21} ty̩^{33} ty̩^{21}
海 里边 醋西那补 爪 由 抓 醋西 爪 长 优麻 千 千

kɯ^{33} kɯ^{21} the^{21} nɯ^{33} thy̩^{33}. | phər^{21} bə^{33} lɯ^{21} nɯ^{33} dɯ^{33} mi^{21} tsɿ^{55}, gy̩^{33} pɯ^{21} lɯ^{33} uɑ^{21} iə^{33}
万 万 这 由 产生 盘崩仂 由 一 名 起 古崩利瓦 优麻

mɑ^{21} le^{33} mi^{21} be^{33}. | phər^{33} py^{33} by̩^{21} nɯ^{33} dɯ^{33} mi^{21} tsɿ^{55}, tɕi^{55} thɑ^{55} n̥ə^{33} n̥ə^{21} iə^{33} mɑ^{21}
又 名 做 盘 祭司 由 一 名 起 敬套纽牛 优麻

le^{33} mi^{21} be^{33}. | ʂæ^{21} bə^{33} lɯ^{21} nɯ^{33} dɯ^{33} mi^{21} tsɿ^{55}, pɑ^{33} u^{33}
又 名 做 禅崩仂 由 一 名 起 巴乌

由海螺般洁白的狮子孵了三天，产生了似狮子的优麻战神。由坞格鲁玖孵了三天，产生了坞格鲁玖似的优麻战神。由黑嘴的豺狼孵了三天，产生了黑嘴豺狼似的优麻战神。由大森林中的巨掌红虎孵抱了三天，产生了巨掌红虎似的优麻战神。由高高山崖上长着漂亮的白色花斑的豹子孵抱了三天，产生出豹子似的优麻战神。由白胸的黑熊孵抱了三天，产生了黑熊似的优麻战神。由美利达吉神海中的醋西那补爪抓破蛋，而产生出优麻战神，产生了有醋西那补那样爪子的千千万万优麻战神。盘人的崩仂喇嘛起了一个名字，叫做古崩利瓦优麻。盘人祭司给优麻起了个名字，叫做敬套纽牛优麻。禅人的崩仂喇嘛起了一个名字，叫做巴乌

408-C-20-09

iə^{33} mɑ^{21}. | ʂæ^{21} py^{33} bʏ^{21} nɯ^{33} dɯ^{33} mi^{21} tsɿ^{55}, ȵə^{33} ȵə^{21} iə^{33} mɑ^{21} le^{33} mi^{21} be^{33}. | nɑ^{21} py^{33}
优麻 禅 祭司 由 一 名 起 纽牛 优麻 又 名 叫 纳 祭司

bʏ^{21} nɯ^{33} dɯ^{33} mi^{21} tsɿ^{55}, thʏ^{33} tʂhʅ^{33} iə^{33} mɑ^{21} le^{33} mi^{21} be^{33}. iə^{33} mɑ^{21} dɯ^{33} gʏ^{33} nɯ^{33} mi^{21}
由 一 名 起 土蚩 优麻 又 名 叫 优麻 一 个 由 名

uɑ^{33} mi^{21} le^{33} dʑy^{33} me^{33} pɯ^{21} lɯ^{33} ʂu^{33} mu^{21} the^{21} nɯ^{33} thʏ^{33}. | phər^{21} nɑ^{55} lɯ^{33} kæ^{33} tʂu^{55},
五 名 又 有 的 规矩 楷模 这 由 产生 白 黑 地 相接

iə^{33} mɑ^{21} dæ^{21} me^{33} tshɿ^{33} ʂu^{33} phər^{21} me^{33} mi^{33} dzʅ^{33} tʂhʅ^{33} huɑ^{33} huɑ^{21} gə^{33} uə^{33} ko^{33} lo^{21}
优麻 能干 的 犁 铸 白 的 火 烧 熊熊 的 寨 里边

nɯ^{33} dʐɿ^{21}. | bi^{21} thʏ^{33} mə^{55} tʂhʅ^{33} ȵi^{33}, i^{33} dɑ^{21} tʂhʅ^{33} dɯ^{33} dʑi^{21}, he^{21} i^{33} dʑi^{33} bə^{21}
由 住 日 出 的 这 天 主人 这 一 家 神 的 蝙蝠

phər^{21}, dʏ^{33} phər^{21} ɕə^{21} gu^{55} dʑæ^{33}, iə^{33} mɑ^{21} sɿ^{21} ɕi^{33} tʂhuɑ^{55} tshər^{21} le^{33} kɑ^{33} tɕhi^{33}. |
白 海螺 白 大雕 骑 优麻 三 百 六十 又 求助

iə^{21} mɑ^{21} tɕi^{21} tshu^{21} hər^{33} tshu^{21} me^{33}, dæ^{21} mu^{21} tv̩^{33} tv̩^{21} kɯ^{33} kɯ^{21} le^{33} kɑ^{33} tɕhi^{33}, | iə^{33}
优麻 云 快 风 快 的 勇敢 兵 千 千 万 万 又 求助 优麻

mɑ^{21} zv̩^{21} sy^{55} zɑ^{21} le^{33} tshɿ^{21}. | i^{33} dɑ^{21} ɯ^{33} me^{33} tʂhʅ^{33} dɯ^{33} dʑi^{21}, bər^{21} y^{21} zʅ^{33} hɑ^{33} tʂhər^{21}
仇人 杀 降临 又 来 主人 好 的 这 一 家 牦牛 羊 酒 饭 肥肉

nɑ^{55} ɕy^{55} mɑ^{21}nɯ^{33} tʂhu^{55} pɑ^{33} be^{33}. | æ^{33} ʂuɑ^{21}ɕy^{55}, ko^{33} ʂuɑ^{21} bæ^{33}, ko^{21} kv̩^{33} i^{33} kə^{55}, ŋv̩^{21}
瘦肉柏 油 由 天香 烧 崖 高 柏 高原 蜂蜜 高原 香 檀香 银

hæ^{21} uɑ^{33} tʂhu^{21} no^{21} py^{55} uɑ^{33} sy^{21},
金 松石 墨玉 宝石 五 样

优麻。由禅人的祭司起一个名字，就叫做纽牛优麻，由纳人的祭司起了一个名字，就叫做土蚩优麻，一个优麻就有五个名字的规矩和楷模就是这样产生的。勇敢的优麻战神就居住在黑白交接的地方，住在铸造白铁犁尖，燃烧着熊熊大火的寨子里。

好日子这一天，这一户主人家，请神的白蝙蝠，骑着海螺般洁白的大雕，去请三百六十尊优麻战神。优麻战神带领着千千万万的像云和风一般行动迅速的勇敢神兵降临来，优麻战神为杀仇人而降临来。这一户主人家用牦牛、羊、酒、饭、肥肉、瘦肉、柏枝、酥油烧天香，供养优麻战神。用高高山崖上的柏枝，高原上的蜂蜜，高原上的檀香木，用银、金、松石、墨玉、宝石五种宝贝，

408-C-20-10

dv̩^{33} phər^{21} mu^{21} kho^{33} kho^{33}, hæ^{33} ʂɿ^{21} tsər^{33} lər^{21} kho^{33} nɯ^{33} tʂhu^{55} pɑ^{33} be^{33}, phər^{21} ne^{21}ʂæ^{21},
海螺 白 螺号 声 金 黄 板铃 声 由 供养 做 盘神 和 禅神

gɑ^{33} ne^{21} u^{21}, o^{55} ne^{21} he^{21}, to^{33} kə^{21} iə^{33} mɑ^{21} sɿ^{21} ɕi^{33} tʂhuɑ^{55} tsər^{21} tʂhu^{55} pɑ^{33} be^{33} me^{33}. |
胜神和吾神 沃神 和 恒神 端格 优麻 三 百 六十 天香 烧 是

tʂhu^{55} pɑ^{33} mə^{33} ly^{21} bɯ^{33} me^{33}, | dʑɿ^{33} khu^{33} khɑ^{33}, thɯ^{21} le^{33} mə^{33} n̥i^{21} kv̩^{55}. | ŋv̩^{33} lv̩^{33}
天香 不 瞧 要 是 吃 口 苦 喝 又 不 可 会 雪山

tho^{33} dʐʅ^{21} bu^{21}, tho^{33} phər^{21} mə^{33} y^{21} nɯ^{33}, mu^{21} tshe^{55} pɑ^{21} sʅ^{33} y^{21} , mu^{21} tshe^{55} pɑ^{21} nɯ^{33}
松 长 坡 松 白 不 生 就 杜鹃 叶 宽 先 生 杜鹃 叶 宽 由

ly^{21}. ʥi^{33} ʥə^{21} lɑ^{33} lər^{33} dy^{21}, ʐə^{21} mə^{33} hər^{21} nɯ^{33} pɯ^{31} sʅ^{33} hər^{21}, pɯ^{33} ʂu^{21} pɯ^{33} nɯ^{33}
瞧 人 住 辽阔 地 草 不 绿 就 蒿 先 绿 蒿 纯 蒿 由

ly^{21}.｜gə^{21} i^{33} phər^{21} dʐʅ^{21}、ʂæ^{21} dʐʅ^{21} ky̩^{33} mə^{33} ʂu^{21} me^{33} ly^{21}, gɑ^{33} dʐʅ^{21} u^{21} dʐʅ^{21} ky̩^{33}, o^{55}
瞧 上 是 盘神 住 禅神 住 处 不 纯 的 瞧 胜神 住 吾神 住 处 沃神

dʐʅ^{21}、he^{21} dʐʅ^{21} ky̩^{33} mə^{33} ʂu^{21} me^{33} ly^{21}.｜tʂʅ^{21} mə^{33} ʂu^{21} me^{33} ly^{21}, nɯ^{21} mə^{33} ʂu^{21} me^{33} ly^{21},
住 恒神 住 处 不 纯 的 瞧 禽 不 纯 的 瞧 畜 不 纯 的 瞧

ɯ^{33} ɕy^{21} mɑ^{21} mə^{33} ʂu^{21} me^{33} ly^{21}, ʥe^{33} ɕy^{21} by^{21} mə^{33} ʂu^{21} me^{33} ly^{21}, ŋy̩^{21} phər^{21} mə^{33} ȵə^{55}
牛 红 油 不 纯 的 瞧 麦 红 面 不 纯 的 瞧 银 白 不 污

ly^{21}, hæ^{33} ʂʅ^{21} mə^{33} ȵə^{55} ly^{21}.｜by̩^{33} dʐʅ^{33} lɑ^{21} ʂə^{55} ko^{21} gə^{33} pɯ^{33}, by̩^{33} nɯ^{33} mə^{33} thy̩^{55} pɯ^{33}
瞧 金 黄 不 污 瞧 羊 住 拉寿 高原 的 蒿 羊 由 不 踩 蒿

nɯ^{33} ly^{21}, uæ^{33} gə^{33} ʂo^{33} ʂuɑ^{21} ʥi^{21}, æ^{21} khɯ^{21} mə^{33} tʂhər^{33} gə^{33} ʥi^{21} ʂu^{21} ʥi^{21} nɯ^{33} ly^{21},ly^{21}
由 瞧 左 的 岭 高 水 鸡 脚 不 洗 的 水 纯 水 由 瞧 瞧

le^{33} ʂu^{21} ʂu^{21} se^{21}.｜tsi^{21} li^{55} phər^{21} sʅ^{33} thy̩^{33}, phər^{21} lo^{21} kho^{33} nɯ^{33} zɑ^{21}, phər^{21} me^{33} dɯ^{33}
又 纯 净 了 鹡鸰鸟 白 先 生 白 箐 里 由 下 白 的 一

ȵi^{33} dɯ^{33} ty̩^{21} do^{21}, dɯ^{33} hɑ^{55} dɯ^{33} kɯ^{21} dɑ^{21}, pər^{55} lər^{33} dɯ^{33} tiə^{33} nɑ^{21}, phər^{21} pɯ^{21} be^{33}
日 一 千 见 一 夜 一 万 见 胸脯 一 点 黑 白 规矩 做

mə^{33} lo^{21}.
不 了

用洁白的海螺螺号声，用金黄色板铃的响声，供养盘神、禅神、胜神、吾神、沃神、恒神，供养三百六十尊端格优麻战神。

若不去瞧瞧供品是否纯净，吃的会苦涩，喝的喝不成。在雪山脚下的松坡上，白色的松树尚未生长，首先长出叶片宽大的杜鹃树，用叶片宽大的杜鹃木除秽。在人们居住的辽阔大地上，草还不绿时，蒿草就先绿，用纯净的蒿草来除秽。从上边盘神、禅神、胜神、吾神、沃神、恒神的住处除秽，把他们住的地方不干净的东西除去。然后去除供神用的禽、畜、红牛酥油、麦面中的秽，除黄金、白银上的秽物，不让不干净的东西污染了这些东西。用牧羊的拉寿高原上，羊儿未曾践踏过的纯净的蒿草来除秽，用山岭上流来的鸡儿未曾洗过脚的纯净的水来除秽。除过秽的供品干干净净了。

在白色的山箐中，白色的鹡鸰鸟先出现，它想成为白色的楷模，白色的规范。一天他从白色山箐中走下来，一天见到了一千种白色的东西，一天一夜见到了一万种白色的东西，可惜他的胸上有一点黑，成不了白色的楷模，成不了白色的规范。

408-C-20-11

tʂhu^{55} pɑ^{33} mə^{33} kɑ^{33} le^{21}. | le^{33} kæ^{21} nɑ^{21} sʅ^{33} thy̩^{33}, nɑ^{21} lo^{21} kho^{33} nɯ^{33} tshʅ^{21}, nɑ^{21} me^{33}
天香 不 赐福 乌鸦 黑 先 出 黑 谷 里 由 来 黑 的

dɯ^{33} ȵi^{33} dɯ^{33} ty̩^{21} do^{21}, dɯ^{33} hɑ^{55} dɯ^{33} kɯ^{21} do^{21}, dy̩^{33} tshi^{33} dɯ^{33} tiə^{55} phər^{21}, nɑ^{21} pɯ^{21} be^{33}
一 天 一 千 见 一 夜 一 万 见 翅 尖 一 点 白 黑 规范 做

mə^{33} kɑ^{33}, tʂhu^{55} pɑ^{33} mə^{33} gy̩^{33} ly̩^{21}. | i^{33} dɑ^{21} tʂhʅ^{33} dɯ^{33} dʑi^{21},gə^{21} i^{33} tɕi^{33} phər^{21} gy̩^{33} ty^{55}
不 成 天香 不 赐福 主人 这 一 家 上 是 云 白 九 层

ko^{55} nɯ^{33} mu^{21} dɯ^{55} dɯ^{33}, mu^{21} i^{33} dʑi^{33} dʐə^{21} lɑ^{33} lɑ^{33} dy^{21} dʑi^{33} khuɑ^{33} ky̩^{33} nɯ^{33} gə^{21} dɯ^{55}
间 由 下 一带 下 是 人 住 辽阔 地 水 泉 上 由 上 一

dɯ^{33}, gy̩^{33} ȵi^{33} gy̩^{33} ly̩^{21}, ʂər^{33} ȵi^{33} kɑ^{33} le^{21} tʂhu^{55} pɑ^{33} be^{33}. | ə^{33} so^{33} dʑi^{33} mə^{33} thy̩^{33}, | dɯ^{33}
带 九 天 赐福 七 天 保佑 天香 烧 最初 人 未 出 一

tɕhər^{55}, dʑy^{21} nɑ^{55} zo^{55} lo^{33} ky̩^{33}, tɕy^{55} ʂuɑ^{21} mɯ^{33} tɕy^{55} ʂuɑ^{21}, mɯ^{33} ʂuɑ^{21} phər^{21} nɯ^{33} thy̩^{33},
代 居那若罗 上 最 高 天 最 高 天 是 盘神 由 开

kɯ^{21} dʐʅ^{21} mɯ^{33} ʂər^{55} hə^{21}. mɯ^{33} i^{33} mɯ^{33} zʅ^{33} gy̩^{55} zʅ^{33} zo^{33} nɯ^{33} thy̩^{33}. dy^{21} khu^{33} dy^{21} mi^{55}
星 长 天 满 去 天 是 天 上 九 兄弟 由 开 地 辟 地 女

gy̩^{33} me^{33} he^{21} nɯ^{33} khu^{33}. i^{33} dɑ^{21} tʂhʅ^{33} dʑi^{21} gə^{21} nɯ^{21} ne^{21} uɑ^{21}, dæ^{21} ne^{21} tʂhu^{21}, gɑ^{33} ne^{21}
九 姐妹 由 辟 主人 这 家 的 福 和 泽 勇敢 和 迅速 胜利 和

zi^{33} thɯ^{33} nɯ^{33} be^{33},thɯ^{33} gə^{33} tʂhu^{55} pɑ^{33} be^{33}, iə^{33} mɑ^{21} ty̩^{33} ty̩^{21} kɯ^{33} kɯ^{21} tʂhu^{55} pɑ^{33}
美丽 他 由 做 他 的 天香 做 优麻 千 千 万 万 天香

be^{33}. | dʑy^{21} nɑ^{55} zo^{21} lo^{33} khɯ^{33}, dy^{21} i^{33} ʂæ^{21} nɯ^{33} khu^{33}, dy^{21} khu^{33} khuə^{55} gɯ^{21} hə^{21},
做 居那若罗 下 地 是 禅神 由 辟 地 辟 域 阔 了

ze^{21} dʐʅ^{21} dy^{21} ʂər^{55} hə^{2}. ʂæ^{33} zo^{33} gʏ^{33} kʏ^{55} dy^{21} mi^{55} gʏ^{33} kʏ^{33} nɯ^{33} dy^{21} le^{33} khu^{33}, i^{33} dɑ^{21}
草 长 地 满 去 禅神 儿 九 个 地 女 九 个 由 地 又 辟 主人

tʂhʅ^{33} dɯ^{33} dʑi^{21}, nɯ^{21} ne^{21} uɑ^{21},
这 一 家 福 和 泽

它不会烧天香，不能赐福于人。黑色的乌鸦来自黑色的山谷中，一天看见一千种黑的东西，一天一夜看见一万种黑的东西，它要成为黑色的规范，成为黑色的楷模，但不幸的是翅尖上有白色，不能成为黑色的规范和楷模，它不会烧天香，它也不能赐福于人。

这一户主人家，从九层的白云以下，从辽阔大地上的水泉边以上的地方，烧天香，供养神灵，愿得到神灵九天的赐福，七天的保佑。最初，人还未出现在居那若罗神山上，先出现了最高的天，天由盘神和开天的九兄弟来开，天上布满了星星，地由辟地九姐妹来辟，这一户主人家的福泽，家人的勇敢行动迅速，胜利和美丽全靠他们来赐予，给他们烧天香，供养他们。也给千千万万的优麻战神烧天香，供养他们。大地由禅神辟，由禅神的九个儿子和地上的九个姐妹来辟，所辟的地域宽阔。这一户主人家所有的福泽，

408-C-20-12

hɯ^{21} ne^{21} dʐæ^{33}, dæ^{21} nɯ^{21} tʂhu^{21} , gɑ^{33} ne^{21} zi^{33} me^{33} thɯ^{33} nɯ^{33} be^{33}, thɯ^{33} gə^{33} tʂhu^{55} pɑ^{33}
富 和 裕 勇敢 和 迅速 胜 和 美 是 他 由 做 他 的 天烧

be^{33}, tʏ^{33} tʏ^{21} kɯ^{33} kɯ^{21} iə^{33} mɑ^{21} tʂhu^{55} pɑ^{33} be^{33}. | tɕy^{55} khʏ^{33} mɯ^{33} ʂuɑ^{21} kho^{33}, dʐʅ^{33}
做 千 千 万 万 优麻 天香 烧 最早 天 高 处

lɑ^{21} ə^{33} phʏ^{33} mɯ^{33} thʏ^{33} se^{21}, tɕər^{21} phər^{21} gʏ^{33} ty^{55} tɕər^{21}, kɯ^{21} phər^{21} mɯ^{33} ʂuɑ^{21} hə^{21},
孜劳阿普 天 出 了 云 白 九 层 上 星 白 天 高 去

dʑi^{33} y^{21} mɯ^{33} kʏ^{55} bʏ^{21}, uæ^{33} nɯ^{33} bi^{21} thʏ^{33} lʏ^{21}, i^{21} nɯ^{33} le^{21} tshe^{55} bu^{33}. i^{33} dɑ^{21} tʂhʅ^{33}
人 生 天 穹 下 左 由 日 出 暖 右 由 月 光 明 主人 这

ʥi^{21} gə^{33} nɯ^{21} ne^{21} uɑ^{21}, hɯ^{21} ne^{21} ʥæ^{33}, gɑ^{33} ne^{21} zi^{33} me^{33} thɯ^{33} nɯ^{33} be^{33}, thɯ^{33} tʂhu^{55}
家 的 福 和 泽 富 和 裕 胜 和 美 是 他 由 做 他 天香

pɑ^{33} be^{33}, mɯ^{33} gə^{33} ty̩^{33} ty̩^{21} kɯ^{33} kɯ^{21} iə^{33} mɑ^{21} tʂhu^{55} pɑ^{33} be^{33}. | dy^{21} dɯ^{21} bə^{33} tshɿ^{21}
烧 天 的 千 千 万 万 优麻 天香 烧 地 大 犁 尖

nɑ^{21}, tshe^{55} hɯ^{21} ə^{33} ʥɿ^{33} dɑ^{33}, tʂʅ^{33} no^{21} kho^{33} nɯ^{33} hæ^{33} ʂʅ^{21} i^{33} me^{33} dɑ^{33}, nɯ^{21} ly̩^{55}
黑 衬恒阿孜 地 土 厚 处 由 金 黄 有 的 地 畜 牧

nɯ^{21} dzy̩^{33} tshu^{21} me^{21} dɑ^{33}, tʂʅ^{33} by̩^{21} ŋy̩^{21} ne^{21} hæ^{21} tɕər^{21} i^{55} me^{33} dɑ^{33}, sɿ^{55} khuɑ^{33} gɯ^{33}
畜 增 快 的 地 土 下 银 和 金 上 躺 的 地 三 肩 清爽

gɯ^{21} dɑ^{33}, n̥i^{33} bi^{21} ʥi^{21} nɯ^{33} lu^{33} ʂər^{55} ʂər^{33} me^{33} dɑ^{33}. i^{33} dɑ^{21} tʂhʅ^{33} ʥi^{21} nɯ^{21} ne^{21} uɑ^{21},
地 两 襟 水 和 石 满满 的 地 主人 这 家 福 和 泽

hɯ^{21} ne^{21} ʥæ^{33}, gɑ^{33} ne^{21} zi^{33} me^{33} dɑ^{33} nɯ^{33} be^{33}, dɑ^{33} gə^{33} tʂhu^{55} pɑ^{33} be^{33}, iə^{33} mɑ^{21} ty̩^{33}
富 和 裕 胜 和 美 要 地 由 赐 地 的 天香 烧 优麻 千

ty̩^{21} kɯ^{33} kɯ^{21} tʂhu^{55} pɑ^{33} be^{33}. | dɯ^{33} tʂhər^{55} uæ^{33} gə^{33} kho^{33} dy̩^{21} bər^{21} ʥɿ^{33} ʥi^{33} mɯ^{33}
千 万 万 天香 烧 一 代 左 的 柯督般孜景神 天

nɯ^{33} ʥɿ^{21}, |
由 住

富裕，家人的勇敢、行动迅速，常胜和美丽由禅神所赐，为禅神烧天香，供养他们。供养千千万万的优麻战神。

在天上的最高处，住着孜劳阿普，在九层白云之上孜劳阿普让天上布满了星星，在人类生存的天穹之下，左边出现的太阳暖融融，右边出现的月亮亮晶晶。这一户主人家所拥有的福泽、富裕、家人的勇敢、行动迅速、常胜和美丽都是他赐予的，烧天香供养孜劳阿普，供养天上千千万万的优麻战神。

由犁头翻出黑土层的是大地，地的主人是衬恒阿孜，土层厚处有黄金，大地上放牧牲畜，使牲畜繁衍增殖，土层之下躺着白银和黄金，大地的三肩清爽吉利，两襟布满水和石头。这一户主人家所有的福泽、富裕，家人的勇敢，迅速常胜和美丽全靠衬恒阿孜，给衬恒阿孜烧天香，供养千千万万的优麻战神。

左边住着柯督般孜景神，

408-C-20-13

ly̩^{21} ʐua^{33} mæ^{33} phər^{21} ʥæ^{33}.｜i^{21} gə^{33} la^{33} lər^{33} dy^{21} ʥʅ^{33} bɯ^{33}, tʂhy̩^{33} hɯ^{21} gu^{21} phər^{21}
龙 马 尾 白 骑 右 的 拉朗敦孜崩神 马 白

ʥæ^{33}, lɯ^{33} ȵə^{55} ȵə^{21} be^{33} za^{21} le^{33} tshɿ^{21}. i^{33} da^{21} tʂhʅ^{33} ʥi^{21} gə^{33} nɯ^{21} ne^{21} ua^{21}, hɯ^{21} ne^{21}
骑 地 抖动 地 下 又 来 主人 这 家 的 福 和 泽 富 和

ʥæ^{33}, dæ^{21} ne^{21} tʂhu^{21} ȵi^{33} me^{33}, kho^{33} dy̩^{21} bər^{21} ʥʅ^{33} ʥi^{33}, la^{33} lər^{33} dy^{21} ʥʅ^{33} bɯ^{33} gə^{33}
裕 勇敢 和 迅速 要 是 柯督般孜景神 拉朗敦孜崩神 的

tʂhu^{55} pa^{33} be^{33}, to^{33} kə^{21} iə^{33} ma^{21} tʂhu^{55} pa^{233} be^{33}.｜mɯ^{33} ly^{55} gy̩^{33} gə^{33} du^{21} sɿ^{33} thy̩^{33}, le^{55}
天香 烧 端格 优麻 天香 烧 天 中央 的 董 先 出 勒周

ʥə^{21} ɯ^{33} me^{33} du^{21} ə^{33} sɿ^{21}, by̩^{33} le^{21} ɯ^{33} me^{33} du^{21} ə^{33} me^{33}, du^{21} zo^{33} gy̩^{33} ky̩^{55} ɕi^{21} me^{33}
好 的 董 父亲 补勒 好 的 董 母亲 董 儿 九 个 养 是

gy̩^{33} mɯ^{33} thy̩^{33}, gy̩^{33} uə^{33} tshɿ^{55}, du^{21} mi^{55} ʂər^{33} ky̩^{55} ɕi^{21} me^{33} ʂər^{33} dy^{21} khu^{33}. du^{21} zo^{33} ɕi^{21}
九 天 开 九 寨 建 董 女 七 个 养 是 七 地 辟 董 儿养

me^{33} æ^{33} phy̩^{55} æ^{33} ʥʅ^{33}, gu^{21} ʥæ^{33} gu^{21} lu^{21} ne^{21}. du^{21} mi^{33} ɕi^{21} me^{33}, ŋy̩^{21} ʥi^{33} hæ^{21} ʥi^{33}
是 粮 撒 粮 吃 马 骑 马 跑 在 董 女 养 是 银 衣 金 衣

ua^{21} ʥi^{33} tʂhu^{21} ʥi^{33} mu^{21}.tʂhu^{21} za^{33} na^{21} me^{33} kɯ^{55}.｜i^{33} da^{21} tʂhʅ^{33} ʥi^{21}, nɯ^{21} ne^{21} ua^{21}
松石 衣 墨玉 衣 穿 墨玉 靴子黑 的 穿 主人 这 家 福 和 泽

hɯ^{21} ne^{21} ʥæ^{33}, ga^{33} ne^{21} zi^{33} ȵi^{33} me^{33}, mɯ^{33} lɯ^{55} du^{21} ʥʅ^{33} nɯ^{33} be^{33}, mɯ^{33} lɯ^{55} du^{21} ʥʅ^{33}
富 和 裕 胜 和 美 要 是 美利董主 由 做 美利董主

tʂhu^{55} pa^{33} be^{33}, iə^{33} ma^{21} ty̩^{33} ty̩^{21} kɯ^{33} kɯ^{21} tʂhu^{55} pa^{33} be^{33}.｜thɯ^{33} gu^{21} to^{21} ne^{21} u^{21} sɿ^{33}
天香 烧 优麻 千 千 万 万 天香 烧 这 后 铎神 和 吾神 先

thy̩^{33}, mɯ^{33} be^{33} kɯ^{33} hər^{21} kho^{33} nɯ^{33} thy̩^{33} me^{33} to^{21} ne^{21} u^{21}, dy^{21} be^{33} ɕi^{33} le^{55} me^{33}
产生 天 的 星 绿 处 由 出 的 铎神 和 吾神 地 的 欣勒美

nɯ^{33} thy̩^{33} me^{33} to^{21} ne^{21} u^{21}, ə^{33} ty^{21} ə^{55} uɑ^{33} dʑy^{21} nɯ^{33} thy̩^{33} me^{33} to^{21} ne^{21} u^{21},
由 产生 的 铎神 和 吾神 阿敦阿瓦 山 由 产生 的 铎神 和 吾神

他骑一匹白尾巴的龙马；由右边出现的拉朗敦孜崩神，他骑一匹白马；他们的降临让大地抖动。主人这一家的福泽、富裕，家人要的勇敢、迅速要靠柯督般孜景神和拉朗敦孜崩神来赐予，烧天香供养他们。也给端格优麻战神烧天香。从天地中央出现了美利董主，董是人类的勒周父亲，也是人类的补勒母亲。董养育了九个儿子，开辟出九个天，建造了九个村寨，撒播庄稼，收获粮食，饲养牲畜在骑马跑马。董养育了七个女儿，开辟出七块地，她们穿着金衣、银衣、松石、墨玉衣，脚上穿着墨玉般黝黑的靴子。这一户主人家若要有福泽，要拥有富裕的生活，拥有勇敢迅速，常胜和美丽就给董烧天香，供养董，也给千千万万的优麻战神烧天香，供养他们。

这以后便产生了铎神和吾神，从长满星星的蓝天上产生的铎神和吾神，大地欣勒美处产生的铎神和吾神，从阿敦阿瓦山上产生的铎神和吾神，

408-C-20-14

mɑ^{55} mi^{33} pɑ^{33} lɑ^{33} dʑy^{21} nɯ^{33} thy̩^{33} me^{33} to^{21} ne^{21} u^{21}, ʂuɑ^{21} me^{33} gɑ^{33} dʐʅ^{21} bu^{21} nɯ^{33} thy̩^{33}
冒米巴拉 山 由 出 的 铎神 和 吾神 高 的 胜 住 坡 由 出

me^{33} to^{21} ne^{21} u^{21}, ɕy^{21} me^{33} gɑ^{33} ɕy^{55} kho^{21} nɯ^{33} thy̩^{33} me^{33} to^{21} ne^{21} u^{21} . | dʑy^{21} nɑ^{55} zo^{55}
的 铎神 和 吾神 低 的 胜 站 处 由 出 的 铎神 和 吾神 居那若罗

lo^{33} ky̩^{33}, dʑy^{21} nɑ^{55} zo^{55} lo^{33} thɯ^{55}, dʑy^{21} nɑ^{55} zo^{55} lo^{33} khɯ^{33} nɯ^{33} thy̩^{33} me^{33} to^{21} ne^{21} u^{21}.
顶 居那若罗 腰 居那若罗 脚 由 出 的 铎神 和 吾神

i^{33} dɑ^{21} tʂhʅ^{33} dɯ^{33} dʑi^{21}, nɯ^{21} ne^{21} uɑ^{21}, hɯ^{21} ne^{21} dʑæ^{33}, dæ^{21} ne^{21} tʂhu^{21} ȵi^{33} me^{33}, to^{21} ne^{21}
主人 这 一 家 福 和 泽 富 和 裕 勇敢 和 迅速 要 是 铎神 和

u^{21} gə^{33} tʂhu^{55} pɑ^{33} be^{33}, to^{33} kə^{21} iə^{33} mɑ^{21} tv̩^{33} tv̩^{21} kɯ^{33} kɯ^{21} tʂhu^{55} pɑ^{33} be^{33}. | thɯ^{33} gu^{21}
吾神的 天香 烧 端格 优麻 千 千 万 万 天香 烧 这 后

gɑ^{33} thv̩^{33} tshɿ^{21} , mɯ^{33} gə^{33} sɑ^{21} lɯ^{55} uə^{33} de^{21} lɑ^{21} nɯ^{33} zɿ^{33} me^{33} gɑ^{33}, i^{33} gv̩^{21} o^{33} kə^{21}
胜神 出 来 天 的 刹依威德 手 由 握 的 胜神 依古阿格

lɑ^{21} nɯ^{33} zɿ^{33} me^{33} gɑ^{33}, i^{33} gv̩^{21} ti^{33} nɑ^{55} sy^{55} me^{33} gɑ^{33}. | tho^{33} kə^{55} gv̩^{55} zɿ^{33} thv̩^{33}, tho^{21}
手 由 握 的 胜神 依古丁纳 杀 的 胜神 妥构 九 兄弟 出 妥麻

mɑ^{21} gv̩^{55} zɿ^{33} sy^{55} me^{33} gɑ^{33}. | he^{21} dɯ^{33} uɑ^{33} phər^{21} nɯ^{33} zɿ^{33}, tshɿ^{21} dɯ^{21} uɑ^{33} nɑ^{21} sy^{55}
九 兄弟 杀 的 胜神 恒迪窝盘 由 握 此迪窝纳 杀

me^{33} gɑ^{33}. to^{33} bɑ^{33} ʂər^{55} lər^{33} lɑ^{21} nɯ^{33} zɿ^{33}, dv̩^{21} lɯ^{55} tɕhɑ^{55} pɑ^{33} lɑ^{33} lɯ^{55} sy^{55} me^{33} gɑ^{33}. |
的 胜神 东巴什罗 手 由 握 毒利巧巴拉利 杀 的 胜神

mɯ^{33} lɯ^{55} du^{21} dʑɿ^{33} lɑ^{21} nɯ^{33} zɿ^{33}, mɯ^{33} lɯ^{55} ʂv̩^{21} dʑɿ^{33} mɯ^{21} le^{33} sy^{55}. tsho^{21} zɿ^{33} lɯ^{55} ɯ^{33}
美利董主 手 由 握 美利术主 下 又 杀 崇忍利恩

lɑ^{21} nɯ^{33} zɿ^{33}, kho^{33} tv̩^{21} bər^{21} dʑɿ^{33} dʑi^{33}, lɑ^{33} lər^{33} dy^{21} dʑɿ^{33} bɯ^{33} le^{33} zər^{21} me^{33} gɑ^{33}. | kɑ^{33}
手 由 握 柯督般孜景 拉朗敦孜崩 又 压 的 胜神 高勒趣

le^{21} tshy^{55} gə^{33} lɑ^{21} nɯ^{33} zɿ^{33}, dv̩^{21} phər^{21} lo^{33} ȵə^{55} mɯ^{21} le^{33} sy^{55} me^{33} gɑ^{33}.
的 手 由 握 毒盘罗纽 下 又 杀 的 胜神

从冒米巴拉山上产生的铎神和吾神，从低处胜神站立的地方出现的铎神和吾神，从神山居那若罗山顶上、山腰间、山脚下出现的铎神和吾神。这一户主人家若要拥有福泽，拥有富裕，拥有勇敢、迅速就要给铎神和吾神烧天香，供养他们。也给千千万万的端格优麻战神烧天香。从这以后，便产生了胜神。掌握在天上刹依威德手上的胜神，掌握在依古阿格手上的胜神，依古阿格杀掉了依古丁纳。由妥构九兄弟杀掉妥麻九兄弟的胜神；由恒迪窝盘杀死此迪窝纳的胜神；掌握在东巴什罗手中，杀掉毒利巧巴拉利的胜神；掌握在美利董主手中，杀掉美利术主的胜神；掌握在崇忍利恩手中，把柯督般孜景神、拉朗敦孜崩神压了下去的胜神；由高勒趣掌握在手中，把毒盘罗纽杀掉的胜神。

408-C-20-15

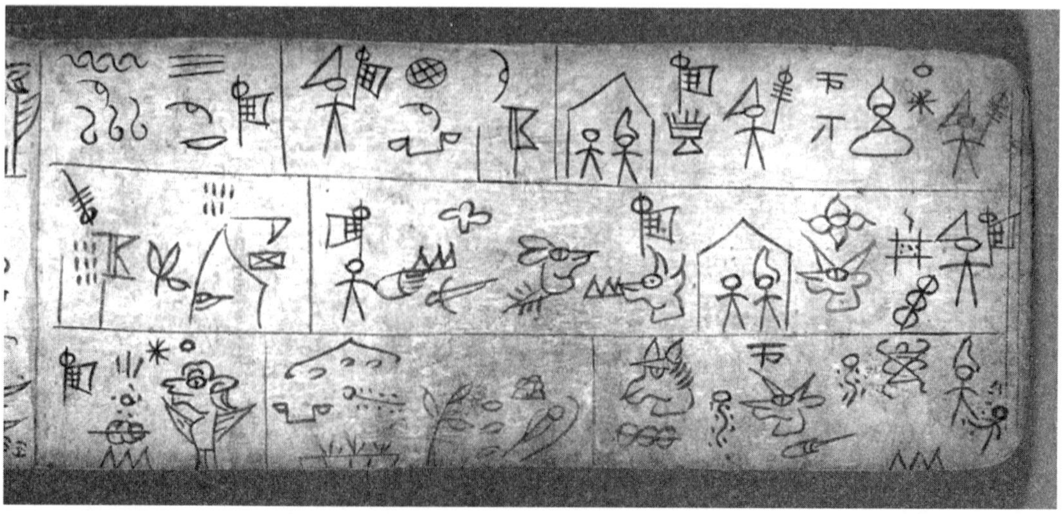

tɕi^{21} dzv̩^{33} hɯ^{21} dɯ^{33} gɯ^{33} mə^{33} tʂər^{21}, hər^{33} thv̩^{33} tshe^{55} phv̩^{55} lɯ^{33} mə^{33} tʂər^{21} me^{33} gɑ^{33}.
云 增 雨 暴 下 不 使 风 吹 叶 落 来 不 使 的 胜利

dæ^{21} me^{33} gɑ^{33} mu^{21} mə^{33} thv̩^{33} me^{33}, ʐv̩^{21} uə^{33} the^{21} mə^{33} phv̩^{21}. | i^{33} dɑ^{21} tʂhʅ^{33} dɯ^{33} dʑi^{21},
勇敢 的 胜 兵 不 到 是 仇 寨 那 不 破 主人 这 一 家

gɑ^{33} mu^{21} u^{21} mu^{21}, phər^{21} mu^{21} ʂæ^{21} mu^{21}, o^{55} mu^{21} he^{21} mu^{21} tv̩^{33} tv̩^{21} kɯ^{33} kɯ^{21} khv̩^{21}, gv̩^{33}
胜神 兵 吾神 兵 盘神 兵 禅神 兵 沃神 兵 恒神 兵 千 千 万 万 请 九

tshər^{21} ʐv̩^{21} uə^{33} phv̩^{21}, ʂər^{33} tshər^{21} æ^{21} uə^{33} tshe^{55}. | gɑ^{33} lɑ^{21} ʐv̩^{21} sy^{55} lɑ^{21} biə^{21} ɕy^{21}, gɑ^{33}
十 仇 寨 破 七 十 崖 寨 毁 胜神 仇人 杀 手 掌 红 胜神

khɯ^{33} ɕy^{33} mæ^{33} khu^{33} ɕy^{21} me^{33}. i^{33} dɑ^{21} nɯ^{21} ne^{21} uɑ^{21}, hɯ^{21} ne^{21} dʑæ^{33}, dæ^{21} ne^{21} tʂhu^{21}
狗 兽 得 口 红 是 主人 福 和 泽 富 和 裕 勇敢 和 迅速

ȵi^{33} me^{33}, gɑ^{33} gə^{33} tʂhu^{55} pɑ^{33} be^{33}, iə^{33} mɑ^{21} tv̩^{33} tv̩^{21} kɯ^{33} kɯ^{21} tʂhu^{21} pɑ^{33} be^{33}. | thɯ^{33}
要 是 胜神 的 天香 烧 优麻 千 千 万 万 天香 烧 这

gu^{21} huɑ^{21}sʅ^{33} thv̩^{33}, mɯ^{33} i^{33} kɯ^{21} huɑ^{21} dɯ^{21}, dy^{21} i^{33} ʐə^{21} huɑ^{21}dɯ^{21}, dʑər^{21} i^{33} tshe^{55} huɑ^{21}
后 华神 先 出 天 是 星 华神 大 地 是 草 华神 大 树 是 叶 华神

dɯ^{21}, dʑi^{21} i^{33} dər^{21} huɑ^{21} dɯ^{21}, | gu^{21} tʂhu^{21} huɑ^{21} nɯ^{33} tʂu^{55}, bv̩^{33} phər^{21} huɑ^{21} nɯ^{33}
大 水 是 泡沫 华神 大 马 快 华神 由 接 羊 白 华神 由

tʂhu^{55}, mi^{55} hæ^{21} tsho^{21} dzv̩^{33} huɑ^{33} nɯ^{33} be^{33}.
接 女 娶 人 增 华神 由 做

不让黑云滚动而暴雨降临，不让狂风起而吹落树叶的胜神。若胜神的士兵未到，敌人的村寨就不能攻破。这一户主人家求助于千千万万的胜神、吾神、盘神、禅神、沃神、恒神的兵，攻破仇人的九十个村寨，捣毁敌人的七十座山崖。胜神杀仇人把手杀红了，胜神的狗吃猎物把嘴唇染红了。这一户主人家的福泽、富裕、勇敢、迅速都得靠胜神来赐予，给胜神烧天香，供养他们。烧天香供养千千万万的优麻战神。

胜神之后就是华神（司人类繁衍的神）。天上繁星中有华神，大地茂盛的青草中有华神，树上的叶片中有华神，流水的泡沫中有华神，快马要靠华神繁衍，白色的羊群要靠华神发展，娶来媳妇要靠华神添丁加口。

408-C-20-16

ʥi^{33} ʥə^{21} la^{33} lər^{33} dy^{21}, mɯ^{33} bʏ^{21} hua^{21} nɯ^{33} ʥɿ^{21}, hua^{21} sɿ^{21} nɯ^{21} mə^{33} ʥy^{33}, dy^{21} tɕər^{21}
人 住 辽阔 地 天 下 华神 由 住 华神 似 福 没 有 地 上

hua^{21} nɯ^{33} ʥɿ^{21}, hua^{55} sɿ^{21} ua^{21} mə^{33} ʥy^{33}. | hua^{21} kə^{55} gʏ^{33} kə^{55}, hua^{21} lu^{33} gʏ^{55} lʏ^{33}, hua^{21}
华神 由 住 华神 似 泽 不 有 华神 枝 九 枝 华神 石 九 颗 华神

ʥi^{21} gʏ^{33} thʏ^{21}, hua^{21} ma^{21} gʏ^{33} lʏ^{55}, hua^{21} ha^{33} gʏ^{33} khua^{55} tʂhə^{21} le^{33} thʏ^{33}. i^{33} da^{21} tʂhʅ^{33}
水 九 桶 华神 油 九 饼 华神 饭 九 碗 这里 又 到 主人 这

dɯ^{33} ʥi^{21}, nɯ^{21} ne^{21} ua^{21}, hɯ^{21} ne^{21} ʥæ^{33}, dæ^{21} ne^{21} tʂhu^{21} ȵi^{33} me^{33}, hua^{21} gə^{33} tʂhu^{55} pa^{33}
一 家 福 和 泽 富 和 裕 勇敢 和 迅速 要 是 华神 的 天香

be^{33},iə^{33} ma^{21} tʏ^{33} tʏ^{21} kɯ^{33} kɯ^{21} tʂhu^{55} pa^{33} be^{33}. | hua^{21} thʏ^{33} tʂʏ^{55} thʏ^{33} tshɿ^{21}. mɯ^{33} be^{33}
烧 优麻 千 千 万 万 天香 烧 华神 出 注神 出 来 天 上

kɯ^{33} hər^{21} kho^{33} gə^{33} tʂʏ^{55}, dy^{21} dɯ^{21} bə^{33} tshɿ^{33} na^{21} gə^{33} tʂhʏ^{55}, dy^{21} ʥɿ^{21} uə^{33} ȵə^{21} tʂʏ^{55},
星 绿 处 的 注神 地 大 犁 尖 黑 的 注神 地 住 寨 上 注神

uə^{33} ʥɿ^{21} so^{33} ȵə^{21} tʂʏ^{55}, sɿ^{21} kho^{33} tho^{21} nɯ^{33} zo^{33} ȵə^{21} tʂʏ^{55}, me^{33} kho^{33} tho^{21} nɯ^{33} mi^{55} ȵə^{21}
寨 住 岭 上 注神 父 背 后 由 儿 上 注神 母 背后 由 女 上

tʂʏ^{55}, gʏ^{21} nɯ^{33}ʥe^{33} ȵə^{21} tʂʏ^{55}, | nɯ^{21} ne^{21} ua^{21} pɯ^{55} me^{33}, ua^{21} nɯ^{33} ʥe^{33} ȵə^{21} tʂʏ^{55}, ʥi^{33}
注神 舅 由 甥 上 注神 畜 和 粮 出 是 粮食 由 粮食 上 注神 人

nɯ^{33} hua^{21} ȵə^{21} tʂʏ^{55}. sɿ^{33} bʏ^{33} bər^{21} y^{21} mɯ^{33} ȵə^{21} tʂʏ^{55}, bə^{33} tshɿ^{33} na^{21} nɯ^{33} dy^{21} ȵə^{21} tʂʏ^{55}
由 华神 上 传 斯补 牦牛 羊 天 上 传 犁 尖 黑 由 地 上 注神

i^{33} da^{21} tʂhʅ^{33} dɯ^{33} ʥi^{21}, nɯ^{21} ne^{21} ua^{21}, hɯ^{221} ne^{21} ʥæ^{33}, dæ^{21} ne^{21} tʂhu^{21} ȵi^{33} me^{33}, tʂʏ^{55}
主人 这 一 家 福 和 泽 富 和 裕 勇敢 和 迅速 要 是 注神

gə^{33} tʂhu^{55} pɑ^{33} be^{33}. iə^{33} mɑ^{21} ty̩^{33} ty̩^{21} kɯ^{33} kɯ^{21} tʂhu^{55} pɑ^{33} be^{33}. | tʂy̩^{55} gu^{21} dʐʅ^{33} thy̩^{33}
的 天香 烧 优麻 千 千 万 万 天香 烧 注神 后 村寨 出

tshʅ^{21}, dʑy^{21} nɑ^{33} zo^{55} lo^{33} ky̩^{33}, dʑy^{21} nɑ^{55} zo^{55} lo^{33} thɯ^{55}, dʑy^{21} nɑ^{55} zo^{55} lo^{33} khɯ^{33}, mɯ^{33}
来 居那若罗 顶 居那若罗 腰 居那若罗 脚 天

ʂua^{21} kɯ^{33} æ^{21} by̩^{21} nɯ^{33} thy̩^{33} me^{33} dʐʅ^{33}, me^{21} se^{33} thɑ^{55} phər^{21} uə^{33} nɯ^{33} thy̩^{33} me^{33} dʐʅ^{33}.
高 星 崖 下 由 出 的 村寨 枚生套盘坞 由 出 的 村寨

在人们居住的辽阔大地上，华神就住在天穹之下，天下没有什么比华神更有福分。华神就住在大地上，大地上没有什么东西比华神更有泽荫。这一户主人家拥有九根华神树枝、九颗华神石、九桶华神水、九碗华神饭、九饼华神的酥油。这一户主人家所有的福泽、富裕、勇敢、迅速都是华神赐予的，给华神烧天香，供养华神，也给千千万万的优麻战神烧天香。

华神之后就是注神（传承、传播之神）。从蓝天群星之中出现的注神，从黑色犁尖翻耕土地中产出的注神。人们住在大地上，一直影响到村寨的注神，住在村寨中影响传到山岭上的注神，父亲的背后由儿子传承，母亲的背后由女儿传承，舅父的背后由外甥传承的注神，增加的牲畜传在粮食上，繁衍的人儿传到华神上的注神，牦牛似的祖先事传到天上，黑色的铁犁传到田地中的注神。这一户主人家的福泽、富裕、勇敢和迅速全靠注神，给注神烧天香，供养他们，也为千千万万的优麻战神烧天香。

注神之后便是村寨神，从居那若罗神山顶上、山腰上、神山山脚出现的村寨神。从枚氏族居住的枚生套盘坞产生出来村寨神。

408-C-20-17

ho^{21} pɯ^{55} lu^{33} nɑ^{21} uə^{33} nɯ^{33} thy̩^{33} me^{33} dʐʅ^{33}, sʅ^{55} pɯ^{55} ly̩^{33} le^{21} uə^{33} nɯ^{33} thy̩^{33} me^{33} dʐʅ^{33},
禾 出 石 黑 寨 由 产生 的 寨神 束 出 鲁勒 寨 由 产生 的 寨神

lɯ^{33} ʂuɑ^{21} iə^{21} gɑ^{55} lɑ^{33} nɯ^{33} thy̩^{33} me^{33} dʐʅ^{33}. | ŋy̩^{33} ly̩^{33} phər^{21}, ŋy̩^{33} ly̩^{33} nɑ^{21}, bə^{33} ʂʅ^{21} ə^{55}
地 高 尤 高拉 由 产生 的 寨神 雪山 白 雪山 黑 白沙

nɑ^{21} kho^{55} nɯ^{33} thy^{33} me^{33} ʥʅ^{33} ne^{21} uə^{33}, dər^{33} ɯ^{33} ly^{55} tshæ^{55} nɯ^{33} thy^{33} me^{33} ʥʅ^{33} ne^{21}
阿纳柯 由 产生 的 寨神 和 村神 地 好 中村 由 产生 的 寨神 和

uə^{33}. uə^{33} ko^{21} gɑ^{33} zo^{33} ʂu^{21} mi^{33} khɯ^{55}, gɑ^{33} khuɑ^{21} tho^{55}, gɑ^{33} lu^{33} ʥʅ^{21} le^{33} ʥʅ^{21} me^{33}
村神 寨 里 胜 儿 纯 火 烧 胜 桩 插 胜 石 竖 又 住 的

ʥʅ^{33} ne^{21} uə^{33}, uə^{33} ky^{33} gɑ^{33} le^{33} zʅ^{33}, uə^{33} khɯ^{33} le^{33} gu^{21} ɕi^{21} me^{33} ʥʅ^{33}, mɯ^{33} thy^{33} dy^{21}
村 和 寨 寨 头 胜神 由 住 寨 旁 牛 马 养 的 寨 天 开 地

khu^{33} be^{33} le^{33} tshʅ^{21} me^{33} ʥʅ^{21}, | ʥʅ^{33} mə^{33} ʂʅ^{33} me^{33} ʥʅ^{33} mə^{33} phi^{55}, uə^{33} mə^{33} ʂʅ^{33} me^{33}
辟 做 又 来 的 寨 寨神 不 死 是 寨 不 失 村神 不 死 是

uə^{33} mə^{33} phi^{55}, zo^{33} nɯ^{33} ʥʅ^{21} me^{33} ʥʅ^{33} le^{33} ʂər^{55}, uə^{33} ky^{33} ɕi^{33} y^{21} nɯ^{21} me^{33} dy^{21} ʂər^{55}
村 不 失 儿 由 住 是 寨 又 满 寨 中 人 生 在 是 地 满

gy^{33}, uɑ^{21} ȵi^{33} ʥʅ^{33} ne^{21} uə^{33} ɕy^{55} sʅ^{33}. | ʥʅ^{33} ne^{21} uə^{33} ɕy^{55} sʅ^{33} me^{33}, mə^{33} ko^{55} mə^{33} gu^{33}
成 泽 要 寨 和 村 祭祀 村 和 寨 祭 祀 是 不 凋 不 离

gy^{33}. | i^{33} dɑ^{21} tʂʅ^{33} dɯ^{33} ʥi^{21}, nɯ^{21} ne^{21} uɑ^{21}, hɯ^{21} ne^{21} ʥæ^{33}, dæ^{21} ne^{21} tʂhu^{21}, gɑ^{33}
成 主人 这 一 家 福 和 泽 富 和 裕 勇敢 和 迅速 胜

ne^{21} zi^{33} ȵi^{33} me^{33}, ʥʅ^{33} ne^{21} uə^{33} tʂhu^{55} pɑ^{33} be^{33}.iə^{33} mɑ^{21} ty^{33} ty^{21} kɯ^{33} kɯ^{21} tʂhu^{55} pɑ^{33}
和 美 要 是 村 和 寨 天香 烧 优麻 千 千 万 万 天香

be^{33}. | thɯ^{33} gu^{21} hər^{33} thy^{33} tshʅ^{21}, he^{21} gə^{33} hər^{33} phər^{21} hər^{33},
烧 这 后 风 出 来 神 的 风 白 风

由禾氏族居住的黑石寨产生出来的村寨神，由束氏族居住地鲁勒寨产生出来的村寨神，由尤氏族居住的高地尤高拉产生出来的村寨神，由白色雪山、黑色雪山脚下产生出来的村寨神,由白沙的阿纳柯产生出来的村寨神，由好地方中村产生出来的村寨神。村寨中居住的胜神儿女，他们烧起纯净的火，插上胜桩，竖起胜石，他们的寨头上居住着胜利神，寨旁饲养着牛和马，是这一户主人开天辟地建造起来的村寨。只要村寨神不死，人们就不会失去村寨，愿生育的儿女住满整个村寨，愿住在村寨这一户主人家繁荣昌盛，寨中之人住遍大地。只要祭祀村寨神，村寨就不会衰败，和村寨也不会分离，这一户主人家有福有泽，生活富裕，家人勇敢迅速，常胜和漂亮全靠寨神保佑，给村寨神烧天香供养他们，也为千千万万的优麻战神烧天香。

村寨神之后，就是风神，风是神的白风、

408-C-20-18

phər^{21} ne^{21} ʂæ^{21} gə^{33} hər^{33},o^{55} ne^{21} he^{21} gə^{33} hər^{33}, | ʥʅ^{33} ly^{55} ly^{55} gə^{33} hər^{21}, dy^{21} ȵə^{21} gu^{21}
盘神 和 禅神 的 风 沃神 和 恒神 的 风 寨 中间 的 风 地 上 马

tshu^{21} lu^{21} me^{33} hər^{33} dɯ^{33} bɑ^{21}, | dər^{33} ɯ^{33} ky^{33} le^{55} lɯ^{21} ȵi^{33} uə^{21} ɕi^{21} me^{33} hər^{33}, ʥy^{21} ɯ^{33}
快 跑 是 风 一 阵 田 好 上 牛 犁 两 架 养 的 风 山 好

ky^{33} gə^{33} khɯ^{33} tshu^{21} ȵi^{33} ʥʅ^{21} ɕi^{21} me^{33} hər^{33}, ȵi^{33} lo^{21} kho^{33} bæ^{33} hɯ^{21} ȵi^{33} sʅ^{55} ɕi^{21} me^{33}
上 的 狗 快 两 对 养 的 风 两 箐 里 蜂 好 两 窝 养 的

hər^{33}, | gu^{21} tshu^{21} kæ^{33} i^{33} khə^{33} mə^{33} ʥy^{33}, ly^{33} thɑ^{55} kæ^{33} i^{33} ʐy^{21} dæ^{21} mə^{33} ʥy^{21}. | i^{33}
风 马 快 前 是 沟 不 有 矛 利 前 是 仇 顽 不 有 主人

dɑ^{21} tʂhʅ^{33}dɯ^{33} ʥi^{21}, nɯ^{21} ne^{21} uɑ^{21}, hɯ^{21} ne^{21} dæ^{33}, dæ^{21} ne^{21} tʂhu^{21}, gɑ^{33} ne^{21} zi^{33} ȵi^{33} me^{33},
这 一 家 福 和 泽 富 和 裕 勇敢 和 迅速 胜 和 美 要 是

hər^{33} gə^{33} tʂhu^{55} pɑ^{33} be^{33}, iə^{33} mɑ^{21} ty^{33} ty^{21} kɯ^{33} kɯ^{21} tʂhu^{55} pɑ^{33} be^{33}. | hər^{33} thy^{33} tshʅ^{21}
风 的 天香 烧 优麻 千 千 万 万 天香 烧 风 出 来

le^{33} lɯ^{55} thy^{33} tshʅ^{21}, mɯ^{33} nɯ^{33} ʂər^{21} me^{33} mɯ^{33} ʥe^{21} lɯ^{55}, dɑ^{33} nɯ^{33} ʂər^{21} me^{21} dɑ^{33}
又 利神 出 来 天 由 牵 是 天 帮 利神 地 由 牵 是 地

ʥe^{21} lɯ^{55}. | phər^{21} nɯ^{33} ʂər^{21} me^{33} phər^{21} ʥe^{21} lɯ^{55}, ʂæ^{21} nɯ^{33} ʂər^{21} me^{33} ʂæ^{21} ʥe^{21} lɯ^{55},
帮 利神 盘神 由 牵 是 盘神 帮 利神 禅神 由 牵扯 是 禅神 帮 利神

lɯ^{55} khɯ^{33} ɯ^{33} me^{33} khɯ^{55}, ɕy^{33} khæ^{55} to^{21} nɯ^{33} khæ^{55},ɕy^{33} y^{21} u^{21} nɯ^{33} y^{21}. | tshe^{21} khɯ^{33}
利神 狗 好 的 放 兽 射 铎神 由 射 兽 拿 吾神 由 拿 十 狗

ɯ^{33} me^{33} khɯ^{55},ʥər^{21} hər^{21} ȵi^{33} gɑ^{55} lɑ^{33} ȵə^{21} khæ^{55}, ȵi^{33} ly^{33} bɑ^{33} mə^{33} dər^{33}, | le^{33} phu^{21}
好 的 放 树 绿 两 枝桠 上 射 两 颗 用 不 必 獐 逃

to^{55} n̩ə^{21} hɯ^{33} mə^{33} tʂər^{21}, bu^{21} phu^{21} lo^{21} kho^{33} næ^{33} mə^{33} tʂər^{21}.
坡 上 去 不 使 猪 逃 箐 里 藏 不 使

盘神和禅神的风、沃神和恒神的风、村寨中间吹过的风。大地上骏马飞奔像一阵风，田地里饲养着两架耕牛的风，大山上养着两对猎狗的风，大山箐中养着两窝富有蜂儿的风，骏马面前没有沟壑，利矛面前没有顽敌。这一户主人家的福泽、富裕、勇敢、迅速、常胜和漂亮全靠风神帮助，给风烧天香，供养风神，给千千万万优麻战神烧天香。

风之后就是利神（猎神），天牵着利神，利神就帮天的忙，大地牵着利神，利神就帮大地的忙。盘神、禅神牵着利神，利神就帮盘神和禅神的忙。利神放出最好的猎狗，由铎神开弓射箭，由吾神获得猎物。放出十只最好的猎狗，在有两个枝桠的绿树前，人们不必射两次，不让獐子逃到山坡上，不让野猪回到山箐中躲藏。

408-C-20-19

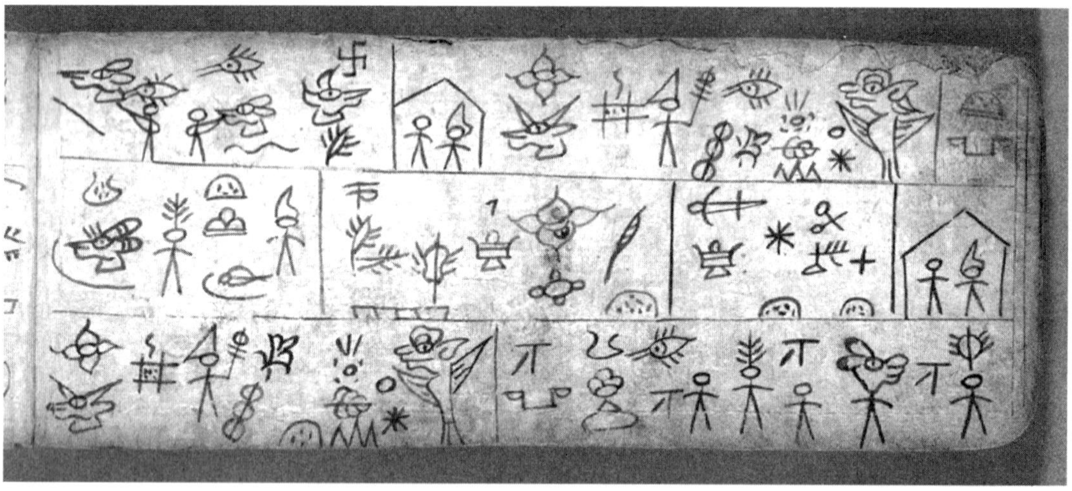

ɕy^{33} dy^{55} ɕy^{33} mæ^{33} me^{33} gə^{33} lɯ^{55}, lɯ^{55} khɯ^{33} ɯ^{33} me^{33} ɕi^{21} gə^{33} lɯ^{55}. | i^{33} dɑ^{21} tʂhʅ^{33} dɯ^{33}
兽 追 兽 得 做 的 利神 利神 狗 好 的 养 的 利神 主人 这 一

dʑi^{21}, nɯ^{21} ne^{21} uɑ^{21}, hɯ^{21} ne^{21} dʑæ^{33}, dæ^{21} ne^{21} tʂhu^{21}, gɑ^{33} ne^{21} zi^{33} me^{33} lɯ^{55} nɯ^{33} be^{33},lɯ^{55}
家 福 和 泽 富 和 裕 勇敢 和 迅速 胜 和 美 是 利神 由 做 利神

gə^{33} tʂhu^{55} pɑ^{33} be^{33}, iə^{33} mɑ^{21} ty̩^{33} ty̩^{21} kɯ^{33} kɯ^{21} tʂhu^{55} pɑ^{33} be^{33}. | thɯ^{33} gu^{21} o^{21} sʅ^{33} thy̩^{33},
的 天香 烧 优麻 千 千 万 万 天香 烧 这 后 俄神 先 出

lo^{21} do^{33} phɯ^{33} mu^{21} o^{21} ə^{33} sʅ^{21}, o^{21} ly̩^{33} dʑə^{33} lo^{21} o^{21} ə^{33} me^{33}, | ɕi^{33} phər^{21} mæ^{33}
罗朵普木 俄神 父亲 俄鲁玖罗 俄神 母亲 稻 白 穗

ʂər^{21} o^{21}, dʑe^{33} hɯ^{21} bə^{21} dɯ^{21} o^{21}, æ^{21} phy̩^{55} dy^{21} nə^{21} phy̩^{55}, hɑ^{33} le^{33} dɯ^{33} me^{33} o^{21}, no^{33}
长 俄神 麦 好 穗 大 俄神 粮 撒 地 上 撒 饭 又 得 的 俄神 福

uɑ^{21} dɯ^{21} le^{33} dʑy^{33} me^{33} o^{21}, | dɑ^{33} hɑ^{33} o^{21} me^{33} ty̩^{21} gy̩^{33} dɯ^{33}, tɕi^{33} so^{21} o^{21} me^{33} ɕi^{33} gy̩^{33}
泽 大 又 有 的 俄神 主人 粮食 千 柜 得 收藏 粮食 百 柜

dɯ^{33}.｜i^{33}dɑ^{21} tʂhʅ^{33} dɯ^{33} dʑi^{21}, nɯ^{21} ne^{21} uɑ^{21}, hɯ^{21} ne^{21} dʑæ^{33}, dæ^{21} ne^{21} tʂhu^{21}, gɑ^{33} ne^{21}
得 主人 这 一 家 福 和 泽 富 和 裕 勇敢 和 迅速 胜 和

zi^{33} ȵi^{33} me^{33}, o^{21} gə^{33} tʂhu^{55} pɑ^{33} be^{33}, iə^{33} mɑ^{21} tv̩^{33} tv̩^{21} kɯ^{33} kɯ^{21} tʂhu^{55} pɑ^{33} be^{33}.｜thɯ^{33}
美 要 是 俄神 的 天香 烧 优麻 千 千 万 万 天香 烧 这

gu^{21} dẓər^{21} thv̩^{33} tshʅ^{21}, phv̩^{33} nɯ^{33} dẓər^{21} me^{33} lɯ^{55} nɯ^{33} dẓər^{21}, sʅ^{21} nɯ^{33} dẓər^{21} me^{33} zo^{33}
后 汁神 出 来 祖父 的 汁神 是 孙 由 汁神 父 由 汁神 是 儿

nɯ^{33} dẓər^{21}, gv̩^{21} nɯ^{33} dẓər^{21} me^{33} dʑe^{33} nɯ^{33} dẓər^{21},
由 汁神 舅 由 汁神 是 甥 由 汁神

狩猎猎得野兽是利神在帮助，养猎狗养着好狗也是因为有利神的缘故。这一户主人家福和泽、富和裕、勇敢和迅速、常胜和漂亮全靠利神帮助，给利神烧天香，供养利神，给千千万万的优麻战神烧天香，供养他们。

这以后出现了俄神（粮食丰收之神），罗朵普木是俄神的父亲，俄鲁玖罗是俄神的母亲，使白色稻谷的穗长得很好的俄神，使红麦麦穗长大饱满的俄神，使主人家收获千柜粮食，收藏百柜存粮的俄神。这一户主人家的福泽、富裕、勇敢、迅速、常胜、美丽全靠俄神帮忙，烧天香供养俄神，供养千千万万优麻战神。

这以后，产生了汁神（威灵之神），祖父拥有威灵，孙子们也同样拥有的威灵，父亲拥有威灵，儿子也拥有的威灵；舅舅拥有威灵，外甥也拥有的威灵；

408-C-20-20

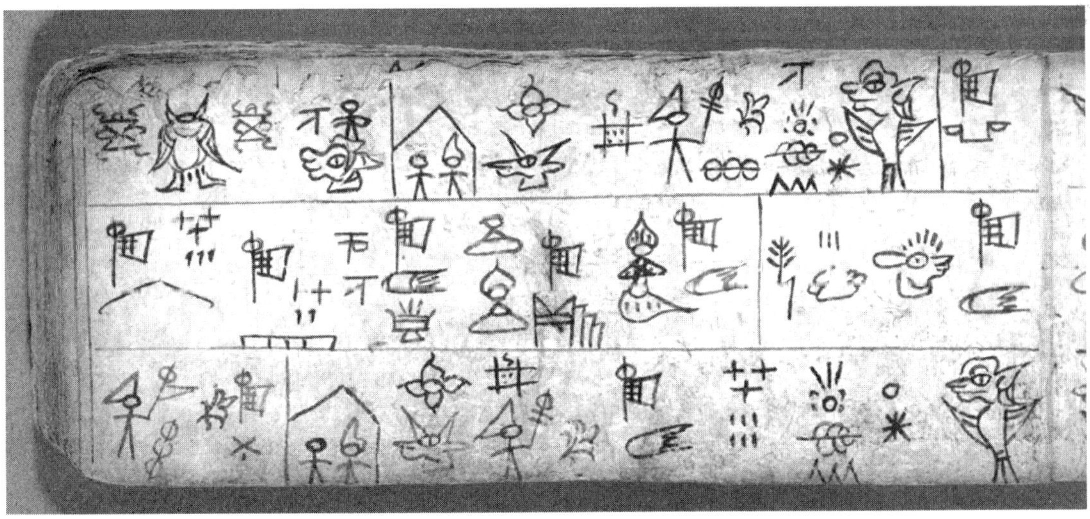

dẓər^{21} kv̩^{33} hæ^{21} kho^{33} thæ^{33}, dẓər^{21} gv̩^{33} hæ^{21} dʑi^{33} mu^{21}, bə^{33} dɯ^{21} lɑ^{33} ɕy^{21} dʑæ^{33} me^{33}
汁神 头 金 冠 戴 汁神 身 金 衣 穿 掌 大 虎 红 骑 的

dẓər^{21}.｜i^{33} dɑ^{21} tʂhʅ^{3} dɯ^{33} dʑi^{21}, nɯ^{21} ne^{21} uɑ^{21}, hɯ^{21} ne^{21} dʑæ^{33}, dæ^{21} ne^{21} tʂhu^{21}, gɑ^{33} ne^{21}
汁神 主人 这 一 家 福 和 泽 富 和 裕 勇敢 和 迅速 胜 和

zi^{33} me^{33} dẓər^{21} nɯ^{33} be^{33}, dẓər^{21} gə^{33} tṣhu^{55} pɑ^{33} be^{33}, iə^{33} mɑ^{21} tv̩^{33} tv̩^{21} kɯ^{33} kɯ^{21} tṣhu^{55}
美 是 汁神 由 做 汁神 的 天香 烧 优麻 千 千 万 万 天香

pɑ^{33} be^{33}.｜thɯ^{33} gu^{21} gɑ^{33} thv̩^{33} tshɿ^{21},｜mɯ^{33} gə^{33} sɿ^{33} tshər^{21} sɿ^{55} gɑ^{33} lɑ^{21}, dy^{21} gə^{33} ȵi^{33} tshər^{21}
烧 这 后 胜利神 出 来 天 的 三 十 三 胜利神 地 的 二 十

ȵi^{33} gɑ^{33} lɑ^{21}, phər^{21} ne^{21} ṣæ^{21} gɑ^{33} lɑ^{21}, gɑ^{33} ne^{21} u^{21} gɑ^{33} lɑ^{21}, o^{55} ne^{21} he^{21} gɑ^{33} lɑ^{21}, ʥɿ^{33}
二 胜利神 盘神 和 禅神 胜利神 胜神 和 吾神 胜利神 沃神 和 恒神 胜利神 村

ne^{21} uə^{33} gɑ^{33} lɑ^{21}, ṣv̩^{21} ne^{21} lv̩^{21} gɑ^{33} lɑ^{21},｜sɿ^{33} bv̩^{33} phv̩^{33} sɿ^{55} tṣhər^{33} gə^{33} y^{21} gɑ^{33} lɑ^{21},｜
和 寨 胜利神 署 和 龙 胜利神 斯补 祖 三 代 的 祖先 胜利神

dæ^{21} ne^{21} tṣhu^{21} , gɑ^{33} ne^{21} zi^{33} gɑ^{33} lɑ^{21},｜i^{33} dɑ^{21} tṣhɿ^{33} dɯ^{33} ʥi^{21}, nɯ^{21} ne^{21} uɑ^{21}, hɯ^{21}
勇敢和 迅速 胜 和 美 胜利神 主人 这 一 家 福 和 泽 富

ne^{21} ʥæ^{33}, dæ^{21} ne^{21} tṣhu^{21}, gɑ^{33} ne^{21} zi^{33} ȵi^{33} me^{33}, gɑ^{33} lɑ^{21} sɿ^{21} ɕi^{33} tṣhuɑ^{55} tshər^{21} tṣhu^{55}
和 裕 能干 和 迅速 胜 和 美 要 是 胜利神 三 百 六十 天香

pɑ^{33} be^{33}, iə^{33} mɑ^{21} tv̩^{33} tv̩^{21} kɯ^{33} kɯ^{21} tṣhu^{55} pɑ^{33} be^{33}.｜
烧 优麻 千 千 万 万 天香 烧

头戴黄金冠的汁神，身上穿黄金衣服的汁神，骑着巨掌红虎的汁神。这一户主人家的福和泽、富和裕、勇敢和迅速、常胜和漂亮，要靠汁神帮忙，给汁神烧天香供养他们。也给千千万万的优麻战神烧天香。

这以后出现了胜利神。天上有三十三尊胜利神，地上有二十二尊胜利神，盘神和禅神的胜利神，胜神和吾神的胜利神，沃神和恒神的胜利神，村和寨中的胜利神，署和龙的胜利神，三代斯补祖先胜利神，勇敢和迅速的胜利神，常胜和美丽的胜利神。这一户主人家的福泽、富裕、勇敢、迅速、常胜和漂亮要靠胜利神帮忙，给胜利神烧天香供养他们，供养千千万万的优麻战神。

408-C-20-21

thɯ^{33} gu^{21} to^{33} kə^{21} thy̩^{33}, mɯ^{33} gə^{33} mi^{21} ʂʅ^{33} lo^{21} ʂʅ^{33} to^{33} kə^{21}, mi^{33} tho^{21} lo^{21} le^{21} to^{33} kə^{21},
这 后 端格 产生 天 的 明史罗史 端格 明妥罗勒 端格

mi^{33} lɯ^{55} kə^{55} by̩^{33} to^{33} kə^{21} thy̩^{33}. | i^{33} dɑ^{21} tʂhʅ^{33} dʑi^{21} ko^{21},to^{33} kə^{21} me^{33} nɯ^{33}, gɑ^{33} ne^{21}
明利构补 端格 产生 主人 这 家 里 端格 的 由 胜 和

n̥i^{55} i^{33} le^{33} tʂhy̩^{33} phi^{21}, tshʅ^{21} ne^{21} he^{21} i^{33} le^{33} tshy̩^{33} phi^{21}, du^{21} ne^{21} ʂy̩^{21} lɑ^{33} le^{33} tʂhy̩^{33}
败 是 又 分开 鬼 和 神 是 又 分开 董 和 术 也 又 分

phi^{21}. | i^{33} dɑ^{21} tʂhʅ^{33} dɯ^{33} dʑi^{21} gə^{33} nɯ^{21} ne^{21} uɑ^{21}, hɯ^{21} ne^{21} dʑæ^{33}, dæ^{21} ne^{21} tʂhu^{21}, gɑ^{33}
开 主人 这 一 家 的 福 和 泽 富 和 裕 勇敢 和 迅速 胜

ne^{21} zi^{33} n̥i^{33} me^{33}, | bər^{21} y^{21} ʐʅ^{33} hɑ^{33} tʂhər^{21} nɑ^{55} ɕy^{55} mɑ^{21} nɯ^{33} to^{33} kə^{21} sʅ^{21} ɕi^{33} tʂhuɑ^{55}
和 漂亮 要 是 牦牛 羊 酒 饭 肥肉 瘦肉 柏 油 由 端格 三 百 六十

tshər^{21} tʂhu^{55} pɑ^{33} be^{33}. | thɯ^{21} gu^{21} iə^{33} mɑ^{21} thy̩^{33}, thy̩^{33} tʂhʅ^{33} iə^{33} mɑ^{21}, n̥ə^{33} n̥ə^{21} iə^{33}
十 天香 烧 这 后 优麻 产生 土蚩优麻 纽牛优麻

mɑ^{21}, pɑ^{33} u^{33} iə^{33} mɑ^{21}, pɑ^{33} ty^{33} iə^{33} mɑ^{21}, tɕi^{55} thɑ^{55} iə^{33} mɑ^{21} , | se^{55} ʂʅ^{21} se^{55} gu^{33} iə^{33}
巴乌优麻 巴敦优麻 敬套优麻 胜史胜恭优麻

mɑ^{21}, tʂʅ^{21} dʐʅ^{21} iə^{33} mɑ^{21}, dy̩^{33} dʐʅ^{21} iə^{33} mɑ^{21} ty̩^{33} ty̩^{21} kɯ^{33} kɯ^{21} tʂhu^{55} pɑ^{33} be^{33}.
爪 长 优麻 翅 长 优麻 千 千 万 万 天香 烧

这以后产生了端格战神，产生了明史罗史端格、明妥罗勒端格、明利构补瑞格等。在这一户主人家中，端格把胜者和败者加以分别，把神和鬼分开，把董族和术族分开。这一户主人家的福泽、富裕、勇敢、迅速、常胜和漂亮要靠端格战神帮忙。用牦牛、羊、酒、饭、肥肉、瘦肉、柏枝、酥油烧天香，供养三百六十尊端格战神。

这以后便产生出优麻战神，产生出土蚩优麻、纽牛优麻、巴乌优麻、巴敦优麻、敬套优麻、胜史胜恭优麻。给千千万万的长爪的、长翅的优麻战神烧天香，供养他们。

408-C-20-22

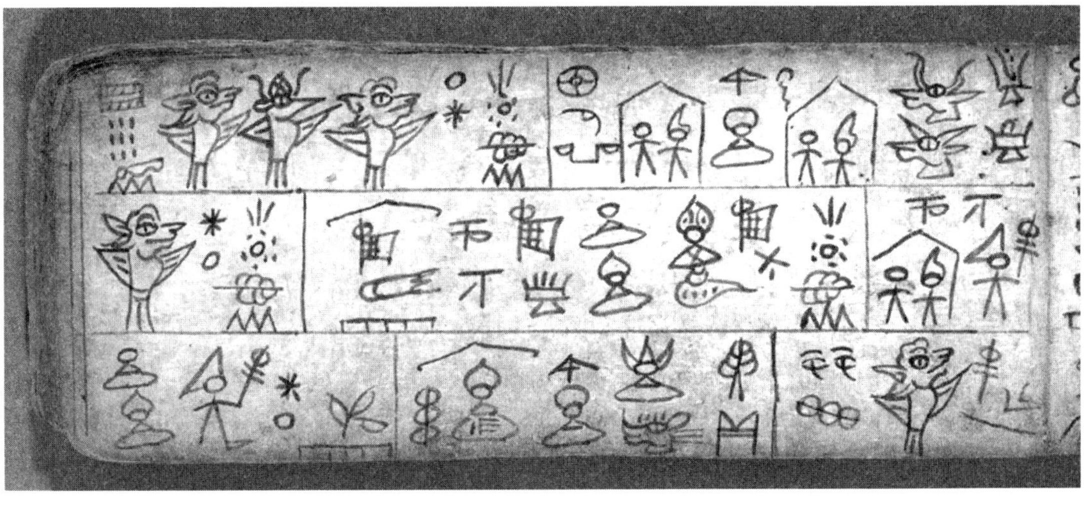

tʂhər^{21} na^{55} gv̩^{33} bv̩^{33} dʑi^{55}, to^{33} kə^{21}，ɕə^{33} tɕhy^{21}, iə^{33} ma^{21} tv̩^{33} tv̩^{21} kɯ^{33} kɯ^{21} tʂhu^{55} pa^{33}
肥肉 瘦肉 九 堆 炙 端格 大鹏 优麻 千 千 万 万 天香

be^{33}, | bi^{21} thv̩^{33} mə^{55} tʂhʅ^{33} n̥i^{33}, i^{33} da^{21} tʂhʅ^{33} dɯ^{33} dʑi^{21}, mɯ^{33} lɯ^{55} du^{21} dʐʅ^{33} gə^{33} tɕhy^{33}
烧 日 出 的 这 天 主人 这 一 家 美利董主 的 宗族

tʂhʅ^{21} kv̩^{33}mæ^{55} gv̩^{33}. i^{33} da^{21} tʂhʅ^{33} dɯ^{33} dʑi^{21}, bər^{21} y^{21} ʐʅ^{33} ha^{33} nɯ^{33} iə^{33} ma^{21} tv̩^{33} tv̩^{21} kɯ^{33}
后裔 成 主人 这 一 家 牦牛 羊 酒 饭 由 优麻 千 千 万

kɯ^{21} tʂhu^{55}pa^{33} be^{33}. | mɯ^{33} ne^{21} dy^{21} ga^{33} la^{21}, phər^{21} ne^{21} ʂæ^{21}, ga^{33} ne^{21} u^{21}, o^{55} ne^{21} he^{21},
万 天香 烧 天 和 地 胜利神 盘神 和 禅神 胜神 和 吾神 沃神和 恒神

ʂv̩^{21} gə^{33} ga^{33} la^{21} tʂhʅ^{33} ua^{21}tʂhu^{55} pa^{33} be^{33}. | i^{33} da^{21} tʂhʅ^{33} dɯ^{33} dʑi^{21}, phər^{21} mu^{21} ʂæ^{21}
署 的 胜利神 所有 天香 烧 主人 这 一 家 盘神 兵 禅神

mu^{21}, o^{55} mu^{21} he^{21} mu^{21} tv̩^{33} tv̩^{21} kɯ^{33} kɯ^{21} sʅ^{33}, ʐv̩^{21} dy^{21} thv̩^{33} le^{33} tshʅ^{21}. zv̩^{21} zər^{21}
兵 沃神 兵 恒神 兵 千 千 万 万 引 仇人 地 到 又 来 仇人 压

mɯ^{21} le^{33} zər^{21}. | tɕy^{55} tshu^{21} mɯ^{33} gə^{33} sa^{21}lɯ^{55} uə^{33}de^{21}, mɯ^{33} lɯ^{55}du^{21} dʐʅ^{21}, i^{21} ʂʅ^{55} bu^{21}
下 又 压 最早 天 的 刹依威德 美利董主 依世补佐

dʑo^{33} ɕy^{55} hər^{21} uə^{33} ko^{33} lo^{21} nɯ^{33}, | miə^{21} tha^{55} iə^{33} ma^{21}tʂhu^{21} be^{33} za^{21} le^{33} tshʅ^{21},
柏 绿 寨 里边 以 眼 尖 优麻 快 地 下 又 来

烧炙九堆肥肉和瘦肉，为千千万万的大鹏鸟和端格优麻战神烧天香，供养他们。

好日子这一天，这一户主人家是美利董主宗族的后裔，这一户主人用牦牛、羊、酒、饭，给千千万万的优麻战神烧天香、给天地间的胜利神、盘神、禅神、胜神、吾神、沃神、恒神、署的胜利之神烧天香，供养他们。这一户主人家把盘神的兵、禅神的兵、沃神、恒神的千千万万兵领到仇人地方，把仇地仇人镇压下去。从天上最早出现的刹依威德、美利董主、依世补佐居住的绿柏寨子里，眼尖的优麻战神快速降临来，

408-C-20-23

ʐər^{21} thɑ^{55} lɑ^{33} thɑ^{55} gɑ^{33} lɑ^{21} tv̩^{33} tv̩^{21} kɯ^{33} kɯ^{21} sɿ^{33}, tɕi^{55} guə^{33} bər^{21} guə^{33} sɿ^{33}, ɕə^{33} tɕhy^{21}
豹 凶 虎 猛 胜利神 千 千 万 万 引 牦牛 引 大鹏

ɕə^{21} gu^{55} tv̩^{33} tv̩^{21} kɯ^{33} kɯ^{21} sɿ^{33}. | n̥i^{33} me^{33} thv̩^{33}, sər^{33} ə^{55} pɑ^{21} nɯ^{33} ʐv̩^{21} kɑ^{33} mə^{33} tɯ^{33}
大雕 千 千 万 万 引 东方 木 阿巴 由 仇 兵 不 起

nɯ^{33},tər^{33} zɑ^{33} dʑə^{21} bv̩^{33} sər^{33} tshɿ^{21} gv̩^{33} lv̩^{21} ʐv̩^{21} kɑ^{33} mə^{33} tɯ^{33} nɯ^{33}, ʐv̩^{21} uə^{33} gv̩^{55} uə^{33}
就 呆饶久补 木 鬼 九 个 仇 兵 不 起 就 仇人 寨 九 寨

phv̩^{21}, ʐv̩^{21} dy^{21} gv̩^{33} dy^{21} tshe^{55} , ʐv̩^{21} sy^{33} tv̩^{33} tv̩^{21} kɯ^{33} kɯ^{21} mi^{21} le^{33} sy^{55}, mi^{33} kɑ^{33}
攻 仇人 地方 九 地 毁 仇人 杀 千 千 万 万 下 又 杀 火 燃

do^{33} lɯ^{33} me^{33} dʑi^{21} nɯ^{21} mi^{21} le^{33} zər^{21}. | tʂhər^{21} nɑ^{55} gv̩^{55} bv̩^{33} dʑi^{55}, iə^{33} mɑ^{21} tv̩^{33} tv̩^{21}
大 来 是 水 由 下 又 压 肥肉 瘦肉 九 堆 烧 优麻 千 千

kɯ^{33} kɯ^{21} nɯ^{33}, i^{33} tʂhʅ^{33} mɯ^{21}, mi^{33} le^{33} bv̩^{33} nɯ^{33} ʐv̩^{21} kɑ^{33} tɯ^{33} mə^{33} tʂər^{21}, ʂʅ^{21} dʐʅ^{33}
万 万 由 南边 火 勒补 由 仇 兵 起 不 使 史支金补

dʑi^{33} bv̩^{33} mi^{33} tshɿ^{21} gv̩^{33} lv̩^{21} ʐv̩^{21} kɑ^{33} tɯ^{33} mə^{33} tʂər^{21}, | ʐv̩^{21} uə^{33} gv̩^{55} uə^{33} phv̩^{21} , ʐv̩^{21}
火 鬼 九 个 仇 兵 起 不 使 仇人 寨 九 寨 攻 仇人

dy^{21} gv̩^{33} dy^{21} tshe^{55}, ʐv̩^{21} tshɿ^{21} tv̩^{33} tv̩^{21} kɯ^{33} kɯ^{21} sy^{55}, mi^{33} kɑ^{33} do^{33} lɯ^{33} me^{33} dʑi^{21} nɯ^{33}
地 九 地 破 仇 鬼 千 千 万 万 杀 火 力 大 来 是 水 由

mi^{21} le^{33} zər^{21}, ʐv̩^{21} mɯ^{33} ʐv̩^{21} dy^{21} tshe^{55} le^{33} dy^{21} nɯ^{33} mɯ^{33} le^{33} be^{33}. | tɕi^{55} thɑ^{55} iə^{33} mɑ^{21}
下 又 压 仇 天 仇 地 毁 又 地 由 天 又 做 敬套优麻

dæ^{21} me^{33} tɕi^{21} tʂhu^{21} hər^{33} tʂhu^{21} tv̩^{33} tv̩^{21} kɯ^{33} kɯ^{21} zɑ^{21} le^{33} tshɿ^{21}. | n̥i^{33} me^{33} gv̩^{21}, ʂu^{21}
勇敢 的 云 快 风 快 千 千 万 万 降 又 来 西方 铁

gv̩^{33} dʐɿ^{21} gə^{33} ʐv̩^{21} kɑ^{33} tɯ^{33} mə^{33} tʂər^{21}, le^{55} tɕhi^{33} sɿ^{33} phv̩^{33} ʐv̩^{21} kɑ^{33} tɯ^{33} mə^{33} tʂər^{21}, |
古宗 的 仇 兵 起 不 使 楞启斯普 仇 兵 起 不 使

身后领着千千万万的凶豹和猛虎，带领着千千万万的牦牛、大鹏、大雕等战神，趁属木之东方的阿巴（汉族）尚未起兵来结仇，东方鬼王呆饶久补尚未起兵之时，先攻破仇人村寨，捣毁仇人九个地方，杀掉千千万万的仇人，就像将燃烧起来的大火用水将它浇灭。

烧九堆肥肉和瘦肉，让千千万万优麻战神降临来；属火之南方的勒补（白族）尚未起兵来仇杀，南方的鬼王史支金补的九个火鬼尚未起兵，就先攻破仇人的九个村寨，捣毁仇人的九块地方，杀掉千千万万的仇人和鬼兵，就像用水把将烧大的火堆浇灭。捣毁仇人的天地，把仇人的地方杀得天翻地覆。

敬套优麻和千千万万勇敢的似云似风般行动迅速的优麻战神降临来；属铁之西方的古宗（藏族）尚未起兵来结仇，西方的鬼主楞启斯普尚未起兵之时，

408-C-20-24

zy̩^{21} uə^{33} gy̩^{55} uə^{33} phy̩^{21}, zy̩^{21} dy^{21} gy̩^{33} dy^{21} tshe^{55}, zy̩^{21} khuɑ^{21} ty̩^{33} ty̩^{21} kɯ^{33} kɯ^{21} sy^{55}, zy̩^{21}
仇 寨 九 寨 破 仇 地 九 地 攻 仇 坏 千 千 万 万 杀 仇人

gə^{33} lɯ^{33} tɕhər^{33} ly^{33} tɕhər^{33} be^{33}, mi^{33} kɑ^{33} do^{33} me^{33} dʑi^{21} nɯ^{33} zər^{21}, zy̩^{21} gə^{33} mɯ^{33} tshe^{55}
箭 断 做 矛 断 做 火 力 大 是 水 由 压 仇人 的 天 破

dy^{21} tshe^{55}. dy^{21} nɯ^{33} mɯ^{33} le^{33} be^{33}. | pɑ^{33} u^{33} iə^{33} mɑ^{21} ty̩^{33} ty̩^{21} kɯ^{33} kɯ^{21} zɑ^{21}, ho^{33}
地 破 地 由 天 又 做 巴乌优麻 千 千 万 万 降

gy̩^{33} lo^{21}, gə^{21} lo^{55} tshy^{55} bə^{33} lɯ^{21} zy̩^{21} kɑ^{33} mə^{33} tɯ^{33} nɯ^{33}, ny̩^{21} dʐʅ^{33} dʑi^{33} by̩^{33} tshə^{55}
北方 格罗趣崩仂 仇人 兵 不 起 就 奴孜景补 秽鬼

ne^{21} mi^{33} ty̩^{33} ty̩^{21} zy̩^{21} kɑ^{33} mə^{33} tɯ^{33} lɯ^{33}, | zy̩^{21} uə^{33} gy̩^{55} uə^{33} phy̩^{21}, zy̩^{21} dy^{21} gy̩^{33} dy^{21}
和 火鬼 千 千 仇 兵 未 起 来 仇 寨 九 寨 攻 仇 地 九 地

tshe^{55}, zy̩^{21} sy^{55} ty̩^{33} ty̩^{21} kɯ^{33} kɯ^{21} sy^{55}, mi^{33} kɑ^{33} do^{33} me^{33} dʑi^{21} nɯ^{33} zər^{21}, zy̩^{21} dy^{21}
攻 仇 杀 千 千 万 万 杀 火 力 大 是 水 由 压 仇 地

mɯ^{33} tshe^{55} dy^{21} tshe^{55}, dy^{21} nɯ^{33} mɯ^{33} le^{33} be^{33}. | dæ^{21} ne^{21} tʂhu^{21} me^{33} thy̩^{33} tʂhʅ^{33} iə^{33}
天 毁 地 毁 地 由 天 又 做 勇敢 和 迅速 的 土蚩优麻

mɑ^{21} ty̩^{33} ty̩^{21} kɯ^{33} kɯ^{21}, phər^{21} mu^{21} ʂæ^{21} mu^{21}, gɑ^{33} mu^{21} u^{21} mu^{21}, o^{55} mu^{21} he^{21} mu^{21}dæ^{21}
千 千 万 万 盘神 兵 禅神 兵 胜神 兵 吾神 兵 沃神 兵 恒神 兵 强

me^{33} ty̩^{33} ty̩^{21} kɯ^{33} kɯ^{21} nɯ^{33}, mɯ^{33} ne^{21} dy^{21} ko^{55}gɯ^{33}， phər^{21} nɑ^{55} bə^{33} o^{21} zy̩^{21} æ^{21} lɯ^{33}
的 千 千 万 万 由 天 和 地 之间 盘人 纳人 崩人 吾人 仇 结 来

mə^{33} tʂər^{21}, dʑy^{21} ʂuɑ^{21} mu^{21} thʋ̩^{33} lɯ^{33} mə^{33} tʂər^{21}, lo^{21} ho^{55} dʐʅ^{33} thʋ̩^{33} lɯ^{33} me^{33} tʂər^{21}, |
不 使 山 高 兵 到 来 不 使 箐 深 强盗 到 来 不 使

khuɑ^{55} gæ^{21} lɯ^{33} ne^{21} ly^{33} nɯ^{33} dər^{33} mə^{33} tʂər^{21}. | dʋ̩^{21} ne^{21} tse^{21} nɯ^{33} n̥ə^{55} mə^{33} tʂər^{21}.
铠 甲 箭 和 矛 由 中 不 使 毒鬼 和 仄鬼 由 缠 不 使

先攻破仇人的九个村寨，捣毁仇人的九个地方，杀死千千万万的仇人，把仇人的箭和矛折断，就像将要烧起的大火被水浇灭，把仇人的地方，打他个天翻地覆。

千千万万的巴乌优麻战神降临来。北方格罗趣(果洛地方)的仇人尚未起兵，北方的奴孜景补和上千的火鬼秽鬼尚未起兵之前，先攻破仇人的九个村寨，捣毁仇人的九个地方，杀死千千万万的仇敌。就像用水浇灭烈火把仇人镇压下去，把仇人的地方打个天翻地覆。

土蚩优麻战神带领着千千万万勇敢而行动迅速的神兵，带领千千万万的盘神、禅神、胜神、吾神、沃神、恒神兵，不让天地之间的盘人、纳人、崩人、吾人来结仇争斗，不让高山上的敌兵降临来，不让深箐中的强盗出没，不让敌人的箭和矛插在铠甲上，不让毒鬼和仄鬼来纠缠。

408-C-20-25

ʐʋ̩^{21} zər^{21} mɯ^{21} le^{33} zər^{21}. mɑ^{21} lʋ̩^{55} uɑ^{33} mə^{33} i^{33} me^{33} uɑ^{33} le^{33} zər^{21}. tshʅ^{21} zər^{21} mɯ^{21} le^{33}
仇 压 下 又 压 油饼 骨 不 有 的 骨 又 压 鬼 压 下 又

zər^{21}. ʐʋ̩^{21} uə^{33} gʋ̩^{55} uə^{33} phʋ̩^{21}, ʐʋ̩^{21} dy^{21} gʋ̩^{33} dy^{21} tshe^{55}. ʐʋ̩^{21} sy^{21} tʋ̩^{33} tʋ̩^{21} kɯ^{33} kɯ^{21} sy^{55}.
压 仇 寨 九 寨 破 仇 地 九 地 毁 仇 杀 千 千 万 万 杀

mi^{33} kɑ^{33} do^{33} me^{33} dʑi^{21} nɯ^{33} zər^{21}. | ʐʋ̩^{21} gə^{33} mɯ^{21} ne^{21} dy^{21} le^{33} tshe^{55}, mɯ^{33} ne^{21} dy^{21}
火 力 大 是 水 由 压 仇人的 天 和 地 又 破 天 和 地

kə^{55} phʋ̩^{33} le^{33} be^{33}. ʐʋ̩^{21} khɯ^{21} mə^{33} lʋ̩^{21}, ʐʋ̩^{21} æ^{21} mə^{33} tɕy^{21} se^{21}. | ʐʋ̩^{21} gə^{33} ly^{33} tɕhər^{33}
翻 覆 又 做 仇 狗 不 吠 仇 鸡 不 啼 了 仇 的 矛 断

lɯ^{33} tɕhər^{33}, khuɑ^{55} tʂhʅ^{55} gæ^{21} ʂə^{21}, ʐʋ̩^{21} tʋ̩^{33} tʋ̩^{21} kɯ^{33} kɯ^{21} sy^{55}. | tsho^{21} sy^{55} lɑ^{21} bə^{21} ɕy^{21},
箭 断 甲 烂 铠 撕 仇人 千 千 万 万 杀 人 杀 手 掌 红

ɕy^{33} mæ^{33} khɯ^{33} khu^{33} ɕy^{21}. | gɑ^{33} lɑ^{21} gə^{21} le^{33} sɿ^{33}, phər^{21} ne^{21} ʂæ^{21}, o^{55} ne^{21} he^{21} mu^{21} tv̩^{33}

兽 得 狗 嘴 红 胜利神 上 又 引 盘神 和 禅神 沃神 和 恒神 兵 千

tv̩^{21} kɯ^{33} kɯ^{21} gə^{21} le^{33} sɿ^{33}. | i^{33} dɑ^{21} tʂhʅ^{33} dɯ^{33} dʑi^{21}, mɯ^{33} lɯ^{55} du^{21} dʐʅ^{33} tɕhy^{33} tʂhʅ^{21}

千 万 万 上 又 引 主人 这 一 家 美利董主 宗族

kv̩^{33} mæ^{55} gv̩^{33}, i^{33} dɑ^{21} phər^{21} me^{33} ʂu^{21} lɑ^{33} gu^{21} khə^{55} phər^{21} me^{33} dɯ^{33}, | ʂu^{21} dɯ^{33} ʂu^{33}

后裔 成 主人 白 的 找 也 马 好 白 的 得 找 得 找

khə^{55} mi^{21}, | u^{33} dʑe^{33} ʂu^{21} me^{33} dʑe^{33} ɯ^{33} dɯ^{33}.

善 称 财 粮 找 是 粮 好 得

把仇人和鬼镇压下去，明知油饼中没有骨头，也当成有骨头来镇压。攻破仇人的九个村寨，捣毁仇人的九个地方，杀死千千万万的仇敌，用水将烧大的火堆浇灭。攻破仇人的天地，把仇人的地方搅得天翻地覆，不再让仇人的地方听到狗吠鸡鸣的声音，折断仇人的箭和矛，打烂仇人的铠甲，打断仇人的刀剑，杀掉千千万万的仇人，杀人将神兵的手染红，狩猎让猎狗的嘴沾满鲜红的血。战胜仇人之后，把盘神、禅神、沃神、吾神、胜利者的千千万万士兵引上来。

这一户主人家是美利董主宗族的后裔，这一户主人想找白的就能找到白的好马，因善于寻找而著名，他们会找到许许多多的财物和粮食。

408-C-20-26

dʑe^{33} khu^{55} mə^{33} sɿ^{33}, o^{21} khu^{55} mə^{33} sɿ^{33} gə^{33} dʑe^{33} gu^{21} o^{21} gu^{21} dɯ^{33}. | phər^{21} ne^{21} ʂæ^{21}, gɑ^{33}

粮 处 不 知 财 有 不 知 的 粮食 背 财物 背 得 盘神 和 禅神 胜神

ne^{21} u^{21}, o^{55} ne^{21} he^{21} mu^{21} tv̩^{33} tv̩^{33} kɯ^{33} kɯ^{21} thɯ^{33}, phɑ^{21} zi^{33} sæ^{33} mə^{33} n̩ə^{55}, gæ^{21} thɑ^{55}

和 吾神 沃神 和 恒神 兵 千 千 万 万 是 脸 美 血 不 沾 刀 快

sæ^{33} mə^{33} ɕy^{21} gv̩^{33} se^{21}. | thɯ^{33} gu^{21} py^{33} bv̩^{21} thv̩^{33}, mɯ^{33} dʑy^{33} ku^{55} ʂuɑ^{21} zʅ^{33}, dy^{21} dʑy^{33}

血 不 红 成 了 这 后 祭司 产生 天 有 廓 高 代 地 有

khuɑ^{55} gɯ^{21} zʅ^{33} nɯ^{33} py^{21}, bi^{21} thy̩^{33} khɯ^{33} ʂər^{21}, le^{21} thy̩^{33} uə^{55} uə^{33} zʅ^{33} nɯ^{33} py^{21} me^{33}
域 阔 代 由 祭祀 日 出 光 长 日 出 圆圆 代 由 祭 的

dẓər^{21} gə^{33} tʂhu^{55} pɑ^{33} be^{33}.| mɯ^{33} ʂuɑ^{21} ə^{33} nɑ^{33} mu^{21} phe^{33} ȵi^{33} nɯ^{33} py^{21} me^{33} dẓər^{21}, gy̩^{33}
威 的 天香 烧 天 高 黑 簸颠 日 由 祭 的 威灵 九

ny̩^{21} py^{21} ky̩^{55} dẓər^{21}, ʂər^{33} tʂhər^{55} phɑ^{21} ɯ^{33} dẓər^{21},| mɯ^{33} tɕər^{21} tshe^{21} ho^{55} ty^{33},| lər^{21} dʑə^{33}
代 祭 善 威 七 代 卜 善 威 天 上 十 八 层 朗久敬久

tɕi^{55}dʑə^{33}, lo^{21} pɑ^{33} thɑ^{33} kə^{55} , thɑ^{55} iə^{33} ti^{33} pɑ^{33} tʂhu^{55} pɑ^{33} be^{33}.| mɯ^{33} gə^{33} py^{33} by̩^{21} nɑ^{55}
罗巴涛格 套优丁巴 天香 烧 天 的 祭司

by̩^{21} so^{33} gu^{33}, dy^{21} gə^{33} sɑ^{33} by̩^{33} sɑ^{33} lɑ^{21}, ȵi^{33} me^{33} py^{33} by̩^{21} tər^{21} mɑ^{55} tər^{21} dʐʅ^{33}, he^{33}
纳补梭恭 地方 的 莎补莎劳 太阳 祭司 呆麻呆支 月亮

me^{33} py^{33} by̩^{21} tɕi^{55} thɑ^{55} tɕi^{55} iə^{33} tʂhu^{55} pɑ^{33} be^{33}.
祭司 敬套敬尤 天香 烧

找到不知其名的成背的财物，找到不知名称的成背的粮食。有了财物和粮食，打了胜仗的千千万万的盘神、禅神、胜神、吾神、沃神、恒神士兵，美丽脸庞不沾染鲜血，快刀不被血玷污了。

这以后，便产生了祭司，在开天使天廓高远时代就在祭祀的祭司，在辟地使地域清澈时代就在祭祀的祭司，祭祀使阳光悠长，祭祀使月亮圆圆的祭司，为这些具有无比威灵的祭司烧天香，供养他们。为天地混沌黑暗，到处颠簸摇晃的时代就做祭祀的祭司，九代人皆善于祭祀的祭司，九代人都善于卜卦的卜师，以及十八层天上的朗久敬久、罗巴涛格、套优丁巴烧天香，供养他们。为天上的祭司纳补梭恭、地上的祭司莎补莎劳，太阳的祭司呆麻呆支、月亮的祭司敬套敬尤烧天香，供养他们。

408-C-20-27

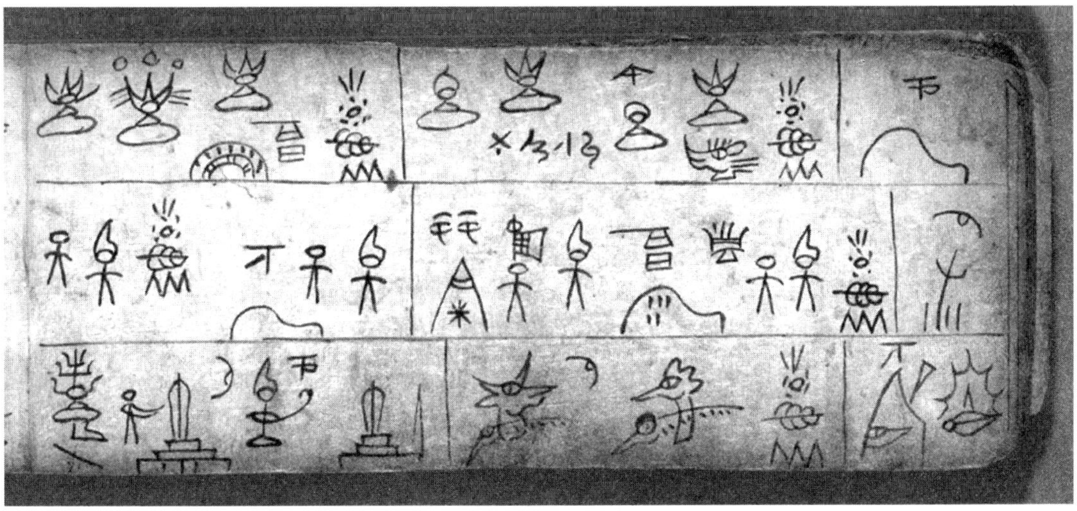

kɯ²¹ gə³³ py³³ bv̩²¹ lo²¹ pɑ³³ zi⁵⁵ zæ³, kv̩⁵⁵ gə³³ py³³ bv̩²¹ kv̩⁵⁵ thɑ⁵⁵ gɑ³³ u²¹, hər³³ gə³³ py³³
星 的 祭司 罗巴汝冉 虹 的 祭司 固套嘎吾 风 的 祭司

bv̩²¹ tɕi⁵⁵ lo²¹ pɑ³³ ty³³ tʂhu⁵⁵ pɑ³³ be³³. | he²¹ gə³³ py³³ bv̩²¹ lɑ²¹ bv̩³³ tho³³ kə³³, mɯ³³ lɯ⁵⁵
景罗巴氐 天香 烧 神 的 祭司 劳补妥构 美利董主

du²¹ dʐʅ²¹ py³³ bv̩²¹ i²¹ ʂʅ⁵⁵ bu²¹ dzo³³ tʂhu⁵⁵ pɑ³³ be³³. | phər²¹ pɯ⁵⁵ phər²¹ lɯ³³ bu²¹, phər²¹
祭司 依世补佐 天香 烧 盘贝盘利 山坡 盘

zo³³ phər²¹ mi⁵⁵ tʂhu⁵⁵ pɑ³³ be³³, ʂæ²¹ pɯ⁵⁵ ʂæ²¹ lɯ³³ bu²¹, ʂæ²¹ zo³³ ʂæ²¹ mi⁵⁵ tʂhu⁵⁵ pɑ³³
儿 盘 女 天香 烧 禅贝禅利 坡 禅 儿 禅 女 天香

be³³. | ty³³ tʂʅ²¹ miə²¹ thɑ⁵⁵ dʑy²¹, gɑ³³ zo³³ gɑ³³ mi⁵⁵ tʂhu⁵⁵ pɑ³³ be³³, ə³³ ty²¹ ə⁵⁵ uɑ³³ bu²¹,
烧 督直谬套 山 胜 儿 胜 神女 天香 烧 阿敦阿瓦 坡

u²¹ zo³³ u²¹ mi⁵⁵ tʂhu⁵⁵ pɑ³³ be³³. | mə³³ py²¹ dʑi³³ zʅ²¹ zɑ²¹ le³³ tshʅ²¹, mə³³ py²¹ dʑi³³ zʅ²¹
吾神 儿 吾神 女 天香 烧 莫毕精如 降 又 来 莫毕精如

nɯ³³, dʑy²¹ nɑ⁵⁵ zo⁵⁵ lo³³ tshʅ⁵⁵ le³³ py²¹, mə³³ phɑ²¹ ɯ³³ hɑ⁵⁵ nɯ³³, dʑy²¹ nɑ⁵⁵ zo⁵⁵ lo³³ tɕhi³³
由 居那若罗 建 又 祭 莫盘恩浩 由 居那若罗 守

le³³ py²¹, | mə³³ py²¹ dʑi³³ zʅ²¹ nɯ³³ kə⁵⁵ dv̩³³ nɯ³³ tɕər³³ tɕhy³³, kə⁵⁵ dv̩³³ æ²¹ tɕər³³ tshər⁵⁵,
又 祭 莫毕精如 由 鹰 翅 畜 脖 捅 鹰 翅 鸡 脖 斩

sæ³³ mə³³ tæ⁵⁵ le³³ ʂʅ³³ me³³ tʂhu⁵⁵ pɑ³³ be³³. | æ²¹ lɑ³³ kho²¹ tho⁵⁵ kho²¹ y²¹ , dʑi²¹ lo²¹ mi³³
血 不 沾 又 死 的 天香 烧 崖 上 桩 插 桩 长 水 中 火

khɯ⁵⁵ mi³³ dzʅ³³ me³³ tʂhu⁵⁵ pɑ³³ be³³.
烧 火 燃 的 天香 烧

给星的祭司罗巴汝冉、虹的祭司固套嘎吾、风的祭司景罗巴氐烧天香，供养他们。给神的祭司劳补妥构、美利董主的祭司依世补佐烧天香。给盘贝盘利山坡上的盘神儿女，给禅贝禅利坡上的禅神儿女，给督直谬套山上的胜神儿女，给阿敦阿瓦山上的吾神儿女烧天香，供养他们。莫毕精如大神降临来，莫毕精如大神为建造居那若罗神山而祭祀，莫盘恩浩为守护居那若罗神山而祭祀，莫毕精如手里拿着雄鹰翅上羽毛刺穿牲畜的脖子，割断鸡的脖子，而未沾染鲜血，给莫毕精如烧天香，供养莫毕精如大神。在山崖壁上插上树桩，能让桩子发芽，在水中点火，能使水燃起熊熊大火，为这威力无比的祭司烧天香，供养他们。

408-C-20-28

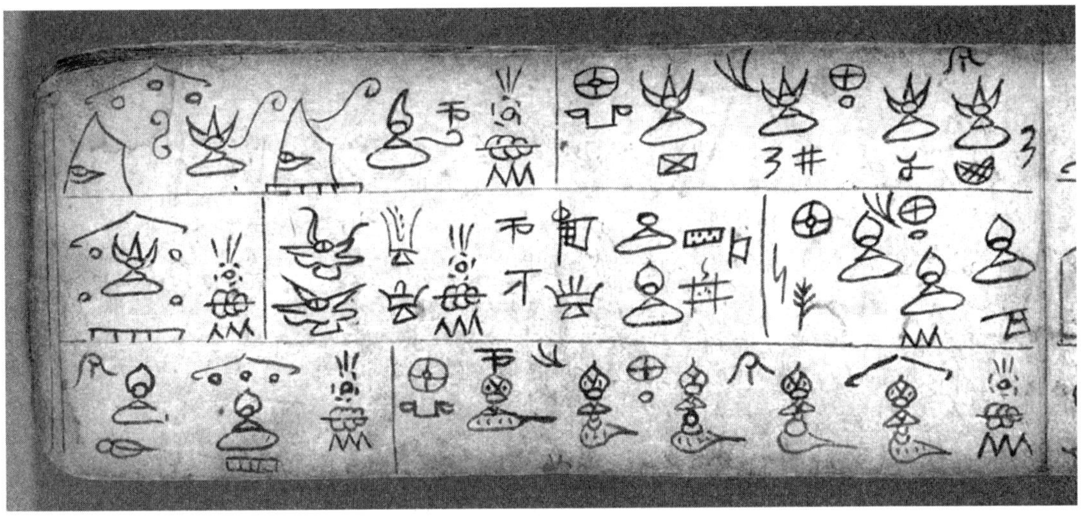

mɯ^{33} ʂuɑ^{21} kɯ^{33} æ^{21} bv̩^{21}, ə^{33} phv̩^{33} gv̩^{33} lv̩^{21} gv̩^{33} tʂhər^{55} zʅ^{33} nɯ^{33} py^{21},dy^{21} ȵə^{21} æ^{21} ʂuɑ^{21}
天 高 星 崖 下 祖父 赐福 九 代 人 由 祭 地 上 崖 高

kho^{33}, ə^{33} ʥʅ^{33} lɑ^{33} mu^{33} ʂər^{33} tʂhər^{55} zʅ^{33} nɯ^{33} phɑ^{21} me^{33} tʂhu^{55} pɑ^{33} be^{33}.| ȵi^{33} me^{33} thv̩^{33}
处 祖母 佬姆 七 代 人 由 卜 的 天香 烧 东方

gə^{21} tshe^{55} tshe^{55} bv̩^{33}, i^{33} tʂhʅ^{33} mi^{21} se^{55} ʐʅ^{33} mi^{21} gu^{33}, ȵi^{33} me^{33} gv̩^{21} nɑ^{55} se^{33} tshu^{33} lu^{33},
格衬称补 南方 胜日明恭 西方 纳生初卢

ho^{33} gv̩^{33} lo^{21} gv̩^{33} se^{55} khə^{33} bɑ^{33}, mɯ^{33} le^{33} dy^{21} ly^{55} gv̩^{33} so^{33} y^{21} tsi^{55} gv̩^{33} tʂhu^{55} pɑ^{33}
北方 古生抠巴 天 和 地 中央 梭余晋古 天香

be^{33}.| bər^{21} y^{21} ʐʅ^{33} hɑ^{33} tʂhər^{21} nɑ^{55} ɕy^{55} mɑ^{21} nɯ^{33}, phər^{21} ne^{21} ʂæ^{21}, gɑ^{33} ne^{21} u^{21}, o^{55} ne^{21}
做 牦牛 羊 酒 饭 肥肉 瘦肉 柏 油 由 盘神 和 禅神 胜神 和吾神 沃神 和

he^{21} tʂhu^{55} pɑ^{33} be^{33}, hɯ^{21} ne^{21} ʥæ^{33} be^{33} ho^{55}.| dɯ^{33} tʂhər^{55}, ȵi^{33} me^{33} thv̩^{33} sər^{33} he^{21}
恒神 天香 做 富 和 裕 做 愿 一 代 东边 木 神

dɯ^{21}, i^{33} tʂhʅ^{33} mi^{21} gə^{33} mi^{33} he^{21} dɯ^{21}, ȵi^{33} me^{33} gv̩^{21} gə^{33} ʂu^{21} he^{21} dɯ^{21}, ho^{33} gv̩^{33} lo^{21}
大 南边 的 火 神 大 西方 的 铁 神 大 北方

gə^{33} ʥi^{21} he^{21} dɯ^{21}, mɯ^{33} le^{33} dy^{21} ly^{55} gv̩^{33} gə^{33} tʂʅ^{33} he^{21} dɯ^{21} tʂhu^{55} pɑ^{33} be^{33}.| ȵi^{33} me^{33}
的 水 神 大 天 又 地 中央 的 土 神 大 天香 做 东方

thv̩^{33} ʂv̩^{21} phər^{21} lv̩^{21} phər^{21}, i^{33} tʂhʅ^{33} mi^{21} ʂv̩^{21} hər^{21} lv̩^{21} hər^{21}, ȵi^{33} me^{33} gv̩^{21} ʂv̩^{21} nɑ^{21} lv̩^{21}
署 白 龙 白 南方 署 绿 龙 绿 西方 署 黑 龙

nɑ^{21}, ho^{33} gv̩^{33} lo^{21} ʂv̩^{21} ʂʅ^{21} lv̩^{21} ʂʅ^{21}, mɯ^{33} le^{33} dy^{21} zv̩^{55} gv̩^{33} ʂv̩^{21} ʥæ^{21} lv̩^{21} ʥæ^{21} tʂhu^{55}
黑 北方 署 黄 龙 黄 天 又 地 中央 署 花 龙 花 天香

pɑ^{33} be^{33}. |
做

天边长满星星的山崖下，九代祖父都为赐福而做祭祀；大地山崖旁，七代祖母都会卜卦，给他们烧天香，供养他们。给东方的格衬称补，南方的胜日明恭，西方的纳生初卢，北方的古生抠巴，天地中央的梭余晋古祭司烧天香，供养他们。用牦牛、羊、酒、饭、肥肉、瘦肉、柏枝、酥油烧天香，供养盘神、禅神、胜神、吾神、沃神、恒神，愿这一户主人家生活富裕。给东方木的大神，南方火的大神，西方铁的大神，北方水的大神，天地中央土的大神烧天香，供养他们。给东方的白署白龙，南方的绿署绿龙，西方的黑署黑龙，北方的黄署黄龙，天地中央的杂色署和龙烧天香，供养他们。

408-C-20-29

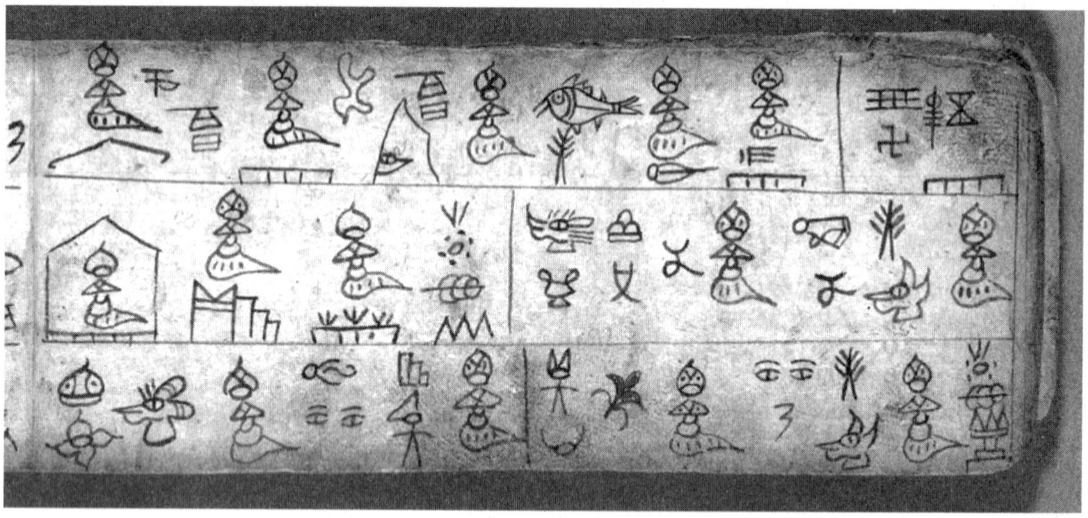

phər^{21} gə^{33} gʏ^{33} tshər^{21} gʏ^{55} dʐʅ^{33} mɯ^{33} nɯ^{33} dʐʅ^{21}, nɑ^{21} gə^{33} ʂər^{33} tshər^{21} ʂər^{33} dʐʅ^{33} dy^{21} nɯ^{33}
白 的 九 十 九 尊 天 由 住 黑 的 七 十 七 尊 地 由

dʐʅ^{33}, ȵə^{55} sɑ^{33} ɕy^{33} lo^{21} dy^{21} nɯ^{33} dʐʅ^{21}, ty^{33} gə^{33} sʅ^{33} phe^{33} æ^{21} nɯ^{33} dʐʅ^{21}, ȵi^{33} gə^{33} sʅ^{33} phe^{33}
住 纽莎许罗 地 由 住 敦 的 头目 崖 由 住 尼 的 头目

dʐər^{21} nɯ^{33} dʐʅ^{21}, ʂʏ^{21} gə^{33} sʅ^{33} phe^{33} dʑi^{21} nɯ^{33} dʐʅ^{21}, sɑ^{21} dɑ^{55} sʅ^{33} phe^{33} dy^{21} nɯ^{33} dʐʅ^{21}, |
树 由 住 署 的 头目 水 由 住 刹道 头目 地 由 住

dər^{33} ɯ^{33} ly^{55} tshæ^{55} ʂʏ^{21} sʅ^{33} phe^{33}, dʐʅ^{33} ne^{21} uə^{33} nɯ^{33} dʐʅ^{21} me^{33} ʂʏ^{21} sʅ^{33} phe^{33}, dər^{33} ne^{21}
地 好 中村 署 头 目 村 和 寨 由 住 的 署 头目 田 和

khɯ^{21} nɯ^{33} dʐʅ^{21} me^{33} ʂʏ^{21} sʅ^{33} phe^{33} tʂhu^{55} pɑ^{33} be^{33}. | bu^{21} tɕər^{21} lu^{33} me^{33} nɑ^{21} nɯ^{33} dʐʅ^{21}
地 由 住 的 署 头目 天香 烧 坡 上 石 头 大 由 住

me^{33} ʂʏ^{21}, tshi^{21} nɑ^{21} dʐər^{21} khɯ^{33} thʏ^{55} nɯ^{33} dʐʅ^{21} me^{33} ʂʏ^{21} , pɑ^{55} hər^{21} lo^{21} nɯ^{33} dʐʅ^{21} me^{33}
的 署 刺大 树 旁 边 由 住 的 署 巴亥 箐 由 住 的

ʂv̩^{21}, ə^{33} miə^{21} dʐʅ^{21} dæ^{21} nɯ^{33} dʐʅ^{21} me^{33} ʂv̩^{21}, | dʑe^{21} kho^{33} dv̩^{21} nɯ^{33} dʐʅ^{21} me^{33} ʂv̩^{21}, ȵə^{55}
署 阿谬 住 宅地 由 住 的 署 水泉 旁 由 住 的 署 纽生

se^{33} dʑər^{21} khɯ^{33} nɯ^{33} dʐʅ^{21} me^{33} ʂv̩^{21} gə^{33} tʂhu^{55} pɑ^{33} be^{33}. |
树 旁 由 住 的 署 的 天香 做

九十九尊白色的署住在天上，七十七位黑色的署住在大地上，纽莎许罗住在地上，署族敦的头目住在山崖上，署族尼的头目住在树上，署族署的头目住在水中，署族的刹道头目住在大地上，给这些署神烧天香，供养他们。给住在中村署的头目，住在村寨之中的署的头目，住在肥田荒地里署的头目，烧天香，供养他们。给住在坡上大石头旁的署，住在长刺的树旁边的署，住在巴亥箐里的署，住在阿谬住宅处的署，住在水泉边的署，住在纽生树旁的署，给这些署烧天香，供养他们。

408-C-20-30

dɑ^{21} uɑ^{33} lo^{21} nɯ^{33} dʐʅ^{21} me^{33} ʂv̩^{21}. | bi^{33} dv̩^{21} hɯ^{55} nɯ^{33} dʐʅ^{21} me^{33} ʂv̩^{21} tʂhu^{55} pɑ^{33} be^{33}. |
达洼 箐 由 住 的 署 毕督 海 由 住 的 署 天香 烧

kɑ^{21} ȵi^{55} lo^{21} nɯ^{33} dʐʅ^{21} me^{33} ʂv̩^{21} tʂhu^{55} pɑ^{33} be^{33}. | dʑi^{33} phər^{21} dʑi^{21} thv̩^{33} kv̩^{33} nɯ^{33} dʐʅ^{21}
嘎涅 箐 由 住 的 署 天香 烧 水 白 水 出 处 由 住

me^{33} ʂv̩^{21} tʂhu^{55} pɑ^{33} be^{33}. | æ^{21} kɑ^{33} dʑi^{21} kho^{33} nɯ^{33} dʐʅ^{21} me^{33} ʂv̩^{21}, | tho^{33} kho^{33} dʑi^{21} kho^{33}
的 署 天香 烧 崖壁 水 泉 由 住 的 署 妥可 水 泉

dv̩^{21} nɯ^{33} dʐʅ^{21} gə^{33} ʂv̩^{21} tʂhu^{55} pɑ^{33} be^{33}. | bv̩^{33} tɕi^{33} dʑi^{21} tshe^{21} kho^{33} nɯ^{33} dʐʅ^{21} me^{33}
边 由 住 的 署 天香 烧 补金景乘 处 由 住 的

ʂv̩^{21}, | lɯ^{33} ʂuɑ^{21} ə^{55} u^{21} uə^{33} nɯ^{33} dʐʅ^{21} me^{33} ʂv̩^{21}, æ^{21} sər^{33} gv̩^{33} tər^{55}, æ^{21} lu^{33} gv̩^{55} lv̩^{33},
署 利刷阿吾 寨 由 住 的 署 崖 木 九 棵 崖 石 九 块

æ^{21} ʥi^{21} gv̩^{33} ho^{21} khɯ^{33} nɯ^{33} ʥʅ^{21} me^{33} ʂv̩^{21} tʂhu^{55} pɑ^{33} be^{33}, | mɯ^{33} ne^{21} dy^{21} ly^{55} gv̩^{33},
崖 水 九 条 旁 由 住 的 署 天香 烧 天 和 地 中间

ʥi^{33} ʥə^{21} lɑ^{33} lər^{33} dy^{21}, |
人 住 辽阔 地

给住在达洼山箐里的署，住在毕督海的署烧天香。给住在嘎涅山箐里的署，住在白水出水口的署，住在崖壁水泉边的署，住在妥可水泉边的署，烧天香供养他们。给住在补金景乘处的署，住在利刷阿吾寨的署，住在九棵山崖上的树木旁、九块岩石旁、九条山崖水泉边的署烧天香，供养他们。从天地中央，从人们居住的大地上，

408-C-20-31

gə^{21} i^{33} lɑ^{33} sɑ^{21} to^{55} khɯ^{33} phər^{21} nɯ^{33} mɯ^{21} dɯ^{55} dɯ^{33}, mɯ^{21} i^{33} bv̩^{33} lv̩^{55} ʐʅ^{33} zɑ^{21} mæ^{33}
上 是 拉萨 坡 脚 白 由 下 一带 下 是 羊 牧 路 下 尾

nɯ^{33} gə^{21} dɯ^{55} dɯ^{55}, ʂv̩^{21} gə^{33} sɑ^{21} dɑ^{55}, ko^{21} dɑ^{55} tʂhʅ^{33} uɑ^{21} tʂhu^{55} pɑ^{33} be^{33}. | lɯ^{55} kv̩^{33}
由 上 一 带 署 的 刹道 戈道 所有 天香 烧 利古

py^{33} bv̩^{21} sər^{33} ʥʅ^{21} ʥy^{21} i^{33} ʂʅ^{33} ɕy^{21} lɑ^{33} mə^{33} ly^{55}, lo^{21} kho^{33} sæ^{33} ɕy^{21} lɑ^{33} mə^{33} thv̩^{55}. |
祭司 树 长 山 是 肉 红 也 不 做 箐 里 血 红 也 不 出

ʂv̩^{21} nɯ^{33} i^{33} dɑ^{21} tʂhʅ^{33} ʥi^{21} tɕər^{21} gv̩^{33} lv̩^{21} kɑ^{33} le^{21} be^{33} me^{33} . i^{33} dɑ^{21} zo^{21} ne^{21} mi^{55} tɕər^{21}
署 由 主人 这 家 上 赐福 保佑 做 是 主人 儿 和 女 上

gv̩^{33} lv̩^{21} kɑ^{33} le^{21} be^{33} me^{33} tʂhu^{55} pɑ^{33} be^{33},gv̩^{33} ȵi^{33} gv̩^{33} lv̩^{21} tʂhər^{33} tʂhər^{21}, ʂər^{33} ȵi^{33} kɑ^{3}
赐福 保佑 做 是 天香 烧 九 天 赐福 稳固 七 天 保佑

le^{21} dɑ^{55} dɑ^{33} ho^{55}. | py^{21} i^{33} py^{21} lɑ^{21} phu^{55} nɯ^{33} phər^{21} me^{33} tv̩^{33} tv̩^{21} kɯ^{33} kɯ^{21} khuɑ^{21} lɯ^{33}
牢靠 愿 祭 是 祭司 手 中 由 白 的 千 千 万 万 晦 来

by^{33} le^{33} tʂʅ^{21}. ʥʅ^{33} i^{33} ʥʅ^{33} lɑ^{21} phu^{55} khuɑ^{21}me^{33} by^{21} le^{33} tʂʅ^{21}.bər^{21} phər^{21} tv̩^{33} tv̩^{21} kɯ^{33}
外 又 除 酋长 是 酋长 手 中 坏 的 处 又 除 牦牛 白 千 千 万

kɯ^{21}, ʐuɑ^{33} mu^{33} tv̩^{33} tv̩^{21} kɯ^{33} kɯ^{21} khuɑ^{21} lɯ^{33} me^{33} by^{21} le^{33} tʂʅ^{21}, mɯ^{33} lɑ^{33} kɯ^{21} bər^{33}
万 马 灰 千 千 万 万 坏 来 的 外 又 除 天 也 星 迁行

zɑ^{21} nɯ^{33} sʅ^{33}. mɯ^{33} dy^{21} mə^{33} n̡i^{55} gv̩^{33}. | mɯ^{33} lɯ^{55} tshe^{21} n̡i^{33} kv̩^{55} khv̩^{55} khuɑ^{21} me^{33}
饶星 由 引 天 地 不 空 成 天 地 十二 属 年 晦 的

by^{21} le^{33} tʂʅ^{21}, fv̩^{55} ne^{21} ʐuɑ^{33} khv̩^{55} mə^{33} thv̩^{21} by^{21} le^{33} tʂʅ^{21}, ɯ^{33} ne^{21} y^{21} khv̩^{55} mə^{33} thv̩^{21}
外 又 除 鼠 和 马 属 相克 外 又 除 牛 和 羊 属 相克

by^{21} le^{33} tʂʅ^{21}, |
外 又 除

给从拉萨白色山脚以下一带地方，从下边牧羊路尾以上一带地方的所有的署神刹道、戈道烧天香，供养他们。主持祭仪的利古祭司，并没有在大山森林之中杀牲割肉，并没有在山箐之中放血污染水源，为给这一户主人家赐予福泽，保佑这一户主人家儿女的所有署神烧天香，供养他们。愿他们给予人们的九天福分更稳固，愿他们给予人们的七天保佑更牢靠。

排除由祭司手中带来的千千万万东西中出现的秽物，除去由酋长手中带来的所有东西中出现的秽物。除去千千万万的牦牛、千千万万的灰色马中带来的凶兆，天上的星星由饶星引路（排除了凶兆），天就不会空荡荡的。把天地间十二属相中的凶晦排除掉。除鼠和马相克的凶兆，除牛和羊相克的凶兆，

408-C-20-32

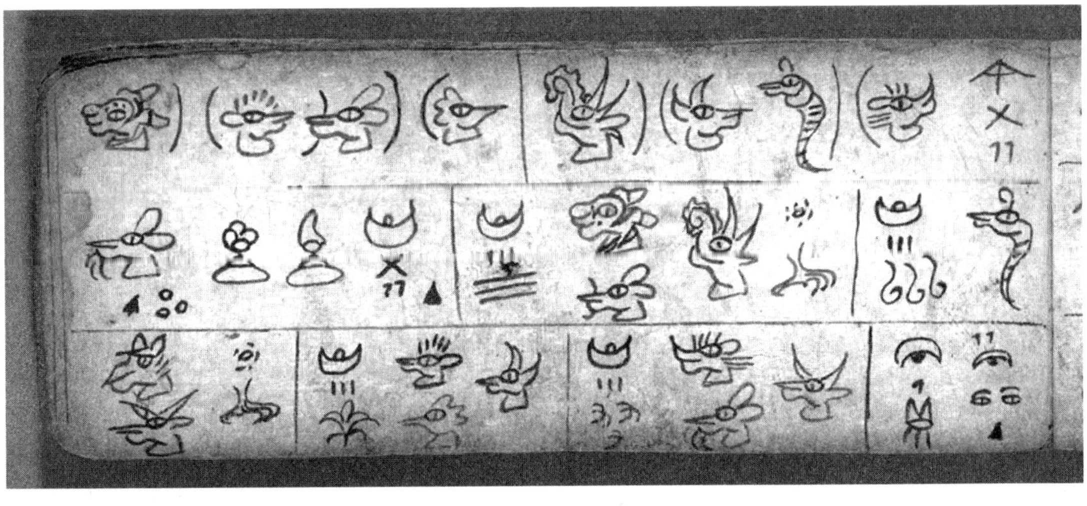

lɑ^{33} ne^{21} ə^{55} y^{21} mə^{33} thv̩^{21} by^{21} le^{33} tʂʅ^{21}, tho^{33} le^{33} æ^{21} mə^{33} thv̩^{21} by^{21} le^{33} tʂʅ^{21}, | lv̩^{21} khɯ^{33}
虎 和 猴 相克 外 又 除 兔 鸡 相克 外 又 除 龙 狗

mə^{33} thv̩^{21} by^{21} le^{33} tʂʅ^{21}, ʐʅ^{21} bu^{21} mə^{33} thv̩^{21} by^{21} le^{33} tʂʅ^{21}. mɯ^{33} lɯ^{55} tshe^{21} n̡i^{33} khv̩^{55} khuɑ^{21} me^{33}
相克 外 又 除 蛇 猪 相克 外 又 除 天 地 十二 年 晦 的

le^{33} tʂʅ^{21}. lu^{21} se^{21} tshe^{21} n̩i^{33} he^{33} khuɑ^{21} me^{33}.｜n̩ə^{21} mɯ^{33} n̩ə^{21} sʅ^{55} he^{33}, lɑ^{33} tho^{33} le^{33} ly̩^{21} gə^{33}

又 除 卢神 沈神 十二 月 晦 的 春天 春 三 月 虎 兔子 龙 的

Khy̩^{55} khuɑ^{21} by^{21} le^{33} tʂʅ^{21}；｜ʐu^{21} mɯ^{33} ʐy̩^{21} sʅ^{55} he^{33}, ʐʅ^{21} ʐuɑ^{33} y^{21} gə^{33} khy̩^{55} khuɑ^{21}

年 晦 外 又 除 夏 天 夏 三 月 蛇 马 羊 的 岁 晦

by^{21} le^{33} tʂʅ^{21}；｜tʂhy̩^{55} mɯ^{33} tʂhy̩^{55} sʅ^{55} he^{33}, ə^{55} y^{21} æ^{21} khɯ^{33} gə^{33} khy̩^{55} khuɑ^{21} by^{21} le^{33}

外 又 除 秋天 秋 三 月 猴 鸡 狗 的 岁 晦 外 又

tʂʅ^{21}；｜tshʅ^{33} mɯ^{33} tshʅ^{33} sʅ^{55} he^{33}, bu^{21} fy̩^{55} ɯ^{33} gə^{33} khy̩^{55} khuɑ^{21} by^{21} le^{33} tʂʅ^{21}.｜dɯ^{33} hɑ^{55}

除 冬 天 冬 三 月 猪 鼠 牛 的 岁 晦 外 又 除 一 天

hɑ^{55} ky̩^{33} khuɑ^{21}, n̩i^{33} hɑ^{55} hɑ^{55} miə^{21} khuɑ^{21}，｜

天 头 晦 二 天 天 眼 晦

除虎和猴相克带来的凶兆，除鸡和兔相克带来的凶兆，除龙和狗相克带来的凶兆，除蛇和猪相克带来的凶兆，把天地间十二属相带来的凶兆排除掉。把卢神和沈神所安排的一年十二个月中出现的凶兆排除掉；在春天三个月中，虎、兔子、龙带来的凶兆排除掉；在夏天三个月中，把蛇、马、羊带来的凶兆排除掉；在秋天三个月中，把猴、鸡、狗带来的凶兆排除掉；在冬天三个月中，把猪、鼠、牛带来的凶兆排除掉。第一天，把一天之头出现的凶兆排除掉，第二天，把一天之眼出现的凶兆排除掉，

408-C-20-33

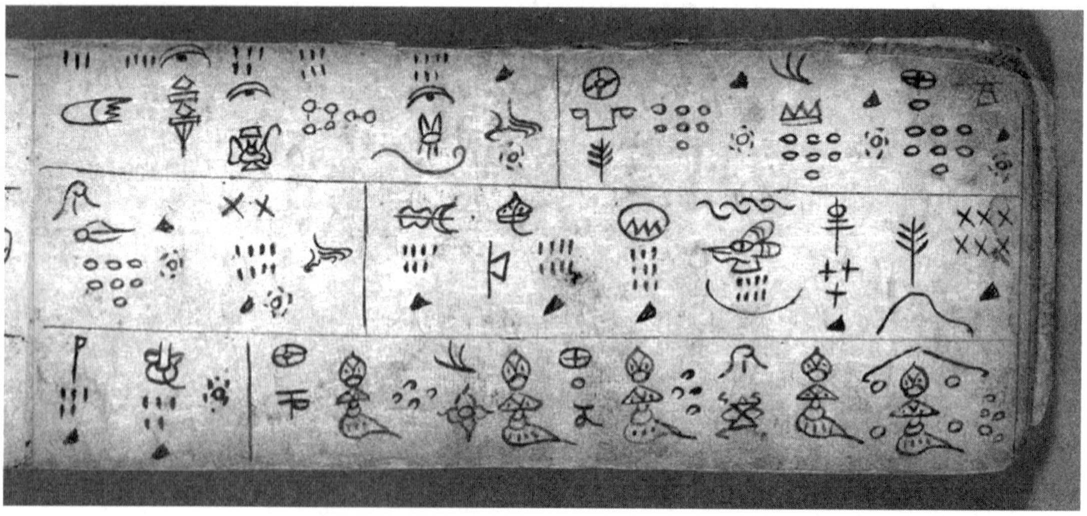

sʅ^{55} hɑ^{33} hɑ^{55} lɑ^{21} khuɑ^{21}, lu^{55} hɑ^{33} phy^{33} by^{33} khuɑ^{21}, uɑ^{55} hɑ^{33} py^{21} bɑ^{33} khuɑ^{21}, tʂhuɑ^{55} hɑ^{33}

三 天 天 手 晦 四 天 降魔杵 晦 五 天 净水壶 晦 六 天

tʂhuɑ^{55} tsʅ^{21} khuɑ^{21}, ʂər^{33} hɑ^{55} lo^{21} ky̩^{33} khuɑ^{21}, khuɑ^{21} me^{33} by^{21} le^{33} tʂʅ^{21}.｜n̩i^{33} me^{33} thy̩^{33}

昴 星 晦 七 天 罗故 晦 晦 的 外 又 除 东方

sər33 kɯ21 ʂər21 ly33 khuɑ21, i33 tʂhʅ33 mɯ21, mi33 kɯ21 ʂər33 ly33 khuɑ21, ȵi33 me33 gv̩21, ʂu21
木 星 七 个 晦 南方 火 星 七 个 晦 西方 铁

kɯ21 ʂər33 ly33 khuɑ21, khuɑ21 me33 by21 le33 tʂʅ21. | ho33 gv̩33 lo21 ʥi21 kɯ21 ʂər33 ly33 khuɑ21,
星 七 个 晦 晦 的 外 又 降 北方 水 星 七 个 晦

kɯ21 mu33 ȵi33 tsər21 ho55 kɯ21 khuɑ21 me33 by21 le33 tʂʅ21. | zɑ21 phər21 ʂər33 ly33 khuɑ21
星宿 二 十 八 宿 晦 的 外 又 除 饶星 白 七 个 晦

me33 by21 le33 tʂʅ21. pɑ33 kə21 ho55 khu33 khuɑ21 me33 by21 le33 tʂʅ21, mi33 uə21 gv̩55 ly33 khuɑ21
的 外 又 除 巴格 八 方 晦 的 外 又 除 九宫 九 个 晦

me33 by21 le33 tʂʅ21, tɕi55 lo21 ho55 khu33 khuɑ21 me33 by21 le33 tʂʅ21, ly21 phy33 sʅ33 tshər21 khuɑ21
的 外 又 除 季罗 八 门 晦 的 外 又 除 吕毕 三 十 晦

me33 by21 le33 tʂʅ21, bu33 tho21 tʂhuɑ55 tshər21 khuɑ21 me33 by21 le33 tʂʅ21, | ko21 zæ33 uɑ55 kv̩33
的 外 又 除 补托 六 十 晦 的 外 又 除 戈冉 五 个

khuɑ21 me33 by21 le33 tʂʅ21, nv̩55 me33 uɑ55 ly33 khuɑ21 me33 by21 le33 tʂʅ21, | ȵi33 me33 thv̩33,
晦 的 外 又 除 奴美 五 颗 晦 的 外 又 除 东方

ʂu21 phər21 by21 le33 tʂʅ21, i33 tʂhʅ33 mi21 ʂv̩21 hər21 by21 le33 tʂʅ21, ȵi33 me33 gv̩21 ʂv̩21 nɑ21 by21
署 白 外 又 除 南方 署 绿 外 又 除 西方 署 黑 外

le33 tʂʅ21, ho33 gv̩33 lo21, ʂv̩21 ʂʅ21 by21 le33 tʂʅ21, mɯ33 le33 dy21 ly55 gv̩33, ʂv̩21 ʥæ21 by21 le33
又 除 北方 署 黄 外 又 除 天 和 地 中央 署 花 外 又

tʂʅ21.
除

第三天除去一天的手部位[1]中出现的凶兆，第四天除去降魔杵中出现的凶兆，第五天除掉净水壶里出现的凶兆，第六天除去昴星上出现的凶兆，第七天除去罗故上出现的凶兆。除去东方七颗木星出现的凶兆，除去南方七颗火星出现的凶兆，除去西方七颗铁星出现的凶兆，除去北方七颗水星出现的凶兆，除去二十八宿中出现的凶兆，除去七个白色饶星中出现的凶兆，除去巴格之八方出现的凶兆，除掉九宫九个中出现的凶兆，除去季罗[2]八个门中出现的凶兆。除掉吕毕三十个中出现的凶兆，除掉六十个补托（类似干支）中出现的凶兆。除掉五个戈冉，五颗奴美出现的凶兆。除掉东方白署给人带来的灾祸，除掉南方绿署给人带来的灾祸，除掉西方黑署给人带来的灾祸，除掉北方黄署给人带来的灾祸，除掉天地中央杂色署给人带来的灾祸。

① 一天的手部位：此句与前文的“一天之头”、“一天之眼”，不知其义，硬译如是，存疑。
② 季罗：音译名词，不知其义。后文的“吕华”、“戈冉”、“奴美”皆然。

408-C-20-34

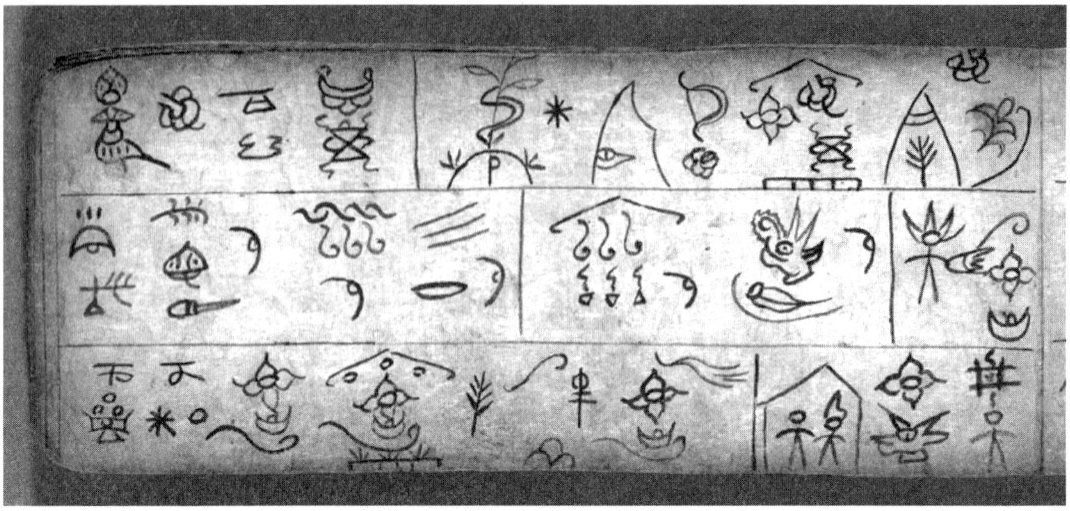

ʂv̩^{21} gə^{33} nv̩^{55} me^{33} thɯ^{33}, ʂu^{21} ne^{21} æ^{33} nɯ^{33} khɯ^{55} bɯ^{33} lɑ^{33}, ŋv̩^{33} ne^{21} hæ^{21} nɯ^{33} dɯ^{33} kæ^{33}

署 的 心脏 是 铁 和 铜 由 放 也 是 银 和 金 由 一 换

lu^{33}. | ko^{21} kv̩^{33} mu^{21} lo^{33} phər^{21}, tv̩^{21} gv̩^{21} ɕi^{33} gv̩^{21} gv̩^{21} bɯ^{33} lɑ^{33}, mə^{33} gv̩^{21} be^{33} le^{33} tʂʅ^{21}.

来 高原 杜鹃树 白 千 曲 百 曲 弯 也 是 不 弯 地 又 正

æ^{21} ʂuɑ^{21} huɑ^{55} nɯ^{33} lv̩^{55} lɯ^{33} lɑ^{33}, mə^{33} lv̩^{55} by^{21} le^{33} khæ^{55}. tʂʅ^{21} se^{33} mɯ^{33} gə^{33} nv̩^{55} me^{33}

崖 高 苔鲜 由 缠 来 也 不 缠 外 又 除 除 了 天 的 心脏

uɑ^{33} hər^{21}, dy^{21} gə^{33} nv̩^{55} me^{33} hæ^{33} ʂʅ^{21} khɯ^{55}, dʑy^{21} gə^{33} nv̩^{55} me^{33} tho^{33} hər^{21} khɯ^{55} , lo^{21}

松石 绿 地 的 心脏 金 黄 放 山 的 心脏 松 绿 放 箐

gə^{33} nv̩^{55} me^{33} bɑ^{21} zi^{33} khɯ^{55}. | sʅ^{55} hɑ^{33} i^{33} so^{21} gv̩^{33}, pɯ^{33} pɑ^{33} pe^{21} tʂu^{55} be^{33} mə^{33} tʂər^{21} ,

的 心脏 花 美 放 三 天 两 早 到 破坏 作祟 做 不 使

tɕi^{21} dzv̩^{33} hɯ^{21} gɯ^{33} lɯ^{33} mə^{33} tʂər^{21}, hər^{33} thv̩^{33} tshe^{55} phv̩^{55} khɯ^{55} mə^{33} tʂər^{21}, | hɯ^{21} gɯ^{33}

云 涌 雨 下 来 不 使 风 吹 叶 落 放 不 使 雨 下

dʑo^{33} sʅ^{33} lɯ^{33} mə^{33} tʂər^{21}, | lv̩^{21} tɯ^{33} dʑi^{21} bər^{33} lɯ^{33} mə^{33} tʂər^{21}. | tʂʅ^{21} se^{33} uɑ^{21} le^{33}

雹 引 来 不 使 龙 起 洪水 发 来 不 使 除 了 魂 又

ʂər^{55} bɯ^{33} me^{33}. ly^{55} kv̩^{33} py^{33} bv̩^{21} lɑ^{21} nɯ^{33} uɑ^{21} le^{33} ʂər^{55}. | bər^{21} phər^{21} tv̩^{33} tv̩^{21}, bər^{21}

招 要 是 利古 祭司 手 由 魂 又 招 牦牛 白 千 千 牦牛

nɑ^{55} kɯ^{33} kɯ^{21} nɯ^{33} uɑ^{21} he^{33} gə^{21} le^{33} ʂər^{55}, mɯ^{33} gə^{33} kɯ^{21} bv̩^{21}, dy^{21} gə^{33} zə̧^{21} tɕər^{21}

黑 万 万 由 魂魄 上 又 招 天 的 星 下 地 的 草 上

mə^{33} i^{33} uɑ^{21} le^{33} ʂər^{55}, sər^{33} ne^{21} lu^{33} n̥ə^{21} mə^{33} ly^{21} uɑ^{21} he^{33} gə^{21} le^{33} ʂər^{55}, dʑi^{21} ne^{21}

不 有 魂 又 招 木 和 石 上 不 瞧 魂魄 上 又 招 水 和

khæ^{33} ȵə^{21} mə^{33} i^{33} uɑ^{21} he^{33} ʂər^{55}. | i^{33} dɑ^{21} tʂhʅ^{33} ʥi^{21}nɯ^{21} ne^{21} uɑ^{21}, hɯ^{21} ne^{21} ʥæ^{33}, zʅ^{33}
渠 里 不 有 魂魄 招 主人 这 家 福 和 泽 富 和 裕 寿

ʂər^{21} hɑ^{55} i^{33}
长 日 久

即使署的心脏是铜和铁做的，也要换成金子和银子的心，即使高原上的杜鹃木有上千上万处的弯曲，校正过后也要变成直的。即使高高的山崖上完全被苔鲜所纠缠，也能把山崖上的苔鲜除去。除去了不好的部分，天的心脏里放上绿松石，地的心脏中放上黄金，大山的心脏里放上白色的松树，山箐的心脏中放上美丽的花朵。即使过去了三天两旱，不让鬼再来破坏和捣乱，不让他们施放乌云、暴雨，不让他们施放吹落树叶的狂风，不让他们施放大雨引来的冰雹，不让恶龙起身引起山洪暴发。

除去不好的东西，就要招回人的魂魄。由主持祭祀的利古祭司之手招回人的魂魄。用千千万万的白牦牛和黑牦牛来招魂，从天上的星星之下，地上的绿草之中将人的魂魄招回，从树木和石头之中将人的魂魄招回，从水和水渠之中将人的魂魄招回。招回魂魄之后，愿这一户主人家有福有泽，生活富裕，人们健康长寿。

408-C-20-35

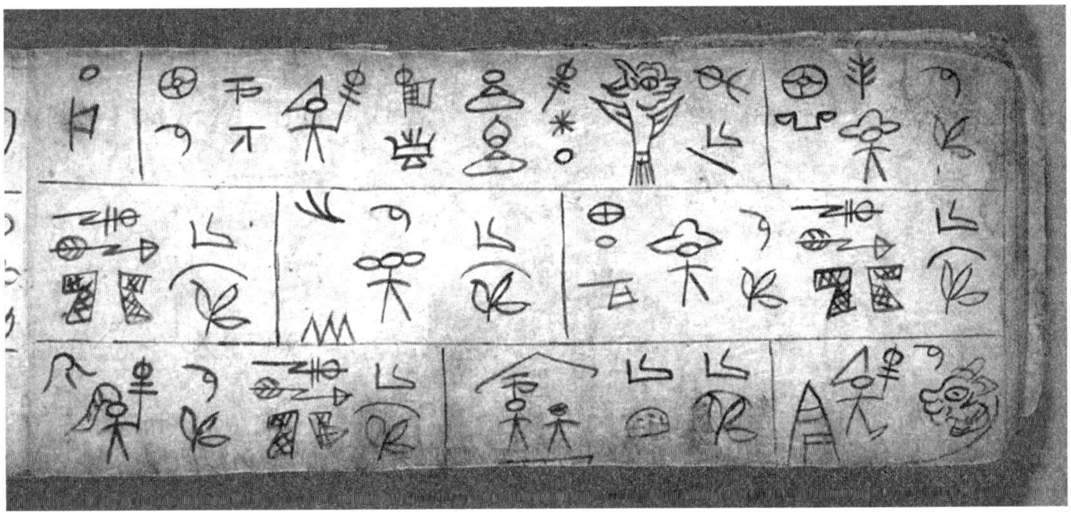

gv̩^{33} be^{33} ho^{55}. | bi^{21} thv̩^{33} mə^{33} tʂhʅ^{33} ȵi^{33}, phər^{21} ne^{21} ʂæ^{21} mu^{21}, gɑ^{33} he^{21} u^{21} mu^{21}, o^{55}
成 做 愿 日 出 的 这 日 盘神 和 禅神 兵 胜神 和 吾神 兵 沃神

ne^{21} he^{21} mu^{21}, iə^{33} mɑ^{21} tv̩^{33} tv̩^{21} kɯ^{33} kɯ^{21} zɑ^{21} le^{33} tshʅ^{21}. | ȵi^{33} me^{33} thv̩^{33}, sər^{33} ə^{55} pɑ^{33}
和 恒神 兵 优麻 千 千 万 万 降临 又 来 东边 木 阿巴

nɯ^{33} zv̩^{21} kɑ^{33} mə^{33} tɯ^{33} nɯ^{33}. ly^{33} tɕhər^{33} lɯ^{33} tɕhər^{33}, khuɑ^{55} tʂhʅ^{55} gæ^{21} ʂə^{21}, zv̩^{21} zər^{21}
由 仇 兵 不 起 就 矛 断 箭 断 铠 破 甲 撕 仇 压

mɯ^{21} le^{33} zər^{21}. | i^{33} tʂhʅ^{33} mɯ^{21}, mi^{33} le^{33} bv̩^{33} nɯ^{33} zv̩^{21} kɑ^{33} mə^{33} tɯ^{33} nɯ^{33} zv̩^{21} zər^{21} mɯ^{21}
下 又 压 南方 火 勒补 由 仇 兵 不 起 就 仇 压 下

le^{33} zər^{21}. | ȵi^{33} me^{33} gv̩^{21}, ʂu^{21} gv̩^{33} dʑʅ^{21} nɯ^{33} zv̩^{21} kɑ^{33} mə^{33} tɯ^{33} nɯ^{33}, ly^{33} tɕhər^{33} lɯ^{33}
又 压 西方 铁 藏族 由 仇 兵 不 起 就 矛 断 箭

tɕhər^{33}, khuɑ^{55} tʂhʅ^{55} gæ^{21} ʂə^{21}, zv̩^{21} zər^{21} mɯ^{21} le^{33} zər^{21}. | ho^{33} gv̩^{33} lo^{21}, gə^{21} lo^{55} tshy^{55}
断 铠 烂 甲 撕 仇 压 下 又 压 北方 格罗趣

bə^{33} lɯ^{33} nɯ^{33} zv̩^{21} kɑ^{33} mə^{33} tɯ^{33} nɯ^{33}, ly^{33} tɕhər^{33} lɯ^{33} tɕhər^{33}, khuɑ^{55} tʂhʅ^{55} gæ^{21} ʂə^{21}, zv̩^{21}
崩仂 由 仇 兵 不 起 就 矛 断 箭 断 铠 破 甲 撕 仇

zər^{21} mɯ^{21} le^{33} zər^{21}. | mɯ^{33} le^{33} dy^{21} zv̩^{55} gv̩^{33}, phər^{21} nɑ^{55} bə^{33} u^{21} nɯ^{33}, zv̩^{21} kɑ^{33} mə^{33}
压 下 又 压 天 和 地 中央 盘人 纳人 崩人 吾人 由 仇 兵 不

tɯ^{33} nɯ^{33}, zv̩^{21} zər^{21} mɯ^{21} le^{33} zər^{21}. | dʑy^{21} ʂuɑ^{21} mu^{21} mə^{33} lɯ^{33}, lo^{21} ho^{55} lɑ^{33} mə^{33} lɯ^{33}
起 就 仇 压 下 又 压 山 高 兵 不 来 箐 深 虎 不 来

sʅ^{33} nɯ^{33},
前 就

好日子这一天，盘神、禅神、胜神、吾神、沃神、恒神的兵，千千万万的优麻战神降临来。东边，木方位的阿巴（汉族）尚未起兵到来，就把他们的矛和箭折断，撕破他们的铠甲，把仇人镇压下去。南边，火方位的勒补（白族）尚未起兵，就先把他们的矛和箭折断，撕破他们的铠甲，把他们镇压下去。西方，属铁之方位的藏族尚未起来寻衅，就先把他们的矛和箭折断，撕破他们的铠甲，把仇敌镇压下去。北边，水方位的格罗趣崩仂人尚未起兵，就先把他们的矛、箭折断，撕破他们的铠甲，把仇兵镇压下去。天地中央的盘人、纳人、崩人、吾人尚未起兵，就先把他们镇压下去。大山上的敌兵尚未到来之前，山箐中的猛虎尚未出现，

408-C-20-36

zv̩^{21} zər^{21} mɯ^{21} le^{33} zər^{21}, zv̩^{21} gə^{33} ly^{33} tɕhər^{33} lɯ^{33} tɕhər^{33}, khuɑ^{55} tʂhʅ^{55} gæ^{21} ʂə^{21}, zv̩^{21} sy^{55}
仇 压 下 又 压 仇 的 矛 断 箭 断 铠 破 甲 撕 仇 杀

mɯ^{21} le^{33} sy^{55}, | mɯ^{33} dɯ^{33} tɕi^{21} nɯ^{33} zər^{21}, dy^{21} dɯ^{21} zə̩^{21} nɯ^{33} zər^{21}, so^{33} ʂuɑ^{21} be^{33} nɯ^{33}
下 又 杀 天 大 云 由 压 地 大 草 由 压 岭 高 雪 由

zər^{21}, lo^{21} ho^{55} dʑi^{21} nɯ^{33} zər^{21}, dʑy^{21} i^{33} dʑy^{21} nɑ^{55} zo^{55} lo^{33} dʑy^{21} nɯ^{33} zər^{21}, dʑər^{21} mu^{33}
压 箐 深 水 由 压 山 的 山 居那若罗 山 由 压 树 的

dʑər^{21} i^{21} hæ^{21} i^{33} bɑ^{55} dɑ^{21} dʑər^{21} nɯ^{33} zər^{21}, lu^{33} mu^{33} lu^{33} i^{33} tse^{55} tse^{33} hæ^{21} ly̩^{33} me^{33} nɯ^{33}
树 是 含依巴达 树 由 压 石 的 石 是 增争含鲁美 由

zər^{21}, hɯ^{55} mu^{33} hɯ^{55} i^{33} mɯ^{33} lɯ^{55} dɑ^{33} dʑi^{21} hɯ^{55} nɯ^{33} zər^{21}, | hæ^{21} i^{33} bɑ^{55} dɑ^{21} dʑər^{21},
压 海 的 海 是 美利达吉海 由 压 含依巴达 树

dy̩^{21} phər^{21} ɕə^{33} tɕhy^{21} me^{33} nɯ^{33} zər^{21}. tɕi^{21} ne^{21} hər^{33} nɯ^{33} zər^{21}, gɑ^{33} gə^{33} tɕi^{21} ne^{21} hər^{33}
海螺 白 大鹏 的 由 压 云 和 风 由 压 胜神 的 云 和 风

nɯ^{33} zər^{21}, mɯ^{33} lɯ^{55} du^{21} dʐʅ^{33} gə^{33} tɕər^{21} ne^{21} hər^{33} nɯ^{33} zər^{21}, zy̩^{21} zər^{21} mɯ^{21} le^{33} zər^{21}. |
由 压 美利董主 的 云 和 风 由 压 仇 压 下 又 压

gɑ^{33} khɯ^{33} ɯ^{33} me^{33} zy̩^{21} dy^{21} khɯ^{55}, lɯ^{55} khɯ^{33} ɯ^{33} me^{33} zy̩^{21} dy^{21} le^{33} ly^{55}, ȵi^{33} me^{33} thy̩^{55}
胜神 狗 好 的 仇 地方 放 猎 狗 好 的 仇 地 又 放 东方

sər^{33} ə^{55} pɑ^{21} gə^{33} zy̩^{21} khɯ^{33} ly̩^{21} lɯ^{33} me^{33}, | i^{33} tʂhʅ^{33} mɯ^{21}, mi^{33} le^{33} by̩^{33} gə^{33} zy̩^{21} khɯ^{33}
木 阿巴 的 仇 狗 吠 是 南方 火 勒补 的 仇 狗

ly̩^{21} lɯ^{33} me^{33}, | ȵi^{33} me^{33} gy̩^{21} ʂu^{21} gy̩^{33} dʐʅ^{21} gə^{33} zy̩^{21} khɯ^{33} ly̩^{21} lɯ^{33} me^{33}, | ho^{33} gy̩^{33} lo^{21}
吠 来 是 西方 铁 古宗 的 仇 狗 吠 来 是 北方

gə^{21} lo^{55} tshy^{55} gə^{33} zy̩^{21} khɯ^{33} ly̩^{21} lɯ^{33} me^{33},
格罗趣 的 仇 狗 吠 来 是

就把仇人镇压下去，把仇人的矛、箭折断，撕破仇人的铠甲，把千千万万的仇人杀掉。大大由天上白云来压，地大由地上青草来压，峻岭由岭上的白雪来压，箐深由山箐里的大水来压。所有的山由居那若罗神山来压；所有的树，由含依巴达神树来压；所有的石头，由增争含鲁美神石来压；所有的海，由美利达吉神海来压。含依巴达神树由海螺般洁白的大鹏鸟来压，由云和风来压，由胜神的云和风来压，由美利董主的云和风来压。

把胜神的狗放到仇人的地方去，把好的猎狗放到仇人的地方去，东边，若木方位阿巴仇人的狗狂吠起来，南边，若火方位勒补仇人的狗狂吠起来，西方，若铁方位古宗仇人的狗狂吠起来，北方，若格罗趣仇人的狗狂吠起来，

408-C-20-37

mɯ^{33} le^{33} dy^{21} zy̩^{55} gy̩^{33}, phər^{21} nɑ^{55} bə^{33} o^{21} zy̩^{21} khɯ^{33} ly̩^{21} lɯ^{33} me^{33}, dʑy^{21} ʂuɑ^{21} mu^{21}, lo^{21}
天 和 地 中央 盘 纳 崩 俄 仇 狗 吠 来 是 山 高 兵 箐

ho^{55} lɑ^{33} gə^{33} zy̩^{21} khɯ^{33} ly̩^{21} lɯ^{33} me^{33}, | khɯ^{33} ɯ^{33} zy̩^{21} gə^{33} tshe^{33} dy^{21} khɯ^{55} le^{33} fæ^{33}. |
深 虎 的 仇 狗 吠 来 是 狗 好 仇 的 十 地 放 又 去

lɯ^{55} khɯ^{33} ɯ^{33} me^{33}, nɯ^{21} uɑ^{21} mə^{33} ly^{21} gy̩^{21} bu^{21} ly^{21} le^{33} fæ^{33}. | dʑi^{33} uɑ^{21} mə^{33} ly^{21}, zy̩^{21}
猎 狗 好 的 畜 魂 不 瞧 熊 野猪 瞧 又 去 人 魂 不 瞧 仇

uɑ^{21} ly^{21} le^{33} fæ^{33}, | nɯ^{21} uɑ^{21} mə^{33} ly̩^{21} zy̩^{21} ɳə^{21} ly̩^{21} le^{33} fæ^{33}. | i^{33} dɑ^{21} tʂhʅ^{33} dɯ^{33} dʑi^{21},
魂 瞧 又 去 福 泽 不 吠 仇 上 吠 又 去 主人 这 一 家

bər^{21} y^{21} zʅ^{33} hɑ^{33} tʂhər^{21} nɑ^{55} ɕy^{55} mɑ^{21} nɯ^{33}, mɯ^{33} ne^{21} dy^{21} ko^{55} gɯ^{33} tʂhu^{55} pɑ^{33} be^{33},
牦牛 羊 酒 饭 肥肉 瘦肉 柏 酥油 由 天 和 地 之间 天香 烧

phər^{21} ne^{21} ʂæ^{21}, gɑ^{33} ne^{21} u^{21}, o^{55} ne^{21} he^{21}, ʂy̩^{21} ne^{21} ly̩^{21} tʂhu^{5} pɑ^{33} be^{33} . | zo^{33} ɯ^{33} lɑ^{21}
盘神 和 禅神 胜神 和 吾神 沃神 和 恒神 署 和 龙 天香 烧 男 好

dʐu^{33} ʂu^{21} me^{33} dɯ^{33}, nɑ^{21} zo^{33} khə^{55} ʂu^{21} khə^{55} dɯ^{33} se^{21},
武器 找 是 得 纳 儿 巧 找 巧 得 了

若天地中央盘人、纳人、崩人、吾人等仇人的狗吠起来，若高山上仇人兵带来的狗、深箐中虎般凶狠的仇人的狗狂吠起来，把这些所有狂吠的狗放到仇人的十个地方去。不让狂吠的狗瞧着牲畜的魂魄，让它朝大山中的老熊和野猪狂吠去。不让狂吠的狗儿朝着人的魂魄，让狗朝着仇人狂吠去。不让狂吠的狗儿朝着福泽，让它朝着仇人狂吠去。

这一户主人家用牦牛、羊、酒、饭、肥肉、瘦肉、柏枝、酥油烧天香，供养天地间的盘神和禅神，供养胜神和吾神，供养沃神和恒神，供养署神和龙。愿好男儿想找武器就能找到，纳西儿子，要找灵巧就能找到灵巧，

408-C-20-38

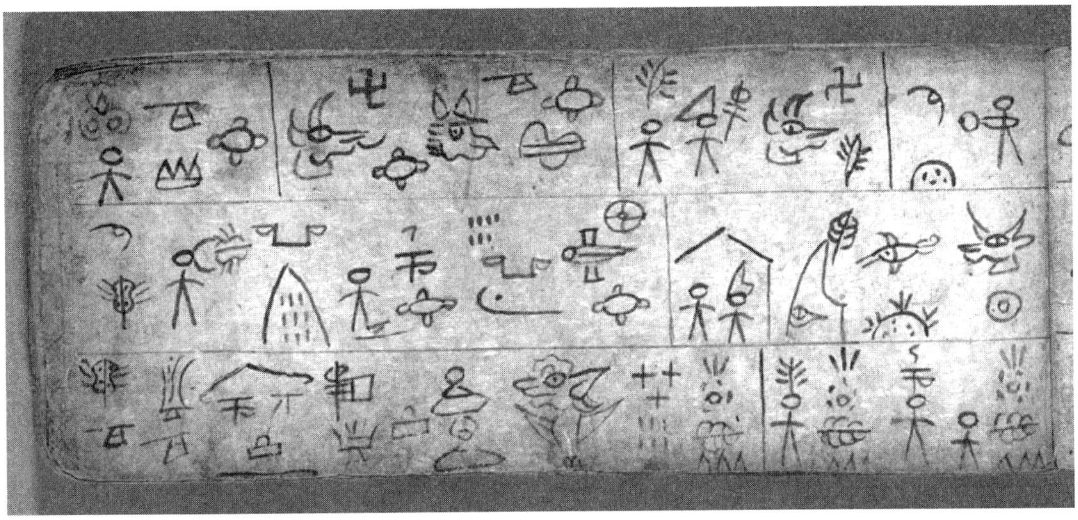

zo^{33} ɯ^{33} mi^{33} ʂu^{33} mi^{33} dɯ^{33} se^{21}. | khɯ^{33} ɯ^{33} ɕy^{33} ʂu^{21} dɯ^{33}, gu^{21} tshu^{21} tɕi^{55} ʂu^{21} tɕi^{55}
儿　好 火　找　火　得　了　狗　好　兽　找　得　马　快　鞍　找　鞍

dɯ^{21}, | ɕi^{33} dæ^{21} khɯ^{33} ɯ^{33} ɕi^{21}, | uɑ^{21} mə^{33} pu^{55}, dʑe^{33} mə^{33} tʏ^{21} me^{33} dʑe^{33} ʂu^{21} dʑe^{33} dʐʅ^{33}
得　人 勇敢　狗　好　养　粮　不　带　麦　不　种　是　食　找　食　吃

dɯ^{33}. gʏ^{33} dʑy^{21} kʏ^{33} lɑ^{33} thʏ^{33}, ʐʅ^{33} phər^{21} ʂu^{21} me^{33} ʐʅ^{33} phər^{21} dɯ^{33}, ʂər^{33} lo^{33} nɑ^{21} lɑ^{33}
得　九　山　上　也　到　路　白　找　是　路　白　得　七　箐　大　也

thʏ^{33}, ȵi^{55} nɯ^{33} dʑo^{21} ʂu^{21} dʑo^{21} dɯ^{33}. | i^{33} dɑ^{21} tʂhʅ^{33} dɯ^{33} dʑi^{21}, æ^{33} ʂuɑ^{21} ɕy^{55}, ko^{33} ʂuɑ^{21}
到　白天 由　桥　找　桥　得　主人　这　一　家　崖　高　柏　高原

bæ^{33}, ɯ^{33} ɕy^{21} mɑ^{21}, dʑe^{33} ʂu^{21} by^{21}, ʐʅ^{33} kʏ^{33} ʂu^{21} nɯ^{33}, mɯ^{33} ne^{21} dy^{21} ko^{55} gɯ^{33}, phər^{21}
蜂蜜　牛 红　油　麦　红　面　酒　头　醇　由　天　和　地　之间　盘神

hɯ^{21} ʂæ^{21} bæ^{21}, gɑ^{33} hɯ^{21} u^{21} bæ^{21}, o^{55} hɯ^{21} he^{21} bæ^{21}, to^{33} kə^{21} ɹə^{33} mɑ^{21}sʅ^{21} ɕi^{33} tʂhu^{55}
喜欢禅神高兴 胜神 喜欢 吾神 高兴沃神 喜欢恒神 高兴 端格　优麻　三　百　六十

tshər^{21}tʂhu^{55} pɑ^{33} be^{33}. | ə^{33}sʅ^{21} tʂhu^{55} pɑ^{33} be^{33}, phər^{21} ʐʅ^{33} ʂər^{21} gə^{33} bʏ^{21}ʐʅ^{21} tʂhu^{55} pɑ^{33} be^{33}
天香　烧　父亲　天香　烧　盘　寿　长　的　兄弟　天香　烧

me^{33}, |
是

好男儿寻找火种能找到。愿好狗能追上野兽，快马能得到漂亮的鞍鞯，愿勇敢的人能养上好猎狗，愿人们即使身上没有带上粮食，家里不种粮食，也能吃上饭。愿人们走到九山之上，能找到要走的路，到了七座大山箐中，天黑之前就能找到要过的桥梁。

这一户主人家用山崖上的翠柏，高原上的蜂蜜，红牛的酥油，纯净的麦面，醇厚的头酒，给高高兴兴、喜喜欢欢的盘神、禅神、胜神、吾神、沃神、恒神，三百六十尊端格优麻战神

烧天香。愿父亲烧的天香，长寿的盘神兄弟所烧的天香，

408-C-20-39

ky̩^{33} phər^{21} dʑæ^{33} ʂʅ^{21}, zʅ^{33} ʂər^{21} hɑ^{55} i^{33} gy̩^{33} be^{33} ho^{55}, | mæ^{55} gu^{21} mə^{33} ly̩^{21} me^{33} se^{55}, khy̩^{55}

头 白 牙 黄 寿 长 日 久 成 做 愿 后边 不 够 的 是 岁

dʑi^{33} me^{33}, khy̩^{55} dɯ^{21} ʂə^{55} ʂə^{55} ho^{55}, he^{33} dʑi^{33} me^{33} he^{33} dɯ^{21} mu^{55} mu^{33} ho^{55}, | dʐʅ^{21} dʑi^{33}

灾 是 岁 大 圆满 愿 月 厄 是 月 大 足够 愿 时 凶

me^{33} tɕy^{21}, i^{33} dɑ^{21} tʂhʅ^{33} dʑi^{21} gə^{33} zo^{33} ne^{21} mi^{55} zʅ^{33} ʂər^{21} hɑ^{55} i^{33}, py^{33} by̩^{21} zʅ^{33} ʂər^{21} hɑ^{55}

的 是 主人 这 家 的 男 和 女 寿 长 日 久 祭司 寿 长 日

i^{33} gy̩^{33} be^{33} ho^{55}. | tʂhu^{55} pɑ^{33} be^{33} me^{33} zi^{33}, tʂhu^{55} pɑ^{33} be^{33} me^{33} dʐu^{33}, tʂhu^{33} pɑ^{33} be^{33}

久 成 地 愿 天香 烧 是 好 天香 烧 是 跟 天香 烧

me^{33} lɯ^{33}. | tʂhu^{55} pɑ^{33} be^{33} me^{33} bɑ^{21} be^{33} zi^{33} gy̩^{33} ho^{55}. |

是 来 天香 烧 是 花 似 美 成 愿

能让人们长寿健康，活到白头黄牙的年纪。即使后边有不够好的时候，即使碰到灾荒年，也能充裕富足地度过；即使碰上厄月，也有足够的食物；即使碰上凶险的时刻，愿这一户主人家的男男女女都能化险为夷，长寿健康。愿主持祭祀活动的祭司长寿。

愿烧的天香好，愿人们烧天香时，神灵都能跟到，都能供养得上。愿人们所烧的天香，像花儿一样漂亮。

408-C-20-40

封底

408-C-20-41

封底

（翻译：和宝林）

553-C-21-01

be^{21} dæ^{21} sɑ^{55} · iə^{33} mɑ^{21} gɑ^{33} lɑ^{21} sɑ^{55}

迎请本丹战神 · 迎请优麻战神

553-C-21 迎请本丹战神·迎请优麻战神

【内容提要】

这本经书包括两部分内容，第一部分讲述迎请本丹战神的故事，第二部分主要讲迎请优麻战神的故事。

经书说，人类最初尚未发生过争斗，首先美利董主和美利术主发生了争斗。美利董主起兵到术族地方作战，就要求助于各种神灵，特别是本丹战神。因此，经书首先讲述了本丹战神的来历。实际上“本丹”就是勇敢的将士的意思，因此他包括了长着各种凶禽猛兽的头、爪子、翅膀等的战神，迎请这些战神需要美利董主或做祭祀的这一户主人家来供养，然后就让这些战神与仇人去作战。

后一部分讲述了美利董主和盘神、禅神的兵马进攻术族的各个地方，碰到了术族地方的各种各样的鬼，美利董主迎请各种战神，特别是优麻战神，攻破术族地方，杀死术地各种鬼的故事。

【英文提要】

Invoking the Warlord *be dæ*, Invoking *iə ma* (the God of Victory)

This book includes two parts, the first of which tells the story of invoking warlord ***be dæ***, while the second tells the story of invoking ***iə ma*** (the god of victory).

It mentioned in the book that there was no struggle among mankind at the very beginning. Afterwards, ***mɯ lɯ du dzʅ*** and ***mɯ lɯ sʅ dzʅ*** started to fight. ***mɯ lɯ du dzʅ,*** who appealed to all gods for help, especially the warlord ***be dæ***, so as to fight at the land of***mɯ lɯ sʅ dzʅ***. For this reason, the book talks about the origin of warlord ***be dæ***. Actually, ***be dæ*** meant “soldier in brave”, therefore, the warlord embodied with the head, the claw and the wing of all beasts. To invoke these warlords, ***mɯ lɯ du dzʅ*** or the family under ritual needed to consecrate them and then asked them to fight the enemies.

The second part tells the story that as the soldier of ***mɯ lɯ du tsʅ***, god ***phər*** and ***sæ*** assaulted the land of ***sʅ***, they encountered with ghosts. ***mɯ lɯ du dzʅ***, invoked all warlords, especially ***iə ma***, to break the land of ***sʅ*** and killed all ghosts.

553-C-21-02

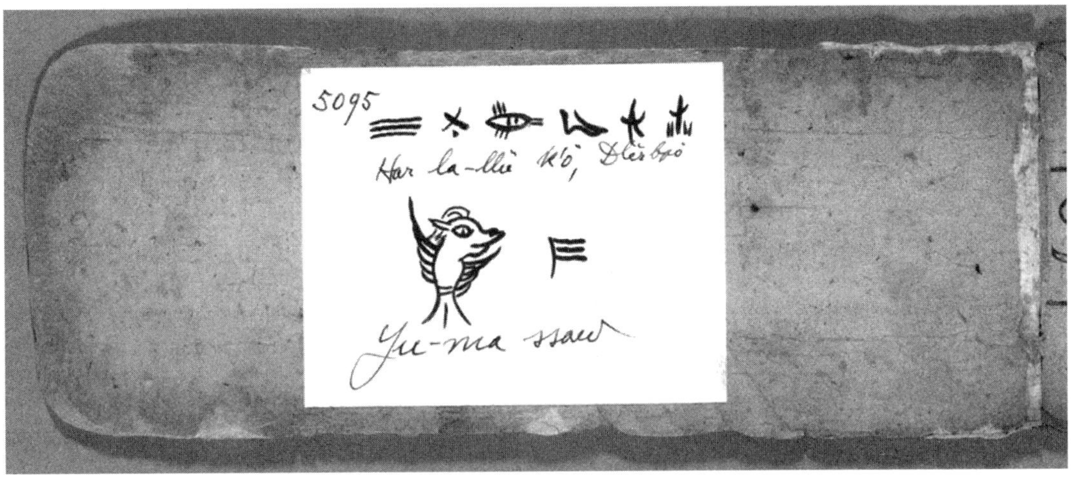

第 1 行：“5095”为洛克藏书的标号，东巴文字为“大祭风仪式祭呆鬼”。
第 2 行：用洛克音标注下此书用于“大祭风仪式祭呆鬼”。
第 3 行：东巴文字为书名，《迎请优麻战神》。
第 4 行：用洛克音标注下此书书名的纳西语读音。

553-C-21-03

ɑ^{33} lɑ^{33} mə^{33} ʂər^{55}ȵi^{33}, tɕy^{55} tshu^{21} gə^{33} nɯ^{33} mɯ^{33} lɯ^{55} du^{21} dʐʅ^{33} thv̩^{33} tʂhʅ^{33} zʅ^{33}, mɯ^{21} nɯ^{33}
呵 也 不 说 日 最早 上 由 美利董主 产生 这 代 下 由

mɯ^{33} lɯ^{55} ʂv̩^{21} dʐʅ^{33} thv̩^{33} tʂhʅ^{33} zʅ^{33}, | ə^{33} so^{33} dʑi^{33} mə^{33} æ^{21}, du^{21} ne^{21} ʂv̩^{21} sʅ^{33} æ^{21}, mɯ^{33}
美利术主 出生 这 代 最初 人 未 争斗 董 和 术 先 争斗 天

thv̩^{33} dy^{21} khu^{33} dʐuɑ^{21} le^{33} æ^{21}, bi^{21} tʂər^{55} le^{21} tʂər^{55} dʐuɑ^{21} le^{33} æ^{21}, kɯ^{33} tʂər^{55} zɑ^{21} tʂər^{55}
开 地 辟 争 又 斗 日 界 月 界 争 又 斗 星 界 宿 界

dʐu^{21} le^{33} æ^{21}, ŋv̩^{21} phər^{21} kho^{33} dʐʅ^{21}, hæ^{33} ʂʅ^{21} miə^{21} dʐʅ^{21} dʐuɑ^{21} le^{33} æ^{21}, du^{21} ne^{21} ʂv̩^{21} le^{33}
争 又 斗 银 白 角 长 黄 金 眼 长 争 又 斗 董 和 术 又

æ^{21}. | du^{21} zo^{33} ə^{33} lu^{55} nɯ^{33}, ʂv̩^{21} zo^{33} ŋæ^{33} se^{33} mi^{33} uə^{33} sy^{55}. | mɯ^{33} lɯ^{55} ʂv̩^{21} dʐʅ^{33} thɯ^{33},
斗 董 儿 阿路 由 术 儿 安生米乌 杀 美利术主 他

ny̩^{55}me^{33} mə^{33} sɑ^{21} sʅ^{33}, | mɯ^{33} lɯ^{55} ʂy̩^{21} ʤʅ^{33} ʂy̩^{21} mu^{21}tɯ^{33}, du^{21} zo^{33} le^{33} ʂu^{33} ʂu^{33} khɯ^{55}. |
心 不 舒服 美利术主 术 兵 起 董 儿 又 寻 找 去

phe^{33} le^{21} sər^{33} ȵə^{21} gə^{21}, thæ^{55} ʂu^{21} le^{33} u^{55} khɯ^{55}. | ʂy̩^{21} mu^{21} ty̩^{33} ty̩^{21} kɯ^{33} kɯ^{21} tɯ^{33}, |
蝴蝶 木 上 拱 寻衅 又 去 术 兵 千 千 万 万 起

mɯ^{33} lɯ^{55} du^{21} ʤʅ^{33} dy^{21} ȵə^{21} thy̩^{33} le^{33} tshʅ^{21}. |
美利董主 地方 上 到 又 来

远古的时候，最早从上边产生了美利董主，从下边产生了美利术主。在这个年代里，最初，人类尚未发生过相互争斗的事情，美利董主和美利术主之间先发生了争斗。为了开天辟地的事情，而发生争斗。为了争日月的界限，星宿的界限，为了争长角的银锭，耀眼的黄金而发生争斗。在董族和术族的争斗中，美利董主的儿子阿路，杀掉了美利术主的儿子安生米乌。美利术主心里放不下，起兵要到董地去寻找董儿阿路。就像蝴蝶撞树枝，不自量力去寻衅。美利术主带领着千千万万的术兵，来到了美利董主的地方。

553-C-21-04

mɯ^{33} lɯ^{55} du^{21} ʤʅ^{33} ne^{21} i^{21} ʂʅ^{55} bu^{21} ʥo^{33} le^{33} ʤʅ^{21} guə^{33}, ʐy̩^{21} zər^{21} tər^{21} zər^{21}, tshʅ^{21} zər^{21}
美利董主 和 依世补佐 又 商量 仇人 压 呆鬼 压 鬼 压

mɯ^{21} le^{33} zər^{21} dər^{33} se^{21} tsʅ^{55}. | mɯ^{33} lɯ^{55} du^{21} ʤʅ^{33} thɯ^{33} dɯ^{33} ʥi^{21}, i^{21} ʂʅ^{55} bu^{21} ʥo^{33} le^{33}
下 又 压 该 了 说 美利董主 这 一 家 依世补佐 又

kɑ^{33} tɕhi^{33}. i^{33} ʂʅ^{33} bu^{21} ʥo^{33} nɯ^{33}，iə^{33} mɑ^{21} be^{21} dæ^{21} gɑ^{33} lɑ^{21} le^{33} kɑ^{33} tɕhi^{33}. | mɯ^{33} lɯ^{55}
求助 依世补佐 由 优麻 本丹 战神 又 求助 美利董主

du^{21} ʤʅ^{33}, tshʅ^{55} tʂhuɑ^{33} ʥi^{33} mu^{33}, i^{21} ʂʅ^{55} bu^{21} ʥo^{33} nɯ^{33}, ʐʅ^{33} ʂu^{21} by^{21} ʂu^{21} hɑ^{33} ʂu^{21} nɯ^{33},
茨爪金姆 依世补佐 由 酒 醇 面 纯 饭 纯 由

uɑ^{33} hər^{21} mɯ^{33} dʐər^{33} khu^{33} nɯ^{33} thy̩^{33} me^{33} ʥi^{21} nɯ^{33}, iə^{21} mɑ^{21} be^{21} dæ^{21} tʂhu^{55} pɑ^{33}
松石 绿 青龙 口 由 出 的 水 由 优麻 本丹 供养

be^{33}. | mɯ^{33} lɯ^{55} du^{21} dɯ^{33} tʂhər^{55}，u^{55} mu^{21} he^{21} mu^{21}, phər^{21} mu^{21} ʂæ^{21} mu^{21}, iə^{33} mɑ^{21} be^{21}
烧 美利董主 一 代 吾神 兵 恒神 兵 盘神 兵 禅神 兵 优麻 本丹

dæ^{21} ty̩^{33} ty̩^{21} kɯ^{33} kɯ^{21} ze^{21} tɯ^{33} me^{33}, ʂy̩^{21} tshʅ^{21} ty̩^{33} ty̩^{21} kɯ^{33} kɯ^{21} mɯ^{21} le^{33} do^{55}.
千 千 万 万 那儿 起 是 术 鬼 千 千 万 万 下 又 扑

美利董主和依世补佐商量说，要把仇人、呆鬼及各种鬼镇压下去。美利董主和他的家人，求助于依世补佐祭司。依世补佐求助于优麻和本丹战神。美利董主、茨爪金姆，依世补佐用醇酒、纯净的面粉、纯净的饭和松石般碧绿的青龙口中的龙涎，来供养优麻战神。美利董主这一代人，无论吾神、恒神、盘神、禅神，千千万万的优麻和本丹战神走到什么地方，就把那个地方术族的千千万万的兵，以及呆鬼和各种鬼扑灭杀死。

553-C-21-05

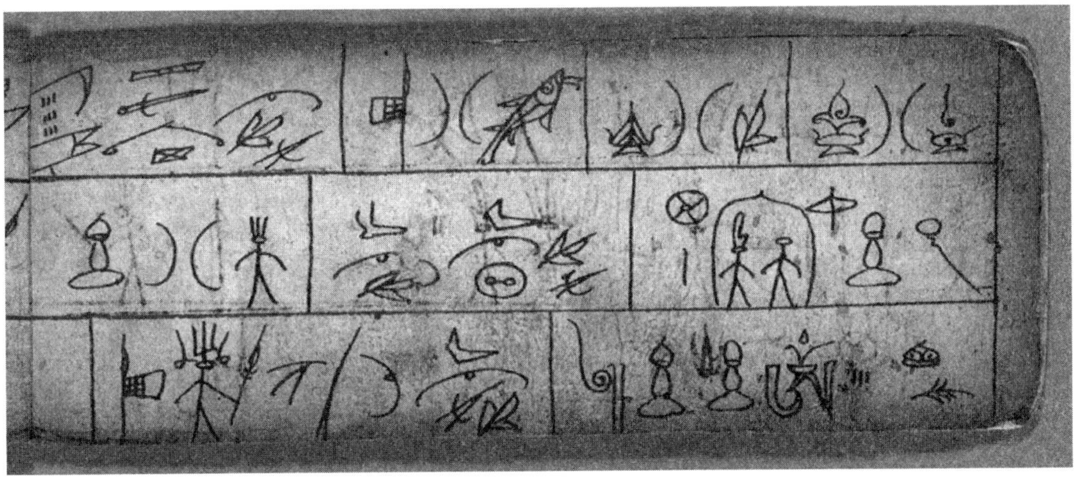

ʐy̩^{21}uə^{33} gy̩^{33} uə^{33} phy̩^{21}, ʐy̩^{21} dy^{21} gy̩^{33} dy^{21} tshe^{55}, ʐy̩^{21}gə^{33} mɯ^{33} ne^{21}dy^{21}le^{33} kə^{55} phy̩^{33} be^{33}
仇 寨 九 寨 破 仇人 地 九 地 毁 仇人 的 天 和 地 又 翻覆 地

le^{33} tshe^{55}, ʐy̩^{21} zər^{21} tər^{21} zər^{21} mɯ^{21} le^{33} zər^{21}. | to^{33} kə^{21} iə^{33} mɑ^{21} nɯ^{33}, gɑ^{33} ne^{21} ȵi^{55} le^{33}
又 毁 仇 压 呆鬼 压 下 又 压 端格 优麻 由 胜 和 败 又

by^{33}, | sʅ^{55} ne^{21} ʐy̩^{21} le^{33} by^{33}. | tʂhər^{33} ne^{21} dy̩^{21} le^{33} by^{33}, | he^{21} ne^{21} tshʅ^{21} le^{33} by^{33}. | ʐy̩^{21}
分 人 和 仇 又 分 药 和 毒 又 分 神 和 鬼 又 分 仇

zər^{21} mɯ^{21} le^{33} zər^{21}, mɑ^{21} ly̩^{55} uɑ^{33} mə^{33} i^{33} be^{33} mu^{21} le^{33} zər^{21}, ʐy̩^{21} zər^{21} tər^{21} zər^{21} mɯ^{21}
压 下 又 压 油饼 骨 不 有 地 下 又 压 仇 压 呆鬼 压 下

le^{33} zər^{21}. | bi^{21} thy̩^{33} mə^{55} tʂhʅ^{33} ȵi^{33}, i^{33} dɑ^{21} tʂhʅ^{33} dɯ^{33} dʑi^{21}, mɯ^{33} lɯ^{55} du^{21} dʑʅ^{33} gə^{33}
又 压 日 出 的 这 天 主人 这 一 家 美利董主 的

tɕhy^{33} tʂhʅ^{21} ky̩^{33} mæ^{55} gy̩^{33}, | gɑ^{33} lɑ^{21} be^{21} dæ^{21} dʐər^{21} dɯ^{21} me^{33} le^{33} kɑ^{33} tɕhi^{33}, tər^{21} zər^{21}
宗族 后裔 成 战神 本丹 威 大 的 又 求助 呆鬼 压

zv̩^{21} zər^{21} me^{33} mɯ^{21} le^{33} zər^{21}. ‖ he^{21} dɯ^{21} o^{33} phər^{21}, mɯ^{33} lɯ^{55} du^{21} ʥʅ^{33}, i^{33} gv̩^{21} uə^{33} kə^{21}
仇人 压 是 下 又 压 恒迪窝盘 美利董主 依古阿格

pɯ^{33} pɑ^{33} be^{33},
变化 做

攻破仇人九个村寨，捣毁仇人的九个地方，把仇人的地方打个天翻地覆，把所有的仇人和呆鬼镇压下去。端格优麻战神，把战胜者和战败者分开，把朋友和敌人分开，把药品和毒药分开，把神和鬼分开，把仇人镇压下去，就像压没有骨头的油饼一样把仇人和呆鬼镇压下去。好日子这一天，这一户主人家是美利董主宗族的后裔，这一户主人家求助于强大的本丹战神，把仇人和呆鬼镇压下去。

由恒迪窝盘、美利董主、依古阿格三个大神做变化，

553-C-21-06

uə^{33} phv̩^{33} tʂhʅ^{21} tʂhər^{21} ə^{33} phv^{33} thv̩^{33}, | uə^{33} ze^{21}tʂuɑ^{33} mu^{33} ə^{33} ʥʅ^{33} thv̩^{33}. | uə^{33} gv̩^{33}phər^{21}
坞普蚩汁 祖父 产生 乌壬爪姆 祖母 产生 坞古盘朗

lər^{55} ə^{33} sɿ^{21} thv̩^{33}. | uə^{33} gv̩^{33} phv̩^{55} gɯ^{21} ə^{33} me^{33} thv̩^{33}. | be^{21} gə^{33} ə^{33} sɿ^{21} ə^{33} me^{33} ȵi^{33} kv̩^{55}
父亲 产生 坞古普庚 母亲 产生 本 的 父亲 母亲 两 个

pɯ^{33} pɑ^{33} be^{33}, | uə^{33} gv̩^{33} kə^{55} kv̩^{33} ʥʅ^{21} me^{33} zər^{33} tʂhər^{55} ly^{33} tʂhər^{55} be^{21} dæ^{21} tshe^{21} ho^{55}
变化 做 坞古 鹰 头 长 的 刀 握 矛 握 本丹 十 八

kv̩^{33} i^{33} the^{21} nɯ^{33} thv̩^{33}. | bi^{21} thv̩^{33} mə^{55} tʂhʅ^{33} ȵi^{33}, i^{33} dɑ^{21} tʂhʅ^{33} dɯ^{33} ʥi^{21}, ly^{55} gv̩^{33} py^{33}
个 是 这 由 产生 日 出 的 这 天 主人 这 一 家 利古 祭司

bv̩^{21} nɯ^{33}, bər^{21} y^{21} zʅ^{33} hɑ^{33} nɯ^{33} be^{21} dæ^{21} tshe^{21} ho^{55} kv̩^{33} tʂhu^{55} pɑ^{33} be^{33}. | be^{21} dæ^{21} gɑ^{33}
由 牦牛 羊 酒 饭 由 本丹 十 八 个 供养 做 本丹 胜

me^{33} tər^{21} tshʅ^{21} mɯ^{21} le^{33} zər^{21}.
是 呆 鬼 下 又 压

产生了本丹的祖父坞普蚩汁，产生了本丹战神的祖母乌壬爪姆。产生了本丹战神的父亲坞古盘朗，产生了本丹战神的母亲坞古普庚。由本丹战神的父母相交合，产生了长鹰头的、手握刀和矛的十八位坞古本丹战神。

好日子这一天，这一户主人家和利古祭司用牦牛、羊、酒、饭烧天香，供养十八尊本丹战神，勇敢的本丹战神战胜呆鬼，把呆鬼镇压下去。

553-C-21-07

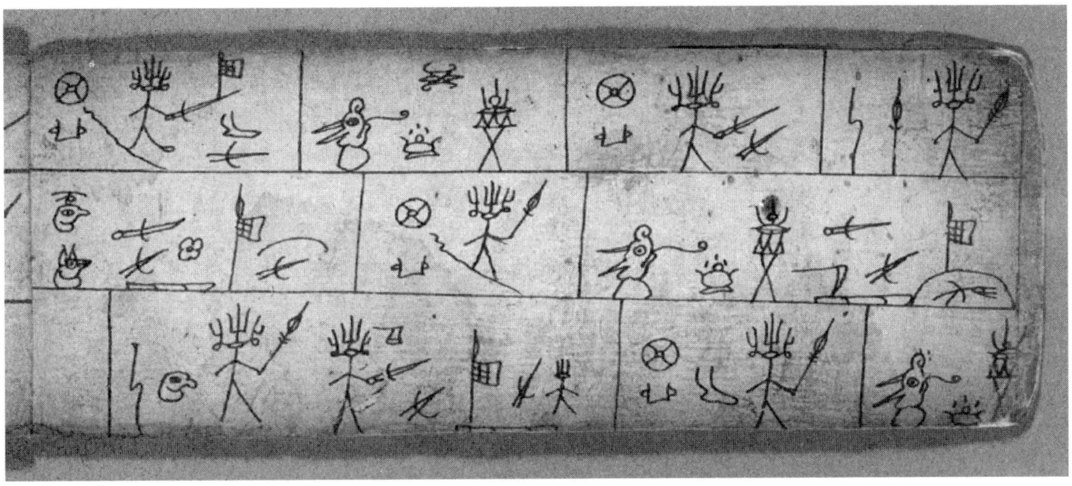

ȵi^{33} me^{33} thʏ^{33}, gæ^{21} thɑ^{55} zʅ^{33} me^{33} be^{21} dæ^{21} gɑ^{33} lɑ^{21} tər^{21} zər^{21} tər^{21} sy^{55} zɑ^{21} le^{33} tshʅ^{21}, |
东方 刀 快 握 的 本丹 战神 呆鬼 压 呆鬼 杀 下 又 来

i^{33} dɑ^{21} tʂhʅ^{33} dʑi^{21}, uɑ^{33} hər^{21} mɯ^{33} dzʐər^{33} khu^{33} nɯ^{33} thʏ^{33} me^{33} tʂhər^{33} ʂʅ^{21}, hɑ^{33} ʂʅ^{21} nɯ^{33}
主人 这 家 松石 绿 青龙 口 由 出 的 药 黄 饭 黄 由

tʂhu^{55} pɑ^{33} be^{33}, | ȵi^{33} me^{33} thʏ^{33} gə^{33} tər^{21} tshʅ^{21} mɯ^{21} le^{33} sy^{55}. | dɯ^{33} tʂhər^{55}, ly^{33} thɑ^{55}
供养 烧 东方 的 呆 鬼 下 又 杀 一 代 矛 利

pu^{55} me^{33} be^{21} dæ^{21} thɯ^{33}, uə^{21} phər^{21} khɯ^{33} phər^{21} gu^{21} nɯ^{33} sʅ^{33}, tər^{21} dy^{21} gɑ^{33} me^{33} tər^{21}
带 的 本丹 是 鹰 白 狗 白 后 由 引 呆鬼 地方 胜 地 呆鬼

sy^{55} tər^{21} zər^{21} be^{33} le^{33} tshʅ^{21}. | ly^{33} thɑ^{55} pu^{55} me^{33} be^{21} dæ^{21} tʂhʅ^{33} dɯ^{33} gʏ^{33}, ȵi^{33} me^{33}
杀 呆鬼 压 做 又 来 矛 利 带 的 本丹 这 一 个 东边

thʏ^{33} nɯ^{33} zɑ^{21} le^{33} tshʅ^{21}. | i^{33} dɑ^{21} tʂhʅ^{33} dɯ^{33} dʑi^{21}, uɑ^{33} hər^{21} mɯ^{33} dzʐər^{33} khu^{33} nɯ^{33}
由 下 又 来 主人 这 一 家 松石 绿 青 龙 口 由

thʏ^{33} me^{33} tʂhər^{33} ne^{21} hɑ^{33} nɯ^{33} be^{21} dæ^{21} tʂhu^{55} pɑ^{33} be^{33}, gɑ^{33} me^{33} be^{21} dæ^{21} tər^{21} dy^{21}
出 的 药 和 饭 由 本丹 供养 做 胜 的 本丹 呆鬼 地

tshe^{55},tər^{21} tshʅ^{21} mɯ^{21} le^{33} zər^{21}. | dɯ^{22} tʂhər^{55}, kə^{55} kʏ^{33} dʐʅ^{21} me^{33} be^{21} dæ^{21}, ʂu^{21} kʏ^{33}
破 呆鬼 下 又 压 一 代 鹰 头 长 的 本丹 铁 头

ʥʅ^{21} me^{33} be^{21}dæ^{21}, tər^{21} sy^{55} tər^{21} tɕər^{21} gɑ^{33} me^{33}, | ȵi^{33} me^{33} thʏ^{33} nɯ^{33} zɑ^{21} le^{33} tshʅ^{21}. |
长 的 本丹 呆鬼 杀 呆鬼 上 胜 出 东方 由 降临 又 来

i^{33} dɑ^{21} tʂhʅ^{21} dɯ^{33} ʥi^{21}, uɑ^{33} hər^{21} mɯ^{33} dʐər^{33} khu^{33} nɯ^{33} thʏ^{33} me^{33} tʂhər^{21} ne^{21} hɑ^{33}
主人 这 一 家 松 石绿 青龙 口 由 出 的 药 和 饭

nɯ^{33} tʂhu^{55} pɑ^{33} be^{33},
由 天香 烧

手里拿着快刀的本丹战神，从东边方向降临来，来镇压和杀死呆鬼这一户主人家用绿松石般碧绿的青龙口中出来的龙涎做药，用黄色药和饭烧天香，供养本丹战神。本丹战神把东方的呆鬼杀死，镇压下去。手里拿着利矛的本丹战神，带着白色鹰和猎狗，到呆鬼鬼城来镇压和杀呆鬼。手握利矛的本丹战神从东方降临下来，这一户主人家用松石般碧绿的青龙口中产生的龙涎做药，用药和饭烧天香，供养本丹战神。本丹战神攻破呆鬼的地方，把呆鬼镇压下去。长鹰头和长铁头的本丹战神，为杀呆鬼，战胜呆鬼从东方降临来。这一户主人家用松石般碧绿的青龙口中产生的龙涎做药，用药和饭烧天香，供养本丹战神，

553-C-21-08

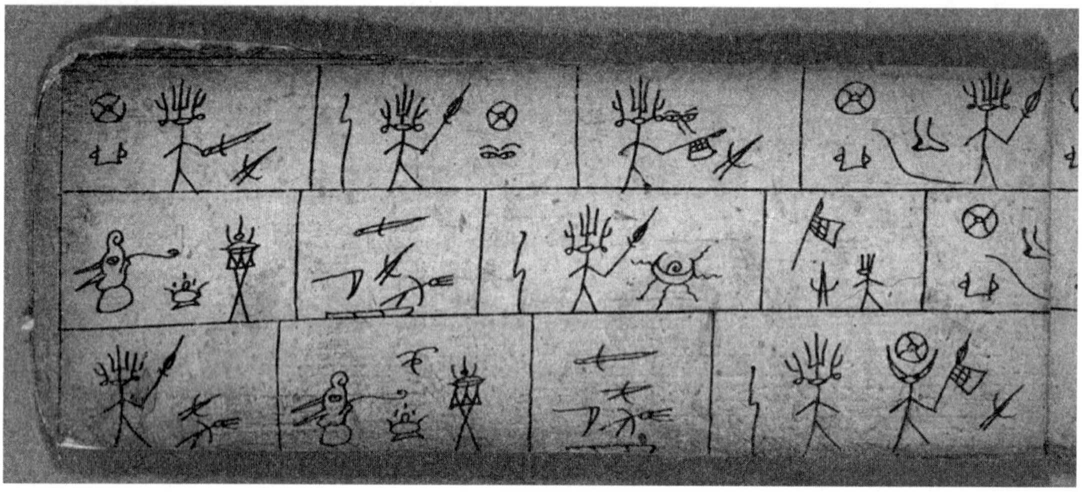

ȵi^{33} me^{33} thʏ^{33} gə^{33} tər^{21} tshʅ^{21} mɯ^{21} le^{33} sy^{55}. | dɯ^{33} tʂhər^{55} ȵi^{55} me^{33} miə^{21} ly^{33} ʥʅ^{21} gə^{33}
东方 的 呆鬼 下 又 杀 一 代 太阳 眼 睛 长 的

be^{21} dæ^{21} thɯ^{33} , | ȵi^{33} me^{33} miə^{21} ly^{33} ʥʅ^{21} tər^{21} tɕər^{21} gɑ^{33} me^{33} be^{21} dæ^{21}, | ȵi^{33} me^{33}
本丹 是 太阳 眼睛 长 呆鬼 上 胜 的 本丹 东方

thʏ^{33} nɯ^{33} zɑ^{21} le^{33} tshʅ^{21}, | i^{33} dɑ^{21} tʂhʅ^{33} ʥi^{21} nɯ^{33}, uɑ^{33} hər^{21} mɯ^{33} dʐər^{33} khu^{33} nɯ^{33}
来 下 又 来 主人 这 家 由 松石 绿 青龙 口 由

thʏ^{33} gə^{33} tʂhər^{33} ne^{21} hɑ^{33} nɯ^{33} tʂhu^{55}pɑ^{33} be^{33}. | tər^{21} dy^{21} mɯ^{21} le^{33} tshe^{55}, tər^{21} sy^{55} mɯ^{21}
出 的 药 和 饭 由 天香 烧 呆鬼 地 下 又 破 呆鬼 杀 下

le^{33} sy^{55}. | dɯ^{33} tʂhər^{55} he^{33} me^{33} ʥe^{33} dɯ^{21} zi^{55} zæ^{33} kʏ^{33} ʥʅ^{21} gə^{33} be^{21} dæ^{33} , | tər^{21} tshʅ^{21}
又 杀 一 代 月亮 晶莹 闪亮 头 长 的 本丹 呆鬼

tɕər^{21} ȵə^{21} gɑ^{33} me^{33} be^{21} dæ^{21} thɯ^{33}, | ȵi^{33} me^{33} thɯ^{33} nɯ^{33} zɑ^{21} le^{33} tshɿ^{21}, | tər^{21} zər^{21}
上 边 赢 的 本丹 那 东方 由 下 又 来 呆鬼 压

tər^{21} sy^{55} be^{33} le^{33} zɑ^{21} le^{33} tshɿ^{21}. | i^{33} dɑ^{21} tṣhʅ^{33} dɯ^{33} dʑi^{21}, uɑ^{33} hər^{21} mɯ^{33} dẓər^{33} khu^{33}
呆鬼 杀 地 又 下 又 来 主人 这 一 家 松石 绿 青龙 口

nɯ^{33} thy̩^{33} me^{33} tṣhər^{33} phər^{21} hɑ^{33} phər^{21} tṣhu^{55} pɑ^{33} be^{33}. | be^{21} dæ^{21} tər^{21} dy^{21} mɯ^{21} le^{33}
由 出 的 药 白 饭 白 天香 烧 本丹 呆 地 下 又

tshe^{55}, tər^{21} tshɿ^{21} mɯ^{21} le^{33} sy^{55}. | dɯ^{33} tṣhər^{55} ȵi^{33} me^{33} ky̩^{33} dʐʅ^{21} be^{21} dæ^{21} tər^{21} tɕər^{21}
破 呆鬼 下 又 杀 一 代 太阳 头 长 本丹 呆鬼 上

gɑ^{33} me^{33} thɯ^{33}, |
赢 的 是

把东方的呆鬼杀死。又一代，一位长太阳眼睛的，能战胜呆鬼的本丹战神，从东边方向降临来。这一户主人家用松石般碧绿的青龙口中产生的龙诞做药，用药品和饭烧天香，供养本丹战神。本丹战神攻破呆鬼地方，杀死呆鬼。又一代，一位长着晶莹闪亮的月亮头，能战胜呆鬼的本丹战神，从东方降临来，他是来杀呆鬼的。这一户主人家用松石般碧绿的青龙口中产生的龙涎做药，用药品和饭烧天香，供养本丹战神。本丹战神攻破呆鬼的地方，杀死呆鬼。又一代，一位长着一颗太阳头，能战胜呆鬼的本丹战神，

553-C-21-09

ȵi^{33} me^{33} thy̩^{33} gə^{33} ʐʅ^{33} phər^{21} ky̩^{33} nɯ^{33} zɑ^{21} le^{33} tshɿ^{21}. | i^{33} dɑ^{21} tṣhʅ^{33} dɯ^{33} dʑi^{21}, uɑ^{33}
东方 的 路 白 上 由 下 又 来 主人 这 一 家 松石

hər^{21} mɯ^{33} dẓər^{33} khu^{33} nɯ^{33} thy̩^{33} me^{33} tṣhər^{33} ne^{21} hɑ^{33} nɯ^{33} tṣhu^{55} pɑ^{33} be^{33}. | tər^{21} dy^{21}
绿 青龙 口 由 出 的 药 和 饭 由 供养 做 呆鬼 地方

mɯ^{21} le^{33} tshe^{55}, tər^{21} sy^{55} mɯ^{21} le^{33} sy^{55}. | dɯ^{33} tṣhər^{55}, tɕi^{21} phər^{21} gy̩^{33} dʑi^{33} mu^{21}, tər^{21}
下 又 破 呆鬼 杀 下 又 杀 一 代 云 白 衣服 穿 呆鬼

tɕər^{21} ga^{33} me^{33} be^{21} dæ^{21} thɯ^{33}, | ȵi^{33} me^{33} thv̩^{33} nɯ^{33} za^{21} le^{33} tshɿ^{21}. | i^{33} da^{21} tʂhʅ^{33} dɯ^{33}
上 赢 的 本丹 是 东方 由 下 又 来 主人 这 一

dʑi^{21}, mɯ^{33} dzər^{33} khu^{33} nɯ^{33} thv̩^{33} me^{33} tʂhər^{33} ne^{21} ha^{33} nɯ^{33} tʂhu^{55} pa^{33} be^{33}. | be^{21} dæ^{21}
家 青龙 口 由 出 的 药 和 饭 由 供养 做 本丹

tər^{21} dy^{21} mɯ^{21} le^{33} tshe^{55}, tər^{21} tshɿ^{21} mɯ^{21} le^{33} sy^{55}. | dɯ^{33} tʂhər^{55}, kv̩^{55} dʑi^{21} ba^{33} la^{21} mu^{21}
呆鬼 地方 下 又 破 呆鬼 下 又 杀 一 代 虹 衣服 穿

me^{33} tər^{21} tɕər^{21} ga^{33} me^{33} be^{21} dæ^{21} thɯ^{33}, | ȵi^{33} me^{33} thv̩^{33} gə^{33} ʐʅ^{33} phər^{21} lo^{21} nɯ^{33} za^{21}
的 呆鬼 上 赢 的 本丹 是 东方 的 路 白 里 由 降

le^{33} tshɿ^{21}. | i^{33} da^{21} tʂhʅ^{33} dɯ^{33} dʑi^{21}, ua^{33} hər^{21} mɯ^{33} dzər^{33} khu^{33} nɯ^{33} thv̩^{33} me^{33} tʂhər^{33}
又 来 主人 这 一 家 松石 绿 青龙 口 由 出 的 药

ne^{21} ha^{33} nɯ^{33} tʂhu^{55} pa^{33} be^{33}. | tər^{21} dy^{21} mɯ^{21} le^{33} tshe^{55}, tər^{21} tshɿ^{21} mɯ^{21} le^{33} sy^{55}. | dɯ^{33}
和 饭 由 天香 做 呆鬼 地方 下 又 破 呆鬼 下 又 杀 一

tʂhər^{55}, dv̩^{33} phər^{21} si^{33} gɯ^{33} lo^{21} pa^{33} dʑi^{55} dʑi^{33} kv̩^{33} dʐʅ^{21} gə^{33} be^{21} dæ^{21} thɯ^{33}, |
代 海螺 白 狮子 鬣毛 飘飘 头 长 的 本丹 是

从东方的白色道路上降临来。这一户主人家用松石般碧绿的青龙口中产生的龙涎做药，用药品和饭烧天香，供养本丹战神。本丹战神攻破呆鬼的地方，杀死呆鬼。又一代，一位穿白云衣服，能战胜呆鬼的本丹战神，从东边方向降临来。这一户主人家用从青龙口中出来的龙涎做药，用药品和饭烧天香，供养本丹战神。本丹战神攻破呆鬼的地方，把呆鬼杀掉。又一代，一位穿着彩虹衣服能战胜呆鬼的本丹战神，从东边白色道路上降临来。这一户主人家用松石般碧绿的青龙口中产生的龙涎做药，用药和饭烧天香，供养本丹战神。本丹战神攻破呆鬼的地方，杀死呆鬼。又一代，头上长着飘飘的鬣毛，长着海螺般洁白的狮子头的本丹战神，

553-C-21-10

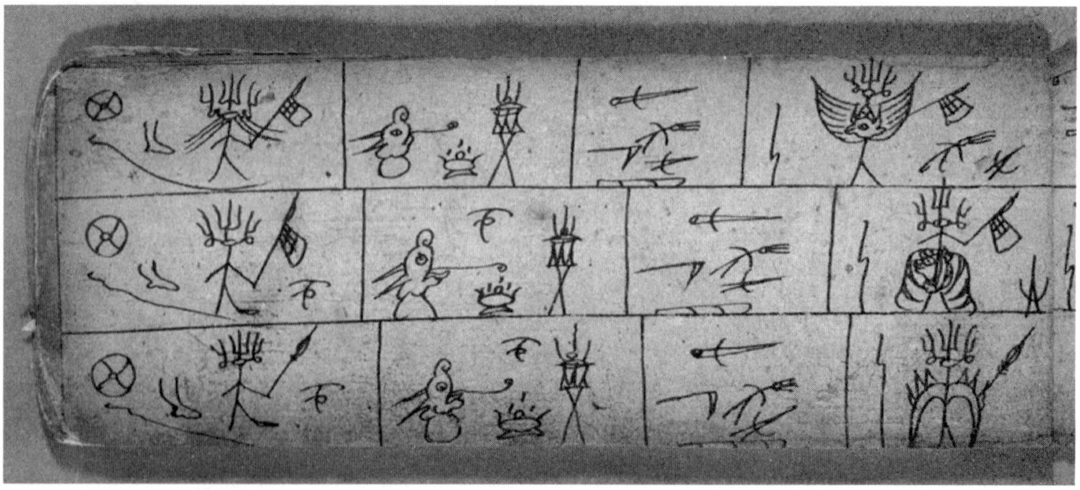

ȵi^{33} me^{33} thv̩^{33} nɯ^{33} za^{21} le^{33} tshɿ^{21}. | i^{33} da^{21} tʂhʅ^{33} dʑi^{21}, ua^{33} hər^{21} mɯ^{33} dzər^{33} khu^{33} nɯ^{33}
东方 由 降 又 来 主人 这 家 松石 绿 青龙 口 由

thy̩^{33} gə^{33} tʂhər^{33} ne^{21} hɑ^{33} nɯ^{33} tʂhu^{55} pɑ^{33} be^{33},| be^{21} dæ^{21} tər^{21} dy^{21} mi^{21} le^{33} tshe^{55}, tər^{21}
出 的 药 和 饭 由 供养 做 本丹 呆鬼 地方 下 又 破 呆

tshʅ^{21}mɯ^{21} le^{33} sy^{55}.| dɯ^{33} tʂər^{55}, dy̩^{33} phər^{21} ɕə^{33} tɕhy^{21} dy̩^{33} dʑʅ^{21} me^{33}, tər^{21} tɕər^{21} gɑ^{33} me^{33}
鬼 下 又 杀 一 代 海螺 白 大鹏 翅 长 的 呆鬼 上 赢 的

be^{21} dæ^{21} thɯ^{33},| n̩i^{33} me^{33} thy̩^{33} gə^{33} ʐʅ^{33} phər^{21} lo^{21} nɯ^{33} zɑ^{21} le^{33} tshʅ^{21}.| uɑ^{33} hər^{21} mɯ^{33}
本丹 是 东边 的 路 白 中 由 下 又 来 松石 绿 青龙

dʐər^{33} khu^{33} nɯ^{33} thy̩^{33} me^{33} tʂhər^{33} phər^{21} hɑ^{33} phər^{21} tʂhu^{55} pɑ^{33} be^{33}.| tər^{21} dy^{21} mɯ^{21} le^{33}
口 由 出 的 药 白 饭 白 天香 烧 呆鬼 地方 下 又

tshe^{55}, tər^{21} tshʅ^{21} mɯ^{21} le^{33} sy^{55}.| dɯ^{33} tʂhər^{55}, lɑ^{33} ɯ^{33} lɑ^{33} pɑ^{55} mu^{21} gə^{33} tər^{21} tɕər^{21}
破 呆鬼 下 又 杀 一 代 虎 皮 虎 纹 穿 的 呆鬼 上

gɑ^{33} me^{33} be^{21} dæ^{21},| n̩i^{33} me^{33} thy̩^{33} ʐʅ^{33} phər^{21} lo^{21} nɯ^{33} zɑ^{21} le^{33} tshʅ^{21}.| i^{33} dɑ^{21} tʂhʅ^{33}
赢 的 本丹 东方 路面 白 里 由 下 又 来 主人 这

dɯ^{33} dʑi^{21}, uɑ^{33} hər^{21} mɯ^{33} dʐər^{33} khu^{33} nɯ^{33} thy̩^{33} me^{33} tʂhər^{33} ne^{21} hɑ^{33} nɯ^{33} tʂhu^{55} pɑ^{33}
一 家 松石 绿 青龙 口 由 出 的 药 和 饭 由 天香

be^{33}.| tər^{21} dy^{21} mɯ^{21} le^{33} tshe^{55}, tər^{21} sy^{55} mɯ^{21} le^{33} sy^{55}.| dɯ^{33} tʂhər^{55}, mi^{33} ɕy^{21} tshy^{55}
烧 呆鬼 地方 下 又 破 呆鬼 杀 下 又 杀 一 代 火 红 闪电

ɕy^{21} dʑi^{33} me^{33} mu^{21},
红 衣 大 穿

从东边方向降临来。这一户主人家用松石般绿的青龙口中出的龙涎做药，用药品和饭烧天香，供养长飘飘鬣毛，海螺般洁白狮子头的本丹战神。本丹战神攻破呆鬼的地方，把呆鬼杀死。又一代，长着海螺般洁白的大鹏翅膀，能战胜呆鬼的本丹战神，从东边白色的道路上降临来。这一户主人家用松石般碧绿的青龙口中产生的白色龙涎做药，用白色药品和白色饭烧天香，供养本丹战神。本丹战神攻破呆鬼的地方杀掉呆鬼。又一代，穿着虎皮大衣的能战胜呆鬼的本丹战神，从东方白色的道路上降临来。这一户主人家用松石般碧绿的青龙口中出来的龙诞药品和饭烧天香，供养本丹战神。本丹战神攻破呆鬼的地方，杀掉呆鬼。又一代，穿着火红色闪电衣服的本丹战神，

553-C-21-11

mɯ^{33} nɯ^{33} ʂu^{21} phər^{21} ku^{55}, ʂu^{33} phər^{21} dɑ^{21} phər^{21} pɯ^{33} pɑ^{33} be^{33},tər^{21} tshɿ^{21} tɕər^{21} gɑ^{33} me^{33}
天 由 铁 白 降 铁 白 刀 白 变 化 做 呆鬼 上 赢 做

thɯ^{33}, | ȵi^{33} me^{33} thʏ^{33} ʐʅ^{33} phər^{21} lo^{21} nɯ^{33} zɑ^{21} le^{33} tshɿ^{21}. uɑ^{33} hər^{33} mɯ^{33} dʐər^{33} khu^{33}
的 东方 路 白 里 由 下 又 来 松石 绿 青龙 口

nɯ^{33} thʏ^{33} me^{33} tʂhər^{33} ne^{21}hɑ^{33} nɯ^{33} tʂhu^{55} pɑ^{33} be^{33}. | tər^{21} dy^{21} mɯ^{21} le^{33} tshe^{55},tər^{21} tshɿ^{21}
由 出 的 药 和 饭 由 供养 做 呆鬼 地方 下 又 破 呆鬼

bu^{21} kʏ^{33} ʥɿ^{21} me^{33} mɯ^{21} le^{33} sy^{55}. | dɯ^{33} tʂhər^{55}, tɕi^{21} tʂhu^{21} hər^{33} tʂhu^{21} ʥæ^{33} me^{21}, tər^{21}
猪 头 长 的 下 又 杀 一 代 云 快 风 快 骑 的 呆鬼

tɕər^{21} gɑ^{33} me^{33} be^{21} dæ^{21} thɯ^{33}, | ȵi^{33} me^{33} thʏ^{33} nɯ^{33} zɑ^{21} le^{33} tshɿ^{21}. uɑ^{33} hər^{21} mɯ^{33}
上 赢 的 本丹 他 东方 由 下 又 来 松石 绿 青龙

dʐər^{33} khu^{33} nɯ^{33} thʏ^{33} me^{33} tʂhər^{33} ne^{21} hɑ^{33} nɯ^{33} tʂhu^{55} pɑ^{33} be^{33}. | tər^{21} dy^{21} mɯ^{21} le^{33}
口 由 出 的 药 和 饭 由 天香 烧 呆鬼 地方 下 又

tshe^{55}, tər^{21} tshɿ^{21} ɯ^{33} kʏ^{33} ʥɿ^{21} me^{33} mɯ^{21} le^{33} sy^{55}. ‖ dɯ^{33} tʂhər^{55}, ly^{33} thɑ^{55} pu^{55} tər^{21} ȵə^{21}
破 呆鬼 牛 头 长 的 下 又 杀 一 代 矛 利 带 呆鬼 上

gɑ^{33} me^{33} be^{21} dæ^{21}, | ȵi^{33} me^{33} thʏ^{33} ʐʅ^{33} phər^{21} lo^{21} nɯ^{33} zɑ^{21} le^{33} tshɿ^{21}. uɑ^{33} hər^{33} mɯ^{33}
赢 的 本丹 东方 路 白 上 由 降 又 来 松石 绿 青龙

dʐər^{33} khu^{33} nɯ^{33} thʏ^{33} gə^{33} tʂhər^{33} nɯ^{33} tʂhu^{55} pɑ^{33} be^{33}. | tər^{21} dy^{21} mɯ^{21} le^{33} tshe^{55},
口 由 出 的 药 由 天香 烧 呆鬼 地 下 又 破

带着由从天上抛下的白铁和白铁作变化产生的武器，能战胜呆鬼的本丹战神，从东方的白色道路上降临来。人们用松石般碧绿的青龙口中出来的龙涎做药，用药和饭，供养本丹战神。本丹战神攻破呆鬼的村寨，杀死长猪头的呆鬼。又一代，骑着风和云，能战胜呆鬼的本丹战神，从东方降临来。人们用松石般碧绿的青龙口中出来的龙涎做药，用药和饭烧天香，供养本丹战神。本丹战神攻破呆鬼的地方，杀死长牛头的呆鬼。又一代，带着利矛能战胜呆鬼的本丹战神从东方的白色道路上降临来。人们用松石般绿的青龙口中出来的龙涎做药，用药和饭烧天香，供养本丹战神。本丹战神攻破呆鬼的地方，

553-C-21-12

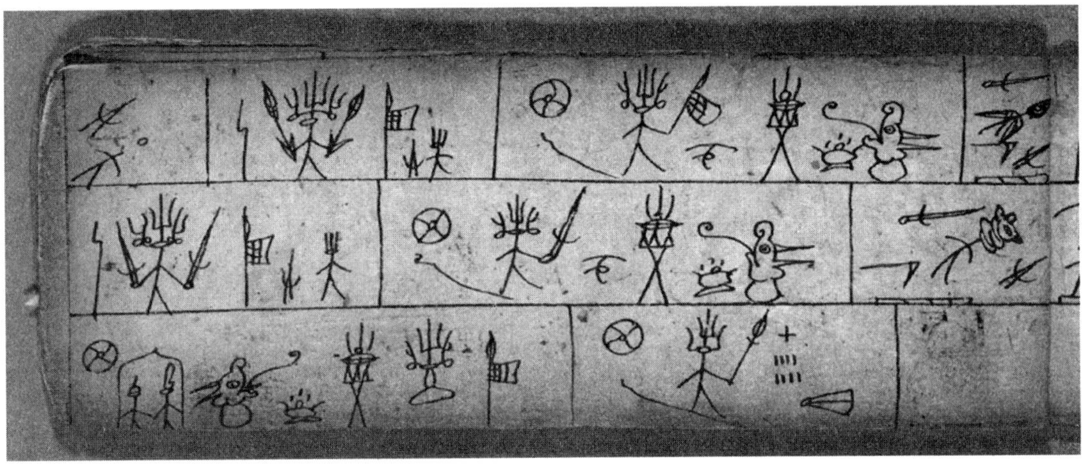

tər^{21} tshʅ^{21} mɯ^{21} le^{33} sy^{55}. | dɯ^{33} tʂhər^{55}, lɑ^{21} ȵi^{33} phu^{55} lɯ^{33} sʅ^{33} ȵi^{33} ly^{33} y^{21} gə^{33} be^{21} dæ^{21},
呆鬼 下 又 杀 一 代 手 两 只 箭 两 支 拿 的 本丹

tər^{21} tɕər^{21} gɑ^{33} me^{33} thɯ^{33}, | ȵi^{33} me^{33} thy̥^{33} gə^{33} ʐʅ^{33} phər^{21} nɯ^{33} zɑ^{21} le^{33} tshʅ^{21}. uɑ^{33} hər^{21}
呆鬼 上 赢 的 他 东方 的 路 白 由 降 又 来 松石 绿

mɯ^{33} dẓər^{33} khu^{33} nɯ^{33} thy̥^{33} gə^{33} tʂhər^{33} ne^{21} hɑ^{33} nɯ^{33} tʂhu^{55} pɑ^{33} be^{33}. kə^{55} dy̥^{33} dʑʅ^{21} me^{33}
青龙 口 由 出 的 药 和 饭 由 供养 做 鹰 翅 长 的

tər^{21} tshʅ^{21}mɯ^{21} le^{33} sy^{55}, tər^{21} dy^{21} mɯ^{21} le^{33} tshe^{55}. | dɯ^{33} tʂhər^{55}, lɑ^{21} ȵi^{33} phu^{55} ẓər^{33} thɑ^{55}
呆鬼 下 又 杀 呆鬼 地 下 又 破 一 代 手 两 只 刀 利

ȵi^{33} khɯ^{21} y^{21} , tər^{21} tɕər^{21} gɑ^{33} me^{33} be^{21} dæ^{21} thɯ^{33}, | ȵi^{33} me^{33} thy̥^{33} gə^{33} ʐʅ^{33} phər^{21} ʐʅ^{33}
两 把 拿 呆鬼 上 赢 的 本丹 他 东方 的 路 白 路

nɯ^{33} zɑ^{21} le^{33} tshʅ^{21}. uɑ^{33} hər^{21} mɯ^{33} dẓər^{33} khu^{33} nɯ^{33} thy̥^{33} me^{33} tʂhər^{33} ne^{21} hɑ^{33} nɯ^{33}
由 下 又 来 松石 绿 青龙 口 由 产生 的 药 和 饭 由

tʂhu^{55} pɑ^{33} be^{33}. | tər^{21} dy^{21} mɯ^{21} le^{33} tshe^{55}, tər^{21} tshʅ^{21} lɑ^{33} ky̥^{33} dʑʅ^{21} me^{33} mi^{21} le^{33} sy^{55}. |
供养 做 呆鬼 地方 下 又 破 呆鬼 虎 头 长 的 下 又 杀

bi^{21} thy̥^{33} mə^{33} tʂhʅ^{33} ȵi^{33}, i^{33} dɑ^{21} tʂhʅ^{21} dɯ^{33} dʑi^{21}, uɑ^{33} hər^{21} mɯ^{33} dẓər^{33} khu^{33} nɯ^{33} thy̥^{33}
日 出 的 这 天 主人 这 一 家 松石 绿 青龙 口 由 出

me^{33} tʂhər^{33} ne^{21} hɑ^{33} nɯ^{33}, be^{21} dæ^{21} gɑ^{33} lɑ^{21} tʂhu^{55} pɑ^{33} be^{33}. | ȵi^{33} me^{33} thy̥^{33} nɯ^{33} be^{21}
的 药 和 饭 由 本丹 战神 天香 烧 东方 由 本丹

dæ²¹ tshe²¹ ho⁵⁵ kv̩³³ za²¹ le³³ tshɿ²¹，｜
十 八 个 降 又 来

杀掉呆鬼。又一代，两只手中拿着两支箭，能战胜呆鬼的本丹战神从东方的白色道路上降临来，人们用松石般碧绿的青龙口中出来的龙涎做药，用药品和饭烧天香，供养本丹战神。本丹战神攻破呆鬼村寨，把长鹰翅的呆鬼杀死。又一代，两只手拿着两把利剑，能战胜呆鬼的本丹战神，从东方的白色道路上降临来，人们用松石般碧绿的青龙口中出来的龙涎做药，用药品和饭烧天香，供养本丹战神。本丹战神攻破呆鬼的地方，杀死长虎头的呆鬼。

好日子这一天，这一户主人家，用松石般碧绿的青龙口中出的龙诞做药用药和饭烧天香，供养本丹战神。十八尊本丹战神从东方的路上降临来，

553-C-21-13

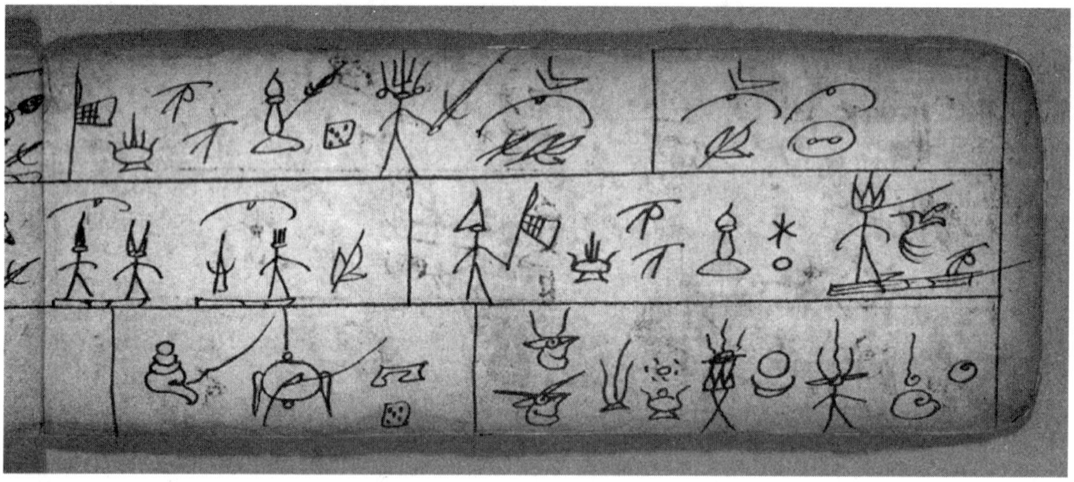

ga³³ mu²¹、u²¹ mu²¹、phər²¹ mu²¹ 、ʂæ²¹ mu²¹、he²¹ mu²¹ gu²¹ nɯ³³ sɿ³³, be² ¹dæ²¹ nɯ³³
胜神 兵 吾神 兵 盘神 兵 禅神 兵 恒神 兵 后 由 引 本丹 由

tər²¹ zər²¹、ʐv̩²¹ zər²¹ mɯ²¹ le³³ zər²¹.｜ʐv̩²¹ zər²¹ me³³ i³³ ma²¹ lv̩⁵⁵ ua³³ mə³³ i³³ nɯ²¹
呆鬼 压 仇人 压 下 又 压 仇 压 的 是 油饼 骨 不 有 地

mɯ²¹ le³³ zər²¹.｜ga²¹ la²¹ ua²¹ he³³ i³³, dv̩²¹ dy²¹ tse²¹ dy²¹ æ²¹ mə³³ tʂər²¹, tər²¹ tshɿ²¹
下 又 压 战神 魂魄 是 毒鬼 地方 仄鬼 地 滞 不 使 呆鬼

ʐv̩²¹ dy²¹ æ²¹ mə³³ tʂər²¹.｜ga³³ ne²¹ u²¹, phər²¹ ne²¹ ʂæ²¹, he²¹ mu²¹ tv̩³³ tv̩²¹ kɯ³³ kɯ²¹
仇 他 滞 不 使 胜神 和 吾神 盘神 和 禅神 神 兵 千 千 万 万

thɯ³³, thv̩³³ phe³³ dʐo³³ phər²¹ kv̩³³, py²¹ bv̩²¹ py²¹ kho³³ kv̩³³, hæ³³ ʂɿ²¹ tsər³³ lər²¹ kho³³,｜
是 土布 桥 白 上 祭司 祭诵 声 上 金 黄 板铃 声

dv̩³³ phər²¹ mu²¹ kho³³ kho³³, ua³³ hər²¹ da³³ khə²¹ kho³³ kv̩³³ nɯ³³ gə²¹ le³³ sɿ³³.｜bər²¹ y²¹
海螺 白 螺号 声 松石 绿 法鼓 声 上 由 上 又 引 牦牛 羊

zʅ^{33} hɑ^{33}, by^{21} ʂu^{21} hɑ^{33} ʂu^{21} nɯ^{33} tʂhu^{55} pɑ^{33} ʥi^{55}, gv̩^{33} thv̩^{33} he^{33} le^{33} thv̩^{33}, kho^{33} y^{21} he^{33}
酒 饭 面 纯 饭 纯 由 天香 烧 身 到 魂 又 到 声 轻 神

hɯ^{21}, zʅ^{33} ʂər^{21} hɑ^{55} i^{33}, ʥi^{21} i^{33} dər^{33} ʂər^{55} gv̩^{33} be^{33} se^{21}. |
安 寿 长 日 久 水 流 塘 满 成 做 了

带领着胜神、吾神、盘神、禅神、恒神的兵，本丹战神把呆鬼和仇人镇压下去。就像压没骨头的油饼似的镇压下去。不让打了胜战的神兵魂魄滞留在毒鬼、仄鬼的地方，滞留在呆鬼和仇人的地方。把胜神、吾神、盘神、禅神及千千万万神兵的魂魄，从白色土布桥上，从祭司祭祀声中，从祭司摇晃的金黄色板铃响声中，从白色海螺的螺号声中，从松石般碧绿的法鼓响声中，把他们接引上来。用牦牛、羊、酒、饭、纯净的麦面，纯净饭烧天香，供养神兵，愿他们的魂魄也随身体一起回到神地。愿他们家中常传佳音，家人健康长寿，生活似水流满塘充裕富足。

553-C-21-14

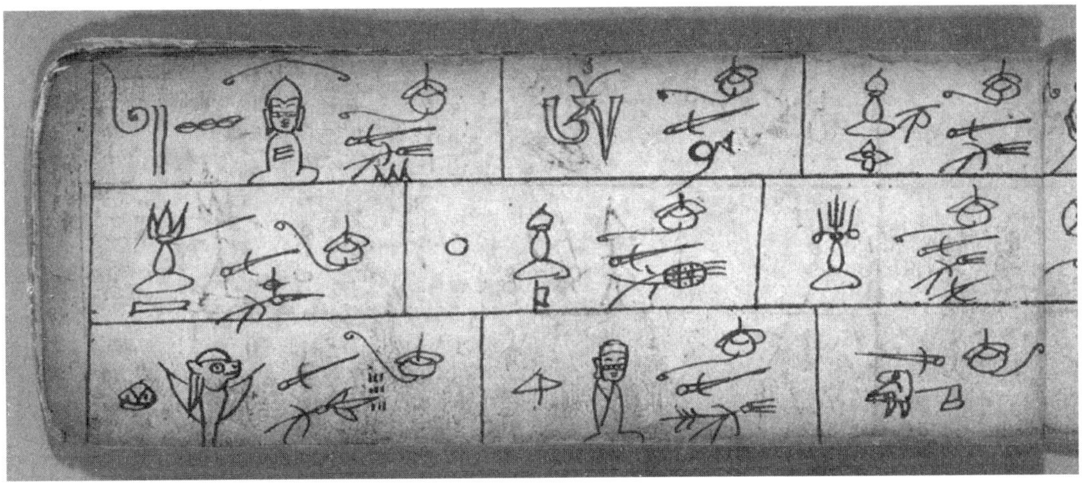

tɕy^{55} tshu^{21}, mɯ^{33} gə^{33} sɑ^{21} lɯ^{55} uə^{33} de^{33} nɯ^{33} mi^{33} mɑ^{21} se^{21} de^{55} sy^{55}. | i^{33} gv̩^{21} o^{33} kə^{21}
最早 天 的 刹依威德 由 米麻沈登 杀 依古阿格

nɯ^{33} i^{33} gv̩^{21} ti^{33} nɑ^{55} sy^{55}, | he^{21} dɯ^{21} uɑ^{33} phər^{21} nɯ^{33} tshʅ^{21} dɯ^{21} uɑ^{33} nɑ^{21} sy^{55}, | to^{33} bɑ^{33}
由 依古丁纳 杀 恒迪窝盘 由 此迪窝纳 杀 东巴什罗

ʂər^{55} lər^{33} nɯ^{33}, dv̩^{21} lɯ^{55} tɕhiɑ^{55} pɑ^{33} lɑ^{33} lɯ^{55} sy^{55}. | he^{21} i^{33} kɯ^{21} khu^{55} nɯ^{33}, tər^{21} nɑ^{55}
由 毒利巧巴拉利 杀 恒依格空 由 呆纳故古

gv̩^{55} gu^{33} sy^{55}. | be^{21} dæ^{21} gɑ^{33} lɑ^{21} nɯ^{33} tər^{21} tshʅ^{21} mɯ^{21} le^{33} sy^{55}. | pɑ^{33} u^{33} iə^{33} mɑ^{21} nɯ^{33}
杀 本丹 战神 由 呆鬼 下 又 杀 巴乌优麻 由

zv̩^{21} ɕi^{33} gv̩^{33} kv̩^{55} sy^{55}. | mɯ^{33} lɯ^{55} du^{21} ʥʅ^{33} nɯ^{33} mɯ^{33} lɯ^{55} ʂv̩^{21} ʥʅ^{33} sy^{55}, | ʂv̩^{21} gə^{33}
仇 人 九 个 杀 美利董主 由 美利术主 杀 术 的

khɯ^{33} nɑ^{55} ʂu^{21} kv̩^{33} ʥʅ^{21} le^{33} sy^{55}. |
狗 黑 铁 头 长 又 杀

最初，天上的刹依威德大神杀掉米麻沈登鬼王；依古阿格大神杀掉依古丁纳鬼；恒迪窝盘大神杀掉此迪窝纳鬼；东巴什罗大神杀掉毒鬼毒利巧巴拉利；恒依格空大神杀掉呆鬼呆纳故古；本丹战神杀掉呆鬼；巴乌优麻杀掉九个仇人；美利董主杀掉美利术主，杀掉术地长铁头的黑狗。

553-C-21-15

uɑ^{33} hər^{21} mɯ^{33} dzər^{33} nɯ^{33}, fʏ̩^{55} ʥi^{33} lʏ̩^{21} nɑ^{21} sy^{55}. | dʏ̩^{33} phər^{21} ɕə^{33} tɕhy^{21} nɯ^{33}, ʂʏ̩^{21} gə^{33}
松石 绿 青龙 由 木炭 龙 黑 杀 海螺 白 大鹏 由 术 的

fʏ̩^{55} ʥi^{33}æ^{21} nɑ^{21} sy^{55}. | dʏ̩^{33} phər^{21} si^{33} gɯ^{33}, dæ^{33} me^{33} lo^{33} pɑ^{21} sy^{55}. | bi^{21} thʏ̩^{33} mə^{55} tʂhʅ^{33}
木炭 鸡 黑 杀 海螺 白 狮子 狐狸 腮 宽 杀 日 出 的 这

ȵi^{33}, i^{33} dɑ^{21} tʂhʅ^{33} dɯ^{33} ʥi^{21}, phər^{21} ne^{21} ʂæ^{21}, gɑ^{33} ne^{21} u^{21}, o^{55} ne^{21} he^{21} mu^{21} tʏ̩^{33} tʏ̩^{21}
天 主人 这 一 家 盘神 和 禅神 胜神 和 吾神 沃神 和 恒神 兵 千 千

kɯ^{33} kɯ^{21} nɯ^{21}, ʐʏ̩^{21} ɕi^{33} tʏ̩^{33} tʏ̩^{21} kɯ^{33} kɯ^{21} do^{55} le^{33} sy^{55}, tər^{21} zər^{21} ʐʏ̩^{21} zər^{21} mɯ^{21} le^{33}
万 万 由 仇 人 千 千 万 万 捕 又 杀 呆鬼 压 仇人 压 下 又

zər^{21}. | phʏ̩^{33} lɑ^{21} gɑ^{33} lɑ^{21} sʅ^{21} ɕi^{33} tʂhuɑ^{55} tshər^{21} nɯ^{33}, tshʅ^{21} uɑ^{33} sʅ^{21} ɕi^{33} tʂhuɑ^{55} tshər^{21}
压 神灵 战神 三 百 六 十 由 鬼 族 三 百 六 十

mɯ^{21} le^{33} sy^{55}. | phər^{21} ne^{21} ʂæ^{21}, he^{21} ne^{21} ʂʏ̩^{21} tʂhər^{33} le^{33} khɯ^{55}. |
下 又 杀 盘神 和 禅神 神 和 署 药 又 施

松石般绿的青龙神杀死鬼地的木炭般黝黑的龙。海螺般白的大鹏战神杀死术家的木炭般黑的黑鸡。海螺般洁白的狮子杀掉宽腮的狐狸。

好日子这一天，这一户主人家请千千万万盘神、禅神、胜神、吾神、沃神、恒神的兵，杀掉了千千万万的仇人，把呆鬼和仇人都镇压下去了。三百六十个神灵和战神，杀掉了三百六十种鬼族。给盘神、禅神、所有的神兵和署神身上施药。

553-C-21-16

phər^{33} ne^{21} ʂæ^{21}, gɑ^{33} ne^{21} u^{21}, o^{55} ne^{21} he^{21}, i^{33} dɑ^{21} tʂhʅ^{33} dʑi^{21} tɕər^{21}, gv̩^{33} ȵi^{33} gv̩^{33} lv̩^{21}

盘神 和 禅神 胜神 和 吾神 沃神 和 恒神 主人 这 家 上 九 天 赐福

tʂhər^{33} tʂhər^{21}, ʂər^{33} ȵi^{33} kɑ^{21} le^{21} dɑ^{55} dɑ^{21} gv̩^{33} be^{33} ho^{55}. py^{33} bv̩^{21} mə^{33} gu^{21} mə^{33} tshər^{33},

稳妥 七 天 保佑 牢靠 成 做 愿 祭司 不 疾 不 病

kho^{33} y^{21} he^{33} hɯ^{21}, zʅ^{33} ʂər^{21} hɑ^{55} i^{33}, dʑi^{21} i^{33} dər^{33} ʂər^{55} gv̩^{33} be^{33} ho^{55}. |

声 轻 神 安 寿 长 日 久 水 流 塘 满 成 做 愿

愿盘神和禅神，胜神和吾神，沃神和恒神，给这一户主人家赐予的九天福分稳妥，给予的七天保佑牢靠。愿祭司不生疾病，家中常传佳音，家人身心安宁，健康长寿，日子像流水满塘充裕富足。

553-C-21-17

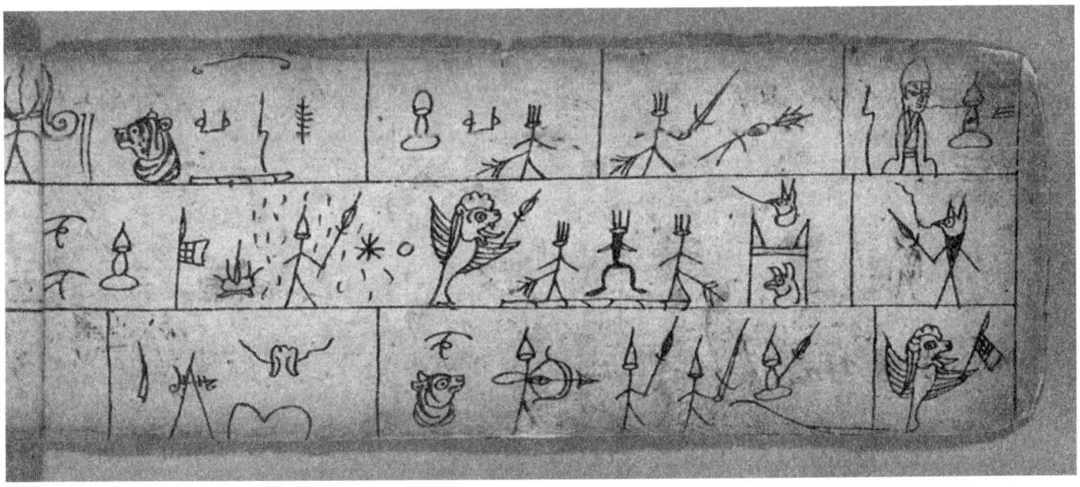

ɑ^{33} lɑ^{33} mə^{33} ʂər^{55} ȵi^{33}, mɯ^{33} thv̩^{33} dy^{21} khu^{33} tʂhʅ^{33} dɯ^{33} zʅ^{33}, | du^{21} thv̩^{33} ʂv̩^{21} thv̩^{33} zʅ^{33}, |

呵 也 不 说 日 天 开 地 辟 这 一 代 董 出 术 出 代

ʂɣ̩^{21} nɯ^{33} du^{21} ɕi^{33} sy^{55}. | dɯ^{33} tʂhər^{55} mɯ^{33} lɯ^{55} du^{21} dʑʅ^{33}, sɑ^{21} lɯ^{55} uə^{33} de^{21} nɯ^{33}, phər^{21}
术 由 董 人 杀 一 代 美利董主 刹依威德 由 盘神

ne^{21} ʂæ^{21} , gɑ^{33} ne^{21} u^{21}, o^{55} ne^{21} he^{21} mu^{21} tɣ̩^{33} tɣ̩^{21} kɯ^{33} kɯ^{21}, iə^{33} mɑ^{21} tɣ̩^{33} tɣ̩^{21} kɯ^{33} kɯ^{21}
和 禅神 胜神和 吾神 沃神和 恒神 兵 千 千 万 万 优麻 千 千 万 万

tɯ^{33}, ʂɣ̩^{21} dɣ̩^{21} le^{33} u^{55} khɯ^{55}. ʂɣ̩^{21} gə^{33} uə^{33} kɣ̩^{33} uə^{33} mæ^{33} ʂɣ̩^{21} khɯ^{33} nɑ^{21} nɯ^{33} tɕhi^{21}. |
起 术 地 又 做 去 术 的 寨 头 寨 尾 术 狗 黑 由 守

ʂɣ̩^{21}gə^{33} so^{33} ʂuɑ^{21} kɣ̩^{33}, dɣ̩^{21} nɑ^{55} khɯ^{33} kɣ̩^{33} dʑʅ^{21} nɯ^{33} tɕhi^{33}, ʂɣ̩^{21} gə^{33} bu^{21} kɣ̩^{33} ʂɣ̩^{21} he^{33}
术 的 岭 高 处 毒鬼 黑 狗 头 长 由 守 术 的 坡 上 术 耳

thɑ^{55} nɯ^{33} tɕhi^{33}. | phɣ̩^{33} lɑ^{21} mu^{21} dæ^{21} khæ^{55} lɯ^{33} khæ^{55} tso^{33} pu^{55}, ly^{33} thɑ^{55} ʐ̩ər^{33} thɑ^{55}
尖 由 守 神 兵 勇 射 箭 射 弓 带 矛 利 刀 利

pu^{33}, he^{21} mu^{21} mi^{21} le^{33} zɑ^{21} | iə^{33} mɑ^{21} gɑ^{33} lɑ^{21} |
带 神 兵 下 又 下 优麻 战神

远古的时候，开天辟地的时代，美利董主和美利术主在世的年代，术族杀了董族的人。于是，美利董主、刹依威德商量，要带着千千万万的盘神、禅神、胜神、吾神、沃神、恒神兵去攻打术族的地方。术族的地方，寨头寨尾都由他们的黑狗守着，在术的高山上，由长狗头的黑色毒鬼守着，术地的山坡上，由术族耳朵敏锐的人守着。董族的神兵带着弓和箭，带着刀和矛从神地降临来，优麻战神

553-C-21-18

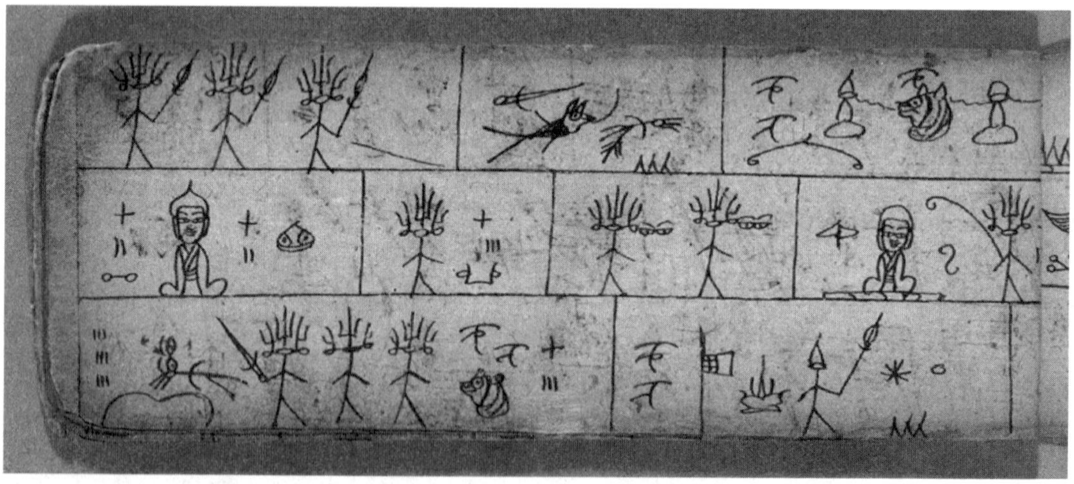

be^{21} dæ^{21} sʅ^{55} kɣ̩^{33} zɑ^{21} le^{33} tshʅ^{21}, | dɣ̩^{21} nɑ^{21} khɯ^{33} kɣ̩^{33} dʑʅ^{21}, ʂɣ̩^{21} mu^{21} tʂhʅ^{33} uɑ^{21} mɯ^{21}
本丹 三 个 降 又 来 毒鬼 黑 狗 头 长 术 兵 所有 的

le^{33} sy^{55}. | mɯ^{33} tɕər^{21} phər^{21} ne^{21} ʂæ^{21}, gɑ^{33} ne^{21} u^{21}, o^{55} ne^{21} he^{21}, mɯ^{33} lɯ^{55} du^{21} dʑʅ^{33},
又 杀 天 上 盘神 和 禅神 胜神 和 吾神 沃神 和 恒神 美利董主

phɣ̩^{33} lɑ^{21} gɑ^{33} lɑ^{21} tshe^{21} ȵi^{33} tʂər^{55} gə^{33} tshe^{21} ȵi^{33} kɣ̩^{55} nɯ^{33} pɯ^{33} pɑ^{33} be^{33}, | be^{21} dæ^{21}
神灵 战神 十 二 级 的 十 二 个 由 变化 做 本丹

tshe^{21} sɿ^{55} kv̩^{33}, | be^{21} dæ^{21} miə^{21} thɑ^{55} me^{33} ȵi^{33} kv̩^{55} the^{21} nɯ^{33} thv̩^{33}. | be^{21} dæ^{21} tʂhʅ^{33}
十 三 个 本丹 眼 尖 的 两 个 这 由 产生 本丹 所有

uɑ^{21} me^{33}, mɯ^{33} lɯ^{55} du^{21} dzʅ^{33} dy^{21}, mɯ^{33} lɯ^{55} du^{21} ʥʅ^{33} tɕər^{21} gv̩^{33} lv̩^{21} kɑ^{33} le^{21} le^{33}
的 美利董主 地方 美利董主 上 赐福 保佑 又

thy^{55} tshʅ^{21}. | ʂv̩^{21} bu^{21} nɑ^{21} gv̩^{33} bu^{21} kv̩^{33}, y^{21} phy^{55} tʂuɑ^{21} so^{33}, y^{21} ly^{21} tʂuɑ^{21} so^{33},
做 来 术 坡 黑 九 坡 上 余聘爪梭 余吕爪梭

y^{21} tɕi^{55} tʂuɑ^{221} so^{33}, phər^{21} ne^{21} ʂæ^{21}, phv̩^{33} lɑ^{21} tshe^{21} sɿ^{55} kv̩^{33} nɯ^{33}, ʂv̩^{21} gə^{33} tv̩^{33} tʂʅ^{21}
余敬爪梭 盘神 和 禅神 神 十 三 个 由 术 的 侦察

miə^{21} thɑ^{55} tʂhʅ^{33} le^{33} sy^{55}. | phər^{21} ne^{21} ʂæ^{21}, gɑ^{33} ne^{21} u^{21}, o^{21} mu^{21} tv̩^{33} tv̩^{21} kɯ^{33} kɯ^{21}
眼 尖 这 又 杀 盘神 和 禅神 胜神 和 吾神沃神 兵 千 千 万 万

mɯ^{21} i^{33} zɑ^{21} le^{33} tshʅ^{21}.
下 是降临 又 来

和三个本丹战神降临来，杀掉了长狗头的黑色毒鬼，杀掉了守在山坡上的所有术族兵。天上的盘神、禅神、胜神、吾神、沃神、恒神，以及美利董主，十二节的神灵作十二种变化，产生了十三个本丹战神，产生了两个眼尖的本丹战神。这些所有的本丹战神，都到美利董主的地方，来给美利董主赐福保佑。在术族的九道黑坡上，余聘爪梭、余吕爪梭、余敬爪梭战神，所有的盘神、禅神的神兵，和所有的本丹战神一起杀掉了术族眼尖的侦察兵。盘神、禅神、胜神、吾神、沃神、恒神的千千万万兵马降临来。

553-C-21-19

he^{21} mu^{21} tv̩^{33} tv̩^{21} kɯ^{33} kɯ^{21} thɯ^{33}, ʂv̩^{21} gə^{33} thɯ^{33} sy^{21} mɯ^{21} dɯ^{33} dy^{21} ȵə^{21} thv̩^{33}. | ʂv̩^{21}
神 兵 千 千 万 万 是 术 的 这 样 下 一 地方 上 到 术

gə^{33} tɕi^{55} kæ^{21} nɑ^{21} me^{33} thɯ^{33}, ȵi^{33} tshʅ^{21} pɑ^{33} kv̩^{33} ʥʅ^{21}, dv̩^{33} ʥʅ^{21} me^{33} ʥæ^{21}, | phv̩^{33} lɑ^{21}
的 乌鸦 黑 的 他 尼鬼 蛙 头 长 翅 长 的 骑 神灵

he^{21} dy^{21} thv̩^{33} le^{33} tshʅ^{21}, he^{21} dy^{21} ly^{21} le^{33} tɕi^{33}. | tɕi^{55} kæ^{21} nɑ^{21} me^{33} ȵi^{33} tshʅ^{21} pɑ^{33}
神 地 到 又 来 神 地 瞧 又 来 乌鸦 黑 的 尼鬼 蛙

kv̩^{33} dʐʅ^{21}, dv̩^{33} dʐʅ^{21} dʑæ^{21}, ʂv̩^{21} dy^{21} mɯ^{33} lɯ^{55} ʂv̩^{21} dʐʅ^{33} tɕər^{21} n̥ə^{21} lo^{21} le^{33} tshʅ^{21}. ʂv̩^{21}
头　长　翅 长 骑　术　地　美利术主　　　上　　说 又 来　术

mɯ^{21} tv̩^{33} tv̩^{21} kɯ^{33} kɯ^{21} tɯ^{33} le^{33} tshʅ^{21}. | iə^{33} mɑ^{21} mɯ^{21} dæ^{21} pɯ^{33} pɑ^{33} be^{33}, be^{21} dæ^{21}
兵　千 千　万　万　起　又　来　优麻　兵　勇　变化　做　本丹

ly^{33} thɑ^{55}、 zər^{33} thɑ^{55}、 lɯ^{33} thɑ^{33} tv̩^{33} tv̩^{21} kɯ^{33} kɯ^{21} pu^{55} me^{33} thv̩^{33} le^{33} tshʅ^{21}, be^{21}
矛 利　刀 利　箭 利 千　千　万　万　带　的　到 又　来　本丹

dæ^{21} pɯ^{33} pɑ^{33} be^{33}, | tɕi^{55} kæ^{21} ly^{33} thɑ^{55} zər^{33} thɑ^{55} pu^{55}, ʂv̩^{21} mu^{21} tɯ^{33} me^{33} tʂʅ^{33} le^{33}
变化　做　乌鸦　矛　利　刀　利　带 术 兵　起　的　这 又

hu^{33}. | mɯ^{33} tɕər^{21} phər^{21} ne^{21} ʂæ^{21}, he^{33} tʂʅ^{33} uɑ^{21} nɯ^{33} pɯ^{33} pɑ^{33} be^{33}, fv̩^{33} phər^{21} kv̩^{33}
拦　天 上　盘神　和　禅神 恒神 所有　由 变化　做 箐鸡 白　头

dʐʅ^{21} tuɑ^{33} kə^{33} thv̩^{33} le^{33} tshʅ^{21}, he^{33} tɕər^{21} gv̩^{33} lv̩^{21} gɑ^{33} le^{21} tʂʅ^{33} le^{33} be^{33}. |
长　端格　出 又　来　神 上 赐福　保佑　这 又 做

千千万万的神兵走到了术地这样一个地方。术族的长翅的蛙头尼鬼骑着黑乌鸦在飞翔，他们飞到神地在窥探神兵的动向。长翅的蛙头尼鬼骑着黑乌鸦将神地起兵的消息告诉了术地的美利术主。美利术主派出千千万万的术兵。神地的优麻战神作变化，产生出带着千千万万支利矛、利刀、利箭的本丹神兵，拦住带着矛和刀的黑乌鸦等术族兵马。由天上的盘神、禅神及大神作变化，产生了长箐鸡头的端格战神，长箐鸡头的端格战神来保卫神的地方，来给神地赐福保佑。

553-C-21-20

fv̩^{33} phər^{21} kv̩^{33} dʐʅ^{21} tuɑ^{33} kə^{21} nɯ^{33}, ʂv̩^{21} dy^{21} le^{33} thv̩^{33} tshʅ^{21}, dæ^{21} be^{33} ʂv̩^{21} gə^{33} tv̩^{33} tʂʅ^{21}
箐　鸡白　头　长　端格　由　术　地　又　到　来　能干 地 术　的　侦察

miə^{21} thɑ^{55} gv̩^{33} kv̩^{55} sy^{55}. | mɯ^{33} kv̩^{33} phər^{21} ne^{21} ʂæ^{21}, mɯ^{33} lɯ^{55} du^{21} dʐʅ^{33} thɯ^{33}, thɯ^{33} sy^{21}
眼　尖　九　个　杀　天　上　盘神　和 禅神　美利董主　　他　这　样

mɯ21dɯ33 dy21 n̥ə21 thy̩33.｜ky̩33 ly33 ky̩33 phə21 sɑ21 me21 tshy̩55 si33 nɑ21 py̩21 ne21 mu33 tshʅ21
下 一 地方 上 到 头 头发 散 的 醋西那补 和 猛鬼

dy21 n̥ə21 thy̩33.｜ky̩33 ly33 ky̩33 phiə21 sɑ21 gə33 tshy̩55 si33 nɑ33 py̩21 dɯ33 bɑ21 ne21 me33 i33,
地 上 到 头 头 发 散 的 醋西那补 一 叫 做 的 是

he21 mu33 tʂhʅ33 uɑ21 tɕi55 lɯ55 tɕi55 ʂu33 ʂu33, mɯ33 lɯ55 du21 dʐʅ33 lɑ33 tɕi55 lɯ55 tɕi55 ʂu33
神 兵 所有 怕 也 怕 悚悚 美利董主 也 怕 也 怕 悚

ʂu33.｜tshy̩55 si33 nɑ33 py̩21 nɯ33 he21 mu21 ty̩33 ty̩21 kɯ33 kɯ21 hu33 le33 mɯ21 i33 zɑ21 le33
悚 醋西那补 由 神 兵 千 千 万 万 拦 又 下 是 降 又

he21.｜iə33 mɑ21 nɯ33 he21 mu21 ty̩33 ty̩21 kɯ33 kɯ21 ʂy̩21 le33 pɯ33 bɑ33 be33,｜ʂu33 phər21
去 优麻 由 神 兵 千 千 万 万 引 又 变化 做 铁 白

zər33 thɑ21 lɯ33 thɑ55 ly33 tɑ55 ty̩33 ty̩21 kɯ33 kɯ21 nɯ33, tshy̩55 si33 nɑ33 py̩21 ky̩33 sɑ21
刀 利 箭利 矛 利 千 千 万 万 由 醋西那补 发 散

sy55.｜mɯ33 tɕər21 phər21 ne21 ʂæ21, mɯ33 lɯ55 du21 dʐʅ33｜pɯ33 pɑ33 be33, uɑ33 hər21 bər21
杀 天 上 盘神 和 禅神 美利董主 变化 做 松石 绿 牦牛

hər21 thy̩33, uɑ33 hər21 bər21 hər21 nɯ33, he21 dy21 gy̩33 ly̩21 kɑ33 le21 le33 be33 tshʅ21.｜
绿 产生 松石 绿 牦牛 绿 由 神 地 赐福 保佑 又 做 来

长箐鸡头的端格战神到了术地，勇敢地杀掉了术地从事侦探的九个术兵。

天上的盘神、禅神和美利董主，来到了术族的这样一个地方，这地方术族披散着头发的醋西那补大声的吼叫起来，吓得神兵们悚悚发抖，吓得美利董主悚悚发抖。披头散发的醋西那补把千千万万的神兵，拦在了术地边的地方。优麻战神领着千千万万的神兵作变化，用千千万万的利刀、利矛、利箭把披头散发的醋西那补杀死。

天上的盘神、禅神、美利董主作变化，产生了一头松石般碧绿的牦牛，这牦牛，来保佑神地，来给神地赐福。

553-C-21-21

uɑ^{33} hər^{21} bər^{21} hər^{21} gɑ^{33} lɑ^{21} nɯ^{33} ʂv̩^{21} gə^{33} tv̩^{33} tʂʅ^{21} miə^{21} thɑ^{55} gv̩^{33} kv̩^{55} mɯ^{21} le^{33} sy^{55}. |
松石 绿 牦牛 绿 胜神 由 术 的 侦察 眼 尖 九 个 下 又 杀

mɯ^{33} kv̩^{33} phər^{21} ne^{21} ʂæ^{21}, mɯ^{33} lɯ^{55} du^{21} dʑʅ^{33} pɯ^{33} pɑ^{33} be^{33}. ʂv̩^{21} gə^{33} thɯ^{33} sy^{21} mɯ^{21}
天 上 盘神 和 禅神 美利董主 变化 做 术 的 这 样 下

dɯ^{33} dy^{21} ȵə^{21} le^{33} thv̩^{33} tshʅ^{21}, | ȵi^{33} tshʅ^{21} tʂhuɑ^{55} kv̩^{33} dʑʅ^{21} nɯ^{33} pɯ^{33} pɑ^{33} be^{33}, ȵi^{33} tshʅ^{21}
一 地方 上 又 到 来 尼鬼 鹿 头 长 由 变化 做 尼 鬼

ʐuɑ^{33} kv̩^{33} dʑʅ^{21} le^{33} sy^{55} me^{33} thɯ^{33} sy^{21} dɯ^{33} dy^{21} thv̩^{33}. | ȵi^{33} tshʅ^{21} tʂhuɑ^{55} kv̩^{33} dʑʅ^{21} me^{33}
马 头 长 又 杀 的 这 样 一 地方 到 尼鬼 鹿 头 长 的

nɯ^{33}, kv̩^{33} ly^{33} kv̩^{33} phiə^{21} sɑ^{21}, mɯ^{33} lɯ^{55} du^{21} dʑʅ^{33} he^{21} mu^{21} tɕi^{55} lɯ^{55} tɕi^{55} ʂu^{33} ʂu^{33}. | iə^{33}
由 头 上 头 发 散 美利董主 神 兵 怕 也 怕 悚悚 优麻

mɑ^{21} dæ^{21} me^{33} pɯ^{33} pɑ^{33} be^{33}, | dv̩^{33} phər^{21} khɯ^{33} phər^{21} thv̩^{33} le^{33} tshʅ^{21}, ȵi^{33} tshʅ^{21} tʂhuɑ^{55}
勇敢 的 变化 做 海螺 白 狗 白 出 又 来 尼鬼 鹿

kv̩^{33} dʑʅ^{21} me^{33} mɯ^{21} le^{33} sy^{55}, tər^{21} tshʅ^{21} mɯ^{21} le^{33} sy^{55}. | phər^{21} ne^{21} ʂæ^{21}, mɯ^{33} lɯ^{55} du^{21}
头 长 的 下 又 杀 呆鬼 下 又 杀 盘神 和 禅神 美利董主

dʑʅ^{33} pɯ^{33} pɑ^{33} be^{33}, he^{21} gə^{33} phv̩^{33} lɑ^{21} gɑ^{33} lɑ^{21} thv̩^{33} me^{33} ȵi^{33} tshʅ^{21} mɯ^{21} le^{33} zər^{21}, |
变化 做 神 的 神 战神 出 是 尼鬼 下 又 压

he^{21} gə^{33} dæ^{21} mu^{21} tʂhʅ^{33} uɑ^{21} me^{33}, mɯ^{33} lɯ^{55} du^{21} dʑʅ^{21} dy^{21} gv̩^{33} lv̩^{21} kɑ^{33} le^{21} be^{33} le^{33}
神 的 勇敢 兵 所有 的 美利董主 地 赐福 保佑 做 又

thv̩^{33}. | he^{21} gə^{33} dʑə^{33} kɑ^{21} nɑ^{21} pv̩^{21} nɯ^{33}, |
成 神 的 久嘎拿补 由

松石般绿的牦牛胜神，杀掉了九个从事侦察的术兵。天上的盘神、禅神和美利董主作变化，神兵走到了术地的这样一个地方。来到长鹿头的尼鬼作变化，杀死长马头的尼鬼这样一个地方。披头散发的长鹿头的尼鬼，把美利董主神兵吓得悚悚发抖。勇敢的优麻战神作变化，产生了一只海螺般洁白的神狗，把长鹿头的尼鬼杀死，把这地方的呆鬼杀死。天上的盘神、禅神、美利董主作变化，神兵所到之处把尼鬼镇压下去，神兵所到之处，给美利董主带来福分，来保佑美利董主的地方。神的大力神久嘎拿补，

553-C-21-22

ʂɣ̩^{33} gə^{33} tɣ̩^{21} tʂʅ^{21} miə^{21} thɑ^{55} gɣ̩^{33} kɣ̩^{55} mɯ^{21} le^{33} sy^{55}. | mɯ^{33} tɕər^{21} phər^{21} ne^{21} ʂæ^{21}, mɯ^{33}
术 的 侦察 眼 尖 九 个 下 又 杀 天 上 盘神 和 禅神

lɯ^{55} du^{21} ʥʅ^{33} pɯ^{33} pɑ^{33} be^{33}. | ʂɣ̩^{21} gə^{33} thɯ^{33} sy^{21} mɯ^{21} dɯ^{33} dy^{21} ȵə^{21} thɣ̩^{33}, | ʂɣ̩^{21} tshʅ^{21}
美利董主 变化 做 术 的 这样 下 一 地方上 到 术 鬼

tɕhi^{21}kɣ̩^{33} ʥʅ^{21}, ʂu^{21}gə^{33} pɑ^{33} tər^{21} ʥy^{21} me^{33} mɯ^{21} dɯ^{33} dy^{21} ȵə^{21} thɣ̩^{33}. ʂɣ̩^{21} tshʅ^{21} tɕhi^{21} kɣ̩^{33}
鹿子 头 长 铁 的 坨坨 有 的 下 一 地方 上 到 术 鬼 鹿 头

ʥʅ^{21} nɯ^{33} bɑ^{21} i^{33} me^{33}, he^{21} mu^{21} tʂhʅ^{33} uɑ^{21} tɕi^{55} lɯ^{55} tɕi^{55} ʂu^{55} ʂu^{33}. | iə^{33} mɑ^{21} dæ^{21}
上 由 吼 在 是 神 兵 所有 怕 也 怕 悚悚 优麻 勇敢

me^{33} nɯ^{33} pɯ^{33} pɑ^{33} be^{33}, du^{21} dy^{21} ne^{21} ʂɣ̩^{21} dy^{21} me^{33} lɑ^{33} le^{33} tʂɣ̩^{33} phi^{21}. | tʂhu^{21} nɑ^{55}
的 由 变化 做 董 地 和 术鬼 地 的 也 又 分开 墨 玉

mi^{33} dʐʅ^{33} tʂhʅ^{33} huɑ^{33} huɑ^{21} gə^{33} kɣ̩^{55} ʥi^{21} bɣ̩^{21}, be^{21} dæ^{21} tɯ^{33} le^{33} tshʅ^{21}, ʂɣ̩^{21} gə^{33} tɕe^{21}
火 烧 熊熊 的 毡 房 下 本丹 起 又 来 术 的

ty^{33} gɣ̩^{33} ȵə^{55} mɯ^{21} le^{33} sy^{55}. | mɯ^{33} tɕər^{21} phər^{21} ne^{21} ʂæ^{21}, mɯ^{33} lɯ^{55} du^{21} ʥʅ^{33} pɯ^{33}
仄敦古妞 下 又 杀 天 上 盘神 和 禅神 美利董主 变化

pɑ^{33} be^{33}, i^{21} ʂʅ^{55} bu^{21} ʥo^{33} pɯ^{33} pɑ^{33} be^{33}, ʂu^{33} phər^{21} be^{21} kho^{33} thæ^{33} me^{33} be^{21} dæ^{21} the^{21}
做 依世补佐 变化 做 铁 白 本 冠 戴 的 本丹 这

nɯ^{33} thɣ̩^{33}. thɯ^{33} nɯ^{33} mɯ^{33} lɯ^{55} du^{21} ʥʅ^{33} tɕər^{21} gɣ̩^{33} lɣ̩^{21} kɑ^{33} le^{21} le^{33} thy^{55} tshʅ^{21}, | ʂu^{33}
由 出 他 同 美利董主 上 赐福 保佑 又 做 来 铁

phər^{21} kho^{33} thæ^{33} gə^{33} be^{21} dæ^{21} gɑ^{33} lɑ^{21} nɯ^{33}, ʂɣ̩^{21} gə^{33} tɣ̩^{33} tʂʅ^{21} miə^{21} thɑ^{55} gɣ̩^{33} kɣ̩^{55}
白 冠 戴 的 本丹 战神 由 术 的 侦察 眼 尖 九 个

sy^{55}. | mɯ^{33} tɕər^{21} phər^{21} ne^{21} ʂæ^{21}, mɯ^{33} lɯ^{55} du^{21} ʥʅ^{21} |
杀 天 上 盘神 和 禅神 美利董主

杀掉了九个眼尖的术族从事侦察的兵。天上的盘神、禅神、美利董主作变化，神的士兵们走到了术的这样一个地方，走到了到处都是铁坨坨的地方，长鹿子头的术鬼守着这个地方。长鹿子头的术鬼一吼，所有的神兵吓得悚悚发抖。勇敢的优麻战神作变化，把董族的地方和术鬼的地方加以区分。从墨玉般黝黑的燃着熊熊大火的毡房中出现的本丹大神，杀死术地的仄敦古妞鬼。天上的盘神、禅神，美利董主和依世补佐作变化，产生了戴着白铁戟冠的本丹战神。戴着白铁戟冠的本丹战神，来给美利董主赐福，来保佑美利董主。本丹战神杀掉了九个眼尖的从事侦察的术兵。天上的盘神、禅神、美利董主

553-C-21-23

pɯ^{33} pɑ^{33} be^{33}. | he^{21} mu^{21} ʂy̩^{21} gə^{33} thɯ^{33} sy^{21} mɯ^{21} dɯ^{33} dy̩^{21} ȵə^{21} thy̩^{33}, dy̩^{21} tshʅ^{21} miə^{21}
变化 做 神 兵 术 的 这 样 下 一 地方 上 到 毒 鬼 眼

ʂʅ^{21} nɯ^{33} nɑ^{21} me^{33} ʥy^{21} me^{33} dy^{21} ȵə^{21} thy̩^{33}, dy̩^{21} gə^{33} bə^{33} lɯ^{21} lɑ^{33} mɑ^{21}, dy̩^{21} tshʅ^{21} sʅ^{33}
黄 心 黑 的 有 的 地方 上 到 毒鬼 的 崩仂 喇嘛 毒鬼 头目

phe^{33} zə̩^{21} be^{33} ʥʅ^{21} me^{33} dy^{21} ȵə^{21} thy̩^{33}. | dy̩^{21} gə^{33} khu^{33} nɯ^{33} mi^{33} ɕy^{21} thy̩^{33} i^{33} ky̩^{55}. |
草 似 长 的 地方 上 到 毒鬼 的 口 由 火 红 出 也 会

iə^{33} mɑ^{21} dæ^{21} me^{33} gə^{33} zə̩r^{33} thɑ^{55} ly^{33} thɑ^{55} lɯ^{33} thɑ^{55} ty̩^{33} ty̩^{21} kɯ^{33} kɯ^{21} pɯ^{33} pɑ^{33}
优麻 勇敢 者 的 刀 快 矛 利 箭 利 千 千 万 万 变化

be^{33} le^{33} thy̩^{33}. | dy̩^{21} tshʅ^{21} sʅ^{33} phe^{33} miə^{21} ʂʅ^{21} me^{33} mɯ^{21} le^{33} sy^{55}. | mɯ^{33} tɕər^{21} phər^{21}
做 又 出 毒鬼 头目 眼 黄 的 下 又 杀 天 上 盘神

ne^{21} ʂæ^{21}, mɯ^{33} lɯ^{55}du^{21}ʥʅ^{33} pɯ^{33} pɑ^{33} be^{33}, | he^{21} gə^{33} dy̩^{33} phər^{21} mi^{55} zi^{33} ky̩^{33} phiə^{21} bɑ^{21}
和 禅神 美利董主 变化 做 神 的 海螺 白 女 美 辫子 花

tshu^{55} me^{33} nɯ^{33}, mɯ^{33} lɯ^{55} du^{21} dʐʅ^{33} dy^{21} gʏ^{33} lʏ^{21} ka^{33} le^{21} le^{33} thy^{55} thʏ^{33}. | mɯ^{33} lɯ^{55}
插 的 由 美利董主 地方 赐福 保佑 又 做 成 美利董主

du^{21} dʐʅ^{33} gə^{33} tse^{55} ne^{21} be^{33} nɯ^{33} ʂʏ^{21} tshʅ^{21} tʏ^{33} tʂʅ^{21} miə^{21} tha^{55} gʏ^{33} kʏ^{55} sy^{55}. | mɯ^{33}
的 斧 和 刀 由 术 鬼 侦察 眼 尖 九 个 杀 天

tɕər^{21} phər^{21} ne^{21} ʂæ^{21}, mɯ^{33} lɯ^{55} du^{21} dʐʅ^{33} nɯ^{33} pɯ^{33} pa^{33} be^{33}, | thɯ^{33} sʅ^{21} ʂʏ^{21} gə^{33} mɯ^{21}
上 盘神 和 禅神 美利董主 由 变化 做 这 样 术 的 下

dɯ^{33} dy^{21} ȵə^{21} thʏ^{33}. | mɯ^{33} tshʅ^{21} ɕi^{33} ʂʅ^{33} dʐʅ^{33} gə^{33} sʅ^{33} phe^{33} dʐʅ^{21} me^{33} dy^{21} ȵə^{21} thʏ^{33}, |
一 地方 到 猛鬼 人 肉 食 的 头 目 住 的 地方 上 到

作变化，神兵们走到了术族的这样一个地方，这地方是黄眼黑心的毒鬼的地方，这地方毒鬼的崩仂喇嘛和毒鬼头目，就像大地上长出的草儿一样，遍地都有，毒鬼的口中还会喷出烈火。勇敢的优麻战神的快刀、利矛、利箭作变化，把黄眼毒鬼头目杀死。

天上的盘神、禅神和美利董主作变化，产生了编着大辫子，辫子上插着花的，漂亮的像海螺一般洁白的女神。漂亮的女神给美利董主的地方赐福保佑。美利董主用利斧和快刀杀死九个眼尖的从事侦察的术兵。由天上的盘神、禅神、美利董主作变化，神兵们走到了术族的这样一个地方，这地方住着吃人肉的猛鬼头目，

553-C-21-24

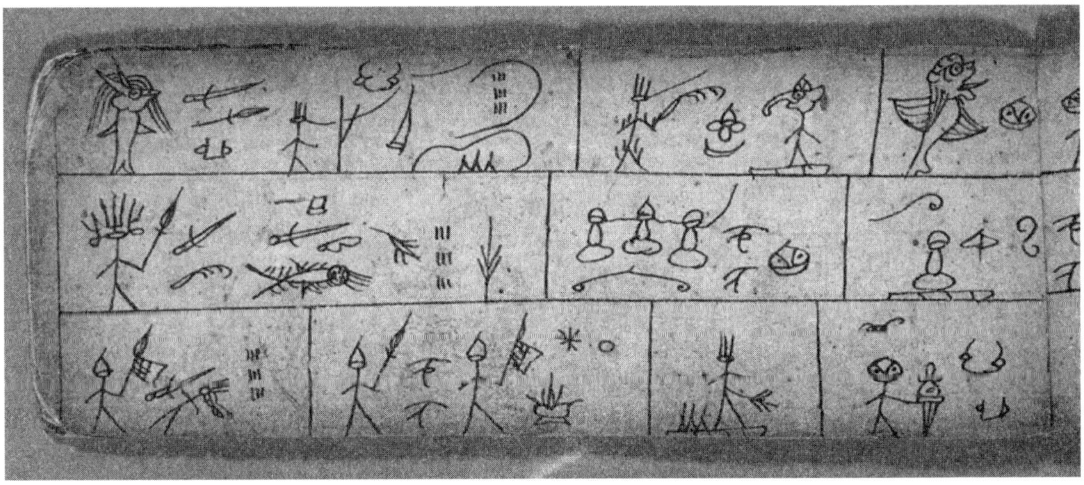

ȵi^{33} tshʅ^{21} ɕy^{33} kʏ^{33} dʐʅ^{21} me^{33} zər^{33} tha^{55} ly^{33} tha^{55} thy^{55}, tshʅ^{21} gə^{33} æ^{33} tɕhi^{33} ʂu^{21} tɕhi^{33} do^{21}
尼鬼 兽 头 长 的 刀 利 矛 利 持 鬼 的 铜 签 铁 签 硬

me^{33} bu^{21} ɕy^{21} gʏ^{33} bu^{21} kʏ^{33} le^{33} hɯ^{55} hɯ^{33} le^{33} tshu^{55}. | mu^{33} tshʅ^{21} me^{33} nɯ^{33}, be^{33} le^{33}
的 坡 矮 九 坡 上 又 围绕 又 插 猛鬼 的 由 本勒奔楚汝

be^{55} tshʅ^{21} zʅ^{33} dy^{21} ua^{21} khʏ^{33} he^{33} nər^{55} tshʅ^{21}. | iə^{33} ma^{21} pɯ^{33} pa^{33} be^{33}, be^{21} dæ^{21}
地 魂 偷 魂 压 来 优麻 变化 做 本丹

ly^{33} tha^{55} z̥ər^{33} tha^{55}, da^{21} tha^{55} tse^{55} tha^{55} be^{33} tha^{55} nɯ^{33}, mu^{33} tshʅ^{21} ɕi^{33} ʂʅ^{33} ʥʅ^{33} me^{33}
矛 利 刀 利 镰 利 斧 利 偏斧 利 由 猛鬼 人 肉 吃 的

ʂʅ^{33} phe^{33} gv̩^{33} kv̩^{55} mɯ^{21} le^{33} sy^{55}. | mɯ^{33} tɕər^{21} phər^{21} ne^{21} ʂæ^{21}, mɯ^{33} lɯ^{55} du^{21} ʥʅ^{33} pɯ^{33}
头目 九 个 下 又 杀 天 上 盘神 和 禅神 美利董主 变化

pa^{33} be^{33}, he^{21} gə^{33} ga^{33} la^{21} nɯ^{33}, mɯ^{33} lɯ^{55} du^{21} ʥʅ^{33} dy^{21} ɳə^{21} gv̩^{33} lv̩^{21} ka^{33} le^{21} tshʅ^{21}. |
做 神 的 战神 由 美利董主 地方 上 赐福 保佑 来

he^{21} gə^{33} ga^{33} la^{21} nɯ^{33} ʂv̩^{21} gə^{33} tv̩^{33} tʂʅ^{21} miə^{21} tha^{55} gv̩^{33} kv̩^{55} sy^{55}. | phər^{21} mu^{21} ʂæ^{21}
神 的 战神 由 术 的 侦察 眼 尖 九 个 杀 盘神 兵 禅神

mu^{21}, ga^{33} mu^{21} u^{21} mu^{21}, o^{55} mu^{21} he^{21} mu^{21} tv̩^{33} tv̩^{21} kɯ^{33} kɯ^{21}nɯ^{33}, | ʂv̩^{21} gə^{33} thɯ^{33} sy^{21}
兵 胜神 兵 吾神 兵 沃神 兵 恒神 兵 千 千 万 万 由 术 的 这 样

mɯ^{21} dɯ^{33} dy^{21} ɳə^{21} thv̩^{33}. | tshə^{55} tshʅ^{21} pa^{33} kv̩^{33} ʥʅ^{21}, æ^{33} phər^{21} dv̩^{21} dʐʅ^{33} la^{21} phə^{33} ty^{55}
下 一 地方 上 到 秽鬼 蛙 头 长 铜 白 杖头 手 中 拿

me^{33} dy^{21} ɳə^{21} thv̩^{33}. |
的 地方 上 到

长兽头的尼鬼手中拿着快刀利矛，猛鬼在低矮的九道山坡四周，围绕着插上了铁和铜做的签子。于是，猛鬼们放心地到人类居住的地方，来偷摄“本勒奔楚汝”（人）的魂魄。勇敢的优麻战神作变化，产生了拿快刀、利矛、利斧和好镰刀的本丹战神。本丹战神杀死九个吃人肉的猛鬼头目。

由天上的盘神、禅神、美利董主作变化，神的战神来到美利董主的地方，来给美利董主赐福和保佑。神的战神杀掉术族九个眼尖的侦察兵。盘神、禅神、胜神、吾神、沃神、恒神的千千万万神兵，走到了术族的这样一个地方，这儿有手里拿着白铜做的杖头的长蛙头的秽鬼。

553-C-21-25

tshə^{55} tshɿ^{21} pɑ^{33} kv̩^{33} dʐɿ^{21} nɯ^{33}, tɕi^{55} khɑ^{33} dɯ^{33} pɑ^{33} phi^{55},tʂhə^{55} hər^{33} mi^{33} hər^{21} tv̩^{33} tv̩^{21}
秽鬼 蛙 头 长 由 唾沫 苦 一 泡 唾 秽鬼 风 火鬼 风 千 千

kɯ^{33} kɯ^{21} thv̩^{33} le^{33} tshɿ^{21}.｜iə^{33} mɑ^{21} dæ^{21} me^{33} pɯ^{33} pɑ^{33} be^{33}, mɯ^{33} nɯ^{33} ʂu^{33} phər^{21} dɑ^{21}
万 万 产生 又 来 优麻 勇敢 的 变化 做 天 由 铁 镰铁 刀

zi^{33}, ʂu^{33} phər^{21} tse^{55} thɑ^{55} thv̩^{33} le^{33} tshɿ^{21}. be^{21} dæ^{21} gɑ^{33} lɑ^{21} nɯ^{33}，dɑ^{21} thɑ^{55}, tse^{55} thɑ^{55}, gæ^{21}
利 铁 白 斧 快 出 又 来 本丹 战神 由 镰 利 斧 利 刀

thɑ^{55} thy^{55}，tʂhə^{55} tshɿ^{21} pɑ^{33} kv̩^{33} dʐɿ^{21} me^{33} mɯ^{21} le^{33} sy^{55}.｜mɯ^{33} tɕər^{21} phər^{21} ne^{21} ʂæ^{21},
利 拿 秽鬼 蛙 头 生 的 下 又 杀 天 上 盘神 和 禅神

mɯ^{33} lɯ^{55} du^{21} dʐɿ^{33} pɯ^{33} pɑ^{33} be^{33}, dv̩^{33} phər^{21} ʐʅ^{21} phər^{21} thv̩^{33}. dv̩^{33} phər^{21} ʐʅ^{21} phər^{21} nɯ^{33}
美利董主 变化 做 海螺 白 蛇 白 产生 海螺 白 蛇 白 由

mɯ^{33} lɯ^{55} du^{21} dʐɿ^{33} dy^{21}, gv̩^{33}lv̩^{21} kɑ^{33} le^{21} le^{33} be^{33} tshɿ^{21}.｜dv̩^{33} phər^{21} ʐʅ^{21} phər^{21} nɯ^{33} ʂv̩^{21}
美利董主 地方 赐福 保佑 又 做 来 海螺 白 蛇 白 由 术

uə^{33} gv̩^{55} uə^{33} tshe^{55}, ʂv̩^{21} tshɿ^{21} gv̩^{33} kv̩^{55} sy^{55}.｜tse^{55} thɑ^{55}, gæ^{21} thɑ^{55} nɯ^{33} ʂv̩^{21} gə^{33} tv̩^{33} tʂʅ^{21}
寨 九 寨 破 术 鬼 九 个 杀 斧 快 刀 快 由 术 的 侦察

miə^{21} thɑ^{55} mɯ^{21} le^{33} sy^{55}.｜mɯ^{33} lɯ^{55} du^{21} dʐɿ^{33} gə^{21} du^{21} mu^{21} tv̩^{33} tv̩^{21} kɯ^{33} kɯ^{21} nɯ^{33},
眼 尖 下 又 杀 美利董主 的 董 兵 千 千 万 万 由

ʂv̩^{21} tsɿ^{21} tv̩^{33} tv̩^{21} kɯ^{33} kɯ^{21} le^{33} zər^{21} se^{21}.｜phər^{21} ne^{21} ʂæ^{21}, mɯ^{33} lɯ^{55} du^{21} dʐɿ^{33} nɯ^{33},
术 鬼 千 千 万 万 又 镇压 了 盘神 和 禅神 美利董主 由

phər^{21} mu^{21} ʂæ^{21} mu^{21}, gɑ^{33} mu^{21} u^{21} mu^{21}, o^{55} mu^{21} he^{21} mu^{21}gə^{21} le^{33} sɿ^{33}, phər^{21}
盘神 兵 禅神 兵 胜神 兵 吾神 兵 沃神 兵 恒神 兵 上 又 引 盘神

ne^{21} ʂæ^{21},
和 禅神

长蛙头的秽鬼吐一口吐沫，产生出千千万万的秽鬼和火鬼的风。勇敢的优麻战神作变化，从天上掉下白铁镰刀和白铁斧头。本丹战神拿着白铁镰刀和白铁斧头，杀掉长蛙头的秽鬼。天上的盘神、禅神、美利董主作变化，产生了神地海螺般洁白的蛇。海螺般白的白蛇来到美利董主的地方庇佑赐福予美利董主。神的白蛇攻破术族九个村寨，杀掉术族九个首领，用利刀快斧杀掉了九个眼尖的术族侦察兵。千千万万的美利董主的神兵，把千千万万的术族兵马镇压下去了。

盘神、禅神、美利董主把盘神、禅神、胜神、吾神、沃神、恒神的兵接引了上来，

553-C-21-26

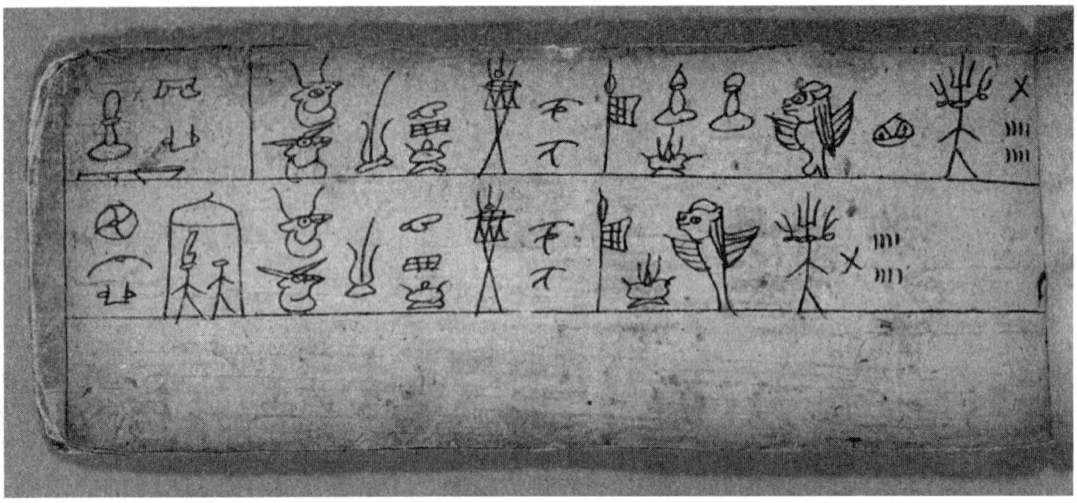

mɯ^{33} lɯ^{55} du^{21} ʥʅ^{33} dy^{21} gə^{21} le^{33} thʏ̩^{33}. | bər^{21} y^{21} ʐʅ^{33} hɑ^{33} tʂhər^{21} nɑ^{55} ɕy^{55} mɑ^{21} nɯ^{33}
美利董主 地 上 又 到 牦牛 羊 酒 饭 肥肉 瘦肉 柏 油 由

tʂhu^{55} pɑ^{33} ʥi^{55}, phər^{21} ne^{21} ʂæ^{21}, gɑ^{33} ne^{21} u^{21}, o^{55} ne^{21} he^{21}, to^{33} kə^{21} iə^{33} mɑ^{21}, pɑ^{33} u^{33} iə^{33}
天香 烧 盘神 和 禅神 胜神 和吾神 沃神 和 恒神 端格 优麻 巴乌优麻

mɑ^{21}, be^{21} dæ^{21} tshe^{21} ho^{55} kʏ̩^{33} tʂhu^{55} pɑ^{33} be^{33}. | bi^{21} thʏ̩^{33} mə^{33} tʂhʅ^{33} n̩i^{33}, i^{33} dɑ^{21} tʂhʅ^{33}
本丹 十 八 个 天香 烧 日 出 的 这 天 主人 这

dɯ^{33} ʥi^{21}，bər^{21} y^{21} ʐʅ^{33} hɑ^{33} tʂhər^{21} nɑ^{55} ɕy^{55} mɑ^{21} tʂhu^{55} pɑ^{33} be^{33}. phər^{21} ne^{21} ʂæ^{21}，gɑ^{33} ne^{21}
一 家 牦牛 羊 酒 饭 肥肉 瘦肉 柏 油 天香 烧 盘神 和 禅神 胜神 和

u^{21}, to^{33} kə^{21} iə^{33} mɑ^{21}, be^{21} dæ^{21} tshe^{21} ho^{55} kʏ̩^{33} tʂhu^{55} pɑ^{33} be^{33}. |
吾神端格 优麻 本丹 十 八 个 天香 烧

神兵又回到盘神、禅神、美利董主的地方。美利董主用牦牛、羊、酒、饭、肥肉、瘦肉、柏枝、酥油烧天香，供养盘神，禅神、胜神、吾神、沃神、恒神，供养端格和优麻战神，供养巴乌优麻战神，供养十八尊本丹战神。

好日子这一天，这一户主人家用牦牛、羊、酒、饭、肥肉、瘦肉、柏枝和酥油烧天香，供养盘神、禅神、胜神、吾神、供养端格和优麻战神及十八尊本丹战神。

553-C-21-27

封底

（翻译：和宝林）

279-C-22-01

iə^{33} mɑ^{21} sɑ^{55} • y^{21} phər^{21} kho^{55} • dy̩^{21} ʦər^{33} gɯ^{33}

迎请优麻战神·杀白绵羊·督孜咒语

279-C-22 迎请优麻战神·杀白绵羊·督孜咒语

【内容提要】

这是一本大祭风仪式中迎请优麻战神，杀绵羊供养优麻及各种战神时念诵的咒语。所念咒语皆不知其意，只作音译。

【英文提要】

Invoking the Warlord *iə ma*, Killing the White Sheep, the Mantra of *dʏ̩ tsər*

This book is about the mantra which was chanted while invoking the warlord ***iə ma***, killing the sheep to consecrate ***iə ma*** and all warlords during the ritual of sacrificing to wind. The meaning of all mantras was uncertain, therefore, only transliteration provided.

279-C-22-02

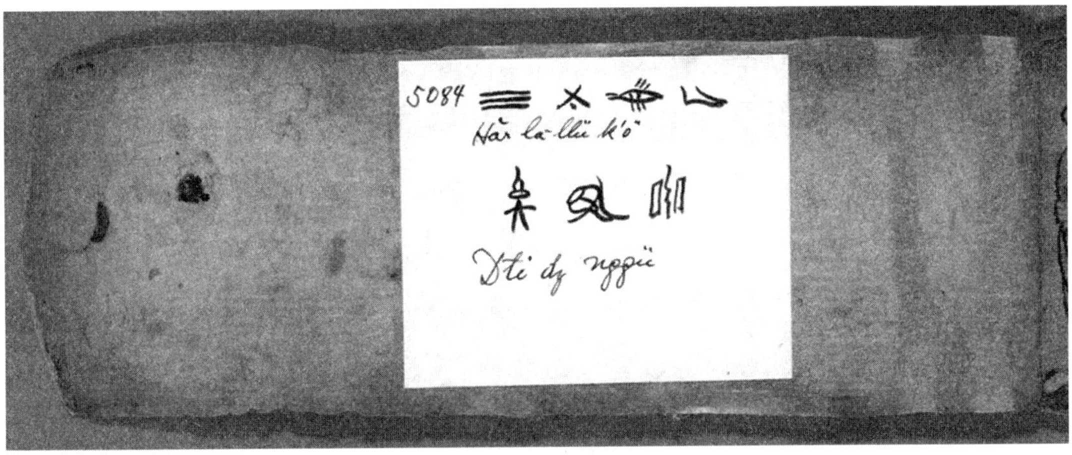

第 1 行："5084"为洛克藏书的标号，东巴文字为"大祭风仪式"。
第 2 行：用洛克音标注下此书用于"大祭风仪式"。
第 3 行：东巴文字为书名《督孜咒语》。
第 4 行：用洛克音标注下此书书名的纳西语读音。

279-C-22-03

tɕi^{55} tsɿ^{21} lɯ^{55} gə^{33} lɑ^{33}, | se^{21} ɕə^{33} tv̩^{21} lər^{21} di^{21}, | mɯ^{33} mi^{33} tv̩^{21} i^{33} dɑ^{55} phv̩^{55} i^{33}, | lɑ^{21}
近 紫 利 格 佬 神 休 督 朗 迪 美 米 督 依 道 布 依 劳

tshər^{55} tshe^{33} phv̩^{33} lɑ^{21} lər^{21} lɑ^{21} tsɿ^{55} gu^{21} di^{21}, | gə^{21} lɑ^{33} ʐʅ^{21} be^{33} lo^{21} se^{21} ne^{21}, | lo^{21} se^{21}
忓 抻 普 劳 朗 劳 自 汞 迪 格 佬 日 本 罗 神 能 罗 神

tshy^{55} py^{33} so^{33} gu^{21} tsɿ^{21}, | uə^{33} lər^{21} mɑ^{21} ly^{33} lɑ^{21} y^{21} pe^{21} tsɿ^{21}, | pɑ^{33} u^{33} uə^{33} lər^{21} mɑ^{21}
趣 并 梭 汞 紫 威 朗 麻 吕 劳 余 北 紫 保 吾 威 朗 麻

mi^{33} y^{21} ne^{21}. |
米 余 能

（咒语）近紫利格佬，神休督朗迪，美米督依道布依，劳忓抻普劳朗劳自汞迪，格佬日本罗神能，罗神趣并梭汞紫，威朗麻吕劳余北紫，保吾威朗麻米余能。

279-C-22-04

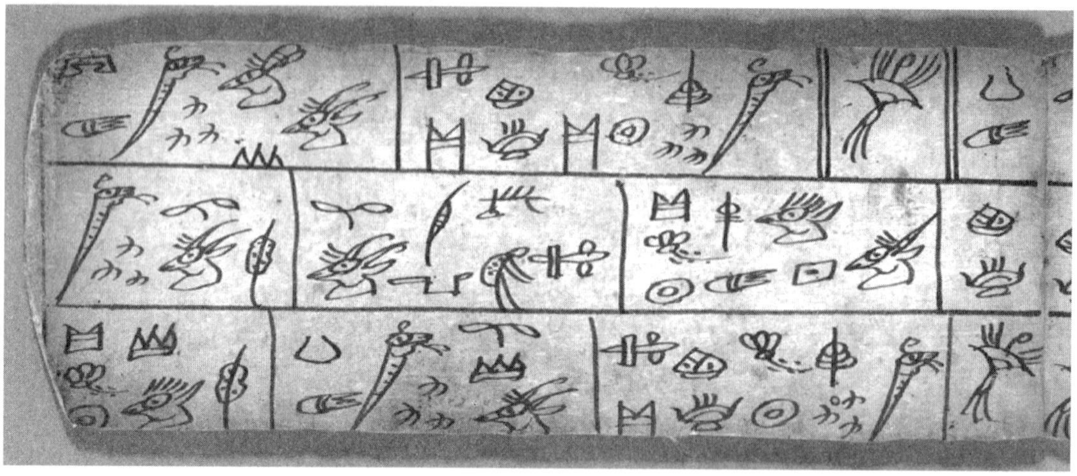

gə^{33} lɑ^{21} ʐʅ^{21} be^{33} lo^{21} mi^{33} se^{21}, | tsɿ^{21} uə^{33} pɑ^{33} u^{33} uə^{33} lər^{21} mɑ^{21}ɕy^{55} be^{33} ʐʅ^{21}. ‖ tsər^{33} lər^{21}
格 劳 日 本 罗 米 神 紫 威 保 吾 威 朗 麻 叙 本 日 板 铃

do^{55}. ‖ phʏ̩^{33} lɑ^{21} ʐʅ^{21} be^{33} iə^{21} se^{21} ne^{21}, | iə^{21} se^{21} tshy^{55} thʏ̩^{33} so^{33} gu^{21} tsɿ^{21}, | uə^{33} lər^{21} mɑ^{21}
摇 普 劳 日 本 尤 神 能 尤 神 趣 土 梭 汞 紫 威 朗 麻

ly^{33} lɑ^{21} y^{21} pe^{33} se^{21}. | pɑ^{33} u^{33} uə^{33} lər^{21} mɑ^{21} mi^{33} y^{21} ne^{21}, | phʏ̩^{33} lɑ^{21} ʐʅ^{21} be^{33} iə^{21} mi^{33}
吕 劳 余 本 神 保 吾 威 朗 麻 米 余 能 普 劳 日 本 尤 米

se^{21}, | tshʅ^{21} uə^{33} pɑ^{33} u^{33} lər^{21} mɑ^{21} ɕy^{55} be^{33} ʐʅ^{21}. ‖ tsər^{33} lər^{21} do^{55}. ‖
神 紫 威 保 吾 朗 麻 叙 本 日 板 铃 摇

格劳日本罗米神，紫威保吾威朗麻叙本日。摇一摇板铃。普劳日本尤神能，尤神趣土梭汞紫，威朗麻吕劳余本神。保吾威朗麻米余能，普劳日本尤米神，紫威保吾朗麻叙本日。摇一摇板铃。

279-C-22-05

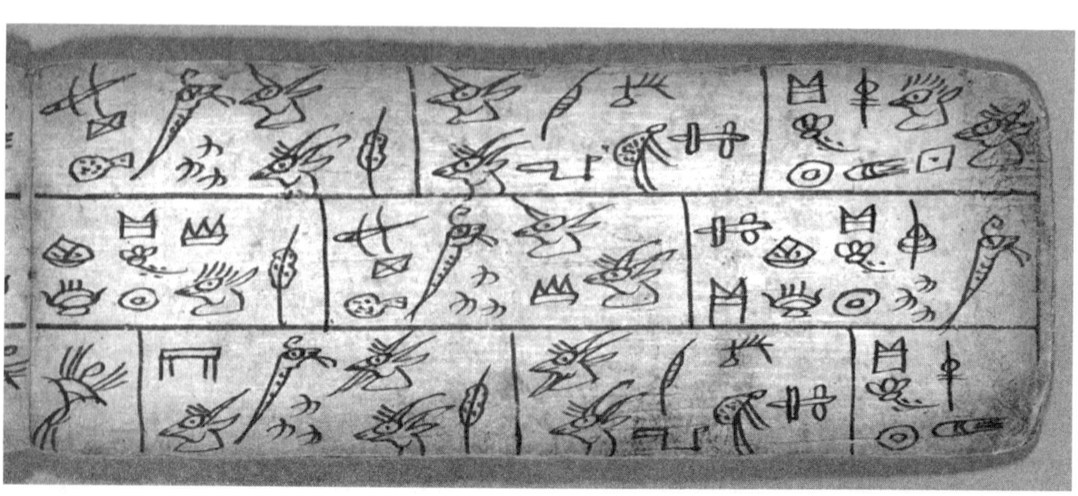

tshər^{55} tshe^{33} gv̩^{33} ʐʅ^{21} be^{33} nɯ^{21} se^{21} ne^{21}, | nɯ^{21} se^{21} tshy^{55} thv̩^{33} so^{33} gu^{21} tsʅ^{21}, | uə^{33} lər^{21}
忏 抻 古 日 本 你 神 你 能 神 趣 土 梭 汞 紫 威 朗

mɑ^{21} ly^{33} lɑ^{21} y^{21} pe^{33} i^{33}. | pɑ^{33} u^{33} uə^{33} lər^{21} mɑ^{21} mi^{33} y^{21} ne^{21}. | tshər^{55} tshe^{33} gv̩^{33} ʐʅ^{21}
麻 吕 劳 余 本 依 保 吾 威 朗 麻 米 余 能 忏 抻 古 日

be^{33} nɯ^{21} mi^{33} se^{21}. | tsʅ^{21} uə^{33} pɑ^{33} u^{33} uə^{33} lər^{33} mɑ^{21} ɕy^{55} be^{33} ʐʅ^{21}. ‖ tsər^{21} lər^{21} do^{55}. ‖
本 你 米 神 紫 威 保 吾 威 朗 麻 叙 本 日 板 铃 摇

mɯ^{33} mæ^{33} se^{21} ʐʅ^{33} be^{33} tshʅ^{55} se^{21} ne^{21}, | tshʅ^{55} se^{21} tshy^{55} thv̩^{33} so^{33} gu^{21} tsʅ^{21}, | uə^{33} lər^{21}
美 满 神 日 本 次 神 能 次 神 趣 土 梭 古 紫 威 朗

mɑ^{21} ly^{33} lɑ^{21} |
麻 吕 劳

忏抻古日本你神你，能神趣土梭汞紫，威朗麻吕劳余本依。保吾威朗麻米余能。忏抻古日本你米神。紫威保吾威朗麻叙本日。摇一摇板铃。美满神日本次神能，次神趣土梭古紫，威朗麻吕劳

279-C-22-06

y^{21} be^{33} se^{21}. | pɑ^{33} u^{33} uə^{33} lər^{21} mɑ^{21} mi^{33} y^{21} ne^{21}, | mɯ^{33} mæ^{33} se^{21} ʐʅ^{33} be^{33} tshʅ^{55} mi^{33}
余 本 神 保 吾 威 朗 麻 米 余 能 美 满 神 日 本 次 米

se^{21}, | tsʅ^{21} uə^{33} pɑ^{33} u^{33} uə^{33} lər^{21} mɑ^{21} ɕy^{55} be^{33} ʐʅ^{21}. | tsər^{33} lər^{21} do^{55}. | lɑ^{21} i^{33} uə^{33} lər^{21}
神 紫 威 保 吾 威 朗 麻 叙 本 日 板 铃 摇 劳 依 威 朗

mɑ^{21} nɯ^{21} lɑ^{21} ŋə^{21}, | mi^{33} i^{33} uə^{33} lər^{21} mɑ^{21} nɯ^{21} lɑ^{21} ŋə^{21} | gə^{21} sæ^{33} ʂuɑ^{21} bi^{21} uə^{33} lər^{21}
麻 你 劳 厄 米 依 威 朗 麻 你 劳 厄 格 山 刷 丙 威 朗

mɑ^{21}nɯ^{21} lɑ^{21} ŋə^{21}. | gə^{21} khə^{55} tho^{21} bi^{21} uə^{33} lər^{21} mɑ^{21} nɯ^{21} lɑ^{21} ŋə^{21}, | gɑ^{33} pɑ^{33} se^{21} bi^{21}
麻 你 劳 厄 格 扣 妥 丙 威 朗 麻 你 劳 厄 高 保 神 丙

uə^{33} lər^{21} mɑ^{21} nɯ^{21} lɑ^{21} ŋə^{21}, |
威 朗 麻 你 劳 厄

余本神。保吾威朗麻米余能，美满神日本次米神，紫威保吾威朗麻叙本日。（摇晃板铃）劳依威朗麻你劳厄，米依威朗麻你劳厄，格山刷丙威朗麻你劳厄。格扣妥丙威朗麻你劳厄，高保神丙威朗麻你劳厄，

279-C-22-07

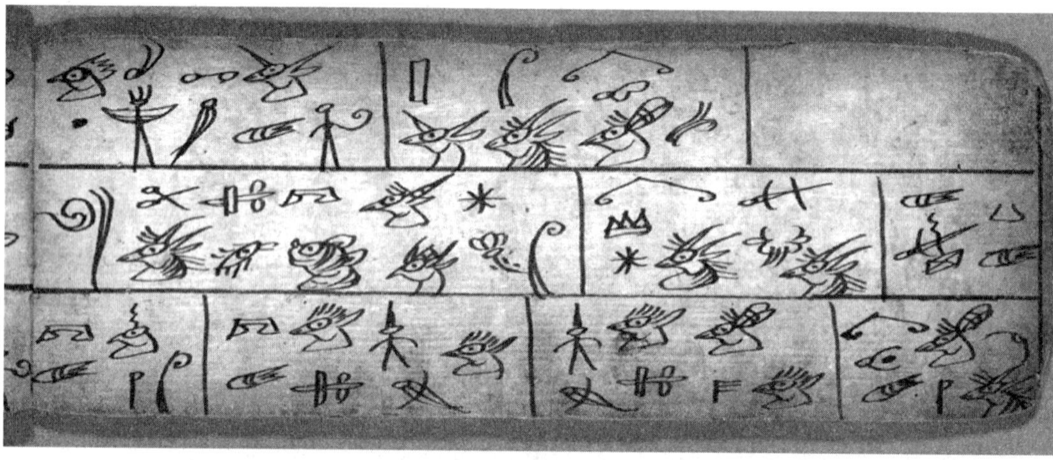

æ^{33} nɑ^{21} sæ^{33} ze^{21} uɑ^{33} dʑi^{21} nɯ^{21} lɑ^{21} ŋə^{21}, | to^{33} nɯ^{21} di^{21} i^{33} mɯ^{33} ʂʅ^{33} lɑ^{21} tʂə^{21}. ‖ tɕi^{55}
俺 那 山 壬 洼 吉 你 劳 厄 多 你 迪 依 美 史 劳 走 近

i^{33} tsɿ^{21} lɯ^{33} gə^{21} lɑ^{33} se^{21} ɕə^{33} ty̩^{21} lər^{21} di^{21}, | mɯ^{33} mi^{33} ty̩^{21} i^{33} dɑ^{55} py̩^{55} i^{33}. | lɑ^{21} tshər^{55}
依 紫 利 格 佬 神 休 督 朗 迪 美 米 督 依 道 布 依 劳 忏

tshe^{33} phy̩^{33} lɑ^{21} gə^{21} lɑ^{21} tsɿ^{55} ko^{21} di^{21}. | gə^{21} lɑ^{21} y^{21} tsɿ^{21} dy̩^{33} tsər^{33} y^{21}. | dy̩^{33} tsər^{33} y^{21}
抻 普 劳 格 劳 自 各 迪 格 劳 余 紫 都 孜 余 都 孜 余

tsɿ^{21} lo^{21} ʂuɑ^{21} y^{21}, | mɯ^{33} khɑ^{33} lɑ^{21} lo^{21} ko^{21} mə^{33} i^{33}. |
紫 罗 刷 余 美 卡 劳 罗 各 莫 依

俺那山壬洼吉你劳厄，多你迪依美史劳走。

（咒语）近依紫利格佬神休督朗迪，美米督依道布依，劳忏抻普劳格劳自各迪，格劳余紫都孜余，都孜余紫罗刷余，美卡劳罗各莫依。

279-C-22-08

i^{33} bər^{21} y^{21} tsɿ^{21}, | so^{33} nɯ^{33} y^{21}, | so^{33} nɯ^{21} y^{21} tsɿ^{21}, | kə^{55} ʂuɑ^{21} y^{21}, | i^{33} bər^{21} so^{33} nɯ^{21}, |
依 板 余 紫 梭 你 余 梭 你 余 紫 构 刷 余 依 板 梭 你

kə^{55} tso^{33} ne^{21}, | tshər^{21} tshe^{33} gv̩^{33} tʂhər^{33} sɿ^{33} ty^{33} pe^{33} tɑ^{55}. | pɑ^{33} so^{33} ʂɿ^{33} gɯ^{33} tsɿ^{55}
构 佐 能 忏 抻 古 蚩 斯 敦 本 道 保 梭 史 庚 目

mɯ^{33} ne^{21}, | to^{33} ɕə^{33} y^{21} tsɿ^{21} u^{33} mə^{33} y^{21}. | u^{33} mə^{33} y^{21} tsɿ^{21} lo^{21} sɑ^{21} y^{21}. | u^{33} mə^{33} to^{33}
美 能 多 休 余 紫 吾 莫 余 吾 莫 余 紫 罗 刹 余 吾 莫 多

phv̩^{33} kə^{55} bv̩^{33} mɯ^{33} dv̩^{21} lo^{21}, | phv̩^{33} lɑ^{21} tʂhər^{33} sɿ^{33} ty^{33} be^{33} tɑ^{55}, | ko^{21} kɯ^{55} lɑ^{21} ɕə^{33} |
普 构 补 美 督 罗 普 劳 蚩 斯 敦 本 道 戈 更 劳 休

依板余紫，梭你余，梭你余紫，构刷余，依板梭你，构佐能，忏抻古蚩斯敦本道。保梭史庚目美能，多休余紫吾莫余。吾莫余紫罗刹余。吾莫多普构补美督罗，普劳蚩斯敦本道，戈更劳休

279-C-22-09

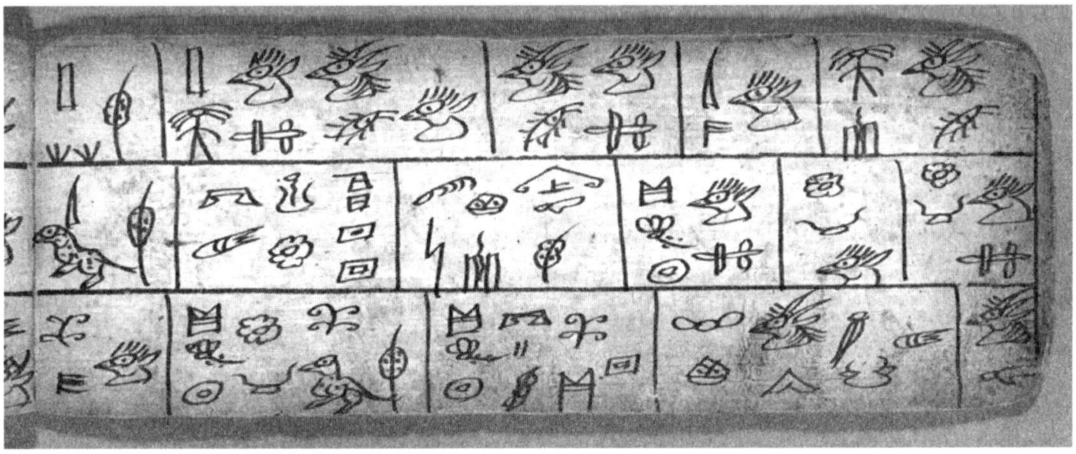

to^{33} zə̩^{21} ne^{21}, | to^{33} si^{33} y^{21} tsɿ^{21} i^{33} lɯ^{33} y^{21}. | i^{33} lɯ^{33} y^{21} tsɿ^{21}, | tɕhi^{33} ʂuɑ^{21} y^{21}. | si^{33} gɯ^{33}
多 惹 能 多 新 余 紫 依 利 余 依 利 余 紫 启 刷 余 新 庚

i^{33} lɯ^{33} tɕhi^{33} tso^{33} ne^{21}. | gə^{21} lɑ^{21} tshər^{33} sɿ^{33} ty^{33} pe^{33} tɑ^{55}. | dɑ^{21} tʂhər^{55} pɑ^{33} gɯ^{33} mɯ^{33}
依 利 启 佐 能 格 劳 蚩 斯 敦 本 道 岛 斥 保 庚 美

ʂə^{55} ʂɿ^{33} ne^{21}, | uə^{33} lər^{21} mɑ^{21} y^{21} tsɿ^{21}, | sɿ^{33} khuɑ^{55} y^{21}. | sɿ^{33} khuɑ^{55} y^{21} tsɿ^{21} lɯ^{33} sɑ^{21}
寿 史 能 威 朗 麻 余 紫 斯 跨 余 斯 跨 余 紫 利 刹

y^{21}, | uə^{33} lər^{21} sɿ^{33} khuɑ^{55} lɯ^{55} tso^{33} ne^{21}. | uə^{33} lər^{33} mɑ^{21} gə^{21} ȵi^{33} tshu^{21} lɯ^{55} uə^{33} tɑ^{55}, |
余 威 朗 斯 跨 利 佐 能 威 朗 麻 格 涅 崇 利 威 道

sæ^{55} pɑ^{33} i^{33} tshɿ^{33} dʑi^{21} by̩^{33} lɑ^{21}. | i^{33} ʂɿ^{33}
赛 保 依 楚 吉 补 劳 依 史

多惹能，多新余紫利余。依利余紫，启刷余。新庚依利启佐能。格劳蚩斯敦本道。岛斥保庚美寿史能，威朗麻余紫，斯跨余。斯跨余紫利刹余，威朗斯跨利佐能。威朗麻格涅崇利用威道，赛保依楚吉补劳。依史

279-C-22-10

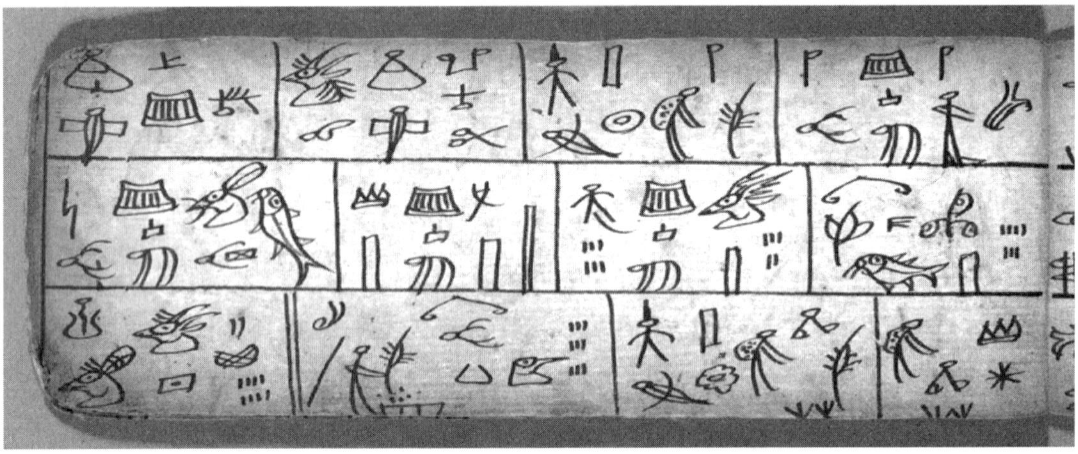

o^{55} tso^{21} ʂə^{55} sɿ^{33} so^{33}. | i^{33} ʂɿ^{33} o^{55} tso^{21} thy̩^{33} tʂhɿ^{33} tɕi^{33}, | dy̩^{21} tsər^{33} to^{33} mɑ^{21} gu^{21} ko^{21}
沃 佐 寿 斯 梭 依 世 沃 佐 土 耻 近 督 孜 多 麻 汞 戈

ɕi^{21}. | ko^{21} gɯ^{33} sɿ^{33} ȵi^{33} by̩^{21} ko^{21} y^{21} tʂə^{21}. | tʂhər^{55} gɯ^{33} sɿ^{33} ȵi^{33} by̩^{33} le^{21} tshɑ^{55} ȵi^{33}. |
西 戈 庚 斯 涅 补 戈 余 走 斥 庚 斯 涅 补 勒 曹 涅

mi^{33} to^{55} sɿ^{33} ȵi^{33} by̩^{21} me^{33} to^{33} zər^{21}. | bɯ^{21} tshuɑ^{55} sɿ^{33} ȵi^{33} by̩^{21} tshuɑ^{55} to^{33} uɑ^{33}, |
米 垛 斯 涅 补 美 多 冉 本 窜 斯 涅 补 窜 多 洼

mɯ^{33} zy̩^{21} sɑ^{21} ȵi^{33} ny̩^{21} to^{33} ʂər^{33}. | tʂhər^{33} lo^{21} se^{21} pe^{33} ȵi^{33} khə^{55} ho^{55}. ‖ sæ^{33} mi^{21} ɕi^{21}
美 汝 刹 涅 奴 多 史 蚩 罗 神 本 涅 扣 贺 山 明 西

ty̩^{21}mɯ^{33} gɯ^{33} phy̩^{33} ko^{33} gy̩^{33}, | dy̩^{21} tsɿ^{33} to^{33} sɿ^{33} gu^{21} zy^{21} ɕi^{21} ʐə^{21}, | gu^{21} zy^{21} ʐə^{21} mi^{33}
督 美 庚 普 戈 古 督 孜 多 斯 汞 玉 西 惹 汞 玉 惹 米

tv̩^{21} |
督

沃佐寿斯梭。依世沃佐土耻近，督孜多麻汞戈西。戈庚斯涅补戈余走。斥庚斯涅补勒曹涅。米垛斯涅补美多冉。本窜斯涅补窜多洼，美汝刹涅奴多史。蚩罗神本涅扣贺。

山明西督美庚普戈古，督孜多斯汞玉西惹，汞玉惹米督

279-C-22-11

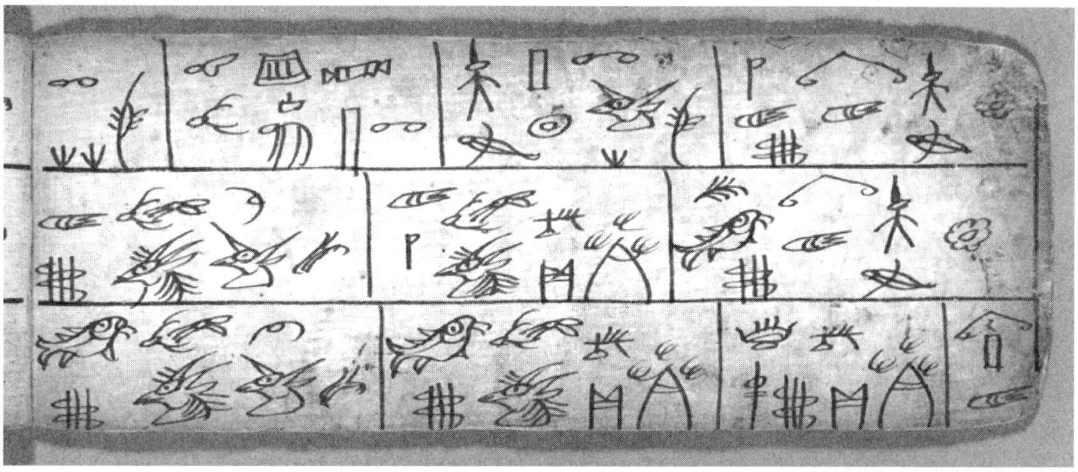

uɑ^{33} zə̧^{21} ɕi^{21}. | ʂʅ^{33} gɯ^{33} sʅ^{33} ȵi^{33} bv̩^{21} tsæ^{33} to^{33} uɑ^{33}, | dv̩^{21} tsər^{33} to^{33} mɑ^{33} uɑ^{33} nɯ^{21} zə̧^{21}
洼 惹 西 史 庚 斯 涅 补 沾 多 洼 督 孜 多 麻 洼 你 惹

ɕi^{33}. | ko^{21} lɑ^{21} kho^{21} mɯ^{33} lɑ^{21}dv̩^{21} tsər^{33} sʅ^{33}, | lɑ^{21} kho^{21} tsʅ^{55} i^{33} mə^{33} nɯ^{33} tʂə^{21}. | lɑ^{21} ko^{21}
西 戈 劳 柯 美 劳 督 孜 斯 劳 可 自 依 莫 你 走 劳 戈

tsʅ^{55} i^{33} so^{33} uə^{33} be^{33} ʥy^{21}. | pɯ^{33} ȵi^{33} kho^{21} mɯ^{33} lɑ^{21} dv̩^{21} tsər^{33} sʅ^{33}. | ȵi^{33} kho^{21} tsʅ^{55} i^{33}
自 依 梭 威 本 居 本 涅 可 美 劳 督 孜 斯 涅 可 自 依

mə^{33} nɯ^{21} tʂə^{21}, | ȵi^{33} kho^{21} bi^{21} i^{33} so^{33} uə^{33} be^{33} ʥy^{21}. | u^{21} ly^{33} kho^{21} so^{33} uə^{33} be^{33}
莫 你 走 涅 可 比 依 梭 威 本 居 吾 吕 可 梭 威 本

ʥy^{21}. | mɯ^{33} to^{33} lɑ^{21} |
居 美 多 劳

洼惹西。史庚斯涅补沾多洼， 督孜多麻洼你惹西。戈劳柯美劳督孜斯，劳可自依莫你走。劳戈自依梭威本居。本涅可美劳督孜斯。涅可自依莫你走，涅可比依梭威本居。吾吕可梭威本居。美多劳

279-C-22-12

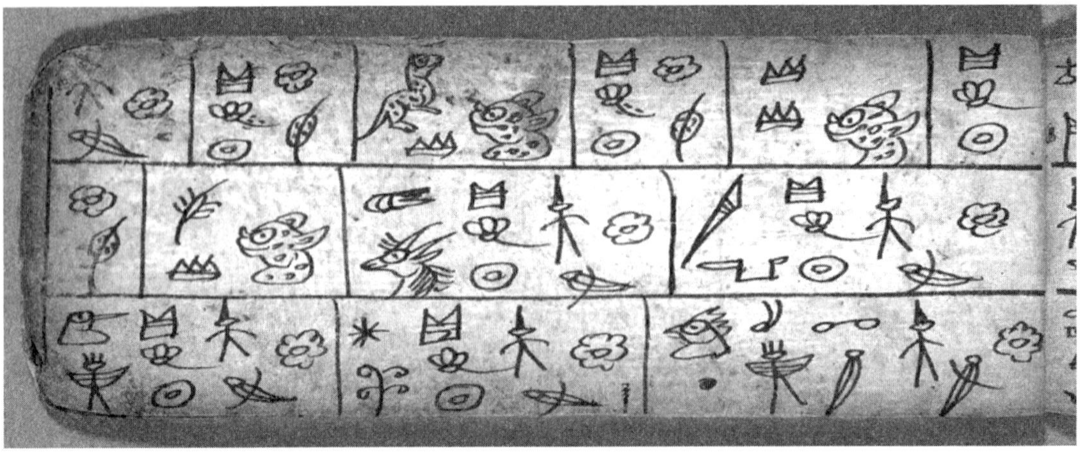

dy̩^{21} tsər^{33} sɿ^{33}. | uə^{33} lər^{21} mɑ^{21} sɿ^{33} ne^{21}, | tso^{33} mi^{33} zə̩r^{21}. | uə^{33} lər^{21} mɑ^{21} sɿ^{33} ne^{21}, |
督 孜 斯 威 朗 麻 斯 能 佐 米 冉 威 朗 麻 斯 能

mi^{33} mi^{33} zə̩r^{21}. | uə^{33} lər^{21} mɑ^{21} sɿ^{33} ne^{21}, | ɕi^{33} mi^{33} zə̩r^{21}. | lɑ^{21} i^{33} uə^{33} lər^{21} mɑ^{21} dy̩^{21} tsər^{33}
米 米 冉 威 朗 麻 斯 能 西 米 冉 劳 依 威 朗 麻 督 孜

sɿ^{33}, | to^{55} thy̩^{33} uə^{33} lər^{21} mɑ^{21} dy̩^{21} tsər^{33} sɿ^{33}. | ko^{33} ze^{21} uə^{33} lər^{21} mɑ^{21} dy̩^{21} tsər^{33} sɿ^{33}, |
斯 垛 土 威 朗 麻 督 孜 斯 戈 壬 威 朗 麻 督 孜 斯

ty̩^{33} lɯ^{33} uə^{33} lər^{21} mɑ^{21} dy̩^{21} tsər^{33} sɿ^{33}, | æ^{21} nɑ^{21} ʂæ^{33} ze^{21} uɑ^{33} ʥi^{21} dy̩^{21} tsər^{33} sɿ^{33}.
都 利 威 朗 麻 督 孜 斯 俺 那 山 壬 洼 吉 督 孜 斯

督孜斯。威朗麻斯能，佐米冉。威朗麻斯能，米米冉。威朗麻斯能，西米冉。劳依威朗麻督孜斯，垛土威朗麻督孜斯。戈壬威朗麻督孜斯，都利威朗麻督孜斯，俺那山壬洼吉督孜斯。

279-C-22-13

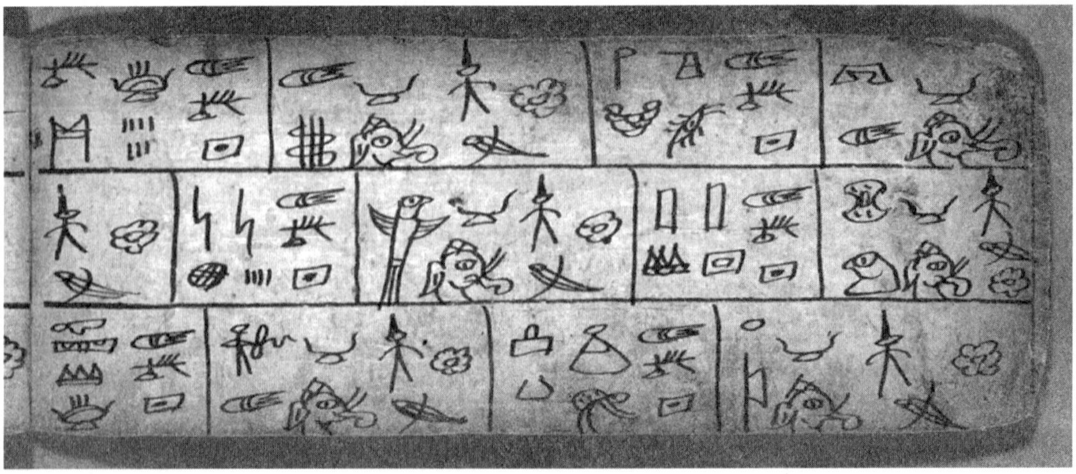

so^{33} uə^{33} u^{21} ʂər^{33} lɑ^{21} so^{33} pe^{33}, | lɑ^{21} kho^{21} khuɑ^{55} tsho^{21} dy̩^{21} tsər^{33} sɿ^{33}. | ko^{21} ŋy̩^{21} ʂu^{21}
梭 威 吾 史 劳 梭 本 劳 可 跨 崇 督 孜 斯 戈 奴 黍

lɯ^{33} lɑ^{21} so^{33} pe^{33}. | gə^{21} lɑ^{21} khuɑ^{55} tsho^{21} dy̩^{21} tsər^{33} sɿ^{33}. | tʂhər^{55} mu^{21} tʂhər^{55} z̧ər^{21}
利 劳 梭 本 格 劳 跨 崇 督 孜 斯 斥 牡 斥 冉

lɑ^{21} so^{33} pe^{33}. | to^{33} kə^{21} khuɑ^{55} tsho^{21} dy̩^{21} tsɿ^{33} sɿ^{33}. | to^{33} mi^{33} to^{33} tɑ^{55} lɑ^{21} so^{33} pe^{33}, |
劳 梭 本 多 构 跨 崇 督 孜 斯 多 米 多 道 劳 梭 本

tho^{21} kə^{55} khuɑ^{55} tsho^{21} dy̩^{21} tsər^{33} sɿ^{33}. | ʂʅ^{33} lo^{21} mi^{33} u^{21} lɑ^{21} so^{33} pe^{33}, | py^{33} lɑ^{21} khuɑ^{55}
妥 构 跨 崇 督 孜 斯 史 罗 米 吾 劳 梭 本 毕 劳 跨

tsho^{21} dy̩^{21} tsər^{33} sɿ^{33}. | bæ^{21} phy̩^{33} o^{55} gu^{21} lɑ^{21} so^{33} pe^{33}, | gy̩^{33} khu^{33} khuɑ^{55} tsho^{21} dy̩^{21}
崇 督 孜 斯 般 普 沃 汞 劳 梭 本 古 空 跨 崇 督

tsər^{33} sɿ^{33}. |
孜 斯

梭威吾史劳梭本，劳可跨崇督孜斯。戈奴黍利劳梭本。格劳跨崇督孜斯。斥牡斥冉劳梭本。多构跨崇督孜斯。多米多道劳梭本，妥构跨崇督孜斯。史罗米吾劳梭本，毕劳跨崇督孜斯。般普沃汞劳梭本，古空跨崇督孜斯。

279-C-22-14

lu^{33} tʂhər^{33} pɑ^{33} ho^{55} lɑ^{21} so^{33} be^{33}, | si^{33} se^{21} khuɑ^{55} tsho^{21} dy̩^{21} tsɿ^{33} sɿ^{33}. | lər^{21} he^{21} dʑi^{21}
陆 蚩 巴 禾 劳 梭 本 新 神 跨 崇 督 孜 斯 朗 恒 吉

tɕi^{33} dʑi^{21} lɑ^{21} so^{33} pe^{33}, | nɑ^{21} uə^{33} kho^{21} khuɑ^{55} tsho^{21} dy̩^{21} tsər^{33} sɿ^{33}. | mɯ^{33} tʂu^{55} tsɿ^{21}
金 吉 劳 梭 本 那 威 可 跨 崇 督 孜 斯 美 仲 紫

ȵi^{33} lɑ^{21} so^{33} pe^{33}. | uə^{33} lər^{21} mɑ^{21} khuɑ^{55} tsho^{21} dy̩^{21} tsər^{33} sɿ^{33}. | pɑ^{33} lər^{21} z̧ə^{21} tshy^{55} lər^{21}
涅 劳 梭 本 威 朗 麻 跨 崇 督 孜 斯 巴 朗 惹 趣 朗

lɑ^{21} so^{33} pe^{33}, | i^{33} ʂuɑ^{21} khuɑ^{55} tsho^{21} dy̩^{21} tsɿ^{33} sɿ^{33}. | mɯ^{33} mæ^{33} i^{33} mi^{33} gy̩^{33} lɑ^{21} so^{33}
劳 梭 本 依 刷 跨 崇 督 孜 斯 美 满 依 米 古 劳 梭

pe^{33}, | ʂuɑ^{21} gv̩^{33} khuɑ^{55} tsho^{21} dv̩^{21} tsɿ^{33} sɿ^{33}. | i^{33} tshər^{55} tshe^{33}
本 刷 古 跨 崇 督 孜 斯 依 忏 抻

陆蚩巴禾劳梭本，新神跨崇督孜斯。朗恒吉金劳梭本，那威可跨崇督孜斯。美仲紫涅劳梭本，威朗麻跨崇督孜斯。巴朗惹趣朗劳梭本，依刷跨崇督孜斯。美满依米古劳梭本，刷古跨崇督孜斯。依忏抻

279-C-22-15

gv̩^{33} bv̩^{21} lɑ^{21} so^{33} pe^{33}, | tshər^{55} tshe^{33} gv̩^{33} khuɑ^{55} tsho^{21} dv̩^{21} tsɿ^{33} sɿ^{33}. | i^{33} lɯ^{33} di^{21}
古 补 劳 梭 本 忏 抻 古 跨 崇 督 孜 斯 依 利 迪

i^{33} lu^{33} dɑ^{55} dv̩^{21} tsər^{33} sɿ^{33}. | ne^{21} lər^{21} so^{33} se^{21} mɑ^{21} dv̩^{21} tsɿ^{33} sɿ^{33}. | tsɿ^{55} i^{33} sɿ^{33}
依 陆 道 督 孜 斯 能 朗 梭 神 麻 督 孜 斯 自 依 斯

ne^{21} gv̩^{33} mə^{33} nɑ^{21}, | me^{21} gɯ^{21} tho^{21} ne^{21} ʂʅ^{33} mə^{33} lo^{21}. ‖ mɯ^{33} khɑ^{33} lɑ^{21} lo^{21}
能 古 莫 纳 梅 庚 妥 能 史 莫 罗 美 卡 劳 罗

ko^{21} mə^{33} ne^{21}, | i^{33} bər^{21} sɑ^{21} bv̩^{33} khɑ^{33} tʂər^{55} i^{33}. | tshər^{55} tshe^{33} gv̩^{33} so^{33} uə^{33}
戈 莫 能 依 班 韶 补 卡 斥 依 忏 抻 古 梭 威

dv̩^{21} tsər^{33} i^{33}. | lɑ^{21} dɑ^{55} sɿ^{33} u^{21} tso^{33} khuɑ^{55} thv̩^{55}, | pɑ^{33} so^{33}
督 孜 依 劳 道 斯 吾 佐 跨 吐 巴 梭

古补劳梭本，忏抻古跨崇督孜斯。依利迪依陆道督孜斯。能朗梭神麻督孜斯。自依斯能古莫纳，梅庚妥能史莫罗。

（咒语）美卡劳罗戈莫能，依班韶补卡斥依。忏抻古梭威督孜依。劳道斯吾佐跨吐，巴梭

279-C-22-16

ʂʅ^{33} gɯ^{33} tsɿ^{55} mu^{33} ne^{21}, | to^{33} ɕə^{21} kə^{55} bẏ^{33} gu^{21} tʂhər^{55} i^{33}, | phẏ^{33} lɑ^{21} so^{33} uə^{33}
使 庚 自 牡 能 多 休 构 补 汞 斥 依 普 劳 梭 威

dẏ^{21} tsɿ^{33} i^{33}, | lɑ^{21} dɑ^{55} sɿ^{33} u^{21} tso^{33} khuɑ^{55} thẏ^{55}. | ko^{21} kɯ^{21} lɑ^{21} ɕə^{21} to^{33} zo^{21} ʐə^{21}
督 孜 依 劳 道 斯 吾 佐 跨 吐 各 庚 劳 休 垛 若 惹

ne^{21}, | to^{33} si^{33} kə^{55} bẏ^{33} khɑ^{33} tʂhər^{55} i^{33}. | gə^{33} lɑ^{21} so^{33} uə^{33} dẏ^{21} tsɿ^{33} i^{33}. | i^{33}
能 多 新 构 补 卡 斥 依 格 劳 梭 威 督 孜 依 依

ne^{21} æ^{21} ʥi^{21} gə^{21} lɑ^{21} dẏ^{21} tsɿ^{33} i^{33}. | lɑ^{21} dɑ^{55} sɿ^{33} u^{21} tso^{33} khuɑ^{55} tẏ^{55}, | to^{33} iə^{21}
能 俺 吉 格 劳 督 孜 依 劳 道 斯 吾 佐 跨 杜 多 尤

kə^{55} bẏ^{33} khɑ^{33} tʂhər^{55} i^{33}. |
构 补 卡 斥 依

使庚自牡能，多休构补汞斥依，普劳梭威督孜依，劳道斯吾佐跨吐。各庚劳休垛若惹能，多新构补卡斥依。格劳梭威督孜依。依能俺吉格劳督孜依。劳道斯吾佐跨杜，多尤构补卡斥依。

279-C-22-17

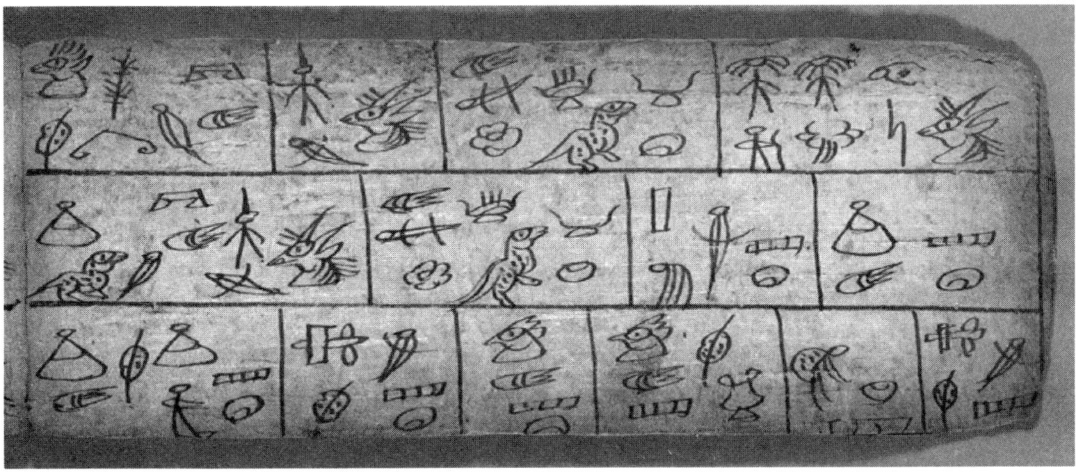

y^{21} ne^{21} mɯ^{55} mɯ^{33} ʥi^{21} gə^{21} lɑ^{21}, | dy̩^{21} tsər^{33} i^{33}. | lɑ^{55} dɑ^{55} tshə^{55} u^{33} tso^{33} khuɑ^{55}
余 能 慕 美 吉 格 劳 督 孜 依 劳 道 臭 吾 佐 跨

thy̩^{55}, | si^{33} bi^{21} si^{33} py̩^{55} khɑ^{33} tʂər^{55} i^{33}, | o^{55} tso^{33} ʥi^{21} gə^{21} lɑ^{21} dy̩^{21} tsər^{33} i^{33}. | lɑ^{21}
吐 新 丙 新 布 卡 斥 依 沃 佐 吉 格 劳 督 孜 依 劳

dɑ^{55} sɿ^{33} u^{33} tso^{33} khuɑ^{55} thy̩^{55}, | to^{33} by̩^{21} tsər^{33} lɯ^{33} thy̩^{55}, | o^{55} lɑ^{21} lɯ^{33} thy̩^{55}. | o^{55}
道 斯 吾 佐 跨 吐 多 补 孜 利 吐 沃 劳 利 吐 沃

lɑ^{21} ne^{21} o^{55} pu^{55} lɯ^{33} thy̩^{55}. | tsɿ^{21} ne^{21} tsər^{33} lɯ^{33} thy̩^{55}, | æ^{21} lɑ^{21} lɯ^{33} ty̩^{55}. | æ^{21}
劳 能 沃 卜 利 吐 紫 能 孜 利 吐 俺 劳 利 吐 俺

lɑ^{21} lɯ^{33} ne^{21} zo^{33}, | gu^{21} dy^{21} thy̩^{55}, | tsɿ^{21} ne^{21} tsər^{33} lɯ^{33} |
劳 利 能 若 汞 迪 吐 紫 能 孜 利

余能慕美吉格劳，督孜依。劳道臭吾佐跨吐，新丙新布卡斥依，沃佐吉格劳督孜依。劳道斯吾佐跨吐，多补孜利吐，沃劳利吐。沃劳能沃卜利吐。紫能孜利吐，俺劳利吐。俺劳利能若，汞迪吐，紫能孜利

279-C-22-18

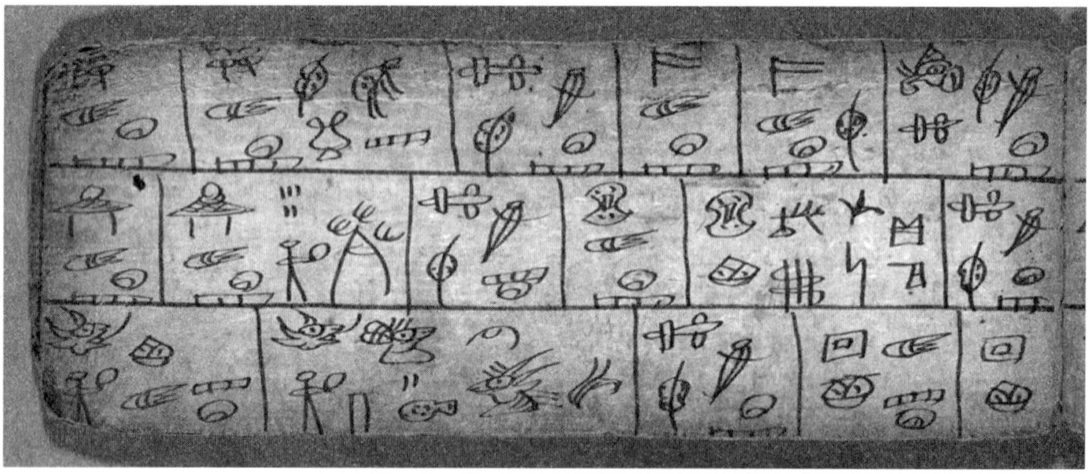

do^{21} lɑ^{21} thy̩^{55} dy^{21}, | do^{21} lɑ^{21} thy̩^{55} dy^{21} ne^{21} zo^{33} gu^{21} lɯ^{33}, | tsɿ^{21} ne^{21} tsər^{33} thy̩^{55}
多 劳 吐 迪 多 劳 吐 迪 能 若 汞 利 紫 能 孜 吐

dy^{21}. | ʂuɑ^{21} lɑ^{21} thy̩^{55} dy^{21}, | ʂuɑ^{21} lɑ^{21} thy̩^{55} ne^{21}, | tsho^{21} tsɿ^{21} ne^{21} tsər^{33} thy̩^{55} dy^{21}. |
迪 刷 劳 吐 迪 刷 劳 吐 能 崇 紫 能 孜 吐 迪

ʥi^{21} lɑ^{21} thy̩^{55} dy^{21}. | ʥi^{21} lɑ^{21} thy̩^{55} dy^{21} uɑ^{21} pu^{55} be^{33} ʥy^{21}, | tsɿ^{21} ne^{21} ʥi^{21} lɯ^{33}
吉 劳 吐 迪 吉 劳 吐 迪 洼 卜 本 居 紫 能 吉 利

thy̩^{55}. | tho^{21} lɑ^{21} thy̩^{55} dy^{21}, | tho^{21} pɑ^{33} so^{33} kho^{21} dy̩^{21} tʂhər^{55} uə^{33} ʂu^{21}. | tsɿ^{21} ne^{21}
吐 妥 劳 吐 迪 妥 保 梭 可 督 斥 威 黍 紫 能

tsər^{33} thy̩^{55} dy^{21}, | bɑ^{21} pu^{55} pɑ^{33} lɑ^{21} lɯ^{33} thy̩^{55}, | bɑ^{21} pu^{55} to^{33} lo^{21} ȵi^{33} gy̩^{33} mə^{33} i^{33}
孜 吐 迪 八 卜 保 劳 利 吐 八 卜 多 罗 涅 古 莫 依

tʂə^{21}. | tsɿ^{33} ne^{21} tsər^{33} thy̩^{55} dy^{21}, | tɑ^{55} pɑ^{33} lɑ^{21} dy^{21} thy̩^{55}, | tɑ^{55} pɑ^{33} |
走 紫 能 孜 吐 迪 道 保 劳 迪 吐 道 保

多劳吐迪，多劳吐迪能若汞利，紫能孜吐迪。刷劳吐迪，刷劳吐能，崇紫能孜吐迪。吉劳吐迪。吉劳吐迪洼卜本居，紫能吉利吐。妥劳吐迪，妥保梭可督斥威黍。紫能孜吐迪，八卜保劳利吐，八卜多罗涅古莫依走。紫能孜吐迪，道保劳迪吐，道保

279-C-22-19

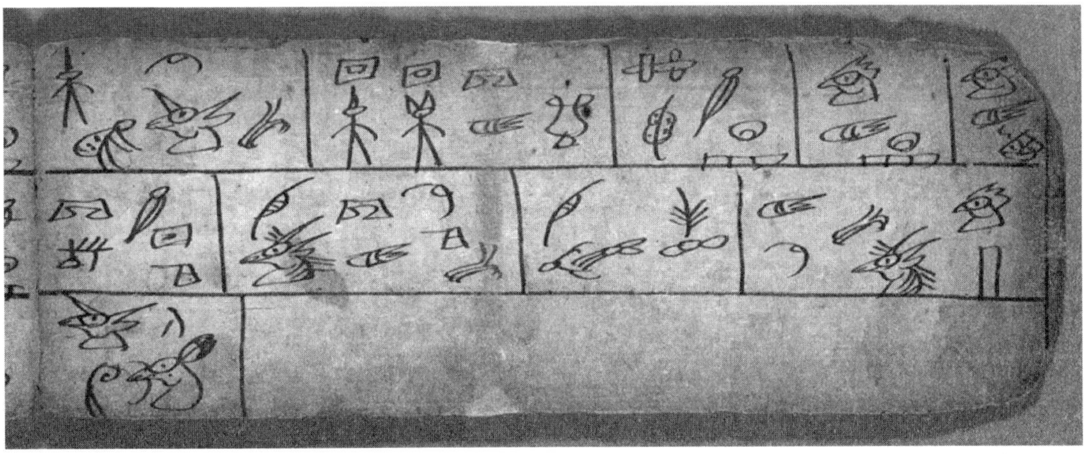

dy̩^{21} gu^{21} mə^{33} nɯ^{21} tʂə^{21}. | tɑ^{55} dy̩^{21} tɑ^{55} tse^{21} gə^{21} lɑ^{21} zo^{33}. | tsɿ^{21} ne^{21} dʑi^{21} thy̩^{55}
督 汞 莫 你 走 道 督 道 仄 格 劳 若 紫 能 吉 吐

lɯ^{33}. | æ^{21} lɑ^{21} thy̩^{55} lɯ^{33}, | æ^{21} lɑ^{21} pɑ^{33}, | gə^{21} so^{33} dʑi^{21} pe^{33} ʂu^{21}. | tshy^{55} i^{33}
利 俺 劳 吐 利 俺 劳 保 格 梭 吉 本 黍 趣 依

gə^{21} lɑ^{21} mə^{33} ʂu^{21} tʂə^{21}, | tshy^{55} tsɿ^{55} sər^{33} sæ^{55}. | lɑ^{21} mə^{33} tʂə^{21} i^{33} æ^{21} to^{33}, | nɯ^{21}
格 劳 莫 黍 走 趣 自 斯 上 劳 莫 走 依 俺 多 你

di^{21} le^{33} le^{33}.
迪 勒 勒

督汞莫你走。道督道仄格劳若。紫能吉吐利。俺劳吐利，俺劳保，格梭吉本黍。趣依格劳莫黍走，趣自斯上。劳莫走依俺多，你迪勒勒。

279-C-22-20

封底

（翻译：和宝林）

551-C-23-01

sɿ⁵⁵ gə³³ lɯ³³ sɿ³³ thy̩³³ lu³³ me⁵⁵

素神宝箭之来历

551-C-23 素神宝箭之来历

【内容提要】

这一本经书封面标题说的是宝箭之来历，但是内容却包括了神座上设置的一切东西的来历，包括白色羊毛毡、白铁犁尖做的卢神石，捏优罗神偶用的三种粮食，以及点额的酥油等。素神宝箭的来历则说得更详细，说了做箭身之三节小竹子的来历，箭镞的来历，箭羽、粘箭羽之胶的来历，以及扎在宝箭身上的筋，宝箭尖角上镀金之来历等。经书最后说，祭司请所有的神灵降临来，请降临到神座、卢神石、祭粮、神偶以及素神的宝箭上来，请给人们赐福、保佑。

【英文提要】

The Origin of the Arrow of God *sɿ*

The cover of the book is about the origin of the arrow. The content, however, talks about the origin of those were set on the altar as well, including white wool felt, the ***du*** stone made of the nose of white plough, three kinds of provision used in making the sacred puppet ***iə lo*** and butter for lightening the forehead. The origin of the arrow of god ***sɿ*** was described more detailed, it explained the origin of three pieces of bamboo that used to make the body of arrow. It also explained the origin of the head, the feather of the arrow, the glue of sticking the feather, the tendon tied on the arrow and the gold glided on the nose of the arrow. The book finally explained that priests invoked all gods to befall on the altar, ***du*** stone, provision, the sacred puppet and the arrow of god ***sɿ***, praying them for blessing felicity and protection.

551-C-23-02

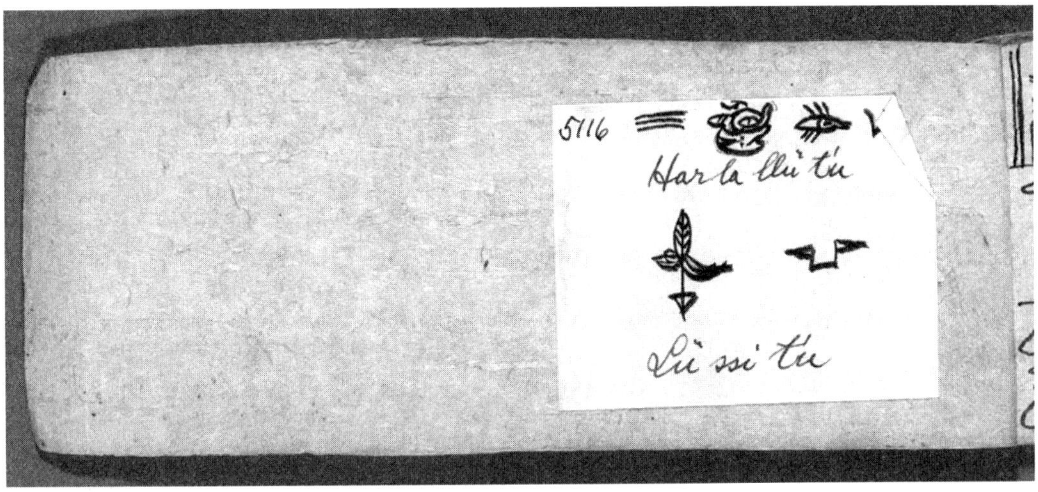

第 1 行："5116"为洛克藏书的标号，东巴文字为"大祭风仪式"。
第 2 行：用洛克音标注下此书用于"大祭风仪式"。
第 3 行：东巴文字为书名《宝箭的来历》。
第 4 行：用洛克音标注下此书书名的纳西语读音。

551-C-23-03

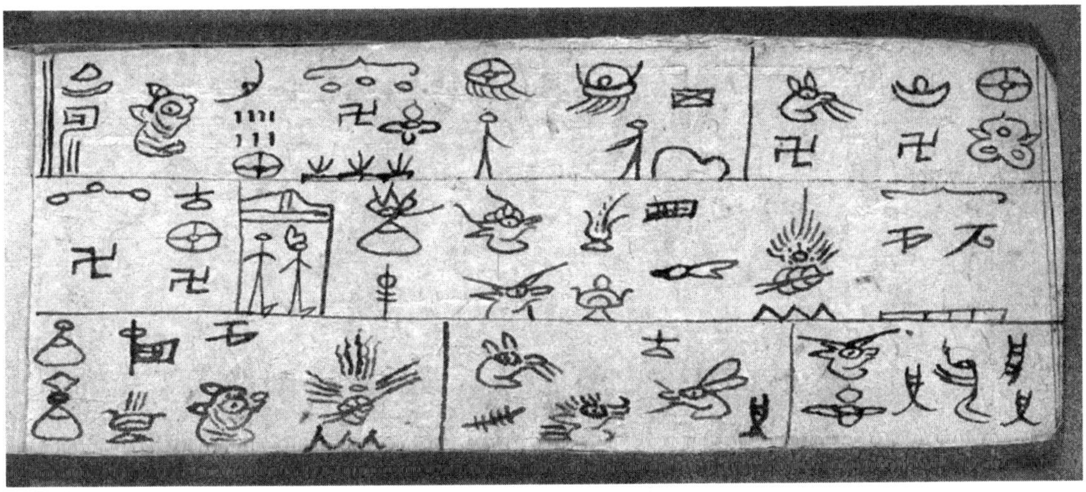

ɑ^{33} lɑ^{33} mə^{33} ʂər^{55} ȵi^{33}, mɯ^{33} lɑ^{33} kɯ^{21} tʂhʅ^{33} ʥʅ^{221}, kɯ^{21} ʥʅ^{21} tʂhʅ^{33} ȵi^{33} ɯ^{33}. dy^{21} lɑ^{33} ʐə^{21}
呵 也 不 说 日 天 也 星 所 长 星 长 这 天 好 地 也 草

tʂhʅ^{33} y^{21}, ʐə^{21} y^{21} tʂhʅ^{33} ȵi^{33} hər^{21}. uæ^{33} nɯ^{33} bi^{33} thv̩^{33} lv̩^{21}, bi^{33} thv̩^{33} tʂhʅ^{33} ȵi^{33} lv̩^{21}. i^{21}
所 生 草 生 这 天 绿 左 由 日 出 暖 日 出 这 天 暖 右

nɯ^{33} le^{21} tshe^{55} bu^{33}, le^{21} tshe^{55} tʂhʅ^{33} ȵi^{33} bu^{33}. | khv̩^{55} ɯ^{33} he^{33} ɯ^{33} ȵi^{55} ɯ^{33} zy^{21} ɯ^{33} tʂhʅ^{33}
由 月 光 明 月 光 这 天 明 年 好 月 好 白天 好 星 好 这

ȵi^{33} ɯ^{33}, | i^{33} dɑ^{21} tʂhʅ^{33} dɯ^{33} ʥi^{21}, ly^{55} gv̩^{33} pv̩^{33} bv̩^{21} nɯ^{33}, bər^{21} y^{21} ʐʅ^{33} hɑ^{33} tʂhər^{21} nɑ^{55}
天 好 主人 这 一 家 利古 祭司 由 牦牛 羊 酒 饭 肥肉 瘦肉

ɕy^{55} mɑ^{21}nɯ^{33} tʂhu^{55}pɑ^{33} be^{33}, mɯ^{33}ne^{21} dy^{21} ko^{55} gɯ^{33} phər^{21} ne^{21}ʂæ^{21}, | o^{55} ne^{21} he^{21} , gɑ^{33}
柏 油 由 天香 烧 天 和 地 之间 盘神 和 禅神 沃神 和 恒神 胜神

ne^{21} u^{21}, phy̩^{33} lɑ^{21} tʂhu^{55} pɑ^{33} be^{33}, | khy̩^{55} ne^{21} zɿ^{33} bu^{21} tʂhʅ^{33} le^{33} me^{55}, | nɯ^{21} ne^{21} uɑ^{21}
和 吾神 神灵 天香 烧 岁 和 寿 份 这 又 要 福 和 泽

me^{33} tʂhʅ^{33} le^{33} me^{55} bɯ^{33} me^{33}, |
是 这 又 要 要 是

远古的时候，天上长满星星，今天的星星格外明亮；大地长满清清草，地上的青草今天格外绿。左边升起的太阳暖融融，今天的太阳格外温暖。右边晶莹明亮的月亮，今天的月色分外明媚。在这年好、月好、日子好、白天好，夜间的星星也好的这个日子里，这一户主人家和利古祭司，要用牦牛、羊、酒、饭、肥肉、瘦肉、柏枝、酥油烧天香，供养天地之间的盘神和禅神、沃神和恒神、胜神和吾神，供养所有的神灵，要跟这些神灵祈求岁份和寿份，祈求福分和泽分，

551-C-23-04

phy̩^{33}lɑ^{21}、gɑ^{33} lɑ^{21} ty̩^{33} ty̩^{21} kɯ^{33} kɯ^{21} tʂhʅ^{33} le^{33} khy̩^{21} bɯ^{33} me^{33}, | py̩^{33} by̩^{21} kho^{33} ɯ^{33} sɑ^{55}
神灵 战神 千千 万万 这 又 请 要 是 祭司 声 好 气

ɯ^{33}, | hæ^{33} ʂʅ^{21} tsæ^{33} lər^{21} kho^{33}, uɑ^{33} hər^{21} dɑ^{33} khə^{21} kho^{33}, dy̩^{33} phər^{21} mu^{21} kho^{33} ky̩^{33}
好 金 黄 板铃 声 松石 绿 法鼓 声 海螺 白 螺号 上

nɯ^{33}tʂhʅ^{33} le^{33} khy̩^{21}. | mɯ^{33} tɕər^{21}tshe^{21} ho^{55} ty^{33}, phy̩^{33}lɑ^{21} ty̩^{33}ty̩^{21} kɯ^{33} kɯ^{21}zɑ^{21} lɯ^{33} me^{33},
来 这 又 请 天 上 十 八 层 神 千 千 万 万 降临 来 是

sɿ^{33} phər^{21} zy̩^{21} ly̩^{33} ky̩^{33} i^{33} dɯ^{33} zɑ^{21} lu^{33} be^{33} tsɿ^{55}, | tʂhuɑ^{33} phər^{21} kuɑ^{55} mu^{21} lo^{21} i^{33} dɯ^{33}
毡 白 神座 上 是 一 降临 来 做 说 米 白 神粮 里 是 一

zɑ^{21} lɑ^{33} be^{33} tsɿ^{55}, | tshɿ^{33} ʂu^{33} phər^{21} me^{33} se^{33} do^{33} lu^{21} lu^{33} ky̩^{33} i^{33} dɯ^{33} zɑ^{21} lu^{33} be^{33} tsɿ^{55}.
下 来 做 说 犁 铁 白 的 规矩 卢神 石 上 是 一 下 来 做 说

sɿ^{55} gə^{33} lɯ^{33} sɿ^{33} kv̩^{33} i^{33} dɯ^{33} zɑ^{21} lu^{33} be^{33} tsɿ^{55}, | dv̩^{33} phər^{21} iə^{55} lo^{33} kv̩^{33} i^{33} dɯ^{33} zɑ^{21}

素神 的 箭　上 是　一　下　来　做　说　海螺　白　优罗　上　是　一　下

lu^{33} be^{33} tsɿ^{55}. | thɯ^{33} lu^{33} sy^{21} gə^{33} thv̩^{33} kv̩^{33} |

来　做　说　这　四　种 的　出　处

要把千千万万的神灵和胜神请到这里来，用祭司美好吉祥的声音来迎请，用金黄色板铃的响声，绿松石法鼓的敲打声，白海螺的螺号声来迎请。十八层天上的千千万万神灵，请降临到这里来，请降临到白色毡子铺设的神座上来，请降临到白米神粮中来，降临到按规矩用白铁犁尖竖立的卢神石上来，请降临到素神的宝箭上来，请降临到海螺般洁白的优罗神偶上来。但是，若不知道这四件东西出处和来历，

551-C-23-05

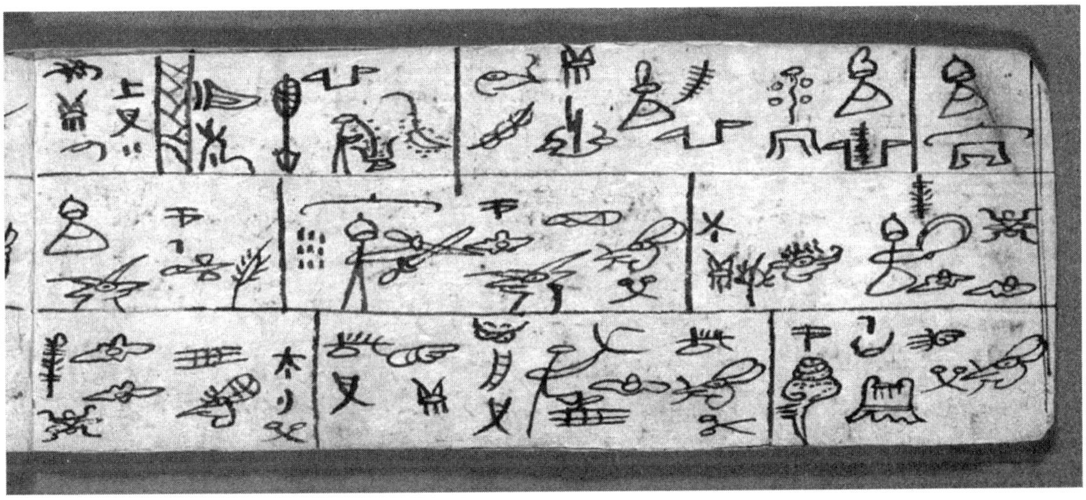

pɯ^{55} kv̩^{33} mə^{33} sɿ^{33} me^{33}, thv̩^{33} le^{33} pɯ^{55} dʑo^{21} ʂə^{55} mə^{33} ȵi^{21}. | pɯ^{33} bu^{21} zə^{21} pɯ^{33} bu^{21}, nɑ^{33}

出　处 不 知 是　出 又　来 事　说 不 要　蒿　坡 草 蒿 坡 黑

pɯ^{21} kæ^{33} nɯ^{33} dʑy^{33}; æ^{33} phər^{21} ʂu^{21} lɑ^{55} mu^{21}, ʂu^{33}mu^{21} kæ^{33} nɯ^{33} dʑy^{33}; lɯ^{33} sɿ^{33} pi^{21} nɯ^{33}

蒿　前　就　有　铜　白　铸 模子　铸　模　前　就　有　箭　胶 由

hɯ^{55}, pɯ^{21} lɯ^{33} ʂu^{33} mu^{21} kæ^{33} nɯ^{33} thv̩^{33} thɯ^{33} dzʅ^{21}. | tɕy^{55} tʂhu^{21} sɿ^{33} bv̩^{33} kv̩^{33} dɯ^{33}

粘　规矩　楷模　前　就　出　这　时　最早　斯补　头　一

tʂhər^{55}, zɿ^{33} ʂər^{21} mɯ^{33} lɯ^{55} du^{21} dʑɿ^{33} thv̩^{33}, tʂhv̩^{55} tʂuɑ^{33} dʑi^{33} mu^{33} zɿ^{33} ʂər^{21} thv̩^{33}, | he^{21} i^{33}

代　寿　长　美利董主　产生　茨爪金姆　寿　长　产生　神　的

mɯ^{33} kə^{55} khv̩^{21}, he^{33} gə^{33} y^{21} phər^{21} dɯ^{33} tɕhy^{33} ɕi^{21}. | he^{21} i^{33} mɯ^{33} kə^{55} khv̩^{21}, he^{21} zo^{33}

天　穹　上　神　的　羊　白　一　族　养　神　的　天　穹　下　神　儿

gv̩^{33} kv̩^{55} nɯ^{33}, tɕi^{55} thɑ^{55} lɑ^{21} phə^{33} ty^{55}, tɕi^{55} thɑ^{55} bv̩^{33} sɿ^{33} gæ^{21}, bv̩^{33} sɿ^{33} gæ^{21} le^{33} tɕi^{33}. |

九　个　由　剪　利　手　中　拿　剪　利　羊　毛　剪　羊　毛 剪　又　置

la^{21} kv̩^{55} zʅ^{33} bu^{21} nɯ^{33}, mɯ^{55} ʂʅ^{21} lɯ^{33} me^{33} sʅ^{33} phər^{21} khæ^{55} le^{33} tɕi^{33}, | sʅ^{33} phər^{21} mɯ^{55}
佬固汝补 由 竹 黄 弓 毛 白 弹 又 放 毛 白 竹

ʂʅ^{21} dər^{33} lo^{21} khɯ^{55} le^{33} tɕi^{33}. | so^{55} me^{33} la^{21} kv̩^{55} miə^{55} bɯ^{21} me^{33} nɯ^{33} so^{55} le^{33} tɕi^{33}, | dv̩^{33}
黄 帘子 里 放 又 放 擀 是 佬固谬本 的 由 擀 又 在 海螺

phər^{21} sʅ^{33} phər^{21} dɯ^{33} khua^{55} ku^{55} le^{33} tɕi^{33}.
白 毡 白 一 床 擀 又 放

就别忙说它们的事情。在长遍青草的山坡上，先长出黑色的蒿草，黑色蒿草成为黑色的规范；制作铜器用模子，铸造铜器的模子早就有；制作箭用胶来粘箭羽，凡事都有规矩和楷模。在最早的人类祖先美利董主和茨爪金姆在世的时候，在神的天穹之上，饲养着一群白羊，在天穹之下，由神的九个儿子拿着羊毛剪将羊毛剪了来。这羊毛由佬固汝补（有手艺的意思）用黄色的竹弓来弹，弹出羊毛后，又放在擀羊毛的黄色竹帘子中。由佬固谬本（有手艺眼睛又好）来擀制，制出一床海螺般洁白的羊毛毡子。

551-C-23-06

i^{33} ʂʅ^{55} bu^{21} ʥo^{33} nɯ^{33}, phv̩^{33} la^{21} khv̩^{21} me^{33} zv̩^{21} lv̩^{33} be^{33} le^{33} tɕi^{33}. | phv̩^{33} la^{21} tv̩^{33} tv̩^{21}
依世补佐 由 神 请 是 神座 做 又 放 神灵 千千

kɯ^{33} kɯ^{21} za^{21} me^{33} sʅ^{33} phər^{21} zʅ^{21} lv̩^{33} kv̩^{33} i^{33} dɯ^{33} za^{21} lu^{33}. | sʅ^{33} phər^{21} zʅ^{21} lv̩^{33} dɯ^{33}
万万 降临 是 毡 白 神座 上 是 一 降 来 毡 白 神 座 得

me^{33} | kua^{55} mə^{33} dɯ^{33}. he^{21} i^{33} mɯ^{33} kə^{55} khv̩^{21}, | ua^{33} hər^{21} dy^{21} ko^{33} lo^{21}, | he^{33} gə^{33} ha^{33}
是 神粮 不 得 神 的 天 穹 上 松石 绿 地 上 神 的 粮

ly^{33} phər^{21} me^{33} gv̩^{33} sy^{21} ʥy^{33}. | ŋv̩^{21} hæ^{21} ua^{33} tʂhu^{21} thv̩^{55} le^{33} hæ^{21}, | tɕy^{55} tʂhu^{21} ha^{33}
食 白 的 九 样 有 银 金 松石 墨玉 出 又 买 最 初 粮

phər^{21} ha^{33} ly^{33} kv̩^{33} nɯ^{33} thv̩^{33} me^{33} thɯ^{33} sʅ^{33} sy^{21}, khə^{33} phv̩^{33} dɯ^{21} me^{33} gə^{21} le^{33} tɕhi^{33}. |
白 粮 食 上 由 出 的 这 三 样 隆重 大 的 上 又 送

hɑ^{33} ly^{33} nɑ^{21} me^{33} thɯ^{33} sɿ^{33} sy^{21}, |
粮 食 黑 的 这 三 样

当依世补佐把神灵请下来的时候，由它来做神座，请千千万万的神灵降临到这神座上来。

有了白色羊毛毡子做的神座，还没有神粮。在神的天穹之上，碧绿的大地上，有九种白色的粮食，人们用金、银、墨玉、松石将他们买了回来。将最初从神地买来的三种白色粮食，隆重地将他们送回到天上神地去。这三种黑色的粮食，

551-C-23-07

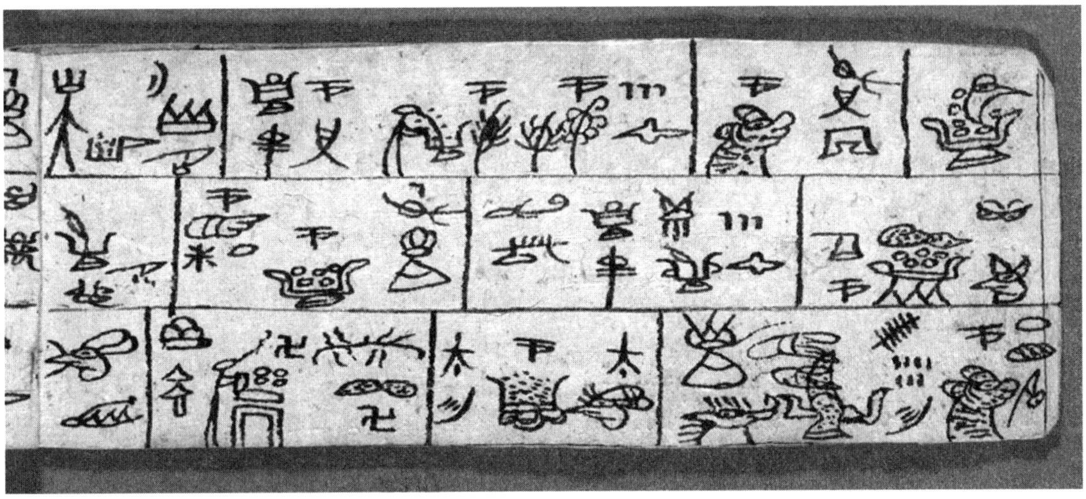

tshɿ^{21} dʐu^{33} mi^{21} le^{33} ʐuɑ^{21} me^{33} thɯ^{33} nɯ^{33} be^{33}. | hɑ^{33} ly^{33} phər^{21} me^{33} thɯ^{33}, ɕi^{21} phər^{21}、
鬼 债 下 又 的 地 这 由 做 粮食 白 的 是 稻 白

ʥe^{33} phər^{21} zɿ^{33} phər^{21} thɯ^{33} sɿ^{33} sy^{21}, | phv̩^{33} lɑ^{21} zɑ^{21} me^{33} gə^{33} | kuɑ^{55} mu^{21} thɯ^{33} nɯ^{33}
麦 白 青稞 白 这 三 样 神灵 下 来 的 神粮 它 的

be^{33}. | phv̩^{33} lɑ^{21} tv̩^{33} tv̩^{21} kɯ^{33} kɯ^{21} kuɑ^{55} phər^{21} kv̩^{33} i^{33} dɯ^{33} zɑ^{21} lu^{33}. | ə^{33} so^{33} hɑ^{33} ly^{33}
做 神 千千 万万 神粮 白 上 是 一 降 来 最初 粮 食

kv̩^{33} gə^{33} thɯ^{33} sɿ^{33} sy^{21}, | ʂu^{33} phər^{21} gv̩^{33} ȵə^{21} khɯ^{55} le^{33} ɕy^{33} le^{33} tshɿ^{21}, | lv̩^{33} thɑ^{55} ɯ^{21}
上 的 这 三 样 铁 白 锅 里 放 又 炒 又 来 石磨 磨

me^{33} mɯ^{33} gv̩^{33} be^{33} le^{33} ɯ^{21}, | khɯ^{55} me^{33} ŋv̩^{33} phər^{21} lo^{33} ȵə^{21} khɯ^{55}, | i^{21} ʂɿ^{55} bu^{21} ʥo^{33}
是 雷鸣 地 又 磨 放 是 银 白 盆 里 放 依世补佐

py^{33} bv̩^{21} lɑ^{21} nɯ^{33} ȵæ^{21}, zɿ^{33} ʂər^{21} me^{33} gə^{33} phv̩^{33} lɑ^{21} gu^{33} mu^{33} the^{55} ȵi^{33} be^{33} |
祭司 手 里 捏 寿 长 者 的 神 身子 那样 做

用它们来偿还鬼债。白色的这三种粮食是白色稻谷，白色的麦子，白色的青稞。当天上的神灵降临下来的时候，由它们做神粮。当天上千千万万的神灵降临下来的时候，请他们降临到神粮上来。

最初，将这三种上等的粮粒，放在白铁做的锅里炒，然后又放在石磨里边磨，在石磨里像雷鸣般地将它们磨成面，然后再放到白银做的盆子里，由依世补佐祭司来捏，依照长寿的神灵模样将它们捏出来。

551-C-23-08

le^{33} tɕi^{33}. | by^{21} dy̩^{33} iə^{55} lo^{33} thɯ^{33}, sɿ^{33} phər^{21} ʐʅ^{21} ly̩^{33} ky̩^{33}, tʂhuɑ^{33} phər^{21} kuɑ^{55} mu^{21} lo^{21}

又 放 面 团 优罗 是 毡 白 神座 上 米 白 神粮 里

ȵə^{21} tsɿ^{21} le^{33} tɕi^{33}. | phy̩^{33} lɑ^{21} ty̩^{33} ty̩^{21} kɯ^{33} kɯ^{21} zɑ^{21} me^{33}, | dy̩^{33} phər^{21} iə^{55} lo^{33} ky̩^{33} i^{33}

边 竖 又 在 神灵 千千 万万 下 是 海螺 白 优罗 上 是

dɯ^{33} zɑ^{21} lu^{33}. | dɯ^{33} tʂhər^{55}, sɑ^{21} i^{33} uə^{33} de^{21} sɑ^{55} nɯ^{33} pɯ^{33} pɑ^{33} be^{33}, dy̩^{33} phər^{21} dy̩^{21}

一 下 来 一 代 刹依威德 气 由 变化 做 海 白 螺

ky̩^{33},uɑ^{33} hər^{21} uɑ^{21} ky̩^{33}, tʂhu^{21} nɑ^{55} tʂhu^{21} ky̩^{33}, hæ^{33} ʂʅ^{21} hæ^{21} ky̩^{33}, ʂu^{33} phər^{21}ʂu^{21} ky̩^{33} uɑ^{33}

蛋 松石 绿 松石 蛋 墨玉 黑 墨玉 蛋 金 黄 金 蛋 铁 白 铁 蛋 五

sy^{21} thy̩^{33}. | ky̩^{33}phər^{21} pɯ^{33}pɑ^{33} be^{33},dy̩^{33} phər^{21} lu^{33} phər^{21} the^{21} nɯ^{33} thy̩^{33}; uɑ^{21} ky̩^{33} pɯ^{33}

样 产生 蛋 白 变化 做 海螺 白 石 白 这 由 产生 松石 蛋 变化

pɑ^{33} be^{33}, uɑ^{21} lu^{33} the^{21} nɯ^{33} thy̩^{33}; hæ^{21} ky̩^{33} pɯ^{33} pɑ^{33} be^{33}, hæ^{21} lu^{33} the^{21} nɯ^{33} thy̩^{33}; ʂu^{21}

做 松 石 这 由 产生 金 蛋 变化 做 金 石 这 由 产生 铁

phər^{21} ʂu^{21} ky̩^{33} pɯ^{33} pɑ^{33} be^{33}, tshɿ^{33} ʂu^{33} phər^{21} me^{33} the^{21} nɯ^{33} thy̩^{33}. | tshɿ^{33} ʂu^{33} phər^{21}

白 铁 蛋 变化 做 犁 铁 白 的 这 由 产生 犁 铁 白

me^{33} lu^{21} lu^{33} thɯ^{33}, sɿ^{33} phər^{21} ʐʅ^{21} ly̩^{33} ky̩^{33}, tʂhuɑ^{33} phər^{21} kuɑ^{55} mu^{21} ky̩^{21} ȵə^{21} tsɿ^{21} le^{33}

的 卢神 石 它 毡 白 神座 上 米 白 神粮 里边 竖 又

tɕi^{33}. | phy̩^{33} lɑ^{21} ty̩^{33} ty̩^{21} kɯ^{33} kɯ^{21} zɑ^{21} me^{33} tshʅ^{33} ʂu^{33} phər^{21} n̩ə^{21} dɯ^{33} zɑ^{21} lu^{33}, |
放 神 千千 万万 下 是 犁 铁 白 处 一 下 来

把面粉捏出来的优罗神偶，竖在白色毛毡铺设的神座上，竖在白米做的神粮之中，请千千万万的神灵，降临到海螺般洁白的优罗神偶上来。

在刹依威德大神在世的这一代，由刹依威德大神的气作变化，产生洁白的海螺蛋，碧绿的松石蛋，黝黑的墨玉蛋，黄色的黄金蛋，白色的铁蛋五种蛋。由白色的海螺蛋作变化，产生了白色的石头；由绿色的松石蛋作变化，产生了绿色的石头；由黝黑的墨玉蛋作变化，产生了黑色的石头，由黄色的金蛋作变化，产生了黄色的石头。由白色的铁蛋作变化，产生了白铁犁尖做的卢神石。白铁犁尖做的卢神石，就竖在白毡铺设的神座上，就竖在白米神粮之中，请千千万万的神灵，降临到白铁犁尖表示的卢神石上来，

551-C-23-09

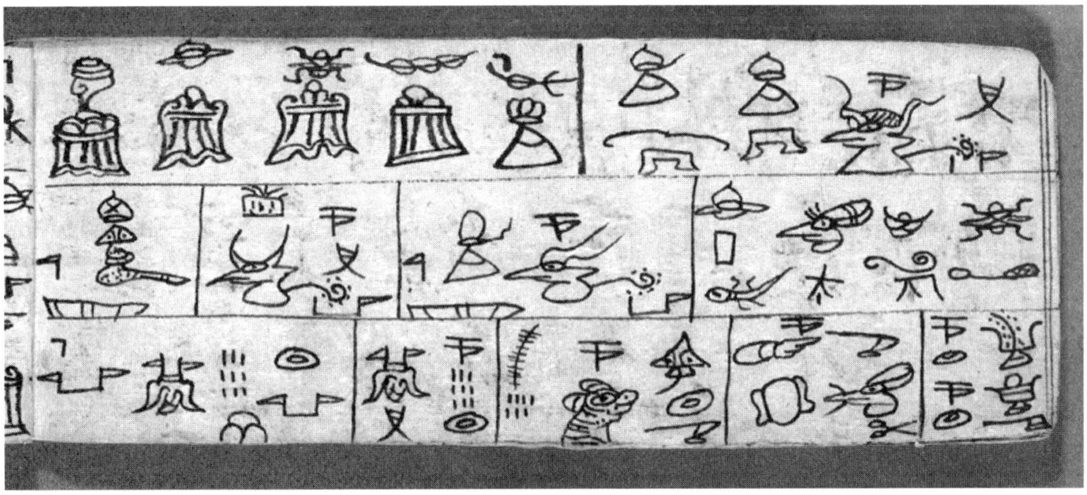

dy̩^{33} phər^{21} lu^{21} lu^{33} ky̩^{33}, uɑ^{33} hər^{21} lu^{21} lu^{33} ky̩^{33}, hæ^{33} ʂʅ^{21} lu^{21} lu^{33} ky̩^{33}, tʂhu^{21} nɑ^{55} du^{21}
海 螺 卢神 石 上 松石 绿 卢神 石 上 金 黄 卢神 石 上 墨玉 黑 卢神

lu^{33} ky̩^{33} i^{33} dɯ^{33} zɑ^{21} lu^{33} | he^{21} i^{33} mɯ^{33} kɔ^{55} khy̩^{21}, he^{21} gə^{33} bər^{21}phər^{21} dɯ^{33} me^{33} thy̩^{33}.
石 上 是 一 下 来 神 的 天 穹 上 神 的 牦牛 白 一 只 产生

he^{21} gə^{33} bər^{21} phər^{21} no^{33} le^{33} tshɑ^{21}, | ʂy̩^{21} gə^{33} dy̩^{21} ko^{33} lo^{21}, | ʂʅ^{21} gə^{33} ɯ^{33} phər^{21} dɯ^{33}
神 的 牦牛 白 奶 又 挤 署 的 地 里边 署 的 牛 白 一

me^{33} thy̩^{33}, ʂy̩^{21}gə^{33} ɯ^{33} phər^{21} no^{33} le^{33} tshɑ^{21}. | mɯ^{33} lɯ^{55} du^{21} ʥʅ^{33} dy̩^{21} ko^{33} lo^{21}, du^{21} gə^{33}
只 产生 署 的 牛 白 奶 又 挤 美利董主 地 里 边董 的

ʥʅ^{21} phər^{21} dɯ^{33} me^{33} thy̩^{33}. du^{21} gə^{33} ʥʅ^{21} phər^{21} no^{33} le^{33} tshɑ^{21}, | uɑ^{21} to^{33} dʐər^{21} lo^{21} khɯ^{55},
犏牛 白 一 只 产生 董 的 犏牛 白 奶 又 挤 松石 酥油桶 里 放

ŋy̩^{21} by̩^{33} ʥe^{21} nɯ^{33} ko^{33}, hæ^{21} ɯ^{33} sʅ^{33} nɯ^{33} ə^{21}, | dɯ^{33} thy̩^{21} tʂhər^{33} me^{33} gy̩^{33} ly̩^{55} mɑ^{21}
银 勺子 由 舀 金 笊篱 由 捞 一 桶 打 是 九 饼 油

le^{33} thy̩^{33}.｜tʂhər^{33} me^{33} mɑ^{21} phər^{21} tʂhʅ^{33} gy̩^{33} ly̩^{55},｜zɿ^{33} ʂər^{21} phy̩^{33} lɑ^{21} pɑ^{55} mɑ^{221} be^{33},｜
又 得 打 的 酥油 这 九 饼 寿 长 神 圣油 做

phy̩^{33} lɑ^{21} lɑ^{21} nɯ^{33} ky̩^{33} gə^{33} pɑ^{55} mɑ^{21} be^{33} le^{33} tɕi^{33}.｜thy̩^{55} phər^{21}, mɑ^{33} phər^{21}, ʐʅ^{33} ʂu^{21}
神 手 由 头 的 圣油 点 又 放 奶渣 白 酥 油 醇 酒

hɑ^{33} ʂu^{21}｜
饭 净

请他们降临到海螺般的卢神石上，降临到绿松石般的卢神石上，降临到黑墨玉般的卢神石上，降临到到黄金般的卢神石上来。

在神的天穹之上，产生了一头白牦牛，挤来了白牦牛的奶；在署的地方里，产生了一头署的白色黄牛，挤来白色黄牛的奶；在美利董主的地方，产生了一头白色的犏牛，挤来了白色犏牛的奶；把所有挤来的奶放进一个绿松石的酥油桶中，用白银的勺子来舀，用黄金做的笊篱来捞，一桶打出九饼酥油。这九饼酥油成为长寿的神灵做点额的圣油，请神的手给人们的额上点上圣洁的酥油。用奶渣、酥油、醇酒、纯净的饭

551-C-23-10

phy̩^{33} lɑ^{21} gə^{33} tʂhu^{55} pɑ^{33} be^{33}.｜dɯ^{33} tʂhər^{55}, sɿ^{55} gə^{33} lɯ^{33} sɿ^{33} thɯ^{33}, ze^{21} nɯ^{33} thy̩^{33} mə^{33}
神灵 的 供养 做 一 代 素神 的 箭 是 那里 由 产生 不

do^{21}.｜tɕy^{55} tʂhu^{21}, dy^{21} dɯ^{21} hər^{33} nɯ^{33} kuə^{21} le^{33} tɕi^{33}.｜hər^{33} dɯ^{21} me^{33} gu^{21} nɯ^{21} ne^{21} no^{55}
知 最初 地 大 风 由 围 又 放 风 大 的 后 六畜 和 畜神

nɯ^{33} kuə^{21} le^{33} tɕi^{33},｜nɯ^{21} ne^{21} no^{55} kho^{33} tho^{21}, bi^{33} nɯ^{33} kuə^{21} le^{33} tɕi^{33}, bi^{33} kho^{33} tho^{21} i^{33}
由 围 又 在 六畜 和 畜神 背后 林 由 围 又 放 林 后 边 是

gu^{33} mi^{21} lɑ^{33} ho^{21} nɯ^{33} kuə^{21} le^{33} tɕi^{33}.｜mɯ^{55} nɯ^{33} kuə^{21} me^{33}｜mɯ^{55} gə^{33} ə^{33} sɿ^{21}
藤 金竹 由 围 又 放 山竹 由 围 是 山竹 的 父亲

gu^{33} mi^{21} gy̩^{33}, | mɯ^{55} gə^{33} ə^{33} me^{33} lɑ^{33} ho^{21} gy̩^{33}. | thɯ^{33} n̠i^{33} ky̩^{55} nɯ^{33} pɯ^{33} pɑ^{33} be^{33}. |
藤 成 山竹 的 母亲 金竹 成 这 两 个 由 交合 做

mɯ^{55} zo^{33} sɿ^{55} tʂər^{33} ʥɿ^{21} me^{33} the^{21} nɯ^{33} thy̩^{33}. | mɯ^{55} do^{21} ɕi^{33} mə^{33} ʥy^{21}, pɑ^{33} u^{33} tsho^{33}
山竹 小 三 节 长 的 这 由 出 山竹 见 人 没 有 巴乌搓八

bɑ^{21} gy̩^{55} zɿ^{33} zo^{33}
九 个 兄弟

烧天香，供养神灵。

人们不知道素神和宝箭是从那里产生的。最初，大地被风围绕着，风之外被六畜和畜神围绕着，六畜和畜神之外被森林围绕着,森林之外被藤和金竹围绕着。藤树成了山竹的父亲，金竹是山竹的母亲，他们两种相交合，产生了一种有三个节子的小山竹。这山竹没有人发现，由九个巴乌搓八兄弟发现，

551-C-23-11

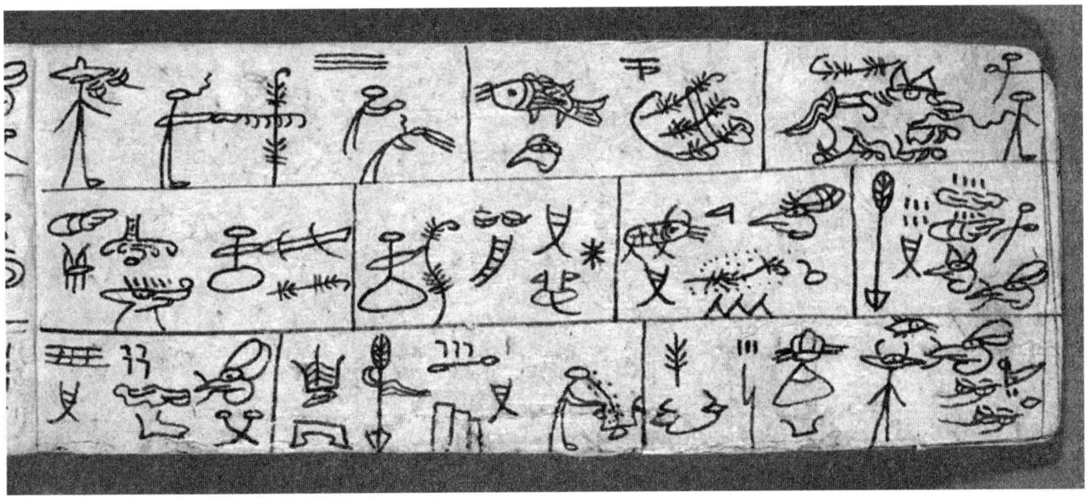

nɯ^{33} do^{21}, ʂu^{33} phər^{21} dɑ^{21} thɑ^{55} nɯ^{33} hər^{55} pu^{55} le^{33} pu^{55} tɕhɿ^{21}, | n̠i^{33} lo^{21} kho^{33} nɯ^{33} ər^{21}
由 见 铁 白 齿 利 由 割 了 又 带 来 两 箐 里 由 绳

phər^{21} me^{33} nɯ^{33} tsɿ^{33} le^{33} tshɿ^{21}, | dər^{33} phər^{21} bu^{21} hər^{21} ky̩^{33} nɯ^{33} tɕi^{55}. | lɑ^{21} ky̩^{55} ʥə^{21} bu^{21}
白 的 由 捆 又 来 骡 白 鬃 绿 上 由 驮 佬固玖补

lɑ^{21} n̠ə^{21} ku^{21}, zə̩r^{33} thɑ^{55} dɑ^{21} le^{33} tshy^{55}. | gy̩^{21} me^{33} miə^{21} thɑ^{55} zo^{33} kɯ^{21} me^{33} nɯ^{33} ty̩^{21}, |
手 中 递 刀 利 枝 又 削 弯 的 眼 尖 人 聪明 的 由 直

kɯ^{55} me^{33} iɑ^{33} ko^{21} mi^{33} lo^{21} kɯ^{55}. | sɿ^{55} gə^{33} no^{21} py^{55} lɯ^{33} sɿ^{33} ʂər^{21} me^{33} lu^{55} tɕi^{21} lu^{55} lɑ^{21}
熏 是 家里 火 中 熏 素神 的 宝贝 箭 长 是 四 拃 四 指

khɯ^{55} le^{33} tɕi^{33}, | dər^{33} me^{33} lu^{33} tɕi^{21} khɯ^{55} le^{33} tɕi^{33}. | sɿ^{55} gə^{33} no^{21} py^{33} lɯ^{33} sɿ^{33} sɿ^{55} tʂər^{33}
放 又 放 短 的 四 拃 放 又 放 素神 的 宝贝 箭 三 节

dʑʅ21 me33 thɯ33, | sʅ33 by̩33 phy̩33 sʅ55 tʂhər33, phy̩33 ne21 lɯ55 le33 do33 do21 the55 ȵi33 gy̩33. |
长 的 是 斯补 祖 三 代 祖 和 孙 又 相见 那样 成

用长齿的白铁利刃将它割了下来，从两岸有山的山箐之中，用白色绳索捆了带上来，然后驮在绿鬃的白色骡子上。回到家中，将竹子交到会手艺的佬固玖补手中，用利刃将竹子上的枝叶削去，由眼睛敏锐的人将竹子弯的地方矫直，还在家中的火塘边来熏。将长的素神的宝箭修成四拃四指长，短的修成四拃长。素神的宝箭身上有三个节子，它象征着家中三代祖先和儿孙四代同堂。

551-C-23-12

tɕy55 tʂhu21 gə33 thɯ33 tʂhər55, bi33 ʂʅ33 ȵi33 lu21 dzy̩33 me33 the55 ȵi33 gy̩33. | thɯ33 gu21 ȵi33
最初 的 这 节 大江 鱼儿 发展 的 那样 成 这 后 两

tʂər55 dʑʅ21 me33 thɯ33, tʂhuɑ55 uɑ21 dzy̩33 me33 the55 ȵi33 gy̩33. | thɯ33 gu21 sʅ55 tʂər33 dʑʅ21
节 长 的 那 蚂蚁 发展 的 那样 成 这 后 三 节 长

me33, zə21 bɑ21 ky̩33 gə33 phe33 le21 dzy̩33 me33 the55 ȵi33 gy̩33. | sʅ55 gə33 lɯ33 sʅ33 kuɑ55
的 草 花 上 的 蝴 蝶 发展 的 那样 成 素神 的 箭 柄

thy̩33 me33, bə33 dɯ21 lɑ33 ɕy21, hæ33 ʂʅ21 tsho21 ze33, uɑ33 hər21 mɯ33 dzər33 ku55 hɑ55 me33
产生 是 掌 大 虎 红 金 黄 大象 松石 绿 青龙 嘴 张 的

the55 ȵi33 gy̩33. | sʅ33 gə33 lɯ33 sʅ33 the21 nɯ33 thy̩33. | lɯ33 sʅ33 ly̩55 me33 gy̩21 ze21 nɯ33 thy̩33
那样 成 素神 的 箭 这 里 产生 箭 缠 的 筋 哪儿 由 产生

mə33 do21. | ko33 ʂuɑ21 ko21 ky̩33 phər21 gə33 tʂhuɑ55 phər21 gy̩33, | he21 i33 bər21 me33 phər21
不 知 高原 原 上 白 的 鹿 白 筋 神 的 牦牛 大 白

gə33 gy̩33, | mɯ33 lɯ55 du21 dʑʅ33 ɯ33 me33 phər21 gə33 gy̩33, |
的 筋 美利董主 牛 大 白 的 筋

素神宝箭身上的第一节，就像这一家人将要和水塘里的鱼儿一样兴旺发达。第二节，预示着这一户主人家的人丁，就像蚂蚁一样众多。这以后的第三节，预示着家人就像野花上的蝴蝶一样发展，飞遍大地。这一支素神的箭柄尾，就像巨掌红虎一样，就像金黄色大象一样，就像松石般碧绿的青龙一样张着大口，素神的宝箭从这里产生了。但是，缠在箭身上的筋却不知在哪儿。用绿色高原上白鹿的筋，用神的白牦牛的筋，用美利董主家白牛的筋，

551-C-23-13

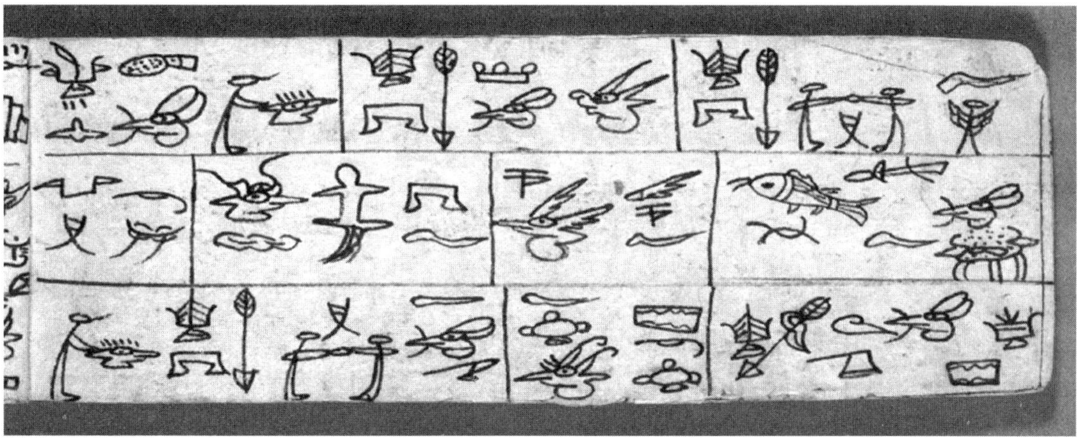

thɯ^{33} sɿ^{33} sy^{21} gə^{33} gv̩^{33} le^{33} y^{21}, | sɿ^{55} gə^{33} no^{21} py^{55} lɯ^{33} sɿ^{33} kuɑ^{55} le^{33} lv̩^{55}. | sɿ^{55} gə^{33} no^{21}
这 三 样 的 筋 又 拿 素神 的 宝贝 箭 柄 又 缠 素神 的 宝贝

py^{55} lɯ^{33} sɿ^{33} tæ^{55} me^{33} bi^{21}, ze^{21} nɯ^{33} thv̩^{33} me^{33} mə^{33} do^{21}? | tɕi^{55} guə^{33} bər^{21} guə^{33} ɯ^{33} gə^{33}
箭 粘 的 胶 哪儿 由 产生 的 不 知 牦牛 皮 的

pi^{21}, | tʂhuɑ^{55} phər^{21} tʂhuɑ^{55} khuɑ^{33} phər^{21} nɯ^{33} thv̩^{33} me^{33} pi^{21}, | ȵi^{33} lu^{21} dɑ^{21} nɯ^{33} thv̩^{33}
胶 鹿 白 鹿 角 白 由 产生 的 胶 鱼儿 鳍 由 产生

me^{33} pi^{21} le^{33} tɕə^{55}, | y^{21} le^{33} sɿ^{55} gə^{33} no^{21} py^{55} lɯ^{33} sɿ^{33} tæ^{55} me^{33} pi^{21} le^{33} be^{33}, | pi^{21} dɯ^{33}
的 胶 又 煮 拿 又 素神 的 宝贝 箭 粘 的 胶 又 做 胶 得

se^{21} hɯ^{55} mə^{33} dɯ^{33}, | sɿ^{55} gə^{33} no^{21} py^{55} lɯ^{33} sɿ^{33} hɯ^{55} ʂu^{21} le^{33} u^{55} hɯ^{33}.
了 羽 不 得 素神 的 宝贝 箭 箭羽 找 又 做 去

把这三种动物的筋拿来缠在素神宝箭柄上。

还未找到粘箭羽的胶，不知道它还在哪？用牦牛皮做的胶，用白鹿头上白色鹿角做的胶，用鱼儿鱼鳍做的胶，把这三种胶放在锅里熬，用这三种东西熬出来的胶做粘素神宝箭箭羽的胶。找到了粘的胶，还未找到做箭羽的东西，又去寻找素神宝箭的箭羽。

551-C-23-14

he^{21} i^{33} mɯ^{33} gə^{55} khy̩^{21}, iə^{21} lɑ^{55} ti^{33} tuɑ^{33} nɯ^{33} ɕə^{21} gu^{55} sɿ^{55} tɕhy^{33} ɕi^{21}. | ɕə^{21} gu^{55} phər^{21}
神 的 天 上 里 尤拉丁端 由 大雕 三 种 养 大雕 白

tʂhɿ^{33} dɯ^{33} sy^{21}, | mɯ^{33} lɯ^{55} du^{21} ʥɿ^{33} me^{33} nɯ^{33} ɕi^{21} , py^{21} tɕər^{21} gy̩^{33} ly̩^{21} kɑ^{33} le^{21} thy^{55}
这 一 样 美利董主 的 由 养 祭司 上 赐福 保佑 做

le^{33} thy̩^{33}. | ɕə^{21} gu^{55} nɑ^{21} me^{33} tʂhɿ^{33} dɯ^{33} sy^{21}, mɯ^{33} lɯ^{55} ʂy̩^{21} ʥɿ^{33} me^{33} nɯ^{33} ɕi^{21}, | ɕə^{21}
又 成 大雕 黑 的 这 一 样 美利术主 的 由 养 大雕

gu^{55} nɑ^{21} me^{33} mi^{21} le^{33} zər^{21}. | ɕə^{21} gu^{55} ʂɿ^{21} me^{33} tʂhɿ^{33} dɯ^{33} sy^{21}, dy̩^{33} tshɿ^{33} tʂhɿ^{33} le^{33}
黑 的 下 又 压 大雕 黄 的 这 一 样 翅尖 那 又

y^{21}. | sɿ^{55} gə^{33} lɯ^{33} sɿ^{33} hɯ^{55} le^{33} be^{33}. | tɕy^{55} tʂhu^{21} dɯ^{33} hɯ^{55} ʥɿ^{21} me^{33} thɯ^{33}, ɕi^{33} dæ^{21}
拿 素神 的 箭 羽 又 做 最初 一 羽 有 的 是 人 勇敢

ʐər^{33} thɑ^{55} sɿ^{55} me^{33} the^{55} ȵi^{33} gy̩^{33}. | thɯ^{33} gu^{21} ȵi^{33} hɯ^{55} ʥɿ^{21} me^{33} thɯ^{33}, hæ^{33} ʂɿ^{21} bæ^{33}
刀 利 举 的 那样 成 这 后 两 羽 有 的 是 金 黄 蜜

zi^{33} |
蜂

在神居住的天上，尤拉丁端养了三种大雕。白的大雕由美利董主来饲养，白色的大雕给祭司们赐福保佑。黑色的大雕，由美利术主来饲养，把黑色的大雕镇压下去。取来黄色大雕翅尖上的羽毛，做素神宝箭上的箭羽，最初的这一根箭羽，就像勇敢的战士举起大刀。这以后的第二根箭羽，就像金黄色蜜蜂

551-C-23-15

æ^{21} ṇə^{21} khɯ^{21} tæ^{55} me^{33} the^{55} ṇi^{33} gv̩^{33}. | thɯ^{33} gu^{21} sɿ^{55} hɯ^{33} dʑɿ^{21}, phv̩^{33} lɑ^{21} gɑ^{33} lɑ^{33} dv̩^{33}
崖 上 巢 粘 的 那样 成 这 后 三 羽 有 神 胜神 海螺

phər^{21} si^{33} gɯ^{33} nɯ^{33} dʑy^{21} ʂuɑ^{21} kv̩^{33} ɕy^{55} me^{33} the^{55} ṇi^{33} gv̩^{33}. | thɯ^{33} gu^{21} lu^{55} hɯ^{33} dʑɿ^{21}
白 狮子 由 山 高 上 站 的 那样 成 这 后 四 羽 有

me^{33} thɯ^{33}, | dʑy^{21} nɑ^{55} zo^{55} lo^{33} dʑy^{21}, lu^{55} phɑ^{33} dɯ^{55} dɯ^{33} me^{33} the^{55} ṇi^{33} gv̩^{33}. | thɯ^{33} gu^{21}
的 是 居那若罗 山 四 周 整齐 做 那样 成 这 后

uɑ^{55} hɯ^{33} dʑɿ^{21} me^{33} i^{33}, dʑi^{33} uə^{21} uɑ^{33} sy^{21} the^{55} ṇi^{33} gv̩^{33}. | sɿ^{55} gə^{33} no^{21} py^{55} lɯ^{33} sɿ^{33} hɯ^{55}
五 羽 有 的 是 精威 五 样 这 样 成 素神 的 宝贝 箭 箭羽

dʑɿ^{21} se^{33} kho^{33} tho^{21}, | ʂu^{33} phər^{21} ʂæ^{33} bæ^{21} ze^{21} nɯ^{33} thv̩^{33} mə^{33} do^{21}. | he^{21} ne^{21} tshɿ^{21} ko^{55}
有 了 以后 铁 白 箭镞 哪儿 由 产生 不 知 神 和 鬼 之间

gɯ^{33}, gɑ^{33} uɑ^{33} lɑ^{21} dər^{33} dɯ^{33} gv̩^{33} dʑy^{21}, | he^{33} gə^{33} dy^{21} ko^{33} lo^{21}, he^{21} gə^{33} gɑ^{33} uə^{33} lɑ^{21}
嘎乌劳端 一 个 有 神 的 地方 里边 神 的 嘎乌劳端

dər^{33} dɯ^{33} gv̩^{33} dʑy^{21}, | tshɿ^{21} gə^{21} dy^{21} ko^{33} lo^{21} tshɿ^{21} gə^{33} gɑ^{33} uə^{33} lɑ^{21} dər^{33} dɯ^{33} gv̩^{33}
一 个 有 鬼 的 地方 里边 鬼 的 嘎乌劳端 一 个

dʑy^{21}. sɿ^{55} tʂhər^{33} le^{33}
有 三 代 又

在山崖上筑的蜂窝。这以后的第三羽，就像神灵及胜神的白海螺般洁白的狮子站在高山之巅。这以后的第四羽，就像居那若罗神山一样四周匀称整整齐齐。这以后的第五羽，就像金木水火土五种精威聚集在一起。素神的宝箭有了箭羽还没有箭镞，不知箭镞在哪里。在神地和鬼地之间有一个嘎乌劳端（铁匠），在神的地方有一个神的嘎乌劳端工匠，在鬼地也有一个鬼的嘎乌劳端工匠。由三代嘎乌劳端来锻打，

551-C-23-16

ty^{33} me^{33}, he^{21} gə^{33} tʂhuɑ^{55} uə^{33} lo^{21}, mi^{33} bɑ^{21} kə^{55} ʥi^{21} be^{33} le^{33} ty^{33}. lɑ^{21} gɯ^{33} iə^{21} pɑ^{55}
打 是 神 的 六 寨 里 火 花 鹰 飞 地 又 打 劳庚尤巴

zo^{33} thɯ^{33} kʏ̩^{55} dʏ̩^{21} tæ^{21}, ɯ^{33} bɑ^{21} be^{33} le^{33} tæ^{21}. | ty^{33} kho^{33} mɯ^{33} gʏ̩^{33} be^{33}, | ty^{33} zə̣r^{21} lɯ^{55}
人 他 风囊 拉 牛 叫 地 又 拉 打 声 雷鸣 做 打 响 地

kɯ^{55} be^{33}, mi^{33} bɑ^{21} kə^{55} ʥi^{21} be^{33}. | ty^{33} dɯ^{33} me^{33} gə^{33} thɯ^{33} sɿ^{33} sy^{21}, ʥɿ^{33} lɑ^{21} khuɑ^{55}
震 做 火 花 鹰 飞 做 打 大 做 的 这 三 样 坚固 铠甲

phər^{21} be^{33}, | ʂu^{33} phər^{21} mu^{33} guə^{21} be^{33}, ʂu^{33} phər^{21} gæ^{21} thɑ^{55} ly^{33} thɑ^{55} be^{33}. | i^{33} dɑ^{21}
做 铁 白 头盔 做 铁 白 刀 利 矛 利 做 主人

tʂhʅ^{33} dɯ^{33} ʥi^{21}, sɿ^{55} gə^{33} ʥər^{33} ʂu^{21} be^{33} le^{33} tɕi^{33}, | sɿ^{55} gə^{33} iə^{33} ko^{21} gæ^{33} le^{33} be^{33} ho^{55}, |
这 一 家 家神 的 武器 做 又 放 素神 的 家里 守 又 做 愿

在神地的六个寨子里，打得火花像鹰到处飞翔。由劳庚尤巴这人来拉皮囊风箱，风箱的声音就像牛在吼叫，他们打铁的声音就像天上的雷鸣，大地也在震动，火花像鹰在天空中飞翔。打铁打出了三样大的东西，一件是坚固的铠甲，一件是白铁头盔，一件是利刀利矛等兵器。这些都作为这一户主人家的武器收在家中，让它们能守住这个素神的家，

551-C-23-17

zʅ^{33} ʂər^{21} me^{33} phʏ̩^{33} lɑ^{21} tʂhu^{55} pɑ^{33} be^{33}. | phʏ̩^{33} lɑ^{21} dɯ^{33} tʏ̩^{21} dɯ^{33} kɯ^{21} khʏ̩^{21} me^{33} ʥʅ^{33}
寿 长 的 神 供养 做 神 一 千 一 万 请 是 坚

lɑ^{21} khuɑ^{55} phər^{21}, ʂu^{33} phər^{21} mu^{33} ku^{21}, ʂu^{33} phər^{21} gæ^{21} thɑ^{55}, ly^{33} thɑ^{55} kʏ̩^{33} n̠ə^{21} dɯ^{33} zɑ^{21}
固 铠甲 铁 白 头盔 铁 白 刀 利 矛 利 上 边 一 降

lu^{33}. | thɯ^{33} gu^{21} tɕi^{55} me^{33} ʂæ^{33} bæ^{21} ʂʅ^{21} ʥe^{21} me^{33} ty^{33} le^{33} tɕi^{33}, | ʂu^{33} phər^{21} ʂæ^{33} bæ^{21}
来 这 后 小 的 箭簇 黄 掺 的 打 又 放 铁 白 箭 镞

sʅ^{33} dɑ^{21} sʅ^{55} tʂər^{33} ʥʅ^{21} me^{33} thɯ^{33}, | gɑ^{33} lɑ^{21} bər^{21} tɕhy^{33} si^{21} so^{33} by^{21} le^{33} ʥʅ^{21} me^{33} the^{55}
三 齿 三 节 长 的 那 胜神 牦牛 大鹏 狮子 三 外 又 聚 的 那

n̠i^{33} gʏ̩^{33}. | ʂu^{33} phər^{21} dɑ^{21} i^{33} sʅ^{55} gə^{33} lɯ^{33} sʅ^{33} n̠ə^{21} ʂæ^{21} bæ^{21} be^{33} le^{33} tɕi^{33}. | sʅ^{33} gə^{33} lɯ^{33}
样 成 铁 白 齿 是 素神 的 箭 上 箭镞 做 又 放 素神 的 箭

sʅ^{33} dər^{33} me^{33} ʂu^{21} nɯ^{33} tʂu^{55} le^{33} tɕi^{33}. | i^{33} dɑ^{21} tʂhʅ^{33} dɯ^{33} ʥi^{21}, khʏ̩^{55} by^{33} zʅ^{33} by^{33} me^{33},
短 的 铁 出 接 又 放 主人 这 一 家 年 份 寿 份 是

sʅ^{55} gə^{33} lɯ^{33} sʅ^{33}
素神 的 箭

供养长寿的神灵。请千千万万的神灵降临到坚固的铠甲、白铁头盔和利刀、利矛上来。这以后铁匠们又锻打出小的东西，打出掺着黄金的箭镞，这打出的白铁箭镞有三个齿，分成三节，这三节就像胜神牦牛、大鹏、狮子聚集在这地方。这白铁长齿的东西就做成箭镞安在素神的宝箭上。素神的宝箭不够长，就用这铁来接上。同时，也在这箭镞上，把这一户主人家的岁份、寿份

551-C-23-18

ky̩^{33} nɯ^{33} gə^{21} le^{33} tʂu^{55}. | lɯ^{33} sɿ^{33} tshɿ^{21} me^{33} gy̩^{33} nɯ^{33} ly̩^{55}, | lɯ^{33} sɿ^{33} nɑ^{21} me^{33} hæ^{33}
上 由 上 又 接 箭 细 是 筋 由 扎 箭 黑 是 金

nɯ^{33} tɕhi^{33}. | i^{33} dɑ^{21} zɿ^{33} ʂər^{21}, ky̩^{55} ne^{21}sɿ^{33} tʂhɿ^{33} dʑy^{21} me^{33} tʂhɿ^{33} ȵə^{21} dʐɿ^{21}. | sɿ^{55} gə^{33}
由 镀 主人 寿 长 会者 和 知者 所 有 的 这 里 聚集 素神 的

lɯ^{33} sɿ^{33} tɕər^{21} i^{33} pu^{33} thy̩^{33} phe^{33} uɑ^{33} sy^{21} pu^{55}, sɿ^{55} gə^{33} lɯ^{33} sɿ^{33} tɕər^{21} ȵə^{21} uɑ^{33} sy^{21} phæ^{33}
箭 上 绸缎 布 五 样 带 素神 的 箭 上 边 五 样 拴

dər^{33} tsɿ^{55}. | i^{21} po^{33} uɑ^{33} sy^{21} thy̩^{33} ky̩^{33} pɯ^{55} ky̩^{33} mə^{33} sɿ^{33} me^{33} , thy̩^{33} le^{33} pɯ^{55} dʑo^{21} ʂə^{55}
该说 绸缎 五 样 出 处 来 历 不 知 是 出 又 来 事 说

mə^{33} ȵi^{21}. | he^{21} i^{33} mɯ^{33} gə^{55} khy̩^{21}, he^{21} gə^{33} mɯ^{33} mi^{55} gy̩^{33} ky̩^{55} nɯ^{33}, | i^{21} po^{33} thy̩^{33}
不 要 神 的 天 上 神 的 天 女 九 个 来 绸缎 布匹

phe^{33} uɑ^{33} sy^{21} dɑ^{21}, i^{21} po^{33} thy̩^{33} phe^{33} uɑ^{21} sy^{21} the^{21} nɯ^{33} thy̩^{33}. | mi^{21} i^{33} bə^{33} khu^{33}
五 样 织 绸缎 布匹 五 样 这 由 出 下 边 崩人 门

khɯ^{55} ȵə^{21} thy̩^{33}, ho^{21} me^{33} he^{33} me^{33}
前 边 到 禾 女 恒 女

接在素神的宝箭上。素神的宝箭有点细，就用各种动物的筋把它扎起来，若素神宝箭是黑的就镀上金。这一户主人家所有长寿之人，会者、能者都聚集到了这里，都说素神宝箭上还应拴上五种绸缎和布匹做的缨子，还要将这五种绸缎和布匹拴在素神的宝箭之上。但是，若不知这五种绸缎和布匹的来历，就不要说这五种绸缎布匹的事。在神的天上，有神的九个天女，他们织出了五种绸缎，五种绸缎就这样产生了。到了下边的崩人门前，禾氏族的女人和恒氏族的女人

551-C-23-19

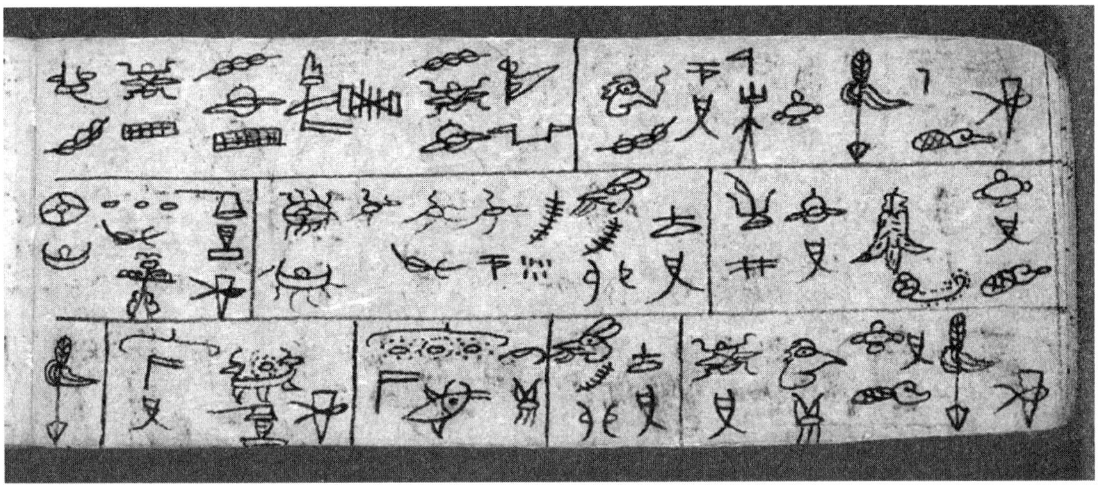

nɯ^{33} tʂhu^{21} nɑ^{55} hæ^{33} ʂʅ^{21} tho^{33} pv̩^{55} dɑ^{21}, tʂhu^{21} ne^{21} uɑ^{21} gə^{33} tho^{33} pv̩^{55} dɑ^{21} .tʂhu^{21} nɑ^{55},
由 墨玉 金 黄 布匹 织 墨玉 和 松石 的 布匹 织 墨玉

hæ^{33} ʂʅ^{21}, uɑ^{33} hər^{21} tho^{33} pv̩^{55} the^{21} nɯ^{33} thv̩^{33}. | tɕy^{55} tʂhu^{21} phər^{21} me^{33} ko^{21} tsʅ^{21} dɯ^{33} gə^{33}
金 黄 松石 绿 布匹 这 由 产生 最初 白 的 针 细 大 的

dɯ^{33} hu^{21} phæ^{33}. | ȵi^{33} me^{33} he^{33} me^{33} kɯ^{21} zɑ^{21} tɕə^{55} ty^{33} phæ^{33}, | ȵi^{33} me^{33} bu^{33} dɯ^{21} lu^{55}
一 条 拴 太阳 月亮 星 饶星 标记 拴 太阳 光 大 四

lɑ^{33}, he^{33} me^{33} dʑe^{33} dɯ^{21} zi^{55} zæ^{33}, kɯ^{21} phər^{21} zɑ^{21} phər^{21} zʅ^{33} ʂər^{21}, khv̩^{55} by^{33} zʅ^{33} by^{33}
射 月亮 晶莹 闪亮 星 白 饶星 白 寿 长 岁 份 寿 份

tʂhʅ^{33} le^{33} me^{55}. | thɯ^{33} gu^{21} hər^{21} me^{33} dʑy^{33} lər^{55} dɯ^{33} me^{33} dɯ^{33} hu^{21} phæ^{33}, | ʂuɑ^{21} me^{33}
那 又 要 这 后 绿 的 蔓菁 种 大 的 一 条 拴 高 的

mɯ^{33} tɕə^{55} ty^{33}, | mɯ^{33} dʑy^{33} mu^{55} mə^{33} kv̩^{55}, mɯ^{33} ʂuɑ^{21} kɯ^{21} ʂər^{55}, | khv̩^{55} by^{33} zʅ^{33} by^{33}
天 记标 天 有 老 不 会 天 高 星 满 岁 份 寿 份

tʂhʅ^{33} le^{33} me^{55}. | ʂʅ^{21} me^{33} æ^{21} kv̩^{33} dɯ^{21} me^{33} tʂhʅ^{33} dɯ^{33} hu^{21}, sʅ^{55} gə^{33} lɯ^{33} sʅ^{33} tɕər^{21} le^{33}
这 又 要 黄 的 鸡 蛋 大 的 这 一 条 素神 的 箭 上 又

phæ^{33}, |
拴

织出了墨玉和黄金似的布匹，织出了墨玉和松石似的布匹，墨玉、黄金、绿松石一样的布匹就这样产生了。最初，将一条针一般细的白布拴在素神宝箭上，这布条是象征太阳、月亮和星星的标记，人们从光辉灿烂的太阳上，晶莹闪亮的月亮上，长寿的星宿和饶星上祈求岁份和寿份。这以后，将一条绿色的像蔓菁种一般大小的布条拴在素神的宝箭上，在这布条是象征高处蓝天的标记，上天从不会衰老，天上布满了星星，从这里祈求上天所拥有的岁份和寿份。这以后，在素神的宝箭上，拴一条金黄色的鸡蛋一般大的布条，

551-C-23-20

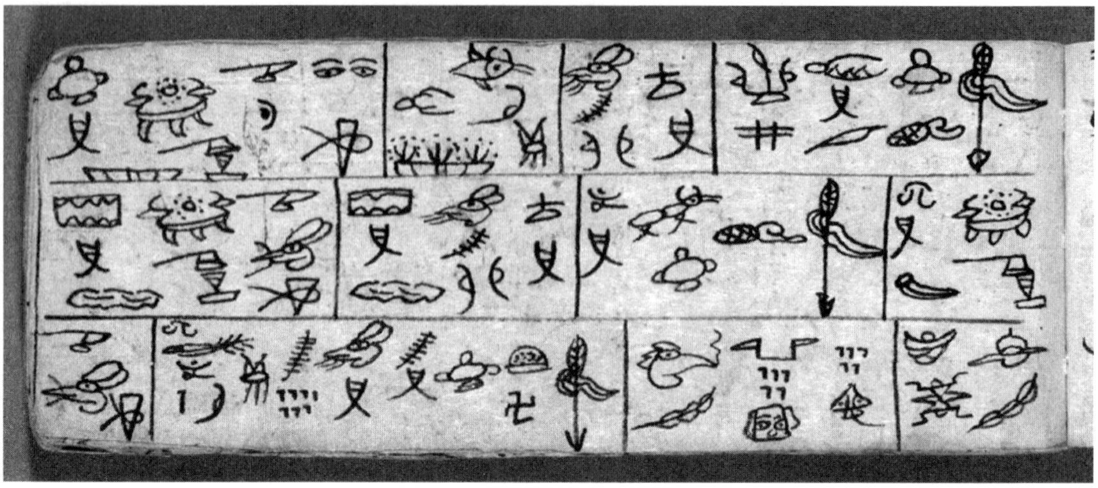

dɯ^{21} me^{33} dy^{21} tɕə^{55} ty^{33} be^{33} le^{33} sɿ^{55} lɯ^{33} sɿ^{33} tɕər^{21} ȵə^{21} phæ^{33}, | dy^{21} dɯ^{21} zə̢^{21} ʂər^{55}, kuə^{55}
大 的 地 标记 做 又 素神 箭 上 边 拴 地 大 草 满 域

gɯ^{21} mu^{55} mə^{33} kʏ^{55} me^{33} tɕər^{21}, | khʏ^{55} by^{33} zɿ^{33} by^{33} tʂhʅ^{33} le^{33} me^{55}, | thɯ^{33} gu^{21} ɕy^{21}
辽阔 老 不 会 的 上 岁 份 寿 份 这 又 要 这 后 红

me^{33} phiə^{21} dɯ^{33} dɯ^{33} hu^{21} sɿ^{55} gə^{33} no^{21} py^{55} lɯ^{33} sɿ^{33} tɕər^{21} ȵə^{21} phæ^{33}. | hɯ^{21} me^{33} tɕi^{21}
的 叶 大 一 条 素神 的 宝贝 箭 上 边 拴 富 的 云

tɕə^{55} ty^{33} be^{33} le^{33} phæ^{33}, | hɯ^{21} me^{33} tɕi^{21} gə^{33} khʏ^{55} by^{33} zɿ^{33} by^{21} tʂhʅ^{33} le^{33} me^{55}. | nɑ^{21}
标 记 做 又 拴 富 的 云 的 岁 份 寿 份 这 又 要 黑

me^{33} tʂhuɑ^{55} uɑ^{33} dɯ^{33} gə^{33} dɯ^{33} hu^{21} sɿ^{55} gə^{33} no^{21} py^{55} lɯ^{33} sɿ^{33} tɕər^{21} ȵə^{21} phæ^{33}, | i^{33}
的 蚂蚁 大 的 一 条 素神 的 宝贝 箭 上 边 拴 流

me^{33} dʑi^{21} tɕə^{55} ty^{33} be^{33} le^{33} phæ^{33}. | i^{33} me^{33} dʑi^{21} nɑ^{55} mæ^{33} ʂər^{21} ko^{55} mə^{33} kʏ^{55}, zɿ^{33}
的 水 标记 做 又 拴 流 的 水 大 尾 长 干 不 会 寿

ʂər^{21} khʏ^{55} me^{55} zɿ^{33} me^{55} dɯ^{33}, uɑ^{21} me^{55} ɯ^{33} me^{55} dɯ^{33}. sɿ^{55} gə^{33} no^{21} py^{55} lɯ^{33} sɿ^{33}, |
长 岁 要 寿 要 得 福 要 好 要 得 素神 的 宝贝 箭

tɕy^{55} tʂhu^{21} thʏ^{33} me^{33} uɑ^{55} phɑ^{33} thʏ^{33}, uɑ^{55} phɑ^{33} pɯ^{33} pɑ^{33} be^{33}, | ŋʏ^{21} hæ^{21} uɑ^{21} tʂhu^{21}
最初 出 是 五 方 产生 五 方 变化 做 银 金 松石 墨玉

这黄布条是象征大地的标记。大地上长遍青草，地域辽阔，大地不会衰老，跟大地祈求岁份和寿份。这以后，将一条红色的，像树叶一样的布条拴在素神的宝箭上，这条红布是象征的云彩之标记。人们向富有的云彩的祈求岁份的寿份。这以后，拴素神宝箭上，系上一条黑蚂蚁似的黑色布条，在这布条是象征流水的标记，这流水标记也拴在宝箭上。向悠长的大江大河，永不会干涸的流水，祈求它的岁份、寿份、祈求福分和好处。在素神的宝箭上，最初产

生五个方向，五个方向作变化，产生银、金、松石、墨玉、

551-C-23-21

dy̩^{33} phər^{21} uɑ^{33} sy^{21} thy̩^{33}, | sɿ^{55} gə^{33} no^{21} py^{55} lɯ^{33} sɿ^{33} tɕər^{21}, ŋy^{21} hæ^{21} uɑ^{33} tʂhu^{21} dy̩^{33}
海螺 白 五 样 生 素神 的 宝贝 箭 上 银 金 松石 墨玉 海螺

phər^{21} thɯ^{33} n̩ə^{21} phæ^{33}. | i^{33} dɑ^{21} tʂhʅ^{33} dɯ^{33} ʥi^{21}, sɿ^{55} ko^{21} tʂhʅ^{33} nɯ^{33} gæ^{33}. | sɿ^{55} gə^{33} no^{21}
白 它 上 拴 主人 这 一 家 素神 家里 这 由 守 素神 的 宝贝

py^{55} lɯ^{33} sɿ^{33} tʂhu^{55}, sɿ^{33} phər^{21} zʅ^{21} ly̩^{33} tɯ^{21} , sɿ^{33} phər^{21} zy̩^{21} ly̩^{33} ky̩^{33}, tʂhuɑ^{33} phər^{21} kuɑ^{55}
箭 插 毡 白 神座 设 毡 白 神座 上 米 白 神粮

mu^{21} o^{55},ɕi^{33} phər^{21} kuɑ^{55} phər^{21}phy̩^{55}, | tshɿ^{33} ʂu^{33} phər^{21} me^{33} lu^{21} lu^{33} gə^{21} nɯ^{33} tshɿ^{55}, ʥy^{21}
倒 稻 白 神粮 白 撒 犁 铁 白 的 卢神 石 上方 以 竖

nɑ^{55} zo^{55} lo^{33} the^{55} n̩i^{33} gy̩^{33}. | sɿ^{33} phər^{21} zʅ^{21} ly̩^{33} ky̩^{33}, sɿ^{55} gə^{33} no^{33} py^{55} lɯ^{33} sɿ^{33} tʂhu^{55}
居那若罗 那样 成 毡 白 神座 上 素 的 宝贝 箭 插

me^{33}, hæ^{21} i^{33} bɑ^{55} dɑ^{21} ʥər^{21} the^{55} n̩i^{33} gy̩^{33}. | phy̩^{33} lɑ^{21} ty̩^{33} ty̩^{21} kɯ^{33} kɯ^{21} zɑ^{21} me^{33}, sɿ^{55}
是 含依巴达 树 那样 成 神 千千 万万 下 是 素神

gə^{33} no^{21} py^{55} lɯ^{33} sɿ^{33} ky̩^{33} i^{33} dɯ^{33} zɑ^{21} lu^{33}. | tʂhʅ^{33} n̩i^{33} i^{33} dɑ^{21} tʂhʅ^{33} dɯ^{33} ʥi^{21}, khy̩^{55} ɯ^{33}
的 宝贝 箭 上 是 一 下 来 今天 主人 这 一 家 岁 好

he^{33} ɯ^{33}, n̩i^{55} ɯ^{33} zy^{21} ɯ^{33} n̩ə^{21}, py^{33} by̩^{33} nɯ^{33} phy̩^{33} lɑ^{21} ty̩^{33} ty̩^{21} kɯ^{33} kɯ^{21} tʂhu^{55} pɑ^{33}
月 好 白天 好 星 好 时 祭司 由 神灵 千千 万万 供养

be^{33}, | khy̩^{55} ne^{21}zɿ^{33} tʂhʅ^{33} me^{55}. sɿ^{33} phər^{21} zʅ^{21} ly̩^{33} gə^{33} khu^{33} me^{33},
做 岁 和 寿 所 要 毡 白 神座 上方 铺 做

洁白海螺五种东西，将银、金、松石、墨玉、海螺这五种东西拴在素神的宝箭上。这一户主

人家让素神的宝箭守住这一个家。这一户主人插上素神的宝箭，用白色毛毡铺设神座，神座上的簸箕里倒上白米祭粮，撒用白稻制作的神粮，用白铁犁尖做卢神石竖在神座上。白铁犁尖竖的卢神石就像一座居那若罗神山，插的素神宝箭就像一棵含依巴达神树。请千千万万的神灵降临来，请他们降临到素神的宝箭上来。

今天这一户主人家，在年好、月份好，白天好，星好的这个日子里，祭司烧天香，供养千千万万的神灵，要向神祈求寿岁。今天所铺设的白毡神座，

551-C-23-22

dy^{21} khu^{33} the^{55} ȵi^{33} gy̩^{33}, tʂhuɑ^{33} phər^{21} kuɑ^{55} mu^{21} o^{55} me^{33}, mɯ^{33} dɯ^{21} gy̩^{33} be^{33} ho^{55}. |
地 辟 那样 成 米 白 神粮 倒 是 天 大 成 做 愿

tshʅ^{33} ʂu^{33} phər^{21} me^{33} tshʅ^{55} me^{33},dʑy^{21} nɑ^{55} zo^{33} lo^{33} the^{55} ȵi^{33} gy̩^{33} be^{33} le^{33} tshʅ^{55}. | sʅ^{55} gə^{33}
犁 铁 白 的 竖 是 居那若罗 那样 成 做 又 竖 素神 的

no^{21} py^{55} lɯ^{33} sʅ^{33} tʂhu^{55} me^{33}, hæ^{33} i^{33} bɑ^{55} dɑ^{21} dʑər^{21} the^{55} ȵi^{33} be^{33} le^{33} tʂhu^{55}. | ʐʅ^{33} sɑ^{55}
宝贝 箭 插 是 含依巴达 树 那样 做 又 插 供酒

le^{55} sɑ^{55} i^{33} mɯ^{33} lɯ^{55} dɑ^{21} dʑi^{21} hɯ^{55} the^{55} ȵi^{33} be^{33} le^{33} tɕi^{33}. | phy̩^{33} lɑ^{21} khy̩^{21} me^{33}, py^{33}
供茶 是 美利达吉 海 那样 做 又 在 神 请 是 祭司

by̩^{21} kho^{33} ɯ^{33} sɑ^{55} ɯ^{33}, hæ^{33} ʂʅ^{21} tsər^{33} lər^{21} kho^{33}, uɑ^{33} hər^{21} dɑ^{33} khə^{21} kho^{33} nɯ^{33}
声 好 气 好 金 黄 板铃 声 松石 绿 法鼓 声 由

khy̩^{21}, dy̩^{33} phər^{21} mu^{21} kho^{33} kho^{33} nɯ^{33} khy̩^{21} me^{33} dɯ^{33} zɑ^{21} lu^{33}. | he^{21} i^{33} mɯ^{33} gə^{55}
请 海螺 白 螺号 声 来 请 是 一 下 来 神 的 天 上

khy̩^{21} nɯ^{33} mɯ^{21} dɯ^{55} dɯ^{33}, | dʑi^{33} dʑə^{21} lɑ^{33} lər^{33} dy^{21} nɯ^{33} gə^{21} dɯ^{55} dɯ^{33},
里 由 下 一带 人 住 辽阔 地 由 上 一带

就像辟出了一块地。倒在簸箕里的神粮就像天一般大，所竖的白铁犁尖就像居那若罗神山一样，所插的素神宝箭就像含依巴达神树，供在神前的醇酒和酽茶就像美利达吉神海一样。祭

司们用清脆洪亮的声音，用摇晃金黄色板铃的响声，用敲打松石般碧绿法鼓的声音，用白海螺螺号的声音来迎请神灵，请神灵降临下来，从神灵居住的天穹以下的地方，从人类居住的辽阔大地以上的地方，

551-C-23-23

phy̩^{33} la^{21} khy̩^{21} me^{33} dɯ^{33} za^{21} lu^{33}. | dʑi^{33} dʑə^{21} la^{33} lər^{33} dy^{21} gə^{33} be^{33} le^{33} be^{55} tshɿ^{21} zɿ^{33}
神灵 请 是 一 下 来 人 住 辽阔 地 的 本勒奔楚汝

mə^{33} uɑ^{21}, | mɯ^{33} tɕər^{21} phy̩^{33} la^{21} ty̩^{33} ty̩^{21} kɯ^{33} kɯ^{21} tʂhu^{55} pa^{33} be^{33} mə^{33} lo^{21}. | phy̩^{33} la^{21}
不 是 天 上 神灵 千 千 万 万 天香 烧 不 了 神灵

ty̩^{33} ty̩^{21} kɯ^{33} kɯ^{21} tʂhʅ^{33} uɑ^{21} me^{33}, be^{55} tshɿ^{21} zɿ^{33} tɕər^{21} gy̩^{33} ly̩^{21} ka^{33} le^{33} dɯ^{33} za^{21} lu^{33}. |
千 千 万 万 所有 的 奔楚汝 上 赐福 保佑 一 下 来

mɯ^{33} gə^{33} phy̩^{33} la^{21} za^{21} me^{33} ko^{33} dʑi^{21} kə^{55} dʑi^{21} be^{33} le^{33} dɯ^{33} za^{21} lu^{33}. | so^{33} gə^{33} phy̩^{33}
天 的 神灵 下 是 鹤 飞 鹰 飞 地 又 一 下 来 岭 的 神灵

la^{21} tʂhʅ^{33} uɑ^{21} me^{33}, zər^{21} tsho^{33} la^{33} tsho^{33} be^{33} le^{33} dɯ^{33} za^{21} lu^{33}. | dʑi^{21} gə^{33} phy̩^{33} la^{21}
所有 的 豹 跳 虎 跳 地 又 一 下 来 水 的 神灵

tʂhʅ^{33} za^{21} me^{33}, ʂu^{21} dzər^{33} ȵi^{33} dzər^{33} be^{33} le^{33} dɯ^{33} za^{21} lu^{33}. | mɯ^{33} i^{33} phər^{21} nɯ^{33} thy̩^{33},
所 下 是 水獭 游 鱼 游 地 又 一 下 来 天 是 盘神 由 出

phər^{21} zo^{33} phər^{21} mi^{55} gy̩^{33} ky̩^{55} khy̩^{21} me^{33}, sɿ^{33} phər^{21} zʅ^{21} ly̩^{33} ky̩^{33}, tshɿ^{33} ʂu^{33} phər^{21} me^{33}
盘神 儿 盘神 女 九 个 请 是 毡 白 神座 上 犁 铁 白 的

lu^{21} lu^{33} ky̩^{33}, tʂhuɑ^{33} phər^{21} kuɑ^{55} mu^{21} lo^{21} i^{33} dɯ^{33} za^{21} lu^{33}, | dy^{21} i^{33} ʂæ^{21} nɯ^{33} khu^{33},
卢神 石 上 米 白 神粮 里 是 一 下 来 地 是 禅 由 辟

ʂæ^{21} zo^{33} gy̩^{33} ky̩^{55}
禅 儿 九 个

请神灵降临而来。若不是人类居住的辽阔大地上的“本勒奔楚汝（人）”就不会烧天香供养千千万万天上的神灵。请千千万万的神灵，给赐福保佑奔楚汝而降临来。请天上的神灵就像白鹤和雄鹰一样飞过来。山岭上的神灵，就像豹子和猛虎一样跳跃着降临来。请水中的神灵，像水獭和鱼儿一样游过来。高天由盘神所开，请盘神的九个儿女降临到白毡神座上、白铁犁尖卢神石上、白米神粮里边来。大地由禅神所开辟，

551-C-23-24

ʂæ^{21} mi^{55} gy̩^{33} ky̩^{33} sɿ^{33} phər^{21} zʅ^{21} ly̩^{33} ky̩^{33}, tshɿ^{33} ʂu^{33} phər^{21} me^{33} lu^{21} lu^{33} ky̩^{33}, tʂhuɑ^{33}
禅 女 九 个 毡 白 神座 上 犁 铁 白 的 卢神 石 上 米

phər^{21} kuɑ^{55} mu^{21} lo^{21} dɯ^{33} zɑ^{21} lu^{33}. | mɯ^{33} tʂy̩^{55} ky̩^{33} gə^{33} gy̩^{33} zo^{33} gy̩^{33} mi^{55} i^{33}, sɿ^{33}
白 神粮 里 一 下 来 天 穹 处 的 九 儿 九 女 是 毡

phər^{21} zʅ^{21} ly̩^{33} ky̩^{33}, tshɿ^{33} ʂu^{33} phər^{21} me^{33} lu^{21} lu^{33} ky̩^{33}, tʂhuɑ^{33} phər^{21} kuɑ^{55} mu^{21} lo^{21} i^{33}
白 神座上 犁 铁 白 的 卢神 石 上 米 白 神粮 里 是

dɯ^{33} zɑ^{21} lu^{33}. | dɑ^{33} gə^{33} gy̩^{33} zo^{33} gy̩^{33} mi^{55} i^{33}, sɿ^{33} phər^{21} zʅ^{21} ly̩^{33} ky̩^{33}, tshɿ^{33} ʂu^{33}
一 下 来 地 的 九 儿 九 女 是 毡 白 神座 上 犁 铁

phər^{21} me^{33} lu^{21} lu^{33} ky̩^{33}, tʂhuɑ^{33} phər^{21} kuɑ^{55} mu^{21} lo^{21} i^{33} dɯ^{33} zɑ^{21} lu^{33}. | ʥi^{33} ne^{21}
白 的 卢神 石上 米 白 神粮 里 是 一 下 来 景神 和

bɯ^{33} gə^{33} phy̩^{33} lɑ^{21} i^{33}, sɿ^{33} phər^{21} zʅ^{21} ly̩^{33} ky̩^{33}, tshɿ^{33} ʂu^{33} phər^{21} me^{33} lu^{21} lu^{33} ky̩^{33},
崩神 的 神灵 是 毡 白 神座 上 犁 铁 白 的 卢神 石 上

tʂhuɑ^{33} phər^{21} kuɑ^{55} mu^{21} lo^{21} dɯ^{33} zɑ^{21} lu^{33}. | mɯ^{33} ne^{21} dy^{21} ko^{55} gɯ^{33}, du^{21} zo^{33} du^{21}
米 白 神粮 里 一 下 来 天 和 地 之间 董族 儿 董族

mi^{55} gy̩^{33} ky̩^{55} i^{33}, sɿ^{33} phər^{21} zʅ^{21} ly̩^{33} ky̩^{33}, tshɿ^{33} ʂu^{33} phər^{21} me^{33} lu^{21} lu^{33} ky̩^{33}, tʂhuɑ^{33}
女 九 个 是 毡 白 神座 上 犁 铁 白 的 卢神 石 上 米

phər^{21} kuɑ^{55} mu^{21} lo^{21} dɯ^{33} zɑ^{21} lu^{33}. | to^{21} ne^{21} u^{21} gə^{33} gv̩^{33} zo^{33} gv̩^{33} mi^{55} i^{33}, sɿ^{33}
白 神粮 里 一 下 来 朵神 和 吾神 的 九 男 九 女 是 毡

phər^{21} ʐʅ^{21} lv̩^{33} kv̩^{33}, tʂhuɑ^{33} phər^{21} kuɑ^{55} mu^{21} lo^{21} dɯ^{33} zɑ^{21} lu^{33}. | gɑ^{33} zo^{33} gɑ^{33} mi^{55}
白 神座 上 米 白 神粮 里 一 下 来 胜神 儿 胜神 女

gv̩^{33} kv̩^{33} i^{33}, sɿ^{33} phər^{21} ʐʅ^{21} lv̩^{33} kv̩^{33}, tshɿ^{33} ʂu^{33} phər^{21} me^{33} lu^{21} lu^{33} kv̩^{33} dɯ^{33} zɑ^{21} lu^{33}. |
九 个 是 毡 白 神座 上 犁 铁 白 的 卢神 石 上 一 下 来

lər^{21} dʑə^{33} gv̩^{33} zo^{33} gv̩^{33} mi^{55} i^{33},
朗久神 九 儿 九 女 是

请禅神的九个儿女，降临到白毡铺设的神座上，白铁犁尖竖的卢神石上，白米做的神粮中来。请天穹上的九个儿女降临到白毡铺设的神座上，白铁犁尖竖的卢神石上，白米做的神粮中来。请景神和崩神（雷电之神）降临到白毡铺设的神座上，白铁犁尖竖的卢神石上，白米做的神粮中来。请董族的九个儿女降临到白毡铺设的神座上，白铁犁尖做的卢神石上，白米做的神粮里来。请朵神和吾神的九个儿女，降临到白毡铺设的神座上，白米做的神粮里来。请胜神的九个儿女，降临到白毡铺设的神座上，白铁犁尖做的卢神石上来。请朗久神的九个儿女，

551-C-23-25

sɿ^{33} phər^{21} ʐʅ^{21} lv̩^{33} kv̩^{33}, tshɿ^{33} ʂu^{33} phər^{21} me^{33} lu^{21} lu^{33} kv̩^{33}, tʂhuɑ^{33} phər^{21} kuɑ^{55} mu^{21} lo^{21}
毡 白 神座 上 犁 铁 白 的 卢神 石 上 米 白 神粮 里

i^{33} dɯ^{33} zɑ^{21} lu^{33}. | dʑɿ^{33} uə^{33} gv̩^{33} zo^{33} gv̩^{33} mi^{55} i^{33}, sɿ^{33} phər^{21} ʐʅ^{21} lv̩^{33} kv̩^{33}, tshɿ^{33} ʂu^{33}
是 一 下 来 村 寨 九 儿 九 女 是 毡 白 神座 上 犁 铁

phər^{21} me^{33} lu^{21} lu^{33} kv̩^{33}, tʂhuɑ^{33} phər^{21} kuɑ^{55} mu^{21} lo^{21} dɯ^{33} zɑ^{21} lu^{33}. | hər^{33} ne^{21} lɯ^{55} gə^{33}
白 的 卢神 石 上 米 白 神粮 里 一 下 来 风 和 猎神 的

gv̩^{33} zo^{33} gv̩^{33} mi^{55} i^{33}, sɿ^{33} phər^{21} ʐʅ^{21} lv̩^{33} kv̩^{33}, tshɿ^{33} ʂu^{33} phər^{21} me^{33} lu^{21} lu^{33} kv̩^{33}, tʂhuɑ^{33}
九 儿 九 女 是 毡 白 神座 上 犁 铁 白 的 卢神 石 上 米

phər^{21} kuɑ^{55} mu^{21} lo^{21} dɯ^{33} zɑ^{21} lu^{33}. | dʐər^{21} zo^{33} dʐər^{21} mi^{55} gʏ^{33} kʏ^{55} i^{33}, sɿ^{33} phər^{21} ʐʅ^{21}
白 神粮 里 一 下 来 汁神 儿 汁神 女 九 个 是 毡 白 神座

lu^{33} kʏ^{33},tshɿ^{33} ʂu^{33} phər^{21} me^{33} lu^{21} lu^{33} kʏ^{33}, tʂhuɑ^{33} phər^{21} kuɑ^{55} mu^{21} lo^{21} i^{33} dɯ^{33} zɑ^{21}
上 犁 铁 白 的 卢神 石 上 米 白 神粮 里 是 一 下

lu^{33}, | uɑ^{21} zo^{33} uɑ^{21} mi^{55} gʏ^{33} kʏ^{55} i^{33}, sɿ^{33} phər^{21} ʐʅ^{21} lʏ^{33} kʏ^{33}, tshɿ^{33} ʂu^{33} phər^{21} me^{33} lu^{21}
来 粮神 儿 粮神 女 九 个 是 毡 白 神座 上 犁 铁 白 的 卢神

lu^{33} kʏ^{33}, tʂhuɑ^{33} phər^{21} kuɑ^{55} mu^{21} lo^{21} i^{33} dɯ^{33} zɑ^{21} lu^{33}. | mɯ^{33} lɯ^{55} lu^{21}, le^{55} tɕhi^{33} se^{21}
石 上 米 白 神粮 里 是 一 下 来 卢神 沈神

ȵi^{33} kʏ^{55}, sɿ^{33} phər^{21} ʐʅ^{21} lʏ^{33} kʏ^{33}, tʂhuɑ^{33} phər^{21} kuɑ^{55} mu^{21} lo^{21} i^{33} dɯ^{33} zɑ^{21} lu^{33}. | kɑ^{33}
两个 毡 白 神座 上 米 白 神粮 里 是 一 下 来 保佑

le^{21} tʂhər^{33} tʂhər^{21}, gʏ^{33} lʏ^{21} dɑ^{55} dɑ^{33} gʏ^{33} be^{33} ho^{55} | mi^{33} gə^{33} bu^{33} tho^{21} lɑ^{33} khʏ^{55} pər^{55}.
稳妥 赐福 切实 成 做 愿 火 的 补托 虎 年 写

降临到白色毡子铺设的神座上，白铁犁尖竖的卢神石上，白米做的神粮中来。请村寨神的九个儿女，降临到白色毡子铺设的神座上，白铁犁尖竖的卢神石上，白米做的神粮中来。请风神和利神（猎神）的九个儿女，降临到白色毡子铺设的神座上，白铁犁尖竖的卢神石上，白米做的神粮中来。请九个汁神（威灵神）的九个儿女，降临到白色毡子铺的神座上，白铁犁尖竖的卢神石上，白米做的神粮里来。请粮神的九个儿女，降临到白毡铺设的神座上，白铁犁尖做的卢神石上，白米做的神粮里来。请卢神和沈神两位，降临到白毡铺设的神座上，白米做的神粮中来。愿神稳妥地保佑人类，神给人的赐福切实牢靠。

这本经书是火补托①的虎年写的。

551-C-23-26

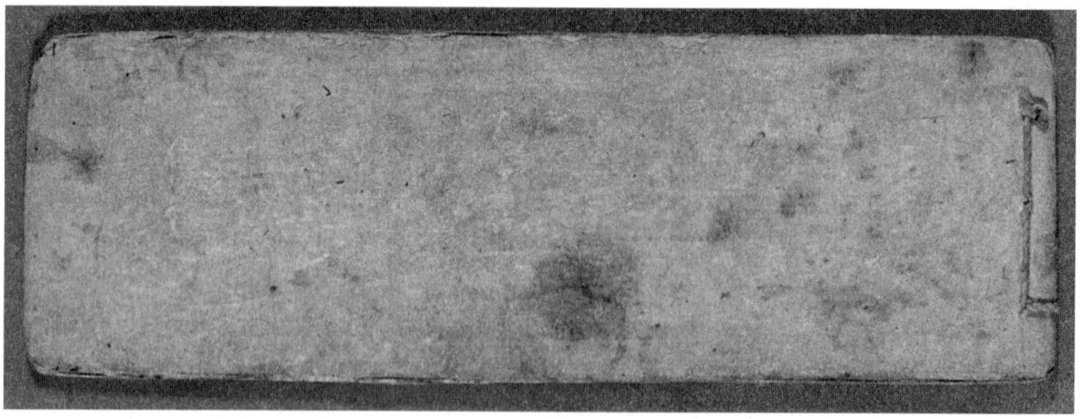

封底

（翻译：和宝林）

① 补托：音译名词，相当于汉文化中的“干支”。

392-D-8-01

phy̩^{33} lɑ^{21} dɯ^{21} sɑ^{55} the^{33} ɯ^{33}

请大神经

392-D-8 请大神经

【内容提要】

吉祥的日子，是请神接神的日子。神的降临，各有路径和特定地点。祭祀时请神，要先送上给神的礼物。神降临后，请神赐予神的威力与福泽给作祭的东巴，愿作祭的人们都得福泽与吉祥。

【英文提要】

Book of Invoking the Great God

An auspicious day was the day of invoking the god. The befalling of gods differed in the path and location. The first thing of invoking gods in the ritual was to consecrate oblations. After their befalling, they were prayed to bestow power and felicity on the priest who held the ritual, also prayed to bestow on the people who joined the ritual with felicity and fortune.

392-D-8-02

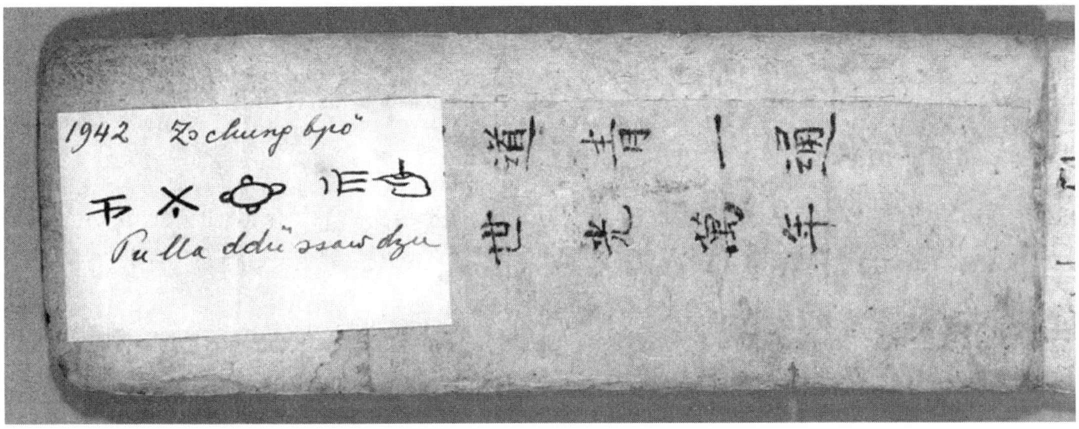

“1942”为洛克藏书编号。后为洛克音标标注的“延寿仪式。”
中间一行为东巴文和格巴文合写的“迎请大神·迎接大神”。
其下一行为洛克音标标注的经书名。

392-D-8-03

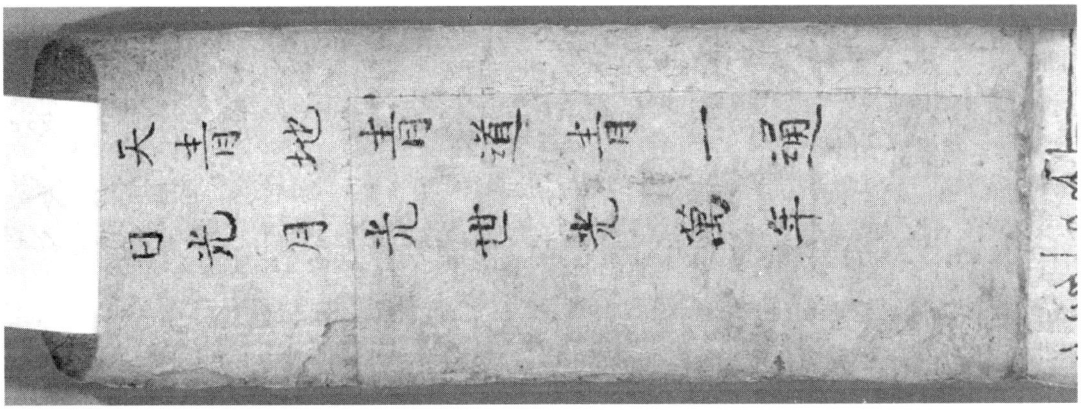

本页为汉语句子：天青地青道青一通，日光月光世光万年。它与正文有何关系尚未考证。

392-D-8-04

mɯ^{33} lɑ^{33} kɯ^{21} tʂhʅ^{33} ʥʅ^{21}, kɯ^{21} ʥʅ^{21} tʂhʅ^{33} ȵi^{33} ɯ^{33}; dy^{21} lɑ^{33} zə^{21} tʂhʅ^{33} y^{21}, zə^{21} y^{21} tʂhʅ^{33}
天　也　星　生　所　星　长　这　天　好　地　也　草　所　生　草　生　这

ȵi33 hæ21. uæ33 nɯ33 bi33 thv̩33 lv̩21, bi33 thv̩33 tʂhʅ33 ȵi33 lv̩21； i21 nɯ33 le33 tshe55 bu33 , le21

天 绿 左 来 太阳 出 暖 太阳 出 这 天 暖 右 来 月亮 亮 月亮

tshe55 tʂhʅ33 hɑ55 bu33. gə21 i33 lɑ33 sɑ33 to55 khɯ33 phər21, gv̩33 dʑʅ21① khv̩55 tsʅ21 ɯ33,

这 夜 亮 上 是 拉萨垛肯盘 古孜 岁 算 好

khv̩55 lɑ33 tʂhʅ33 khv̩55 ɯ33,| mɯ21 i33 bv̩33 lv̩55 ʐʅ33 zɑ21mæ33, le33 bv̩33② he33 tsʅ33 ɯ33, he33

岁 也 这 年 好 下 是 补鲁日饶忙 勒补 月 算 好 月

tsʅ33 tʂhʅ33 he33 ɯ33. mɯ33 ne21 dy55 ly55 gv̩33, nɑ21ɕi33 hɑ55 tsʅ21 ɯ33, hɑ55 lɑ33 tʂhʅ33 hɑ55 ɯ33,

算 这 月 好 天 与 地 中间 纳西 日 算 好 日 也 这 天 好

mɯ33 bv̩21 kɯ21 ɯ33 zy21, ɯ33 hɑ55 ɯ33 ȵi55 ɯ33 tʂhʅ33 dɯ33 ȵi33, tɕy55 tʂhu21 dɯ33 u21 i33

天 下 星 好 蕊星 好 夜 好 日 好 这 一 天 最早 一 财 有

me33 lu21 u33 i33， lu21 i33 mɯ33 nɯ33 dɯ33 zɑ21 lu33；|dɯ33 u33 i33 me33 se21 u33 i33， se21 lɑ33

的 卢神 则 有 卢神 是 天 来 一 降 来 一 财 有的是 沈神 财 有 沈神也

dɯ33 u21 i33, se21 i33 tɕi21 nɯ21 dɯ33 zɑ21 lu21 , dɯ33 u33 i33 me33 tɕhi21 u33 i33, tɕhi21 i33

一 则 有 沈神是 云 由 一 降 来 一财 有 是 启神 财 有 启神 是

dʑy21 nɑ55 ʐo55 lo33 kv̩33 nɯ33 dɯ33 zɑ21 lu33；|dɯ33 u33 i33 me33 dʑʅ33 u33 i33, dʑʅ21 i33 me33

居那若罗 上 来 一 降 来 一财 有 是 首领 财 有 首领 是

lɯ33 mɯ33③ khu33 nɯ33 dɯ33 zɑ21 lu33；py21 u33 i33 me33 nɑ21 me33 be33 tv̩55 dy21 nɯ33 dɯ21

里美 处 来 一 降 来 祭司 财 有 么 纳美本杜顶 来 一

zɑ21lu33； dɯ33 u33 i33 me33 phɑ21 u33 i33. phɑ21 u33 i33 me33 mɯ33 ʂuɑ21 kæ33 æ21 bv̩21 nɯ33

降 来 一 财 有 么 卜师 财 有 卜师 财 是 么 美刷岗岩补 来

dɯ21 zɑ21 lu33; dɯ33 u33 i33 me33 ʂu21 u33 i33, ʂu21 u33 i33 me33 ʂu21 khu33 nɯ33 dɯ33 zɑ21

一 降 来 一 财 有 么 铁 财 有 铁 财 有 么 铁 处 来 一 降

lu33； dɯ33 u33 i33 me33 mɯ55 u33 i33, mɯ55 u33 i33 me33 tse33nɑ33 ko21 nɯ33 dɯ21 zɑ21 lu33； |

来 一 财 有 的 竹 财 是 竹 财 是 么 增纳郭 来 一 降 来

dɯ33 u33 i33 me33 dʑi21 u33 i33. dʑi21 u33 i33 me33 so33 ʂuɑ21 kv̩33 nɯ33 dɯ21 zɑ21 lu33；

一 财 有 么 水 财 有 水 财 是 么 大草坝 上 来 一 降 来

dɯ33 u33 i33 me33 lu33 u33 i33, lu33 u33 i33 me33 tsər33 lər21 ko21 nɯ33 dɯ21 zɑ21 lu33； |

一 财 有 么 石 财 有 石头 财 是 么 孜量草坝 上 一 降 来

---

① gv̩33 dʑʅ21：音译“古孜”，为一族群名，指今藏族。

② le33 bv̩33：音译 “勒补”，为一族群名，指今白族。

③ lɯ33 mɯ33：音译为“里美”，为一种司山川河流及野生动植物的精灵——署之别种。

dɯ33 u33 i33 me33 o55 nɯ21 he21 u33 i33, o55 nɯ21 he21 o55 gə33 uə33 ko33 lo21 nɯ33 dɯ21
一 财 有 么 沃神和 恒神 财 是 沃神和 恒神沃神的 村寨 里面 来 一

zɑ21 lu33；dɯ33 u33 i33 me33 phər21 nɯ21 sæ21 u33 i33, phər21 ne21 sæ21 u33 i33 me33 phər21
来 降 一 财 有 么 盘神 和 禅神 财 有 盘神 与 禅神 财 有 么 盘神

gə33 uə33 ko33 lo21 nɯ33 dɯ21 zɑ21 lu33；
的 村寨 里面 来 一 降 来

高天布满星，今夜星最亮；大地长满草，今天草最绿。左边升太阳，今天日最暖；右边升明月，今夜月最明。住在上方拉萨垛肯盘的古孜人长于算年份，年份今年好；住在下方补鲁日饶牤的勒补人长于算月份，月份今月好；住在天与地中间的纳西人长于算日子，日子今天好。在这高天之下出现吉祥的星、吉祥的蕊星，是吉昼吉夜的这一天，最早，有一财物么，则有卢神之一份，请卢神从天上降临下来；有一财物么，则有沈神之一份，请沈神从云中降临下来；有一财物么，则有启神之一份，请启神从居那若罗山上降临下来；有一财物么，则有首领之一份，请首领从里美那儿降临下来；有一财物么，则有祭司之一份，请祭司从纳美本杜顶处降临下来；有一财物么，就有卜师的一份，请卜师从美刷岗岩补降临下来；有一财物么，就有铁的一份，请铁从产铁处降临来；有一财物么，就有竹子的一份，请竹子从增纳郭降临来；有一财物么，就有水的一份，请水从大草坝上降下来；有一财物么，就有石头的一份，请石头从孜量草坝上降下来；有一财物么，就有沃神与恒神的一份，请沃神与恒神从沃神寨子里降临下来；有一财物么，就有盘神与禅神的一份，请盘神与禅神从盘神的寨子里降临下来；

392-D-8-05

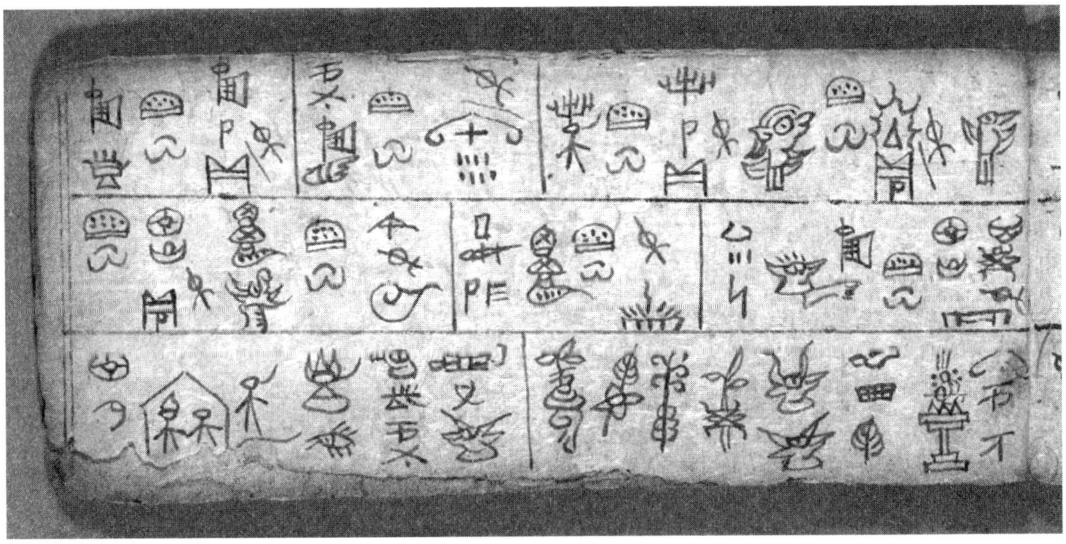

dɯ33 u33 i33 me33 gɑ33 ne21 u21 u33 i33, gɑ33 ne21 u21 u33 i33 me33 gɑ33 gə33 uə33 ko33 lo21
一 财 有 么 嘎神 与 吾神 财 是 嘎神 与 吾神 财 是 么 嘎神 的 村寨 里面

nɯ33 mɯ21 le33 zɑ21 lu33；| dɯ33 u33 i33 me33 phy̩33 lɑ21① gɑ33 lɑ21 dɯ33 u33 i33，phy̩33 lɑ33 gɑ33
来 下 又 降 来 一 财 是 的 普拉 战神 一 财 是 普拉 战神

① phy̩33 lɑ21：普拉，音译，为“神”义。

lɑ^{21} u^{33} i^{33} mɯ^{33} tɕər^{21} tshe^{21} ho^{55} ty^{33} nɯ^{33} zɑ^{21} le^{33} lu^{21}；| dɯ^{33} u^{33} i^{33} me^{33} be^{21} u^{33} i^{33}, be^{21}
财 有 天 上 十 八 层 来 降 又 来 一 财 有 么 本神 财 有 本神

u^{33} i^{33} me^{33} be^{21} gə^{33} uə^{33} ko^{33} lo^{21} nɯ^{33} mɯ^{21} zɑ^{21} lu^{33}；dɯ^{33} u^{33} i^{33} me^{33} iə^{33} mɑ^{21} u^{33}
财 有 么 本神的 寨 里面 来 下 降 来 一 财 有 么 优麻神 财

i^{33}, iə^{33} mɑ^{21} u^{33} i^{33} tshɿ^{33} ʂu^{33} hy^{21} uə^{33} ko^{33} lo^{21} nɯ^{33} zɑ^{21} le^{33} lu^{33}; dɯ^{33} u^{33} i^{33} me^{33}
是 优麻神 财 有 犁铧 铸 红 村寨 里面 来 降 又来 一 财 有 么

tər^{33} kə^{21} u^{33} i^{33}，tər^{21} kə^{21} u^{33} i^{33} me^{33}, bi^{33} ne^{21} le^{21} gə^{33} uə^{33} ko^{33} lo^{21} nɯ^{33} zɑ^{21} le^{33} tshɿ^{21}；
端格 财 有 端格神 财 是 么 太阳 与 月亮 的 寨 里面 来 降 又 来

ʂv̩^{21} ne^{21} lv̩^{21} u^{33} i^{33} me^{33} mɯ^{33} lɯ^{55} dɑ^{33} dʑi^{21} hɯ^{55} ko^{33} lo^{21} nɯ^{33} zɑ^{21} le^{33} lu^{33}；| dɯ^{33} u^{33}
署 与 龙 财 是 么 美利达吉 湖 里 来 降 又 来 一 财

i^{33} me^{33} sɑ^{21} dɑ^{55}、ko^{21} dɑ^{55} u^{33} i^{33}, sɑ^{21} dɑ^{55} ko^{21} dɑ^{55} ʂv̩^{21} u^{33} i^{33} me^{33} dʑi^{33} dʑə^{21} lɑ^{33} lər^{33}
有 么 刹道 裹道 财 有 刹道 裹道 署 财 是 么 人 住 辽阔

dy^{21} nɯ^{33} zɑ^{21} le^{33} tshɿ^{21}；| dɯ^{33} u^{33} i^{33} me^{33} phv̩^{33} sɿ^{55} tʂhər^{33} gə^{33} y^{21} gɑ^{33} lɑ^{21} u^{33} i^{33},
地 来 降 又 来 一 财 有 么 祖先 三 代 的 祖先 战神 财 是

phv̩^{33} sɿ^{55} tʂhər^{33} gə^{33} y^{21} gɑ^{33} lɑ^{21} u^{33} i^{33} me^{33} hæ^{33} ʂʅ^{21} ȵi^{33} me^{33}, ŋv̩^{33} phər^{21} le^{21} tshe^{55} lo^{21}
祖先 三 代 的 祖先 战神 财 是 么 金 黄 太阳 银 白 月亮

nɯ^{33} zɑ^{21} le^{33} lu^{33}. bi^{33} thv̩^{33} mə^{55} tʂhʅ^{33} ȵi^{33}, i^{33} dɑ^{21} tʂhʅ^{33} dɯ^{33} tɕə^{21}, ze^{55} tɕi^{33} bə^{33} y^{21}tʂər^{21},
来 降 又 来 太阳 出 的 这 天 主人 这 一 家 年轻 脚轻 使

lɯ^{55} kv̩^{33} py^{33} bv̩^{21} dy^{55}. lɯ^{55} kv̩^{33} py^{33} bv̩^{21} nɯ^{33}, ɑ^{33} so^{21} phv̩^{33} lɑ^{21} khv̩^{21} me^{33} nɯ^{33},| dv̩^{33}
高明 东巴 请 高明 东巴 来 最初 普拉 请 么 来 海螺

phər^{21} huɑ^{33} sər^{33}, uɑ^{33} hæ^{21} hy^{55} sər^{33}, tʂhu^{21} nɑ^{55} i^{33} sər^{33}, hæ^{33} ʂʅ^{21} bu^{21} sər^{33}, bər^{33} y^{21}
白 桦 木 松石 绿 柏 木 墨玉 黑 檀香木 金 黄 栗 木 牦牛 绵羊

zʅ^{33} hɑ^{33} tʂhər^{21} nɑ^{55} hy^{55} mɑ^{21} nɯ^{33}, tʂhu^{55} pɑ^{33} gə^{21} le^{33} be^{33}, mɯ^{33} bv̩^{21} phər^{21} ne^{21} sæ^{21},
酒 饭 肥肉 瘦肉 柏 酥油来 供品 上 又 做 天 下 盘神 与 禅神

有一财物么，就有嘎神与吾神的一份，请他们从嘎神的村寨里降临下来；有一财物么，就有普拉和战神的一份，请普拉和战神从十八层天上降临下来；有一财物就有本神的一份，请本神从本神的村寨里来降临下来；有一财物么，就有优麻神的一份，请优麻神从那火似的产白铁犁铧的村寨里降临下来；有一财物么，就有端格神的一份，请端格神从太阳与月亮村寨里来降下来；有一财物么，就有署与龙的一份，请署与龙从美利达吉湖里降临下来；有一财物么，就有刹道和裹道署的一份，请刹道和裹道署从辽阔大地上降下来；有一财物么，就有三代祖先战神的一份，请祖先战神从金太阳银月亮里降下来。

太阳晴朗的今天，这户主人家，派了捷足的年轻人，去请高明的东巴。高明的东巴，迎请最初的普拉。东巴用白海螺色的桦木、绿松石色的柏木、黑墨玉色的檀香木、金黄色的栗木、牦牛、绵羊、酒、饭、肥肉、瘦肉、柏和酥油来供养神灵，

392-D-8-06

ga33 ne21 u21, ŋv̩55 ne21 he21, phv̩33 la21 ga33 la21 tv̩33 tv̩21 kɯ33 kɯ21 tʂhu55 pa33 gə21 le33 be33,
嘎神与吾神 沃神 与 恒神 普拉 战神 千千 万万 供养 上 又 做

tər33 kə21 iə33 ma21 sɿ21 ɕi33 tʂhua55 tshər21, sa21 da55 ko21 da55 ʂv̩21 tv̩33 tv̩21 kɯ33 kɯ21
端格 优麻 三 百 六十 刹道 裹道 署 千千 万万

tʂhu55 pa33 gə21 le33 be33, hy33 zʐər33 py33 bv̩21 tv̩33 tv̩21 kɯ33 kɯ21 tʂhu55 pa33 gə21 le33 be33. bi33
供养 上 又 做 许冉 东巴 千千 万万 供养 上 又 做 太阳

thv̩33 mə55 tʂhʅ33 n̩i33, i33 da33 tʂhʅ33 dɯ33 tɕə21, ze55 tɕi33 bə33 y21 tʂər21, lɯ55 kv̩33 py33 bv̩21
出 的 这 天 主人 这 一 家 年轻 脚轻 使 高明 东巴

nɯ33, khua33 tv̩21 bər21 dʐʅ21 dʑi21, ua21 hər21 mɯ33 dzʐər21 dʑæ33 me33 le33 ka33 tɕhi33, la33
来 夸督班孜景大神 松石 绿 青龙 骑 者 又 请

lər33 dy21dʐʅ33 bɯ33,dv̩33 phər21 zʐua33 phər21 dʑæ33 me33 le33 ka33 tɕhi33, | he21 i33 dʑi33 bə33
拉朗敦孜崩大神 海螺 白 马 白 骑 者 又 请 神 之 蝙蝠

phər21, dv̩33 phər21 ɕiə21 gu55 dʑæ33 me33 le33 ka33 tɕhi33, la33 u55 la33 sa21 zo33, zʐua33 phər21
白 海螺 白 大雕 骑 者 又 请 拉吾拉刹 男子 马 白

ta55 sɿ33 dʑæ33 me33 le33 ka33 tɕhi33, he21 i33 ko33 phər21 le21 ka33 tɕhi33. mɯ33 gə33 sa21 lɯ55
话 懂 骑 者 又 请 神 的 鹤 白 又 请 天 的 刹依威德

uə33 de33 tʂv̩33 dɯ33 n̩i33, i33 gv̩33 o33 kə21 tʂv̩33, he21 dɯ33 o33 phər21 tʂv̩33, to21 mi55 he21
接 一 天 依古窝格 接 恒迪窝盘 接 铎命恒迪

dɯ^{21} tʂy̩^{33}, phər^{21} ne^{21} ʂæ^{21} lɑ^{33} tʂy̩^{33}, gɑ^{33} ne^{21} u^{21} lɑ^{33} tʂy̩^{33}, oy̩^{55} ne^{21} he^{21} lɑ^{33} tʂy̩^{33},
接 盘神 与 禅神 也 接 嘎神 与 吾神 也 接 沃神 与 恒神 也 接

phy̩^{33} lɑ^{21} dɯ^{33} zɑ^{21} lu^{33} me^{33} tʂy̩^{33} i^{33} se^{55}, bər^{33} phər^{21} zy̩^{55} tɯ^{33} ky̩^{33} nɯ^{33} dɯ^{33} zɑ^{21}
普拉 一 降 来 的 接 是 了 牦牛 白 神坛 上 来 一 降

lu^{33}, hy^{21} mi^{33} bæ^{33} mi^{33} ky̩^{33} i^{33} dɯ^{33} zɑ^{21} lu^{33}, tʂhər^{21} nɑ^{55} hy^{55} mɑ^{21} ky̩^{33} i^{33} dɯ^{33}
来 香火 油灯 上 是 一 降 来 肥肉 瘦肉 柏枝 酥油 上 是 一

zɑ^{21} lu^{33}, zʅ^{33} sɑ^{55} hɑ^{33} sɑ^{55} gy̩^{33} i^{33} dɯ^{33} zɑ^{21} lu^{33}!
降 来 酒 气 饭 气 上 是 一 降 来

给千千万万天下的盘神与禅神、嘎神、吾神、沃神、恒神、普拉、战神作供养，给三百六十个端格和优麻和千千万万的刹道和裹道署作供养，给千千万万的许冉东巴作供养。

太阳晴朗的今天，这户主人家，派了捷足的年轻人，去请高明的东巴。高明的东巴，迎请骑绿松石色青龙的夸督班孜景大神，迎请骑白海螺色马的拉朗孜崩大神，迎请骑白海螺色大雕的神的蝙蝠，迎请骑听懂话的白马之拉吾拉刹男子，迎请神的白鹤。

迎接天的刹依威德的那一天，也迎接依古窝格，迎接恒迪窝盘，迎接恒命恒迪，迎接盘神与禅神，迎接嘎神与吾神，迎接沃神与恒神。普拉呵，请降临吧！接之后，请你们从铺了白牦牛毛毡子的神坛上降临下来，请从香火与神灯中降临下来，请降临到肥肉、瘦肉、柏枝、酥油中来，请从冒着气的酒和饭上降临下来！

392-D-8-07

bər^{21} tɕhy^{33} si^{33} so^{33} tʂy̩^{33} me^{33} le^{33} zɑ^{21} lu^{33}! | dʑy^{21} nɑ^{55} zo̩^{55} lo^{33} ky̩^{33}, to^{33} bɑ^{33} ʂər^{55} lər^{33}
龙 鹏 狮子 三 接 么 又 降 来 居那若罗山 上 东巴什罗

tʂy̩^{33} gə^{33} tʂhʅ^{33} dɯ^{33} ȵi^{33}, gɑ^{33} ne^{21} u^{21}, oy̩^{55} ne^{21} he^{33} nɯ^{33} dɯ^{33} bu^{33} iə^{55}. | the^{33} ɯ^{33}
接 的 这 一 天 嘎神 与 吾神 沃神 与 恒神 来 一 本领 给 经书

bɯ^{21} lɯ^{21} gy̩^{33} tshər^{21} gy̩^{33} tsʅ^{33} le^{33} iə^{55}, kə^{55} ly̩^{33} ku^{33} mu^{21} sʅ^{33} tshər^{21} sʅ^{55} ly^{33}, gy̩^{33}
九 十 九 捆 又 给 鹰翎 帽子 三十 三 个 身

gə^{33} dʑi^{33} zi^{33}, khɯ^{33} gə^{33} zɑ^{33} nɑ^{21}, ʂy̩^{33} phər^{21} tɕiæ^{33} tɕy^{33}, ʂu^{33} phər^{21} kə^{55} tʂʅ^{33}, ʂu^{33}
的 衣 美 脚 的 鞋 黑 铁 白 三叉戟 铁 白 鹰 爪 铁

phər^{21} py^{33} by^{33} lɑ^{33} mu^{55} thy̩^{33}, zər^{33} thɑ^{55} ly^{33} thɑ^{55}, lɯ^{33} sʅ^{33} lɯ^{33} me^{33}, hæ^{33} ʂʅ^{21} tsər^{33}
白 降魔杵 法杖 刀 利 矛 利 箭 弓 黄 金 板铃

lər^{33}, uɑ^{33} hæ^{21} dɑ^{33} khə^{21}, dy̩^{33} phər^{21} bu^{21} khuɑ^{33}, hæ^{33} ʂʅ^{21} ti^{33} ɕiæ^{33} dɯ^{33} bu^{21} iə^{55}.|to^{33}
绿 松石 大鼓 海螺 白 号角 金 黄 叮响 一 本领 给

bɑ^{33} ʂər^{55} lər^{33} zɑ^{21} tshʅ^{21} tʂhʅ^{33} dɯ^{33} n̩i^{33}, tshʅ^{21} zər^{21} n̩y^{21} zər^{21}, dy̩^{21} zər^{21} tse^{21} zər^{21}, tʂhə^{55}
东巴什罗 降 来 这 一 天 楚鬼 压 扭鬼 压 毒鬼 压 仄鬼 压 秽鬼

tshʅ^{21} bɯ^{33} tshʅ^{21} zər^{21}, tər^{21} zər^{21} lɑ^{33} zər^{21}, to^{55} ne^{21} do^{21} zər^{21} be^{33} zɑ^{21} lu^{33},|ti^{33} tsər^{33} gə^{21}
绝后鬼 压 呆鬼 压 佬鬼 压 垛鬼 与 铎鬼 压 做 降 来 弟子 格巴

bɑ^{21} sʅ^{21} ɕi^{33} tʂhuɑ^{55} tshər^{21} ʂy̩^{33} bə^{55} tshʅ^{21} zər^{21} be^{33} zɑ^{21} lu^{33} lɑ^{21}! |tho^{33} kə^{55} gɑ^{33} lɑ^{21}
三百 六十 领 了 鬼 压 做 降 来 吧 妥构 战神

sʅ^{55}① ky̩^{33} dɯ^{33} zɑ^{21} lu^{33}! |mɑ^{55} mi^{33} pɑ^{33} lo^{33} le^{33} zɑ^{21} lu^{33}!|mi^{33} hy^{21} uə^{33} ko^{33} lo^{21}, iə^{33} mɑ^{21}
三 个 一 降 来 冒米巴拉 又 降 来 火 红 村 里面 优麻神

zy̩^{21} o^{33} khæ^{33}, zy̩^{21} ʂʅ^{33} dʐʅ^{33}, zy̩^{21} ʂæ^{33} thɯ^{21}, zy̩^{21} sy^{55} dɯ^{33} zɑ^{21} lu^{33}!|tər^{33} kə^{21} sʅ^{21} ɕi^{33}
仇敌骨 嘴 仇敌 肉 吃 仇敌 血 喝 仇敌 杀 一 降 来 端格神 三 百

tʂhuɑ^{55} tshər^{33} tʂy̩^{33} le^{33} zɑ^{21} lu^{33}!
六十 接 又 降 来

请青龙、大鹏和狮子这三尊战神降临下来！到居那若罗山上去接东巴什罗的这天，嘎神、吾神、沃神与恒神赐给东巴什罗一宗本领，赐给九十九捆的经书，赐给三十三顶用鹰的长羽装饰的帽子，赐给身上穿的美衣，赐给脚上穿的黑鞋，赐给白铁三叉戟和白铁鹰爪，赐给白铁降魔杵和法杖，赐给利刀利矛与强弓利箭，赐给金黄色的板铃、绿松石色的大鼓、白海螺号角和金黄色的叮响。

东巴什罗降临的这天，请为镇压楚鬼与扭鬼，镇压毒鬼与仄鬼，镇压秽鬼与绝后鬼而来，请为镇压呆鬼与佬鬼、垛鬼与铎鬼而来，请领着三百六十个格巴弟子为镇压鬼而降临下来！请三个妥构战神降临下来，请冒米巴拉神降临下来！请在火似的村寨里的优麻神为啃仇敌的骨头，吃仇敌的肉，喝仇敌的血，杀仇敌而降临来吧！迎接三百六十个端格神降临！

① sʅ^{55}（三）：此处有笔误，众多东巴古籍中是为“九”个。

392-D-8-08

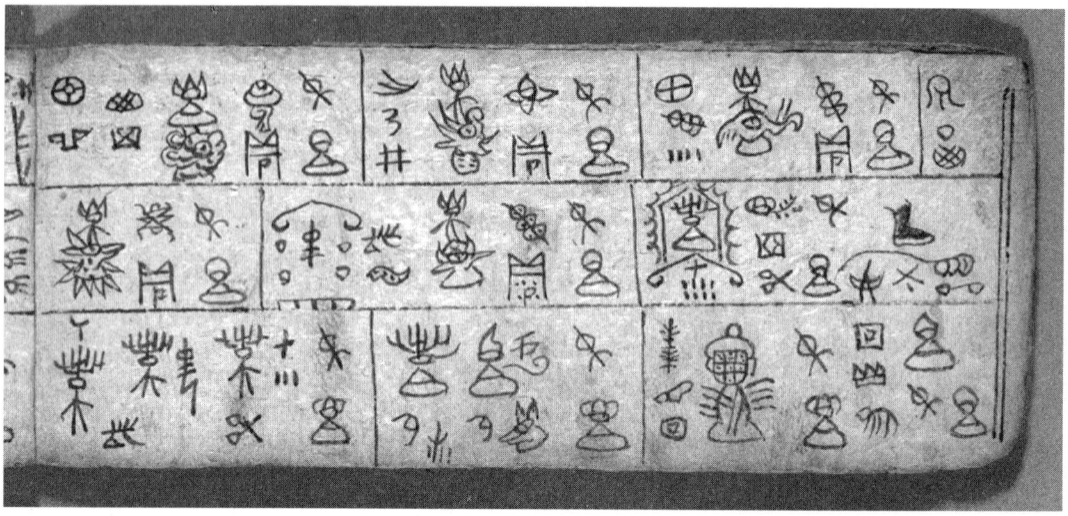

ȵi^{33}me^{33} thv̩^{33}, gə^{21} tshe^{55} tshe^{55} bv̩^{21} py^{33} bu^{21} bə^{33} dɯ^{21} lɑ^{33} hy^{21} dʐæ^{33}, dv̩^{33} phər^{21} uə^{33} ko^{33}
东方 格衬称补 东巴 掌 大 虎 红 骑 海螺 白 村 里面

lo^{21} nɯ^{33} dɯ^{33} zɑ^{21} lu^{33}; | se^{55} zʅ^{21} mi^{21} gu^{33} i^{33} tʂhʅ^{33} mɯ^{21} py^{33} bv̩^{21} uɑ^{33} hæ^{21} mɯ^{33} dʐər^{33}
来 一 降 来 胜日明恭 南方 东巴 松石 绿 青龙

dʐæ^{33}, uɑ^{33} hæ^{33} uə^{33} ko^{33} lo^{21} nɯ^{33} dɯ^{33} zɑ^{21} lu^{33}; | ȵi^{33} me^{33} gv̩^{21}, nɑ^{21} se^{55} tʂhu^{33} lu^{21} py^{33}
骑 松石 绿 村 里面 来 一 降 来 西方 纳生崇卢 东巴

bv̩^{21} hæ^{33} ʂʅ^{21} tsho^{21}ze^{33} dʐæ^{33}, tʂhu^{21} nɑ^{55} uə^{33} ko^{21} lo^{21} nɯ^{33} dɯ^{33} zɑ^{21} lu^{33}; | ho^{33} gv̩^{33} lo^{21},
金 黄 大象 骑 墨玉 黑 村 里面 来 一 降 来 北方

gv̩^{33} se^{55} khə^{33} bɑ^{33} py^{33} bv̩^{21} uɑ^{21} hər^{21} py^{21} zi^{33} dʐæ^{33}, hæ^{33} ʂʅ^{21} uə^{33} ko^{33} lo^{21} nɯ^{33} dɯ^{33}
古生抠巴 东巴 松石 绿 刺猬 骑 金 黄 村 里面 来 一

zɑ^{21} lu^{33}; | mɯ^{33} nɯ^{33} dy^{21} ly^{55} kv̩^{33}, so^{33} y^{21} tshi^{55} gv̩^{33} py^{33} bv̩^{21} tʂhu^{33} dʐæ^{33} ɕy^{33}
降 来 天 与 地 中间 梭余晋古 东巴 墨玉 花 大鹏鸟

tɕhy^{21} dʐæ^{33}, tʂhu^{21} dʐæ^{21} uə^{33} ko^{21} lo^{21} nɯ^{33} dɯ^{33} zɑ^{21} lu^{33}; | mɯ^{33} tɕər^{21} tshe^{21} ho^{55} ty^{33}, le^{21}
骑 墨玉 花 村 里面 来 一 降 来 天 上 十八 层

dʑə^{33} tɕi^{55} dʑə^{33} i^{33} pu^{33} phər^{21} dʑi^{21} bv̩^{21} nɯ^{33} dɯ^{33} zɑ^{21} lu^{33}, tər^{21} ne^{21} lɑ^{33} le^{33} zər^{21}, dʑi^{33} ne^{21}
朗久敬久 绸 白 房 下 来 一 降 来 呆鬼 与 佬鬼 又 压 景鬼 与

uɑ^{33} zər^{21} dɯ^{33} zɑ^{21} lu^{33}. | y^{21} phy^{55} tʂuɑ^{21} so^{33}, y^{21} ly^{55} tʂuɑ^{21} so^{33}, y^{21} tɕi^{55} tʂuɑ^{21} so^{33}
瓦鬼 压 一 压 来 余聘爪梭 余吕爪梭 余敬爪梭

tshe^{21} sʅ^{55} kv̩^{33} be^{33} dɯ^{33} zɑ^{21} lu^{33}. | mə^{33} py^{21} dʑi^{33} zʅ^{21}, mə^{33} phæ^{21} ɯ^{33} hɑ^{55} dɯ^{33} zɑ^{21}
十 三 个 都 一 降 来 莫毕精如 莫盘恩浩 一 降

lu^{33}. mɯ^{55} ʂʅ^{21} iə^{33} mɑ^{21} dɯ^{33} zɑ^{21} lu^{33}, tɑ^{33} lɑ^{33} mi^{21} bỵ^{33} he^{33} dɯ^{2} dɯ^{33} zɑ^{21} lu^{33}, |
来 美史优麻 一 降 来 达拉米补 神 大 一 降 来

请东方格衬称补东巴骑着大掌赤虎从白海螺色的村寨里降临下来；请南方的胜日明恭东巴骑着青龙从绿松石色的村寨里降临下来；请西方的纳生崇卢东巴骑着金色大象从墨玉般的村寨里降临下来；请北方的古生抠巴东巴骑着绿松石色刺猬从黄金色的村寨里降临下来；请天与地中央的梭余晋古东巴骑着花墨玉色的大鹏鸟从花墨玉色的村寨里降临下来；请十八层天上的朗久敬久从白绸帐篷里降临下来，来镇压呆鬼与拉鬼，来镇压景鬼与瓦鬼。请余聘爪梭、余吕爪梭、余敬爪梭等十三个战神降临下来，请莫毕精如大神降临下来，请莫盘恩浩大神降临下来。请美史优麻降临下来，请大神达拉米补降临下来，

392-D-8-09

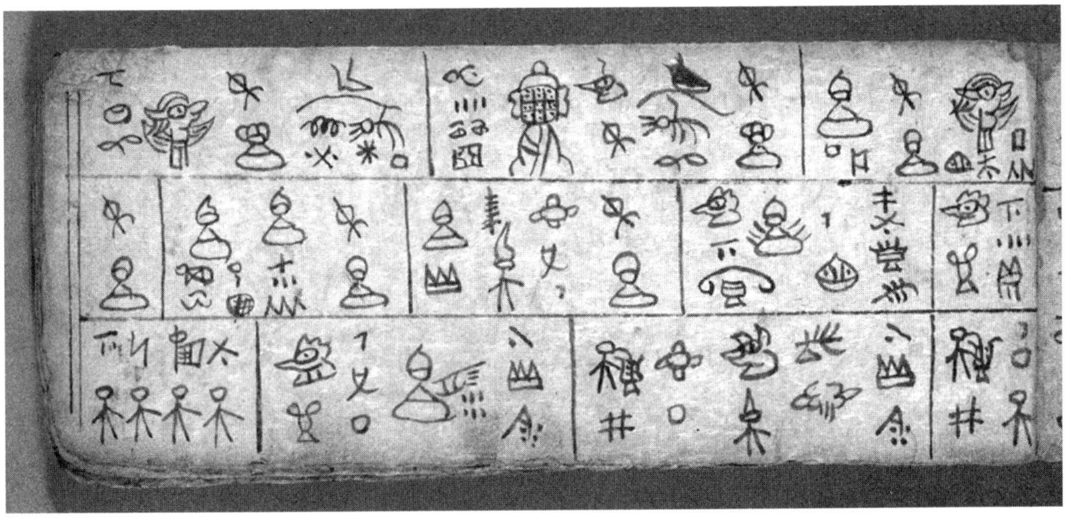

thỵ^{33} tʂhʅ^{33} iə^{33} mɑ^{21} dɯ^{33} zɑ^{21} lu^{33}, tʂhə^{55} tshʅ^{21} dzʐ^{33} tshʅ^{21} tỵ^{33} tỵ^{21} kɯ^{33} kɯ^{21} mɯ^{21}
土蚩优麻 一 降 来 秽鬼 支鬼 千千 万万 下

le^{33} zər^{21} be^{33} dɯ^{33} zɑ^{21} lu^{33}! | khɑ^{33} zʐər^{33} ȵə^{21} ʥə^{55}, he^{21} i^{33} kɯ^{21} khu^{55}, pɑ^{33} lɑ^{33} to^{21} mi^{55}
又 压 地 一 降 来 卡冉纽究 恒依庚空 巴拉朵命

dɯ^{33} zɑ^{21} lu^{33}, tshʅ^{33} ne^{21} iə^{21} i^{33} mɯ^{21} le^{33} zər^{21}! | tshʅ^{55} i^{33} ʥi^{33} mu^{33} he^{33} mi^{21} tshe^{21} sʅ^{55}
一 降 来 楚鬼 与 尤鬼 是 下 又 压 茨依金姆 神 女 十三

kỵ^{33} i^{33} le^{33} zɑ^{21} lu^{33}, | he^{21} mi^{55} zʅ^{33} ʂər^{21} dɯ^{33} me^{33} dɯ^{33} zɑ^{21} lu^{33}. | mɯ^{33} tɕər^{21} çy^{21}①
个 是 又 降 来 神 女 寿 长 得 者 一 降 来 天 上 雄

gə^{33} he^{33} dɯ^{21} pɯ^{33} pɑ^{33} be^{33}, | çy^{21} gə^{33} gɑ^{33} lɑ^{21} lu^{55} kỵ^{33} pɯ^{55} le^{33} tshʅ^{21}. | çy^{21} gə^{33} dɯ^{21}
的 神 大 变化 做 雄 的 战神 四 个 变 又 来 雄 的

me^{33} tʂhʅ^{33} dɯ^{33} kỵ^{55}, iə^{21} lɑ^{21} di^{33} dər^{33} le^{33} mi^{21} be^{33}, | thɯ^{33} gu^{21} dɯ^{33} gỵ^{33} khɯ^{33} dỵ^{21} so^{33}
者 这 一 个 尤拉丁端 又 名 做 这 后 一 个 肯督梭补

① çy^{21}：“雄”，音译名词，存疑。

bv̩^{33} le^{33} mi^{21} be^{33},| thɯ^{33} gu^{21} dɯ^{33} gv̩^{33}
又 名 做 这 后 一 个

请土蚩优麻来降临，将千千万万个秽鬼和支鬼压下去。请卡冉纽究、恒依庚空、巴拉朵命来降临，将楚鬼、尤鬼压下去！请十三位茨依金姆女神来降临，请长寿的女神来降临!天上的雄的大神作变化，变出四个雄的战神。那位最年长的战神取名叫尤拉丁端，之后的那位取名叫肯督梭补，

392-D-8-10

uə^{33} ty^{33} ko^{21} mu^{55} ko^{21}ʥi^{33} le^{33} mi^{21} be^{33}.| thɯ^{33} gu^{21} dɯ^{33} gv̩^{33} ɕy^{21} lɑ^{33} pər^{55} hæ^{21} le^{33} mi^{21}
坞堆果木果吉 又 名 做 这 后 一 位 许拉本含 又 名

be^{33}.| thɑ^{55} khɯ^{33}, mu^{21} thɑ^{55} ȵi^{33} kv̩^{55} pɯ^{33} pɑ^{33} be^{33}, y^{21} tsɿ^{33} ①py^{21} bv̩^{21} ɯ^{33} me^{33} uɑ^{55} kv̩^{33}
做 套肯 木套 两 个 变化 做 余注 祭司 好 的 五 个

the^{21} nɯ^{33} thv̩^{33} le^{33} tshɿ^{21}.| zɿ^{33} ʂər^{21} uə^{33} ko^{33} lo^{21} nɯ^{33} he^{21} mi^{55} ʂər^{33} kv̩^{55} the^{21} nɯ^{33}
这 来 出 又 来 寿 长 寨 里面 以 神 女 七 个 这 来

thv̩^{33}.| he^{21} mi^{55} dɯ^{21} tʂhɿ^{33} kv̩^{55}, gu^{21} mɑ^{21} kə^{55} mu^{33} le^{33} mi^{21} be^{33}.| thɯ^{33} gu^{21} dɯ^{33} kv̩^{55}
出 神 女 大 这 位 古玛构姆 又 名 做 之后 一 个

ɯ^{33} ko^{21} ʥi^{21} mu^{33} le^{33} mi^{21} be^{33},| thɯ^{33} gu^{21} dɯ^{33} kv̩^{55} gu^{33} me^{33} ʥi^{21} phv̩^{33} mɑ^{13} le^{33}
恩果吉姆 又 名 做 之后 一 个 恭美吉普麻 又

mi^{21} be^{33}.| thɯ^{33} gu^{21} dɯ^{33} kv̩^{55} ɯ^{33} kə^{55} ʥi^{33} mu^{33} le^{33} mi^{21} be^{33},| thɯ^{33} gu^{21} dɯ^{33} kv̩^{55}
名 叫 之 后 一 个 恩构吉姆 又 名 做 之后 一 个

mɯ^{13} gə^{33} he^{21} phv̩^{33} gɯ^{21} mɑ^{21} le^{33} mi^{21} be^{33}.| thɯ^{33} gu^{21} dɯ^{33} kv̩^{55} gu^{33} me^{33} kv̩^{33} mu^{21} le^{33}
天 的 恒普庚玛 又 名 做 之后 一 个 恭美古姆 又

① y^{21} tsɿ^{21}：“余注”音译，不知何意，存疑。

mi^{21} be^{33}.|ȵi^{55} ȵi^{55} lɑ^{33} dɯ^{33} ky̩^{55}, tɕə^{55} tɕə^{33}|
名 做 最后 也 一 个 久久

之后的那一位叫坞堆果木果吉，再之后的那位叫做许拉本含。套肯、木套两个作变化，变出五个余注好祭司。在长寿村寨里产生七位女神。大女神叫古玛构姆，之后的分别叫因果吉姆、恭美吉普麻、恩构吉姆、恒普庚玛、恭美古姆，最小的那位，

392-D-8-11

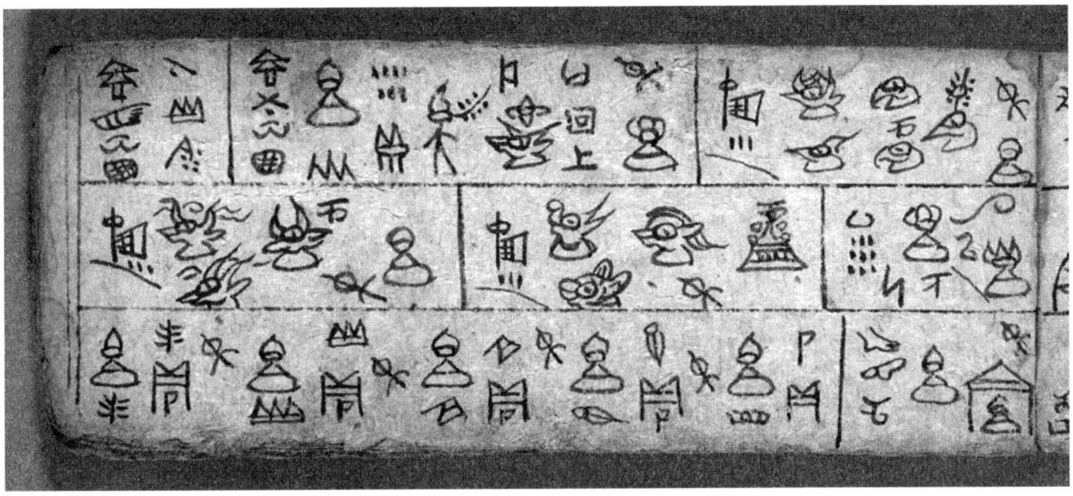

thɑ^{55} lɑ^{21} i^{33} mu^{33} le^{33} mi^{21} be^{33}.|thɑ^{21}lɑ^{33} i^{33} mu^{33} he^{21} mi^{55} ʂər^{33} ky̩^{55} thɯ^{33}, khu^{33} nɯ^{33}
套拉依姆 又 名 叫 套拉依姆 神 女 七 个 们 口 来

nɯ^{21} nɯ^{33} uɑ^{21} khuɑ^{33} tɑ^{55} ʂə^{55} be^{33} dɯ^{33} zɑ^{21} lu^{33}!|gɑ^{33} lɑ^{21} sɿ^{55} ky̩^{33}, dy̩^{33} phər^{21} ɕiə^{33}
吉 与 福 声 才 说 地 一 降 来 战神 三 位 海螺 白 大鹏鸟

tɕhy^{21}, dy̩^{33}phər^{21} ɕy^{21} gu^{55}, kuɑ^{33} phər^{21} kə^{55} phər^{21}, hæ^{33} ʂɿ^{21} mɑ^{55} i^{33} dɯ^{33} zɑ^{21} lu^{33}!|gɑ^{33}
海螺 白 大雕 鹤 白 鹰 白 金 黄 孔雀 一 降 来 战神

lɑ^{21} sɿ^{55} ky̩^{33}, he^{21} i^{33} bər^{33} phər^{21}, he^{21} i^{33} dʑɿ^{33} phər^{21}, he^{21} i^{33} ɯ^{33} phər^{21} dɯ^{33} zɑ^{21} lu^{33}!|
三 位 神 的 牦牛 白 神 的 犏牛 白 神 的 牛 白 一 降 来

gɑ^{33} lɑ^{21} sɿ^{55} ky̩^{33}, uɑ^{33} hæ^{21}mɯ^{33} dʐər^{33}, bə^{33}dɯ^{21} lɑ^{33} hy^{21}, dy̩^{33} phər^{21} si^{33} gɯ^{33} bər^{33} phər^{21}
战神 三 位 松石 绿 青龙 脚掌 大 虎 红 海螺 白 狮子 毡子 白

ʐy̩^{55} tɯ^{33} ky̩^{33} i^{33} dɯ^{33} zɑ^{21} lu^{33}!|ə^{33} phy̩^{33} gy̩^{33} tʂhər^{55} dʐər^{33} dɯ^{21} dɯ^{33} zɑ^{21} lu^{33}!
神坛 上 的 一 降 来 祖父 九 代 威力 大 一 降 来

py^{33} by̩^{21} tɕər^{21} gu^{33} lu^{21} kɑ^{33} le^{21} lu^{33}!ȵi^{33} me^{33} thy̩^{33}, sər^{33} gə^{33} he^{21} dɯ^{21} sər^{33} gə^{33} uə^{33} ko^{33} lo^{21}
祭司 上 赐福庇佑 来 东方 木 的 神 大 木 的 寨 里面

nɯ^{33} dɯ^{33}zɑ^{21} lu^{33}! i^{33} tʂhɿ^{33} mɯ^{21} mi^{33} gə^{33} he^{21} dɯ^{33} mi^{33} gə^{33} uə^{33} ko^{33} lo^{21} nɯ^{33} dɯ^{33}
来 一 降 来 南方 火 的 神 大 火 的 寨 里面 来 一

zɑ^{21} lu^{33}!| n̩i^{33} me^{33} gʏ^{33}, ʂu^{21} gə^{33} he^{33} dɯ^{21} ʂu^{21} gə^{33} uə^{33} ko^{33} lo^{21} nɯ^{33} dɯ^{33} zɑ^{21} lu^{33}!
降 来 西方 铁 的 神 大 铁 的 寨 里面 来 一 降 来

ho^{33} gʏ^{33} lo^{21}, dʑi^{21} gə^{33} he^{33} dɯ^{21} dʑi^{21} gə^{33} uə^{33} ko^{33} lo^{21} nɯ^{33} dɯ^{33} zɑ^{21} lu^{33}! mɯ^{33} ne^{21}
北方 水 的 神 大 水 的 寨 里面 来 一 降来 天 与

dy^{21} zʏ^{55} gʏ^{33}, tʂʅ^{33} gə^{33} he^{33} dɯ^{21} tʂʅ^{33} gə^{33} uə^{33} ko^{33} lo^{21} nɯ^{33} dɯ^{33} zɑ^{21} lu^{33}!| bə^{33} ʂʅ^{21}①
地 中间 土 的 神 大土 的 寨 里面 来 一 降 来 崩史

ʂæ^{33} to^{33} he^{33} dɯ^{21} he^{21} dʑi^{21} lo^{21}nɯ^{33} dɯ^{33} zɑ^{21} lu^{33}!
三朵 神 大 神 房 里 来 一 降 来

叫久久套拉依姆。这七个套拉依姆女神，请口吐吉言降临下来！请三位战神与白海螺色大鹏鸟战神、白海螺色大雕战神以及白鹤、白鹰、金孔雀一道降临！请三位战神与神的白牦牛、神的白犏牛、神的白牛一道降临！请三位战神绿松石色的青龙、大掌红虎、白海螺色的狮子降临到铺着白毡子的神坛上！请那具有大威力的九代祖先大神降临！请护佑祭司！

请东方属木的大神降从木的寨子里降临下来！请南方属火的大神降从火的寨子里降临而来！请西方属铁的大神从铁的寨子里降临下来！请北方属水的大神从水的寨子里降临而来！请天与地中央属土的大神从土的寨子里降临下来！请崩史的三朵大神从神殿里降临而来！

392-D-8-12

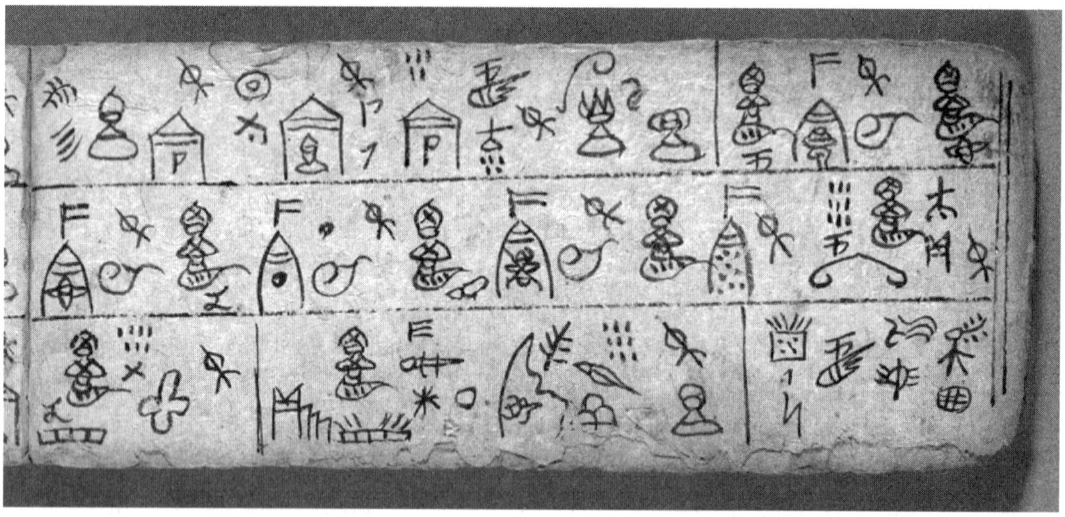

gu^{33}be^{33}② pɯ^{33} fʏ^{33} tʂhʅ^{21} huɑ^{21} he^{33} dɯ^{21} he^{33} dʑi^{21} ko^{21} nɯ^{33} dɯ^{33} zɑ^{21} lu^{33}, mɑ^{21}lɑ^{33}③ he^{33}
古本 本府 城隍 神 大 神 房 里 来 一 降 来 麻拉 神

dʑi^{21} lo^{21} nɯ^{33}dɯ^{33} zɑ^{21} lu^{33}, he^{33} dʑi^{21} uɑ^{55} dʑi^{21} ko^{21} nɯ^{33} dɯ^{33} zɑ^{21} lu^{33}! phʏ^{33} lɑ^{21} gɑ^{33} lɑ^{21}
房 里 来 一 降 来 神 房 五 间 里 从 一 降 来 普拉 战神

① bə^{33} ʂʅ^{21}：“崩史”，音译，地名，今丽江白沙。
② gu^{21} be^{33}：“古本”，音译，地名，今丽江古城。
③ mɑ^{21} lɑ^{33}：“麻拉”音译，意义不详，存疑。

tʂhʅ33 uɑ21 me33, py21 tɕər21 gu33 lu21 kɑ33 le21 be55 dɯ33 zɑ21 lu33! | ʂv̩21phər21 dv̩33 phər21 dʑy33
所有 么 祭司 上 保佑 又 做 一 降 来 署 白 海螺 白 山

ʂuɑ21 kv̩33, dv̩33 phər21 hɯ55 ko21 lo21 nɯ33 dɯ33 zɑ21 lu33 ! ʂv̩21 hæ21 uɑ21 hæ21 dʑy33 ʂuɑ21
高 上 海螺 白 海 里面 来 一 降 来 署 绿 松 石 山 高

kv̩33, uɑ33 hæ21 hɯ55 ko33 lo21 nɯ33 dɯ33 zɑ21 lu33. ʂv̩21 nɑ21 dʑy21 nɑ21 kv̩33, tʂhu21 nɑ55 hɯ55
处 松石 绿 海 里面 来 一 降 来 署 黑 山 黑 处 墨玉 黑 海

ko33 lo21nɯ33 dɯ33 zɑ21 lu33! ʂv̩21 ʂʅ21 lv̩21 ʂʅ21 tʂhʅ33uɑ21 me33, hæ33 ʂʅ21 dʑy33 ʂuɑ21 kv̩33, hæ33
里面 来 一 降 来 署 黄 龙 黄 所有 么 金 黄 山 高 处 金

ʂʅ21 hɯ55 ko33 lo21 nɯ33 le33 zɑ21 lu33. ʂv̩21 dzæ21 lv̩21 dzæ21 tʂhʅ33 uɑ21 me33, tʂhu21 dzæ21
黄 海 里面 来 又 降 来 署 花 龙 花 所有 么 墨玉 花

dʑy33 ʂuɑ21 kv̩33 nɯ33 le33 zɑ21 lu33. | mɯ33 kv̩33 dʐʅ21 gə33 ʂv̩21 phər21 gv̩33 tshər21 gv̩33 dʐər33
山 高 上 来 又 降 来 天 上 住 的 署 白 九十 九 尊

mɯ33 nɯ33 dɯ33 zɑ21 lu33.dy21 tɕər33 dʐʅ21 me33 ʂv̩21 nɑ21 ʂər33 tshər21 ʂər33 dʐər 33 nɑ21
天 来 一 降 来 大 地 住 的 署 黑 七十 七 尊 黑

mɯ33 dy21 nɯ33 dɯ33 zɑ21 lu33. | dʐʅ33 le33 uɑ33 lɯ33mɯ33, dər33 lɯ33 khə21, lɯ33 mɯ33sɑ21dɑ55
来 地 来 一 降 来 村 与 寨 里美 肥田 旱地 处 里美 刹道

tv̩33 tv̩21 kɯ33 kɯ21 dɯ33 zɑ21 lu33, æ21 sər33 gv̩33 thv̩21, dʑi21 tshe55 gv̩33 ho21, æ21 lv̩33 gv̩55
千千 万万 一 降 来 岩 木 九 丛 箐水 九 条 岩 石 九

lv̩33 khɯ33 nɯ33 dʐʅ21 me33 ʂv̩21 dɯ33 zɑ21 lu33! | ʂv̩55① dɯ33 tʂhər55 gə33 phv̩33 lɑ21, tʂʅ21 dʑe33
块 处 来 住 者 署 一 降 来 束 一 代 的 普拉 支增量姆

lər33 mu33

请古本本府城隍大神从神房降临下来，请麻拉从神房降临下来，请五个神房里的所有的普拉与战神降临下来，请为保佑祭司而降临下来！请白署从白海螺色的高山上和白海螺色的海里降临来，请绿署从绿松石色的高山上和绿松石色海里降临下来，请黑署从黑山上和黑墨玉海里降临来。请所有的黄署黄龙，从金黄色的高山上和金黄色的海里降临下来。请所有的花署花龙，从杂色的墨玉山和杂色的海里降临来。请天上的九十九尊白署从天上降下来，请地上的七十七尊黑署从地上降下来。

村与寨的里美，肥田旱地里千千万万的里美和刹道降临来住在九十丛岩树丛、九条箐水河与九块大岩石上的署降临下来！

请束一代的支增量姆普拉与

① ʂv̩55：音译名词，为纳西族四大支系之一，其余三个支系分别为 iə21 、me21、ho21。

392-D-8-13

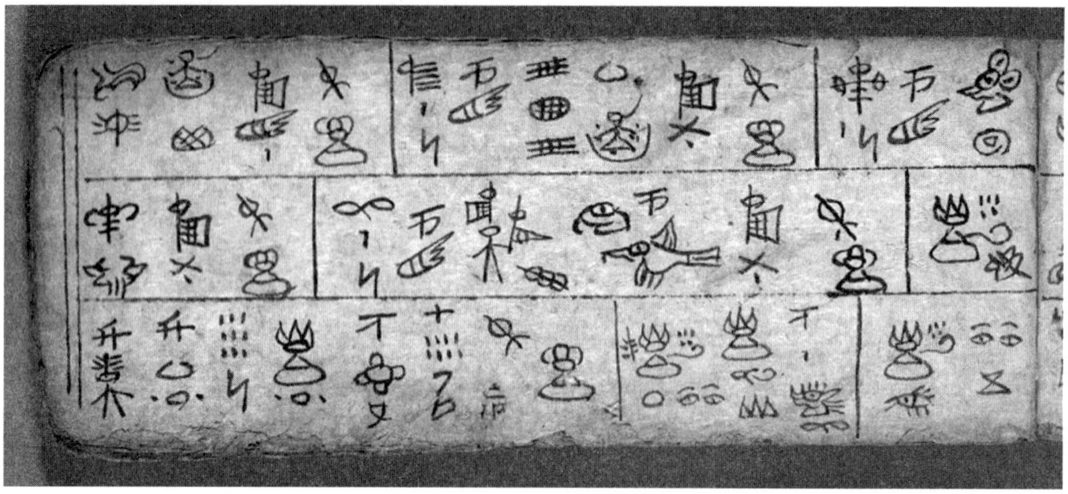

tʂʅ^{33} ʥe^{33} ɑ^{21} mu^{33} gɑ^{33} lɑ^{21} dɯ^{33} zɑ^{21} lu^{33}! | ho^{21} dɯ^{21} tʂhər^{55} gə^{33} phʏ^{33} lɑ^{21}, lər^{33} mu^{33} lər^{33}
支增阿姆 战神 一 降 来 禾 一代 的 普拉 朗姆朗普阿

phʏ^{33} ɑ^{21} gɑ^{33} lɑ^{21} dɯ^{33} zɑ^{21} lu^{33}! | me^{21} dɯ^{33} tʂhər^{55} gə^{33} phʏ^{33} lɑ^{21}, gʏ^{33} mɑ^{21} lɯ^{21}
战神 一 降 来 梅 一 代 的 普拉 古麻里普

pʏ^{55} gɑ^{33} lɑ^{21} dɯ^{33} zɑ^{21} lu^{33}! | iə^{21} dɯ^{33} tʂhər^{55} gə^{33} phʏ^{33} lɑ^{21}, dæ^{21} ne^{21} tʂhu^{21}, kuɑ^{33} phər^{21}
战神 一 降 来 尤 一 代 的 普拉 勇者 与 捷者 鹤 白

kə^{55} phər^{21} gɑ^{33} lɑ^{33} dɯ^{33} zɑ^{21} lu^{33}! | ŋə^{21} nɯ^{21} ə^{33} sʅ^{21} dʐər^{21} dɯ^{21}, æ^{33} phʏ^{33} gʏ^{33} tʂhər^{55}
鹰 白 战神 一 降 来 我 的 父亲 威力 大 爷爷 九 代

py^{21} dʐər^{21} dɯ^{21}me^{33} tshe^{21} ho^{55} kʏ^{33} i^{33} le^{33} zɑ^{21} lu^{33}, | ə^{33} sʅ^{21} ə^{33} gʏ^{33} ŋə^{21}, ə^{33}mi^{21} dʐər^{21}
祭司 威力 大 者 十 八 个 么 又 降 来 父亲 舅舅 我 阿明 威力

dɯ^{21}dɯ^{33} bu^{33} iə^{55}! | lɯ^{55} kʏ^{33} py^{33} bʏ^{21} ŋə^{21}, miə^{21} thɑ^{55}
大 一 份 给 高明 东巴 我 眼 尖

史增孜姆战神一道降临下来！请禾一代的普拉和朗姆朗普阿战神一道降临下来！请梅一代的普拉和古麻里普战神一道降临下来！请尤一代的普拉与勇敢者、快捷者和白鹤白鹰战神一道降临下来！请有威力的父亲以及九代祖父中有大威力的祭司一道降临下来！

请给像父亲和舅舅一样的我这东巴赐一份阿明的威力！愿我这一高明的东巴，

392-D-8-14

ȵi^{33} me^{33} he^{33} me^{33} the^{55} ȵi^{33} bu^{33} dɯ^{21} lu^{55} lɑ^{33} gʏ^{33} be^{33} ho^{55}!|py^{21} kʏ^{55} py^{21} ɯ^{33} ŋə^{21}, gu^{33}
太阳 月亮 似 光明 灿烂 成 做 愿 祭 会 祭 好 我 身体

mu^{33} ʥy^{21} nɑ^{55} ẓo^{55} lo^{33} dẓər^{33} dɯ^{21} the^{55} ȵi^{33} gʏ^{33} be^{33} ho^{55}!|py^{21} kʏ^{55} py^{21} dẓər^{21} dɯ^{21}
居那若罗 威力 大 似 成 做 愿 祭 会 祭 威 大

kho^{33} i^{33} gɑ^{33} lɑ^{21} dʏ^{33} phər^{21} dẓər^{21} dɯ^{21} dɯ^{33} zɑ^{21} lu^{33}!|ə^{33} sɿ^{21} ə^{33} gʏ^{33} ŋə^{21}, kʏ^{33} i^{33}
声音 是 战神 海螺 白 威力 大 一 降 来 父亲 舅 我 头 是

bu^{21} bɑ^{33} hæ^{33} ʂɿ^{21} dẓər^{33} dɯ^{21} the^{55} ȵi^{33} gʏ^{33} be^{33} ho^{55}! py^{21} ɕi^{55} dẓər^{21} dɯ^{21} tshy^{55} do^{55}
净水瓶 金 黄 威力 大 似 成 做 愿 祭司 舌 威 大 闪电

the^{55} ȵi^{21} gʏ^{33} be^{33} ho^{55}! |py^{21} khu^{33} nɯ^{21} i^{33} ho^{55}, zɿ^{33} ʂər^{21} hɑ^{55} i^{33} gʏ^{33} be^{33} ho^{55}!|ə^{33}
似 成 地 愿 祭司 口 吉 有 愿 寿 长 日 久 成 做 愿 祖父

phʏ^{33} gʏ^{33} tʂhər^{55} py^{21} me^{33} py^{21} khu^{33} nɯ^{21} thʏ^{33} iə^{55}! ə^{33} ʥɿ^{33} ʂər^{33} tʂhər^{55} phɑ^{21} me^{33}
九 代 祭 么 祭司 口 吉 出 愿 祖母 七 代 卜 么

uɑ^{21} zɑ^{21} gʏ^{33} be^{33} iə^{55}!|sər^{33} khu^{33} ɯ^{33} me^{33} nɯ^{21} thʏ^{33} ho^{55}, lu^{33} khu^{33} ɯ^{33} me^{33} uɑ^{33}
福 降 成 做 愿 木 口 好 者 吉 出 愿 石 口 好 者 福

zɑ^{21} ho^{55}!|sɿ^{21} to^{21} zo^{33} to^{21} dɯ^{55} dɯ^{33} ho^{55}, me^{33} hy^{55} mi^{55} hy^{55} ʂuɑ^{55} ʂuɑ^{33} gʏ^{33} be^{33} ho^{55}!
降 愿 父 见 子 见 一 样 愿 母 站 女 站 一样 高 成 做 愿

phʏ^{33} ko^{21} lɯ^{55} ko^{21} tʂu^{55} tʂu^{33} gʏ^{33} be^{33} ho^{55}, sɿ^{21} kho^{33} tho^{21} i^{33} zo^{33} nɯ^{33} tʂu^{55} be^{33} gʏ^{33}
爷 牵挂 孙 牵挂 接上 成 做 愿 父 背后 是 子 来 接 地 成

be^{33} ho^{55}!
做 愿意

锐眼似太阳月亮般光明灿烂！愿祭祀做得好的我，身体像高大威武的居那若罗山！我的声音像白海螺战神降临一样如海螺号角声一样洪亮。愿像父亲和舅舅一样的我，头像金色的净水瓶般有威力！愿祭司之舌似闪电一样快!愿祭司之口吐吉言，长寿又延年！愿九代祖父作祭么，祭司之口出吉言！愿七代祖母占卜么，降下福泽！愿吉祥的树木之口降吉祥，吐吉言的石头之口赐福泽！愿父与子一样高大，愿母与女站起一样高，愿祖父与孙儿的牵挂彼此相连，愿父亲身后儿子相随！

392-D-8-15

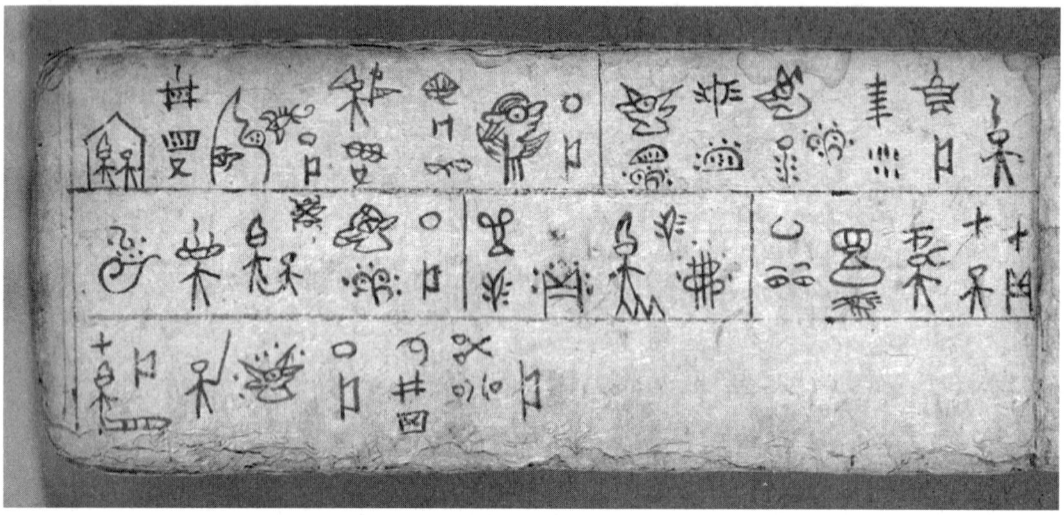

i^{33} dɑ^{13} tʂhʅ^{33} dɯ^{33} dʐiə^{21}, hɯ^{21} ne^{21} dʐæ^{33} me^{33} æ^{33} ʂuɑ^{21} bæ^{33} zi^{33} hɯ^{21} be^{33} gv̩^{33} be^{33} ho^{55}!
主人 这 一 家 富福 与 强盛 么 崖 高 蜂 富 似 成 做 愿

dæ^{21} ne^{21} tʂhu^{21} me^{33} pɑ^{33} u^{33} iə^{33} mɑ^{21} gv̩^{33} be^{33} ho^{55}!|nɯ^{21} le^{33} no^{55} dʐv̩^{33}, u^{33} le^{33} tʂʅ^{21}
勇敢 与 快捷 者 巴乌优麻 成 做 愿 畜 与 畜神 增 谷神 与 粮食

dʐv̩^{33}, ʥi^{33} le^{33} huɑ^{21} dʐv̩^{33}, zʅ^{33} ʂər^{21} hɑ^{55} i^{33} gv̩^{33} be^{33} ho^{55}! ʥi^{21} i^{33} dər^{33} ʂər^{55}. kho^{33}y^{21} he^{33}
增 人 与 华神 增 寿 长 日 长 成 做 愿 水 流 塘 满 声 轻 神

hɯ^{21}, mi^{33} hæ^{21} tsho^{21}dʐv̩^{33} gv̩^{33} be^{33} ho^{55}!|zo^{33} ɕi^{21} uə^{33}ʂər^{55} ho^{55}, mi^{55} ɕi^{21} kho^{21}ʂər^{55} ho^{55}!|
安 女 买 人 增 成 做 愿 儿 养 村 满 愿 女 养 园 满 愿

phv̩^{33} do^{21} lɯ^{55} do^{21}，kv̩^{33} phər^{21} dʐæ^{33} ʂʅ^{21}. tshe^{21} zo^{33} ɕi^{21} me^{33} tshe^{21} uə^{33} tshʅ^{55}, tshe^{21} mi^{55}
爷 见 孙 见 发 白 牙 黄 十 儿 养 么 十 村 建 十 女

ɕi^{21} me^{33} tshe^{33} dy^{21} khu^{33} iə^{55} ho^{55}! nɯ^{21} lv̩^{55} nɯ^{21} dʐv̩^{33} ho^{55}, mə^{33} gu^{21} mə^{33} tshər^{33}, mə^{33}
养 么 十 地 辟 做 愿 畜 牧 畜 增 愿 不 病 不 痛 不

tɕi^{55} mə^{33} by^{21} ho^{55}!
惧 不 悸 愿

愿这户主人家，富裕与强盛胜过高崖上的岩峰！愿像巴乌优麻一样勇敢与快捷！愿牲畜与畜神得繁衍，愿粮食与谷神增长，愿人与华神得繁衍，愿长寿又延年，水流塘满，声轻神安，娶了女人增后代！愿养儿满村，养女满园！愿爷孙相见，活到发白牙黄。愿生养十个儿子建十个村，生养十个女儿辟十片地！愿放牧牲畜得繁衍，不病又不痛，不惧又不悸！

392-D-8-16

封底

（诵读：玉龙县塔城乡东巴和桂华；翻译：和虹）

255-D-12-01

zɿ^{33} tʂu^{55} py^{21} · phv̩^{33} lɑ^{21} khv̩^{21} · sɿ^{55} lɯ^{33} sɿ^{33} thv̩^{33} mu^{33} me^{55}

延寿仪式 · 请普拉 · 神箭的来历

255-D-12 延寿仪式·请普拉·神箭的来历

【内容提要】

该经书详细叙述了延寿仪式中所用的神箭各个部位的出处，将箭的各部位之名称、制作的步骤、所用材质、所代表的意思等都描述得十分清楚。

【英文提要】

Life Prolonging Ritual, Invoking the Buddha, Origin of Sacred Arrow

The book described in detail about the origin of all parts of the sacred arrow that used in the life prolonging ritual. It clearly described the name, procedure, materials and the symbolism of each part of the arrow.

255-D-12-02

“1978”为洛克藏书编号，后为洛克音标标注的仪式类别。
中间的象形文字读为“sʅ^{55} gə^{33} lɯ^{33} sʅ^{33} thy̥^{33} pɯ^{55}”，是“神箭的来历”。
之下一行为洛克音标标注的上面东巴字之读音。

255-D-12-03

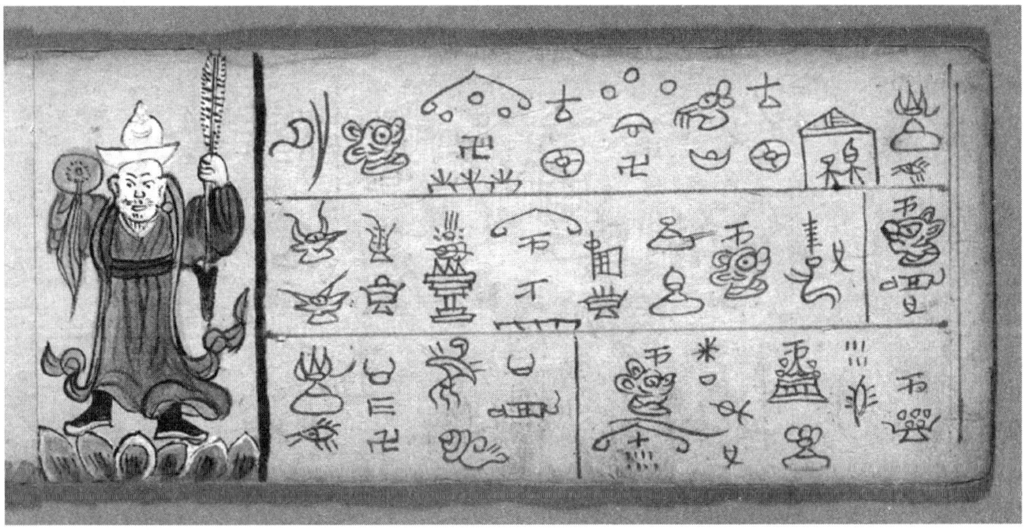

ɑ^{33} lɑ^{33} mə^{33} ʂər^{55} ȵi^{33}, mɯ^{33} lɑ^{33} kɯ^{21}tʂhʅ^{33} dʑʅ^{21}, kɯ^{21} dʑʅ^{21} tʂhʅ^{33} ȵi^{33} ɯ^{33} ; dy^{21} tɕər^{21} zə̣^{21}
远 古 之 时 天 上 星 所 出 星 出 这 天 好 地 上 草

tʂhʅ^{33} y^{21}, zə̣^{21} y^{21} tʂhʅ^{33} ȵi^{33} ɯ^{33}. khy̥^{55} ɯ^{33} he^{33} ɯ^{33} kɯ^{21} ɯ^{33} hɑ^{55} ɯ^{33} tʂhʅ^{33} dɯ^{33} ȵi^{33}, i^{33}
这 长 草 长 这 天 好 岁 好 月 好 星 好 夜 好 这 一 日 主人

dɑ^{21} tʂhʅ^{33} dɯ^{33} dzi̥^{21} , ze^{55} tɕi^{33} bə^{33} y^{21} tʂər^{21}, lɯ^{55} ky̥^{33} py^{33} by̥^{21} dy^{55}. lɯ^{55} ky̥^{33} py^{33} by̥^{21}
这 一 家 年轻 脚 轻 使 贤能 东巴 请 贤能 东巴

nɯ^{33},bər^{33} y^{21} ʐʅ^{33} hɑ^{33} tʂhər^{21} nɑ^{55} hy^{55} mɑ^{21} nɯ^{33}, tʂhu^{55} pɑ^{33} gə^{21} le^{33} be^{33}, mɯ^{33} by̥^{21}
来 牦牛 绵羊 酒 饭 肥肉 瘦肉 柏枝 酥油 来 供养 上 又 做 天 下

phər^{21} ne^{21} ʂæ^{33}, gɑ^{33} ne^{21} u^{21}, ŋv̩^{55} ne^{21} he^{21} phv̩^{33} lɑ^{21} kæ^{33} nɯ^{33} khv̩^{55} ne^{21} zɿ^{33} me^{55}. |
盘神 与 禅神 嘎神 与 吾神 沃神 与 恒神 普拉 前 以 岁 与 寿 求

phv̩^{33} lɑ^{21} khv̩^{21} me^{33} lɯ^{55} kv̩^{33} py^{33} bv̩^{21} gə^{33}, kho^{33} ɯ^{33} sɑ^{55} ɯ^{33} me^{33} nɯ^{33} khv̩^{21}, hæ^{33} ʂɿ^{21}
普拉 请 么 贤能 东巴 的 声 好 气 好 者 来 请 金 黄

tsər^{33} lər^{21} 、dv̩^{33} phər^{21} bər^{21} kho^{33} khuɑ^{33} nɯ^{33} khv̩^{21}. | mɯ^{33} gə^{21} tshe^{21} ho^{55} ty^{33}, phv̩^{33} lɑ^{21}
板铃 海螺 白 号 角 声 来 请 天 上 十 八 层 普拉

dɯ^{33} tv̩^{21} dɯ^{33} kɯ^{21} dɯ^{33} zɑ^{21} lu^{33}, phv̩^{33} lɑ^{21} zv̩^{55} tɯ^{33} kv̩^{33} nɯ^{33} dɯ^{33} zɑ^{21} lu^{33}, tʂhuɑ^{55}
一 千 一 万 一 降 来 普拉 神坛 上 来 一 降 来 米

ɕi^{33} kuɑ^{55} mu^{21} phər^{21} nɯ^{33}
稻 神粮 白 来

自远古之时始，天上布满星，今夜的星儿最吉祥；大地长满草，今天的草儿最吉祥。正值吉年吉月出吉星的这一天，这一户主人家，派了捷足的年轻人，去请贤能的东巴。贤能的东巴，用牦牛、酒、绵羊、饭、肥肉、瘦肉、柏枝和酥油，来作献给神的供品，在天上的盘神与禅神、嘎神与吾神、沃神与恒神这些普拉面前求长寿。请这些普拉们，用贤能的东巴之好声好气来请，用金黄色板铃声和白海螺号角声来请。十八层天上的千千万万的普拉，请菩萨从神坛降临下来，请降临到白色的神粮里来，

255-D-12-04

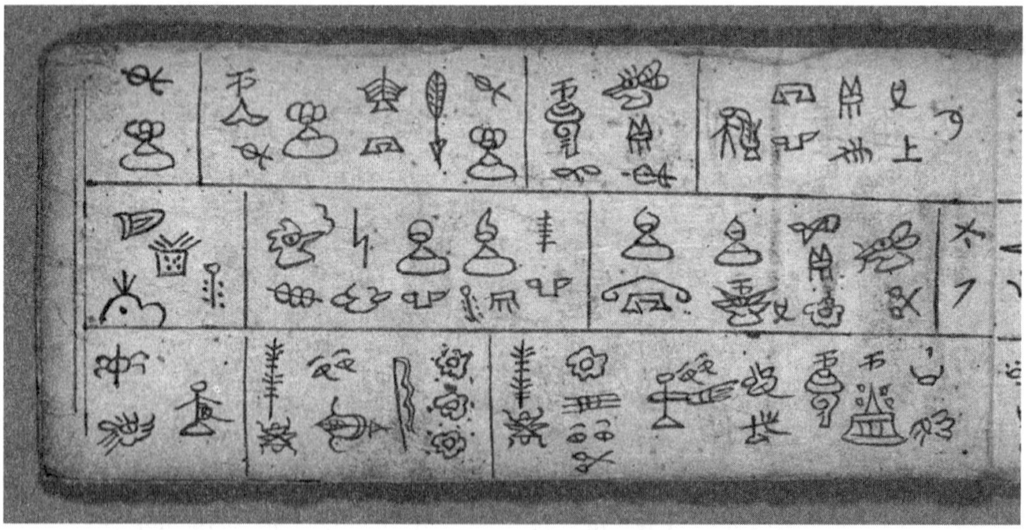

zɑ^{21} le^{33} lu^{33}. | tshɿ^{33} ʂu^{33} phər^{21} me^{33} dv̩^{21} lv̩^{33} kv̩^{33} nɯ^{33} le^{33} zɑ^{21} lu^{33}, sɿ^{55} gə^{33} nɯ^{21} py^{55}
降 又 来 犁 铁 白 者 神石 上 来 又 降 来 家神 的 宝物

lɯ^{33} sɿ^{33} kv̩^{33} nɯ^{33} le^{33} zɑ^{21} lu^{33}. | dv̩^{33} phər^{21} iə^{55} lo^{33}① kv̩^{33}nɯ^{33} le^{33} zɑ^{21} lu^{33}. | thɯ^{33} gə^{33}
箭 上 来 又 降 来 海螺 白 佑罗 上 来 又 降 来 这 的

① iə^{55} lo^{33}：手捏的炒面面偶。

thv̩^{33} kv̩^{33} pɯ^{55} kv̩^{33} mə^{33} sɿ^{33} me^{33}, thv̩^{33} le^{33} pɯ^{55} ʥo^{21} ʂə^{55} mə^{33} n̥i^{21}. bɯ^{33} bu^{21} zə̩^{21} pɯ^{33}
出处 来历 不 知 么 出处 与 来历 说 不 能 蒿草 坡 草 蒿

bu^{21}, nɑ^{21} pɯ^{33} kæ^{33} nɯ^{33} ʥy^{33}; æ^{33} phər^{21} ʂu^{21} lɑ^{55} mu^{21}, ʂu^{33} mu^{21} kæ^{33} nɯ^{33} ʥy^{33}, lɯ^{33}
坡 黑 蒿 先 来 有 铜 白 铁 打 模 模子 先 来 有 箭

sɿ^{33} pi^{21} nɯ^{33} hɯ^{55}, pɯ^{33} lɯ^{33} ʂu^{33} mu^{33} kæ^{33} nɯ^{33} thv̩^{33}. | ʨy^{55} tʂhu^{21} sɿ^{33} bv̩^{33} kv̩^{33} dɯ^{33}
胶 来 粘 规矩 来历 先 以 出 最 早 斯补 头 一

tʂhər^{55}, mɯ^{33} lɯ^{55} du^{21} ʥɿ^{33}, tʂhu^{55} dʐuɑ^{33} ʥi^{33} mu^{33} thv̩^{33} tʂhʅ^{33} zɿ^{33}, | mɯ^{33} gə^{33} he^{21} dy^{21}
代 美利董主 茨爪金姆 出 那 时 天 上 神 地

he^{21} gə^{33} y^{21} phər^{21} sɿ^{33} phər^{21} ʨi^{55} nɯ^{33} gæ^{21} le^{33} tshɿ^{21}. | lɑ^{21} kv̩^{55} zɿ^{33} bv̩^{21} kv̩^{33} le^{33}
神 的 绵羊 白 羊毛 白 剪刀 以 剪 又 来 劳固汝崩 上 又

ʨi^{33}, | lɑ^{21} kv̩^{55} zɿ^{33} bv̩^{33} nɯ^{33} mɯ^{55} ʂʅ^{21} do^{21} me^{33} lɯ^{33} me^{33} sɿ^{33} phər^{21} khæ^{55} le^{33} be^{33}, |
放 劳固汝崩 来 竹 黄 见 者 弓 大 羊 白 弹 又 做

sɿ^{33} phər^{21} mɯ^{55} ʂʅ^{21} dər^{33} n̥ə^{21} ʨi^{33}. lər^{55} kv̩^{55} miə^{21} kɑ^{33} lɑ^{21} ne^{21} khɯ^{33} nɯ^{33} so^{55}, dv̩^{33}
羊 白 竹 黄 帘子 上 放 利固谬高 手 与 脚 来 搓 海螺

phər^{21} zv̩^{55} tɯ^{33} dɯ^{33} khuɑ^{55} kuə^{55}
白 神坛 一 床 制

请降临到白铁犁尖做的神石上来，请降临到素神宝箭上来，请降临到白海螺色的佑罗上来。

若不知出处与来历就别说出处与来历之事。蒿草坡呀蒿草坡，黑蒿最先发；白铜做铸模，先要有模子；箭翎用胶粘，古规早就有。在最早的那个时候，是美利董主和茨爪金姆出世的时候，在神界，剪下神羊身上的羊毛放在劳固汝崩那儿。由劳固汝崩用黄竹大弓弹好了羊毛，把羊毛铺在擀毡竹帘上。利固谬高手脚并用搓制出了一床如白海螺一样洁白的铺神坛用的羊毛毡。

255-D-12-05

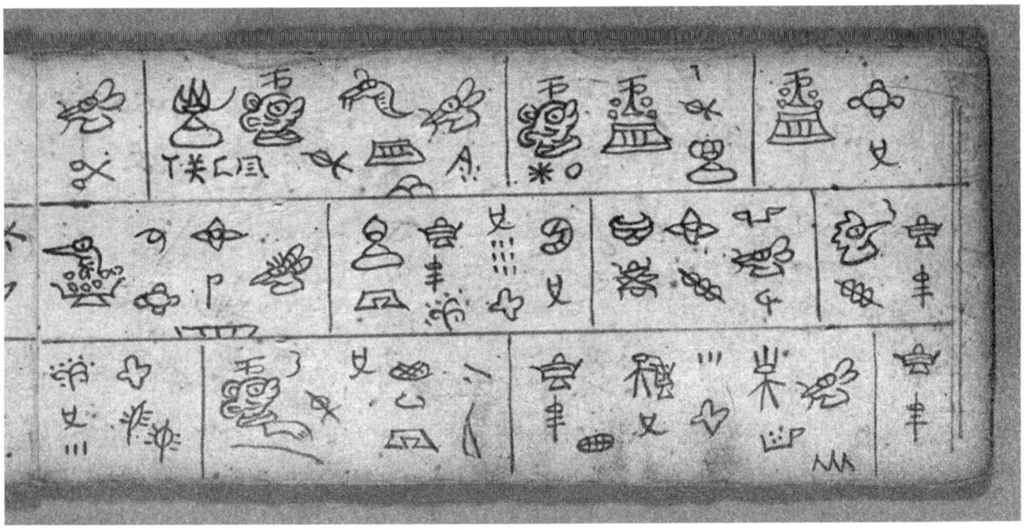

gə^{21} le^{33} tɕi^{33}. | i^{21} ʂʅ^{55} bu^{33} tso^{33} py^{33} by̩^{21} phy̩^{33} lɑ^{21} khy̩^{21}, zɑ^{21} i^{33} zy̩^{55} tɯ^{33} ky̩^{33} nɯ^{33} zɑ^{21}
上 又 放 伊世补佐 东巴 普拉 请 降 么 神坛 上 来 降

le^{33} be^{33}, | phy̩^{33} lɑ^{21} ty̩^{33} ty̩^{21} kɯ^{33} kɯ^{21} sʅ^{33} phər^{21} zy̩^{55} tɯ^{33} ky̩^{33} nɯ^{33} dɯ^{33} zɑ^{21} lu^{33}. | zy̩^{55}
又 做 普拉 千千 万万 羊毛 白 神坛 上 来 一 降 来 神

tɯ^{33} dɯ^{33} me^{33} kuɑ^{55} mu^{21} le^{21} mə^{33} dɯ^{33}. uɑ^{33} hæ^{21} dy^{21} ko^{21} lo^{21}, | he^{21} gə^{33} hɑ^{33} ly^{33} dzy̩^{33}
坛 得 者 神粮 又 不 得 松石 绿 地 里面 恒 的 粮食 增

me^{33} gy̩^{33} sy^{21} dʑy^{33}. | ŋy̩^{33} hæ^{21} uɑ^{33} tʂhu^{21} thy̩^{55} le^{33} hæ^{21}. | tɕy^{55} tʂu^{21} hɑ^{33} ly^{33} dzy̩^{33} me^{33}
者 九 样 有 银 金 松石 墨玉 出 又 买 最 早 粮食 增 者

ɕi^{21} dʑe^{33}① thɯ^{33} sʅ^{33} sy^{21}. | phy̩^{33} lɑ^{21} zɑ^{21} me^{33} khə^{33} phy̩^{33} gə^{21} le^{33} tɕhi^{33}. | hɑ^{33} ly^{33} nɑ^{21}
稻 麦 这 三 样 普拉 降 者 威灵 上 又 送 粮 食 黑

me^{33} thɯ^{33} sʅ^{33} sy^{21}② nɯ^{33} tshʅ^{21} dzu̩^{33} mɯ^{21} le^{33} zu̩ɑ^{21}. | hɑ^{33} ly^{33}
者 这 三 样 来 鬼 债 下 又 还 粮 食

伊世补佐东巴请普拉么，请普拉降临到神坛上来，请成千上万的普拉降临到白羊毛毡子铺就的神坛上来。虽有了神坛，却没有祭神的神粮。在绿松石般的神界里，有九种能繁衍的粮食，就用金银、松石、墨玉买了下来。最初，用稻、麦等这三种白色的粮食献给普拉，用三种黑色的粮食偿还鬼债。

255-D-12-06

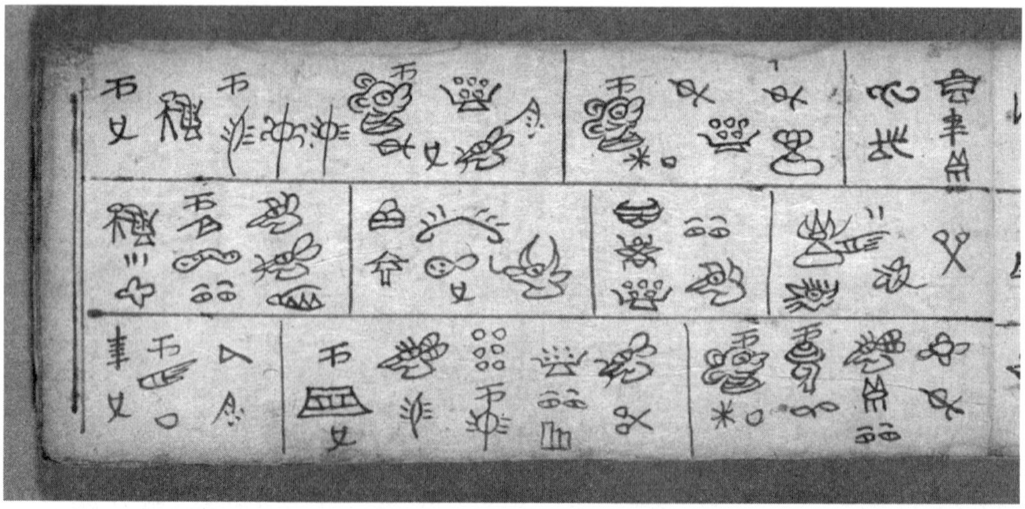

phər^{21} me^{33} ɕi^{21} zʅ^{33} dʑe^{33} thɯ^{33} sʅ^{33} sy^{21}, phy̩^{33} lɑ^{21} zɑ^{21} me^{33} kuɑ^{55} le^{33} be^{33}. | phy̩^{33} lɑ^{21}
白 的 稻 青稞 麦子 这 三 样 普拉 降 么 神粮 又 做 普拉

ty̩^{33} ty̩^{21} kɯ^{33} kɯ^{21} zɑ^{21} me^{33} kuɑ^{55} mu^{21} lo^{21} nɯ^{33} dɯ^{33} zɑ^{21} lu^{33}. | ɑ^{33} so^{21} hɑ^{33} ly^{33} ky̩^{33}
千千 万万 降 么 神粮 里 来 一 降 来 最初 粮 食 上

① 此句只提到了两种粮食，漏一种。
② 没有指明三种黑粮之名。

gə^{33} thɯ^{33} sʅ^{33} sy^{21}, ʂu^{33} phər^{21} gv̩^{33} n̩ə^{21} khɯ^{33} le^{33} hy^{33}, | lv̩^{33} thɑ^{55} mɯ^{33} gv̩^{33} be^{33} le^{33}
的 那 三 样 铁 白 平底锅 里 放 又 炒 石磨 打雷 似 又

ɯ^{21}. | ŋv̩^{21} ne^{21} hæ^{21} kuɑ^{55} lo^{33} n̩ə^{21} khɯ^{55}. | i^{21} ʂʅ^{55} bu^{21} dʑo^{33} py^{33} bv̩^{21} lɑ^{21} nɯ^{33} iə^{55} lo^{33}
磨 银 与 金 祭粮 盆 里 放 伊世补佐 东巴 手 来 佑罗

tʂhər^{55} me^{33} niæ^{21} le^{33} tɕi^{33}, zʅ^{33} ʂər^{21} phv̩^{33} lɑ^{21} me^{33} gə^{33} gv̩^{33} mu^{33} the^{55} n̩i^{21} be^{33}, | sʅ^{33}
捏 的 捘 又 放 寿 长 普拉 者 的 身体 那样 做 羊毛

phər^{21} zv̩^{55} tɯ^{33} lo^{21} nɯ^{33} ɕi^{21}, hɑ^{33} ly^{33} tʂhuɑ^{33} phər^{21} kuɑ^{55} mu^{21} dʐʅ^{33} le^{33} tɕi^{33}. | phv̩^{33}
白 神坛 里 来 供养 粮 食 米 白 神粮 竖 又 放 普拉

lɑ^{21} tv̩^{33} tv̩^{21} kɯ^{33} kɯ^{21} dv̩^{33} phər^{21} iə^{55} lo^{33} kv̩^{33} n̩ə^{21} dɯ^{33} zɑ^{21} lu^{33}.
千千 万万 海螺 白 佑罗 上 处 一 降 来

将稻子、青稞、麦子这三种白色的粮食当作献给普拉的神粮，请千千万万的普拉降临到装有神粮的簸箕里面来。

最初之时，将那三种上等的粮食，放入白铁平底锅中炒，然后在石磨里面磨，石磨发出雷鸣般的响声。将磨好的面装入金银的盆子里。伊世补佐东巴将面捏制成了佑罗，做成了长寿的普拉们的样子，把他们供养在用白羊毛铺成的神坛里，放置在撒有白色神粮的地方。请千千万万的普拉，从白海螺般洁白的佑罗上降临下来。

255-D-12-07

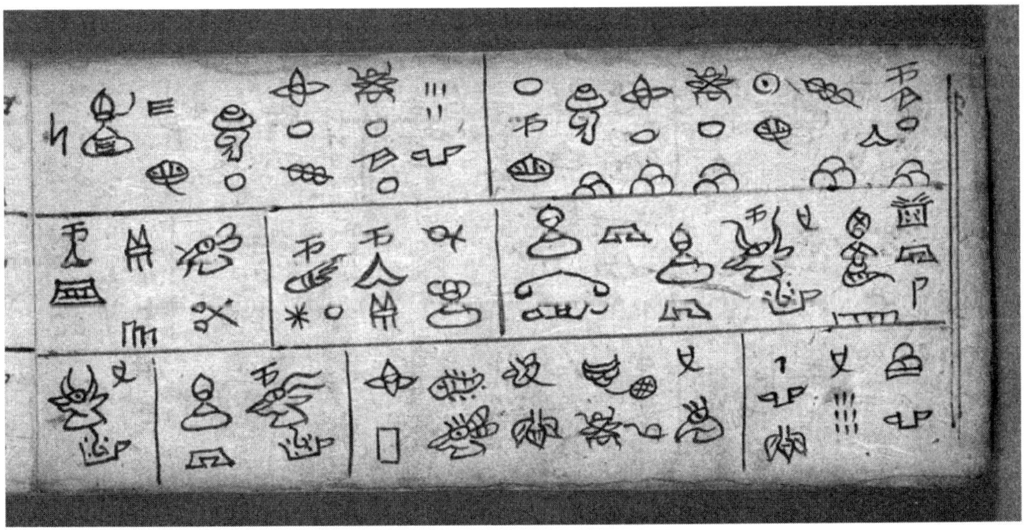

sɑ^{21} lɯ^{55} uə^{33} de^{33} tʂhər^{55}, sɑ^{21} lɯ^{55} uə^{33} de^{33} pɯ^{33} pɑ^{33} be^{33}, dv̩^{33} phər^{21} kv̩^{33} phər^{21}, uɑ^{33}
刹依威德 代 刹依威德 变化 做 海螺 白 蛋 白 松石

hæ^{21} kv̩^{33} hæ^{21}, tʂhu^{21}nɑ^{55} kv̩^{33} nɑ^{21}, hæ^{33} ʂʅ^{21} kv̩^{33} ʂʅ^{21}, ʂu^{33} phər^{21} kv̩^{33} phər^{21} uɑ^{33} sy^{21}
绿 蛋 绿 墨玉 黑 蛋 黑 金 黄 蛋 黄 铁 白 蛋 白 五 样

thy̩^{33}. | ky̩^{33} phər^{21} pɯ^{33} pɑ^{33} be^{33}, dy̩^{33} phər^{21} ly̩^{21} ly̩^{33} thy̩^{33}, ky̩^{33} hæ^{21} pɯ^{33} pɑ^{33} be^{33}, uɑ^{33}
出 蛋 白 变化 做 海螺 白 神石 出 蛋 绿 变化 做 松石

hæ^{21} ly̩^{21}ly̩^{33} thy̩^{33}, ky̩^{33} ʂʅ^{21} pɯ^{33} pɑ^{33} be^{33}, hæ^{33} ʂʅ^{21}ly̩^{21} ly̩^{33} thy̩^{33}; ky̩^{33} nɑ^{21} pɯ^{33} pɑ^{33} be^{33},
绿 神石 出 蛋 黄 变化 做 金 黄 神石 出 蛋 黑 变化 做

tʂhu^{21} nɑ^{55} ly̩^{21} ly̩^{33} thy̩^{33}; ʂu^{21} ky̩^{33} phər^{21} pɯ^{33} pɑ^{33} be^{33}, phər^{21} me^{33} ly̩^{21} ly̩^{33} thy̩^{33}; phy̩^{33} lɑ^{33}
墨玉 黑 神石 出 铁 蛋 白 变化 做 白 者 神石 出 普拉

ʐy̩^{55} tɯ^{33} ky̩^{33} nɯ^{33} dʐʅ^{33} le^{33} tɕi^{33}. | phy̩^{33} lɑ^{21} ty̩^{33} ty̩^{21} kɯ^{33} kɯ^{21} tshʅ^{33} ʂu^{33} phər^{21} gə^{33} ly̩^{21}
神坛 上 来 坐 又 放 普拉 千千 万万 犁 铁 白 的 神

lu^{33} ky̩^{33} nɯ^{33} dɯ^{33} zɑ^{21} lu^{33}. | he^{21} i^{33} mɯ^{33} ko^{55} khy̩^{21}, he^{13} gə^{33} dʐʅ^{33} phər^{21} me^{33} gə^{33} no^{33}
石 上 来 一 降 来 神 的 天 上 边 神 的 犏牛 白 者 的 奶

le^{33} tshɑ^{21}. | ʂu^{13} nɯ^{33} dʐʅ^{21} me^{33} dy^{21} ko^{21} lo^{21}, ʂu^{21} gə^{33} ɯ^{33} me^{33} phər^{21} gə^{33} no^{33} le^{33}
又 挤 署 来 住 的 地 中间 署 的 母牛 白 的 奶 又

tshɑ^{21}, | he^{21}① gə^{33} bər^{21} me^{33} phər^{21} gə^{33} no^{33} le^{33} tshɑ^{21}. | uɑ^{21} gə^{33} to^{33} by̩^{21} lo^{21} nɯ^{33}
挤 神 的 牦牛 母 白 的 奶 又 挤 松石 的 打奶桶 里

tʂhər^{55}, uɑ^{21} tsi^{55} dy̩^{21} lo^{21} khɯ^{55}, | hæ^{21} by̩^{33} dʑe^{21} nɯ^{33} kuɑ^{33} , ŋy̩^{21} ɯ^{33} sʅ^{33} nɯ^{33} ə^{21}
打 松石 大 盆 里 装 金 勺子 来 舀 银 漏勺 来 捞

me^{33} kə^{55}, | dɯ^{33} thy̩^{21} tʂhər^{55} me^{33} gy̩^{33} ly̩^{55} thy̩^{33}.
的 做 一 桶 打 么 九 饼 出

到了刹依威德那一代，刹依威德作变化，变出了白如海螺的白蛋，绿如松石的绿蛋，黑如墨玉的黑蛋，黄如金子的黄蛋和白如铁的白蛋这五种蛋。白蛋作变化，变出了白如海螺的白神石；绿蛋作变化，变出了绿如松石的绿神石；黄蛋作变化，变出了黄如金子的神石；黑蛋作变化，变出了黑如墨玉的黑神石；铁白色的蛋作变化，变出了白如铁的白神石。将这五种神石，放置在普拉们的神坛上，请千千万万的普拉们，从白铁犁尖上降临下来。

在神们居住的高天上，挤来神饲养的白犏牛的奶；在署居住的地方，挤来署饲养的母犏牛奶。在美利董主生活的地方，挤来美利董主饲养的白牦牛之奶。将挤来的奶，在松石色的桶里打奶，又装入松石色的大盆里，用金勺子来舀，用银漏勺来捞地制作着，一桶打制出了九饼酥油。

① 此处为笔误，写成“he^{21}”实际应为“mɯ^{33} lɯ^{55} du^{21} dʐʅ^{21}”，有时简称作“董”。

255-D-12-08

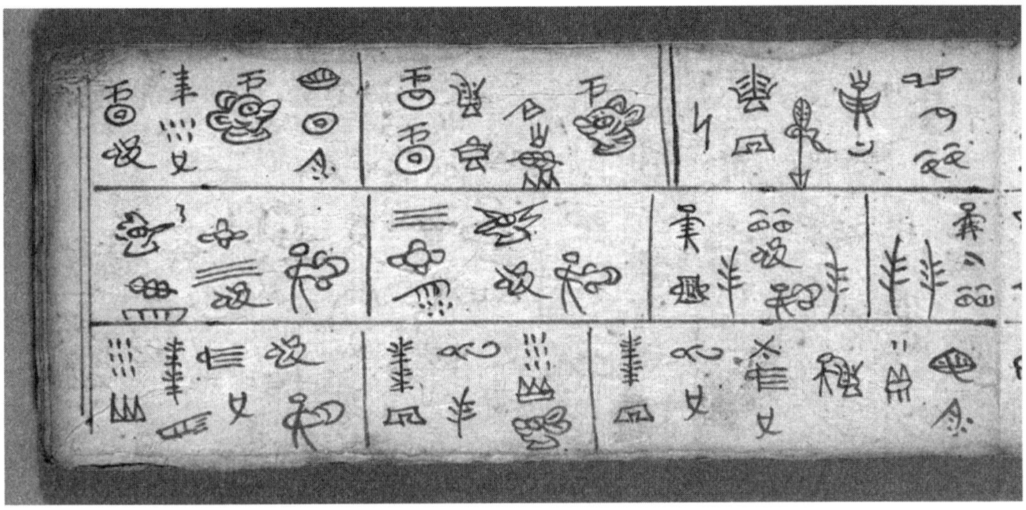

ma^{33} phər^{21} gy̩^{33} ly̩^{21} nɯ^{33} i^{22} phy̩^{33} la^{21} pa^{55} ma^{21} be^{33} , zɿ^{33} ʂər^{21} me^{55}. | thy̩^{55} ly̩^{55} ma^{21}
酥油 九 个 来 是 普拉 圣油 做 寿 长 求 奶渣 酥油

ly̩^{55} phər^{21}, ʐʅ^{33} ky̩^{33} ʂu^{21}, le^{55} ky̩^{33} sa^{55}, phy̩^{33} la^{21} tʂhu^{55} pa^{33} be^{33}. | thɯ^{33} gu^{21} mæ^{33} dɯ^{33}
白 头 酒 纯 头茶 气 普拉 供养 做 这 后 者 一

tʂhər^{55}, sɿ^{55} gə^{33} no^{21} by̩^{55} lɯ^{33} sɿ^{33} ze^{21} nɯ^{33} thy̩^{33} mə^{33} do^{21}. tɕy^{55} tʂhu^{21} dʑi^{33} dʑə^{21} la^{33}
代 素神 的 宝物 箭 哪儿 来 出 不 知 最初 人类

lər^{33} dy^{21}, dy^{21} dɯ^{21} hæ^{33} nɯ^{33} kuə^{21}. | hæ^{33} dɯ^{21} me^{33} gu^{21} nɯ^{21} ne^{21} no^{55} nɯ^{33}
大地 地 大 风 来 围 风 大 者 后 家畜 与 诸神 来

kuə^{21}. | thɯ^{33} gu^{21} me^{33} kho^{33} tho^{21} i^{21} bi^{33} nɯ^{33} kuə^{21}. | bi^{33} kho^{33} tho^{21} i^{33} gu^{33}
围 这 后 者 背后 是 林 来 围 林 背后 是 贡明

mi^{21}① la^{33} ho^{21}② me^{33} nɯ^{33} kuə^{21}. | mɯ^{55} gə^{33} a^{33} sɿ^{21} gu^{33} mi^{21} gy̩^{33}, | mɯ^{55} gə^{33} a^{33} me^{33}
拉禾 者 来 围 竹 的 父亲 贡明 成 竹 的 母亲

la^{33} ho^{21} gy̩^{33}. thɯ^{33} me^{33} ɳi^{33} ky̩^{55} pa^{33} pa^{33} be^{33},
拉禾 成 他们 两 个 变化 做

用九饼酥油作圣油以求长寿。用洁白的奶渣和酥油、纯净的头道酒以及浓浓的头茶来供养普拉。之后，要讲述素神的五宝箭的出处与来历而不知素神宝箭的出处来历。

最初，人类生活的大地被大风所围绕，大风之外被家畜与诸神围绕着，家畜与诸神之外被林子围绕着，林子之外被贡明和拉禾围绕着。竹子的父亲是贡明竹，竹子的母亲是拉禾竹。他们两个变化，

---

① gu^{33} mi^{21}：贡明，音译，植物名。竹子中的一种。

② la^{33} ho^{21}：拉禾，音译，植物名。竹子中的一种。

255-D-12-09

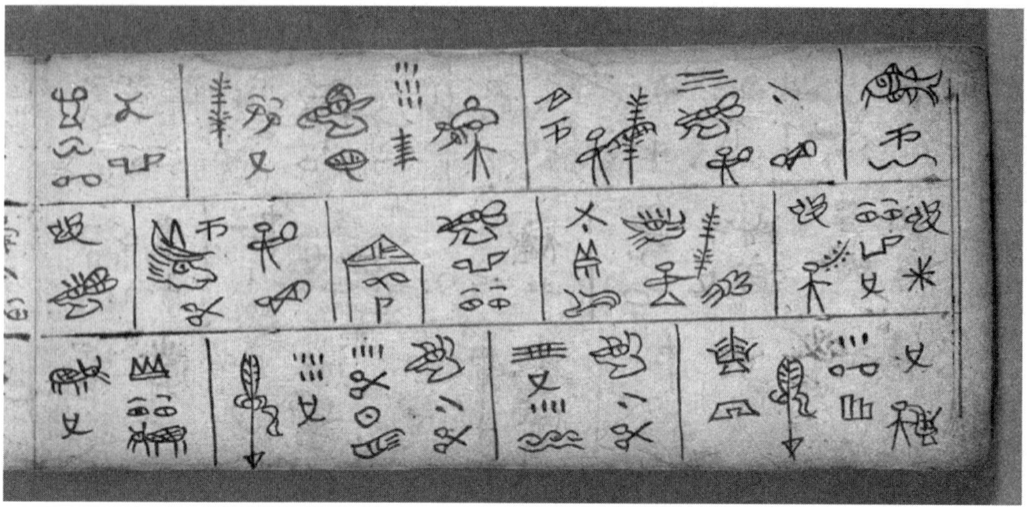

zo^{33} dɯ^{21} tʂər^{55} nɑ^{21} thy̩^{33}, zo^{33} ly^{55} mɯ^{55} hər^{21} uɑ^{21}, zo^{33} tɕi^{55} mɯ^{55} tshe^{21} uɑ^{21}. | mɯ^{55} do^{21}
儿子 大 实心竹 出 次子 空心竹 是 幼子 岩竹 是 竹 见

ɕi^{33} mə^{33} dʑy^{21}. mɯ^{55} do^{21} me^{33} i^{33} tsho^{21} pɑ^{33} gy̩^{33} zɿ^{33} me^{33} nɯ^{33} do^{21}, | hæ^{55} me^{33}
人 不 有 竹 见 者 是 崇巴古子 者 来 见 割 者

ʂu^{33} phər^{21} dɑ^{21} zi^{33} hæ^{55} pu^{55} tshɿ^{21}, | niæ^{33} phər^{21} khɯ^{21} ① nɯ^{33} lo^{55}. | tɕi^{55} me^{33} tɕy^{21} phər^{21}
铁 白 镰刀 快 割 了 来 娘盘肯 来 卷 驮 者 骡 白

gy̩^{33} n̥ə^{21} tɕi^{55} pu^{55} tshɿ^{21}. | iə^{33} ko^{21} le^{33} thy̩^{33} n̥ə^{21}, lɑ^{21} ky̩^{55} zɿ^{33} bu^{21} nɯ^{33} guə^{55}. |
身 上 驮 了 来 家里 又 到 处 拉固汝崩 来 制

ty̩^{21} me^{33} lər^{21} n̥ə^{21} py^{33} me^{33} nɯ^{33} ty̩^{21}. kɯ^{55} me^{33} mi^{33} hy^{21} lo^{21} nɯ^{33} kɯ^{55}. | lɯ^{33} sɿ^{33} ʂər^{21}
直 者 量牛本梅 来 直 熏 者 火 红 里 来 熏 箭 长

me^{33} lu^{33} tɕi^{21} n̥i^{33} lɑ^{21} thɯ^{55} le^{33} tɕi^{33}, | dər^{33} me^{33} lu^{33} tɕi^{21} khɯ^{55} le^{33} tɕi^{33}. | sɿ^{55} gə^{33} lɯ^{33} sɿ^{33} sɿ^{55}
者 四 拃 二 指 放 又 置 短 者 四 拃 放 又 置 素神 的 箭 三

tʂər^{33} dʐɿ^{21} me^{33} thɯ^{33}, |
节 长 的 那

变出了长子实心竹、次子空心竹和幼子岩竹这三种。没人发现这竹子，是被崇巴古子发现了。他用锋利的白铁镰刀将竹子割下来，并用娘盘肯捆了起来，用白骡驮了回来。驮到家里后，由拉固汝崩来制作，由量牛本梅将弯竹拉直。用大火来熏，长箭有四拃两指长，短箭有四拃长。素神的箭儿有三节，

① niæ^{33} phər^{21} khɯ^{21}：娘盘肯，一种攀援植物名，可作绳索用。

255-D-12-10

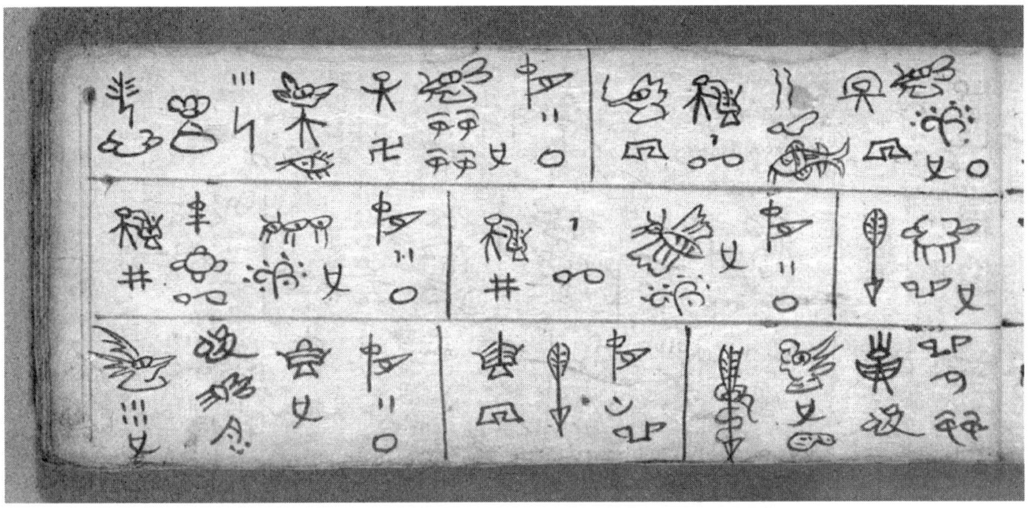

sɿ^{33} by̩^{33} phy̩^{33} sɿ^{55} tʂhər^{33}, dzi^{33} ɯ^{33} lɯ^{55} ɯ^{33} mə^{33} gu^{33} gu^{21} me^{33} le^{33} do^{33} do^{21} me^{33} the^{55}
斯补 祖先 三 代 人 好 孙 好 不 离 开 的 又 见面 的 那

ȵi^{33} gy̩^{33}. | tɕy^{55} gə^{33} thɯ^{33} dɯ^{33} tʂər^{55}, bi^{33} ʂɿ^{55} ȵi^{33} ly̩^{21} le^{33} dʐy̩^{33} me^{33} gə^{33} the^{55}
样 成 最 上 它 一 节 大江 鱼 儿 又 发展 者 的 那样

ȵi^{33} gy̩^{33}. thɯ^{33} gu^{21} ly^{55} dɯ^{33} tʂər^{55}，tʂhuɑ^{55} uɑ^{33} nɑ^{21} me^{33} dʐy̩^{33} me^{33} the^{55} ȵi^{33} gy̩^{33}. |
成 这 后 中间 一 节 蚂蚁 黑 者 增 者 那样 成

thɯ^{33} gu^{21} dɯ^{33} tʂər^{55}, phe^{33} le^{21} dʐy̩^{33}me^{33} the^{55} ȵi^{33} gy̩^{33}. | lɯ^{33} sɿ^{33} kuɑ^{33} thy̩^{33} me^{33}, tʂhuɑ^{55}
这 后 一 节 蝴蝶 增 者 那样 成 箭 柄 出 么 六

me^{33} gə^{33} kʂhuɑ^{55} ku^{55} be^{33} hɑ^{55} the^{55} ȵi^{33} gy̩^{33}. | sɿ^{55} gə^{33} lɯ^{33} sɿ^{33} the^{21} nɯ^{33} thy̩^{33}. | sɿ^{55}
月 的 鹿 嘴 似 张 那样 成 素神 的 箭 那 来 出 素神

gə^{33} lɯ^{33} sɿ^{33} ly̩^{55} me^{33} gy̩^{33}, gy̩^{33} ɿ^{33} ze^{21} nɯ^{33} thy̩^{33} mə^{33} do^{21}?
的 箭 缠 的 筋 筋 是 哪 来 出 不 知

代表了三代先祖与儿孙四世同堂。最上面的那一节，象征着家中的人像大江里的鱼儿一样繁衍。中间那一节，象征着家中的人像黑蚂蚁一样繁衍。最末那一节，象征着家中的人像蝴蝶一样繁衍。素神箭的箭尾就像六月天热时的鹿张开了的嘴一样。素神的箭就这样产生。箭杆要用筋扎起来。扎箭的筋是怎样产生的呢？

255-D-12-11

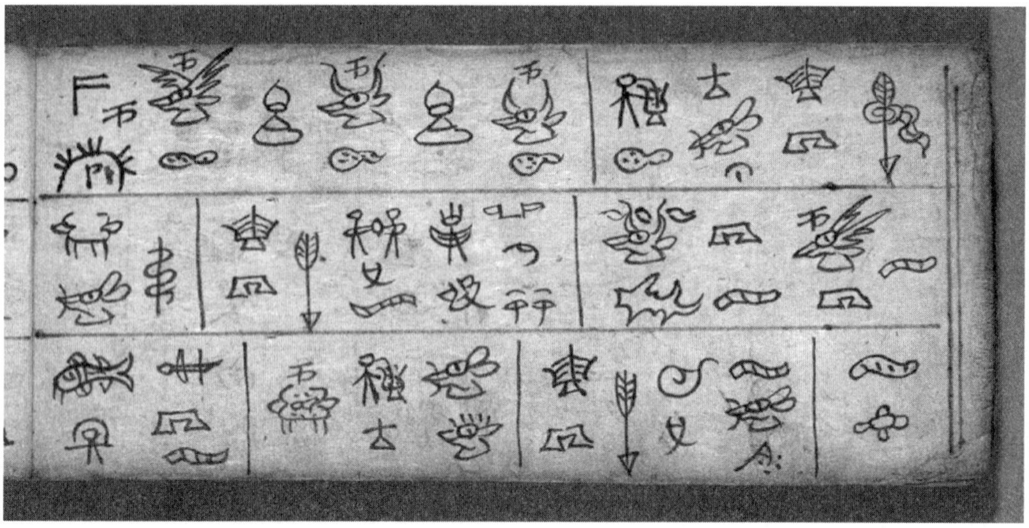

ko^{33} ʂuɑ^{21} ko^{21} kv̩^{33} phər^{21}, tʂhuɑ^{55} phər^{21} me^{33} gə^{33} gv̩^{33}, he^{21} i^{33} bər^{21} phər^{21} me^{33} gə^{33} gv̩^{33},
高山草坝高山 上 白 鹿 白 者 的 筋 神 的 牦牛 白 者 的 筋

he^{21} i^{33} ɯ^{33} phər^{21} me^{33} gə^{33} gv̩^{33}. | thɯ^{33} gə^{33} gv̩^{33} tʂhʅ^{55} nɯ^{33} , sɿ^{55} gə^{33} lɯ^{33} sɿ^{33} kuɑ^{33} le^{33}
神 的 牛 白 者 的 筋 这 的 筋 这 来 素神 的 箭 柄 又

lv̩^{55}. | sɿ^{55} gə^{33} lɯ^{33} sɿ^{33} tæ^{55} me^{33} gə^{33} pi^{21} ze^{21} nɯ^{33} thv̩^{33} me^{33} do^{21}. | bər^{33} phər^{21} ɯ^{33} gə^{33}
缠 素神 的 箭 粘 的 胶 哪 能 出 不 知 牦牛 白 皮 的

pi^{21}, tʂhuɑ^{55} phər^{21} ɯ^{33} gə^{33} pi^{21}, ȵi^{33} lu^{21} dɑ^{33} gə^{33} pi^{21}. | ʂu^{33} phər^{21} bv̩^{33} me^{33} tɕiə^{55}
胶 鹿 白 皮 的 胶 鱼 儿 翅 的 胶 铁 白 锅 者 煮

thɯ^{33} le^{33} y^{21}, sɿ^{55} gə^{33} lɯ^{33} sɿ^{33} hɯ^{55} me^{33} pi^{21} le^{33} be^{33}. | pi^{21} dɯ^{33}
这 又 拿 素神 的 箭 翎 者 胶 又 做 胶 得

抽来高山大草坝上的白鹿的筋，抽来神的白牦牛的筋，抽来神的白牛的筋，用这些筋，将箭尾紧紧地扎了起来。粘素神箭翎的胶又是怎么来的呢？白牦牛皮制作的胶，白鹿皮制作的胶，鱼翅制作的胶，把胶煮在白铁锅里头，用来粘素神之箭的翎。

255-D-12-12

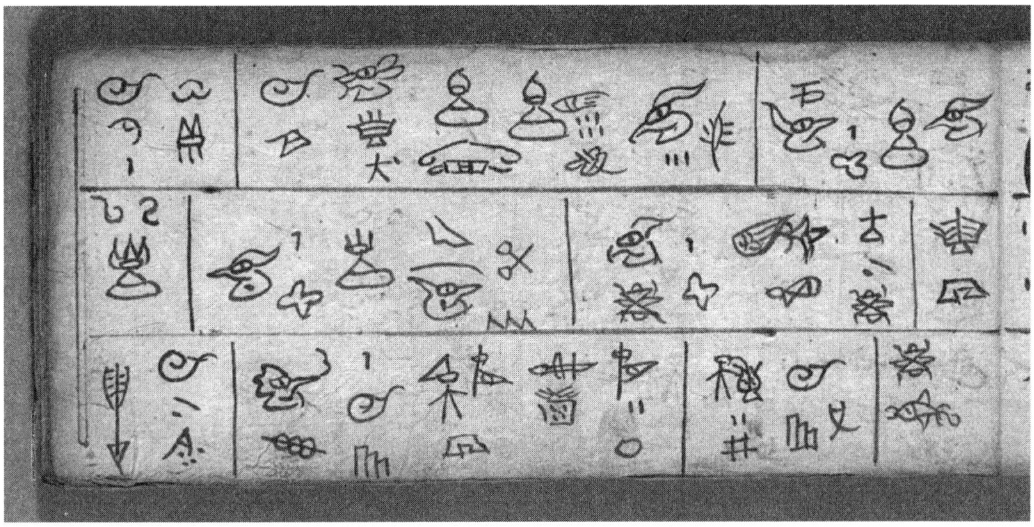

hɯ^{55} mə^{33} dɯ^{33} i^{33} kv̩^{55}, | hɯ^{55} ʂu^{21} le^{33} u^{55} khɯ^{55}. he^{21} i^{33} mɯ^{33} kə^{55} khv̩^{21}, iə^{21} lɑ^{55}

翎 不 得 是 会 翎 找 又 去 神 是 天 深 处 尤拉丁端

di^{33} duɑ^{33} dʐʅ^{21} me^{33} dy^{21} ko^{33} lo^{21} nɯ^{33} ɕə^{21} gu^{55} sʅ^{33} sy^{21} ɕi^{21}. | ɕə^{21} gu^{55} phər^{21} me^{33}

住 的 地 里面 来 大雕 三 样 养 大雕 白 者

tʂhʅ^{33} dɯ^{33} sy^{21}, he^{33} gə^{33} ɕə^{21} gu^{55} uɑ^{21}, lɯ^{55} kv̩^{33} py^{33} bv̩^{21} tɕər^{21}, gu^{33} lu^{21} kɑ^{33} le^{21}

这 一 样 神 的 大雕 是 贤能 东巴 上 保福 保佑

thy^{55}. | ɕə^{21} gu^{55} nɑ^{21} tʂhʅ^{33} sy^{21}, ɕə^{21} gu^{55} nɑ^{21} me^{33} nɯ^{33} tshʅ^{21} gə^{33} khuɑ^{21} me^{33} dzɑ^{33} me^{33}

赐 大雕 黑 这 种 大雕 黑 者 来 鬼 的 恶 的 坏 大

ɕə^{21} gu^{55} nɑ^{21} i^{33} zər^{21} le^{33} tɕi^{33}. | ɕə^{21} gu^{55} ʂʅ^{21} me^{33} tʂhʅ^{33} dɯ^{33} sy^{21}, lv̩^{33} tshi^{33} zi^{33} me^{33}

雕 黑 是 压 又 放 大雕 黄 者 这 一 种 翅膀 美 者

tʂhʅ^{33} le^{33} ʂʅ^{55}. | sʅ^{55} lɯ^{33} sʅ^{33} gə^{33} hɯ^{55} le^{33} be^{33}. | tɕy^{55} tʂhu^{21}dɯ^{33} hɯ^{55} dʐʅ^{21}, dæ^{21} gə^{33}

这 又 剥 素神 箭 的 翎 又 做 最早 一 翎 有 勇者 的

dɑ^{21} ʂu^{33} the^{55} ȵi^{33} gv̩^{33}; | thɯ^{33} gu^{21} ȵi^{33} hɯ^{55} dʐʅ^{21} me^{33}, | bæ^{33} ʂʅ^{21} bæ^{33} zi^{33}

刀 铁 那样 成 那 后 两 翎 有 么 蜂 黄 蜜 蜂

有了胶，却不知箭翎的出处，又去找箭翎。神的深天之处，尤拉丁端养着三种雕。白色的大雕，是神的大雕。它会赐贤能的东巴以福泽。黑色的大雕，会把凶恶鬼的黑雕压下去。黄色的大雕，将其翅尖取了来，来做素神箭的箭翎。最先的第一个箭翎，锐如勇者手上的利刀；其后的第二个箭翎，

255-D-12-13

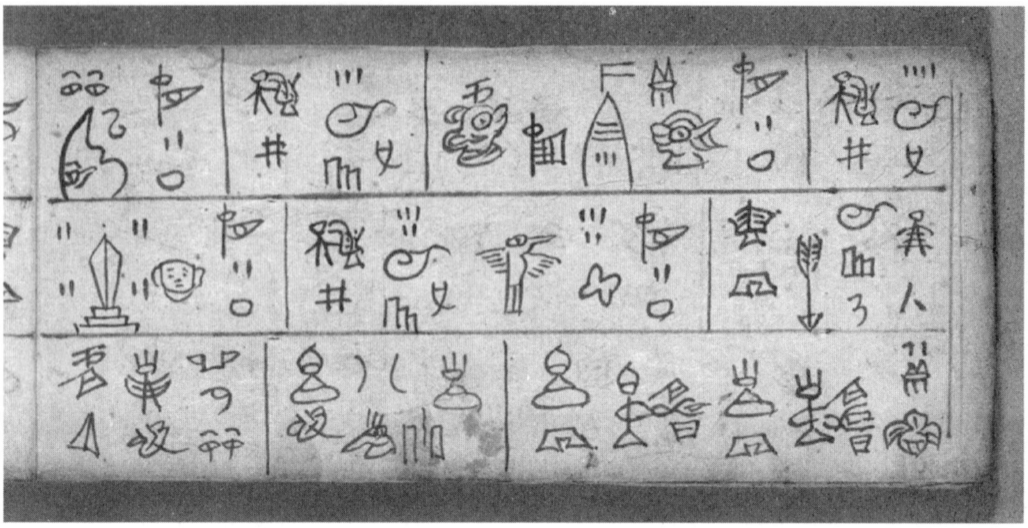

æ^{33} ȵə^{21} gy̩^{33} ly̩^{21} the^{55} ȵi^{33} gy̩^{33}. | thɯ^{33} gu^{21} sɿ^{55} hɯ^{33} ʥɿ^{21} me^{33} phy̩^{33} la^{21} ga^{33} la^{21} so^{33}
崖 上 庇佑 那样 成 这 后 三 翎 有 么 普拉 战神 山岭

ʂua^{21} ky̩^{33} gə^{33} dy̩^{33} phər^{21} si^{33} gɯ^{33} the^{55} ȵi^{33} gy̩^{33}. | thɯ^{21} gu^{21} lu^{55} hɯ^{33} ʥɿ^{21} me^{33} ʥy^{21}
高 上 的 海螺 白 狮子 那样 成 这 后 四 翎 有 么

na^{33} ʐo^{55} lo^{33} lu^{55} pha^{33} the^{55} ȵi^{33} gy̩^{33}. | thɯ^{33} gu^{21} ua^{55} hɯ^{33} ʥɿ^{21} me^{33} ʥi^{33} uə^{21} ua^{33} sy^{21}
居那若罗 四 方 那样 成 后 五 翎 有 么 精威 五 行

the^{55} ȵi^{33} gy̩^{33}, | sɿ^{55} gə^{33} lɯ^{33} sɿ^{33} hɯ^{55} ʥɿ^{33} se^{33} kho^{33} tho^{21}, ʂu^{33} phər^{21} ʂæ^{33} bæ^{21} ze^{21} nɯ^{33}
那样 成 素神 的 箭 翎 长 完 之 后 铁 白 箭 镞 哪儿 来

thy̩^{33} mə^{33} do^{21}. | tshɿ^{21} nɯ^{21} he^{21} ko^{55} gɯ^{33}, he^{13} gə^{33} ga^{33} u^{33} la^{21} dua^{33} dɯ^{33} gy̩^{33} ʥy^{21},
出 不 知 鬼 与 神 之间 神 的 嘎乌劳端 一 个 有

tshɿ^{13} gə^{33} ga^{33} u^{33} la^{21} dua^{33} ȵi^{33} ky̩^{55} ʥy^{21}. |
鬼 的 嘎乌劳端 两 个 有

如同黄蜂与蜜蜂庇佑高崖一般。此后第三个箭翎，如同高岭上那普拉和战神的白海螺色的狮子一般；之后第四个箭翎，如同居那若罗山的四个方位一般；之后的第五个箭翎，如同精威[①]五行一般。素神的箭翎说完了之后，要讲一讲白铁箭镞的来历。在神和鬼之间，有两位匠人，一个是神的匠人，叫嘎乌拉端；还有一个鬼的匠人，也叫嘎乌拉端。

① 精威：音译专有名词，为纳西族对木、火、土、铁、水这五行的总称。

255-D-12-14

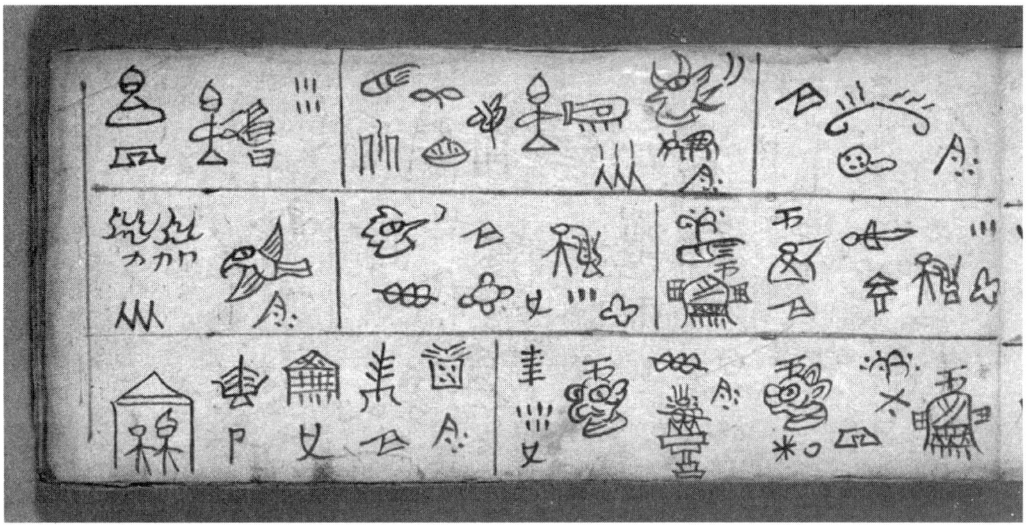

he^{21} gə^{33} ga^{33} u^{33} la^{21} dua^{33} | la^{21} gɯ^{33} iə^{21} pa^{33} nɯ^{33}, go^{55} dv̩^{21} ɯ^{33} ba^{21} ɯ^{33} gɯ^{55}
神 的 嘎乌劳端 劳庚尤巴 来 风箱 牛 吼 牛 呻吟

be^{33}. | ʂu^{21} la^{55} mɯ^{33} gv̩^{33} be^{33}, mi^{33} ba^{21} uə^{13} dʑi^{21} be^{33}. | tɕy^{55} tʂhu^{21} ʂu^{33} dɯ^{33} me^{33} gə^{33}
做 铁 打 打 雷 做 火 花 鹰 飞 似 最初 铁 大 者 的

thɯ^{33} sɿ^{33} sy^{21}, | dzv̩^{33} la^{21} khua^{55} phər^{21}, ʂu^{33} phər^{21} ku^{33} mu^{21} phər^{21}, da^{21} tha^{55} me^{33} thɯ^{33}
那 三 样 坚固 铠甲 铁 白 盔帽 白 利 刀 者 那

sɿ^{33} sy^{21} ty^{33}. i^{33} da^{21} tʂhɿ^{33} dɯ^{33} dʐi^{21}, sɿ^{55} ko^{21} gæ^{33} me^{33} dʑər^{33} ʂv̩^{21} be^{33} le^{33} tɕi^{33}. | zɿ^{33}
三 样 打 主人 这 一 家 素神 家 中 占 武器 做 又 放 寿

ʂər^{21} me^{55} me^{33} phv̩^{33} la^{21} tʂhu^{55} pa^{33} gə^{21} le^{33} be^{33}, phv̩^{33} la^{21} tv̩^{33} tv̩^{21} kɯ^{33} kɯ^{21} thɯ^{33}; dzv̩^{33}
长 求 么 菩拉 供养 上 又 做 普拉 千千 万万 这些 坚固

la^{21} khua^{55} phər^{21},
铠甲 白

神的匠人嘎乌劳端和劳庚尤巴拉来制铁具。拉动风箱时，风箱发出的声音似牛吼，锻铁的声音似雷鸣，闪出的火花如飞鹰。最初，锻制出坚固的白铠甲、白铁盔帽和白铁利刀这三样。主人将其作为守护家神的武器来放置，并以此供养普拉以求长寿，请千千万万的普拉，降临到坚固的白铠甲，

255-D-12-15

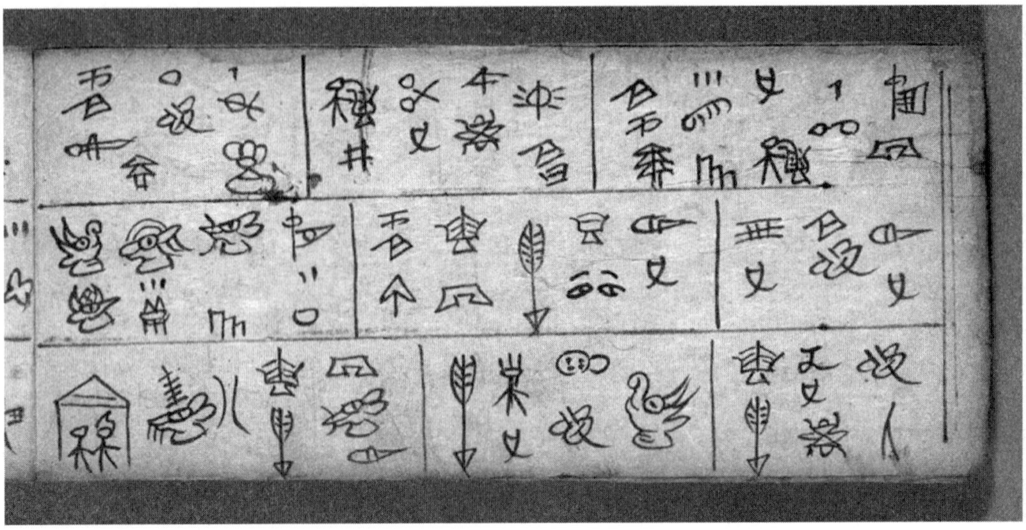

ku^{33} mu^{21} phər^{21}，ʂu^{33} phər^{21} dɑ^{21} thɑ^{55} kv̩^{33} nɯ^{33} dɯ^{33} zɑ^{21} lu^{33}. | thɯ^{33} gu^{21} tɕi^{55} me^{33} hæ^{21}
盔帽 白 铁 白 刀 利 上 来 一 降 来 那 后 小 的 金

dʑe^{33} ʂæ^{33} bæ^{21} ty^{33}. | ʂu^{33} phər^{21} ʂæ^{33} bæ^{21} sɿ^{55} dɑ^{21} dʑɿ^{21} me^{33} thɯ^{33} dɯ^{33} tʂər^{55}, gɑ^{33} gə^{33}
掺 箭 镞 打 铁 白 箭镞 三 齿 有 者 它 一 节 嘎神 的

bər^{21} tɕhy^{33} si^{21} so^{33} sɿ^{55} kv̩^{33} le^{33} dʑɿ^{21} the^{55} n̩i^{33} gv̩^{33}. | ʂu^{33} phər^{21} ʂæ^{33} bæ^{21} sɿ^{55} gə^{33} lɯ^{33}
青龙 大鹏 狮子 三 个 聚拢 那样 成 铁 白 箭镞 素神 的 箭

sɿ^{33} tɕər^{21} n̩ə^{21} tʂu^{55} me^{33}, | dər^{33} me^{33} ʂu^{21} nɯ^{33} tʂu^{55} me^{33} i^{33} dɑ^{21} tʂhɿ^{33} dɯ^{33} dʑi^{21}, khv̩^{55}
上 处 接 么 短 者 铁 来 接 么 主人 这 一 家 岁

by^{33} zɿ^{33} by^{33} sɿ^{55} gə^{33} lɯ^{33} sɿ^{33} gə^{21} le^{33} tʂu^{55}. | lɯ^{33} sɿ^{33} tshɿ^{21} me^{33} gv̩^{33} nɯ^{33} lv̩^{55}. | sɿ^{55}
份 寿 分 素神 的 箭 上 又 接 箭 细 的 筋 来 缠 素神

gə^{33} lɯ^{33} sɿ^{33} nɑ^{21} me^{33} hæ^{21} nɯ^{33} tɕhi^{33}.
的 箭 黑 者 黄 来 镀

白铁盔帽、白铁利刀上来。之后，来打制掺金的箭镞。那节有三齿的白铁箭镞，如嘎神的青龙、大鹏和狮子聚拢在一起。将白色的箭镞，接在素神箭上，把短的接长，犹如将主人家的岁寿被素神之箭接上了。将细的箭杆用筋缠上。将黑色的素神之箭镀成黄色。

255-D-12-16

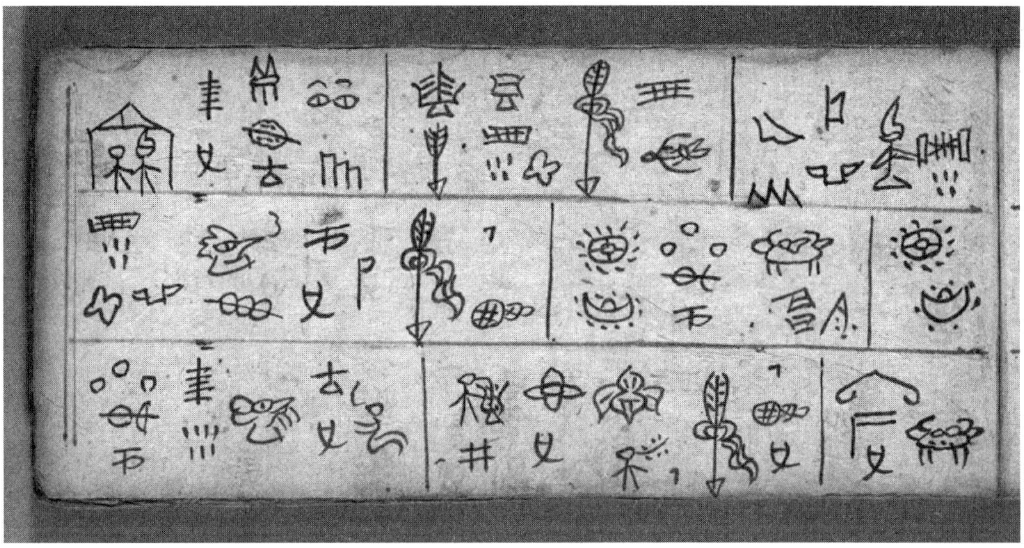

i^{33} dɑ^{21} tʂhʅ^{33} dɯ^{33} ʥi^{21}, zʅ^{33} me^{55} ky̩^{21} ne^{21} tʂhʅ^{33} n̩ə^{21} ʥʅ^{21}. | sʅ^{55} lɯ^{33} sʅ^{33} gə^{33} ʥi^{33} uə^{21}
主人　这　一　家　寿 求　会　么　这 里　有　素神 箭　的 精威

uɑ^{33} sy^{21} i^{21} pu^{33} nɯ^{33} phæ^{33} dər^{33} tsʅ^{55}. | mi^{21} i^{33} bə^{33} khu^{33} thy̩^{33}, bɯ^{33} nɯ^{33} i^{21} pu^{33} uɑ^{33}
五　样　绸子　来　拴　该　说　下　是　匠人　处　女人　来　绸子　五

sy^{21} dɑ^{21}, | i^{21} pu^{33} uɑ^{33} sy^{21} thy̩^{33}. tɕy^{55} tʂhu^{21} ko^{21} me^{33} dɯ^{33} gə^{33} phər^{21} me^{33} dɯ^{33} hu^{21}
样　织　绸子　五　样　织　最初　针　样　大　的　白　的　一　块

phæ^{33}, bi^{33} phər^{21} le^{21} phər^{21} kɯ^{21} phər^{21} zɑ^{21} phər^{21} tɕiə^{55} ty^{33} be^{33} le^{33} phæ^{33}. | bi^{33} ne^{21} le^{21}
拴　太阳　白 月亮　白　星　白　饶星　白　标记　做　又　拴　太阳 与 月亮

kɯ^{21}phər^{21} zɑ^{21} phər^{21} ko^{55} zʅ^{33} ʂər^{21} khy̩^{55} le^{33} me^{55}; | thɯ^{33} gu^{21} hæ^{21} me^{33} ʥy^{33} lɯ^{55} dɯ^{33}
星　白　饶星　白　中　寿　长　岁　又　求　那后　绿　者　蔓菁 种子 大

dɯ^{33} hu^{21} phæ^{33}, | mɯ^{33} ʂuɑ^{21} me^{33} gə^{33} tɕiə^{55} ty^{33} be^{33},
一　块　拴　大　高　者　的　标记　做

这一户主人家，会求寿的都已居此了。该给素神之箭拴上代表精威五行的五色绸子了。在下方匠人之地，女人在织五色绸，织出了五种绸。首先把一块针样大①的白绸拴上去，把它当作白太阳、白月亮、白星和白饶星②的标记拴上去，向太阳、月亮、白星和白饶星求岁和寿。之后，将一块大如蔓菁种的绿绸拴上去，把它当作高天的标记，

① 针样大：此处的“针样大”及下文的“大如蔓菁种”、“大如鸡蛋”、“跳蚤大”、“叶子大”，是因“木、火、土、铁、水”这五行产生时之原生态为如此，故有此说。

② 饶星：饶，音译，为一种星象，纳西先民认为日食月食是因“饶”星吞食日、月所致。人的中风是因遭饶的袭击而造成。

255-D-12-17

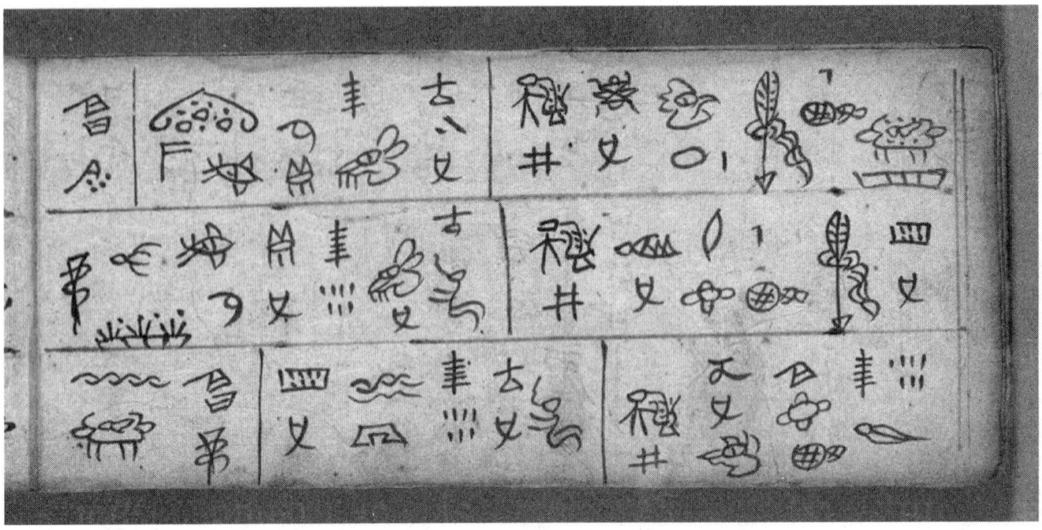

mɯ^{33} dʑy^{33} kuə^{55}ʂuɑ^{21}, kɯ^{21} dʐʅ^{21}mu^{55} mə^{33} kv̩^{55} gə^{33} khv̩^{55} zʅ^{33} tʂhʅ^{33} le^{33} me^{55}; | thɯ^{33} gu^{21}
天 有 辽阔 星 长 老 不 会 的 岁 寿 这 又 求 这 后

ʂʅ^{21} me^{33} æ^{21} kv̩^{33} dɯ^{33} dɯ^{33} hu^{21} tɕiə^{55} ty^{33} be^{33} phæ^{33}, dy^{21}dʑy^{33} khuə^{55} gɯ^{21} zv̩^{21} y^{21} mu^{55}
黄 者 鸡 蛋 大 一 块 标记 做 拴 地 有 辽阔 人 活 老

mə^{33} kv̩^{55} gə^{33} khv̩^{55} zʅ^{33} tʂhʅ^{33} le^{33} me^{55}; | thɯ^{33} gu^{21} hy^{21} me^{33} phiə^{55} dɯ^{21} tʂhʅ^{33} dɯ^{33}
不 会 的 岁 寿 这 又 求 这 后 红 者 片 大 这 一

hu^{21}, hɯ^{21} me^{33} tɕi^{21} tɕiə^{55} ty^{33} be^{33} phæ^{33}, | hɯ^{21} me^{33} tɕi^{21} gə^{33} zʅ^{33} ʂər^{21} tʂhʅ^{33} le^{33} me^{55}; |
块 富 的 云 标记 做 拴 富 的 云 的 寿 长 这 又 求

thɯ^{33} gu^{21} nɑ^{21} me^{33} khɯ^{33} ʂu^{21} dɯ^{33} dɯ^{33} hu^{21} phæ^{33}, zʅ^{33} ʂər^{21} dʑi^{21} gə^{33}
这 后 黑 者 跳蚤 大 一 块 拴 寿 长 水 的

求高阔辽远的天空上那永不衰老的星星般的寿岁；之后，将一块大如鸡蛋的黄绸子拴上去，把它当作宽阔无限的大地的标记，以求大地上那人活而不会老的寿岁；之后，将一块叶子大小的红绸子拴上去，把它当作富有的云彩的标记，以求像富有的云彩般的寿岁；之后，将一块如跳蚤大小的黑绸子拴上去，把它当作

255-D-12-18

tɕiə^{55} ty^{33} be^{33} phæ^{33}. | dʑi^{33} nɑ^{55} mæ^{33} ʂər^{21} ko^{55} mə^{33} kv̩^{55} gə^{33} khv̩^{55} zɿ^{33} tʂhʅ^{33} le^{33} me^{55}. |
标记 做 拴 水 大 尾 长 涸 不 会 的 岁 寿 这 又 求

ɯ^{33} me^{33} uɑ^{33} sy^{21} lɯ^{33} sɿ^{33} tɕər^{33} ȵə^{21}phæ^{33} dər^{33} tsɿ^{55}. | tɕy^{55} tʂhu^{21} uɑ^{33} phɑ^{33} thv̩^{33},
好 的 五 样 箭 上 处 拴 该 说 最初 五 方 出

tʂhʅ^{33} uɑ^{33} phɑ^{33} nɯ^{33} pɯ^{33} pɑ^{33} be^{33}, | ŋv̩^{21} ne^{21} hæ^{21}, o^{21} ne^{21} tʂhu^{21} , dv̩^{33} phər^{21} uɑ^{33} sy^{21}
这 五 方 来 变化 做 银 与 金 松石 与 墨玉 海螺 白 五 样

thv̩^{33}. | sɿ^{55} gə^{33} lɯ^{33} sɿ^{33} tɕər^{33} ȵə^{21} phæ^{33}. | i^{33} dɑ^{21} tʂhʅ^{33} dɯ^{33} tɕiə^{21}, sɿ^{55} gə^{33} iə^{33} ko^{21}
出 素神 的 箭 上 面 拴 主人 这 一 家 素神 的 家

tʂhʅ^{33} le^{33} gæ^{33}, sɿ^{55} gə^{33} lɯ^{33} sɿ^{33} zv̩^{55} tɯ^{33} kv̩^{33} le^{33} tɕi^{33}, ɕi^{33} phər^{21} kuɑ^{55} mu^{21} be^{33} le^{33}
这 又 占 素神 的 箭 神坛 上 又 放 稻 白 神粮 做 又

u^{55}, | tshɿ^{33} ʂu^{33} phər^{21} me^{33} lu^{21} lv̩^{33} tshɿ^{55}, | sɿ^{55} gə^{33} lɯ^{33} sɿ^{33} the^{33} ɳə^{21} tʂhu^{55} me^{33} hæ^{21} i^{33}
倒 犁 铁 白 的 神石 立 素神 的 箭 这 儿 插 么 含依巴达

bɑ^{33} dɑ^{21} dʑər^{21} me^{33} the^{55} ȵi^{33} gv̩^{33}.
树 么 那样 成

永不枯竭的大河的标记以求水一般不死的寿岁。要将五种吉祥物系在箭上。最初，出现了五方，五方作变化，出现了金、银、松石、墨玉和白海螺，将这五宝拴在素神的箭上，将这箭放置在由素神护佑着的这家人的神坛上，倒上雪白的谷子作神粮，立起白铁犁铧作神石,将素神的箭儿插上去，那箭就像含依巴达神树一样。

255-D-12-19

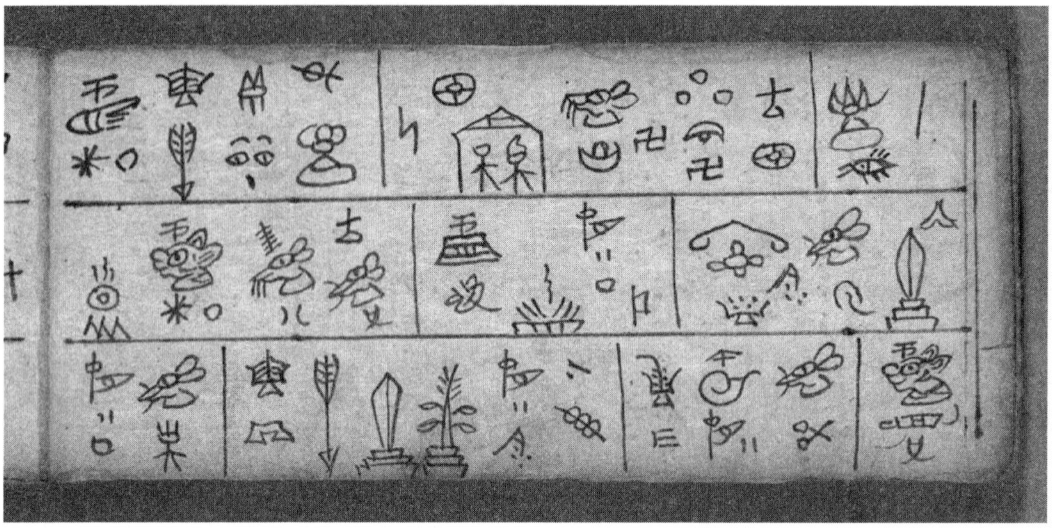

phy̩^{33} la^{21} ty̩^{33} ty̩^{21} kɯ^{33} kɯ^{21} sʅ^{55} gə^{33} lɯ^{33} sʅ^{33} ky̩^{33} n̩ə^{21} dɯ^{33} za^{21} lu^{33}. | thɯ^{21} gu^{21} mæ^{33}
普拉 千千 万万 素神 的 箭 上 来 一 降 来 这 后 的

dɯ^{33} tʂhər^{55}, bi^{33} thy̩^{33} mə^{33} tʂhʅ^{55} ȵi^{33}, i^{33} da^{21} tʂhʅ^{33} dɯ^{33} dʑi^{21}, khy̩^{55} ɯ^{33} he^{33} ɯ^{33} kɯ^{21}
一 代 太阳 出 的 这 天 主人 这 一 家 岁 好 月 好 星

ɯ^{33} ha^{55} ɯ^{33} tʂhʅ^{33} dɯ^{33} ȵi^{33}, | lɯ^{55} ky̩^{33} py^{33} by̩^{21} dy^{55}, phy̩^{33} la^{21} ty̩^{33} ty̩^{21} kɯ^{33} kɯ^{21}
好 夜 好 这 一 天 贤明 东巴 请 普拉 千千 万万

tʂhu^{55} pa^{33} gə^{21} le^{33} be^{33}, khy̩^{55} by^{33} zʅ^{33} by^{33} tʂhʅ^{33} le^{33} me^{55}, | sʅ^{33} phər^{21} zy̩^{55} tɯ^{33} nɯ^{33},
供养 上 又 做 岁 份 寿 份 这 又 求 羊毡 白 神坛 来

ʐər^{21} y^{21} dy^{21} ʂər^{55} the^{55} ȵi^{33} khu^{33}. | mɯ^{33} dɯ^{21} kua^{55} le^{33} phy̩^{55}, mɯ^{33} by̩^{21} kɯ^{21} iə^{21} dʐʅ^{21}
草 长 地 满 那样 铺 天 大 神粮 又 撒 天 下 星 似 生

be^{33} le^{33} tɕi^{33}, tshʅ^{33} ʂu^{21} phər^{21} me^{33} du^{21} ly̩^{33} tshʅ^{55}, dʑy^{21} na^{55} ʐo^{55} lo^{33} tshʅ^{55} be^{33} the^{55} ȵi^{33}
做 又 放 铧 铁 白 的 神石 立 居那若罗 建 做 那样

be^{33} le^{33} tshʅ^{55}. | sʅ^{55} gə^{33} lɯ^{33} sʅ^{33} gə^{21} n̩ə^{21} tʂhu^{55}, dʑy^{21} na^{55} ʐo^{55} lo^{33}, hæ^{21} i^{33} ba^{33} da^{21}
做 又 竖 素神 的 箭 上 处 插` 居那若罗 含依巴达

dʑər^{21} the^{55} ȵi^{33} be^{33} . | ʐʅ^{33} sa^{55} mɯ^{33} lɯ^{55} da^{33} dʑi^{21} hɯ^{55} the^{55} ȵi^{33} be^{33} le^{33} tɕi^{33}. |
树 那样 做 酒 气 美利达吉 海 那样 做 又 放

phy̩^{33} la^{21} khy̩^{21} me^{33}
普拉 请 么

千千万万普拉，请从素神的箭上降临下来。之后的一代，太阳晴朗的今天，是吉年吉月吉日吉夜出现吉星的这天，这户主人家，请来贤能的东巴，供养千千万万个普拉，向普拉们求寿求岁。那白羊毛毡子铺就的神坛像长满青草的大地般辽阔。向高天撒神粮，恰似天上长满星；把犁铧立在神坛上，似居那若罗山冲云霄；将素神的箭插起来就像立起了居那若罗神山和含依巴达神树一样，放置的美酒就像美利达吉神海一样。

255-D-12-20

lɯ^{55} kʏ̩^{33} py^{33} bʏ̩^{21} gə^{33}, kho^{33} ɯ^{33} sɑ^{55} ɯ^{33} me^{33} nɯ^{33} khʏ̩^{21}, hæ^{33} ʂʅ̩^{21} tsər^{33} lər^{21}，uɑ^{33} hæ^{21}
贤能　东巴　的　声　好　气　好　者　来　请　金　黄　板铃　松石　绿

dɑ^{33} kə^{21}, dʏ̩^{33} phər^{21} mu^{21} kho^{33} nɯ^{33} sɑ^{55}. | he^{21} i^{33} mɯ^{33} kə^{55} khʏ̩^{21} nɯ^{33} mu^{21} dɯ^{55} dɯ^{33},
大鼓　海螺　白　号角　来　迎请　神　是　天　深处　来　以下

dʑi^{33} dʑ̞ə^{21} lɑ^{33} lər^{21} dy^{21} nɯ^{33} gə^{21} dɯ^{55} dɯ^{33}, phʏ̩^{33} lɑ^{21} khʏ̩^{21} me^{33} tʏ̩^{33} tʏ̩^{21} kɯ^{33} kɯ^{21} zɑ^{21}
人类　辽阔　大地　来　以上　普拉　请　么　千千　万万　降

lu^{33} be^{33}. dʑi^{33} dʑ̞ə^{21} lɑ^{33} lər^{33} dy^{2}, be^{33} le^{33} be^{55} tshʅ^{21} zʅ^{33} mə^{33} uɑ^{21} me^{33}, | mɯ^{33} tɕər^{21} dʑʅ^{21}
来　做　人类　居　辽阔　地　人类　不　是　么　天　上　住

gə^{33} he^{21}, phʏ̩^{33} lɑ^{21} khʏ̩^{21} mə^{33} luɑ^{21}, tʂ̞hu^{55} pɑ^{33} be^{33} mə^{33} luɑ^{21} , phʏ̩^{33} lɑ^{21} be^{33} le^{33} be^{55}
的　神　普拉　请　不　能　供养　做　不　能　普拉　人类

tshʅ^{21} zʅ^{33} ko^{55} gu^{33} lu^{21} kɑ^{33} le^{21} dɯ^{33} zɑ^{21} lu^{33}. | mɯ^{33} gə^{33} phʏ̩^{33} lɑ^{21} zɑ^{21} me^{33}, tɕi^{33} phər^{21}
上　保福　保佑　一　降　来　天　的　普拉　降　么　云　白

tʂ̞u^{55} ko^{33} dʑi^{21} kə^{55} dzi^{21} be^{33} i^{33} dɯ^{33} zɑ^{21} lu^{33}. | so^{33} gə^{33} phʏ̩^{33} lɑ^{21} zɑ^{21}, zə̞r^{21} tsho^{33} lɑ^{33} tsho^{33}
间　鹤　飞　鹰　飞　似　一　降　来　岭　的　普拉　降　豹　跳　虎　跳

be^{33} i^{33} dɯ^{33} zɑ^{21} ne^{21} le^{33} lu^{33}. | dʑi^{21} gə^{33} phʏ̩^{33} lɑ^{21} zɑ^{21}, ʂ̞u^{21} dzə̞r^{33} ȵi^{33} dzə̞r^{33} be^{33} dɯ^{33}
做　似　一　降　着　又　来　水　的　普拉　降　水獭　游　鱼　游　做　一

zɑ^{21} lu^{33}, i^{33} dɑ^{33} tʂhʅ^{33} dʑiə^{13} tɕər^{21}, gu^{33} lu^{21} kɑ^{33} le^{21} thy^{55} be^{33} dɯ^{33} zɑ^{21} ne^{21} le^{33} lu^{33}.
降 来 主人 这 家 上 保福 保佑 似 的 一 降 着 又 来

py^{21} zʅ^{33} ʂər^{21} phæ^{21} hɑ^{55} i^{33} iə^{55} ho^{55}!①
东巴 寿 长 卜师 夜 长 做 愿

请普拉们，用贤能的东巴之佳声佳气来请，用金色的板铃声来请，用绿松石色大鼓的声来请，白海螺号角的声迎请普拉。

请神的佳音，响彻神界以下的天空，响遍人类居住的大地之上，请千千万万的普拉降临下来！若不是住在辽阔大地上的人类，就不能供养天上的神，请普拉们为保佑人类而降临下来。天神降临时，请像白鹤与雄鹰般飞翔而来。从山岭上来的，请像猛虎和豹子般跳跃而来。从水中来的，请像水獭和鱼儿一样游着来，请来庇佑这户主人家。

愿东巴与卜师得长寿！

255-D-12-21

封底

（释读：玉龙县塔城乡和桂华；翻译：和 虹）

① 此后几字为哥巴字，未能识读，存疑未译。

258-D-30-01

zɿ^{33} tʂu^{55} py^{21} ·

bæ^{33} mi^{33} tʂɿ^{55} · gə^{21} bɑ^{21} sɿ^{21} ɕi^{33} tʂhuɑ^{55} tshər^{21}

ʂər^{55} lo^{33} kæ^{33} bæ^{33} mi^{33} tʂɿ^{55}

延寿仪式·点神灯·三百六十位东巴弟子在什罗前点神灯

258–D–30 延寿仪式·点神灯·三百六十位

东巴弟子在什罗前点神灯

【内容提要】

历代祖先都请高明的东巴祭司供养各种神灵，祈求福泽吉祥与延年益寿。举行祭仪的这一家主人，遵古规，请高明的东巴及东巴弟子，供上供品，烧上天香，竖督树，把天地间照得通亮。在各种大神、历代东巴祭司及各种女神前供上神灯，以求寿岁，求生儿育女、求富裕强盛。

【英文提要】

Life Prolonging Ritual, Lightening the Sacred Lantern, 360 Apprentices

Lighting the Lantern in front of *ʂər lər*

Ancestors in each period asked ***to ba*** priests consecrate all gods, praying for felicity and longevity. The family under ritual followed the ancient rule that asked ***to ba*** and his apprentice consecrate the oblation, burn incense and erect the ***du*** tree, which could light the world. They also offered the sacred lantern in front of all gods, ***to ba*** priests and goddesses, blessing for longevity, posterity and prosperity.

258-D-30-02

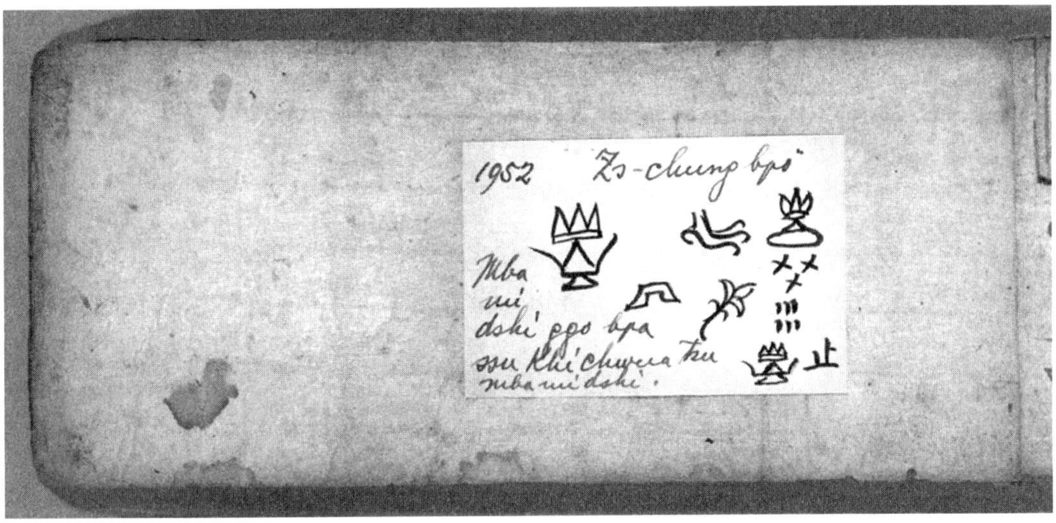

“1952”为洛克收集纳西东巴古籍时的编号。
几个东巴文为封 1 书名复写。
字母为洛克音标，记下此书用于“延寿仪式”及书名之读音。

258-D-30-03

mɯ^{33} lɑ^{33} kɯ^{21} tʂhʅ^{21} ʥʅ^{21}, kɯ^{21} ʥʅ^{21} tʂhʅ^{33} ȵi^{33} ɯ^{33}; dy^{21} lo^{21} zə̧^{21} tʂhʅ^{33} y^{21} , zə̧^{21}
天 也 星 所 生 星 生 今天 吉 地 里 草 所 长 草

y^{21} tʂhʅ^{33} ȵi^{33} hər^{21}, uæ^{33} i^{33} bi^{33} thʏ̩^{33} lʏ̩^{21}, bi^{33} thʏ̩^{33} tʂhʅ^{33} ȵi^{33} lʏ̩^{21}, i^{21} nɯ^{33} le^{21} tshe^{55} bu^{33},
长 今天 绿 左 之 太阳 出 暖 太阳 出 今天 暖 右 以 月亮 亮

le^{21} tshe^{55} tʂhʅ^{33} ȵi^{33} bu^{33}; gə^{21} i^{33} lɑ^{33} sɑ^{21} to^{55} khɯ^{33} phər^{21}, gʏ̩^{33} ʥʅ^{21} khʏ̩^{55} tsʅ^{21} ɯ^{33}, khʏ̩^{55}
月亮 今天 亮 上方 之 拉萨垛肯盘 藏族 年 算 善 头

lɑ^{33} tʂhʅ^{33} khʏ̩^{55} ɯ^{33}; |mu^{21} i^{33} bʏ̩^{33} lʏ̩^{55} zʅ̧^{33} zɑ^{21} mæ^{33}, le^{33} bʏ̩^{33} he^{33} tsʅ^{21} ɯ^{33}, he^{33} lɑ^{33} tʂhʅ^{33}
也 这 年 善 下方 之 补鲁日饶牤 白族 月 算 善 月 亦 这

he^{33} ɯ^{33}; dʑi^{33} dʐʅ^{21} ly^{55} gṿ^{33} hɑ^{55}, nɑ^{21} ɕi^{33} hɑ^{55} tsʅ^{21} ɯ^{33}, hɑ^{55} lɑ^{33} tʂhʅ^{33} hɑ^{55} ɯ^{33}; kɯ^{21} ɯ^{33}
月 吉 人 住 中间 歇 纳西 日 算 善 日 亦 今天 吉 星 吉

zy^{21} ɯ^{33} ȵi^{55} ɯ^{33} hɑ^{55} ɯ^{33} tʂhʅ^{33} dɯ^{33} ȵi^{33},|bi^{33} thṿ^{33} mə^{55} tʂhʅ^{33} ȵi^{33}, mɯ^{33} lɯ^{55} du^{21} dʐʅ^{33}
蕊星 吉 昼 吉 夜 吉 这 一 天 太阳 出 之 今天 美利董主

tʂhʅ^{33} dɯ^{33} dʑi^{13}, ze^{33} tɕi^{33} bə^{33} y^{21} tʂhər^{21}, dʑiə^{21} bṿ^{33} thṿ^{33} tʂhʅ^{33} dy^{55} le^{33} py^{21}. dʑiə^{21} bṿ^{33}
这 一 家 年轻 足 轻 派 久补土蚩 请 又 祭 久补土蚩

thṿ^{33} tʂhʅ^{33} nɯ^{33}, sʅ^{33} phər^{21} ʐʅ^{21} lṿ^{33} tɯ^{21}, tʂhuɑ^{33} phər^{21} kuɑ^{55} le^{33} o^{55}, ŋṿ^{33} hæ^{21} o^{33} tʂhu^{21}
以 毡 白 神坛 设 米 白 神粮 又 倒 银 金 松石 墨玉

i^{33} dɑ^{55} be^{33} le^{33} tɕi^{33},|ɕy^{55} hər^{21} le^{33} dʑi^{21} tso^{55}, ɕy^{55} hər^{21} thɑ^{55} phər^{21} tshʅ^{55}, bər^{33} y^{21}ʐʅ^{33} hɑ^{33}
酬礼 做 又 放 柏 绿 梯 搭 柏 绿 塔 白 建 牦牛绵羊 酒 饭

tʂhər^{21} nɑ^{55} ɕy^{55} mɑ^{21} nɯ^{33} phṿ^{33} lɑ^{21} tʂhu^{55} pɑ^{33} be^{33}.|dʐʅ^{21} no^{33} bər^{21} no^{33} mɑ^{21} nɯ^{33} bæ^{33}
肥肉 瘦肉 柏酥 油 以 神 供养 做 犏牛 乳 牦牛 乳 酥油 以 神灯

mi^{33} tʂʅ^{55}, mɯ^{33} tɕər^{21} tshe^{21} ho^{55} ty^{33}, dʑi^{33} dʑiə^{21} lɑ^{33} lər^{21} dy^{21} i^{33} bu^{33} dɯ^{21} zi^{33} zæ^{33} gṿ^{33}.|
点 天 上 十 八 层 人 住 辽阔 地 也 亮 大 明亮 成

mɯ^{33} lɯ^{55} du^{13} dɯ^{33} tʂhər^{55},
美利董主 一 代

天上长满星，今天的星宿最明亮，地上长满草，今天的青草最绿茵；若罗神山左边升起温暖的太阳，今天的太阳最温暖；若罗神山右边升起明亮的月亮，今夜的月亮最皎洁；住在拉萨垛肯盘的藏族最善算年份，算出今年为吉年；住在补鲁日饶忙的白族最善算月份，算出这月是吉月；住在中央的纳西族，最善算日子，算出今天是吉日，在这吉星吉宿当值的今天，在昼夜皆吉的今天，在太阳晴朗的今天，美利董主这一家，派年轻捷足的伙子，请来久补土蚩[①]东巴祭司做祭仪。由久补土蚩铺上白毡设神坛，倒上白米做神粮，神坛上放着作酬礼的白银和黄金、松石和墨玉，架起翠柏梯子，建柏木白塔，用牦牛和绵羊、酒和饭、肥肉和瘦肉、翠柏和酥油供养神灵。用犏牛乳和牦牛乳制出的酥油点神灯，十八层天上和人类居住的大地上都照亮了。美利董主这一代，

① 此处有误，美利董主家的东巴祭司是“伊世补佐”，而此处写成“久补土蚩。”

258-D-30-04

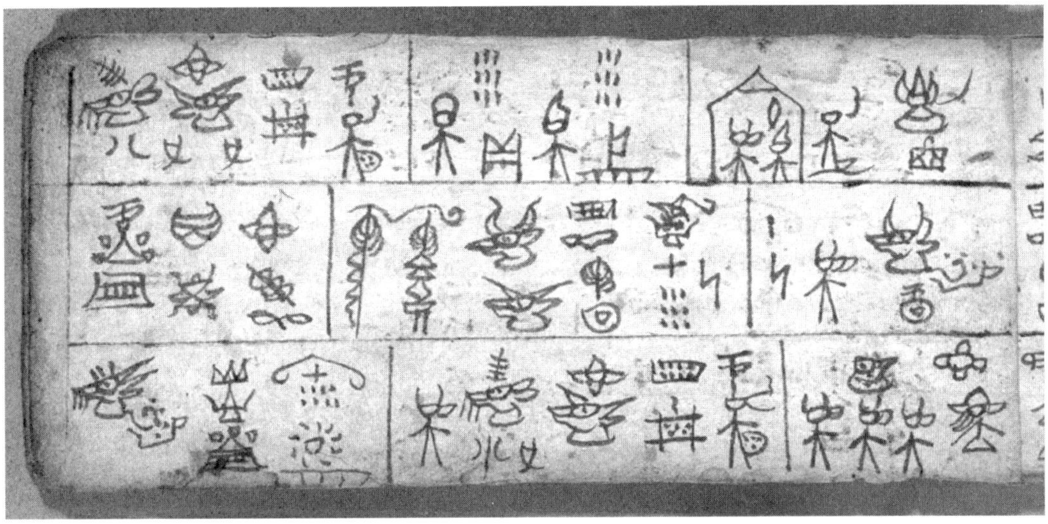

khy̩^{55} by^{33} zʅ^{33} by^{33} me^{55}, nɯ^{21} by^{33} o^{21} by^{33} me^{55}, hɯ^{21} by^{33} dʑæ^{33} by^{33} me^{55}, ky̩^{33} phər^{21}
岁 份 寿 份 求 生儿 份 育女 份 求 富 份 强 份 求 头 白

dʑæ^{33} ʂʅ^{21} me^{55}, zʅ^{33} ʂər^{21} hɑ^{55} i^{33} me^{55}.| gy̩^{33}zo^{33} ɕi^{21} me^{33} gy̩^{33} uə^{33} tshʅ^{55}, gy̩^{33} mi^{55} ɕi^{21} me^{33}
齿 黄 求 寿 长 日 有 求 九 儿 养 的 九 寨 建 九 女 养 的

gy̩^{33} dy^{21}khu^{33}.| tsho^{21} ze^{33} lɯ^{55} ɯ^{33}、tshe^{55} hɯ^{21} bu^{21} bə^{21} tʂhʅ^{33} dɯ^{33} dʑi^{13}, ze^{55} tɕi^{33} bə^{33} y^{21}
九 地 辟 崇忍利恩 衬恒褒白 这 一 家 年轻 脚 轻

tʂər^{21}, dʑiə^{21} by̩^{33} thy̩^{33} tʂhʅ^{33} dy^{55} le^{33} py^{21}. dʑiə^{21} by̩^{33} thy̩^{33} tʂhʅ^{33} nɯ^{33}, sʅ^{33} phər^{21} zʅ^{21} ly̩^{33}
派 久补土蚩 请 又 祭 久补土蚩 以 毡 白 神坛

tɯ^{21}, tʂhuɑ^{33} phər^{21} kuɑ^{55} le^{33} o^{55}, ŋy̩^{33} hæ^{21} o^{33} tʂhu^{21} i^{33} dɑ^{55} be^{33} le^{33} tɕi^{33},| ɕy^{55} hər^{21} le^{33}
设 米 白 神粮 又 撒 银 金 松石 墨玉 酬礼 做 又 放 柏 绿 梯

dʑi^{21} tso^{55}, ɕy^{55} hər^{21} thɑ^{55} phər^{21} tshʅ^{55}, bər^{33} y^{21} zʅ^{33} hɑ^{33} tʂhər^{21} nɑ^{55} ɕy^{33} mɑ^{21} nɯ^{33},
搭 柏 绿 塔 白 建 牦牛 绵羊 酒 饭 肥肉 瘦肉 柏酥 油 以

tʂhər^{33} ɯ^{33} gy̩^{33} le^{33} tshe^{33} sy^{21} nɯ^{33} phy̩^{33} lɑ^{21} tʂhu^{55} pɑ^{33} be^{33}.| tsho^{21} ze^{33} lɯ^{55} ɯ^{33} tʂhʅ^{33}
药 九 又 十 种 以 大神 供养 做 崇忍利恩 这

dɯ^{33}tʂhər^{55}, ɯ^{33} no^{33} tshʅ^{55} no^{33} mɑ^{21} phər^{21} nɯ^{33} bæ^{33} mi^{33} tʂʅ^{55}, mɯ^{33} tɕər^{21} tshe^{21} ho^{55} ty^{33},
一 辈 牛 乳 山羊 乳 酥油 以 油灯 点 天 上 十八 层

dʑi^{33} dʑiə^{21} lɑ^{33} lər^{33} dy^{21} i^{33} bu^{33} dɯ^{21} zi^{33} zæ^{33} gy̩^{33}.| tsho^{21}ze^{33} lɯ^{55} ɯ^{33} khy̩^{55} by^{33} zʅ^{33} by^{33}
人 住 辽阔 地 是 亮 大 明亮 成 崇忍利恩 岁 份 寿 份

me^{33}, nɯ^{21} by^{33} o^{21} by^{33} me^{55}, hɯ^{21} by^{33} dʑæ^{33} by^{33} me^{55}, ky̩^{33} phər^{21} dʑæ^{33} ʂʅ^{21}, zʅ^{33} ʂər^{2}
求 生儿 份 育女 份 求 富 份 强 份 求 头 白 牙 黄 寿 长

hɑ^{55} i^{33} tʂʅ^{33} le^{33} me^{55}.|tsho^{21} zʅ^{33} lɯ^{55} ɯ^{33} ɯ^{33} hɯ^{21} sʅ^{21} zʅ^{33} i^{33}. zo^{33} dɯ^{21} gv̩^{33} dʐʅ^{21} gv̩^{33},
日 有 这 又 求 崇忍利恩 斑鸠 三 兄弟 有 儿 大 藏族 成

求寿岁，求生儿育女，求富裕强盛，求发白齿黄地长寿，求延年益寿。美利董主便养了九个儿建了九个寨，育了九个女而辟九片地。

崇忍利恩及其妻衬恒褒白这一家，派年轻捷足的伙子，请来久补土蚩东巴祭司做祭仪。由久补土蚩铺上白毡子设神坛，神坛上撒着白米做神粮，用白银和黄金、松石和墨玉作酬礼供在神坛上，搭架柏木天梯、建柏木白塔，用牦牛和绵羊、醇酒和米饭、肥肉和瘦肉、翠柏和酥油及九种十种药，供养大神。崇忍利恩这一辈用黄牛和山羊乳制的酥油点神灯，天上十八层和人类居住的辽阔大地上光芒四射。崇忍利恩向神求岁求寿，求生儿育女，求富裕强盛，求长寿而发白齿黄，求延年益寿。崇忍利恩便有了似斑鸠般一般大的三个儿子。长子成了藏族，

258-D-30-05

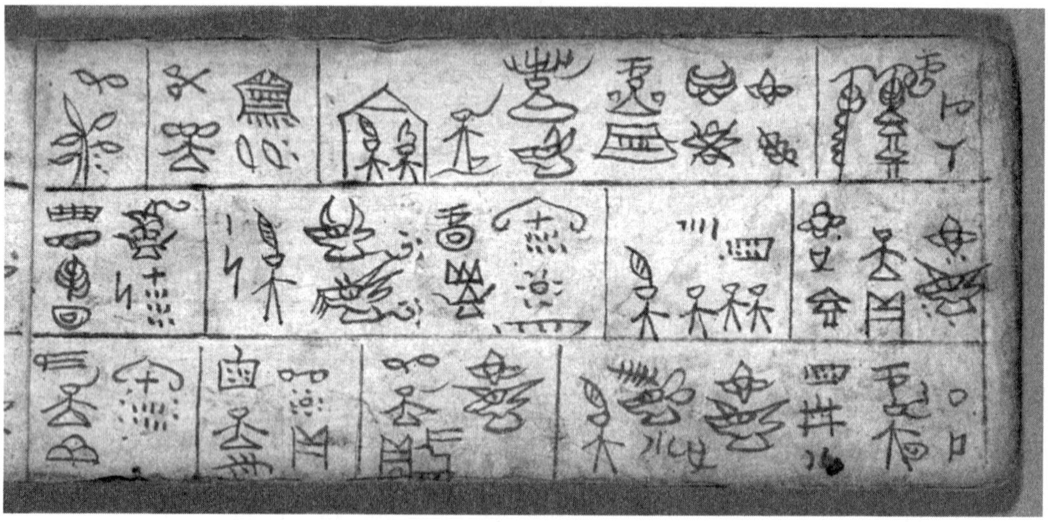

to^{55} khɯ^{33} phər^{21} le^{33} dʐʅ^{21}, dʐər^{21} kv̩^{33} tshe^{55} iə^{21} dʐʅ^{33}.|zo^{33} tɕi^{55} le^{33} bv̩^{33} gv̩^{33}, gæ^{21} khɯ^{33}
垛肯盘 又 住 树 上 叶 似 增 儿 小 白族 成 刚树 处

nɯ^{33} le^{33} dʐʅ^{21}, gæ^{21} tshe^{55} iə^{21} le^{33} dʐʅ^{33}. zo^{33} ly^{55} nɑ^{21} ɕi^{33} gv̩^{33}, dy^{21} ly^{55} gv̩^{33} le^{33} dʐʅ^{21}, dy^{21}
以 又 住 刚树 叶 似 又 增 儿 中 纳西 成 地 中间 又 住 地

lo^{21} zə^{21} iə^{21} dʐʅ^{33}.|kɑ^{33} le^{21} kɑ^{33} tshy^{55} tʂʅ^{33} dɯ^{33} dʑi^{13}, ze^{55} tɕi^{33} bə^{33} y^{21} tʂər^{21}, dʑi^{33} ɯ^{33}
里 草 似 生 高勒高趣 这 一 家 年轻 足 轻 派 精恩什罗

ʂər^{55} lər^{33} dy^{55} le^{33} py^{21}. dʑi^{33}ɯ^{33} ʂər^{55} lər^{33}nɯ^{33}, sʅ^{21} phər^{21} zʅ^{21} lv̩^{33} tɯ^{21}, tʂhuɑ^{33}phər^{21} kuɑ^{55}
请 又 祭 精恩什罗 以 毡 白 神坛 设 米 白 神粮

le^{33} o^{55}, ŋv̩^{33} hæ^{21} o^{33} tʂhu^{21} i^{33} dɑ^{55} be^{33} le^{33} tɕi^{33},|ɕy^{55} hər^{21} le^{33} dʑi^{21} tso^{55}, ɕy^{55} hər^{21} thɑ^{55}
又 倒 银 金 松石 墨玉 酬礼 做 又 放 柏 翠 梯 搭 柏 翠 塔

phər^{21} tshɿ^{55}, bər^{33} y^{21} ʐʅ^{33} hɑ^{33} tʂhər^{21} nɑ^{55} ɕy^{55} mɑ^{21} nɯ^{33}, tʂhər^{33} ɯ^{33} gv̩^{33} le^{33} tshe^{33} sy^{21}
白 建 牦牛绵羊 酒 饭 肥肉 瘦肉 柏酥 油 以 药 九 又 十 样

nɯ^{33} tʂhu^{55} pɑ^{33} be^{33}.|kɑ^{33} le^{21} tshy^{55} dɯ^{33} tʂhər^{55}, ɯ^{33} no^{33} tshɿ^{55} no^{33} mɑ^{21} phər^{21} nɯ^{33} bæ^{33}
以 供养 做 高勒高趣 一 辈 牛 乳 山羊 乳 酥油 以 油灯

mi^{33} tʂʅ^{55}, mɯ^{33}tɕər^{21} tshe^{21}ho^{55} ty^{33}, dʑi^{33} dʑiə^{21} lɑ^{33} lər^{33} dy^{21}, bu^{33} dɯ^{21} zi^{33} zæ^{33} gv̩^{33}.|kɑ^{33}
点 天 上 十 八层 人 住 辽阔 地 光 大 闪亮 成 高勒趣

le^{21} tshy^{55} i^{33} tshy^{55} zɿ^{33} lu^{33} zɿ^{33} i^{33} le^{33} hə^{21}.|dɯ^{21} me^{33} me^{21} i^{33} me^{21} se^{33} thɑ^{55} phər^{21} uə^{33}
是 趣 兄弟 四 兄弟 有 又 了 大 的 枚 是 枚生套盘坞

nɯ^{33}dʐɿ^{21}, le^{33}nɯ^{21} le^{33} o^{21}gv̩^{33}. | ho^{21} i^{33} ho^{21}pɯ^{55} lv̩^{33} nɑ^{21} uə^{33}nɯ^{33} dʐɿ^{21}, le^{33}nɯ^{21} le^{33} o^{21}
以 住 又 生儿 又育女 成 禾 是 禾贝鲁纳坞 以 住 又 生儿又 育女

gv̩^{33}.(mɯ^{33} tɕər^{21} tshe^{21} ho^{55} ty^{33})①|sɿ^{55} i^{33} sɿ^{55} pɯ^{55} o^{33} by^{33} uə^{33} nɯ^{33} dʐɿ^{21},le^{33} nɯ^{21} le^{33} o^{21}
成 天 上 十八 层 束 是 束贝窝毕坞 以 住 又 生儿 又 育女

gv̩^{33}.|iə^{13} i^{33} lɯ^{33} ʂuɑ^{21} iə^{21} kɑ^{55} lɑ^{33} nɯ^{33} dʐɿ^{21}, le^{33} nɯ^{21} le^{33} o^{21} gv̩^{33}.|kɑ^{33} le^{21} kɑ^{33} tshy^{55}
成 尤 是 里刷尤告拉 以 住 又 生儿 又 育女 成 高勒高趣

i^{33}, khv̩^{55} by^{33} zɿ^{33} by^{33} me^{55}, nɯ^{21} by^{33} o^{21} by^{33} me^{55}, hɯ^{21} by^{33} dʑæ^{33} by^{33} me^{55}, kv̩^{33} phər^{21}
是 岁 份 寿 份 求 生儿 份 育女 份 求 富 份 强 份 求 头 白

dʑæ^{33} ʂʅ^{21}, zɿ^{33} ʂər^{21} hɑ^{55} i^{33} gv̩^{33} be^{33} ho^{55}.
牙 黄 寿 长 日 有 成 地 愿

住到垛肯盘，子女如树上树叶般增多。小儿成为白族，住在刚树②下，子女似刚树树叶般增多。次子成为纳西，住在天地中央，子女似地上青草般增多。

高勒高趣一家，派年轻捷足的伙子，请来精恩什罗东巴做祭仪。精恩什罗铺上白毡设神坛，神坛上倒着白米做神粮，供上白银、黄金、松石和墨玉作经功钱，搭翠柏天梯、用柏木建神之白塔，用牦牛和绵羊、醇酒和米饭、肥肉和瘦肉、翠柏和酥油、九种十种药供养神灵。高勒高趣一代，用黄牛乳和山羊乳制出的酥油点神灯，神灯把十八层天上和辽阔大地照得通亮。高勒高趣便生了四个儿子。大儿子枚③就住在枚生套坞盘，生儿又育女。次子禾住到禾贝鲁纳坞，生儿又育女。束住在束贝窝毕坞，生儿又育女。尤住到里刷尤告拉，生儿又育女。愿高勒高趣求到岁和寿，求得生儿育女之福分，求到富裕和强盛，求得长寿而发白齿黄，求得延年益寿。

---

① 这三个字符义为“十八层天上”，但与前后内容无关，存疑。
② 刚树：一种树名，不知对应的汉语名称，这里采用音译。
③ 枚：音译人名，与下文之禾、束、尤为高勒高趣之四个儿子。

258-D-30-06

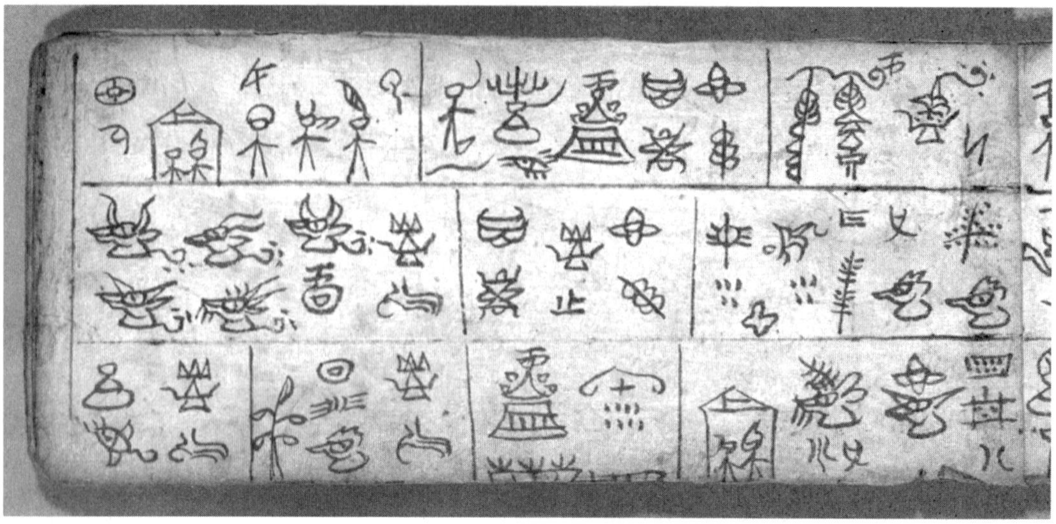

bi^{33} thy̩^{33} mə^{55} tʂhʅ^{33} ȵi^{33}, i^{33} dɑ^{13} tʂhʅ^{33} dɯ^{33} dʑi^{13}, mɯ^{33} lɯ^{55} du^{21} dʐʅ^{33}, tsho^{21} ze^{33}
太阳 出 之 今天 主人 这 一 家 美利董主 崇忍利恩

lɯ^{55} ɯ^{33}, kɑ^{33} le^{21} kɑ^{33} tshy^{55} gə^{33}, tɕhy^{33} tʂhʅ^{21} ky̩^{33} mæ^{55} gy̩^{33}.|ze^{55} tɕi^{33} bə^{33} y^{21} tʂər^{21}, lɯ^{55}
高勒高趣 的 宗族 后裔 成 年轻 足 轻 派 举行

ky̩^{33} py^{33} by̩^{21} dy^{55} le^{33} py^{21}. lɯ^{55} ky̩^{55} py^{33} by̩^{21} nɯ^{33}, sʅ^{33} phər^{21} ʐʅ^{21} ly̩^{33} tɯ^{21}, tʂhuɑ^{33} phər^{21}
会 祭司 请 又 祭 举仪 会 祭司 以 毡 白 神坛 设 米 白

kuɑ^{55} le^{33} o^{55}, ŋy̩^{33} hæ^{21} o^{33} tʂhu^{21} i^{33} dɑ^{55} be^{33} le^{33} tɕi^{33},|ɕy^{55} hər^{21} le^{33} dʑi^{21} tso^{55}, ɕy^{55} hər^{21}
神粮 又 倒 银 金 松石 墨玉 酬礼 做 又 放 柏 绿 梯 搭 柏 绿

thɑ^{55} phər^{21} tshʅ^{55}, bər^{33} y^{21} ʐʅ^{33} hɑ^{33} tʂhər^{21} nɑ^{55} ɕy^{55} mɑ^{21} nɯ^{33}, tʂhər^{33} ɯ^{33} gy̩^{33} le^{33} tshe^{33}
塔 白 建 牦牛 绵羊 酒 饭 肥肉 瘦肉 柏 酥油 以 药 九 又 十

sy^{21} nɯ^{33} phy̩^{33} lɑ^{21} tʂhu^{55} pɑ^{33} be^{33}, bər^{21} no^{33} dʐʅ^{21} no^{33} mɑ^{21}, y^{21} no^{33} tshʅ^{55} no^{33} mɑ^{21}, ɯ^{33}
样 以 大神 供养 做 牦牛 奶 犏牛 奶 酥油 绵羊 奶 山羊 奶 酥油 黄牛

no^{33} mɑ^{33} phər^{21} nɯ^{33} bæ^{33} mi^{33} tʂʅ^{55}, ŋy̩^{21} tɕər^{33} hæ^{21} tɕər^{33}, o^{21} tɕər^{33} tʂhu^{21} tɕər^{33} bæ^{33} mi^{33}
奶 酥油 以 油灯 点 银 杯 金 杯 松石 杯 墨玉 杯 油灯

tʂʅ^{55}.|tʂʅ^{21} me^{33} uɑ^{33} sy^{21}, bɑ^{13} bɑ^{33} uɑ^{33} sy^{21}, sɑ^{55} me^{33} iæ^{33} æ^{21}, khɯ^{33} dy̩^{21} iæ^{33} æ^{21}, o^{55}
点 五谷 之 五样 花 五 样 麻籽 油 野紫苏 油 芝麻

bæ^{21} iæ^{33} æ^{21} nɯ^{33} bæ^{33} mi^{33} tʂʅ^{55}, mɑ^{55} tsʅ^{21} iæ^{33} æ^{21} nɯ^{33} bæ^{33} mi^{33} tʂʅ^{55}.|sʅ^{33} phər^{21} ʐʅ^{21}
油 以 油灯 点 油菜 油 以 油灯 点 毡 白 神坛

ly̩^{33} ky̩^{33}, dʑi^{33} dʑiə^{21}lɑ^{33} lər^{33} dy^{21}, mɯ^{33} tɕər^{21} tshe^{21} ho^{55} ty^{33}, bu^{33} dɯ^{21} zi^{33} zæ^{33} gy̩^{33}.| i^{33}
上 人 住 辽阔 地 天 上 十八 层 亮 大 闪亮 成 主人

dɑ^{13} tʂhʅ^{33} dɯ^{33} dʑi^{13}, khy̩^{55} by^{33} zʅ^{33} by^{33} me^{55}, nɯ^{21} by^{33} o^{21} by^{33} me^{55}, hɯ^{21} by^{33}
这 一 家 岁 份 寿 份 求 生儿 份 育女 份 求 富 份

dʑæ^{33} by^{33} me^{55},
强 份 求

晴朗之今天，为美利董主、崇忍利恩、高勒高趣之宗族后裔的这一主人家，派年轻捷足的小伙子，请来会举行祭仪的东巴祭司。东巴祭司铺上白毡设神坛，神坛上倒着白米作神粮，供上作经功钱的白银和黄金、松石和墨玉，搭架翠柏天梯，建柏木之白塔；用牦牛和绵羊、醇酒和米饭、肥肉和瘦肉、翠柏和酥油、九又十样的药供养大神；用牦牛乳和犏牛乳制出的酥油、绵羊奶和山羊奶做的酥油、黄牛奶做出的酥油点神灯，用白银杯和黄金杯、松石杯和墨玉杯点神灯。用五种五谷、五种花、麻籽油、野紫苏油、芝麻油点神灯，用菜籽油点神灯，神灯点在神坛上，把人类居住的辽阔大地和十八层天上照得通亮。这一家主人，以求岁和寿，求生儿和育女之福分，求富裕和强盛之福分，

258-D-30-07

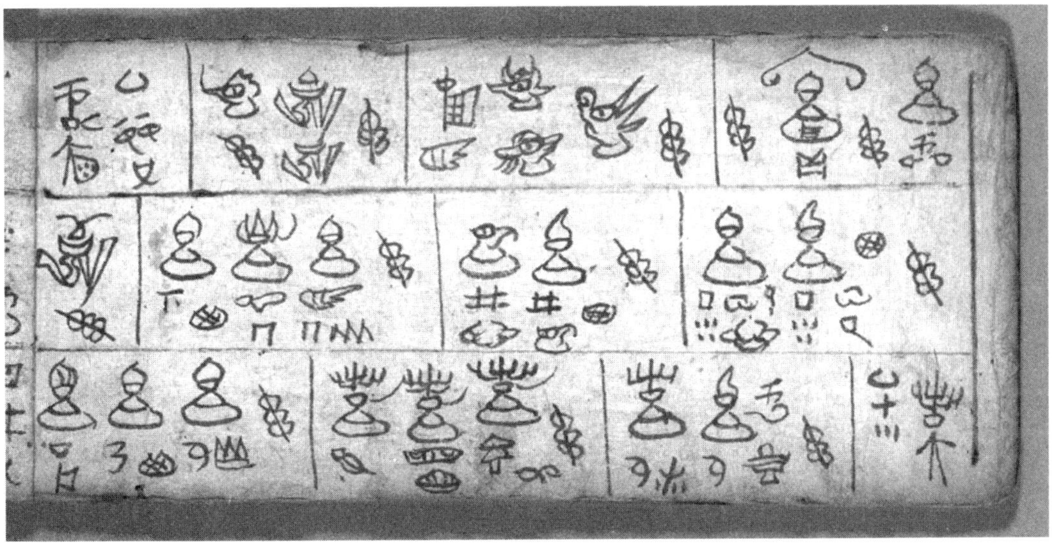

kv̩^{33} phər^{21} dʑæ^{33} ʂʅ^{21}, phv̩^{33} do^{21} lɯ^{55} do^{21} me^{55}.| tɕy^{55} tʂhu^{21} o^{33} nɯ^{21} ɑ^{33} le^{33} tʂhu^{55}.| gɑ^{33}
头 白 牙 黄 祖先 见 孙 见 求 最早 沃神 和 阿神 又 供养 战神

lɑ^{21} bər^{21} tɕhy^{33} si^{21} so^{33} sʅ^{55} kv̩^{33} tʂhu^{55}.| tɕy^{55} tʂhu^{21} mɯ^{33} gə^{33} sɑ^{21} i^{33} uə^{21}de^{33} tʂhu^{55}.| he^{21}
龙 大鹏 狮子 三 个 供养 最早 天 之 刹依威德 供养

dɯ^{21}o^{33} phər^{21} tʂhu^{55}.| i^{33} gv̩^{21} o^{33} kə^{21} tʂhu^{55}.| ɕiə^{21} khə^{55} he^{21} dɯ^{21}, to^{33} bɑ^{21} ʂər^{55} lər^{33}, lɑ^{21}
恒迪窝盘 供养 依古阿格 供养 雄克恒迪 东巴什罗

tʂhʅ^{33} to^{21} mi^{55} tʂhu^{55}.| gu^{33} lɑ^{21} kə^{55} bv̩^{33} , gu^{33} lɑ^{21} kə^{55} mu^{33} tʂhu^{55}.| to^{21} uɑ^{33} i^{21} ʂʅ^{55} dʑi^{33}
拉蚩铎命 供养 巩劳构补 巩劳构姆 供养 铎瓦益世景补

bv̩^{33}, to^{21} uɑ^{33} i^{21} ʂʅ^{55} dʑi^{33} mu^{33} tʂhu^{55}. he^{21} i^{33} kɯ^{21} khu^{55}, gv̩^{33} se^{55} khə^{33} bɑ^{33}, mɑ^{55} mi^{33}
铎瓦益世金姆 供养 恒依格空 古生抠巴 冒米巴拉

pɑ^{33} lər^{33} tʂhu^{55}.|dʑi^{33} nɯ^{21} bɯ^{33}, lo^{21} pɑ^{33} thɑ^{33} kə^{55}, thɑ^{55} iə^{33} ti^{33} bɑ^{33} tʂhu^{55}.|mə^{33} py^{21}
供养 景神 和 崩神 罗巴涛格 套优丁巴 供养 莫毕精如

dʑi^{33} zɿ^{21}, mə^{33} phɑ^{21} ɯ^{33} hɑ^{55} tʂhu^{55}.|y^{21} phy^{55} tʂuɑ^{21} so^{33} tshe^{21} sɿ^{55} kʏ^{33},
莫盘恩浩 供养 余聘爪梭 十 三 个

以求长寿而发白齿黄，祖孙相见而四世同堂。

供养最早的沃神和阿神。供养大鹏、狮子和龙三尊战神。供养最早的天之刹依威德大神。供养恒迪窝盘大神。供养依古阿格大神。供养雄克恒迪大神，供养东巴什罗，供养拉蚩铎命大神。供养巩劳构补大神和巩劳构姆女神。供养铎瓦益世景补大神和铎瓦益世金姆女神。供养恒依格空大神、古生抠巴大神和冒米巴拉大神。供养景神和崩神，供养罗巴涛格大神和套优丁巴大神。供养莫毕精如大神和莫盘恩浩大神。供养十三尊余聘爪梭战神，

258-D-30-08

y^{21} ly^{55} tʂuɑ^{21} so^{33} tshe^{21} sɿ^{55} kʏ^{33}, y^{21} tɕi^{55} tʂuɑ^{21} so^{33} tshe^{21} sɿ^{55} kʏ^{33} le^{33} tʂhu^{55}.|be^{21} mu^{21}
余吕爪梭 十 三 个 余敬爪梭 十 三 个 又 供养 本神 兵

tʏ^{33} tʏ^{21}kɯ^{33} kɯ^{21} tʂhu^{55}.|mɯ^{33} gə^{33} ȵi^{33} me^{33} he^{33} me^{33} tuɑ^{33} kə^{21}, kɯ^{21}nɯ^{21} zɑ^{21} tuɑ^{33} kə^{21},
千 千 万 万 供养 天 的 太阳 月亮 端格神 星 和 饶星 端格神

mə^{33} sɿ^{33} sy^{21} mə^{33} dʑy^{33}, mə^{33} do^{21} sy^{21} mə^{33} dʑy^{33} gə^{33} tuɑ^{33} kə^{21} sɿ^{21} ɕi^{33} tʂhuɑ^{55} tshər^{21}
不 知 啥 没 有 不 见 啥 没 有 的 端格神 三 百 六十

tʂhu^{55}. thʏ^{33} tʂhʅ^{33} iə^{33} mɑ^{21}, ȵiə^{33} ȵiə^{21} iə^{33} mɑ^{21}, pɑ^{33} u^{33} iə^{33} mɑ^{21}, khuɑ^{33} dʐʅ^{21} iə^{33} mɑ^{21},
供养 土蚩优麻战神 纽牛优麻战神 巴乌优麻战神 角 生 优麻战神

dʏ^{33} dʐʅ^{21} iə^{33} mɑ^{21}, tʂʅ^{21}dʐʅ^{21} iə^{33} mɑ^{21}, zɿ^{33} sy^{55} zɿ^{21} ko^{21} pɯ^{55} me^{33} iə^{33} mɑ^{21} sɿ^{21} ɕi^{33} tʂhuɑ^{55}
翅生 优麻战神 爪 生 优麻战神 仇 杀 仇 魂 飞 的 优麻战神 三 百 六十

tshər^{21} tʂhu^{55}.|mɯ^{33} thv̩^{33} kuə^{55} ʂuɑ^{21}, dy^{21} khu^{33} khu^{55} gɯ^{21} zɿ^{33} nɯ^{33} py^{21}, bi^{33} thv̩^{33} khɯ^{33}
供养 天 开 高 远 地 辟 辽阔 时代 以 祭 太阳 出 脚

ʂər^{21}, le^{21} thv̩^{33}uə^{55} uə^{33} zɿ^{33} nɯ^{33} py^{21} me^{33} tʂhu^{55}. du^{21} kv̩^{33}phər^{21}, se^{21} ʥæ^{33} ʂʅ^{21} le^{33} tʂhu^{55}.
长 月亮 出 圆圈 时代 以 祭 者 供养 卢神 头 白 沈神 牙 黄 又 供养

mɯ^{33} ʂuɑ^{21} ə^{33} nɑ^{33} mu^{21} phe^{33} uɑ^{55} be^{33} gu^{33} zɿ^{33} nɯ^{33} py^{21} me^{33} tʂhu^{55}, uæ^{33} lɑ^{21} phu^{55} gə^{33}
天 高 欧纳木喷 五 兄弟 时代 以 祭 者 供养 左 手 边 的

dv̩^{21} kho^{33} lv̩^{55} lv̩^{33} zɿ^{33} nɯ^{33} py^{21}me^{33}tʂhu^{55}, i^{21} lɑ^{21} phu^{55} gə^{33} ʂə^{55} lɑ^{33} phv̩^{33} tʂhʅ^{33} zɿ^{33} nɯ^{33}
督柯鲁鲁 时代 以 祭 者 供养 右 手 边 的 寿拉普蚩 时代 以

py^{21} me^{33} tʂhu^{55}.|i^{33} do^{33} lɑ^{33} mu^{33} tshe^{21} sɿ^{55} kv̩^{33}, tshy^{55} i^{33} lɑ^{33} mu^{33} tshe^{21} sɿ^{55} kv̩^{33}, lo^{21}ʂʅ^{33}
祭 者 供养 依端拉姆 十 三 个 趣依拉姆 十 三 个罗史拉姆

lɑ^{33} mu^{33} tshe^{21} sɿ^{55} kv̩^{33} me^{33} tʂhu^{55}.|y^{21} tsi^{55} he^{21} dɯ^{21}
十 三 个 者 供养 余晋 神 大

供养十三位余吕爪梭战神，供养十三位余敬爪梭战神。供养千千万万个本神兵。供养天上的无所不知、无所不见的太阳和月亮、星星和饶星孵化而出的三百六十尊端格战神。供养土蚩优麻战神、纽牛优麻战神、巴乌优麻战神，供养生角的优麻战神、生翅的优麻战神、生爪的优麻战神，供养杀仇人而使仇人魂飞的三百六十尊优麻战神；供养开天高远，辟地辽阔时代就祭祀的祭司，供养光线长长的太阳出现，圆圈的月亮出现那时代就祭祀的祭司。供养长寿而满头白发的卢神和长寿而牙齿发黄的沈神。供养天空高远时的欧纳木喷五兄弟时代的祭司，供养左边的督柯鲁鲁时代的祭司，供养右边的寿拉普蚩时代的祭司。供养十三位依端拉姆女神，供养十三位趣依拉姆女神，供养十三位罗史拉姆女神。

258-D-30-09

tv̩^{33} tv̩^{21} kɯ^{33} kɯ^{21} tʂhu^{55}.|ṇi^{33} me^{33} thv̩^{33}, sər^{33} gə^{33} he^{21} dɯ^{21} tʂhu^{55}. i^{33} tʂhʅ^{33} mu^{21}, mi^{33}
千 千 万 万 供养 东方 木 的 神 大 供养 南方 火

gə^{33} he^{21} dɯ^{21} tʂhu^{55}, ȵi^{33} me^{33} gy̩^{21}, ʂu^{21} gə^{33} he^{21} dɯ^{21} tʂhu^{55}. ho^{33} gy̩^{33} lo^{21}, dʑi^{21} gə^{33} he^{21}

的 神 大 供养 西方 铁 有 神 大 供养 北方 水 的 神

dɯ^{21} tʂhu^{55}. mɯ^{33} nɯ^{21} dy^{21} ly^{55} gy̩^{33}, tʂʅ^{33} gə^{33} he^{21} dɯ^{21} tʂhu^{55}. | tʂuɑ^{21}ʂʅ^{33} he^{21} dɯ^{21}, ɕy^{21}

大 供养 天 和 地 中央 土 的 神 大 供养 爪史 神 大 徐史

ʂʅ^{33} he^{21} dɯ^{21} tʂhu^{55}.|mi^{21}dʑy^{33} he^{21} dɯ^{21}, se^{33} se^{33} khə^{33} dʑiə^{21} he^{21} dɯ^{21}tʂhu^{55}.|bə^{33} ʂʅ^{21} sæ^{33}

神 大 供养 明苴 神 大 胜生柯久 神 大 供养 崩史三朵神

do^{33}, gu^{21} pɯ^{33} pɯ^{33} fy̩^{33} tʂhʅ^{21} huɑ^{21} tʂhu^{55}. ɯ^{55} le^{33} sæ^{33} do^{33}, mɑ^{21} ʂʅ^{33} he^{21} dɯ^{21} tʂhu^{55}.

谷本 本府 城隍 供养 恩冷 三朵神 麻史 神 大 供养

tso^{33} zo^{33} uɑ^{55} ky̩^{33}, tso^{33} mi^{55} uɑ^{55} ky̩^{33} tʂhu^{55}.|he^{21} dɯ^{21} ty̩^{33} ty̩^{21} kɯ^{33} kɯ^{21} tʂhu^{55}.|ȵi^{33}

佐若 五 个 佐命 五 个 供养 神 大 千 千 万 万 供养

me^{33} thy̩^{33}, khə^{21} tshe^{55} tshe^{55} by̩^{33} gɑ^{33} lɑ^{21} tʂhu^{55}.|i^{33} tʂhʅ^{33} mu^{21}, se^{33} ʐʅ^{33} mi^{21} gu^{33} gɑ^{33} lɑ^{21}

东方 格衬称补 战神 供养 南方 胜日明恭 战神

tʂhu^{55}. ȵi^{33} me^{33} gy̩^{21}, nɑ^{55} se^{33} tʂhu^{33} lu^{21} gɑ^{33} lɑ^{21} tʂhu^{55},

供养 西方 纳生初卢 战神 供养

供养千千万万的余晋[1]大神。供养属木之东方大神。供养属火之南方大神。供养属铁之西方大神。供养属水之北方大神。供养属土之中央大神。供养爪史大神、徐史大神、明苴大神和胜生柯久大神。供养崩史[2]三朵神，供养谷本[3]本府城隍。供养恩冷[4]三朵神；供养麻史大神。供养五个佐若和五个佐命[5]。供养千千万万的大神。供养东方的格衬称补战神。供养南方的胜日明恭战神。供养西方的纳生初卢战神。

258-D-30-10

① 余晋：音译，冠于“神”、“东巴”、“署”前，其义不详。存疑。
② 崩史：音译地名，为今云南省丽江市玉龙县白沙乡。
③ 谷本：音译地名，为今云南省丽江市古城区大研镇。
④ 恩冷：音译地名，为今云南省丽江市古城区金山乡新团乡一个村名。
⑤ 佐若和佐命：音译神名，佐，相当于汉文化中的的灶神。“佐若”为“男灶神”，“佐命”为“女灶神”。

ho^{33} gv̩^{33} lo^{21}, gv̩^{33} se^{55} khə^{33} bɑ^{33} gɑ^{33} lɑ^{21} tʂhu^{55}.|mɯ^{33} le^{33} dy^{21} ly^{55} gv̩^{33}, so^{33} y^{21} tsi^{55} gv̩^{33}
北方 古生抠巴 战神 供养 天 和 地 中央 梭余晋古

gɑ^{33} lɑ^{21} tʂhu^{55}.|mɯ^{33}gə^{33} gɑ^{33} zo^{33} gv̩^{33} kv̩^{55}, dy^{21} gə^{33} gɑ^{33} mi^{55} gv̩^{33} kv̩^{55} tʂhu^{55}.|mɯ^{33} gə^{33}
战神 供养 天 的 嘎神 男 九 个 地 的 嘎神 女 九 个 供养 天 的

ʂə^{55} lɑ^{33} uə^{33} kə^{21} tʂhu^{55}. mɯ^{33} gə^{33} py^{33} bv̩^{21} nɑ^{55} bv̩^{33} so^{33} gu^{33} tʂhu^{55}. dy^{21} gə^{33} py^{33} bv̩^{21}
寿拉乌格 供养 天 的 祭司 纳补梭恭 供养 地 的 祭司

sɑ^{33} bv̩^{33} sɑ^{33} lɑ^{21} tʂhu^{55}. ȵi^{33} me^{33} py^{33}bv̩^{21} duɑ^{21} mɑ^{55} duɑ^{21} dʐʅ^{33} tʂhu^{55}. he^{33} me^{33} py^{33} bv̩^{21}
莎补莎劳 供养 太阳 祭司 端麻端支 供养 月亮 祭司

tɕi^{55} thɑ^{55} tɕi^{55} iə^{33} tʂhu^{55}.|he^{21} gə^{33} py^{33} bv̩^{21} lɑ^{21} bv̩^{33} thv̩^{33} kə^{55} tʂhu^{55}. mɯ^{33} lɯ^{55} du^{21} dʑʅ^{13}
敬套敬尤 供养 神 的 祭司 劳补土构 供养 美利董主

gə^{33} py^{33} bv̩^{21} i^{21} ʂʅ^{55} bu^{21} dʑo^{33} tʂhu^{55}. tsho^{21} ze^{33} lɯ^{55} ɯ^{33} gə^{33} py^{33} bv̩^{21} dʑiə^{21} bv̩^{33} thv̩^{33}
的 祭司 伊世补佐 供养 崇忍利恩 的 祭司 久补土蚩

tʂhʅ^{33} tʂhu^{55}. kɑ^{33} le^{21} kɑ^{33} tshy^{55} gə^{33} py^{33} bv̩^{21} dʑi^{33} ɯ^{33} ʂər^{55} lər^{33} tʂhu^{55}.|dʐər^{21} dɯ^{21} py^{33}
供养 高勒高趣 的 祭司 精恩什罗 供养 威灵 大 祭司

bv̩^{21} tv̩^{33} tv̩^{21} kɯ^{33} kɯ^{21} tʂhu^{55}.|ȵi^{33} me^{33} thv̩^{33}, dv̩^{33} phər^{21} i^{33} do^{33} lɑ^{33} mu^{33} tshe^{21} sʅ^{55} kv̩^{33}
千 千 万 万 供养 东方 海螺 白 依端拉姆 十 三 个

le^{33} tʂhu^{55}. ʂə^{55} tɑ^{55} dʑiə^{33} u^{21} tʂhu^{55}.|i^{33} tʂhʅ^{33} mu^{21}, o^{21} hər^{21}
又 供养 寿道玖吾 供养 南方 松石 绿

供养北方战神古生抠巴。供养天和地中央的战神梭余晋古。供养天的九个男嘎神和地的九个女嘎神。供养天的寿拉乌格大神。供养天的东巴祭司纳补梭恭。供养地的东巴祭司莎补莎劳。供养太阳的东巴祭司端麻端支。供养月亮的东巴祭司敬套敬尤。供养神的东巴祭司劳补土构。供养美利董主家的东巴祭司伊世补佐。供养崇忍利恩家的东巴祭司久补土蚩。供养高勒高趣家的东巴祭司精恩什罗。供养具有大威灵的千千万万个东巴祭司。供养东方的白海螺色的十三个依端拉姆女神。供养寿道玖吾神。供养南方绿松石色的

258-D-30-11

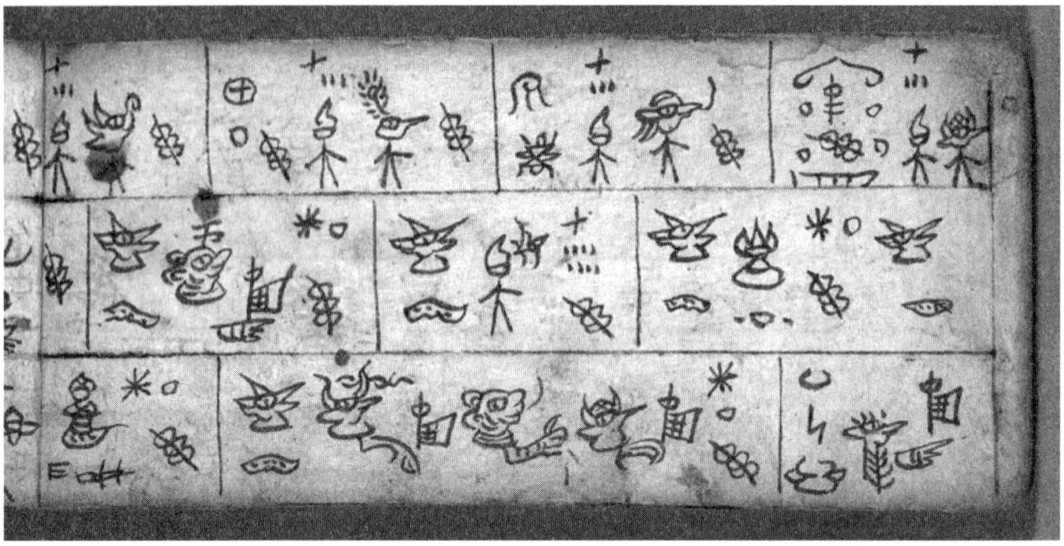

i^{33} do^{33} lɑ^{33} mu^{33} tshe^{21} sɿ^{55} kv̩^{33} le^{33} tʂhu^{55}. i^{33} bu^{33} ho^{21} bu^{33} tʂhu^{55}.|n̠i^{33} me^{33} gv̩^{21}, tʂhu^{21}
依端拉姆 十 三 个 又 供养 依波禾波 供养 西方 墨玉

nɑ^{55} i^{33} do^{33} lɑ^{33} mu^{33} tshe^{21} sɿ^{55} kv̩^{33} le^{33} tʂhu^{55}. mɑ^{55} iə^{33} tʂhɿ^{55} bv̩^{33} tʂhu^{55}.|ho^{33} gv̩^{33} lo^{21},
黑 依端拉姆 十 三 个 又 供养 麻永斥布 供养 北方

hæ^{33} ʂɿ^{21} i^{33} do^{33} lɑ^{33} mu^{33} tshe^{21} sɿ^{55} kv̩^{33} le^{33} tʂhu^{55}. ər^{33} pɑ^{55} dʑə^{33} u^{21} tʂhu^{55}.|mɯ^{33} le^{33}
金 黄 依端拉姆 十 三 个 又 供养 朗宝久乌 供养 天 和

dy^{21} ly^{55} gv̩^{33}, tʂhu^{33} dʑæ^{21} i^{33} do^{33} lɑ^{33} mu^{33} tshe^{21} sɿ^{55} kv̩^{33} le^{33} tʂhu^{55}. tʂhu^{33} dʑæ^{21} ɕiə^{33}
地 中央 墨玉 花 依端拉姆 十 三 个 又 供养 墨玉 花 大鹏

tɕhy^{21} tʂhu^{55}.|y^{21} tsi^{55} phv̩^{33} lɑ^{21} gɑ^{33} lɑ^{21} tv̩^{33} tv̩^{21} kɯ^{33}kɯ^{21}tʂhu^{55}.|y^{21} tsi^{55} he^{21} mi^{55} zi^{33}me^{33}
供养 余晋 大神 战神 千 千 万 万 供养 余晋 神 女 漂亮 的

tshe^{21} ho^{55} kv̩^{33} le^{33} tʂhu^{55}.|y^{21} tsi^{55} py^{33} bv̩^{21} tv̩^{33}tv̩^{21} kɯ^{33} kɯ^{21} tʂhu^{55}. y^{21} tsi^{55} sɑ^{21} dɑ^{55} tv̩^{33}
十 八 个 又 供养 余晋 祭司 千 千 万 万 供养 余晋 刹道 千

tv̩^{21} kɯ^{33} kɯ^{21} tʂhu^{55}.|y^{21} tsi^{55} khuɑ^{33}dʐɿ^{21} gɑ^{33}lɑ^{21}, tʂɿ^{21} dʐɿ^{21}gɑ^{33} lɑ^{21}, dv̩^{33} dʐɿ^{21} gɑ^{33} lɑ^{21} tv̩^{33}
千 万 万 供养 余晋 蹄 生 战神 爪 生 战神 翅 生 战神 千

tv̩^{21} kɯ^{33} kɯ^{21} tʂhu^{55}.|sɿ^{33} bv̩^{33} phv̩^{33} sɿ^{55} tʂhər^{33} y^{21} gɑ^{21} lɑ^{33}
千 万 万 供养 大者 男 三 代 祖先 战神

十三位依端拉姆女神。供养依波禾波神。供养西方的黑墨玉色的十三位依端拉姆女神。供养麻永斥布神。供养北方的金黄色的十三位依端拉姆女神。供养朗宝久乌神。供养天地中央的花墨玉色的十三位依端拉姆女神。供养花墨玉色的大鹏神。供养千千万万的余晋战神，供养十八位漂亮的余晋女神，供养千千万万的余晋祭司，供养千千万万尊余晋刹道。供养千千万万生蹄的余晋战神、生爪的余晋战神、生翅的余晋战神。供养最大的三代男祖先战神

258-D-30-12

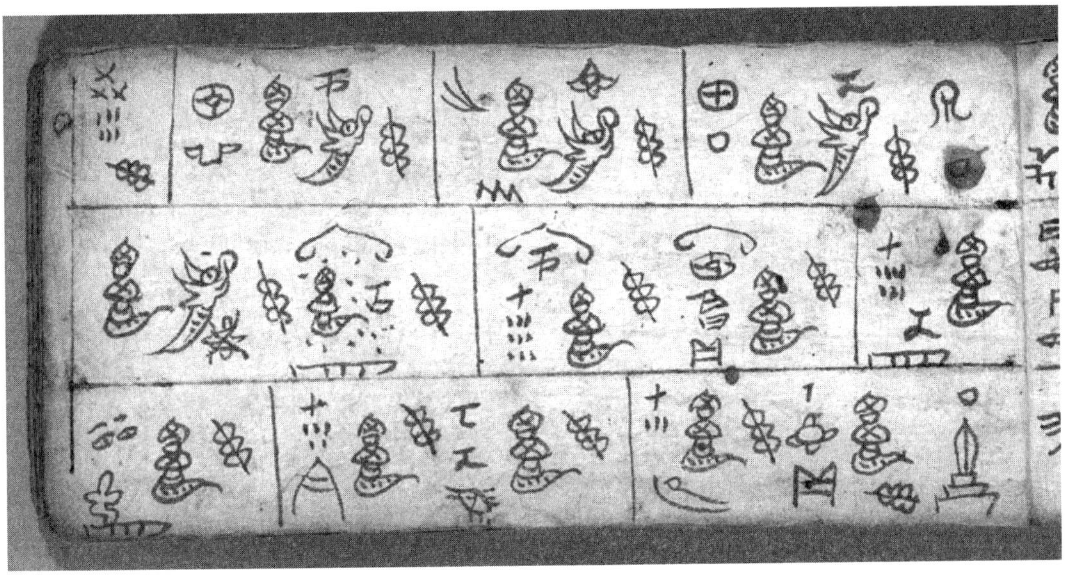

sɿ^{21} ɕi^{33} tʂhuɑ^{55} tshər^{21} tʂhu^{55}.| ȵi^{33} me^{33} thʏ^{33}, sɿ^{21} phər^{21} lʏ^{21} phər^{21} tʂhu^{55}.| i^{33} tʂhɿ^{33} mu^{21},
三 百 六十 供养 东方 署 白 龙 白 供养 南方

sɿ^{21} hər^{21} lʏ^{21} hər^{21} tʂhu^{55}.| ȵi^{33} me^{33} gʏ^{21}, sɿ^{21} nɑ^{21} lʏ^{21} nɑ^{21} tʂhu^{55}. ho^{33} gʏ^{33} lo^{21}, sɿ^{21} ʂɿ^{21}
署 绿 龙 绿 供养 西方 署 黑 龙 黑 供养 北方 署 黄

lʏ^{21} ʂɿ^{21} tʂhu^{55}. mɯ^{33} le^{33} dy^{21} ly^{55} gʏ^{33}, sɿ^{21} ʥæ^{21} lʏ^{21} ʥæ^{21} tʂhu^{55}.| mɯ^{33} gə^{33} phər^{21} me^{33}
龙 黄 供养 天 和 地 中央 署 花 龙 花 供养 天 的 白 的

gʏ^{33} tshər^{21} gʏ^{33} ʥər^{33} sɿ^{21} le^{33} tʂhu^{55}, mɯ^{33} gə^{33} ȵi^{55} gə^{33} ty^{33} uə^{21} tʂhu^{55}.| dy^{21} gə^{33} nɑ^{21}
九 十 九 尊 署 又 供养 天 的 纽格敦乌 供养 地 的 黑

me^{33} ʂər^{33} tshər^{21} ʂər^{33} ʥər^{33} sɿ^{21} le^{33} tʂhu^{55}. dy^{21} gə^{33} ȵiə^{55} sɑ^{33} ɕio^{33} lo^{21} tʂhu^{55}.| uɑ^{33} tshər^{21}
的 七 十 七 尊 署 又 供养 地 的 纽莎许罗 供养 五 十

uɑ^{33} ʥy^{21}gə^{33} sɿ^{21} le^{33} tʂhu^{55}. tso^{33} nɑ^{33} lɯ^{33} tʂhɿ^{33} tʂhu^{55}.| sɿ^{33} tshər^{21} sɿ^{33} lo^{21} sɿ^{21} le^{33} tʂhu^{55},
五 山 的 署 又 供养 增那林斥 供养 三 十 三 谷 署 又 供养

dɯ^{33} uə^{33} dɯ^{33} sɿ^{21} tʂhu^{55}. ʥy^{21} nɑ^{55} zo^{55} lo^{33} kʏ^{33}
一 丘 一 署 供养 居那若罗 顶

三百六十尊。供养东方的白署①和白龙。供养南方的绿署和绿龙。供养西方的黑署和黑龙。供养北方的黄署和黄龙。供养天地中央的花署和花龙。供养天上的九十九尊白署，供养天的署首领纽格敦乌。供养地上的七十七尊黑署，供养地的署首领纽莎许罗。供养山上的五十五尊署。供养署首领增那林斥。供养三十三深谷的署，供养每一个山丘上的署。供养居那若罗神山顶上的

① 署：音译名词，为东巴教中司山川河流及野生动植物的精灵，相传与人类是同父异母的兄弟。下文的“纽格敦乌”、“纽莎许罗”、“ 增那林斥”等为各地署之首领。

258-D-30-13

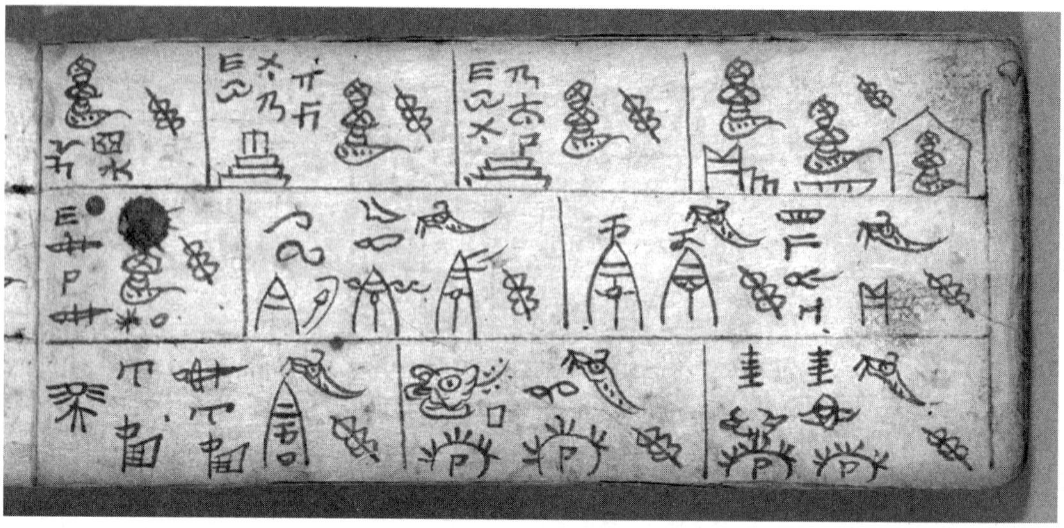

o^{55} bv̩^{33} dʑiə^{33} iə^{21} tʂhu^{55}.|zo^{55} lo^{21} tɯ^{55} gə^{33} sa^{13} i^{33} la^{21} pa^{55} tʂʅ^{55} bv̩^{55} tʂhu^{55}.|zo^{55} lo^{33}
窝补久优 供养 若罗 腰 的 韶依拉巴斥布 供养 若罗

khɯ^{33} gə^{33} sa^{13} i^{33} la^{21} pa^{55} ti^{33} ma^{21} tʂhu^{55}.| dʐʅ^{33} nɯ^{33} uə^{33} lɯ^{33} mu^{33}, dʑi^{21} lɯ^{33} dæ^{21} lɯ^{33}
山麓 的 韶依拉巴敦麻 供养 村 和 寨 里 母 房 里母 宅地

mu^{33} le^{33} tʂhu^{55}. sa^{21} da^{55}, ko^{21} da^{55} tv̩^{33}tv̩^{21} kɯ^{33} kɯ^{21} tʂhu^{55}.|gu^{33} lu^{21}ka^{33} le^{21} ty^{55} iə^{55} me^{33}
里母又 供养 刹道 郭道 千 千 万 万 供养 保佑 赐福 给 的

dʑy^{21} nɯ^{21} lo^{21} ʂʅ^{55} ʐʅ^{21}, bə^{33} ʂʅ^{21} tɕi^{21}ŋv̩^{33} lv̩^{33}ʂʅ^{55} ʐʅ^{21}, zər^{21} ŋv̩^{33} lv̩^{33} ʂʅ^{55} ʐʅ^{21} tʂhu^{55}.|phər^{21}
山 和 谷 什日 崩史 雪山 什日 冉雪山 什日 供养 白

ŋv̩^{33} lv̩^{33}, na^{21} ŋv̩^{33} lv̩^{33} gə^{33} ʂʅ^{55} ʐʅ^{21} tʂhu^{55}, tʂʅ^{33} ʂua^{21} ə^{55} tɕər^{33} uə^{33} ʂʅ^{55} ʐʅ^{21} tʂhu^{55}. si^{33} ka^{33}
雪山 墨 雪山 的 什日 供养 智刷欧江坡 什日 供养 辛高嘎

ga^{21}, tshər^{21} ka^{33} ga^{21}, ko^{21} gv̩^{33} phər^{21}ʂʅ^{55} ʐʅ^{21} tʂhu^{55}.|la^{33} lər^{33} to^{55} ko^{21} kv̩^{33}, iə^{21} tʂhə^{55}
昌高嘎 高原 身 白 什日 供养 拉朗垛各 高原 顶 尤臭

ko^{21} ʂʅ^{55} ʐʅ^{21} tʂhu^{55}.|zɿ^{33} pv̩^{21} ko^{21}, zɿ^{33} hər^{21} ko^{21} ʂʅ^{55} ʐʅ^{21} tʂhu^{55}.
高原 什日 供养 汝补 高原 汝亥 高原 什日 供养

署首领窝补久优。供养居那若罗神山山腰的署首领韶依拉巴斥布。供养若罗神山山麓的韶依拉巴敦麻署首领。供养村和寨中的里母①，供养房屋和宅基地的里母，供养千千万万的刹道和郭道。供养庇佑赐福人类的山和谷中之什日②，供养崩史雪山什日，供养冉雪山③什日，供养白雪山和黑雪山什日，供养智刷欧江坡什日。供养辛高嘎什日和昌高嘎什日，供养高原什日，供养拉朗垛各高原顶什日，供养尤臭高原什日，供养汝补高原和汝亥高原什日。

① 里母：音译名词，为司野生动植物及山川河流的精灵——署之别种。下文的“刹道”、“郭道”亦然。
② 什日：音译名词，似汉文化中的“山神”。
③ 冉雪山：冬有雪、夏无雪之雪山。

258-D-30-14

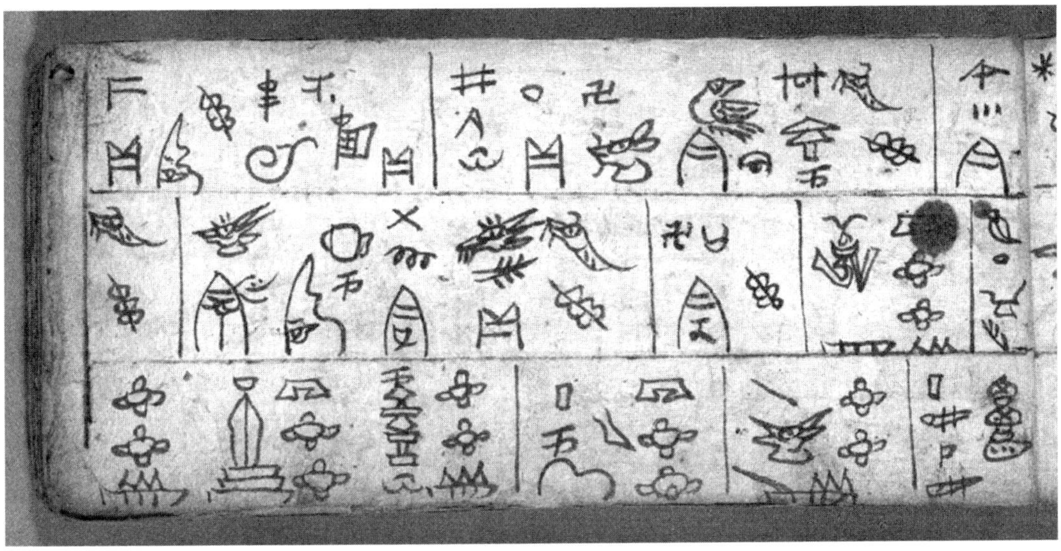

ʂuɑ^{55} uə^{33} æ^{21} kho^{33} ʂʅ^{33} ʐʅ^{21} tʂhu^{55}. ly^{55} hɯ^{55} dʐər^{21} gɑ^{33} uə^{33} ʂʅ^{55} ʐʅ^{21} tʂhuu^{55}.|gu^{21} be^{33} i^{33}

刷坞 岩科 什日 供养 吕恒 汁嘎坡 什日 供养 谷本依古

gʏ^{33} ʂʅ^{55} ʐʅ^{21}, ɯ^{355} le^{33} ɯ^{33} hɑ^{55} dʑy^{21} ʂʅ^{55} ʐʅ^{21}, kæ^{21} khɯ^{33} thɑ^{55} phər^{21} gə^{33} ʂʅ^{55} ʐʅ^{21} tʂhu^{55}.|

什日 恩冷 恩哈 山 什日 岗肯 塔白 的 什日 供养

mɯ^{55} sʅ^{33} dʑy^{21}gə^{33} ʂʅ^{55} ʐʅ^{21} tʂhu^{55}.|se^{33} pi^{21} zər^{21} ŋʏ^{33} lʏ^{33} ʂʅ^{55} ʐʅ^{21}, æ^{21} phɑ^{33} phər^{21} ʂʅ^{55} ʐʅ^{21},

美斯 山 的 什日 供养 生毕 冉雪山 什日 岩泡盘 什日

tshe^{21} tʂhə^{55} me^{33} dʑy^{21} ʂʅ^{55} ʐʅ^{21}, tshʅ^{55} mæ^{33} uə^{33} ʂʅ^{55} ʐʅ^{21} tʂhu^{55}.|ɯ^{33} kho^{21} æ^{33} nɑ^{55} dʑy^{21} gə^{33}

乘臭美 山 什日 茨满坡 什日 供养 恩科 埃纳 山 的

ʂʅ^{55} ʐʅ^{21} tʂhu^{55}.|o^{55} dy^{21} gə^{21} dɯ^{55} dɯ^{33} nɯ^{21} mu^{13},|dʑi^{21} gʏ^{33} khuɑ^{55} thæ^{33} nɯ^{33} mu^{21}

什日 供养 沃神地 以上 吉古夸潭 之 以下

dɯ^{55} dɯ^{33}, dʑy^{21} nɑ^{55} zo^{55} lo^{33} dʑy^{21} dʑy^{21} kʏ^{33} nɯ^{33} gə^{21} dɯ^{55} dɯ^{33}, thɑ^{55} phər^{21} khɯ^{33} i^{33}

居那若罗 山 山 顶 之 以上 塔 白 脚 之

mu^{21} dɯ^{55} dɯ^{33},|lɑ^{533} sɑ^{21} to^{55} khɯ^{33} phər^{21} nɯ^{33} gə^{21} dɯ^{55} dɯ^{33},|bʏ^{33} lʏ^{55} ʐʅ^{33} zɑ^{21} mæ^{33}

以下 拉萨垛肯盘 之 以 上 补鲁日饶牤

nɯ^{33} mu^{21} dɯ^{55} dɯ^{33},|to^{21} dɑ^{55}, ko^{21} dɑ^{55}

之 以下 铎道 郭道

供养刷坞①的岩科什日。供养吕恒②汁嘎坡什日。供养谷本的依古坡什日。供养恩冷恩哈山什

① 刷坞：音译地名，为今云南省丽江市古城区束河镇。

② 吕恒：音译地名，为今云南省丽江市黄山镇中济村。

日。供养岗肯①之白塔那儿的什日。供养美斯山的什日。供养生毕②冉雪山③什日。供养岩泡盘什日。供养乘臬美山什日。供养茨满坡什日。供养恩科④的埃纳山什日。供养自沃神界以下⑤，至吉古夸谭⑥以上的，自居那若罗神山山顶以下，至白塔脚以上的，自拉萨垛肯盘以下，至补鲁日饶牤以上的

258-D-30-15

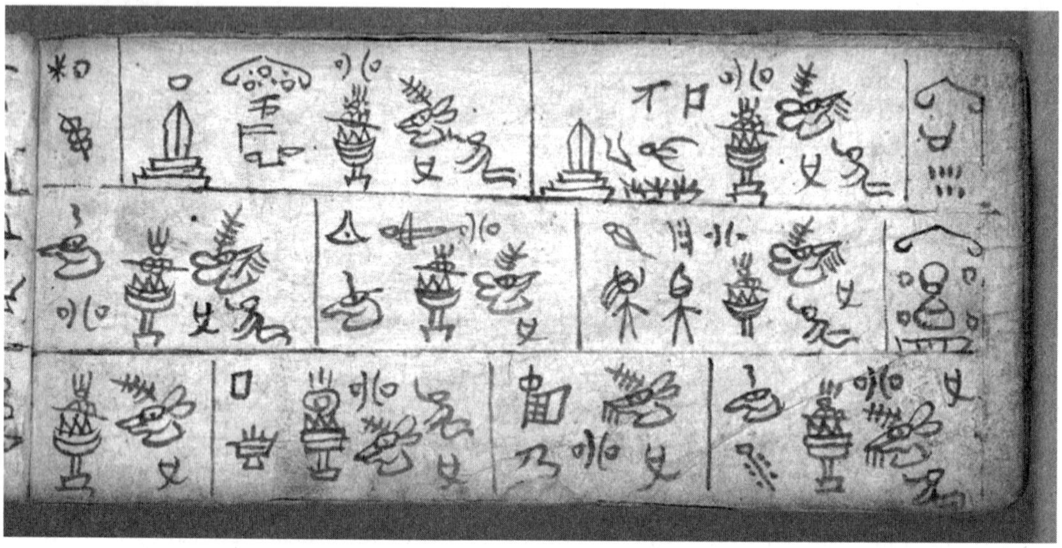

ty̩^{33} ty̩^{21} kɯ^{33} kɯ^{21} tʂhu^{55}.|dʑy^{21} nɑ^{55} zo^{55} lo^{33} ky̩^{33}, mɯ^{33} ʂuɑ^{21} phər^{21} nɯ^{33} thy̩^{33}, phər^{21} gə^{33}

千 千 万 万 供养 居那若罗 山顶 天 高 盘神 以 开辟 盘神 的

tʂhu^{55}pɑ^{33} be^{33}, khy̩^{55} nɯ^{21} zɿ^{33} le^{33} me^{55}.|dʑy^{55} nɑ^{55} zo^{55} lo^{33} khɯ^{33}, khu^{55} gɯ^{21} dy^{21} i^{33} sæ^{21}

供养 做 岁 和 寿 又 求 居那若罗 山麓 辽阔 地 是 禅神

nɯ^{33} khu^{33}, sæ^{21} i^{33} tʂhu^{55} pɑ^{55} by^{33}, khy̩^{55} nɯ^{21} zɿ^{33} le^{33} me^{55}.|mɯ^{33} khuɑ^{33} ʂər^{21} tsɿ^{55}⑦tʂhu^{55}

以 辟 禅神的 供养 做 岁 和 寿 又 求 天 夸什注 供养

pɑ^{33} by^{33}, khy̩^{55}nɯ^{21} zɿ^{33} le^{33} me^{55}. dɑ^{33} tshɿ^{33} nɑ^{21} tsɿ^{55}⑧tʂhu^{55} pɑ^{33} by^{33}, khy̩^{55} nɯ^{21} zɿ^{33} le^{33}

做 岁 和 寿 又 求 地 楚纳注 供养 做 岁 和 寿 又

me^{55}.|dʑi^{33} nɯ^{21} bɯ^{33} i^{33} tʂhu^{55} pɑ^{33} by^{33}, khy̩^{55} nɯ^{21} zɿ^{33} le^{33} me^{55}.|mɯ^{33} le^{33} dy^{21} ly^{55} gy̩^{33},

求 景神 和 崩神 的 供养 做 岁 和 寿 又 求 天 和 地 之间

du^{21} gə^{33} tʂhu^{55} pɑ^{33} be^{33}, khy̩^{55} nɯ^{21} zɿ^{33} le^{33} me^{55}.|to^{21} nɯ^{21} u^{21} i^{33} tʂhu^{55} pɑ^{33} by^{33}, khy̩^{55}

董 的 供养 做 岁 和 寿 又 求 朵神 和 吾神 的 供养 做 岁

---

① 岗肯：属今云南省丽江市古城区七河乡。

② 生毕：音译地名，属今云南省丽江市玉龙县黄山乡。

③ 冉雪山：冬积雪，夏无雪的高山称“冉雪山”，此处是指丽江坝西南角的文笔山。

④ 恩科：音译地名，属今云南省丽江市玉龙县黄山乡。

⑤ 此句及以下几句似有笔误，这几句说的是“自……以下，至……以上”的某个范围。

⑥ 吉古夸谭：音译，不知其义，存疑。

⑦ khuɑ^{33} ʂər^{21} tsɿ^{55}：不知其义，亦不知为何对天要加这三个修饰词，存疑。

⑧ tshɿ^{33} nɑ^{21} tsɿ^{55}：不知其义，存疑。

nɯ^{21} zɿ^{33} le^{33} me^{55}.|ga^{33} i^{33} tʂhu^{55} pa^{33} by^{33}, khy̩^{55} nɯ^{21} zɿ^{33} le^{33} me^{55}.|hua^{21} nɯ^{21} tsɿ^{55} i^{33}
和 寿 又 求 嘎神 的 供养 做 岁 和 寿 又 求 华神 和 注神 的

tʂhu^{55} pa^{33} by^{33}, khy̩^{55} nɯ^{21} zɿ^{33} le^{33} me^{55}.
供养 做 岁 和 寿 又 求

千千万万的铎道和郭道①，（以求岁和寿）。居那若罗神山顶之上的高天由盘神所开，供养开天的盘神，以求岁和寿。居那若罗神山山麓之下辽阔大地由禅神所辟，供养辟地的禅神，以求岁和寿。供养天，以求岁和寿。供养地，以求岁和寿。供养景神和崩神，以求岁和寿。供养天地间的董②，以求岁和寿。供养朵神和吾神，以求岁和寿。供养嘎神，以求岁和寿。供养华神和注神，以求岁和寿。

258-D-30-16

dʑɿ^{33} nɯ^{21} uə^{33} i^{33} tʂhu^{55} pa^{33} by^{33}, khy̩^{55} nɯ^{21} zɿ^{33} le^{33} me^{55}.|hər^{21} nɯ^{21} lɯ^{55} i^{33} tʂhu^{55} pa^{33}
村 和 寨 的 供养 做 岁 和 寿 又 求 风 和 利神 的 供养

by^{33}, khy̩^{55} nɯ^{21}zɿ^{33} le^{33} me^{55}.|sɿ^{33} by̩^{33} tshe^{21} ȵi^{33} tʂhər^{55} gə^{33} dzə̩r^{21} dɯ^{21} y^{21} ga^{33} la^{21} tʂhu^{55}
做 岁 和 寿 又 求 大的 十二 代 的 威灵 大 祖先 战神 供养

pa^{33} by^{33}, khy̩^{55} nɯ^{21} zɿ^{33} le^{33} me^{55}.|o^{21} me^{33} he^{21} na^{33} tho^{33} se^{33} i^{33} tʂhu^{55} pa^{33} by^{33}, khy̩^{55}
做 岁 和 寿 又 求 五谷 神 纳妥森 的 供养 做 岁

nɯ^{21} zɿ^{33} le^{33} me^{55}.|mɯ^{33} gə^{33} ga^{33} la^{21} sɿ^{33} tshər^{21} sɿ^{55} dʑər^{33}, dy^{21} gə^{33} ga^{33} la^{21} ȵi^{33} tshər^{21}
和 寿 又 求 天 的 战神 三 十 三 尊 地 的 战神 二 十

ȵi^{33}dʑər^{33}, phər^{21}nɯ^{21} sæ^{21}, ga^{33}nɯ^{21} u^{21}, o^{55} nɯ^{21} he^{21}, ga^{33} la^{21} sɿ^{21} ɕi^{33} tʂhua^{55} tshər^{21}tʂhu^{55}
二 尊 盘神 和 禅神 嘎神 和 吾神 沃神 和 恒神 战神 三 百 六十 供养

① 铎道、郭道：音译专有名词，为司山川河流及野生动植物的精灵之一。
② 董：音译人名，为被视为人类祖先的“美利董主”之简称。

pɑ^{33} by^{33}, khy̩^{55} nɯ^{21} zʅ^{33} le^{33} me^{55}.| i^{33} dɑ^{13} tʂhʅ^{33} dɯ^{33} dʑi^{13}, hæ^{33} ʂʅ^{21} bæ^{33} mi^{33} dʑy^{21} dɯ^{21}
做 岁 和 寿 又 求 主人 这 一 家 金 黄 油灯 山 大

be^{33} le^{33} tʂʅ^{55}, dʑy^{21} nɑ^{55} zo^{55} lo^{33} dʑy^{21} the^{55} n̩i^{21} be^{33} le^{33}tʂʅ^{55}.| bæ^{33} mi^{33} dʑər^{21} dɯ^{21} be^{33} le^{33}
地 又 点 居那若罗 山 似 地 又 点 油灯 树 大 地 又

tʂʅ^{55}, he^{21} i^{33} bɑ^{33} dɑ^{21}dʑər^{21} the^{55} n̩i^{21} be^{33} le^{33} tʂʅ^{55}.| bæ^{33} mi^{33} hɯ^{55}dɯ^{21} be^{33} le^{33} tʂʅ^{55}, mɯ^{33}
点 含依巴达 树 似的 地 又 点 油灯 海 大 地 又 点

lɯ^{55} dɑ^{33} dʑi^{21} hɯ^{55} the^{55} n̩i^{33} be^{33} le^{33} tʂʅ^{55}.| bæ^{33} mi^{33} lu^{33} dɯ^{21} be^{33} le^{33} tʂʅ^{55}, tse^{55} tse^{33}
美利达吉 海 似 地 又 点 油灯 石 大 地 又 点 增争含鲁美

hæ^{21} ly̩^{33} me^{33} the^{55} n̩i^{21} be^{33} le^{33} tʂʅ^{55}.
似 地 又 点

供养村寨神，以求岁和寿。供养风和利神①，以求岁和寿。供养最大的具有大威灵的十二代祖先战神，以求岁和寿。供养五谷神纳妥森，以求岁和寿。供养天的三十三尊战神，以求岁和寿。供养地的二十二尊战神，以求岁和寿。供养盘神和禅神、嘎神和吾神、沃神和恒神、三百六十尊战神，以求岁和寿。

这一家主人，点山般大的黄金盏油灯，恰似居那若罗神山一样；点树般大的油灯，恰像含依巴达神树一样；点海般大的油灯，恰似美利达吉神海一样；点巨石般的油灯，恰像增争含鲁美神石一样。

258-D-30-17

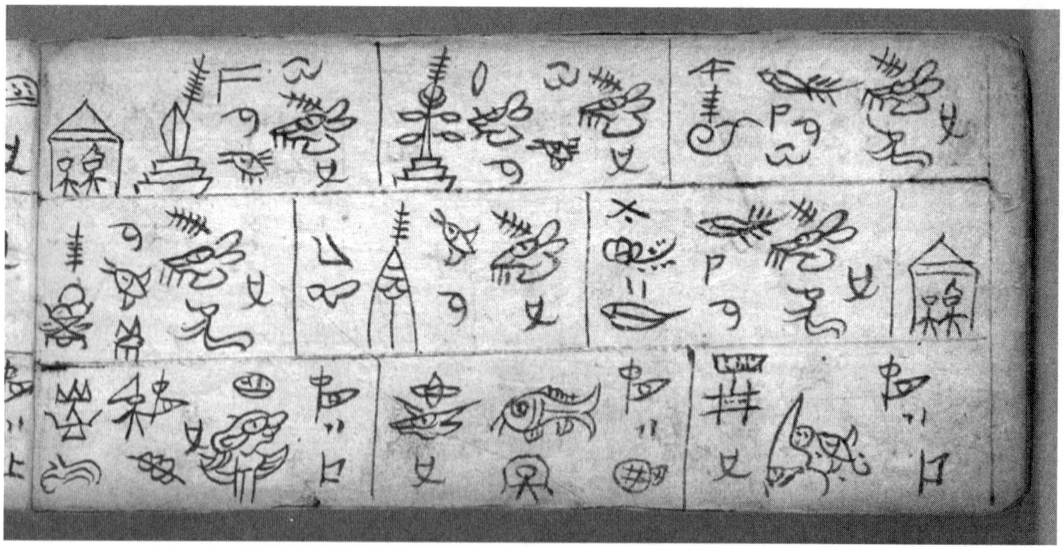

i^{33} dɑ^{13} tʂhʅ^{33} dɯ^{33} dʑi^{33}, dʑy^{21} nɑ^{55} zo^{55} lo^{21} dʑy^{21} zʅ^{33} ʂər^{21}, ʂuɑ^{21} le^{33} lɯ^{21} mə^{33} ky̩^{55} me^{33}
主人 这 一 家 居那若罗 山 寿 长 高 而 倒 不 会 的

khy̩^{55} nɯ^{21} zʅ^{33} le^{33} me^{55}.| he^{21} i^{33} bɑ^{33} dɑ^{21} dʑər^{21} zʅ^{33} ʂər^{21}, tshe^{55} dʐʅ^{21} le^{21} mə^{33} ky̩^{55}, khɯ^{33}
岁 和 寿 又 求 含依巴达 树 寿岁 长 叶 生 枯 不 会 根

① 利神：音译神名，为“猎神”。

by^{33} lɯ^{21} mə^{33}ky̥^{55} i^{33} khy̥^{55} nɯ^{21} zɿ^{33} le^{33} me^{55}.|mɯ^{33} lɯ^{55} dɑ^{33} dʑi^{21} hɯ^{55} zɿ^{33} ʂər^{21}, dʑi^{33}
粗 倒 不 会 的 岁 和 寿 又 求 美利达吉 海 寿 长 水

nɑ^{55} mæ^{33}ʂər^{21} ko^{55} mə^{33} ky̥^{55} i^{33} khy̥^{55} nɯ^{33} zɿ^{33} le^{33} me^{55}. | tshe^{55} tse^{33} hæ^{21} ly̥^{33} me^{33} zɿ^{33}
大 尾 长 涸 不 会 之 岁 和 寿 又 求 增争含鲁美 寿

ʂər^{21}, gɯ^{33} nɯ^{21} mu^{55} mə^{33} ky̥^{55}, khy̥^{55} nɯ^{21} zɿ^{33} le^{33} me^{55}.|bə^{33} ʂʅ^{21} tɕi^{21} ŋy̥^{33} ly̥^{33}, zɿ^{33} ʂər^{21}
长 裂 和 老 不 会 岁 和 寿 又 求 崩史雪山 寿 长

mu^{55} mə^{33} ky̥^{55}, khy̥^{55} nɯ^{21} zɿ^{33} le^{33} me^{55}.|lɑ^{33} lər^{33} hæ^{21} i^{33} bi^{21}, mæ^{33} ʂər^{21} ko^{55} mə^{33} ky̥^{55}
老 不 会 岁 和 寿 又 求 辽阔 金 大江 尾 长 涸 不 会

me^{33} khy̥^{55} nɯ^{21} zɿ^{33} le^{33} me^{55}.| i^{33} dɑ^{13} tʂhʅ^{33} dʑi^{13} bæ^{33} mi^{33} tʂʅ^{55}, dæ^{21} nɯ^{33} tʂhu^{21} me^{33}
之 岁 和 寿 又 求 主人 这 家 油灯 点 能干 和 神速 的

pɑ^{33} u^{33} iə^{33} mɑ^{21} the^{55} ȵi^{21} gy̥^{33} be^{33} ho^{55}.|nɯ^{21} nɯ^{21} o^{21} me^{33} hæ^{33} ʂʅ^{21} ȵi^{33} lu^{21} the^{55} ȵi^{21}
巴乌优麻 一样 成 地 愿 生儿 和 育女 是 金 黄 鱼 一样

gy̥^{33} be^{33} ho^{55}.|hɯ^{21} nɯ^{21} dʐæ^{33} me^{33} æ^{21} ko^{55} bæ^{33} hɯ^{21} the^{55} ȵi^{21} gy̥^{33} be^{33} ho^{55}.
成 地 愿 富 和 强 是 崖 间 蜂 富 一样 成 地 愿

这一家主人，向长寿而高大且永不会倒塌的居那若罗神山求岁求寿；向长寿而不会落叶，根粗而不会倒的含依巴达神树求岁求寿；向长寿而源远流长永不会干涸的美利达吉神海求岁求寿；向长寿而不会裂开不会老的增争含鲁美神石求岁求寿；向长寿的崩史雪山求岁求寿；向源远流长的永不会干涸的金沙江求岁求寿。

这一家主人，点上神灯，愿能像巴乌优麻战神一样能干和神速；生儿和育女像水中鱼儿一样众多；富裕和强盛像崖蜂般富强。

258-D-30-18

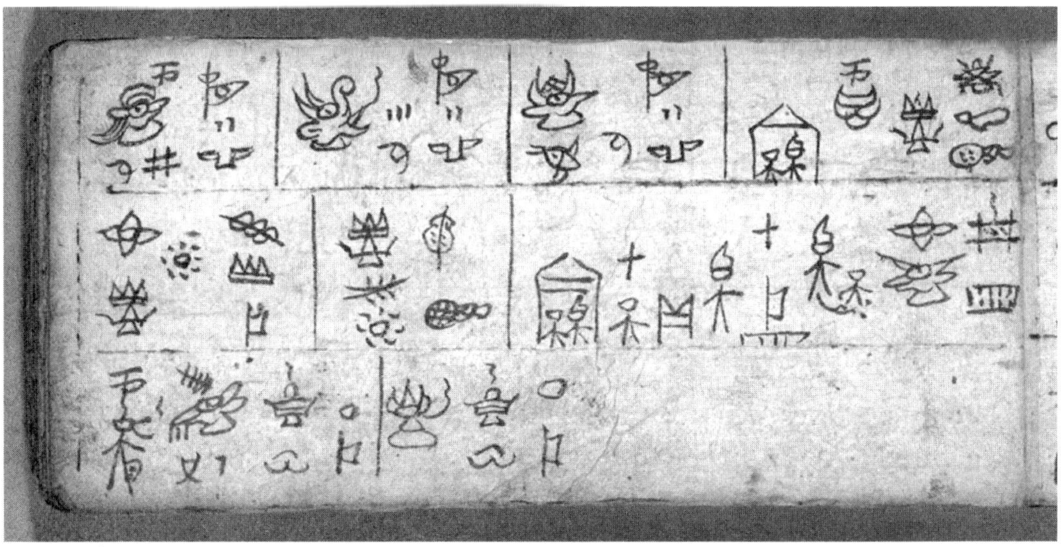

dɣ^{33} phər^{21} si^{33} gɯ^{33} gu^{21} mə^{33} kɣ^{55} me^{33} the^{55} ȵi^{21} thɣ^{33}.|o^{21} hər^{21} mɯ^{33} dʐər^{33} tɕi^{55} mə^{33} sɿ^{33}

海螺 白 狮子 病 不 会 者 似 成 松石 绿 青龙 怕 不 知

me^{33} the^{55} ȵi^{33} thɣ^{33}.|dɣ^{33} phər^{21} ɕiə^{33} tɕhy^{21} mu^{55} mə^{33} kɣ^{55} me^{33} the^{55} ȵi^{33} thɣ^{33}.|i^{33} dɑ^{13}

者 似 成 海螺 白 大鹏 老 不 会 者 似 成 主人

tʂhʅ^{33} dɯ^{33} dʑi^{13}, ŋɣ^{33} phər^{21} hæ^{33} ʂʅ^{21} tɕər^{33} nɯ^{33} bæ^{33} mi^{33} tʂʅ^{55} me^{33} bu^{33} dɯ^{21} zi^{33} zæ^{33}

这 一 家 银 白 金 黄 盏 以 油灯 点 是 光 大 闪亮

ho^{55}, o^{21} hər^{21} tʂhu^{21} nɑ^{55} tɕər^{33} nɯ^{33} bæ^{33} mi^{33} tʂʅ^{55} me^{33} bu^{33} dɯ^{21} zi^{33} zæ^{33} gɣ^{33} be^{33} ho^{55}.|

愿 松石 绿 墨玉 黑 盏 以 油灯 点 是 亮 大 闪亮 成 地 愿

bæ^{33} mi^{33} mæ^{55} bu^{33} nɯ^{21} gɣ^{33} ho^{55}.|i^{33} dɑ^{13} tʂhʅ^{33} dɯ^{33} dʑi^{13}, tshe^{21} zo^{33} ɕi^{21} me^{33} tshe^{33} uə^{33}

油灯 远 亮 的 成 愿 主人 这 一 家 十 儿 养 是 十 寨

tshʅ^{55}, tshe^{21} mi^{55} ɕi^{21}me^{33} tshe^{33} dy^{21} khu^{33}, mi^{33} hæ^{21} tsho^{21} dʐʅ^{33}, le^{33} nɯ^{21} le^{33} o^{21}, le^{33} hɯ^{21}

建 十 女 养 是 十 地 辟 女 娶 人 增 又 生儿 又 育女 又 富

le^{33} dʑæ^{33}, kɣ^{33} phər^{21} dʑæ^{33} ʂʅ^{21}, khɣ^{55} me^{55} khɣ^{55} dɯ^{33} , zʅ^{33} me^{55} zʅ^{33} dɯ^{33}, zʅ^{33} ʂər^{21}

又 强 头 白 牙 黄 岁 求 岁 得 寿 求 寿 得 寿 长

hɑ^{55} i^{33} gɣ^{33} be^{33} ho^{55}.|py^{33} bɣ^{21} zʅ^{33} ʂər^{21} hɑ^{55} i^{33} gɣ^{33} be^{33} ho^{55}.

日 有 成 做 愿 祭司 寿 长 日 有 成 地 愿

愿强大如不会病的白海螺色的狮子，愿像不知惧怕的绿松石色的青龙，愿像永不衰老的白海螺色大鹏！

这一家主人，用金盏银盏点神灯，愿神灯光芒四射，用松石盏和墨玉盏点神灯，愿神灯光辉灿烂，愿神灯照亮很远的地方。愿这一家主人，生养十个儿，能建十个寨，生育十个女，能辟十片地，愿娶妻人丁旺，生儿又育女，富裕又强盛，长寿而发白齿黄。愿求岁得岁，求寿得寿，延年益寿！

愿东巴祭司延年益寿！

258-D-30-19

ə^{33} la^{33} mə^{33} ʂər^{55} ȵi^{33}, mɯ^{33} la^{33} kɯ^{21} tʂhʅ^{33} ʥʅ^{21}, kɯ^{21} ʥʅ^{21} tʂhʅ^{33} ȵi^{33} ɯ^{33}, dy^{21} lo^{21}
远古的时候 天 也 星 所 生 星 生 今天 好 地 上

zə^{21} tʂhʅ^{33} y^{21}, zə^{21} y^{21} tʂhʅ^{33} ȵi^{33} hər^{21}, uæ^{33} nɯ^{33} bi^{33} thy̩^{33} ly̩^{21}, bi^{33} thy̩^{33} tʂhʅ^{33} ȵi^{33} ly̩^{21}, i^{21}
草 所 长 草 长 今天 绿 左 以 太阳 出 暖 太阳 出 今天 暖 右

nɯ^{33} le^{21} tshe^{55} bu^{33}, le^{21} tshe^{55} tʂhʅ^{33} ȵi^{33} bu^{33},|gə^{21} i^{33} la^{33} sa^{21} to^{55} khɯ^{33} phər^{21}, gy̩^{33} ʥʅ^{21}
以 月亮 明 月亮 今天 亮 上方 之 拉萨垛肯盘 藏族

khy̩^{55} tsʅ^{21} ɯ^{33}, khy̩^{55} tsʅ^{21} tʂhʅ^{33} khy̩^{55} ɯ^{33},|mu^{21} i^{33} by̩^{33} ly̩^{55} ʐʅ^{33} za^{21} mæ^{33}, le^{33} by̩^{33} he^{33}
年 算 善 年 算 此 年 吉 下方 之 补鲁日饶牤 白族 月

tsʅ^{21} ɯ^{33}, he^{33} tsʅ^{21} tʂhʅ^{33} he^{33} ɯ^{33}, mɯ^{33} le^{33} dy^{21} ly^{55} gy̩^{33}, na^{21} ɕi^{33} ha^{55} tsʅ^{21} ɯ^{33}, ha^{55} tsʅ^{21}
算 善 月 算 此 月 吉 天 与 地 中间 纳西 日子 算 善 日子 算

tʂhʅ^{33} ha^{55} ɯ^{33}, mɯ^{33} ʂua^{21} kɯ^{21} ɯ^{33} zy^{21} ɯ^{33} ha^{55} ɯ^{33} ȵi^{55} ɯ^{33} tʂhʅ^{33} dɯ^{33} ȵi^{33}, |i^{33} da^{13}
今天 吉 天 高 星 吉 蕊星吉 夜 吉 昼 吉 这 一 天 主人

tʂhʅ^{33} dɯ^{33} ʥi^{13}, mɯ^{33} nɯ^{21} dy^{21} tʂu^{55} tʂu^{33} mə^{33} mæ^{21}, tɕi^{21} phər^{21} hər^{33} phər^{21} me^{33} nɯ^{33}
这 一 家 天 和 地 连接 不 及 云 白 风 白 者 以

tʂu^{55}. ʥy^{21} nɯ^{21} so^{33} tʂu^{55} tʂu^{33} mə^{33} mæ^{21}, hɯ^{21} na^{55} be^{33} phər^{21} nɯ^{33} le^{33} tʂu^{55}. ʥy^{21} nɯ^{21}
接 山 和 岭 连接 不 及 雨 大 雪 白 以 又 接 山 和

lo^{21} tʂu^{55} tʂu^{55} mə^{33} mæ^{21}, ŋy^{21} nɯ^{21} hæ^{21} nɯ^{33} tʂu^{55}.|ʥy^{21} tsʅ^{55} ze^{21} ɯ^{33} ky̩^{33}, ɕy^{55} hər^{21} na^{33}
谷 连接 不 及 银 和 金 以 接 山 势 最 佳 处 柏 绿 纳扎

tsa^{21}tshʅ^{55}, lo^{21} khu^{55} ze^{21} ɯ^{33} ky̩^{33}, ʥo^{21} pa^{21} ze^{21} nɯ^{33} tso^{55}.|i^{33} da^{13} tʂhʅ^{33} dɯ^{33} ʥi^{13}, khy̩^{55}
建 谷 势 最 佳 处 桥 宽 那儿 以 搭 主人 这 一 家 岁

nɯ^{21} ʐʅ^{33} tʂu^{55} tʂu^{33} mə^{33} mæ^{21}, nɯ^{21} nɯ^{21} o^{21} tʂu^{55} tʂu^{33} mə^{33} mæ^{21}, tʂʅ^{21} nɯ^{21} o^{21} tʂu^{55} tʂu^{33}
和 寿 连接 不 及 生儿 和 育女 连接 不 及 五谷 和 俄神 连接

mə^{33} mæ^{21}, hɯ^{21} nɯ^{21} ʥæ^{33} mə^{33} ly̩^{21},
不 及 富 和 强 不 足

远古的时候，天上长满星，今天的星星最明亮，地上长满草，今天的青草最绿茵；若罗神山左边升起温暖的太阳，今天的太阳最温暖；若罗神山右边升起明亮的月亮，今夜的月亮最皎洁；住在上方拉萨垛肯盘的藏族，最善算年份，算出今年是吉年；住在下方补鲁日饶牤的白族，最善算月份，算出此月是吉月；住在天地中间的纳西，最善算日子，算出今天是吉日，在这吉星吉蕊星①高照、吉夜吉昼的今天，这一主人家，若天和地连接不及，由白云白风将天地相连；若山和峻岭连接不及，由大雨和白雪将其相连。若山和谷连接不及，由白银

① 蕊星：音译名词，为纳西二十八宿之一，此处代指二十八宿。

和黄金相连[1]；在山势最佳处，建翠柏纳召[2]；在谷势最佳处，搭架宽桥。这一家主人，若岁和寿不足，生儿和育女不足，五谷和俄[3]神连接不及，富裕和强盛不足，

258-D-30-20

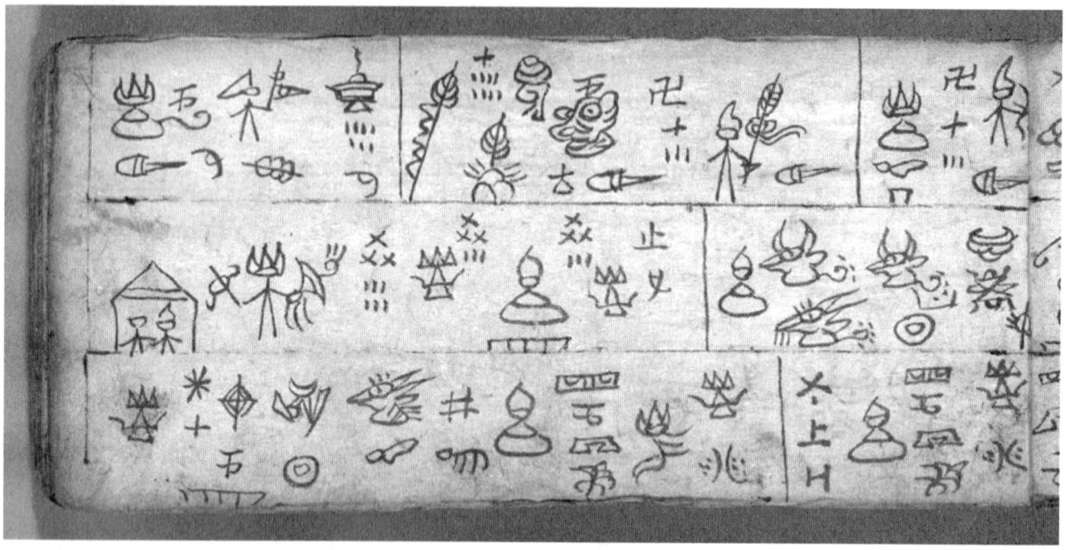

py^{21} tso^{33} phɑ^{21} tso^{33} le^{33} tʂu^{55} tʂu^{21} mə^{33} mæ^{21}, dæ^{21} nɯ^{21} tʂhu^{21} le^{33} tʂu^{55} tʂu^{33} mə^{33} mæ^{21},
祭祀 具 占卜 具 又 连接 不 及 能干 和 神速 又 连接 不 及

zɿ^{33} ʂər^{21} hɑ^{55} i^{33} le^{33} tʂu^{55} tʂu^{33} mə^{33} mæ^{21},|ɕy^{55} hər^{21} le^{33} dʑi^{21} tshe^{21} ho^{55} pɑ^{55} le^{33} tso^{55},
寿 长 日 有 又 连接 不 及 柏 绿 梯 十 八 级 又 搭

dy̥^{33} phər^{21} nɑ^{33} tsɑ^{21} tshɿ^{55}, phy̥^{33} lɑ^{21} tʂhʅ^{33} le^{33} tʂu^{55}, i^{33} do^{33} lɑ^{33} mu^{33} tshe^{21} sɿ^{55} ky̥^{33}
海螺 白 纳扎 建 大神 这 又 连 依端拉姆 十 三 个

tʂhʅ^{33} le^{33} tʂu^{55},|to^{33} bɑ^{21} ʂər^{55} lər^{21} khə^{21} le^{33} tʂu^{55}. i^{33} do^{33} lɑ^{33} mɯ^{33} tshe^{21} sɿ^{55} ky̥^{55} khə^{21}
这 又 连 东巴什罗 处 又 连 依端拉姆 十 三 个 处

tʂu^{55}. i^{33} dɑ^{13} tʂhʅ^{33} dɯ^{33} dʑi^{13}, gə^{21} bɑ^{21} sɿ^{21} ɕi^{33} tʂhuɑ^{55} tshər^{21} nɯ^{33}, bæ^{33} mi^{33} sɿ^{33} tshər^{21}
连 主人 这 一 家 弟子 三 百 六十 以 油灯 三 十

sɿ^{55} tɕər^{33} tʂʅ^{55}. he^{21} dy^{21} sɿ^{33} tshər^{21} sɿ^{33} dy^{21} bæ^{33} mi^{33} le^{33} tʂʅ^{55} me^{33}, he^{21} i^{33} ɯ^{33} me^{33} tshɿ^{55}
三 盏 点 神 地 三 十 三 界 油灯 又 点 是 神 之 牛 母 山羊

me^{33} no^{33} phər^{21} mɑ^{21} nɯ^{33}, ŋy̥^{21} tɕər^{33} hæ^{21} tɕər^{33} nɯ^{33} bæ^{33} mi^{33} ty̥^{21} le^{33} ɕi^{33} tɕər^{33} tʂʅ^{55},
母 乳 白 酥油 以 银 盏 金 盏 以 油灯 千 又 百 盏 点

① 此句令人费解，在其他东巴古籍中多为“源远流长的大江将其相连”，而此处却为“由白银和黄金相连”。存疑。

② 纳召：音译专有名词，为一种东巴教的宗教建筑物。立一根柏杆，四周垒之以石，石间插一些五色纸旗，用以压鬼。

③ 俄：音译名词，为纳西族的五谷神。

phy̩^{33} lɑ^{21} nɑ^{21} khɑ^{21} dy^{21} lo^{21} tʂʅ^{55}. o^{55} mɑ^{21} i^{21} ʂʅ^{55} gu^{55} by̩^{33} kæ^{33}, gə^{21} bɑ^{21} lo^{21} tʂhʅ^{33}
神 天 地 里 点 沃玛莹世谷补 前 弟子 所有

uɑ^{21} nɯ^{33} bæ^{33} mi^{33} tʂhu^{55} pɑ^{33} by^{33}.|ʂə^{55} lɑ^{33} u^{33} kə^{21} kæ^{33}, gə^{21} bɑ^{21} lo^{21} tʂhʅ^{33} uɑ^{21}
以 油灯 供养 做 寿拉乌格 前 弟子 所有

nɯ^{33} bæ^{33} mi^{33} tʂhu^{55} pɑ^{33} by^{33}.
以 油灯 供养 做

若祭祀器具和占卜器具连接不及，能干和神速连接不及，延年益寿连接不及，就搭架十八级翠柏天梯,建白海螺色的纳扎，与大神相连接，与十三位依端拉姆女神相连，相连于东巴什罗处，连于十三位依端拉姆女神①。

这一家主人，请三百六十个东巴弟子点神灯，点上三十三盏神灯。在三十三个神界里所点之神灯，是用神的母牛与母山羊之乳所制的酥油点神灯，用金盏和银盏点千百盏神灯，点在神的天地里。在沃玛莹世谷补大神前，东巴弟子点上神灯以供养。在寿拉乌格大神前，所有的东巴弟子点上神灯以供养。

258-D-30-21

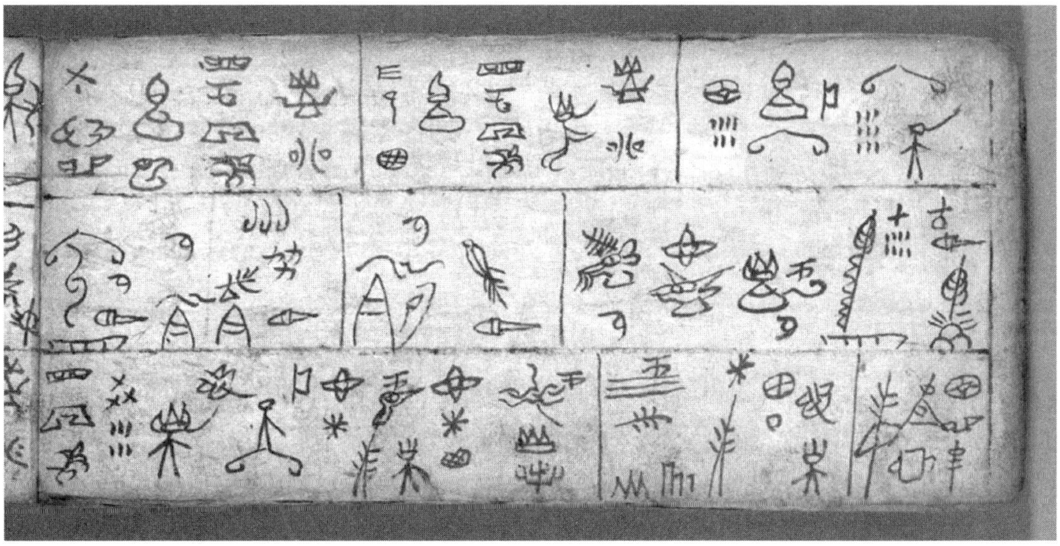

lɑ^{21} by̩^{33} thy̩^{33} kə^{55} dʐər^{21} dɯ^{21} kæ^{33}, gə^{21} bɑ^{21} lo^{21} tʂhʅ^{33} uɑ^{21} nɯ^{33} bæ^{33} mi^{33} tʂhu^{55} pɑ^{33}
劳补妥构 威灵 大 前 弟子 所有 以 油灯 供养

by^{33}.|sɑ^{33} zɑ^{21} lər^{21} tsʅ^{55} ʥi^{33} mu^{33} dʐər^{21} dɯ^{21} kæ^{33}, gə^{21} bɑ^{21} lo^{21} tʂhʅ^{33} uɑ^{21} nɯ^{33} bæ^{33} mi^{33}
做 莎饶朗自金姆 威灵 大 前 弟子 所有 以 油灯

tʂhu^{55} pɑ^{33} by^{33}.|ə^{33} lɑ^{33} mə^{33} ʂər^{55} n̩i^{33}, he^{21} i^{33} mɯ^{33} khu^{33} thy̩^{55}, mɯ^{33} zʅ^{33} gy̩^{55} zʅ^{33} i^{33},
供养 做 远古的时候 神 之 天 门 处 天 兄弟 九 兄弟 是

mɯ^{33} le^{33} dy^{21} tʂu^{55} tʂu^{33} mə^{33} mæ^{21}, tɕi^{21} phər^{21} hər^{33} phər^{21} nɯ^{33} le^{33}tʂu^{55}; ʥy^{21} nɯ^{21} so^{33}
天 和 地 连接 不 及 云 白 风 白 以 又 接 山 和 岭

① 前句已有“十三位依端拉姆女神”，不知为何此处又出现“十三位依端拉姆女神”。存疑。

tʂu̥^{55} tʂu̥^{33} mə^{33} mæ^{21}, hɯ^{21} nɑ^{55} be^{33} phər^{21} nɯ^{33} le^{33} tʂu̥^{55},| ʥy^{21} nɯ^{221} lo^{21} tʂu̥^{55} tʂu̥^{33} mə^{33}
连接 不 及 雨 大 雪 白 以 又 接 山 和 谷 连接 不

mæ^{21}, ʥi^{21} nɑ^{55}mæ^{33} ʂər^{21} nɯ^{33} le^{33} tʂu̥^{55}; | khy̥^{55} nɯ^{21} zɿ^{33} tʂu̥^{55} tʂu̥^{33} mə^{33} mæ^{21}, nɯ^{21} nɯ^{21}
及 水 大 尾 长 以 又 接 岁 和 寿 连接 不 及 生儿 和

o^{21} tʂu̥^{55} tʂu̥^{33} mə^{33} mæ^{21}, py^{21} tso^{33} phɑ^{21} tso^{33} le^{33} tʂu̥^{55} tʂu̥^{33} mə^{33} mæ^{21}, ɕy^{55} hər^{21} le^{33} ʥi^{2}
育女 连接 不 及 祭祀 具 占卜 具 又 连接 不 及 柏 绿 梯

tshe^{21} ho^{55} pɑ^{55} me^{33} tso^{55}, ɕy^{55} hər^{21} nɑ^{33} tsɑ^{21} tshɿ^{55} i^{33} tʂhʅ^{33} le^{33} tʂu̥^{55}. gə^{21} bɑ^{21} lo^{21} sɿ^{21}
十 八 级 者 搭 柏 绿 纳扎 建 而 这 又 接 弟子 三

ɕi^{33} tʂhuɑ^{55} tshər^{21} nɯ^{33}, uæ^{33} i^{33} mɯ^{33} khu^{33} thy̥^{55}, o^{21} hər^{21} ty̥^{21} le^{33} tshɿ^{55}, ty̥^{21} ky̥^{33} ko^{33}
百 六十 以 左 之 天 门 处 松石 绿 督树 又 立 督树 上 鹤

phər^{21}hɑ^{55}, o^{21} hər^{21} ty̥^{21} khə^{55} be^{33}, tɕi^{21} phər^{21} bæ^{33} mi^{33} khɯ^{21} le^{33} be^{33}.| hər^{33} phər^{21} pɯ^{33}
白 栖 松石 绿 督树 篮 做 云 白 油灯 芯 又 做

mi^{33} ʥɿ^{21}.①ty̥^{21} ʥər^{21} n̥i^{33} me^{33} gy̥^{21} nɯ^{33} tshɿ^{55},| ty̥^{21} phɑ^{33} n̥i^{33} me^{33} thy̥^{33} tɕy^{21} ly^{21}.
督树 西方 以 立 督树 脸 东方 方向 朝

在有大威灵的劳补妥构前，所有的东巴弟子点上神灯以供养。在有大威灵的莎饶朗自金姆前，所有的东巴弟子点上神灯以供养。

远古的时候，在神之天界处的天之九兄弟，若天和地相接不及，白云大风将两者相连；若山和岭相接不及，大雨和白雪将两者相连；若山和谷相接不及，源远流长的江水将两者相连；若岁和寿相接不及，若生儿和育女相接不及，若祭祀器具和占卜器具连接不及，就搭起十八级翠柏天梯，建起翠柏纳扎将其相连接。由所有的三百六十个东巴弟子，在左之天②界处，竖起松石绿的督树③，督树顶上栖着白鹤，做松石绿的灯笼，用白云做灯芯，督树竖于西方，督树面朝东方。

① 这五个东巴字符无法读成句，存疑。
② 左之天：在东巴教中有男左女右观念，天视为男，故有“左之天”。其后文便有“右之地”之说。
③ 督树：督，音译名词，一根三丈多长的松树，顶留五六枝树枝，下则去皮去枝，在仪式上立于祭场中，此树称“督”。在开丧仪式和超度仪式及延寿仪式中用，但做法有所不同。

258-D-30-22

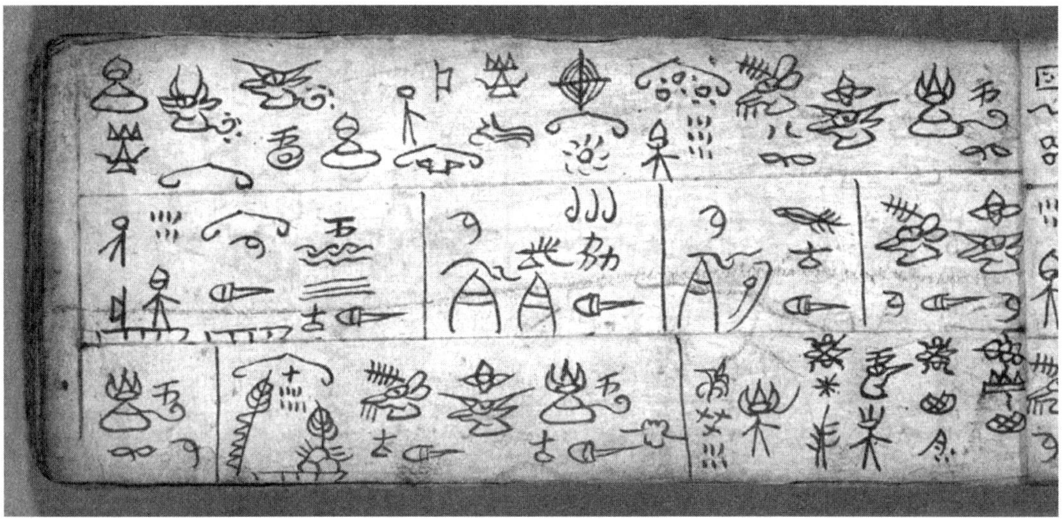

he^{21} kæ^{33} bæ^{33} mi^{33} tʂʅ^{55}, mɯ^{33} ky̩^{33} he^{21} i^{33} ɯ^{33} me^{33} phər^{21} gə^{33} no^{33} le^{33} tʂhɑ^{21}, y^{21} me^{33}
神 前 油灯 点 天 上 神 之 牛 母 白 的 乳牛 又 挤 绵羊 母

phər^{21}gə^{33} no^{33} le^{33} tʂhɑ^{21}. ɯ^{33} no^{33} y^{21} no^{33} mɑ^{21} phər^{21}nɯ^{33}, uæ^{33} i^{33} mɯ^{33} khu^{33} thy̩^{55} nɯ^{33}
白 的 乳牛 又 挤 牛 乳 绵羊 乳 酥油 以 左 之 天 门 处 以

bæ^{33} mi^{33} tʂʅ^{55}, nɑ^{21} khɑ^{33} mɯ^{33} tɕər^{21} bu^{33} dɯ^{21} zi^{33} zæ^{33} gy̩^{33}. mɯ^{33} zʅ^{33} gy̩^{55} zʅ^{33} tɕər^{21},
油灯 点 天 上 光 大 明亮 成 天 兄弟 九 兄弟 上

khy̩^{55} by^{33} zʅ^{33} by^{33} iə^{55}, nɯ^{21}by^{33} o^{21} by^{33} iə^{55}, py^{21} tso^{33}phɑ^{21} tso^{33} iə^{55}. | i^{21} gə^{33} dy^{21} khu^{33}
岁 份 寿 份 赐 生儿 份 育女 份 赐 祭祀 具 占卜 具 赐 右 之 地 门

thy̩^{55}, dy^{21} zʅ^{33} ʂər^{33} zʅ^{33} i^{33}, mɯ^{33}le^{33} dy^{21} tʂu^{55} tʂu^{33} mə^{33}mæ^{21}, tɕi^{21} phər^{21} hər^{33} phər^{21} me^{33}
处 在 兄弟 七 兄弟 是 天 与 地 连接 不 及 云 白 风 白 者

nɯ^{33} tʂhʅ^{33} le^{33} tʂu^{33}.| dʑy^{21} nɯ^{21} so^{33} tʂu^{55} tʂu^{33} mə^{33} mæ^{21}, hɯ^{21} nɑ^{55} be^{33} phər^{21} nɯ^{33}
以 这 又 接 山 和 岭 连接 不 及 雨 大 雪 白 以

tʂhʅ^{33} le^{33} tʂu^{55}.| dʑy^{21} nɯ^{21} lo^{21} tʂu^{55} tʂu^{33} mə^{33} mæ^{21}, dʑi^{21} nɑ^{55} mæ^{33} ʂər^{21} nɯ^{33} tʂhʅ^{33} le^{33}
这 又 接 山 和 谷 连接 不 及 水 大 尾 长 以 这 又

tʂu^{55}.| khy̩^{55} nɯ^{21} zʅ^{33} tʂu^{55} tʂu^{33} mə^{33} mæ^{21}, nɯ^{21} nɯ^{21} o^{21} tʂu^{55} tʂu^{55} mə^{33} mæ^{21}, py^{21} tso^{33}
接 岁 和 寿 连接 不 及 生儿 和 育女 连接 不 及 祭祀 具

phɑ^{21} tso^{33} le^{33} tʂu^{55} tʂu^{33} mə^{33} mæ^{21},| ɕy^{55} hər^{21} le^{33} dʑi^{21} tshe^{21} ho^{55} pɑ^{55}, dy^{21} nɯ^{33} mɯ^{33}
占卜 具 又 连接 不 及 柏 绿 梯 十八 级 地 以 天

tɕər^{21} tso^{55}, ɕy^{55} hər^{21} nɑ^{33} tsɑ^{21} tshʅ^{55}, khy̩^{55} by^{33} zʅ^{33} by^{33} tʂhʅ^{33} le^{33} tʂu^{55}, nɯ^{21} by^{33} o^{21} by^{33}
上 搭 柏 绿 纳召 建 岁 份 寿 份 这 又 接 生儿 份 育女 份

tʂhʅ^{33} le^{33} tʂu^{55}, py^{21} tso^{33} phɑ^{21} tso^{33} tʂhʅ^{33} le^{33} tʂu^{55}.| gə^{21} bɑ^{21} sʅ^{21} ɕi^{33} tʂhuɑ^{55} tshər^{21} nɯ^{33},

这 又 接 祭祀 具 占卜 具 这 又 接 弟子 三 百 六十 以

hæ^{33}ʂʅ^{21} tv̩^{21} dʑər^{21} tshʅ^{55} , ko^{33} phər^{21} tv̩^{21} kv̩^{33} hɑ^{55}, hæ^{21} ʂʅ^{21} tv̩^{21} khə^{55} be^{33}, tʂhu^{21}nɑ^{55} mi^{33}

金 黄 督树 竖 鹤 白 督树 顶 栖 金 黄 督树 灯笼 做 墨玉 黑 灯

khə^{55} ər^{21} le^{33} be^{33},

笼 绳 又 做

神前点神灯，所用之灯油则是挤来天上神之白母牛和白母绵羊之乳制成的酥油，在左之天门处点神灯，把天照通亮。（天上的神）赐予天之九兄弟以岁和寿，赐予生儿和育女之份，赐予祭祀用具和占卜用具。

右的地门处的地之七兄弟，若天和地相接不及，由白云和白风将其连接。若山和峻岭连接不及，由大雨和白雪将其相连。若山和谷连接不及，由源远流长的大江将其连接。若岁和寿连接不及，若生儿和育女连接不及，若祭祀器具和占卜器具连接不及，就把十八级翠柏天梯从地上搭到天上，建翠柏纳召，把岁和寿相连接，把生儿和育女之份相连接，把祭祀器具和占卜用具相连接。三百六十个东巴弟子，竖金黄色督树，督树顶栖着白鹤，做金黄色的督树上的灯笼，用墨玉串做系灯笼之绳，

258-D-30-23

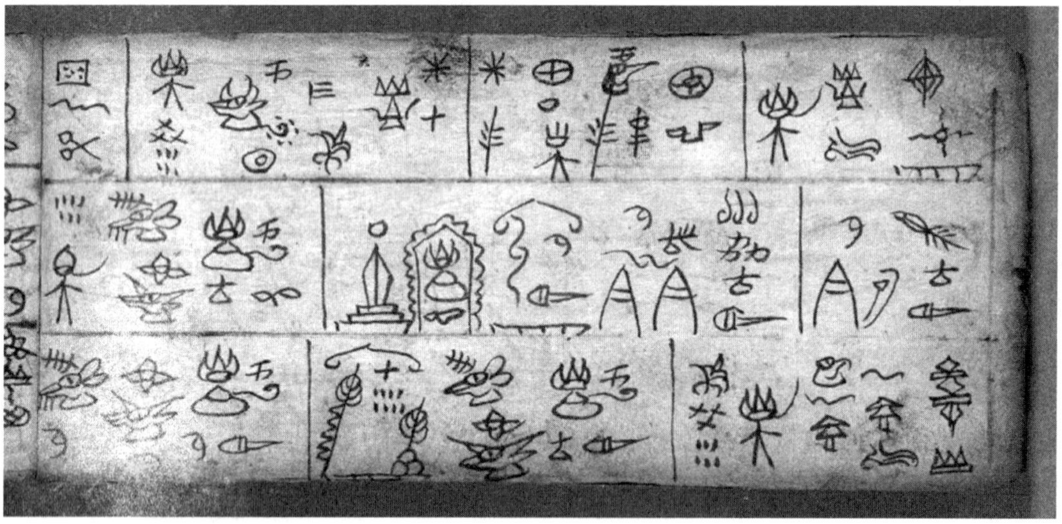

sʅ^{33} sʅ^{33}nɯ^{33} mi^{33} khɯ^{21} be^{33} le^{33} tɕi^{33}.| gə^{21}bɑ^{21} sʅ^{21} ɕi^{33} tʂhuɑ^{55} tshər^{21}nɯ^{33}, he^{21} i^{33} ɯ^{33} me^{33}

纸 以 灯芯 做 又 放 弟子 三 百 六十 以 神 之 牛 母

phər^{21} gə^{33} no^{33} phər^{21} mɑ^{21} phər^{21} nɯ^{33}, sɑ^{33} bɑ^{33} iæ^{33} nɯ^{33} bæ^{33} mi^{33} tv̩^{21} le^{33} ɕi^{33} tɕər^{33}

白 的 乳 白 酥油 以 麻籽 油 以 油灯 千 又 百 盏

tʂʅ^{55}.| tv̩^{21} dʑər^{21} ȵi^{33} me^{33} gv̩^{21} nɯ^{33} tshʅ^{55}, tv̩^{21} kv̩^{33} ko^{33} phər^{21}ȵi^{33} me^{33} thv̩^{33} tɕy^{21} ly^{21}.| gə^{21}

点 督 树 西方 以 竖 督树 上 鹤 白 东方 方 朝 弟子

bɑ^{21}bæ^{33} mi^{33}tʂʅ^{55}, nɑ^{21} khɑ^{33}mɯ^{33} ne^{13} dy^{21} ko^{55} gɯ^{33}, bu^{33}dɯ^{21} zʅ^{33}zæ^{33}gy̩^{33}. | dy^{21} zʅ^{33}
油灯 点 天 和 地 之间 亮 大 明亮 成 地 兄弟

ʂər^{33} zʅ^{33} tɕər^{21}, khy̩^{55} by^{33} zʅ^{33} by^{33} tʂhʅ^{33} le^{33} iə^{55}, nɯ^{21} by^{33}o^{21} by^{33} tʂhʅ^{33} le^{33} iə^{55}, py^{21} tso^{33}
七 兄弟 上 岁 份 寿 份 这 又 赐 生儿 份 育女 份 这 又 赐 祭 祀具

phɑ^{21} tso^{33} tʂhʅ^{33} le^{33} iə^{55}.| dʑy^{21} nɑ^{55} zo^{55} lo^{33} ky̩^{33}, i^{33} pu^{33} phər^{21} me^{33} ky̩^{55} dʑi^{21} by̩^{21}, to^{33}
占卜 具 这 又 赐 居那若罗 山顶 绸 白 的 帐篷 底

bɑ^{21} ʂər^{55} lər^{33} i^{33}. mɯ^{33} nɯ^{21} dy^{21} tʂu^{55} tʂu^{33} mə^{33} mæ^{21}, tɕi^{21} phər^{21} hər^{33} phər^{21} me^{33} nɯ^{33}
东巴什罗 是 天 和 地 连接 不 及 云 白 风 白 者 以

tʂu^{55}. dʑy^{21} nɯ^{21} so^{33} tʂu^{55} tʂu^{33} mə^{33} mæ^{21}, hɯ^{21} nɑ^{55} be^{33} phər^{21} nɯ^{33} tʂhʅ^{33} le^{33} tʂu^{55}.|
接 山 和 岭 连接 不 及 雨 大 雪 白 以 这 又 接

dʑy^{21}nɯ^{21} lo^{21} tʂu^{55} tʂu^{33} mə^{33} mæ^{21}, dʑi^{21} nɑ^{55} mæ^{33} ʂər^{21} nɯ^{33} tʂhʅ^{33} le^{33} tʂu^{55}. | khy̩^{55} nɯ^{21}
山 和 谷 连接 不 及 水 大 尾 长 以 这 又 接 岁 和

zʅ^{33} tʂu^{55} tʂu^{33} mə^{33} mæ^{21}, nɯ^{21} nɯ^{21} o^{21} tʂu^{55} tʂu^{33} mə^{33} mæ^{21}, py^{21} tso^{33} phɑ^{21} tso^{33} le^{33} tʂu^{55}
寿 连接 不 及 生儿 和 育女 连接 不 及 祭祀 具 占卜 具 又

tʂu^{33} mə^{33} mæ^{21},| mɯ^{33} nɯ^{21}dy^{21} ko^{55} gɯ^{33}, ɕy^{55} hər^{21} le^{33} dʑi^{21} tshe^{21} ho^{55} pɑ^{55} le^{33} tso^{55}, ɕy^{55}
连接 不 及 天 和 地 之间 柏 绿 梯 十 八 级 又 搭 柏

hər^{21} nɑ^{33} tsɑ^{21} tshʅ^{55}, khy̩^{55} by^{33} zʅ^{33} by^{33} tʂhʅ^{33} le^{33} tʂu^{55}, nɯ^{21} by^{33} o^{21} by^{33} tʂhʅ^{3} le^{33} tʂu^{55},
绿 纳扎 建 岁 份 寿 份 这 又 接 生儿 份 育女 份 这 又 接

py^{21} tso^{33} phɑ^{21} tso^{33} tʂhʅ^{33} le^{33} tʂu^{55}.| gə^{21} bɑ^{21} sʅ^{21} ɕi^{33} tʂhuɑ^{55} tshər^{21} nɯ^{33}, kə^{55} by̩^{33} thɑ^{21},
祭祀 具 占卜 具 这 又 接 弟子 三 百 六十 以 构补它

zʅ^{21} by̩^{33} thɑ^{21}, py^{33} bɑ^{33} mi^{21} tʂhʅ^{55} di^{33} duɑ^{33}
汝补它 丙巴明斥迪多

纸作灯芯。三百六十个东巴弟子，用神之白母牛之乳制出酥油、大麻籽油作灯油，点上千百盏神灯。督树竖立在西方，督树上的白鹤朝向东方。东巴弟子所点的神灯，把天地间照得通亮。（大神）赐予地之七兄弟岁和寿，赐予生儿和育女，赐予祭祀器具和占卜器具。

在居那若罗神山山顶上白绸帐篷里的东巴什罗，若天和地相接不及，由白云和白风把天地相连。若山和峻岭连接不及，由大雨和白雪将其相连。若山和谷连接不及，由源远流长的大江将其相连。若岁和寿连接不及，生儿和育女连接不及，祭祀器具和占卜器具连接不及，就在天和地之间，搭架十八级翠柏天梯，建翠柏纳召，以连接岁和寿，连接生儿和育女，连接祭祀器具和占卜之器具。由三百六十个东巴弟子，构补它、汝补它及丙巴明斥迪多①

① 构补它、汝补它、丙巴明斥迪多：音译人名，为东巴什罗的三大弟子。

258-D-30-24

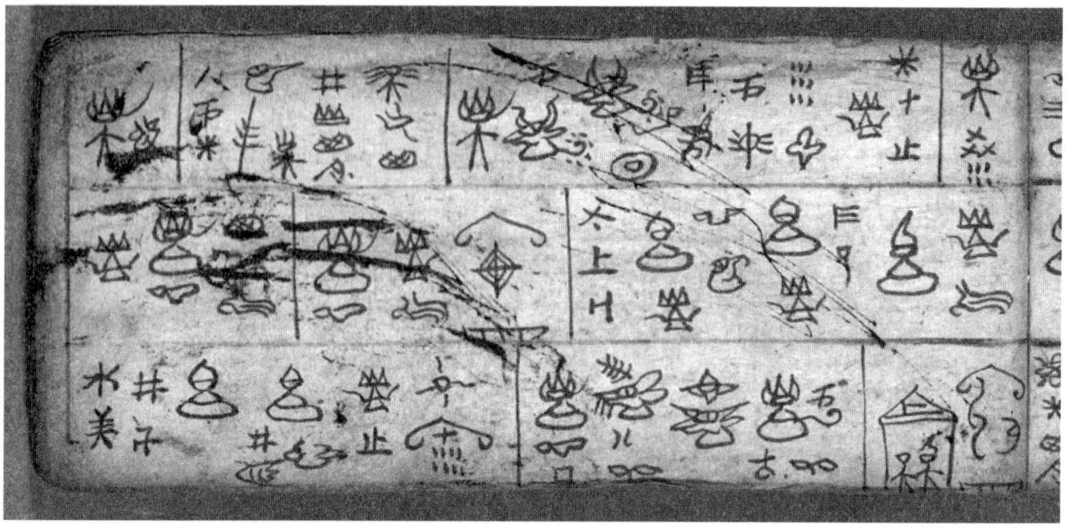

nɯ^{33},|tho^{33} phər^{21} ty̩^{21} dzər^{21} tshʅ^{55}, ko^{33} phər^{21} ty̩^{21} ky̩^{33} hɑ^{55}, gu^{33} mi^{21} mi^{33} khə^{55} be^{33}, si^{33}
以 松 白 督 树 竖 鹤 白 督树 顶 栖 藤 灯笼 做 丝

khɯ^{21} mi^{33} khə^{55} khɯ^{21} le^{33} be^{33}. gə^{21} bɑ^{21} lo^{21} tʂhʅ^{33} huɑ^{55}, he^{21} i^{33} bər^{21} phər^{21} ɯ^{33} phər^{21}
线 灯笼 线 又 做 弟子 所有 神 之 牦牛 白 牛 白

me^{33} gə^{33} no^{33} le^{33} tʂhɑ^{21}, no^{33} phər^{21} mɑ^{21} phər^{21} nɯ^{33}, sɑ^{55} bɑ^{21} iæ^{21} tʂʅ^{21} phər^{21} gy̩^{33} sy^{21}
母 的 乳 又 挤 乳 白 酥油 以 大麻油 五谷 白 九 样

nɯ^{33}, bæ^{33}mi^{33} ty̩^{21} le^{33} ɕi^{33} tɕər^{33} tʂʅ^{55}.|gə^{21} bɑ^{21}sʅ^{21} ɕi^{33} tʂhuɑ^{55} tshər^{21}nɯ^{33}, to^{33} bɑ^{21} ʂər^{55}
以 油灯 千 又 百 盏 点 弟子 三 百 六十 以 东巴什罗

lər^{33} gə^{33} bæ^{33} mi^{33} tʂʅ^{55}.|to^{33} bɑ^{21} ʂər^{55} lər^{33} nɑ^{21} khɑ^{33} mɯ^{33} nɯ^{21} dy^{21} ko^{55} gɯ^{33}nɯ^{33}bæ^{33}
的 油灯 点 东巴什罗 天 和 地 之间 以 油灯

mi^{33} tʂʅ^{55}, |ʂə^{55} lɑ^{33} u^{33} kə^{21}he^{33} kæ^{33} bæ^{33} mi^{33} tʂʅ^{55}, lɑ^{21} by̩^{33} thy̩^{33} kə^{55} kæ^{33} bæ^{33} mi^{33} tʂʅ^{55},
点 寿拉乌格 神 前 油灯 点 劳补妥构 前 油灯 点

sɑ^{21} zɑ^{21}lər^{21} tsʅ^{55} dʑi^{33} mu^{33} kæ^{33}bæ^{33} mi^{33} tʂʅ^{55}, | i^{21} ʂʅ^{55} gu^{33} by̩^{33} kæ^{33} bæ^{33} mi^{33} tʂʅ^{55}, gu^{33}
莎饶朗自金姆 前 油灯 点 莹世谷补 前 油灯 点

lɑ^{21} kə^{55} by̩^{33} kæ^{33} bæ^{3} mi^{33} tʂʅ^{55}, mɯ^{33} tɕər^{21} tshe^{21} ho^{55} ty^{33}, bu^{33} dɯ^{21}zi^{33} zæ^{33} gy̩^{33}.|to^{33}
巩劳构补 前 油灯 点 天 上 十八 层 亮 大 亮闪 成

bɑ^{21} ʂər^{55} lər^{33} tɕər^{21}, khy̩^{55} by^{33} zʅ^{33} by^{33} tʂhʅ^{33} le^{33} iə^{55}, nɯ^{33} by^{33} o^{21} by^{33} tʂhʅ^{33} le^{33} iə^{55},
东巴什罗 上 岁 份 寿 份 这 又 赐 生儿 份 育女 份 这 又 赐

py^{21} tso^{33} phɑ^{21} tso^{33} tʂhʅ^{33} le^{33} iə^{55}.|i^{33} dɑ^{13} tʂhʅ^{3} dɯ^{33} dʑi^{13}, mɯ^{33} nɯ^{21} dy^{21} tʂu^{55} tʂu^{33} mə^{33}
祭祀 具 占卜 具 这 又 赐 主人 这 一 家 天 和 地 连接 不

mæ^{21},
及

用松树竖督树，督树上栖着白鹤。用藤做灯笼，用丝线做挂灯笼的线（挂于督树上）。所有的东巴弟子，挤来神之白牦牛和白母牛的乳，用白乳制出的酥油及大麻籽香油、九样白色的五谷点千百盏神灯。三百六十位东巴弟子，为东巴什罗点神灯。在东巴什罗居住的天地间点神灯；在寿拉乌格神前点神灯，在劳补妥构前点神灯，在莎饶朗自金姆前点神灯，在莹世谷补大神前点神灯，在巩劳构补大神前点神灯，把十八层天照得通亮。（众神）赐东巴什罗岁和寿，赐予生儿和育女，赐予祭祀器具和占卜器具。

这一家主人，若天和地相接不及，

258-D-30-25

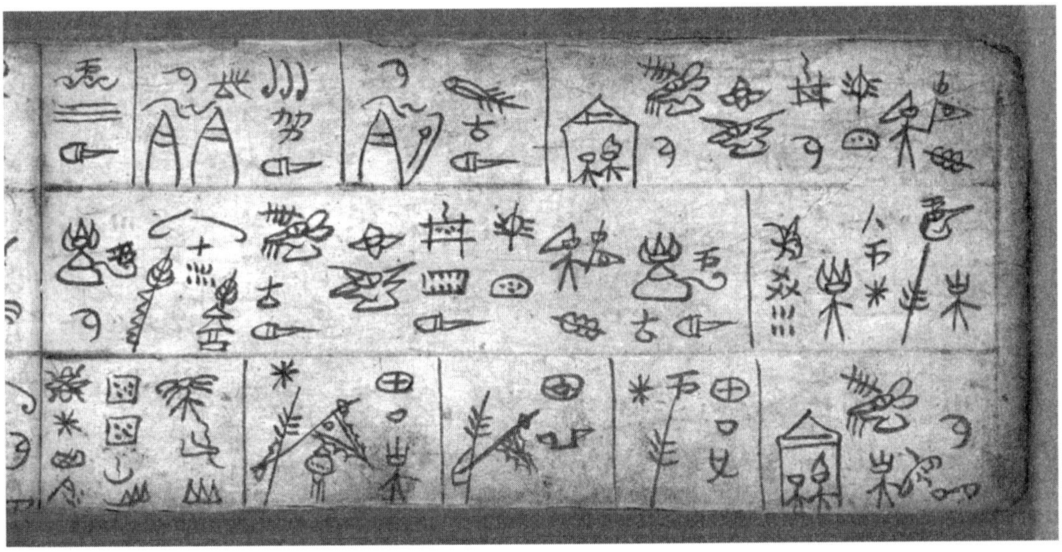

tɕi^{21} phər^{21} hər^{33} phər^{21} nɯ^{33} le^{33} tʂu^{55}. | dʑy^{21} nɯ^{33} so^{33} tʂu^{55} tʂu^{33} mə^{33} mæ^{21}, hɯ^{21} nɑ^{55} be^{33}
云 白 风 白 以 又 接 山 和 岭 连接 不 及 雨 大 雪

phər^{21} nɯ^{33} le^{33} tʂu^{55}. | dʑy^{21} nɯ^{21} lo^{21} tʂu^{55} tʂu^{33} mə^{33} mæ^{21}, dʑi^{21} nɑ^{55} mæ^{33} ʂər^{21} nɯ^{33} tʂhʅ^{33}
白 以 又 接 山 和 谷 连接 不 及 水 大 尾 长 以 这

le^{33} tʂu^{55}. | i^{33} dɑ^{13} tʂhʅ^{3} dɯ^{33} dʑi^{13}, khy̩^{55} nɯ^{21} zʅ^{33} tʂu^{55} tʂu^{33}mə^{33} mæ^{21}, nɯ^{21} nɯ^{21} o^{21} tʂu^{55}
又 接 主人 这 一 家 岁 和 寿 连接 不 及 生儿 和 育女 连接

tʂu^{33} mə^{33} mæ^{21}, hɯ^{21} nɯ^{21} dʑæ^{33} tʂu^{55} tʂu^{33} mə^{33} mæ^{21}, dæ^{21} nɯ^{21} tʂhu^{21} tʂu^{55} tʂu^{33} mə^{33}
不 及 富 和 强 连接 不 及 能干 和 神速 连接 不

mæ^{21}, py^{21} tso^{33} phɑ^{21} tso^{33} tʂu^{55} tʂu^{33} le^{33} mə^{33}mæ^{21}, mɯ^{33} le^{33} dy^{21} ko^{55} gɯ^{33}, ɕy^{55} hər^{21} le^{33}
及 祭祀 具 占卜 具 连接 又 不 及 天 与 地 之间 柏 绿 梯

dʑi^{21} tshe^{21} ho^{55} pɑ^{55} le^{33} tso^{55}, ɕy^{55} hər^{21} nɑ^{33} tsɑ^{21} tshʅ^{55}, khy̩^{55} by^{33} zʅ^{33} by^{33} tʂhʅ^{33} le^{33} tʂu^{55},
十 八 级 又 搭 柏 绿 纳扎 建 岁 份 寿 份 这 又 接

nɯ21by33 o21 by33 tʂhʅ33 le33 tʂu55, hɯ21 by33ʥæ33 by33 tʂhʅ33 le33 tʂu55, tʂʅ21nɯ21 o21 le33 tʂu55,
生儿份 育女 份 这 又 接 富 份 强 份 这 又 接 五谷 和 俄神 又 接

dæ21 nɯ21 tʂhu21 le33 tʂu55 , py21 tso33 phɑ21 tso33 tʂhʅ33 le33 tʂu55. gə21 bɑ21 sʅ21 ɕi33 tʂhuɑ55
能干 和 神速 又 接 祭祀 具 占卜 具 这 又 接 弟子 三 百 六十

tshər21 nɯ33, tho33 phər21 tv̩21 ʥər21 tshʅ55, ko33 phər21 tv̩21 kv̩33 hɑ55, hæ33 ʂʅ21 tv̩21 khə55 be33,
以 松 白 督树 竖 鹤 白 督树 顶 栖 金 黄 督 笼 做

sʅ33 sʅ55 nɯ33 mi33 phv̩21 be33, si33 khɯ21 mi33 khɯ21 be33. tv̩21 ʥər21 ȵi33 me33 gv̩21 nɯ33 tshʅ55,
纸 以 灯笼 做 丝线 灯芯 做 督树 西方 以 竖

tv̩21 kv̩33 dv̩33 phər21 the33 tɕhi21 ly55,|tv̩21 kv̩33 the33 tɕhi21 ȵi33 me33 thv̩33 tɕv̩21 ly21.|tv̩21
督树上 海螺 白 旗 插 督树 上 旗 东方 方向 朝 督树

ʥər21 ȵi33 me33 gv̩21 tshʅ55 me33,|i33 dɑ13 tʂhʅ33 ʥi13 gə33, khv̩55 nɯ21 zʅ33 i33 tshʅ21 nɯ33
西方 竖 的 主人 这 家 的 岁 和 寿 是 鬼 以

khv̩33 mə33 tʂər21,
偷 不 准

由白云和白风把天地相接。若山和峻岭连接不及，由大雨和白雪将两者相接。若山和谷连接不及，由源远流长的大江把山和谷相连。这一家主人，若岁和寿连接不及，生儿和育女连接不及，富裕和强盛连接不及，能干和神速连接不及，祭祀器具和占卜用具连接不及，就在天地之间，搭架十八级翠柏天梯，建翠柏纳召，又把岁和寿连接，把生儿和育女相连接，把富裕和强盛相连接，把五谷和俄神相连接，把能干和神速相连接，把祭祀器具和占卜器具相连接。三百六十个东巴弟子，用松树竖督树，白鹤栖于督树顶。做金黄色督树灯笼，用纸糊灯笼，用丝线做灯芯。督树竖立在西方，督树上插着白海螺色的旗子，督树上的旗子朝向东方。督树竖于西方，不让鬼来偷这一家主人的岁和寿，

258-D-30-26

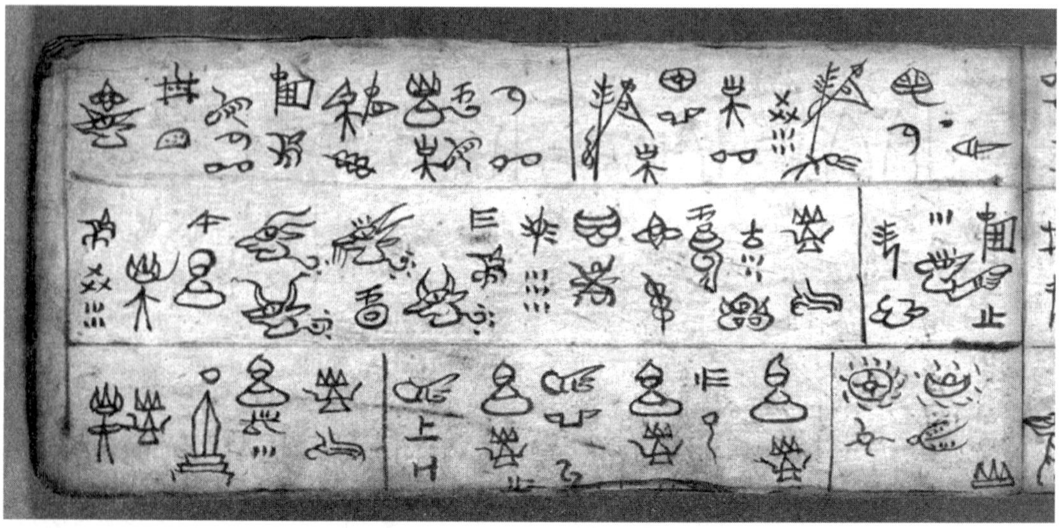

nɯ²¹ nɯ²¹ o²¹, hɯ²¹nɯ²¹ dʑæ³³, tʂʅ²¹ nɯ²¹ o²¹ i³³ tshʅ²¹ nɯ³³ khʏ³³ mə³³ tʂər²¹, gɑ³³ nɯ²¹ zi³³、
生儿 和 育女 富 和 强 五谷 和 俄神 是 鬼 以 偷 不 准 胜利 和 漂亮

dæ²¹ nɯ²¹ tʂhu²¹, py²¹ tso³³ phɑ²¹ tso³³ tshʅ²¹ nɯ³³ khʏ³³ mə³³ tʂər²¹.|tʏ²¹ kʏ³³ the³³ tɕhi²¹ ȵi³³
能干 和 神速 祭祀 具 占卜 具 鬼 以 偷 不 准 督树 顶 旗 东方

me³³ thʏ²¹ tɕy²¹ ly²¹ tshʅ⁵⁵ me³³, tshʅ³³ o³³ sʅ²¹ ɕi³³ tʂhuɑ⁵⁵ tshər²¹ mu²¹ le³³ zər²¹, tshʅ²¹ nɯ³³
方向 朝 竖 是 鬼 类 三 百 六十 往下 又 压 鬼 以

pɯ³³ pɑ³³pe²¹ tʂu⁵⁵ nɑ⁵⁵ dʏ²¹ be³³ mə³³ tʂər²¹. | gə²¹ bɑ²¹ sʅ²¹ ɕi³³ tʂhuɑ⁵⁵ tshər²¹ nɯ³³, mɯ³³
变化 捣乱 作祟 做 不 准 弟子 三 百 六十 以

lɯ⁵⁵ du¹³ dʐʅ³³ gə³³, dʐʅ²¹ me³³ bər²¹ me³³ phər²¹ gə³³ no³³ le³³ tʂhɑ²¹, tshʅ⁵⁵ me³³ ɯ³³ me³³
美利董主 的 犏牛 母 牦牛 母 白 的 乳 又 挤 山羊 母 牛 母

phər²¹ gə³³ no³³ le³³ tʂhɑ²¹, no³³ phər²¹ mɑ²¹ phər²¹nɯ³³, sɑ³³ bɑ²¹ iæ²¹, tʂʅ²¹ me³³ gʏ³³ sy²¹,
白 的 乳 又 挤 乳 白 酥油 以 大麻油 五谷 的 九 样

ŋʏ³³ hæ²¹ o³³ tʂhu²¹ dʏ³³ phər²¹ no²¹ bʏ³³ tʂhʅ⁵⁵ uɑ³³ sy²¹ nɯ³³ bæ³³ mi³³ tʂʅ⁵⁵.|sʅ³³ bʏ³³ phʏ³³
银 金 松石 墨玉 海螺 白 五宝 五 样 以 油灯 点 大者 男

sʅ⁵⁵ tʂhər³³ y²¹ gɑ³³ lɑ²¹ kæ³³ bæ³³ mi³³ tʂʅ⁵⁵, dʑy²¹ nɑ⁵⁵ zo⁵⁵ lo³³ kʏ³³, lɑ³³ iə²¹ py²¹ so³³
三 代 祖先 战神 前 油灯 点 居那若罗 顶 拉尤毕梭

he²¹ dɯ²¹ sʅ⁵⁵ kʏ³³ kæ³³ bæ³³ mi³³ tʂʅ⁵⁵,|ʂə⁵⁵ lɑ³³ uə³³ kə²¹ he²¹ kæ³³ bæ³³ mi³³ tʂʅ⁵⁵, lɑ²¹ bʏ³³
神 大 三 个 前 油灯 点 寿拉乌格 神 前 油灯 点 劳补妥构

thʏ³³ kə⁵⁵ kæ³³ bæ³³ mi³³ tʂʅ⁵⁵, sɑ³³zɑ²¹ lər²¹ tsʅ⁵⁵dʑi³³ mu³³ kæ³³ bæ³³ mi³³ tʂʅ⁵⁵.|bæ³³ mi³³
前 油灯 点 莎饶朗自金姆 前 油灯 点 油灯

tʂʅ⁵⁵ le³³ ȵi³³ me³³ he³³ me³³ the⁵⁵ ȵi²¹ bu³³ dɯ²¹ zi³³ zæ³³ gʏ³³,
点 而 太阳 月亮 一样 亮 大 闪亮 成

不让鬼偷盗生儿和育女、富裕和强盛、五谷和俄神，不让鬼偷窃常胜和漂亮、能干和神速、祭祀器具和占卜器具。督树上的旗子朝向东方，是为把三百六十种鬼压下去，不准鬼类变化作祟捣乱。三百六十位东巴弟子，挤来美利董主的白母犏牛和白母牦牛的奶，挤来白母山羊和白母黄牛的奶，用奶制成酥油，用酥油和大麻籽油、九样五谷作灯油，用白银、黄金、松石、墨玉和白海螺这五宝作灯盏以点神灯。在最大的三代男祖先战神前点神灯，在居那若罗神山顶上的三位拉尤毕梭大神前点神灯，在寿拉乌格大神前点神灯，在劳补妥构前点神灯，在莎饶朗自金姆前点神灯。点起神灯就像太阳和月亮一样光芒四射，

258-D-30-27

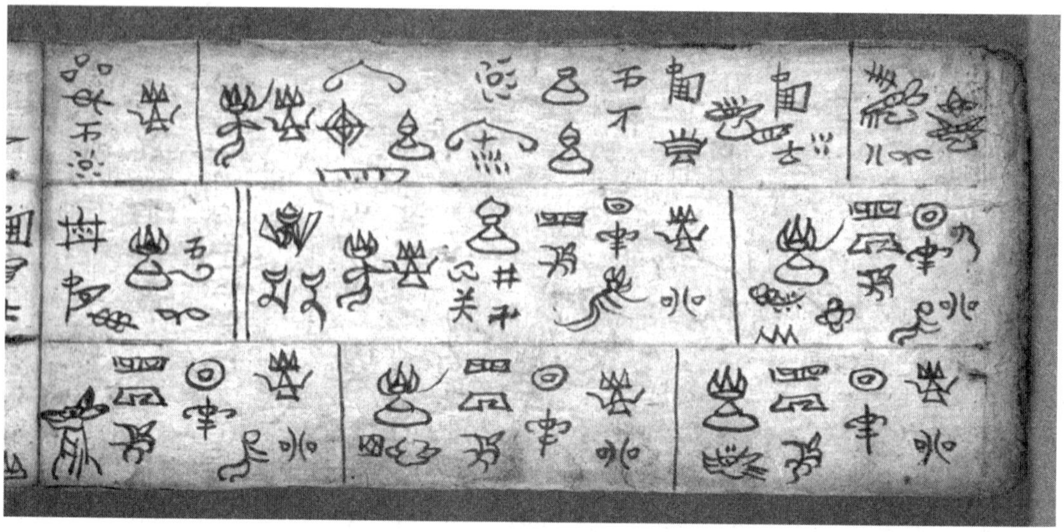

kɯ^{21} phər^{21} zɑ^{21} phər^{21} the^{55} ȵi^{33} bu^{33}.|gə^{21} bɑ^{21}bæ^{33} mi^{33} le^{33} tʂʅ^{55} me^{33}, he^{21} gə^{33} nɑ^{21} khɑ^{33}
星 白 饶星 白 一样 亮 弟子 油灯 又 点 是 神 的 天

mɯ^{33}dy^{21} lo^{21}, mɯ^{33}tɕər^{21} tshe^{21} ho^{55} ty^{33}, bu^{33} dɯ^{21} zi^{33} zæ^{33} gy̩^{33}. o^{55} nɯ^{21} he^{21}, phər^{21}nɯ^{21}
地 里 天 上 十八 层 亮 大 闪亮 成 沃神 和 恒神 盘神 和

sæ^{21} , gɑ^{33} nɯ^{21} u^{21}, y^{21}gɑ^{33} lɑ^{21} tʂhʅ^{33} uɑ^{21} nɯ^{33},|khy̩^{55} by^{33} zʅ^{33} by^{33} iə^{55}, nɯ^{21} by^{33} o^{21} by^{33}
禅神 嘎神和 吾神 祖先战神 所有 以 岁 份 寿 份 赐 生儿 份 育女份

iə^{55}, hɯ^{21}by^{33} dʑæ^{33} by^{33} iə^{55}, dæ^{21} by^{33} tʂhu^{21} by^{33} iə^{55}, py^{21} tso^{33} phɑ^{21}tso^{33} tʂhʅ^{33} le^{33} iə^{55}. ‖
赐 富 份 强 份 赐 能干 份 神速 份 赐 祭祀 具 占卜 具 这 又 赐

o^{33} nɯ^{21} ɑ^{33} kæ^{33} bæ^{33} mi^{33} tʂʅ^{55}. i^{21} ʂʅ^{55} gu^{33} by̩^{33} kæ^{33}, gə^{21} bɑ^{21} lo^{21} tʂhʅ^{33} huɑ^{55} nɯ^{33} mɑ^{21}
沃神和 阿神前 油灯 点 莹世谷补 前 弟子 所有 以 酥油

li^{33} bæ^{33} mi^{33} by^{33}. |to^{33} bɑ^{21} ʂər^{55} lər^{33} mi^{21} dɯ^{21} kæ^{33}, gə^{21} bɑ^{21} lo^{21} tʂhʅ^{21} uɑ^{21} nɯ^{33} mɑ^{21}
油灯 供 东巴什罗 名 大 前 弟子 所有 由 酥油

li^{33} bæ^{33} mi^{33} by^{33}.|dʑi^{33} ɯ^{33} ʂər^{55} lər^{33} kæ^{33}, gə^{21} bɑ^{21} lo^{21} tʂhʅ^{33} huɑ^{55} nɯ^{33}, mɑ^{21} li^{33} bæ^{33}
油灯 供 精恩什罗 前 弟子 所有 以 酥油 油灯

mi^{33} by^{33}.|dʑiə^{21} by̩^{33}thy̩^{33}tʂhʅ^{33} kæ^{3}, gə^{21}bɑ^{21} lo^{21}tʂhʅ^{33} huɑ^{55} nɯ^{33} mɑ^{21} li^{33} bæ^{33} mi^{33} by^{33}. |
供 久补土蚩 前 弟子 所有 以 酥油 油灯 供

i^{21}ʂʅ^{55} bu^{21} dʑo^{33} kæ^{33}, gə^{21} bɑ^{21} lo^{21} tʂhʅ^{33} uɑ^{55} nɯ^{33}, mɑ^{21} li^{33} bæ^{33} mi^{33} by^{33}.
伊世补佐 前 弟子 所有 以 酥油 油灯 供

又似满天星宿一样亮。东巴弟子点神灯，把神的天地、十八层天上都照得通亮。所有的沃神和恒神、盘神和禅神、嘎神和吾神、祖先战神，（对这一家主人）赐予岁和寿，赐予生儿和育女，赐予富裕和强盛，赐予能干和神速，赐予祭祀器具和占卜器具。

向沃神和阿神供神灯。在莹世谷补大神前，由所有的东巴弟子，供上酥油神灯。在名声大的东巴什罗前，所有的东巴弟子，供上酥油神灯。在精恩什罗东巴前，由所有的东巴弟子，供上酥油神灯。在久补土蚩东巴前，由所有的东巴弟子，供上酥油神灯。在伊世补佐东巴前，由所有的东巴弟子，供上酥油神灯。

258-D-30-28

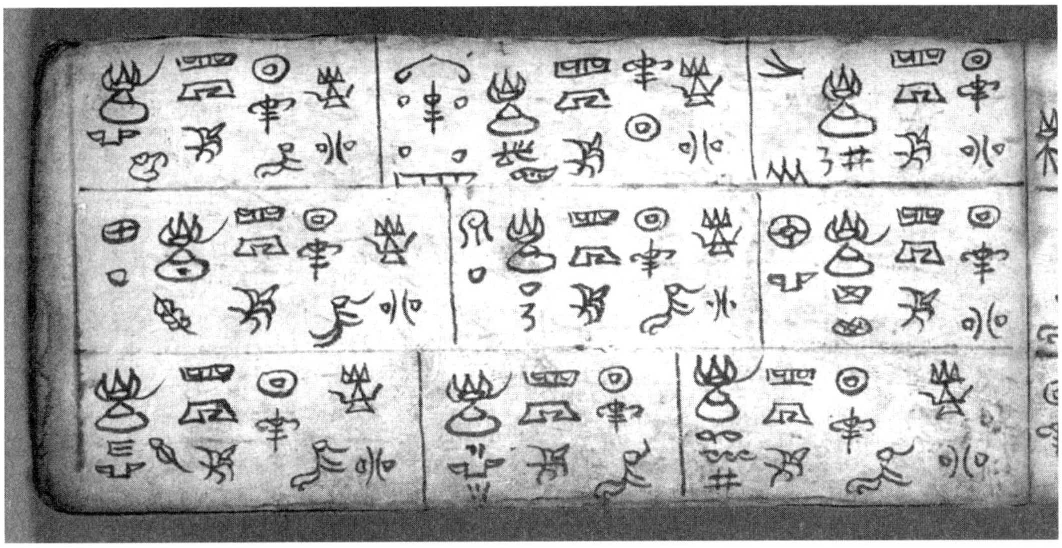

lɑ^{21} by̩^{33} thy̩^{33} kə^{55} kæ^{33}, gə^{21}bɑ^{21} **lo**^{21} tʂhʅ^{33} huɑ^{55} nɯ^{33}, mɑ^{21} li^{33} bæ^{33} mi^{33} by^{33}.|mɯ^{33} le^{33}
劳补妥构　前　弟子　所有　以　酥油　油灯　供　天　和

dy^{21} ly^{55} gy̩^{33}, so^{33} y^{21} tsi^{55} gy̩^{33} kæ^{33}, gə^{21} bɑ^{21} lo^{21} tʂhʅ^{3} huɑ^{55} nɯ^{33}, mɑ^{21} li^{33} bæ^{33} mi^{33} by^{33}.
地　中间　梭余晋古　前　弟子　所有　以　酥油　油灯　供

i^{33} tʂhʅ^{33} mu^{21}, se^{55} zʅ^{33}mi^{21} gu^{33} kæ^{33}, gə^{21} bɑ^{21} lo^{21}tʂhʅ^{33} uɑ^{21}nɯ^{33}, mɑ^{21} li^{33} bæ^{33} mi^{33} by^{33}.
南方　胜日明恭　前　弟子　所有　以　酥油　油灯　供

n̥i^{33} me^{33} gy̩^{21}, nɑ^{55} se^{33} tʂhu^{33} lu^{21} kæ^{33}, gə^{21} bɑ^{21} lo^{21} tʂhʅ^{33} uɑ^{21} nɯ^{33}, mɑ^{21} li^{33} bæ^{33} mi^{33}
西方　纳生初卢　前　弟子　所有　以　酥油　油灯

by^{33}.|ho^{33} gy̩^{33} lo^{21}, gy̩^{33} se^{55} khə^{33} bɑ^{33} kæ^{33}, gə^{21} bɑ^{21} lo^{21} tʂhʅ^{3} huɑ^{55} nɯ^{33}, mɑ^{21} li^{33} bæ^{33}
供　北方　古生抠巴　前　弟子　所有　以　酥油　油灯

mi^{33}by^{33}.|n̥i^{33} me^{33} thy̩^{33}, gə^{21} tshe^{55} tshe^{55} by̩^{33} kæ^{33}, gə^{21} bɑ^{21} lo^{21} tʂhʅ^{33} uɑ^{21} nɯ^{33}, mɑ^{21} li^{33}
供　东方　格衬称补　前　弟子　所有　以　酥油

bæ^{33} mi^{33} by^{33}. |sɑ^{21} thy̩^{33} ʥi^{33} uə^{21} kæ^{33}, gə^{21} bɑ^{21} lo^{21} tʂhʅ^{33} uɑ^{21} nɯ^{33}, mɑ^{21} li^{33} bæ^{3} mi^{33}
油灯　供　刹土久吾　前　弟子　所有　以　酥油　油灯

by^{33}.|n̥i^{21} thy̩^{33} ko^{21} uɑ^{33} kæ^{33}, gə^{21} bɑ^{21} lo^{21} tʂhʅ^{33} uɑ^{55} nɯ^{33}, mɑ^{21} li^{33} bæ^{33} mi^{33} by^{33}.|iə^{21}
供　尼土各瓦　前　弟子　所有　以　酥油　油灯　供

ȵi^{55} tɕi^{55} gu^{33} kæ^{33}, gə^{21} bɑ^{21} lo^{21} tʂʅ^{33} uɑ^{21} nɯ^{33}, mɑ^{21} li^{33} bæ^{33} mi^{33} by^{33}.
尤聂季恭 前 弟子 所有 以 酥油 油灯 供

在劳补妥构前，由所有的东巴弟子，供上酥油神灯。在天和地中央的东巴梭余晋古前，由所有的东巴弟子，供上酥油神灯。在南方的东巴胜日明恭前，由所有的东巴弟子，供上酥油神灯。在西方的东巴纳生初卢前，由所有的东巴弟子，供上酥油神灯。在北方的东巴古生抠巴前，由所有的东巴弟子，供上酥油神灯。在东方的东巴格衬称补前，由所有的东巴弟子，供上酥油神灯。在刹土久吾①东巴前，由所有的东巴弟子，供上酥油神灯。在尼土各瓦②东巴前，由所有的东巴弟子，供上酥油神灯。在尤聂季恭③东巴前，由所有的东巴弟子，供上酥油神灯。

258-D-30-29

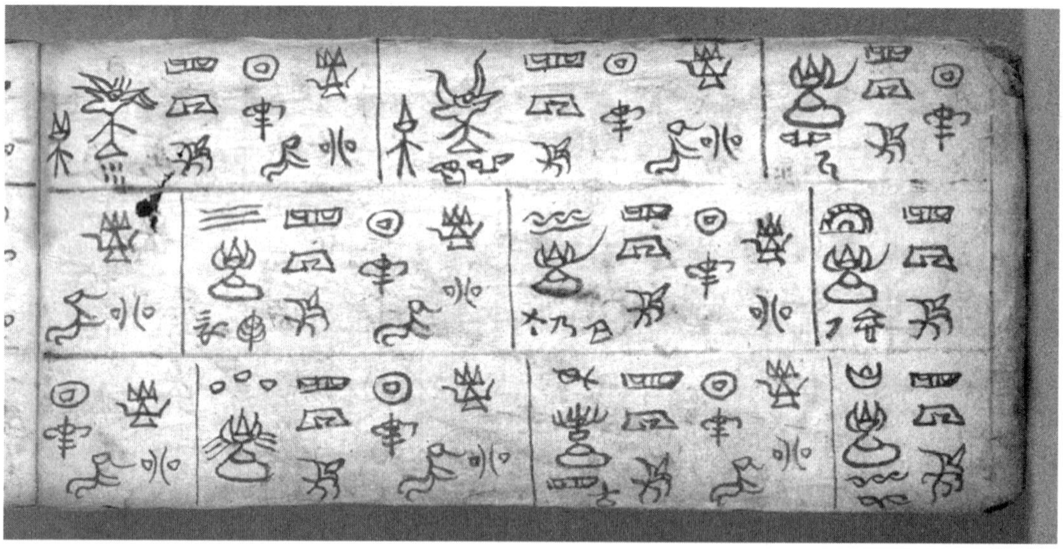

tse^{21} ʂʅ^{33} nɑ^{21} duɑ^{33} kæ^{33}, gə^{21} bɑ^{21} lo^{21} tʂʅ^{3} huɑ^{55} nɯ^{33}, mɑ^{21} li^{33} bæ^{33} mi^{33} by^{33}.|dy̩^{21} kə^{55}
仄史拿端 前 弟子 所有 以 酥油 油灯 供 毒寇班土

bər^{33} thy̩^{33} kæ^{33}, gə^{21} bɑ^{21} lo^{21} tʂʅ^{33} huɑ^{55} nɯ^{33}, mɑ^{21}li^{33} bæ^{33} mi^{33} by^{33}.|thy̩^{33} kə^{55} dʑi^{33} by̩^{33}
前 弟子 所有 以 酥油 油灯 供 土构景补

kæ^{33}, gə^{21}bɑ^{21}lo^{21} tʂʅ^{33} huɑ^{55}nɯ^{33}, mɑ^{21} li^{33} bæ^{33} mi^{33} by^{33}.|hər^{33}dɑ^{33}lo^{21}ɕy^{55} kæ^{33}, gə^{21} bɑ^{21}
前 弟子 所有 以 酥油 油灯 供 海岛罗许 前 弟子

lo^{21} tʂʅ^{33} uɑ^{21} nɯ^{33}, mɑ^{21} li^{33}bæ^{33}mi^{33} by^{33}.|tɕi^{33} lɑ^{33} pɑ^{33} ty^{33} kæ^{33}, gə^{21}bɑ^{21} lo^{21} tʂʅ^{3} huɑ^{55}
所有 以 酥油 油灯 供 景罗巴氏 前 弟子 所有

nɯ^{33}, mɑ^{221} li^{33} bæ^{33} mi^{33} by^{33}.|ky̩^{55} thɑ^{55} gɑ^{33} u^{21} kæ^{33}, gə^{21} bɑ^{21} lo^{21} tʂʅ^{33} uɑ^{21} nɯ^{33}, mɑ^{21}
以 酥油 油灯 供 固套嘎吾 前 弟子 所有 以 酥油

① 刹土久吾：音译人名，为祭刹道的东巴祭司。
② 尼土各瓦：音译人名，为祭尼的东巴祭司。
③ 尤聂季恭：音译人名，为祭署的东巴祭司。

li^{33} bæ^{33} mi^{33} by^{33}.|lo^{21} pa^{55} zi^{33} zæ^{33} kæ^{33}, gə^{21} ba^{21} lo^{21} tʂhʅ^{33} hua^{55} nɯ^{33}, ma^{21} li^{33} bæ^{33}
油灯 供 罗巴汝冉 前 弟子 所有 以 酥油 油灯

mi^{33} by^{33}.|za^{21} so^{33} dʑi^{33} by̩^{33} kæ^{33}, gə^{21} ba^{21} lo^{21} tʂhʅ^{33} hua^{55} nɯ^{33}, ma^{21} li^{33} bæ^{33} mi^{33} by^{33}.
供 饶梭金补 前 弟子 所有 以 酥油 油灯 供

tɕi^{55} tha^{55} tɕi^{55} iə^{33} kæ^{33}, gə^{21} ba^{21} lo^{21} tʂhʅ^{3} ua^{21} nɯ^{33},
敬套敬尤 前 弟子 所有 以

在仄史拿端①东巴前，由所有的东巴弟子，供上酥油神灯。在毒冠班土②东巴前，由所有的东巴弟子，供上酥油神灯。在土构景补东巴前，由所有的东巴弟子，供上酥油神灯。在海岛罗许③东巴前，由所有的东巴弟子，供上酥油神灯。在景罗巴氏④东巴前，由所有的东巴弟子，供上酥油神灯。在固套嘎吾东巴前，由所有的东巴弟子，供上酥油神灯。在罗巴汝冉东巴前，由所有的东巴弟子，供上酥油神灯。在饶梭金补⑤东巴前，由所有的东巴弟子，供上酥油神灯。在敬套敬尤⑥东巴前，由所有的东巴弟子，

258-D-30-30

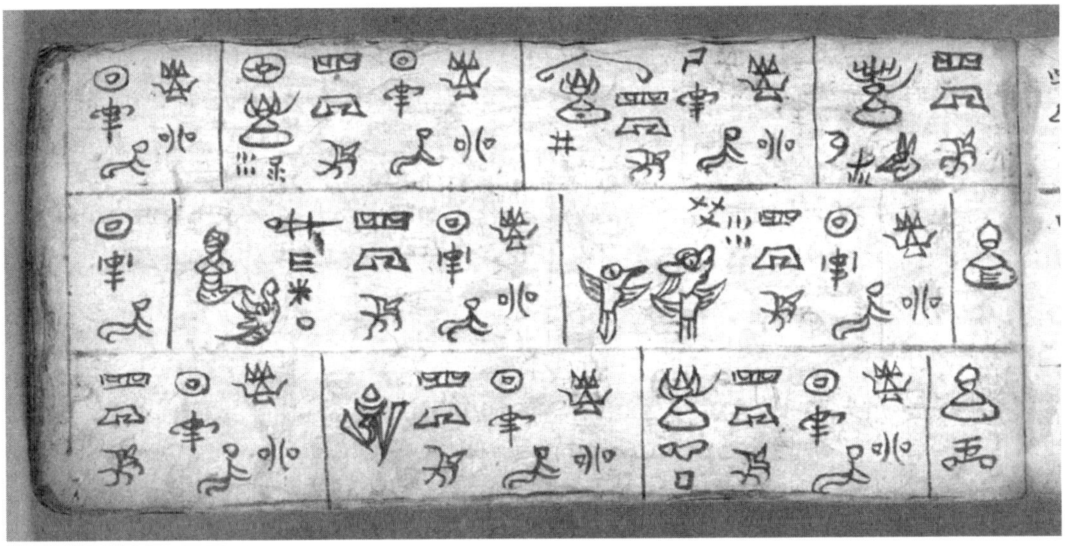

ma^{21} li^{33} bæ^{33} mi^{33} by^{33}.|bi^{33} gə^{33} py^{33} by̩^{21} dua^{21} ma^{55} dua^{21} dzʅ^{33} kæ^{33}, gə^{21} ba^{21} lo^{21} tʂhʅ^{33}
酥油 油灯 供 太阳 的 东巴 端麻端支 前 弟子 所有

ua^{21} nɯ^{33}, ma^{21} li^{33} bæ^{33} mi^{33} by^{33}.|mɯ^{33} gə^{33} py^{33} by̩^{21} na^{55} by̩^{33} so^{33} gu^{33} kæ^{33}, gə^{21}
以 酥油 油灯 供 天 的 东巴 纳补梭恭 前 弟子

ba^{21} lo^{21} tʂhʅ^{33} ua^{21} nɯ^{33}, ma^{21} li^{33} bæ^{33} mi^{33} by^{33}.|mə^{33} py^{21} dʑi^{33} zʅ^{21} kæ^{33}, gə^{21} ba^{21}
所有 以 酥油 油灯 供 莫毕精如 前 弟子

① 仄史拿端：音译人名，为祭仄鬼的东巴祭司。
② 毒冠班土：音译人名，为祭毒鬼的东巴祭司。
③ 海岛罗许：音译人名，为祭风的东巴祭司。
④ 景罗巴氏：音译人名，为祭云的东巴祭司。
⑤ 饶梭金补：音译人名，为祭宿的东巴祭司。
⑥ 敬套敬尤：音译人名，为祭月亮的东巴祭司。

lo^{21} tʂhʅ^{33} uɑ^{21} nɯ^{33}, mɑ^{21} li^{33} bæ^{33} mi^{33} by^{33}.|sʅ^{21} nɯ^{21} lv̩^{21}, sɑ^{21} dɑ^{55} tv̩^{33} tv̩^{21} kɯ^{33} kɯ^{21}
所有 以 酥油 油灯 供 署 和 龙 刹道 千 千 万 万

kæ^{33}, gə^{21} bɑ^{21} lo^{21} tʂhʅ^{33} uɑ^{21} nɯ^{33}, mɑ^{21} li^{33} bæ^{33} mi^{33} by^{33}.|to^{33} kə^{21} iə^{33} mɑ^{21} sʅ^{21} ɕi^{33}
前 弟子 所有 以 酥油 油灯 供 端格战神 优麻战神 三 百

tʂhuɑ^{55} tshər^{21} kæ^{33}, gə^{21} bɑ^{21} lo^{21} tʂhʅ^{33} uɑ^{21} nɯ^{33}, mɑ^{21} li^{33} bæ^{33} mi^{33} by^{33}.|sɑ^{21} i^{33} uə^{33} de^{33}
六 十 前 弟子 所有 以 酥油 油灯 供 刹依威德

kæ^{33}, gə^{21} bɑ^{21} lo^{21} tʂhʅ^{33} uɑ^{21} nɯ^{33}, mɑ^{21} li^{33} bæ^{33} mi^{33} by^{33}.|i^{33} gv̩^{21} o^{33} kə^{21} kæ^{3}, gə^{21}
前 弟子 所有 以 酥油 油灯 供 依古阿格 前 弟子

bɑ^{21} lo^{21} tʂhʅ^{33} uɑ^{21} nɯ^{33} , mɑ^{21} li^{33} bæ^{3} mi^{33} by^{33}.|to^{33} bɑ^{21} ʂər^{55} lər^{33} kæ^{33}, gə^{21} bɑ^{21} lo^{21}
所有 以 酥油 油灯 供 东巴什罗 前 弟子

tʂhʅ^{33} uɑ^{21} nɯ^{33}, mɑ^{21} li^{33} bæ^{33} mi^{33} by^{33}.|he^{21} dɯ^{21} o^{33} phər^{21} kæ^{33},
所有 以 酥油 油灯 供 恒迪窝盘 前

供上酥油神灯。在祭太阳的东巴祭司端麻端支前，由所有的东巴弟子，供上酥油神灯。在祭天的东巴祭司纳补梭恭前，由所有的东巴弟子，供上酥油神灯，在莫毕精如大神前，由所有的东巴弟子，供上酥油神灯。在千千万万的署、龙、刹道之前，由所有的东巴弟子，供上酥油神灯。在三百六十尊端格战神和优麻战神前，由所有的东巴弟子，供上酥油神灯。在刹依威德大神之前，由所有的东巴弟子，供上酥油神灯。在依古阿格大神前，由所有的东巴弟子，供上酥油神灯。在东巴什罗前，由所有的东巴弟子，供上酥油神灯。在恒迪窝盘大神前，

258-D-30-31

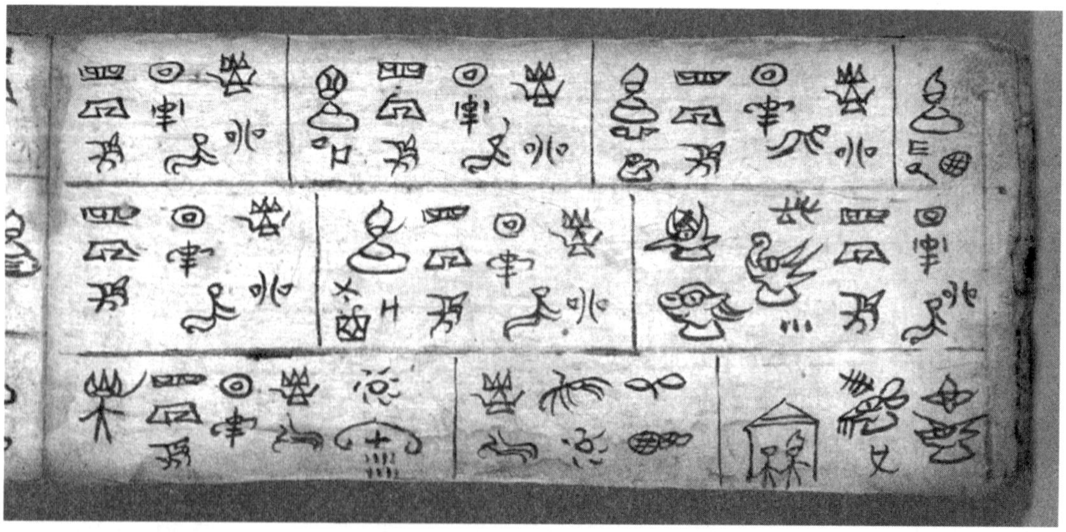

gə^{21} bɑ^{21} lo^{21} tʂhʅ^{33} uɑ^{21} nɯ^{33}, mɑ^{21} li^{33} bæ^{33} mi^{33} by^{33}.|he^{21} i^{33} kɯ^{21} khu^{55} kæ^{33}, gə^{21} bɑ^{21}
弟子 所有 以 酥油 油灯 供 恒依格空 前 弟子

lo^{21} tʂhʅ^{33}uɑ^{21} nɯ^{33}, mɑ^{21} li^{33} bæ^{33}mi^{33} by^{33}.|lɑ^{21}bʏ^{33} thʏ^{33} kə^{55} kæ^{33}, gə^{21}bɑ^{21} lo^{21} tʂhʅ^{33} uɑ^{21}
所有 以 酥油 油灯 供 劳补妥构 前 弟子 所有

nɯ^{33}, mɑ^{21} li^{33} bæ^{33} mi^{33} by^{33}.|sɑ^{33} zɑ^{21} lər^{21} tsʅ^{55} dʑi^{33} mu^{33} kæ^{33}, gə^{21} bɑ^{21} lo^{21} tʂhʅ^{33} uɑ^{21}
以 酥油 油灯 供 莎饶朗自金姆 前 弟子 所有

nɯ^{33}, mɑ^{21} li^{33} bæ^{3} mi^{33} by^{33}.|lɑ^{21} ʂə^{55} dʑiə^{33} u^{21} kæ^{3}, gə^{21} bɑ^{21} lo^{21} tʂhʅ^{3} uɑ^{21} nɯ^{33}, mɑ^{21} li^{33}
以 酥油 油灯 供 拉寿久乌 前 弟子 所有 以 酥油

bæ^{3} mi^{33} by^{33}.|bər^{21} tɕhy^{33} si^{21} so^{33} sʅ^{33} sy^{21} kæ^{33}, gə^{21} bɑ^{21} lo^{21} tʂhʅ^{33} uɑ^{21} nɯ^{33}, mɑ^{21} li^{33}
油灯 供 龙 狮子 大鹏 三 样 前 弟子 所有 以 酥油

bæ^{33} mi^{33} by^{33}.|gə^{21} bɑ^{21} lo^{21} tʂhʅ^{33} uɑ^{21} nɯ^{33}, mɑ^{21} li^{33} bæ^{33} mi^{33} tʂʅ^{55}, mɯ^{33} tɕər^{21} tshe^{21}
油灯 供 弟子 所有 以 酥油 神灯 点 天 上 十

ho^{55} ty^{33} i^{33} bu^{33} dɯ^{21} zi^{33} zæ^{33},|bæ^{33} mi^{33} tʂʅ^{55} me^{33} tshʅ^{21} dy^{21} bu^{33} iə^{55} ho^{55}.|i^{33} dɑ^{13} tʂhʅ^{33}
八层 是 亮 大 闪亮 神灯 点 是 鬼 地 亮 的 愿 主人 这

dɯ^{33} dʑi^{13}, khʏ^{55} me^{55} zʅ^{33} me^{55}, nɯ^{21} me^{55} o^{21} me^{55},
一 家 岁 求 寿 求 生儿 求 育女 求

由所有的东巴弟子，供上酥油神灯。在恒依格空大神前，由所有的东巴弟子，供上酥油神灯。在劳补妥构前，由所有的东巴弟子，供上酥油神灯。在莎饶朗自金姆前，由所有的东巴弟子，供上酥油神灯。在拉寿久乌大神前，由所有的东巴弟子，供上酥油神灯。在龙、狮子、大鹏三尊战神前，由所有的东巴弟子，供上酥油神灯。所有的东巴弟子，点燃酥油神灯，把十八层天照得通亮，愿把鬼域也照亮！

愿这一家主人，求岁得岁，求寿得寿！愿求生儿得生儿，求育女得育女！

258-D-30-32

hɯ^{21} me^{55} ʥæ^{33} me^{55}, dæ^{21} me^{55} tʂhu^{21} me^{55}, gɑ^{33} me^{55} zi^{33} me^{55}, py^{21} tso^{33} phɑ^{21} tso^{33} me^{55}
富 求 强 求 能干 求 神速 求 胜利 求 漂亮 求 祭祀 具 占卜 具 求

le^{33} dɯ^{33} iə^{55} ho^{55}.|zɿ^{33} ʂər^{21} hɑ^{55} i^{33}, kho^{33} y^{21} he^{33} hɯ^{21}, ʥi^{21} i^{33} dər^{33} ʂər^{55}, mi^{33}hæ^{21} tsho^{21}
而 得 地 愿 寿 长 日 有 声 轻 神 宁 水 流 塘 满 女 娶 人

ʥɿ^{33}, tshe^{21} zo^{33} ɕi^{21} me^{33} tshe^{21} uə^{33} tshɿ^{55}, tshe^{21} mi^{55} ɕi^{21} me^{33} tshe^{33} dy^{21} khu^{33} i^{33} gɣ^{33} be^{33}
增 十 儿 养 是 十 寨 建 十 女 养 是 十 地 辟 的 成 地

ho^{55}!
愿

愿求富裕得富裕，求强盛得强盛，求能干得能干，求神速得神速，求胜利得胜利，求漂亮得漂亮！求祭祀和占卜器具都能求得到！愿延年益寿，耳闻佳音心神宁，活水常流塘满溢，娶妻家丁旺，养十个男儿能建十个寨，养十个女儿能辟十片地！

258-D-30-33

封底

（翻译：王世英）

399-D-53-01

zɿ³³ tʂu⁵⁵ py²¹ · sɑ²¹ i³³ uə³³ de³³ sɑ⁵⁵ mi³³ mɑ²¹ se²¹ de⁵⁵ sy⁵⁵ · sɑ²¹ i³³ uə³³ de³³ py̩⁵⁵

延寿仪式·迎请刹依威德杀米麻沈登·送刹依威德

399-D-53 延寿仪式·迎请刹依威德杀米麻沈登·送刹依威德

【内容提要】

远古之时，满地都是黑乌鸦，村寨被鬼占满，山上尽是鬼的狗，大地上鬼马在狂奔，人无立足之地，人类无法繁衍生存。只有请天上的刹依威德（sɑ i uə de）大神降临下来，才有能力杀掉米麻沈登（mi mɑ se de）及各种鬼类。古籍叙述了刹依威德（sɑ i uə de）的出世历程，人类就派拉吾拉刹（lɑ u lɑ sɑ）及神的白蝙蝠到十八层天上请来刹依威德（sɑ i uə de）大神，杀掉米麻沈登(mi mɑ se de)等鬼王及各种鬼。刹依威德(sɑ i uə de)赐福庇佑人类，人类又能生儿育女，延年益寿！

人类用各种祭品供养刹依威德（sɑ i uə de）大神及各种神灵，并把他们送回十八层天上。

【英文提要】

Life Prolonging Ritual, Greeting *sa i uə de* and Killing *mi ma se de*, Sending off *sa i uə de*

In the remote antiquity, the terra was covered with black ravens and villages were occupied by ghosts. There were dogs of ghosts on mountains and horses of ghosts running on the earth. Man could not multiply and live for no standing ground. The only way was to pray for the god ***sa i uə de*** befalling from heaven to kill ***mi ma se de*** and all sorts of ghosts. This book describes the origin of ***sa i uə de***. After that, man detached ***la u la sa*** and the white bat of god to the eighteenth level heaven to ask ***sa i uə de*** befalling and killing ***mi ma se de*** and all sorts of ghosts. Under the blessing of ***sa i uə de***, man bestowed with posterity and longevity again.

Man consecrated ***sa i uə de*** and all sorts of gods with various oblations and sent off these gods to the eighteenth level heaven afterward.

399-D-53-02

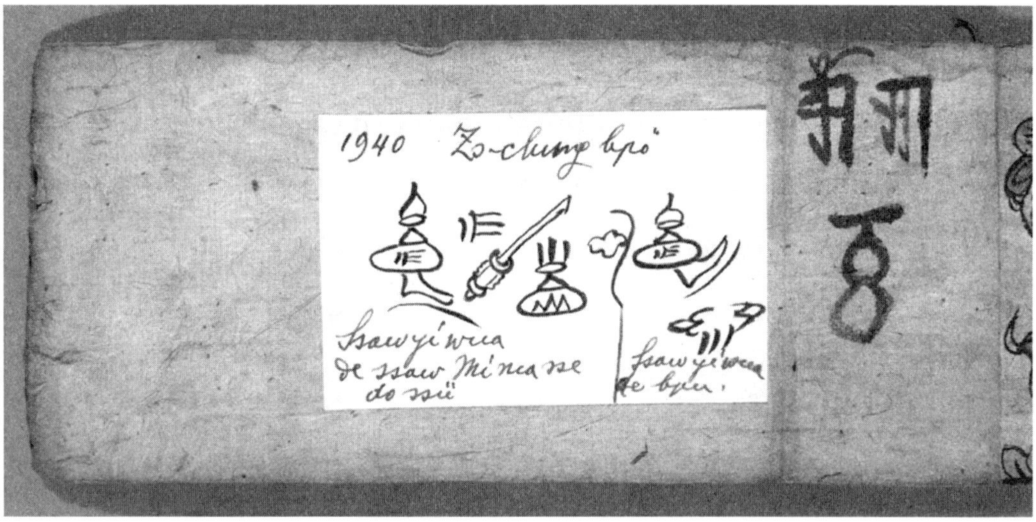

“1940”是洛克自己藏书之编号。洛克用“洛氏音标”记下此书用于“延寿仪式”。七个东巴字符是此书之书名，前五个与后两个字符用一曲线隔开。洛克用音标与东巴文并列记录此书的书名为[sɑ^{21} i^{33} de^{33} sɑ^{55} mi^{33} mɑ^{21} se^{21} de^{55} sy^{55}. sɑ^{21} i^{33} uə^{33} de^{33} pɣ̩^{55}]。其他三个符号是东巴所画，但不知其义。

399-D-53-03

ə^{33} lɑ^{33} mə^{33} ʂər^{55} ȵi^{33}，mɯ^{33} ne^{21} dy^{21} lɑ^{33} mə^{33} thɣ̩^{33} sɿ^{33} thɯ^{33} dʐʅ^{21}, bi^{33} ne^{21} le^{21}、
远古的时候 天 和 地 也 未 产生 的 那 时 太阳 和 月亮

kɯ^{21} ne^{21} zɑ^{21} lɑ^{33} mə^{33} thɣ̩^{33} sɿ^{33} thɯ^{33} dʐʅ^{21}, | phər^{21} ne^{21} sæ^{21}、gɑ^{33} ne^{21} u^{21} lɑ^{33} mə^{33}
星 和 饶星 也 未 产生 的 那 时 盘神 和 禅神 嘎神 和 吾神 也 未

thɣ̩^{33} sɿ^{33} thɯ^{33} dʐʅ^{21}, o^{55} ne^{21} he^{21} lɑ^{33} mə^{33} thɣ̩^{33} sɿ^{33} thɯ^{33} dʐʅ^{21}, | phɣ̩^{33} lɑ^{21} gɑ^{33} lɑ^{21} sɿ^{21}
产生 的 那 时 沃神 和 恒神 也 未 产生 的 那 时 大神 战神 三

çi^{33} tʂhuɑ^{55} tshər^{21} mə^{33} thʏ^{33} sɿ^{33} thɯ^{33} dʐʅ^{21}, | i^{33} dɑ^{13} tʂhʅ^{33} dɯ^{33} ʥi^{13}, mɯ^{33} nɯ^{21} dy^{21}
百 六十 未 产生 的 那 时 主人 这 一 家 天 和 地

tʂu^{55} tʂu^{33} mə^{33} mæ^{21}, ʥy^{21} nɯ^{21} so^{21} tʂu^{55} tʂu^{33} mə^{33} mæ^{21}, dzɿ^{33} nɯ^{21} uə^{33} tʂu^{55} tʂu^{33} mə^{33}
连接 不 及 山 和 岭 连接 不 及 村 和 寨 连接 不

mæ^{21}, ʥy^{21} nɯ^{21} lo^{21} tʂu^{55} tʂu^{33} mə^{33} mæ^{21}, æ^{21} nɯ^{21} lo^{21} tʂu^{55} tʂu^{33} mə^{33} mæ^{21}, ȵi^{55} nɯ^{21}
及 山 和 谷 连接 不 及 崖 和 谷 连接 不 及 昼 和

hu^{21} tʂu^{55} tʂu^{33} mə^{33} mæ^{21}, khuɑ^{33} nɯ^{21} nʏ^{55} tʂu^{55} tʂu^{33} mə^{33} mæ^{21}, | ȵi^{33} me^{33} thʏ^{33} nɯ^{33}
夜 连接 不 及 远 和 近 连接 不 及 东方 和

ȵi^{33} me^{33} gʏ^{21} tʂu^{55} tʂu^{33} mə^{33} mæ^{21}, i^{33} tʂhʅ^{33} mu^{21} nɯ^{33} ho^{33} gʏ^{33} lo^{21} tʂu^{55} tʂu^{33} mə^{33} mæ^{21},
西方 连接 不 及 南方 和 北方 连接 不 及

远古的时候，天和地还未产生，太阳和月亮还未产生、星星和饶星还未产生，盘神和禅神、嘎神和吾神、沃神和恒神还未产生，三百六十尊大神和战神还未产生的时候，这一主人家，天地不能相连接，山与峻岭不能相连接，村和寨不能相连接，山和箐不能相连接，山谷与高崖不能相连接，昼和夜相连接不及，远与近相连接不及，东方和西方相连接不及，南方和北方相连接不及。

399-D-53-04

dzi^{33} ʥə^{21} lɑ^{33} lər^{33} dy^{21}, tɕi^{55} ʂə^{33} nɑ^{21} nɯ^{33} ʂər^{55}, uə^{33} lo^{21} tshɿ^{21} nɯ^{33} ʂər^{55}, ʥy^{21} kʏ^{33}
人 有 辽阔 地 乌鸦 黑 以 满 寨 里 鬼 以 满 山 上

tshɿ^{21} khɯ^{33} le^{33} khɯ^{55} tshɿ^{21}, dy^{21} lo^{21} tshɿ^{21} ʐuɑ^{33} le^{33} ly^{55} tshɿ^{21}. | i^{33} dɑ^{13} tʂhʅ^{33} ʥi^{13} tɕər^{21},
鬼 狗 又 放 来 坝子 里 鬼 马 又 奔跑 来 主人 这 家 上

tshɿ^{21} nɯ^{33} khʏ^{55} ne^{21} zɿ^{33} le^{33} khʏ^{33}, nɯ^{21} ne^{21} uɑ^{21} le^{33} khʏ^{33}, hɯ^{21} ne^{21} dæ^{33} le^{33} khʏ^{33},
鬼 以 岁 和 寿 又 偷 生儿 和 育女 又 偷 富 和 强 又 偷

py^{21} tso^{33} phɑ^{21} tso^{33} khy̩^{33}. dzi^{33} dʑiə^{21} lɑ^{33} lər^{33} dy^{21}, dzi^{33} dzɿ^{21} sɑ^{21} mə^{33} dʑy^{33}, ɯ^{33} hɑ^{55}

祭祀 用具 占卜 用具 偷 人 有 辽阔 地 人 住 地方 没有 禽 栖

dzər^{21} mə^{33} dzɿ^{21}, le^{55} phər^{33} kho^{21} mə^{33} dʑy^{33}. | dzi^{33} dʑiə^{21} lɑ^{33} lər^{33} dy^{21}, dzi^{33} nɯ^{21} tsho^{21}

树 没有 牛 拴 桩 没有 人 有 辽阔 地 精人 和 崇人

dzɿ^{21} guə^{33}, ky̩^{55} nɯ^{21} sɿ^{33} dzɿ^{21} guə^{33}, lər^{55} nɯ^{21} tʂhə^{55} dzɿ^{21} guə^{33}, py^{21} nɯ^{21} phɑ^{21} dzɿ^{21}

商量 会者 和 知者 商量 丈量者 和 筹算者 商量 祭司 和 卜师 商量

guə^{33}, | he^{13} gə^{33} sɿ^{33} phe^{33} tɕy^{55} tʂhu^{21} mɯ^{33} gə^{33} sɑ^{21} i^{33} uə^{33} de^{33} mə^{33} uɑ^{21} me^{33}, | i^{33}

神 的 首领 最 早 天 的 刹依威德 不 是 的 主人

dɑ^{13} tʂhʅ^{33} dɯ^{33} dʑi^{13}, khy̩^{55} me^{55} zɿ^{33} me^{55}、nɯ^{21} me^{55} uɑ^{21} me^{55}、hɯ^{21} ne^{55} dʐæ^{33} me^{55}、

这 一 家 岁 求 寿 求 生儿 求 育女 求 富 求 强 求

ky̩^{33} phər^{21} dzæ^{33} ʂʅ^{21}、zɿ^{33} ʂər^{21} hɑ^{55} i^{33} me^{55} me^{33} iə^{55} mə^{33} lo^{21}, | py^{21} tso^{33} phɑ^{21} tso^{33}

头 白 齿 黄 寿 长 日 有 求 的 赐 不 能 祭祀 用具 占卜 用具

me^{55} me^{33} le^{33} iə^{55} lɯ^{33} mə^{33} lo^{21}, | ʂʅ^{33} tshɿ^{21} ȵi^{55} tshɿ^{21} zər^{21} mə^{33} lo^{21},

求 的 又 赐 来 不 能 死 鬼 败 鬼 压 不 能

在人类居住的辽阔大地上，黑乌鸦满地，村寨里尽被鬼占满，山上放来鬼的狗，大地上狂奔着鬼的马。对这一家主人，鬼偷走人的寿和岁，偷走生儿育女的福分，偷去富裕和强盛，偷走祭祀和占卜的用具。在人类居住的辽阔大地上，人没有居住的地方，鸟没有可栖息的树，连插一根拴牛桩的地方也没有。

在人类居住的辽阔大地上，精人和崇人①相商量，什么都会做和什么都知晓的人相商量，丈量者和筹算者相商量，祭司和卜师相商量；若不是最早出现的天上的神的首领刹依威德，就无力赐给主人家所求的岁和寿、生儿和育女、富裕和强盛、发白齿黄②、延年益寿；无力赐给祭祀和占卜的用具。若不是大神刹依威德，无力镇压死亡之鬼和使人失败的鬼，

① 精人和崇人：精、崇为音译名词，相传是最早的人类，以代指所有的人。

② 发白齿黄：言人满头白发、牙齿发黄，形容长寿者。

399-D-53-05

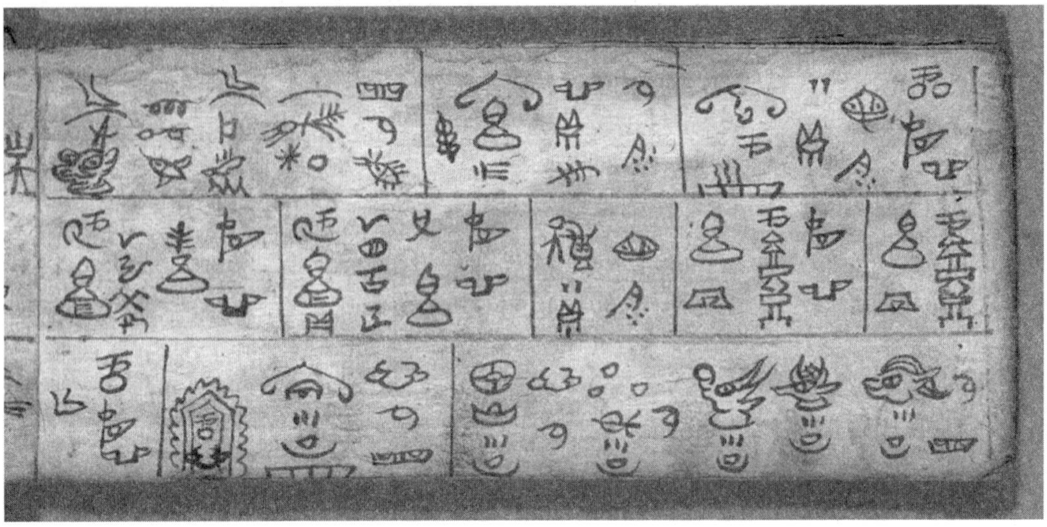

tər^{21} zər^{21} lɑ^{33} zər^{21} lo^{21} mə^{33} lɯ^{33}; bɯ^{21} zər^{21} ʈʂhə^{55} zər^{21}、ʥi^{33} zər^{21} uɑ^{33} zər^{21}、tɕi^{55} zər^{21}
呆鬼 压 佬鬼 压 能 不 来 苯鬼 压 秽鬼 压 景鬼 压 瓦鬼 压 季鬼 压

tɕhi^{21} zər^{21}、khu^{33} zər^{21} bu^{33} zər^{21} lo^{21} mə^{33} lɯ^{33}, mɯ^{33} lɯ^{55} sɿ^{21} dzɿ^{33} tshɿ^{21} tv̩^{33} tv̩^{21} kɯ^{33}
奇鬼 压 孔鬼 压 崩鬼 压 能 不 来 美利术主 鬼 千 千 万

kɯ^{21} zər^{21} le^{33} lo^{21} mə^{33} lɯ^{33}. | tɕy^{55} ʈʂhu^{21} mɯ^{33} gə^{33} sɑ^{21} i^{33} uə^{33} de^{33} thv̩^{33} le^{33} pɯ^{55} kv̩^{33}
万 压 又 能 不 来 最早 天 的 刹依威德 产生 与 来历 处

mə^{33} sɿ^{33} me^{33}, sɑ^{21} i^{33} uə^{33} de^{33} ʂə^{55} dzo^{21} be^{33} mə^{33} ȵi^{21}. | gə^{21} i^{33} mɯ^{33} gə^{33} dʐər^{33} phər^{21}
不 知 的 刹依威德 说 故事 做 不 可 上方 是 天 的 露 白

dɯ^{33} thə^{55} thv̩^{33}, mu^{21} i^{33} dy^{21} gə^{33} sɑ^{55} lv̩^{21} thv̩^{33}, dər^{33} phər^{21} sɑ^{55} lv̩^{21} ȵi^{33} kv̩^{55} pɯ^{33} pɑ^{33}
一 滴 产生 下方 是 地 的 气 暖 产生 露 白 气 暖 两 个 变化

be^{33}, kv̩^{33} phər^{21} ȵi^{33} ly^{33} the^{21} nɯ^{33} thv̩^{33}. kv̩^{33} phər^{21} dɯ^{33} ly^{33} pɯ^{33} pɑ^{33} be^{33}, sɑ^{21} i^{33} uə^{33}
做 蛋 白 两 个 由此 以 产生 蛋 白 一 个 变化 做 刹依威德

de^{33} ə^{33} sɿ^{21} o^{55} ʥi^{33} khuɑ^{33} pv̩^{55} the^{21} nɯ^{33} thv̩^{33}. | kv̩^{33} phər^{21} dɯ^{33} ly^{33} pɯ^{33} pɑ^{33} be^{33},
父亲 窝金卡布 由此 以 产生 蛋 白 一 个 变化 做

sɑ^{21} i^{33} uə^{33} de^{33} ə^{33} me^{33} o^{55} ʥi^{33} lv̩^{21} uə^{33} the^{21} nɯ^{33} thv̩^{33}. | thɯ^{33} ȵi^{33} kv̩^{55} nɯ^{33} pɯ^{33}
刹依威德 母亲 窝金鲁威 由此 以 产生 他 两 个 以 变化

pɑ^{33} be^{33}, | he^{21} gə^{33} thɑ^{55} phər^{21} the^{21} nɯ^{33} thv̩^{33}. | he^{21} hə^{33} thɑ^{55} phər^{21} khɯ^{33} nɯ^{33} kv̩^{33}
做 神 的 塔 白 由此 以 产生 神 的 塔 白 脚 以 蛋

phər^{21} dɯ^{33} ly^{33} the^{21} nɯ^{33} thv̩^{33}. | he^{21} i^{33} kv̩^{55} ʥi^{21} lo^{21} nɯ^{33} kv̩^{33} phər^{21} bv̩^{21}. mɯ^{33} nɯ^{33}
白 一 个 由此 以 产生 神 的 毡房 里 以 蛋 白 孵 天 以

so^{33} hɑ^{55} by̩^{21}, by̩^{21} le^{33} thy̩^{33} mə^{33} lo^{21}. dy^{21} nɯ^{33} so^{33} hɑ^{55} by̩^{21}, by̩^{21} le^{33} thy̩^{33} mə^{33} lo^{21}. |
三 天 孵 孵 而 出 不 能 地 以 三 天 孵 孵 而 出 不 能

bi^{33} nɯ^{21} le^{21} nɯ^{33} so^{33} hɑ^{55} by̩^{21}, by̩^{21} le^{33} thy̩^{33} mə^{33} lo^{21}. kɯ^{21} nɯ^{21} zɑ^{21} nɯ^{33} so^{33} hɑ^{55}
太阳 和 月亮 以 三 天 孵 孵 而 出 不 能 星 和 饶星 以 三 天

by̩^{21}, by̩^{21} le^{33} thy̩^{33} mə^{33} lo^{21}. uɑ^{21} hər^{21} mɯ^{33} dzə̩r^{33} so^{33} hɑ^{55} by̩^{21}, by̩^{21} le^{33} thy̩^{33} mə^{33}
孵 孵 而 出 不 能 松石 绿 青龙 三 天 孵 孵 而 出 不

lo^{21}. dy̩^{33} phər^{21} ɕiə^{33} tɕhy^{21} so^{33} hɑ^{55} by̩^{21}, by̩^{21} le^{33} thy̩^{33} mə^{33} lo^{21}. dy̩^{33} phər^{21} si^{33} gɯ^{33}
能 海螺 白 大鹏 三 天 孵 孵 而 出 不 能 海螺 白 狮子

so^{33} hɑ^{55} by̩^{21}, by̩^{21} le^{33} thy̩^{33} mə^{33} lo^{21}.
三 天 孵 孵 而 出 不 能

不能镇压呆鬼和佬鬼，不能镇压苯鬼和秽鬼，不能压住景鬼和瓦鬼、季鬼和奇鬼、孔鬼和崩鬼，不能压住美利术主的千千万万个鬼。

不知道最早产生的大神刹依威德的出处来历，就不要讲述刹依威德的故事。上天产生一滴白露，大地产生暖气。白露与暖气作变化，产生两个白蛋。一个白蛋作变化，产生了刹依威德的父亲窝金卡布。另一个白蛋作变化，产生出刹依威德之母窝金鲁威。他两个作变化，产生神的白塔。在神的白塔下，产生出一个白蛋。在神的毡房里孵抱这白蛋：天孵抱了三天，白蛋孵不出。大地孵三天，白蛋孵不出。太阳和月亮各孵抱三天，白蛋未孵出。众星和饶星各孵抱三天，依然孵不出。绿松石色的青龙孵抱了三天，白蛋依然孵不出。白海螺色的大鹏孵抱了三天，白蛋孵不出。白海螺色的狮子孵抱了三天，白蛋孵不出。

399-D-53-06

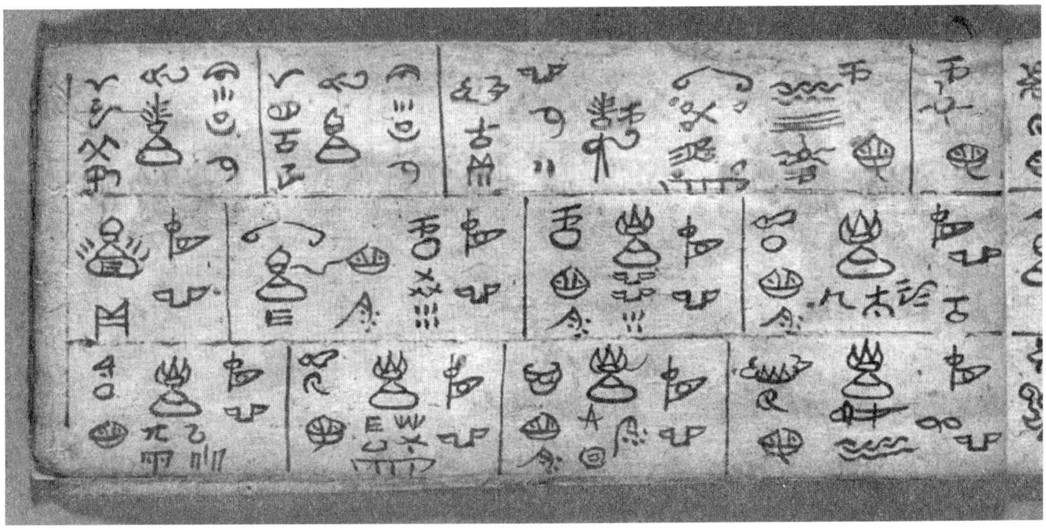

o^{33} dʑi^{33} khuɑ^{33} py̩^{55} ə^{33} sɿ^{21} so^{33} hɑ^{55} by̩^{21}, by̩^{21} le^{33} thy̩^{33} mə^{33} lo^{21}. o^{33} dʑi^{33} ly̩^{21} uə^{33} ə^{33}
窝金卡布 父亲 三 天 孵 孵 而 出 不 能 窝金鲁威 母亲

me^{33} so^{33} ha^{55} bv̩^{21}, bv̩^{21} le^{33} thv̩^{33} mə^{33} lo^{21}. | bv̩^{21} tʂhʅ^{33} kv̩^{55} nɯ^{33} bv̩^{21}, bv̩^{21}le^{33} thv̩^{33} mə^{33}
三 天 孵 孵 而 出 不 能 孵 所有 会 以 孵 孵 而 出 不

n̠i^{21}. ə^{33} sɿ^{21} la^{21} nɯ^{33} kv̩^{33} phər^{21} zv̩^{21} le^{33} mɯ^{33} le^{33} dy^{21} zv̩^{55} gv̩^{33} i^{33} ku^{55} le^{33} tɕi^{33}. tɕi^{33}
可 父亲 手 以 蛋 白 拿 了 天 和 地 中间 是 丢 又 放 云

phər^{21} hər^{33} phər^{21} nɯ^{33} le^{33} khæ^{55}, kv̩^{33} phər^{21} pɯ^{33} pa^{33} be^{33}, kv̩^{33} phər^{21} bu^{33} dɯ^{21} lu^{55}
白 风 白 以 又 刮走 蛋 白 变化 做 蛋 白 亮 大 四射

la^{33} thv̩^{33}. kv̩^{33} phər^{21} bu^{33} dɯ^{21} lu^{55} la^{33} pɯ^{33}pa^{33} be^{33}, sa^{21} i^{33} uə^{33} de^{33} the^{21} nɯ^{33} thv̩^{33}. |
产生 蛋 白 亮 大 四射 变化 做 刹依威德 由此 以 产生

mɯ^{33} gə^{33} sa^{21} i^{33} uə^{33} de^{33} pɯ^{33} pa^{33} be^{33}, kv̩^{33} phər^{21} sɿ^{21} ɕi^{33} tʂhua^{55} tshər^{21} the^{21} nɯ^{33}
天 的 刹依威德 变化 做 蛋 白 三 百 六十 由此 以

thv̩^{33}. | kv̩^{33} phər^{21} pɯ^{33} pa^{33} be^{33}, thv̩^{33} thv̩^{33} ko^{21} ua^{33} the^{21} nɯ^{33} thv̩^{33}. | kv̩^{33} ʂʅ^{21} pɯ^{33}
产生 蛋 白 变化 做 土土各瓦 由此 以 产生 蛋 黄 变化

pa^{33} be^{33}, pa^{33} ti^{33} lo^{21} tʂhʅ^{55} the^{21} nɯ^{33} thv̩^{33}. hæ^{33} ʂʅ^{21} kv̩^{33} ʂʅ^{21} pɯ^{33} pa^{33} be^{33}, mɯ^{33} bv̩^{33}
做 巴丁罗斥 由此 以 产生 金 黄 蛋 黄 变化 做 美补纳庚

na^{21} gɯ^{33} the^{21} nɯ^{33} thv̩^{33}. | kv̩^{33} ʂʅ^{21} pɯ^{33} pa^{33} be^{33}, sa^{33} bv̩^{33} sa^{33} la^{21} the^{21} nɯ^{33} thv̩^{33}. |
由此 以 产生 蛋 黄 变化 做 莎补莎劳 由此 以 产生

ŋv̩^{33} phər^{21} kv̩^{33} phər^{21} pɯ^{33} pa^{33} be^{33}, tər^{21} ma^{55} tər^{21} dzʅ^{33} the^{21} nɯ^{33} thv̩^{33}. | ər^{33} ɕy^{21} kv̩^{33}
银 白 蛋 白 变化 做 呆麻呆支 由此 以 产生 铜 红 蛋

ɕy^{21} pɯ^{33} pa^{33} be^{33}, tɕi^{55} tshər^{55} tɕi^{55} iə^{33} the^{21} nɯ^{33} thv̩^{33}.
红 变化 做 敬昌敬优 由此 以 产生

由父亲窝金卡布孵抱了三天，白蛋未孵出。由母亲窝金鲁威孵抱了三天，白蛋未孵出。由凡会孵抱的来孵抱，都不能孵出。由父亲之手把白蛋丢放在天和地中间。由白云白风把白蛋刮走，白蛋起了变化，变成光芒四射的白蛋。光芒四射的白蛋作变化，刹依威德大神出世。刹依威德作变化，产生出三百六十个白蛋。白蛋作变化，产生出土土各瓦东巴。黄蛋作变化，产生出巴丁罗斥东巴。金黄色的黄蛋作变化，产生出美补纳庚东巴。黄蛋作变化，产生出莎补莎劳东巴。银白色的白蛋作变化，产生出呆麻呆支东巴。红铜色的红蛋作变化，产生出敬昌敬优东巴。

399-D-53-07

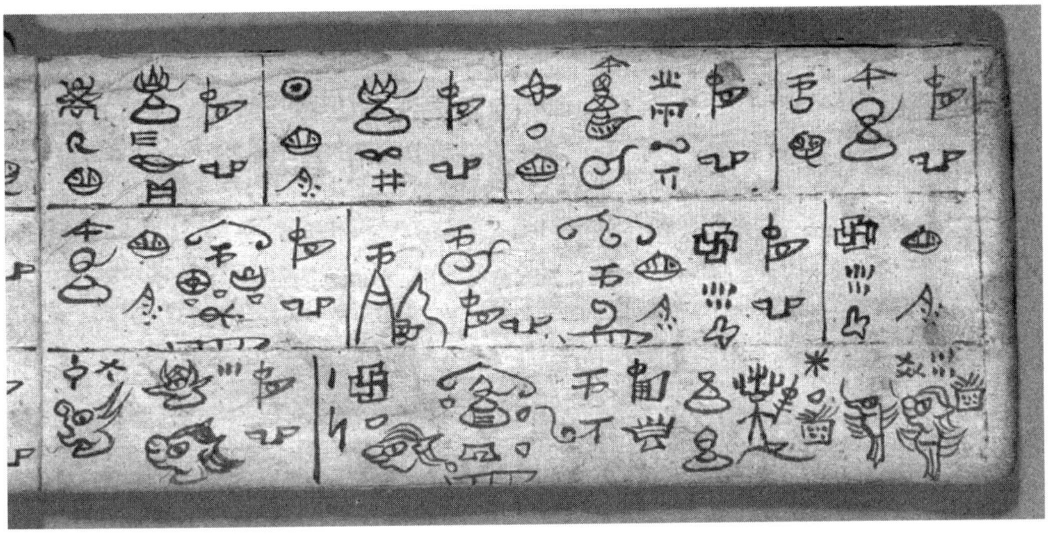

hæ^{33} ʂɿ^{21} kv̩^{33} ʂɿ^{21} pɯ^{33} pɑ^{33} be^{33}, sɑ^{33} thv̩^{33} dʑi^{33}uə^{21} the^{21} nɯ^{33} thv̩^{33}. | kv̩^{33} nɑ^{21} pɯ^{33} pɑ^{33}

金 黄 蛋 黄 变化 做 刹土久乌 由此 以 产生 蛋 黑 变化

be^{33}, iə^{21} n̡i^{55} tɕi^{55} gu^{33} the^{21} nɯ^{33} thv̩^{33}. | uɑ^{21} hər^{21} kv̩^{33} hər^{21} pɯ^{33} pɑ^{33} be^{33}, mɯ^{33} lɯ^{55}

做 尤聂季恭 由此 以 产生 松石 绿 蛋 绿 变化 做 美利达吉

dɑ^{33} dʑi^{21} hɯ^{55} ko^{33} lo^{21} gə^{33} tse^{33} nɑ^{33} lɯ^{21} tʂhɿ^{55} the^{21} nɯ^{33} thv̩^{33}. | kv̩^{33} phər^{21} pɯ^{33} pɑ^{33}

海 里 的 增那林斥 由此 以 产生 蛋 白 变化

be^{33}, mɯ^{33} lɯ^{55} du^{21} dzɿ^{33} the^{21} nɯ^{33} thv̩^{33}. mɯ^{33} lɯ^{55} du^{21} dzɿ^{33} pɯ^{33} pɑ^{33} be^{33}, mɯ^{33}

做 美利董主 由此 以 产生 美利董主 变化 做 天

phər^{21} dy^{21} phər^{21}, bi^{33} phər^{21} le^{21} phər^{21}, kɯ^{21} phər^{21} zɑ^{21} phər^{21} the^{21} nɯ^{33} thv̩^{33}, |

白 地 白 太阳 白 月亮 白 星 白 娆星 白 由此 以 产生

dʑy^{21} phər^{21} æ^{21} phər^{21} hɯ^{55} phər^{21} the^{21} nɯ^{33} thv̩^{33}.mɯ^{33} phər^{21} dy^{21} phər^{21} pɯ^{33} pɑ^{33} be^{33},

山 白 崖 白 海 白 由此 以 产生 天 白 地 白 变化 做

no^{21} bv̩^{33} tʂhɿ^{33} ʂər^{33} sy^{21} the^{21} nɯ^{33} thv̩^{33}. | no^{21} bv̩^{33} tʂhɿ^{55} ʂər^{33} sy^{21} pɯ^{33} pɑ^{33} be^{33}, gɑ^{33}

宝物 七 样 由此 以 产生 宝物 七 样 变化 做 战神

lɑ^{21} mɯ^{33} dzər^{33}、ɕiə^{33} tɕhy^{21}、si^{33} gɯ^{33} sɿ^{33} sy^{21} the^{21} nɯ^{33} thv̩^{33}. | dɯ^{33} tʂhər^{55}, no^{21} bv̩^{33}

青龙 大鹏 狮子 三 样 由此 以 产生 一 代 宝物

tʂhɿ^{55} kv̩^{33} n̡iə^{21} tʂhɿ^{33} gə^{33} si^{33} gɯ^{33} dzæ^{33} sɑ^{21} i^{33} uə^{33} de^{33} nɯ^{33}, mɯ^{33} ne^{21} dy^{21} ly^{55} gv̩^{33}

头 上 挂 的 狮子 骑 刹依威德 以 天 和 地 中间

gə^{33} phər^{21} ne^{21} sæ^{21}、gɑ^{33} ne^{21} u^{21}、o^{55} ne^{21} he^{21}, be^{21} mu^{21} tv̩^{33} tv̩^{21} kɯ^{33} kɯ^{21} gu^{21} nɯ^{33}

的 盘神 和 禅神 嘎神 和 吾神 沃神 和 恒神 本神 兵 千 千 万 万 背后 以

sɿ³³, tuɑ³³ kə²¹ iə³³ mɑ²¹ si²¹ ɕi³³ tʂhuɑ⁵⁵ tshər²¹ gu²¹ nɯ³³ sɿ³³.
领 端格神 优麻神 三 百 六十 背后 以 领

金黄色的黄蛋作变化，产生刹土久乌东巴。黑蛋作变化，产生尤聂季恭东巴。绿松石色的绿蛋作变化，产生美利达吉神海里的增那林斥。白蛋作变化，产生美利董主。美利董主作变化，产生美利董主的白天白地，产生白太阳和白月亮，产生白星星和白娆星，产生白山和白崖和白海。白天和白地作变化，产生七样宝物。七样宝物作变化，产生青龙、大鹏和狮子三种战神。有这么一代，刹依威德骑着头顶戴着宝物的狮子，带领着天和地中间的盘神和禅神、嘎神和吾神、沃神和恒神，带领着千千万万的本神兵，带领着三百六十尊端格战神和优麻战神。

399-D-53-08

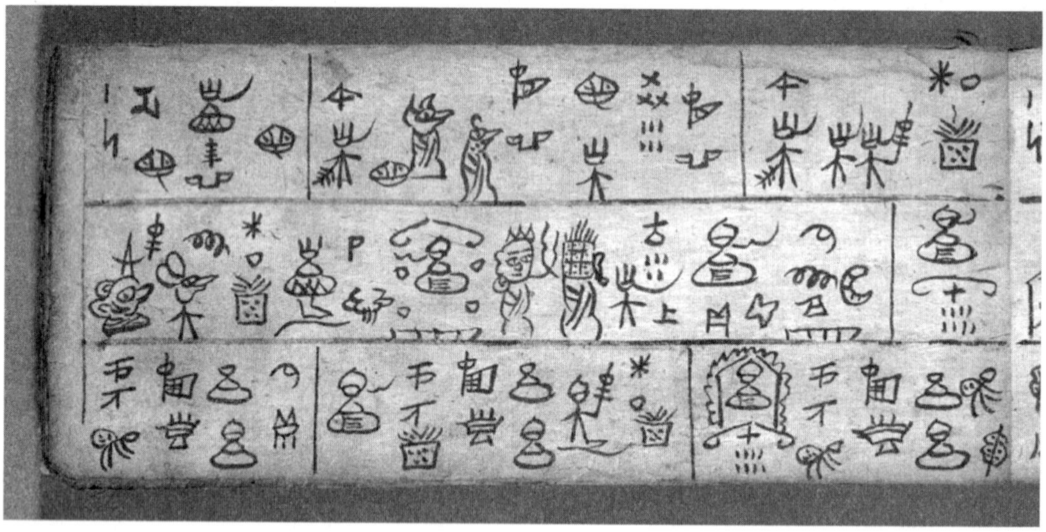

dɯ³³ tʂhər⁵⁵, i³³ gʏ²¹ ti³³ nɑ⁵⁵ pɯ³³ pɑ³³ be³³, mi³³ mɑ²¹ se²¹ de⁵⁵ dɯ³³ zɿ³³ thʏ³³. mi³³
一 代 依古丁纳 变化 做 米麻沈登 一 辈 产生

mɑ²¹ se²¹ de⁵⁵ pɯ³³ pɑ³³ be³³, | mɯ³³ lɯ⁵⁵ sɿ²¹ dzɿ³³ the²¹ nɯ³³ thʏ³³. mɯ³³ lɯ⁵⁵ sɿ²¹ dzɿ³³
米麻沈登 变化 做 美利术主 由此 以 产生 美利术主

pɯ³³ pɑ³³ be³³, khɯ³³ dzɿ³³ tər³³ iə²¹、nɑ²¹ zʅ³³ tso⁵⁵ bʏ³³ the²¹ nɯ³³ thʏ³³.thɯ³³ ȵi³³ kʏ⁵⁵
变化 做 肯孜呆尤 拿日唑补 由此 以 产生 它 两 个

nɯ³³ pɯ³³ pɑ³³ be³³, tshɿ²¹ uɑ³³ sɿ²¹ ɕi³³ tʂhuɑ⁵⁵ tshər²¹ the²¹ nɯ³³ thʏ³³. | mɯ³³ lɯ⁵⁵ sɿ²¹
以 变化 做 鬼 类 三 百 六十 由此 以 产生 美利术主

dzɿ³³ nɯ³³, tshɿ²¹ mu²¹ tʏ³³ tʏ²¹ kɯ³³ kɯ²¹ sɿ³³, tər²¹ mu²¹ lɑ³³ mu²¹、le²¹ tʂhə⁵⁵ tʏ³³ tʏ²¹
以 鬼 兵 千 千 万 万 领 呆鬼 兵 佬鬼兵 冷凑鬼 千 千

kɯ³³ kɯ²¹ gu²¹ nɯ³³ sɿ³³. mi³³ mɑ²¹ se²¹ de⁵⁵ dʑi³³ le³³ sɑ²¹ i³³ uə³³ de³³ le³³ ko³³ pʏ⁵⁵.
万 万 背后 的 领 米麻沈登 走 了 刹依威德 又 相遇

mi^{33} mɑ^{21} se^{21} de^{55}、tər^{21} nɑ^{55} gv̩^{55} gu^{33} le^{33} dzɿ^{21} guə^{33}, tshɿ^{21} tʂhʅ^{33} uɑ^{21} nɯ^{33} le^{33} ʂə^{55} me^{33},
米麻沈登 丹纳固古 又 商量 鬼 所有 的 又 说 是

sɑ^{21} i^{33} uə^{33} de^{33} sy^{55}, dy^{21} lo^{21} mə^{33} tʂhə^{55} mə^{33} ʂu^{21} dʑy^{33} se^{21} tsɿ^{55}, | mɯ^{33} tɕər^{21} tshe^{21}
刹依威德 杀 地 里 不 干 不 净 有 了 说是 天 上 十

lo^{55} ty^{33}, sɑ^{21} i^{33} uə^{33} de^{33} thɯ^{33}, | phər^{21} gu^{21} sæ^{21} gu^{21} le^{21} mə^{33} kv̩^{55} se^{21} tsɿ^{55}. | sɑ^{21} i^{33}
八 层 刹依威德 他 盘神 诵经 禅神 诵经 又 不 会 了 说是 刹依

uə^{33} de^{33} thɯ^{33}, phər^{21} ne^{21} sæ^{21}、gɑ^{33} ne^{21} u^{21}、o^{55} ne^{21} he^{21} i^{33} gu^{21} nɯ^{33} sɿ^{33}, he^{21} mu^{21}
威德 他 盘神 和 禅神 嘎神 和 吾神 沃神 和 恒神 是 背后 以 领 神 兵

tv̩^{33} tv̩^{21} kɯ^{33} kɯ^{21} gu^{21} le^{33} sɿ^{33}, | mɯ^{33} tɕər^{21} tshe^{21} ho^{55} ty^{33}, he^{21} i^{33} kv̩^{55} dʑi^{21} bv̩^{21}, sɑ^{21}
千 千 万 万 背后 又 领 天 上 十 八 层 神 的 毡房 下

i^{33} uə^{33} de^{33} thɯ^{33}, phər^{21} gu^{21} sæ^{21} gu^{21} ne^{21}, gɑ^{33} gu^{21} u^{55} gu^{21} ne^{21}, o^{55} gu^{21} he^{21}
刹依威德 他 盘神 诵经 禅神 诵经 正在 嘎神 诵经 吾神 诵经 正在 沃神 诵经 恒神

gu^{21} ne^{21}.
诵经 正在

又一个时代，依古丁纳鬼王出世。依古丁纳作变化，产生米麻沈登鬼王。米麻沈登作变化，产生美利术主。美利术主作变化，产生肯孜呆尤和拿日唑补。它俩作变化，产生了三百六十种鬼类。美利术主带领千千万万的鬼兵，带领千千万万的呆鬼兵、佬鬼兵和冷凑鬼。米麻沈登遇到刹依威德。米麻沈登和生九头的丹纳固古鬼王相商量，所有鬼都说，杀了刹依威德，大地上就会不干净了，十八层天上的刹依威德也就不会诵盘神经和禅神经，不会诵嘎神经和吾神经，不会诵沃神和恒神经。刹依威德在十八层天上的神的毡房里，在诵读盘神经和禅神经，诵读嘎神经和吾神经，诵读沃神经和恒神经。

399-D-53-09

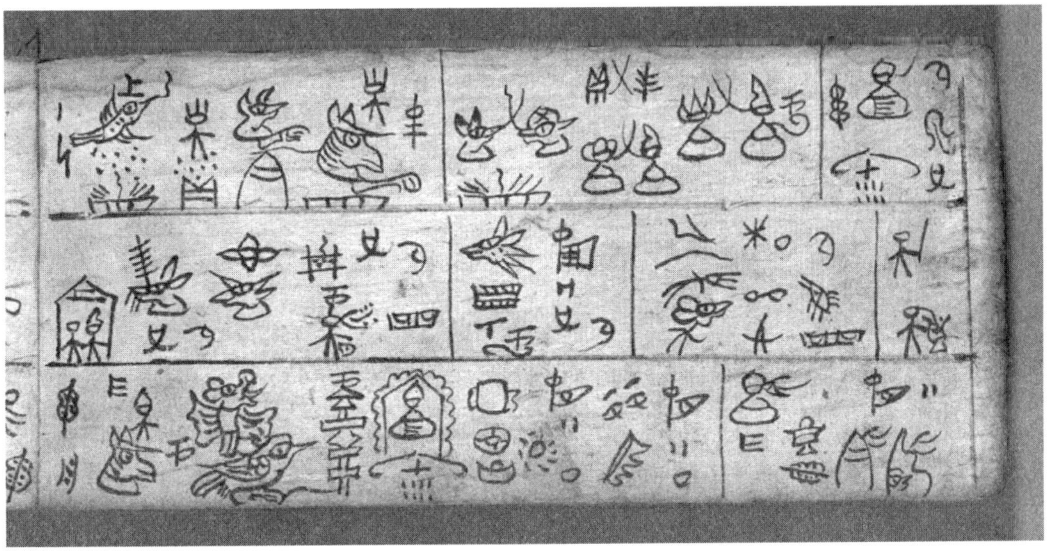

dɯ^{33}ʈʂhər^{55}, dzi^{33} dʑiə^{21} lɑ^{33}lər^{33} dy^{21}, tɕi^{55} ʂə^{55} nɑ^{21} nɯ^{33} dy^{21} lo^{21}ʂər^{55}, uə^{33} lo^{21} tshɿ^{21} nɯ^{33}
一 代 人 住 辽阔 地 黑乌鸦 以 地 里 满 寨 里 鬼 以

ʂər^{55}, dʑy^{21} kv̩^{33} tshɿ^{21} khɯ^{33} khɯ^{55}, dy^{21} lo^{21} tshɿ^{21} ʐuɑ^{33} ly^{55}. | dzi^{33} dʑiə^{21} lɑ^{33} lər^{33} dy^{21},
满 山 上 鬼 狗 放 地 里 鬼 马 驰 人 住 辽阔 地

dzi^{33} ne^{21} tsho^{21} dz ɿ^{21} guə^{33}, kv̩^{55} ne^{21} sɿ^{33} dzɿ^{21} guə^{33}, lər^{55} ne^{21} ʈʂhə^{55} dzɿ^{21} guə^{33}, du^{21} ne^{21}
精人 和 崇人 商量 会者 和 知者 商量 丈量者 和 筹算者 商量 卢神 和

se^{21} dzɿ^{21} guə^{33}, py^{21} ne^{21} phɑ^{21} dzɿ^{21} guə^{33}： | tɕy^{55} ʈʂhu^{21} mɯ^{33} tɕər^{21} tshe^{21} ho^{55} ty^{33} gə^{33}
沈神 商量 祭司 和 卜师 商量 最早 天 上 十 八 层 的

sɑ^{21} i^{33} uə^{33} de^{33} mə^{33} uɑ^{21} me^{33}, i^{33} dɑ^{13} ʈʂhɿ^{33} dʑi^{13} nɯ^{33}, khv̩^{55} me^{55} zɿ^{33} me^{55} me^{33}, le^{33}
刹依威德 不 是的话 主人 这 家 以 岁 求 寿 求 的 又

iə^{55} lo^{21} mə^{33} lɯ^{33}, nɯ^{21} me^{55} uɑ^{21} me^{55} me^{33},le^{33} iə^{55} lo^{21} mə^{33} lɯ^{33},ho^{21} me^{55} dzæ^{33} me^{55}、
给 能 不 来 生儿 求 育女 求 的 又 给 能 不 来 富 求 强 求

kv̩^{33} phər^{21} dzæ^{33} ʂɿ^{21} me^{55}、zɿ^{33} ʂər^{21} hɑ^{55} i^{33} me^{55} me^{33} le^{33} iə^{55} lo^{33} mə^{33} lɯ^{33}. | py^{21} tso^{33}
头 白 牙 黄 求 寿 长 日 有 求 的 又 给 能 不 来 祭祀 用具

phɑ^{21} tso^{33} me^{55}, gɑ^{33} me^{55} zi^{33} me^{55} me^{33} le^{33} iə^{55} lo^{21} mə^{33} lɯ^{33}. | le^{21} ʈʂhə^{55} tshɿ^{21} i^{33} le^{33}
占卜 用具 求 胜利 求美丽 求 的 又 给 能 不 来 冷凑鬼 是 又

zər^{21} lo^{21} mə^{33} lɯ^{33}, dʑi^{33} tshɿ^{21} uɑ^{33} tshɿ^{21}、tər^{21} tshɿ^{21} lɑ^{33} tshɿ^{21} tv̩^{33} tv̩^{21} kɯ^{33} kɯ^{21} le^{33}
压 能 不 来 景鬼 瓦鬼 呆鬼 佬鬼 千 千 万 万 又

zər^{21} lo^{21} mə^{33} lɯ^{33}. | thɯ^{33} dy^{55} ne^{21} nɯ^{33} dy^{55} bɯ^{33} tsɿ^{55} ? lɑ^{21} u^{55} lɑ^{33} sɑ^{21} zo^{33}, ʐuɑ^{33}
压 能 不 来 他 请 谁 以 请 要 说是 拉吾拉刹 男子 马

phər^{21} tɑ^{55} sɿ^{55} dzæ^{33},he^{21} i^{33} dzi^{33} bə^{21} phər^{21}, dv̩^{33} phər^{21} ɕiə^{21} gu^{55} dzæ^{33}, he^{21} gə^{33} thɑ^{55}
白 说话 知 骑 神 的 蝙蝠 白 海螺 白 大雕 骑 神 的 塔

phər^{21} kv̩^{33} nɯ^{33} gə^{21} le^{33} hə^{21}. mɯ^{33} tɕər^{21} he^{21} tsho^{55} ty^{33},sɑ^{21} i^{33} uə^{33} de^{33} i^{33}, he^{21} i^{33}
白 上 以 上方 又 去 天 上 十 八 层 刹依威德 是 神 的

kv̩^{55} dʑi^{21} bv̩^{21} nɯ^{33} dzɿ^{21}, phɑ^{33} i^{33} ȵi^{33} me^{33} he^{33} me^{33} bu^{33} dɯ^{21} lu^{55} lɑ^{33} the^{55} ȵi^{21}
毡房 底 以 坐 脸 是 太阳 月亮 亮 大 四射 一样

gv̩^{33},miə^{21} i^{33} tshy^{55} do^{55} the^{55} ȵi^{21} gv̩^{33}. sɑ^{21} i^{33} uə^{33} de^{33} sɑ^{55} i^{33} dɯ^{33} hɑ^{33} nɯ^{21}, dʑy^{21}
像 眼 是 闪电 一样 像 刹依威德 气 是 一 呼 以 山

ʐər^{21} æ^{21} ʐər^{21} the^{55} ȵi^{21} gv̩^{33}.
响 崖 响 一样 像

同一时代，在人类居住的辽阔大地上，满地都是黑乌鸦，村寨被鬼占满，满山是鬼的狗，大地上鬼的马在狂奔。在人类居住的辽阔大地上，精人和崇人相商量，什么都会做的和无所不知的人相商量，丈量者和筹算者相商量，卢神和沈神相商量，祭司和卜师相商量：若不是最早的十八层天上的刹依威德大神，就不能赐给这一主人家所求的岁寿，无能力赐予生儿育女的福分，赐予所求的富裕和强盛，赐予满头白发、满嘴黄牙的延年益寿的福分，赐予祭祀和占卜用具，赐予生儿常胜和生女漂亮的福分。若不是刹依威德大神，就无能力镇压千千万万的冷凑鬼、景鬼和瓦鬼、呆鬼和佬鬼。

谁去请刹依威德大神呢？拉吾拉刹好男儿，骑上听话的白马，神的白蝙蝠，骑上白海螺色的大雕，从神的白塔上到天上去。到了十八层天上，只见刹依威德大神，坐在神的毡房里。他的脸像光芒四射的太阳和月亮一样，他的眼像闪电一样明亮。他呼一口气，像山鸣崖响一样响亮。

399-D-53-10

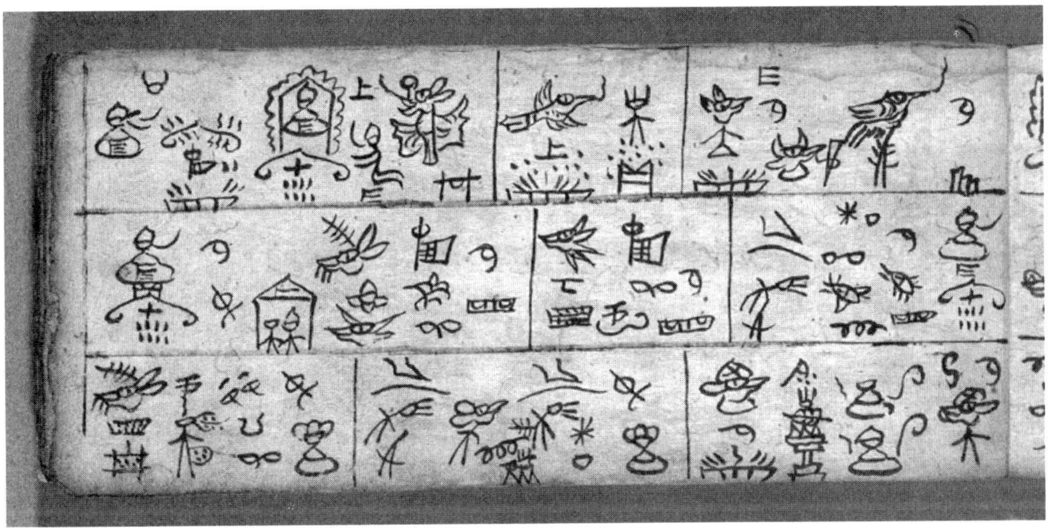

sɑ^{21} i^{33} uə^{33} de^{33} kho^{33} i^{33} dɯ^{33} thy̩^{55} nɯ^{21}, mɯ^{33} gy̩^{33} dy^{21} kɯ^{55} the^{55} ȵi^{21} gy̩^{33}. mɯ^{33} tɕər^{21}
刹依威德 声 的 一 出 以 打雷 地 响彻 一样 像 天 上

tshe^{21} ho^{55} ty^{33}, he^{21} ı^{33} ky̩^{55} dʑı^{21} by̩^{21}, sɑ^{21} ı^{33} uə^{33} de^{33} kæ^{33}, lɑ^{21} u^{55} lu^{33} sɑ^{21} zo^{33}, he^{21} ı^{33}
十 八 层 神 的 毡房 底 刹依威德 前 拉吾拉刹 男子 神 的

dzi^{33} bə^{21} phər^{21} ȵi^{33} ky̩^{55} le^{33} ʂə^{55}：dzi^{33} dʑiə^{21} lɑ^{33} lər^{33} dy^{21}, tɕi^{55} ʂə^{33} nɑ^{21} nɯ^{33} ʂər^{55} le^{33}
蝙蝠 白 两 个 又 说 人 住 辽阔 地 黑乌鸦 以 满 又

dʑiə^{21}, tshɿ^{21} nɯ^{33} dzɿ^{33} ne^{21} uə^{33} le^{33} ʂər^{55}, | dzi^{33} dzɿ^{21} sɑ^{21} mə^{33} dʑy^{33}, le^{55} phæ^{33} kho^{21}
有 鬼 以 村 和 寨 又 满 人 住 地 没有 牛 拴 桩

mə^{33} dʑy^{33}, ɯ^{33} hɑ^{55} dzər^{21}mə^{33} dzɿ^{21}. mɯ^{33} tɕər^{21} tshe^{21} ho^{55}ty^{33} gə^{33} sɑ^{21} i^{33} uə^{33} de^{33} mə^{33}
不 有 禽 栖息 树 不 长 天 上 十 八 层 的 刹依威德 不

zɑ²¹ me³³, i³³ dɑ¹³ ʈʂhʅ³³ ʥi¹³ tɕər²¹, khʏ⁵⁵ by³³ zʅ³³ by³³、nɯ²¹ by³³ uɑ²¹ by³³、gɑ³³ nɯ²¹ zi³³
降 的话 主人 这 家 上 岁 伤 寿 份 生儿 份 育女 份 胜 和 美

i³³ iə⁵⁵ mə³³ lo²¹. | py²¹ tso³³ phɑ²¹ tso³³ gɑ³³ tso³³ iə⁵⁵ mə³³ lo²¹. | tər²¹ tshʅ²¹ lɑ³³ tshʅ²¹、
的 给 不 能 祭司 用具 占卜 用具 胜 用具 给 不 能 呆鬼 佬鬼

ʥi³³ tshʅ²¹ uɑ³³ tshʅ²¹、tɕi⁵⁵ tshʅ²¹ tɕhi²¹ tshʅ²¹, bɯ³³ tshʅ²¹ ʈʂhə⁵⁵ tshʅ²¹ tʏ³³ tʏ²¹ kɯ³³ kɯ²¹
景鬼 瓦鬼 季鬼 奇鬼 苯鬼 秽鬼 千 千 万 万

zər²¹ le³³ lo²¹ mə³³ lɯ³³. mɯ³³ tɕər²¹ tshe²¹ ho⁵⁵ ty³³, sɑ²¹ i³³ uə³³ de³³ nɯ³³, khʏ⁵⁵ by³³ zʅ³³
压 又 能 不 来 天 上 十 八 层 刹依威德 以 岁 份 寿

by³³ iə⁵⁵, hɯ²¹ by³³ dzæ³³ by³³ iə⁵⁵, kʏ³³ phər²¹ dzæ³³ ʂʅ²¹、zʅ³³ ʂər²¹ hɑ⁵⁵ i³³、phʏ³³ do²¹
份 给 富 份 强 份 给 头 白 齿 黄 寿 长 日 有 祖 见

lɯ⁵⁵ do²¹ iə⁵⁵ i³³ dɯ³³ zɑ²¹ lu³³. | tər²¹ zər²¹ lɑ³³ zər²¹、le²¹ ʈʂhə⁵⁵ tshʅ²¹ zər²¹、ʈʂhə⁵⁵ zər²¹
孙 见 给 的 一 降 来 呆鬼 压 佬鬼 压 冷凑鬼 压 秽鬼 压

mi³³ zər²¹、mɯ³³ lɯ⁵⁵ sʅ³³ dzʅ³³ tshʅ²¹ tʏ³³ tʏ²¹ kɯ³³ kɯ²¹ zər²¹ i³³ dɯ³³ zɑ²¹ lu³³. | dzi³³
火鬼 压 美利术主 鬼 千 千 万 万 压 的 一 降 来 人

ʥiə²¹ lɑ³³ lər³³ dy²¹ gə³³ dzi³³ nɯ²¹ tsho²¹ mə³³ uɑ¹³,o⁵⁵ nɯ²¹ he²¹ gə³³ ʈʂhu⁵⁵ pɑ³³ be³³ mə³³
住 辽阔 地 的 精人 和 崇人 不 是 沃神 和 恒神 的 供养 做 不

lo²¹.o⁵⁵ nɯ²¹ he²¹ mə³³ uɑ²¹, dzi³³ ne²¹ tsho²¹ tɕər²¹ gu³³ lu²¹ kɑ³³ le²¹ ty⁵⁵ mə³³ lo²¹.
能 沃神 和 恒神 不 是 精人 和 崇人 上 保福 庇佑 赐 不 能

刹依威德一出声，像响雷震地一样巨响。在十八层天上的神的毡房里，拉吾拉刹好男儿和神之白蝙蝠，双双跪在刹依威德大神前说道：在人类居住的辽阔大地上，满地都是黑乌鸦，满村满寨都是鬼，人无立足地，连拴牛之桩也无处可插，飞禽无树可栖息。刹依威德若不降临到人间，就不能把千千万万的呆鬼和佬鬼、景鬼和瓦鬼、季鬼和奇鬼、苯鬼和秽鬼压下去。请十八层天上的刹依威德大神，为赐岁和寿、富裕和强盛给人类而降到人间去；请大神为使人类都活到满头白发满嘴黄牙、延年益寿、祖孙同堂而降临到人间。请大神为镇压千千万万的呆鬼和佬鬼、冷凑鬼、秽鬼和火鬼，镇压美利术主的千千万万个鬼而降临到人间去。若不是辽阔大地上的精人和崇人，就无力供养沃神和恒神；若不是沃神和恒神，就无力庇佑赐福给精人和崇人。

399-D-53-11

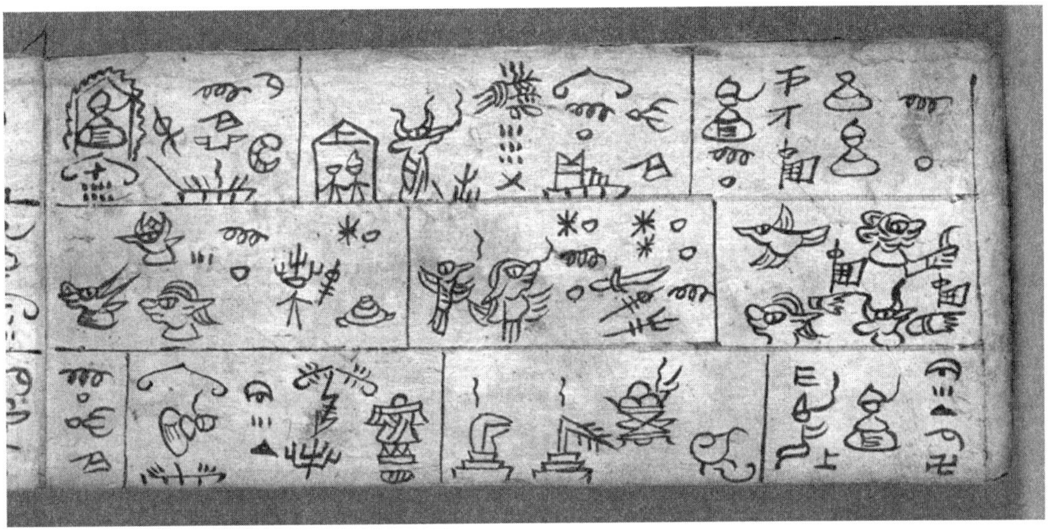

sɑ^{21} i^{33} uə^{33} de^{33} nɯ^{33} ʂə^{55} me^{33}, mɯ^{33} tɕər^{21} tshe^{21} ho^{55} ty^{33} nɯ^{33} zɑ^{21}bɯ^{33} me^{33}, dzi^{33}dʑiə^{21}
刹依威德 以 说 是 天 上 十 八 层 以 降 去 是 人 住

lɑ^{33} lər^{33} dy^{21} thy̩^{33} me^{33}, mə^{33} tʂhə^{55} mə^{33} ʂu^{21} dʑy^{33} iə^{33} tsʅ^{55}. | lɑ^{21} u^{55} lɑ^{33} sɑ^{21} zo^{33} nɯ^{33}
辽阔 地 到 是 不 干 不 净 有 的 说是 拉吾拉刹 男儿 以

le^{33} ʂə^{55} me^{33}, i^{33} dɑ^{13} tʂhʅ^{33} dʑi^{13} nɯ^{33}, tʂhə^{55} ʂu^{55} tɕi^{55} bər^{21} dy^{55} le^{33} py^{21}, so^{33} ʂuɑ^{21} gy̩^{33}
又 说 是 主人 这 家 以 臭宋敬班 请 又 祭祀 梭刷 九十

tshər^{21} gy̩^{33} thy̩^{21} dʑi^{55}, mɯ^{33} nɯ^{21} dy^{21} i^{33} tʂhə^{55} le^{33} ʂu^{55}, dzʅ^{33} nɯ^{21} uə^{33} lɑ^{33} tʂhə^{55} le^{33}
九 把 烧 天 和 地 的 秽 又 禳除 村 和 寨 也 秽 又

ʂu^{55}, kɯ^{55} me^{33} le^{33} gɯ^{21} tʂhə^{55} me^{33} le^{33} ʂu^{21} bə^{21} uə^{33} tsʅ^{55}. | sɑ^{21} i^{33} uə^{33} de^{33} tʂhə^{55} le^{33}
禳除 禳除 的 又 净 秽 的 又 纯 要 说是 刹依威德 秽 又

kɯ^{55}, phər^{21} nɯ^{21} sæ^{21}、gɑ^{33} nɯ^{21} u^{21}、o^{55} nɯ^{21} he^{21} lɑ^{33} tʂhə^{55} le^{33} kɯ^{55}, bər^{21} tɕhy^{33} si^{21}
禳除 盘神 和 禅神 嘎神 和 吾神 沃神 和 恒神 也 秽 又 禳除 青龙 大鹏 狮子

so^{33} sʅ^{55} ky̩^{33} tʂhə^{55} le^{33} kɯ^{55},be^{21} mu^{21} ty̩^{33} ty̩^{21} kɯ^{33} kɯ^{21} tʂhə^{55} le^{33} kɯ^{55}, | tuɑ^{33} kə^{21} iə^{33}
三 三 个 秽 又 禳除 本神 兵 千 千 万 万 秽 又 禳除 端格神 优

mɑ^{21} ty̩^{33} ty̩^{21} kɯ^{33} kɯ^{21} tʂhə^{55} le^{33} kɯ^{55},ʂu^{33} phər^{21}gæ^{21} thɑ^{55}、ly^{33} thɑ^{55}、tɕiæ^{33} tɕy^{33} ty̩^{33}
麻神 千 千 万 万 秽 又 禳除 铁 白 刀 利 矛 利 三叉戟 千

ty̩^{21} kɯ^{33} kɯ^{21} tʂhe^{55} le^{33} kɯ^{55}, | dy̩^{33} dzʅ^{21} gɑ^{33} lɑ^{21}、pər^{55} dzʅ^{21} gɑ^{33} lɑ^{21}、tʂʅ^{21} dzʅ^{21} me^{33}
千 万 万 秽 又 禳除 翅 生 战神 斑纹 长 战神 爪 生 的

gɑ^{33} lɑ^{21}、khuɑ^{33} dzʅ^{21} gɑ^{33} lɑ^{13} tʂhə^{55} le^{33} kɯ^{55}, kɯ^{55} me^{33} le^{33} gɯ^{21}、tʂhə^{55} me^{33} le^{33} ʂu^{21}
战神 角 长 战神 秽 又 禳除 禳除 的 又 纯 秽 的 又 净

iə^{55} bə^{21} tsɿ^{55}. | sɑ^{21} i^{33} uə^{33} de^{33} le^{33} ʂə^{55} me^{33}, n̥y^{55} i^{33} i^{55} mu^{33} so^{33} hɑ^{55} khuɑ^{21} iə^{33} tsɿ^{55},
给 要 说是 刹依威德 又 说 是 我 是 做梦 三 晚 凶 的 说是

ky̩^{33} gə^{33} khuɑ^{33} i^{33} mɯ^{33} nɯ^{33} gy̩^{33} i^{55} mu^{33}, gy̩^{33} gə^{33} dʑi^{33} i^{33} mi^{33} nɯ^{33} dʑi^{55} i^{55} mu^{33}, |
头 的 戟 是 天 以 雷击 做梦 身 的 衣 是 火 以 烧 做梦

dʑy^{21} nɑ^{55} zo^{55} lo^{33} biə^{21}、he^{21} i^{33} bɑ^{33} dɑ^{21} dzər^{21} thɯ^{55} tɕhər^{33}, tse^{55} tse^{33} hæ^{21} ly̩^{33} me^{33}
居那若罗 倒 含依巴达 树 腰 断 增争含鲁美

gɯ^{33}、mɯ^{33} lɯ^{55} dɑ^{33} dʑi^{21} hɯ^{55} thæ^{33} i^{21} i^{55} mu^{33}. | lɑ^{21} u^{55} lɑ^{33} sɑ^{21} zo^{33} nɯ^{33} le^{33} ʂə^{55}
裂 美利达吉 海 底 漏 做梦 拉吾拉刹 男子 以 又 说

me^{33}, i^{33} mu^{33} so^{33} hɑ^{55} khuɑ^{21} le^{33} mə^{33} ɯ^{33} tʂhɿ^{33} mə^{33} uɑ^{13},
是 做梦 三 晚 凶 又 不 好 这 不 是

刹依威德说，从十八层天上降临到人间，而人间充满了秽气到处都不干不净。拉吾拉刹回答道：这一主人家，会请除秽的东巴祭司臭宋敬班来除秽，用九十九把除秽梭刷火把，以禳除天地之秽，禳除村寨里的秽，除了秽就又干又净纯洁了。要为您刹依威德除秽，为盘神和禅神、嘎神和吾神、沃神和恒神除秽，要为青龙、大鹏、狮子三尊战神除秽，为千千万万把白铁利刃、利矛和三叉戟除秽，为生翅的战神，生斑纹的战神、生爪的战神、生角的战神除秽，除了秽就干净纯洁了。

刹依威德又说道：这三天晚上我都做噩梦，梦到头上的戟被雷轰，身上的衣服被火烧，梦到居那若罗神山在倒塌，含依巴达神树折腰断，增争含鲁美神石在崩裂，美利达吉神海在漏底。拉吾拉刹回答说：这三天所做之梦不是凶兆是吉兆。

399-D-53-12

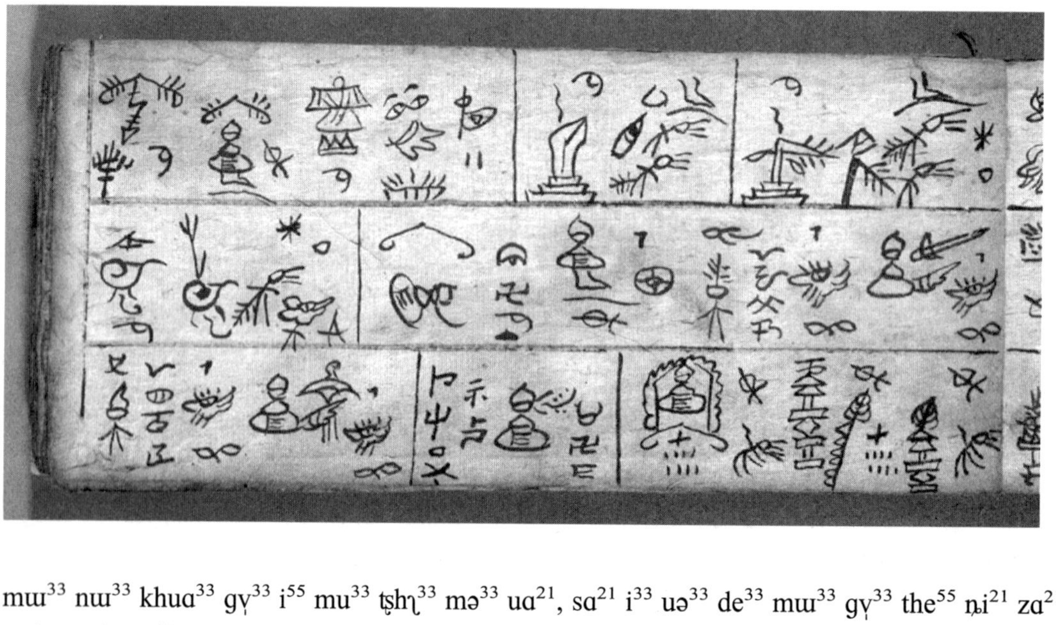

mɯ^{33} nɯ^{33} khuɑ^{33} gy̩^{33} i^{55} mu^{33} tʂhɿ^{33} mə^{33} uɑ^{21}, sɑ^{21} i^{33} uə^{33} de^{33} mɯ^{33} gy̩^{33} the^{55} n̥i^{21} zɑ^{21}
天 以 戟 雷击 做梦 这 不 是 刹依威德 打雷 一样 降

lɯ^{33} tʂʅ^{33} uɑ^{21} mu^{21}. mi^{33} nɯ^{33} gv̩^{33} n̥iə^{21} ʥi^{33} ʥi^{55} i^{55} mu^{33} tʂʅ^{33} mə^{33} uɑ^{21}, dy^{21} lo^{21}
来 这 是 的 火 以 身 上 衣 烧 做梦 这 不 是 地 上

gæ^{33} miə^{21} tshy^{55} do^{55} the^{55} n̥i^{21} zɑ^{21} lɯ^{33} tʂʅ^{33} uɑ^{21} mu^{21}. | ʥy^{21} nɑ^{55} zo^{55} lo^{33} biə^{21} me^{33}
闪电 一样 降 来 这 是 的 居那若罗神山 倒 的

tʂʅ^{33} mə^{33} uɑ^{21}, mɯ^{33} lo^{55} sʅ^{21} dzʅ^{21} gə^{33} ʥy^{33} nɑ^{21} mu^{21} le^{33} phv̩^{21}, sʅ^{33} tshʅ^{21} mu^{21} le^{33}
这 不 是 美利术主 的 山 黑 往下 又 毁 术 鬼 往下 又

zər^{21} me^{33} tʂʅ^{33} uɑ^{21} mu^{21}. | he^{21} i^{33} bɑ^{33} dɑ^{21} dzər^{21} thɯ^{55} tɕhər^{33} tʂʅ^{33} mə^{33} uɑ^{21}, sʅ^{13}gə^{33}
压 的 这 是 的 含依巴达 树 腰 断 这 不 是 术 的

dzər^{33} nɑ^{21} mu^{21} le^{33} tshe^{55}, sʅ^{33} tshʅ^{21} tv̩^{33} tv̩^{21} kɯ^{33} kɯ^{21} mu^{21} le^{33} zər^{21} me^{33} tʂʅ^{33} uɑ^{21}
树 黑 往下 又 砍 术 鬼 千 千 万 万 往下 又 压 的 这 是

mu^{21}. mɯ^{33} lɯ^{55} dɑ^{33} ʥi^{21} hɯ^{55} thæ^{33} i^{21} tʂʅ^{33} mə^{33} uɑ^{21}, sʅ^{13} gə^{33} hɯ^{55} nɑ^{21} thæ^{33} le^{33}
的 美利达吉神海 底 漏 这 不 是 术 的 海 黑 底 又

tɕhy^{33}, le^{21} tʂhə^{55} tshʅ^{21}、tər^{21} tshʅ^{21} tv̩^{33} tv̩^{21} kɯ^{33} kɯ^{21} mu^{21} le^{33} zər^{21} me^{33} tʂʅ^{33} uɑ^{21}
捅 冷凑 鬼 呆鬼 千 千 万 万 往下 又 压 的 这 是

mu^{21}, | sɑ^{21} i^{33} uə^{33} de^{33} i^{55} mu^{33} ɯ^{33} le^{33} mə^{33} khuɑ^{21}. sɑ^{21} i^{33} uə^{33} de^{33} zɑ^{21} dɯ^{33} n̥i^{33},
的 刹依威德 做梦 吉 而 非 凶 刹依威德 降 一 天

ə^{33} sʅ^{21} o^{33} ʥi^{33} khuɑ^{33} pv̩^{55} dɯ^{33} bu^{21} iə^{55}. ʂu^{33} phər^{21} gæ^{21} thɑ^{55} dɯ^{33} bu^{21} iə^{55}. ə^{33} me^{33}
父亲 窝景卡布 一 本领 给 铁 白 刀 利 一 本领 给 母亲

o^{33} ʥi^{33} lv̩^{21} uə^{33} dɯ^{33} bu^{21} iə^{55}, hæ^{33} ʂʅ^{21} tsər^{33} lər^{21} dɯ^{33} bu^{21} iə^{55}. | bər^{33} y^{21} gv̩^{33} lɑ^{33}
窝金鲁威 一 本领 给 金 黄 板铃 一 本领 给 班余古拉固尤

klɯv̩^{55} iə^{33} dɯ^{33} bu^{21} iə^{55}, khɯ^{33} ɯ^{33} sɑ^{55} ɯ^{33} dɯ^{33} bu^{21} iə^{55}. | sɑ^{21} i^{33} uə^{33} de^{33} thɯ^{33}, mɯ^{33}
一 本领 给 声 佳 气 好 一 本领 给 刹依威德 他 天

tɕər^{21} tshe^{21} ho^{55} ty^{55} nɯ^{33} le^{33} zɑ^{21} tshʅ^{21}, he^{21} gə^{33} thɑ^{55} phər^{21} kv̩^{33} nɯ^{33} zɑ^{21}, ɕy^{55} hər^{21}
上 十 八 层 以 又 降 来 神 的 塔 白 上 以 降 柏 翠

le^{33} ʥi^{21} tshe^{21} ho^{55} pɑ^{55} nɯ^{33} zɑ^{21}, ɕy^{55} hər^{21} nɑ^{33} tsɑ^{21} kv̩^{33} nɯ^{33} zɑ^{21} le^{33} tshʅ^{21}.
梯 十 八 级 以 降 柏 翠 纳召 上 以 降 而 来

并非是头上的戟被雷轰，而是您刹依威德如惊天霹雳一样降临下去。不是身上的衣服遭火烧，而是您如闪电般地降临到大地上。不是您所梦的居那若罗神山在倒塌，而是将摧毁术①的黑山，把术鬼压下去。并非是含依巴达神树拦腰折断，而是术的黑树将被砍断，将千千万万的术鬼压下去。不是美利达吉神海在漏底，而是术的黑海将被戳通，压住千千万万的冷凑鬼和

① 术：为美利术主鬼王的简称。

呆鬼。刹依威德大神三天晚上所做的梦是吉祥的好梦而不是噩梦。刹依威德将降到大地上的这一天，他的父亲窝金卡布赐教给他一本领，赐给一把白铁利刀。他的母亲窝金鲁威赐教他一本领，赐给一个黄金板铃。班余古拉固尤传授一本领，使他有一副好声音。

刹依威德从十八层天上降临下来，从神的白塔上降临下来，从神的十八级翠柏天梯上降临下来，从翠柏纳召①上降临下来。

399-D-53-13

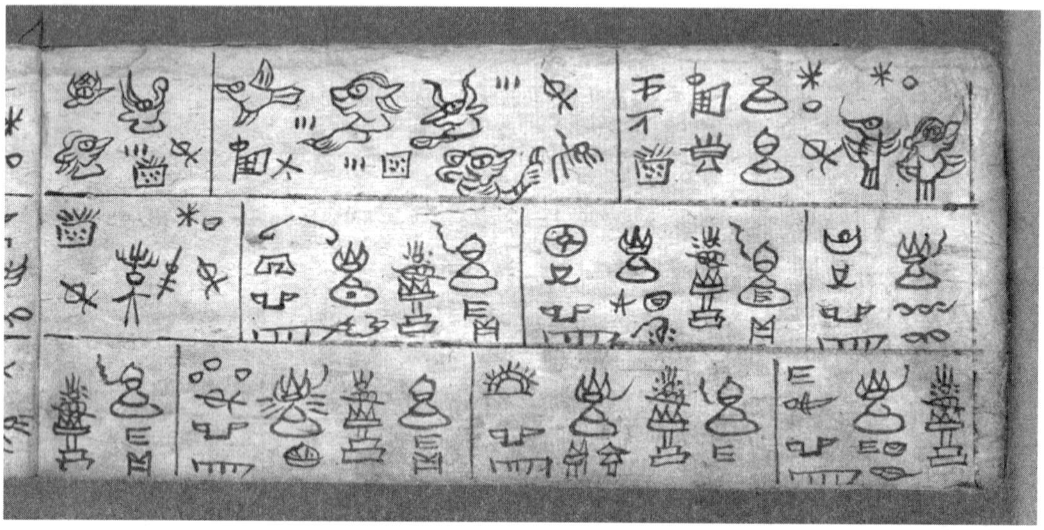

za^{21} le^{33} bər^{21} tɕhy^{33} si^{21} so^{33} gu^{21} nɯ^{33} sɿ^{33}, | dy̩^{33} dzɿ^{21} ga^{33} la^{21} sɿ^{55} ky̩^{33}、tʂʅ^{21} dzɿ^{21} ga^{33}
降 而 青龙 大鹏 狮 三 后面 以 领 翅 生 战神 三 个 爪 长 战神

la^{21} sɿ^{55} ky̩^{33}、khua^{33} dzɿ^{21} ga^{33} la^{21} sɿ^{55} ky̩^{33}、pər^{55} dzɿ^{21} ga^{33} la^{21} gu^{21} nɯ^{33} sɿ^{33} be^{33} za^{21}
三 个 角 长 战神 三 个 斑纹 生 战神 后面 以 领 地 降

le^{33} tshɿ^{21}. | phər^{21} nɯ^{21} sæ^{21}、ga^{33} nɯ^{21} u^{21}、o^{55} nɯ^{21} he^{21} ty̩^{33} ty̩^{21} kɯ^{33} kɯ^{21} sɿ^{33} le^{33} za^{21},
而 来 盘神 和 禅神 嘎神 和 吾神 沃神 和 恒神 千 千 万 万 领 而 降

tua^{33} kə^{21} iə^{33} ma^{21} ty̩^{33} ty̩^{21} kɯ^{33} kɯ^{21} sɿ^{33} le^{33} za^{21}, be^{21} mu^{21} ty̩^{33} ty̩^{21} kɯ^{33} kɯ^{21} sɿ^{33} le^{33}
端格神 优麻神 千 千 万 万 领 而 降 本神 兵 千 千 万 万 领 而

za^{21}. | gə^{21} i^{33} mɯ^{33} dy^{21} thy̩^{33}, mɯ^{33} gə^{33} na^{55} by̩^{33} so^{33} gu^{33} nɯ^{33}, sa^{21} i^{33} uə^{33} de^{33} tʂhu^{55}
降 上方 的 天 界 到 天 的 纳补梭恭 以 刹依威德 供养

pa^{33} be^{33}. | ȵi^{33} me^{33} dy^{21} ȵiə^{21} thy̩^{33}, tər^{21} ma^{55} tər^{21} dʐʅ^{33} nɯ^{33}, sa^{21} i^{33} uə^{33} de^{33} tʂhu^{55}
做 太阳 界 里 到 呆麻呆支 以 刹依威德 供养

pa^{33} be^{33}. | he^{33} me^{33} dy^{21} ȵiə^{21} thy̩^{33}, tɕi^{55} tshər^{55} tɕi^{55} iə^{33} nɯ^{33}, sa^{21} i^{33} uə^{33} de^{33} tʂhu^{55}
做 月亮 界 里 到 敬昌敬优 以 刹依威德 供养

① 纳召：音译名词。立一根柏杆，杆下垒以石，石缝间插一些五色旗，这样的构筑物称纳扎，用以压鬼。

pɑ^{33} be^{33}. | kɯ^{21} nɯ^{21} zɑ^{21} gə^{33} dy^{21} ȵiə^{21} thy̩^{33}. lo^{21} pɑ^{33} zi^{33} ʐæ^{33} nɯ^{33}, sɑ^{21} i^{33} uə^{33} de^{33}
做 星 和 饶星 的 界 里 到 罗巴汝然 以 刹依威德

tʂhu^{55} pɑ^{33} be^{33}. | mɯ^{33} ɕi^{55} ʂʅ^{33} hər^{21} dy^{21} ȵiə^{21} thy̩^{33}, ky̩^{55} thɑ^{55} gɑ^{33} o^{21} nɯ^{33}, sɑ^{21} i^{33} uə^{33}
供养 做 彩虹 界 里 到 固套嘎吾 以 刹依威德

de^{33} tʂhu^{55} pɑ^{33} be^{33}. | sɑ^{21} dɑ^{55} dy^{21} ȵiə^{21} thy̩^{33}, sɑ^{33} thy̩^{33} ʥi^{33} u^{21} nɯ^{33} tʂhu^{55} pɑ^{33} be^{33},
供养 做 刹道 界 里 到 刹土久乌 以 供养 做

刹依威德大神带领青龙、大鹏、狮子三尊战神，带领三个长翅膀的战神、生爪子的三个战神、长角的三个战神、生斑纹的三个战神而降临下来。他带领千千万万个盘神和禅神、嘎神和吾神、沃神和恒神降临下来；带领着千千万万的端格战神和优麻战神降临下来；带领千千万万的本神的兵降临下来。刹依威德来到天界里，祭天的东巴祭司纳补梭恭供养刹依威德；来到太阳界里，祭太阳的东巴祭司呆麻呆支供养刹依威德；来到月亮界里，祭月亮的东巴祭司敬昌敬优供养刹依威德；来到星宿界里，由祭星宿的东巴祭司罗巴汝然供养刹依威德；来到彩虹界里，由祭彩虹的东巴祭司固套嘎吾供养刹依威德；来到刹道①精灵的地界里，由祭刹道的东巴祭司刹土久乌供养

399-D-53-14

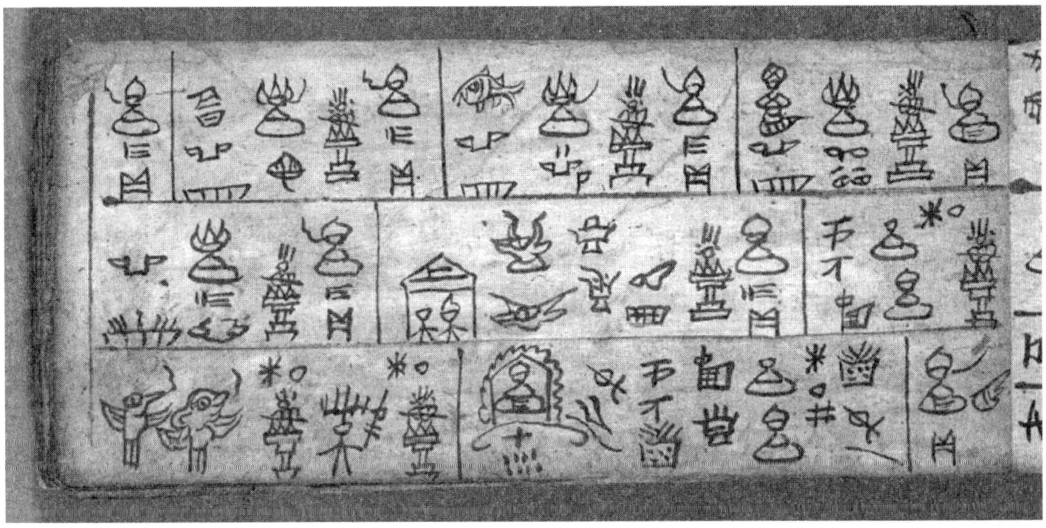

sɑ^{21} i^{33} uə^{33} de^{33} tʂhu^{55} pɑ^{33} be^{33}. | ty^{33} gə^{33} dy^{21} ȵiə^{21} thy̩^{33}, ty^{33} pɑ^{33} lo^{21} ȵi^{55} nɯ^{33}, sɑ^{21} i^{33}
刹依威德 供养 做 敦 的 界 里 到 敦巴罗尼 以 刹依

uə^{33} de^{33} tʂhu^{55} pɑ^{33} be^{33}. | ȵi^{33} gə^{33} dy^{21} ȵiə^{21} thy̩^{33}, ȵi^{33} thy̩^{33} ko^{21} uɑ^{33} nɯ^{33}, sɑ^{21} i^{33} uə^{33}
威德 供养 做 尼 的 界 里 到 尼土各瓦 以 刹依威德

de^{33} tʂhu^{55} pɑ^{33} be^{33}. | sʅ^{21} gə^{33} dy^{21} ȵiə^{21} thy̩^{33}, iə^{21} ȵi^{55} tɕi^{55} gu^{33} nɯ^{33}, sɑ^{21} i^{33} uə^{33} de^{33}
供养 做 署 的 界 里 到 尤聂敬恭 以 刹依威德

① 刹道：音译名词，为司野生动物植物及山川河流之精灵。下文的敦、尼、署皆属同一类，因居住地不同而异名。相传这精灵与人类是同父异母的兄弟。

tʂhu^{55} pɑ^{33} be^{33}. dzi^{33} ʥiə^{21} lɑ^{33} lər^{33} dy^{21} ȵiə^{21} thy̩^{33}, sɑ^{33} by̩^{33} sɑ^{33} lɑ^{21} nɯ^{33}, sɑ^{21} i^{33} uə^{33}
供养 做 人 住 辽阔 地 里 到 莎补莎劳 以 刹依威德

de^{33} tʂhu^{55} pɑ^{33} be^{33}. | i^{33} dɑ^{13} tʂhʅ^{33} ʥi^{13} nɯ^{33}, bər^{33} y^{21} ʐʅ^{33} hɑ^{33} tʂhər^{21} nɑ^{55} ɕy^{55} mɑ^{21}
供养 做 主人 这 家 以 牦牛绵羊 酒 饭 肥肉 瘦肉 柏 酥油

nɯ^{33},sɑ^{21} i^{33} uə^{33} de^{33} tʂhu^{55} pɑ^{33} be^{33}; | phər^{21} nɯ^{21} sæ^{21}、gɑ^{33} nɯ^{21} u^{21}、o^{55} nɯ^{21} he^{21} i^{33}
以 刹依威德 供养 做 盘神 和 禅神 嘎神 和 吾神 沃神 和 恒神 的

tʂhu^{55} pɑ^{33} be^{33}, tuɑ^{33} kə^{21} iə^{33} mɑ^{21} ty̩^{33} ty̩^{21} kɯ^{33} kɯ^{21} tʂhu^{55} pɑ^{33} be^{33}, be^{21} mu^{21} ty̩^{33} ty̩^{21}
供养 做 端格神 优麻神 千 千 万 万 供养 做 本神 兵 千 千

kɯ^{33} kɯ^{21} tʂhu^{55} pɑ^{33} be^{33}. | sɑ^{21} i^{33} uə^{33} de^{33} mɯ^{33} tɕər^{21} tshe^{21} ho^{55} ty^{33} nɯ^{33} zɑ^{21} le^{33}
万 万 供养 做 刹依威德 天 上 十 八 层 以 降 又

tshʅ^{21}, phər^{21} nɯ^{21} sæ^{21}、gɑ^{33} nɯ^{21} u^{21}、o^{55} nɯ^{21} he^{21} ty̩^{33} ty̩^{21} kɯ^{33} kɯ^{21} gu^{21} nɯ^{33} sʅ^{33}
来 盘神 和 禅神 嘎神 和 吾神 沃神 和 恒神 千 千 万 万 后面 以 领

i^{33} zɑ^{21}. | sɑ^{21} i^{33} uə^{33} de^{33} lɑ^{21} nɯ^{33},
的 降 刹依威德 手 以

刹依威德大神。到了敦这精灵的地界里，由祭敦的东巴祭司敦巴罗尼供养刹依威德大神。到了尼这精灵的地界里，由祭尼的东巴祭司尼土各瓦供养刹依威德大神。到了署这精灵的地界里，由祭署的东巴祭司尤聂敬恭供养刹依威德。刹依威德降临到人类居住的辽阔大地上，由祭地的东巴祭司莎补莎劳供养刹依威德大神。由这一主人家，用牦牛和绵羊、酒和饭、肥肉和瘦肉、柏香和酥油，供养刹依威德大神，供养千千万万个盘神和禅神、嘎神和吾神、沃神和恒神；供养千千万万的端格战神和优麻战神，供养千千万万的本神神兵。刹依威德带领千千万万的盘神和禅神、嘎神和吾神、沃神和恒神，从十八层天上降临下来时，他的手里带着

399-D-53-15

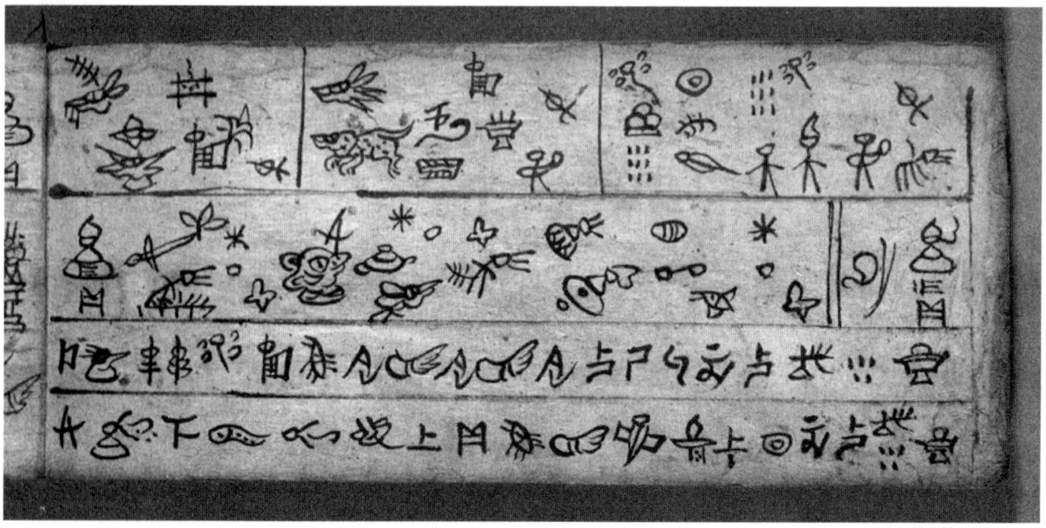

khv̩^{55} nɯ^{21} zʅ^{33} le^{33} pu^{55}, nɯ^{21} nɯ^{21} uɑ^{21} le^{33} pu^{55}, hɯ^{21} nɯ^{21} dzæ^{33} le^{33} pu^{55}, gɑ^{33} nɯ^{21} zi^{33}
岁 和 寿 又 带 生儿 和 育女 又 带 富 和 强 又 带 胜 和 美

le^{33} pu^{55} be^{33} zɑ^{21} le^{33} tshʅ^{21}, | py^{21} tso^{33} phɑ^{21} tso^{33} pu^{55}, gɑ^{33} tso^{33} u^{21} tso^{33} pu^{55} be^{33} zɑ^{21}
又 带 地 降 又 来 祭 用具 占卜 用具 带 胜 用具善射 用具 带 地 降

le^{33} tshʅ^{21}, | huɑ^{21} lv̩^{33} gv̩^{33} lv̩^{55}、huɑ^{21} mɑ^{21} gv̩^{33} lv̩^{55}、huɑ^{21} kə^{55} gv̩^{33} kə^{55}、huɑ^{21} dʑi^{21} gv̩^{33}
又 来 华神 石 九 个 华神 酥油 九 饼 华神 树枝 九 支 华神 水 九

huɑ^{21} pu^{55}、huɑ^{21} zo^{33} gv̩^{33} kv̩^{55} pu^{55}、huɑ^{21} mi^{55} gv̩^{33} kv̩^{55} pu^{55} be^{33} zɑ^{21} le^{33} tshʅ^{21}.sɑ^{21} i^{33}
河 带 华神 鬼子 九 个 带 华神 女儿 九 个 带 地 降 又 来 刹依

uə^{33} de^{33} nɯ^{33}, dzi^{33} dʑiə^{21} lɑ^{33} lər^{33} dy^{21} lo^{21} gə^{33}, zv̩^{21} tshʅ^{21} tv̩^{33} tv̩^{21} kɯ^{33} kɯ^{21} sy^{55}, tər^{21}
威德 以 人 住 辽阔 地 里 的 仇鬼 千 千 万 万 杀 呆鬼

tshʅ^{21} lɑ^{33} tshʅ^{21}、tʂhə^{55} tshʅ^{21}、le^{21} tʂhə^{55} tv̩^{33} tv̩^{21} kɯ^{33} kɯ^{21} sy^{55}, mɯ^{33} lɯ^{55} sʅ^{21} dzʅ^{21} sy^{55},
佬鬼 秽鬼 冷凑鬼 千 千 万 万 杀 美利术主 杀

mi^{33} mɑ^{21} se^{21} de^{55}、kɯ^{33} zɑ^{21} nɑ^{21} mu^{33} sy^{55}, dʑi^{33} tshʅ^{21} uɑ^{33} tshʅ^{21}、tɕi^{55} tshʅ^{21} tɕhi^{21} tshʅ^{21}
米麻沈登 庚饶拿姆 杀 景鬼 瓦鬼 季鬼 奇鬼

tv̩^{33} tv̩^{21} kɯ^{33} kɯ^{21} sy^{55}. | sɑ^{21} i^{33} uə^{33} de^{33} khu^{33} nɯ^{33} huɑ^{55} ly^{33} tʂhu^{33}: huɑ^{21} gɑ^{33} lɯ^{55}
千 千 万 万 杀 刹依威德 嘴 以 咒语 念 华 嘎 利

tsɑ^{21} lɑ^{33} tsɑ^{21} lɑ^{33} tsɑ^{21} iə^{33} mɑ^{21}kə^{55} nɑ^{21} so^{33} uɑ^{33} hɑ^{33}.tər^{21} pe^{21} ɕiə^{13} dv̩^{21} ə^{55} nɯ^{33} ʂə^{55},
杂 拉 杂 拉 杂 优 玛 构 纳 梭 瓦 哈 丹 奔 雄 督 欧 你 社

uə^{33} lɯ^{55} lɑ^{13} dzo^{21} phy^{33} iə^{33} mɑ^{21} nɑ^{21} iə^{33} so^{33} uɑ^{33} hɑ^{33}.
威 利 腊 佐 培 优 玛 纳 永 梭 瓦 哈

岁和寿，带着生儿和育女之福分，带着富裕与强盛，带着胜利与美丽降临下来；带着祭祀用具和占卜用具，带着常胜之器和善射之器降临下来；带着华神的九颗神石、九饼华神酥油、九枝华神树枝、九条华神河，带着九个华神之子和九个华神之女降临下来。刹依威德大神杀了大地上的千千万万的仇鬼，杀死千千万万个呆鬼和佬鬼、秽鬼和冷凑鬼，杀死美利术主，杀死米麻沈登和庚饶拿姆鬼王，杀死千千万万的景鬼和瓦鬼、季鬼和奇鬼。

刹依威德口中念咒语：华嘎利杂拉杂拉杂优玛构纳梭瓦哈①。丹奔雄督欧你社，威利腊佐培优玛纳永梭瓦哈。

① 这些咒语，东巴不知其义，故音译之。

399-D-53-16

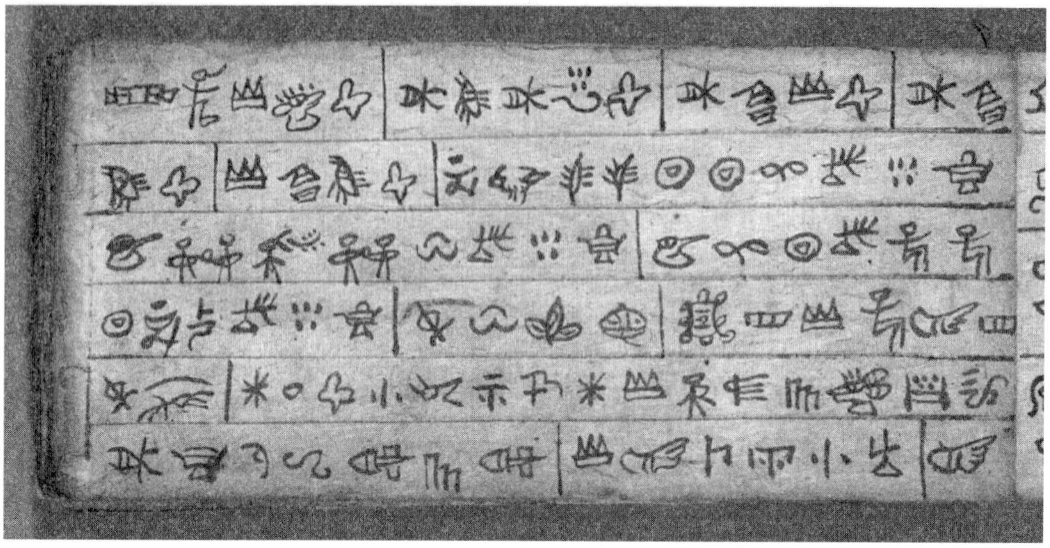

tsæ^{33} do^{33} mi^{33} y^{21} sy^{13}, | ʂʅ^{21} lo^{55} ʂʅ^{21} ŋə^{33} sy^{13}, | ʂʅ^{21} ty^{33} mi^{33} sy^{13}, | ʂʅ^{21} ty^{33} lo^{55} sy^{13}, |
章 朵 敏 余 徐 石 利 石 欧 徐 石 敦 米 徐 实 敦 利 徐

mi^{33} ty^{33} lɯ^{55} sy^{13}, | nɑ^{21} pṿ^{55} ɕi^{33} ɕi^{33} mɑ^{33} mɑ^{13} iə^{33} so^{33} uɑ^{33} hɑ^{33}. huɑ^{33} tæ^{21} lər^{21}tæ^{13} i^{33}
米 敦 利 徐 纳 布 兴 欣 玛 麻 优 梭 瓦 哈 花 丹 朗 呆 依

so^{33} uɑ^{33} hɑ^{33}, | ko^{33} iə^{33} mɑ^{13} so^{33} tɯ^{33} tɯ^{33} mɑ^{21} nɑ^{55} iə^{21} so^{33} uɑ^{33} hɑ^{33}. | zɑ^{13} i^{33} nṿ^{21}
梭 瓦 哈 戈 优 麻 梭 迪 丁 麻 纳 尤 梭 瓦 哈 饶 依 奴

pɑ^{33}, | tho^{21} tʂʅ^{33} mi^{33} tɯ^{33} lɑ^{13} tʂʅ^{33} zɑ^{21} zər^{21}. | tṿ^{21} kɯ^{21} sy^{55} ɕiə^{13} ? ① khṿ^{55}pṿ^{55} tṿ^{21} mi^{33}
巴 妥 旨 米 迪 腊 知 饶 染 督 庚 须 晓 库 布 督 米

bɑ^{33} ho^{13} dzʅ^{33} lo^{55} dzo^{21} lo^{13} ʂʅ^{21} hɑ^{33} mə^{33} phṿ^{33} tɕhy^{33} dzʅ^{33} tɕhy^{33}. | mi^{33} lɑ^{33} bər^{21}
巴 禾 孜 洛 佐 罗 石 哈 没 普 曲 孜 区 米 拉 班

nɑ^{21} ɕiə^{13} tʂhʅ^{33}. | lɑ^{13}
纳 晓 蚩 腊

章朵敏余徐，石利石欧徐，石敦米徐，实敦利徐，米敦利徐，纳布兴欣玛麻优梭瓦哈。花丹朗呆依梭瓦哈。戈优麻梭迪丁麻纳优梭瓦哈。饶依奴巴，妥旨米迪腊知饶染。督庚须晓。库布督米巴禾孜洛佐罗石哈没普曲孜区。米拉班纳晓蚩。腊

① 字，读音不详。

399-D-53-17

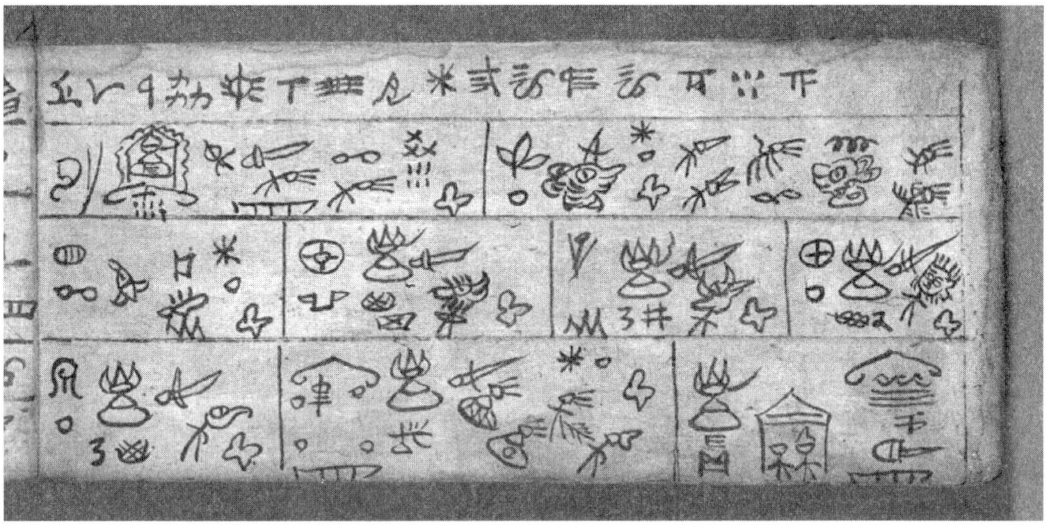

tʂə^{55} o^{55} ko^{21} be^{33} dze^{33} tso^{13} tsɿ^{33} tsa^{55} ty̩^{21} ho^{13} lo^{13} ho^{21} so^{33} ua^{33} ha^{33}. mɯ^{33} tɕər^{21} tshe^{21}
揍 沃 郭 本 真 左 主 兆 督 合 洛 禾 梭 瓦 哈 天 上 十

ho^{55} ty^{33} nɯ^{33} za^{21} me^{33} sa^{21} i^{33} uə^{33} de^{33} nɯ^{33}. dy^{21} lo^{21} tshɿ^{21} o^{33} sɿ^{21} ɕi^{33} tʂhua^{55} tshər^{21}
八 层 以 降 的 刹依威德 以 地 里 鬼 类 三 百 六十

mu^{21} le^{33} sy^{55}. | gy̩^{33} bɯ^{33} zɿ^{21} tshɿ^{21} mu^{21} le^{33} sy^{55}. tər^{21} tshɿ^{21} la^{33} tshɿ^{21} ty̩^{33} ty̩^{21} kɯ^{33}
往下 又 杀 世仇 鬼 往下 又 杀 呆鬼 佬鬼 千 千 万

kɯ^{21} mu^{21} le^{33} sy^{55}. dy̩^{21} tshɿ^{21} tse^{21} tshɿ^{21}、tshɿ^{33} tshɿ^{21} iə^{21} tshɿ^{21}、tʂhə^{55} tshɿ^{21} z̩ər^{21} tshɿ^{21}、
万 往下 又 杀 毒鬼 仄鬼 楚鬼 尤鬼 秽鬼 豹鬼

mu^{33} tshɿ^{21} ɯ^{21} tshɿ^{21}、dʑi^{33} tshɿ^{21} ua^{33} tshɿ^{21}、tɕi^{55} tshɿ^{21} tɕhi^{21} tshɿ^{21}、khu^{33} tshɿ^{21} bu^{33} tshɿ^{21}
猛鬼 恩鬼 景鬼 瓦鬼 季鬼 奇鬼 孔鬼 崩鬼

ty̩^{33} ty̩^{21} kɯ^{33} kɯ^{21} mu^{21} le^{33} sy^{55}. | n̩i^{33} me^{33} thy̩^{33},khə^{21} tshe^{55} tshe^{55} by̩^{33} nɯ^{33},tər^{21} za^{55}
千 千 万 万 往下 又 杀 东方 格衬称补 以 呆饶金补

dʑi^{33} by̩^{33} sy^{55}. | i^{33} tʂhɿ^{33} mi^{21}, se^{55} zʅ^{33} mi^{21} gu^{33} nɯ^{33}, ʂʅ^{21} dzʅ^{33}dʑi^{33} by̩^{33} sy^{55}. | n̩i^{33} me^{33}
杀 南方 胜日明恭 以 史支金补 杀 西方

gy̩^{21}, na^{55} se^{33} tʂhu^{33} lu^{21} nɯ^{33}, le^{55} tɕhi^{33} sɿ^{33} phy̩^{33} sy^{55}. ho^{33} gy̩^{33} lo^{21}, gy̩^{33} se^{55} khə^{33} ba^{33}
纳生初卢 以 楞启斯普 杀 北方 古生抠巴

nɯ^{33},ny̩^{21} dzɿ^{33} dʑi^{33} by̩^{33} sy^{55}. | mɯ^{33} nɯ^{21} dy^{21} ly^{55} gy̩^{33}, so^{33} y^{21} tshi^{55} gy̩^{33} nɯ^{33}, mi^{33} ma^{21}
以 奴祖景补 杀 天 和 地 中央 梭余晋古 以 米麻沈登

se^{21} de^{55} sy^{55}, kɯ^{33} za^{21} na^{21} mu^{33} sy^{55}, mɯ^{33} lɯ^{55} sɿ^{21} dzɿ^{33} tshɿ^{21} ty̩^{33} ty̩^{21} kɯ^{33} kɯ^{21}
杀 庚饶拿姆 杀 美利术主 鬼 千 千 万 万

sy^{55}. | sɑ^{21} i^{33} uə^{33} de^{21} nɯ^{33}, i^{33} dɑ^{13} tʂhʅ^{33} dʑi^{13} tɕər^{21}, mɯ^{33} nɯ^{21} dy^{21} tʂu^{55} tʂu^{33} mə^{33}
杀 刹依威德 以 主人 这 家 上 天 和 地 连接 不

mæ^{21}, tɕi^{21} hər^{21} hər^{33} phər^{21} me^{33} nɯ^{33} tʂu^{55};
及 云 白 风 白 者 以 接

揍沃郭本真左主兆督合洛禾梭瓦哈。

从十八层天上降临下来的刹依威德大神，杀了地上的三百六十种鬼类，杀了世仇鬼，杀掉千千万万的呆鬼和佬鬼，杀掉千千万万的毒鬼和仄鬼、楚鬼和尤鬼、秽鬼和豹子鬼、猛鬼和恩鬼、景鬼和瓦鬼、季鬼和奇鬼、孔鬼和崩鬼。东方的战神格衬称补杀掉东方鬼王呆饶金补。南方的战神胜日明恭杀死南方鬼王史支金补。西方的战神纳生初卢杀掉西方鬼王楞启斯普。北方的战神古生抠巴杀了北方鬼王奴祖景补。天地中央的战神梭余晋古杀了中央鬼王米麻沈登、庚饶拿姆，杀了美利术主的千千万万个鬼。

刹依威德对这一主人家，若天地连接不及，就由白云白风把天地相连接；

399-D-53-18

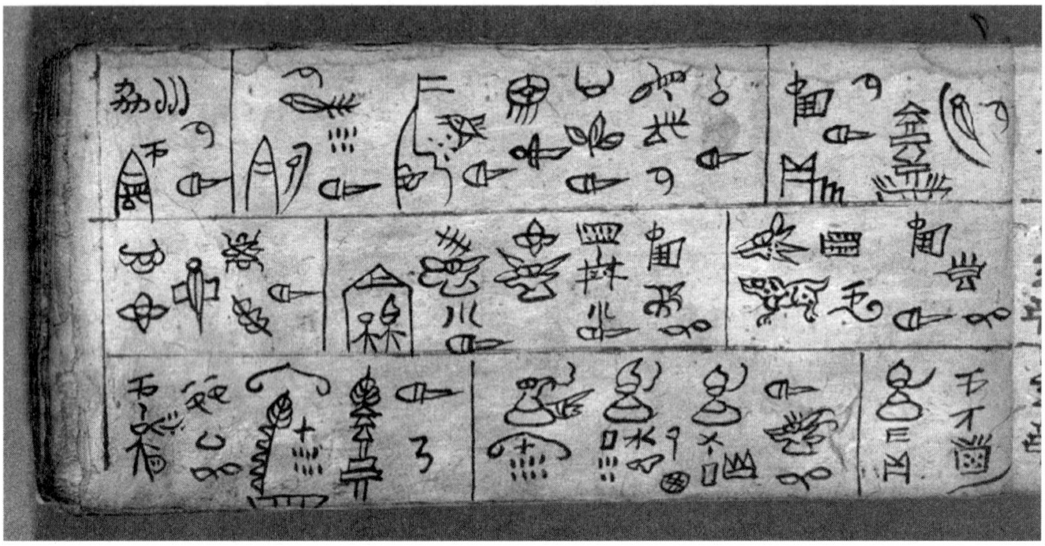

dʑy^{21} ne^{21} so^{33} tʂu^{55} tʂu^{33} mə^{33} mæ^{21}, hɯ^{21} nɯ^{21} be^{33} nɯ^{33} tʂu^{55}. | dʑy^{21} ne^{21} lo^{21} tʂu^{55} tʂu^{33}
山 和 岭 连接 不 及 雨 和 雪 以 接 山 和 谷 连接

mə^{33} mæ^{21}, dʑi^{21} nɑ^{55} mæ^{33} ʂər^{21} nɯ^{33} le^{33} tʂu^{55} . æ^{33} ʂuɑ^{21} le^{33} tʂu^{55} tʂu^{33} mə^{33} mæ^{21}, æ^{21}
不 及 水 大 尾 长 以 又 接 崖 高 又 连接 不 及 崖

ko^{55} bæ^{33} nɯ^{33} tʂu^{55}. ȵi^{55} ne^{21} hu^{21} tʂu^{55} tʂu^{33} mə^{33} mæ^{21}, bi^{33} ne^{21} le^{21} nɯ^{33} tʂu^{55}. khuɑ^{33}
间 蜂 以 接 昼 和 夜 连接 不 及 太阳 和 月亮 以 接 远

ne^{21} nʏ^{55} tʂu^{55} tʂu^{33} mə^{33} mæ^{13}, dzo^{33} pɑ^{21} me^{33} nɯ^{33} tʂu^{55}. khʏ^{55} ne^{21} so^{21} tʂu^{55} tʂu^{55} mə^{33}
和 近 连接 不 及 桥 宽 者 以 接 傍晚 和 早晨 连接 不

mæ^{13}, khʏ^{55} ɯ^{33} so^{33} ɯ^{33} nɯ^{33} le^{33} tʂu^{55}. | dzʅ^{33} ne^{21} uə^{33} tʂu^{55} tʂu^{33} mə^{33} mæ^{13}, gɑ^{33} pɑ^{55}
及 长庚星 启明星 以 又 接 村 和 寨 连接 不 及 胜利标杆

tshʅ^{55} le^{33} tʂu^{55}, he^{21} gə^{33} thɑ^{55} phər^{21} tshʅ^{55} le^{33} tʂu^{55}. lo^{21} ne^{21} lo^{21} tʂu^{55} tʂu^{33} mə^{33} mæ^{13},
竖 又 接 神 的 塔 白 建 又 接 谷 和 谷 连接 不 及

ŋv̩^{21} dzo^{21} hæ^{21} dzo^{21} uɑ^{21} dzo^{21} tʂhu^{21} dzo^{21} tso^{55} le^{33} tʂu^{55}. | i^{33} dɑ^{13} tʂhʅ^{33} dʑi^{13} tɕər^{21},
银 桥 金 桥 松石 桥 墨玉 桥 架 又 接 主人 这 家 上

khv̩^{55} by^{33} zʅ^{33} by^{33} tʂu^{55} le^{33} iə^{55}, nɯ^{21} by^{33} uɑ^{21} by^{33} le^{33} tʂu^{55} iə^{55}, hɯ^{21} by^{33} dzæ^{33} by^{33}
岁 份 寿 份 接 又 给 生儿 份 育女 份 又 接 给 富 份 强 份

le^{33} tʂu^{55} iə^{55}, gɑ^{33} by^{33} zi^{33} by^{33} le^{33} tʂu^{55} iə^{55}, | py^{21} tso^{33} phɑ^{21} tso^{33}、gɑ^{33} tso^{33} u^{21} tso^{33}
又 接 给 胜 份 美 份 又 接 给 祭祀 器具 占卜 器具 胜 器 善射 器

tʂu^{55} le^{33} iə^{55}，kv̩^{33} phər^{33} dzæ^{33} ʂʅ^{21}、zʅ^{33} ʂər^{21} hɑ^{55} i^{33}、phv̩^{33} do^{21} lɯ^{55} do^{21} by^{33} le^{33}
接 又 给 头 白 牙 黄 寿 长 日 有 祖 见 孙 见 份 又

iə^{55}. ɕy^{55} hər^{21} le^{33} dʑi^{21} tshe^{21} ho^{55} pa^{33} , dy^{21} nɯ^{33} mɯ^{33} le^{33} tso^{55} be^{33} le^{33} tʂu^{55} se^{21},
给 柏 翠 梯 十 八 级 地 以 天 又 搭 地 又 接 了

he^{21} i^{33} thɑ^{55} phər^{21} tɕər^{21} nɯ^{33} le^{33} tʂu^{55} se^{21}, | mɯ^{33} tɕər^{21} tshe^{21} ho^{55} ty^{33} gə^{33} gu^{33} lɑ^{21}
神 的 塔 白 上 以 又 接 了 天 上 十 八 层 的 巩劳构补

kə^{55} bv̩^{21}、to^{21} uɑ^{33} i^{21} ʂʅ^{55} dʑi^{33} mu^{33}、lɑ^{21} tʂhʅ^{33} to^{21} mi^{55} khə^{21} tʂu^{55} se^{33} iə^{33}. | sɑ^{21} i^{33}
朵瓦益世金姆女神 拉蚩铎命 处 接 了 给 刹依

uə^{33} de^{21} nɯ^{33}, phər^{21} ne^{21} sæ^{21} i^{33} gə^{21} le^{33} sʅ^{33},
威德 以 盘神 和 禅神 是 上方 又 领

山体和峻岭连接不及，由雨雪将其相接。山和谷连接不及，由源远流长的大江相连接。悬崖与悬崖连接不及，由岩峰将其相连接。昼和夜连接不及，由太阳和月亮将其相连接。远和近连接不及，由宽桥将其相连接。傍晚和早晨连接不及，由长庚星和启明星将其连接。村与寨连接不及，就竖村寨标杆将其相连接，就建神的白塔将其相连接。山谷与山谷连接不及，就架金桥、银桥、松石桥、墨玉桥将其相连接。刹依威德对这一主人家，把岁与寿之份又接上，把生儿育女的福分又接上，给予富裕和强盛，给予胜利和美丽，给予祭祀和占卜的器具，给予得胜与善射的器物，给予人人活到发白齿黄、延年益寿、四世同堂、儿孙绕膝的福分。这些福分是架十八级翠柏天梯、建神的白塔，从地上到天上，到十八层天上，与巩劳构补大神、朵瓦益世金姆女神、拉蚩铎命大神相连接，（这些福分就源源不断地获得）。

刹依威德把盘神和禅神领回天上，

399-D-53-19

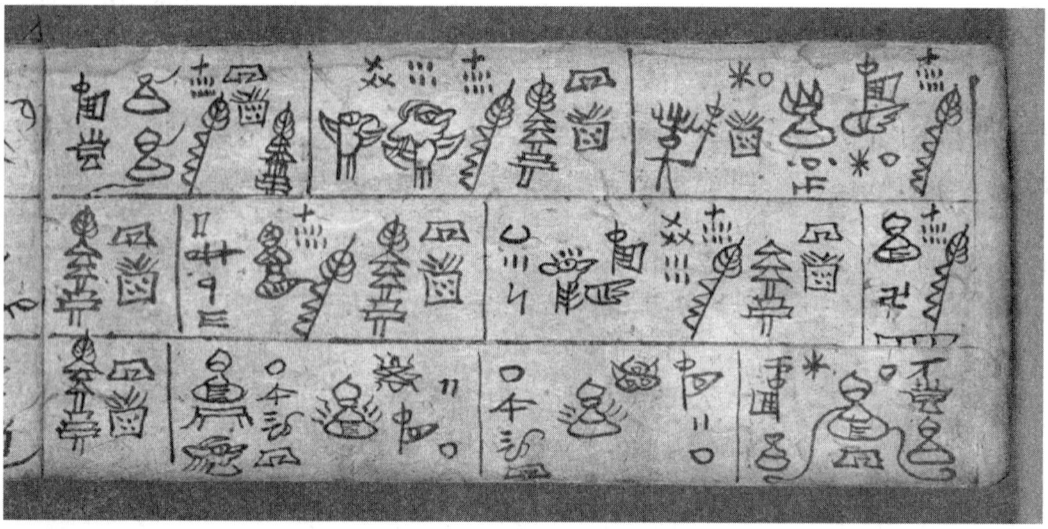

gɑ^{33} ne^{21} u^{21}、o^{55} ne^{21} he^{21} thɯ^{33} ɕy^{55} hər^{21} le^{33} ʥi^{21} tshe^{21} ho^{55} pɑ^{33} kv̩^{33} nɯ^{33}、he^{21} i^{33}
嘎神 和 吾神 沃神 和 恒神 这 柏 翠 梯子 十 八 级 上 以 神 的

thɑ^{55} phər^{21} kv̩^{33} nɯ^{33} gə^{21} le^{33} sɿ^{33}. | tuɑ^{33} kə^{21} iə^{33} mɑ^{21} sɿ^{21} ɕi^{33} ʈʂhuɑ^{55} tshər^{21} thɯ^{33},
塔 白 上 以 上方 又 领 端格神 优麻神 三 百 六十 这

ɕy^{55} hər^{21} le^{33} ʥi^{21} the^{21} ho^{55} pɑ^{33}、he^{21} i^{33} thɑ^{55} phər^{21} kv̩^{33} nɯ^{33} gə^{21} le^{33} sɿ^{33}. | be^{21} mu^{21}
柏 翠 梯子 十 八 级 神 的 塔 白 上 以 上方 又 领 本神 兵

tv̩^{33} tv̩^{21} kɯ^{33} kɯ^{21}、py^{33} bu^{21}、gɑ^{33} lɑ^{21} tv̩^{33} tv̩^{21} kɯ^{33} kɯ^{21} thɯ^{33}，ɕy^{55} hər^{21} le^{33} ʥi^{21}
千 千 万 万 祭司 战神 千 千 万 万 这 柏 翠 梯子

tshe^{21} hɑ^{55} pɑ^{33} kv̩^{33} nɯ^{33}, he^{21} i^{33} thɑ^{55} phər^{21} kv̩^{33} nɯ^{33} gə^{21} le^{33} sɿ^{33}. | to^{21} dɑ^{55}、ko^{21}
十 八 级 上 以 神 的 塔 白 上 以 上方 又 领 铎道 郭道

dɑ^{55}、sɑ^{21} dɑ^{55} sɿ^{21} ʈʂhʅ^{33} uɑ^{21}, ɕy^{55} hər^{21} le^{33} ʥi^{21} tshe^{21} ho^{55} pɑ^{33} kv̩^{33} nɯ^{33}, he^{21} i^{33}
刹道 署 所有 柏 翠 梯子 十 八 级 上 以 神 的

thɑ^{55} phər^{21} kv̩^{33} nɯ^{33} gə^{21} le^{33} sɿ^{33}. | phv̩^{33} sɿ^{55} ʈʂhər^{33} gə^{33} y^{21} gɑ^{33} lɑ^{21} sɿ^{21} ɕi^{33} ʈʂhuɑ^{55}
塔 白 上 以 上方 又 领 祖 三 代 的 祖先 战神 三 百 六十

tshər^{21} ʈʂhʅ^{33} uɑ^{21}, ɕy^{55} hər^{21} le^{33} ʥi^{21} tshe^{21} ho^{55} pɑ^{33} kv̩^{33} nɯ^{33}, he^{21} i^{33} thɑ^{55} phər^{21} kv̩^{33}
所有 柏 翠 梯子 十 八 级 上 以 神 的 塔 白 上

nɯ^{33} gə^{21} le^{33} sɿ^{33}. | ɕy^{55} hər^{21} le^{33} ʥi^{21} tshe^{21} ho^{55} pɑ^{33} kv̩^{33} nɯ^{33}, he^{21} i^{33} thɑ^{55} phər^{21} kv̩^{33}
的 上方 又 领 柏 翠 梯子 十 八 级 上 以 神 的 塔 白 上

nɯ^{33} sɑ^{21} i^{33} uə^{33} de^{33} gə^{33}, i^{33} duɑ^{33} ɯ^{33} me^{33} dy^{21} lo^{21} gə^{21} le^{33} sɿ^{33}. | sɑ^{21} i^{33} uə^{33} de^{33} i^{33},
以 刹依威德 的 吉祥 的 地界 里 上方 又 领 刹依威德 是

dv̩^{33} phər^{21} si^{33} gɯ^{33} tʂuɑ^{33} kv̩^{33} dzʅ^{21},gv̩^{33} mu^{33} gə^{33} dzo^{55} lo^{33}, hæ^{33} ʂʅ^{21} bu^{33} dɯ^{21} lu^{55} lɑ^{33}
海螺 白 狮子 床 上 坐 身体 上身 金 黄 光 大 四射

the^{55} ȵi^{33} gv̩^{33}.｜gv̩^{33} mu^{33} gə^{21} dzo^{55} lo^{33}, i^{33} duɑ^{33} no^{21} bv̩^{33} tʂhʅ^{55} the^{55} ȵi^{33} gv̩^{33}. phər^{21}
一样 像 身体 上身 吉祥 宝物 一样 像 盘神

ne^{21} sæ^{21}、gɑ^{33} ne^{21} u^{21}、o^{55} ne^{21} he^{21} tv̩^{33} tv̩^{21} kɯ^{33} kɯ^{21} i^{33}, sɑ^{21} i^{33} uə^{33} de^{33} hɯ^{55} hɯ^{33}
和 禅神 嘎神 和 吾神 沃神 和 恒神 千 千 万 万 是 刹依威德 围绕

be^{33} le^{33} dzʅ^{21}.
地 又 坐

把嘎神和吾神、沃神和恒神从十八级翠柏天梯上，从神的白塔上领到上方。把三百六十尊端格战神和优麻战神从十八级翠柏天梯上，从神的白塔上领到上方。把本神的千千万万的兵将，所有的祭司，千千万万的战神从十八级翠柏天梯上，从神的白塔上领到上方。把所有属于署精灵的铎道、郭道、刹道从十八级翠柏天梯上，从神的白塔上领到上方。把三百六十位三代祖先战神从十八级翠柏天梯上，从神的白塔上领到上方。把所有的神灵从十八级翠柏天梯上，从神的白塔上领到刹依威德的吉祥的神界里。刹依威德坐在画有白海螺色的狮子的座位上，他的上半身像黄金一样金光闪闪，又像吉祥的宝物一样闪亮。千千万万尊盘神和禅神、嘎神和吾神、沃神和恒神围绕着刹依威德大神。

399-D-53-20

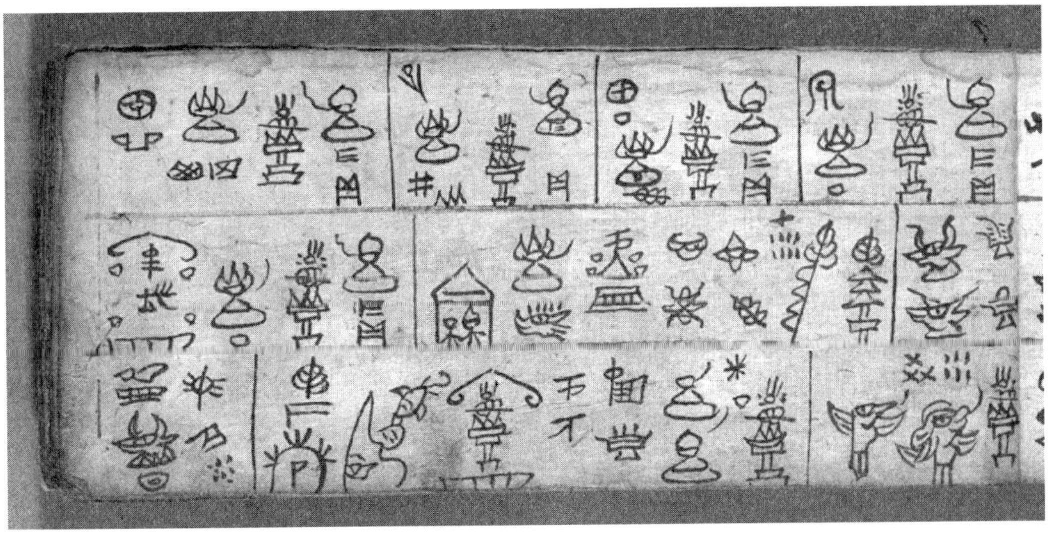

ȵi^{33} me^{33} thv̩^{33}, khə^{21} tshe^{55} tshe^{55} bv̩^{33} nɯ^{33}, sɑ^{21} i^{33} uə^{33} de^{33} tʂhu^{55} pɑ^{33} be^{33}.｜i^{33} tʂhʅ^{33}
东方 格衬称补 以 刹依威德 供养 做 南方

mu^{21}, se^{55} zʅ^{33} mi^{21} gu^{33} nɯ^{33},sɑ^{21} i^{33} uə^{33} de^{33} tʂhu^{55} pɑ^{33} be^{33}.｜ȵi^{33} me^{33} gv̩^{21}, nɑ^{55} se^{33}
胜日明恭 以 刹依威德 供养 做 西方 纳生

tʂhu^{33} lu^{21} nɯ^{33}, sɑ^{21} i^{33} uə^{33} de^{33} tʂhu^{55} pɑ^{33} be^{33}. | ho^{33} gv̩^{33} lo^{21},gv̩^{33} se^{55} khə^{33} bɑ^{33} nɯ^{33},
初卢 以 刹依威德 供养 做 北方 古生抠巴 以

sɑ^{21} i^{33} uə^{33} de^{33} tʂhu^{55} pɑ^{33} be^{33}. mɯ^{33} le^{33} dy^{21} ly^{55} gv̩^{33}, so^{33} y^{21} tshi^{55} gv̩^{33} nɯ^{33}, sɑ^{21} i^{33}
刹依威德 供养 做 天 与 地 中央 梭余晋古 以 刹依

uə^{33} de^{33} tʂhu^{55} pɑ^{33} be^{33}. | i^{33} dɑ^{13} tʂhʅ^{33} dɯ^{33} dʑi^{13}, ly^{55} kv̩^{33} py^{33} bu^{21} nɯ^{33}, sʅ^{33} i^{33} bər^{33}
威德 供养 做 主人 这 一 家 行仪会 祭司 以 毡 是 牦牛

phər^{21} ʐʅ^{21} lv̩^{33} tɯ^{21}, tʂhuɑ^{33} phər^{21} khuɑ^{55} le^{33} o^{55}, ŋv̩^{33} hæ^{21} uɑ^{33} tʂhu^{21} i^{33} dɑ^{55} be^{33} le^{33}
白 神坛 设 米 白 神粮 又 撒 银 金 松石 墨玉 酬礼 做 又

tɕi^{33}, ɕy^{55} hər^{21} le^{33} dʑi^{21} tshe^{21} ho^{55} pɑ^{33} le^{33} tso^{55}, he^{21} i^{33} thɑ^{55} phər^{21} tshʅ^{55}, | bər^{33} y^{21}
放 柏 翠 梯子 十 八 级 又 搭 神 的 塔 白 建 牦牛 绵羊

ʐʅ^{33} hɑ^{33} tʂhər^{21} nɑ^{55}、ɯ^{33} ɕy^{21} mɑ^{21}、dze^{33} ʂu^{21} by^{21}、| ko^{33} ʂuɑ^{21} ɕy^{55}、æ^{33} ʂuɑ^{21} bæ^{33}
酒 饭 肥肉 瘦肉 牛 红 酥油 麦 纯 面 高原 高 柏 崖 高 蜂

nɯ^{33},mɯ^{33} ne^{21} dy^{21} ly^{55} gv̩^{33} nɯ^{33} tʂhu^{55} pɑ^{33} be^{33}, phər^{21} ne^{21} sæ^{21}、gɑ^{33} ne^{21} u^{21}、
以 天 和 地 中央 以 供养 做 盘神 和 禅神 嘎神 和 吾神

o^{55} ne^{21} he^{21} tv̩^{33} tv̩^{21} kɯ^{33} kɯ^{21} tʂhu^{55} pɑ^{33} be^{33}, | tuɑ^{33} kə^{21} iə^{33} mɑ^{21} sʅ^{21} ɕi^{33} tʂhuɑ^{55}
沃神 和 恒神 千 千 万 万 供养 做 端格神 优麻神 三 百 六

tsər^{21} tʂhu^{55} pɑ^{33} be^{33},
十 供养 做

东方的东巴祭司格衬称补①供养刹依威德大神；南方的东巴祭司胜日明恭，供养刹依威德；西方的东巴祭司纳生初卢，供养刹依威德大神；北方的东巴祭司古生抠巴，供养刹依威德大神；天地中央的东巴祭司梭余晋古，供养刹依威德大神。

这一主人家，请会举行祭仪的东巴祭司，铺着白牦牛毛毡子，设置好神坛，神坛上撒着白米作神粮，放着白银、黄金、松石、墨玉作酬礼，搭有十八级的翠柏天梯，建好神的白塔，用牦牛和绵羊、醇酒和米饭、肥肉和瘦肉、红牛之酥油、纯净的麦面、高原上的翠柏、高崖间的岩蜂蜂蜜，在天地间供养各种神灵，供养千千万万的盘神和禅神、嘎神和吾神、沃神和恒神，供养三百六十位端格战神和优麻战神，

① 东方的东巴祭司格衬称补：这几个五方的人物，有时称五方东巴祭司，有时又称五方战神，看来是身兼两职之神灵。

399-D-53-21

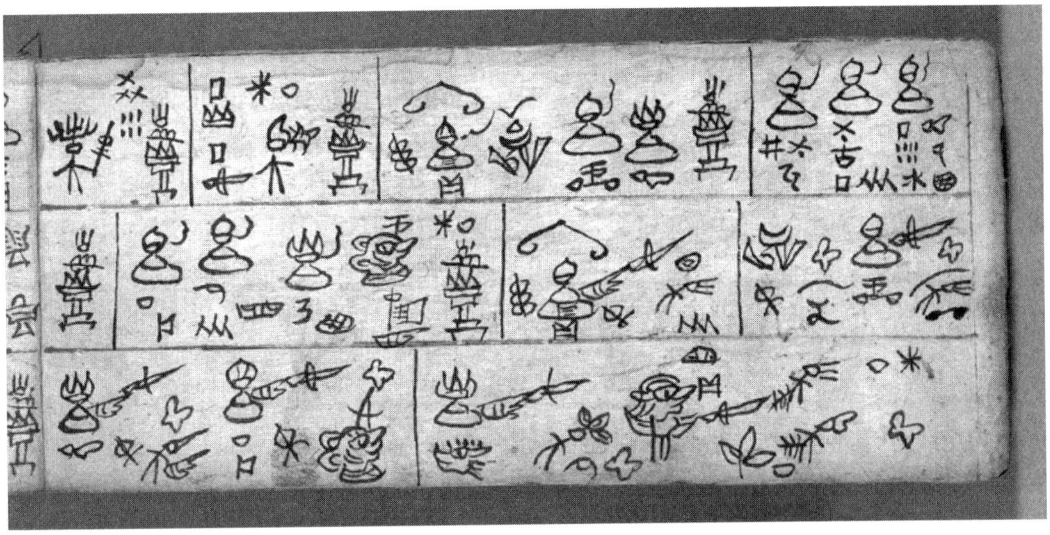

be^{21} mu^{21} sɿ^{21} ɕi^{33} tʂhuɑ^{55} tshər^{21} tʂhu^{55} pɑ^{33} be^{33}, | to^{21} mi^{55} to^{21} dɑ^{33} he^{21} mi^{55} zi^{33} me^{33}
本神 兵 三 百 六十 供养 做 朵命朵岛 神 女 漂亮 的

ty̩^{33} ty̩^{21} kɯ^{33} kɯ^{21} tʂhu^{55} pɑ^{33} be^{33}, | tɕy^{55} tʂhu^{21} mɯ^{33} gə^{33} sɑ^{21} i^{33} uə^{33} de^{33}、i^{33} gy̩^{21} o^{33}
千 千 万 万 供养 做 最早 天 的 刹依威德 依古阿格

kə^{21}、he^{21} dɯ^{21} o^{33} phər^{21}、to^{33} bɑ^{21} ʂər^{55} lər^{33} tʂhu^{55} pɑ^{33} be^{33}, | gu^{33} lɑ^{21} kə^{55} by̩^{33}、
恒迪窝盘 东巴什罗 供养 做 巩劳构补

lɑ^{21} tʂhɿ^{33} to^{21} mi^{55}、to^{21} uɑ^{33}① i^{21} ʂɿ^{55} dʑi^{33} mu^{33} tʂhu^{55} pɑ^{33} be^{33}, | he^{21} i^{33} kɯ^{21} khu^{55}、
劳蚩铎命 朵瓦益世金姆女神 供养 做 恒依格空

mə^{55} mi^{33} pɑ^{33} lo^{33}、se^{55} se^{33} khə^{33} dʑiə^{21}、phy̩^{33} lɑ^{21} gɑ^{33} lɑ^{21} ty̩^{33} ty̩^{21} kɯ^{33} kɯ^{21} tʂhu^{55} pɑ^{33}
冒米巴拉 胜生柯久 大神 战神 千 千 万 万 供养

be^{33}. | tɕy^{55} tʂhu^{21} sɑ^{21} ɪ^{33} uə^{33} de^{33} mɯ^{33} nɯ^{33} zɑ^{21}, mi^{33} mɑ^{21} se^{21} de^{55} sy^{55}. | i^{33} gy̩^{21} o^{33}
做 最早 刹依威德 天 以 降 米麻沈登 杀 依古窝格

kə^{21} zɑ^{21}, i^{33} gy̩^{21} ti^{33} nɑ^{55} sy^{55}. he^{21} dɯ^{21} o^{33} phər^{21} zɑ^{21}, tshɿ^{21} dɯ^{21} o^{33} nɑ^{21} sy^{55}.to^{33} pɑ^{21}
降 依古丁纳 杀 恒迪窝盘 降 此迪窝拿 杀 东巴

ʂər^{55} lər^{33} zɑ^{21}, dy̩^{21} zo^{33} tɕhiɑ^{55} pɑ^{33} lɑ^{33} lɯ^{55} sy^{55}. he^{21} i^{33} kɯ^{21} khu^{55} zɑ^{21},tər^{21} tshɿ^{21} lɑ^{33}
什罗 降 毒若巧巴拉利 杀 恒依格空 降 呆鬼 佬鬼

tshɿ^{21} sy^{55}. | i^{21} ʂɿ^{55} bu^{33} dzo^{33} zɑ^{21}, mə^{33} by̩^{33} khu^{55} ly̩^{33} sy^{55}. pɑ^{33} uə^{33} iə^{33} mɑ^{21} zɑ^{21}, gy̩^{33}
杀 伊世补佐 降 牟补库卢 杀 巴乌优麻神 降

① uɑ^{33}，此处有笔误，应写为“五”而写为“七”，校读为“五”。

bɯ^{33} zɿ^{21} tshɿ^{21} ty̩^{33} ty̩^{21} kɯ^{33} kɯ^{21} sy^{55}, mɯ^{33} lɯ^{55} sɿ^{21} tshɿ^{21} ty̩^{33} ty̩^{21} kɯ^{33} kɯ^{21} sy^{55}.
世仇鬼 千 千 万 万 杀 美利术鬼 千 千 万 万 杀

供养三百六十个本神兵将，供养千千万万个漂亮的朵命朵岛女神，供养最早的刹依威德大神、依古阿格大神、恒迪窝盘大神和东巴什罗，供养巩劳构补大神、劳蚩构补大神、劳蚩铎命大神和朵瓦益世金姆女神，供养恒依格空大神、冒米巴拉大神和胜生柯久大神，供养千千万万的大神和战神。

最早产生的刹依威德大神降临杀死米麻沈登鬼王。依古窝格大神降临杀死依古丁纳鬼王。恒迪窝盘大神降临杀死此迪窝拿鬼王。东巴什罗降临杀死毒若巧巴拉利。恒依格空降临杀死呆鬼和佬鬼。伊世补佐降临杀死牟补库卢。巴乌优麻战神降临，杀死千千万万的世仇鬼，杀死千千万万的美利术鬼。

399-D-53-22

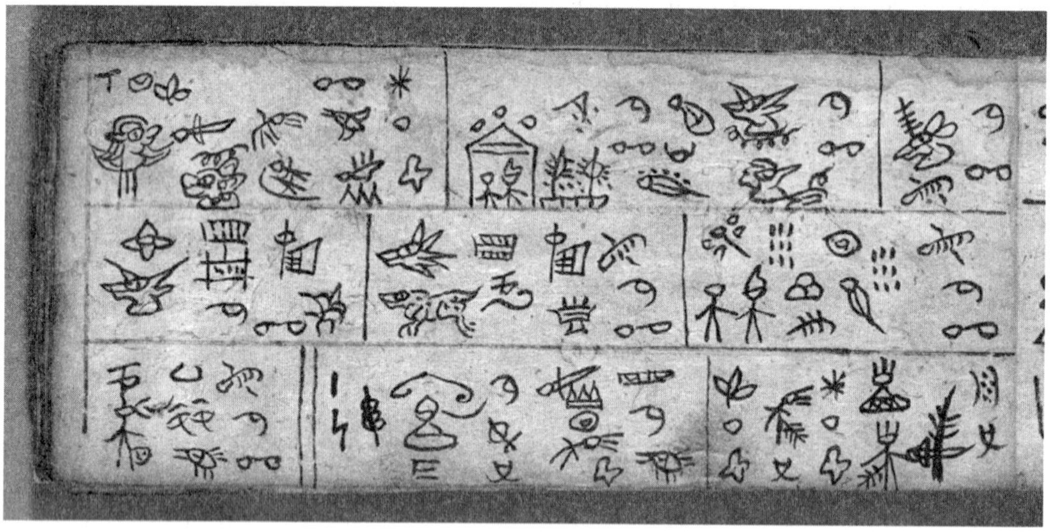

tso^{33} ti^{33} iə^{33} mɑ^{21} zɑ^{21}, zɿ^{21} tsɿ^{21} mu^{21} le^{33} sy^{55}, tʂhə^{55} tshɿ^{21} mi^{33} tshɿ^{21}、zə̩r^{21} tshɿ^{21} lɑ^{33}
佐体优麻神 降 仇鬼 往下 又 杀 秽鬼 火鬼 豹子 鬼 虎鬼

tshɿ^{21}、tshɿ^{33} tshɿ^{21} iə^{21} tshɿ^{21}、to^{55} tshɿ^{21} do^{21} tshɿ^{21}、dʑi^{33} tshɿ^{21} uɑ^{33} tshɿ^{21}、tɕi^{55} tshɿ^{21} tɕhi^{21}
楚鬼 尤鬼 垛鬼 铎鬼 景鬼 瓦鬼 季鬼 奇鬼

tshɿ^{21}、khu^{33} tshɿ^{21} bu^{33} tshɿ^{21} ty̩^{33} ty̩^{21} kɯ^{33} kɯ^{21} sy^{55}. | i^{33} dɑ^{13} tʂhʅ^{33} dʑi^{13} tɕər^{21} , uə^{33} ky̩^{33}
孔鬼 崩鬼 千 千 万 万 杀 主人 这 家 上 房 上

phy̩^{55} ly̩^{33} phy̩^{55} mə^{33} tʂər^{21}, dze^{33} çy^{21} huɑ^{55} khɯ^{55} be^{33} mə^{33} tʂər^{21}, çi^{33} phər^{21} fy̩^{33} be^{33}
石子 撒 不 让 麦 红 锈病 放 做 不 让 稻 白 疯长 做

lɯ^{33} mə^{33} tʂər^{21},uɑ^{21} tshi^{21} tʂʅ^{55} ly̩^{33} khɯ^{55} mə^{33} tʂər^{21},by̩^{33} phər^{21} n̩iə^{55} tʂə^{33} khɯ^{55}、æ^{21} tɕər^{21}
来 不 让 阴水 泥石流 放 不 让 绵羊 白 粘草 放 鸡 上

sɑ^{33} no^{21} khɯ^{55} mə^{33} tʂər^{21}; | khy̩^{55} khy̩^{33} zɿ^{33} khy̩^{33} lɯ^{33} mə^{33} tʂər^{21}; nɯ^{21} khy̩^{33} uɑ^{21}
麻 乱 放 不 让 岁 偷 寿 偷 来 不 让 生儿 偷 育女

khv̩^{33}、hɯ^{21} khv̩^{33} dzæ^{33} khv̩^{33}、gɑ^{33} khv̩^{33} zi^{33} khɯ^{33} lɯ^{33} mə^{33} tʂər^{21}.| py^{21} tso^{33} phɑ^{21}
偷 富 偷 强 偷 胜 偷 漂亮 偷 来 不 让 祭祀 用具 占卜

tso^{33}、gɑ^{33} tso^{33} u^{21} tso^{33} khv̩^{33} mə^{33} tʂər^{21}.| huɑ^{21} zo^{33} gv̩^{33} kv̩^{55}、huɑ^{21} mi^{55} gv̩^{33} kv̩^{55}、
用具 常胜 器具 善射 器具 偷 不 让 华神 儿子 九 个 华神 女儿 九 个

huɑ^{21} lv̩^{33} gv̩^{33} lv̩^{55}、huɑ^{21} kə^{55} gv̩^{33} kə^{55}、huɑ^{21} mɑ^{21} gv̩^{33} lv̩^{55}、huɑ^{21} dʑi^{21} gv̩^{33} huɑ^{21}
华神 石 九 颗 华神 树枝 九 枝 华神 酥油 九 饼 华神 水 九 条

khv̩^{33} mə^{33} tʂər^{21}, kv̩^{33} phər^{21} dzæ^{33} ʂʅ^{21}、zʅ^{33} ʂər^{21} hɑ^{55} i^{33}、phv̩^{33} do^{21} lɯ^{55} do^{21} khv̩^{33}
偷 不 让 头 白 齿 黄 寿 长 日 有 祖 见 孙 见 偷

mə^{33} tʂər^{21}.| dɯ^{33} tʂhər^{55}, tɕy^{55} tʂhu^{21} mɯ^{33} gə^{33} sɑ^{21} i^{33} uə^{33} de^{33} mə^{33} zɑ^{21} me^{33},mi^{33} mɑ^{21}
不 让 一 代 最早 天 的 刹依威德 不 降 是 米麻沈登

se^{21} de^{55} le^{33} sy^{55} lo^{21} mə^{33} lɯ^{33},| gv̩^{33} bɯ^{33} zʅ^{21} sy^{55} bɯ^{33} me^{33}, mɯ^{33} lɯ^{55} sʅ^{21} tshʅ^{21} tv̩^{33}
又 杀 能 不 来 世仇 杀 要 是 美利术 鬼 千

tv̩^{21} kɯ^{33} kɯ^{21} sy^{55} hɯ^{33} me^{33}, mi^{33} mɑ^{21} se^{21} de^{55} sy^{55} bɯ^{33} me^{33},sʅ^{21} dzər^{21} nɑ^{21} mu^{21} le^{33}
千 万 万 杀 要 是 米麻沈登 杀 要 是 术 树 黑 往下 又

tshe^{55} bɯ^{33} me^{33},
砍 要 是

佐体优麻战神降临下来，杀死了仇鬼，杀死千千万万的秽鬼和火鬼、豹子鬼和老虎鬼、楚鬼和尤鬼、垛鬼和铎鬼、景鬼和瓦鬼、季鬼和奇鬼、孔鬼和崩鬼。不让这些鬼对这一主人家，房上撒鬼石，红麦生锈病，稻谷疯长不抽穗，阴水造成泥石流，绵羊身上粘满粘草，鸡脚上缠绕乱麻团。不让鬼偷去主人的岁和寿、偷去生儿和育女的福分，偷去富裕和强盛，偷走常胜和美丽的福分。不让鬼偷走祭祀和占卜的用具，不让鬼偷走使主人常胜和善射的器物。不让鬼偷走主人家的九个华神男儿和九个华神女儿，偷走九颗华神神石、九枝华神树枝、九饼华神圣油和九条华神河。不让鬼偷走主人活到发白齿黄、延年益寿、四世同堂的福分。

有这么一个时代，最早的天的刹依威德不降到人间，就不可能杀死米麻沈登，要杀掉世仇，杀掉千千万万的美利术主的鬼，杀掉米麻沈登，砍掉美利术主鬼的黑树，（就要有利刀）。

399-D-53-23

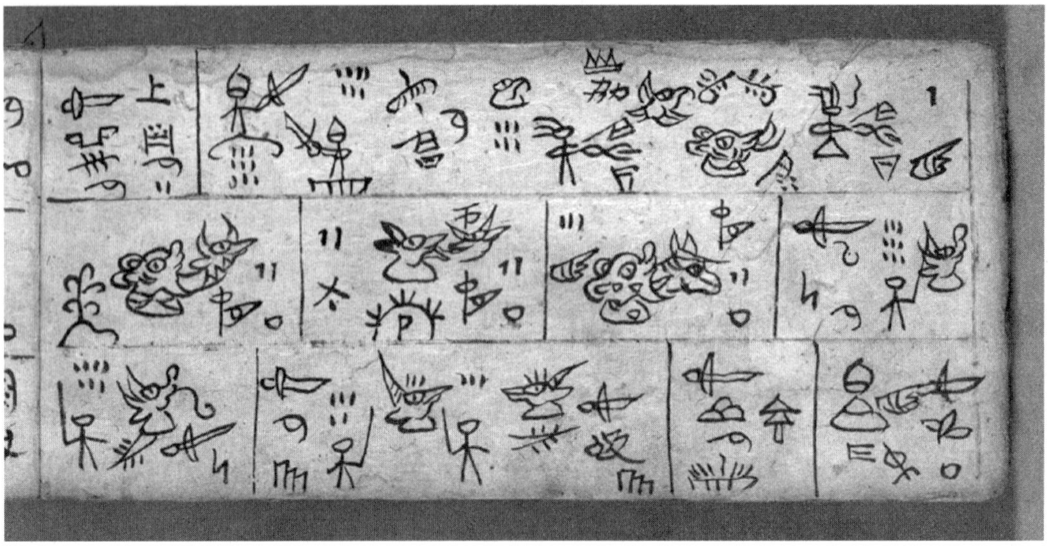

dɑ^{21} thy̩^{33} dɑ^{21} pɯ^{55} ky̩^{33} mə^{33} sɿ^{33}, dɑ^{21} dzo^{21} ʂə^{55} mə^{33} ȵi^{21}. | dɑ^{21} i^{33} mɯ^{33} zɿ^{33} gy̩^{55} zɿ^{33}

刀 产生 刀 来历 处 不 知 刀 故事 说 不 要 自生铁 是 天 之 九 兄弟

nɯ^{33}, mɯ^{33} nɯ^{33} lɯ^{33} ȵiə^{21} ku^{55}. dy^{21} zɿ^{33} ʂər^{33} zɿ^{33} zo^{33} nɯ^{33} y^{21}.dɑ^{21} le^{33} ty^{33} mə^{33} ky̩^{55},

以 天 由 地 上 丢 地 之 七 兄弟 男子 以 拿 刀 又 打 不 会

gɑ^{33} uə^{33} lɑ^{21} duɑ^{33} me^{33} nɯ^{33} ty^{33}, mi^{33} bɑ^{21} uə^{13} dzi^{21} be^{33}, ky̩^{55} dy̩^{21} mɯ^{33} gy̩^{33} lɑ^{33} bɑ^{21}

嘎乌劳端 者 以 打 火 花 鹰 飞 做 风箱 打雷 虎 叫

be^{33}. gɑ^{33} uə^{33} lɑ^{21} duɑ^{33} dɑ^{21} ty^{33} dɯ^{33} lɑ^{55} nɯ^{21}, ŋy̩^{33} ly̩^{33} lɯ^{21} tʂhɿ^{55} ɯ^{33}, bə^{33} dɯ^{21} lɑ^{33}

做 嘎乌劳端 刀 打 一 打 以 雪山 杉林带 掌 大 虎

ɕy^{21} nɯ^{33} ɯ^{33} ɕy^{21} do^{55} me^{33} the^{55} ȵi^{21} gy̩^{33}; | ȵi^{33} lɑ^{55} nɯ^{21} me^{33} ko^{21} ky̩^{33} phɑ^{21} nɯ^{33}

红 以 牛 红 吞食 的 一样 像 两 打 以 是 高原 处 狼 以

by̩^{33} phər^{21} do^{55} me^{33} the^{55} ȵi^{21} gy̩^{33}; | sɿ^{55} lɑ^{55} nɯ^{21} me^{33} ʐər^{21} nɯ^{33} ʐuɑ^{33} do^{55} the^{55}

绵羊 白 吞食 的 一样 像 三 打 以 是 豹 以 马 吞食 一样

ȵi^{21} gy̩^{33}. | dɑ^{21} tʂhər^{33} khɯ^{55} mə^{33} ky̩^{55}, gy̩^{33} lu^{21} ly̩^{21} dy^{55} tʂər^{21}, ʂər^{33} lu^{21} ly̩^{21} pɑ^{55}

像 刀 淬火 不 会 九 男子 龙 撵 派 七 男子 龙 要道

dzɿ^{21}. ly̩^{21} dy^{55} ly̩^{21} le^{33} mæ^{33}, gæ^{21} tʂhər^{33} ly̩^{21} sæ^{33} me^{33} nɯ^{33} khɯ^{55}. | gæ^{21} kuɑ^{55} tsɿ^{55}

守 龙 撵 龙 又 得 刀 淬火 龙 血 者 以 放 刀 把 安

mə^{33} ky̩^{55}, uɑ^{33} lu^{21} se^{21} me^{33} khuɑ^{33} tɕi^{21} le^{33} dy^{55} tʂər^{21}, sɿ^{21} lu^{21} se^{21} pɑ^{55} dzɿ^{21}, se^{21}

不 会 五 男子 独角兽 又 撵 派 三 男子 岩羊 要道 守 岩羊

dy^{55} se^{21} le^{33} mæ^{33},se^{21}me^{33} khuɑ^{33} tɕi^{21} khuɑ^{33} nɯ^{33} gæ^{21} kuɑ^{55} tsɿ^{55}. | gæ^{21} sɿ^{33} ly̩^{33} mə^{33}

撵 岩羊 又 得 独角兽 角 以 刀 把 安 刀 磨 石 没有

dʑy^{33},dy^{21} gə^{33} ʐər^{33} lṿ^{33} dɯ^{21} nɯ^{33} sɿ^{33}, gæ^{21} sɿ^{33} gæ^{21} thɑ^{55} se^{21}. | sɑ^{21} i^{33} uə^{33} de^{33} gæ^{21}
地 的江边 石 大 以 磨 刀 磨刀 利 了 刹依威德 刀

thɑ^{55} pu^{55} le^{33} zɑ^{21}, gṿ^{33} bɯ^{33} zɿ^{21} le^{33} sy^{55}.
利 带又 降 世仇 又 杀

不知道刀的出处来历，就不要讲刀的故事。自生铁是由天之九兄弟从天抛到大地上。由地之七兄弟拿到自生铁，但不会打成刀。由匠人嘎乌劳端锻打刀子。打铁之火花似鹰飞，风箱声似打雷似虎啸。嘎乌劳端打一锤，似雪山杉林带的巨掌赤虎扑食红牛；打两锤，似高原上的狼扑食白绵羊；打三锤，像豹子扑食马。刀子已打好但不会淬火。派九个男子去撵龙，七个男子守住要道，撵到龙就用龙血淬火。有刀无刀把，就叫五个男子去撵独角岩羊，三个男子守要道，获得独角岩羊，用其角安刀把。有刀无磨石，用大地上江边的大石磨刀子，铁刀磨利了。

刹依威德手持利刀从天降，杀了世仇，

399-D-53-24

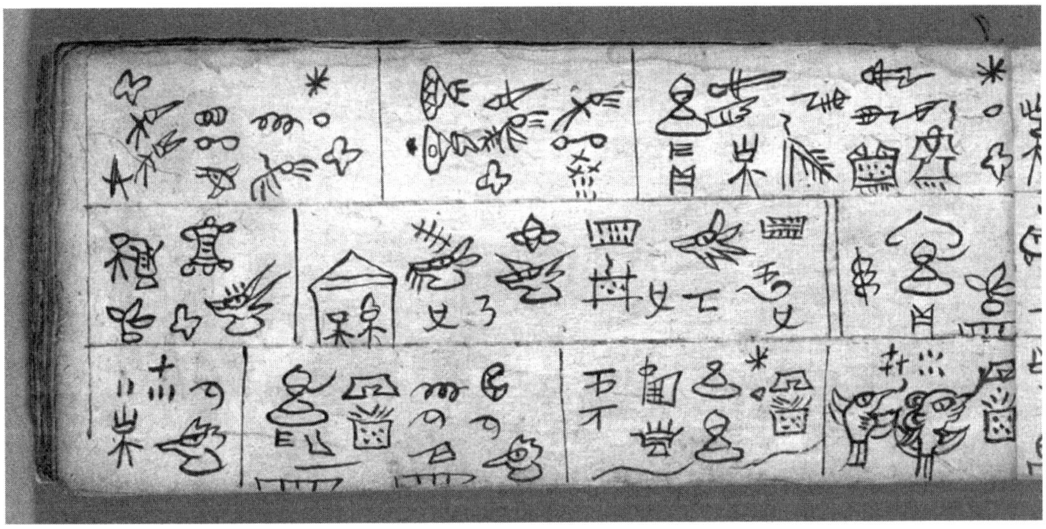

tər^{21} tshɿ^{21} lɑ^{33} tshɿ^{21}、dṿ^{21} tshɿ^{21} tse^{21} tshɿ^{21}、dʑi^{33} tshɿ^{21} uɑ^{33} tshɿ^{21}、tɕi^{55} tshɿ^{21} tɕhi^{21} tshɿ^{21}、
呆鬼 佬鬼 毒鬼 仄鬼 景鬼 瓦鬼 季鬼 奇鬼

ʈʂhə^{55} tshɿ^{21} mi^{33} tshɿ^{21}、tshɿ^{33} tshɿ^{21} iə^{21} tshɿ^{21} tṿ^{33} tṿ^{21} kɯ^{33} kɯ^{21} mu^{21} le^{33} sy^{55}, | mi^{33}
秽鬼 火鬼 楚鬼 尤鬼 千 千 万 万 往下 又 杀

mɑ^{21} se^{21} de^{55}、kɯ^{33} zɑ^{21} nɑ^{21} mu^{33}、mɯ^{33} lɯ^{55} sɿ^{21} dzɿ^{33} sy^{55}, tshɿ^{21} uɑ^{33} sɿ^{21} ɕi^{33} ʈʂhuɑ^{55}
米麻沈登 庚饶拿姆 美利术主 杀 鬼 类 三 百 六十

tshər^{21} mu^{21} le^{33} sy^{55}. | sɑ^{21} i^{33} uə^{33} de^{33} nɯ^{33}, tshɿ^{21} dzər^{21} nɑ^{21} me^{33} mu^{21} le^{33} tshe^{55}, tshɿ^{21}
往下 又 杀 刹依威德 以 鬼 树 黑 的 往下 又 砍 鬼

gə^{33} ly^{33} thɑ^{55}、gæ^{21} thɑ^{55}、lɯ^{33} sɿ^{33}、khuɑ^{55} gæ^{21} tṿ^{33} tṿ^{21} kɯ^{33} kɯ^{21} tɕhər^{33},tṿ^{33} tṿ^{21} kɯ^{33}
的 矛 利 刀 利 箭 铠甲 千 千 万 万 折 千 千 万

kɯ^{21} tshʅ^{21} le^{33} sy^{55}. gv̩^{33} bɯ^{33} zʅ^{21} sy^{55} se^{33} thɯ^{33} kho^{33} tho^{13},| i^{33} dɑ^{13} tʂhʅ^{33} dɯ^{33} ʥi^{13},
万 鬼 又 杀 世仇 杀 了 这 之后 主人 这 一 家

khv̩^{55} me^{55} zʅ^{33} me^{55} le^{33} dɯ^{33} se^{21}, nɯ^{21} me^{55} uɑ^{21} me^{55} le^{33} dɯ^{33} se^{21}, hɯ^{21} me^{55} dzæ^{33}
岁 求 寿 求 又 得 了 生儿 求 育女 求 又 得 了 富 求 强

me^{55} le^{33} dɯ^{33} se^{21} , py^{21} tso^{33} phɑ^{21} tso^{33} me^{55} lɑ^{33} le^{33} dɯ^{33} se^{21}.| tɕy^{55} tʂhu^{21} mɯ^{33} gə^{33}
求 又 得 了 祭祀 用具 占卜 用具 求 也 又 得 了 最早 天 的

sɑ^{21} i^{33} uə^{33} de^{33} i^{33},gv̩^{33} bɯ^{33} zʅ^{21} dy^{21}、ȵi^{55} tshʅ^{21} tshe^{21} sʅ^{55} dy^{21} i^{33} mə^{33} æ^{21} be^{33},| sɑ^{21}
刹依威德 是 世仇 地 失败 鬼 十 三 地 是 不 羁留 地

i^{33} uə^{33} de^{33} gə^{21} le^{33} sʅ^{33}, mə^{33} tʂhə^{55} mə^{33} ʂu^{21} ʥy^{33} me^{33} dy^{21} mə^{33} æ^{21} gə^{21} le^{33} si^{33}.|
刹依威德 往上 又 领 不 干 不 净 有 的 地 不 羁留 往上 又 领

phər^{21} sæ^{21} gɑ^{33} u^{21} o^{55} he^{21} tv̩^{33} tv̩^{21} kɯ^{33} kɯ^{21} ge^{21} le^{33} sʅ^{33},| tuɑ^{33} kə^{21} iə^{33} mɑ^{21}
盘神 禅神 嘎神 吾神 沃神 恒神 千 千 万 万 往上 又 领 端格神 优麻神

sʅ^{21} ɕi^{33} tʂhuɑ^{55} tshər^{21} gə^{21} le^{33} sʅ^{33}.
三 百 六十 往上 又 领

杀死千千万万的呆鬼和佬鬼、毒鬼和仄鬼、景鬼和瓦鬼、季鬼和奇鬼、秽鬼和火鬼、楚鬼和尤鬼，杀死米麻沈登鬼王及其妻庚饶拿姆，杀死美利术主鬼王，杀了三百六十种鬼类。刹依威德砍断了千千万万的利矛利刀利箭及铠甲，杀掉千千万万的鬼。

杀了世仇之后，这一主人家，求岁得岁了，求寿得寿了，求生儿得生儿，求生女得生女，求富裕得富裕，求强盛得强盛，求祭祀和占卜的用具都求到了。

最早出世的天的刹依威德不羁留在世仇的地界里，不羁留在十三个只有失败的鬼居住的地界里又回到上方，不羁留在不干不净的鬼域里又回到上方。把千千万万的盘神和禅神、嘎神和吾神、沃神和恒神又领到上方，把三百六十个端格战神和优麻战神领回上方。

399-D-53-25

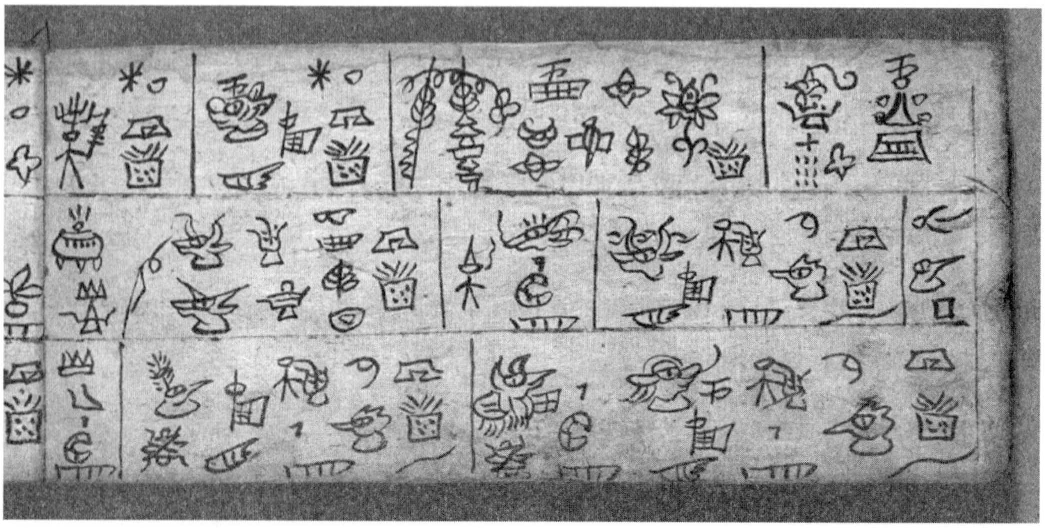

be^{21} mu^{21} tv̩^{33} tv̩^{21} kɯ^{33} kɯ^{21} gə^{21} le^{33} sɿ^{33}. | phv̩^{33} lɑ^{21} gɑ^{33} lɑ^{21} tv̩^{33} tv̩^{21} kɯ^{33} kɯ^{21} gə^{21}
本神兵 千 千 万 万 往上 又 领 大神 战神 千 千 万 万 往上

le^{33} sɿ^{33}. | ɕy^{55} hər^{21} le^{33} ʥi^{21}、ɕy^{55} hər^{21} thɑ^{55} phər^{21} kv̩^{33} tər^{55} tər^{33} kv̩^{33} nɯ^{33} gə^{21} le^{33}
又 领 柏 翠 梯 柏 翠 塔 白 尖 相交 上 以 往上 又

sɿ^{33},the^{33} phər^{33} dzo^{21} phər^{21} kv̩^{33}、ŋv̩^{21} dzo^{21} hæ^{21} dzo^{21} kv̩^{33}、uɑ^{21} dzo^{21} ʈʂhu^{21} dzo^{21} kv̩^{33}、
领 布 白 桥 白 上 银 桥 金 桥 上 松石 桥 墨玉 桥 上

bɑ^{13} bɑ^{33} kv̩^{33} nɯ^{33} gə^{21} le^{33} sɿ^{33}, | ʈʂhər^{33} ɯ^{33} tshe^{21} gv̩^{33} sy^{21}、sɿ^{33} phər^{21} ʐʅ^{21} lv̩^{33} kv̩^{33}、
花 上 以 往上 又 领 药 十 九 种 毡 白 神坛 上

ɕy^{21} mi^{33}、bæ^{33} mi^{33}、ɕy^{55} dy^{21} kv̩^{33}、bər^{33} y^{21} ʐʅ^{33} hɑ^{33} ʈʂhər^{21} nɑ^{55} ɕy^{55} mɑ^{21} kv̩^{33} nɯ^{33} gə^{21}
香火 油灯 香炷 上 牦牛 绵羊 酒 饭 肥肉 瘦肉 柏 酥油 上 以 往上

le^{33} sɿ^{33}. | dv̩^{13} gə^{33} ʨhi^{21} nɑ^{21} bɑ^{21} gə^{33} dɯ^{33} dy^{21} ʥy^{33}, | ʨi^{55} gu^{33} bər^{21} gu^{33} gɑ^{33} lɑ^{21}
又 领 毒鬼 的 麂子 黑 叫 的 一 地方 有 牦牛 战神

thɯ^{33} dy^{21} mə^{33} æ^{21} gə^{21} le^{33} sɿ^{33}. | ə^{55} mu^{33} ko^{33} to^{55} khɯ^{55} ɕy^{21} ʥy^{21} me^{33} dɯ^{33} dy^{21}
这 地 不 羁留 往上 又 领 阿姆戈垛鸟 脚 红 有 的 一 地

ʥy^{33}, | hæ^{33} ʂʅ^{21} mɑ^{55} iə^{33} gɑ^{33} lɑ^{21} thɯ^{33} dy^{21} mə^{33} æ^{21} gə^{21} le^{33} sɿ^{33}. | khɯ^{33} mu^{33} kue^{21}
有 金 黄 孔雀 战神 这 地 不 羁留 往上 又 领 猎狗 项圈

ʂʅ^{21} tsɿ^{55} me^{33} dɯ^{33} dy^{21} ʥy^{33}, dv̩^{33} phər^{21} si^{33} gɯ^{33} gɑ^{33} lɑ^{21} thɯ^{33} dɯ^{33} dy^{21} mə^{33} æ^{21}
黄 安 的 一 地 有 海螺 白 狮子 战神 这 一 地 不 羁留

gə^{21} le^{33} sɿ^{33}.
往上 又 领

把千千万万个本神兵领到上方，把千千万万的大神和战神领到上方。从翠柏天梯尖与塔尖相交处领到上方，从白布神桥、银桥、金桥、松石桥、黑玉桥上领到上方，从鲜花上领到上方，从十九种药、神坛、香火、油灯、香炷上，从牦牛与绵羊、醇酒和米饭、肥肉和瘦肉、翠柏和酥油等祭品上领到上方。有一个毒鬼的黑麂子在叫的地方，不让牦牛战神羁留在鬼地又领到上方。有一个红脚的阿姆戈垛[①]鸟乱叫的地方，不让金孔雀战神羁留于此地又领到上方。有一个猎狗戴黄项圈的地方，不让白海螺色的狮子战神羁留于此地又领到上方。

① 阿姆戈垛鸟：一种鸟名，所对应的汉语名称不详。

399-D-53-26

sɿ^{13} gə^{33} fy̩^{55} dʑi^{33} æ^{21} nɑ^{21} tɕhy^{21} me^{33} dɯ^{33} dy^{21} dʑy^{33}, | dy̩^{33} phər^{21} ɕiə^{33} tɕhy^{21} thɯ^{33} dy^{21}
术 的 炭 鸡 黑 鸣 的 一 地 有 海螺 白 大鹏 这 地

mə^{33} æ^{21} gə^{21} le^{33} sɿ^{33}. | fy̩^{55} dʑi^{33} ly̩^{21} nɑ^{21} bɑ^{21} me^{33} dɯ^{33} dy^{21} dʑy^{33},uɑ^{21} hər^{21} mɯ^{33} dz̩ər^{33}
不 羁留 往上 又 领 炭 龙 黑 吼 的 一 地 有 松石 绿 青龙

gɑ^{33} lɑ^{21} thɯ^{33} dy^{21} mə^{33} æ^{21} gə^{21} le^{33} sɿ^{33}. | tshɿ^{21} gə^{33} lɑ^{33} nɑ^{21} bɑ^{21} me^{33} dɯ^{33} dy^{21} dʑy^{33},
战神 这 地 不 羁留 往上 又 领 鬼 的 虎 黑 啸 的 一 地 有

bə^{33} dɯ^{21} lɑ^{33} ɕy^{21} gɑ^{33} lɑ^{21} thɯ^{33} dy^{21} mə^{33} æ^{21} gə^{21} le^{33} sɿ^{33}. | tshɿ^{21} o^{33} sɿ^{21} ɕi^{33} tʂhuɑ^{55}
掌 大 虎 红 战神 这 地 不 羁留 往上又 领 鬼 类 三 百 六十

tshər^{21} sɑ^{21} me^{33} dɯ^{33} dy^{21} dʑy^{33}, tər^{21} ne^{21} lɑ^{33}、dy̩^{21} ne^{21} tse^{21}、tshɿ^{33} ne^{21} iə^{21}、tʂhə^{55}
散 的 一 地 有 呆鬼 和 佬鬼 毒鬼 和 仄鬼 楚鬼 和 尤鬼 秽鬼

ne^{21} mi^{33}、tɕi^{21} ne^{21} hər^{33}、gy̩^{33} bɯ^{33} zɿ^{21}、dʑi^{33} ne^{21} uɑ^{33}、tɕi^{55} ne^{21} tɕhi^{21} ty̩^{33} ty̩^{33} kɯ^{33}
和 火鬼 云鬼 和 风鬼 世仇 景鬼 和 瓦鬼 季鬼 和 奇鬼 千 千 万

kɯ^{21} dʑy^{21} me^{33} dɯ^{33} dy^{21} dʑy^{33}, sɑ^{21} i^{33} uə^{33} de^{33}、phy̩^{33} lɑ^{21} gɑ^{33} lɑ^{21}、phər^{21} ne^{21} sæ^{21}、
万 有 的 一 地 有 刹依威德 大神 战神 盘神 和 禅神

gɑ^{33} ne^{21} u^{21}、o^{55} ne^{21} he^{21}、tuɑ^{33} kə^{21} iə^{33} mɑ^{21} si^{21} ɕi^{33} tʂhuɑ^{55} tshər^{21}, be^{21} mu^{21} ty̩^{33}
嘎神 和 吾神 沃神 和 恒神 端格神 优麻神 三 百 六十 本神 兵 千

ty̩^{21} kɯ^{33} kɯ^{21} thɯ^{33} dy^{21} mə^{33} æ^{21} gə^{21} le^{33} sɿ^{33}.
千 万 万 这 地 不 羁留 往上又 领

有一个美利术主的如炭般黑的黑鸡在啼叫的地方，不让白海螺色的大鹏战神羁留在此地又领到上方。有一个美利术主鬼王的黑如炭的黑龙吼叫的地方，不让松石绿的青龙羁留在此地又领到上方。有一个鬼的黑如炭的黑虎在吼啸的地方，不让巨掌赤虎战神羁留在此地又领到上方。有一个三百六十种鬼类在到处游荡的地方，千千万万的呆鬼和佬鬼、毒鬼和仄鬼、楚鬼和尤鬼、秽鬼和火鬼、云鬼和风鬼、世仇鬼、景鬼和瓦鬼、季鬼和奇鬼到处游荡的地方，不让刹依威德大神，各种大神和战神、盘神和禅神、嘎神和吾神、沃神和恒神、三百六十位端格战神和优麻战神、千千万万个本神的兵将羁留在此地而又领到上方。

399-D-53-27

çy^{55} hər^{21} le^{33} dʑi^{21} tshe^{21} ho^{55} pɑ^{33} kv̩^{33} nɯ^{33}、çy^{55} hər^{21} thɑ^{55} phər^{21} kv̩^{33} nɯ^{33} gə^{21} le^{33}
柏 翠 梯 十 八 级 上 以 柏 翠 塔 白 上 以 往上 又

sɿ^{33}. | i^{33} dɑ^{13} tʂhʅ^{33} dʑi^{13} nɯ^{33}, lɯ^{55} kv̩^{33} py^{33} bu^{21} dy^{55}. lɯ^{55} kv̩^{33} py^{33} bu^{21} nɯ^{33},bər^{33} y^{21}
领 主人 这 家 以 举仪 会 祭司 请 举仪 会 祭司 以 牦牛 绵羊

ʐʅ^{33} hɑ^{33} tʂhər^{21} nɑ^{55} çy^{55} mɑ^{21}、çy^{21} mi^{33} bæ^{33} mi^{33} tʂhʅ^{55}, mɯ^{33} le^{33} dy^{21} ly^{55} gv̩^{33} gə^{33}
酒 饭 肥肉 瘦肉 柏 酥油 香火 油灯 点 天 与 地 之间 的

phər^{21} ne^{21} sæ^{21}、gɑ^{33} ne^{21} u^{21}、o^{55} ne^{21} he^{21} gə^{33} tʂhu^{55} pɑ^{33} be^{33}, | mɯ^{33} tɕər^{21} tshe^{21} ho^{55}
盘神 和 禅神 嘎神 和 吾神 沃神 和 恒神 的 供养 做 天 上 十 八

ty^{33} gə^{33} gu^{33} lɑ^{21} kə^{55} bv̩^{33}、lɑ^{21} tʂhʅ^{33} to^{21} mi^{55}、to^{21} uɑ^{33} i^{21} dʑi^{33} ʂʅ^{55} mu^{33} tʂhu^{55} pɑ^{33}
层 的 巩劳构补 劳蚩铎命 朵瓦益世金姆女神 供养

be^{33}. | tuɑ^{33} kə^{21} iə^{33} mɑ^{21} sɿ^{21} çi^{33} tʂhuɑ^{55} tshər^{21} tʂhu^{55} pɑ^{33} be^{33},be^{21} mu^{21} tv̩^{33} tv̩^{21} kɯ^{33}
做 端格神 优麻神 三 百 六十 供养 做 本神 兵 千 千 万

kɯ^{21} tʂhu^{55} pɑ^{33} be^{33}. | y^{21} tsi^{55} phv̩^{33} lɑ^{21} gɑ^{33} lɑ^{21} tv̩^{33} tv̩^{21} kɯ^{33} kɯ^{21} tʂhu^{55} pɑ^{33} be^{33}. |
万 供养 做 余静 大神 战神 千 千 万 万 供养 做

y^{21} tsi^{55} he^{21} dɯ^{21} lɑ^{33} mu^{33} zi^{33} me^{33} tshe^{21} ho^{55} kv̩^{33} tʂhu^{55} pɑ^{33} be^{33}. | y^{21} tsi^{55} py^{33} bu^{21}
余静 神 大 拉姆 漂亮 者 十 八 个 供养 做 余静 祭司

tỵ^{33} tỵ^{21} kɯ^{33} kɯ^{21} tʂhu^{55} pɑ^{33} be^{33}, | y^{21} tsi^{55} sɑ^{21} dɑ^{55}、to^{21} dɑ^{55}、sɑ^{21} thɑ^{55} tỵ^{33} tỵ^{21}
千 千 万 万 供养 做 余静 刹道 铎道 刹套 千 千

kɯ^{33} kɯ^{21} tʂhu^{55} pɑ^{33} be^{33}. | sɑ^{21} i^{33} uə^{33} de^{33} nɯ^{33}, i^{33} dɑ^{13} tʂhʅ^{33} dʑi^{13} tɕər^{21}, gu^{33} lu^{21} kɑ^{33}
万 万 供养 做 刹依威德 以 主人 这 家 上 保佑 庇佑

le^{21} ty^{55}.
赐

从十八级翠柏木天梯上，从插有翠柏枝的白塔上领到上方。

这一家主人，请来会举行祭仪的东巴祭司，由东巴用牦牛和绵羊、醇酒和米饭、肥肉和瘦肉、翠柏和酥油，点上香火和油灯，以供养天地之间的盘神和禅神、嘎神和吾神、沃神和恒神，供养十八层天上的巩劳构补大神、劳蚩铎命大神和朵瓦益世金姆女神，供养三百六十位端格战神和优麻战神，供养千千万万的本神的兵将。供养千千万万的余静①大神和战神，供养十八位漂亮的拉姆女神。供养千千万万的余静东巴祭司。供养千千万万的余静刹道、铎道、刹套②等精灵。刹依威德大神对这一主人家予以保福保佑。

399-D-53-28

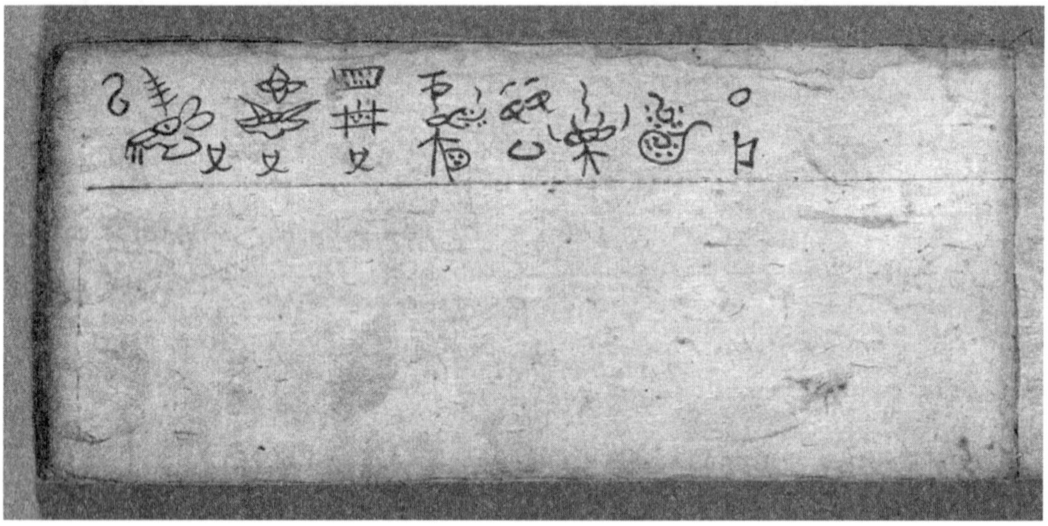

i^{33} dɑ^{13} tʂhʅ^{33} dɯ^{33} dʑi^{13}, khỵ^{55} me^{55} khỵ^{55} dɯ^{33}, zʅ^{33} me^{55} zʅ^{33} dɯ^{33}, nɯ^{21} me^{55} nɯ^{21} dɯ^{33},
主人 这 一 家 岁 求 岁 得 寿 求 寿 得 生儿 求 生儿 得

uɑ^{21} me^{55} uɑ^{21} dɯ^{33}, hɯ^{21} me^{55} hɯ^{21} dɯ^{33}, dẓæ^{33} me^{55} dẓæ^{33} dɯ^{33}, kỵ^{33} phər^{21} dzæ^{33} ʂʅ^{21},
育女 求 育女 得 富 求 富 得 强 求 强 得 发 白 齿 黄

zʅ^{33} ʂər^{21} hɑ^{55} i^{33}, phỵ^{33} do^{21} lɯ^{55} do^{21}、kho^{33} y^{21} he^{33} hɯ^{21}、dʑi^{21} i^{33} dər^{33} ʂər^{55} gỵ^{33} be^{33}
寿 长 日 有 祖 见 孙 见 声 轻 神 安 水 流 塘 满 成 地

① 余静：音译，其义不详，在神及东巴名前冠以“余静”这种说法在东巴经中很少见，译文中略去，存疑。
② 刹套：音译名词，这种说法很少见，原文如是。存疑。

ho^{55}.
愿

愿这一主人家，求岁得岁，求寿得寿，求生儿得生儿，求育女得育女，求富强得富强，人活到发白齿黄延年益寿，四世同堂，耳闻佳音神魂宁，活水长流水塘满。

399-D-53-29

封底

（释读、翻译：王世英）

384-D-54-01

zɿ^{33} tʂu^{55} py^{21} • sɿ^{21} thɑ^{55} tshɿ^{55} • nɑ^{33} tsɑ^{21}

tshɿ^{55} the^{33} ɯ^{33} mu^{33} me^{55}(mæ^{55} tʂu^{55})

延寿仪式·建署塔·建纳召（末卷）

384–D–54 延寿仪式·建署塔·建纳召（末卷）

【内容提要】

远古时候的尼胜知盘补（n̥i se dz̨ər phər bv̩）和古生土蚩（gv̩ se thv̩ tʂhɿ̨）都建纳召，供养神灵，便能生儿育女。

古籍叙述美利董主（mɯ lɯ du dzɿ）、雄支各补（ɕiə dzɿ̨ ko bv̩）、尤拉丁端（iə la di dua）、崇忍利恩（tsho ze lɯ ɯ）、斯巴金补（sɿ pa dʑi bv̩）、高勒高趣（ka le ka tshy）等历代先祖都请东巴祭司祭祀各种神灵，通过十八级天梯，请各种神灵把神山、神树、神海、神石的长寿系于他们之身，历代先祖皆获得长寿。其后辈亦遵先祖所为求得长寿。

古籍又讲述这些历代先祖都造各种塔和纳召，把各自的仇敌压下去，都能生儿育女、延年益寿。

现在举行祭仪的这一主人家，亦仿历代先祖、建塔、建纳召，供养神灵，以求长寿！

【英文提要】

Life Prolonging Ritual, Building *ʂv̩* Pagoda,

Building *na tsa* (the Exorcising Altar) (the Last Volume)

In the remote antiquity, both ***n̥i se dz̨ər phər bv*** and ***gv̩ se thv̩ tʂhɿ̨*** built ***na tsa*** to sacrifice gods for posterity.

The book describes that ancestors in all ages, such as ***mɯ lɯ du dzɿ***, ***ɕiə dzɿ̨ ko bv̩***, ***iə la di dua***, ***tsho ze lɯ ɯ***, ***sɿ pa dʑi bv̩*** and ***ka le ka tshy***, asked ***to bạ***priests to sacrifice all gods for bestowing sacred mountains, sacred trees, sacred seas and sacred stones on themselves, though eighteen levels' ladder, in order to obtain longevity. Thus, the offspring followed the same way for longevity.

The book also describes that all ancestors built pagodas and ***na tsa***, which could suppress their enemies. This would bless these ancestors with posterity and longevity.

The family just under ritual also emulated the ancestor's deed, built pagodas and ***na tsạ***to worship gods for longevity.

384-D-54-02

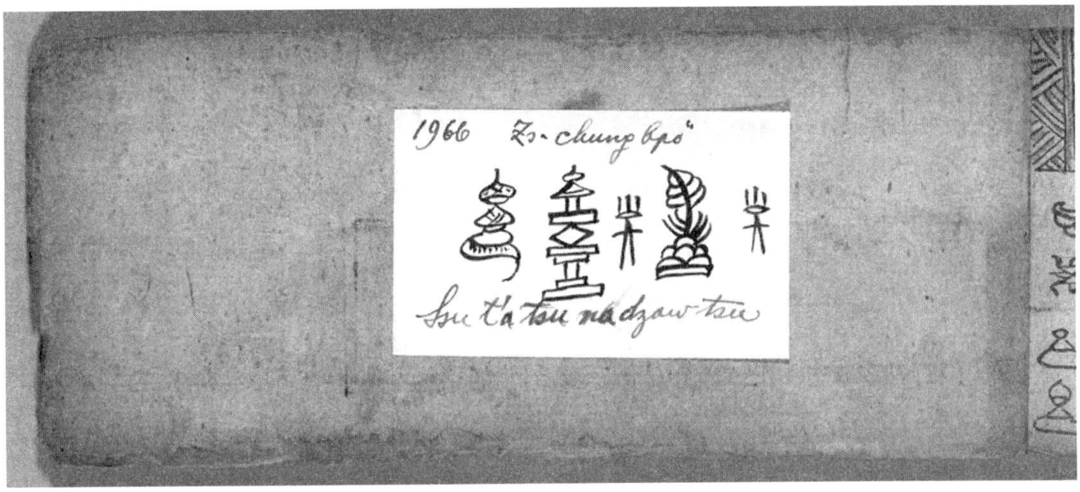

“1966”为洛克在收集此书时自己藏书之编号。之后用他自己创制的音标记录了此经书用于“延寿仪式”中。五个东巴字符，记录了本书封面一的读法，即书名。下行即用音标记下要读为 sɿ^{21} thɑ^{55} tshɿ^{55} ·nɑ^{33} tsɑ^{21} tshɿ^{55}。

384-D-54-03

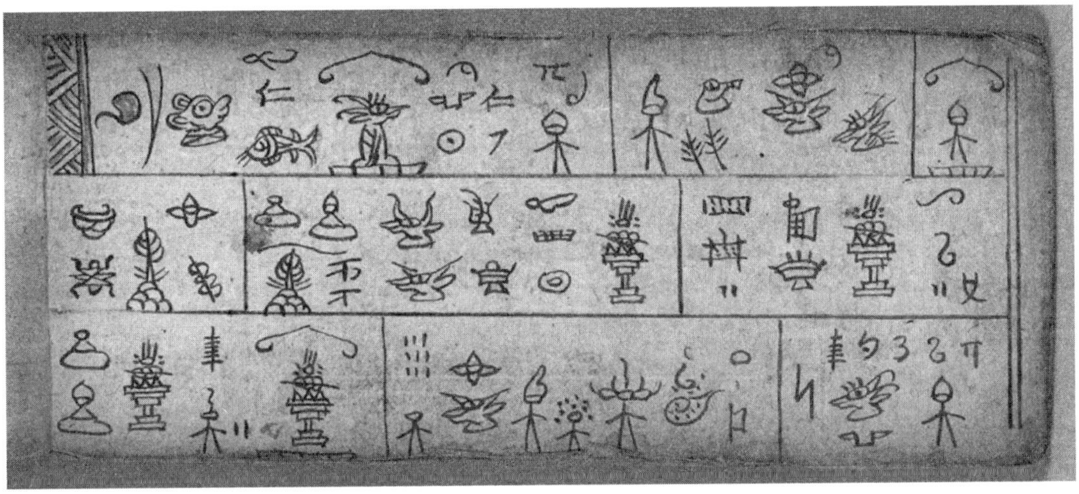

ə^{33} lɑ^{33} mə^{33} ʂər^{55} ȵi^{33}, mɯ^{33} gə^{33} ȵi^{33} se^{55} dʐər^{33} phər^{21} by̩^{33} thy̩^{33} tʂhɿ^{33} zɿ^{33}, (mə^{33}、
远古的时候 天 的 尼胜知盘补 出世 那 时代

thy̩^{33} ȵi^{33} mə^{33} ky̩^{55})①, | ȵi^{33} tʂuɑ^{33} kə^{33} mu^{33} thy̩^{33} tʂhɿ^{33} zɿ^{33}, ȵi^{33} tʂuɑ^{33} kə^{33} mu^{33}
尼爪勾姆 出世 这 时代 尼爪勾姆

tʂhɿ^{33}, bi^{33} huɑ^{55} by̩^{21} nɯ^{33} mə^{33} nɯ^{21} mə^{33} uɑ^{21} se^{13}, | ȵi^{33} se^{55} dʐər^{33} phər^{21} by̩^{33}, ŋy̩^{33}
她 林 棚 底 以 不 生儿 不 育女 了 尼胜知盘补 银

hæ^{21} uɑ^{33} tʂhu^{21} gə^{33}, ɕy^{55} hər^{21} nɑ^{33} tsɑ^{21} tshɿ^{55}. | he^{13} gə^{33} nɑ^{33} tsɑ^{21} ky̩^{33}, phər^{21} sæ^{21}
金 松石 墨玉 的 柏 翠 纳召 建 神 的 纳召 上 盘神 禅神

① 这五个东巴字无法成句。

gɑ^{33} u^{21} o^{55} he^{21} tʂhu^{55} pɑ^{33} be^{33}, bər^{33} y^{21} zʅ^{33} hɑ^{33} tʂhər^{21} nɑ^{55} ɕy^{55} mɑ^{21} tʂhu^{55} pɑ^{33}
嘎神 吾神 沃神 恒神 供养 做 牦牛 绵羊 酒 饭 肥肉 瘦肉 柏 酥油 供养

be^{33}.｜hɯ^{21} dʑæ^{33} n̥i^{33} me^{33} gɑ^{33} u^{21} tʂhu^{55} pɑ^{33} be^{33}.gu^{33} lu^{21} kɑ^{33} le^{21} n̥i^{33} me^{33},o^{55} he^{21}
做 富 强 要 者 嘎神 吾神 供养 做 保福 庇佑 要 者 沃神 恒神

tʂhu^{55} pɑ^{33} be^{33}. zʅ^{33} ʂər^{21} hɑ^{55} i^{33} n̥i^{33} me^{33}, mɯ^{33} dy^{21} tʂhu^{55} pɑ^{33} be^{33}.｜n̥i^{33} se^{55} dzər^{33}
供养 做 寿 长 日 有 要 者 天 地 供养 做 尼胜知盘补

phər^{21} by̩^{33},mɯ^{33} zʅ^{33}gy̩^{55} zʅ^{33} i^{33}. le^{33} nɯ^{21} le^{33} uɑ^{21}、mi^{33} hæ^{21} tsho^{21} dzʅ^{33}, kho^{33} y^{21} he^{33}
天 子 九 子有 又 生儿 又 育女 妻 娶 人 增 声 轻魂

hɯ^{21}, dʑi^{21} i^{33} dər^{33} ʂər^{55} gy̩^{33} be^{33} ho^{55}.｜dɯ^{33} tʂhər^{55} dɯ^{33} zʅ^{33} le^{33} gy̩^{33} n̥iə^{13}, gy̩^{33} se^{33}
宁 水 流 塘 满 成 地 愿 一 辈 一 时代 又 到 时 古生土蚩

thy̩^{33} tʂhʅ^{33}

远古的时候，天的尼胜知盘补和尼爪构姆出世的那时代，尼爪构姆在森林的木棚里不能生儿育女，尼胜知盘补用金银松石墨玉建造了纳召。用牦牛和绵羊、醇酒和米饭、肥肉和瘦肉、翠柏和酥油，供养纳召上的盘神和禅神、嘎神和吾神、沃神和恒神。要求得富裕和强盛就供养嘎神和吾神。要得到福泽和庇佑就供养沃神和恒神。要延年益寿就供养天和地。尼胜知盘补就有了天的九兄弟。愿从此又生儿育女，娶妻增家丁，佳音传耳心神宁，活水长流塘满盈。

又一个时代，古生土蚩

384-D-54-04

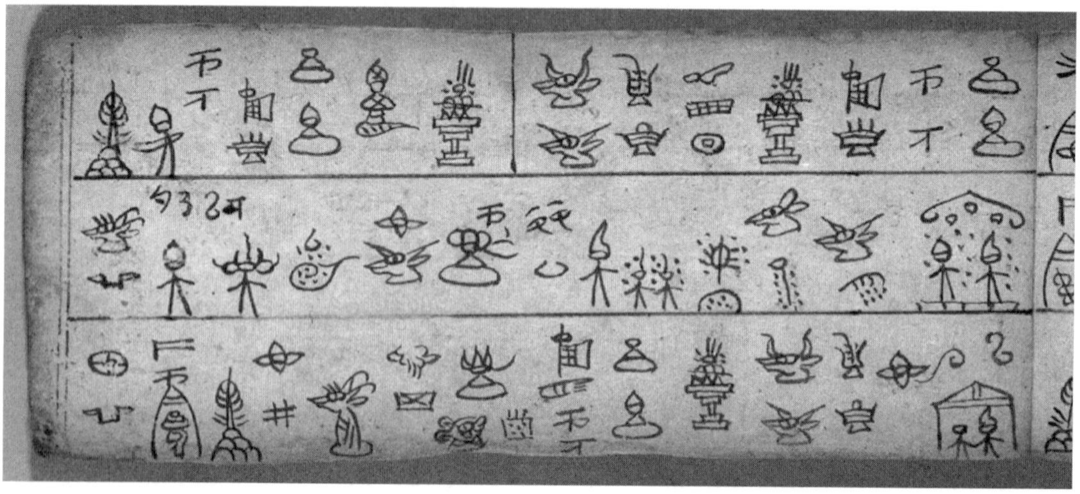

ɕy^{55} hər^{21} nɑ^{33} tsɑ^{21} tshʅ^{55}, phər^{21} ne^{21} sæ^{21}、gɑ^{33} ne^{21} u^{21}、o^{55} ne^{21} he^{21} 、sʅ^{21} tʂhʅ^{33} uɑ^{21} me^{33}
柏 翠 纳召 建 盘神 和 禅神 嘎神 和 吾神 沃神 和 恒神 署 所有 的

tʂhu^{55} pɑ^{33} be^{33},｜bər^{33} y^{21} zʅ^{33} hɑ^{33} tʂhʅ^{21} nɑ^{55} ɕy^{55} mɑ^{21} nɯ^{33}, gɑ^{33} ne^{21} u^{21}、phər^{21} ne^{21}
供养 做 牦牛 绵羊 酒 饭 肥肉 瘦肉 柏 酥油 以 嘎神 和 吾神 盘神 和

sæ^{21}、o^{55} ne^{21} he^{21} i^{33} ʈʂhu^{55} pɑ^{33} be^{33}. gv̩^{33} se^{33} thv̩^{33} ʈʂhʅ^{33} kho^{33} y^{21} he^{33} hɯ^{21}, ʥi^{21} i^{33}
禅神 沃神 和 恒神 的 供养 供 古生土蚩 声 轻 魂 安 水 流

dər^{33} ʂər^{55}, nɯ^{21} nɯ^{21} uɑ^{21}, kv̩^{33}phər^{21} dzæ^{33} ʂʅ^{21},phv̩^{33} do^{21} lɯ^{55} do^{21},mi^{33} hæ^{21} tsho^{21} dzʅ^{33},
塘 满 生儿 和 育女 头 白 牙 黄 祖 见 孙 见 妻 娶 人 增

ʈʂʅ^{21} dzʅ^{33} o^{21} dzʅ^{33}, dzi^{33} dzʅ^{33} huɑ^{21} dzʅ^{33},nɯ^{21} dzʅ^{33} no^{55} dzʅ^{33}, mɯ^{33} bv̩^{21} kɯ^{33} iə^{21} dzʅ^{33},
五谷 增 俄神 增 人 增 华神 增 六畜 增 诺神 增 天 下 星 样 增

dy^{21} ʨər^{21} zə^{21} iə^{21} dzʅ^{33}. n̩i^{33} me^{33} thv̩^{33}, dv̩^{33} phər^{21} ʥy^{33} ʂuɑ^{21} kv̩^{33}, ʥy^{21} tsʅ^{55} ze^{21} ɯ^{33}
地 上 草 样 增 东方 海螺 白 山 高 处 山 势 最 佳

me^{33}, dv̩^{33} phər^{21} nɑ^{33} tsɑ^{21} tshʅ^{55}. gə^{21} tshe^{55} tshe^{55} bv̩^{33} nɯ^{33},bə^{33} dɯ^{21} lɑ^{33} ɕy^{21} gɑ^{33} lɑ^{21}
的 海螺 白 纳召 建 格衬称补 以 掌 大 虎 红 战神

gu^{21} nɯ^{33} sʅ^{33}, phər^{21} sæ^{21} gɑ^{33} u^{21} o^{55} he^{21} ʨər^{21},bər^{33} y^{21} ʐʅ^{33} hɑ^{33} ʈʂhər^{21} nɑ^{55} nɯ^{33}
后面 以 领 盘神 禅神 嘎神 吾神 沃神 恒神 上 牦牛 绵羊 酒 饭 肥肉 瘦肉 以

ʈʂhu^{55} pɑ^{33} be^{33}. i^{33} dɑ^{13} ʈʂhʅ^{33} ʥi^{13} ʨər^{21} nɯ^{21} ne^{21} uɑ^{21} le^{33} iə^{55}, gu^{33} lu^{21} kɑ^{33} le^{21} ʈʂhʅ^{33}
供养 做 主人 这 家 上 生儿 和 育女 又 合 保福 庇佑 这

le^{33} thy^{55}.
又 赐

建翠柏纳召，用牦牛和绵羊、醇酒和米饭、肥肉和瘦肉、翠柏和酥油，供养盘神和禅神、嘎神和吾神、沃神和恒神。古生土蚩便耳闻佳音心神宁，活水长流水塘满，又生儿育女，长寿而发白齿黄，子孙满堂，娶妻人丁旺，五谷和俄神①都增产，人类和华神②都发展，六畜和诺神③都兴旺，后裔像天上的星星一样众多，又像地上的青草一样茂盛。

在东方，在白海螺色的高山上，在山势最佳的地方，用白海螺建纳召，由东方之祭司格衬称补东巴，领着巨掌赤虎战神，用牦牛和绵羊、醇酒和米饭、肥肉和瘦肉、翠柏和酥油，供养盘神和禅神、嘎神和吾神，沃神和恒神。众神对祭祀之家又赐予生儿育女之福分，又予以保福庇佑。

① 俄神：音译名词，相当于五谷神。
② 华神：音译名词，为司人类之神。
③ 诺神：音译名词，相当于六畜神。

384-D-54-05

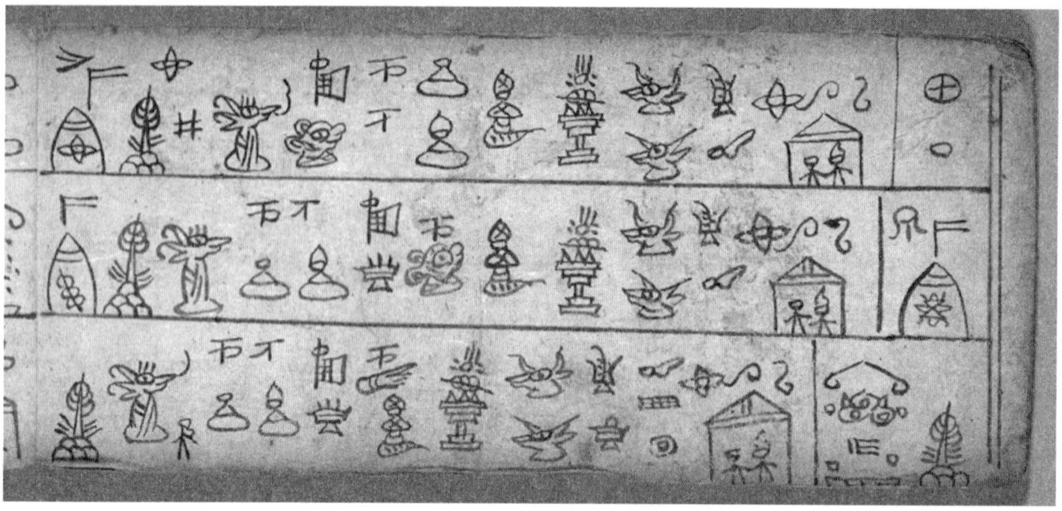

i^{33} tʂhʅ^{33} mu^{21}, uɑ^{21} hər^{21} ʥy^{33} ʂuɑ^{21} kv̩^{33},uɑ^{21} hər^{21} nɑ^{33} tsɑ^{21} tshʅ^{55}, se^{55} ʐʅ^{33} mi^{21} gu^{33}
南方 松石 绿 山 高 上 松石 绿 纳召 建 胜日明恭

nɯ^{33}, phv̩^{33} lɑ^{21} gɑ^{33} lɑ^{21}、phər^{21} sæ^{21} gɑ^{33} u^{21} o^{55} he^{21}、sɑ^{21} dɑ^{55} sɿ^{21} ʨər^{21}, bər^{33} y^{21}
以 大神 战神 盘神 禅神 嘎神 吾神 沃神 恒神 刹道 署 上 牦牛 绵羊

ʐʅ^{33} hɑ^{33} tʂhər^{21} nɑ^{55} ɕy^{55} mɑ^{21} tʂhu^{55} pɑ^{33} be^{33}. i^{33} dɑ^{13} tʂhʅ^{33} ʥi^{13} ʨər^{21},nɯ^{21} ne^{21} uɑ^{21} le^{33}
酒 饭 肥肉 瘦肉 柏 酥油 供养 做 主人 这 家 上 生儿 和 育女 又

iə^{55}, gu^{33} lu^{21} kɑ^{33} le^{21} tʂhʅ^{33} le^{33} thy^{55}. | ȵi^{33} me^{33} gv̩^{21}, | tʂhu^{21} nɑ^{55} ʥy^{33} ʂuɑ^{21} kv̩^{33}, tʂhu^{21}
给 保福 庇佑 这 又 赐 西方 墨玉 黑 山 高 上 墨玉

nɑ^{55} nɑ^{33} tsɑ^{21} tshʅ^{55}, nɑ^{55} se^{33} tʂhu^{33} lu^{21} nɯ^{33}, phər^{21} sæ^{21} gɑ^{33} u^{21} o^{55} he^{21}、phv̩^{33} lɑ^{21}
黑 纳召 建 纳生初卢 以 盘神 禅神 嘎神 吾神 沃神恒神 大神

gɑ^{33} lɑ^{21}、sɑ^{21} dɑ^{55} sɿ^{21} ʨər^{21}, bər^{33} y^{21} ʐʅ^{33} hɑ^{33} tʂhər^{21} nɑ^{55} ɕy^{55} mɑ^{21} tʂhu^{55} pɑ^{33} be^{33}.
战神 刹道 署 上 牦牛 绵羊 酒 饭 肥肉 瘦肉 柏 酥油 供养 做

i^{33} dɑ^{13} tʂhʅ^{33} ʥi^{13} ʨər^{21}, nɯ^{21} ne^{21} uɑ^{21} le^{33} iə^{55}, gu^{33} lu^{21} kɑ^{33} le^{21} tʂhʅ^{33} le^{33} thy^{55}. | ho^{33}
主人 这 家 上 生儿 和 育女 又 赐 保福 庇佑 这 又 赐

gv̩^{33} lo^{21}, hæ^{33} ʂʅ^{21} ʥy^{33} ʂuɑ^{21} kv̩^{33}, hæ^{33} ʂʅ^{21} nɑ^{33} tsɑ^{21} tshʅ^{55}, gv̩^{33} se^{55} khə^{33} bɑ^{33} nɯ^{33},
北方 金 黄 山 高 上 金 黄 纳召 建 古生抠巴 以

phər^{21} sæ^{21} gɑ^{33} u^{21} o^{55} he^{21}、phv̩^{33} lɑ^{21} gɑ^{33} lɑ^{21}、sɑ^{21} dɑ^{55} sɿ^{21} ʨər^{21}, bər^{33} y^{21} ʐʅ^{33} hɑ^{33}
盘神 禅神 嘎神 吾神 沃神 恒神 大神 战神 刹道 署 上 牦牛绵羊 酒 饭

tʂhər^{21} nɑ^{55} ɕy^{55} mɑ^{21} tʂhu^{55} pɑ^{33} be^{33}. i^{33} dɑ^{13} tʂhʅ^{33} ʥi^{13} ʨər^{21}, nɯ^{21} ne^{21} uɑ^{21} le^{33} iə^{55}, gu^{33}
肥肉 瘦肉 柏 酥油 供养 做 主人 这 家 上 生儿 和 育女 又 赐 保福

lu^{21} kɑ^{33} le^{21} tʂhʅ^{33} le^{33} thy^{55}. mɯ^{33} nɯ^{21} dy^{21} ly^{55} gv̩^{33}, dy^{21} sɑ^{21} ze^{21} ɯ^{33} kv̩^{33}, tʂhu^{21} dzæ^{21}
庇佑 这 又赐 天 和 地 中间 地 脉 最 佳 处 墨玉 花

nɑ^{33} tsɑ^{21} tshʅ^{55}.
纳召 建

在南方，在松石绿的高山上，建绿松石纳召。由南方之祭司胜日明恭东巴，用牦牛和绵羊、醇酒和米饭、肥肉和瘦肉、翠柏和酥油，供养各种大神和战神，供养盘神和禅神、嘎神和吾神、沃神和恒神，供养署与刹道精灵。众神对举行祭仪的主人家，又赐予生儿育女的福分，又给予保福庇佑。

在西方，在墨玉黑的高山上，建墨玉纳召。由西方的祭司纳生初卢东巴，用牦牛和绵羊、醇酒和米饭、肥肉和瘦肉、翠柏和酥油，供养盘神和禅神、嘎神和吾神、沃神和恒神，供养各种大神和战神，供养署与刹道精灵。众神灵对举行祭仪的这主人家，赐予生儿育女的福分，给予保福庇佑。

在北方，在金黄色的金山上，建金黄的纳召。由北方的祭司古生抠巴东巴，用牦牛和绵羊、醇酒和米饭、肥肉和瘦肉、翠柏和酥油，供养盘神和禅神、嘎神和吾神、沃神和恒神，供养各种大神和战神，供养署与刹道等各种精灵。众神灵对举行祭仪的这主人家，赐予生儿育女的福分，给予保福庇佑。

在天和地中央，在地脉最佳处，建花墨玉纳召。

384-D-54-06

so^{33} y^{21} tsi^{55} gv̩^{33} nɯ^{33}, phər^{21} sæ^{21} gɑ^{33} u^{21} o^{55} he^{21}、phv̩^{33} lɑ^{21} gɑ^{33} lɑ^{21}、sɑ^{21} dɑ^{55} sʅ^{21}
梭余晋古 以 盘神 禅神嘎神 吾神 沃神 恒神 大神 战神 刹道 署

tɕər^{21},bər^{33} y^{21} ʐʅ^{33} hɑ^{33} tʂhər^{21} nɑ^{55} ɕy^{55} mɑ^{21} tʂhu^{55} pɑ^{33} be^{33}. nɯ^{21} uɑ^{21} gu^{21} be^{33} iə^{55}, i^{33}
上 牦牛绵羊 酒 饭 肥肉 瘦肉 柏 酥油 供养 供 生儿 育女 成背 地 赐 主人

dɑ^{13} tʂhʅ^{33} dʑi^{13} tɕər^{21}, gu^{33} lu^{21} kɑ^{33} le^{21} tʂhʅ^{33} le^{33} thy^{55}. | ə^{33} lɑ^{33} mə^{33} ʂər^{55} ȵi^{33},mɯ^{33} lɯ^{55}
这 家 上 保福 庇佑 这 又 赐 远古的时候 美利董主

du^{21} dzʅ^{33} tʂhər^{55}, mɯ^{33} lɯ^{55} du^{21} dzʅ^{33}、tshʅ^{55} tʂuɑ^{33} dʑi^{33} mu^{33} tʂhʅ^{33} dʑi^{13} gə^{33}, i^{13} ʂʅ^{55} bu^{33}
辈 美利董主 茨爪金姆 这 家 的 伊世补佐

dzo^{33} nɯ^{33}, zɿ^{33} ʂər^{21} phʏ^{33} do^{21} lɯ^{55} do^{21}, he^{21} i^{33} bɑ^{33} dɑ^{21} dzər^{21} gə^{33} zɿ^{33} ʂər^{21} tʂhɿ^{33} le^{33}
以 寿 长 祖 见 孙 见 含依巴达 树 的 寿 长 这 又

tər^{55}, ʥy^{21} nɑ^{55} zo^{55} lo^{33} zɿ^{33} ʂər^{21} tʂhɿ^{33} le^{33} tər^{55}, mɯ^{33} lɯ^{55} dɑ^{33} ʥi^{21} hɯ^{55} zɿ^{33} ʂər^{21} tʂhɿ^{33}
系 居那若罗山 寿 长 这 又 系 美利达吉 海 寿 长 这

le^{33} tər^{55}, tse^{55} tse^{33} hæ^{21} lʏ^{33} me^{33} zɿ^{33} ʂər^{21} tʂhɿ^{33} le^{33} tər^{55}, mɯ^{33} lɯ^{55} du^{21} ə^{33} phʏ^{33} gə^{33}
又 系 增争含鲁美 寿 长 这 又 系 美利卢阿普 的

lɑ^{21} nɯ^{33} tər^{55}, ɕy^{55} hər^{21} le^{33} ʥi^{21} tɕər^{21} ȵiə^{21} tər^{55}, mɯ^{33} lɯ^{55} du^{21} dzɿ^{21} lɑ^{21} ȵiə^{21} tər^{55},
手 以 系 柏 翠 梯 上 系 美利董主 手 上 系

zɿ^{33} ʂər^{21} phʏ^{33} do^{21} lɯ^{55} do^{21} he^{21} khə^{21} me^{55}. zɿ^{33} ʂər^{21} phʏ^{33} do^{21} lɯ^{55} do^{21}、nɯ^{21} nɯ^{21}
寿 长 祖 见 孙 见 神 处 求 寿 长 祖 见 孙 见 生儿 和

uɑ^{21}、ʥy^{21} nɑ^{55} zo^{55} lo^{33} zɿ^{33} ʂər^{21}、he^{21} i^{33} bɑ^{33} dɑ^{21} dzər^{21} zɿ^{33} ʂər^{21}、mɯ^{33} lɯ^{55} dɑ^{33}ʥi^{21}
育女 居那若罗山 寿 长 含依巴达 树 寿 长 美利达吉

hɯ^{55} zɿ^{33} ʂər^{21}、tse^{55} tse^{33} hæ^{21} lʏ^{33} me^{33} zɿ^{33} ʂər^{21},| tʏ^{21} khʏ^{55} phʏ^{33} do^{21} lɯ^{55} do^{21} me^{55},
海 寿 长 增争含鲁美 寿 岁 千 岁 祖 见 孙 见 求

dzər^{21} tɕər^{21} tshe^{55} le^{33} me^{55}, tshe^{55} tɕər^{21} bɑ^{21} le^{33} me^{55}, bɑ^{21} tɕər^{21} zɿ^{33} ʂər^{21} ly^{33} le^{33} me^{55}.
树 上 叶 又 求 叶 上 花 又 求 花 上 寿 长 果 又 求

mɯ^{33} lɯ^{55} du^{21} dzɿ^{33} khʏ^{55} ne^{21} zɿ^{33}、nɯ^{21} ne^{21} uɑ^{21} i^{33} tʂhɿ^{33} le^{33} me^{55}, mɯ^{33} lɯ^{55} du^{21} dzɿ^{33}
美利董主 岁 和 寿 生儿 和 育女 是 这 又 求 美利董主

kʏ^{33} phər^{21} dzæ^{33} ʂɿ^{21} tʏ^{21} khʏ^{55} mi^{21} dɯ^{21} gʏ^{33} be^{33} ho^{55}.| bi^{33} thʏ^{33} mə^{55} tʂhɿ^{33} ȵi^{33}, i^{33}
头 白 牙 黄 千 岁 名 大 成 地 愿 太阳 出 的 这 天 主人

dɑ^{13} tʂhɿ^{33} dɯ^{33} ʥi^{13}, mɯ^{33} lɯ^{55} du^{21} dzɿ^{33} gə^{33} tɕhy^{33} tʂhɿ^{21} kʏ^{33} mæ^{55} gʏ^{33}, ly^{55} kʏ^{33} py^{33}
这 一 家 美利董主 的 宗族 后裔 成 祭仪 会 祭司

bʏ^{21} gə^{33} lɑ^{21} nɯ^{33},
的 手 以

由中央的祭司梭余晋古东巴，用牦牛和绵羊、醇酒和米饭、肥肉和瘦肉、翠柏和酥油，供养盘神和禅神、嘎神和吾神、沃神和恒神，供养各种大神和战神，供养署与刹道等各种精灵。众神灵对举行祭仪的这主人家，赐予生儿育女的福分，给予保福保佑。

远古的时候，在美利董主时代，美利董主及其妻茨爪金姆这一家的祭司东巴伊世补佐，把长寿而四世同堂、居那若罗神山的长寿、含依巴达神树的长寿、美利达吉神海的长寿、增争含鲁美神石的长寿，通过美利卢阿普之手，系于翠柏天梯上，又系于美利董主。美利董主向神求长寿而四世同堂。愿美利董主求得长寿而四世同堂，求得居那若罗神山的长寿，求得含依巴达神树之长寿，求得美利达吉神海的长寿，求得增争含鲁美神石的长寿 ，求得活千岁而四世同堂，像树上求叶，叶上求花，花上求果一样求得长寿。愿美利董主求得岁和寿，求得生儿育女，成为长寿而发白齿黄，活千岁而闻名的大寿星。

太阳晴朗的这一天，这一主人家，是美利董主家的宗族后裔，请来会举行祭仪的东巴祭司。由东巴之手，

384-D-54-07

zʅ^{33} ʂər^{21} phʏ^{33} do^{21} lɯ^{55} do^{21}, ʥy^{21} nɑ^{55} zo^{55} lo^{33} ʥy^{21} zʅ^{33} ʂər^{21}、he^{21} i^{33} bɑ^{33} dɑ^{21} dzər^{21}
寿 长 祖 见 孙 见 居那若罗 山 寿 长 含依巴达 树

zʅ^{33} ʂər^{21} 、mɯ^{33} lɯ^{55} dɑ^{33} ʥi^{21} hɯ^{55} zʅ^{33} ʂər^{21}、tse^{55} tse^{33} hæ^{21} lʏ^{33} me^{33} zʅ^{33} ʂər^{21}, ɕy^{55} hər^{21}
寿 长 美利达吉 海 寿 长 增争含鲁美 寿 长 柏 翠

le^{33} ʥi^{21} tɕər^{21} ȵiə^{21} tər^{55}, kʏ^{33} phər^{21} dzæ^{33} ʂʅ^{21}、phʏ^{33} do^{21} lɯ^{55} do^{21} i^{33} dɑ^{13} tʂhʅ^{33} ʥi^{13}
梯 上 系 头 白 齿 黄 祖 见 孙 见 主人 这 家

tɕər^{21} le^{33} tər^{55}. | mɯ^{33} lɯ^{55} du^{21} dzʅ^{33} khə^{21}, zʅ^{33} ʂər^{21} phʏ^{33} do^{21} lɯ^{55} do^{21} tʂhʅ^{33} le^{33} me^{55},
上 又 系 美利董主 处 寿 长 祖 见 孙 见 这 又 求

nɯ^{21} ne^{21} uɑ^{21} le^{33} me^{55}. | ʥy^{21} nɑ^{55} zo^{55} lo^{33} ʥy^{21} zʅ^{33} ʂər^{21}、he^{21} i^{33} bɑ^{33} dɑ^{21} dzər^{21} zʅ^{33}
生儿 和 育女 又 求 居那若罗 山 寿 长 含依巴达 树 寿

ʂər^{21}、mɯ^{33} lɯ^{55} dɑ^{33} ʥi^{21} hɯ^{55} zʅ^{33} ʂər^{21}、tse^{55} tse^{33} hæ^{21} lʏ^{33} me^{33} zʅ^{33} ʂər^{21} me^{55} le^{33} dɯ^{33}.
长 美利达吉 海 寿 长 增争含鲁美 寿 长 求 又 得

phʏ^{33} do^{21} lɯ^{55} do^{21}, kʏ^{33} phər^{21} dzæ^{33} ʂʅ^{21} gʏ^{33} be^{33} ho^{55}. | ə^{33} lɑ^{33} mə^{33} ʂər^{55} ȵi^{33}, ɕə^{21}
祖 见 孙 见 头 白 齿 黄 成 地 愿 远古的时候

dzʅ^{33} ko^{21} bʏ^{33}、ɕiə^{21} tʂuɑ^{33} kə^{33} mu^{33} thʏ^{33} thɯ^{33} zʅ^{33}, mɯ^{33} gə^{33} nɑ^{55} bʏ^{33} so^{33} gu^{33} py^{33}
雄支各补 雄爪构姆 出世 那 时代 天 的 纳补梭恭 祭司

bʏ^{21} lɑ^{21} nɯ^{33} zʅ^{33} ʂər^{21} phʏ^{33} do^{21} lɯ^{55} do^{21} me^{33}, ʥy^{21} nɑ^{55} zo^{55} lo^{33} zʅ^{33} ʂər^{21} tʂhʅ^{33} le^{33}
手 以 寿 长 祖 见 孙 见 的 居那若罗 寿 长 这 又

tər^{55}, he^{21} i^{33} bɑ^{21} dɑ^{21} dzər^{21} zʅ^{33} ʂər^{21}、mɯ^{33} lɯ^{55} dɑ^{33} ʥi^{21} hɯ^{55} zʅ^{33} ʂər^{21}、tse^{55} tse^{33} hæ^{21}
系　含依巴达　树　寿　长　美利达吉　海　寿　长　增争含鲁美

lʏ^{33} me^{33} zʅ^{33} ʂər^{21} tʂhʅ^{33} le^{33} tər^{55}, ɕy^{55} hər^{21} le^{33} ʥi^{21} tɕər^{21} le^{33} tər^{55}, he^{21} gə^{33} lɑ^{21} nɯ^{33}
寿　长　这　又　系　柏　翠　梯　上　又　系　神　的　手　以

ɕiə^{21} dʐʅ^{33} ko^{21} bʏ^{33} tʂhʅ^{33} ʥi^{13} tɕər^{21} le^{33} tər^{55}, sɑ^{21} i^{33} uə^{33} de^{33} lɑ^{21} nɯ^{33} tər^{55}, phər^{21} ne^{21}
雄支各补　这　家　上　又　系　刹依威德　手　以　系　盘神　和

sæ^{21} nɯ^{33} tər^{55}. zʅ^{33} ʂər^{21} phʏ^{33} do^{21} lɯ^{55} do^{21}、kʏ^{33} phər^{21} dzæ^{33} ʂʅ^{21}、hɯ^{21} ne^{21} dʐæ^{33}、
禅神 以　系　寿　长　祖　见　孙 见　头　白　齿　黄　富　和　强

nɯ^{21} ne^{21} uɑ^{21} tʂhʅ^{33} le^{33} me^{55}. ɕiə^{21} dʐʅ^{33} ko^{21} bʏ^{33} zʅ^{33} ʂər^{21} phʏ^{33} do^{21} lɯ^{55} do^{21}、nɯ^{21}
生儿 和　育女　这 又　求　雄支各补　寿　长 祖　见　孙　见　生儿

ne^{21} uɑ^{21} gʏ^{33} be^{33} ho^{55}. bi^{33} thʏ^{33} mə^{55} tʂhʅ^{33} ȵi^{33}, i^{33} dɑ^{13} tʂhʅ^{33} dɯ^{33} ʥi^{3}, ɕiə^{21} dʐʅ^{33} ko^{21}
和　育女 成　地　愿 太阳 出　的　这　天　主人　这　一　家　雄支各补

bʏ^{33} tɕhy^{33} tʂhʅ^{21} kʏ^{33} mæ^{55} gʏ^{33}, zʅ^{33} ʂər^{21} phʏ^{33} do^{21} lɯ^{55} do^{21}、mɯ^{33} lɯ^{55} dɑ^{33} ʥi^{21} hɯ^{55}
宗族　后裔　成 寿　长　祖　见　孙　见　美利达吉　海

zʅ^{33} ʂər^{21}、he^{21} i^{33} bɑ^{33} dɑ^{21} dzər^{21} zʅ^{33} ʂər^{21}、
寿　长　含依巴达　树　寿　长

把长寿而四世同堂、居那若罗神山的长寿、含依巴达神树的长寿、美利达吉神海的长寿、增争含鲁美神石的长寿，系于翠柏天梯上。通过翠柏天梯，把长寿而发白齿黄、四世同堂系于这一主人家。向美利董主求长寿，求四世同堂，求生儿育女。愿求得居那若罗神山之长寿，求得含依巴达神树之长寿，求得美利达吉神海之长寿，求得增争含鲁美神石之长寿。愿这一主人家祖孙相见四世同堂，活到发白齿黄。

远古的时候，在雄支各补和雄爪构姆出世的那时代，由祭天的祭司纳补梭恭东巴，把长寿而祖孙相见四世同堂、居那若罗神山的长寿、含依巴达神树的长寿、美利达吉神海的长寿、增争含鲁美神石的长寿，系于翠柏天梯，又由神之手系于雄支各补这一家，由刹依威德之手系于这一主人家，由盘神和禅神系于这一主人家。这一主人家求长寿、求祖孙相见四世同堂，求发白齿黄，求富裕强盛，求生儿育女。愿雄支各补一家长寿而四世同堂，生儿又育女。

太阳晴朗的今天，这一主人家，是雄支各补家的宗族后裔，把长寿而祖孙相见四世同堂、美利达吉神海的长寿、含依巴达神树的长寿、

384-D-54-08

ʥy^{21} nɑ^{55} zo^{55} lo^{33} ʥy^{21} zɿ^{33} ʂər^{21}、ɕy^{55} hər^{21} le^{33} ʥi^{21} ʨər^{21} le^{33} tər^{55}, zɿ^{33} ʂər^{21} phy̩^{33} do^{21}

居那若罗 山 寿 长 柏 翠 梯 上 又 系 寿 长 祖 见

lɯ^{55} do^{21} tʂhʅ^{33} le^{33} me^{55}. | ʥy^{21} nɑ^{55} zo^{55} lo^{33} ʥy^{21} zɿ^{33} tər^{55}、he^{21} i^{33} bɑ^{33} dɑ^{21} dzər^{21} zɿ^{33}

孙 见 这 又 求 居那若罗 山 寿 长 含依巴达 树 寿

ʂər^{21}、mɯ^{33} lɯ^{55} dɑ^{33} ʥi^{21} hɯ^{55} zɿ^{33} ʂər^{21}、tse^{55} tse^{33} hæ^{21} ly̩^{33} me^{33} zɿ^{33} ʂər^{21}、phy̩^{33} do^{21}

长 美利达吉 海 寿 长 增争含鲁美 寿 长 祖 见

lɯ^{55} do^{21} me^{55} le^{33} dɯ^{33}. nɯ^{21} ne^{21} uɑ^{21}, kho^{33} y^{21} he^{33} hɯ^{21}, ʥi^{21} i^{33} dər^{33} ʂər^{55},ky̩^{33} phər^{21}

孙 见 求 又 得 生儿 和 育女 声 轻 魂 宁 水 流 塘 满 头 白

dzæ^{33} ʂʅ^{21}, phy̩^{33} do^{21} lɯ^{55} do^{21}, nɯ^{21} dzɿ^{33} no^{55} dzɿ^{33} gy̩^{33} be^{33} ho^{55}. ə^{33} lɑ^{33} mə^{33} ʂər^{55} ȵi^{33},

齿 黄 祖 见 孙 见 六畜 增 诺神 增 成 地 愿 远古的时候

ɭə^{21} lɑ^{55} di^{33} duɑ^{33} tʂhʅ^{33} ʥi^{13} gə^{33}, thy̩^{33} thy̩^{33} ko^{21} uɑ^{21} py^{33} by̩^{21} lɑ^{21} nɯ^{33}, zɿ^{33} ʂər^{21} phy^{33}

尤拉丁端 这 家 的 土土各瓦 祭司 手 以 寿 长 祖

do^{21} lɯ^{55} do^{21} tʂhʅ^{33} le^{33} tər^{55}, ʥy^{21} nɑ^{55} zo^{55} lo^{33} ʥy^{21} zɿ^{33} ʂər^{21} tʂhʅ^{33} le^{33} tər^{55},he^{21} i^{33} bɑ^{33}

见 孙 见 这 又 系 居那若罗 山 寿 长 这 又 系 含依巴达

dɑ^{21} dzər^{21} zɿ^{33} ʂər^{21}、mɯ^{33} lɯ^{55} dɑ^{33} ʥi^{21} hɯ^{55} zɿ^{33} ʂər^{21}、tse^{55} tse^{33} hæ^{21} ly̩^{33} me^{33} zɿ^{33}

树 寿 长 美利达吉 海 寿 长 增争含鲁美 寿

ʂər^{21} tʂhʅ^{33} le^{33} tər^{55},ɕy^{55} hər^{21} le^{33} ʥi^{21} ʨər^{21} ȵə^{21} tər^{55},iə^{21} lɑ^{55} di^{33} duɑ^{33} ʨər^{21} le^{33} tər^{55}. |

长 这 又 系 柏 翠 梯 上 而 系 尤拉丁端 上 又 系

mɯ^{33} ʨər^{21} he^{21} gə^{33} y^{21} phər^{21} kho^{55}, phər^{21} sæ^{21} o^{55} he^{21} gɑ^{33} u^{21}、phy̩^{33} lɑ^{21} gɑ^{33} lɑ^{21}、

天 上 神 的 绵羊 白 宰 盘神 禅神 沃神 恒神 嘎神 吾神 大神 战神

sɑ^{21} dɑ^{21} sɿ^{21} tʂhu^{55} pɑ^{33} be^{33}. thy̩^{33} thy̩^{33} ko^{21} uɑ^{33} py^{33} by̩^{21} nɯ^{33}, khy̩^{55} by^{33} zʅ^{33} by^{33} tʂhʅ^{33}
刹道 署 供养 做 土土各瓦 祭司 以 岁 份 寿 份 这

le^{33} me^{55}, zʅ^{33} ʂər^{21} phy̩^{33} do^{21} lɯ^{55} do^{21} tʂhʅ^{33} le^{33} me^{55}, nɯ^{21} ne^{21} uɑ^{21} le^{33} me^{55}. | dʑy^{21}
又 求 寿 长 祖 见孙 见 这 又 求 生儿 与育女 又 求

nɑ^{55} zo^{55} lo^{33} dʑy^{21} zʅ^{33} ʂər^{21}、he^{21} i^{33} bɑ^{33} dɑ^{21} dzər^{21} zʅ^{33} ʂər^{21}、mɯ^{33} lɯ^{55} dɑ^{33} dʑi^{21} hɯ^{55}
居那若罗 山 寿 长 含依巴达 树 寿 长 美利达吉 海

zʅ^{33} ʂər^{21}、tse^{55} tse^{33} hæ^{21} ly̩^{33} me^{33} zʅ^{33} ʂər^{21} me^{55} le^{33} dɯ^{33}. iə^{21} lɑ^{55} di^{33} duɑ^{33} ky̩^{33} phər^{21}
寿 长 增争含鲁美 寿 长 求 又 得 尤拉丁端 头 白

dzæ^{33} ʂʅ^{21}、phy̩^{33} do^{21} lɯ^{55} do^{21} gy̩^{33} be^{33} ho^{55}. | bi^{33} thy̩^{33} mə^{55} tʂhʅ^{33} ȵi^{33}, i^{33} dɑ^{13} tʂhʅ^{33}
齿 黄 祖 见 孙 见 成 地 愿 太阳 出 的 今天 主人 这

dɯ^{33} dʑi^{13}, iə^{21} lɑ^{55} di^{33} duɑ^{33} gə^{33} tɕhy^{33} tʂhʅ^{33} ky̩^{33} mæ^{55} gy̩^{33} nɯ^{33},
一 家 尤拉丁端 的 宗教 后裔 成 以

居那若罗神山的长寿，系于翠柏天梯，以求长寿而祖孙相见四世同堂。愿这一主人家，求得居那若罗神山的长寿，求得含依巴达神树的长寿，求得美利达吉神海的长寿，求得增争含鲁美神石的长寿，求得长寿而祖孙相见四世同堂。愿这一主人家生儿又育女，耳闻佳音心神宁，活水长流水塘满，活到发白齿黄，祖孙相见四世同堂，六畜和诸神都兴旺。

远古的时候，尤拉丁端这一家的东巴祭司土土各瓦，把长寿而祖孙相见四世同堂、居那若罗神山的长寿、含依巴达神树的长寿、美利达吉神海的长寿、增争含鲁美神石的长寿，系于翠柏天梯，系于尤拉丁端。尤拉丁端杀了天上的白绵羊，供养盘神和禅神、沃神和恒神、嘎神和吾神，供养各种大神和战神，供养署和刹道等各种精灵。土土各瓦东巴祭司为主人求岁求寿，求长寿而祖孙相见四世同堂，求生儿育女。求得居那若罗神山的长寿，求得含依巴达神树的长寿，求得美利达吉神海的长寿，求得增争含鲁美神石之长寿。愿尤拉丁端活到发白齿黄，祖孙相见四世同堂。

太阳晴朗的今天，这一家主人，是尤拉丁端家的宗族后裔，

384-D-54-09

zɿ^{33} ʂər^{21} phʏ^{33} do^{21} lɯ^{55} do^{21} ɕy^{55} hər^{21} le^{33} dʑi^{21} tɕər^{21} le^{33} tər^{55}, dʑy^{21} nɑ^{55} zo^{55} lo^{33} dʑy^{21}

寿 长 祖 见 孙 见 柏 翠 梯 上 又 系 居那若罗 山

zɿ^{33} ʂər^{21} tʂhɿ^{33} le^{33} tər^{55}, he^{21} i^{33} bɑ^{33} dɑ^{21} dzər^{21} zɿ^{33} ʂər^{21}、mɯ^{33} lɯ^{55} dɑ^{33} dʑi^{21} hɯ^{55} zɿ^{33}

寿 长 之 又 系 含依巴达 树 寿 长 美利达吉 海 寿

ʂər^{21}、tse^{55} tse^{33} hæ^{21} lʏ^{33} me^{33} zɿ^{33} ʂər^{21} tʂhɿ^{33} le^{33} tər^{55}. zɿ^{33} ʂər^{21} phʏ^{33} do^{21} lɯ^{55} do^{21}、

长 增争含鲁美 寿 长 这 又 系 寿 长 祖 见 孙 见

kʏ^{33} phər^{21} dzæ^{33} ʂɿ^{21}、nɯ^{21} ne^{21} uɑ^{21}, dʑi^{21} i^{33} dər^{33} ʂər^{55} gʏ^{33} be^{33} ho^{55}. | dʑy^{21} nɑ^{55} zo^{55}

头 白 齿 黄 生儿 和 育女 水 流 塘 满 成 地 愿 居那若罗

lo^{33} lɯ^{21} mə^{33} kʏ^{55}、he^{21} i^{33} bɑ^{33} dɑ^{21} dzər^{21} dzər^{21} tshe^{55} le^{21} mə^{33} kʏ^{55}, mɯ^{33} lɯ^{55} dɑ^{33} dʑi^{21}

倒 不 会 含依巴达 树 树 叶 枯 不 会 美利达吉

hɯ^{55} dʑi^{21} i^{33} ko^{55} mə^{33} kʏ^{55}, tse^{55} tse^{33} hæ^{21} lʏ^{33} me^{33} gɯ^{33} mə^{33} kʏ^{55} gə^{33} zɿ^{33} le^{33} me^{55},

海 水 是 涸 不 会 增争含鲁美 裂 不 会 的 寿 又 求

nɯ^{21} ne^{21} uɑ^{21} le^{33} me^{55}, kʏ^{33} phər^{21} dzæ^{33} ʂɿ^{21} me^{55}, tshe^{21} zo^{33} ɕi^{21} me^{33} tshe^{21} uə^{33} tshɿ^{55},

生儿 和 育女 又 求 头 白 齿 黄 求 十 儿 养 的 十 寨 建

tshe^{21} mi^{55} ɕi^{21} me^{33} tshe^{33} dy^{21} khu^{33} gʏ^{33} hə^{21}. | dɯ^{33} tʂhər^{55}, tsho^{21} ze^{33} lɯ^{55} ɯ^{33}、tshe^{55}

十 女 养 的 十 地 辟 成 了 一 代 崇忍利恩

hɯ^{21} bu^{33} bə^{21} tɑ^{55} dze^{33} dɯ^{33} dʑi^{21} be^{33}, he^{21} i^{33} dzi^{33} bə^{21} nɯ^{33}, zɿ^{33} ʂər^{21} phʏ^{33} do^{21} lɯ^{55}

衬恒褒白 结合 一 家 做 神 之 蝙蝠 以 寿 长 祖 见 孙

do^{21} tʂhɿ^{33} le^{33} tər^{55}, dʑy^{21} nɑ^{55} zo^{55} lo^{33} dʑy^{21} zɿ^{33} ʂər^{21}、he^{21} i^{33} bɑ^{33} dɑ^{21} dzər^{21} zɿ^{33}

见 这 又 系 居那若罗 山 寿 长 含依巴达 树 寿

ʂər^{21}、mɯ^{33} lɯ^{55} dɑ^{33} dʑi^{21} hɯ^{55} zɿ^{33} ʂər^{21}、tse^{55} tse^{33} hæ^{21} lʏ^{33} me^{33} zɿ^{33} ʂər^{21}, ɕy^{55} hər^{21}

长 美利达吉 海 寿 长 增争含鲁美 寿 长 柏 翠

le^{33} dʑi^{21} tɕər^{21} le^{33} tər^{55}，dzɿ^{33} lɑ^{21} ə^{33} phʏ^{33} khʏ^{21} le^{33} zɿ^{33} ʂər^{21} phʏ^{33} do^{21} lɯ^{55} do^{21} tʂhɿ^{33}

梯 上 又 系 孜劳阿普 处 又 寿 岁 祖 见 孙 见 这

le^{33} me^{55}, nɯ^{21} ne^{21} uɑ^{21} le^{33} me^{55}. | dzɿ^{33} lɑ^{21} ə^{33} phʏ^{33} nɯ^{33}, zɿ^{33} ʂər^{21} phʏ^{33} do^{21} lɯ^{55}

又 求 生儿 和 育女 又 求 孜劳阿普 以 寿 长 祖 见 孙

do^{21} tʂhɿ^{33} me^{55} tʂhɿ^{33} le^{33} iə^{55}, nɯ^{21} me^{55} uɑ^{21} me^{55} tʂhɿ^{33} le^{33} iə^{55}, tsho^{21} ze^{33} lɯ^{55} ɯ^{33} tʂhɿ^{33}

见 这 求 这 又 给 生儿 求 育女 求 这 又 给 崇忍利恩 这

dʑi^{13} tɕər^{21}, gu^{33} lu^{21} kɑ^{33} le^{21} tʂhɿ^{33} le^{33} thy^{55}. tsho^{21} ze^{33} lɯ^{55} ɯ^{33}、tshe^{55} hɯ^{21} bu^{33} bə^{21}

家 上 保福 保佑 这 又 赐 崇忍利恩 衬恒褒白

kv̩^{33} phər^{21} dzæ^{33} ʂʅ^{21}, kho^{33} y^{21} he^{33} hɯ^{21}, dʑi^{21} i^{33} dər^{33} ʂər^{55} gv̩^{33} be^{33} ho^{55}. | bi^{33} thv̩^{33}
头 白 齿 黄 声 轻 魂 宁 水 流 塘 满 成 地 愿 太阳 出

mə^{55} tʂhʅ^{33} ȵi^{33}, i^{33} dɑ^{13} tʂhʅ^{33} dɯ^{33} dʑi^{13}, tho^{21} ze^{33} lɯ^{55} ɯ^{33} tɕhy^{33} tʂhʅ^{21} kv̩^{33} mæ^{55} gv̩^{33}
的 今天 主人 这 一 家 崇忍利恩 宗族 后裔 成

nɯ^{33}, dʑy^{21} nɑ^{55} zo^{55} lo^{33} dʑy^{21} zʅ^{33} ʂər^{21}、he^{21} i^{33} bɑ^{33} dɑ^{21} dzər^{21} zʅ^{33} ʂər^{21}、mɯ^{33} lɯ^{55}
以 居那若罗 山 寿 长 含依巴达 树 寿 长 美利达吉

dɑ^{33} dʑi^{21} hɯ^{55} zʅ^{33} ʂər^{21}、tse^{55} tse^{33} hæ^{21} lv̩^{33} me^{33} zʅ^{33} ʂər^{21} tʂhʅ^{33} le^{33} tər^{55}, zʅ^{33} ʂər^{21} phv̩^{33}
海 寿 长 增争含鲁美 寿 长 之 又 系 寿 长 祖

do^{21} lɯ^{55} do^{21} tʂhʅ^{33} le^{33} me^{55}, i^{33} dɑ^{13} tʂhʅ^{33} dʑi^{13} zʅ^{33} ʂər^{21} phv̩^{33} do^{21} lɯ^{55} do^{21}、nɯ^{21} nɯ^{21}
见 孙 见 这 又 求 主人 这 家 寿 长 祖 见 孙 见 生儿 和

uɑ^{21} gv̩^{33} be^{33} ho^{55}.
育女 成 地 愿

把长寿而祖孙相见四世同堂系于翠柏天梯，把居那若罗神山的长寿、含依巴达神树之长寿、美利达吉神海的长寿、增争含鲁美神石的长寿系于这一主人家。愿这一主人家寿长而祖孙相见四世同堂，活到发白齿黄，生儿又育女，活水长流水塘满。愿求得永远不会倒的居那若罗神山之长寿，求得绿叶不会枯的含依巴达神树之长寿，求得永远不会干涸的美利达吉神海的长寿，求得永远不会裂的增争含鲁美神石的长寿，求得生儿育女，求得发白齿黄，愿生养十个儿能建十个寨，生养十个女能辟十片地。

又一个时代，崇忍利恩和衬恒褒白结合成一家，由神之白蝙蝠，把长寿而祖孙相见四世同堂、居那若罗神山之长寿、含依巴达神树之长寿、美利达吉神海之长寿、增争含鲁美神石之长寿，系于翠柏天梯上，向孜劳阿普求长寿，求祖孙同堂，求生儿育女。孜劳阿普把长寿而祖孙同堂、生儿育女赐给崇忍利恩，对崇忍利恩这一家赐福保佑。愿崇忍利恩和衬恒褒白活到发白齿黄，耳闻佳音心神宁，活水长流水塘满。

太阳晴朗的今天，这一家主人，是崇忍利恩家的宗族后裔，把居那若罗神山的长寿、含依巴达神树的长寿、美利达吉神海的长寿、增争含鲁美神石的长寿系于这一主人家，以求长寿而祖孙同堂。愿这一家主人长寿、祖孙同堂，生儿又育女。

384-D-54-10

dɯ^{33} tʂhər^{55}, sɿ^{33} pɑ^{33} dʑi^{33} by̩^{33}、sɿ^{33} pɑ^{33} dʑi^{33} mu^{33} tɑ^{55} dze^{33} dɯ^{33} dʑi^{21} be^{33}, gu^{33} lɑ^{21} kə^{55}
一 时代 斯巴金补 斯巴金姆 结合 一 家 做 巩劳构补

by̩^{33} lɑ^{21} nɯ^{33}, zɿ^{33} ʂər^{21} phy̩^{33} do^{21} lɯ^{55} do^{21} tʂhʅ^{33} le^{33} tər^{55}, dʑy^{21} nɑ^{55} zo^{55} lo^{33} dʑy^{21} zɿ^{33}
手 以 寿 长 祖 见 孙 见 这 又 系 居那若罗 山 寿

ʂər^{21}、he^{21} i^{33} bɑ^{33} dɑ^{21} dzər^{21} zɿ^{33} ʂər^{21}、mɯ^{33} lɯ^{55} dɑ^{33} dʑi^{21} hɯ^{55} zɿ^{33} ʂər^{21}、tse^{55} tse^{33}
长 含依巴达 树 寿 长 美利达吉 海 寿 长 增争含鲁美

hæ^{21} ly̩^{33} me^{33} zɿ^{33} ʂər^{21} tʂhʅ^{33} le^{33} tər^{55}, ɕy^{55} hər^{21} le^{33} dʑi^{21} tshe^{21} ho^{55} pɑ^{33} nɯ^{33} zɑ^{21}, sɿ^{33}
寿 长 这 又 系 柏 翠 梯 十 八 级 以 降

pɑ^{33} dʑi^{33} by̩^{33}、sɿ^{33} pɑ^{33} dʑi^{33} mu^{33} tɕər^{21} le^{33} tər^{55}, ky̩^{33} phər^{21} dzæ^{33} ʂʅ^{21}、zɿ^{33} ʂər^{21}
斯巴金补 斯巴金姆 上 又 系 头 白 齿 黄 寿 长

hɑ^{55} i^{33} tʂhʅ^{33} le^{33} tər^{55}, （iə^{21} duɑ^{33}）①, sɿ^{33} pɑ^{33} dʑi^{33} by̩^{33} ky̩^{33} phər^{21} zɿ^{33} ʂər^{21}
日 有 这 又 系 斯巴金补 头 白 寿 长

tʂhʅ^{33} le^{33} tər^{55}. | he^{21} dɯ^{21} o^{33} phər^{21} khə^{21}, zɿ^{33} ʂər^{21} tʂhʅ^{33} le^{33} me^{55}, nɯ^{21} ne^{21} uɑ^{21}
这 又 系 恒迪窝盘 处 寿 长 这 又 求 生儿 和 育女

le^{33} me^{55}. | he^{21} dɯ^{21} o^{33} phər^{21} lɑ^{21} nɯ^{33},zɿ^{21} ʂər^{21} no^{33} uɑ^{21} tʂhʅ^{33} le^{33} tər^{55} ,dʑy^{21} nɑ^{55} zo^{55}
又 求 恒迪窝盘 手 以 寿 长 福泽 这 又 系 居那若罗

lo^{33} dʑy^{21} zɿ^{33} ʂər^{21}、he^{21} i^{33} bɑ^{33} dɑ^{21} dzər^{21} zɿ^{33} ʂər^{21}、mɯ^{33} lɯ^{55} dɑ^{33} dʑi^{21} hɯ^{55} zɿ^{33} ʂər^{21}、
山 寿 长 含依巴达 树 寿 长 美利达吉 海 寿 长

tse^{55} tse^{33} hæ^{21} ly̩^{33} me^{33} zɿ^{33} ʂər^{21} tʂhʅ^{33} le^{33} tər^{55}, nɯ^{21} ne^{21} uɑ^{21}、zɿ^{33} ʂər^{21} phy̩^{33} do^{21} lɯ^{55}
增争含鲁美 寿 长 这 又 系 生儿 和 育女 寿 长 祖 见 孙

do^{21},sɿ^{33} pɑ^{33} dʑi^{33} by̩^{33}、sɿ^{33} pɑ^{33} dʑi^{33} mu^{33} tɕiæ^{21} le^{33} tər^{55}.sɿ^{33} pɑ^{33} dʑi^{33} by̩^{33}、sɿ^{33} pɑ^{33} dʑi^{33}
见 斯巴金补 斯巴金姆 上 又 系 斯巴金补 斯巴金姆

mu^{33} ky̩^{33} phər^{21} dzæ^{33} ʂʅ^{21}、phy̩^{33} do^{21} lɯ^{55} do^{21} gy̩^{33} be^{33} ho^{55}. | bi^{33} thy̩^{33} mə^{55} tʂhʅ^{33} ɲi^{33},
头 白 齿 黄 祖 见 孙 见 成 地 愿 太阳 出 的 今天

i^{33} dɑ^{13} tʂhʅ^{33} dɯ^{33} dʑi^{13}, sɿ^{33} pɑ^{33} dʑi^{33} by̩^{33}、sɿ^{33} pɑ^{33} dʑi^{33} mu^{33} tɕhy^{33} tʂhʅ^{21} ky̩^{33} mæ^{55} gy̩^{33},
主人 这 一 家 斯巴金补 斯巴金姆 宗族 后裔 成

ly^{55} ky̩^{33} py^{33} by̩^{21} nɯ^{33}, zɿ^{33} ʂər^{21} phy̩^{33} do^{21} lɯ^{55} do^{21} tʂhʅ^{33} le^{33} tər^{55}, dʑy^{21} nɑ^{55} zo^{55} lo^{33}
举仪 会 祭司 以 寿 长 祖 见 孙 见 这 又 系 居那若罗

① iə^{21} duɑ^{33}两字无法与上下文连读成句。

ʥy^{21} zɿ^{33} ʂər^{21}、he^{21} i^{33} bɑ^{33} dɑ^{21} dzər^{21} zɿ^{33} ʂər^{21}、mɯ^{33} lɯ^{55} dɑ^{33} ʥi^{21} hɯ^{55} zɿ^{33} ʂər^{21}、
山 寿 长 含依巴达 树 寿 长 美利达吉 海 寿 长

tse^{55} tse^{33} hæ^{21} lṿ^{33} me^{33} zɿ^{33} ʂər^{21} tʂhɿ^{33} le^{33} tər^{55}, ɕy^{55} hər^{21} le^{33} ʥi^{21} tshe^{21} ho^{55} pɑ^{55} ȵiə^{21}
增争含鲁美 寿 长 这 又 系 柏 翠 梯 十 八 级 上

tər^{55}, y^{21} le^{33} i^{33} dɑ^{13} tɕər^{21} ȵiə^{21} ku^{21} .i^{33} dɑ^{13} tʂhɿ^{33} ʥi^{13} kho^{33} y^{21} he^{33} hɯ^{21}、zɿ^{33} ʂər^{21} hɑ^{55}
系 拿 了 主人 上 递 主人 这 家 声 轻 魂 宁 寿 长 日

i^{33}、kṿ^{33} phər^{21} dzæ^{33} ʂɿ^{21}、mi^{33} hæ^{21} tsho^{21} dzɿ^{33}, phṿ^{33} do^{21} lɯ^{55} do^{21} gṿ^{33} be^{33} ho^{55}. | i^{33}
有 头 白 齿 黄 妻 娶 人 增 祖 见 孙 见 成 地 愿 主人

dɑ^{13} kɑ^{33} le^{21} kɑ^{33} tshy^{55}、ʥi^{33} mi^{55} ʥi^{33} tsɿ^{33} gə^{33}, dzi^{33} ɯ^{33} ʂər^{55} lər^{33} py^{33} bṿ^{21} nɯ^{33}, zɿ^{33}
高勒高趣 金命金兹 的 精恩什罗 祭司 以 寿

ʂər^{21} phṿ^{33} do^{21} lɯ^{55} do^{21} tʂhɿ^{33} le^{33} tər^{55},
长 祖 见 孙 见 这 又 系

又一个时代，斯巴金补和斯巴金姆结合成一家，巩劳构补大神，把长寿而祖孙同堂，把居那若罗神山的长寿、含依巴达神树的长寿、美利达吉神海的长寿、增争含鲁美神石的长寿，从十八级天梯上降临下来，系于斯巴金补和斯巴金姆，把发白齿黄、延年益寿系于斯巴金补一家。斯巴金补向恒迪窝盘大神求赐长寿，求生儿育女。恒迪窝盘大神把长寿的福泽，把居那若罗神山的长寿、含依巴达神树的长寿、美利达吉神海的长寿、增争含鲁美神石的长寿，把生儿育女、长寿而祖孙同堂的福泽系于斯巴金补和斯巴金姆。愿斯巴金补和斯巴金姆活到发白齿黄，祖孙相见四世同堂。

太阳晴朗的这一天，这一家主人是斯巴金补和斯巴金姆家的宗族后裔，请来会举行祭仪的东巴祭司，把长寿而祖孙同堂之福泽，把居那若罗神山的长寿、含依巴达神树之长寿、美利达吉神海之长寿、增争含鲁美神石之长寿，系于十八级翠柏天梯，又拿来递给这一主人家。愿这一家主人耳闻佳音心神宁，延年益寿，发白齿黄，娶妻人丁旺，祖孙相见四世同堂。

主人高勒高趣和金命金兹家的东巴祭司精恩什罗，把长寿而祖孙相见四世同堂的福泽，

384-D-54-11

dʑy^{21} na^{55} zo^{55} lo^{33} dʑy^{21} zɿ^{33} ʂər^{21}、he^{21} i^{33} ba^{33} da^{21} dzər^{21} zɿ^{33} ʂər^{21}、mɯ^{33} lɯ^{55} da^{33} dʑi^{21}
居那若罗 山 寿 长 含依巴达 树 寿 长 美利达吉

hɯ^{55} zɿ^{33} ʂər^{21}、tse^{55} tse^{33} hæ^{21} lʏ^{33} me^{33} zɿ^{33} ʂər^{21} tʂhʅ^{33} le^{33} tər^{55}, ɕy^{55} hər^{21} le^{33} dʑi^{21} tɕər^{21}
海 寿 长 增争含鲁美 寿 长 这 又 系 柏 翠 梯 上

ȵiə^{21} tər^{55}. mɯ^{33} tɕər^{21} gu^{33} la^{21} kə^{55} bʏ^{33} khə^{21}, zɿ^{33} ʂər^{21} phʏ^{33} do^{21} lɯ^{55} do^{21} tʂhʅ^{33} le^{33}
系 天 上 巩劳构补 处 寿 长 祖 见 孙 见 这 又

me^{55}, nɯ^{21} nɯ^{21} ua^{21} le^{33} me^{55}, zɿ^{33} ʂər^{21} phʏ^{33} do^{21} lɯ^{55} do^{21} by^{33} le^{33} me^{55}. | mɯ^{33} tɕər^{21}
求 生儿 和 育女 又 求 寿 长 祖 见 孙 见 份 又 求 天 上

gu^{33} la^{21} kə^{55} bʏ^{33} la^{21} nɯ^{33} y^{21}, ka^{33} le^{21} ka^{33} tshy^{55}、dʑi^{33} mi^{55} dʑi^{33} tsɿ^{33} tɕər^{21} ȵiə^{21} ku^{21}.
巩劳构补 手 以 拿 高勒高趣 金命金兹 上 递

ka^{33} le^{21} ka^{33} tshy^{55}、dʑi^{33} mi^{55} dʑi^{33} tsɿ^{33} kʏ^{33} phər^{21} dzæ^{33} ʂʅ^{21}, zɿ^{33} ʂər^{21} ha^{55} i^{33}, dʑi^{21} i^{33}
高勒高趣 金命金兹 头 白 齿 黄 寿 长 日 有 水 流

dər^{33} ʂər^{55}, le^{33} nɯ^{21} le^{33} ua^{21}, tshy^{55} zɿ^{33} lu^{55} zɿ^{33} i^{33} le^{33} hə^{21}. | bi^{33} thʏ^{33} mə^{55} tʂhʅ^{33} ȵi^{33},
塘 满 又 生儿 又 育女 趣 儿 四 儿 有 又 去 太阳 出 的 今天

i^{33} da^{13} tʂhʅ^{33} dɯ^{33} dʑi^{13}, ka^{33} le^{21} ka^{33} tshy^{55}、dʑi^{33} mi^{55} dʑi^{33} tsɿ^{33} tɕhy^{33} tʂhʅ^{21} kʏ^{33} mæ^{55}
主人 这 一 家 高勒高趣 金命金兹 宗族 后裔

gʏ^{33}, ly^{55} kʏ^{33} py^{33} bʏ^{33} nɯ^{33}, bər^{33} y^{21} ʐʅ^{33} ha^{33} tʂhər^{21} na^{55} ɕy^{55} ma^{21} tʂhu^{55} pa^{33} be^{33}.
成 举仪 会 祭司 以 牦牛绵羊 酒 饭 肥肉 瘦肉 柏 酥油 供养 做

phʏ^{33} la^{21} ga^{33} la^{21} nɯ^{33}, zɿ^{33} ʂər^{21} phʏ^{33} do^{21} lɯ^{55} do^{21} tʂhʅ^{33} le^{33} tər^{55}, dʑy^{21} na^{55} zo^{55} lo^{33}
大神 战神 以 寿 长 祖 见 孙 见 这 又 系 居那若罗

dʑy^{21} zɿ^{33} ʂər^{21}、he^{21} i^{33} ba^{33} da^{21} dzər^{21} zɿ^{33} ʂər^{21}、mɯ^{33} lɯ^{55} da^{33} dʑi^{21} hɯ^{55} zɿ^{33} ʂər^{21}、
山 寿 长 含依巴达 树 寿 长 美利达吉 海 寿 长

tse^{55} tse^{33} hæ^{21} lʏ^{33} me^{33} zɿ^{33} ʂər^{21} tʂhʅ^{33} le^{33} tər^{55}, ɕy^{55} hər^{21} le^{33} dʑi^{21} tɕər^{21} ȵiə^{21} tər^{55}, kʏ^{33}
增争含鲁美 寿 长 这 又 系 柏 翠 梯 上 系 头

phər^{21} dzæ^{33} ʂʅ^{21} i^{33} da^{21} tɕər^{21} le^{33} tər^{55}. | dʑy^{21} na^{55} zo^{55} lo^{33} dʑy^{21} zɿ^{33} ʂər^{21}、he^{21} i^{33} ba^{33}
白 齿 黄 主人 上 又 系 居那若罗 山 寿 长 含依巴达

da^{21} dzər^{21} zɿ^{33} ʂər^{21}、mɯ^{33} lɯ^{55} da^{33} dʑi^{21} hɯ^{55} zɿ^{33} ʂər^{21}、tse^{55} tse^{33} hæ^{21} lʏ^{33} me^{33} zɿ^{33}
树 寿 长 美利达吉 海 寿 长 增争含鲁美 寿

ʂər^{21}、ɕy^{55} hər^{21} le^{33} dʑi^{21} tshe^{21} ho^{55} tʂər^{33} ko^{55} nɯ^{33}, mɯ^{33} gə^{33} gu^{33} la^{21} kə^{55} bʏ^{33} khə^{21} le^{33}
长 柏 翠 梯 十 八 级 上 以 天 的 巩劳构补 处 又

me^{55}, ky̩^{33} phər^{21} dzæ^{33} ʂʅ^{21} me^{55}, zʅ^{33} ʂər^{21} phy̩^{33} do^{21} lɯ^{55} do^{21} tʂhʅ^{33} le^{33} me^{55}.（tshe^{55}
求 头 白 齿 黄 求 寿 长 祖 见 孙 见 这 又 求

tshe^{55} hər^{21} 三字无法读成句子）. zʅ^{33} ʂər^{21} phy̩^{33} do^{21} lɯ^{55} do^{21},
寿 长 祖 见 孙 见

把居那若罗神山的长寿、含依巴达神树的长寿、美利达吉神海的长寿、增争含鲁美神石的长寿，系于翠柏天梯。向天上的巩劳构补大神，求长寿而祖孙相见四世同堂，求生儿育女。由巩劳构补拿来递给高勒高趣及其妻金命金兹。高勒高趣及其妻金命金兹，便活到发白齿黄、延年益寿，活水长流水塘满，生儿又育女，养育了四个儿子。

太阳晴朗的今天，这一主人家，是高勒高趣和金命金兹家的宗族后裔，请会举行祭仪的东巴祭司，用牦牛和绵羊、醇酒和米饭、肥肉和瘦肉、翠柏和酥油，以供养各种神灵。大神和战神，把长寿而祖孙相见四世同堂的福泽，把居那若罗神山之长寿、含依巴达神树的长寿、美利达吉神海的长寿、增争含鲁美神石的长寿，系于翠柏天梯，把长寿而发白齿黄系于主人。通过十八级翠柏天梯，向天上的巩劳构补大神，求居那若罗神山之长寿，求含依巴达树之长寿，求美利达吉神海之长寿，求增争含鲁美神石之长寿，求活到发白齿黄，求长寿而祖孙同堂。把长寿而祖孙相见，

384-D-54-12

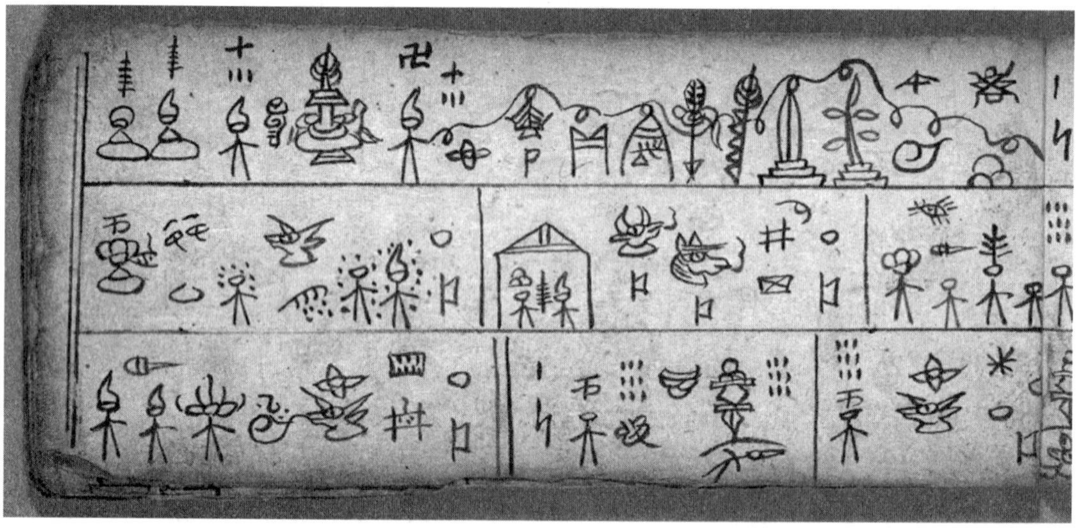

he^{21} dɯ^{21} zʅ^{33} ʂər^{21}、he^{21} dɯ^{21} mi^{55} zi^{33} zʅ^{33} ʂər^{21} nɯ^{33}, i^{33} duɑ^{33} lɑ^{33} mu^{33} tshe^{21} sʅ^{55} ky̩^{33},
神 大 寿 长 神 大 女 美 寿 长 以 依端拉姆 十 三 个

dy̩^{33} phər^{21} py^{21} bɑ^{33} lɑ^{21} phə^{33} ty^{55}, i^{33} duɑ^{33} uɑ^{21} hər^{21} lɑ^{33} mu^{33} tshe^{21} sʅ^{55} ky̩^{33} gə^{33} lɑ^{21}
海螺 白 净水壶 手 中 捧 吉祥 松石 绿 拉姆 十 三 个 的 手

nɯ^{33} tər^{55}, sʅ^{55} ko^{21} dzʅ^{33} ne^{21} uə^{33} tɕy̩^{21} tər^{55}, dzʅ^{33} ne^{21} uə^{33} zʅ^{33} ʂər^{21} le^{33} tər^{55}, dʑy^{21} ʂuɑ^{21}
以 系 活人家 村 和 寨 上 系 村 和 寨 寿 长 又 系 山 高

so^{33} ʂuɑ^{21} zʅ^{33} ʂər^{21} tʂhʅ^{33} le^{33} tər^{55}, sʅ^{55} gə^{33} no^{21} by^{55} lɯ^{33} sʅ^{33} zʅ^{33} ʂər^{21} tʂhʅ^{33} le^{33} tər^{55},
峻岭 高 寿 长 这 又 系 素神的 五宝 箭 寿 长 这 又 系

çy^{55} hər^{21} le^{33} dʑi^{21} ko^{55} le^{33} tər^{55}, dʑy^{21} nɑ^{55} zo^{55} lo^{33} dʑy^{21} zɿ^{33} ʂər^{21}、he^{21} i^{33} bɑ^{33} dɑ^{21}
柏 翠 梯 上 又 系 居那若罗 山 寿 长 含依巴达

dzər^{21} zɿ^{33} ʂər^{21}、mɯ^{33} lɯ^{55} dɑ^{33} dʑi^{21} hɯ^{55} zɿ^{33} ʂər^{21}、tse^{55} tse^{33} hæ^{21} ly̥^{33} me^{33} zɿ^{33} ʂər^{21}
树 寿 长 美利达吉 海 寿 长 增争含鲁美 寿 长

tʂhɿ^{33} le^{33} tər^{55} .i^{33} dɑ^{13} tʂhɿ^{33} dɯ^{33} dʑi^{13}, ky̥^{33} phər^{21} dzæ^{33} ʂɿ^{21}, phy̥^{33} do^{21} lɯ^{55} do^{21}, mi^{33}
这 又 系 主人 这 一 家 头 白 齿 黄 祖 见 孙 见 妻

hæ^{21} tsho^{21} dzɿ^{33},nɯ^{21} dzɿ^{33} no^{55} dzɿ^{33}, dzi^{33} dzɿ^{33} huɑ^{21} dzɿ^{33} gy̥^{33} be^{33} ho^{55}.| i^{33} dɑ^{13} ly̥^{33}
娶 人 增 六畜 增 诺神 增 人 增 华神 增 成 地 愿 主人 孙子

by̥^{33} ly̥^{33} me^{33} zɿ^{33} ʂər^{21}, le^{21} phæ^{33} khu^{33} le^{21} ʂər^{55}, gu^{21} phæ^{33} khu^{55} gu^{21} ʂər^{55}. mə^{33} gu^{21}
孙女 寿 长 牛 拴 处 牛 满 马 拴 处 马 满 无 病

mə^{33} tshər^{33} gy̥^{33} be^{33} ho^{55}.| phy̥^{33} khu^{33} lɯ^{55} nɯ^{33} tʂu^{55}, sɿ^{21} khu^{33} zo^{33} nɯ^{33} tʂu^{55}, me^{33}
无 痛 成 地 愿 祖 古规 孙 以 接 父 古规 子 以 接 母

khu^{33} mi^{55} nɯ^{33} tʂu^{55}, kho^{33} y^{21} he^{33} hɯ^{21}, dʑi^{21} i^{33} dər^{33} ʂər^{55}, le^{33} nɯ^{21} le^{33} uɑ^{21}, le^{33} hɯ^{21}
古规 女 以 接 声 轻 魂 宁 水 流 塘 满 又 生儿 又 育女 又 富

le^{33} dzæ^{33} gy̥^{33} be^{33} ho^{55}.| dɯ^{33} tʂhər^{55}, phər^{21} zo^{33} gy̥^{33} ky̥^{55} nɯ^{33}, ŋy̥^{33} phər^{21} thɑ^{55} phər^{21}
又 强 成 地 愿 一 代 盘神 儿 九 个 以 银 白 塔 白

tshɿ^{55},dy̥^{21} tshɿ^{21} gy̥^{33} ky̥^{55} mu^{21} le^{33} zər^{21}.| phər^{21} zo^{33} gy̥^{33} ky̥^{55} nɯ^{21} ne^{21} uɑ^{21},phər^{21} zo^{33}
建 毒鬼 九 个 下 又 压 盘神 儿 九 个 生儿 和 育女 盘神 儿

ty̥^{33} ty̥^{21} kɯ^{33} kɯ^{21} dzɿ^{33} gy̥^{33} be^{33} ho^{55}.
千 千 万 万 增 成 地 愿

由长寿的人神、长寿且漂亮的女神、十三位手捧白海螺净水壶的依端拉姆女神、十二位吉祥的绿松石色的拉姆女神，把活人之家系于村和寨，把村寨之长寿、高山和峻岭的长寿、素[1]神五宝箭的长寿，系于翠柏天梯，把居那若罗神山之长寿、含依巴达神树的长寿、美利达吉神海之长寿、增争含鲁美神石之长寿系于这一主人家。愿这一主人家，长寿到发白齿黄，祖孙相见四世同堂，娶妻人丁旺，六畜和诸神兴旺，人和华神都发展。主人这一家的孙子孙女得长寿，拴牛的地方牛拴满，拴马之处马拴满；人无病无痛。愿祖辈的古规由孙辈传承，父辈的古规由儿得传承，母亲的古规由女儿传承。愿耳闻佳音心神宁，水流常淌水塘满，生儿又育女，富裕又强盛。

有这么一个时代，盘神九兄弟，建银白色白塔，压住九个毒鬼。盘神九兄弟都生儿又育女，愿盘神千千万万地发展。

① 素：音译神名，近似家神，但又不完全等同。

384-D-54-13

dɯ^{33} tʂhər^{55}, sæ^{21} zo^{33} gv̩^{33} kv̩^{55} nɯ^{33}, hæ^{33} ʂʅ^{21} thɑ^{55} ʂʅ^{21} tshʅ^{55}, sʅ^{13} tshʅ^{21} gv̩^{33} kv̩^{55} mu^{21}
一 代 禅神男子 九 个 以 金 黄 塔 黄 建 术 鬼 九 个 下

le^{33} zər^{21}. | sæ^{21} zo^{33} gv̩^{33} kv̩^{55} nɯ^{21} ne^{21} uɑ^{21}, sæ^{21} zo^{33} tv̩^{33} tv̩^{21} kɯ^{33} kɯ^{21} dzʅ^{33} gv̩^{33}
又 压 禅神 男子 九 个 生儿 又 育女 禅神 儿 千 千 万 万 增 成

ho^{55}. | dɯ^{33} tʂhər^{55}, mɯ^{33} lɯ^{55} du^{21} dzʅ^{33} zo^{33}, du^{21} zo^{33} gv̩^{33} kv̩^{55} nɯ^{33}, uɑ^{21} hər^{21} thɑ^{55}
愿 一 代 美利董主 男儿 董 男儿 九 个 以 松石 绿 塔

hər^{21} tshʅ^{55}, sʅ^{13} tshʅ^{21} gv̩^{33} kv̩^{55} mu^{21} le^{33} zər^{21}. | du^{21} zo^{33} gv̩^{33} kv̩^{55}、du^{21} mi^{55} ʂər^{33} kv̩^{55}
绿 建 术 鬼 九 个 下 又 压 董 男儿 九 个 董 女儿 七 个

nɯ^{21} ne^{21} uɑ^{21} gv̩^{33} be^{33} ho^{55}. | dɯ^{33} tʂhər^{55}, he^{21} zo^{33} gv̩^{33} kv̩^{55} nɯ^{33}, dv̩^{33} phər^{21} thɑ^{55}
生儿 和 育女 成 地 愿 一 代 恒神 男子 九 个 以 海螺 白 塔

phər^{21} tshʅ^{55}, tshʅ^{21} o^{33} nɑ^{21} me^{33} gv̩^{33} kv̩^{55} mu^{21} le^{33} zər^{21}. | he^{21} zo^{33} gv̩^{33} kv̩^{55} he^{21} zo^{33}
白 建 鬼 骨 黑 的 九 个 下 又 压 恒神 男子 九 个 恒神 男子

he^{21} mi^{55} tv̩^{33} tv̩^{21} kɯ^{33} kɯ^{21} dzʅ^{33}, le^{33} nɯ^{21} le^{33} uɑ^{21} gv̩^{33} be^{33} ho^{55}. | dɯ^{33} tʂhər^{55},tsho^{21}
恒神 女 千 千 万 万 增 又 生儿 又 育女 成 地 愿 一 代

ze^{33} lɯ^{55} ɯ^{33} nɯ^{33}, tʂhu^{21} nɑ^{55} thɑ^{55} nɑ^{21} tshʅ^{55},dæ^{33} me^{33} lo^{33} pɑ^{21} mu^{21} le^{33} zər^{21}. | ɯ^{33}
崇忍利恩 以 墨玉 黑 塔 黑 建 丹美罗保 下 又 压

hɯ^{21} sʅ^{21} zʅ^{33} i^{33}, nɯ^{21} ne^{21} uɑ^{21}, kv̩^{33} phər^{21} dzæ^{33} ʂʅ^{21} gv̩^{33} be^{33} ho^{55}. | dɯ^{33} tʂhər^{55}, kɑ^{33}
斑鸠 三 兄弟 有 生儿 和 育女 头 白 齿 黄 成 地 愿 一 代

le^{21} kɑ^{33} tshy^{55} nɯ^{33}, ŋv̩^{33} phər^{21} thɑ^{55} phər^{21} tshʅ^{55}, dv̩^{33} phər^{21} lo^{33} ȵiə^{55} mu^{21} le^{33} zər^{21}. |
高勒高趣 以 银 白 塔 白 建 毒盘罗纽 下 又 压

tshy^{55} zɿ^{33} lu^{55} zɿ^{33} i^{33}, kʋ^{33} phər^{21} dzæ^{33} ʂʅ^{21}, nɯ^{21} ne^{21} uɑ^{21} gʋ^{33} be^{33} ho^{55}. | bi^{33} thʋ^{33}
趣 兄弟 四 兄弟 有 头 白 齿 黄 生儿 和 育女 成 地 愿 太阳 出

mə^{55} tʂhʅ^{33} ȵi^{33}, i^{33} dɑ^{13} tʂhʅ^{33} dɯ^{33} dʑi^{13}, mɯ^{33} lɯ^{55} du^{21} dzɿ^{33}、tsho^{21} ze^{33} lɯ^{55} ɯ^{33}、kɑ^{33}
的 今天 主人 这 一 家 美利董主 崇忍利恩

le^{21} kɑ^{33} tshy^{55} tɕhy^{33} tʂhʅ^{21} kʋ^{33} mæ^{55} gʋ^{33}.
高勒高趣 宗族 后裔 成

有这么一个时代，禅神九兄弟，建了黄金塔，把九个术①鬼压下去，禅神九兄弟，生儿又育女，愿禅神发展成千千万万。

又一个时代，美利董主时代，美利董主家的九兄弟，建造松石塔把九个术鬼压下去。愿美利董主家的九男七女都生儿又育女。

又一个时代，恒神九兄弟，建造白海螺色的白塔，把九个黑鬼压下去。愿恒神九兄弟生儿又育女，儿女发展成千千万万。

又一个时代，崇忍利恩建造墨玉塔，把仇敌宽下巴的母狐丹美罗保压下去，养育了似斑鸠一样的三兄弟。愿他们都生儿又育女，活到发白齿黄。

又一个时代，高勒高趣建造银白色的塔，把仇敌毒盘罗纽压下去，高勒高趣生养了四兄弟，愿都活到发白齿黄，生儿又育女。

太阳晴朗的今天，这一主人家，是美利董主、崇忍利恩、高勒高趣的宗族后裔。

384-D-54-14

i^{33} dɑ^{13} ɯ^{33} me^{33} tʂhʅ^{33} dɯ^{33} dʑi^{13}, ɕy^{55} hər^{21} thɑ^{55} phər^{21} tshʅ^{55}, ŋʋ^{33} hæ^{21} uɑ^{33} tʂhu^{21} dʋ^{33}
主人 善良 的 这 一 家 柏 翠 塔 白 建 银 黄 松石 墨玉 海螺

phər^{21} i^{33} duɑ^{33} ɯ^{33} me^{33} uɑ^{33} sy^{21} nɯ^{33} dɯ^{33} thɑ^{55} tshʅ^{55}. | ɕy^{55} hər^{21} le^{33} dʑi^{21} nɯ^{33}, sʅ^{55}
白 吉祥 好 的 五 样 以 一 塔 建 柏 翠 梯 以 素神

① 术：音译名词，是美利术主的简称，美利术主是古代一个部落首领的名称，也成为此部落的代称，是称为美利董主为首领的部落的世仇。

dzo^{21} gə^{21} le^{33} tso^{55}, thɑ^{55} phər^{21} tɕər^{21} le^{33} tso^{55}. bər^{33} y^{21} ʐʅ^{33} hɑ^{33} tʂhər^{21} nɑ^{55} ɕy^{55} mɑ^{21}
桥 上方 又 搭 塔 白 上 又 搭 牦牛 绵羊 酒 饭 肥肉 瘦肉 柏 酥油

gv̩^{33} sy^{21} nɯ^{33} tʂhu^{55} pɑ^{33} be^{33}, phər^{21} sæ^{21} gɑ^{33} u^{21} o^{55} he^{21} tʂhu^{55} pɑ^{33} be^{33},tuɑ^{33} kə^{21}
九 样 以 供养 做 盘神 禅神 嘎神 吾神 沃神 恒神 供养 做 端格神

iə^{33} mɑ^{21} tʂhu^{55} pɑ^{33} be^{33}. ɕy^{55} hər^{21} thɑ^{55} phər^{21} nɯ^{33}, dv̩^{21} tshʅ^{21} gv̩^{33} lu^{21} mu^{21} le^{33} zər^{21},
优麻神 供养 做 柏 翠 塔 白 以 毒鬼 九 个 下 又 压

mu^{33} ne^{21} ɯ^{21} i^{33} mu^{21} le^{33} zər^{21}, mi^{33} tshʅ^{21} tʂhə^{55} tshʅ^{21} mu^{21} le^{33} zər^{21}, tshʅ^{21} o^{33} sʅ^{21} ɕi^{33}
猛鬼 和 恩鬼 是 下 又 压 火鬼 秽鬼 下 又 压 鬼 类 三 百

tʂhuɑ^{55} tshər^{21} mu^{21} le^{33} zər^{21}, tər^{21} tshʅ^{21} lɑ^{33} tshʅ^{21} mu^{21} le^{33} zər^{21}, tshʅ^{33} tshʅ^{21} iə^{21} tshʅ^{21}
六十 下 又 压 呆鬼 佬鬼 下 又 压 楚鬼 尤鬼

tv̩^{33} tv̩^{21} kɯ^{33} kɯ^{21} mu^{21} le^{33} zər^{21}. | i^{33} dɑ^{13} ɯ^{33} me^{33} tʂhʅ^{33} dɯ^{33} dʑi^{13}, le^{33} nɯ^{21} le^{33} uɑ^{21},
千 千 万 万 下 又 压 主人 善良 的 这 一 家 又 生儿 又 育女

phv̩^{33} do^{21} lɯ^{55} do^{21}, zʅ^{33} ʂər^{21} hɑ^{55} i^{33}, dʑi^{21} i^{33} dər^{33} ʂər^{55}, kho^{33} y^{21} he^{33} hɯ^{21} gv̩^{33} be^{33}
祖 见 孙 见 寿 长 日 有 水 流 塘 满 声 轻 魂 安 成 地

ho^{55}.dɯ^{33} tʂhər^{55}, i^{33} dɑ^{13} ɯ^{33} me^{33} tʂhʅ^{33} dɯ^{33} dʑi^{13},ly^{55} kv̩^{33} py^{33} bv̩^{21} nɯ^{33},sʅ^{33} phər^{21} bər^{33}
愿 一 代 主人 善良 的 这 一 家 举仪 会 祭司 以 毡 白 牦牛

phər^{21} ʐʅ^{21} lv̩^{33} tɯ^{21}, ŋv̩^{33} hæ^{21} uɑ^{33} tʂhu^{21} dv̩^{33} phər^{21} nɯ^{33}, ɕy^{55} hər^{21} thɑ^{55} phər^{21}、nɑ^{33}
白 神坛 设 银 金 松石 墨玉 海螺 白 以 柏 翠 塔 白 纳召

tsɑ^{21} tshʅ^{55},bər^{33} y^{21} ʐʅ^{33} hɑ^{33} tʂhər^{21} nɑ^{55} ɕy^{55} mɑ^{21} nɯ^{33}, phər^{21} sæ^{21} gɑ^{33} u^{21} o^{55} he^{21}
建 牦牛 绵羊 酒 饭 肥肉 瘦肉 柏 酥油 以 盘神 禅神 嘎神 吾神 沃神 恒神

tʂhu^{55} pɑ^{33} be^{33}, ɕy^{55} hər^{21} thɑ^{55} phər^{21}、nɑ^{33} tsɑ^{21} tʂhu^{55} pɑ^{33} be^{33}.
供养 做 柏 翠 塔 白 纳召 供养 做

这一善良的主人家，建翠柏白塔，用金、银、松石、墨玉、海螺五种吉祥物建塔，用翠柏天梯作素神的桥，把天梯搭在塔上。用牦牛和绵羊，醇酒和米饭，肥肉和瘦肉，翠柏和酥油等九种供品，供养盘神和禅神、嘎神和吾神、沃神和恒神，供养端格战神和优麻战神。用白塔把九个毒鬼压下去，把猛鬼和恩鬼压下去，把火鬼和秽鬼压下去，把三百六十种鬼类压下去，把呆鬼和佬鬼压下去，把楚鬼和尤鬼压下去，把千千万万的鬼压下去。愿这一主人家，生儿又育女，祖孙相见四世同堂，延年益寿，活水常流水塘满，耳闻佳音心神宁。

又一个时代，这一善良的主人家，请来会举行祭仪的东巴祭司。由东巴祭司设上铺着白牦牛毛毡的神坛，撒上新鲜的白米作神粮，用白银和黄金、松石和墨玉、白海螺及翠柏，建造白塔和纳召。用牦牛和绵羊、醇酒和米饭、肥肉和瘦肉、翠柏和酥油，供养盘神和禅神、嘎神和吾神、沃神和恒神，供养白塔和纳召。

384-D-54-15

i^{33} da^{13} ɯ^{33} me^{33} tʂhʅ^{33} dɯ^{33} dʑi^{13}, ɕy^{55} hər^{21} tha^{55} phər^{21}、na^{33} tsa^{33} tshʅ^{55}, sər^{33} o^{33} ɯ^{33}
主人 善良 的 这 一 家 柏 翠 塔 白 纳召 建 木 质 好

nɯ^{33} o^{33} le^{33} be^{33}, gv̩^{33} sy^{21} tʂʅ^{33} nɯ^{33} na^{55} le^{33} be^{33}, dʑi^{33} ʂu^{21} gv̩^{33} sy^{21} nɯ^{33} sæ^{33} le^{33} be^{33},
以 骨 又 做 九 样 土 以 肉 又 做 水 纯 九 样 以 血 又 做

hər^{33} nɯ^{33} sa^{55} le^{33} be^{33}, no^{21} bv̩^{33} tʂhʅ^{55} ua^{33} sy^{21} nɯ^{33}, ɕy^{55} hər^{21} tha^{55} phər^{21} tshʅ^{55}, ɕy^{55}
风 以 气 又 做 五宝 五 样 以 柏 翠 塔 白 建 柏

hər^{21} na^{33} tsa^{21} tshʅ^{55}, dv̩^{33} phər^{21} ŋv̩^{33} hæ^{21} ua^{33} tʂhu^{21} nɯ^{33} tha^{55} phər^{21}、na^{33} tsa^{21} tshʅ^{55}. |
翠 纳召 建 海螺 白 银 金 松石 墨玉 以 塔 白 纳召 建

bər^{33} y^{21} ʐʅ^{33} ha^{33} tʂhər^{21} na^{55} ɕy^{55} ma^{21} nɯ^{33} tha^{55} phər^{21} na^{33} tsa^{21} tʂhu^{55} pa^{33} be^{33}. |
牦牛绵羊 酒 饭 肥肉 瘦肉 柏 酥油 以 塔 白 纳召 供养 做

i^{33} da^{13} tʂhʅ^{33} dɯ^{33} dʑi^{13}, bər^{33} y^{21} ʐʅ^{33} ha^{33} tʂhər^{21} na^{55} ɕy^{55} ma^{21} nɯ^{33} tʂhu^{55} pa^{33} be^{33}. |
主人 这 家 牦牛 绵羊 酒 饭 肥肉 瘦肉 柏 酥油 以 供养 做

ȵi^{33} me^{33} thv̩^{33}, gə^{21} tshe^{55} tshe^{55} bv̩^{33} me^{33} nɯ^{33} tɕhi^{33}, dv̩^{33} phər^{21} tha^{55} phər^{21}、na^{33} tsa^{21}
东方 格衬称补 者 以 守 海螺 白 塔 白 纳召

nɯ^{33}, tshʅ^{21} o^{33} phər^{21} me^{33} gv̩^{33} kv̩^{55} mu^{21} le^{33} zər^{21}. | i^{33} da^{13} tʂhʅ^{33} dʑi^{13} nɯ^{33},bər^{33} y^{21} ʐʅ^{33}
以 鬼 骨 白 的 九 个 下 又 压 主人 这 一 以 牦牛 绵羊 酒

ha^{33} tʂhər^{21} na^{55} ɕy^{55} ma^{21} tʂhu^{55} pa^{33} be^{33}. i^{33} tʂhʅ^{33} mu^{21}, se^{55} ʐʅ^{33} mi^{21} gu^{33} me^{33} nɯ^{33}
饭 肥肉 瘦肉 柏 酥油 供养 做 南方 胜日明恭 者 以

tɕhi^{33}, ua^{21} hər^{21} tha^{55} hər^{21}、na^{33}tsa^{21} nɯ^{33}, tshʅ^{21} o^{33}hər^{21} me^{33} gv̩^{33} kv̩^{55} mu^{21} le^{33} zər^{21}. |
守 松石 绿 塔 绿 纳召 以 鬼 骨 绿 的 九 个 下 又 压

i^{33} da^{13} tʂhɿ^{33} dʑi^{13} nɯ^{33},bər^{33} y^{21} ʐʅ^{33} ha^{33} tʂhər^{21} na^{55} ɕy^{55} ma^{21} tʂhu^{55} pa^{33} be^{33}. | ȵi^{33} me^{33}
主人 这 家 以 牦牛绵羊 酒 饭 肥肉 瘦肉 柏 酥油 供养 做 西方

gv̩^{21}, na^{55} se^{33} tʂhu^{33} lu^{21} me^{33} nɯ^{33} tɕhi^{33}, tʂhu^{21} na^{55} tha^{55} na^{21}、na^{33} tsa^{21} nɯ^{33}, tshɿ^{21} o^{33}
纳生初卢 者 以 守 墨玉 黑 塔 黑 纳召 以 鬼 骨

na^{21} me^{33} gv̩^{33} kv̩^{55} mu^{21} le^{33} zər^{21}. | i^{33} da^{13} tʂhɿ^{33} dʑi^{13} nɯ^{33}, bər^{33} y^{21} ʐʅ^{33} ha^{33}
黑 的 九 个 下 又 压 主人 这 家 以 牦牛 绵羊 酒 饭

善良的这一主人家，建翠柏白塔[①]和纳召，用好木质的木料作塔之骨，用九种好土作塔的肉，用九处的净水作塔的血，以风作塔的气，用五宝来建白塔和纳召，用白银和黄金、松石和墨玉、白海螺建白塔和纳召，并用牦牛和绵羊、醇酒和米饭、肥肉和瘦肉、翠柏和酥油供养白塔和纳召。

这一家主人，用牦牛和绵羊、醇酒和米饭、肥肉和瘦肉、翠柏和酥油供养各种神灵。塔之东方由东方战神格衬称补守卫，用白海螺色的白塔和纳召压住九个白鬼。这一家主人，用牦牛和绵羊、醇酒和米饭、肥肉和瘦肉、翠柏和酥油供养白塔和纳召。塔之南方由南方战神胜日明恭守卫，用松石绿塔压住九个绿鬼。这一主人家，用牦牛和绵羊、醇酒和米饭、肥肉和瘦肉、翠柏和酥油供养塔和纳召。塔之西方由西方战神纳生初卢守卫，用黑墨玉塔压住九个黑鬼。这一主人家，用牦牛和绵羊、醇酒和米饭、

384-D-54-16

tʂhər^{21} na^{55} ɕy^{55} ma^{21} tʂhu^{55} pa^{33} be^{33}. | ho^{33} gv̩^{33} lo^{21}, gv̩^{33} se^{55} khə^{33} ba^{33} me^{33} nɯ^{33} tɕhi^{33},
肥肉 瘦肉 柏 酥油 供养 做 北方 古生抠巴 者 以 守

hæ^{33} ʂʅ^{21} tha^{55} ʂʅ^{21}、na^{33} tsa^{33} nɯ^{33}, tshɿ^{21} o^{33} ʂʅ^{21} me^{33} gv̩^{33} kv̩^{55} mu^{21} le^{33} zər^{21}. | i^{33} da^{13}
金 黄 塔 黄 纳召 以 鬼 骨 黄 的 九 个 下 又 压 主人

tʂhɿ^{33} dʑi^{13} nɯ^{33},bər^{33} y^{21} ʐʅ^{33} ha^{33} tʂhər^{21} na^{55} ɕy^{55} ma^{21} nɯ^{33},phər^{21} sæ^{21} ga^{33} u^{21} o^{55}
这 家 以 牦牛 绵羊 酒 饭 肥肉 瘦肉 柏 酥油 以 盘神 禅神 嘎神 吾神 沃神

① 原文没有“白塔”，只写了“纳召”，据前后文译者加了“白塔”。也许是写此书的东巴之笔误，因后文又写成“塔”了。

he^{21} tʂhu^{55} pɑ^{33} be^{33}.｜mɯ^{33} nɯ^{21} dy^{21} ly^{55} gv̩^{33}, so^{33} y^{21} tshi^{55} gv̩^{33} me^{33} nɯ^{33} tɕhi^{33}, ŋv̩^{21}
恒神 供养 做 天 和 地 中央 梭余晋古 者 以 守 银

dzæ^{21} thɑ^{55} dzæ^{21}、nɑ^{33} tsɑ^{21} nɯ^{33}, tshɿ^{21} o^{33} dzæ^{21} me^{33} gv̩^{33} kv̩^{55} mu^{21} le^{33} zər^{21}.｜bər^{21}
花 塔 花 纳召 以 鬼 骨 花 者 九 个 下 又 压 龙

tɕhy^{33} si^{21} so^{33} sɿ^{55} kv̩^{33} thɑ^{55} kv̩^{33} dzɿ^{21} le^{33} tɕhi^{33},｜thɑ^{55} kv̩^{33} mɯ^{33} gə^{33} gu^{33} lɑ^{21} kə^{55}
大鹏 狮 三 三 个 塔 顶 坐 而 守 塔 顶 天 的 巩劳构补

bv̩^{33} me^{33} nɯ^{33} tɕhi^{33}.｜thɑ^{55} khɯ^{33} ʂuɑ^{21}gu^{33} he^{21} dɯ^{21} me^{33} nɯ^{33} tɕhi^{33}.｜ɕy^{55} hər^{21} thɑ^{55}
者 以 守 塔 底 耍恭恒迪 者 以 守 柏 翠 塔

phər^{21}、ɕy^{55} hər^{21} nɑ^{33} tsɑ^{21} i^{33}, tshɿ^{33} i^{33} hər^{33} ne^{21} mi^{33} nɯ^{33} ʂər^{33} mə^{33} tʂər^{21}. ɕy^{55} hər^{21}
白 柏 翠 纳召 是 冬 是 风 和 火 以 吞 不 让 柏 翠

thɑ^{55} phər^{21}、ɕy^{55} hər^{21} nɑ^{33} tsɑ^{21} kv̩^{33}, ʐu^{21} mɯ^{33} hɯ^{21} nɯ^{33} khæ^{55} mə^{33} tʂər^{21}, dʑi^{21} nɯ^{33}
塔 白 柏 翠 纳召 顶 夏天 雨 以 淋 不 让 水 以

kuɑ^{33} mə^{33} tʂər^{21}.｜ɕy^{55} hər^{21} le^{33} dʑi^{21}、ɕy^{55} hər^{21} thɑ^{55} phər^{21} gə^{33}, uæ^{33} i^{33} bər^{21} gɑ^{33} lɑ^{21}
吞没 不 让 柏 翠 梯 柏 翠 塔 白 的 左 是 牦牛 战神

nɯ^{33} tɕhi^{33}, i^{21} i^{33} lɑ^{33} gɑ^{33} lɑ^{21} nɯ^{33} tɕhi^{33}.｜i^{33} dɑ^{13} tʂhɿ^{33} dʑi^{13} nɯ^{33}, bər^{33} y^{21} ʐɿ^{33} hɑ^{33}
以 守 右 是 虎 战神 以 守 主人 这 家 以 牦牛 绵羊 酒 饭

tʂhər^{21} nɑ^{55} ɕy^{55} mɑ^{21} nɯ^{33}, ɕy^{55} hər^{21} thɑ^{55} phər^{21}、ɕy^{55} hər^{21} nɑ^{33} tsɑ^{21} tʂhu^{55} pɑ^{33} be^{33},
肥肉 瘦肉 柏 酥油 以 柏 翠 塔 白 柏 翠 纳召 供养 做

phər^{21} sæ^{21} gɑ^{33} u^{21} o^{55} he^{21} tʂhu^{55} pɑ^{33} be^{33}.
盘神 禅神 嘎神 吾神 沃神 恒神 供养 做

肥肉和瘦肉、翠柏和酥油供养白塔和纳召。在塔之北，由北方战神古生抠巴守卫，用黄金塔压住九个黄鬼。这一主人家，用牦牛和绵羊、醇酒和米饭、肥肉和瘦肉、翠柏和酥油供养盘神和禅神、嘎神和吾神、沃神和恒神。在天和地中央由中央战神梭余晋古守卫，用花色塔压下九个花色鬼。塔顶由青龙、大鹏、狮子三尊战神镇守，塔顶由巩劳构补大神坐镇。塔底由耍恭恒迪大神镇守。对翠柏白塔和翠柏纳召，冬天不让寒风和大火吞没，夏天不让大雨和洪水淹没。翠柏天梯和翠柏白塔之左由牦牛战神守护，其右由红虎战神守护。这一主人家，用牦牛和绵羊、醇酒和米饭、肥肉和瘦肉、翠柏和酥油，供养翠柏白塔和纳召，供养盘神和禅神、嘎神和吾神、沃神和恒神。

384-D-54-17

çy^{55} hər^{21} dv̩^{33} phər^{21} thɑ^{55}、çy^{55} hər^{21} nɑ^{33} tsɑ^{21} nɯ^{33},uɑ^{33} tshʅ^{21} gv̩^{33} kv̩^{55} mu^{21} le^{33} zər^{21},

柏 翠 海螺 白 塔 柏 翠 纳召 以 瓦鬼 九 个 下 又 压

dv̩^{21} tshʅ^{21} tse^{21} tshʅ^{21}、tər^{21} tshʅ^{21} lɑ^{33} tshʅ^{21}、tʂhə^{55} tshʅ^{21} mi^{33} tshʅ^{21}、mu^{33} tshʅ^{21} ɯ^{21} tshʅ^{21}、

毒鬼 仄鬼 呆鬼 佬鬼 秽鬼 火鬼 猛鬼 恩鬼

tshʅ^{33} tshʅ^{21} iə^{21} tshʅ^{21} mu^{21} le^{33} zər^{21}.｜i^{33} dɑ^{13} tʂhʅ^{33} dɯ^{33} dʑi^{13}, le^{33} nɯ^{21} le^{33} uɑ^{21}, le^{33}

楚鬼 尤鬼 下 又 压 主人 这 一 家 又 生儿 又 育女 又

hɯ^{21} le^{33} dzæ^{33}, kho^{33} y^{21} he^{33} hɯ^{21}, dʑi^{21} i^{33} dər^{33} ʂər^{55}, mi^{33} hæ^{21} tsho^{21} dzʅ^{33}, kv̩^{33} phər^{21}

富 又 强 声 轻 魂 宁 水 流 塘 满 妻 娶 人 增 头 白

dzæ^{33} ʂʅ^{21}, phv̩^{33} do^{21} lɯ^{55} do^{21}, zʅ^{33} ʂər^{21} hɑ^{55} i^{33} gv̩^{33} be^{33} ho^{55}.｜phv̩^{33} khu^{33} lɯ^{55} nɯ^{33}

齿 黄 祖 见 孙 见 寿 长 日 有 成 地 愿 祖 古规 孙 以

tʂu^{55}, sʅ^{21} khu^{33} zo^{33} nɯ^{33} tʂu^{55}, zʅ^{33} ʂər^{21} phv̩^{33} do^{21} lɯ^{55} do^{21} ho^{55}.｜nɯ^{21} ne^{21} uɑ^{21} me^{33}

接 父 古规 儿 以 接 寿 长 祖 见 孙 见 愿 生儿 和 育女 者

hɯ^{55} lo^{21} ȵi^{33} lu^{21} the^{55} ȵi^{33} thv̩^{33}, hɯ^{21} ne^{21} dzæ^{33} me^{33} æ^{21} ko^{55} bæ^{33} the^{55} ȵi^{33} gv̩^{33}.｜

海 里 鱼 一样 出 富 和 强 者 崖 间 蜂 一样 像

i^{33} dɑ^{13} ɯ^{33} me^{33} tʂhʅ^{33} dɯ^{33} dʑi^{13}, zʅ^{33} ʂər^{21} hɑ^{55} i^{33} me^{33},mɯ^{33} lɯ^{55} du^{21} kv̩^{33} phər^{21} the^{55}

主人 善良 的 这 一 家 寿 长 日 有 的 美利卢 头 白 一样

ȵi^{33} gv̩^{33} be^{33} ho^{55}, le^{55} tɕhi^{33} se^{21} ə^{33} dzʅ^{21} dzæ^{33} ʂʅ^{21} the^{55} ȵi^{33} zʅ^{33} ʂər^{21} hɑ^{55} i^{33} gv̩^{33} be^{33}

成 地 愿 楞启沈阿孜 齿 黄 一样 寿 长 日 有 成 地

ho^{55}.｜dæ^{21} ne^{21} tʂhu^{21} me^{33} i^{33},

愿 能干 和 神速 的 是

用白海螺和翠柏木建的塔和纳召把九个瓦鬼压下去，把毒鬼和仄鬼、呆鬼和佬鬼、秽鬼和火鬼、猛鬼和恩鬼、楚鬼和尤鬼压下去。愿这一主人家，生儿又育女，富裕又强盛，耳闻佳音心神宁，水流塘满，娶妻人丁旺，活到发白齿黄，祖孙相见四代同堂，延年益寿。愿长寿像美利卢一样满头白发，像楞启沈阿孜一样满口黄牙。愿能干神速，

384-D-54-18

pɑ^{33} uə^{33} iə^{33} mɑ^{21} the^{55} n̥i^{33} thv̩^{33} be^{33} ho^{55}, | mɯ^{33} gə^{33} khuɑ^{33} tv̩^{21} bər^{21} dʐʅ^{33} dʑi^{33}、dy^{21}
巴乌优麻神 一样 产生 地 愿 天 的 柯督班朱景神 地

gə^{33} lɑ^{33} lər^{33} dy^{21} dʐʅ^{33} bɯ^{33} the^{55} n̥i^{33} gv̩^{33} be^{33} ho^{55}. | sʅ^{55} ko^{21} mɯ^{33} nɯ^{21} dy^{21} ʐʅ^{33} ʂər^{21}
的 拉朗敦朱崩神 一样 成 地 愿 活人家 天 和 地 寿 长

le^{33} tər^{55}, dʑy^{33} tʂhʅ^{33} uɑ^{21} ʐʅ^{33} ʂər^{21} tər^{55}, dʑy^{21} nɑ^{55} zo^{55} lo^{33} dʑy^{21} ʐʅ^{33} ʂər^{21} le^{33} tər^{55},dzər^{21}
又 系 山 所有 寿 长 系 居那若罗 山 寿 长 又 系 树

tʂhʅ^{33} uɑ^{21} ʐʅ^{33} ʂər^{21} tər^{55}, he^{21} i^{33} bɑ^{33} dɑ^{21} dzər^{21} ʐʅ^{33} ʂər^{21} le^{33} tər^{55}, lv̩^{33} tʂhʅ^{33} uɑ^{21} ʐʅ^{33}
所有 寿 长 系 含依巴达 树 寿 长 又 系 石 所有 寿

ʂər^{21} tər^{55}, tse^{55} tse^{33} hæ^{21} lv̩^{33} me^{33} ʐʅ^{33} ʂər^{21} le^{33} tər^{55}, dʑi^{21} tʂhʅ^{33} uɑ^{21} ʐʅ^{33} ʂər^{21} tər^{55},
长 系 增争含鲁美 寿 长 又 系 所有 寿 长 系

mɯ^{33} lɯ^{55} dɑ^{33} dʑi^{21}hɯ^{55} ʐʅ^{33} ʂər^{21} le^{33} tər^{55}, ɕy^{55} hər^{21} le^{33} dʑi^{21} tshe^{21} ho^{55} tʂər^{33} le^{33} tər^{55},
美利达吉 海 寿 长 又 系 柏 翠 梯 十 八 级 又 系

ɕy^{55} hər^{21} thɑ^{55} phər^{21} tɕər^{21} le^{33} tər^{55}, i^{33} dɑ^{13} ɯ^{33} me^{33} tʂhʅ^{33} dʑi^{21} tɕər^{21} le^{33} tər^{55}, i^{33} dɑ^{13}
柏 翠 塔 白 上 又 系 主人 善良 的 这 家 上 又 系 主人

khv̩^{55} by^{33} ʐʅ^{33} by^{33} tʂhʅ^{33} le^{33} me^{55}, nɯ^{21} by^{33} uɑ^{21} by^{33} tʂhʅ^{33} le^{33} me^{55}. | i^{33} dɑ^{13} tʂhʅ^{33}
岁 份 寿 份 这 又 求 生儿 份 育女 份 这 又 求 主人 这

dɯ^{33} dʑi^{13}, mɯ^{33} ne^{21} dy^{21} tʂu^{55} tʂu^{33} mə^{33} mæ^{21}, tɕi^{21} nɯ^{21} hər^{33} nɯ^{33} le^{33} tʂu^{55} se^{21}. n̥i^{55}
一 家 天 和 地 连接 不 及 云 和 风 以 又 接 了 昼

ne^{21} hɑ^{55} tʂu^{55} tʂu^{33} mə^{33} mæ^{21}, bi^{33} nɯ^{21} le^{21}, kɯ^{21} nɯ^{21} zɑ^{21} nɯ^{33} le^{33} tʂu^{55} se^{21}. | dʑy^{21}

和 夜 连接 不 及 太阳 和月亮 星 和 娆星 以 又 接 了 山

ne^{21} so^{33} tʂu^{55} tʂu^{33} mə^{33} mæ^{13}, hɯ^{21} ne^{21} be^{33} nɯ^{33} le^{33} tʂu^{55} se^{21}. | dʑy^{21} ne^{21} lo^{21} tʂu^{55}

和 岭 连接 不 及 雨 和 雪 以 又 接 了 山 和 谷 连接

tʂu^{33} mə^{33} mæ^{13}, dʑi^{21} nɑ^{55} mæ^{33} ʂər^{21} me^{33} nɯ^{33} tʂu^{55}. | khɣ^{55} ne^{21} zʅ^{33} tʂu^{55} tʂu^{33} mə^{33}

不 及 水 大 尾 长 的 以 接 岁 和 寿 连接 不

mæ^{13}, kɣ^{55} ne^{21} zʅ^{33} le^{33} tʂu^{55} bɯ^{33} · nɯ^{21} ne^{21} uɑ^{21} tʂu^{55} tʂu^{33} mə^{33} mæ^{13}, nɯ^{21} ne^{21} uɑ^{21}

及 岁 和 寿 又 接 要 生儿 和 育女 连接 不 及 生儿 和 育女

le^{33} tʂu^{55} bɯ^{3}; hɯ^{21} ne^{21} dʐæ^{33} tʂu^{55} tʂu^{33} mə^{33} mæ^{21}, hɯ^{21} ne^{21} dʐæ^{33} le^{33} tʂu^{55} bɯ^{33} me^{33};

又 接 要 富 和 强 连接 不 及 富 和 强 又 接 要 的

就像巴乌优麻战神一样，又像天上的柯督班朱景雷神一样，就像地上的拉朗敦朱崩电母一样。

把天和地的长寿系于活人之家，把所有山的长寿和居那若罗神山的长寿、所有树木的长寿与含依巴达神树的长寿、所有石头的长寿及增争含鲁美神石的长寿、所有水流的长寿和美利达吉神海的长寿，系于十八级翠柏天梯，系于翠柏白塔，再系于这一主人家，以求岁求寿，求生儿与育女。这一主人家，天地相连接不及，由白云白风将其相连接。昼和夜相连不及，由太阳、月亮和星宿将其相连接。高山和峻岭相连接不及，由雨和雪将其相连接。山和谷相连接不及，由源远流长的江河将其相连接了。若岁和寿相连接不及就要将其相连；若生儿和育女相连接不及就要将其相连；若富裕和强盛相连接不及就要将其相连接；

384-D-54-19

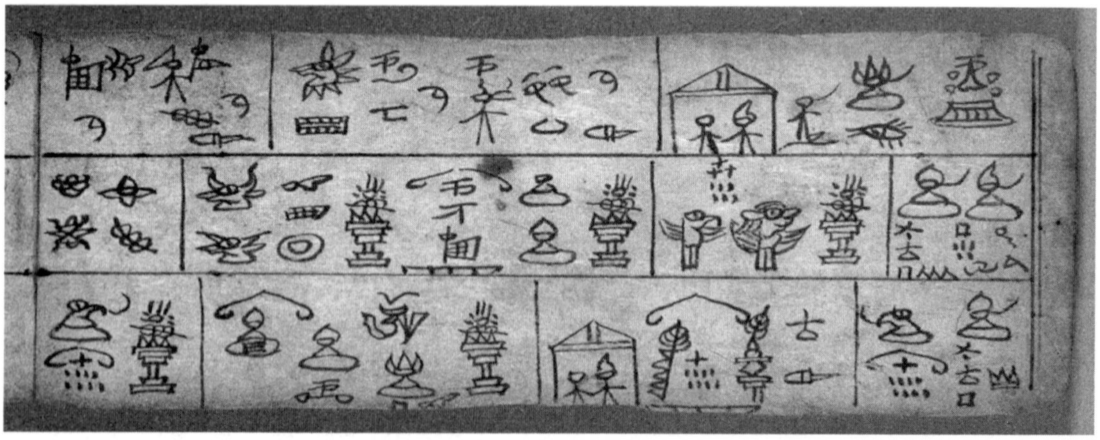

gɑ^{33} ne^{21} zi^{33} tʂu^{55} tʂu^{33} mə^{33} mæ^{13}, gɑ^{33} ne^{21} zi^{33} le^{33} tʂu^{55} bɯ^{33}; dæ^{21} ne^{21} tʂhu^{21} tʂu^{55} tʂu^{33}

胜 和 美 连接 不 及 胜 和 美 又 接 要 能干 和 神速 连接

mə^{33} mæ^{13},dæ^{21} ne^{21} tʂhu^{21} le^{33} tʂu^{55} bɯ^{33}; | py^{21} tso^{33} phɑ^{21} tso^{33} tʂu^{55} mə^{33} mæ^{13}, py^{21}

不 及 能干 和 神速 又 接 要 祭祀 用具 占卜 用具 接 不 及 祭祀

tso33 pɑ21 tso33 tʂhʅ33 le33 tʂu55 bɯ33； kv̩33 phər21 dzæ33 ʂʅ21、phv̩33 do21 lɯ55 do21 le33 tʂu55
用具占卜用具 这 又 接 要 头 白 齿 黄 祖 见 孙 见 又 连

tʂu33 mə33 mæ13 me33 tʂhʅ33 le33 tʂu55 bɯ33. | i33 dɑ13 tʂhʅ33 dɯ33 ʥi13, ze55 tɕi33 bə33 y21
接 不 及 的 这 又 接 要 主人 这 一 家 年轻 脚 捷

tʂər21, lɯ55 kv̩33 py33 bv̩21 dy55 le33 py21. lɯ55 kv̩33 py33 bv̩21 nɯ33，sʅ33 phər21 ʐʅ21 lv̩33 tɯ21,
使 举仪 会 祭司 请 又 祭 举仪 会 祭司 以 毡 白 神坛 设

zʅ33 i33 tʂhuɑ33 phər21 kuɑ55 le33 o55, ŋv̩33 hæ21 uɑ33 tʂhu21 i33 dɑ55 be33 le33 tɕi33. | bər33 y21
鲜 的 米 白 神粮 又 撒 银 金 松石 墨玉 经功钱 做 又 置 牦牛 绵羊

ʐʅ33 hɑ33 tʂhər21 nɑ55 ɕy55 mɑ21 tʂhu55 pɑ33 be33, mɯ33 le33 dy21 ko55 gɯ33 phər21 sæ21 gɑ33
酒 饭 肥肉 瘦肉 柏 酥油 供养 做 天 和 地 之间 盘神 禅神 嘎神

u21 o55 he21 tʂhu55 pɑ33 be33, | tuɑ33 kə21 iə33 mɑ21 sʅ21 ɕi33 tʂhuɑ55 tshər21 tʂhu55 pɑ33
吾神沃神 恒神 供养 做 端格神 优麻神 三 百 六十 供养

be33. | lɑ21 tʂhʅ33 to21 mi55 he21 dɯ21、to21 uɑ33 i21 ʂʅ55 ʥi33 mu33、mɯ33 tɕər21 tshe21 ho55
做 劳蚩铎命 神 大 朵瓦益世金姆 天 上 十 八

ty33 gə33 gu33 lɑ21 kə55 bv̩33 tʂhu55 pɑ33 be33. | mɯ33 gə33 sɑ21 i33 uə33 de33、he21 dɯ21 o33
层 的 巩劳构补 供养 做 天 的 刹依威德 恒迪窝盘

phər21、i33 gv̩21 o33 kə21、to33 bɑ21 ʂər55 lər33 tʂhu55 pɑ33 be33. | i33 dɑ13 tʂhʅ33 dɯ33 ʥi13,
依古阿格 东巴什罗 供养 做 主人 这 一 家

ɕy55 hər21 le33 ʥi21 tshe21 ho55 tʂər33、ɕy55 hər21 thɑ55 phər21 nɯ33 mɯ33 nɯ21 dy21 i33 tʂhʅ33
柏 翠 梯 十 八 级 柏 翠 塔 白 以 天 和 地 是 这

le33 tʂu55. | mɯ33 tɕər21 tshe21 ho55 ty33 gə33 gu33 lɑ21 kə55 bv̩33、lɑ21 tʂhʅ33 to21 mi55、
又 接 天 上 十 八 层 的 巩劳构补 劳蚩铎命

若常胜和美丽连接不及就要将其相连接；若祭祀用具和占卜用具连接不及就要将其相连接；若发白齿黄和四世同堂连接不及就要将其相连接。这一主人家，就派年轻捷足的年轻人，去请会举行祭仪的东巴祭司。由东巴祭司，铺上牦牛毛的白毡子设神坛，神坛上撒上新鲜的白米作神粮，供上白银、黄金、绿松石和墨玉作经功钱；用牦牛和绵羊、醇酒和米饭、肥肉和瘦肉、翠柏和酥油，供养天地间的盘神和禅神、嘎神和吾神、沃神和恒神，供养三百六十尊端格战神和优麻战神，供养劳蚩铎命大神、朵瓦益世金姆女神，供养十八层天上的巩劳构补大神，供养天上的刹依威德大神、恒迪窝盘大神、依古阿格大神、东巴什罗。这一主人家，用十八级翠柏天梯和翠柏白塔，把天地相连接。十八层天上的巩劳构补大神、劳蚩铎命大神、

384-D-54-20

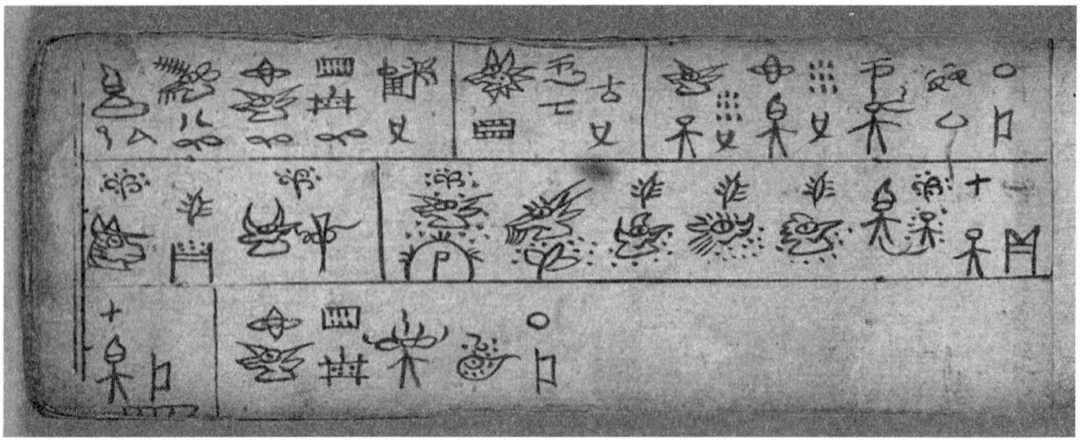

to^{21} uɑ ^{33} i^{21} ʂʅ^{55} ʥi^{33} mu^{33} nɯ^{33}, khʏ^{55} by^{33} zʅ^{33} by^{33} tʂhʅ^{33} me^{55} tʂhʅ^{33} le^{33} iə^{55}, nɯ^{21} by^{33}
朵瓦益世金姆 以 岁 份 寿 份 所 求 这 又 给 生儿 份

uɑ^{21} by^{33} tʂhʅ^{33} me^{55} tʂhʅ^{33} le^{33} iə^{55}, hɯ^{21} by^{33} dʐæ^{33} by^{33} tʂhʅ^{33} me^{55} tʂhʅ^{33} le^{33} iə^{55}, gɑ^{33}
育女 份 所 求 这 又 给 富 份 强 份 所 求 这 又 给 胜

by^{33} zi^{33} by^{33} tʂhʅ^{33} me^{55} tʂhʅ^{33} le^{33} iə^{55}. | py^{21} tso^{33} phɑ^{21} tso^{33} tʂhʅ^{33} me^{55} tʂhʅ^{33} le^{33} iə^{55}. |
份 美 份 所 求 这 又 给 祭祀 用具 占卜 用具 所 求 这 又 给

nɯ^{21} zo^{33} gʏ^{33} kʏ^{33} me^{55} me^{33} tʂhʅ^{33} le^{33} iə^{55}, uɑ^{21} mi^{55} gʏ^{33} kʏ^{55} me^{55} me^{33} tʂhʅ^{33} le^{33} iə^{55}.
福 子 九 个 求 的 这 又 给 吉祥 女 九 个 求 的 这 又 给

kʏ^{33} phər^{21} dzæ^{33} ʂʅ^{21}, phʏ^{33} do^{21} lɯ^{55} do^{21} gʏ^{33} be^{33} ho^{55}. gu^{21} ɕi^{21} gu^{21} dzʅ^{33} dzo^{21} ʂər^{55}.
头 白 齿 黄 祖 见 孙 见 成 地 愿 马 养 马 增 槽 满

le^{55} ɕi^{21} le^{55} dzʅ^{33} khuɑ^{21} ʂər^{55}, | ko^{21} kʏ^{33} by^{33} lʏ^{55} ko^{21} ʂər^{55}.dɑ^{21} khɯ^{33} tshʅ^{55} lʏ^{55} tshʅ^{55}
牛 养 牛 增 桩 满 高原 上 绵羊 牧 高原 满 青冈树 处 山羊 牧 山羊

ʂər^{55}.khɯ^{33} ɕi^{21} khɯ^{33} dzʅ^{33}. bu^{21} ɕi^{21} bu^{21} dzʅ^{33}. æ^{21} ɕi^{21} æ^{21} dzʅ^{33}. mi^{33} hæ^{21} tho^{21} dzʅ^{33},
满 狗 养 狗 增 猪 养 猪 增 鸡 养 鸡 增 妻 娶 人 增

tshe^{21} zo^{33} ɕi^{21} me^{33} tshe^{21} uə^{33} tshʅ^{55}, tshe^{21} mi^{55} ɕi^{21} me^{33} tshe^{33} dy^{21} khu^{33}. | le^{33} nɯ^{21}
十 儿 养 的 十 寨 建 十 女 养 是 十 地 辟 又 生儿

le^{33} uɑ^{21}. le^{33} hɯ^{21} le^{33} dʐæ^{33}. kho^{33} y^{21} he^{33} hɯ^{21}. ʥi^{21} i^{33} dər^{33} ʂər^{55} gʏ^{33} be^{33} ho^{55}.
又 育女 又 富 又 强 声 轻 魂 宁 水 流 塘 满 成 地 愿

朵瓦益世金姆女神，把主人家所求的岁和寿赐予主人，把生儿育女的福分、富裕和强盛、常胜与美丽、祭祀和占卜用具赐予这一主人家。愿这一主人家求得华神的九儿九女，活到发白齿黄，祖孙相见四世同堂。愿养马，马厩满；养牛，牛桩上拴满牛；高原上牧绵羊，绵羊满高原；青冈树丛里放山羊满山坡；养狗狗增多，养猪猪兴旺，养鸡鸡发展。愿娶妻人丁旺，养十个儿子能建十个寨，育十个女儿能辟十片地，生儿又育女，富裕且强盛，耳闻佳音心神宁，活水常流水塘满！

384-D-54-21

封底

（释读、翻译：王世英）

79-D-55-01

zɿ^{33} tʂu^{55} py^{21} ·

（tʂhuɑ^{55} dze^{21}）

huɑ^{21} lv̩^{33} gv̩^{33} lv̩^{55}、huɑ^{55} kə^{55} gv̩^{33} kə^{55}、huɑ^{21} mɑ^{21} gv̩^{33} lv̩^{55}、huɑ^{21} dʑi^{21} gv̩^{33} huɑ^{21} me^{55}

延寿仪式

（六本书）

求九颗华神石、九枝华神树枝、九饼华神圣油、九条华神圣水

79–D–55 延寿仪式·求九颗华神石、九枝华神树枝、九饼华神圣油、九条华神圣水

【内容提要】

古籍叙述了人类祖先美利董主（mɯ lɯ du dzʅ）、崇忍利恩（tsho ze lɯ ɯ）、高勒高趣（kɑ le kɑ tshy）等都求得九颗华神（huɑ）石、九枝华神（huɑ）树枝、九条华神（huɑ）圣水、九饼华神（huɑ）圣油、求得九个华神（huɑ）之男儿和九个华神（huɑ）女儿，建造翠柏纳召，都获得五谷丰登、六畜兴旺、家丁发展、延年益寿、四代同堂。作祭仪的这一主人家，便遵循先祖，建纳召、请神灵、压各种鬼，以求延年益寿。

【英文提要】

Praying Nine *hua* Stones, Nine *hua* Branches

Nine *hua* Holly-butter, Nine *hua* Holly-water

The book describes the ancestors of man, ***mu lu du dzʅ***, ***tsho ze lɯ ɯ*** and ***ka le ka tshy***, all of whom prayed and obtained nine ***hua*** stones, nine branches, nine holly-waters and nine holly-butters. They also obtained nine ***hua***'s sons and nine daughters. They built cedar ***na tsa*** (the exorcising altar), which resulted in a bumper grain harvest, a thriving in all domestic animals, a flourishing in family members, a lengthen lives and a joint family. On following the same way as the ancestor did, members of the family under ritual built the ***na tsa*** and prayed gods for suppressing the ghost in order to lengthen their lives.

79-D-55-02

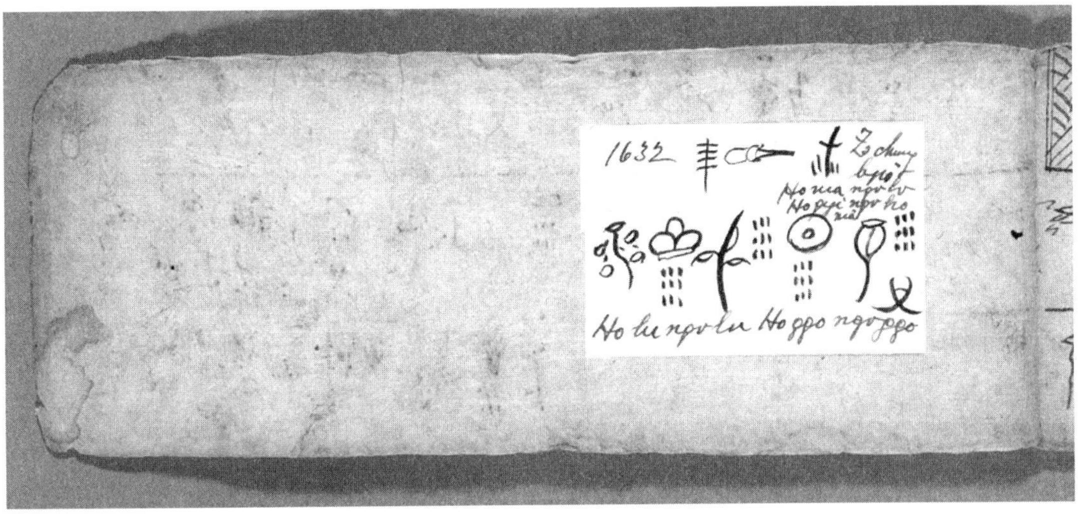

第 1 行："1632"为洛克藏书的编号。三个东巴文为仪式名："延寿仪式"，后用洛克音标标注下仪式名。

中间的东巴文是此古籍的书名。

东巴文上面与下面的音标标记书名叫："求九颗华神神石、九枝华神神树枝、九饼华神圣油和九条华神神水。"

79-D-55-03

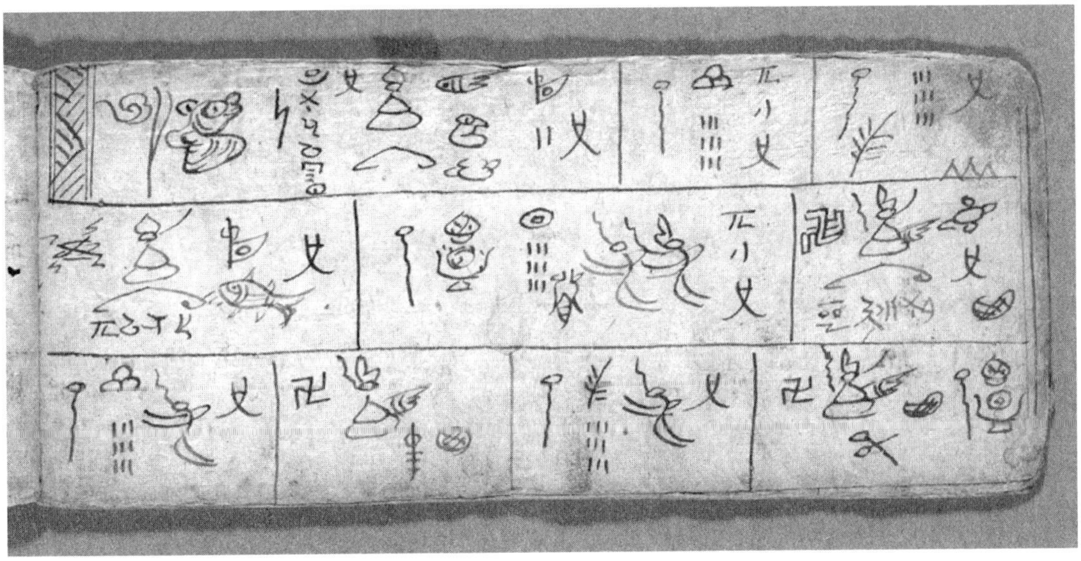

ə^{33} lɑ^{33} mə^{33} ʂər^{55} ȵi^{33}，dɯ^{33} tʂhər^{55}，no^{55} lɑ^{21} kə^{55} bv̩^{33} the^{55} ȵi^{21} me^{33}，| huɑ^{21} lv̩^{33}
远古的时候　一　代　诺劳构补　一样　的　华神 石

gv̩^{33} lv̩^{55}mu^{21} le^{33} me^{55}, | huɑ^{21} kə^{55} gv̩^{33} kə^{55} mu^{21} le^{33} me^{55}. mɯ^{21} gə^{33} ʂʅ^{55} lɑ^{33} dʑə^{33} bɑ^{33}
九　颗　下　又　求　华神 树枝 九　枝　下　又　求　天　的　什拉究巴

he^{21} dɯ^{21} mɯ^{33}bv̩^{21} dzər^{21} gə^{33}① the^{55} ȵi^{21} me^{21}, | huɑ^{21} mɑ^{21} gv̩^{33} tʂhər^{55} mu^{21} le^{33} me^{55}. |
神　大　一样　的　华神 酥油　九　饼　下　又　求

① 这四字符无法与其他字符连读成句，存疑。

i³³ do³³ lɑ³³ mu³³ dɯ²¹ me³³ khə²¹ , huɑ²¹ lv̩³³ gv̩³³ lv̩⁵⁵ me⁵⁵. | i³³ do³³ lɑ³³ mu³³ ly⁵⁵ me³³
依端拉姆 大 者 前 华神 石 九 颗 求 依端拉姆 中等 者

khə²¹, | huɑ²¹ kə⁵⁵ gv̩³³ kə⁵⁵ mu²¹ le³³ me⁵⁵. | i³³ do³³ lɑ³³ mu³³tɕi⁵⁵ me³³ khə²¹,huɑ²¹ mɑ²¹
处 华神 树枝 九 枝 下 又 求 依端拉姆 小 者 前 华神 酥油

远古的时候，有这么一个时代，像诺劳构补大神一样，求九个华神神石，求九枝华神神树枝；又像天的什拉究巴大神一样，求得九饼华神圣油，向大的依端拉姆女神求九颗华神石，向中等的依端拉姆女神求九枝华神神树枝，向小的依端拉姆女神求九饼华神圣油，

79-D-55-04

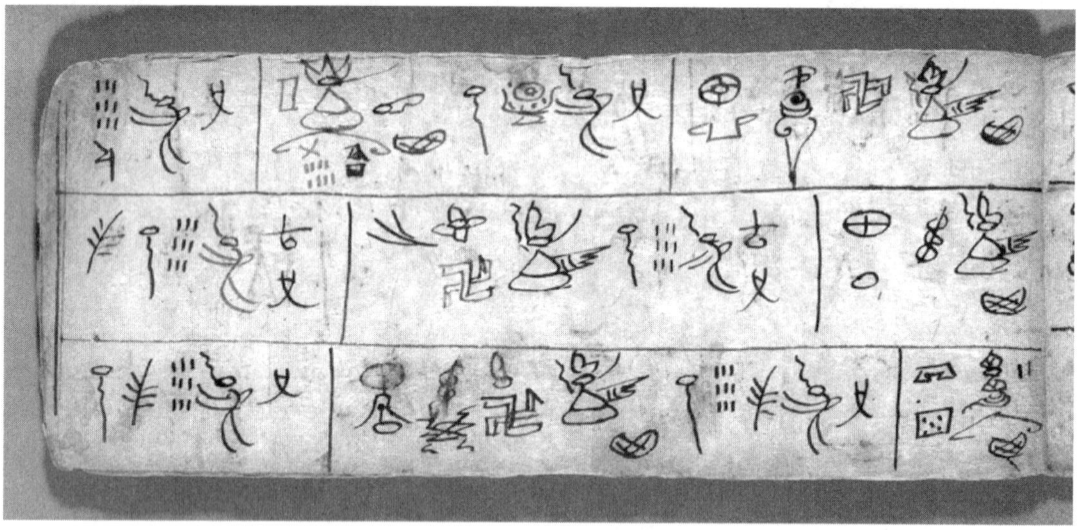

gv̩³³ tʂhər⁵⁵ mu²¹ le³³ me⁵⁵. | mɯ³³ tɕər²¹ tshe²¹ ho⁵⁵ ty³³, to³³ bɑ²¹ ʂər⁵⁵ lər³³khə²¹, huɑ²¹
九 饼 下 又 求 天 上 十 八 层 东巴什罗 前 华神

mɑ²¹ gv̩³³ lv̩⁵⁵mu²¹ le³³ me⁵⁵. | n̩i³³ me³³ thv̩³³, dv̩³³ phər²¹ i³³ do³³ lɑ³³ mu³³ khə²¹, huɑ²¹
酥油 九 饼 下 又 求 东方 海螺 白 依端拉姆 前 华神

kə⁵⁵ gv̩³³ kə⁵⁵ tʂhʅ³³ le³³ me⁵⁵. | i³³ tʂhʅ³³ mu²¹, uɑ²¹ hər²¹ i³³ do³³ lɑ³³ mu³³ khə²¹, huɑ²¹
树枝 九 枝 这 又 求 南方 松石 绿 依端拉姆 前 华神

kə⁵⁵ gv̩³³ kə⁵⁵tʂhʅ³³ le³³ me⁵⁵. | n̩i³³ me³³ gv̩²¹, tʂhu²¹ nɑ⁵⁵ i³³ do³³ lɑ³³ mu³³ khə²¹, huɑ²¹ kə⁵⁵
树枝 九 枝 这 又 求 西方 墨玉 黑 依端拉姆 前 华神 树枝

gv̩³³ kə⁵⁵ tʂhʅ³³ le³³ me⁵⁵. | ho³³ gv̩³³ lo²¹, hæ³³ ʂʅ²¹ i³³ do³³ lɑ³³ mu³³ khə²¹, huɑ²¹ kə⁵⁵
九 枝 这 又 求 北方 金 黄 依端拉姆 前 华神 树枝

gv̩³³ kə⁵⁵ tʂhʅ³³le³³ me⁵⁵. | gə²¹ i³³ mɯ³³ tɕər²¹ sʅ²¹ ne²¹ n̩i³³ khə²¹
九 枝 这 又 求 上 的 天 上 署 和 尼 前

向十八层天上的东巴什罗求九饼华神圣油。向东方的白海螺色的依端拉姆女神，求九枝华神神树枝；向南方的绿松石色的依端拉姆女神，求九枝华神神树枝；向西方的墨玉色的依端拉姆女神，求九枝华神神树枝；向北方的金黄色的依端拉姆女神，求九枝华神神树枝。向上方天上的署和尼①，

79-D-55-05

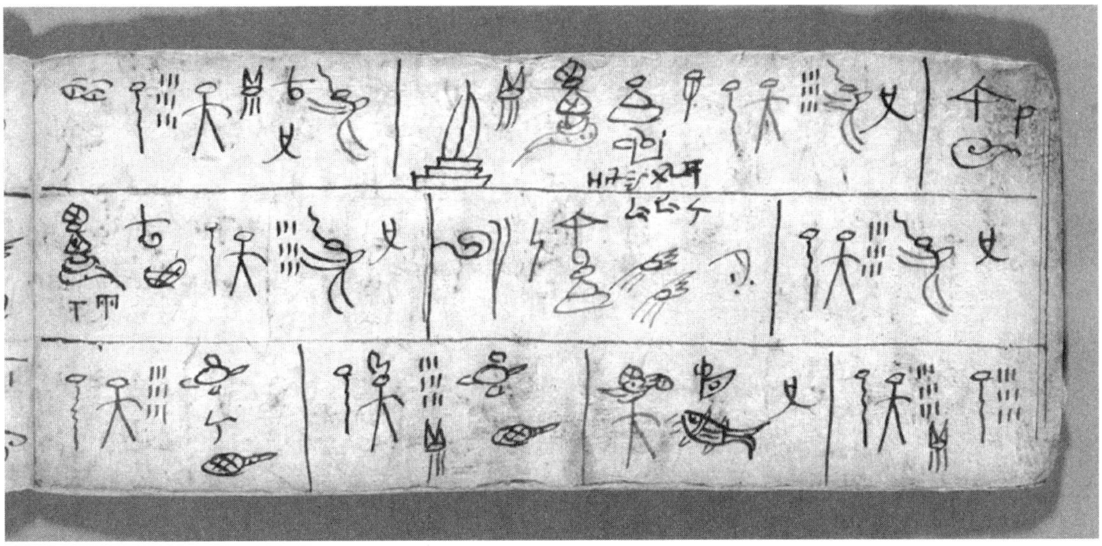

ȵiə^{21}，huɑ^{21} zo^{33} gv̩^{33} kv̩^{55} tʂhʅ^{33} le^{33} me^{55}. | dʑy^{21} nɑ^{55} zo^{55} lo^{33} kv̩^{33}, o^{55} bv̩^{33} dʑi^{33} pv̩^{55}
处 华神 儿子 九 个 这 又 求 居那若罗 顶 窝补吉补

khə^{21}，huɑ^{21} zo^{33} gv̩^{33} kv̩^{55} tʂhʅ^{33} le^{33} me^{55}. | mɯ^{55} lɯ^{55} dɑ^{33} dʑi^{21} hɯ^{55} ko^{33} lo^{21}，tso^{33}
前 华神 儿子 九 个 这 又 求 美利达吉海 里

nɑ^{33} lɯ^{21} tʂhʅ^{55} khə^{21}，huɑ^{21} zo^{33} gv̩^{33} kv̩^{55} tʂhʅ^{33} le^{33} me^{55}. | dɯ^{33} tʂhər^{55}，mɯ^{33} lɯ^{55} du^{21}
佐那林斥 前 华神 儿子 九 个 这 又 求 一 代 美利董主

dzʅ^{33}kuə^{55} kuə^{21} be^{33}，| huɑ^{21} zo^{33} gv̩^{33} kv̩^{55} tʂhʅ^{33} le^{33} me^{55}，huɑ^{21} zo^{33} gv̩^{33} kv̩^{55} dɯ^{33}
一样 地 华神 儿子 九 个 这 又 求 华神 儿子 九 个 得

be^{33}ho^{55}，| huɑ^{21} mi^{55} gv̩^{33} kv̩^{55} dɯ^{33} be^{33} ho^{55}。| tsho^{21} ze^{33} lɯ^{55} ɯ^{33} the^{55} ȵi^{21} me^{21}，|
地 愿 华神 女 九 个 得 地 愿 崇忍利恩 一样 地

huɑ^{21} zo^{33} gv̩^{33} kv̩^{55}、huɑ^{21} mi^{55} gv̩^{33}
华神 儿子 九 个 华神 女 九

求赐华神之九个男儿。向居那若罗神山顶上的窝补吉补署酋，求赐华神之九个男儿。向美利达吉神海里的署酋佐那林斥，求赐华神的九个男儿。

一个时代，愿像美利董主一样，求得华神之九子和九女。愿像崇忍利恩一样，求得华神之九子和九女。

① 署和尼：音译专有名词，为司掌山川河流及野生动植物的一种精灵。

79-D-55-06

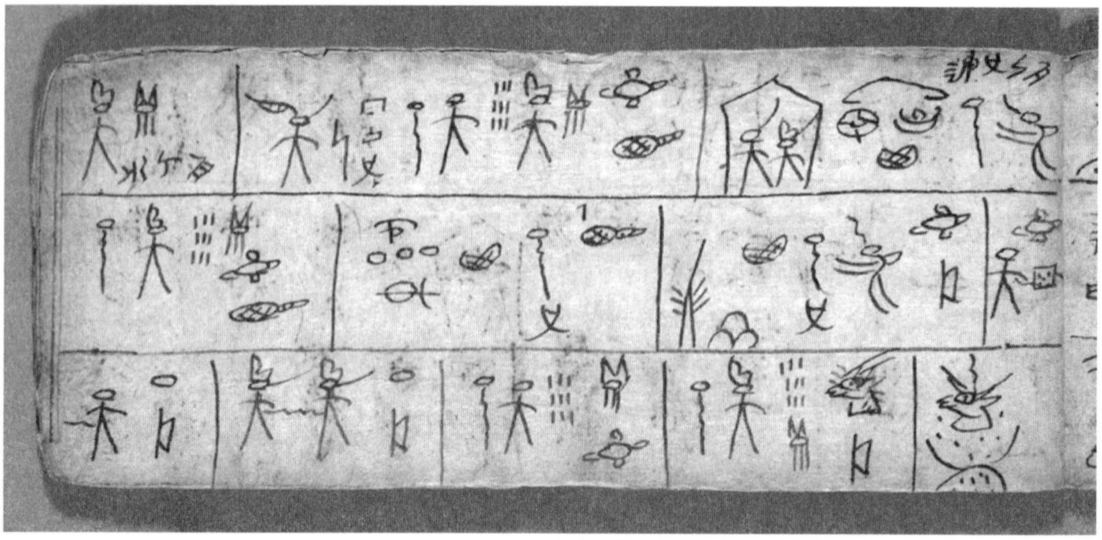

kv̩^{55} i^{33} be^{33} ho^{55}. | kɑ^{33} le^{21} kɑ^{33} tshy^{55} tʂhər^{55} the^{55} ȵi^{21} me^{21}，huɑ^{21} zo^{33} gv̩^{33} kv̩^{55}、huɑ^{21}
个 有 地 愿 高勒高趣 辈 一样 的 华神 子 九 个 华神

mi^{55}gv̩^{33} kv̩^{55} tʂhɿ^{33} me^{55} tʂhɿ^{33} dɯ^{33} ho^{55}. | i^{33} dɑ^{13} tʂhɿ^{33} dɯ^{33} dʑi^{13}，mɯ^{33} gə^{33} bi^{33} ne^{21} le^{21}
女 九 个 这 求 这 得 愿 主人 这 一 家 天 的 太阳 和 月亮

khə^{21}，huɑ^{21} zo^{33} gv̩^{33} kv̩^{55} tʂhɿ^{33} me^{55} tʂhɿ^{33} dɯ^{33} ho^{55}，huɑ^{21} mi^{55} gv̩^{33} kv̩^{55} me^{55} me^{33}tʂhɿ^{33}
前 华神 子 九 个 这 求 这 得 愿 华神 女 九 个 求 的 这

dɯ^{33} ho^{55}. | kɯ^{33} phər^{21} zɑ^{21} phər^{21} khə^{21}，huɑ^{21} zo^{33} gv̩^{33} kv̩^{55}、huɑ^{21} mi^{55} gv̩^{33} kv̩^{55} tʂhɿ^{33}
得到 愿 星 白 娆星 白 前 华神 子 九 个 华神 女 九 个 这

me^{55} tʂhɿ^{33} dɯ^{33} ho^{55}. | dzər^{21} ne^{21} lv̩^{33} khə^{21} huɑ^{21} zo^{33} gv̩^{33} kv̩^{55}、huɑ^{21} mi^{55} gv̩^{33} kv̩^{55}
求 这 得 愿 树 和 石 前 华神 子 九 个 华神 女 九 个

tʂhɿ^{33}me^{55} tʂhɿ^{33} dɯ^{33} ho^{55}. | zo^{33} dɯ^{33} zo^{33} tɕi^{55} ʂɿ^{33} gv̩^{33} be^{33} ho^{55}. | mi^{55} dɯ^{21} mi^{55} tɕi^{55}
这 求 这 得 愿 儿 大 儿 小 领 成 地 愿 女 大 女 小

ʂɿ^{33} gv̩^{33} be^{33} ho^{55}. | huɑ^{21} zo^{33} gv̩^{33} kv^{55} dɯ^{33}, | huɑ^{21} mi^{55} gv̩^{33} kv̩^{55} i^{33} be^{33} ho^{55}. | nɯ^{21}
领 成 地 愿 华神 子 九 个 得 华神 女 九 个 有 地 愿 六畜

dzɿ^{33} no^{55} dzɿ^{33}、
增 诺神 增

愿像高勒高趣那一辈一样，求得华神之九子和九女。愿这一主人家，向太阳月亮求得华神之九子和九女；向众星和娆星求得华神的九子和九女；向树和石求得华神之九子和九女。愿大儿领着小儿来，大女儿领着小女儿来。愿求得华神之九子，养到华神之九女。愿六畜和诺神都兴旺、

79-D-55-07

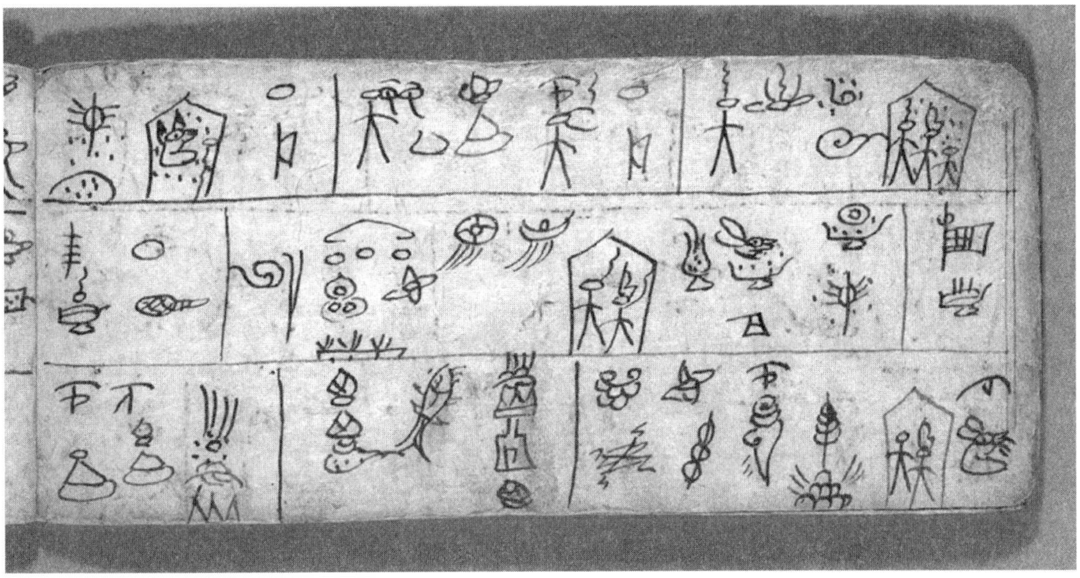

tʂʅ^{21} dzʅ^{33} o^{21} dzʅ^{33}、dzi^{33} dzʅ^{33} huɑ^{21} dzʅ^{33} gv̩^{33} be^{33} ho^{55}. | phv̩^{33} do^{21} lɯ^{55} do^{21}、kv̩^{33}
五谷 增 俄神 增 人 增 华神 增 成 地 愿 祖 见 孙 见 头

phər^{21}dzæ^{33} ʂʅ^{21} gv̩^{33} be^{33} ho^{55}. | zʅ^{33} ʂər^{21} hɑ^{55} i^{33}，kho^{33} y^{21} he^{33} hɯ^{21}，dʑi^{21} i^{33} dər^{33}ʂər^{55}，
白 齿 黄 成 地 愿 寿 长 日 有 声 轻 魂 宁 水 流 塘 满

mi^{33} hæ^{21} tsho^{21} dzʅ^{33}，zʅ^{33} ʂər^{21} hɑ^{55} i^{33} gv̩^{33} be^{33} ho^{55}. | mɯ^{33} lɑ^{33} kɯ^{21} tʂhʅ^{33} dzʅ^{21}，kɯ^{21}
妻 娶 人 增 寿 长 日 有 成 地 愿 天 也 星 所 生 星

dzʅ^{21} tʂhʅ^{33} ȵi^{33} ɯ^{33}，dy^{21} lɑ^{33} zə^{21} tʂhʅ^{33} y^{21}，zə^{21} y^{21} tʂhʅ^{33} ȵi^{33} hər^{21}，uæ^{33} i^{33} bi^{33} thv̩^{33} lv̩^{21}，
生 今天 吉 地 也 草 所有 长 草 长 今天 绿 左 的 太阳 出 暖

bi^{33} thv̩^{33} tʂhʅ^{33} ȵi^{33} lv̩^{21}，i^{21} nɯ^{33} le^{21} tshe^{55} bu^{33}，le^{21} tshe^{55} tʂhʅ^{33} ȵi^{33} bu^{33}，i^{33} dɑ^{13} ɯ^{33}
太阳 出 今天 暖 右 以 月亮 亮 月亮 今天 亮 主人 善良

me^{33}tʂhʅ^{33}dʑi^{13} nɯ^{33}，ʐʅ^{33} kv̩^{33} ʂu^{21}、le^{55} khɑ^{33} gɯ^{21}、ɯ^{33} ɕy^{21} mɑ^{21}、dze^{33} ʂu^{21} by^{21} nɯ^{33}，|
的 这 家 以 酒 头道 纯 茶 浓 纯 牛 红 酥油 麦 纯 面粉 以

gɑ^{33} ne^{21} u^{21}、phər^{21} ne^{21} sæ^{21}、o^{55} ne^{21} he^{21} i^{33} tʂhu^{55} pɑ^{33} be^{33}，| sʅ^{21} ne^{21} ȵi^{33} gə^{33} tʂhu^{55}
嘎神 和 吾神 盘神 和 禅神 沃神 和 恒神 的 供养 做 署 和 尼 的

pɑ^{33} tʂhə^{21} nɯ^{33} be^{33}. | ŋv̩^{33} hæ^{21}uɑ^{33} tʂhu^{21} dv̩^{33} phər^{21} nɯ^{33}，ɕy^{55} hər^{21} nɑ^{33} tsɑ^{21} tshʅ^{55}. i^{33}
供养 这儿 以 做 银 金 松石 墨玉 海螺 白 以 柏 翠 纳召 建

dɑ^{13} tʂhʅ^{33} dɯ^{33} dʑi^{13}，khv̩^{55} ne^{21} zʅ^{33} mə^{33}
主人 这 一 家 岁 和 寿 不

五谷和俄神都丰登，人类和华神都兴旺，愿祖孙相见四世同堂，人人活到发白齿黄，延年益

寿，耳闻佳音心神宁，活水常流水塘满。愿娶妻家丁兴旺，延年益寿！

天上长满星，今天的星星最明亮；地上长满草，今天的青草最绿茵；左边升起温暖的太阳[①]，今天的太阳最温暖；右边升起皎洁的月亮，今夜的月光最明亮，（在这吉祥的日子里，）这一家善良的主人，用头道醇酒，香浓的纯茶，红牛乳制成的酥油、纯净的麦面，供养嘎神和吾神、盘神和禅神、沃神和恒神，供养署和尼精灵。用白银、黄金、绿松石、墨玉及白海螺，建造翠柏纳召。这一主人家，若是没有足够的岁和寿，

79-D-55-08

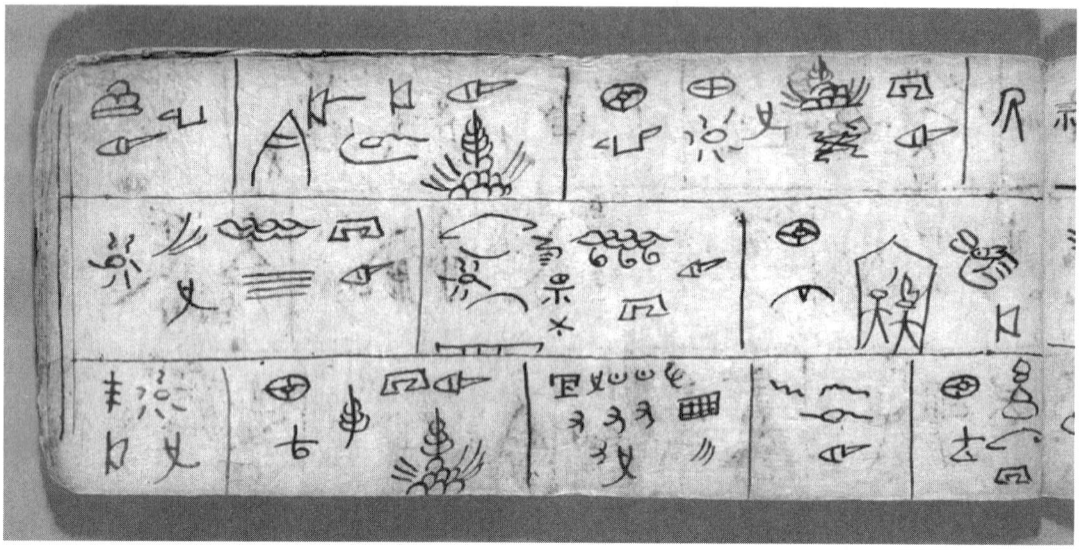

lv̩^{21} me^{33}，khv̩^{55} ne^{21} zɿ^{33} le^{33} tʂu^{55} bɯ^{33} me^{33}. | dʑy^{21} khu^{33} lo^{21} khu^{55} bu^{33}，ɕy^{55} hər^{21} nɑ^{33}
足够 的 岁 和 寿 又 接 要 的 山 边 谷 边 空 柏 翠

tsɑ^{21} nɯ^{33} le^{33} tʂu^{55}. | ȵi^{33} me^{33} thv̩^{33} ne^{13} ȵi^{33} me^{33} gv̩^{21} khu^{55} bu^{33}，hæ^{33} ʂɿ^{21} nɑ^{33} tsɑ^{21}
纳召 以 又 接 东方 和 西方 边 空 金 黄 纳召

nɯ^{33} gə^{21}le^{33} tʂu^{55}. | ho^{33} gv̩^{33} lo^{21} ne^{13} i^{33} tʂhʅ^{33} mu^{21} khu^{55} bu^{33} me^{33}，tɕi^{21} ne^{21} hər^{33} nɯ^{33}
以往 上 又 接 北方 和 南方 边 空 的 云 和 风 以

gə^{21} le^{33} tʂu^{55}. | mɯ^{33} le^{33} dy^{21} ko^{55} gɯ^{33} khu^{55} bu^{33} lɑ^{33} tɕi^{13} ne^{21} hɯ^{21} nɯ^{33} gə^{21} le^{33}
往上又 接 天 和 地 之间 边 空 的 云 和 风 以 往上 又

tʂu^{55}. | bi^{21} thv̩^{33} mə^{55} tʂhʅ^{33} ȵi^{33}，i^{33} dɑ^{13} tʂhʅ^{33} dɯ^{33} dʑi^{13}，khv̩^{55} khu^{55} zɿ^{33} khu^{55} bu^{33}
接 太阳 出 的 今日 主人 这 一 家 岁 边 寿 边 空

me^{33}, | tʂhʅ^{33} ȵi^{33} ɕy^{55} hər^{21} nɑ^{33} tsɑ^{21} nɯ^{33} gə^{21} le^{33} tʂu^{55}. | be^{21} me^{33} le^{33} fv̩^{55}, | phɯ^{55}
的 今天 柏 翠 纳召 以 往上 又 接 破 的 又 补 断

me^{33} le^{33} tʂu^{55}. | tʂhʅ^{33} ȵi^{33}，he^{21} i^{33} mɯ^{33} gə^{55}
的 又 接 今天 神 之 天 深处

① 东巴神话中有太阳从居那若罗神山左边升起，月亮从神山右边升起之说，因此有"左边升起的太阳"和"右边升起的月亮"。

就要接上足够的岁和寿。若山和谷连接不及而有空缺，就建翠柏纳召把山和谷相连接。若东方和西方连接不及有了空缺，就建黄金纳召把东方和西方相连接。若北方和南方连接不及有了空缺，就由云和风把北方和南方相连接。若天和地连接不及有了空缺，就由云和风把天地相连接。太阳晴朗的今天，这一主人家，若是岁和寿连接不及有了空缺，就通过建翠柏纳召把岁和寿连接。破了的就给以补修，断了的就又接上。

在这吉祥的今天，从神的天界里，

79-D-55-09

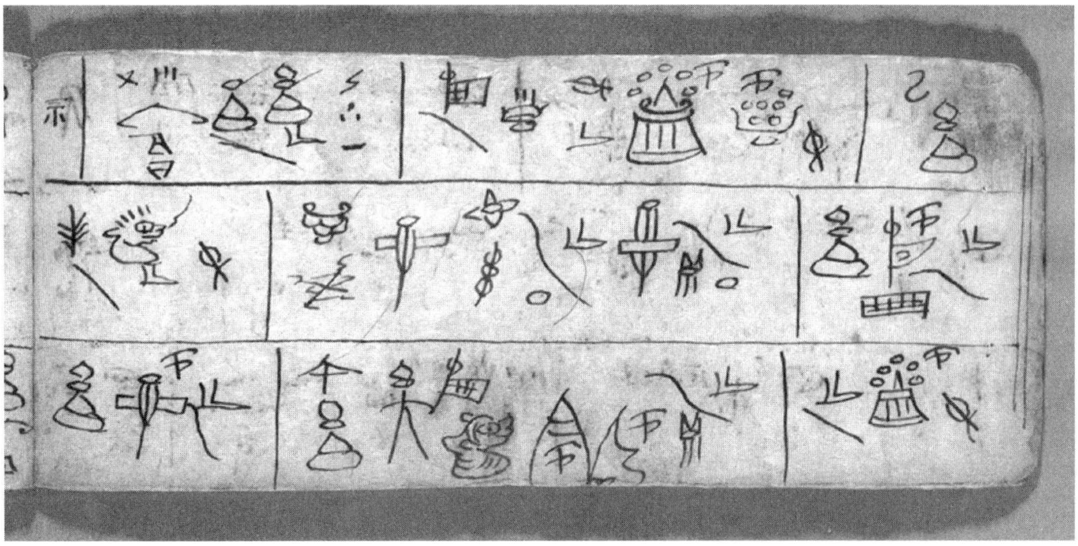

khy̩^{21}，｜mɯ^{33} tɕər^{21} tshe^{21} sɿ^{55} ty^{33} gə^{55} o^{55} he^{21} dɯ^{33} zɑ^{21} lu^{33},｜gɑ^{33} u^{21} dɯ^{33} zɑ^{21} lu^{33},
处 天 上 十 三 层 的 沃神恒神 一 降 来 嘎神 吾神 一 降 来

sɿ^{33} phər^{21} ʐʅ^{21} ly̩^{33} ky̩^{33} ȵiə^{21} dɯ^{33} zɑ^{21} lu^{33}，tʂhuɑ^{33} phər^{21} kuɑ^{55} ȵiə^{21} dɯ^{33} zɑ^{21} lu^{33}，｜
毡 白 神 坛 上 面 一 降 来 米 白 神粮 上 一 降 来

ɡu^{33} lu^{21} he^{21}、sɿ^{33} by̩^{33} y^{21} gɑ^{33} lɑ^{21} dɯ^{33} zɑ^{21} lu^{33},｜ŋy̩^{33} hæ^{21} uɑ^{33} tʂhu^{21} dzo^{21} ky̩^{33} dɯ^{33}
保佑 神 大者 祖先 战神 一 降 米 银 金 松石 墨玉 桥 上 一

zɑ^{21} lu^{33}, dzo^{21} ky̩^{33} nɯ^{33} dɯ^{33} zɑ^{21} lu^{33}，｜he^{21} gə^{33} the^{33} phər^{21} ky̩^{33} nɯ^{33} dɯ^{33} zɑ^{21} lu^{33},
降 来 桥 上 以 一 降 来 神 的 旗 白 上 以 一 降 来

he^{21}gə^{33} dzo^{21} phər^{21} ky̩^{33} nɯ^{33} dɯ^{33} zɑ^{21} lu^{33}.｜mɯ^{33} lɯ^{55} du^{21} dzɿ^{33} gə^{33} gɑ^{33} lɑ^{21}，ʥy^{33}
神 的 桥 白 上 以 一 降 来 美利董主 的 战神 山

phər^{21} æ^{21} phər^{21} ky̩^{33} nɯ^{33} dɯ^{33} zɑ^{21} lu^{33},｜sɿ^{33} phər^{21} ʐʅ^{21} ly̩^{33} ky̩^{33} i^{33} dɯ^{33} zɑ^{21} lu^{33},
白 崖 白 上 以 一 降 来 毡 白 神坛 上 的 一 降 来

从十三层天上，请沃神和恒神降临下来，请嘎神和吾神降临下来，请降临到铺着白毡的神坛上，降临到白米神粮上来，请保佑人类的神降临下来，请最大的祖先战神降临下来。请降临到银桥、金桥、松石桥、墨玉桥上来，再从桥上降临下来。请从神的白旗上降临下来，从神

的白桥上降临下来。请美利董主的战神，从白山上、从白崖上降临下来，请降临到铺着白毡子的神坛上来，

79-D-55-10

sɿ^{33} phər^{21} ʐʅ^{21} lʏ^{33} kʏ^{33} nɯ^{33} dɯ^{33} zɑ^{21} lu^{33}.｜ bi^{33} thʏ^{33} mə^{33} tʂhɿ^{33} ȵi^{33}， i^{33} dɑ^{13} tʂhɿ^{33}
毡 白 神坛 上 以 一 降 来 太阳 出 的 今天 主人 这

dɯ^{33}dʑi^{13}，tʂhər^{33} ɯ^{33} gʏ^{33} sy^{21} nɯ^{33},｜tʂʅ^{21} tʂhuɑ^{33} tʂhɿ^{33} gʏ^{33} sy^{21} nɯ^{33}, gɑ^{33} ne^{21} u^{21}、
一 家 药 九 种 以 粳米 这 九 样 以 嘎神 和 吾神

phər^{21} ne^{21} sæ^{21}、o^{55} ne^{21} he^{21} i^{33} tʂhu^{55} pɑ^{33} be^{33},｜kɑ^{33} le^{21} he^{21}、sɿ^{33} bʏ^{33} y^{21} gɑ^{33} lɑ^{21}
盘神 和 禅神 沃神 和 恒神 的 供养 做 保佑 神 大者 祖先 战神

i^{33} tʂhu^{55} pɑ^{33} be^{33}.｜sɿ^{21} ne^{21} ȵi^{33},｜dy^{21} gə^{33} sɑ^{21} dɑ^{55} tʂhu^{55} pɑ^{33} be^{33}.｜dɯ^{33} tʂhər^{55} dɯ^{33}
的 供养 做 署 和 尼 地 的 刹道 供养 做 一 辈 一

zɿ^{33} gʏ^{33}，tɕy^{55} tʂhu^{21} dzi^{33} uə^{21} uɑ^{33} kʏ^{55} thʏ^{33}. dzi^{33} uə^{21} uɑ^{55} kʏ^{33} pɯ^{33} pɑ^{33} thʏ^{33},｜ hər^{33}
代 到 最早 精吾 五 个 产生 精吾 五 个 变化 产生 风

ne^{21} mi^{33}
和 火

请从神坛上降临下来。

太阳晴朗的今天，这一主人家，用九种药、用九种粳米，供养嘎神和吾神、盘神和禅神、沃神和恒神，供养保佑人类的大神和祖先战神，供养署和尼、供养地上的刹道。

一代，最早产生五个精吾①。五个精吾发生变化，风和火

① 精吾：纳西族对“木、火、土、铁、水”这五行的总称。

79-D-55-11

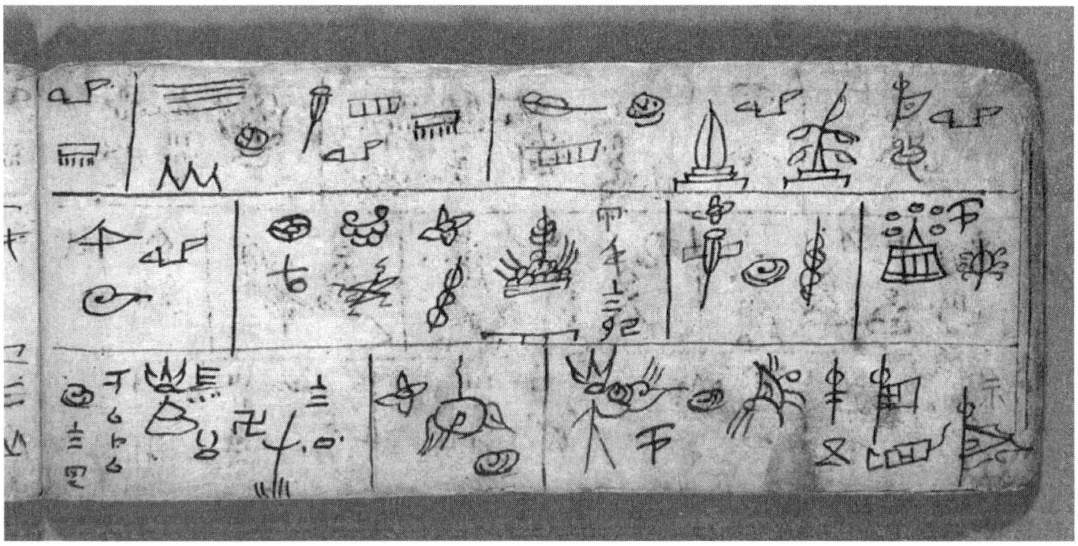

the^{21} nɯ^{33} le^{33} thv̩^{33} hə^{21}. | hər^{33} ne^{21} mi^{33} pɯ^{33} pɑ^{33} be^{33}，dʑi^{21} ne^{21} tʂʅ^{33} i^{33} le^{33}
由此 以 又 产生 了 风 和 火 变化 做 水 和 土 是 又

thv̩^{33} hə^{21}. | dʑi^{21} ne^{21} tʂʅ^{33} nɯ^{33} pɯ^{33} pɑ^{33} be^{33}, dʑy^{21} nɑ^{55} zo^{55} lo^{33} dʑy^{21} the^{21} nɯ^{33} thv̩^{33}，
产 了 水 和 土 以 变化 做 居那若罗 山 由此 以 产生

he^{21} i^{33} bɑ^{33} dɑ^{21} dzər^{21} the^{21} nɯ^{33} thv̩^{33}, mɯ^{33} lɯ^{55} dɑ^{33} dʑi^{21} hɯ^{55} the^{21} nɯ^{33} thv̩^{33}. | bi^{33}
含依巴达 树 由此 以 产生 美利达吉 海 由此 以 产生 太阳

thv̩^{33}mə^{55} tʂhʅ^{33} n̥i^{33},ŋv̩^{33} hæ^{21} uɑ^{33} tʂhu^{21} nɑ^{33} tsɑ^{21} tʂhə^{21} le^{33} tshʅ^{55}. | uɑ^{21} dzo^{21} tʂhu^{21}dzo^{21}
出 的 今天 银 金 松石 墨玉 纳召 这儿 又 建 松石 桥 墨玉 桥

tʂhə^{21} le^{33} tso^{55}. | sʅ^{33} phər^{21} ʐʅ^{21} lv̩^{33} tɯ^{21}, zʅ^{33} i^{33} tʂhuɑ^{33} phər^{21} kuɑ^{55} le^{33} o^{55}, py^{33} bv̩^{21}
这儿 又 搭 毡 白 神坛 设 鲜 的 米 白 神粮 又 撒 祭司

kho^{33} ɯ^{33} sɑ^{55} ɯ^{33} me^{33} i^{33} tʂhə^{21} nɯ^{33} py^{21}，| uɑ^{21} hər^{21} dɑ^{33} khə^{21}tʂhə^{21} nɯ^{33} lɑ^{55}, | dv̩^{33}
声 佳 气 佳 者 是 这儿 以 诵经 松石 绿 鼓 这儿 以 敲 海螺

phər^{21}bər^{21} kho^{33} tʂhə^{21} nɯ^{33} mu^{21}，hæ^{33} ʂʅ^{21} tsər^{33} lər^{21} tʂhə^{21} nɯ^{21} do^{55}，ly^{33} thɑ^{55}、gæ^{21}
白 号角 这儿以 吹 金 黄 板铃 这儿 以 摇 矛 利 刀

thɑ^{55}、the^{33} zi^{33} me^{33} nɯ^{33} khv̩^{21}.
利 旗 漂亮 的 以 请

由此产生。风和火作变化，产生水和土。水和土作变化，产生了居那若罗神山，产生了含依巴达神树，产生了美利达吉神海。

在太阳晴朗的吉祥的今天，在这儿用白银、黄金、松石、墨玉建造纳召。在这儿搭架松石桥和墨玉桥。在这儿铺着白毡子设神坛，神坛上撒着鲜米作神粮，在这儿由有佳声佳气的东巴祭司诵经，东巴祭司鼓着绿松石色的鼓，吹响白海螺号角，手摇黄金板铃，插着利矛利刀、鲜艳的旗子以请神。

79-D-55-12

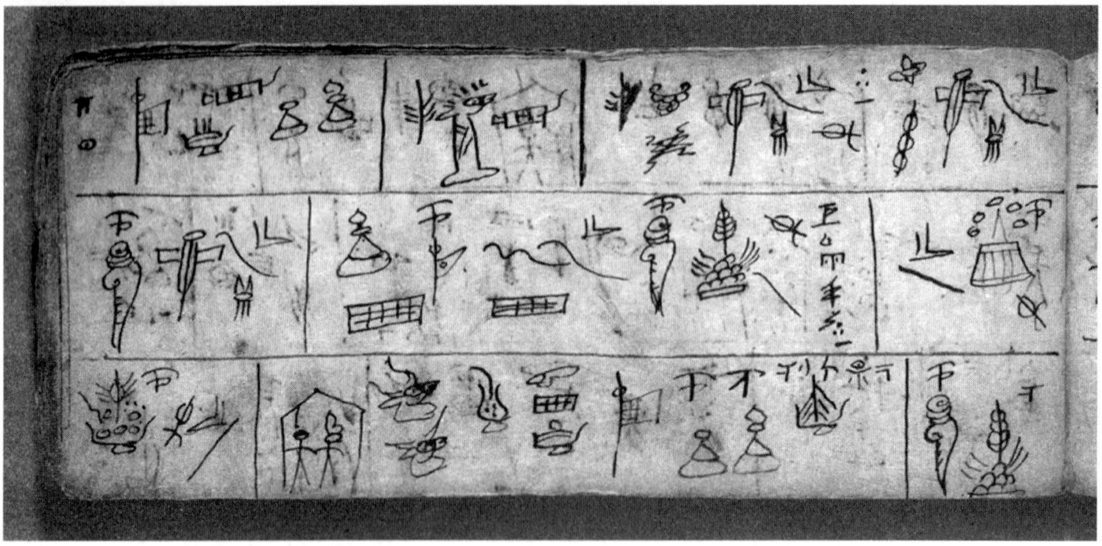

tʂhʅ^{33} n̡i^{33}, | phər^{21} sæ^{21} gɑ^{33} u^{21} o^{55} he^{21} khy̩^{21}, | sɿ^{33} by̩^{33} y^{21} gɑ^{33} lɑ^{21} tʂhə^{21} le^{33}
今天 盘神 禅神 嘎神 吾神 沃神 恒神 请 大者 祖先 战神 这 儿

khy̩^{21}. | sər^{33} dzo^{21} ŋy̩^{21} dzo^{21} hæ^{21} dzo^{21} ky̩^{33} nɯ^{33} dɯ^{33} zɑ^{21} lu^{33}，uɑ^{21} dzo^{21} tʂhu^{21} dzo^{21}
请 木 桥 银 桥 金 桥 上 以 一 降 来 松石 桥 墨玉 桥

ky̩^{33}nɯ^{33} dɯ^{33} zɑ^{21} lu^{33}，dy̩^{33} phər^{21} dzo^{21} ky̩^{33} nɯ^{33} dɯ^{33} zɑ^{21} lu^{33}，| he^{21} gə^{33} the^{33} phər^{21}
上 以 一 降 来 海螺 白 桥 上 以 一 降 来 神 的 旗 白

ky̩^{33}nɯ^{33}dɯ^{33} zɑ^{21} lu^{33}，dy̩^{33} phər^{21} nɑ^{33} tsɑ^{21} ky̩^{33} nɯ^{33} dɯ^{33} zɑ^{21} lu^{33}, | sɿ^{33} phər^{21}zʅ^{21} ly̩^{33}
上 以 一 降 来 海螺 白 纳召 上 以 一 降 来 毡 白 神坛

ky̩^{33}nɯ^{33} dɯ^{33} zɑ^{21} lu^{33}, tʂhuɑ^{33} phər^{21} kuɑ^{55} n̡iə^{21} dɯ^{33} zɑ^{21} lu^{33}. | i^{33} dɑ^{13} tʂhʅ^{33} dʑi^{13} nɯ^{33},
上 以 一 降 来 米 白 神粮 里 一 降 来 主人 这 家 以

bər^{33} y^{21} zʅ^{33} hɑ^{33} tʂhər^{21} nɑ^{55} ɕy^{55} mɑ^{21} nɯ^{33}, gɑ^{33} ne^{21} u^{21}、phər^{21} ne^{21} sæ^{21}、o^{55} ne^{21} he^{21}
牦牛绵羊酒 饭 肥肉 瘦肉 柏 酥油 以 嘎神 和 吾神 盘神 和 禅神 沃神 和 恒神

gə^{33} tʂhu^{55} pɑ^{33} be^{33}. sɿ^{55} n̡iə^{21} dzər^{21} le^{33} be^{33} bɯ^{33} me^{55}, | dy̩^{33} phər^{21} nɑ^{33} tsɑ^{21} tɕər^{21}
的 供养 做 活人 上 神威 又 做 要 的 海螺 白 纳召 上

dzər^{21} le^{33} tsæ^{55}.
神威 又 赐

今天，请盘神和禅神、嘎神和吾神、沃神和恒神到这儿，请最大的祖先战神到这儿。请从木桥、银桥和金桥上降临下来，请从松石桥和墨玉桥上降临下来，请从白海螺桥降临下来，请从神的白旗上降临下来，请从白海螺色的纳召上降临下来，请降临到铺着白毡子的神坛上，降临到撒着白米的神粮里。这一家主人，用牦牛和绵羊、醇酒和米饭、肥肉和瘦肉、翠柏和酥油，以供养嘎神和吾神、盘神和禅神、沃神和恒神。请众神把神之威灵赐给活人，把神之威灵加在白海螺色的纳召上。

79-D-55-13

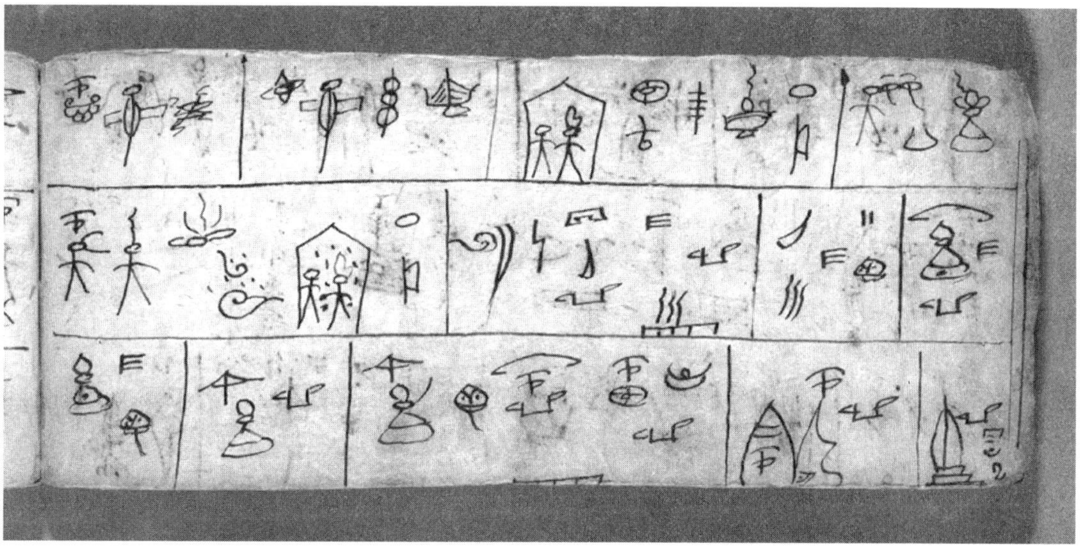

ŋy̩^{33} phər^{21} hæ^{33} ʂʅ^{21} dzo^{21}, | uɑ^{21} hər^{21} tʂhu^{21} nɑ^{55} dzo^{21} i^{33} sʅ^{55} dzo^{21} be^{33}. | i^{33} dɑ^{13} tʂhʅ^{33}
银 白 金 黄 桥 松石 绿 墨玉 黑 桥 是 素神 桥 做 主人 这

dɯ^{33} dʑi^{13}，tʂhʅ^{33} ȵi^{33} lɑ^{33} ky̩^{33} mæ^{55}，zʅ^{33} ʂər^{21} hɑ^{55} i^{33} gy̩^{33} be^{33} ho^{55}. | phy̩^{33} do^{21} lɯ^{55}
一 家 今天 之 以后 寿 长 日 有 成 地 愿 祖 见 孙

do^{21}，ky̩^{33} phər^{21} dzæ^{33} ʂʅ^{21}，zʅ^{33} ʂər^{21} hɑ^{55} i^{33}，kho^{33} y^{21} he^{33} hɯ^{21}，dʑi^{21} i^{33} dər^{33} ʂər^{55}，
见 头 白 牙 黄 寿 长 日 有 声 轻 魂 安 水 流 塘 满

mi^{33} hæ^{21} tsho^{21} dzʅ^{33} gy̩^{33} be^{33} ho^{55}. | dɯ^{33} tʂhər^{55}, gə^{21} nɯ^{33} kho^{33} ɯ^{33} thy̩^{21}, mu^{21} nɯ^{33}
妻 娶 人 增 成 地 愿 一 代 上 以 声 佳 产生 下 以

sɑ^{55} ɯ^{33} thy̩^{33}，| kho^{33} sɑ^{55} ȵi^{33} sy^{21} pɯ^{33} pɑ^{33} be^{33}，| mɯ^{33} gə^{33} sɑ^{21} i^{33} uə^{33} de^{33} thy̩^{33}.
气 佳 产生 声 气 两 样 变化 做 天 的 刹依威德 产生

sɑ^{21} i^{33} uə^{33} de^{33} pɯ^{33} pɑ^{33} be^{33}，| mɯ^{33} lɯ^{55} du^{21} dzʅ^{33} the^{21} nɯ^{33} thy̩^{33}. | mɯ^{33} lɯ^{55} du^{21}
刹依威德 变化 做 美利董主 由此 以 产生 美利董主

dzʅ^{33}pɯ^{33}pɑ^{33} be^{33}，du^{13} gə^{33} mɯ^{33} phər^{21} dy^{21} phər^{21} the^{21} nɯ^{33} thy̩^{33}，bi^{33} phər^{21} le^{21}
变化 做 董 的 天 白 地 白 由此 以 产生 太阳 白 月亮

phər^{21} the^{21} nɯ^{33} thy̩^{33}，| dʑy^{21} phər^{21} æ^{21} phər^{21} the^{21} nɯ^{33} thy̩^{33}，| dʑy^{21} nɑ^{55} zo^{55} lo^{33}
白 由此 以 产生 山 白 崖 白 由此 以 产生 居那若罗

dʑy²¹ the²¹ nɯ³³ thv̩³³;
山 由此 以 产生

白银桥和黄金桥、松石桥和墨玉桥又作素神桥。愿这一主人家，从今而往后，延年益寿、祖孙相见四世同堂、活到发白齿黄、耳闻佳音心神宁、活水长流塘满溢、娶妻人丁旺！

有这么一个时代，上方产生佳声，下方产生佳气，佳声佳气发生变化，产生天的刹依威德大神。刹依威德作变化，产生美利董主。美利董主作变化，产生董①的白天和白地，产生白太阳和白月亮，产生白山和白崖，居那若罗神山亦由此产生，

79-D-55-14

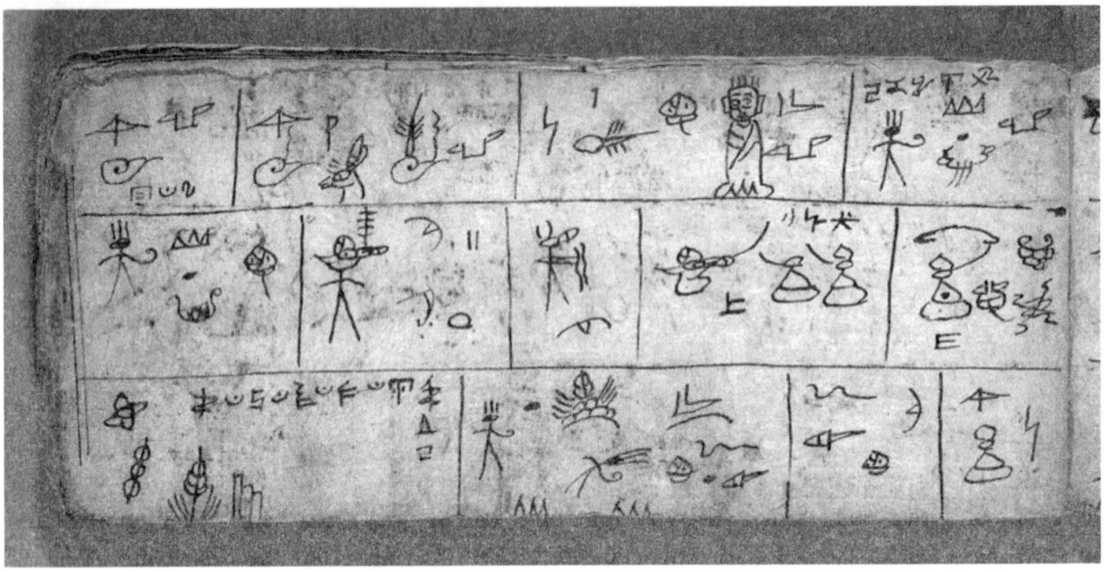

mɯ³³ lɯ⁵⁵ dɑ³³ dʑi²¹ hɯ⁵⁵ the²¹ nɯ³³ thv̩³³. | mɯ³³ lɯ⁵⁵ dɑ³³ dʑi²¹ hɯ⁵⁵ ko³³ lo²¹，he²¹ i³³
美利达吉 海 由此 以 产生 美利达吉 海 里面

bɑ³³dɑ²¹ dzər²¹ the²¹nɯ³³ thv̩³³. | dɯ³³ tʂhər⁵⁵, kv̩³³ mæ⁵⁵ pɯ³³ pɑ³³ be³³, mi³³ mɑ²¹se²¹ de⁵⁵
含依巴达 树 由此 以 产生 一 代 蛋 尾 变化 做 米麻沈登

the²¹ nɯ³³ thv̩³³. mi³³ mɑ²¹ se²¹de⁵⁵ khɯ³³ nɯ³³ pɯ³³ pɑ³³ be³³, | tshɿ²¹ nɑ²¹ mi³³ nɑ²¹mi³³
由此 以 产生 米麻沈登 脚 以 变化 做 鬼 黑 米纳敏布

pv̩⁵⁵ the²¹ nɯ³³thv̩³³. tshɿ²¹ nɑ²¹ mi³³ nɑ²¹ mi³³ pv̩⁵⁵ pɯ³³ pɑ³³ ne¹³tʂu³³be³³, | be³³ le³³ be⁵⁵
由此 以 产生 鬼 黑 米纳敏布 变化 作祟 做 所有人类

tshɿ²¹ zɿ³³，be³³ le³³ gv̩³³ mə³³ ȵi²¹，| bi²¹ le³³ zv̩⁵⁵ mə³³ ȵi²¹. | be³³ le³³ be⁵⁵ tshɿ²¹ zɿ³³，o⁵⁵
做 而 成 不 可 平安 地 生活 不 可 所有人类 沃神

ne²¹ he²¹ tɕər²¹ le³³ ʂə⁵⁵ khɯ⁵⁵. | mɯ³³ gə³³ sɑ²¹ i³³ uə³³ de³³ le³³ ʂə⁵⁵ me³³，ŋv̩²¹ ne¹³ hæ²¹、
和 恒神 上 又 说 去 天 的 刹依威德 又 说 是 银 和 金

① 董：美利董主的简称。

uɑ^{21} ne^{13} ʈʂhu^{21} nɯ^{33} ɕy^{55} hər^{21} nɑ^{33} tsɑ^{21} tshɿ^{21}, | ɕy^{55} hər^{21} nɑ^{33} tsɑ^{21} nɯ^{33},tshɿ^{21} nɑ^{21} mi^{33}
松石 和 墨玉 以 柏 翠 纳召 建 柏 翠 纳召 以 鬼 黑

nɑ^{21} mi^{33} py̩^{55}mu^{21} le^{33} zər^{21}, pɯ^{33} pɑ^{33} ne^{13} ʈʂu^{33} pe^{21} ʈʂu^{55} mu^{21} le^{33} zər^{21}, | pɯ^{33} pɑ^{33} ne^{13}
米纳敏布 下 又 压 变化 作祟 扰乱 下 又 压 变化 作祟

ʈʂu^{33} pe^{21} ʈʂu^{55} be^{33} mə^{33} ʈʂər^{21} dər^{33} tsɿ^{55}. | mɯ^{33} lɯ^{55} du^{13} dɯ^{33} ʈʂhər^{55},
扰乱 做 不 准 该 说是 美利董主 一 代

美利达吉神海由此产生。从美利达吉神海里长出含依巴达神树。

之后一个时代，尾蛋发生变化，产生出米麻沈登鬼王。米麻沈登的脚作变化，产生黑鬼米纳敏布。黑鬼米纳敏布变化作祟于人间，使所有的人类，做什么都难成功，难以平安地生活。所有的人类就告诉给沃神和恒神。天的刹依威德大神就说，要用白银和黄金、松石和墨玉来建造翠柏纳召，用翠柏纳召把黑鬼米纳敏布压下去，不让它作祟变化捣乱于人间。

美利董主时代，

79-D-55-15

ɯ^{33} ɕy^{21} mɑ^{21}、dze^{33} ʂu^{21} by^{21} le^{33} be^{33}，ʈʂuɑ^{21} nɯ^{33} dze^{33} ʂu^{21} by^{21} le^{33} pu^{55}，mi^{33} nɯ^{33}
牛 红 酥油 麦 纯 面 又 做 丈夫 以 麦 纯 面 又 带 妻 以

ʈʂhər^{21}nɑ^{55} mɑ^{21} le^{33} pu^{55}， | ʥy^{21} phər^{21} æ^{21} phər^{21} bu^{33} phər^{21} ze^{21} ɯ^{33} ky̩^{33}，dy̩^{33} phər^{21}
肥肉 瘦肉 酥油 又 带 山 白 崖 白 坡 白 最 佳 处 海螺 白

ɕy^{55} hər^{21} nɑ^{33} tsɑ^{21} tshɿ^{55}, | ŋy̩^{33} hæ^{33} uɑ^{33} ʈʂhu^{21} dzo^{21} le^{33} tso^{55}. | mɯ^{33} lɯ^{55} du^{13} dzɿ^{21} dɯ^{33}
柏 翠 纳召 建 银 金 松石 墨玉 桥 又 架 美利董主 一

ʈʂhər^{55}, du^{13} gə^{33} py^{33} by̩^{21} i^{21} ʂɿ^{55} o^{33} dzo^{33} nɯ^{33}，sɿ^{33} phər^{21} ʐʅ^{21} ly̩^{33} tɯ^{21}，zɿ^{33} i^{33} ʈʂhuɑ^{33}
代 董 的 祭司 益世窝佐 以 毡 白 神坛 设 鲜 的 米

phər^{21} kuɑ^{55} le^{33} o^{55}. | mɯ^{33} lɯ^{55} du^{13} dɯ^{33} tʂhər^{55}, tʂhu^{21} nɑ^{55} i^{33} sər^{33}、dv̩^{33} phər^{21} huɑ^{33}
白 神粮 又 撒 美利董主 一 代 墨玉 黑 檀香 木 海螺 白 桦

sər^{33}、uɑ^{21} hər^{21} ɕy^{55} sər^{33} nɯ^{33}， | bər^{33} y^{21} zʅ^{33} hɑ^{33} tʂhər^{21} nɑ^{55} ɕy^{55} mɑ^{21} nɯ^{33} tʂhu^{55}
木 松 石 绿 柏木 以 牦牛 绵羊 酒 饭 肥肉 瘦肉 柏 酥油 以 供养

pɑ^{33} be^{33}, | he^{21} mu^{21} tv̩^{33} tv̩^{21} kɯ^{33} kɯ^{21} tʂhu^{55} pɑ^{33} be^{33}. | mɯ^{33} lɯ^{55} du^{13} dzʅ^{21}dɯ^{33} tʂhər^{55},
做 神 兵 千 千 万 万 供养 做 美利董主 一 代

mɯ^{33} lɯ^{55} sʅ^{33} tshʅ^{21} mu^{21} le^{33} zər^{21}， ɕy^{55} hər^{21} nɑ^{33} tsɑ^{21} nɯ^{33}， tshʅ^{21} nɑ^{21} mi^{33} nɑ^{21}
美利术主 鬼 下 又 压 柏 翠 纳召 以 鬼 黑 米纳敏布

mi^{33} pv̩^{55} mu^{21} le^{33} zər^{21} le^{33} tɕi^{33}. | mɯ^{33} lɯ^{55} du^{13} dɯ^{33} tʂhər^{55}， tshʅ^{21} nɑ^{21} mi^{33} nɑ^{21} mi^{33}
下 又 压 又 放置 美利董主 一 代 鬼 黑 米纳敏布

pv̩^{55} zər^{21} se^{33} n̥iə^{13}，
压 了 之后

用红牛乳制酥油，用小麦制成纯面，丈夫带上纯麦面，妻子带上肥肉、瘦肉和酥油，在白山白崖白坡地势最佳处，建造白海螺翠柏纳召，搭架白银桥、黄金桥、松石桥和墨玉桥。美利董主家的东巴祭司益世窝佐，铺上白毡设神坛，撒上鲜白米作神粮，用墨玉黑的檀香木、白海螺色的桦木、绿松石色的柏木，用牦牛和绵羊、醇酒和米饭，肥肉和瘦肉、柏香和酥油，以供养神灵，供养千千万万的神兵。把仇敌美利术主压下去，用翠柏纳召把黑鬼米纳敏布压下去。美利董主把黑鬼米纳敏布压下去之后，

79-D-55-16

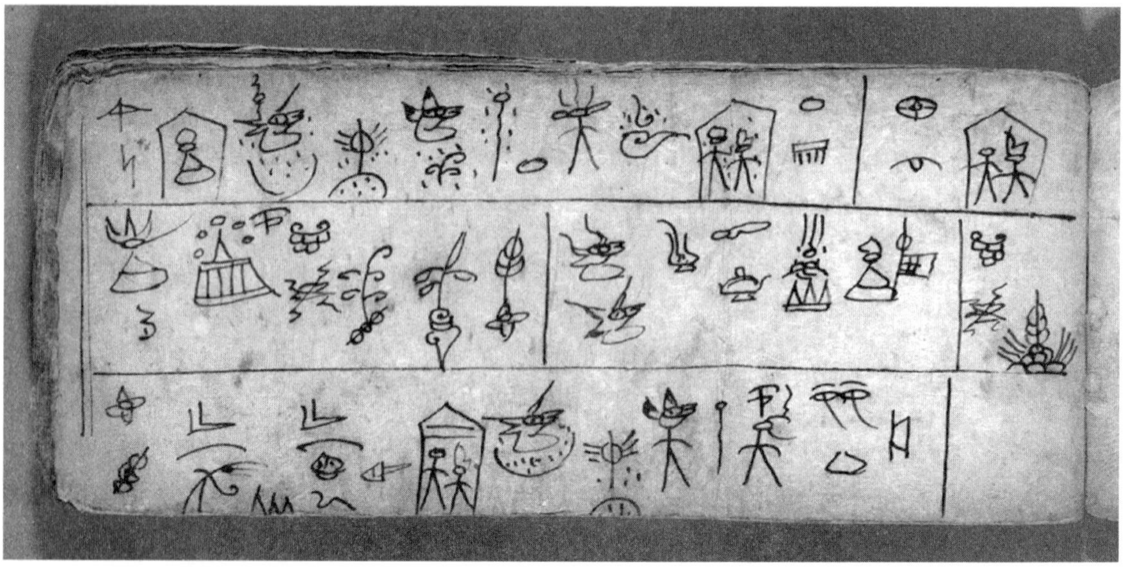

mɯ^{33} lɯ^{55} du^{13} dɯ^{33} tʂhər^{55}， mɯ^{33} lɯ^{55} du^{21} dzʅ^{33} tʂhʅ^{33} dɯ^{33} dʑi^{13}， nɯ^{21} dzʅ^{33} no^{55} dzʅ^{33}，
美利董主 一 代 美利董主 这 一 家 六畜 增 诸神 增

tʂʅ21 dzʅ33 o21 dzʅ33, dzi33 dzʅ33 huɑ21 dzʅ33 gv̩33, kho33 y21 he33 hɯ21, dʑi21 i33 dər33 ʂər55,
五谷 增 俄神 增 人 增 华神 增 成 声 轻 魂 宁 水 流 塘 满

mi33 hæ21 tsho21 dzʅ33 gv̩33 le33 hə21. | bi33 thv̩33 mə55 tʂhʅ33 n̩i33, i33 dɑ13 tʂhʅ33 dɯ33 dʑi21,
妻 娶 人 增 成 了 去 太阳 出 的 今天 主人 这 一 家

lɯ55 kv̩33 py33 bv̩21 dy55 le33 py21. lɯ55 kv̩33 py33 bv̩21 nɯ33, sʅ33 phər21 ʐʅ21 lv̩33 tɯ21, tʂhuɑ33
能干 祭司 请 又 祭诵 能干 祭司 以 毡 白 神坛 设 米

phər21kuɑ55 le33 o55, ŋv̩33 hæ21 uɑ33 tʂhu21 i33 dɑ55 be33 le33 tɕi33, tʂhu21 nɑ55 i33 sər33, dv̩33
白 神粮 又 撒 银 金 松石 墨玉 酬礼 做 又 放置 墨玉 黑 檀香 木 海螺

phər21 huɑ33 sər33, uɑ21 hər21 ɕy55 sər33 nɯ33, | bər33 y21 ʐʅ33 hɑ33 tʂhər21 nɑ55 ɕy55 mɑ21
白 桦 木 松石 绿 柏 木 以 牦牛 绵 酒 饭 肥肉 瘦肉 柏 酥油

tʂhu55pɑ33 be33, phər21 sæ21 gɑ33 u21 o55 he21 tʂhu55 pɑ33 be33. | ŋv̩33 hæ21 uɑ33 tʂhu21 nɑ33
供养 做 盘神 禅神 嘎神吾神沃神 恒神 供养 做 银 金 松石 墨玉 纳召

tsɑ21 tshʅ55, | tshʅ21 nɑ21 mi33 nɑ21 mi33 pv̩55 mu21 le33 zər21, pɯ33 pɑ33 ne13 tʂu33 be33 mə33
建 鬼 黑 米纳敏布 下 又 压 变化 作祟 做 不

tʂər21 be33 mu21 le33 zər21. i33 dɑ13 tʂhʅ33 dɯ33 dʑi13, nɯ21 dzʅ33 no55 dzʅ33, tʂʅ21 dzʅ33 o21dzʅ33,
准 地 下 又 压 主人 这 一 家 六畜 增 诺神 增 五谷 增 俄神 增

dzi33 dzʅ33 huɑ21 dzʅ33, kv̩33 phər21 dzæ33 ʂʅ21, phv̩33 do21 lɯ55 do21 gv̩33 be33 ho55.
人 增 华神 增 头 白 齿 黄 祖 见 孙 见 成 地 愿

美利董主那时代，美利董主这一家，六畜和诺神都兴旺，五谷和俄神都丰登，人丁和华神都兴旺了，就耳闻佳音心神宁，活水长流水塘满，娶妻人丁旺了。

太阳晴朗的今天，这一家主人，请能干的东巴祭司举行祭仪。能干的东巴祭司，铺上白毡设神坛，撒上白米作神粮，用白银、黄金、松石、墨玉作酬礼，用墨玉一般黑的檀香木、白海螺色的桦木、绿松石般的柏木，用牦牛和绵羊、醇酒和米饭、肥肉和瘦肉、翠柏和酥油，供养盘神和禅神、嘎神和吾神、沃神和恒神。用白银和黄金、松石和墨玉建造纳召，用纳召把黑鬼米纳敏布压下去，不让它再变化作祟地压下去。愿这一主人家，六畜和诺神都兴旺，五谷和俄神都丰登，人丁和华神都兴旺，人人活到发白齿黄，祖孙相见四世同堂！

79-D-55-17

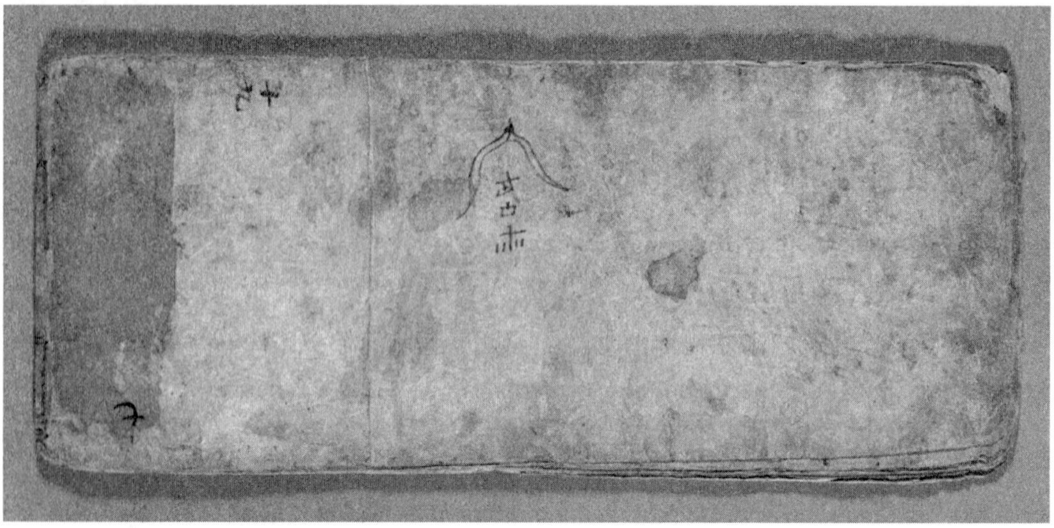

封底

（释读、翻译：王世英）

520-D-56-01

ɑ^{33} phy̩^{33} ɑ^{33} dzʅ^{33} py^{21}

祭祖

520-D-56 祭祖

【内容提要】

此古籍的前半部分是在举行祭祖仪式中，祭献牺牲时诵读。古籍通过恳请历代祖先，包括非正常死亡的亡灵来享祭，追忆、赞颂了先祖的恩德、抒发了对祖先的怀念、感激之情。还反复指出：若不隆重祭祀祖先，祖先就不会庇荫保护后人。后半部分是在祭祖仪式中祭献熟食时诵读。通过恳请各代祖先，包括非正常死亡的亡灵来享用供品，表达了先民对祖先的复杂情感，即一方面，他们视祖灵为神，祈求他们的保佑，以实现人世美好的愿望。另一方面，他们又视祖灵为干扰正常生活的力量，故恳请祖先享用完祭品后离开归去，不到时候，不要回来。此外，还值得一提的是：该内容还强调了一个特殊的祭祀目的，即为祖灵提供赔偿债务的物质。还提出若祖灵偿还完债务后，可利用供品再作放债人。由此说明，在纳西族社会，借债放债是困难时人们互相接济的普遍现象。

【英文提要】

Worshipping the Ancestor

The former part of this book is read in the ritual murder during worshipping the ancestor. This part prays ancestors in all ages, including those spirits of unusual death, to worship, reminisce and extol their kindness, also to express the emotion of memory and gratitude towards them. It reiterates the point that if do not worship ancestors solemnly, they will not shield the descendants. The later part of this book is read in consecrating the delicatessen during worshipping the ancestor. This part prays ancestors in all ages, including those spirits of unusual death, to take the oblations. This expresses the mixed feeling of ancients towards ancestors, i.e. they regarded the ancestor as god who could be prayed for blessing and fulfilled humans' good intentions. On the other hand, regarding as a power disturbed daily life, humans prayed ancestors, after taking the oblation, to leave and return only if needed. Besides, what mentionable is that the content keeps emphasizing the purpose of one special ritual, sc. materials that consecrated as debts to ancestors. It also mentions that after consecrating to ancestors, the oblation could be used as new lending to others. On the face of this, in Nahsi society, incurring and lending debts had been a common phenomenon on tiding over each other on hard times.

520-D-56-02

扉页空白，没有编号和说明。

520-D-56-03

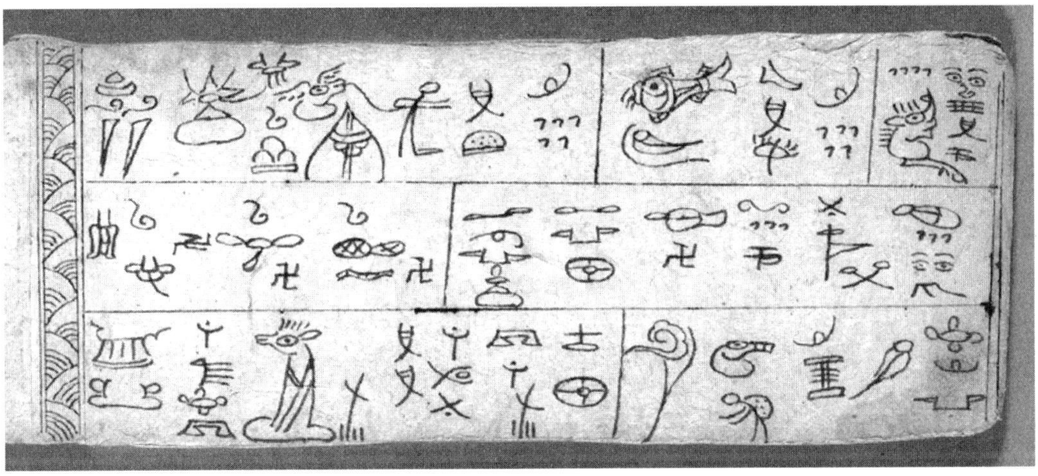

lɯ^{55} ky̩^{33} py^{33} by̩^{21}① nɯ^{33}, kɯ^{21} ly̩^{33} dɯ^{33} ly̩^{21} khɯ^{55},kɯ^{21} ly̩^{33} ʥy^{21} lɑ^{33} khɯ^{55}, ʥy^{21} i^{33}
利古　东巴　来　净水　一　举　洒　净水　山　也　洒　山　呀

khɯ^{33} tɕy^{21} khɯ^{55} me^{33} u^{33} mə^{33} uɑ^{21},kɯ^{21} ly̩^{33} lo^{21} lɑ^{33} khɯ^{55},lo^{21} i^{33} ȵi^{33} ʂu^{21} khɯ^{55} me^{33}
狩猎　去　么　财　不　是　净水　谷　也　洒　谷　呀　鱼　捕　去　么

dze^{33} mə^{33} uɑ^{21}. | bu^{33} nɑ^{21} lu^{55} khɯ^{33} phər^{21}, kɯ^{21} ly̩^{33} ʥi^{21} nɯ^{33} dər^{33}, miə^{21} tɕər^{21} dər^{33}
宝物　不　是　猪　黑　四　脚　白　净水　来　中　眼　上　中

me^{33} miə^{21} ɯ^{33} ho^{55}；| tʂhər^{55} ȵə^{21} dər^{33} me^{33} nɯ^{33} ɯ^{33} ho^{55}；sər^{55} ȵə^{21} dər^{33} me^{33} kɯ^{21}ɯ^{33}
么　眼　好　愿　肺　上　中　么　心　好　愿　肝　上　中　么　胆好

ho^{55}；dy̩^{21} ȵə^{21} dər^{33} me^{33} tsi^{55} ɯ^{33} ho^{55}. | uɑ^{33} mə^{33} thy̩^{55} mə^{33} du^{33}, uɑ^{33} thy̩^{55} dɯ^{33} ȵi^{33}
愿　胃　上　中　么　脾　好　愿　骨　不　剔　不　兴　骨　剔　一　天

① lɯ^{55} ky̩^{33} py^{33} by̩^{21}：聪明能干之东巴。

tshi^{21} ɯ^{33} ho^{55},uɑ^{33} phər^{21} sɿ^{55} tʂər^{33}thʏ^{55} uɑ^{33} sɿ^{55} tʂhər^{33} lɑ^{33}dər^{33},dər^{21} phər^{21} khu^{33}the^{21}

肩胛骨 好 愿 骨 白 三 节 剔 骨 三 节 也 中 沫 白 口 里

tɕi^{33}, tshi^{21} sɿ^{21} tshi^{21} lɑ^{33} ly^{21}, tshi^{21} ly^{33} lɑ^{33} the^{33} kɑ^{33}.sɿ^{33} bʏ^{33}① y^{21} huɑ^{21} dɯ^{21} gə^{33} y^{21}

放 肩胛骨 重复 肩胛骨 也 看 肩胛骨 看 也 还 好 斯补 祖先 生殖力 大 的 祖先

py^{21}, me^{33} me^{12}② y^{33} po^{21} lɑ^{55} gə^{33} y^{21} py^{21} me^{33} tʂhʅ^{33} ȵi^{33}. | ɑ^{33} nɑ^{33} gu^{33}, mu^{21} phe^{33}

祭 美梅 祖先 乳房 丰满 的 祖先 祭 的 这 天 远古漆黑笼罩 簸箕 簸动

ȵi^{33}, dɯ^{21} mə^{33} thʏ^{33},

日 日 不 出

利古东巴挥洒圣洁的净水，把净水洒向山头，山上打来的猎物不是财物，不能作祭品；净水洒向山谷，山谷里捕来的鱼不是宝物，不能作祭品。只有这四脚白净的黑猪，才是真正的祭品。净水洒中四脚白净的黑猪：洒中眼，愿眼睛明亮；洒中肺，愿肺上的心好；洒中肝，愿肝上的胆好；洒中胃，愿胃旁的脾好。祭牲宰杀后，不兴不剔骨，剔骨那天，愿肩胛骨好。剔出三节白骨，净水洒中三节白骨，愿祭猪的白沫含在口中不流出。肩胛骨卦重复观看，看到了肩胛骨呈现的好兆头。

要祭祀生殖力旺盛的男祖先和乳房丰满的女祖先的这天。

太古，天地混沌，没有光明，一切都处在颠簸动荡之时，太阳没有产生，

520-D-56-04

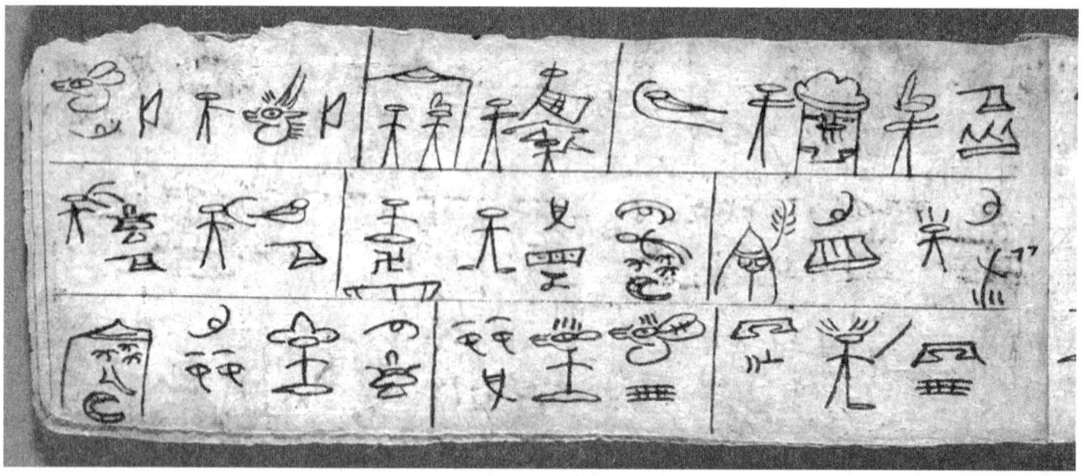

le^{21} mə^{33} khu^{33},uæ^{33} i^{33} khu^{33}. | i^{33} dɑ^{13} tʂhʅ^{33} dɯ^{33} dʑi^{21}, gɑ^{33} uɑ^{33} zʅ^{33} me^{33} dæ^{21} mi^{21}

月 不 现 左 已 开 主人 这 一 家 胜利神 旗杆 握 么 能 名声

dɯ^{21}. | ʐu^{21} dʑi^{21} i^{33} me^{33} lo^{21}nɯ^{33} i^{33}. tʂuɑ^{21} nɯ^{33} kʏ^{55} dʑi^{21} thʏ^{21}, bɯ^{33} nɯ^{33}ʂu^{21} mi^{33} khɯ^{55},

大 夏 水 流 么 谷 由 流 男 来 毡房 搭 女 来 找 火 烧

① sɿ^{33} bʏ^{33}：用于称呼男祖先时的前缀，不知其义，这里音译为斯补。

② me^{33} me^{21}：用于称呼女祖先时的前缀，不知其义，这里音译为美梅。

hɑ^{33} ʂu^{21} dzɿ^{33}; ʥi^{21} ʂu^{21} thɯ^{21} le^{21} dzɿ^{21}. | dzɿ^{21} me^{33} lɯ^{55} ɯ^{33} dæ^{21}, hy^{55} me^{33} tʂɿ^{55} nɑ^{21}
饭 找 吃 水 寻 喝 又 住 住 呀 地 好 宅基 站 呀 土 黑

kho^{33},hɑ^{55} me^{33} be^{33} khɯ^{33} ʥy^{21} .ŋy̩^{33} ly̩^{33} tho^{33} ʥy^{21} uɑ^{21} lɑ^{33} thy̩^{33},sɿ^{33} i^{33} mə^{33} sɿ^{33} tshɿ^{21}
地 宿 时 村庄里 雪山 松 山 林带 也 到 知 与 不 知 鬼

mə^{33} py^{21}, mə^{33} sɿ^{33} tshɿ^{21} i^{33} se^{21} py^{21} n̥i^{33} mə^{33} do^{21}; | nɑ^{21} mu^{33} be^{33} khɯ^{33} ʥy^{21}, do^{21}
不 祭 不 知 鬼 呀怎样 祭 要 不 知 很大 村庄里 见

nɯ^{33}mə^{33}do^{21} bər^{33} mə^{33} lo^{21},mə^{33} do^{21} bər^{33} i^{33} se^{21} lo^{21} n̥i^{33} mə^{33} do^{21}. | do^{21} me^{33}dɯ^{33}
与 不见 客 不 招待 不 见 客 呀 怎样 招待 要 不 知 见 的 一

n̥i^{33} y^{21} lo^{21} dər^{33}. | gə^{21} i^{33} mə^{33} sɿ^{33} dzɿ^{33} dy^{55} khɯ^{55},dzɿ^{33} mi^{21} dɯ^{21} nɯ^{33} dər^{33};
天 祖先 招待 要 上边 不 知 酋长 请 去 酋长 名 大 来 中

月亮没有出现，左方洞已开。主人这一家手擎胜利神之旗，名声远扬。夏天的雨水顺着山谷流去。

（最早从天上迁徙到人间的祖先，）男人搭帐篷，女人来烧火。找饭吃；找水喝。居住在美好的大地上；生息在肥沃的好地方，宿息在大村庄里。曾到过雪山松林里，不知道的鬼不去祭祀，不知道的鬼也不知怎样来祭祀；在大村庄里，没见的客人就不招待，没见的客人也不知道怎样招待。看见了的这天，就要招待祖先。不知上面的事，就去请酋长，名声远扬的酋长能说得准；

520-D-56-05

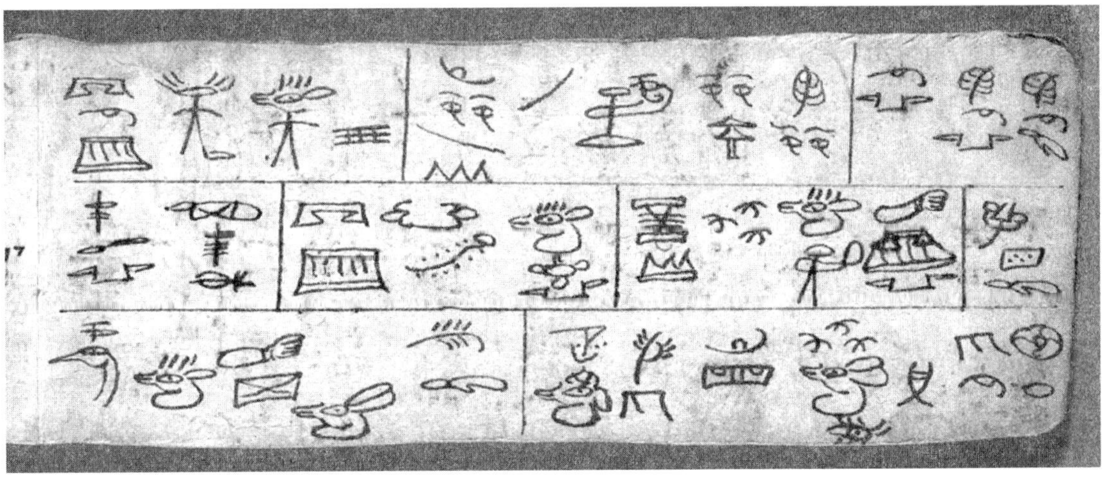

gə^{21} i^{33} mə^{33} sɿ^{33} dzɿ^{33} dy^{55} khɯ^{55}, dzɿ^{33} y^{21} dɯ^{21} nɯ^{33} dər^{33}, | mɯ^{21} i^{33} mə^{33} do^{21} phɑ^{21}
上 方 不 知 酋长 请 去 酋长 祖先 大 来 中 下 方 不 见 卜师

dy^{55} khɯ^{55}, phɑ^{33} miə^{21} thɑ^{55} nɯ^{33} ɕy^{33} le^{33} do^{21}. | mə^{33} thy̩^{33} ɕy^{33} mə^{33} thy̩^{33},ɕy^{33} mə^{33} thy̩^{33}
请 去 卜师 眼 尖 来 征兆 又 见 不 出 征兆 不 出 征兆 不 出

me^{33} ɕy^{33} mə^{33} ʂʅ^{21}.uɑ^{33} ly^{55} gv̩^{33} nɯ^{33} thv̩^{33}, tshi^{21} ly^{55} gv̩^{33} nɯ^{33} zɑ^{21}.｜gə^{21} gə^{33} sɿ^{33} bv̩^{33}
么 征兆 不 实在 骨 中 间 从 现 肩胛骨 中间 来 呈现 上 的 斯补

y^{21} huɑ^{21} dɯ^{21}sɿ^{33} thv̩^{33},｜mɯ^{21}gə^{33} phe^{21}be^{33}① y^{21} po^{21} lɑ^{55} gə^{33} y^{13} sɿ^{33} thv̩^{33}.nɯ^{33} ɯ^{33}
祖先 生殖力 大 先 出 下 的 培本 祖先 乳房 丰满 的 祖先 先 出 心 好

ʂʅ^{33} nɯ^{33} sv̩^{33}, ko^{33} phər^{21} le^{33} lər^{21} se^{21}, lɑ^{33} tshe^{55} le^{33} le^{21} se^{21}, pɯ^{55} lɯ^{33} le^{33} ʂʅ^{21} se^{21}.｜
肉 来 想 鹤 白 又 鸣 了 栎 叶 又 枯萎 了 蒿枝 又 黄 了

be^{33} le^{33} be^{55} tshʅ^{21} zʅ^{33},si^{33} ko^{33} lo^{33} mə^{33}n̡i^{33}, tshʅ^{33} le^{33} lɯ^{33} me^{33} pv̩^{21} ko^{33} lo^{33} mə^{33} n̡i^{21}.
人类 贫 悲伤 不 要 冬天 又 来 么 干燥 悲伤 不 要

不知上面的事，就去请酋长，名声大的酋长和祖先能说准。下方事情看不见，就去请卜师，卜师有慧眼，该举行什么祭祀他知道。如果征兆没有出现，卦象不清楚，祭祀也就不实在了。骨卦里征兆显现出来了，肩胛骨卜中出来卦象了。要祭祀生殖力旺盛的男性先祖的卜象最先出现了，要祭祀乳房丰满的女性先祖的卜象也出来了。祖先的心又会想了；白鹤又叫了，栎叶枯萎、蒿枝又黄的季节又到了。做活度日的人，不要为贫穷而悲伤，冬天来了，不要为冬日的干枯而悲伤。

520-D-56-06

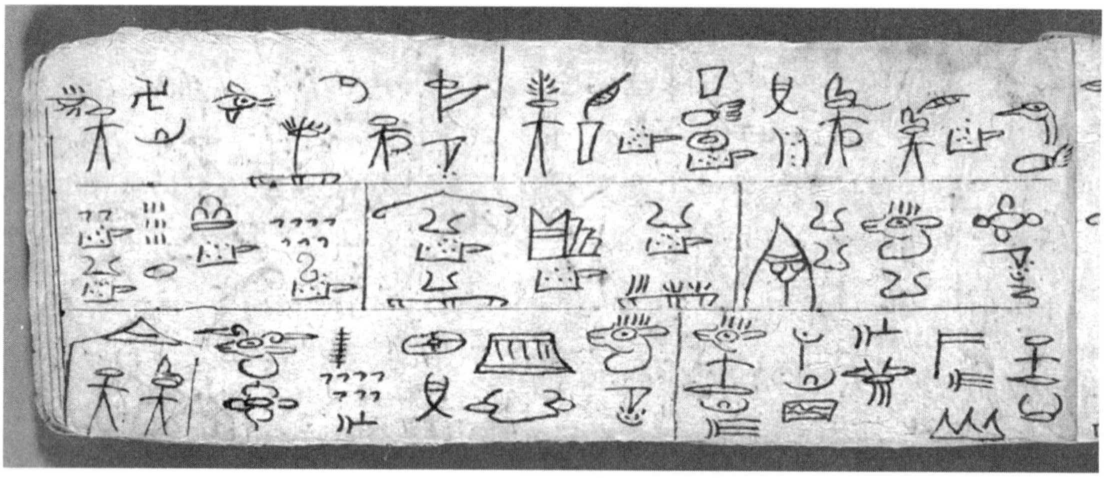

zo^{33} ɕi^{21} zo^{33} mə^{33} ɕi^{21}, zo^{33} ɕi^{21} ɯ^{33} me^{33} mu^{55} the^{21} be^{33}. æ^{33} phv̩^{55} æ^{33} mə^{33} phv̩^{55}, æ^{33}
儿 养育 儿 不 养育 儿 养育 好 么 老 这 做 粮食 播 粮食 不 播 粮食

phv̩^{55} ɯ^{33} me^{33} ʐu^{21} the^{21} be^{33}.｜sɿ^{21} bɯ^{33} dɯ^{33} n̡i^{33} to^{21} tshy^{55} ʐuɑ^{21}；me^{33} bɯ^{33} dɯ^{33} n̡i^{33}
播 好 么 饿 的 做 父亲 去 一 日 抱 赔偿 母亲 去 一 日

n̡i^{33} tshy^{55} ʐuɑ^{21}；kɑ^{21} gə^{33} n̡i^{55} phv̩^{33} lɑ^{33} le^{33} ʐuɑ^{21}；to^{55} gə^{33} mɑ^{21} phv̩^{33} ʐuɑ^{21}；gv̩^{33} n̡i^{33}
奶 赔偿 胸 的 奶 价 也 又 偿 额 的 油 价 偿 九 天

① phe^{21} be^{33}：用于称呼女祖先时的前缀，不知其义，这里音译为培本。

gu^{33} lu^{21} phv̩^{33} le^{33} ʐuɑ^{21}；ʂər^{3} n̥i^{33} kɑ^{33} le^{21} phv̩^{33} le^{33} ʐuɑ^{21}. | mɯ^{33} phv̩^{33} dy^{21} phv̩^{33}ʐuɑ^{21}；
保福 价 又 偿 七 天 保佑 价 又 偿 天 价 地 价 偿

dʐɿ^{33} phv̩^{33} uə^{33} phv̩^{33} ʐuɑ^{21},dər^{33} phv̩^{33} khɯ^{21} phv̩^{33}ʐuɑ^{21}； | ŋv̩^{33} lv̩^{33}phər^{21} phv̩^{55} phv̩^{33}, y^{21}
村 价 寨 价 偿 良田 价 荒地 价 偿 雪山 白 皑皑 祖先

phv̩^{33} dɯ^{21} be^{33} le^{33} be^{33} se^{21}. i^{33} dɑ^{13} nɯ^{21} nɯ^{33} uɑ^{21}, zɿ^{33} ʂər^{21} hɑ^{55} i^{33} n̥i^{33} me^{33}, sɿ^{33} bv̩^{33}
价 大 的 又 做 了 主人 生儿 与 育女 寿 长 日 有 要 么 斯补

y^{21} nɯ^{33} be^{33}. | y^{21} dʐɿ^{21} sɑ^{21} mə^{33} ʥy^{33}, y^{21} mə^{33} hɯ^{21} i^{33} kv̩^{55}. ʂuɑ^{21} dʐɿ^{21} hy^{21} le^{33} sɑ^{55}；
祖先 来 做 祖先 住 处 不 有 祖先 生气 有 会 高 住 矮 又 迎

khuɑ^{33} dʐɿ^{21}
远 住

生不生养儿子？好好生养儿子，全因养儿要防老。播种不播种？好好播种粮食，全因播种要防饿。父亲去世之后，要报答父抱儿之恩；母亲去世之后，要报答母亲哺乳之情；要偿还父母为儿女幼小时抹额头之酥油价；要偿还父母长期以来的保福、保佑价。接着要偿还天价、地价、村价、寨价、良田价、荒地价；祖先的价犹如白雪皑皑的雪山般高大的偿还了。主人这家呀，有儿有女，延年益寿是祖先赐予的。祖先没有住处，祖先就心神不安。要祭祀先祖的日子里，把住在高处的祖先迎请到低矮的大地上；把住在远处的祖先

520-D-56-07

nv̩^{55} le^{33} sɑ^{55}, dɑ^{21} dʐɿ^{21} bɑ^{21} le^{33} sɑ^{55}. | y^{21} dʐɿ^{21} pv̩^{55} ly^{33} khɑ^{21}, y^{21} ɕy^{55} uɑ^{33} tho^{21} tɯ^{21}
近 又 迎 阴坡 住 阳坡 又 迎 祖先 住 丙吕侉 祖先 站 坞托迪

nɯ^{33} y^{21} ʨi^{55} mɯ^{21} le^{33} sɑ^{55}；sɿ^{33} bv̩^{33} gv̩^{33} khu^{33} uɑ^{21} nɯ^{33} y^{21} ʨi^{55} mɯ^{21} le^{33} sɑ^{55}；
从 祖先 小 下 又 迎 斯补古空瓦 从 祖先 小 下 又 迎

mɯ^{33} ʂuɑ^{21} kɯ^{21} dzʅ^{33} bu^{21} nɯ^{33} y^{21} tɕi^{55} mɯ^{21} le^{33} sɑ^{55}；| py̩^{21} me^{33} dʑy^{33} lɯ^{33} tɯ^{33}；uɑ^{21}
美刷庚孜埔 从 祖先 小 下 又 迎 干 的 蔓菁 地 里 湿

me^{33} sɑ^{33} lɯ^{55} kho^{55} nɯ^{33} y^{21} tɕi^{55} mɯ^{21} le^{33} sɑ^{55}；| lɑ^{33} do^{33} by̩^{33} dʑi^{21} dɯ^{21} nɯ^{33} y^{21} tɕi^{55}
的 麻 地 里 从 祖先 小 下 又 迎 罗多补吉 大 从 祖先 小

mɯ^{21} le^{33} sɑ^{55}；lɯ^{33} ʂuɑ^{21} kə^{55} tɯ^{33} bu^{21}、mɯ^{33} lɯ^{55} ko^{33} tɯ^{33} bu^{21} nɯ^{33} y^{21} tɕi^{55} mɯ^{21} le^{33}
下 又 迎 里刷构迪埔 美利各迪埔 从 祖先 小 下 又

sɑ^{55}；| lɑ^{33} mu^{33} lɑ^{33} tʂɑ^{55} bu^{21}、gu^{21} mu^{33} gy̩^{21} tsɑ^{55} bu^{21} nɯ^{33} y^{21} tɕi^{55} mɯ^{21} le^{33} sɑ^{55}；|
迎 拉姆拉召埔 古姆古召埔 从 祖先小 下 又 迎

le^{55} tɕhi^{33} ty̩^{21} dzʅ^{33} bu^{21} nɯ^{33} y^{21} tɕi^{55} mɯ^{21} le^{33} sɑ^{55}；
勒启督孜埔 从 祖先 小 下 又 迎

迎到近处来；把住在阴坡的祖先迎请到阳坡来。把小辈的祖先从祖先住的丙吕侉①地方，把祖先从坞托迪地方迎请下来；从斯补古空瓦、美刷庚孜埔迎请下来；从干燥的蔓菁地里、潮湿的大麻地里迎请下来；从罗多补吉大河处迎请下来；从里刷构迪埔、美利各迪埔迎请下来；从拉姆拉召埔、古姆古召埔、勒启督孜埔迎请下来；

520-D-56-08

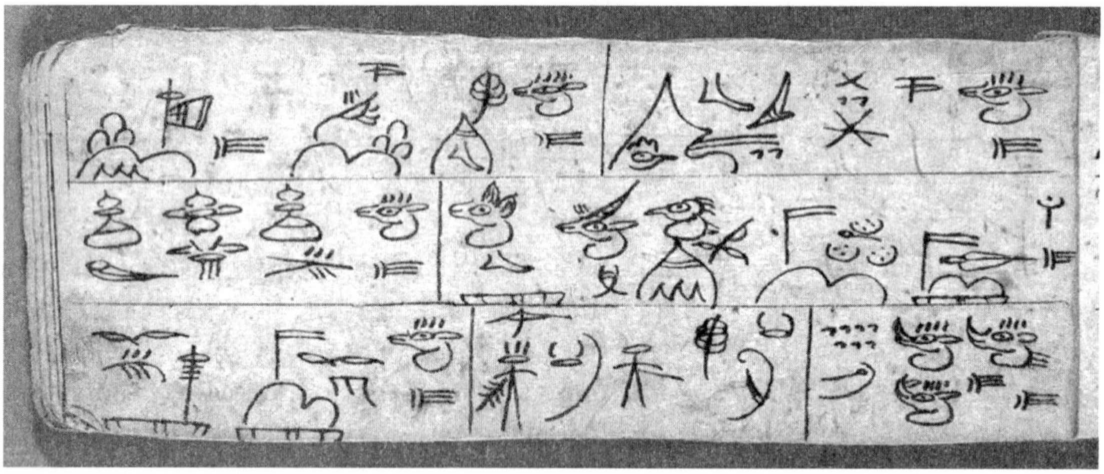

mi^{33} ly̩^{21} ə^{55} gɑ^{33} bu^{21} nɯ^{33} mɯ^{21} le^{33} sɑ^{55}；ɕi^{33} phər^{21} kɑ^{33} ly̩^{33} bu^{21} 、bə^{33} mu^{33} ɕy^{55} dzʅ^{21}
明鲁阿嘎埔 从 下 又 迎 西盘嘎鲁埔 崩姆许孜局

dʑy^{21} nɯ^{33} y^{21} tɕi^{55} mɯ^{21} le^{33} sɑ^{55}. | æ^{21} nɑ^{55} ȵi^{33} ʐʅ^{33} dzʅ^{21},tshe^{21} ȵi^{33} ʐʅ^{33} phər^{21} dzʅ^{21} nɯ^{33}
从 祖先 小 下 又 迎 昂纳尼日孜 陈尼日盘孜 从

y^{21} tɕi^{55} mɯ^{21} le^{33} sɑ^{55}. he^{21} i^{33} uɑ^{33} dʑi^{21} ky̩^{33}, he^{21} i^{33} uɑ^{33} dʑi^{21} mæ^{33} nɯ^{33} y^{21} tɕi^{55} mɯ^{21}
祖先 小 下 又 迎 恒依瓦吉 上游 恒依瓦吉 下游 从祖先 小 下

① 丙吕侉：音译地名。后文中音译者皆为地名。

le^{33} sa^{55}. | dzi^{33} khɯ^{33} se^{33} me^{21} kho^{55}、la^{33} do^{33} hua^{33} hy^{21} dʑy^{21} 、lɯ^{33} ʂua^{21} dzæ^{21} bər^{33}
又 迎 精肯塞美柯 拉朵花虚局 里刷章班丹

dər^{33}, lɯ^{33} ʂua^{21} dʑi^{21} gv̩^{33} bu^{21} nɯ^{33} y^{21} tɕi^{55} mɯ^{21} le^{33} sa^{55}; iə^{21} pɯ^{55} dy^{21} ly^{55} gv̩^{33}, lɯ^{33}
里刷吉古埔 从 祖先 小 下 又 迎 尤贝 地 中央

ʂua^{21} iə^{21} ga^{55} la^{33} nɯ^{33} y^{21} tɕi^{55} mɯ^{21} le^{33} sa^{55}. | mɯ^{33} lɯ^{55} ʂv̩^{33} lo^{21} kho^{33}、uæ^{33} i^{33} ɕy^{55}
里刷尤告拉 从 祖先 小 下 又 迎 美利斯罗柯 弯英训罗可

lo^{21}kho^{33}、| sv̩^{33} lo^{21} bu^{21} kv̩^{33} tsv̩^{21} nɯ^{33} y^{21} tɕi^{55} mɯ^{21} le^{33} sa^{55};
斯洛埔古孜 从 祖先 小 从 又 迎

从明鲁阿嘎埔迎请下来；从西盘嘎鲁埔、崩姆许孜局迎请下来；从昂纳尼日孜、陈尼日盘孜迎请下来；从恒依瓦吉上游、恒依瓦吉下游迎请下来；从精肯塞美柯、拉朵花虚局、里刷章班丹、里刷吉古埔迎请下来；从尤贝地的中央、里刷尤告拉迎请下来；从美利斯罗柯、弯英训罗柯、斯洛埔古孜迎请下来；

520-D-56-09

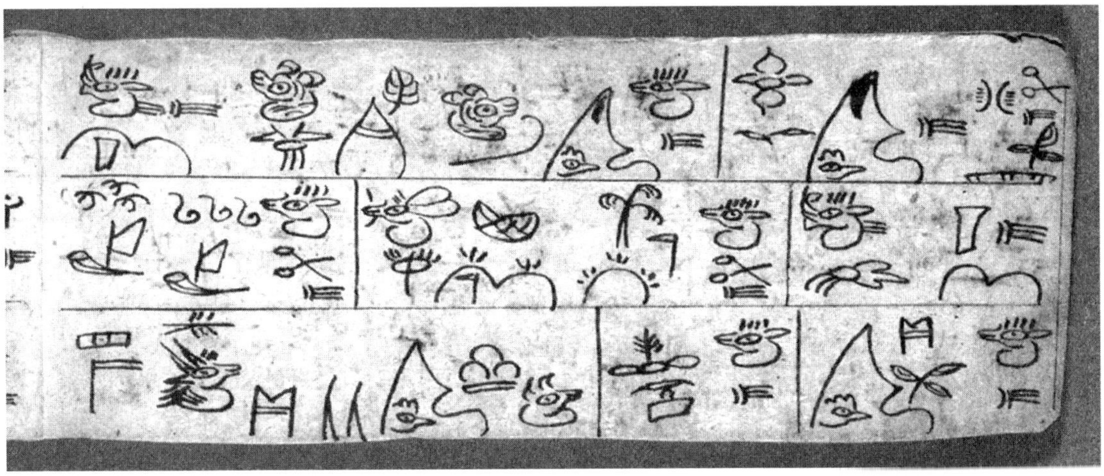

bu^{21} ho^{21} to^{55} nɯ^{33} y^{21} tɕi^{55} mɯ^{21} le^{33} sa^{55}; la^{33} kv̩^{33} ɕy^{55} tsɿ^{21} dʑy^{21} 、la^{33} lo^{21} æ^{21} na^{21} uə^{33}
崩禾垛 从 祖先 小 下 又 迎 拉古许孜局 拉罗安拿坞

nɯ^{33} y^{21}tɕi^{55} mɯ^{21} le^{33} sa^{55}; | o^{21} iə^{55} æ^{21} na^{55}dʑy^{21} 、by^{33} nv̩^{55} dy^{21} nɯ^{33} y^{21} tɕi^{55} mɯ^{21} le^{33}
从 祖先 小 下 又 迎 俄佑安拿局 本怒埔 从 祖先 小 下 又

sa^{55}; tshɿ^{33} gv̩^{33} khu^{33},ʐu^{21} gv̩^{33} khu^{33} nɯ^{33} y^{21} tɕi^{55} mɯ^{21} le^{33} sa^{55}; | le^{33} dze^{33} ʐə^{21} khə^{33}
迎 楚古空 汝古空 从 祖先 小 下 又 迎 冷增柔柯格

ko^{21}、lɯ^{33} dzɿ^{21} ko^{21} nɯ^{33} y^{21} tɕi^{55} mɯ^{21} le^{33} sa^{55}; | bu^{21} kv̩^{33} dzɿ^{21}、bu^{33} ho^{21} to^{55} nɯ^{33}
里孜各 从 祖先 小 下 又 迎 崩古紫 崩禾垛 从

y^{21} tɕi^{55} mɯ^{21} le^{33} sɑ^{55}; tʂʅ^{33} ʂuɑ^{21} mæ^{33} i^{33} uə^{21}、tɕhi^{21}tɕhi^{33} æ^{21} ly̩^{33} khɯ^{33}、| sər^{33} tshe^{55}
祖先 小 下 又 迎 知刷满依坞 启其俺鲁啃 桑衬班

bæ^{21} nɯ^{33} y^{21} tɕi^{55} mɯ^{21} le^{33} sɑ^{55}; | æ^{21} uə^{33} ny̩^{55} nɯ^{33} y^{21} tɕi^{55} mɯ^{21} le^{33} sɑ^{55};
从 祖先 小 下 又 迎 昂坞怒 从 祖先 小 下 又 迎

从崩禾垛迎请下来；从拉古许孜局、拉罗安拿坞迎请下来；从俄佑安拿局、本怒埔迎请下来；从楚古空、汝古空迎请下这；从冷增柔柯格、里孜各迎请下来；从崩古紫、崩禾垛迎请下来；从知刷满依坞、启其俺鲁啃、桑衬班迎请下来；从昂坞怒迎请下来；

520-D-56-10

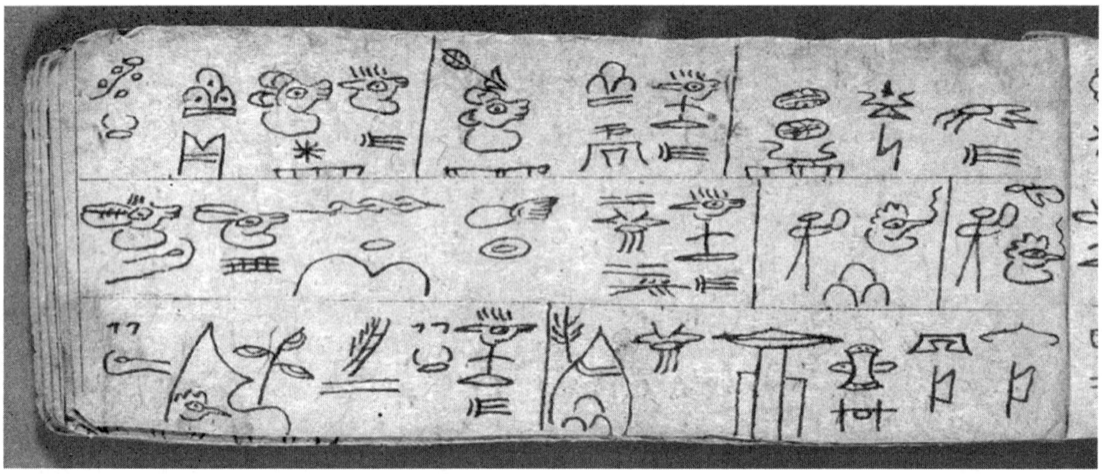

tʂhy̩^{33} kho^{33} uə^{33}、ly̩^{33} nɑ^{21} uə^{33}、gy̩^{21} ty̩^{21} lo^{33} nɯ^{33} y^{21} tɕi^{55} mɯ^{21} le^{33} sɑ^{55}; | gy̩^{21} khæ^{55}
初柯坞 鲁纳坞 古督罗 从 祖先 小 下 又 迎 古亢里

lo^{33}、ly̩^{33} phər^{21} tʂuɑ^{33} nɯ^{33} y^{21} tɕi^{55} mɯ^{21} le^{33} sɑ^{55}; | bæ^{21} mæ^{55} phy̩^{55} dy^{21} 、khɑ^{33} tʂhər^{33}
鲁盘刷 从 祖先 小 下 又 迎 班曼铺丁 考昌巩

ku^{21} nɯ^{33} y^{21} tɕi^{55} mɯ^{21} le^{33} sɑ^{55}; lo^{21} lo^{21} 、le^{33} dər^{33}、tɕi^{21} ky̩^{33}bu^{21} 、lɑ^{33} mɑ^{33} lɯ^{33}、dæ^{21}
从 祖先 小 下 又 迎 罗罗 冷端 吉古埔 拉玛里 丹古

ky̩^{33}、dæ^{21} mæ^{33} nɯ^{33} y^{21} tɕi^{55} mɯ^{21} le^{33} sɑ^{55}; | pu^{55} ly̩^{33} tɕy^{21} 、| pu^{55}ʂʅ^{21} tɕy^{21} 、ɳi^{33} lo^{21}
丹满 从 祖先 小 下 又 迎 布鲁局 布施局 尼罗

æ^{21} ny̩^{55} dzʅ^{21}、ŋy̩^{33} tɕi^{33} ɳi^{33} æ^{21} kho^{33} nɯ^{33} y^{21} tɕi^{55} mɯ^{21} le^{33} sɑ^{55}; | tho^{33} dzʅ^{21} ly̩^{33}
昂怒孜 亡灵木身 放 两 崖 洞 从 祖先 小 下 又 迎 妥孜鲁局古

dʑy^{21} ky̩^{33}、thɑ^{55} tho^{21} kæ^{33}、gə^{21} ku^{55}、mɯ^{21} khu^{55}、
套托冈 构空 美空

从初柯坞、鲁纳坞、古督罗迎请下来；从古亢里、鲁盘刷迎请下来，从班曼铺丁、考昌巩迎请下来，从罗罗、冷端、吉古埔、拉玛里、丹古、丹满迎请下来；从布鲁局、布施局、尼罗

昂努孜、放亡灵木身的两崖洞里迎请下来；从妥孜鲁局古、套托冈、构空、美空、

520-D-56-11

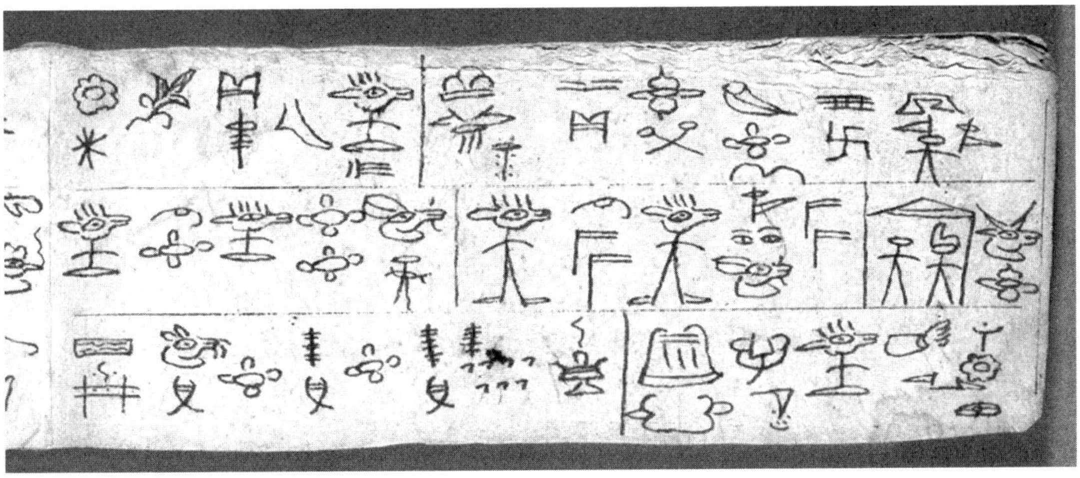

sɿ^{33} tv̩^{21} dv̩^{21}、uə^{33} ly^{33} khɯ^{33} nɯ^{33} y^{21} tɕi^{55} mɯ^{21} le^{33} sɑ^{55}；| lv̩^{33} kv̩^{33} dʐʅ^{33}、dy^{21} uə^{33} 、
斯督堵　坞吕肯　从 祖先 小 下 又 迎　鲁古支　丁坞

uɑ^{33} tɕi^{33}、dʑi^{33} dɯ^{21} bu^{21}、dər^{33} ɯ^{33} gə^{33} dæ^{21} nɯ^{33} y^{21} tɕi^{55} mɯ^{21} le^{33} sɑ^{55}. y^{21} dzɿ^{33} mə^{33}
瓦吉　吉丁补　田 好　构丹　从 祖先 小 下 又 迎 祖先 坐 不

dɯ^{55} dɯ^{33}, y^{21} dzɿ^{21} dɯ^{55} dɯ^{33} le^{33} be^{33} lu^{33}；| y^{21} hy^{55} mə^{33} ʂuɑ^{55} ʂuɑ^{33}, the^{33} n̩ə^{21} le^{33}
一样齐　祖先 坐　一样齐 又 做 来　祖先 站 不　一样高　这里　又

ʂuɑ^{55} ʂuɑ^{33}. | i^{33} dɑ^{13} nɯ^{21} nɯ^{33} uɑ^{21}、hɯ^{21} nɯ^{33} dzæ^{33},khv̩^{55} me^{55} khv̩^{55} dɯ^{33}, zɿ^{33} me^{55}
一样高　主人 生儿 与 育女　富 与 豪　年岁 要 年岁 得 寿岁 要

zɿ^{33} dɯ^{33}, zɿ^{33} ʂər^{21} hɑ^{55} i^{33} me^{33}, | sɿ^{33} bv̩^{33} y^{21} nɯ^{33} be^{33} iə^{55} mə^{21}. y^{21} lɑ^{33} sɿ^{33} bv̩^{33} y^{13}
寿岁 得　寿 长 日 有 么　斯补 祖先 来 做 赐予 的 祖先 呀　斯补 祖先

sɿ^{33} thv̩^{33} dɯ^{33} n̩i^{33},
先 到 一 天

斯督堵、坞吕肯迎请下来；从鲁古支、丁坞、瓦吉、吉丁补、从好地方构丹迎请下来。祖先们过去没有坐在一起，现在就站在一起来。

这家主人，有儿有女，家庭富裕；要年岁得年岁；要寿岁得寿岁；延年益寿是斯补祖先赐予的。

祖先呀！斯补祖先先到的这一天，

520-D-56-12

mɯ^{33} lɯ^{55} khy̩^{55} ʂʅ^{55} tsɿ^{55}, khy̩^{55} ʂʅ^{55} tʂhʅ^{33} dɯ^{33} khy̩^{55}, du^{33} se^{21} he^{33} ʂʅ^{55} du^{21}, he^{33} ʂʅ^{55} tʂhʅ^{33}
天 地 年 新 说 年 新 这 一 年 卢神 沈神 月 新 置 月 新 这

dɯ^{33} he^{33}. | sɿ^{33} by̩^{33} y^{21} lɑ^{33} ʥi^{21} dɯ^{21} be^{33}, y^{21} lɑ^{33} ko^{21} ʂuɑ^{21} be^{33}. i^{33} dɑ^{13} tʂhʅ^{33} dɯ^{33} ʥi^{21},
一 月 斯补 祖先 呀 水 大 做 祖先 呀 高原 高 做 主人 这 一 家

bər^{21} ky̩^{33} y^{21} lɑ^{33} dy̩^{21}, ko^{21}he^{33} y^{21} lɑ^{33} gɯ^{33}.ɑ^{33} pɑ^{21} 、ɕy^{55} iə^{21} kæ^{33} y^{21} zʅ^{33} tɕhi^{21}、y^{21} le^{55}
牦牛 头 祖先 也 供 针 眼 祖先 也 献 男祖先 女祖先 前 祖先 酒 甜 祖先 茶

nɑ^{21} 、y^{21} bæ^{33}phər^{21}、y^{21} bæ^{33} nɑ^{21}、y^{21} thɑ^{55} dzʅ^{21}、y^{21} si^{33} li^{21}、y^{21} tɕæ^{33} æ^{21}、y^{21} mi^{21}
浓 祖先 糖 白 祖先 麦芽糖 祖先 柿子 祖先 梨子 祖先 酸菜 祖先 黄果

thy̩^{33}、bu^{33} nɑ^{21} lu^{55} khɯ^{33} phər^{21} nɯ^{33} khɯ^{33} mu^{33} dɯ^{33} ɯ^{33} dzi^{33}, se^{33} me^{21} dɯ^{33} ɯ^{33} gu^{33}.
猪 黑 四 脚 白 由 整头 一 完美 献 全部 一 完美 供

天地设立了年岁，在新的一年里；卢神、沈神确立了月份，在新的一月里，祭祖的日子又来到了，为祖先祭献上比水还大的供品，奉上比山还高的祭物。这家主人有牦牛头般大的供品要祭祀祖先，只有针眼儿大的供品也要祭祀祖先。为男祖先们、女祖先们祭献上甜酒、浓茶、白糖、麦芽糖、柿子、梨子、酸菜、黄果、整头四脚白净的黑猪，完美的祭一次，最后用这些供品为祖先举行了一次大规模的祭典。

520-D-56-13

y²¹ gə³³ be³³gu³³ tʂhər⁵⁵; | y²¹ gə³³ me³³ he²¹ tʂhər⁵⁵, y²¹ zʅ³³ tɕhi²¹、y²¹ le⁵⁵ nɑ²¹、y²¹ bæ³³
祖先 的 兄弟 代 祖先 的 姊妹 代 祖先 酒 甜 祖先 茶 浓 祖先 糖

phər²¹、y²¹ bæ³³ nɑ²¹、y²¹ thɑ⁵⁵ dzʅ²¹、y²¹ gv̩³³ dv̩²¹、y²¹ si⁵⁵ li²¹、y²¹ tɕæ³³ æ²¹、y²¹ mi²¹ thv̩³³、
白 祖先 麦芽糖 祖先 柿子 祖先 核桃 祖先 梨子 祖先 酸菜 祖先 黄果

y²¹ tshʅ⁵⁵ ɯ²¹、bu³³ nɑ²¹ lu⁵⁵ khɯ³³ phər²¹ nɯ³³ khɯ³³ mu³³ dɯ³³ ɯ³³ dzi³³, se³³ me²¹ dɯ³³
祖先 板栗 猪 黑 四 脚 白 由 整头 一 完美 祭 全部 一

ɯ³³ gu³³. sʅ⁵⁵ tʂhər³³ y²¹ mɯ²¹ tʂhʅ³³ dɯ⁵⁵ dɯ³³, ho³³ gv̩³³ lo²¹ nɯ³³ tshʅ³³ le³³ ʂʅ³³ me³³ dʑy³³
完美献 三 代 祖先 下 这 以下 北方 在 缢 又 死 的 有

i³³ kv̩⁵⁵. i³³tʂhʅ³³ mɯ²¹ nɯ³³ khuɑ²¹ ʂʅ³³,ʂu²¹ me³³ mə³³ dɯ³³ dʑy³³ i³³kv̩⁵⁵. zər²¹ lɑ³³ go²¹ bv̩²¹
也 会 南方 在 凶 死 寻 么 不 得 有 的 会 豹 虎 臼齿 下

ʂʅ³³ me³³dʑy³³ i³³ kv̩⁵⁵, gv̩²¹ bu²¹dzæ²¹ khu³³ ʂʅ³³ me³³ dʑy³³ i³³ kv̩⁵⁵, phe³³ le²¹ phər²¹ bv̩²¹ ʂʅ³³
死 么 有 的 会 熊 野猪 獠牙 口 死 么 有 的 会 蝴蝶 白 下 死

me³³ dʑy³³ i³³ kv̩⁵⁵, tʂhuɑ uɑ³³ thɯ⁵⁵ bv̩21 ʂʅ³³ me³³
么 有 的 会 蚂蚁 腰 下 死 么

为先祖的兄弟辈；先祖的姊妹辈祭献上甜酒、浓茶、白糖、麦芽糖、柿子、核桃、梨子、酸菜、黄果、板栗；用整头四脚白净的黑猪完美地祭一次，最后用所有的供品为祖先举行了一次大规模的祭典。

三代以下的祖辈里，会有在北方自缢而死的；在南方凶死后没有找到的；会有死在豹子老虎臼齿下的；会有死在熊和野猪獠牙下的；会有死在蝴蝶翅下的；会有死在蚂蚁腰下的。

520-D-56-14

dʑy³³ i³³ kv̩⁵⁵. | ʂuɑ²¹ nɯ³³ dzʅ²¹ me³³ hy²¹ mə³³ mi³³ mə³³ sʅ³³ dʑy³³ i³³ kv̩⁵⁵,hy²¹ nɯ³³ dzʅ²¹
有 的 会 高 来 住 么 矮 不 闻 不 知 有 的 会 矮 来 住

me^{33}ʂuɑ^{21} le^{33} do^{21} mə^{33} thɑ^{55} me^{33} ʥy^{33} i^{33} kv̩^{55}.u^{33} tɕhy^{33} u^{33} tshɑ^{21} lɑ^{33} le^{33}me^{21}. y^{21} ʐʅ^{33}
么 高 又 见 不 能 么 有 的 会 自己 宗族 自己 宗亲 也 又 认 祖先 酒

tɕhi^{21}、y^{21} le^{55} nɑ^{21}、y^{21} bæ^{33} phər^{21}、y^{21} bæ^{33} nɑ^{21}、y^{21} tshʅ^{55} ɯ^{21}、y^{21} thɑ^{55} dʐʅ^{21}、y^{21} mi^{21}
甜 祖先 茶 浓 祖先 糖 白 祖先 麦芽糖 祖先 板栗 祖先 柿子 祖先 黄果

thv̩^{33}、y^{21} si^{33} li^{21}、y^{21} tɕæ^{33} æ^{21}、y^{21} gv̩^{33}dv̩^{21}、y^{21} ko^{21} pe^{55}①；bu^{33} nɑ^{21} lu^{55} khɯ^{33} phər^{21}
祖先 梨子 祖先 酸菜 祖先 核桃 祖先 郭倍 猪 黑 四 脚 白

nɯ^{33} khɯ^{33} mu^{33} dɯ^{33} ɯ^{33} dzi^{33}, se^{33} me^{21} dɯ^{33} ɯ^{33} gu^{33}. | sʅ^{33} bv̩^{33} y^{21} tʂhə^{55} mə^{33} khuɑ^{33}
来 整头 一 完美 祭 全部 一 完美 献 斯补 祖先 秽 不 除

bɯ^{33}, y^{21} tʂhə^{55} mə^{33} ʂu^{21} kv̩^{55}；| y^{21} tʂhə^{55} mə^{33} khuɑ^{33} bɯ^{33}, y^{21} i^{33} mə^{33} tɑ^{55} kv̩^{55}.
假如 祖先 秽 不 净 会 祖先 秽 不 除 假如 祖先 呀 不 说话 会

住在高处的祖先听不到住在低处祖先的声音；住在低处的祖先见不到住在高处的祖先的情况会存在。自己的宗族，自己又去认。为他们祭献上甜酒、浓茶、白糖、麦芽糖、板栗、柿子、黄果、梨子、酸菜、核桃、郭倍；用整头四脚白净的黑猪完美地祭一次，最后用所有的供品为祖先举行了一次大规模的祭典。

假如不为祖先的祭品除去污秽，祭品就不纯净；假如不为祖先的祭品除去污秽，祖先就不开口说话。

520-D-56-15

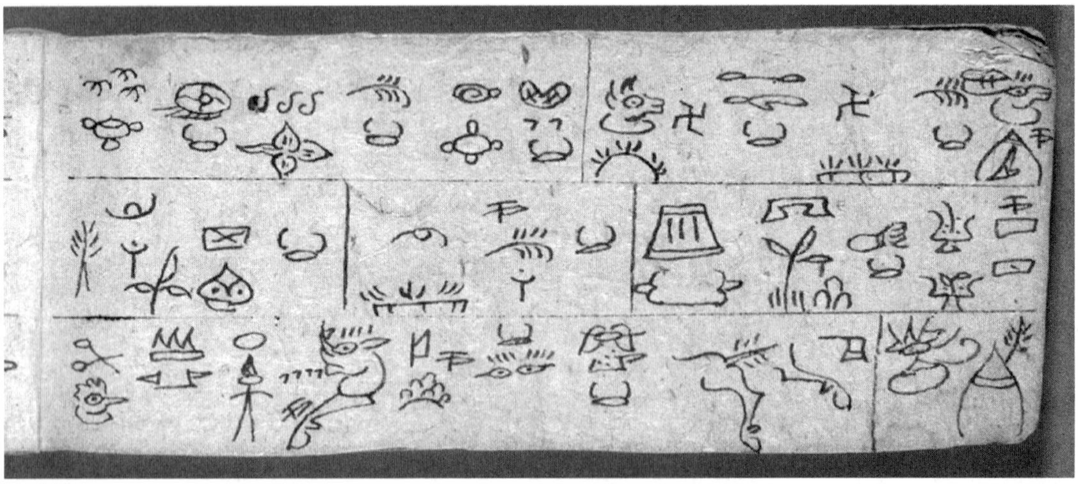

tshʅ^{33} be^{33} dɯ^{21} me^{33} bi^{33} nɯ^{33} khuɑ^{33}；ʐu^{21} hɯ^{21} dɯ^{21} me^{33} ʥy^{33} ne^{21} pɯ^{33} nɯ^{33} khuɑ^{33},
冬 雪 大 么 太阳 来 除 夏 雨 大 么 蔓菁 与 蒿枝 来 除

tʂhə^{55} khə^{33} dɯ^{21} me^{33} ȵi^{33} nɯ^{33} khuɑ^{33}；| ko^{21} khɯ^{33} ɯ^{33} me^{33} o^{33} ne^{21} ʂʅ^{33} nɯ^{33} khuɑ^{33}；
秽 沟 大 么 鱼 来 除 猎狗 好 么 骨 与 肉 来 除

① 郭倍：用未熟透的稻谷，经蒸、炒后再压扁制成的一种食品，可作干粮，这里音译。

dər^{33} khɯ^{33} ɯ^{33} me^{33} pɯ^{33} nɯ^{33} khuɑ^{33}. lɑ^{33} do^{33} phər^{21} dʑy^{21} kv̩^{33}, dzər^{21} mə^{33} y^{21}nɯ^{33} mu^{13}

田 地 好 么 蒿枝 来 除 拉多盘 山 上 树 不 生长 就 杜鹃

sɿ^{33} y^{21}, mu^{21} tshe^{55} pɑ^{21} nɯ^{33} khuɑ^{33}; | dzi^{33} dʑə^{21} lɑ^{33} lər^{33}dy^{21},ʐə̩^{21} mə^{33} hər^{21} nɯ^{33} pɯ^{13}

先 生长 杜鹃 叶 宽 来 除 人类居住的辽阔大地 草 不 绿 就 蒿枝

sɿ^{33} hər^{21}, pɯ^{55} khɯ^{33} phər^{21} nɯ^{33} khuɑ^{33}; | sɿ^{33} bv̩^{33} y^{21} gə^{33} py^{21} sər^{33} tshɿ^{55} lɑ^{33} khuɑ^{33},

先 绿 蒿枝 根 白 来 除 斯补 祖先 的 祭 木 插 也 除

du^{21} lu^{33} nər^{55} lɑ^{33} khuɑ^{33}.y^{21} zʅ̩^{33} tɕhi^{21}、y^{21} le^{55} nɑ^{21}、y^{21} bæ^{33} phər^{21} 、y^{21} bæ^{33} nɑ^{21}、y^{21}

神石 压 也 除 祖先 酒 甜 祖先 茶 浓 祖先 糖 白 祖先 麦芽糖 祖先

tɕæ^{33} æ^{21}、y^{21} mi^{21} thv̩^{33}、y^{21} gv̩^{33} dv̩^{21}、bu^{33} nɑ^{21} lu^{55} khɯ^{33} phər^{21}, khu^{33} gv̩^{33} dər^{33} phər^{21}

酸菜 祖先 黄果 祖先 核桃 猪 黑 四 脚 白 口 上 沫 白

khuɑ^{33}, miə^{21} gv̩^{33} miə^{33} tsɿ^{21} fv̩^{33} lɑ^{33} khuɑ^{33}; he^{33} gv̩^{33} pv̩^{33} lv̩^{33} khuɑ^{33}; lɑ^{21} gv̩^{33} lɑ^{21} dze^{21}

除 眼 上 眉毛 也 除 耳 上 额头 除 手 上 手 双

khuɑ^{33}, mæ^{33} gv̩^{33} mə^{33} ʂu^{21} mæ^{33} phər^{21} khuɑ^{33}. | ɑ^{33} sɿ^{21} ɑ^{33} gv̩^{33} ŋə^{21}, tho^{33} dʑy^{21} uɑ^{21} lɑ^{33}

除 尾 上 不 净 尾 白 除 父 舅 我 松 山 带 也

thv̩^{33}, py^{21} gə^{33} khu^{33} kv̩^{33} bi^{33} mə^{33} ʂu^{21},

到 东巴 的 口 里 便宜 不 找

冬天的大雪由太阳来融化；夏天的大雨由蔓菁、蒿枝来吸收；大沟里的污秽由鱼来清除；猎狗的污秽由骨头和肉来消除；田地里的污秽由蒿枝来清除。拉多盘山上，别的树还没有生长，杜鹃树先生长，用宽大的杜鹃叶来除秽；人类居住的辽阔大地上，草还没有发芽，蒿枝先发芽，用白根青蒿来除秽；为斯补祖先的祭木除秽；为神石除秽。为祖先祭献上的甜酒、浓茶、白糖、麦芽糖、酸菜、黄果、核桃除秽；给四脚白净的黑猪口上的白沫除秽；给眼上的眉毛除秽；给耳、额头除秽；给四只脚除秽；给尾巴除秽。当我这父舅辈的东巴，到了山上松林带，从不为贪便宜而胡乱张口，

20-D-56-16

tʂhə^{55} ʂʅ^{33} thʏ^{33} lɯ^{33} me^{33}, tʂhə^{55} ʂʅ^{33} py^{21} mə^{33} dzʅ^{33}； be^{33} khɯ^{33} ʥy^{21} lɑ^{33} thʏ^{33}, tʂhə^{55} hɑ^{33}
秽 肉 出 来 么 秽 肉 东巴 不 吃 村寨里 也 到 秽 饭

thʏ^{33} lɯ^{33} me^{33},tʂhə^{55} hɑ^{33} py^{21} mə^{33} dzʅ^{33}； py^{21} miə^{21} thɑ^{55} i^{33} tʂhə^{55} nɯ^{33} gu^{21} mə^{33} tʂər^{21},
出 来 么 秽 饭 东巴 不 吃 东巴 眼 尖 呀 秽 来 缠 不 让

py^{21} gə^{33} uæ^{33} phu^{55} phər^{21}① dʐər^{21} dɯ^{21} nɯ^{33} khuɑ^{33}, i^{21} phu^{55} o^{55}② dʐər^{21} dɯ^{21} nɯ^{33} khuɑ^{33}.
东巴 的 左 边 盘神 威力 大 来 除 右 边 窝神 威力 大 来 除

dər^{33} ɯ^{33} gə^{33} dæ^{21} nɯ^{33} mɯ^{21} khuɑ^{33} le^{33} fæ^{33}. | py^{21} kʏ^{55} dɑ^{33} hɯ^{21}③ kæ^{33} nɯ^{33} mɯ^{21}
田 好 构丹 从 下 除 又 去 祭 会 达恒 前 从 下

khuɑ^{33} le^{33}fæ^{33}.du^{33} se^{21} ȵi^{33} kʏ^{55} kæ^{33} nɯ^{33} mɯ^{21} khuɑ^{33} le^{33} fæ^{33}. | dɯ^{33} u^{33}④ i^{33}, mu^{21}⑤
除 又 去 卢神 沈神 两 个 前 从 下 除 又 去 一 福 有 祭坛

u^{33} i^{33}, du^{21} u^{33} i^{33}, du^{21} u^{33} mɯ^{33} kʏ^{33} tɕi^{21} nɯ^{33} zɑ^{21},se^{21} u^{33} i^{33} y^{21} tɕi^{55} dy^{21} nɯ^{33} zɑ^{21}. |
福 有 卢神 福 有 卢神 福 天 上 云 从 降 沈神 福 有 余敬 地方 从 下

dzʅ^{33} u^{33} lɯ^{33} mu^{33} khuɑ^{33} nɯ^{33} i^{33}, py^{21} u^{33} be^{33} khɯ^{33} ʥy^{21} nɯ^{33} zɑ^{21}. | mu^{21} u^{33} i^{33} me^{33}
头目 福 里姆 辖 从 有 东巴 福 村子边 从 降 祭坛 福 有 么

py^{21} sər^{33} khu^{33} nɯ^{33} zɑ^{21}. py^{21} nɯ^{33} tʂhʅ^{33} mu^{33} tʂhʅ^{33} thʏ^{55} mə^{33} phi^{55} be^{33} le^{33} tɕi^{33}.
祭 木 口 从 现 东巴 来 这 牺牲 所 献 不 失 的 又 置

被污染上秽气的肉我东巴不吃；到了村寨里被污染上秽气的饭我东巴不吃；不让秽气缠住东巴尖锐的眼睛。用东巴左肩上盘神的威力来除秽，右肩上窝神的威力来除秽。从好地方构丹往下去除秽；从达恒处往下去除秽；从卢神沈神两位处往下去除秽。有福分，祭坛有福分，卢神有福分，卢神的福分从天上云间来；沈神有福分，福分从余敬地方来；头目有福分，福分从里姆辖地来；东巴的福分从村子边来，祭坛的福分从祭木口中来。东巴把所有献出的牺牲都祭献给祖先了。

---

① phər^{21}（盘神）：附着于左肩上的威灵。
② o^{55}（窝神）：附着于东巴右肩上的威灵。
③ dɑ^{33} hɯ^{21}（达恒）：一种把主持超度亡灵仪式的祭司称为达恒，但有时在祈福仪式中也有此种称法。
④ u^{33}：本义是成堆的粮食，有时引申为财产、财富、福分等。
⑤ mu^{21}：本义是簸箕，因为东巴教仪式中，许多地方用簸箕来安置神坛，故这里直接译为祭坛。

520-D-56-17

dzɿ^{33} nɯ^{33} dze^{33} sɑ^{55} dze^{33} mə^{33} mi^{55}. | sɿ^{55} lɑ^{21} phu^{55} nɯ^{33} mu^{33} dɯ^{21} thy̩^{55}, mu^{33} thy̩^{55}
主事者 来 祭粮 撒 粮 不 忘 活人 手 中 来 牺牲 大 出 牺牲 出

nɯ^{21} khæ^{21} dɯ^{33}; sɿ^{55} lɑ^{21} phu^{55} nɯ^{33} dze^{33} dɯ^{21} sɑ^{55},dze^{33} sɑ^{55} uɑ^{21} khæ^{21} dɯ^{33}. | py^{21}
福 换 得 活人 手 中 来 祭粮 大 撒 祭粮 撒 泽 换 得 东巴

nɯ^{33} mu^{33} dɯ^{21} thy̩^{55}, dzɿ^{33} nɯ^{33} dze^{33} dɯ^{21} sɑ^{55}. bu^{33} nɑ^{21} lu^{55} khɯ^{33} phər^{21}, phər^{21} nɯ^{33}
来 牺牲 大 出 主事者 来 祭粮 大 撒 猪 黑 四 脚 白 盘人 来

ɕi^{21} me^{33} tʂhʅ^{33} tɑ^{55} mu^{33}, nɑ^{21} nɯ^{33} ɕi^{21} me^{33} tʂhʅ^{33} tɑ^{55} ɕi^{55}. | i^{33} dɑ^{13} tʂhʅ^{33} dɯ^{33} dʑi^{13}, sɿ^{33}
养 么 它 说 是 纳人 来 养 么 它 就 养 主人 这 一 家 斯补

by̩^{33} y^{21} tɕər^{21} khy̩^{55} me^{55} khy̩^{55} dɯ^{33}; zɿ^{33} me^{55} zɿ^{33} dɯ^{33}; nɯ^{21} me^{55} nɯ^{21} dɯ^{33}; uɑ^{21} me^{55}
祖先 上 年岁 要 年岁 得 寿岁 要 寿岁 得 生儿 要 生儿 得 育女 要

uɑ^{21} dɯ^{33}, zɿ^{33} ʂər^{21} hɑ^{55} i^{33},ɛɿ^{33} by̩^{33} y^{21} nɯ^{33} be^{33}. | i^{33} dɑ^{13} tʂhʅ^{33} dɯ^{33} dʑi^{13},hər^{21} ky̩^{33} y^{21}
育女 得 寿 长 日 有 斯补 祖先 来 做 主人 这 一 家 牦牛 头 祖先

lɑ^{33} dy̩^{21}, ko^{21} he^{33} y^{21} lɑ^{33} gɯ^{33}. | ɑ^{33} pɑ^{21}、ɕy^{55} iə^{21} kæ^{33} y^{21} zʅ^{33} tɕhi^{21}、y^{21} le^{55} nɑ^{21}、
也 供 针 眼 祖先 也 献 男祖先 女祖先 前 祖先 酒 甜 祖先 茶 浓

主事者来祭献粮食，祭献粮食的事绝不会忘记。活着的主人亲手献上了肥壮的牺牲，献出牺牲，换得了福泽；活着的人亲手献上祭粮，献出祭粮，换得了吉祥。东巴来祭肥壮的牺牲，主事者来祭献最多的祭粮。四脚白净的黑猪呀，盘人养也只是养这种；纳人养也只是养这类。这一家主人，向斯补祖先要年岁得年岁；要寿岁得寿岁；要生儿得儿；要育女得女，延年益寿是斯补祖先赐予的。这一家主人有牦牛头般大的供品要祭祀祖先，只有针眼儿大的供品也要祭祀祖先。向男祖先们、女祖先们前献上甜酒、浓茶、

520-D-56-18

y^{21} bæ^{33} phər^{21}、y^{21} bæ^{33} nɑ^{21}、y^{21} ko^{21} pe^{55}、y^{21} tɕər^{33} æ^{21}、y^{21} thɑ^{55} dʐ̩^{21}、y^{21} gv̩^{33} dv̩^{21}、
祖先 糖 白 祖先 麦芽糖 祖先 郭倍 祖先 酸菜 祖先 柿子 祖先 核桃

y^{21} si^{33} li^{21}；｜bu^{33} nɑ^{21} lu^{55} khɯ^{33} phər^{21} nɯ^{33} khɯ^{33} mu^{33} dɯ^{33} ɯ^{33} dzi^{33},se^{33} me^{21} dɯ^{33}
祖先 梨子 猪 黑 四 脚 白 来 整头 一 完美 祭 全部 一

ɯ^{33} gu^{33}.｜y^{21} gə^{33} be^{33} gu^{33} tʂhər^{55},｜y^{21} gə^{33} me^{33} he^{21} tʂhər^{55} kæ^{33} y^{21} zʅ^{33} tɕhi^{21}、y^{21} le^{55}
完美 献 祖先 的 兄弟 代 祖先 的 姊妹 代 前 祖先 酒 甜 祖先 茶

nɑ^{21}、y^{21} bæ^{33} phər^{21}、y^{21} bæ^{33} nɑ^{21}、y^{21} tɕæ^{33} æ^{21}、y^{21} tshɿ^{55} ɯ^{21}、y^{21} thɑ^{55} dʐʅ^{21}、y^{21} gv̩^{33}
浓 祖先 糖 白 祖先 麦芽糖 祖先 酸菜 祖先 板栗 祖先 柿子 祖先 核桃

dv̩^{21}、bu^{33} nɑ^{21} lu^{55} khɯ^{33} phər^{21} nɯ^{33} khɯ^{33} mu^{33} dɯ^{33} ɯ^{33} dzi^{33}, se^{33} me^{21} dɯ^{33} ɯ^{33}
猪 黑 四 脚 白 来 整头 一 完美 祭 全部 一 完美

gu^{33}.｜sɿ^{55} tʂhər^{33} y^{21} mɯ^{21} tʂhʅ^{33} dɯ^{55} dɯ^{33},ho^{33} gv̩^{33} lo^{21} nɯ^{33} ʂʅ^{33} me^{33} mə^{33} ʂu^{21} dʑy^{33} i^{33}
献 三 代 祖先 下 这 以下 北方 在 死 的 不 寻 有 也

kv̩^{55}；i^{33} tʂhʅ^{33}mɯ^{21} nɯ^{33} khuɑ^{21} ʂʅ^{33} mə^{33} ʂu^{21}dʑy^{33} i^{33} kv̩^{55}；dɑ^{21} phər^{21} khu^{33} bv̩^{21} nɯ^{33}ʂʅ^{33}
会 南方 在 凶 死 不 寻 有 也 会 镰刀 白 口 下 在 死

me^{33} dʑy^{33} i^{33} kv̩^{55}；
的 有 也 会

白糖、麦芽糖、郭倍、酸菜、柿子、核桃、梨子、整头四脚白净的黑猪，完美的祭一次，最后用这些供品为祖先举行了一次大规模的祭典。向祖先的兄弟代、祖先的姊妹代祭献上甜酒、浓茶、白糖、麦芽糖、酸菜、板栗、柿子、核桃、整头四脚白净的黑猪，完美的祭一次，最后用这些供品为祖先举行了一次大规模的祭典。

三代以下的祖辈里，会有去了北方，就死在北方却没有去寻找的；会有去了南方而凶死在南方后没有去寻找的；会有死在白镰刀口下的；

520-D-56-19

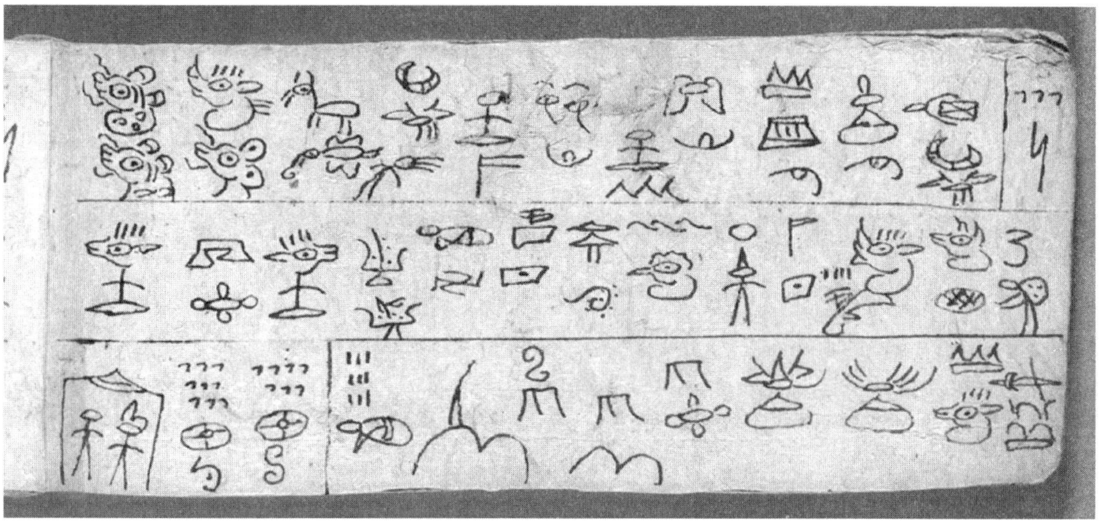

zər^{21} lɑ^{33} go^{21} bʋ̩^{21} ʂʅ^{33} me^{33} ʥy^{33} i^{33} kʋ̩^{55}, gʋ̩^{21} bu^{21} dʐæ^{21} khu^{33} ʂʅ^{33} me^{33} ʥy^{33} i^{33} kʋ̩^{55},
豹 虎 臼齿 下 死 的 有 边 会 熊 野猪 獠牙 处 死 的 有 也 会

tʂhuɑ^{55} uɑ^{33} thɯ^{55} bʋ̩^{21} ʂʅ^{33} me^{33} ʥy^{33} i^{33} kʋ̩^{55}, phe^{33} le^{21} dɑ^{21} bʋ̩^{21} ʂʅ^{33} me^{33} ʥy^{33} i^{33} kʋ̩^{55}.
蚂蚁 腰 下 死 的 有 也 会 蝴蝶 翅 下 死 的 有 也 会

ʂuɑ^{21} nɯ^{33} dzʅ^{21} me^{33} hy^{21} mə^{33} mi^{33} mə^{33} sʅ^{33} ʥy^{33} i^{33} kʋ̩^{55},hy^{21} nɯ^{33} dzʅ^{21} me^{33} ʂuɑ^{21} le^{33}
高 来 住 么 矮 不 闻 不 知 有 的 会 矮 来 住 么 高 又

do^{21} mə^{33} thɑ^{55} me^{33} ʥy^{33} i^{33} kʋ̩^{55},u^{33} tshɑ^{21} u^{33} le^{33} mə^{33} me^{21} ʥy^{33} i^{33} kʋ̩^{55}. | sʅ^{55} tʂhər^{33}
见 不 能 的 有 也 会自己 宗族自己 又 不 相认 有 也 会 三 代

y^{21} gə^{21} tʂhʅ^{33} dɯ^{55} dɯ^{33},y^{21} ʐʅ^{33} tɕhi^{21}、y^{21} lc^{55} nɑ^{21}、y^{21} tshʅ^{55} ɯ^{21}、y^{21} bæ^{33} pliəɪ^{21}、y^{21} bæ^{33}
祖先 上 这 以 上 祖先 酒 甜 祖先 茶 浓 祖先 板栗 祖先 糖 白 祖先 麦

nɑ^{21}、y^{21} thɑ^{55} dzʅ^{21}、y^{21} tɕæ^{33} æ^{21}、y^{21} gʋ̩^{33} dʋ̩^{21}、y^{21} ko^{21} pe^{55}、bu^{33} nɑ^{21} lu^{55} khɯ^{33} phər^{21}
芽糖祖先 柿子 祖先 酸菜 祖先 核桃 祖先 郭倍 猪 黑 四 脚 白

nɯ^{33} khɯ^{33} mu^{33} dɯ^{33} ɯ^{33} dzi^{33},se^{21} me^{21} dɯ^{33} ɯ^{33} gu^{33}. i^{33} dɑ^{13} tʂhʅ^{33} dɯ^{33} ʥi^{13},gʋ̩^{33} ȵi^{33}
来 整头 一 完美 祭 全部 一 完美 献 主人 这 一 家 九 天

gu^{33} lu^{21}, ʂər^{33} ȵi^{33} kɑ^{33} le^{21}. | gu^{33} lu^{21} tʋ̩^{21} bu^{21} ʥi^{21} ne^{21} tɕhi^{33} nɯ^{33} kɑ^{55} mə^{33} tʂər^{21}; kɑ^{33}
保福 七 天 保佑 保福 千 坡 水 和 刺 来 遮 不 让 保佑

le^{21} ɕi^{33} bu^{21} dzʅ^{21} dzʅ^{33} kɑ^{55} mə^{33} dɯ^{33}.py^{21} dɯ^{21} dzʅ^{33} mi^{21} y^{21}, lʋ̩^{33} kʋ̩^{33} tɑ^{33}.
百 坡 冰 遮 不 得 东巴 大 头目 名 拿 石 上 刻

会有死在虎豹臼齿下的；死在熊、野猪獠牙下的；死在蚂蚁腰下的；死在蝴蝶翅下的。住在高处的祖先听不到住在低处的祖先的声音；住在低处的祖先见不到住在高处的祖先的情况会存在；自己的宗族没有去相认的事情也会存在。向三代以上的祖辈前祭上甜酒、浓茶、板栗、白糖、麦芽糖、柿子、酸菜、核桃、郭倍、整头四脚白净的黑猪，完美地祭一次，最后用这些供品为祖先举行了一次大规模的祭典。这一家主人被祖先长久地保福和保佑。保福的千坡不让被水和刺遮挡；保佑的百坡不让被冰遮盖。有名的大东巴和头目的名字犹如刻在了石上。

520-D-56-20

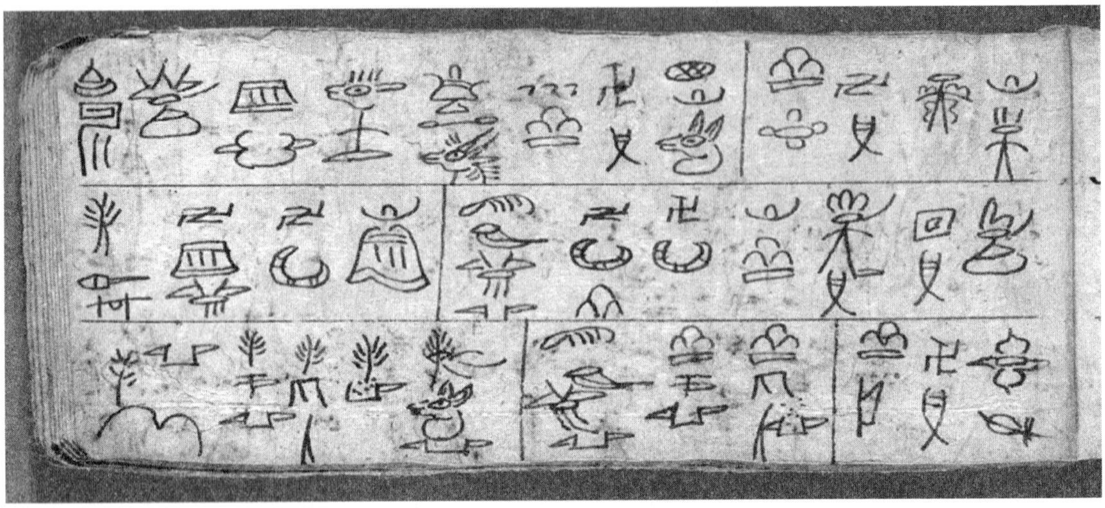

o^{21} ho^{33}—sɿ^{33} by̩^{33} y^{21} hɑ^{33} i^{21}. sɿ^{21} ly̩^{33} ɯ^{33} me^{33} mu^{33} mə^{33}dzi^{33}, | ly̩^{33} dɯ^{21} ɯ^{33} me^{33} tɕə^{55}
哦 哄 斯补 祖先 饭 可口 石神 好 的 牺牲 不 祭 石 大 好 的 痕迹

mə^{33}tshɿ^{55}. | tho^{33} tʂu^{55} nɑ^{21} lɑ^{33} thy̩^{33}, ɯ^{33} dʑy^{33} ɯ^{33} ly̩^{55} ky̩^{33}, ɯ^{33} dʑy^{33} ɯ^{33} mə^{33} sɿ^{33}, ɯ^{33}
不 有 松林带 大 也 到 宝物 有 宝物 珍惜 处 宝物 有 宝物 不 知 宝物

dʑy^{33} ɯ^{33} mə^{33} ly̩^{55}. | dɑ^{33} dʑi^{21} ky̩^{33} lɑ^{33} thy̩^{33}, ɯ^{33} dʑy^{33} ɯ^{33} ly̩^{55} ky̩^{33}, ɯ^{33} dʑy^{33} ɯ^{33} mə^{33}
有 宝物 不 珍惜 达吉河 头 也 到 宝物 有 宝物 珍惜 处 宝物 有 宝物 不

ly̩^{55}. tɯ^{33} me^{33} du^{21}, tɑ^{55} me^{33} se^{21}. tho^{33}bu^{21} ky̩^{33} lɑ^{33} thy̩^{33},sər^{33} phər^{21} thy̩^{55},sər^{33} kɑ^{33} tɕhi^{33},
珍惜 起 的 卢神 说 的 沈神 松 坡 上 也 到 木 白 砍 木 迎请

sər^{33} dʐu^{33} ʐuɑ^{21}, sər^{33} khu^{33} ɯ^{33} me^{33} nɯ^{21} thy̩^{33}. | dɑ^{33} dʑi^{21} ky̩^{33} lɑ^{33} thy̩^{33}, ly̩^{33} phər^{21}
木 债 还 木 口 好 么 福 出 达吉河 头 也 到 石 白

thy̩^{55}, ly̩^{33} kɑ^{33} tɕhi^{33}, ly̩^{33} dʐu^{33} ʐuɑ^{21}, | ly̩^{33} khu^{33} ɯ^{33} me^{33} uɑ^{21} zɑ^{21}.
取 石 迎请 石 债 还 石 口 好 么 吉 现

哦哄——斯补祖先的饭很可口。好的神石不曾祭献牺牲，好的大石头没有痕迹。到达大松林里，有宝物的地方，有宝物却不知道，有宝物却不珍惜。到了达吉河上游，有宝物的地方，有宝物却不珍惜。卢神起身，沈神讲话。到了松坡上，砍祭木，迎请祭木，偿还祭木的债，祭木开福口；到了达吉河上游，取神石，迎请神石，偿还神石的债，神石开吉口。

520-D-56-21

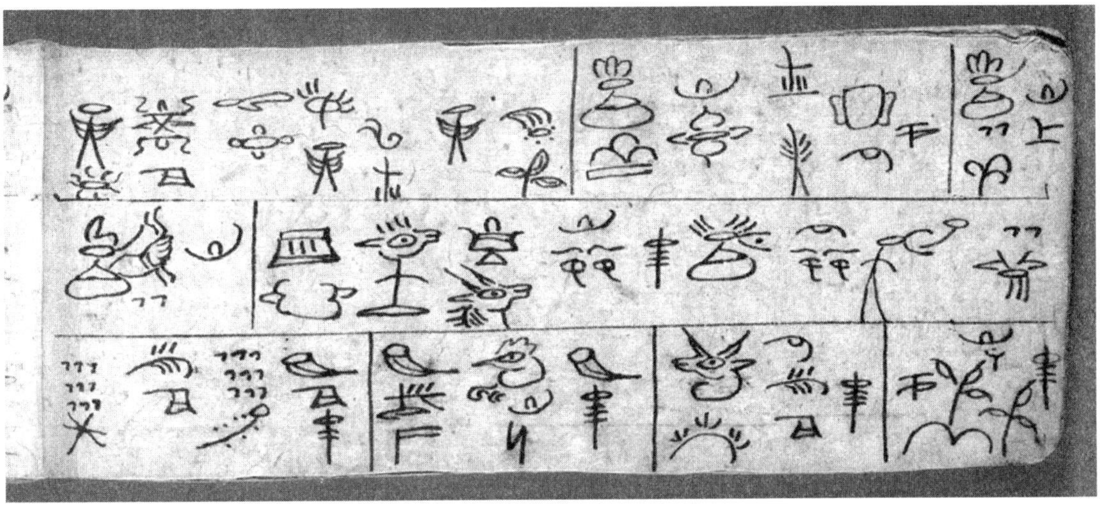

ze^{21} bu^{33} hæ^{21} nɯ^{33} ʂu^{55}, ʂʅ^{33} dɯ^{21} dze^{55} ze^{33} gv̩^{33}, ze^{21} py^{21} sər^{33} tʂhʅ^{33} tʂhu^{55} ʂæ^{33} nɯ^{33}
非常亮 金 来 镶 黄 大 灿灿 成 哪里 祭 木 这 插 血 来

dər^{33}；ze^{21} tshʅ^{55} no^{21} nɯ^{33} nv̩^{55}. | du^{21} lv̩^{33} kv̩^{33} mə^{33} hər^{21}, py^{21} sər^{33} phɑ^{33} mə^{33}
着 哪 竖 羽毛 来 粘 卢神 石 头 不 绿 祭 木 脸 不

phər^{21}. | du^{21} nɯ^{33} khu^{33} ȵi^{55} dzv̩^{33} mə^{33} ʂə^{55}；se^{21} i^{33} lɑ^{21} ȵi^{55} khɯ^{21} mə^{33} bi^{21}. | sʅ^{33} bv̩^{33}
白 卢神 来 口 空 祸事 不 说 沈神 呀 手 空 线 不 搓 斯补

y^{21} hɑ^{33} i^{21}, mə^{33} ly^{21} bɯ^{33} me^{33} dzʅ^{33} bɯ^{33} khu^{33} khɑ^{33} kv̩^{55}；thɯ^{21} bɯ^{33} khu^{33} ȵi^{55} kv̩^{55}.
祖先 饭 可口 不 除秽 去 么 吃 要 口 苦 会 喝 去 口 恶心 会

gv̩^{33} tv̩^{21} dzʅ^{21} gə^{33} pɯ^{33} ʂu^{21} pɯ^{33} nɯ^{33} ly^{21}, gv̩^{33} huɑ^{21} nɑ^{21} gə^{21} dʑi^{21} ʂu^{21}dʑi^{21} nɯ^{33} ly^{21}, |
九 直路 相交 的 蒿枝 清洁 蒿枝 来 除秽 九 条 大 的 水 纯 水 来 除秽

dʑi^{21} i^{33} so^{33} ʂuɑ^{21} kv̩^{33}, æ^{21} lɑ^{33} mə^{33} tʂhər^{33} dʑi^{21} nɯ^{33} ly^{21}, bv̩^{33} lv̩^{55} tɕi^{55} sʅ^{33} kho^{21},bv̩^{33}
水 流 高山 高 上 野鸡 也 不 踏 水 来 除秽 绵羊 牧 雾气 高原 绵羊

nɯ^{33} mə^{33} guə^{33} gə^{33} pɯ^{33} ʂu^{21} pɯ^{33} nɯ^{33} ly^{21}, | lɑ^{33} do^{33} phər^{21} dʑy^{21} kv̩^{33}, dzər^{21} mə^{33} y^{21}
来 不 啃 的 蒿枝 干净 蒿枝 来 除秽 高大 盘局古 树 不 生长

nɯ^{33} mu^{13} sʅ^{33} y^{21}, mu^{21} tshe^{55} pɑ^{21} nɯ^{33} ly^{21}.
还 杜鹃 先 生长 杜鹃 叶 宽 来 除秽

非常亮的金镶神石，神石闪亮金灿灿；哪里插着祭木，就把牺牲的鲜血染于祭木；哪里竖着神石，就把牺牲的羽毛粘于神石。祭石的头不绿了；祭木的脸不白了。若让卢神空着嘴，就不会评说是非；若让沈神空着手，将不再搓线。斯补祖先可口的饭，如果不除秽，吃时会感到苦口，喝时感到恶心。用九条直路相交处生长的纯洁的蒿枝来除秽；用九条大河的纯净水来除秽；高山流水处，野鸡未曾踏过的泉水来除秽；用那云遮雾绕的高原牧场上，绵羊未曾啃过的纯净蒿枝来除秽；高大的盘局古，树还没有生长，杜鹃树先生长，用那杜鹃宽叶来除秽。

520-D-56-22

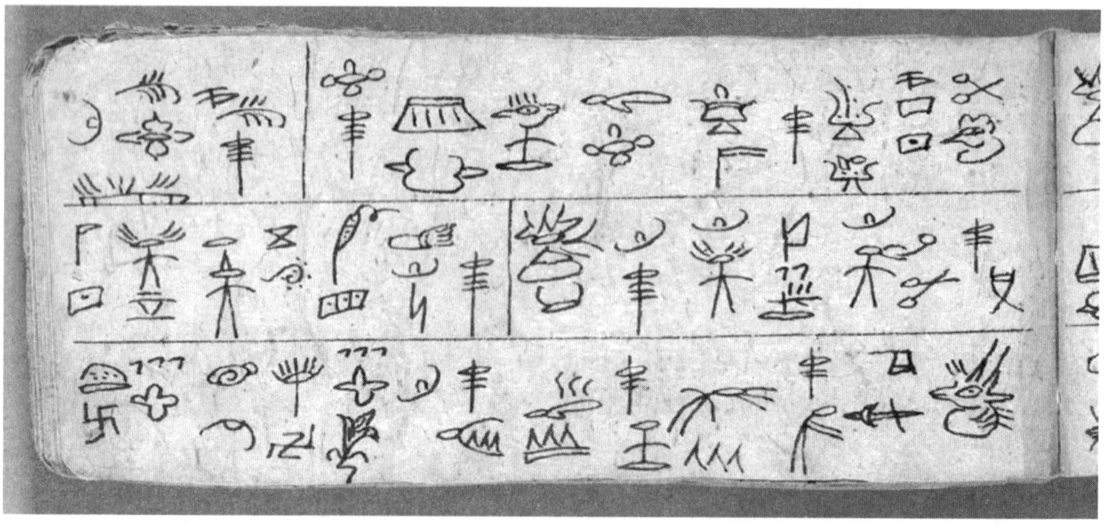

dzi^{33} ʥə^{21} lɑ^{33} lər^{33} dy^{21}, zə̧^{21} mə^{33} hər^{21} nɯ^{33} pɯ^{13} sɿ^{33} hər^{21}, pɯ^{55} khɯ^{33} phər^{21} nɯ^{33}
人类 居住 辽阔 地 草 不 绿 还 蒿枝 先 绿 蒿枝 根 白 来

ly^{21}, | dɯ^{33} ly^{21} sɿ^{33}bv̩^{33} y^{21} ʂʅ^{33} bv̩^{33} dɯ^{21}, hɑ^{33} bv̩^{33} ʂuɑ^{21} lɑ^{33} ly^{21}, y^{21} ʐʅ^{33} tɕhi^{21}、y^{21} le^{55}
除秽 一 除秽 斯补 祖先 肉 份 大 饭 份 高 也 除秽 祖先 酒 甜 祖先 茶

nɑ^{21}、y^{21} bæ^{33} phər^{21}、y^{21} bæ^{33} nɑ^{21}、y^{21} tɕæ^{33} æ^{21},y^{21} ko^{21} pe^{55}、y^{21} si^{33} li^{21}、y^{21} gv̩^{33} dv̩^{21}、
浓 祖先 糖 白 祖先 麦芽糖 祖先 酸菜 祖先 郭倍 祖先 梨子 祖先 核桃

y^{21} thɑ^{55} dʐʅ^{21} lɑ^{33} ly^{21}；ɕy^{21} tʂʅ^{55} lɑ^{21} mə^{33} tʂhər^{33} lɑ^{33} ly^{21}. | dɑ^{33} hɯ^{21} khu^{33} mə^{33} gɯ^{21},
祖先 柿子 也 除秽 香 烧 手 不 洗 也 除秽 达恒 嘴 不 干净

mə^{33} dzɿ^{33} khu^{33} ȵi^{55} so^{33}, mə^{33} thɯ^{21} tɕi^{55} dər^{21} kuɑ^{33}. ly^{21} le^{33} u^{33} ɯ^{33} sɿ^{33} sy^{21} tʂhə^{55} mə^{33}
不 吃 嘴 咂嘴 不 喝 唾沫 吞 除秽 后 宝物 好 三 种 秽 不

tæ^{55},dze^{33} ɯ^{33} sɿ^{33}sy^{21} dv̩^{21} mə^{33} i^{33} .ly^{21} hy^{55} mɯ^{21} dy^{21} bv̩^{33} le^{33} fæ^{33}, ly^{21} dzɿ^{21} mɯ^{21} dy^{21}
沾 粮食 好 三 种 毒 不 有 秽 站 下 方 烧 又 去 秽 住 下 方

ʂʅ^{33} le^{33} fæ^{33}.ly^{21} le^{33} ɯ^{33} dɯ^{21} gu^{55} gu^{33} se^{21}, ʂu^{21} dɯ^{21} dɑ^{55} dɑ^{33} se^{21}.
死 又 去 除秽 后 好 大 稳妥 了 干净 大 分开 了

在人类居住的辽阔大地上，草还没有发绿，蒿枝先发绿了，用白根蒿枝来除秽，给斯补祖先的祭品：大份额的肉，大份额的饭进行除秽；给甜酒、浓茶、白糖、麦芽糖、酸菜、熟扁米饼、梨子、核桃、柿子除秽。烧香不洗手的人也进行除秽。若达恒的嘴不干净，还未吃就咂空嘴，还未喝就吞唾沫。除秽后，祭献给祖先的三种好宝物，不再沾有污秽，供奉的三份好食品不再含有秽毒。把污秽赶到原本立足的地方焚烧掉，让污秽滚回到原本生息的地方去死。进行了大除秽后，一切稳妥了，一切干干净净了。

520-D-56-23

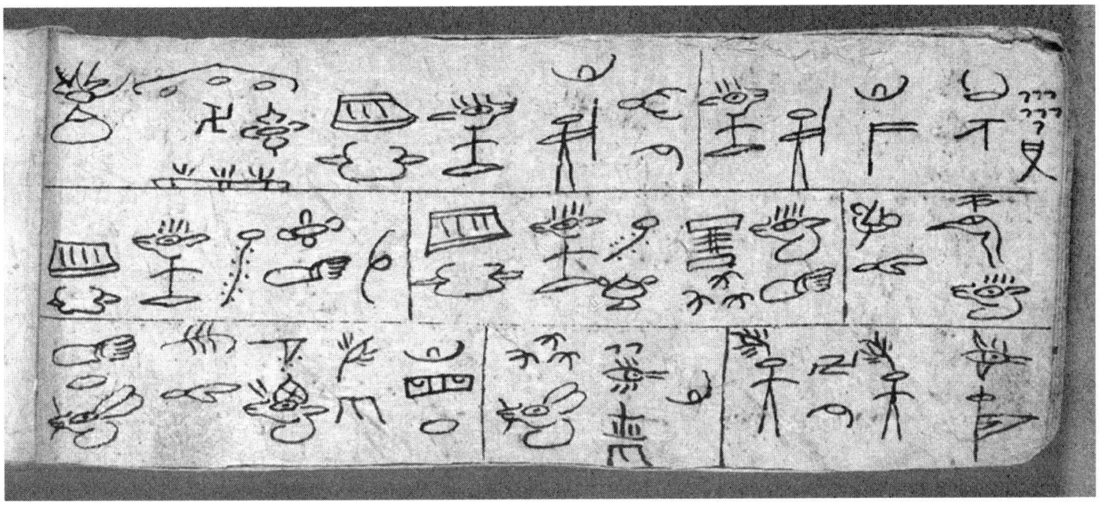

o^{21} ho^{33}— mɯ^{33} lɑ^{33} kɯ^{21} dzɿ^{21} tʂhʅ^{33} ȵi^{33} ɯ^{33}, dy^{21} lɑ^{33} zə̣^{21} y^{21} tʂhʅ^{33} ȵi^{33} hər^{21}. y^{21} mə^{33}
哦哄 天 呀 星 长 这 日 好 地 呀 草 长 这 日 绿 祖先 不

zɿ^{33} me^{33} khuə^{55} mə^{33} gɯ^{21}, y^{21} mə^{33} zɿ^{33} me^{33} ku^{55} mə^{33} ʂuɑ^{21}, kho^{33} dzæ^{21} ʂər^{21} me^{33} sɿ^{33}
祭祀 么 域 不 宽 祖先 不 祭祀 么 廓 不 高 声 牙 长 的 斯补

by̩^{33} y^{21} huɑ^{21} dɯ^{21} gə^{33} lɑ^{21} le^{33}tər^{55}. | sɿ^{33}by̩^{33} y^{21} huɑ^{21} dɯ^{21}, phe^{21} be^{33} y^{21} po^{21} lɑ^{55}, |
祖先 生殖力 强 的 手 又 结 斯补 祖先 生殖力 强 培本 祖先 乳房 丰满

nɯ^{33} ɯ^{33} ʂʅ^{33} nɯ^{33} sy̩^{33}, ko^{33} phər^{21} le^{33} lər^{21} y^{33}, lɑ^{33} tshe^{55} le^{33} le^{21} gy̩^{33}, pɯ^{55} lɯ^{33} le^{33} ʂʅ^{21}
心 好 肉 来 想 鹤 白 又 鸣 了 栎 叶 又 枯萎 成 蒿枝 又 黄

se^{21}. | be^{33} le^{33} be^{55} tshɿ^{21} zɿ^{33}, si^{33} ko^{33} lo^{33} mə^{33} ȵi^{21}, | tshɿ^{33} le^{33} lɯ^{33} me^{33} py̩^{21} ko^{33} lo^{33}
了 人类 贫 悲伤 不 要 冬天 又 来 么 干燥 悲伤

mə^{33} ȵi^{21} zo^{33} ɕi^{21} zo^{33} mə^{33} ɕi^{21}, zo^{33} ɕi^{21} ɯ^{33} me^{33} mu^{55} the^{21} be^{33}.
不 要 儿 养 儿 不 养 儿 养 好 么 老 这 做

哦哄——天上出星星，星星出得最好的是今天；地上长青草，青草长得最绿的是今天。不祭祀祖先，地域就不会宽广；不祭祀祖先，天空就不会高远。把声洪牙固、身体安康的愿望托付给生殖力强大的斯补祖先。生殖力强大的斯补祖先、乳房丰满的培本祖先的心又会想了。白鹤又叫了，栎叶枯萎、蒿枝又黄的季节又到了。做活度日的人，不要为贫穷而悲伤。冬天来了，不要为冬日的干枯而悲伤。

生不生养儿子？好好生养儿子，全因养儿要防老。

520-D-56-24

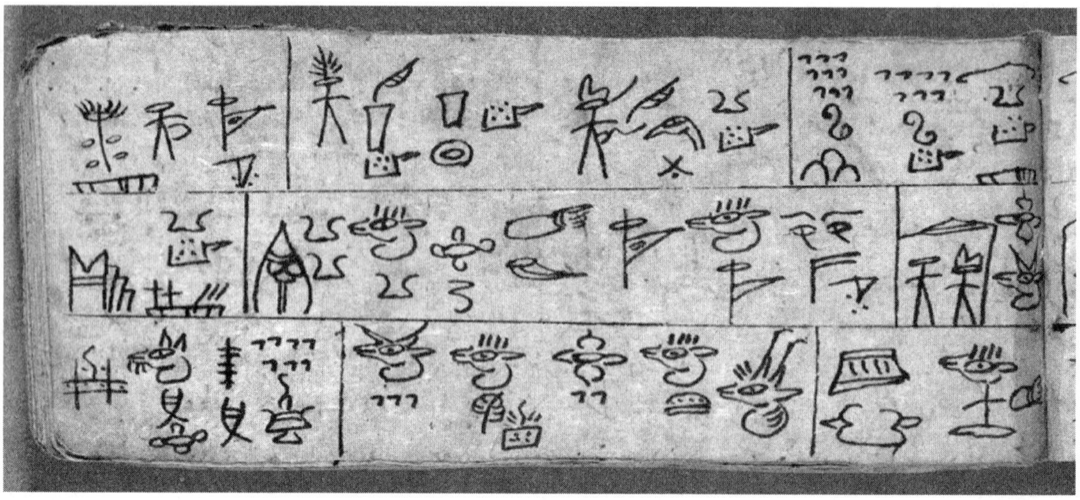

æ^{33} phy̩^{55} æ^{33} mə^{33} phy̩^{55}, æ^{33} phy̩^{55} ɯ^{33}me^{33}ʐu^{21} the^{21} be^{33}. | sɿ^{21} bɯ^{33} dɯ^{33} ȵi^{33} to^{21} tshy^{55}
粮食 播 粮食 不 播 粮食 播 好 么 饿 这 做 父亲 去 一 天 抱 赔偿

ʐuɑ^{21}; to^{55} gə^{33} mɑ^{21} tɕi^{33} phy̩^{33} le^{33} ʐuɑ^{21}; me^{33} bɯ^{33} dɯ^{33} ȵi^{33},kɑ^{21} gə^{33} ȵi^{55} phy̩^{33} lɑ^{33}
额 的 油 抹 价 又 偿 母亲 去 一 天 胸 的 奶 价 也

le^{33} ʐuɑ. | gy̩^{33} ȵi^{33} gu^{33} lu^{21}, ʂər^{33} ȵi^{33} kɑ^{33} le^{21} phy̩^{33} le^{33} ʐuɑ^{21}, mɯ^{33} phy̩^{33} dy^{21} phy̩^{33}
又 偿 九 天 保福 七 天 保佑 价 又 偿 天 价 地 价

ʐuɑ^{21}, dzɿ^{33} phy̩^{33} uə^{33} phy̩^{33} ʐuɑ^{21},dər^{33} lɯ^{33} khɯ^{21} lɯ^{33} phy̩^{33} le^{33} ʐuɑ^{21}. | ŋy̩^{33} ly̩^{33} phər^{21}
偿 村 价 寨 价 偿 良 田 荒 地 价 又 还 雪山 白

phy̩^{55} phy̩^{33}, y^{21} phy̩^{33} dɯ^{21} be^{33} se^{21}; lɑ^{33} lər^{33} hæ^{21} i^{33} bi^{21}, i^{33} bi^{21} hæ^{21} the^{55} tho^{33}, y^{21}
皑皑 祖先 价 大 做 了 辽阔 金沙江 金沙江 绿 莹莹 祖先

the^{33} do^{33} ʂuɑ^{21} be^{33}. | i^{33} dɑ^{13} tʂhɿ^{33} dɯ^{33} dʑi^{13}, nɯ^{21}nɯ^{33}uɑ^{21},hɯ^{21} nɯ^{33} dzæ^{33}, khy̩^{55} me^{55}
祭献 高大 做 主人 这 一 家 生儿 与 育女 富 与 豪 岁 要

khy̩^{55} dɯ^{33}, zɿ^{33} me^{55} zɿ^{33} dɯ^{33}, zɿ^{33} ʂər^{21} hɑ^{55} i^{33}. | nɯ^{21} ȵi^{33} y^{21} ɕy^{55} ʂu^{33}, uɑ^{21} ȵi^{33} y^{21}
岁 得 寿 要 寿 得 寿 长 日 有 福 要 祖先 供养 泽 要 祖先

y^{55} y^{33}, y^{21} u^{33} i^{33}. sɿ^{33} by̩^{33} y^{21} lɑ^{33},
供奉 祖 福 有 斯补 祖先 也

播种不播种？好好播种粮食，全因播种要防饿。父亲去世之后，要报答父抱儿之恩；要偿还父母为儿女行婚礼时额头上搽酥油的价；母亲去世之后，要报答母亲哺乳之情；要偿还父母长期以来的保福、保佑价。要偿还天价、地价、村价、寨价、良田价、荒地价。祖先的价犹如白雪皑皑的雪山般高大的偿还了，犹如绿莹莹的金沙江一样浩荡的祭献了。

这一家主人，有儿有女，家庭富裕，要年岁得年岁；要寿岁得寿岁，延年益寿了。要福就得供养祖先，要泽就得供奉祖先，这样祖先就有了福分。斯补祖先呀，

520-D-56-25

mɯ^{33} lɯ^{55} khv̩^{55} ʂʅ^{55} tsʅ^{55}, khv̩^{55} ʂʅ^{55} tʂhʅ^{33} dɯ^{33} khv̩^{55},du^{33} se^{21} he^{33} ʂʅ^{55} du^{21}, he^{33} ʂʅ^{55} tʂhʅ^{33}
天 地 年 新 说 年 新 这 一 年 卢神 沈神月 新 置 月 新 这

dɯ^{33} he^{33}.｜sʅ^{33} bv̩^{33} y^{21} lɑ^{33} dʑi^{21} dɯ^{21} be^{33}, y^{21} lɑ^{33} ko^{33} ʂuɑ^{21}be^{33}, i^{33} dɑ^{13}tʂhʅ^{33} dɯ^{33} dʑi^{21},
一 月 斯补 祖先 呀 水 大 做 祖先 呀 高原 高 做 主人 这 一 家

bər^{21} kv̩^{33} y^{21} lɑ^{33} dv̩^{21}, ko^{21} he^{33} y^{21} lɑ^{33} gɯ^{33}.｜ɑ^{33}pɑ^{21}、ɕy^{55} iə^{21} y^{21} gə^{33} ʂʅ^{33} bv̩^{33} dɯ^{21}、
牦牛 头 祖先 也 供 针 眼 祖先 也 献 男祖先 女祖先 祖先 的 肉 份 大

hɑ^{33} bv̩^{33} ʂuɑ^{21}、y^{21} zʅ^{33} tɕhi^{21}、y^{21} le^{55} nɑ^{21}、y^{21} bæ^{33} phər^{21}、y^{21} bæ^{33} nɑ^{21}、y^{21} ko^{21} pe^{55}、
饭 份 高 祖先 酒 甜 祖先 茶 浓 祖先 糖 白 祖先 麦芽糖 祖先 郭倍

y^{21} tshʅ^{55} ɯ^{21}、y^{21} tɕæ^{33} æ^{21}、y^{21} thɑ^{55} dzʅ^{21}、y^{21} gv̩^{33} dv̩^{21},dzʅ^{33} me^{33} y^{21} gɯ^{33}, thɯ^{21} me^{33}
祖先 板栗 祖先 酸菜 祖先 柿子 祖先 核桃 吃 么 祖先 饱 喝 么

y^{21} ko^{21}, y^{21} khu^{33} ɯ^{33} me^{33} zʅ^{33} nɯ^{33} ʂu^{55}, y^{21} khu^{33} ɯ^{33} me^{33}
祖先 醉 祖先 口 好 么 酒 来 祭 祖先 口 好 么

天地设立了年岁，新的一年到，卢神、沈神确立了月份，在新的一月里，祭祖的日子又来到了，为祖先祭献上比水还大的供品，奉上比山还高的祭物。这家主人有牦牛头般大的供品要祭祀祖先，只有针眼大的供品也要祭祀祖先。为男祖先们、女祖先们祭献上盛满的肉、盛满的饭、甜酒、浓茶、白糖、麦芽糖、郭倍、板栗、酸菜、柿子、核桃，让祖先吃个饱，喝个醉。用甜酒祭献祖先吉祥的口，

520-D-56-26

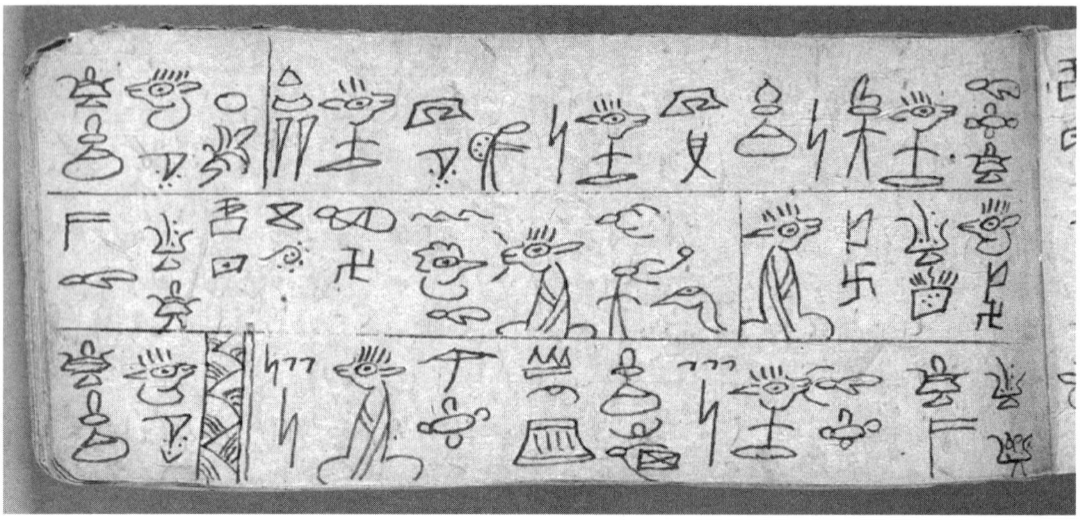

ha^{33} nɯ^{33} du^{33}, y^{21} be^{33} gv̩^{33} hɯ^{21} he^{33} hɯ^{21}, tshv̩^{55} zi^{33} bu^{21} zi^{33} se^{21}. | y^{21} gə^{33} be^{33} gu^{33}
饭 来 献 祖先 祭 身 安 魂 宁 马 美 鬃 美 了 祖先 的 兄弟

ʈʂhər^{55}, y^{21} gə^{33} me^{33} he^{21} ʈʂhər^{55}, y^{21} gə^{33} ʂʅ^{33} bv̩^{33} dɯ^{21}、ha^{33} bv̩^{33} ʂua^{21}, y^{21} ʐʅ^{33} tɕhi^{21}、y^{21}
代 祖先 的 姊妹 代 祖先 的 肉 份 大 饭 份 高 祖先 酒 甜 祖先

le^{55} na^{21}、y^{21} bæ^{33} phər^{21}、y^{21} bæ^{33} na^{21}、y^{21} tha^{55} dʐʅ^{21}、y^{21} tshɿ^{55} ɯ^{21}、y^{21} tɕæ^{33} æ^{21} nɯ^{33}
茶 浓 祖先 糖 白 祖先 麦芽糖 祖先 柿子 祖先 板栗 祖先 酸菜 来

ʂʅ^{21}, dzɿ^{33} me^{33} y^{21} gɯ^{33}, thɯ^{21} me^{33} y^{21} ko^{21}. | y^{21} khu^{33} ɯ^{33}me^{33} ʐʅ^{33} nɯ^{33} ʂu^{55}, y^{21} khu^{33}
献 吃 么 祖先 饱 喝 么 祖先 醉 祖先 口 好 么 酒 来 祭 祖先 口

ɯ^{33} me^{33} ha^{33} nɯ^{33} du^{33}. y^{21} be^{33} gv̩^{33} hɯ^{21} he^{33} hɯ^{21} se^{21}, tshv̩^{55} zi^{33} bu^{21} zi^{33} se^{21}. ‖ sɿ^{55}
好 么 饭 来 献 祖先 祭 身 安 魂 宁 了 马 美 鬃 美 了 三

ʈʂhər^{33} y^{21} mɯ^{21} ʈʂhʅ^{33} dɯ^{55} dɯ^{33},mi^{21} mə^{33} sɿ^{33}, u^{33} tsha^{21} u^{33} le^{33} mə^{33} me^{21} ʥy^{33} i^{33} kv̩^{55}.
代 祖先 下 这 以 下 名 不 知 自己 宗族 自己 又 不 相认 有 的 会

sɿ^{55} ʈʂhər^{33} y^{21} ga^{33} la^{21}, ʂʅ^{33} bv̩^{33} dɯ^{21}、ha^{33} bv̩^{33} ʂua^{21}、y^{21} ʐʅ^{33} tɕhi^{21} 、y^{21} le^{55} na^{21}、
三 代 祖先 胜 们 肉 份 大 饭 份 高 祖先 酒 甜 祖先 茶 浓

用美食祭献祖先吉祥的口。祭祖之后，祖就身安魂宁，像美鬃的马一样漂亮了。给祖先的姊妹代，祭献上盛满的肉；盛满的饭，祭献上甜酒、浓茶、白糖、麦芽糖、柿子、板栗、酸菜，让祖先吃个饱、喝个醉。用甜酒祭献祖先吉祥的口，用美食祭献祖先吉祥的口。祭祖之后，祖就身安魂宁，像美鬃的马一样漂亮了。

三代以下的祖先中会有不知名的，自己的宗族没有去相认的情况会存在。向三代胜利的祖先们前祭献上盛满的肉、盛满的饭、甜酒、浓茶、

520-D-56-27

y^{21} bæ^{33} phər^{21}、y^{21} bæ^{33} nɑ^{21}、y^{21} ko^{21} pe^{55}、y^{21} tɕæ^{33} æ^{21}、y^{21} tshɿ^{55} ɯ^{21}、y^{21} gv̩^{33} dv̩^{21}、
祖先 糖 白 祖先 麦芽糖 祖先 郭倍 祖先 酸菜 祖先 板栗 祖先 核桃

y^{21} si^{33} li^{21}、y^{21} thɑ^{55} dʐʅ^{21} nɯ^{33} y^{21} le^{33} ʂʅ^{21}. dzɿ^{33} le^{33} y^{21} gɯ^{33}, thɯ^{21} le^{33} y^{21} ko^{21}. | y^{21}
祖先 梨子 祖先 柿子 来 祖先又 献 吃 呀 祖先 饱 喝 呀 祖先 醉 祖先

khu^{33} ɯ^{33} me^{33} ʐʅ^{33} nɯ^{33} ʂu^{55}，y^{21} khu^{33} ɯ^{33} me^{33} hɑ^{33} nɯ^{33} du^{33}, y^{21} be^{33} gv̩^{33} hɯ^{21} he^{33}
口 好 么 酒 来 祭 祖先 口 好 么 饭 来 献 祖先 祭 身 安 魂

hɯ^{21}, tshv̩^{55} zi^{33} bu^{21} zi^{33} se^{21}.sɿ^{33} bv̩^{33} y^{21} lɑ^{33},æ^{33} ȵi^{33} lɑ^{33} ʂər^{55} ȵi^{33}, mə^{33} dʑy^{33} mə^{33} dʑy^{21},
宁 马 美 鬃 美 了 斯补 祖先 呀 昨天 与 前天 不 有 不 有

ɕi^{33} by^{21} y^{21} me^{33} ɕi^{33} by^{21} le^{21} mə^{33} tshy^{55} me^{33} dʑy^{33} i^{33} kv̩^{55}. | i^{33} dɑ^{13} tʂhʅ^{33} dɯ^{33} dʑi^{13},
别人 债 借 么 别人 债 又 不 还 呀 有 的 会 主人 这 一 家

bər^{21} kv̩^{33} y^{21} lɑ^{33} dv̩^{33}, sɿ^{33} bv̩^{33} y^{21} lɑ^{33}!sɿ^{33} le^{33} thv̩^{33} mu^{33} nɯ^{33} tshy^{55}, ʂʅ^{33} bv̩^{33} dɯ^{21}、hɑ^{33}
牦牛 头 祖先 也 祭 斯补 祖先 呀 毡 又 出 牺牲 来 赔偿 肉 份 大 饭

bv̩^{33} ʂuɑ^{21} nɯ^{33} tshy^{55},
份 高 来 赔偿

白糖、麦芽糖、郭倍、酸菜、板栗、核桃、梨子、柿子，让祖先吃个饱，喝个醉。用甜酒祭献祖先吉祥的口，用美食祭献祖先吉祥的口。祭祖之后，祖就身安魂宁，像美鬃的马一样漂亮了。斯补祖先呀！从前什么都没有，曾向别人借过债，却没有还债的情况会存在。主人这一家，有牦牛头般大的供品要祭祀祖先。斯补祖先呀！我们用毡子及牺牲来为您们赔偿；用盛满的肉、盛满的饭来替您们赔债；

520-D-56-28

ʐʅ^{33} ne^{21} hɑ^{33}、bæ^{33} phər^{21}、bæ^{33} nɑ^{21} nɯ^{33} tshy^{55}；dɯ^{33} by^{21} ȵi^{33} by^{21} tshy^{55}；dɯ^{33} by^{21}
酒 与 饭 糖 白 麦芽糖 来 赔偿 一 债 两 债 赔偿 一 债

ȵi^{33} tshy^{55} khɯ^{55} le^{33} fæ^{33}.｜y^{21} lɑ^{33} dzɿ^{33} bɯ^{33} dɯ^{33} ȵi^{33} y^{21} gɯ^{33}, thɯ^{21} bɯ^{33} dɯ^{33} ȵi^{33}
两 赔偿 放 又 去 祖先 呀 吃 要 一 天祖先 饱 喝 要 一 天

y^{21} ko^{21} se^{21}.｜ɑ^{33} i^{33} sɿ^{33} by̩^{33} y^{21} lɑ^{33},le^{33} tɕy^{33} ȵə^{21}, nɯ^{33} by^{21}｜ɕi^{33} le^{33} khɯ^{55},ɕi^{33}tshy^{55}
祖先 醉 了 现在 斯补 祖先 呀 反过来 您 您 债 别人 上 放 赔偿

nɯ^{33} nɯ^{33} ʐuɑ^{21},u^{33} tshy^{55} ɕi^{33} tɕər^{21} khɯ^{55},tshy^{55} khɯ^{33} y^{21} gə^{21} dɯ^{33}. ʂʅ^{33} by̩^{33} dɯ^{21}、hɑ^{33}
您 来 还 自己 赔偿 别人 上 放 赔偿 本 祖先 上 得 肉 份 大 饭

by̩^{33} ʂuɑ^{21} nɯ^{33} khɯ^{55}; bæ^{33} phər^{21}、bæ^{33} nɑ^{21}、thɑ^{55} dzʅ^{21}、tshɿ^{55} ɯ^{21}、gy̩^{33} dy̩^{21} nɯ^{33} khɯ^{55};
份 高 来 放 糖 白 麦芽糖 柿子 板栗 核桃 来 放

tshɿ^{33} i^{33} ɕi^{33} phər^{21} ty̩^{21} gy̩^{33} khɯ^{55}；｜ʐu^{21} i^{33} dze^{33} hy^{21} ɕi^{33} gy̩^{33} khɯ^{55}.｜gy̩^{33} dzɿ^{21}、le^{33}
冬 呀 谷 白 千 石 放 夏 呀 麦 红 百 石 放 藏族 白族

by̩^{33} thɯ^{33} khə^{21} tshy^{55}, thɯ^{33} khə^{21} khɯ^{55} le^{33} fæ^{33}.｜
他 处 赔偿 他 处 放 又 去

用酒和饭、白糖、麦芽糖替您们赔债，一笔债当两笔债地赔偿，一笔债又把它当两笔债地放出去。祖先要吃的这天，让祖先吃个饱；要喝的这天，让祖先喝个醉。现在，斯补祖先呀，您拥有财富时，反过来您又可以放债给别人了。把别人的债赔偿后，自己又放债给别人，赔完别人的债后祖先的本还可以得到提高。用盛满的肉、盛满的饭去放债；用白糖、麦芽糖、柿子、板栗、核桃去放债；冬天么用千石白谷去放债；夏天么用百石红麦去放债。到藏族、白族地区赔债，然后又放债给他们。

520-D-56-29

tshy^{55} le^{33} khɯ^{33} hɑ^{55} ɕy^{33} lv̩^{21} se^{21}.dzɿ^{33} le^{33} y^{21} gɯ^{33} se^{21}, thɯ^{21} le^{33} y^{21} ko^{21} se^{21}. | dzɿ^{33}
赔偿 呀 狗 剩余 猎物 足够 了 吃 呀 祖先 饱 了 喝 呀祖先 醉 了 吃

le^{33} dɯ^{33} ȵi^{33} y^{21} i^{21} se^{21},thɯ^{21} le^{33} dɯ^{33} ȵi^{33} bv̩^{33}so^{55} se^{21}.dzæ^{33} bɯ^{33}dɯ^{33} ȵi^{33} gu^{21} pu^{55}
呀 一 天 祖先 可口 了 喝 呀 一 天 肚饱 了 骑 要 一 天 马 领

zɿ^{33} me^{33} tɕər^{21}, lɯ^{21} bɯ^{33} dɯ^{33} ȵi^{33} mu^{33} pu^{55} zɿ^{33} ɕi^{33} tɕər^{21}, bæ^{33} me^{33}、bæ^{33} zo^{33} tɕər^{21};
牵 者 上 耕 要 一 天 牛 领 牵 人 上 蜂 王 蜂 子 上

khɯ^{33} lɑ^{21} dʑə^{33} u^{21}、u^{21} khə^{55} sɿ^{55} bi^{21} tɕər^{21} ȵə^{21} kə^{55} le^{33} fæ^{33}. | ʂʅ^{33} bv̩^{33} dɯ^{21}, hɑ^{33} bv̩^{33}
奴仆 仆人 所有 上 边 供 又 去 肉 份 大 饭 份

ʂuɑ^{21}, y^{21} zʅ^{33} tɕhi^{21}、y^{21} le^{55} nɑ^{21}、y^{21} bæ^{33} phər^{21}、y^{21} bæ^{33}nɑ^{21}、y^{21} ko^{21} pe^{55}、y^{21} thɑ^{55}
高 祖先 酒 甜 祖先 茶 浓 祖先 糖 白 祖先 麦芽糖 祖先 郭倍 祖先 柿子

dzʅ^{21} nɯ^{33} kə^{55}, kə^{55} le^{33} y^{21} gɯ^{33}、kə^{33} le^{33} y^{21} ko^{21} se^{21}. | kə^{55} le^{33} se^{33} kho^{33} tho^{13}, y^{21}
来 祭献 祭献 呀 祖先 饱 祭献 呀 祖先 醉 了 祭献 了 完 之后 祖先

tɕər^{21} dɯ^{33} ɯ^{33} tv̩^{55}, y^{21} gə^{33}
上 一 好 挜 祖先

所有的债都赔偿了，就犹如猎狗得到了足够的猎物。祖先呀吃饱了，祖先呀喝醉了。祖先要吃的这天，要对那些要骑马时的牵马者，要耕田时的牵牛者，还有犹如蜂王产蜂子似的世代相承的奴仆祭献供品。用盛满的肉、盛满的饭、甜酒、浓茶、白糖、麦芽糖、郭倍、柿子祭献祖先，祭呀祖先饱；祭呀祖先醉。祭献完之后，用供品再一次挜已吃饱喝足的祖先们，

520-D-56-30

ʂʅ^{33} by̩^{33} dɯ^{21},hɑ^{33} by̩^{33} ʂuɑ^{21} nɯ^{33} ty̩^{55},y^{21} bæ^{33} phər^{21}、y^{21} bæ^{33} nɑ^{21}、y^{21} ko^{21} pe^{55}、y^{21}
肉 份 大 饭 份 高 来 挜 祖先 糖 白 祖先 麦芽糖 祖先 郭倍 祖先

tɕæ^{33} æ^{21} nɯ^{33} ty̩^{55},y^{21} tɕər^{21} ty̩^{55} me^{33} u^{33} zi^{33} gɯ^{33} zɑ^{21} se^{21}.| gə^{21} gə^{33} sɿ^{33} by̩^{33} y^{21} py^{21}
酸菜 来 挜 祖先 上 挜 么 财物 美 出 现 了 上 的 斯补 祖先 祭

tshɿ^{21} tʂhʅ^{33} ȵi^{33}, y^{21} khu^{33} ɯ^{33} me^{33}nɯ^{21} thy̩^{33},y^{21} khu^{33} ɯ^{33} me^{33} uɑ^{21} lɑ^{33} le^{33} zɑ^{21} se^{21}.|
来 这 天 祖先 口 好 么 福 出 祖先 口 好 么 吉 也 又 现 了

sɿ^{33} by̩^{33} y^{21} py^{21} tshɿ^{21} tʂhʅ^{33} ȵi^{33}, dzər^{21} gə^{21} dzʅ^{21} me^{33} kə^{55} hər^{21} mɯ^{21} le^{33} tɕhər^{33}, no^{33} o^{21}
斯补 祖先 祭 来 这 天 树 上 长 么 枝 绿 下 又 折 福泽

mɯ^{21} le^{33} me^{55},khy̩^{55} me^{55} khy̩^{55} dɯ^{33},zʅ^{33} me^{55} zʅ^{33} dɯ^{33},si^{33} li^{21} dzər^{21} i^{33} tshe^{55} nɯ^{33} kɑ^{55}
下 又 要 年岁 要 年岁 得 寿岁 要 寿岁 得 梨子 树 呀 叶 来 盖

mə^{33} tʂər^{21},dʑi^{21} i^{33} sɑ^{21} i^{33} dər^{21} nɯ^{33} kɑ^{55} mə^{33}tʂər^{21}.| ʂər^{33} dy^{21} dzʅ^{21} zʅ^{33} ʂər^{21} nɯ^{33} fy̩^{33},
不 让 水 流 溅 么 泡沫 来 遮 不 让 七 地 头目 寿 长 来 谢别

ho^{55} dy^{21} bæ^{21} hɑ^{55} i^{33} nɯ^{33} fy̩^{33},
八 地 快乐 日 有 来 谢别

用盛满的肉、盛满的饭来挜已吃饱喝足的祖先们；用白糖、麦芽糖、郭倍、酸菜来挜祖先；用供品挜祖先后，出现了精美的财物。祭祀上边的斯补祖先这一天，祖先好的口中产生了福泽，祖先好的口中又出现了吉祥。从长在高处的树上折下一支绿树枝，把福泽要下来。要年岁得年岁，要寿岁得寿岁。梨子树呀，不让叶子来遮盖，飞溅的流水处，不让泡沫来遮盖。由七地长寿的头目来作揖谢别；由八地益寿的能者来作揖谢别，

520-D-56-31

py^{33} bv̩^{21} zʅ^{33} ʂər^{21} hɑ^{55} i^{33} me^{33} gə^{33} khu^{33} nɯ^{33} fv̩^{33}, fv̩^{33} se^{33} no^{33} o^{21} khuɑ^{55} i^{33} mɯ^{21} le^{33}
东巴 寿 长 日有 么 的 口 来 谢别 谢别 完 福泽 碗 呀 下 又

me^{55}. | y^{21} tshv̩^{33} le^{21} mə^{33} tɕhi^{33}, y^{21} thi^{55} tho^{33} i^{33} kv̩^{55}.
要 祖先 们 又 不 送 祖先 游荡 的 会

由长寿的东巴口来谢别。谢别完之后，把福泽要下来。假如不把祖先们恭送回他们的居住地，他们就会到处游荡。

520-D-56-32

封底

（释读、翻译：李芝春）

后　　记

《哈佛燕京学社藏纳西东巴经书》第五、六卷所收经卷的译稿完成于 2010 年，结集于 2011 年。自 2011 年至今的 7 年时间里，中国社会科学院民族学与人类学研究所和丽江市东巴文化研究院的专家与中国社会科学出版社的编辑一起进行了几次修改和校订：首先补译了缺译的内容；统一了译名用字；改正了音标；规范了用语等。2015—2016 年，针对专家的评审意见，我们除了通读全文、规范用语，对注释和提要中的文字表述加以规范外，还延请丽江市东巴文化研究院的王世英研究员再次对全文进行了全面校订，具体工作体现在以下几个方面：

第一，就同一本经书中同一个概念记字不一的情况尽量进行了统一。关于译名用字是否统一的问题，考虑到美国学者洛克的这些搜集品在入藏时并未逐本注明所搜集的地点，而不同地方的东巴传承经书使用的是不同方言，或存在不同经书同一字的读音有所不同的情况。就此问题，我们曾在项目开始之前进行过专门研究，订立了体例，即尽量保持原有的翻译用字，以体现方言的差异，便于今后根据文本进行语言分析。这次通读和校改仅就同一译本的同一概念进行了统一，以便与此前订立的体例相应。

第二，对译稿重加注释，所加注释主要就翻译存疑、译文无法通畅、不易理解的纳西族文化词语等适当出注说明。

第三，补充了读经人等信息。

时光荏苒，从立项到现在，该项目已历经十余年，第五、六卷距前四卷的出版也经历了六年多的光阴。期间，我们得到了来自境内外专家的很多肯定和鼓励，已经出版的成果也产生了非常好的反响。2013 年，孙宏开先生在美国国会图书馆遇见该馆东亚部的负责人，他们希望效法我们与哈佛燕京学社图书馆的做法，愿意提供该馆所藏 3700 多卷纳西东巴经的资料，开展整理翻译工作。该项成果也得到了中国台湾地区同行的好评。国内的外审专家也提出了很多肯定性评价。在此，我们再次感谢哈佛燕京学社图书馆免费给予扫描高清图版，同时，感谢中国社会科学院科研局和民族学与人类学研究所的领导与专家的无私关怀，感谢外审专家的悉心指导，感谢丽江市东巴文化研究院院长李德静、赵世红等所率领的专业团队的全力投入，感谢中国社会科学出版社田文编审的精心审读和校对。

编　者

2017 年 10 月 18 日